Udo Schnelle

Das Evangelium nach Johannes

ThHK 4

Theologischer Handkommentar
zum Neuen Testament

In neuer Bearbeitung unter Mitwirkung von

Christfried Böttrich, Lukas Bormann, Roland Deines, Reinhard Feldmeier,
Jörg Frey, Walter Grundmann †, Gudrun Guttenberger, Klaus Haacker, Günter Haufe †,
Harald Hegermann †, Jens Herzer, Gottfried Holtz †,
Michael Labahn, Christof Landmesser, Manfred Lang, Martin Meiser, Rainer Metzner,
Ulrike Mittmann, Ulrich B. Müller,
Petr Pokorný, Wiard Popkes †, Eckart Reinmuth, Joachim Rohde †,
Gottfried Schille †, Udo Schnelle, Thomas Söding,
Wolfgang Wiefel† und Christian Wolff

herausgegeben von

Jens Herzer und Udo Schnelle

4

Das Evangelium nach Johannes
von Udo Schnelle

Das Evangelium nach Johannes

von

Udo Schnelle

EVANGELISCHE VERLAGSANSTALT
Leipzig

Bibliographische Information der Deutschen Nationalbibliothek
Die Deutsche Nationalbibliothek verzeichnet diese Publikation
in der Deutschen Nationalbibliographie; detaillierte bibliographische Daten sind im Internet über http://dnb.dnb.de abrufbar.

5., neu bearb. Aufl. 2016
© 1998 by Evangelische Verlagsanstalt GmbH · Leipzig
Printed in Germany · H 7980

Das Buch wurde auf alterungsbeständigem Papier gedruckt.
Satz: Druckerei Böhlau, Leipzig
Druck und Binden: Hubert & Co., Göttingen

ISBN 978-3-374-04317-0
www.eva-leipzig.de

Vorwort

Die vorliegende Auslegung unternimmt den Versuch, das Johannesevangelium als ein einzigartiges Glaubenszeugnis der frühen Christenheit zu Gehör zu bringen. Johannes will seiner Gemeinde und allen folgenden Christengenerationen verdeutlichen, wer dieser Jesus von Nazareth war, ist und immer sein wird: der Sohn Gottes.

Für tatkräftige Hilfe bei den Korrekturarbeiten danke ich meinen Hallenser Mitarbeitern Dr. Michael Labahn und Dr. Manfred Lang. Ebenso danke ich den Kollegen Joachim Rohde und Christian Wolff für zahlreiche wertvolle Hinweise.

Halle, im Januar 1998   Udo Schnelle

Vorwort zur 5. Auflage

Die 5. Auflage stellt eine umfassende Neubearbeitung dar; wiederum wurde der gesamte Text durchgesehen, vielfach verändert und um zahlreiche kleinere und größere Abschnitte erweitert. Die Übersetzung griechischer Wörter soll der besseren Verständlichkeit dienen. Neu hinzugekommen sind die Exkurse 1: Inkarnation; 4: Die Reden Jesu und 11: Die Zeichen/Wunder Jesu; außerdem der Abschnitt X/9: Die Einheit der Abschiedsreden. Neben der Einzelauslegung bieten nun insgesamt 16 Exkurse eine umfassende Einführung in die johanneische Theologie. Schärfer profiliert wurden die theologische Grundausrichtung des Evangeliums und sein historischer Ort als Abschluss und Höhepunkt der johanneischen Theologie.

Halle, im Dezember 2015   Udo Schnelle

Inhaltsverzeichnis

Abkürzungen

1. Biblische Schriften

Altes Testament

Gen	= Genesis (1. Buch Mose)	Pred	= Prediger Salomos (Kohelet)
Ex	= Exodus (2. Buch Mose)		
Lev	= Leviticus (3. Buch Mose)	Hohesl	= Hoheslied Salomos (Cantaticum)
Num	= Numeri (4. Buch Mose)		
Dtn	= Deuteronomium (5. Buch Mose)	Jes	= Jesaja
		Jer	= Jeremia
Jos	= Josua	Klagel	= Klagelieder Jeremias (Threni)
Ri	= Richter		
Ruth	= Ruth	Ez	= Ezechiel
1Sam	= 1Samuel	Dan	= Daniel
2Sam	= 2Samuel	Hos	= Hosea
1Kön	= 1Könige	Joel	= Joel
2Kön	= 2Könige	Am	= Amos
1Chron	= 1Chronik	Ob	= Obadja
2Chron	= 2Chronik	Jon	= Jona
Esr	= Esra	Mi	= Micha
Neh	= Nehemia	Nah	= Nahum
Esth	= Esther	Hab	= Habakuk
Hiob	= Hiob	Zeph	= Zephanja
Ps	= Psalmen	Hagg	= Haggai
Spr	= Sprüche Salomos (Proverbia)	Sach	= Sacharja
		Mal	= Maleachi

Neues Testament

Mt	= Matthäusevangelium	1Tim	= 1Timotheusbrief
Mk	= Markusevangelium	2Tim	= 2Timotheusbrief
Lk	= Lukasevangelium	Tit	= Titusbrief
Joh	= Johannesevangelium	Phlm	= Philemonbrief
Apg	= Apostelgeschichte	1Petr	= 1Petrusbrief
Röm	= Römerbrief	2Petr	= 2Petrusbrief
1Kor	= 1Korintherbrief	1Joh	= 1Johannesbrief
2Kor	= 2Korintherbrief	2Joh	= 2Johannesbrief
Gal	= Galaterbrief	3Joh	= 3Johannesbrief
Eph	= Epheserbrief	Hebr	= Hebräerbrief
Phil	= Philipperbrief	Jak	= Jakobusbrief
Kol	= Kolosserbrief	Judas	= Judasbrief
1Thess	= 1Thessalonicherbrief	Offb	= Offenbarung des Johannes
2Thess	= 2Thessalonicherbrief		

2. Frühjüdische Schriften

Aboth	= Pirqe Aboth		Gig	= De Gigantibus
AddDan	= Zusätze zu Daniel		Her	= Quis Rerum Divinarum
AddEst	= Zusätze zu Esther			Heres sit
ApkAbr	= Abraham-Apokalypse		Imm	= Quod Deus sit Immutabi-
ApkEl	= Elia-Apokalypse			lis
ApkEsr	= Esra-Apokalypse		Jos	= De Josepho
Arist	= Aristeasbrief		LegAll	= Legum Allegoriae
AscJes	= Ascensio Jesajae		LegGai	= Legatio ad Gaium
AssMos	= Assumptio Mosis		Migr	= De Migratione Abrahami
grBar	= Apokalypse des Baruch		Mut	= De Mutatione Nominum
	(griechisch)		OpMund	= De Opificio Mundi
syrBar	= Apokalypse des Baruch		Plant	= De Plantatione
	(syrisch)		PostC	= De Posteritate Caini
EpJer	= Epistula Jeremiae		Praem	= De Praemiis et Poenis
3Esr	= 3Esra		Prob	= Quod Omnis Probus
4Esr	= 4Esra			Liber sit
äthHen	= Äthiopischer Henoch		QuaestEx	= Quaestiones in Exodum
grHen	= Griechischer Henoch		QuaestGen	= Quaestiones in Genesim
slavHen	= Slavischer Henoch		SacrAbCain	= De Sacrificiis Abelis et
JosAs	= Joseph und Aseneth			Caini
Joseph	= Josephus		Sobr	= De Sobrietate
Ant	= Antiquitates Judaicae		Somn	= De Somniis
Ap	= Contra Apionem		SpecLeg	= De Specialibus Legibus
Bell	= De Bello Judaico		Virt	= De Virtutibus
Vit	= Vita		VitCont	= De Vita Contemplativa
Jub	= Jubiläenbuch		VitMos	= De Vita Mosis
Jdt	= Buch Judith		PsPhokyl	= Pseudo-Phokylides
LAB	= Liber Antiquitatum Bibli-		PsSal	= Psalmen Salomos
	carum		Q	= Qumran
1Makk	= 1Makkabäerbuch		1 QGenApoc	= Genesisapokryphon
2Makk	= 2Makkabäerbuch		1 QH	= Hodajoth (Dankpsalmen)
3Makk	= 3Makkabäerbuch		1 QJesa	= 1Jesajahandschrift
4Makk	= 4Makkabäerbuch		1 QJesb	= 2Jesajahandschrift
OdSal	= Oden Salomos		1 QM	= Milchamah (Kriegsrolle)
ParJer	= Paralipomena Jeremiae		1 QpHab	= Habakuk-Kommentar
Philo	= Philo von Alexandria		1 QpZeph	= Zephanja-Kommentar
Abr	= De Abrahamo		1 QS	= Gemeinderegel
Aet	= De Aeternitate Mundi		1 QS^a	= Anhang zur Gemeinde-
Agric	= De Agricultura			regel
Cher	= De Cherubim		1QS^b	= Segenssprüche
ConfLing	= De Confusione Lingua-		4QMidrEscht	= Midrasch zur Eschatologie
	rum		4Qpatr	= Patriarchensegen
Congr	= De Congressu Eruditionis		4QpJes	= Kommentare zu Jesaja
	Gratia		4QpNah	= Nahum-Kommentar
Decal	= De Decalogo		11QT	= Tempelrolle
Det	= Quod Deterius Potiori		11QMelch	= Melchisedek
	insidiari soleat		CD	= Damaskusschrift
Ebr	= De Ebrietate		SifrLev	= Sifre Leviticus
Flacc	= In Flaccum		SifrNum	= Sifre Numeri
Fug	= De Fuga et Inventione		Sib	= Sibyllinen

Sir	= Jesus Sirach		TestGad	= Testament Gads
TestAbr	= Testament Abrahams		TestAss	= Testament Assers
TestHiob	= Testament Hiobs		TestJos	= Testament Josephs
TestXII	= Testamente der 12 Patriarchen		TestBenj	= Testament Benjamins
			bTal	= babylonischer Talmud
TestRub	= Testament Rubens		jTal	= jerusalemer Talmud
TestSim	= Testament Simeons		Tos	= Tosefta
TestLev	= Testament Levis		Tob	= Tobit
TestJud	= Testament Judas		VisJes	= Visio Jesaiae
TestIss	= Testament Issaschars		VitAd	= Vitae Adae et Evae
TestSeb	= Testament Sebulons		VitProph	= Vitae Prophetarum
TestDan	= Testament Dans		Weish	= Weisheit Salomos (Sapientia)
TestNaph	= Testament Naphthalis			

3. Frühchristliche Schriften

ActAndr	= Andreasakten		HermV	= Hermas, Visiones
ActJoh	= Johannesakten		Ign	= Ignatius von Antiochien
ActPhil	= Philippusakten		Eph	= An die Epheser
ActPl	= Paulusakten		Magn	= An die Magnesier
ActPlThecl	= Paulus- und Theclaakten		Phld	= An die Philadelphier
ActPt	= Petrusakten		Röm	= An die Römer
ActPtPl	= Petrus- und Paulusakten		Sm	= An die Smyrnäer
ActThom	= Thomasakten		Trall	= An die Trallianer
ApkPt	= Apokalypse des Petrus		Pol	= An Polykarp
Barn	= Barnabasbrief		Marc	= Marcion
1Clem	= 1Clemensbrief		MartPol	= Martyrium des Polykarp
2Clem	= 2Clemensbrief		NHC	= Nag Hammadi Codices
Did	= Didache		Pap	= Papias
Diog	= Diognetbrief		Polyk	= Brief des Polykarp
EvHebr	= Hebräerevangelium		KgmPt	= Kerygma Petri
EvNaz	= Nazoräerevangelium		ProtEvJak	= Protevangelium des Jakobus
EvPhil	= Philippusevangelium			
EvPt	= Petrusevangelium		PsClemHom	= Pseudo-Clementinische Homilien
EvThom	= Thomasevangelium			
Herm	= Hirt des Hermas		PsClemRec	= Pseudo-Clementinische Recognitionen
HermM	= Hermas, Mandata			
HermS	= Hermas, Similitudines			

4. Altkirchliche Schriften

Athan	= Athanasius		Iren	= Irenäus
Aug	= Augustin		Haer	= Adversus Haereses
ClemAl	= Clemens Alexandrinus		Just	= Justin der Märtyrer
Cypr	= Cyprian		Apol	= Apologia
Cyr	= Cyrill		Dial	= Dialogus
Epiph	= Epiphanius		Lact	= Lactantius
Euseb	= Eusebius von Caesarea		Orig	= Origenes
HE	= Historia Ecclesiastica		Oros	= Orosius
Hier	= Hieronymus		Tert	= Tertullian
Hippol	= Hippolyt		Theod	= Theodotion

5. Griechische und römische Schriften

AchTat	= Achilles Tatius	Horat	= Horatius (Horaz)
AelArist	= Aelius Aristides	Isocr	= Isocrates
Aesch	= Aeschylus	Jambl	= Jamblichus
AmmMarc	= Ammianus Marcellinus	Lib	= Libianus
AnthPal	= Anthologia Palatina	Liv	= Livius
Apul	= Apuleius	Luc	= Lucianus (Lukian)
Aristoph	= Aristophanes	Philops	= Philopseudes sive Piscator
Aristot	= Aristoteles	VerHist	= Verae Hjstoriae
EthNic	= Ethica Nicomachia	Max Tyr	= Maximus von Tyrus
Artemid	= Artemidor	Menand	= Menander
Athen	= Athenaeus	Mus	= Musonius
Caes	= Caesar	OrphHym	= Orphische Hymnen
Cat	= Cato	Paus	= Pausanias
Cic	= Cicero	Philostr	= Philostratos
Cornut	= Cornutus	Ep	= Epistulae
Corp Herm	= Corpus Hermeticum	VitAp	= Vita Apollonii
Demosth	= Demosthenes	Pind	= Pindaros
Dig	= Digesten	Plato	= Platon
Dio Cass	= Dio Cassius	Plaut	= Plautus
Dio Chrys	= Dio Chrysostomus	PlinÄ	= Plinius der Ältere
Or	= Orationes	NatHist	= Naturalis Historia
Diod Sic	= Diodorus Siculus	Plin	= Plinius (der Jüngere)
Diog Laert	= Diogenes Laertius	Plot	= Plotin
Dion Hal	= Dionysius von Halicarnass	Plut	= Plutarch
Ep Cyn	= Epistulae Cynicorum	Mor	= Moralia
Ep Pyth	= Epistulae Pythagorae et	Poll	= Pollux
	Pythagorerorum	Polyb	= Polybius
Ep Socr	= Epistulae Socratis	Sen	= Seneca
Epic	= Epikur	Ep	= Epistulae ad Lucilium
Epikt	= Epiktet	Sext Emp	= Sextus Empiricus
Diss	= Dissertationes	Sil	= Silius Italicus
Ench	= Enchiridion	Soph	= Sophokles
Eur	= Euripides	Stob	= Johannes Stobaeus
Herod	= Herodot	Strab	= Strabon
Hes	= Hesiod	Suet	= Sueton
Hippocr	= Hippocrates	Tac	= Tacitus
Hom	= Homer	Thuc	= Thucydides
Il	= Ilias	Tib	= Tibullus
Od	= Odyssee	Xenoph	= Xenophon

6. Weitere Abkürzungen

a. a. O.	= am angegebenen Ort	Akt.	= Aktiv
Abb.	= Abbildung	Anm.	= Anmerkung
Abk.	= Abkürzung	Aor.	= Aorist
Abs.	= Absatz	Apokr.	= Apokryphen
Abt.	= Abteilung	App.	= Textkritischer Apparat
Adj.	= Adjektiv	arab.	= arabisch
Adv.	= Adverb	aram.	= aramäisch
Akk.	= Akkusativ	Art.	= Artikel

AT	= Altes Testament	kath.	= katholisch
atl.	= alttestamentlich	KG	= Kirchengeschichte
Aufl.	= Auflage	Klass.	= Klassiker
Ausg.	= Ausgabe	Komm.	= Kommentar
Bd.	= Band	Komps.	= Kompositum
bearb.	= bearbeitet	Konj.	= Konjunktiv
bes.	= besonders	LA	= Lesart
betr.	= betreffend	lat.	= lateinisch
bzw.	= beziehungsweise	Lit.	= Literatur
ca.	= circa	luth.	= lutherisch
Cod.	= Codex	LXX	= Septuaginta
ders.	= derselbe	MA	= Mittelalter
DG	= Dogmengeschichte	Maj.	= Majuskel
dgl.	= dergleichen	masch.	= maschinenschriftlich
d. Gr.	= der Große	mas.	= masoretisch
d. h.	= das heißt	mask.	= maskulinisch
d. i.	= das ist	m. a. W.	= mit anderen Worten
Diss.	= Dissertation	m. E.	= meines Erachtens
Doz.	= Dozent	med.	= medial
ebd.	= ebenda	Med.	= Medium
ed.	= herausgegeben von	meist.	= meistens
erw.	= erweitert	Min.	= Minuskel
Ev.	= Evangelium	Ms.	= Manuskript
ev.	= evangelisch	Mss.	= Manuskripte
evtl.	= eventuell	m. W.	= meines Wissens
Exk.	= Exkurs	ND	= Nachdruck
f	= folgende Seite (Vers, Jahr)	n. Chr.	= nach Christus
ff	= folgende Seiten (Verse)	Neudr.	= Neudruck
FB	= Forschungsbericht	Neutr.	= Neutrum
fin.	= finis (Ende)	N.F.	= Neue Folge
FS	= Festschrift	nhd.	= neuhochdeutsch
Forts.	= Fortsetzung	Nom.	= Nominativ
Fragm.	= Fragment	NT	= Neues Testament
Fut.	= Futurum	ntl.	= neutestamentlich
Gen.	= Genitiv	o.	= oben
gest.	= gestorben	o. ä.	= oder ähnlich
griech.	= griechisch	Obj.	= Objekt
H.	= Heft	o. g.	= oben genannt
hebr.	= hebräisch	o. J.	= ohne Jahresangabe
Hg.	= Herausgeber	orth.	= orthodox
hl.	= heilig	P	= Papyrus
hg.	= herausgegeben	pal.	= palästinisch
HS	= Handschrift	par	= parallel
Hss.	= Handschriften	Par(r).	= Parallele(n)
i. J.	= im Jahre	Part.	= Partizipium
Imp.	= Imperativ	Pass.	= Passiv
Impf.	= Imperfekt	patr.	= patristisch
Ind.	= Indikativ	Perf.	= Perfekt
Inf.	= Infinitiv	Pers.	= Person
Jh.	= Jahrhundert	Pl.	= Plural
jüd.	= jüdisch	Praep.	= Präposition
Kap.	= Kapitel	Praes.	= Präsens

Praes. hist.	= Praesens historicum	u. E.	= unseres Erachtens
prot.	= protestantisch	übers.	= übersetzt
Q	= Logien-Quelle	Übers.	= Übersetzung
ref.	= reformiert	u. ö.	= und öfter
Reg.	= Register	urspr.	= ursprünglich
röm.	= römisch	usw.	= und so weiter
S.	= Seite	u. U.	= unter Umständen
s.	= siehe	V.	= Vers
Schol.	= Scholien	v. Chr.	= vor Christus
Sg.	= Singular	Vulg.	= Vulgata
s. o.	= siehe oben	vgl.	= vergleiche
sog.	= sogenannt	v. l.	= varia lectio
Sp.	= Spalte	WB	= Wörterbuch
s. u.	= siehe unten	WZ	= Wissenschaftliche Zeit-
Supl.	= Superlativ		schrift
Suppl.	= Supplement	Z.	= Zeile
Synon.	= Synonym	z. B.	= zum Beispiel
s. v.	= sub voce	z. St.	= zur Stelle
teilw.	= teilweise	z. T.	= zum Teil
term. techn.	= terminus technicus	z. W.	= zum Wort
theol.	= theologisch	z. Z.	= zur Zeit
trans.	= transitiv		
u. a.	= und andere, unter anderem		

Literatur

Vorbemerkung: Die wiederholt angeführten Kommentare, Monographien und Aufsätze werden mit Verfassernamen und abgekürztem Titel zitiert (vollständige Angaben finden sich im folgenden Literaturverzeichnis). Spezielle Literatur wird zu Beginn des betreffenden Haupt- bzw. Unterabschnittes in der Anmerkung »Literatur« genannt und dann nur noch abgekürzt zitiert. Die übrige Literatur findet sich jeweils zu den einzelnen Stellen, wobei auf den Abschnitt des Erstnachweises mit s. o./s. u. verwiesen wird. Über das Verzeichnis des Kommentars hinaus wird abgekürzt nach S.M. Schwertner, Theologische Realenzyklopädie. Abkürzungsverzeichnis, Berlin ²1994; G. Strecker/U. Schnelle (Hg.), Neuer Wettstein II/2, 1673–1700.

Kommentare zum Johannesevangelium

Barrett, C. K., Das Evangelium nach Johannes, KEK Sonderband, Göttingen 1990.
Bauer, W., Das Johannes-Evangelium, HNT 6, Tübingen ³1933.
Beasley-Murray, G. R., John, WBC 36, Waco 1987.
Becker, J., Das Evangelium nach Johannes I.II, ÖTK 4/1–2, Gütersloh ³1991.
Beutler, J., Das Johannesevangelium, Freiburg 2013.
Blank, J., Das Evangelium nach Johannes, GSL.NT 4/1–3, Düsseldorf Ia.Ib 1981.II ²1986. III ²1988.
Brodie, Th. L., The Gospel according to John, New York/Oxford 1993.
Brown, R. E., The Gospel according to John I–II, AncB 29/29A, New York 1966.1970.
Bultmann, R., Das Evangelium des Johannes, KEK II, Göttingen ¹⁰1968.
Carson, D. A., The Gospel according to John, Leicester/Grand Rapids 1992.
Dietzfelbinger, Chr., Das Evangelium nach Johannes, ZBK 4/1–2, Zürich 2001.
Gnilka, J., Das Johannesevangelium, NEB, Würzburg 1983.
Haenchen, E., Das Johannesevangelium, hg. v. *U. Busse,* Tübingen 1980.
Heitmüller, W., Das Johannes-Evangelium, SNT 4, Göttingen ³1920, 9–184.
Hirsch, E., Das vierte Evangelium in seiner ursprünglichen Gestalt verdeutscht und erklärt, Tübingen 1936.
Hoskyns, E. C./Davey, F. N., The Fourth Gospel, London ²1947.
Keener, C. S., The Gospel of John I.II, Peabody 2003.
Keil, G., Das Johannesevangelium. Ein philosophischer und theologischer Kommentar, Göttingen 1996.
Kysar, R., John, ACNT, Minneapolis 1986.
Lindars, B., The Gospel of John, NCeB, London 1972.
McHugh, J. F., John 1–4, ICC, London 2009.
Michaels, J. R., The Gospel of John, NICNT, Grand Rapids 2010.
Moloney, F. J., The Gospel of John, SP 4, Collegeville 1998.
Morris, L., The Gospel according to John, NICNT, Grand Rapids ²1995.
Ridderbos, H., The Gospel of John, Grand Rapids/Cambridge 1997.
Schenke, L., Johannes: Kommentar, Düsseldorf 1998.
Schlatter, A., Der Evangelist Johannes, Stuttgart ⁴1975.

Schnackenburg, R., Das Johannesevangelium I–III, HThK IV 1–3, Freiburg ⁵1981.³1980.³1979.

Schneider, J., Das Evangelium nach Johannes, ThHK Sonderband, Berlin ⁴1988.

Schulz, S., Das Evangelium nach Johannes, NTD 4, Göttingen 1975.

Schwank, B., Evangelium nach Johannes, St. Ottilien ²1998.

Siegert, F., Das Evangelium des Johannes in seiner ursprünglichen Gestalt, Göttingen 2008.

Simoens, Y., Selon Jean I–III, Brüssel 1996.

Smith, D. M., John, ANTC, Nashville 1999.

Stibbe, M. W. G., John, Readings, Sheffield 1993.

Strathmann, H., Das Evangelium nach Johannes, NTD 4, Göttingen ⁴1959.

Talbert, C. H., Reading John, New York 1992.

Theobald, M., Das Evangelium nach Johannes. Kap. 1–12, RNT, Regensburg 2009.

Thyen, H., Das Johannesevangelium, HNT 6, Tübingen 2005.

Wahlde, U. C. v., The Gospel and Letters of John I.II.III, Grand Rapids 2010.

Wellhausen, J., Das Evangelium Johannis, Berlin 1908.

Wengst, K., Das Johannesevangelium, ThKNT 4/1–2, Stuttgart 2000.2001.

Wikenhauser, A., Das Evangelium nach Johannes, RNT 4, Regensburg ³1961.

Wilckens, U., Das Evangelium nach Johannes, NTD 4, Göttingen 1998.

Witherington III, B., John's Wisdom. A Commentary on the Fourth Gospel, Louisville 1995.

Zahn, Th., Das Evangelium des Johannes, KNT IV, Leipzig ⁵·⁶1921.

Zumstein, J., L'Évangile selon Saint Jean I.II, Genf 2014.2007.

– Das Johannesevangelium, KEK 2, Göttingen 2016.

Kommentare zu den Johannesbriefen

Brown, R. E., The Epistles of John, AncB 39, New York 1982.

Bultmann, R., Die drei Johannesbriefe, KEK XIV, Göttingen 1969.

Klauck, H.-J., Der erste Johannesbrief, EKK XXIII/1, Neukirchen 1991.

Klauck, H.-J., Der zweite und dritte Johannesbrief, EKK XXIII/2, Neukirchen 1992.

Lieu, J., I, II & III John. A Commentary, NTL, Louisville/London 2008.

Schnackenburg, R., Die Johannesbriefe, HThK XIII/3, Freiburg ⁶1979.

Schnelle, U., Die Johannesbriefe, ThHK 17, Leipzig 2010.

Strecker, G., Die Johannesbriefe, KEK XIV, Göttingen 1989.

Textausgaben, Textüberlieferung, Wörterbücher, Grammatiken

Aland, B. u. K./Karavidopoulos, J./Martini, C. M./Metzger, B. M. (Hg.), The Greek New Testament, Stuttgart ⁴1993.

Aland, B. u. K., Der Text des Neuen Testaments, Stuttgart ²1989.

Apostolische Väter, hg. u. übers. v. *J. A. Fischer,* Darmstadt ⁷1976.

Apostolische Väter, hg. u. übers. v. *A. Lindemann/H. Paulsen,* Tübingen 1992.

Apuleius, Metamorphosen, hg. u. übers. v. *E. Brandt/W. Ehlers,* München ³1980.

Aristoteles, Über die Welt, übers. v. *O. Schönberger,* Stuttgart 1991.

Arnim, J. v. (Hg.), Stoicorum Veterum Fragmenta I–IV, Leipzig 1903–1924.

Balz, H./Schneider, G. (Hg.), Exegetisches Wörterbuch zum Neuen Testament I–III, Stuttgart 1980–1983.

Bauer, W., Griechisch-deutsches Wörterbuch zu den Schriften des Neuen Testaments und der übrigen urchristlichen Literatur, Berlin ⁵1971.

Bauer, W., Griechisch-deutsches Wörterbuch zu den Schriften des Neuen Testaments und der frühchristlichen Literatur, hg. v. *K. u. B. Aland,* Berlin ⁶1988.

Billerbeck, P., Kommentar zum Neuen Testament aus Talmud und Midrasch I–IV, München 1926–1961 (ND).

Blass, F./Debrunner, A./Rehkopf, F., Grammatik des neutestamentlichen Griechisch, Göttingen ¹⁶1984.

Cicero, De natura deorum, hg. u. übers. v. *U. Blank-Sangmeister,* Stuttgart 1995.

Cornutus, Die griechischen Götter, hg. v. *H.-G. Nesselrath,* SAPERE 14, Tübingen 2009.

Diels, H./Kranz, W. (Hg.), Die Fragmente der Vorsokratiker I.II.III, Berlin ⁶1951.⁶1952.⁶1952.

Diogenes Laertius, Leben und Meinungen berühmter Philosophen I.II, übers. v. *O. Appelt,* Hamburg ³1990.

Elliott, W. J./Parker, D. C. (Hg.), The New Testament in Greek IV. The Gospel according to St. John, Vol. 1: The Papyri, NTTS 20, Leiden 1995.

Epicteti Dissertationes, hg. v. *H. Schenkl,* Leipzig 1916.

Epiktet. Was von ihm erhalten ist nach den Aufzeichnungen Arrians, hg. u. übers. v. *J. G. Schulthess* u. *R. Mücke,* Heidelberg 1926.

Epiktet. Teles. Musonius. Ausgewählte Schriften, hg. u. übers. v. *R. Nickel,* Darmstadt 1994.

Euripides, Alkestis, übers. v. *K. Steinmann,* Stuttgart 2002.

Eusebius, Kirchengeschichte, hg. v. *E. Schwartz,* Berlin ⁵1952.

Eusebius, Kirchengeschichte, hg. v. *H. Kraft,* München 1967.

Gemelli Marciano, L. M. (Hg.), Die Vorsokratiker I.II.III, Düsseldorf 2007.2009.2010.

Goodspeed, E. J., Die ältesten Apologeten, Göttingen 1984 (=1914).

Irenäus von Lyon, Adversus Haereses I.II.III, übers. v. *N. Brox,* Freiburg 1993.1995.

Jamblich, De vita Pythagorica, übers. v. *M. v. Albrecht,* Darmstadt 2002.

Josephus, Jewish Antiquities, hg. u. übers. v. *H. S. J. Thackeray* u. a., LCL, London/Cambridge (Mass.), 1926–1965.

– De Bello Judaico I–III, hg. u. übers. v. *O. Michel/O. Bauernfeind,* München 1959–1969.

– Kleinere Schriften, übers. v. *H. Clementz,* Wiesbaden 1993 (ND).

Kautzsch, E. (Hg.), Die Apokryphen und Pseudepigraphen des Alten Testaments I.II, Darmstadt 1975 (=1921).

Kippenberg, H. G./Wewers, G. A. (Hg.), Textbuch zur neutestamentlichen Zeitgeschichte, GNT 8, Göttingen 1979.

Kittel, G./Friedrich, G. (Hg.), Theologisches Wörterbuch zum Neuen Testament I–X, Stuttgart 1933–1979.

Kraus, W./Karrer, M. (Hg.), Septuaginta Deutsch, Stuttgart 2009.

Kümmel, W. G./Lichtenberger, H. (Hg.), Jüdische Schriften aus hellenistisch-römischer Zeit, Gütersloh 1973 ff.

Liddell, H. G./Scott, R., A Greek-English Lexicon, Oxford ⁹1953.

Lohse, E. (Hg.), Die Texte aus Qumran, Darmstadt ⁴1986.

Lukian, Werke in drei Bänden, übers. v. *C. M. Wieland,* Berlin/Weimar 1974.

Maier, J., Die Qumran-Essener: Die Texte vom Toten Meer I.II.III, München 1995.1996.

Mansfeld, J. (Hg.), Die Vorsokratiker I.II, Stuttgart 1983.1986.

Metzger, B. M., A Textual Commentary on the Greek New Testament, Stuttgart ²1994.

Nag Hammadi Deutsch I .II, hg. v. *H.-M. Schenke/H.-G. Bethge/U. U. Kaiser,* GCS N.F. 8, Berlin 2001.2003.

Nestle, E./Aland, K. (Hg.), Novum Testamentum Graece, Stuttgart ²⁷1993.

Nestle, E./Aland, K. (Hg.), Novum Testamentum Graece, Stuttgart ²⁸2012.

Neuer Wettstein I/2, hg. v. *U. Schnelle* u. Mitarb. v. *M. Labahn u. M. Lang,* Berlin 2001.

Neuer Wettstein II/1.2, hg. v. *G. Strecker/U. Schnelle* u. Mitarb. v. *G. Seelig,* Berlin 1996.

Nickel, R., Stoa und Stoiker I.II, Darmstadt 2008.

Passow, F., Handwörterbuch der griechischen Sprache, neu bearb. v. Chr. F. Rost u. F. Palm, I/1 Leipzig ⁵1841. I/2 Leipzig ⁵1847. II/1 Leipzig ⁵1852. II/2 Leipzig ⁵1857.

Philo von Alexandrien, Die Werke in deutscher Übersetzung I–VII, hg. u. übers. v. *L. Cohn* u.a., Berlin 21962–1964.
– Philo I–X u. Suppl. I–II, hg. u. übers. v. *F. H. Colson* u. a., LCL, London/Cambridge (Mass.), 1959–1979.
Philostratos, Das Leben des Apollonius von Tyana, hg. u. übers. v. *V. Mumprecht,* München 1983.
Platon, Werke in acht Bänden, hg. v. *G. Eigler,* übers. v. *F. Schleiermacher,* Stuttgart ²1990.
Plutarch, Religionsphilosophische Schriften, hg. u. übers. v. *H. Görgemanns,* Düsseldorf/Zürich 2002.
Rehkopf, F., Septuaginta-Vokabular, Göttingen 1989.
Robinson, J. M. (Hg.), The Nag Hammadi Library, Leiden 1977.
Schneemelcher, W. (Hg.), Neutestamentliche Apokryphen I.II, Tübingen ⁵1987.⁵1989.
Seneca, Werke I–V, hg. u. übers. v. *M. Rosenbach,* Darmstadt ⁵1995.
Septuaginta I.II, hg. v. *E. Rahlfs,* Stuttgart 1935 (ND).
Siebenthal, H.v., Griechische Grammatik zum NeuenTestament, Gießen 2011.
Swanson, R. (Hg.), New Testament Greek Manuscripts: John, Sheffield 1995.
Steudel, A. (Hg.), Die Texte aus Qumran II, Darmstadt 2001.
Vetus Testamentum in Novo I/2: Johannesevangelium, hg. v. *H. Hübner* u. Mitarb. v. *A. u. M. Labahn,* Göttingen 2003.

Monographien und Aufsätze

Anderson, P. N./Just, F./Thatcher, T. (Hg.), John, Jesus and History I, Atlanta 2007
Anderson, P. N./Just, F./Thatcher, T. (Hg.), John, Jesus and History II, Atlanta 2009
Appold, M. L., The Oneness Motif in the Fourth Gospel, WUNT 2.1, Tübingen 1976.
Ashton, J., Understanding the Fourth Gospel, Oxford 1991.
Asiedu-Peprah, M., Johannine Sabbat Conflicts as Juridical Controversy, WUNT 2.132, Tübingen 2001.
Augenstein, J., Das Liebesgebot im Johannesevangelium und in den Johannesbriefen, BWANT 134, Stuttgart 1993.
Aune, D. E., The Cultic Setting of Realized Eschatology in Early Christianity, NT.S 28, Leiden 1972.
Back, F., Gott als Vater der Jünger im Johannesevangelium, WUNT 2.336, Tübingen 2012.
Backhaus, K., Die »Jüngerkreise« des Täufers Johannes. Eine Studie zu den religionsgeschichtlichen Ursprüngen des Christentums, PaThSt 19, Paderborn 1991.
Barrett, C. K., Zweck des 4. Evangeliums, ZSTh 22 (1953), 257–273.
– Essays on John, Philadelphia 1982.
Bauckham, R./Mosser, C. (Hg.), The Gospel of John and Christian Theology, Grand Rapids 2008.
Baumbach, G., Qumran und das Johannes-Evangelium, AVTRW 6, Berlin 1958.
– Gemeinde und Welt im Johannesevangelium, Kairos 14 (1972), 121–136.
Baum-Bodenbender, R., Hoheit in Niedrigkeit, fzb 49, Würzburg 1984.
Beck, D. R., The Discipleship Paradigm. Readers and Anonymous Characters in the Fourth Gospel, BIS 27, Leiden 1997.
Becker, J., Wunder und Christologie, NTS 16 (1969/70), 130–148.
– Beobachtungen zum Dualismus im Johannesevangelium, ZNW 65 (1974), 71–87.
– Ich bin die Auferstehung und das Leben, ThZ 39 (1983), 138–151.
– Das Geist- und Gemeindeverständnis des vierten Evangelisten, ZNW 89 (1998), 217–234.
– Johanneisches Christentum, Tübingen 2004.
Belle, G. van, The Signs Source in the Fourth Gospel, BEThL 116, Leuven 1994.
– (Hg.), The Death of Jesus in the Fourth Gospel, BETL 200, Leuven 2007.
Belle, G. van/Watt, J. G. van der/Maritz, P. (Hg.), Theology and Christology in the Fourth Gospel, BETL 184, Leiden 2005.

Belle, G. van/Labahn, M./Maritz, P. (Hg.), Repetitions and Variations in the Fourth Gospel, BETL 223, Leiden 2009.
Bennema, C., A Theory of Character in New Testament Narrative, Minneapolis 2014.
Berger, K., Formgeschichte des Neuen Testaments, Heidelberg 1984.
– Theologiegeschichte des Urchristentums, Tübingen ²1995.
– Im Anfang war Johannes. Datierung und Theologie des vierten Evangeliums, Stuttgart 1997.
Bergmeier, R., Glaube als Gabe nach Johannes, BWANT 112, Stuttgart 1980.
Beutler, J., Martyria, FTS 10, Frankfurt 1972.
– Studien zu den johanneischen Schriften, SBAB.NT 25, Stuttgart 1998.
Bittner, W. J., Jesu Zeichen im Johannesevangelium, WUNT 2.26, Tübingen 1987.
Bjerkelund, C. J., Tauta Egeneto. Die Präzisierungssätze im Johannesevangelium, WUNT 40, Tübingen 1987.
Blank, J., Krisis. Untersuchungen zur johanneischen Christologie und Eschatologie, Freiburg 1964.
– Die Johannespassion. Intention und Hintergründe, in: *K. Kertelge* (Hg.), Der Prozess gegen Jesus, 148–182.
Blinzler, J., Johannes und die Synoptiker, SBS 5, Stuttgart 1965.
– Der Prozess Jesu, Regensburg ⁴1969.
Böcher, O., Der johanneische Dualismus im Zusammenhang des nachbiblischen Judentums, Gütersloh 1965.
Boismard, M. É., Moses or Jesus. An Essay in Johannine Christology, Leuven 1993.
Borgen, P., Bread from Heaven, NT.S X, Leiden ²1981.
– Logos was the True Light and other Essays on the Gospel of John, Trondheim 1983.
– Philo, John and Paul, Atlanta 1987.
Bornkamm, G., Zur Interpretation des Johannes-Evangeliums, in: *ders.,* Geschichte und Glaube I, BEvTh 48, München 1968, 104–121.
Bousset, W., Kyrios Christos, Göttingen ⁶1967.
Brown, R. E., The Kerygma of the Gospel according to John, Interp. 21 (1967), 387–400.
– The Community of the Beloved Disciple, New York/London 1979.
– Ringen um die Gemeinde, Salzburg 1982.
– The Epistles of John, AncB 30, London 1983.
– The Death of the Messiah I.II, New York 1994.
Buch-Hansen, G., »It is the spirit that gives life«. A Stoic Understanding of Pneuma in John's Gospel, BZNW 173, Berlin 2010.
Bühler, P., Ist Johannes ein Kreuzestheologe? in: Johannes-Studien, hg. v. *M. Rose,* Zürich 1991, 191–207.
Bühner, J.-A., Der Gesandte und sein Weg im 4. Evangelium, WUNT 2.2, Tübingen 1977.
– Denkstrukturen im Johannesevangelium, ThBeitr. 13 (1982), 224–231.
Bull, K. M., Gemeinde zwischen Integration und Abgrenzung, BET 24, Frankfurt 1992.
Bultmann, R., Exegetica, hg. v. *E. Dinkler,* Tübingen 1967. Daraus:
– Die Bedeutung der neuerschlossenen mandäischen und manichäischen Quellen für das Verständnis des Johannesevangeliums, 55–104.
– Untersuchungen zum Johannesevangelium, 124–197.
– Die Geschichte der synoptischen Tradition, FRLANT 29, Göttingen ⁸1970.
– Theologie des Neuen Testaments, hg. v. *O. Merk,* Tübingen ⁷1977.
– Die drei Johannesbriefe, KEK XIV, Göttingen ²1969.
Burge, G. M., The Anointed Community. The Holy Spirit in the Johannine Tradition, Grand Rapids 1987.
– Interpreting the Gospel of John, Grand Rapids 1992.
Burkett, D., The Son of the Man in the Gospel of John, JSNT.S 56, Sheffield 1991.
Busse, U., Das Johannesevangelium. Bildlichkeit, Diskurs und Ritual (BEThL 162), Leuven 2002.
Cassidy, R. J., John's Gospel in New Perspective, Maryknoll (N.Y.) 1992.
Chibici-Revneanu, N., Die Herrlichkeit des Verherrlichten, WUNT 2.231, Tübingen 2007.

Conzelmann, H., Grundriss der Theologie des Neuen Testaments, München [4]1987.

Cullmann, O., Urchristentum und Gottesdienst, AThANT 3, Zürich [4]1962.

– Die Christologie des Neuen Testaments, Tübingen [5]1975.

– Der johanneische Kreis, Tübingen 1975.

Culpepper, R. A., Anatomy of the Fourth Gospel, Philadelphia 1983.

– John. The Son of Zebedee. The Life of a Legend, Columbia 1994.

Culpepper, R. A./Black C. C. (Hg.), Exploring the Gospel of John (FS D. M. Smith), Louisville 1996.

Dalman, G., Orte und Wege Jesu, BFChTh II/1, Gütersloh [2]1921.

Dauer, A., Die Passionsgeschichte im Johannesevangelium, StANT 30, München 1972.

– Johannes und Lukas, fzb 50, Würzburg 1984.

Davies, M., Rhetoric and Reference in the Fourth Gospel, JSNT.S 69, Sheffield 1993.

De Boer, M., Johannine Perspectives on the Death of Jesus, Kampen 1996.

Deissmann, A., Licht vom Osten, Tübingen [4]1923.

Demke, Chr., Das Evangelium der Dialoge, ZThK 97 (2000), 164–182.

Denaux, A. (Hg.), John and the Synoptics, BEThL 101, Leuven 1992.

Derrett, J. D. M., The Victim. The Johannine Passion Narrative Reexamined, Shipson–on–Stour 1993.

Dietzfelbinger, Chr., Johanneischer Osterglaube, ThSt 138, Zürich 1992.

– Der ungeliebte Bruder. Der Herrenbruder Jakobus im Johannesevangelium, ZThK 89 (1992), 377–403.

Dodd, C. H., The Interpretation of the Fourth Gospel, Cambridge 1978 (=1953).

– Historical Tradition in the Fourth Gospel, Cambridge 1979 (=1963).

Dschulnigg, P., Jesus begegnen. Personen und ihre Bedeutung im Johannesevangelium, Münster 2000.

Dunderberg, I., Johannes und die Synoptiker. Studien zu Joh 1–9, AASF.DHL 69, Helsinki 1994.

– The Beloved Disciple in Conflict?, Oxford 2006.

Dunn, J. D. G., Let John be John, in: Das Evangelium und die Evangelien, hg. v. *P. Stuhlmacher,* WUNT 28, Tübingen 1983, 309–339.

– Christology in the Making. A New Testament Inquiry into the Origins of the Doctrine of the Incarnation, Grand Rapids [2]1989.

Eco, U., Lector in fabula, München [4]1998.

Egger, P., »Crucifixus sub Pontio Pilato«. Das »crimen« Jesu von Nazareth im Spannungsfeld römischer und jüdischer Verwaltungs- und Rechtsstrukturen, NTA 32, Münster 1997.

Endo, M., Creation and Christology, WUNT 2.149, Tübingen 2002.

Ensor, P. W., Jesus and His ›Works‹, WUNT 2.85, Tübingen 1996.

Ernst, J., Johannes der Täufer, BZNW 53, Berlin 1989.

– Johannes. Ein theologisches Porträt, Düsseldorf 1991.

Fischer, K. M., Der johanneische Christus und der gnostische Erlöser, in: Gnosis und Neues Testament, hg. v. *K. W. Tröger,* Berlin 1973, 245–266.

– Das Urchristentum, Berlin 1985.

Forestell, J. T., The Word of the Cross, AnBib 57, Rom 1974.

Fortna, R. T., The Gospel of Signs, MSSNTS 11, Cambridge 1970.

– The Fourth Gospel and Its Predecessor, Edinburgh 1989.

Freed, E. D., Old Testament Quotations in the Gospel of John, NT.S 11, Leiden 1965.

Frey, J., Heiden – Griechen – Gotteskinder, in: Die Heiden, hg. v. *R. Feldmeier* u. *U. Heckel,* WUNT 70, Tübingen 1994, 228–268.

– Die johanneische Eschatologie I, WUNT 96, Tübingen 1997.

– Die johanneische Eschatologie II, WUNT 110, Tübingen 1998.

– Die johanneische Eschatologie III, WUNT 117, Tübingen 2000.

– Die »theologia crucifixi« des Johannesevangeliums, in: Kreuzestheologie im Neuen Testament, hg. v. *A. Dettwiler* u. *J. Zumstein,* WUNT 151, Tübingen 2002, 169–238.

– Von Paulus zu Johannes. Die Diversität »christlicher« Gemeindekreise und die »Trennungsprozesse« zwischen der Synagoge und den Gemeinden der Jesusnachfolger in Ephesus im ersten Jahrhundert, in: *C. K. Rothschild/J. Schröter* (Hg.), The Rise and Expansion of Christianity in the First Three Centuries of the Common Era, WUNT 301, Tübingen 2013, 235–278.

– Das Johannesevangelium und seine Gemeinden im Kontext der jüdischen Diaspora Kleinasiens, in: *R. Deines/J. Herzer/K.-W. Niebuhr* (Hg.), Neues Testament und hellenistisch-jüdische Alltagskultur, WUNT , Tübingen 2011, 99–132.

– Die Herrlichkeit des Gekreuzigten. Studien zu den johanneischen Schriften I, WUNT 307, Tübingen 2013.

– Joh 1,14, die Fleischwerdung des Logos und die Einwohnung Gottes in Jesus Christus, in: *B. Janowski/E. E. Popkes* (Hg.), Das Geheimnis der Gegenwart Gottes. Zur Schechina-Vorstellung in Judentum und Christentum, WUNT 318, Tübingen 2014, 231–256.

Frey, J./Schnelle, U. (Hg.), Kontexte des Johannesevangeliums. Das 4. Evangelium in religions- und traditionsgeschichtlicher Perspektive, WUNT, Tübingen 2004.

Frey, J./ Watt, J. van der/Zimmermann, R. (Hg.), Imagery in the Gospel of John, WUNT 200, Tübingen 2006.

Frey, J./Poplutz, U. (Hg.), Narrativität und Theologie im Johannesevangelium, BThSt 130, Neukirchen 2012.

Frühwald-König, J., Tempel und Kult. Ein Beitrag zur Christologie des Johannesevangeliums, BU 27, Regensburg 1998.

Genette, G., Die Erzählung, München ²1998.

Gemünden, P. v., Vegetationsmetaphorik im Neuen Testament und seiner Umwelt, NTOA 18, Freiburg (H)/Göttingen 1993.

Gibson, Sh., Die sieben letzten Tage Jesu. Die archäologischen Tatsachen, München 2010.

Gnilka, J., Zur Christologie des Johannesevangeliums, in: Christologische Schwerpunkte, hg. v. W. Kasper, Düsseldorf 1980, 92–107.

– Theologie des Neuen Testaments, HThK.S 5, Freiburg 1994.

Grundmann, W., Verständnis und Bewegung des Glaubens im Johannesevangelium, KuD 6 (1960), 131–154.

– Zeugnis und Gestalt des Johannes-Evangeliums, AzTh 7, Stuttgart 1961.

– Der Zeuge der Wahrheit, Berlin 1985.

Haacker, K., Die Stiftung des Heils, AzTh I/47, Stuttgart 1972.

Haenchen, E., »Der Vater, der mich gesandt hat«, in: *ders.,* Gott und Mensch. Ges. Aufsätze I, Tübingen 1965, 68–77.

– Johanneische Probleme, in: *ders.,* Gott und Mensch, 78–113.

– Das Johannesevangelium und sein Kommentar, in: *ders.,* Die Bibel und wir. Ges. Aufsätze II, Tübingen 1968, 208–234.

– Historie und Geschichte in den johanneischen Passionsberichten, in: Zur Bedeutung des Todes Jesu, hg. v. *F. Viering,* Gütersloh ³1968, 55–78.

Hahn, F., Christologische Hoheitstitel, FRLANT 83, Göttingen ⁵1995.

– Der Prozess Jesu nach dem Johannesevangelium, EKK.V 2, Neukirchen 1970, 23–96.

– Sehen und Glauben im Johannesevangelium, in: Neues Testament und Geschichte (FS O. Cullmann), hg. v. *H. Baltensweiler/B. Reicke,* Zürich/Tübingen 1972, 125–141.

– Das Glaubensverständnis im Johannesevangelium, in: Glaube und Eschatologie (FS W. G. Kümmel), hg. *E. Gräßer/O. Merk,* Tübingen 1985, 51–69.

Hainz, J., Neuere Auffassungen zur Redaktionsgeschichte des Johannesevangeliums, in: *ders.* (Hg.), Theologie im Werden, Paderborn 1992, 157–176.

Habermann, J.: Präexistenzaussagen im Neuen Testament, EHS 362, Frankfurt 1990.

Hammes, A., Der Ruf ins Leben. Eine theologisch-hermeneutische Untersuchung zur Eschatologie des Johannesevangeliums mit einem Ausblick auf ihre Wirkungsgeschichte, BBB 112, Bodenstein 1997.

Hanson, A. T., The Prophetic Gospel, Edinburgh 1991.

Harstine, S., Moses as a Character in the Fourth Gospel, JSNT.S 229, Sheffield 2002.

Hartingsveld, L. van, Die Eschatologie des Johannesevangeliums, Assen 1962.

Hartmann, L./Olsson, B. (Hg.), Aspects on the Johannine Literature, CB 18, Uppsala 1987.

Hasitschka, M., Befreiung von Sünde nach dem Johannesevangelium, ITS 28, Innsbruck 1989.

Hasler, V., Glauben und Erkennen im Johannesevangelium, EvTh 50 (1990), 279–296.

Heekerens, H. P., Die Zeichen-Quelle der johanneischen Redaktion. Ein Beitrag zur Entstehungsgeschichte des vierten Evangeliums, Diss. theol., Heidelberg 1978.

– Die Zeichen-Quelle der johanneischen Redaktion, SBS 113, Stuttgart 1984.

Hegermann, H., Er kam in sein Eigentum, in: Der Ruf Jesu und die Antwort der Gemeinde (FS J. Jeremias), hg. v. E. Lohse u. a., Göttingen 1970, 112–131.

Heil, J. P., Blood and Water. The Death and Resurrection of Jesus in John 18–21, CBQ.MS 27, Washington 1995.

Heilmann, J., Wein und Blut. Das Ende der Eucharistie im Johannesevangelium und dessen Konsequenzen, BWANT 204, Stuttgart 2014.

Heise, J., Bleiben. Menein in den Johanneischen Schriften, HUTh 8, Tübingen 1967.

Hengel, M., Die Schriftauslegung des 4. Evangeliums auf dem Hintergrund der urchristlichen Exegese, JBTh 4 (1989), 249–288.

– Die johanneische Frage, WUNT 67, Tübingen 1993.

– Das Johannesevangelium als Quelle des antiken Judentums, in: *ders.,* Judaica, Hellenistica et Christiana, WUNT 109, Tübingen 1999, 293–334.

Hergenröder, C., Wir schauten seine Herrlichkeit. Das johanneische Sprechen vom Sehen im Horizont von Selbsterschließung Jesu und Antwort des Menschen, fzb 80, Würzburg 1996.

Heyden, W. v., Doketismus und Inkarnation, TANZ 58, Tübingen 2014.

Hirsch, E., Studien zum vierten Evangelium, BHTh 11, Tübingen 1936.

Hoegen-Rohls, Chr., Der nachösterliche Johannes. Die Abschiedsreden als hermeneutischer Schlüssel zum vierten Evangelium, WUNT 2.84, Tübingen 1996.

Hofbeck, S., Semeion, MüSt 3, Münsterschwarzach 1966.

Hofius, O./Kammler, H. Chr., Johannesstudien, WUNT 88, Tübingen 1996.

Hofrichter, P., Im Anfang war der »Johannesprolog«, BU 17, Regensburg 1986.

– Modell und Vorlage der Synoptiker. Das vorredaktionelle »Johannesevangelium«, Hildesheim 1997.

– Für und Wider die Priorität des Johannesevangeliums, Hildesheim 2002.

Hurtado, L. W., Lord Jesus Christ. Devotion to Jesus in Earliest Christianity, Grand Rapids 2003.

Hunt, St. A./Tolmie, Fr. D./Zimmermann, R. (Hg.), Character Studies in the Fourth Gospel, WUNT 314, Tübingen 2013.

Ibuki, Y., Die Wahrheit im Johannesevangelium, BBB 39, Bonn 1972.

– Auf dem Wege zum Sinn der johanneischen Evangelienform, BSU 13 (1977), 44–59.

– Die Doxa des Gesandten, AJBL 14 (1988), 38–81.

Jeremias, J., Jerusalem zur Zeit Jesu, Göttingen ³1962.

– Die Abendmahlsworte Jesu, Göttingen ⁴1967.

Jonge, M. de (Hg.), L'Évangile de Jean, BEThL 44, Leuven 1977.

– Christologie im Kontext, Neukirchen 1995.

Käsemann, E., Jesu letzter Wille nach Johannes 17, Tübingen ⁴1980.

Kaestli, J. D./Poffet, J. M./Zumstein, J. (Hg.), La communité johannique et son histoire, Genf 1990.

Karrer, M., Der Gesalbte. Die Grundlagen des Christustitels, FRLANT 151, Göttingen 1990.

– Jesus Christus im Neuen Testament, GNT 11, Göttingen 1998.

Kertelge, K. (Hg.), Der Prozess gegen Jesus, QD 112, Freiburg ²1988.

Kierspel, L., The Jews and the World in the Fourth Gospel, WUNT 200, Tübingen 2006.

Kinlaw, P., The Christ is Jesus, Atlanta 2005.

Kirchschläger, P. G., Nur ich bin die Wahrheit. Der Absolutheitsanspruch des johanneischen Christus und das Gespräch zwischen den Religionen, HBS 63, Freiburg 2010.

Klaiber, W., Die Aufgabe einer theologischen Interpretation des 4. Evangeliums, ZThK 82 (1985), 300–324.

Klos, H., Die Sakramente im Johannesevangelium, SBS 46, Stuttgart 1970.

Knöppler, Th., Die theologia crucis des Johannesevangeliums, WMANT 69, Neukirchen 1994.

Koester, C. R., Symbolism in the Fourth Gospel, Minneapolis 1995.

Kohler, H., Kreuz und Menschwerdung im Johannesevangelium, AThANT 72, Zürich 1987.

Korting, G., Die esoterische Struktur des Johannesevangeliums I.II, BU 25, Regensburg 1994.

Köster, H., Ein Jesus und vier ursprüngliche Evangeliumsgattungen, in: *H. Köster/J. M. Robinson,* Entwicklungslinien durch die Welt des frühen Christentums, Tübingen 1971, 147–190.

– Einführung in das Neue Testament, Berlin 1980.

Kotila, M., Umstrittener Zeuge. Studien zur Stellung des Gesetzes in der johanneischen Theologiegeschichte, AASF.DHL 48, Helsinki 1988.

Kragerud, A., Der Lieblingsjünger im Johannesevangelium, Oslo 1959.

Kraus, W., Johannes und das Alte Testament, ZNW 88 (1997), 1–23.

Kremer, J., Die Osterevangelien, Stuttgart ²1981.

Kügler, J., Der Jünger, den Jesus liebte, SBB 16, Stuttgart 1988.

– Der andere König. Religionsgeschichtliche Anmerkungen zum Jesusbild des Johannesevangeliums, ZNW 88 (1997), 223–241.

Kühschelm, R., Verstockung, Gericht und Heil. Exegetische und bibeltheologische Untersuchung zum sogenannten »Dualismus« und »Determinismus« in Joh 12,35–50, BBB 76, Frankfurt 1990.

Kümmel, W. G., Einleitung in das Neue Testament, Heidelberg ³1978.

– Die Theologie des Neuen Testaments nach seinen Hauptzeugen, GNT 3, Göttingen ³1976.

Kundsin, K., Topologische Überlieferungsstoffe im Johannes-Evangelium, FRLANT 39, Göttingen 1925.

Kysar, R., John. The Maverick Gospel, Louisville ²1993.

Labahn, M., Jesus als Lebensspender. Untersuchungen zu einer Geschichte der johanneischen Tradition anhand ihrer Wundergeschichten. BZNW 98, Berlin 1999.

– Offenbarung in Zeichen und Wort, WUNT 2.117, Tübingen 2000.

Lang, M., Johannes und die Synoptiker. Eine redaktionsgeschichtliche Analyse von Joh 18–20 vor dem markinischen und lukanischen Hintergrund, FRLANT 182, Göttingen 1999.

Langbrandtner, W., Weltferner Gott oder Gott der Liebe, BET 6, Frankfurt 1977.

Lattke, M., Einheit im Wort, StANT 41, München 1975.

Lee, D. A., The Symbolic Narratives of the Fourth Gospel, JSNT.S 95, Sheffield 1994.

Leidig, E., Jesu Gespräch mit der Samaritanerin und weitere Gespräche im Johannesevangelium, ThDiss 15, Basel 1979.

Léon-Dufour, X., Autour du ΣΗΜΕΙΟΝ Johannique, in: Die Kirche des Anfangs (FS H. Schürmann), hg. v. *J. Ernst* u. *J. Wanke,* Freiburg 1978, 363–377.

– Abendmahl und Abschiedsrede im Neuen Testament, Stuttgart 1983.

Leroy, H., Rätsel und Mißverständnis, BBB 30, Bonn 1968.

Lindars, B., Behind the Fourth Gospel, London 1971.

Lindemann, A., Gemeinde und Welt im Johannesevangelium, in: Kirche (FS G. Bornkamm), hg. v. *D. Lührmann* u. *G. Strecker,* Tübingen 1980, 133–161.

– Moses und Jesus Christus. Zum Verständnis des Gesetzes im Johannesevangelium, in: Das Urchristentum in seiner literarischen Geschichte (FS J. Becker), hg. v. *U. Mell* u. *U. B. Müller,* BZNW 100, Berlin 1999, 309–334.

Lips, H. v., Weisheitliche Traditionen im Neuen Testament, WMANT 64, Neukirchen 1990.

– Anthropologie und Wunder im Johannesevangelium, EvTh 50 (1990), 296–311.

Loader, W. R. G., The Christology of the Fourth Gospel, BET 23, Frankfurt ²1992.

– Jesus in John's Gospel, Grand Rapids 2016.

Lohmeyer, E., Über Aufbau und Gliederung des vierten Evangeliums, ZNW 27 (1928), 11–36.

Lona, H. E., Glaube und Sprache des Glaubens im Johannesevangelium, BZ 28 (1984), 168–184.

Lorenzen, T., Der Lieblingsjünger im Johannesevangelium, SBS 55, Stuttgart 1971.

Martyn, J. L., History and Theology in the Fourth Gospel, in: Jesus and Man's Hope I, Pittsburgh 1970, 247–273.

– History and Theology in the Fourth Gospel, Nashville²1979.

McGrath, J. F., John's Apologetic Christology. Legitimation and Development in Johannine Christology, MSSNTS 111, Cambridge 2001.

Meeks, W. A., The Prophet–King. Moses Traditions and the Johannine Christology, NT.S 14, Leiden 1967.

– Die Funktion des vom Himmel herabgestiegenen Offenbarers für das Selbstverständnis der johanneischen Gemeinde, in: *ders.* (Hg.), Zur Soziologie des Urchristentums, TB 62, München 1979, 245–283.

Mees, M., Die frühe Rezeptionsgeschichte des Johannesevangeliums, fzb 72, Würzburg 1994.

Menken, M. J. J., Numerical Literary Techniques in John, NT.S 55, Leiden 1985.

– Old Testament Quotations in the Fourth Gospel, BET 15, Kampen 1996.

Metzner, R., Das Verständnis der Sünde im Johannesevangelium, WUNT 122, Tübingen 2000.

– Vollmacht im Johannesevangelium, NT 45 (2003), 22–44.

Miranda, J. P., Der Vater, der mich gesandt hat, EHS.T 7, Frankfurt 1972.

– Die Sendung Jesu im vierten Evangelium, SBS 87, Stuttgart 1977.

Mlakuzhyil, G., The Christocentric Literary Structure of the Fourth Gospel, AnBib 117, Rom 1987.

Mohr, T. A., Markus- und Johannespassion, AThANT 70, Zürich 1982.

Moser, M., Schriftdiskurse im Johannesevangelium, WUNT 2.380, Tübingen 2014.

Müller, K., Möglichkeit und Vollzug jüdischer Kapitalgerichtsbarkeit im Prozeß gegen Jesus von Nazareth, in: *K. Kertelge* (Hg.), Der Prozeß gegen Jesus, 41–83.

Müller, U. B., Die Geschichte der Christologie in der johanneischen Gemeinde, SBS 77, Stuttgart 1975.

– Die Bedeutung des Kreuzestodes Jesu im Johannesevangelium, KuD 21 (1975), 49–71.

– Die Menschwerdung des Gottessohnes. Frühchristliche Inkarnationsvorstellungen und die Anfänge des Doketismus, SBS 140, Stuttgart 1990.

– Zur Eigentümlichkeit des Johannesevangeliums. Das Problem des Todes Jesu, ZNW 88 (1997), 24–55.

Mußner, F., ΖΩΗ. Die Anschauung vom Leben im vierten Evangelium, MThS I/5, München 1952.

– Die johanneische Sehweise, QD 28, Freiburg 1965.

– ›Kultische Aspekte‹ im johanneischen Christusbild, in: *ders.,* Praesentia salutis, Düsseldorf 1967, 133–145.

Myllykoski, M., The Material Common to Luke and John, in: Luke-Acts, SESJ 54, Helsinki/Göttingen 1991, 115–156.

– Die letzten Tage Jesu. Markus, Johannes, ihre Traditionen und die historische Frage I.II., AASF.B 256.272, Helsinki 1991.1994.

Nagel, T., Die Rezeption des Johannesevangeliums im 2. Jahrhundert, ABG 2, Leipzig 2000.

Neirynck, F., Jean et les synoptiques, BEThL 49, Leuven 1979.

– Evangelica. Collected Essays, BEThL 60, Leuven 1982.

– Evangelica II. Collected Essays, BEThL 99, Leuven 1991.

Neuenschwander, B., Mystik im Johannesevangelium, BIS 31, Leiden 1998.

Neugebauer, F., Die Entstehung des Johannesevangeliums, AzTh I/36, Stuttgart 1968.

Nicklas, T., Ablösung und Verstrickung. »Juden« und Jüngergestalten als Charaktere der erzählten Welt des Johannesevangeliums und ihre Wirkung auf den impliziten Leser, RSTh 60, Frankfurt 2001.

Nicol, W., The Semeia in the Fourth Gospel, NT.S 32, Leiden 1972.

Nissen, J./Pedersen, S., New Readings in John, JSNT.S 182, Sheffield 1999.

Noack, B., Zur johanneischen Tradition, LSSk.T 3, Kopenhagen 1954.

Obermann, A., Die christologische Erfüllung der Schrift im Johannesevangelium, WUNT 2.83, Tübingen 1996.

Odeberg, H., The Fourth Gospel, Amsterdam 1974 (= 1929).

Onuki, T., Die johanneischen Abschiedsreden und die synoptische Tradition, AJBI 3 (1977), 157–268.

– Zur literatursoziologischen Analyse des Johannesevangeliums, AJBI 8 (1982), 162–216.

– Gemeinde und Welt im Johannesevangelium, WMANT 56, Neukirchen 1984.

Olsson, B., Structure and Meaning in the Fourth Gospel, CB.NT 6, Lund 1974.

Osten-Sacken, P. v. d., Leistung und Grenze der johanneischen theologia crucis, EvTh 36 (1976), 154–176.

Østenstad, G., Patterns of Redemption in the Fourth Gospel. An Experiment in Structural Analysis, SBEC 38, Lewiston 1998.

Overbeck, F., Das Johannesevangelium. Studien zur Kritik seiner Erforschung, hg. v. *C. A. Bernoulli,* Tübingen 1911.

Painter, J., The Quest for the Messiah, Edinburgh ²1993.

Pancaro, S., The Law in the Fourth Gospel, NT.S 42, Leiden 1975.

Pokorný, P., Der irdische Jesus im Johannesevangelium, NTS 30 (1984), 217–228.

Popkes, E. E., Die Theologie der Liebe Gottes in den johanneischen Schriften, WUNT 197, Tübingen 2005.

Popp, Th., Grammatik des Geistes. Literarische Kunst und theologische Konzeption in Johannes 3 und 6, ABG 3, Leipzig 2001.

Porsch, F., Pneuma und Wort, FTS 16, Frankfurt 1974.

Porter, S. E./Evans, C. A. (Hg.), The Johannine Writings, Sheffield 1995.

Rahner, J., »Er aber sprach vom Tempel seines Leibes«. Jesus von Nazareth als Ort der Offenbarung Gottes im vierten Evangelium, BBB 117, Bodenheim 1998.

Rebell, W., Gemeinde als Gegenwelt. Zur soziologischen und didaktischen Funktion des Johannesevangeliums, BET 20, Frankfurt 1987.

Reim, G., Jochanan. Erweiterte Studien zum alttestamentlichen Hintergrund des Johannesevangeliums, Erlangen 1995.

Reinbold, W., Der älteste Bericht über den Tod Jesu, BZNW 69, Berlin 1994.

Reinhartz, A., The Word in the World, SBL.MS 45, Atlanta 1992.

Rengstorf, K. H. (Hg.), Johannes und sein Evangelium, Darmstadt 1973.

Resseguie, J. L., The Strange Gospel. Narrative Design and Point of View in John, BIS 56, Leiden 2001.

Rhea, R., The Johannine Son of Man, AThANT 76, Zürich 1990.

Richter, G., Studien zum Johannesevangelium, hg. v. *J. Hainz,* BU 13, Regensburg 1977.

Riedl, H., Zeichen und Herrlichkeit. Die christologische Relevanz der Semeiaquelle in den Kanawundern Joh 2,1–11 und Joh 4,46–54, RSTh 51, Frankfurt 1997.

Riedl, J., Das Heilswerk Jesu nach Johannes, FThSt 93, Freiburg 1973.

Riesner, R., Bethanien jenseits des Jordan. Topographie und Theologie im Johannes-Evangelium, Gießen 2002.

Rinke, J., Kerygma und Autopsie: Der christologische Disput als Spiegel johanneischer Gemeindegeschichte, HTS 12, Freiburg 1997.

Rissi, M., Der Aufbau des vierten Evangeliums, NTS 29 (1983), 48–54.

Robinson, J. M., Die johanneische Entwicklungslinie, in: *H. Köster* u. *J. M. Robinson,* Entwicklungslinien durch die Welt des frühen Christentums, Tübingen 1971, 216–250.

Röhl, W. G., Die Rezeption des Johannesevangeliums in christlich-gnostischen Schriften aus Nag Hammadi, EHS.T 428, Frankfurt 1991.

Röhser, G., Prädestination und Verstockung, TANZ 14, Tübingen 1994.

Ruckstuhl, E., Die literarische Einheit des Johannesevangeliums, NTOA 5, Freiburg (H)/Göttingen ²1987.

– Jesus im Horizont der Evangelien, SBAB 3, Stuttgart 1988.

Ruckstuhl, E./Dschulnigg, P., Stilkritik und Verfasserfrage im Johannesevangelium, NTOA 17, Freiburg (H)/Göttingen 1991.

Rüsen, J. (Hg.), Geschichtsbewußtsein, Köln/Weimar 2001.

Ruiz, M. R., Der Missionsgedanke des Johannesevangeliums, fzb 55, Würzburg 1987.

Sabbe, M., Studia Neotestamentica. Collected Essays, BEThL 98, Leuven 1991.

Sasse, M., Der Menschensohn im Evangelium nach Johannes, TANZ 35, Tübingen 2000.

Schenk, W., Kommentiertes Lexikon zum vierten Evangelium, Lewiston 1993.

Schenke, H. M., Die neutestamentliche Christologie und der gnostische Erlöser, in: Gnosis und Neues Testament, hg. v. *K. W. Tröger,* Berlin 1973, 205–229.

Schenke, L., Der ›Dialog mit den Juden‹ im Johannesevangelium: Ein Rekonstruktionsversuch, NTS 34 (1988), 573–603.

– Das Johannesevangelium, Stuttgart 1992.

– Christologie als Theologie, in: Von Jesus zum Christus (FS P. Hoffmann), hg. v. *R. Hoppe* u. *U. Busse,* BZNW 93, Berlin 1998, 445–465.

Schille, G., Traditionsgut im vierten Evangelium, ThV XII, Berlin 1981, 77–89.

Schmithals, W., Johannesevangelium und Johannesbriefe, BZNW 64, Berlin 1992.

Schnackenburg, R., Das Johannesevangelium als hermeneutische Frage, NTS 13 (1966/67), 197–210.

– Das Johannesevangelium. Ergänzende Auslegungen und Exkurse, HThK IV/4, Freiburg 1984.

– Die bleibende Präsenz Jesu Christi nach Johannes, in: Praesentia Christi (FS J. Betz), hg. v. *L. Lies,* Düsseldorf 1984, 50–63.

– Die Johannesbriefe, HThK XIII/3, Freiburg ⁶1979.

– Die Person Jesu Christi im Spiegel der vier Evangelien, HThK.S 4, Freiburg 1993.

– Ephesus: Entwicklung einer Gemeinde von Paulus zu Johannes, BZ 35 (1991), 41–64.

– »Der Vater, der mich gesandt hat«. Zur johanneischen Christologie, in: Anfänge der Christologie (FS F. Hahn). hg. v. *C. Breytenbach/H. Paulsen,* Göttingen 1991, 275–291.

Schnelle, U., Antidoketische Christologie im Johannesevangelium, FRLANT 137, Göttingen 1987 (ET: Antidocetic Christology in the Fourth Gospel, Minneapolis 1992).

– Paulus und Johannes, EvTh 47 (1987), 212–228.

– Perspektiven der Johannesexegese, SNTU 15 (1990), 59–72.

– Johanneische Ekklesiologie, NTS 37 (1991), 37–50.

– Neutestamentliche Anthropologie, BThSt 18, Neukirchen 1991 (ET: The Human Condition. Anthropology in the Teachings of Jesus, Paul, and John, Edinburgh/Minneapolis 1996).

– Johannes und die Synoptiker, in: The Four Gospels (FS F. Neirynck), hg. v. *F. van Segbroeck* u. a., BEThL C, Leuven 1992, 1799–1814.

– Einleitung in das Neue Testament, UTB 1830, Göttingen ⁸2013 (ET: The History and Theology of the New Testament Writings, London/Minneapolis 1998).

– Die johanneische Schule, in: Bilanz und Perspektiven gegenwärtiger Auslegung des Neuen Testaments (FS G. Strecker), hg. v. *F. W. Horn,* BZNW 75, Berlin 1995, 198–217.

– Johannes als Geisttheologe, NT XL (1998), 17–31.

– Paulus. Leben und Denken, Berlin ²2014.

– Theologie als kreative Sinnbildung: Johannes als Weiterbildung von Paulus und Markus, in: Johannesevangelium – Mitte oder Rand des Kanons?, hg. v. *Th. Söding,* 119–145.

– Ein neuer Blick. Tendenzen gegenwärtiger Johannesforschung, BThZ 16 (1999) 21–40.

– Historische Anschlußfähigkeit. Zum hermeneutischen Horizont von Geschichts– und Traditionsbildung, in: Kontexte des Johannesevangeliums, hg. v. *J. Frey/U. Schnelle,* 47–78.

– Theologie des Neuen Testaments, Göttingen ²2014.

– Die ersten 100 Jahre des Christentums (30–130 n. Chr.). Die Entstehungsgeschichte einer Weltreligion, Göttingen 2015.

Schnider, F./Stenger, W., Johannes und die Synoptiker, München 1971.

Scholtissek, K., Mystagogische Christologie im Johannesevangelium?, GuL 68 (1995), 412–426.

– Kinder Gottes und Freunde Jesu. Beobachtungen zur johanneischen Ekklesiologie, in: Ekklesiologie des Neuen Testaments (FS K. Kertelge), hg. v. *R. Kampling/Th. Söding,* Freiburg 1996, 184–211.

– Ironie und Rollenwechsel im Johannesevangelium, ZNW 89 (1998), 235–255.

– In ihm sein und bleiben. Die Sprache der Immanenz in den johanneischen Schriften, HBS 21, Freiburg 2000.

Schottroff, L., Heil als innerweltliche Entweltlichung, NT 11 (1969), 294–317.
– Der Glaubende und die feindliche Welt, WMANT 37, Neukirchen 1970.
Schreiber, St., Gesalbter und König, BZNW 105, Berlin 2000.
Schreiber, St./Stimpfle, A. (Hg.), Johannes aenigmaticus (FS H. Leroy), BU 29, Regensburg 2000.
Schröter, J., Sterben für die Freunde. Überlegungen zur Deutung des Todes Jesu im Johannesevangelium, in: Religionsgeschichte des Neuen Testaments (FS K. Berger), hg. v. *A. v. Dobbeler/K. Erlemann/R. Heiligenthal,* Tübingen 2000, 263–287.
Schuchard, B. G., Scripture within Scripture, SBL.DS 133, Atlanta 1992.
Schultheiss, T., Das Petrusbild im Johannesevangelium, WUNT 2.329, Tübingen 2012.
Schulz, S., Untersuchungen zur Menschensohn-Christologie im Johannesevangelium, Göttingen 1957.
– Komposition und Herkunft der Johanneischen Reden, BWANT V/1, Stuttgart 1960.
Schwankl, O., Licht und Finsternis, HBS 5, Freiburg 1995.
Schwartz, E., Aporien im vierten Evangelium, NGWG.PH (1907) 342–372; (1908) 115–148. 149–188.497–560.
Schweizer, E., EGO EIMI, FRLANT 38, Göttingen ²1965.
– Zum religionsgeschichtlichen Hintergrund der ›Sendungsformel‹ Gal 4,4 f., Röm 8,3 f., Joh 3,16 f., 1Joh 4,9, in: *ders.,* Beiträge zur Theologie des Neuen Testaments, Zürich 1970, 83–95.
Schwindt, R., Gesichte der Herrlichkeit. Eine exegetisch-traditionsgeschichtliche Studie zur paulinischen und johanneischen Christologie, HBS 50, Freiburg 2007.
Scott, M., Sophia and the Johannine Jesus, JSNT.S 71, Sheffield 1992.
Segbroeck, F. van u. a. (Hg.), The Four Gospels I.II.III (FS F. Neirynck), BEThL 100, Leuven 1992.
Segovia, F. F. (Hg.), »What is John?« Readers and Readings of the Fourth Gospel, Atlanta/Georgia 1996.
Sherwin–White, A. N., Roman Society and Roman Law in the New Testament, Oxford 1963.
Smalley, S., John: Evangelist and Interpreter, Exeter 1983.
Smith, D. M., The Composition and Order of the Fourth Gospel, New Haven/London 1965.
– Johannine Christianity. Essays, Columbia 1984.
– The Theology of the Gospel of John, Cambridge 1995.
Söding, Th., »Was kann aus Nazareth schon Gutes kommen?« (Joh 1,46). Die Bedeutung des Judeseins Jesu im Johannesevangelium, NTS 46 (2000), 21–41.
– »Ich und der Vater sind eins« (Joh 10,30). Die johanneische Christologie vor dem Anspruch des Hauptgebotes Dtn 6,4 f, ZNW 93 (2002), 177–199.
– (Hg.), Johannesevangelium – Mitte oder Rand des Kanons?, QD 203, Freiburg 2003.
Spitta, F, Das Johannesevangelium als Quelle der Geschichte Jesu, Göttingen 1910.
Stählin, G., Zum Problem der johanneischen Eschatologie, ZNW 33 (1934), 225–259.
Stählin, W., Das johanneische Denken, Witten 1954.
Stegemann, E. u. W., König Israels, nicht König der Juden? Jesus als König Israels im Johannesevangelium, in: *E. Stegemann* (Hg.), Messias-Vorstellungen bei Juden und Christen, Stuttgart 1993, 41–56.
Stegemann, H., Die Essener, Qumran, Johannes der Täufer und Jesus, Freiburg 1993.
Stibbe, M. W. G., John as Storyteller, MSSNTS 73, Cambridge 1992.
– (Hg.), The Gospel of John as Literature, NTTS 17, Leiden 1993.
– John's Gospel, London 1994.
Stimpfle, A., Blinde sehen. Die Eschatologie im traditionsgeschichtlichen Prozeß des Johannesevangeliums, BZNW 57, Berlin 1990.
Stowasser, M., Johannes der Täufer im Vierten Evangelium, ÖBS 12, Klosterneuburg 1992.
Straub, E., Der Irdische als der Auferstandene. Kritische Theologie bei Johannes ohne ein Wort vom Kreuz, in: Kreuzestheologie im Neuen Testament, hg. v. *A. Dettwiler/J. Zumstein,* WUNT 151, Tübingen 2002, 239–264.
Strecker, G., Die Anfänge der johanneischen Schule, NTS 32 (1986), 31–47.
– Die Johannesbriefe, KEK 14, Göttingen 1989.
– Literaturgeschichte des Neuen Testaments, UTB 1682, Göttingen 1992.

- Chiliasmus und Doketismus in der Johanneischen Schule, KuD 38 (1992), 30–46.
- Theologie des Neuen Testaments, hg. v. *F. W. Horn,* Berlin 1996.
Taeger, J. W., Johannesapokalypse und johanneischer Kreis, BZNW 51, Berlin 1988.
Teeple, H. M., The Literary Origin of the Gospel of John, Evanton 1974.
Theißen, G., Urchristliche Wundergeschichten, StNT 8, Gütersloh 1974.
- Die Religion der ersten Christen. Eine Theorie des Urchristentums, Gütersloh 2000.
Theobald, M., Die Fleischwerdung des Logos, NTA 20, Münster 1988.
- Gott, Logos und Pneuma. ›Trinitarische‹ Rede von Gott im Johannesevangelium, in: Monotheismus und Christologie, hg. v. *H.-J. Klauck,* QD 138, Freiburg 1992, 41–87.
- Herrenworte im Johannesevangelium, HBS 34, Freiburg 2002.
Thompson, M. M., The Incarnate Word. Perspectives on Jesus in the Fourth Gospel, Peabody (Mass.) 1993.
- The God of the Gospel of John, Grand Rapids 2001.
Thüsing, W., Die Erhöhung und Verherrlichung Jesu im Johannesevangelium, NTA XXI/1.2, Münster [3]1979.
Thyen, H., »… denn wir lieben die Brüder« (1Joh 3,14), in: Rechtfertigung (FS E. Käsemann), hg. v. *J. Friedrich* u. a., Tübingen 1976, 527–542.
- Entwicklungen innerhalb der johanneischen Theologie und Kirche im Spiegel von Joh 21 und der Lieblingsjüngertexte des Evangeliums, in: *M. de Jonge* (Hg.), L'Évangile de Jean, 259–299.
- Art. Johannesevangelium, TRE 17 (1987), 200–225.
- Art. Johannesbriefe, TRE 17 (1987), 186–200.
- Das Johannesevangelium als literarisches Werk, in: *D. Neuhaus* (Hg.), Teufelskinder oder Heilsbringer – die Juden im Johannesevangelium, Frankfurt [2]1993, 112–132.
- Johannes und die Synoptiker, in: John and the Synoptics, hg. v. *A. Denaux,* BEThL 101, Leuven 1992, 81–107.
- Studien zum Corpus Iohanneum, WUNT 214, Tübingen 2007.
Tilborg, S. van, Imaginative Love in John, BINS 2, Leiden 1993.
- Reading John in Ephesus, NT.S 83, Leiden 1996.
Tröger, K. W., Doketische Christologie in Nag-Hammadi-Texten, Kairos 19 (1977), 45–52.
Trumbower, J. A., Born from Above, HUTh 29, Tübingen 1992.
Urban, Chr., Das Menschenbild nach dem Johannesevangelium, WUNT 2.137, Tübingen 2001.
Vielhauer, Ph., Geschichte der urchristlichen Literatur, Berlin 1975.
Volz, P., Die Eschatologie der jüdischen Gemeinde, Hildesheim 1966 (= 1934).
Wahlde, U. C. v., The Earliest Version of John's Gospel. Recovering the Gospel of Signs, Wilmington 1989.
Walter, N., Die Auslegung überlieferter Wundererzählungen im Johannes-Evangelium, ThV II, Berlin 1970, 93–107.
- Glaube und irdischer Jesus im Johannesevangelium, StEv VII, Berlin 1982, 547–552.
Watt, J. G. van der, Family of the King. Dynamics of Metaphor in the Gospel according to John, BIS 47, Leiden 2000.
Weder, H., Einblicke ins Evangelium, Göttingen 1992.
Wehr, L., Arznei der Unsterblichkeit. Die Eucharistie bei Ignatius von Antiochien und im Johannesevangelium, NTA 18, Münster 1987.
Welck, Chr., Erzählte Zeichen, WUNT 2.69, Tübingen 1994.
Wellhausen, J., Erweiterungen und Änderungen im vierten Evangelium, Berlin 1907.
Wendt, H. H., Das Johannesevangelium, Göttingen 1900.
Wengst, K., Bedrängte Gemeinde und verherrlichter Christus, München [4]1992.
Westermann, C., Das Johannesevangelium aus der Sicht des Alten Testaments, Stuttgart 1994.
Weyer-Menkhoff, K., Die Ethik des Johannesevangeliums im sprachlichen Feld des Handelns, WUNT 2.359, Tübingen 2014.
Wiefel, W., Die Scheidung von Gemeinde und Welt im Johannesevangelium auf dem Hintergrund der Trennung von Kirche und Synagoge, ThZ 35 (1979), 213–227.

Wilckens, U., Christus traditus se ipsum tradens. Zum johanneischen Verständnis des Kreuzestodes Jesu, in: *ders.,* Der Sohn Gottes und seine Gemeinde. Studien zur Theologie der Johanneischen Schriften, FRLANT 200, Göttingen 2003, 29–55.

– Zum Kirchenverständnis der johanneischen Schriften, a. a. O., 56–88.

Wilkens, W., Die Entstehungsgeschichte des vierten Evangeliums, Zürich 1958.

– Evangelist und Tradition im Johannesevangelium, ThZ 16 (1960), 81–90.

– Zeichen und Werke, AThANT 55, Zürich 1969.

Windisch, H., Der johanneische Erzählungsstil, in: Eucharisterion II (FS H. Gunkel), hg. v. *H. Schmidt,* FRLANT 36, Göttingen 1923, 174–213.

– Johannes und die Synoptiker, UNT 12, Leipzig 1926.

Wrede, W., Charakter und Tendenz des Johannesevangeliums, SGV 37, Tübingen ²1933.

Zeilinger, F., Die sieben Zeichenhandlungen Jesu im Johannesevangelium, Stuttgart 2011.

Zimmermann, R., Christologie der Bilder im Johannesevangelium, WUNT 171, Tübingen 2004.

– Remembering the Future. Eschatology in the Letters of John, in: *J. G. van der Watt* (Hg.), Eschatology of the New Testament and some Related Documents, WUNT 2.315, Tübingen 2011, 514–533.

– (Hg.), Kompendium der frühchristlichen Wundererzählungen I: Die Wunder Jesu, Gütersloh 2013.

Zumstein, J., Der Prozess der Relecture in der johanneischen Literatur, NTS 42 (1996), 394–411.

– Zur Geschichte des johanneischen Christentums, ThLZ 122 (1997), 417–428.

– Das Johannesevangelium: Eine Strategie des Glaubens, ThBeitr. 28 (1997), 350–363.

– Kreative Erinnerung. Relecture und Auslegung im Johannesevangelium, Zürich 1999.

Einleitung[*]

§ 1 Die johanneische Schule

Das Johannesevangelium verdankt seine Jetztgestalt einer überragenden theologischen Persönlichkeit. Sie gehörte zu einer Gemeinschaft, die in besonderer Weise das Christusgeschehen bedachte, der *johanneischen Schule*.[1] Auf die Existenz einer joh. Schule[2] weisen zunächst die theologischen Übereinstimmungen zwischen den drei Johannesbriefen und dem Evangelium hin: a) die Einheit von Vater und Sohn (2Joh 9; 1Joh 1,3; 2,22 ff; 4,14; Joh 5,20; 10,30.38; 14,10 u. ö.); b) die Fleischwerdung Jesu Christi (2Joh 7; 1Joh 4,2; Joh 1,14); c) der Dualismus zwischen Gott und Welt (2Joh 7; 1Joh 2,15–17; 4,3–6; Joh 14–17); d) ›aus Gott gezeugt sein‹ (1Joh 2,29; 3,9; 4,7; Joh 1,13; 3,3 ff); e) das ›Erkennen‹ Gottes (1Joh 2,3–5.13 f; 3,1.6; 4,6–8; Joh 1,10; 8,55; 14,7; 16,3 u. ö.); f) das ›Bleiben‹ in Gott, in Jesus, in der Wahrheit und in der Lehre (2Joh 2.9; 1Joh 2,6.24.27; 4,12–15; Joh 8,31; 14,10.17; 15,4–10); g) Wasser und Blut Jesu Christi (1Joh 5,6–8; Joh 19,34 f); h) das Gebot der Liebe (2Joh 4–6; 1Joh 2,7 f; 3,11; Joh 13,34 f); i) ›aus der Wahrheit sein‹, ›die Wahrheit erkennen‹ (2Joh 1; 3Joh 3.8; 1Joh 2,21; 3,19; Joh 8,32; 18,37); j) ›aus Gott sein‹ (3Joh 11; 1Joh 3,10; 4,1–6; Joh 8,47); k) Das Halten der Gebote (1Joh 2,3 f; 3,22.24; 5,2 f; Joh 14,15.21.23; 15,10). Als zweites Indiz für eine joh. Schule müssen die Gemeinsamkeiten in der Sprache zwischen den drei Johannesbriefen und dem Evangelium gelten.[3] Sie weisen über den Idiolekt der einzel-

---

[*] Literatur: *Barrett, C. K.:* Joh, 21–172; *Beasley-Murray, G. R.:* John, XXXII–XCII; *Becker, J.:* Joh I, 27–78; *Beutler, J.:* Joh, 47–74; *Broer, I./ Weidemann, H.-U.:* Einleitung in das Neue Testament, Würzburg ³2010, 189–241; *Brown, R. E.:* An Introduction to the Gospel of John, New York 2003; *Carson, D. A.:* John, 21–104; *Haenchen, E.:* Joh 1–109; *Keener, C. S.:* John I, 3–330; *Kügler, J.:* Das Johannesevangelium, in: *M. Ebner/St. Schreiber* (Hg.), Einleitung in das Neue Testament, Stuttgart ²2013, 210–231; *Schnackenburg, R.:* Joh I, 2–196; *Schnelle, U.:* Einleitung, 550–594; *Theobald, M.:* Joh I, 13–99; *Zumstein, J.:* Joh, 29–62.

[1] Vgl. dazu *R. A. Culpepper,* The Johannine School, SBL DS 26, Missoula 1975; *O. Cullmann,* Der johanneische Kreis, passim; *E. Schüssler-Fiorenza,* The Quest for the Johannine School: The Apocalypse and the Fourth Gospel, NTS 23 (1977), 402–427; *R. E. Brown,* Ringen um Gemeinde, Salzburg 1982, 73–112; *U. Schnelle,* Die johanneische Schule, passim; *F. Vouga,* The Johannine School: A Gnostic Tradition in Primitive Christianity?, Bib 69 (1988), 371–385; *M. Hengel,* Die johanneische Frage, 219 ff.275 ff; *J. Zumstein,* Zur Geschichte des johanneischen Christentums, in: *ders.,* Kreative Erinnerung, 1–14; *U. Schnelle,* Die Johannesbriefe, 1–4.188–196. Auch *R. Bultmann,* Art. Johannesevangelium, RGG³ III (1959), 848, spricht von einer ›joh. Schule‹. Kritisch zur Existenz einer joh. Schule äußert sich *Chr. Cebulj,* Johannesevangelium und Johannesbriefe, in: *Th. Schmeller,* Schulen im Neuen Testament?, HBS 30, Freiburg 2001, 254–342.

[2] Klassisch zur antiken Schulbildung Diog Laert 1,13–15.18; 2,47: Sokrates als Vater zahlreicher philosophischer Schulen. Epikur sagt über den Weisen: »Er wird eine Schule gründen, aber nicht für den Massenunterricht; auch wird er auf Bitten öffentliche Vorträge halten. Er wird feste Lehrmeinungen (δογματιεῖν) und keine Erkenntniszweifel haben« (Diog Laert 10,121b).

[3] Die Auswahl der Sprache, eine bestimmte Art von Enzyklopädie gehört zu den grundlegenden Kompetenzen eines Autors, um seine Textstrategie durchzuführen; vgl. *U. Eco,* Lector in fabula, 67 f. Die joh.

nen Verfasser auf einen Soziolekt der joh. Schule hin.[4] Deutlich belegt Joh 21 die Existenz einer joh. Schule. In V. 24b melden sich mit καὶ οἴδαμεν ὅτι ἀληθὴς αὐτοῦ ἡ μαρτυρία ἐστίν (»und wir wissen, dass sein Zeugnis wahr ist«) die Verfasser des sekundären Nachtragskapitels und wahrscheinlich auch die Herausgeber des gesamten Evangeliums zu Wort. Sie machen den Lieblingsjünger zum Verfasser des Johannesevangeliums und bestimmen sein Verhältnis zu Petrus neu. Ferner verweisen die ekklesiologischen Termini, die gruppenbezogenen ethischen Aussagen und die Darstellung Jesu als ›Lehrer‹[5] auf die Existenz einer joh. Schule. In keinem anderen Evangelium findet sich für Jesus so häufig die Anrede ῥαββί (Joh: 9mal, Mk: 3mal, Mt: 2mal), und mehrfach wird von Jesu Lehrtätigkeit berichtet (Joh 6,59; 7,14.28; 8,20; 18,20). Nikodemus nennt Jesus einen von Gott gekommenen Lehrer (Joh 3,2). Gott selbst lehrt Jesus (Joh 8,26.28), seine Lehre ist ἐκ θεοῦ = ›aus Gott‹ (Joh 7,16.17). Jesus lehrt seine Freunde alles, was er vom Vater empfing (Joh 15,15; vgl. 17,26), so dass die joh. Schule als der Raum erscheint, in dem die Offenbarungen des Vaters an den Sohn weitergegeben und gepflegt werden.

Aus den sprachlichen und theologischen Gemeinsamkeiten zwischen den drei Johannesbriefen und dem Johannesevangelium ergibt sich ihre Zugehörigkeit zur joh. Schule. Umstritten ist hingegen die Stellung der Offenbarung des Johannes. Es bestehen gewichtige Unterschiede in der Sprache, der Geschichtsschau, der Bedeutung des Alten Testamentes, der Christologie, der Anthropologie, der Ekklesiologie und der gesamten Denkstruktur zwischen der Offenbarung einerseits und den Briefen sowie dem Evangelium andererseits. Diese Differenzen lassen es als sinnvoll erscheinen, die Offenbarung nicht unmittelbar zur joh. Schule zu zählen, sondern sie in einer mittelbaren Verbindung zu den anderen joh. Schriften zu sehen, wodurch sich dann auch die vorhandenen Gemeinsamkeiten erklären.[6]

Der *Sitz der joh. Schule* (und damit auch der Abfassungsort des Johannesevangeliums) dürfte Ephesus gewesen sein.[7] Im Raum Ephesus gab es verschiedene joh. Gemeinden

---

Begriffsbildung muss deshalb als Ausdruck der spezifisch joh. ›Sehweise‹ verstanden werden; vgl. *F. Mußner*, Sehweise, 80 ff.

[4]   Das Johannesevangelium weist einen relativ geringen Wortschatz von 1011 Wörtern auf, davon entfallen 937 auf Vokabeln und 74 auf Namen. Aufschlussreich ist die Wortfrequenz, Johannes gebraucht jedes Wort (Vokabel + Name) 15,25mal (Lk 9,44mal). Johanneische Vorzugswörter sind z. B. ἀγαπᾶν = ›lieben‹, ἀλήθεια = ›Wahrheit‹, ἀληθής = ›wahr‹, γεννᾶν = ›zeugen‹, γινώσκειν = ›erkennen‹, δοξάζειν = ›verherrlichen‹, ἐγώ = ›ich‹, ἐντολή = ›Gebot‹, ἑορτή = ›Fest‹, ζωή = ›Leben‹, κόσμος = ›Welt‹, μαρτυρεῖν = ›zeugen‹, μαρτυρία = ›Zeugnis‹, μένειν = ›bleiben‹, μισεῖν = ›hassen‹, πατήρ = ›Vater‹, πιστεύειν = ›glauben‹, ὕδωρ = ›Wasser‹.

[5]   Vgl. *R. A. Culpepper*, Johannine School, 273 ff.

[6]   Vgl. dazu *U. Schnelle*, Einleitung, 597–600.

[7]   Vgl. *U. Schnelle*, Paulus und Johannes, 225 f; *G. Strecker*, Johannesbriefe, 27; *J. W. Taeger*, Johannesapokalypse, 22; *R. Schnackenburg*, Ephesus, 60; *M. Hengel*, Die johanneische Frage, 302 u. ö.; *M. Günther*, Die Frühgeschichte des Christentums in Ephesus, Frankfurt 1996, 121 u. ö.; *J. Frey*, Von Paulus zu Johannes, 242.251–254; *S. van Tilborg*, Reading John in Ephesus, 2 f. Tilborg weist u. a. darauf hin, dass in den ephesinischen Inschriften (vgl. *H. Wankel/C. Börker/R. Merkelbach* u. a. [Hg.], Die Inschriften von Ephesos, Bonn 1979–1984) der Name Johannes (vornehmlich als Ἰωάννης) 18mal erscheint, häufiger als jeder andere biblische Name.

(vgl. 2/3 Joh), deren Hauptgemeinde in der Stadt Ephesus[8] angesiedelt war. Für diese Annahme lassen sich drei Gründe anführen: 1) Nach der altkirchlichen Tradition entstand das Johannesevangelium in Ephesus.[9] Während bei Irenäus die Verfasserfrage des 4. Evangeliums mit Ephesus verknüpft ist, zeigt sich bei Papias[10] als ältestem Zeugen einer kleinasiatischen Johannestradition ein anderes Bild. Er erwähnt wohl den Apostel Johannes und einen Presbyter Johannes, weiß aber nichts davon, dass einer von ihnen das 4. Evangelium verfasst hat.[11] Die kleinasiatische Johannestradition war somit in ihrem frühen Stadium nicht mit der Verfasserfrage des 4. Evangeliums verbunden, was ihre Glaubwürdigkeit erhöht. 2) Die Wirkungsgeschichte des 4. Evangeliums (Aloger, Montanisten, Johannesakten, Rezeption in der Gnosis) weist eindeutig nach Kleinasien und in den Westen des Römischen Reiches.[12] Der 1Joh ist schon bald nach seiner Abfassung in Kleinasien bezeugt (vgl. Polyk, 2Phil 7,1). 3) Die theologischen Übereinstimmungen zwischen der paulinischen und joh. Theologie zeugen für Ephesus als dem gemeinsamen Sitz der Paulus- und der Johannesschule. Hier dürfte es zu einer traditionsgeschichtlichen Verbindung zwischen der paulinischen und joh. Theologie gekommen sein.

Die Existenz einer joh. Schule erklärt sowohl die diachrone Komplexität als auch die synchrone Einheitlichkeit des 4. Evangeliums.[13] Johannes gibt sich in Joh 20,30 f als ein kritisch auswählender, nach theologischen Überlegungen gestaltender Autor zu erkennen, der zahlreiche heterogene Einzeltraditionen aus verschiedenen Überlieferungsbereichen zu einem theologisch wie literarisch wohldurchdachten neuen Ganzen fügte.[14] Die joh. Schule ist nicht einfach identisch mit den joh. Gemeinden.[15] Zur Gemeinde zählen alle joh. Christen, zur Schule hingegen nur die, die aktiv an der joh. Theologiebildung beteiligt waren, d. h. eine Interpretations- und Erzählgemeinschaft bildeten.

---

[8] Als indirekte Zeugnisse für Ephesus können die Sendschreiben der Johannesoffenbarung (vgl. Offb 2/3) und die Ignatiusbriefe gelten, sie wenden sich an Gemeinden im Umkreis der joh. Schule.

[9] Vgl. Iren, Haer III 1,1 (= Euseb, HE V 8,4); II 22,5 (= Euseb, HE III 23,3).

[10] Papias von Hierapolis verfasste um 110 n. Chr. (vgl. Euseb, HE III 36,1 f.) sein Werk »Fünf Bücher der Darstellung der Herrenworte«.

[11] Vgl. Euseb, HE III 39,4.

[12] Vgl. zur Wirkungsgeschichte besonders *M. Hengel,* Die johanneische Frage, 9–95.

[13] Bis auf den Nachtrag Joh 21.

[14] Dabei ist (mit Überschneidungen) zwischen vier Strängen zu unterscheiden: Als ›vorjohanneische Traditionen‹ werden Textkomplexe, Einzelaussagen, Motive und Vorstellungen bezeichnet, die in einem frühen Stadium der joh. Schule entstanden und wesentlich durch das Alte Testament, Paulus, die Synoptiker, das antike Judentum oder den paganen Hellenismus bestimmt sind, als ›johanneische Traditionen‹ Textkomplexe, Einzelaussagen, Motive und Vorstellungen, die in der joh. Schule vor der Wirksamkeit des Evangelisten entstanden, als ›Redaktion‹ Verse und Textkomplexe, die auf den Evangelisten Johannes zurückgehen, als ›post-johanneische Zusätze‹ Texte, die nach dem Abschluss des Evangeliums sekundär angefügt wurden.

[15] Die joh. Gemeinden dürften sich überwiegend als Hausgemeinden organisiert haben, worauf vor allem die Familienmetaphorik in den joh. Schriften hinweist; vgl. *D. Rusam,* Die Gemeinschaft der Kinder Gottes, BWANT 133, Stuttgart 1993; *K. Scholtissek,* Kinder Gottes und Freunde Jesu, 199–209. Der 2/3Joh zeigen darüber hinaus, dass es einen Austausch von Wandermissionaren zwischen den einzelnen Gemeinden gegeben haben muss.

§ 2 Der Verfasser des Evangeliums

In der Zeit um 180 n. Chr. überliefert Irenäus eine Tradition über den Verfasser des
Johannesevangeliums, die zuvor in Kleinasien entstanden war[16] und um 200 n. Chr.
allgemeine Anerkennung genoss: »Schließlich gab Johannes, der Jünger des Herrn,
der auch an seiner Brust lag, ebenfalls das Evangelium heraus, als er sich in Ephesus
in Asien aufhielt« (Iren, Haer III 1,1 = Euseb, HE V 8,4). An anderer Stelle sagt Irenäus
über das Alter des Johannes: »So bezeugen es das Evangelium und alle Presbyter, die
in Asien noch mit Johannes, dem Schüler des Herrn, zusammengetroffen sind und
dafür bürgen, dass Johannes selbst das überliefert hat. Er hat nämlich bis zu Trajans
Zeit bei ihnen gelebt« (Iren, Haer II 22,5 = Euseb, HE III 23,3).[17] Irenäus beruft sich
für seine Tradition auf die Presbyter, die in Kleinasien mit dem Herrenjünger Johannes
zusammenkamen, vor allem aber auf Polykarp und Papias, die er für Schüler des
Johannes hält.[18] Über Papias sagt Irenäus: »Dies bezeugt schriftlich Papias, ein Hörer
des Johannes, ein Freund des Polykarp, ein Mann aus alter Zeit, in seinem vierten
Buch« (Iren, Haer V 33,4 = Euseb, HE III 39,1). Als ältester Zeuge einer kleinasiatischen Johannestradition erwähnt Papias wohl den Apostel Johannes und einen
Presbyter Johannes, er macht aber keinerlei Aussagen über die Verfasserschaft des
4. Evangeliums (vgl. Euseb, HE III 39,4), so dass er nicht als ein Repräsentant der
von Irenäus überlieferten Traditionen gelten kann.[19] Über Polykarp (gest. ca. 156 n.
Chr.) berichtet Irenäus: »Auch Polykarp wurde von den Aposteln nicht nur unterrich-
tet und hatte nicht nur mit vielen Umgang, die den Herrn noch gesehen hatten, sondern er ist auch von den Aposteln in der Kirche von Smyrna als Bischof für Asien
eingesetzt worden. Ich habe ihn sogar selbst in meiner frühen Jugend noch gesehen;
er lebte nämlich sehr lange und schied erst in hohem Alter als strahlender Märtyrer
ruhmvoll aus dem Leben … Es gibt auch noch welche, die gehört haben, dass er von
Johannes, dem Jünger des Herrn, erzählte, der habe in Ephesus ein Bad betreten und
dann gesehen, dass Kerinth darin war. Da sei er aus dem Bad herausgesprungen, ohne
gebadet zu haben, und habe erklärt: ›Schnell weg! Das Bad könnte einstürzen, wenn
Kerinth darin ist, der Feind der Wahrheit« (Iren, Haer III 3,4 = Euseb, HE IV 14,3–
4.6). In seinem Brief an Florinus sagt Irenäus über seinen Kontakt mit Polykarp:
»Daher kann ich auch noch den Ort angeben, wo der selige Polykarp saß, wenn er
sprach, auch die Plätze, wo er aus- und einging, auch seine Lebensweise, seine kör-

---

[16] Zur Johannesrezeption im 2. Jh. vgl. *W. v. Loewenich,* Das Johannes-Verständnis im zweiten Jahrhundert,
      BZNW 13, Berlin 1932. *T. Nagel,* Die Rezeption des Johannesevangeliums im 2. Jahrhundert, 55 ff; *ders.,*
      Das »Unbekannte Berliner Evangelium« und das Johannesevangelium, ZNW 93 (2002), 251–267.
[17] Vgl. auch Iren, Haer III 3,4 = Euseb, HE III 23,4: »Aber auch die Kirche von Ephesus, die von Paulus
      gegründet wurde und in der sich Johannes bis in die Zeit Trajans aufhielt, ist eine wahrhafte Zeugin der
      apostolischen Überlieferung.«
[18] Vgl. zur Interpretation dieser Texte auch *E. Haenchen,* Joh, 2–22; *W. Schmithals,* Johannesevangelium und
      Johannesbriefe, 3–28; *M. Hengel,* Die johanneische Frage, 13–25.
[19] Ob Papias das 4. Evangelium kannte, muss offenbleiben. Die späte armenische Papias-Überlieferung setzt
      dies voraus; vgl. *F. Siegert,* Unbeachtete Papiaszitate bei armenischen Schriftstellern, NTS 27 (1981), 607–
      609. Kritisch dazu *U. H. J. Körtner,* Papias von Hierapolis, FRLANT 133, Göttingen 1983, 34–36.

perliche Gestalt, seine Reden vor dem Volke, seine Erzählung über den Verkehr mit
Johannes und den anderen Personen, die den Herrn noch gesehen, seinen Bericht über
ihre Lehren, ferner das, was er von diesen über den Herrn, seine Wunder und seine
Lehre gehört hatte« (Euseb, HE V 20,6). Die von Irenäus behauptete direkte Beziehung zu Johannes, vornehmlich über Polykarp, lässt sich an dem geringen von Polykarp überlieferten Schrifttum nicht belegen. Auffallend ist allerdings, dass Ignatius in
seinem um 110 verfassten Brief an die Gemeinde in Ephesus einen Aufenthalt des Johannes in Ephesus nicht erwähnt.[20] Somit lässt sich die Tradition, der Zebedaide
Johannes, der Lieblingsjünger, habe im hohen Alter z. Z. Trajans (98–117 n. Chr.) in
Ephesus das Johannesevangelium veröffentlicht, vor Irenäus nicht überzeugend nachweisen. Irenäus ist mit Sicherheit nicht der Schöpfer dieser Tradition,[21] wohl aber ihr
maßgeblicher Tradent. Die Glaubwürdigkeit dieser Tradition muss somit am inneren
Zeugnis des Johannesevangeliums überprüft werden.

Lässt sich das 4. Evangelium als die Schrift eines Augenzeugen des Lebens Jesu verstehen? Die Darstellung des Lebens Jesu weicht erheblich vom synoptischen Modell ab.
Im Gegensatz zu den Synoptikern (vgl. Mk 11,15–17par) steht die Tempelreinigung
(Joh 2,14–22) am Anfang und nicht am Ende des öffentlichen Wirkens Jesu. Bei Johannes unternimmt Jesus mindestens drei Reisen nach Jerusalem (vgl. Joh 2,13; 5,1;
7,10), was sich mit der mk. Darstellung des einmaligen Zuges Jesu nach Jerusalem
am Ende seiner Wirksamkeit nicht vereinbaren lässt. Auch die Verkündigung Jesu im
Johannesevangelium spricht gegen die Annahme, ein Augenzeuge des Lebens Jesu
habe das Evangelium verfasst. Im Zentrum der Verkündigung Jesu steht nach den synoptischen Evangelien das nahende und in der Person Jesu bereits gegenwärtige Reich
Gottes (vgl. z. B. Lk 11,20; 17,21). Demgegenüber spielt das Reich Gottes in der Verkündigung Jesu nach der Darstellung des Johannes nur eine sehr untergeordnete Rolle;
die Wendung βασιλεία τοῦ θεοῦ (›Reich Gottes‹) erscheint nur in Joh 3,3.5. Im Johannesevangelium verkündigt Jesus sich selbst (vgl. z. B. die ›Ich-bin-Worte‹ (ἐγώ εἰμι)
Joh 6,35a; 8,12; 10,7.11; 11,25; 14,6; 15,1), die joh. Offenbarungsreden haben bei
den Synoptikern keine wirkliche Parallele. Ebenso sind der joh. Dualismus und die
Gesandten-Christologie in ihrer Breite ohne vergleichbare Entsprechungen in den synoptischen Evangelien. Dominiert im Johannesevangelium die präsentische Eschatologie (vgl. z. B. Joh 5,25; 11,25 f), so herrscht bei den Synoptikern die futurisch-
eschatologische Verkündigung Jesu vor.
    Die andere Art der Darstellung, die eigenständige Theologie einer gewachsenen chris-
tologisch-soteriologischen Reflexion, die zahlreichen Sonderüberlieferungen und die explizit an der nachösterlichen Perspektive orientierte Denkwelt lassen darauf schließen,

---

[20] Vgl. *C. K. Barrett,* Joh, 117.
[21] Wird P[66] in die Mitte des 2. Jh. datiert (so z. B. *J. B. Bauer,* Zur Datierung des Papyrus Bodmer II [P 66],
      BZ 12 [1968], 121f), dann belegt zumindest die inscriptio die Zuweisung des Evangeliums zum (Apostel)
      Johannes. Üblicherweise wird P[66] allerdings um 200 datiert; vgl. *B. u. K. Aland,* Der Text des Neuen Testa-
      ments, 110.

dass nicht ein Augenzeuge des Lebens Jesu das 4. Evangelium verfasste.[22] Es war ein Theologe der späteren Zeit, der auf der Basis umfangreicher Traditionen das Leben Jesu in besonderer Weise bedachte, interpretierte und darstellte.[23] Wahrscheinlich gehörte Johannes zu einem Kreis geistbegabter Lehrer, die mit der Berufung auf den Parakleten die Gemeinde an die exklusive Lehrautorität Jesu banden (s. u. § 9).[24]

§ 3 Ort und Zeit der Abfassung

Die Bestimmung des Abfassungsortes hängt zumeist eng mit dem Gesamtverständnis des Johannesevangeliums zusammen. Wird das 4. Evangelium im Umfeld gnostischer Strömungen interpretiert, so gilt zumeist Syrien als Abfassungsort.[25] Als Sachargumente dienen Berührungen mit der mandäischen Literatur, den Oden Salomos und die Nähe zu den Briefen des Ignatius von Antiochien. Auch die Auseinandersetzung mit dem Judentum und der Täuferbewegung gilt häufig als ein Indiz für Syrien als Abfassungsort.[26] Vielfach wird das Johannesevangelium im palästinischen Raum angesiedelt, sei es in Transjordanien[27] oder in den südlichen Teilen des Königreiches von Agrippa II., speziell in den Landschaften Gaulanitis und Batanäa im nördlichen Ost-

---

[22] Die Diskussion um diese Frage vor allem im 19. Jh. zeichnet nach: *M. Rese,* Das Selbstzeugnis des Johannesevangeliums über seinen Verfasser, EThL 72 (1996), 75–111. Für die apostolische Verfasserschaft plädiert innerhalb der neueren Kommentare bes. *L. Morris,* John, 4–25; auch *B. Schwank,* Joh, 7f, scheint in diese Richtung zu tendieren. *C. S. Keener,* John I, 115, will zwar das Evangelium nicht direkt auf den Apostel zurückführen, aber: »we may still argue that the oral tradition the work incorporates depends on John's own witness.« Vielfach gilt der Apostel (und Zebedaide/Lieblingsjünger) Johannes zwar nicht als Verfasser des 4. Evangeliums, wohl aber als dessen geistiger Urheber. *R. Schnackenburg,* Joh I, 86, unterscheidet zwischen dem Apostel Johannes und dem Evangelisten, der »einerseits Tradent der Überlieferung und Verkündigung des Apostels Johannes, andererseits doch auch selbst Theologe und Verkündiger für die angesprochenen Leser« ist. Nach *C. K. Barrett,* Joh, 148, wanderte der Apostel Johannes aus Palästina aus und lebte in Ephesus, wo er Schüler um sich sammelte. Einer dieser Schüler, ›ein kühner Denker‹, gleichermaßen in Judentum und Hellenismus zu Haus, »brachte Joh 1–20 hervor«. *M. Hengel,* Die johanneische Frage, 306–325, sieht im bei Papias erwähnten Presbyter Johannes den Verfasser des Evangeliums und der drei Briefe. Das Evangelium sei nach dem Tod des aus der Jerusalemer Oberschicht stammenden und später in Ephesus lebenden Judenchristen herausgegeben worden, die den Presbyter zugleich mit dem Lieblingsjünger identifizierten. Hengel erblickt im Presbyter zwar nicht den Zebedaiden Johannes, meint aber, »daß er in irgendeiner Weise als junger Mensch mit Jesus in engere Berührung kam und von ihm tief beeindruckt wurde« (a. a. O.), 321; ähnlich *U. Wilckens,* Joh, 16f.

[23] Für einen unbekannten Verfasser mit Namen Johannes plädieren auch *S. Schulz,* Joh, 2; *B. Lindars,* John, 33; *J. Becker,* Joh I, 62–64; *M. Theobald,* Joh I, 91; *J. Zumstein,* Joh, 55 f. Von drei ›Verfassern‹ spricht *E. Haenchen,* Joh, 44 (1. Autor eines ›Wunderevangeliums‹, 2. Der ›Evangelist‹, 3. Ein kirchlicher ›Ergänzer‹). *H. Thyen,* Entwicklungen, 267 u. ö., sieht im Autor von Johannes 21 den ›eigentlichen‹ Evangelisten.

[24] Treffend *J. Ernst,* Johannes, 106: »Das gesamte vierte Evangelium ist ein Widerschein der Spiritualität des Verfassers und des geistigen Umfeldes, in dem er lebte.«

[25] Vgl. z. B. *W. Bauer,* Joh, 244, *R. Bultmann,* Art. Johannesevangelium, RGG³ III (1959), 849 (Abfassung in Syrien, Redaktion in Kleinasien); *W. G. Kümmel,* Einleitung, 212; *Ph. Vielhauer,* Urchristliche Literatur, 460; *H. Köster,* Einführung, 616; *J. Becker,* Joh I, 64; *M. Theobald,* Joh I, 96 f.

[26] So zuletzt wieder *J. Zumstein,* Joh, 54, wonach das Evangelium (Kap. 1–20 ohne spätere Zusätze) in Syrien entstand, die Endredaktion hingegen sei in Kleinasien (Ephesus) anzusiedeln.

[27] Vgl. *O. Cullmann,* Der johanneische Kreis, 102 ff; erwogen auch von *H. Thyen,* TRE 17 (1987), 215.

jordanland.[28] Vereinzelt wird Ägypten als Abfassungsort angenommen,[29] wogegen die altkirchliche Tradition und die Rezeptionsgeschichte des 4. Evangeliums sprechen.[30] Für Kleinasien als Abfassungsort auch des Johannesevangeliums zeugt die bereits erwähnte altkirchliche Tradition. Auf Kleinasien weisen ferner die Johannesbriefe, die Wirkungsgeschichte der johanneischen Theologie und die Nähe zur paulinischen Theologie hin. Eine alle ernsthaften Vermutungen über den Entstehungsort zusammenfassende Hypothese vertritt R. Schnackenburg: »Die joh. Tradition, deren Wurzeln in Palästina liegen, ist auch durch das Medium syrischen Einflusses gegangen, ehe sie in Kleinasien (Ephesus) Fuß faßte, fixiert und redigiert wurde.«[31]

Von allen Möglichkeiten hat *Kleinasien (Ephesus)* als Abfassungsort des Johannesevangeliums die größte Wahrscheinlichkeit für sich.[32] Dafür spricht die altkirchliche Tradition, die in ihrem frühesten Stadium (Papias) nicht mit der Verfasserfrage des 4. Evangeliums verbunden war! Auch die antidoketische Ausrichtung des Johannesevangeliums und seine Wirkungsgeschichte (Aloger, Montanisten) weisen nach Kleinasien. Ephesus kann der Ort sein, wo die paulinische und johanneische Theologie miteinander in Berührung kamen. Schließlich weisen die Erklärung jüdischer Bräuche in Joh 2,6; 11,55; 18,20.28b; 19,40b, die sofortige Übersetzung von ῥαββί in ›Lehrer‹ (Joh 1,38), von Μεσσίας in Χριστός (Joh 1,41; 4,25) und die Bemerkung über das Verhältnis zwischen Juden und Samaritanern in Joh 4,9 auf Leser hin, die nicht in unmittelbarer Nähe Palästinas zu suchen sind. Hinweise auf die Ausbreitung des Evangeliums unter den Heiden und damit in Kleinasien finden sich in Joh 7,35; 12,20 ff; die hier erwähnten ›Griechen‹ fungieren als Chiffre für die kleinasiatischen Adressaten des Evangeliums.[33] Die in der älteren Forschung häufig, in der neuesten Exegese nur noch vereinzelt behauptete Nähe der joh. Theologie zu gnostischer Theologie besteht nicht (s. u. § 8), womit ein Hauptargument für Syrien als Entstehungsort des 4. Evangeliums entfällt. Die im Evangelium vorausgesetzte Auseinandersetzung mit Juden weist keineswegs zwangsläufig nach Syrien, sondern ist bei den bedeutenden jüdischen Gemeinden in Kleinasien dort ebenfalls denkbar.[34] Die von K. Wengst und G. Reim

---

[28] Vgl. *K. Wengst,* Bedrängte Gemeinde, 183 f. Im Anschluss an Wengst will *G. Reim,* Zur Lokalisierung der johanneischen Gemeinde, in: *ders.,* Jochanan, 410–424, die joh. Gemeinde unweit von Betsaida und Kapernaum lokalisieren.

[29] Vgl. z. B. *J. L. Martyn,* History and Theology, 73 Anm. 100; *M. Frenschkowski,* Τὰ βαΐα τῶν φοινίκων (Joh 12,13) und andere Indizien für einen ägyptischen Ursprung des Johannesevangeliums, ZNW 91 (2000), 212–229.

[30] Vgl. *T. Nagel,* Die Rezeption des Johannesevangeliums im 2. Jahrhundert, 475: »Die eruierbaren zeitlichen und räumlichen Koordinaten der Rezeption des JohEv machen es unwahrscheinlich, daß das vierte Evangelium in Rom oder Ägypten entstanden ist, die Spuren weisen vielmehr in den kleinasiatischen und syrischen Raum.«

[31] *R. Schnackenburg,* Joh I, 134. *K. Berger,* Im Anfang war Johannes, 54–64, variiert diese Annahme: »Im folgenden wird eine Hypothese vertreten, die mehrere Teile hat: Der Verfasser des JohEv sei der Herkunft nach Alexandriner, er habe Kontakt mit dem Christentum in Palästina, vielleicht in Damaskus gewonnen, dort auch mit dem frühen Paulus, und habe dann vielleicht auch Berührung mit Ephesus gehabt« (a. a. O., 54).

[32] Vgl. die in Anm. 7 genannte Literatur.

[33] Vgl. *J. Frey,* Heiden – Griechen – Gotteskinder, 259 ff.

[34] Philo, LegGai 245, erwähnt Kleinasien und Syrien in einem Zug als die Gebiete, wo Juden in jeder Stadt

vorgenommene Lokalisierung der joh. Gemeinde im Ostjordanland ist unwahrschein-
lich, weil der Evangelist an diesen Gebieten nicht interessiert ist und sich ἀποσυνά-
γωγος (›aus der Synagoge ausschließen‹) in Joh 9,22; 12,42; 16,2 nicht auf die
Einfügung des Ketzersegens in das Achtzehngebet bezieht.[35] Für R. Schnackenburgs
These lassen sich weder im Evangelium selbst noch in der altkirchlichen Tradition
Hinweise finden, so dass sie als eine elegante, historisch aber eher unwahrscheinliche
Möglichkeit auszuscheiden hat.

Der terminus a quo für die Datierung des 4. Evangeliums ergibt sich aus Joh 11,48, wo
die Zerstörung Jerusalems 70 n. Chr. vorausgesetzt wird (vgl. ferner Joh 2,19 f).[36] Eine
Kenntnis des Johannesevangeliums bei den christlichen Schriftstellern der 1. Hälfte des
2. Jh. (Ignatius von Antiochien, Polykarp von Smyrna, Barnabas-Brief, Hirt des Hermas)
lässt sich nicht nachweisen, möglicherweise kannte Justin das 4. Evangelium (vgl. Apol
61,4 f mit Joh 3,3.5). Als erster wirklich sicherer Beleg für die Rezeptionsgeschichte des
Johannesevangeliums muss der Kommentar des Valentin-Schülers Herakleon gelten,
der in die zweite Hälfte des 2. Jh. zu datieren ist.[37] Ein möglicher terminus ad quem
für die Datierung des Johannesevangeliums ergibt sich aus der Textüberlieferung (vgl.
P^{52}, P^{90}, P^{66}), denn P^{52} mit Joh 18,31–33.37–38 wird allgemein um 125 n. Chr. datiert.[38] Zwar ist diese Datierung nicht mehr über alle Zweifel erhaben,[39] aber sowohl

---

in großer Zahl lebten. Zu den Juden in Kleinasien vgl. *E. Schürer,* The History of the Jewish People in the
Age of Jesus Christ III/1, bearb. v. *G. Vermes/F. Millar,* Edinburgh 1986, 17–36 (22 f: Ephesus); *P. R. Tre-
bilco,* Jewish Communities in Asia Minor, MSSNTS 69, Cambridge 1991. Nach Joseph, Ap II 39, lebten
seit der frühen hellenistischen Periode Juden in Ephesus.

[35] Zur Kritik an Wengst vgl. auch *M. Hengel,* Die johanneische Frage, 290 f; *J. Frey,* Von Paulus zu Johannes,
268 ff. *J. Zumstein,* Geschichte des johanneischen Christentums, 418, macht zu Recht darauf aufmerksam,
dass die Berichte des Evangeliums nicht als unmittelbares Spiegelbild der historischen Umstände ihrer Entstehung gelesen werden dürfen: »Eine Erzählung distanziert sich immer von der Wirklichkeit, sie gestaltet
eine spezifische Welt – die Welt des Textes, welche sich nicht zu unmittelbaren historischen Folgerungen
eignet.«

[36] *K. Berger,* Im Anfang war Johannes, 84–90, bestreitet innerhalb seiner Frühdatierung (kurz vor 66 n. Chr.)
jeden Bezug von Joh 11,48 auf die Tempelzerstörung; vgl. dagegen die Auslegung zu Joh 11,48, die zeigt,
dass Johannes aus der Perspektive der erfolgten Tempelzerstörung die Führer des jüdischen Volkes ihre
eigene Zukunft prophezeien lässt. Joseph, Ant XX 123, bietet zu diesem Verfahren eine formale und
inhaltliche Parallele. Josephus berichtet aus der Perspektive der erfolgten Tempelzerstörung über Gesche-
nisse um 48 n. Chr. (Aufstand jüdischer Gruppen z. Z. des Cumanus) und lässt die Führer des jüdischen
Volkes ausdrücklich die möglichen Konsequenzen nennen: Zerstörung Jerusalems und des Tempels, Weg-
führung der Bevölkerung; vgl. dazu *M. Lang,* Johannes und die Synoptiker, 165 f.

[37] *K. Rudolph,* Die Gnosis, Göttingen ³1990, 22, datiert ihn in die Mitte des 2. Jh., wahrscheinlicher ist der
Zeitraum zwischen 160 und 170 n. Chr.; zu Herakleon vgl. umfassend *T. Nagel,* Die Rezeption des Johannesevangeliums im 2. Jahrhundert, 315–341. Neben Herakleon sind als erste sichere Zeugen für eine
Rezeption des 4. Evangeliums zu nennen: Tatian, Diatessaron; Or 13,1–2 (Zitat aus Joh 1,5b); Apollinaris
von Hierapolis, Fragment aus Περὶ τοῦ Πάσχα (um 170 n. Chr., Text: *I. C. Th. Otto,* CorpAp IX, Fragm
IV, S. 487; *O. Perler,* SC 123, 244–246), wo deutlich aus Joh 3,14 und 19,34–37 zitiert wird; aus derselben Zeit vgl. ferner Epistula Apostolorum 18 (Zitat Joh 13,34a) und Ep Ap 29 (Zitat Joh 20,17).

[38] Vgl. *B. u. K. Aland,* Der Text des Neuen Testaments, 94 f.

die Rezeptionsgeschichte als auch die textliche Überlieferung des Johannesevangeliums legen *eine Entstehung zwischen 100 und 110 n. Chr. nahe.*[40]

Bei der Frage nach der Abfolge der joh. Schriften werden zwei Modelle diskutiert: Während das klassische Modell (Evangelium→1Joh→ 2Joh→3Joh) vom Gedanken einer ›Verkirchlichung‹ geprägt ist, dominiert bei dem hier vertretenen alternativen Modell (2Joh→3Joh→1Joh→Evangelium) die Vorstellung einer fortschreitenden Entwicklung und Entfaltung der johanneischen Theologie.[41]

§ 4 Die Gemeinde des Johannes

Beeinflusst und geprägt wurde die überwiegend heidenchristliche Gemeinde[42] des Evangelisten im Verlauf ihrer Geschichte durch die Auseinandersetzung mit Anhängern Johannes d. Täufers, den Juden und doketischen Irrlehrern innerhalb der joh. Schule.

Die anfängliche Konkurrenzsituation zur Täufergemeinde zeigt sich in der durchgängigen Degradierung Johannes d. Täufers zum bloßen Zeugen des Christusgeschehens (vgl. Joh 1,6–8.15.19 ff; 3,28 ff; 5,33–35; 10,40–42). Offenbar gelang es der joh. Schule, Täuferjünger zu gewinnen (vgl. Joh 1,35 ff) und in der Mission die Täufergemeinde zu überbieten. Nur so lassen sich die auffälligen Bemerkungen über die

---

[39] *C. H. Roberts,* An unpublished Fragment of the Fourth Gospel in the John Ryland's Library, Manchester 1935, 14 f.16 ff.23, betont bei seiner Datierung von P[52] sehr stark die Familienähnlichkeit mit P Egerton 2, dessen Datierung um 150 n. Chr. er übernimmt. Nun wurde in Köln ein Fragment als Bestandteil von P Egerton 2 identifiziert, das ins 3. Jh. weist (Alternativdatierung: um 200), weil sich hier ein Apostroph zwischen Konsonanten findet; vgl. *M. Gronewald,* Unbekanntes Evangelium oder Evangelienharmonie (Fragment aus dem »Evangelium Egerton«), in: Kölner Papyri Bd. 6, RWA Sonderreihe Papyrologica Coloniensia Vol VII, Opladen 1987, 136–145. *A. Schmidt,* Zwei Anmerkungen zu P Ryl. III 457, APF 35 (1989), 11 f, datiert P[52] aufgrund eines Vergleiches mit *P Chester Beatty X* in die Zeit um 170 n. Chr. (+/– 25) und schließt eine Frühdatierung um 125 n. Chr. aus! Ferner verweisen *G. Strecker/M. Labahn,* Der johanneische Schriftenkreis, ThR 59 (1994), 101, auf Ähnlichkeiten zwischen P[90] (Ende des 2. Jh.; Vergleichspapyri stammen aus dem 3. Jh.) und *P Egerton* 2. Für die Datierung von P[52] ergibt sich daraus, dass die außergewöhnlich sichere Festsetzung um 125 so nicht mehr haltbar ist. Man wird zumindest einen Spielraum von 25 Jahren nach oben zugestehen müssen, so dass sich eine Datierung um 150 nahelegt.

[40] In der neueren Exegese wird das Johannesevangelium zumeist in das letzte Jahrzehnt des 1. Jh. bzw. um 100 n. Chr. datiert, vgl. z. B. *C. K. Barrett,* Joh, 143; *R. E. Brown,* John I, LXXXIII; *J. Becker,* Joh I, 66; *J. Schneider,* Joh, 45; *H. Thyen,* TRE 17 (1987), 215; *W. G. Kümmel,* Einleitung, 211; *Ph. Vielhauer,* Urchristliche Literatur, 460; *M. Theobald,* Joh I, 94 (um 90 n. Chr.); *J. Zumstein,* Joh, 54. Eine frühe Datierung vertritt *K. Berger,* Theologiegeschichte, 707 f; *ders.,* Im Anfang war Johannes, 11 (kurz vor 66 n. Chr.), ohne die späte Rezeption des Evangeliums auch nur zu erwähnen; eine Spätdatierung (um 140 n. Chr.) postuliert *W. Schmithals,* Johannesevangelium und Johannesbriefe, 422.

[41] Vgl. zur ausführlichen Begründung *U. Schnelle,* Die Reihenfolge der johanneischen Schriften, NTS 57 (2011), 91–113. Für eine Vorordnung der Briefe vor dem Evangelium plädieren auch: *G. Strecker,* Die Anfänge der johanneischen Schule, 34 f; *M. Hengel,* Die johanneische Frage, 151–161; *J. Frey,* Die johanneische Eschatologie III, 46–60; *R. Zimmermann,* Remembering the Future. Eschatology in the Letters of John, in: *J. G. van der Watt* (Hg.), Eschatology of the New Testament and some Related Documents, WUNT 2.315, Tübingen 2011, (514–533) 515.

[42] Vgl. *M. Hengel,* Die johanneische Frage, 300–305; *J. Frey,* Heiden – Griechen – Gotteskinder, 228–237. Argumente: Übersetzung von Begriffen und Ortsnamen ins Griechische; Erwähnung jüdischer Sitten zur Information der Hörer/Leser (vgl. z. B. Joh 2,6; 4,9!); Johannesbriefe (speziell 1Joh 5,21 und die heidnischen Namen Gaius, Diotrephes, Demetrios).

Tauftätigkeit Jesu verstehen, Jesus sei erfolgreicher als Johannes d. Täufer (vgl. Joh 3,22 ff; 4,1). Die Erwähnung von Johannesjüngern in Ephesus (vgl. Apg 19,1–7)[43] zeigt, dass sich die Täuferbewegung innerhalb kurzer Zeit vom Ostjordanland bis nach Kleinasien ausgedehnt hatte. Für Außenstehende war das Erscheinungsbild beider Bewegungen ähnlich, was die Konkurrenzsituation erklärt.

Die Frage nach der Messianität Jesu bestimmt durchgängig die Auseinandersetzung der joh. Gemeinde mit dem Judentum. Es gibt keine heilsgeschichtliche Kontinuität zwischen Mose und Jesus, die Christen stehen unter der Gnade und der Wahrheit, nicht unter dem Gesetz (Joh 1,17). Das Gesetz gehört auf die Seite der Juden (vgl. Joh 7,19; 8,17; 10,34), die Christen hingegen haben das Stadium einer Gesetzesreligion längst hinter sich gelassen (vgl. Joh 4,20 ff). Das Gesetz zeugt sogar für Jesus (vgl. Joh 7,19.23; 8,17; 10,31–39; 15,25). Ebenso bezeugt Mose Jesu Messianität (vgl. Joh 5,45–47), Abraham hätte sich gefreut, wenn er diesen Tag gesehen hätte (vgl. Joh 8,56 ff). Das Gesetz erschließt sich für Johannes nur von Jesus her, er ist gleichermaßen Inhalt, Ziel und auch Herr des Gesetzes und der Schrift (vgl. Joh 2,22; 5,39; 7,38.42; 10,35; 17,12; 19,24.28.36 f; 20,9). Ist die Beobachtung des Gesetzes als hervorstechendes Merkmal einer jüdischen Lebenshaltung neben dem Christusbekenntnis das Kennzeichen judenchristlicher Theologie,[44] so kann das Johannesevangelium aufgrund seines Gesetzesverständnisses nicht judenchristlich bezeichnet werden. Wie groß der Abstand des Evangeliums vom Judentum ist, zeigt sich über das Gesetzesverständnis hinaus in der Übersetzung hebräischer bzw. aramäischer Fremdworte (vgl. Joh 1,38.41.42; 4,25; 5,2; 9,7; 11,16; 19,13.17; 20,16.24),[45] der distanzierten Rede von den Festen (vgl. Joh 2,13; 5,1; 6,4; 7,2.11; 11,55) und Gebräuchen der Juden (s. o. § 3) und schließlich im distanzierten literarischen Gebrauch von Ἰουδαῖος.[46] Hinzu kommt: 1) Die Johannesbriefe als auf die aktuelle Gemeindesituation bezogene Schreiben erwähnen an keiner Stelle die Juden bzw. das Judentum; es findet sich noch nicht einmal ein AT-Zitat! 2) Auch in den ›Abschiedsreden‹ des Johannesevangeliums (Joh 13,31–16,33), die sich ebenfalls auf die akute Gemeindesituation beziehen, erscheinen die Juden nicht. 3) In der theologischen Welt des Johannesevangeliums spielt die gelebte jüdische Religion im positiven Sinn keinerlei Rolle,[48] sondern Johannes entwickelt eine eigene universale Bilder- und Theologiesprache (Logos, Wahrheit, Gnade, Leben, Glaube usw.).

---

[43] Zur Analyse des Textes vgl. *H. Lichtenberger,* Täufergemeinden und frühchristliche Täuferpolemik im letzten Drittel des 1. Jahrhunderts, ZThK 84 (1987), (36–57) 47–51.

[44] Vgl. die Definition von *G. Strecker,* Art. Judenchristentum, TRE 17 (1988), 311.

[45] Die Sprache des Johannesevangeliums ist der nichtliterarischen Koine zuzurechnen, vgl. *E. Haenchen,* Joh, 57–74; *E. Ruckstuhl/P. Dschulnigg,* Stilkritik und Verfasserfrage, passim.

[46] Vgl. Exk. 8: Die Ἰουδαῖοι im Johannesevangelium.

[47] Kritisch zur judenchristlichen Klassifizierung des Johannesevangeliums äußert sich zuletzt *R. Hakola,* The Johannine Community as Jewish Christians? Some Problems in Current Scholarly Consensus, in: *M. Jackson-McCabe* (Hg.), Jewish Christianities Reconsidered: Rethinking Ancient Groups and Texts, Minneapolis 2007, 181–201.

[48] Vgl. *M. Hengel,* Die johanneische Frage, 300 (»Die Auseinandersetzung mit den Juden ist längst nicht mehr das Hauptthema des Werkes«); *J. Frey,* Eschatologie II, 295.

Zweifellos gab es in der Geschichte der joh. Schule Auseinandersetzungen mit der jüdischen Umwelt, die sich auch in Texten des Johannesevangeliums als einer Vita Jesu niederschlugen (vgl. z. B. Joh 5; 7; 8; 9; 16,1–4; 19,38). Bestimmend für die aktuelle Situation der joh. Schule z. Z. der Abfassung des Johannesevangeliums ist diese Auseinandersetzung aber nicht mehr.[49] Der Prozess der Loslösung des Christentums vom Judentum setzte bereits umfassend mit der paulinischen Heidenmission ein und wurde schon in den ältesten neutestamentlichen Überlieferungen reflektiert (vgl. Lk 6,22 f; 1Thess 2,14–16). Das 4. Evangelium blickt auf diese schmerzhafte Trennung zurück. Die auf die aktuelle Gemeindesituation ausgerichteten Johannesbriefe und die textextern orientierten Abschiedsreden bestätigen diesen Befund, in ihnen fehlen der Begriff Ἰουδαῖος und jede Polemik gegen die ungläubigen Juden.

Gegen einen direkten Zusammenhang zwischen ἀποσυνάγωγος (›aus der Synagoge ausschließen‹) in Joh 9,22; 12,42; 16,2 und der Formulierung und Einfügung des ›Ketzersegens‹ (בִּרְכַּת הַמִּינִים) in das Achtzehngebet durch Schmuel d. Kleinen, die unter Gamaliel II. auf der sogenannten Synode von Jabne zwischen 85 und 90 n. Chr. erfolgt sein sollen,[50] lassen sich gewichtige Einwände erheben: 1) Die Ereignisse von Jabne sind nicht mehr genau rekonstruierbar und datierbar.[51] 2) Der Text der birkat-ha-minim lässt sich nicht mehr rekonstruieren. 3) Mit dem מִינִים (= Häretiker) sind nicht primär die Judenchristen gemeint. 4) Die Einfügung von נוֹצְרִים (= Judenchristen) erfolgte erst in sehr später Zeit.[52] Sehr wahrscheinlich war die Einfügung der birkat-ha-minim in das Achtzehngebet ein innerjüdischer Vorgang, der sich gegen alle Gruppen richtete, die die jüdische Einheit gefährdeten, sie muss also primär als ein innerjüdischer Akt verstanden werden.[53]

Der bereits in den Johannesbriefen bezeugte Konflikt mit doketischen Irrlehrern bestimmt auch die Christologie des Johannesevangeliums in zentralen Bereichen.[54] Der Evangelist setzt 1) einen deutlich antidoketischen Akzent mit der Betonung der

---

[49] *M. Hengel,* a. a. O., 298, betont zu Recht die Trennung der joh. Schule von der Synagoge: »Die ›Ausstoßung‹ bzw. Trennung liegt lange zurück, und sie hat sich vermutlich auf unterschiedliche Weise und sukzessive vollzogen.«

[50] Zur Begründung dieser These vgl. *J. L. Martyn,* History and Theology, 37 ff; *Y. Y. Teppler,* Jews and Christians in Conflict in the Ancient World, TSAJ 120, Tübingen 2007. Zur Kritik an Teppler vgl. *G. Stemberger,* Birkat ha-minim and the separation of Christians and Jews, in: Judaea – Palaestina, Babylon and Rome: Jews in Antiquity, hg. v. *B. Isaac/Y. Shahar,* TSAJ 147, Tübingen 2012, 75–88.

[51] Vgl. *J. Maier,* Zwischen den Testamenten, Würzburg 1990, 288: »Die vielgenannte ›Synode von Jamnia/Jabne‹ hat in dieser, nach dem Modell christlicher Konzile gezeichneten Form, nie stattgefunden.«

[52] Für nicht ursprünglich halten die Erwähnung von נוֹצְרִים z. B. *J. Maier,* Jüdische Auseinandersetzungen mit dem Christentum in der Antike, EdF 177, Darmstadt 1982, 137 ff; *P. Schäfer,* Die sogenannte Synode von Jabne, Jud 31 (1975), (54–64.116–124) 60; *ders.,* Geschichte der Juden in der Antike, Stuttgart/Neukirchen 1983, 54.

[53] Vgl. *P. Schäfer,* Synode, 60; *G. Stemberger,* Die sogenannte »Synode von Jabne« und das frühe Christentum, Kairos XIX (1977), (14–21) 18; *J. Maier,* Auseinandersetzung, 140; *B. Wander,* Trennungsprozesse zwischen Frühem Christentum und Judentum im 1. Jh. n. Chr., TANZ 16, Tübingen 1994, 273–275; ferner *J. Frey,* Von Paulus zu Johannes, 268–275, der einen unmittelbaren Zusammenhang zwischen der konstruierten ›Synode von Jabne‹ und dem Synagogenausschluss ablehnt und die Aussagen über den Ausschluss »als Spiegel lokaler bzw. regionaler Trennungsprozesse« (a. a. O., 271) versteht.

[54] Vgl. dazu Exk. 7: Doketismus. Zur antidoketischen Tendenz des 4. Evangeliums vgl. *E. C. Hoskyns/F. N.*

Fleischwerdung des präexistenten Logos in Joh 1,14. 2) Die Wunder sind reale, unübersehbare Taten des Offenbarers in der Welt. 3) Johannes betont die Heilstatsäch-
lichkeit von Taufe (Joh 3,5) und Eucharistie (Joh 6,51c–58; 19,34b.35), die Jesu
Inkarnation und wirkliches Leiden voraussetzen. 4) Das Kreuz ist für Johannes der
Ort des Heils (Joh 19,28–30), Jesu Weg steht gerade bei Johannes von Anfang an (vgl.
Joh 1,29.36) unter der Perspektive des Kreuzes. 5) Trennen die Doketen zwischen
dem irdischen Jesus und dem himmlischen Christus, so insistiert der Evangelist auf
der Identität des geschichtlichen Jesus mit dem himmlischen Christus (Joh 20,31).
6) Nachdrücklich betont Johannes die Einheit der Gemeinde (vgl. z. B. Joh 17,11.21),
die durch das Wirken der Irrlehrer gefährdet ist (vgl. 1Joh 2,19).

Die drei genannten Faktoren reichen allerdings noch nicht aus, um die Situation
der Empfänger hinreichend zu erfassen. Das große zeitgeschichtliche Problem für die
joh. Gemeinde war der Unglaube, ihm tritt Johannes mit seinem Evangelium entgegen. Es ist deshalb zutreffend, in der Auseinandersetzung zwischen Glauben und Unglauben jene Gestaltung der Erzählstruktur zu sehen, durch die das Geschehen
gleichermaßen vorangetrieben und differenziert wird.

§ 5 Der Aufbau des Evangeliums

Der Prolog hat die Funktion eines programmatischen Eröffnungstextes, er dient als
Lektüreanweisung für die Leser, indem er das vom Evangelisten beabsichtigte Verstehen des Folgenden vorbereitet und prägt. Zudem ist der Prolog ein mitgehender Anfang, d. h. seine Signale sind im gesamten Evangelium präsent. Eine deutliche
Korrespondenz besteht zwischen Joh 1,1–18 und Joh 20,30 f, wo der Evangelist das
Ziel seiner Evangelienschreibung nennt: Glauben an den Gottessohn Jesus zu wecken
und zu erneuern. Als Begrenzungszeichen[55] rahmen Prolog und Epilog das Werk und
zeigen, wie man in die Welt der Erzählung eintritt und mit welchem Erkenntnisgewinn
sie nach sachgemäßer Lektüre verlassen werden kann. Die Hörer/Leser werden somit
vom Evangelisten in das Werk eingeführt, und sie dürfen sich des Verstehens gewiss
sein, wenn sie in die grundlegende Glaubensaussage Joh 20,31 einstimmen können.
Auf der Makroebene ist das Evangelium durch eine deutliche Zweiteilung gekenn-

---

Davey, The Fourth Gospel, 48–57; *B. Lindars,* John, 61–63; *E. Schweizer,* Jesus der Zeuge Gottes. Zum
Problem des Doketismus im Johannesevangelium, in: Studies in John (FS J. N. Sevenster), NT.S 24, Leiden 1970, 161–168; *C. Colpe,* RAC 11 (1981), 611; *U. Schnelle,* Antidoketische Christologie, passim; *M.
Hengel,* Die johanneische Frage, 183 Anm. 91.194.265 u. ö.; *ders.,* The Prologue of the Gospel of John as
the Gateway to Christological Truth, in: *R. Bauckham/C. Mosser* (Hg.), The Gospel of John and Christian
Theology, (265–294) 284 A 85: »The Christology in the Gospel as in the letters of John is strongly anti-
docetic«; *R. Schnackenburg,* Die Person Jesu Christi, 323; *J. Roloff,* Einführung in das Neue Testament,
Stuttgart 1996, 235; *M. Lang,* Johannes und die Synoptiker, 243 u. ö.; *J. Frey,* Eschatologie II, 580 u. ö.;
Th. Popp, Grammatik des Geistes, 365; *P. E. Kinlaw,* The Christ is Jesus, 171; *E. E. Popkes,* Die Theologie
der Liebe Gottes, 261. Bestritten wird eine antidoketische Ausrichtung des Johannesevangeliums z. B. von
U. B. Müller, Die Menschwerdung des Gottessohnes, 62–83; J. Becker, Joh II, 745–752; *H. Thyen,* Joh,
91.

55   Vgl. dazu *K. J. Gergen,* Erzählung, moralische Identität und historisches Bewußtsein, in: *J. Straub* (Hg.),
Erzählung, Identität und historisches Bewusstsein, Frankfurt 1998, 176 f.

zeichnet.[56] Der Darstellung des Wirkens des Offenbarers in der Welt (Joh 1,19–12,50) folgt die Schilderung der Offenbarung Jesu vor den Seinen bis hin zu den Erscheinungen des Auferstandenen (Joh 13,1–20,29).[57] Ein durchgängiges Strukturelement des gesamten Evangeliums sind die zahlreichen Passionsverweise: Joh 1,29.36 verweisen ebenso auf die Passion wie Joh 2,1a.4c. Durch die Tempelreinigung (Joh 2,14–22) stellt der Evangelist bewusst das Wirken Jesu von Anfang an unter die Perspektive des Kreuzes. Eine weitere Besonderheit gegenüber den Synoptikern sind die Reisen nach Jerusalem (vgl. Joh 2,13; 5,1; 7,10), wo sich Jesu Schicksal erfüllen wird. Ein zentrales Element innerhalb der Gesamtdramaturgie[58] des 4. Evangeliums ist die Schilderung der sich ständig steigernden Auseinandersetzung zwischen Jesus und den Juden in Joh 5–11, die in dem endgültigen Todesbeschluss der jüdischen Führer ihren Höhepunkt erreicht (vgl. Joh 11,45–54). Paradoxerweise wird so die Auferweckung des Lazarus als größtes Wunder im Neuen Testament zum Anlass, Jesus zu töten.

Der Fußwaschung (Joh 13,1–20) als Prolog des 2. Hauptteils kommt eine Schlüsselstellung im Aufbau des 4. Evangeliums zu. Joh 13,1 nimmt die vorangegangenen Passionsverweise auf und richtet den Blick der Leser endgültig auf das bevorstehende Leiden Jesu. Zugleich bündelt die Fußwaschung bereits die prägenden Themen der Abschiedsreden: Jesu Liebe zu den Seinen und die daraus resultierende Liebe der Jünger untereinander (vgl. Joh 13,15). Schon in Lk 22,14–38 lässt sich die Absicht erkennen, das kurze Beisammensein Jesu mit seinen Jüngern beim Abendmahl (vgl. Mk 14,17–21) zu einer Abschiedsrede auszuweiten. Johannes nimmt diese Tendenz auf und baut die Abschiedssituation zu einem zentralen Komplex des gesamten Evangeliums aus. Die Abschiedsreden erscheinen in der Gesamtkomposition des Evangeliums nicht unvorbereitet, denn das zentrale Stichwort ὑπάγειν = ›weggehen‹, (vgl. Joh 7,33 f; 8,14.21 f; 13,3.33.36; 14,4 f.28; 16,5.10.17) greift die Thematik schon frühzeitig auf. Finden die Abschiedsreden im Gebet Jesu für die Gemeinde in Joh 17 ihren sachgemäßen Abschluss, so schließt sich daran die joh. Passionsgeschichte in Joh 18,1–20,29 an.

---

[56] Einen Überblick zu den wichtigsten Gliederungsversuchen gibt G. *Mlakuzhyil*, Christocentric Structure, 17–85.

[57] Anders E. A. *Wyller*, In Solomon's Porch: A Henological Analysis of the Architectonic of the Fourth Gospel, StTh 42 (1988), 151–167; G. *Østenstad*, The Structure of the Fourth Gospel: Can it be Defined Objectively?, StTh 45 (1991), 33–35. Sie sehen die große Zäsur nicht zwischen Kap. 12 und 13, sondern zwischen Kap. 10 und 11. So gliedert *Østenstad*: 1,1–18: Prolog; 1,19–10,42: Buch des Zeugnisses; 11,1–21,24: Buch der ›Stunde‹ Jesu; 21,25: Epilog. H. *Thyen*, Joh, VII–XII, folgt diesem Modell und unterteilt: 1) Das Buch des Zeugnisses (1,19–10,42); 2) Das Buch der δόξα Jesu (11,1–21,25).

[58] Als Drama will L. *Schenke*, Das Johannesevangelium, 202–223, das gesamte 4. Evangelium verstehen. Prolog: Einstimmung/Perspektive (1,1–18); 1. Akt: Exposition (1,19–3,21); 2. Akt: Wiederholung/Verdichtung (3,22–5,47); 3. Akt: Höhepunkt (6,1–10,39); 4. Akt: Peripetie (10,40–12,36); 1. Epilog: Bilanz des Unglaubens (12,3–50); 5. Akt: Abschied/Katastrophe (13,1–20,29); 2. Epilog: Bilanz des Glaubens (20,30–31); Nachspiel: Zukunftsperspektiven (21,1–24); Buchschluss: 21,25. H. *Thyen*, Joh, 111, spricht von einem ›historischen Drama‹, das er in Akte und Szenen untergliedert. Gegen diese Klassifizierungen ist einzuwenden, dass im Johannesevangelium fast durchgehend dramatische und epische Stilelemente zu einer spannungsvollen Einheit verbunden sind. Der Evangelist verfügt über ein reiches Repertoire an Erzählmitteln (z. B. Dialoge, Monologe, berichtende Abschnitte, Kommentare, Rückblicke, dramatische Steigerungen, verschiedene Zeitperspektiven), die er speziell durch das ständige Ineinanderfließen der textinternen und textexternen Perspektive effektvoll einsetzt. Das Johannesevangelium ist nicht auf eine Lösung am Ende der Erzählung angelegt, sondern vom ersten Vers an ist die Lösung immer präsent!

Somit ergibt sich folgender Aufbau:

1,1–18   **Prolog: Jesus der Logos**

1,19–12,50   **Das Wirken des Offenbarers in der Welt**

1,19–51   Das Zeugnis des Täufers und die ersten Jünger
2,1–4,54   Jesu erstes öffentliches Wirken (die Kana-Ringkomposition)
                2: Weinwunder zu Kana, Tempelreinigung
                3: Nikodemus, Täuferzeugnis
                4: Samaritanerin, das zweite Wunder in Kana
5,1–47   Jesu erste Auseinandersetzung mit den Juden
6,1–71   Jesus in Galiläa (Speisung der Fünftausend, Seewandel,
                Brot des Lebens, Petrusbekenntnis)
7,1–11,54   Der sich steigernde Konflikt mit den Juden
                7: Rede beim Laubhüttenfest (im Tempel zu Jerusalem)
                8: Licht der Welt, Abrahamskindschaft
                9: Blindenheilung am Sabbat
                10: Der gute Hirte, die Gottessohnschaft Jesu
                11: Die Auferweckung des Lazarus
11,55–12,50   Das letzte Passa in Jerusalem und das bevorstehende Leiden Jesu
                (Salbung in Bethanien, Einzug in Jerusalem)

13,1–20,29   **Jesu Offenbarung vor den Seinen, Passion, Erhöhung und Er-
                scheinungen des Auferstandenen**

13,1–17,26   Die Offenbarung vor der Jüngerschaft
                13,1–30 Fußwaschung, das letzte Mahl Jesu, Nennung des Verräters,
                das neue Gebot der Liebe, Ankündigung der Verleugnung des Petrus
                13,31–14,31:   1. Abschiedsrede
                15,1–16,33:   2. Abschiedrede
                17: Das Gebet Jesu zum Vater
18,1–20,29   Passion und Ostern
                18: Gefangennahme Jesu, Verleugnung des Petrus, Jesus vor Hannas,
                Jesus vor Pilatus
                19: Folterung, Verurteilung, Kreuzigung, Tod und
                Bestattung Jesu
                20: Das leere Grab, Erscheinungen des Auferstandenen vor
                Maria Magdalena, vor den Jüngern, vor Thomas

20,30–31   **Epilog: Vom Verstehen des Evangeliums**

                Nachträge:
21,1–23   Erscheinung des Auferstandenen am See Tiberias
21,24–25   Zweiter Buchschluss

Das Evangelium will gleichermaßen in seinen Teilen und als Ganzes gelesen werden; beides schließt sich nicht aus, sondern bedingt einander. Dazu baut Johannes zahlreiche interne Verbindungslinien durch sein Leitwortsystem auf.[59] Prägnante symbolträchtige Begriffe φῶς (›Licht‹), ζωή (›Leben‹), ἀλήθεια (›Wahrheit‹), δόξα (›Ehre‹), λόγος (›Wort/Rede‹), ἀγάπη (›Liebe‹), μαρτυρία (›Zeugnis‹), κόσμος (›Welt‹), γινώσκειν (›erkennen‹), πιστεύειν (›glauben‹), τηρεῖν (›bewahren‹), ὁρᾶν (›sehen‹), μένειν (›bleiben‹) sollen (zumeist im Zusammenspiel mit ihren Opponenten) die Hörer und Leser des Evangeliums zu einem vertieften Verständnis der Person Jesu Christi und seines Werkes führen. Sowohl innerhalb kleinerer Textabschnitte als auch über große Textsequenzen hinweg kommt den Leitworten eine vernetzende Funktion zu. Durch Wiederaufnahme, Amplifikation, Aufbau von Spannungsbögen, Rückverweis oder Substitution strebt der Evangelist eine Verdichtung seiner Botschaft an.[60]

Wie Markus lässt auch Johannes seine Darstellung des Wirkens Jesu in die Literaturgattung Evangelium einfließen.[61] Wie bei Markus erschließen sich bei Johannes Wesen und Wirken Jesu von Kreuz und Auferstehung her. Beide Evangelisten machen in unterschiedlicher Weise diesen zentralen theologischen Gedanken zu einem tragenden Motiv ihrer Evangelienkomposition. Sowohl das Wirken des Logos in der Welt als auch die Rückkehr des Logos zum Vater stehen bei Johannes beständig unter der Perspektive des Kreuzes.

§ 6 Literarkritische Probleme

Die literarische Integrität des Johannesevangeliums ist in der neueren Johannesexegese stark umstritten.[62] Vornehmlich unter dem Einfluss der Johannesexegese R. Bultmanns werden bis in die Gegenwart hinein eine gestörte Textfolge und sekundäre Bearbeitungsschichten im 4. Evangelium vermutet. Bultmann ging bei seinen Überlegungen von der Hypothese aus, dass ein Redaktor das durch äußeres Einwirken in Unordnung gebrachte und verstümmelte ursprüngliche Johannesevangelium[63] nicht nur wieder in Ordnung zu bringen versuchte, sondern es auch mit Zusätzen versah, um in seinen Augen bedenkliche theologische Aussagen abzumildern. Freilich ist nach Bultmanns Ansicht diesem Redaktor die Wiederherstellung der ursprünglichen Textfolge nicht gelungen, so dass er sich selbst als Exeget dieser Aufgabe zuwandte. Nicht

---

59 Vgl. *Th. Popp*, Grammatik des Geistes, 237–241.444–446.
60 Grundlegende Darstellung bei *Th. Popp*, a. a. O., passim.
61 Zuletzt arbeitete *R. A. Burridge*, What are the Gospels?, MSSNTS 70, Cambridge 1992, 220–239, heraus, dass auch Johannes trotz eigener Akzente ein Evangelium schrieb, das wie die Synoptiker der hellenistischen Gattung der βίοι (›Lebensbeschreibungen‹), zuzuordnen ist.
62 Einen konzentrierten Forschungsüberblick bietet *E. Haenchen*, Joh, 48–57; zu neueren Entwürfen vgl. *H. Kohler*, Kreuz und Menschwerdung, 85–124; *U. Schnelle*, FB I, 266–289. Vgl. ferner die gleichermaßen umfang- und ertragreiche Problemgeschichte der joh. Frage bei *J. Frey*, Eschatologie I, passim.
63 Vgl. *R. Bultmann*, Joh, 162 Anm. 2. Bultmann rechnet auch mit Textverlusten (vgl. a. a. O., 238) und Blattvertauschungen; vgl. *ders.*, »Hirschs Auslegung des Johannes-Evangeliums«, EvTh 4 (1937), (115–142) 119. Zur Kritik an Blattvertauschungs-Hypothesen vgl. bes. *E. Haenchen*, Joh, 48–57.

das Evangelium in seiner Endgestalt ist Gegenstand der Interpretation, sondern ein
von allen Gegensätzen gereinigter, in die ursprüngliche Reihenfolge gebrachter Text.

Dieses Vorgehen wurde in der neueren Exegese zu Recht auf methodologischer
Ebene problematisiert, denn es muss gefragt werden, ob es diese ursprüngliche Gestalt
des Evangeliums überhaupt einmal gab, die es vor allem mit Hilfe der Literarkritik
wiederherzustellen gilt. Die Behauptung eines besseren Textsinnes und literarkritisch
verwertbarer Spannungen in der Textfolge reichen allein keineswegs aus, um durch
Textumstellungen und das Ausscheiden angeblich sekundärer Passagen die ursprüngliche Gestalt des Johannesevangeliums wiederzugewinnen. Bei der Rekonstruktion der
ursprünglichen Ordnung dominieren das subjektive Empfinden des Exegeten, seine
Rekonstruktions- und Kombinationsfreude, seine theologische Gesamteinschätzung,
was die zahlreichen, sehr komplizierten und teilweise einander widersprechenden Ent-
stehungstheorien zum Johannesevangelium belegen. Methodisch ist eine neue Text-
anordnung deshalb erst dann gerechtfertigt, wenn die Unmöglichkeit der überlieferten
Textfolge sowohl auf literarkritischer als auch auf theologischer Ebene erwiesen werden
kann. Unter dieser Voraussetzung stellen die Textfolge in Joh 4–7; 13–17 und die
möglichen kleineren Zusätze einer post-evangelistischen Redaktion ein denkbares, keineswegs aber zwingendes literarkritisches Problem dar.

Die Einzelexegese wird vielmehr zeigen, dass die Kapitelreihenfolge in Joh 4–7 nicht
als der missglückte Rekonstruktionsversuch eines in Unordnung geratenen Werkes
oder als wenig überzeugende Neukomposition eines Redaktors anzusehen ist, sondern
als die vom Evangelisten Johannes gewollte Reihenfolge, deren Ziel darin besteht, Jesus
immer wieder nach Jerusalem zu bringen, wo er die Auseinandersetzung mit dem ungläubigen Kosmos führt und sich sein Schicksal erfüllen wird. Auch die Korrespondenz
zwischen Joh 14,31c und Joh 18,1 sowie der damit verbundene harte Übergang zwischen Joh 14,31c und 15,1 rechtfertigen weder Textumstellungen noch die Annahme
späterer Hinzufügungen. Vielmehr verdanken sie sich einer erkennbaren textpragmatischen Strategie, die darauf zielt, die Hörer-/Lesergemeinde direkt anzusprechen. Ein
relativer Konsens besteht in der Forschung über den sekundären Charakter von Joh
21.[64]

Die Frage nach sekundären Überarbeitungen des 4. Evangeliums wird in der neueren Exegese nicht mehr unter dem missverständlichen Begriff eines ›kirchlichen Redaktors‹ behandelt, sondern man fragt nach Texten, die einer post-evangelistischen
Redaktion bzw. einer Weiterschreibung (Relecture-Modell)[65] innerhalb der joh. Schule
zuzuordnen sind. Ernsthaft in Frage kommen unter inhaltlichen und literarkritischen
Aspekten für eine solche sekundäre Bearbeitungsschicht neben Kap. 13–17 nur noch
Texte wie Joh 5,28.29; 6,39.40.44.54; 12,48 (futurische Eschatologie) und Joh 6,51c–
58; 19,34b.35 (Eucharistie).[66] Wiederum wird die Einzelanalyse erbringen, dass gerade
diese Texte wichtige Bestandteile der Theologie des 4. Evangelisten sind. Es kann kein

---

[64] Vgl. dazu XVI.
[65] Zum Konzept einer ›Relecture‹ vgl. Exk. 14.
[66] Neben *J. Zumstein* (*ders.*, Joh, 39: »Allerdings scheint das Evangelium nicht in einem Zug komponiert
      worden zu sein, sondern im Laufe mehrerer Redaktionen«) geht insbesondere *M. Theobald* in der aktuellen
      Forschung von einem mehrschichtigen Entstehungs- und Bearbeitungsmodell des Johannesevangeliums

wirklich ernsthaftes Argument dafür geltend gemacht werden, dass bestimmte theologische Anschauungen (vor allem Sakramente, futurische Eschatologie, Abschiedsreden) nur für einen (unbekannten) Redaktor, nicht aber für den 4. Evangelisten in Anspruch genommen werden können.

Das Johannesevangelium kann bis auf Joh 21 und die textkritisch eindeutig sekundären Passagen Joh 5,3b.4 und die Glosse Joh 4,2 als literarische Einheit verstanden werden.[67] Ein Sonderproblem stellt der textkritisch sekundäre, inhaltlich aber johanneische Abschnitt Kap. 7,53–8,11 dar.

§ 7 Traditionen, Quellen

Es ist heute allgemein anerkannt, dass Joh 18,1–19,30 den Grundstock des joh. Passionsberichtes bildet. Er setzt sich vornehmlich aus Sondertraditionen der joh. Schule zusammen, die dem Evangelisten wahrscheinlich schriftlich vorlagen und von ihm überarbeitet wurden.[68] Von einem zusammenhängenden vorjoh. Passionsbericht kann nicht gesprochen werden. Johannes verfügte über z. T. sehr alte und historisch zuverlässige Passionstraditionen, die er aber durchweg überarbeitete, mit zentralen Themen seiner Theologie verband und in Anlehnung an Markus in den von ihm geschaffenen kompositionellen Gesamtzusammenhang einfügte. Der literarische und theologische Gestaltungswille des Evangelisten ist in Joh 18–20 ebenso durchgehend präsent wie in anderen Partien des Evangeliums!

R. Bultmanns These einer ›Offenbarungsredenquelle‹ im Johannesevangelium[69] setzte sich zu Recht in der Forschung nicht durch. Bei der Rekonstruktion der ›Quelle‹ mit Hilfe der Stilkritik bewegt sich Bultmann in einem methodischen und hermeneutischen Zirkel. Es fehlen formale und inhaltliche Parallelen außerhalb des Evangeliums, so dass es keine textexternen Kontrollinstanzen gibt.[70] Die methodische Problematik des Verfahrens zeigt sich deutlich, wenn sich der Text der ›Quelle‹ und der Stil des Evangelisten nicht voneinander trennen lassen, wie Bultmann an vielen Stellen zugeben muss.

---

aus: »Die Annahme, dass das Evangelium aus einem Guss sei, Kap. 1–21 sich der Hand eines einzigen Autors verdankten, erfreut sich zwar heute wieder einer gewissen Beliebtheit, geht aber an den literarischen Befunden vorbei. Der Nachtragscharakter einiger Passagen ist unübersehbar (vgl. v. a. Joh 15–17.21; Joh 7,53–8,11 ist ein Sonderfall …). Das Evangelium ist, wie schon gesagt, ein Gemeindebuch, die johanneischen Gemeinden haben es wieder und wieder gelesen und Glaubensorientierung aus ihm gewonnen« (*ders.,* Joh I, 70). Die Gegenposition vertritt *H. Thyen,* Joh, 1: »Im folgenden kommentieren wir das uns im Kanon überlieferte Evangelium von Joh 1,1 bis Joh 21,25 als einen kohärenten und hoch poetischen literarischen und auktorialen Text.«

[67] Für die Einheit von Joh 1–20 votiert zuletzt auch *M. Hengel,* Die johanneische Frage, 224–264.
[68] Vgl. zur Begründung *U. Schnelle,* Johannes und die Synoptiker, 1805–1813.
[69] Die Texte der von Bultmann postulierten ›Quellen‹ sind griechisch abgedruckt bei *D. M. Smith,* The Composition and Order of the Fourth Gospel, New Haven/London 1965, 23–34 (›Offenbarungsreden‹). 38–44 (›Semeia-Quelle‹). 48–51 (›Passionsquelle‹).
[70] Vgl. zur Kritik an Bultmann bes. *E. Haenchen,* Literatur zum Johannesevangelium, 305 f; *R. Schnackenburg,* Joh I, 39 f.

Heftig umstritten ist in der neueren Exegese die Existenz einer ›Semeia-Quelle‹.[71]
Als wesentliches Indiz für die Existenz einer ›Semeia-Quelle‹ gilt die Zählung in Joh
2,11; 4,54. Die Sprachanalyse von Joh 2,11; 4,54 zeigt jedoch eindeutig, dass diese
Verse und auch die Zählung vom Evangelisten Johannes stammen. Er zählte die beiden
Wunder Jesu in Kana, um sie als Anfang und Ende des ersten öffentlichen Wirkens
Jesu hervorzuheben.[72] Ein Widerspruch zu den Wundernotizen in Joh 2,23; 4,45 besteht nicht, denn sie berichten summarisch von Wundern in Jerusalem. Damit entfällt
das Hauptindiz für die Existenz einer vorjoh. ›Semeia-Quelle‹. In enger Verbindung
mit der Wunderzählung wird Joh 20,30 f vielfach als Ende der ›Semeia-Quelle‹ angesehen. Auch hier zeigt die Sprachanalyse, dass diese Verse mit Sicherheit auf den Evangelisten Johannes zurückgehen. Er verwendet den σημεῖον-Begriff, um die zuvor im
Evangelium geschilderte, Glauben hervorrufende und bestärkende Offenbarungsqualität des Wirkens Jesu prägnant zum Ausdruck zu bringen und zugleich das Thomas
gewährte ›Begreifen‹ des Auferstandenen als Wunder zu charakterisieren. Vielfach gelten angebliche Spannungen, Widersprüche und Gegensätze zwischen der Theologie
des Evangelisten und der christologischen Konzeption der ›Semeia-Quelle‹ als Begründung für deren Existenz, wofür als Beleg vornehmlich auf Joh 4,48 verwiesen wird.
Dort artikuliert sich aber keine prinzipielle joh. Wunderkritik, sondern Jesus weist zunächst nur wie in Joh 2,4 die bloße Forderung nach dem Wunder zurück, um es dann
zu vollbringen (vgl. zur Ablehnung der Zeichenforderung Mk 8,11–12; Mt 12,39–
42; 16,1–2.4; Lk 11,16.29–32). Insgesamt steht Johannes der Theologie der Wundererzählungen keineswegs kritisch gegenüber, sondern sie sind im Gegenteil ein
zentraler Bestandteil seiner theologischen Konzeption![73]

---

[71] Eine umfassende Darstellung der Forschungsgeschichte bietet *G. van Belle,* Signs Source, passim. Er zeigt,
      dass in der neuesten internationalen Forschung die Kritik an dieser Hypothese deutlich überwiegt; vgl.
      u. a. *U. Schnelle,* Antidoketische Christologie, 87–194 (ausführliche Einzelbegründung!); *W. J. Bittner,*
      Jesu Zeichen, 2–14; *D. Marguerat,* La ›source des signes‹ existe-t-elle? Réception des récits de miracle dans
      l' Évangile de Jean, in: La communauté johannique et son histoire, hg. v. *J. D. Kaestli, J. M. Poffet* u. *J.
      Zumstein,* Genf 1990, 69–93; *C. K. Barrett,* Joh, 36 f; *E. Ruckstuhl/P. Dschulnigg,* Stilkritik und Verfasser-
      frage, 238–241; *F. Neirynck,* The Signs Source in the Fourth Gospel. A Critique of the Hypothesis, in:
      ders., Evangelica II, 651–678; *H. Thyen,* TRE 17 (1987), 207; *G. Strecker,* Literaturgeschichte, 208; *J.
      Painter,* Quest for the Messiah, 80–87; *K. M. Bull,* Gemeinde, 87; *W. Schmithals,* Johannesevangelium und
      Johannesbriefe, 124–126; *M. Hengel,* Die johanneische Frage, 246f; *F. Vouga,* Geschichte des frühen Chri-
      stentums, Tübingen 1993, 10; *J. Gnilka,* Theologie, 227; *K. Berger,* Theologiegeschichte, 715; *Th. Söding,*
      Die Schrift als Medium des Glaubens (s. u. XV.), 348f; *U. Wilckens,* Joh, 9 f; *H. Thyen,* Joh, 3 f; *F. Moloney,*
      Joh, 73; zurückhaltend gegenüber einer ›Semeia-Quelle‹ auch *R. Schnackenburg,* Die Person Jesu Christi
      im Spiegel der vier Evangelien, 268.
[72] Vgl. Exk. 3: Die Wunderzählung im Johannesevangelium.
[73] Vgl. Exk. 11: Die Zeichen/Wunder Jesu. Gegen *M. Theobald,* der neben den angeblich ›formalen‹ Grün-
      den (Zählung in 2,11 und 4,54; die ›Zeichen‹ in 20,30f; Stileigenheiten) vor allem ›strukturelle Gründe‹
      ins Feld führt, speziell die Unterscheidung zwischen dem Wunderverständnis der ›Quelle‹ und des Evan-
      gelisten. »Die dabei zutage tretende innere Gegenläufigkeit der Erzählungen darf als strukturelles Argu-
      ment zugunsten der SQ-Hypothese gewertet werden« (Joh I, 37). Warum der Evangelist die Wundererzäh-
      lungen mit ihrer massiven Christologie nicht nur übernahm, sondern in das Zentrum des 1. Teils seiner
      Erzählung stellte, bleibt hier völlig ungeklärt. Das Konzept der ›erkennbaren Zeichen‹ ist ein zentrales Ele-
      ment der Christologie des 4. Evangelisten!

Gegen die Existenz einer ›Semeia-Quelle‹ spricht ferner der sehr unterschiedliche traditions- und religionsgeschichtliche Hintergrund der vorjoh. Wundergeschichten, die sich keiner geschlossenen Überlieferung zuordnen lassen.[74] Auch die Stilkritik ermöglicht nicht eine Rekonstruktion der ›Semeia-Quelle‹, denn einen vom Stil des Evangelisten einerseits abweichenden und andererseits in mehreren Perikopen der ›Semeia-Quelle‹ nachzuweisenden Stil gibt es nicht.[75] Schließlich fehlen formgeschichtliche Parallelen zu einer ›Semeia-Quelle‹, und auch eine einheitliche Theologie bzw. Christologie der ›Semeia-Quelle‹ ist nicht erkennbar. Vielmehr integrierte der Evangelist Johannes selbst sehr verschiedenartige Wundergeschichten in sein Evangelium. Dabei ist die Anzahl der von Johannes aufgenommenen Wundererzählungen nicht zufällig, denn Sieben gilt nach Gen 2,2 als Zahl der Fülle und Vollendung. Die Johannesoffenbarung zeigt zudem, dass im Umkreis der joh. Schule die Zahl Sieben von Bedeutung war (vgl. Offb 1,4.12; 5,1; 8,2; 10,3 f; 12,3). Offensichtlich ist die Siebenzahl ein Mittel der joh. Komposition, um die Fülle der Offenbarungen Jesu in den Wundern zu unterstreichen. Die einzelnen Wunder sind planmäßig über das öffentliche Wirken Jesu verteilt und eingebettet in die sich ständig steigernde Auseinandersetzung mit den Juden, die in Joh 11 ihren Höhepunkt erreicht. Der Evangelist nahm sowohl ausgesprochene Sondertraditionen seiner Schule (vgl. Joh 2,1–11; 5,1–9ab; 9; 11) als auch von den Synoptikern abhängige (Joh 4,46–54; 6,1–25) Wundererzählungen in sein Evangelium auf, die er in vielfältiger Weise mit seiner spezifischen Theologie verband.

Form- und traditionsgeschichtliche Beobachtungen zeigen, dass dem Evangelisten eine Sammlung von Parakletsprüchen und ›Ich-bin-Worten‹ vorlag. Die Sammlung von ›Ich-bin-Worten‹ umfasste wahrscheinlich die sieben Bildmotive vom Brot des Lebens (Joh 6,35a), Licht der Welt (Joh 8,12), der Tür (Joh 10,7), des Hirten (Joh 10,11), der Auferstehung und des Lebens (Joh 11,25), des Weges, der Wahrheit und des Lebens (Joh 14,6) und des Weinstocks (Joh 15,1). Die Sammlung von Parakletsprüchen beinhaltete Joh 14,16 f; 14,26; 15,26; 16,7–11; 16,13–15.

Neben den zahlreichen Einzeltraditionen der joh. Schule bildet das Alte Testament ein Fundament der joh. Evangelienschreibung. Identifizier- und abgrenzbare Zitate aus dem Alten Testament finden sich in Joh 1,23; 1,51; 2,17; 6,31; 6,45; 10,34; 12,13.15.27.38.40; 13,18; 15,25; 16,22; 19,24.28.36.37; 20,28; vgl. ferner Joh 3,13; 7,18.38.42; 17,12. Bei den zahlreichen weiteren Bezügen auf das Alte Testament kann häufig zwischen Zitat, Anspielung und Hinweis nicht klar unterschieden werden.[76]

---

[74] Die von *R. Bultmann,* Joh, 75; *E. Haenchen,* Joh, 221; *J. Becker,* Joh I, 139f; *H. Köster,* Einführung, 622f, u. a. vorgenommene Einordnung der ›Semeia-Quelle‹ in das hellenistische Konzept eines ›göttlichen Menschen‹ erweist sich ebenfalls als nicht tragfähig, denn es bestehen berechtigte Zweifel, ob sich der Typos eines θεῖος ἀνήρ in der antiken Literatur überhaupt nachweisen lässt; vgl. dazu *D. S. du Toit,* Theios Anthropos, WUNT 2.91, Tübingen 1997.

[75] Vgl. *E. Ruckstuhl,* Sprache und Stil im johanneischen Schrifttum, in: *ders.,* Die literarische Einheit, 304–331; ferner *G. van Belle,* Signs Source, 405–420.

[76] Vgl. dazu *M. Lang,* Johannes und die Synoptiker, 322–328; ferner die im LV angeführten Arbeiten von *G. Reim,* Jochanan; *B. C. Schuchard,* Scripture within Scripture; *A. Obermann,* Die christologische Erfüllung der Schrift im Johannesevangelium; *M. J. J. Menken,* Old Testament Quotations in the Fourth Gospel; *W. Kraus,* Johannes und das Alte Testament; *M. Moser,* Schriftdiskurse im Johannesevangelium.

Eine Analyse der Zitate zeigt, dass Johannes in der Regel die LXX benutzte, aber ge-
legentlich auch den hebräischen Text heranzog. Auffällig sind die unterschiedlichen
Einleitungsformeln in den beiden Hauptteilen des Evangeliums. Während sich im ersten Teil des Evangeliums fünfmal das Partizip γεγραμμένον in Verbindung mit ἐστίν
(vgl. Joh 2,17; 6,31; 6,45; 10,34; 12,14.16) findet,[77] sprechen die neuen Einleitungsformeln im zweiten Hauptteil des Evangeliums (ab Joh 12,38) ausdrücklich von der
Erfüllung des Gotteswillens in der Passion Jesu Christi. Das Alte Testament bildet
auch den traditionsgeschichtlichen Hintergrund für zahlreiche Reden im Johannesevangelium (vgl. z. B. Joh 10; 15), was den selbstverständlichen Gebrauch und die
Autorität des Alten Testamentes innerhalb der joh. Schule und auch für den Evangelisten Johannes zeigt.

Eine weitere Quelle der joh. Evangelienschreibung stellen das Markus- und (in ab-
geschwächter Form) das Lukasevangelium dar.[78] Während die beachtlichen Übereinstimmungen im Detail immer verschiedenen Interpretationen zugänglich sind, weisen
die Rezeption der Gattung Evangelium und die Kompositionsanalogien auf Markus
als die grundlegende synoptische Vorlage des Johannesevangeliums hin. Wäre das
4. Evangelium völlig unabhängig von Markus entstanden, hätte innerhalb des joh.
Traditionskreises die Gattung Evangelium ein zweites Mal neu konstituiert werden
müssen, und es wäre die Schlussfolgerung berechtigt: »Er (sc. Johannes) war also ein
zweiter Markus«.[79] Historisch muss es allerdings als sehr unwahrscheinlich gelten, dass
ca. 30 Jahre nach der Schaffung der Gattung Evangelium und ca. 10/20 Jahre nach
ihrer Rezeption durch Matthäus und Lukas ein zweiter Theologe in Unkenntnis des
Markusevangeliums dieselbe Gattung schuf. Deshalb wird vielfach angenommen, Johannes habe bereits ein ›Grundevangelium‹ bzw. eine ›Grundschrift‹ oder ein ›Zei-
chenevangelium‹ vorgelegen, das er aufnahm und ausbaute.[80] Die für diese These
konstitutive Verbindung zwischen einer ›Zeichenquelle‹ und dem Passionsbericht bereits auf vorjoh. Ebene lässt sich aber nicht nachweisen.[81] Zudem wird die Existenz
einer ›Zeichenquelle‹ zu Recht immer mehr problematisiert, so dass ein ›Zeichenevan-
gelium‹ als Vorstufe zum Johannesevangelium entfällt. Auch andere Vorformen wie
eine ›Grundschrift‹ lassen sich weder quellenmäßig exakt rekonstruieren noch formgeschichtlich überzeugend klassifizieren. Der Rückgriff auf hypothetische Vorlagen
vermag das Problem nicht zu lösen, sondern verschiebt es in das nicht mehr aufhellbare
Dunkel verlorener Literatur. Vielmehr weisen die Einzigartigkeit und Neuheit der
Gattung Evangelium auf Markus als die einzig existierende Vorlage für Johannes.[82]

---

[77] Vgl. ferner καθὼς εἶπεν in Joh 1,23; 7,38.
[78] Vgl. dazu die Auflistung bei *U. Schnelle*, Einleitung, 577–579.
[79] *J. Becker*, Joh I, 47.
[80] So bezeichnet z. B. *R. T. Fortna*, Fourth Gospel, 206, sein ›Gospel of Signs‹ als erstes christliches Evangeli-
      um, »purer, simpler, and thus almost certainly earlier than Mark«.
[81] Vgl. dazu *J. M. Robinson*, Die johanneische Entwicklungslinie, 230 ff; *U. Schnelle*, Antidoketische Christo-
      logie, 171–177.
[82] Für eine Kenntnis (eines oder mehrerer) synoptischer Evangelien durch Johannes plädieren mit unter-
      schiedlicher Begründung u. a.: *F. Neirynck*, John and the Synoptics, in: L'Évangile de Jean, hg. v. *M. de Jon-
      ge*, 73–106; *M. Sabbe*, The Arrest of Jesus in Jn 18,1–11 and its Relation to the Synoptic Gospels (s. u.
      XII./1), 385 f; *K. Wengst*, Bedrängte Gemeinde, 182; *P. Stuhlmacher*, Zum Thema: Das Evangelium und
      die Evangelien, in: Das Evangelium und die Evangelien, hg. v. *P. Stuhlmacher*, WUNT 28, Tübingen 1983,

Eine literarische Benutzung der echten Paulusbriefe durch Johannes lässt sich nicht belegen, die zahlreichen Übereinstimmungen deuten aber darauf hin, dass eine traditionsgeschichtliche Verbindung zwischen Paulus und Johannes, der paulinischen und joh. Schule in Ephesus bestand.[83]

Das Johannesevangelium lässt einen sehr komplexen traditionsgeschichtlichen Hintergrund erkennen. Der Evangelist nahm bei seiner Evangelienschreibung zahlreiche Traditionen der joh. Schule auf, selbstverständlich fand er im Alten Testament Zeugnis und Bestätigung für das Christusgeschehen, er rezipierte in unterschiedlicher Intensität das Markus- und Lukasevangelium und griff Gedanken der paulinischen Theologie auf. Die Vielfalt des Materials veranlasste ihn zu einer Auswahl (vgl. Joh 20,30), wobei er das Kriterium für seine Vorgehensweise in Joh 20,31 nennt. Er integrierte jene Traditionen in sein Evangelium, die seiner Meinung nach geeignet waren, ein Verstehen des Christusgeschehens und den Glauben an Jesus Christus als den fleischgewordenen Gottessohn zu fördern. Dieser Rezeptionsvorgang lässt die theologische und schriftstellerische Kompetenz des 4. Evangelisten erkennen. Johannes gestaltet Tradition und Redaktion zu einem erzählerisch und theologisch neuen Ganzen aus.

§ 8 Religionsgeschichtliche Fragen

Im Zentrum der religionsgeschichtlichen Erforschung des Johannesevangeliums stand in diesem Jahrhundert die Frage nach den Beziehungen des 4. Evangeliums zur Gnosis. Für eine sachgemäße Behandlung des Themas sind zunächst die chronologischen Fra-

---

15; *W. Schmithals,* Johannesevangelium und Johannesbriefe, 123; *H. Thyen,* Johannes und die Synoptiker, in: John and the Synoptics, hg. v. *A. Denaux,* 81–107 (vgl. in diesem Band ferner die Beiträge von *F. Neirynck, C. K. Barrett, R. Kieffer, F. Vouga, U. Busse, M. Sabbe); M. Hengel,* Die johanneische Frage, 208 f; *M. Lang,* Johannes und die Synoptiker, passim; *U. Wilckens,* Joh, 2–5; *L. Schenke,* Joh, 432; *Chr. Dietzfelbinger,* Joh I, 11; *J. Zumstein,* Joh, 45 f; *H. Thyen,* Joh, 4: »Im Gegensatz zu all diesen m. E. unbegründbaren, und wie die Beispiele zeigen, für die Interpretation des Evangeliums als eines literarischen Werkes wenig hilfreichen Quellen- und Redaktionstheorien verfolge ich in diesem Kommentar eine ganz andere Spur. Es erscheint mir nämlich sehr viel wahrscheinlicher, daß Johannes außer der jüdischen Bibel nicht nur eine anonyme, ihm womöglich nur mündlich überlieferte, den Synoptikern ähnliche Tradition kennt und sie als Quelle benutzt hätte, sondern daß er vielmehr intertextuell mit den alttestamentlichen Texten ebenso wie mit den synoptischen Evangelien in ihren überlieferten redaktionellen Gestalten spielt; und zwar nicht allein mit dem Markusevangelium, sondern auch mit den Evangelien nach Matthäus und nach Lukas.« Eine dezidierte Gegenposition nimmt *M. Theobald* ein. Er unterscheidet zwischen einer Kenntnis und einer Benutzung der Synoptiker durch Johannes. Eine Kenntnis sei theoretisch nicht auszuschließen, aber unwahrscheinlich. Auch sei die Wahl der Textsorte Evangelium »nicht an sich schon Beweis genug für die Annahme, dass er das erste Exemplar dieser Gattung als sein literarisches Vorbild gekannt haben müsse« (*ders.,* Joh I, 77). Die Frage nach einer Benutzung der Synoptiker durch Johannes wird ebenfalls verneint. Als Hauptargument dient der Hinweis, dass die Synoptikerbezüge auf bestimmte Überlieferungsblöcke beschränkt sind. Sie finden sich hauptsächlich in der Passions- und Osterüberlieferung, weniger in der Täufer- und Wunderüberlieferung, fast gar nicht in der Wortüberlieferung. Die Forschungs- und Problemgeschichte dieses komplexen Themas dokumentieren *M. Labahn/M. Lang,* Johannes und die Synoptiker, in: *J. Frey/U. Schnelle* (Hg.), Kontexte des Johannesevangeliums, 443–515.

83 Vgl. dazu *D. Zeller,* Paulus und Johannes, BZ 27 (1983), 167–182; *R. Schnackenburg,* Paulinische und johanneische Christologie, in: *ders.,* Joh IV, 102–118; *U. Schnelle,* Paulus und Johannes, passim; *R. Schnackenburg,* Ephesus, passim.

gen zu beachten.[84] Die Nachrichten der Kirchenväter illustrieren zwar die Rezeptionsgeschichte des Johannesevangeliums in der christlichen Gnosis (vgl. z. B. den Jo-
hanneskommentar des Herakleon), sie lassen aber keine Rückschlüsse auf das
Verhältnis zur Gnosis in der Entstehungszeit des 4. Evangeliums zu. Für die Bedeutung
des Manichäismus kann das Urteil von A. Böhlig als repräsentativ gelten: »Nicht das
Neue Testament ist von Mani aus, sondern Mani vom Neuen Testament aus zu deuten«.[85]

Die mandäische Literatur wurde im 7./8. Jh. n. Chr. in Babylonien zusammengestellt. Wesentliche Elemente waren bereits im 3./4. Jh. n. Chr. vorhanden, die ältesten
Bestandteile der mandäischen Literatur (Hymnenliteratur) könnten bis ins 2./3. Jh.
reichen.[86] Naturgemäß ist die Zurückverfolgung von Traditionen über mehrere Jahr-
hunderte mit großen Unsicherheiten belastet. Alle traditionsgeschichtlichen Analysen
im Zusammenhang mit der mandäischen Literatur, die in ihrer zeitlichen Ansetzung
von Motiven über die Mitte des 2. Jh. hinausgehen, müssen als völlig hypothetisch
bezeichnet werden. Das gleiche gilt für die Nag-Hammadi-Texte, die paläographisch
zumeist in die Mitte des 4. Jh. zu datieren sind. Für zahlreiche Nag-Hammadi-Texte
lässt sich eine längere Traditions- und Redaktionsgeschichte wahrscheinlich machen,
die teilweise bis in das 2. Jh. n. Chr. zurückreicht. Von besonderer Bedeutung für das
Johannesevangelium sind zwei Schriften aus dem Nag-Hammadi-Korpus: ›Das Apo-
kryphon des Johannes‹ (BG 2; NHC II,1; III,1; IV,1) und ›Die dreigestaltige Protennoia‹ (NHC XIII).[87] Die ältesten Schichten beider Schriften dürften in der Mitte des
2. Jh. n. Chr. entstanden sein, aber eine Beeinflussung des joh. Denkens durch diese
oder andere Nag-Hammadi-Texte lässt sich nicht nachweisen. Zwar finden sich in der
Protennoia-Schrift auffällige Parallelen zum Johannesprolog,[88] keineswegs kommt aber
die Protennoia als Quelle für den Prolog in Frage.[89] Sowohl die Rezeption des Johannesevangeliums bei Herakleon und in Nag-Hammadi-Schriften (Evangelium Veritatis,
Evangelium nach Philippus, Brief des Jakobus) als auch die sachliche Nähe weiterer
Nag-Hammadi-Texte zum Johannesevangelium (vgl. NHC VII,2; NHC VI,2) weisen
darauf hin, dass nicht das Johannesevangelium von Vorformen dieser Schriften beeinflusst wurde, sondern das 4. Evangelium in gnostischen Kreisen einer sehr eigenwilli-
gen Interpretation unterzogen wurde.[90] Wahrscheinlich entwickelten sich das

---

[84] Darauf weist mit Nachdruck hin: *M. Hengel,* Der Sohn Gottes, Tübingen ²1977, 53 ff; *ders.,* Die Ursprün-
ge der Gnosis und das Urchristentum, in: Evangelium-Schriftauslegung-Kirche (FS P. Stuhlmacher), hg. v.
J. Ådna u. a., Göttingen 1997, 190–223.

[85] *A. Böhlig,* Neue Initiativen zur Erschließung der koptisch-manichäischen Bibliothek von Medinet Madi,
ZNW 80 (1989), (240–260) 255.

[86] Vgl. zur Chronologie mandäischer Texte *K. Rudolph,* Die Mandäer I, FRLANT 74, Göttingen 1964,
53–58.

[87] Zu den Abkürzungen der Nag-Hammadi-Texte vgl. *K. W. Tröger* (Hg.), Gnosis und Neues Testament, Berlin 1973, 20f. Als maßgebliche deutsche Textausgabe vgl. jetzt *H.-M. Schenke/K.-G. Bethge/U. U. Kaiser*
(Hg.), Nag Hammadi Deutsch Bd. I.II (LV).

[88] Vgl. die Auflistung bei *C. Colpe,* Heidnische, jüdische und christliche Überlieferung in den Schriften von
Nag Hammadi III, JAC 17 (1974), (109–125) 123.

[89] Vgl. *K. Rudolph,* Die Nag-Hammadi-Texte und ihre Bedeutung für die Gnosisforschung, ThR 50 (1985),
(1–40) 20 f.

[90] Von einer umfassenden Rezeption des Johannesevangeliums in der Gnosis kann allerdings nicht die Rede

Urchristentum und die Gnosis zunächst unabhängig voneinander,[91] bis es gegen Ende des 1. Jh. zu ersten Berührungen kam (vgl. 1Tim 6,20), die dann im ersten Viertel des 2. Jh. zu einer partiellen Synthese zwischen Christentum und Gnosis führten.[92]

Nach dem heutigen Stand der Gnosisforschung ist es auch nicht mehr möglich, das Johannesevangelium mit R. Bultmann[93] auf dem Hintergrund eines voll ausgebildeten gnostischen Erlösermythos zu interpretieren, für den bereits Philo als ein Repräsentant gilt.[94] War noch für R. Bultmann dieser Mythos der hermeneutische und historische Schlüssel zur Interpretation des Johannesevangeliums, so wird gegenwärtig davon ausgegangen, dass die Zuordnung einzelner Elemente zu gnostischen Erlösermythen erst in nachchristlicher Zeit erfolgte.[95] Zwar können sich Einzelelemente gnostischer Spekulationen bereits in frühchristlicher Zeit gebildet haben, die Ausbildung eines synkretistischen Mythos vollzog sich jedoch erst in späterer christlicher Zeit, vornehmlich ab dem 2. Jh. n. Chr.[96] Es ist somit nicht mehr möglich, die chronologischen Probleme im Verhältnis Urchristentum – Gnosis mit dem Hinweis auf einen vor- oder frühchristlichen Erlösermythos zu überspringen.

Lange Zeit galten die zweifellos vorhandenen Sprach-, Sach- und Motivparallelen zwischen dem Johannesevangelium und gnostischen Schriften als Beleg für die Nähe des 4. Evangeliums zu gnostischem Denken. So interpretierten z. B. W. Bauer[97] und R. Bultmann[98] die beiden zentralen Reden in Joh 10,1–18 und Joh 15,1–8.9–17 auf gnostischem Hintergrund und werteten das alttestamentliche Vergleichsmaterial ab. Demgegenüber lässt sich zeigen, dass beide Reden traditionsgeschichtlich von alttestamentlichen Vorstellungen geprägt sind (vgl. für Joh 10 z. B. Ez 34, für Joh 15 z. B. Jer 2,21; Jes 5,1–7a), so dass die erheblich späteren gnostischen Texte überhaupt nicht herangezogen werden müssen, um die joh. Bilder- und Vorstellungswelt zu erklären. Kein Begriff und keine Vorstellung im Johannesevangelium verweist zwangsläufig auf einen gnostischen Ursprung, vielmehr lassen sich durchweg Parallelen im Alten Testament, im antiken Judentum, im paganen Hellenismus und in Schriften des Urchristentums finden.[99]

---

sein; vgl. *W. G. Röhl,* Die Rezeption des Johannesevangeliums in christlich-gnostischen Schriften aus Nag Hammadi, passim. Zum Verhältnis des Thomasevangeliums zum Johannesevangelium vgl. zuletzt die zurückhaltenden Überlegungen von *I. Dunderberg,* John and Thomas in Conflict?, in: The Nag Hammadi Library after Fifty Years, hg. v. *J. D. Turner/A. McGuire,* Leiden 1997, 361–380.

[91] Die Gnosis war zunächst ein eigenständiges religiöses Phänomen, vgl. dazu *K. W. Tröger,* Das Christentum im zweiten Jahrhundert, Berlin 1988, 116–128.

[92] Vgl. zur Entstehung der Gnosis: *U. Schnelle,* Die ersten 100 Jahre des Christentums, 540–558.

[93] Zur Funktion der Gnosis-These bei *R. Bultmann* vgl. *J. Frey,* Eschatologie I, 129–140.

[94] Vgl. *Chr. Markschies,* NBL I (1991), 869: »Es ist unwahrscheinlich, daß es eine vorchristl. Gnosis gab; es sind keinerlei Quellen dafür erhalten.«

[95] Vgl. *C. Colpe,* RAC 11 (1981), 542.

[96] Treffend *H. Thyen,* TRE 17 (1987), 220: »Es kann wohl gesagt werden, daß der gnostische Erlösermythos nicht als seine Tiefenstruktur hinter, sondern noch vor dem Johannesevangelium liegt.«

[97] Vgl. *W. Bauer,* Joh, 143 f.189 f.

[98] Vgl. *R. Bultmann,* Joh, 285.288.407 Anm. 6.

[99] Vgl. als methodische Regel *K. Berger,* TRE 13 (1984), 520: »Aus einzelnen Begriffen darf nicht bereits auf eine gnostische Weltanschauung bzw. auf einen entwickelten Mythos geschlossen werden. Vielmehr gibt es keine einheitliche gnostische Terminologie.«

Über die Nähe des Johannesevangeliums zur Gnosis entscheidet in einem erhebli-
chen Maß die Definition dessen, was Gnosis ist. Großen Einfluss hatte die im Anschluss an H. Jonas durchgeführte Definition der Gnosis als ein spezifisches antikes
Daseinsverständnis.[100] Diese weite Fassung des Gnosisbegriffes führte dazu, dass sehr
unterschiedliche Bewegungen der Spätantike unter diesem Oberbegriff subsumiert
wurden, was die konkrete religionsgeschichtliche Forschung erschwerte. Auf dem Mes-
sina-Kongress 1966 wurde der Vorschlag gemacht, zwischen ›Gnostizismus‹ und ›Gnosis‹ zu unterscheiden. ›Gnostizismus‹ benennt demnach die eine bestimmte »Gruppe
von Systemen des 2. Jhs. n. Chr. … Im Gegensatz dazu würde man unter ›Gnosis‹ ein
›Wissen um göttliche Geheimnisse, das einer Elite vorbehalten ist‹, verstehen«.[101] Auch
diese Interpretation ist nicht weiterführend, weil faktisch nur Begriffe ausgetauscht
wurden: Was früher ›Gnosis‹ genannt wurde, soll nun ›Gnostizismus‹ heißen. Innovativ
sind deshalb nur Definitionen, die präzis benennen, welche Grundkonzeption vorhanden sein muss, um von Gnosis zu sprechen. G. Sellin wählt deshalb als Definition
von Gnostizismus: »Die Welt (und der Mensch als irdisches Wesen) ist die Schöpfung
eines aus der Lichtwelt gefallenen Wesens (Demiurg) und damit Produkt widergött-
licher Macht«.[102] Kennzeichen gnostischer Systeme sind deshalb in der Regel vier
Grundprinzipien: 1) Die völlige Jenseitigkeit Gottes und des Offenbarers; 2) ein pro-
tologischer Dualismus, der die Spaltung in Gut und Böse in den allerersten Anfang
verlegt und 3) kosmologische Spekulationen, die zwischen oberen und niederen Wel-
ten unterscheiden. 4) Die Erfahrung der Weltfremdheit und der Wunsch nach Welt-
überwindung; gestützt durch das Bewusstsein, eigentlich einer ›anderen‹, ›besseren‹
und ›höheren‹ Welt anzugehören, in die man mit Hilfe des Erlösers zurückkehrt. Wendet man diese präzise Definition von Gnostizismus bzw. Gnosis auf das Johannesevangelium an, so zeigen sich deutlich die Unterschiede des 4. Evangeliums zu gnostischem
Denken. Schon im Prolog ist von einer Vorzeitigkeit des Guten die Rede, die Schöpfung verdankt sich dem Wirken des präexistenten Logos, durch den alles Seiende ge-

---

[100] Vgl. *H. Jonas*, Gnosis und spätantiker Geist I, FRLANT 51, Göttingen ⁴1988, 12 ff.

[101] *C. Colpe*, Vorschläge des Messina-Kongresses von 1966 zur Gnosis-Forschung, in: Christentum und Gnosis, hg. v. *W. Eltester*, BZNW 37, Berlin 1969, (129–132) 129f.

[102] *G. Sellin*, Der Streit um die Auferstehung der Toten, FRLANT 138, Göttingen 1986, 200. Eine andere
Definition bietet *C. Colpe*, RAC 11 (1981), 559: » Das Eigene der Gnosis liegt darin, daß sie überall da,
wo der Alte Orient, der Synkretismus und das nicht-gnostische Christentum eine Hypostase ausgebildet
hätte, faktisch zwei Hypostasen schuf. Sie sind zwar beide als ›Selbst‹ zu charakterisieren, haben auch die
gleiche Substanz und sogar denselben Namen. Daß es sich aber trotzdem um zwei Hypostasen handelt,
zeigt die Tatsache, daß ja ein ganzer Erlösungsprozeß für nötig erachtet wird, um die eine Hypostase mit
der andern, und d. h. den salvator mit dem salvandum, wieder zusammenzuführen.« Als motivische Charakteristika der Gnosis nennt *Chr. Markschies*, NBL I (1991), 870: 1) Die Erfahrung eines völlig jenseitigen obersten Gottes; 2) die Einführung weiterer göttlicher Figuren; 3) die Einschätzung von Welt und
Materie als böse Schöpfung; 4) die Einführung eines niedrigen Schöpfergottes; 5) Erklärung des negativen
Jetztzustandes durch ein mythologisches Drama; 6) die durch eine jenseitige Erlösergestalt gewährte
Erkenntnis über diesen Zustand; 7) Erlösung durch Gnosis; 8) Vorherbestimmung der Menschenklassen;
9) ein ausgeprägter Dualismus auf allen Ebenen. Als neuere Gesamtdarstellungen zur Gnosis vgl. *Chr.
Markschies*, Die Gnosis, München 2001; *K.-W. Tröger*, Die Gnosis, Freiburg 2001; *J. Ulrich*, Die Gnosis,
in: *D. Zeller* (Hg.), Christentum I, Stuttgart 2002, 274–293; *H.-F. Weiss*, Frühes Christentum und Gnosis,
WUNT 225, Tübingen 2007; *D. Brakke*, The Gnostics, Cambridge (Ms), 2010; *J. Brankaer*, Die Gnosis.
Texte und Kommentar, Wiesbaden 2010; *B. Aland*, Die Gnosis, Stuttgart 2014.

schaffen wurde (vgl. Joh 1,1–4). Aus Liebe sandte Gott seinen Sohn in die Welt, um die an Jesus Christus Glaubenden zu retten (Joh 3,16; 1Joh 4,9). Jesus erscheint als der σωτὴρ τοῦ κόσμου = ›Retter der Welt‹ (Joh 4,42, vgl. 1Joh 2,2), er ist das ›Brot des Lebens‹ (Joh 6,30–50) und das ›Licht der Welt‹ (Joh 8,12). Grundlegend unterscheidet sich das Johannesevangelium ferner vom gnostischen Denken durch seine kreuzestheologische Ausrichtung. Es verankert das Heil in einem einmaligen geschichtlichen Geschehen und hebt sich damit radikal von gnostischem Daseins- und Erlösungsverständnis ab.[103] Die potentielle ›Gnostisierbarkeit‹ joh. Begriffe und Vorstellungen und ihr Vollzug in späteren gnostischen Schriften ist nicht identisch mit ›Gnosis‹ im Johannesevangelium!

Der religionsgeschichtliche Hintergrund des Johannevangeliums lässt sich nicht monokausal oder alternativ bestimmen, vielmehr wird die Auslegung zeigen, dass drei große Überlieferungsstränge prägend gewirkt haben: 1) das Alte Testament; 2) das antike Judentum[104] und 3) die popular-philosophischen Traditionen des griechisch-römischen Hellenismus. Alle drei Bereiche sind vielfältig miteinander vernetzt und bilden gleichzeitig den Hintergrund und den Kontext des joh. Denkens. Dies ist auch nicht anders zu erwarten, denn Anschlussfähigkeit ließ sich innerhalb der komplexen kulturellen Vielschichtigkeit des Imperium Romanum für das frühe Christentum im allgemeinen und das Johannesevangelium im speziellen nur erreichen, weil sie in der Lage waren, verschiedene kulturelle Traditionen in sich aufzunehmen und schöpferisch weiterzuentwickeln. Religionen existieren ebenso wenig wie Kulturen je individuell für sich, sondern sie sind immer in Relationen eingebunden. Dies gilt umso mehr für eine neue Bewegung wie das frühe Christentum, das um seiner Anschlussfähigkeit willen bewusst Relationen aufbauen musste. Anschlussfähigkeit ergibt sich nicht von selbst, sondern muss bewusst hergestellt werden. Entscheidend ist dabei die Fähigkeit von Sinnbildungen, neue Identitäten zu formen. Die Herausbildung einer Identität vollzieht sich immer unter dem Einfluss eines kulturellen Umfeldes bzw. kultureller Umfelder. Dabei ist das ethnische Identitätsbewusstsein wesentlich durch objektivierbare Merkmale wie Sprache, Abstammung, Religion und daraus hervorgegangener Traditionen bestimmt. Traditionen wiederum sind Ausdruck einer kulturellen For-

---

[103] Vgl. dazu *K. W. Tröger,* Ja oder Nein zur Welt. War der Evangelist Johannes Christ oder Gnostiker?, ThV VII, Berlin 1976, 61–80; *H. Kohler,* Kreuz und Menschwerdung, 137–139.

[104] Hier ist speziell die Weisheitsliteratur zu nennen, für den Dualismus aber auch Qumran und Test XII; vgl. dazu *G. Baumbach,* Qumran und das Johannes-Evangelium, Berlin 1958; *O. Böcher,* Der johanneische Dualismus im Zusammenhang des nachbiblischen Judentums, Gütersloh 1965; *J. H. Charlesworth* (Hg.), John and Qumran, London 1972; *R. Bergmeier,* Glaube als Gabe bei Johannes, passim; *J. H. Charlesworth,* The Dead Sea Scrolls and the Gospel according to John, in: Exploring the Fourth Gospel (FS D. M. Smith), hg. v. *A. Culpepper* u. a., 65–97; *J. Frey,* Different Patterns of Dualistic Thought in the Qumran Library, in: Legal Texts and Legal Issues (FS J. M. Baumgarten), hg. v. *M. Bernstein* u. a., Leiden 1997, 275–335. Während Charlesworth das Johannesevangelium und Qumran in eine unmittelbare Verbindung bringt, zeigt Frey überzeugend auf, dass innerhalb der dualistischen Konzeptionen der Qumrantexte traditionsgeschichtlich unterschieden werden muss und sich einlinige Zuordnungen zu neutestamentlichen Schriften verbieten.

mung durch Texte, Riten und Symbole.[105] Obwohl sich Identitätsbildung in der Regel innerhalb eines so geprägten Rahmens vollzieht, hat sie immer Prozesscharakter, ist fließend und an sich ändernde Situationen gebunden.[106] Wenn sich zudem – wie beim Johannesevangelium – Kulturräume überlagern, kann sich eine Identität nur erfolgreich ausbilden, wenn sie verschiedenartige Einflüsse aufzunehmen und zu integrieren vermag. Eindeutigkeit und Durchlässigkeit sind gleichermaßen Voraussetzungen für gelungene kulturelle Neuformungen. Wie Paulus gelang es auch Johannes, seiner Jesus-Christus-Geschichte in mehrfacher Hinsicht Anschlussfähigkeit zu verleihen: an die Jesusgeschichte, das Judentum und den Hellenismus.

§ 9 Das johanneische Denken

Ein historisches Ereignis ist an sich noch nicht sinnträchtig, sondern sein Sinnpotential muss erst erschlossen und aufrechterhalten werden. Es bedarf der Überführung ungeregelter Kontingenz in »eine geregelte, bedeutsame, intelligible Kontingenz.«[107] Dies leistet die Erzählung als grundlegende narrative Sinnbildungsleistung,[108] denn sie baut jene Sinnstruktur auf, die eine Bewältigung historischer Einmaligkeit ermöglicht.[109] Die Erzählung konstituiert Zeit und verleiht dem Einmaligen Dauer, wodurch Rezeption und Traditionsbildung überhaupt erst ermöglicht werden.[110] Die Erzählung relationiert in sachlicher, zeitlicher und räumlicher Hinsicht, »sie plausibilisiert ex post facto, was mit Notwendigkeit oder Wahrscheinlichkeit so kommen mußte.«[111] Eine Erzählung stiftet Einsicht, indem sie neue Zusammenhänge schafft und den Sinn des Geschehens hervortreten lässt. Angesichts von Kreuz und Auferstehung waren Sinnbildungsleistungen unabwendbar, mussten Folgeleistungen erbracht werden, um ein Verstehen zu ermöglichen. Sprachliche Konstruktion von Geschichte vollzieht sich stets als ein sinnstiftender Vorgang, der sowohl dem Vergangenen als auch dem Gegenwärtigen Sinn verleihen soll. Historische Interpretation heißt, einen kohärenten

---

[105] Vgl. dazu *H. Welzer,* Das soziale Gedächtnis, in: *ders.* (Hg.), Das soziale Gedächtnis. Geschichte, Erinnerung, Tradierung, Hamburg 2001, 9–21.

[106] Vgl. *K.-H. Kohle,* Ethnizität und Tradition aus ethnologischer Sicht, in: *A. Assmann/H. Friese* (Hg.), Identitäten, Frankfurt 1998, 269–287.

[107] *P. Ricœur,* Zufall und Vernunft in der Geschichte, Tübingen 1985, 14.

[108] Vorausgesetzt wird ein weiter Erzählbegriff, der nicht auf bestimmte literarische Gattungen fixiert ist. Ausgehend von der grundlegenden Einsicht, dass Erfahrung von Zeit narrativ bearbeitet werden muss, liegt es nahe, »die Erzählung als eine bedeutungs- oder sinnhafte bzw. Bedeutung oder Sinn stiftende Sprachform aufzufassen. Dies soll heißen: Schon die narrative Form menschlicher Selbst- und Weltthematisierungen verleiht Widerfahrnissen und Handlungen Sinn und Bedeutung – unabhängig vom jeweiligen Inhalt der erzählerischen Präsentation« (*J. Straub,* Über das Bilden von Vergangenheit, in: *J. Rüsen* (Hg.), Geschichtsbewußtsein, 51 f). Einen weiten Erzählbegriff entwickelt auch *R. Barthes,* Das semiologische Abenteuer, Frankfurt 1988, 102 ff.

[109] Vgl. *J. Straub,* Temporale Orientierung und narrative Kompetenz, in: *J. Rüsen* (Hg.), Geschichtsbewußtsein, 26 f.

[110] Vgl. dazu *A. Assmann,* Zeit und Tradition. Kulturelle Strategien der Dauer, Köln/Weimar 1999, 15 ff.

[111] *J. Straub,* Temporale Orientierung, 30.

Sinnzusammenhang zu schaffen; erst durch die Herstellung historischer Erzählzusammenhänge werden die Fakten das, was sie für uns sind.[112] Alle frühchristlichen Autoren standen vor der Aufgabe, die ungeregelte Kontingenz von Kreuz und Auferstehung in ein theologisches Sinngebäude zu überführen.

Was für die Geschichtsschreibung generell zutrifft, ist auch im frühen Christentum der Fall: Die Welt muss eine Deutung erfahren, um bewältigt werden zu können. Der grundsätzlich konstruktive Charakter historischer Sinnbildung ist z. B. bei den Evangelisten offenkundig: Sie errichten neue Sinnwelten, die vor allem mit Hilfe von Erzähleinheiten, Schlüsselbegriffen und Symbolen den Einzelnen wie die Gruppe in die Gesamtheit des Kosmos einordnen, die Phänomene des Lebens deuten, Handlungsanweisungen bieten und schließlich über den Tod hinaus Perspektiven eröffnen.[113] Erzählen bezieht sich immer auf Erinnerungen, um so Zeiterfahrungen zu deuten. Die Erinnerung ist der maßgebliche Bezug auf die Erfahrung von Zeit. Eben dies leistet die neue Literaturgattung Evangelium, denn in ihr werden die Erfahrungen mit Jesus von Nazareth als Erinnerung durch Erzählen gegenwärtig. Das Medium der Schrift entlastet von der (emotionalen) Unmittelbarkeit der Kommunikation und schafft somit eine Distanz zwischen den Inhalten von Geschichte und der Kommunikation von und durch Geschichte. Diese Distanz ermöglicht Denk-, Interpretations- und Transformationsleistungen, erlaubt Verfremdungseffekte, die alle für das Beschreiben, Erfassen, Transportieren und Rezipieren von Ereignissen unentbehrlich sind. Die Schriftlichkeit entlastet das Gedächtnis, sie fixiert Ereignisse und entflechtet sie aus unmittelbaren Handlungsvorgängen, wodurch der nötige Freiraum für Objektivierungsleistungen und Interpretationen entsteht. Indem die Erzähler zu Autoren werden und die Leser/Hörer die Möglichkeit kritischer Rezeption erhalten, eröffnet sich der Raum, durch Erklärungsarrangements, begriffliche Fixierungen und moralische Appelle normative Deutungen zu etablieren.

Die Jesus-Christus-Erzählungen der Evangelien sind selbst Ausdruck eines Geschichtsbewusstseins und bilden es, indem sie die Sinnhaftigkeit des Handelns Gottes mit Jesus von Nazareth für Vergangenheit, Gegenwart und Zukunft proklamieren. Durch Erzählen wird bei allen Autoren ein innerer Zusammenhang von Vergangenheitsdeutung, Gegenwartsverständnis und Zukunftsperspektiven hergestellt, so dass in der Rezeption das Geschehen bewahrt und aktualisiert werden kann.[114] Ereignisse werden geformt, präsentiert und so zu narrativen Sinnbildungsleistungen. Die erste und grundlegende Funktion von Erzählungen besteht darin, durch Temporalisierung Wirklichkeit zu konstituieren. Erzählungen geben der Wirklichkeit eine besondere qualifizierte Ordnung, indem sie die Kommunikation von Wirklichkeit überhaupt

---

[112] Vgl. *Chr. Lorenz*, Konstruktion der Vergangenheit, Köln/Weimar 1997, 17 ff.

[113] Vgl. *P. L. Berger*, Zur Dialektik von Religion und Gesellschaft, Frankfurt 1988, 32: »Sie (sc. die Religion) gibt den zerbrechlichen Wirklichkeiten der sozialen Welt das Fundament eines heiligen realissimum, welches per definitionem jenseits der Zufälligkeiten menschlichen Sinnens und Trachtens liegt.«

[114] Vgl. hier *J. Rüsen*, Historisches Erzählen, in: *ders.*, Zerbrechende Zeit, Köln/Weimar 2001, 43–105; *J. Straub*, Über das Bilden von Vergangenheit, in: *J. Rüsen* (Hg.), Geschichtsbewußtsein, 45–113.

erst möglich machen.[115] Eine weitere Funktion von Erzählungen besteht in der Wissensbildung und Wissensvermittlung. Erzählungen berichten, beschreiben und erklären Geschehnisse, vermehren das Wissen und bilden ein Weltbild, an dem sich Menschen orientieren können. Ein besonderes Leistungsmerkmal von Erzählungen ist die Bildung und Präsentation von Identität.[116] Erzählungen stiften und verbürgen einen Sinnzusammenhang, der durch Identifikationen zur Identitätsbildung führt. Insbesondere in Erzählungen bearbeitete kollektive Erfahrungen rufen bei den Subjekten Identifikation hervor, die in Handlungs- und Lebensorientierungen übergehen. Zu den grundlegenden praktischen Funktionen von Erzählungen gehört daher die Orientierungsleistung. Durch Erzählungen werden Handlungsmöglichkeiten eröffnet oder verschlossen, Erzählungen strukturieren den Handlungsraum von Menschen. Erzählungen haben deshalb auch immer eine normative Dimension, sie sollen ethische Orientierungsleistungen bringen. Die Vermittlung von Werten und Normen, das Angebot oder die Revision von Standpunkten gehören zu den Funktionen von Erzählungen. Indem Erfahrungen und Erwartungen, Werte und Orientierungen durch Erzählungen vermittelt werden, bildet sich ein ethisches und pädagogisches Bewusstsein heraus. Wenn die Angebote von Erzählungen aufgegriffen und geteilt werden, schaffen sie die Basis für übereinstimmende Urteile und eine gemeinsame Welt, die durch soziales Handeln hergestellt wird.

All diese Funktionen der Erzählung verdeutlichen, dass eine Unterscheidung zwischen fiktionalem und nicht-fiktionalem Erzählen nicht trägt. Weil das erinnernde Erzählen immer auf das Verstehen und Handeln der Menschen in der Gegenwart orientiert ist, fließen notwendigerweise in jeder Erzählung fiktionale und nicht-fiktionale Elemente zusammen.[117] Durch die Interpretation wird dem Geschehen eine neue Struktur eingezogen, die es zuvor nicht hatte, eine sinn- und bedeutungsstrukturierte Welt entsteht.[118] Aus der Faktizität eines Ereignisses lässt sich noch nicht seine Sinn-

---

[115] Vgl. *J. Straub,* Geschichten erzählen, Geschichte bilden. Grundzüge einer narrativen Psychologie einer historischer Sinnbildung, in: *J. Straub* (Hg.), Erzählung, Identität und historisches Bewußtsein, Frankfurt 1998, 124 ff.

[116] Zur neueren Identitätsdebatte vgl. *B. Estel,* Art. Identität, HRWG III, Stuttgart 1993, 193–210; *J. Straub* (Hg.), Erzählung, Identität und historisches Bewußtsein, Frankfurt 1998; *A. Assmann/H. Friese* (Hg.), Identitäten, Frankfurt 1998.

[117] ›Fiktion‹ bezeichnet nicht einfach im umgangssprachlichen Sinn die Negation der Wirklichkeit, sondern ist in einem funktional-kommunikativen Sinn gemeint und kommt damit der ursprünglichen Bedeutung von ›fictio‹ nahe: Bildung, Gestaltung. Vgl. *W. Iser,* Der Akt des Lesens, München ³1990, 88: »Wenn Fiktion nicht Wirklichkeit ist, so weniger deshalb, weil ihr die notwendigen Realitätsprädikate fehlen, sondern eher deshalb, weil sie Wirklichkeit so zu organisieren vermag, daß diese mitteilbar wird, weshalb sie das von ihr Organisierte selbst nicht sein kann. Versteht man Fiktion als Kommunikationsstruktur, dann muß im Zuge ihrer Betrachtung die alte an sie gerichtete Frage durch eine andere ersetzt werden: Nicht was sie bedeutet, sondern was sie bewirkt, gilt es nun in den Blick zu rücken. Erst daraus ergibt sich ein Zugang zur Funktion der Fiktion, die sich in der Vermittlung von Subjekt und Wirklichkeit erfüllt.« *H.-J. Goertz,* Unsichere Geschichte, Stuttgart 2001, 20: »Das fiktionale Element ist nicht der freie Lauf dichterischer Phantasie, die sich über die Fakten der Vergangenheit hinwegsetzt, sie zurechtstutzt oder ergänzt. Es ist vielmehr das Mittel, das einen Zugang zur Vergangenheit überhaupt erst schafft und ihre Interpretation bewerkstelligt.«

[118] Vgl. die problem- und forschungsgeschichtlich orientierten Überlegungen bei *H.-J. Goertz,* Unsichere Geschichte, 16 ff.

haftigkeit ableiten. Es gibt nur potentielle Fakten, da es der Erfahrung und der Deutung bedarf, um das Sinnpotential eines Geschehens zu erfassen. Fakten muss eine Bedeutung beigemessen werden, und die Struktur dieses Interpretationsprozesses konstituiert das Verständnis der Fakten.[119] Erst das fiktionale Element eröffnet einen Zugang zur Vergangenheit, denn es ermöglicht die unumgängliche Neuschreibung der vorausgesetzten Ereignisse. Die figurative Ebene ist für die historische Arbeit unerlässlich; sie entfaltet den präfigurierenden Plan der Interpretation, der die gegenwärtige Auffassung von der Vergangenheit bestimmt. Die Alternative ›historischer Jesus‹ – ›Christus des Glaubens‹ verbietet sich daher schon erzähltheoretisch, denn einen Zugang zu Jesus von Nazareth kann es nicht jenseits seiner Bedeutung für die Gegenwart geben.[120] Die Evangelien als narrative Synthesen von Erfahrungen mit Jesus von Nazareth sind durch sinnbildende Faktoren, Leitfäden gekennzeichnet, die den Gang der Erzählung bestimmen. Diese Leitfäden legen fest, welche Orientierungsleistungen die einzelnen Geschichten und das gesamte Evangelium erbringen sollen. Die Evangelien stimmen in den Basis-Daten ihrer Jesus-Christus-Geschichte überein, zugleich strukturieren sie das Material in unterschiedlicher Weise und betonen jeweils jene Aspekte, die für die Identitätsbildung ihrer eigenen Gemeinde von Bedeutung sind. Wenn Sinnbildung immer konstruierte gegenwärtige Weltdeutung ist, stellt sich bei Johannes die Frage nach dem Muster der dabei verwendeten Matrix, d. h. den gedanklichen Ordnungs- und Orientierungsleistungen.

Wie bei keinem anderen ntl. Autor lässt sich beim 4. Evangelisten der Prozess der Theologiebildung als kreative Sinnbildung durch Erzählen erfassen.[121] Johannes steht an einem Wendepunkt. Er sieht deutlich, dass seine Zeit Jesus Christus und dem Ursprung des Christentums nur treu bleiben kann, wenn sie das Wagnis einer sprachlichen und gedanklichen Neuformulierung des Christusgeschehens eingeht. Dabei ist dem 4. Evangelisten der Rückbezug auf Jesus von Nazareth ebenso wichtig wie die Neuformulierung der Jesusbotschaft für seine eigene Zeit. Ohne den geschichtlichen Jesus, um dessen historisch-geographische Verortung er sich nachdrücklich bemüht (vgl. z. B. Joh 1,28.44; 2,1.13; 3,22; 4,4 f; 5,2; 6,1; 7,1; 11,1; 12,1.12; 18,1.13.24.28; 19,17.38 f.41 ff), gibt es für Johannes kein Christentum. Die von R. Bultmann behauptete Reduktion des geschichtlichen Jesus von Nazareth auf den harten Kern seines Gekommenseins[122] vollzieht Johannes gerade nicht! Neben historischen, literarischen

---

[119] Vgl. *H.-J. Goertz,* Umgang mit Geschichte, Reinbek 1995, 87: »Nicht die reine Faktizität konstituiert also eine ›historische Tatsache‹, sondern ihre Bedeutsamkeit, die sich erst nach und nach einstellt und die einem Ereignis, das sonst ohne viel Aufhebens in der Vergangenheit versunken wäre, eine besondere Qualität verleiht. Nicht zu seiner Zeit, sondern erst nach seiner Zeit wird aus einer bloßen Tatsache eine historische Tatsache.«

[120] Vgl. *M. Hengel,* Das Begräbnis Jesu bei Paulus und die leibliche Auferstehung aus dem Grabe, in: *F. Avemarie/H. Lichtenberger* (Hg.), Auferstehung, WUNT 135, Tübingen 2001, 127: »das Evangelium als Erzählung des Heilsgeschehens stand von Anfang an in notwendiger Parallelität zum Evangelium als Kerygma«.

[121] Eine Entfaltung der Grundstruktur des joh. Denkens bietet *W. Loader,* Jesus in John's Gospel, 37–65.

[122] Vgl. *R. Bultmann,* Theologie, 419: »Johannes stellt also in seinem Evangelium nur das Daß der Offenbarung dar, ohne ihr Was zu veranschaulichen.«

und theologischen Gründen ist vor allem ein rezeptionsästhetisches Argument zu beachten, das H. Blumenberg in Bezug auf das Kerygma so formuliert: »Die Reduktion
auf dessen harten unartikulierten Kern zerstört die Möglichkeit seiner Rezeption.«[123]
Das bloße ›Daß‹ eines Gekommenseins ist weder vermittel- noch rezipierbar! Eine
umfassende Rezeptionsfähigkeit ist aber unabdingbare Voraussetzung für das von Johannes angestrebte Ziel, denn es gilt: Ohne eine neuartige sprachliche und gedankliche
Vermittlung bleibt die Jesusbotschaft unerschlossen, bringt sie keine ›Frucht‹ (vgl. Joh
15,1–8). Diese Neuerschließung vollzieht Johannes als produktive und weiterführende
Aneignung der Jesus-Offenbarung mit seiner Evangelienschreibung. Dabei handelt es
sich nach dem Selbstverständnis des Evangelisten nicht um einen eigenmächtigen Prozess, sondern durch den Parakleten legt sich Jesus im Johannesevangelium gewissermaßen selbst aus. Der nachösterliche Rückblick, das nachösterliche Erinnern ist für
Johannes gleichermaßen theologisches Programm und Erzählperspektive, er ermöglicht es dem 4. Evangelisten, theologische Einsichten in erzählte Geschichte umzusetzen. Erinnern ist dabei immer ein aktiver Akt, der auf Zukunft zielt. Zwar sind alle
Evangelien als Erinnerungsleistungen aus der Perspektive des Rückblickes geschrieben,
aber Johannes ist der einzige Evangelist, der diesen Blickwinkel ausdrücklich thematisiert und zum Verstehensschlüssel seines ganzen Werkes erhebt. *Das Johannesevangelium ist als Resultat eines Erinnerungsprozesses zugleich ein gegenwärtiger
Erinnerungsraum mit Zukunftsanspruch und Zukunftsperspektive!*
   Johannes ist sich somit des Zeitabstandes zwischen dem Christusgeschehen und
seiner eigenen Situation sehr bewusst, gerade bei ihm gewinnt der Zeitabstand eine
hermeneutische Qualität. Wie aber geht Johannes mit dem Zeitabstand als grundlegender hermeneutischer Kategorie um? Wie gelingt es ihm, das Verstehen nicht nur
als eine Reproduktion vergangenen Geschehens, sondern als eine Neuinterpretation
zu vollziehen? Wie kann für ihn das Vergangene als lebens- und sinnstiftendes Geschehen in der Gegenwart wirksam und erfahrbar werden? Die joh. Antwort auf diese
Fragen ist eindeutig: Das Verstehen und die Entfaltung des Christusgeschehens vollziehen sich als geistgewirkte nachösterliche Anamnese (vgl. Joh 2,17.22; 12,16; 13,7;
20,9).[124] Die Gegenwart des Parakleten (vgl. Joh 14,26) ermöglicht ein vertieftes Erfassen der Menschwerdung, des Erdenwirkens, des Leidens und der Erhöhung und
Verherrlichung Jesu Christi. Zugleich gewährt der Paraklet jenes Erinnern an die
Werke und Worte Jesu, die im Johannesevangelium niedergeschrieben sind. Der Paraklet führt die Gemeinde als Beistand, Hermeneut, Lehrer, Fürsprecher, Anwalt, Stellvertreter und Zeuge Jesu (vgl. Joh 14,15–17.26; 15,26; 16,7–11.13–15) und
vergegenwärtigt darin das einmalige Heilsgeschehen. Er legitimiert die mit dem Evangelium vollzogene Sinnbildung und stiftet Identität. Somit leitet sich das joh. Denken
aus dem Bewusstsein der joh. Christen ab, unter der Führung des Parakleten die Geschichte Jesu Christi und den Glauben an Jesus Christus in unverwechselbarer und

---

[123] *H. Blumenberg,* Matthäuspassion, Frankfurt ⁴1993, 221.
[124] Vgl. *F. Mußner,* Sehweise, 45 ff; *U. Schnelle,* Perspektiven der Johannesexegese, 61 ff; *P. Ricœur,* Gedächtnis
    – Vergessen – Geschichte, in: *K. E. Müller/J. Rüsen* (Hg.), Historische Sinnbildung, Reinbek 1997, 436:
    »Im Gedächtnis … liegt die ursprüngliche Verbindung des Bewusstseins zur Vergangenheit.«

sachgemäßer Art und Weise zum Ausdruck zu bringen. Diese grundlegende hermeneutische Konzeption gilt es bei der Lektüre des Evangeliums stets zu berücksichtigen,
sie hat die Funktion einer Lese- und Verstehenshilfe. Weil der nachösterliche Rückblick
unter der Führung des Parakleten die Jesus-Zeit und die Jetzt-Zeit der Gemeinde miteinander verbindet, haben die joh. Texte häufig mehrere Verstehensebenen, die einander nicht ausschließen, sondern ergänzen; unterschieden, nicht aber getrennt werden
dürfen. Insbesondere durch symbolträchtige Begriffe eröffnet Johannes mehrere Sinn-
ebenen, die von den Hörern/Lesern aufgesucht werden sollen. *Mit der Oberflächen-
und Tiefensemantik im 4. Evangelium verbindet sich auch ein Oberflächen- und Tie-
fenwissen, wobei über letzteres allein die Glaubenden verfügen.*

Schließlich soll die Kommentierung zeigen, dass die spezifische Denk- und Erzählperspektive des Evangelisten auch der Schlüssel zum Verständnis der vorliegenden literarischen Gestalt des Johannesevangeliums ist. Christologische Aussagen werden
innerhalb der Textwelt des 4. Evangeliums vor allem in bildhafter Rede zum Ausdruck
gebracht. Johannes fasst für seine Hörer und Leser die Jesusgeschichte *in neue Begriffe,
Bilder, Symbole und Erzählungen* (vgl. z. B. Joh 2,1–11; 3,1–11; 4,4–42; 10,1–18;
13,1–20; 15,1–8; 20,11–18), *denn sie sind das ideale Medium des Gedächtnisses.* Die
joh. Theologie ist durch eine umfassende *Visionalisierung* Jesu geprägt; Jesus Christus
kommt in immer neuer Weise ins Bild und damit ins Bewusstsein! Der Evangelist
führt neue Personen, Namen und Gruppen in die Jesusgeschichte ein (Lieblingsjünger:
Joh 1,35–42; 13,23–26a; 18,15–18; 19,25–27.34b–35; 20,1–8; Nathanael: Joh 1,45–
49; Nikodemus: Joh 3,1.4.9; 7,50; 19,39; die ›Griechen‹: Joh 7,35; 12,20 ff; Malchus:
Joh 18,10.26; Hannas: Joh 18,13.24), schafft überraschende Ereignisabfolgen (vgl.
z. B. Joh 2,12 f; 5–6; 7,9 f; 14,31–15,1), zieht zentrale Ereignisse des Lebens Jesu vor
(Tempelreinigung: Joh 2,14–22; Todesbeschluss: Joh 11,46–54; Salbung in Bethanien:
Joh 12,1–8; Einzug in Jerusalem: Joh 12,12–19; joh. Gethsemane-Version: Joh
12,27 ff), erweitert Einzelszenen zu Erzählblöcken (z. B. Ausweitung der Abschiedsszene beim Abendmahl zu den Abschiedsreden) und verleiht der Jesusgeschichte eine
ungeahnte Dramatik (vgl. z. B. Joh 7 und 8), um so die Überlieferung für eine neue
Zeit und eine neue Situation fruchtbar zu machen. Die literarische Struktur des
4. Evangeliums erschließt sich nicht einfach nur durch die Anwendung werkexterner
Kriterien (z. B. neuzeitliche Logik, Literatur- und Erzähltheorien), sondern zuallererst
durch die Einbeziehung des theologischen und damit auch literarischen Denkansatzes
des 4. Evangelisten, der geistgewirkten nachösterlichen Anamnese.[125]

Basis des joh. Denkens ist die Seins- und Wirkeinheit von Vater und Sohn, kaum
zufällig steht Joh 10,30 (»Ich und der Vater sind eins«) genau in der Mitte des 4. Evangeliums. Das Zentrum der joh. Theologie ist die Menschwerdung Gottes in Jesus Christus.[126] Dieser inkarnatorische Grundzug joh. Theologie zeigt sich bereits im Prolog

---

[125] *J. Frey,* Eschatologie II, 79–152, zeigt auf, dass auch der joh. Tempusgebrauch Ausdruck der theologischen
Intention ist, jene temporale Distanz »zwischen der vergangenen Zeit des Wirkens Jesu und der Gegenwart
der Adressatengemeinde, die grundlegend auf Wort und Werk Jesu bezogen und auf die Erinnerung und
das Zeugnis der Zeugen angewiesen ist« (a. a. O., 149), zu überbrücken.
[126] Vgl. *H. Weder,* Die Menschwerdung Gottes, in: *ders.,* Einblicke, 391; ferner *M. M. Thompson,* The Incarnate Word, 117 ff. Im Inkarnationsgedanken liegt nach *W. G. Röhl,* Die Rezeption des Johannesevangeli-

(Joh 1,14), der als programmatischer Eröffnungstext und mitgehender Anfang das
Verständnis des gesamten Evangeliums präjudiziert. Im weiteren Evangelium wird der
Offenbarungsweg des Logos unter den Menschen entfaltet und die Heilsbedeutung
Jesu Christi bedacht.[127] Dabei steht auch für Johannes das Wirken Jesu in der Welt
von Anfang an unter der Perspektive des Kreuzes (vgl. Joh 1,29.36). Kompositorisch
unterstreicht die Tempelreinigung am Beginn des öffentlichen Wirkens Jesu (Joh 2,
14–22) nachdrücklich die Heilsbedeutung von Kreuz und Auferstehung. Passionsverweise durchziehen das gesamte Evangelium (vgl. Joh 2,1.4c; 10,11.15.17; 11,13;
12,16.32f; 13,1–3.7.37; 15,13; 17,19; 18,32), um zu verdeutlichen, dass der Inkarnierte kein anderer als der Gekreuzigte ist. Inkarnation und Kreuz sind gleichermaßen
Bewegungen der Liebe nach unten; ebenso die Fußwaschung (Joh 13,1–20), in der
Jesus die Seinen in die neue Existenz der Bruderliebe einführt, indem er sie selbst lebt
und durch den Kreuzestod ermöglicht. Auch im Johannesevangelium erreicht die Offenbarung am Kreuz ihr Ziel, hier erfüllt der Sohn den Willen des Vaters (vgl. Joh
13,1.32; 14,31; 17,5; 18,37b u. ö.), vollendet sich die Schrift (Joh 19,28) und spricht
der fleischgewordene Christus τετέλεσται = ›es ist vollbracht‹ (Joh 19,30). Johannes
liegt alles an der Identität des Präexistenten und Inkarnierten mit dem Gekreuzigten
und Erhöhten, wie die Thomasperikope Joh 20,24–29 geradezu handgreiflich dokumentiert. Der so schmachvoll am Kreuz Gestorbene wurde von Gott erhöht und ist
das lebendige Wort Gottes. Die Erhöhung des Sohnes fällt bei Johannes mit dem
Kreuz zusammen (vgl. Joh 12,27–33), das Kreuz ist bleibender Ort des Heils. Die für
Johannes charakteristische christologische Konzentration ergibt sich folgerichtig aus
seiner Erzählperspektive. Weil für ihn das Ende von Anfang an präsent ist, kann er
die einzelnen Akte des Heilsgeschehens zusammenschmelzen lassen, ohne sie aufzulösen. Prä- und Postexistenz, Inkarnation, irdisches Wirken, Kreuz und Erhöhung
sind nicht mehr säuberlich zu trennende Einzeletappen auf dem Weg zum großen
Ziel, vielmehr ist das Ganze des Heilsgeschehens in jeder einzelnen Erzählung gegenwärtig.
    Die für das joh. Denken konstitutiven Antithesen müssen ebenfalls aus der nach-
österlichen Anamnese des Christusgeschehens verstanden werden. Johannes bedenkt
die Entscheidung der Menschen gegenüber dem fleischgewordenen Logos in den Kategorien der Ablehnung und Annahme.[128] Die Glaubenden sind ἐκ θεοῦ = ›aus Gott‹
(vgl. Joh 1,13; 8,47), sie hören Gottes Wort (vgl. Joh 5,24; 6,45) und vollbringen den
Willen Gottes (vgl. Joh 3,21; 13,15; 15,14). Sie sind Kinder des Lichtes (Joh 12,36a)
und aus der Wahrheit (Joh 18,37). Demgegenüber ist der Unglaube der Welt verhaftet,

---

ums in christlich-gnostischen Schriften aus Nag-Hammadi, 209 f, der Grund für die nur begrenzte Aufnahme des 4. Evangeliums in gnostischen Kreisen: »Diesen Christus nach dem Fleisch wollten die Gnostiker nicht kennen, da ihnen das Fleisch – die Leiblichkeit des Menschseins – nur Ausdruck äußerster Entfremdung vom Heil war, die es zu überwinden galt.«

[127]   Der gesamte Heilsweg Jesu Christi wird in Joh 16,28 als Lehrsatz formuliert: »Ich bin vom Vater ausgegangen und in die Welt gekommen; wiederum verlasse ich die Welt und gehe zum Vater.«

[128]   Vgl. hier neben *T. Onuki*, Gemeinde und Welt, passim; bes. *F. Mußner*, Die ›semantische Achse‹ des Johannesevangeliums. Ein Versuch, in: Vom Urchristentum zu Jesus (FS *J. Gnilka*), hg. v. *H. Frankemölle/K. Kertelge*, Freiburg 1989, 246–255. Angelegt ist dualistisches Denken bereits im AT; vgl. u. a. Jes 45,6b.7; Ez
14,1 ff; Ps 89.

die Unglaubenden sind aus der Welt und haben den Teufel zum Vater. Damit vertritt Johannes keinen protologischen Dualismus, sondern für ihn vollzieht sich der Übergang von dem Verhaftetsein an die Welt in den Bereich Gottes durch den Glauben und somit geschichtlich. Im Glauben tritt der Mensch in den Heilsbereich Gottes ein, der Glaube ist an die Person Jesu Christi gebunden. Der Glaube an Jesus ist im Johannesevangelium Glaube an den sich in der Sendung Jesu offenbarenden Gott (vgl. Joh 5,24; 6,29; 11,42; 12,44; 17,8). Gerade als rettendes Geschehen ist der Glaube bei Johannes nicht folgenlos, denn er erschließt das Heilsgut des ewigen Lebens (vgl. Joh 3,15 f; 5,24; 6,47; 11,25f). Das Gericht gehört für die Glaubenden schon der Vergangenheit an, der Glaube rettet vor dem kommenden Zorn des Richters (vgl. Joh 3,18). Somit entscheidet der Glaube über Leben und Tod, er deckt die wahre Situation des Menschen auf. Gegen einen protologischen Dualismus bei Johannes spricht auch das Kosmos-Verständnis. Bereits in der Schöpfung zeigt sich eine Vorzeitigkeit des Guten (vgl. Joh 1,1-4), erst nach der Schöpfung erscheint die Licht-Finsternis-Antithese (vgl. Joh 1,5). Aus Liebe sandte Gott seinen Sohn in die Welt (vgl. Joh 3,16; 10,36). Jesus Christus gibt als das vom Himmel herabgekommene Brot dem Kosmos Leben (Joh 6,33), er ist das Licht der Welt (Joh 9,5), Jesus kam, um den Kosmos zu retten (vgl. Joh 3,17; 4,42; 12,47). Die joh. Antithesen ergeben sich also folgerichtig aus dem Absolutheitsanspruch der Christologie; wer nicht in die Einheit mit dem Vater und dem Sohn eintritt, befindet sich notwendigerweise im Bereich der Finsternis. Johannes denkt nicht strukturell dualistisch, sondern die Antithesen folgen aus seinem synthetischen Denken, das auf die Einheit der Glaubenden mit Gott zielt.

Mit dem nachösterlichen Erinnern und den Antithesen ursächlich verbunden sind die räumlichen und zeitlichen Dimensionen des joh. Denkens.[129] *Das 4. Evangelium zählt zu den wenigen ntl. Schriften, die über ein reflektiertes Raum- und Zeitkonzept verfügen.* Die im antiken Weltbild getrennten Räume des göttlichen ›Oben‹ und des irdischen ›Unten‹ sind in Jesus Christus vereint. Der Offenbarer ›ist von oben her‹ (Joh 8,23), er kommt vom Himmel und ist über allem (vgl. Joh 3,31; 6,38). Über dem Inkarnierten ist der Himmel offen, als auf- und absteigender Menschensohn ist er mit der himmlischen Welt verbunden, in ihm vereinen sich Himmel und Erde (vgl. Joh 1,51; 3,13). Der natürliche Mensch ist auf das ›Untere‹ ausgerichtet (vgl. Joh 8,23), er muss deshalb ›von neuem‹ und d. h. ›von oben‹ geboren werden (Joh 3,3.5.7). Der Verschränkung der Räume entspricht bei Johannes eine Verschränkung der Zeitebenen. Größen der Vergangenheit wie Mose (Joh 5,46 f), Abraham (Joh 8,56), Jesaja (Joh 12,41) und die Schrift (Joh 1,45 u. ö.) treten auf, um gegenwärtig die Gottessohnschaft Jesu Christi zu bezeugen. Die nachösterliche Anamnese erschließt durch die Zeiten hindurch das Reden der Schrift als aktuelle Glaubensanrede. Umgekehrt reichen traditionell zukünftige Vorgänge bereits in die Gegenwart hinein (vgl. Joh 5,25). Die eschatologischen Ereignisse haben eine präsentische Realität, das Zukünftige bestimmt die Gegenwart (vgl. Joh 3,18). In der gegenwärtigen Begegnung mit dem Wort des Offenbarers vollzieht sich bereits das Gericht, in der Gegenwart fällt die Entscheidung über die Zukunft (vgl. Joh 8,51 u. ö.). Weil im Glauben das Heilsgut

---

[129] Vgl. dazu *J. A. Bühner*, Denkstrukturen im Johannesevangelium, 225 ff.

des ewigen Lebens gegenwärtig ist, ereignet sich der Schritt vom Leben zum Tod nicht
in der Zukunft, sondern er liegt für den Glaubenden bereits in der Vergangenheit (vgl.
Joh 5,24). Die im Evangelium dominierenden präsentischen Aussagen decken aber
das gesamte Spektrum der joh. Eschatologie nicht ab, vielmehr erfordert gerade der
spezifisch joh. Denkansatz auch futurisch-eschatologische Aussagen. Die nachösterliche Anamnese vollzieht sich bereits in einem Zeitabstand, von der textinternen Ebene
des Evangeliums aus gesehen befinden sich die joh. Christen bereits in der Zukunft,
so dass sie gerade futurisch-eschatologische Aussagen auf ihre Gegenwart beziehen
dürfen. Der Glaube hebt die Zeit nicht auf, sondern gibt ihr eine neue Qualität und
Ausrichtung. Johannes entfaltet diese Thematik vor allem in den Abschiedsreden,
deren eigentlicher Adressat die textexterne Leser- und Hörergemeinde und deren Zeitperspektive die Zukunft ist. So spricht Joh 12,32 davon, dass der Erhöhte die Glaubenden zu sich ›ziehen‹ wird (ἑλκύσω = Futur). Joh 14,2f blickt auf die bevorstehende
Parusie Christi, und auch Joh 14,18.21; 14,28; 16,13e; 16,16 thematisieren die erwartete Wiederkunft Christi. Die Gabe des Parakleten, die Verheißung der ›größeren
Werke‹ (Joh 14,12) und die Zusage der Gebetserhörung (Joh 14,13 f; 15,5; 16,23)
sind konstitutiv auf die Zukunft ausgerichtet. Auch die Ankündigung einer endzeitlichen Totenauferweckung in Joh 5,28.29; 6,39.40.44.54 zielt auf die textexterne Lesergemeinde. In der Gegenwart fiel die Entscheidung über die Zukunft, der Glaube
bewirkt aber nicht die Auferweckung von den Toten, der joh. Lebensbegriff schließt
den physischen Tod nicht aus. Vielmehr vollzieht sich die Auferstehung als Wiederer-
weckung bzw. Neuschaffung des Lebens in der Begegnung mit Jesus, dem der Vater
die Macht gab, Menschen vom Tod aufzuerwecken (vgl. Joh 5,21). Auf der textinternen Ebene illustriert dies die Lazarus-Perikope, in der Jesus als Herr über Leben und
Tod erscheint (vgl. Joh 11,1–44). Die joh. Gemeinde hingegen befindet sich in einer
gänzlich anderen Situation. Jesus ist beim Vater, und erst bei der Parusie werden die
Glaubenden ihm begegnen. Dann wird er vollziehen, was in der Gegenwart bereits
entschieden, aber noch nicht eingetreten ist: die Auferweckung von den Toten. Präsentische und futurische Eschatologie sind bei Johannes keine Gegensätze, sondern
sie ergänzen einander. Was in der Gegenwart festgeschrieben wurde, hat auch in der
Zukunft Bestand. Die präsentischen Heilsaussagen werden dadurch nicht relativiert,
vielmehr unter der Perspektive der Gemeinderealität präzisiert.[130]

Generell gilt: *Das johanneische Denken ist ein gleitendes Denken, das immer mehrere
Dimensionen umfasst und durch künstliche Alternativsetzungen gerade nicht erfasst wird!*
Ziel der joh. Theologie und Evangelienschreibung ist es, Glauben an den Gottessohn
Jesus Christus zu wecken; Joh 20,31 nennt dies explizit als pragmatische Funktion des
gesamten Textes. Alle hermeneutischen Perspektiven, literarischen und inhaltlichen
Strukturen haben die Absicht, den Glauben hervorzurufen, zu stärken und zu neuen

---

[130] Für die sachliche Notwendigkeit futurischer Aussagen innerhalb der joh. Eschatologie votieren u. a. *G.
Stählin,* Zum Problem der johanneischen Eschatologie, passim; *C. K. Barrett,* Joh, 83–86; *W. G. Kümmel,*
Die Theologie des Neuen Testaments, 261 f; *L. Goppelt,* Theologie des Neuen Testaments, hg. v. *J. Roloff,*
Göttingen ³1978, 640–643; *U. Schnelle,* Antidoketische Christologie, 71 f; *J. Gnilka,* Theologie, 294 ff; *U.
Wilckens,* Joh, 8 f. Eine umfassend begründete Gegenposition zu Bultmanns Interpretation der joh. Escha-
tologie bietet das Werk von *J. Frey,* Eschatologie I.II.

Einsichten zu führen. Das Johannesevangelium kann deshalb als eine ›Strategie des Glaubens‹ bezeichnet werden.[131] Der Glaube weiß um die doppelte Herkunft Jesu, denn er ist nicht nur der Sohn Josefs (vgl. Joh 6,42), sondern der Sohn Gottes (vgl. Joh 1,34 u. ö.). Das gesamte Evangelium ist von der narrativen Strategie geprägt, diese Einsicht zu ermöglichen.

§ 10 Der methodische Ansatz dieser Auslegung

Die Einzelanalyse wird zeigen, dass das Johannesevangelium nicht einfach nur das Resultat eines absichtsvollen, letztlich aber misslungenen Überlieferungs- bzw. Redaktionsprozesses ist; vielmehr liegt vor uns ein aus der nachösterlichen Perspektive des Rückblickes bewusst gestaltetes literarisches Werk. Dabei ist deutlich, dass gleichermaßen *in der Frage nach dem Wesen der Person Jesu Christi (Joh 5,12: τίς ἐστιν ὁ ἄνθρωπος = ›Wer ist der Mensch?‹) und der Auseinandersetzung zwischen Glauben und Unglauben* jene Gestaltung der Erzählstruktur zu sehen ist, durch die das Geschehen sowohl vorangetragen als auch ausgestaltet wird. Das Johannesevangelium wurde geschrieben, um Glauben an den Gottessohn Jesus Christus zu wecken (Joh 20,31); um zu zeigen, dass Gottes vorgängige Liebe (vgl. Joh 15,16) alles Leben ermöglicht und trägt, um im Glauben der Menschen an ihr Ziel zu gelangen. Die literarischen Besonderheiten des 4. Evangeliums erklären sich nicht aus dem Unvermögen seines Autors, gewaltsamen äußeren Einflüssen oder späteren Bearbeitungen, sondern sie sind das folgerichtige Ergebnis eines theologischen Ansatzes! Als Text ist das Johannesevangelium ein zusammenhängendes, in sich stimmiges sprachliches Gebilde. Aus dieser Grundannahme ergibt sich eine *Textwahrnehmung,* die von der Logik der klassischen Literarkritik wesentlich unterschieden ist. Galten abrupte Übergänge, unvorbereitete Zeitangaben oder plötzlicher Perspektivenwechsel als Indizien für Sinnunterbrechung und damit als Ausgangspunkt für literarkritische Überlegungen, so fungieren sie nun aus rezeptionsästhetischer Sicht als aktivierende Elemente des Lesevorganges. Speziell die joh. Kommentarworte (vgl. Joh 1,28; 2,11; 4,54; 6,59; 7,39; 8,20; 10,6; 11,51; 12,16.33. 41; 18,32) und die Korrespondenz zwischen Prolog (Joh 1,1–18) und Epilog (Joh 20,30 f) zeigen, dass der 4. Evangelist bewusst die Lektüre seines Werkes steuern will. Der Erzähler signalisiert hier sein eigenes Verständnis der Jesusgeschichte und vermittelt seinen Adressaten den wahren Sinn des Geschehens. Der Blick wird dabei immer auf die Ganzheit des Textes gerichtet, Sinn ergibt sich nicht von isolierten Sätzen oder Perikopen bzw. von möglicherweise rekonstruierbaren literarischen Vorstufen her, sondern nur aus dem Zusammenspiel aller Textelemente. Johannes kommt damit zugleich als Theologe und als Erzähler in den Blick, *Narratologie und Theologie bedingen einander!* Die Erzählstrategie des Evangelisten zielt darauf, die Hörer/Leser auf einen Weg zu führen, an dessen Ende sie sich seine Glaubenssicht zu eigen machen können. Deshalb sind alle Texte des Evangeliums für die Hörer und Leser transparent,

---

[131] So treffend *J. Zumstein,* Das Johannesevangelium: Eine Strategie des Glaubens, 350 ff.

die sich unmittelbar angesprochen fühlen sollen. Es wird deutlich, dass die vorliegende literarische und theologische Gestalt des Johannesevangeliums nicht das Resultat mehr oder weniger verunglückter Redaktions- und Kombinationsarbeit ist, sondern unmittelbarer Ausdruck eines imposanten literarischen und theologischen Aussage- und Gestaltungswillens. Das Johannesevangelium gehört zweifellos zu den ›Meistererzählungen‹, die Menschen »eine Vorstellung von ihrer Zugehörigkeit, ihrer kollektiven Identität, vermitteln: nationale Begründungs- und Erfolgsgeschichten, religiöse Heilsgeschichten zum Beispiel.«[132] Eine solche Erzählung gewinnt ihre Kraft nicht jenseits ihrer Inhalte, vielmehr nur aus der Interdependenz von Inhalt und Form. Faszinierende Inhalte werden in einer meisterhaften Form präsentiert. Dabei bedeutet die Nachträglichkeit[133] des Erinnerns keinen Erkenntnisverlust, denn die Bedeutung des Geschehens erschließt sich vollkommen erst im Rückblick (vgl. Joh 13,7). Die Nachträglichkeit schafft eine Distanz zwischen den Inhalten von Geschichte und der Kommunikation von und durch Geschichte. So werden neue Möglichkeiten der Interpretation eröffnet, die Johannes souverän nutzt: In reflektierter und zugleich meditativer Weise umkreist der Evangelist das Urgeheimnis der Menschwerdung Gottes in Jesus Christus und entwirft eine neue bildhafte Zeichensprache des Glaubens, in deren Zentrum einfache und zugleich eingängige Symbole und Metaphern stehen, die unmittelbar auf die Hörer/Leser wirken, indem sie gleichermaßen ein Verstehen auf emotionaler und intellektueller Ebene ermöglichen.

Lässt sich aber diese Leistung des Evangelisten wirklich erfassen, wenn die Interpretation seines Textes auf der synchronen Ebene verbleibt? Der Evangelist Johannes war ebenso wie die anderen neutestamentlichen Autoren traditionsorientiert, so dass sich Intention und Rezeption eines Werkes nur in Kontinuität und/oder Differenz zu den jeweiligen Traditionen als dem vorgegebenen Verstehenshorizont erschließen. Eine individuelle, stets wiederholbare Textrezeption nach den heutigen Lesegewohnheiten kann bei den Hörern/Lesern des 4. Evangeliums nicht vorausgesetzt werden. Wenn Johannes 19 Zitate aus dem Alten Testament mit charakteristischen Einleitungsformeln und Änderungen, ein Logoslied, zahlreiche Wundergeschichten und Reden Jesu in der Gattung Evangelium neu präsentiert, synoptische Texte variiert und paulinische Gedanken rezipiert, kann der Erkenntnisgewinn der Lektüre des Johannesevangeliums nur sachgemäß unter Einbeziehung seiner Vorgeschichte erfasst werden. Dabei zeigt sich die literarische Leistung des 4. Evangelisten gerade darin, wie er heterogenes Material, das teilweise selbst schon eine längere Vorgeschichte aufweist, zu einem neuen Text arrangiert. Gerade bei Johannes wird deutlich, dass der Jetzttext ohne die Einbeziehung seiner Vorgeschichte nicht angemessen interpretiert werden kann.[134] Die Ein-

---

[132] *J. Rüsen*, Kann gestern besser werden? Über die Verwandlung der Vergangenheit in Geschichte, in: *ders.*, Kann gestern besser werden?, Berlin 2003, 29 f.

[133] Zum Begriff der ›Nachträglichkeit‹ vgl. *E. Reinmuth*, Neutestamentliche Historik, Leipzig 2003, 47–55.

[134] Auf der synchronen Ebene verbleiben z. B. die Kommentare von *F. J. Moloney, M. W. G. Stibbe, L. Schenke* und *H. Thyen*. Das hermeneutische und methodische Grundaxiom lautet: Nur der vorliegende Gesamttext Joh 1–21 kann Gegenstand der Interpretation sein. Sieht man vom textkritisch eindeutig sekundären Abschnitt Joh 7,53–8,11 ab, wird nicht nach Vorformen oder Ergänzungen des Textes gefragt, sondern in synchroner Zuspitzung richtet sich der alleinige Blick auf die jetzt vorliegende Textfläche Kap. 1–21. Der

beziehung des Traditionshintergrundes des Evangelisten und seiner Hörer/Leser ist noch aus einem zweiten Grund unerlässlich: Der Wirklichkeitsbezug ntl. Texte konstituiert sich nicht erst durch die Rezeption der Hörer/Leser, sondern sie verweisen auf eine Wirklichkeit außerhalb ihrer selbst. Speziell die joh. Texte haben durchgängig einen Verweischarakter, der die jeweilige individuelle Sinnfindung durch Leser/Hörer keineswegs ausschließt, zugleich aber verdeutlicht, dass diese sich immer nur auf einen von Gott in Jesus Christus bereits konstituierten Sinn beziehen kann. Diese Überlegungen plädieren für eine Kombination diachroner und synchroner Textinterpretation, bei der sowohl die ursprüngliche Kommunikationssituation und Aussageabsicht eines Textes als auch die vom Autor intendierten Überschreitungen derselben zusammengedacht werden.

Neben einem sachgemäßen Textmodell ist ein angemessenes *Kommunikationsmodell* für jede Textauslegung unverzichtbar, das Autor, Werk und Rezipienten in den Blick nimmt.[135] Johannes erzählte seine Jesusgeschichte für seine Gemeinde, so dass zwei Ebenen für den vom Evangelisten angestrebten Kommunikationsprozess grundlegend sind: 1) Die textinterne Ebene der fortlaufenden Erzählzeit(en) von der Präbis hin zur Postexistenz Jesu Christi. 2) Die textexterne Ebene der joh. Gemeinde, auf die hin Johannes seine Jesusgeschichte konzipierte, um so zum Erkennen und Verstehen des Heilshandelns Gottes in Jesus Christus zu führen. Beide Ebenen müssen bei der Textauslegung immer im Blick sein, denn Johannes zielt mit der Jesusgeschichte auf die Gemeinde, zugleich bindet er die Gemeinde an die Jesusgeschichte.

Schließlich liegt der sich anschließenden Kommentierung auch ein *historisches Modell* zugrunde, wonach das Johannesevangelium den Höhepunkt und zugleich den Abschluss der joh. Theologie darstellt.[136] Demgegenüber spiegeln die beiden Presbyterbriefe (2Joh; 3Joh) die judenchristlich geprägten Anfänge der joh. Schule, die Konflikte zwischen einzelnen Gemeindeleitern und das Aufkommen einer doketischen Christologie wider. Die Presbyterbriefe führen keinen umfassenden theologischen Diskurs, sondern konzentrieren sich auf den Wahrheits- und Liebesbegriff, wobei signifikante Unterschiede in Theologie und Sprache vor allem zum Evangelium bestehen. Zudem verharren sie in persönlichen Machtansprüchen und Symbolhandlungen und bleiben in ihrer theologischen Argumentation insgesamt rudimentär. Vor allem aber bearbeiten sie den anfänglichen christologischen Konflikt innerhalb der joh. Gemein-

---

Erzähler des Evangeliums, seine erzählte Welt sowie der implizite und/oder historische Hörer/Leser werden in den Blick genommen. Der Erzählplan/das Erzählgerüst (›plot‹) und die Erzählperspektive (›point of view‹) des Autors sollen erfasst werden, d. h. die Art und Weise, wie er seine Geschichte präsentiert. Das Erzählen in der 3. Pers., die Allwissenheit des Autors, Zeit- und Raumebenen, das Auftreten von Personen, Schauplätze und Ereignisse, Verknüpfungen und szenischer Aufbau, psychologische Darstellungselemente und übergreifende narrative Strukturen werden untersucht. Der hohe Erkenntniswert dieses methodischen Instrumentariums wird jedoch durch das Ausblenden der diachronen Ebene erheblich gemindert.

[135] In der Antike war das Hören der maßgebliche Wahrnehmungs- und Verstehensvorgang, so wurde laut gelesen und vorgelesen (vgl. *P. Müller*, »Verstehst du auch, was du liest?«, Darmstadt 1994, 18 ff). Wie die Briefe des Apostels Paulus (vgl. 1Thess 5,27; ferner Kol 4,16) wurden auch die Evangelien in den Gemeindeversammlungen bzw. Gottesdiensten laut verlesen (vgl. Joh 20,30.31; Just, Apol 67,3; ferner Offb 1,3; 1Tim 4,13; 2Clem 19,1).

[136] Vgl. dazu *U. Schnelle*, Die Johannesbriefe, 9–19.50–55.188–196.

den (vgl. 2Joh 7) nicht wirklich. Dies ist erstaunlich, sollten sie nach dem Johan-
nesevangelium geschrieben worden sein, denn dann wären die theologisch-christolo-
gischen Argumente des Evangeliums in keiner Weise fruchtbar gemacht worden![137]
Plausibler ist demgegenüber die Annahme, dass die beiden Presbyterbriefe die ersten
Schritte der joh. Theologiebildung repräsentieren und vor dem großen Brief und dem
Evangelium abgefasst wurden.

Von einem neuen Stadium der joh. Theologie zeugen der 1Johannesbrief und vor
allem das Johannesevangelium. Mit dem 1Joh ist die Formierungsphase der joh. Theologie eindeutig beendet, das joh. Denken bekommt jetzt Systemqualität und tritt in
einen umfassenden theologischen Diskurs ein. Die Begrifflichkeit und die Argumentation im 1Joh ist gegenüber 2/3Joh deutlich weiterentwickelt und hat vor allem in
der christologischen Kontroverse an Durchschlagskraft gewonnen. Anders als im
2/3Joh wird der theologiepolitische Standort des Verfassers/der Verfasser nun umfassend theologisch begründet. Dabei greift der 1Joh an keiner Stelle erkennbar auf das
Johannesevangelium zurück. Er befindet sich in einer polemischen Auseinandersetzung
mit doketischen Irrlehrern, die erstmals in 2Joh 7 in den Blick kommen. Soziologisch
dürfte hinter dem 1Joh ein gegenüber den Presbyterbriefen gewachsener Gemeinde-
verband stehen,[138] an den sich eine Mehrzahl von Lehrern mit dem ›Wir‹ in 1Joh 1,4
wendet und der auch nach der Spaltung (vgl. 1Joh 2,19) lebensfähig bleibt. Der 1Joh
bezeugt ein reges gottesdienstliches Leben in der Gemeinde, worauf die Bedeutung
des Gebetes (vgl. 1Joh 3,22; 5,14–16) und der Geist-Salbung (vgl. 1Joh 2,20.27) sowie
der Streit um das rechte Verständnis der Sakramente hinweisen (vgl. 1Joh 5,6–8).

Das Johannesevangelium wiederum repräsentiert ein weiteres Stadium, indem nun
im Rahmen einer eigenen Jesus-Christus-Geschichte das joh. Denken präsentiert
wird.[139] Warum wurde das 4. Evangelium geschrieben[140]? *Weil die andauernde christologische Debatte in der joh. Schule ein eigenes Evangelium erforderte!* Wie Jesu Christi
Göttlichkeit und Menschheit zu verstehen sind, wie sie sich zueinander verhalten und

---

[137] Dies wird zumeist mit dem Argument begründet, Brieflänge, Briefform und Briefanlass würden die eigenständige Sprache und die minimierte Theologie erklären: Aufgrund ihres literarischen Charakters als kurze
Bitt- und Mahnbriefe setzen sie keine theologischen Akzente. Genau dies ist unzutreffend: Sie setzen theologische Akzente, aber in anderer Weise als 1Joh und JohEv; in minimierter Form, wobei die Argumentati-
onsangebote der beiden größeren Schriften nicht aufgegriffen werden. Genau dies wäre zu begründen,
wenn die Presbyterbriefe den Abschluss der joh. Theologie bilden würden.

[138] Vgl. *D. Rusam*, Die Gemeinschaft der Kinder Gottes (s. o. § 1), 214–218.

[139] Dabei werden die Konflikte der Briefe aufgenommen und bearbeitet; vgl. *E. E. Popkes*, Die Polemik um
die Christologie im Ersten Johannesbrief und ihr Verhältnis zu den polemischen Zügen des Johannesevangeliums, in: *O. Wischmeyer/L. Scornaienchi* (Hg.), Polemik in der frühchristlichen Literatur, BZNW 170,
Berlin 2011, 331–355.

[140] Vier (sich teilweise überschneidende) Antworten werden in der Forschung diskutiert: 1) Die Ergänzungs-
hypothese, wonach das Johannesevangelium als Ergänzung der Synoptiker zu lesen ist (Klemens von Alexandrien nach Euseb, HE VI 14,7: »Zuletzt habe Johannes in der Erkenntnis, dass die menschliche Natur
(τὰ σωματικά) in den Evangelien behandelt sei, auf Veranlassung seiner Schüler und vom Geist getrieben
ein geistliches Evangelium (πνευματικὸν ποιῆσαι εὐαγγέλιον) verfasst«; eine einflussreiche Variante dieser These stammt von *H. Windisch*, Johannes und die Synoptiker, der Johannes als das absolute Evangelium versteht, das sich an die Stelle der Synoptiker setzte). 2) Das Johannesevangelium als Missionsschrift
für Israel (*K. Bornhäuser*, Das Johannesevangelium. Eine Missionsschrift für Israel, Gütersloh 1928, 138.
158–167). 3) Das Johannesevangelium als *vollendetes* Evangelium (so z. B. *C. K. Barrett*, Joh, 153 f).

worin sie sich zeigen, darauf gab weder das Markus- noch das Lukasevangelium eine hinreichende Antwort. Johannes unternimmt den Versuch einer Bestimmung, indem er mit seiner Betonung der Göttlichkeit Jesu ein Grundanliegen der Doketen durchaus aufnimmt, zugleich aber durch seine Kreuzestheologie begrenzt und bricht: Die Einheit des Prä- und Postexistenten mit dem Irdischen und Gekreuzigten in der Einheit mit dem Vater bestimmt das Denken des Evangelisten. Darüber hinaus kann das Johannesevangelium als erste Einführung in das Christentum und erste Glaubenslehre des frühen Christentums gelesen werden (vgl. Joh 20,30 f). Im Evangelium werden alle zentralen Fragen eines sinnhaften religiösen Lebens beantwortet: Das Wesen Gottes und des Retters Jesus Christus; Schöpfung, Zeit und Ewigkeit; Wahrheit und Herrlichkeit; Geburt und Neugeburt; wahrer Lebenstrank und wahre Lebensspeise; Leben, Tod und ewiges Leben; Licht und Finsternis; Lebensorientierung durch den guten Hirten; Sinn im Leiden; Sieg über den Tod.

---

4) Das Johannesevangelium als eine ›Strategie des Glaubens‹, die den Unglauben der Welt zu überwinden sucht (so in der neueren Diskussion *J. Zumstein,* Das Johannesevangelium. Eine Strategie des Glaubens, in: *ders.,* Kreative Erinnerung, 31–45; *J. Beutler,* Faith and Confession. The Purpose of John, in: Word, Theology and Community in John [FS R. Kysar], hg. v. *J. Painter/R. A. Culpepper/F. F. Segovia,* St. Louis 2002, 19–31).

Auslegung

I. Den Anfang denken: Der Prolog 1,1–18*

(1) Im Anfang war der Logos (das Wort), und der Logos war bei Gott, und Gott (göttlichen Wesens) war der Logos. (2) Dieser war im Anfang bei Gott. (3) Alles ist durch denselben geworden, und ohne denselben war nicht eines, was geworden ist. (4) In ihm war Leben, und das Leben war das Licht der Menschen. (5) Und das Licht scheint in der Finsternis, und die Finsternis hat es nicht erfasst. (6) Es trat ein Mensch auf, gesandt von Gott, sein Name Johannes. (7) Dieser kam zum Zeugnis, damit er zeuge für das Licht, auf dass alle gläubig würden durch ihn. (8) Nicht war jener das Licht, sondern er sollte zeugen für das Licht. (9) Es war das wahre Licht, das jeden Menschen erleuchtet, gekommen[1] in die Welt. (10) Er (der Logos) war in der Welt, und die Welt war durch denselben geworden, und die Welt hat ihn nicht erkannt. (11) Er kam in das Seine, und die Seinen nahmen ihn nicht auf. (12) Die aber, welche ihn aufnahmen, ihnen gab er Macht, Kinder Gottes zu werden, den an seinen Namen Glaubenden. (13) Die nicht aus Blut noch aus Fleischeswillen noch aus Manneswillen, sondern aus Gott gezeugt sind. (14) Und der Logos wurde Fleisch und wohnte unter uns, und wir schauten seine Herrlichkeit, eine Herrlichkeit wie die des einzigen Sohnes vom Vater, voll Gnade und Wahrheit. (15) Johannes zeugt für ihn und ruft: Dieser war es, von dem

---

* Literatur: *Baldensperger, W.:* Der Prolog des vierten Evangeliums, Freiburg 1898; *Barrett, C. K.:* The Prologue of St. John's Gospel, London 1971; *Bindemann, W.:* Der Johannesprolog: ein Versuch, ihn zu verstehen, NT 37 (1995), 330–354; *Culpepper, R. A.:* The Pivot of John's Prologue, NTS 27 (1981), 1–31; de *Boer, M.:* The Original Prologue to the Gospel of John, NTS 61 (2015), 448–467; *Demke, Chr.:* Der sogenannte Logos-Hymnus im johanneischen Prolog, ZNW 58 (1967), 45–68; *Dunn, J. D. G.:* Christology in the Making, 239–250; *Eltester, W.:* Der Logos und sein Prophet, in: Apophoreta (FS E. Haenchen), BZNW 30, Berlin 1964, 109–134; *Endo, M.:* Creation and Christology, 182–229; *Evans, C. A.:* Word and Glory. On the Exegetical and Theological Background of John's Prologue, JSNT.S 89, Sheffield 1993; *Gese, H.:* Der Johannesprolog, in: *ders., Zur biblischen Theologie, BEvTh 78, München 1977, 152–201; *Habermann, J.:* Präexistenzaussagen im Neuen Testament, 317–414; *Haenchen, E.:* Probleme des johanneischen ›Prologs‹, in: *ders.,* Gott und Mensch, Tübingen 1965, 114–143; *Harnack, A. v.:* Über das Verhältnis des Prologs des vierten Evangeliums zum ganzen Werk, ZThK 2 (1892), 189–231; *Hengel, M.:* The Prologue of the Gospel of John as the Gateway to Christological Truth, in: *R. Bauckham/C. Mosser* (Hg.), The Gospel of John and Christian Theology, 265–294; *Hofius, O.:* Struktur und Gedankengang des Logos-Hymnus in Joh 1,1–18, in: *ders./H. Chr. Kammler,* Johannesstudien, 1–23; *Hofrichter, P.:* Nicht aus Blut, sondern monogen aus Gott geboren. Textkritische, dogmengeschichtliche und exegetische Untersuchung zu Joh 1,13–14, fzb 31, Würzburg 1978; *ders.:* »Egeneto anthropos«. Text und Zusätze im Johannesprolog, ZNW 70 (1979), 214–237; *ders.:* Im Anfang war der »Johannesprolog«, BU 17, Regensburg 1986; *Ibuki, Y.:* Lobhymnus und Fleischwerdung, AJBI 3 (1977), 132–156; *ders.:* Offene Fragen zur Aufnahme des Logoshymnus in das vierte Evangelium, AJBI 5 (1979), 105–132; *Jeremias, J.:* Der Prolog des Johannesevangeliums, Calwer H 88, Stuttgart 1967; *Käsemann, E.:* Aufbau und Anliegen des johanneischen Prologs, in: *ders.,* Exegetische Versuche und Besinnungen II, Göttingen ³1970, 155–180; *Kelber, W. H.:* The Birth of a Beginning: John 1.1–18, in: The Gospel of John as Literature, hg. v. *M. W. G. Stibbe,* 209–230; *Kruck, G.* (Hg.), Der Johannesprolog, Darmstadt 2009; *Lausberg, H.:* Der Johannes-Prolog. Rhetorische Befunde zu Form und Sinn des Textes, NAWG.PH (1984), 189–279; *Merklein, H.:* Geschöpf und Kind. Zur Theologie der hymnischen Vorlage des Johannesprologs, in: Ekklesiologie des Neuen Testaments (FS K. Kertelge), hg. v. *R. Kampling/Th. Söding,* Freiburg 1996, 161–183; *Miller, E. L.:* Salvation-History in the Prologue of John, NT.S LX, Leiden 1989; *Osten-Sacken, P. v. d.:* Der erste Christ. Johannes d. Täufer als Schlüssel zum Prolog des vierten Evangeliums, ThViat XIII, 1975/76, 155–173; *Painter, J.:* Christology and the History of the Johannine Community in the Prologue of the Fourth Gospel, NTS 30 (1984),

ich sagte: Der nach mir Kommende ist vor mir geworden, denn er war eher als ich. (16) Denn aus seiner Fülle haben wir alle empfangen, Gnade anstelle von Gnade. (17) Denn das Gesetz wurde durch Mose gegeben, die Gnade und die Wahrheit sind durch Jesus Christus geworden. (18) Gott hat niemand jemals gesehen; der einzig geborene Gott, der an der Brust des Vaters ist, er hat Kunde mitgebracht.

V. 3/4: Zur umstrittenen Punktation (zwischen οὐδὲ ἕν [bzw. οὐδέν] und ὃ γέγονεν oder nach ὃ γέγονεν) vgl. die Auslegung. V. 13: Im christologischen Singular lesen den Text: Iren[lat]; Tert, de carne Christi, 19,1 f: … natus est; Orig[lat]; it[b.].[2] Für den Plural sprechen alle erhaltenen griechischen Zeugen und innere Gründe.[3] V. 16: καί anstelle von ὅτι lesen A W Θ f[.13] lat sy. Gegen diese LA sprechen die äußere Bezeugung (P[66.75] ℵ B) und die erkennbare Tendenz einer stilistischen Glättung. V. 18: μονογενὴς θεός lesen P[66] ℵ* B C* L; ὁ μονογενὴς θεός P[75] ℵ[1] 33; ὁ μονογενὴς υἱός A Θ C[3] f[.13] lat. Für die LA θεός sprechen die äußere Bezeugung und innere Gründe: Am Ende des Prologs wird die volle göttliche Dignität des Offenbarers betont.

Den Anfang zu denken, gehört zu den Basisaufgaben aller antiken religiösen und philosophischen Systeme. Theologie ist ebenso wie die Philosophie ihrem Wesen nach Ursprungsdenken, für die es keinen herkunftslosen Anfang gibt. Es geht um den Ursprung und die Einheit des Seienden, um so das Wesen und das Ziel der Welt und des Lebens zu benennen. Im Johannesprolog verschränken sich dabei Theologie, Christologie, Kosmologie und Anthropologie, um gewissermaßen einen Kurzabriss der Heilsgeschichte zu geben und eine einzigartige Perspektive zu eröffnen.

Verständnis und Interpretation des Johannesprologs sind untrennbar mit der Frage verbunden, in welchem Verhältnis Prolog und Evangelium zueinander stehen.[4] Beginnt das Evangelium dort, wo der Prolog endet? Enthält der Prolog bereits die Quintessenz des Evangeliums, so dass beide untrennbar zusammengehören?[5] Soll der Prolog

---

460–474; *Potterie, I. de la:* Structure du Prologue de Saint Jean, NTS 30 (1984), 354–381; *Richter, G.:* Die Fleischwerdung des Logos im Johannesevangelium, in: *ders.,* Studien, 149–198; *Rissi, M.:* Die Logoslieder im Prolog des vierten Evangeliums, ThZ 31 (1975), 321–336; *Ruckstuhl, E.:* Kritische Arbeit am Johannesprolog, in: *ders., Jesus im Horizont der Evangelien*, 265–276; *Schlier, H.:* Im Anfang war das Wort. – Zum Prolog des Johannesevangeliums, in: *ders., Die Zeit der Kirche,* Freiburg 1985, 274–287; *Schmithals, W.:* Der Prolog des Johannesevangeliums, ZNW 70 (1979), 16–43; *Schnackenburg, R.:* Logos-Hymnus und johanneischer Prolog, BZ 1 (1957), 69–109; *Theobald, M.:* Im Anfang war das Wort, SBS 106, Stuttgart 1983; *ders.:* Die Fleischwerdung des Logos, passim; *Weder, H.:* Ursprung im Unvordenklichen. Eine theologische Auslegung des Johannesprologs, BThSt 70; Neukirchen 2008; *Zimmermann, H.:* Christushymnus und Johanneischer Prolog, in: Neues Testament und Kirche (FS R. Schnackenburg), hg. v. *J. Gnilka,* Freiburg 1974, 249–265. *Zumstein, J.:* Der Prolog, Schwelle zum vierten Evangelium, in: *ders., Kreative Erinnerung,* 78–98.

[1]   Das Partizip Präsens (ἐρχόμενον) kann »Vergangenes bezeichnen« (*Blass/Debrunner/Rehkopf,* Grammatik, § 339, 2).

[2]   Vgl. zu den Einzelheiten *J. Schmid,* Joh 1,13, BZ 1 (1957), 118-125; *M. Mees,* Joh 1,12.13 nach frühchristlicher Überlieferung, in: *ders., Rezeptionsgeschichte,* 197–205 (a. a. O., 205: »Wägt man jedoch alle inneren Gründe ab, wird man für den Plural stimmen«).

[3]   Vgl. *B. M. Metzger,* Textual Commentary, 169: »The singular number may have arisen either from a desire to make the Fourth Gospel allude explicitly to the virgin birth or from the influence of the singular number of the immediately preceding αὐτοῦ.«

[4]   Zur Forschungsgeschichte vgl. *M. Theobald,* Fleischwerdung des Logos, 6–161.

[5]   So *E. C. Hoskyns/F. N. Davey,* Joh, 137.

hellenistische Leser auf das Evangelium vorbereiten, wie A. v. Harnack meinte?[6] Oder gilt W. Heitmüllers Feststellung: »Zum nachfolgenden Evangelium verhält sich der Prolog wie die Ouvertüre. Es erklingen schon hier die Hauptthemen, die dann im Evangelium näher ausgeführt werden«?[7] Schließlich: Ist der Prolog mit seiner Inkarnationsaussage vielleicht gar nicht das Zentrum joh. Theologie,[8] ist er eine spätere Hinzufügung zum Evangelium,[9] so dass unsere Fragestellung unangemessen ist? Besteht eine Diskontinuität zwischen Prolog und Evangelium?[10] Mit diesen Alternativen und Varianten sind keineswegs nur Randprobleme der Johannesexegese berührt, sondern an der Stellung und der Interpretation des Prologs entscheidet sich in der Regel das Verständnis des gesamten Evangeliums.

Zuallererst ist der Prolog ein Anfang;[11] der Anfang eines Literaturwerkes und einer Handlung. Diese zunächst banal klingende Feststellung gewinnt ihre Bedeutung angesichts der These, »die Zeitangabe ›im Anfang‹ ist für Johannes keine Zeitangabe, sondern eine Wesensbestimmung: der Logos ist der himmlische Offenbarer«.[12] Gegen diese Behauptung sprechen nach wie vor der deutliche Rückbezug auf Gen 1,1LXX (ἐν ἀρχῇ = ›im Anfang‹) und der einfache Tatbestand, dass Joh 1,1 de facto ein Anfang ist. Wohl macht der Prolog keine quantitativen Zeitaussagen, aber das Phänomen des Anfangs impliziert eo ipso eine Zeitvorstellung.

Wie die synoptischen Evangelien bestimmt auch Johannes einen Beginn des Heilsgeschehens.[13] Ist für Markus die ἀρχή τοῦ εὐαγγελίου (›Anfang/Beginn des Evangeliums‹) das Auftreten Johannes d. Täufers, so stellt Lukas ein literarisches Proömium (Lk 1,1–4) und Kindheitsgeschichten an den Anfang seines Evangeliums, während Matthäus sein Werk mit einem Stammbaum Jesu eröffnet. Lag offenbar eine Erweiterung der Heilsgeschichte ›nach hinten‹ in der Tendenz der Evangelienschreibung, so übertrifft Johannes seine Vorgänger. Er greift auf den Urbeginn in Gen 1,1 zurück und setzt damit einen unüberbietbaren Anfang.[14] Zugleich wird dadurch die für alle Kulturen und Religionen zentrale Frage der Legitimation durch Abstammung definitiv beantwortet: Der Logos Jesus Christus gehört von Anfang an zu Gott.

---

[6]   Vgl. *A. v. Harnack,* Über das Verhältnis des Prologs, 230; vgl. auch *C. H. Dodd,* Interpretation, 296.
[7]   *W. Heitmüller,* Joh, 37.
[8]   So *E. Käsemann,* Jesu letzter Wille, 27; *J. Becker,* Ich bin die Auferstehung und das Leben, 139 f.
[9]   So *M. Theobald,* Fleischwerdung des Logos, 372 f u. ö., der meinte, die ›ursprüngliche‹ Evangelieneröffnung habe mit Johannes d. Täufer eingesetzt und sei dann von einem ›Redaktor‹ um ein Logos-Lied erweitert worden (Rekonstruktion: a. a. O., 469). Anders jetzt *ders.,* Joh I, 105 f, wonach die ursprüngliche Eröffnung der ›Zeichenquelle‹ (V. 1,6 f.19 ff) vom Evangelisten mit dem Prolog kombiniert wurde, der wiederum auf einem vorjoh. Gemeindelied basiert, zu dem Joh 1,1–4.11–12c.14a–c.e.16.17 gehören (Rekonstruktion: a. a. O., 106). *M. de Boer,* The Original Prologue, 461, sieht in Joh 1,1–5 den ›ursprünglichen‹ Prolog, der allerdings erst sekundär an Joh 1,6–8 angefügt wurde: »If vv. 6–8 indeed the opening verses of an earlier edition of the Gospel, the five verses that now precede them have been added to this earlier edition of the Gospel in order to serve as the Prologue of a new, second edition.«
[10] So bes. *J. A. Bühner,* Der Gesandte, 4.
[11] Vgl. *E. Hirsch,* Das vierte Evangelium, 101; *E. Haenchen,* Probleme des johanneischen ›Prologs‹, 117.
[12] *L. Schottroff,* Der Glaubende, 232.
[13] Vgl. *A. Wikenhauser,* Joh, 40; *C. K. Barrett,* Joh, 177; *E. Haenchen,* Joh, 136; *R. Schnackenburg,* Joh I, 198.
[14] Vgl. *E. Haenchen,* Joh, 136.

Wenn der Prolog die Eröffnung des Evangeliums in sachlicher und zeitlicher Hinsicht ist, dann kommt ihm eine einleitende Funktion zu. Er führt in die Thematik ein, indem er zentrale Inhalte der folgenden Darstellung bereits behandelt und damit das Verständnis des Evangeliums vorbereitet und zugleich wesentlich bestimmt.[15] Die Leser/Hörer treten in keine isolierte Welt ein, sondern durch intertextuelle Anspielungen[16] wird ihnen ein kultureller Kosmos eröffnet.[17] Der explizite Hinweis auf Gen 1,1LXX verweist die Adressaten auf die grundlegende Bedeutung der atl.-jüdischen Tradition. Auch die Aufnahme des jüdischen Weisheitsmythos, die Erwähnung des Mose und der Gabe des Gesetzes erlauben es den Hörern/Lesern des Prologs, die joh. Jesus-Christus-Geschichte in Kontinuität und Diskontinuität zur vorangegangenen Geschichte Gottes zu erfassen. Der λόγος-Begriff (λόγος = ›Wort/Rede/Vernunft‹) eröffnet über seine jüdische Rezeptionsgeschichte hinaus bewusst einen weiteren Kulturraum: die Welt der griechisch-römischen Philosophie und Bildung. Als Schlüsselwort der griechischen Bildungsgeschichte aktiviert λόγος ein umfangreiches Anspielungspotential, das bei der produktiven Mitarbeit der Hörenden/Lesenden in den Verstehensprozess miteinfließt. Das jeweilige kulturelle Wissen ist mit der Enzyklopädie einer Sprache verbunden,[18] die von einem Autor aktiviert werden kann. Begriffe und die mit ihnen verbundene Normativität entfalten ihre Kraft nur innerhalb einer bereits existierenden Sprachgemeinschaft, die Regeln für das Verstehen, Handeln und Urteilen vorgibt und ständig neu prägt. Alle zentralen Begriffe des joh. Denkens haben eine jüdische und eine griechische Geschichte, die es gleichermaßen zu erheben und zu berücksichtigen gilt. In jedem Text überlagern sich Aussagen, die aus anderen Texten und/oder Kulturräumen stammen. Wenn im Prolog Jesus Christus mit dem Leitbegriff der griechisch-römischen Kultur- und Bildungsgeschichte identifiziert wird, legt sich ein einzigartiger Anspruch nahe: Im Logos Jesus Christus kulminiert die antike Religions- und Geistesgeschichte, er ist der Ursprung und das Ziel allen Seins.

Durch zahlreiche intratextuelle Bezüge führt der Prolog in konstitutive Elemente der sich anschließenden Erzählung ein.

Im Prolog ist ζωή = ›Leben‹ 2mal (V. 4), in den übrigen Partien des Evangeliums 34mal belegt (vgl. nur Joh 3,15; 5,24; 6,40; 11,25). 6mal erscheint φῶς = ›Licht‹ im Prolog (V. 4.5.7.8.9), 17mal im restlichen Evangelium (vgl. nur Joh 3,19; 8,12; 9,5; 12,46). Direkte Parallelen zur Wendung ἐρχόμενον εἰς τὸν κόσμον = ›gekommen in die Welt‹ (Joh 1,9) finden sich in Joh 6,14; 9,39; 11,27; 12,46; 16,28. Zudem werden bereits im Prolog Aussagen über den Kosmos gemacht (V. 9.10), die für das joh. Kosmosverständnis von großer Bedeutung sind. Zentrale Begriffe der joh. Christologie

---

15   Einen anderen Akzent setzt *J. Zumstein,* Der Prolog, 88: »Der Prolog faßt nicht den Plot der Erzählung zusammen, sondern er sagt, wie die Erzählung, die sich anschließend entfalten wird, zu lesen ist.« Dies trifft für Einzelheiten der Darstellung zweifellos zu, andererseits ist das Grundthema des gesamten Erzählung bereits im Prolog vollständig präsent: Ablehnung und Aufnahme des Logos Jesus Christus.
16   Zur Intertextualität vgl. *G. Allen,* Intertextuality, London/New York 2000; *St. Alkier,* Intertextualität – Annäherungen an ein texttheoretisches Paradigma, in: *D. Sänger* (Hg.), Heiligkeit und Herrschaft, BThSt 55, Neukirchen 2003, 1–26.
17   Vgl. *J. Zumstein,* Der Prolog, 89 f.
18   Vgl. *U. Eco,* Lector in fabula, 94–106.

wie δόξα = ›Herrlichkeit‹ (18 Belege) und ἀλήθεια = ›Wahrheit‹ (25 Belege)[19] sind für den Leser in ihrer Bedeutung durch Joh 1,14(17) präjudiziert. Zwar ist vom Wirken des präexistenten λόγος nur in Joh 1,1 die Rede, Jesu Präexistenz wird aber auch in Joh 5,46; 6,46.62; 8,58; 12,41; 16,27 f; 17,5 vorausgesetzt. Von der Gottheit des Logos Jesus Christus ist über den Prolog hinaus in Joh 5,18; 10,33; 20,28 die Rede. Der Dualismus Licht – Finsternis erscheint in Joh 1,5 und in Joh 3,19; 8,12; 12,35.46. Die μαρτυρία = ›Zeugnis‹ des Täufers (1,6–8.15) wird in Joh 1,19–34 wiederaufgenommen und bildet eine wesentliche Klammer zwischen dem Prolog und dem restlichen Evangelium. Schließlich führt V. 18 genau zu dem Punkt, wo die Offenbarungstätigkeit des inkarnierten Logos einsetzt (vgl. zur Gottesschau Joh 5,37; 6,46; 14,9).[20] Jesus Christus erscheint im Folgenden als die einzig authentische Auslegung Gottes.

Mit dem Beginn einer Jesus-Christus-Geschichte fällt die Entscheidung über ihren Charakter. Als Setzung des Erzählers ist der Anfang der Geschichte der Weg, der den Hörern und Lesern gewiesen wird. Der Prolog präsentiert das notwendige Vorwissen und leitet so das Verstehen, er bildet als programmatischer Eröffnungstext in Verbindung mit Joh 20,30.31 den hermeneutischen Schlüssel zum 4. Evangelium. Die Hörer/Leser werden vom Evangelisten in das Werk eingeführt, und sie dürfen sich des Verstehens sicher sein, wenn sie in die grundlegende Glaubensaussage Joh 20,31 einstimmen können. Zugleich ist Joh 1,1–18 ein *mitgehender Anfang*, denn die theologischen Bestimmungen des Prologs werden im gesamten Evangelium vorausgesetzt und immer wieder nimmt der Evangelist direkt oder indirekt Bezug auf seinen Basistext.

1 Der Anfang ist im antiken Denken menschlicher Verfügung entzogen, er gehört Gott bzw. den Göttern und ihren Agenten. Auch bei Johannes setzt Gott das Sein, die Zeit und die Ordnung; die Art und Weise des Anfangs wird im kosmologischen Mythos präsentiert, der erzählt, was dem Bestand der Welt vorausging. Durch Temporalisierung wird Wirklichkeit gebildet und treten die Hauptakteure der folgenden Erzählung in Relation zueinander. Der Temporalisierung entspricht eine theologische Hierarchie, die das gesamte Evangelium prägt und als durchgängige christologische Priorität zu bestimmen ist: Gott und der im Anfang bei ihm weilende Logos gehen allem Sein voraus, das nach dem Willen Gottes durch den Logos geschaffen, erhalten und bestimmt wird. Mit ἐν ἀρχῇ (›im Anfang‹) knüpft Joh 1,1a an Gen 1,1LXX an, geht aber zugleich darüber hinaus. Nicht vom Schöpfungsanfang, sondern vom absoluten Anfang ist die Rede.[21] Zu diesem Anfang gehört der Logos, der als eine bestimmte, einzelne und der Gemeinde bekannte Größe auftritt: Jesus Christus als Gottes schöpferisches, wirkmächtiges und lebenschaffendes Wort. Wort, weil λόγος (›Wort/Rede‹) und λέγειν (›reden/sprechen‹) zusammengehören und schon hier die Verkündigung Jesu Christi im Evangelium mitzudenken ist. Die Näherbestimmung ὁ λόγος ἦν πρὸς τὸν θεόν (›der Logos war bei/in Gott‹) in V. 1b erfordert

---

[19] Vgl. auch ἀληθινός (1mal im Prolog, 8mal im restlichen Evangelium).
[20] Vgl. *R. Schnackenburg*, Joh I, 200.
[21] Gegen *J. Becker*, Joh I, 87, der behauptet: »Hinter die Zeit des Schöpfungsbeginns wird nicht zurückgefragt.«

Gott selbst als sachliches Subjekt von ἐν ἀρχῇ,[22] letztlich kann auch hier der Anfang nicht ohne Gott gedacht werden. Die innige personale Gemeinschaft des Logos mit Gott, sein Orientiert-Sein auf Gott hin betont V. 1b. In der Koine steht πρός mit Akkusativ häufig für ἐν bzw. παρά τινι in der Bedeutung ›bei/in‹.[23] Bewusst vermieden wird jede Aussage über das Hervorgehen des Logos aus Gott.[24] Der Logos weilt von Anfang an bei Gott, beide sind nicht gleichursächlich, wohl aber gleichzeitig, gleichartig und gleichwirksam. Gott tritt aus sich heraus als Redender; sein Wort geht jedoch weit über die bloße Mitteilung hinaus: es ist lebenschaffendes Schöpferwort. Gott ist ohne sein Wort Jesus Christus nicht zu denken.[25]

Als religionsgeschichtlicher Hintergrund von Joh 1,1ab sind die Aussagen über das uranfängliche Sein der Weisheit bei Gott anzusehen (Spr 8,22 f.27.30; Weish 8,3; 9,4.9; Sir 1,1; 24,3 f; Hiob 28,12–27; äthHen 42,1–3; Bar 3,29. Vgl. ferner NHC XIII 35,4–6: »Ich bin … das [Ers]tlingsgeschöpf unter dem Gewordenen …«).[26] Als Parallelen zum gesamten Prolog vgl. vor allem Spr 8,22–31; Sir 1,1–10.15; 24,3–31; Kleanthes, Fragm. 537; Cic, Tusculanae Disputationes V 5.[27]

In V. 1c kommt dem Logos das Prädikat θεός (›göttlich‹) zu. Weder ist der Logos einfach mit Gott identisch,[28] noch gibt es neben dem höchsten Gott einen zweiten Gott, sondern der Logos ist vom Wesen Gottes.[29] Philo lässt den unterschiedlichen Gebrauch von ὁ θεός (›der Gott‹) und θεός deutlich erkennen, wonach allein dem einen Gott das Prädikat ὁ θεός gebührt.[30] Bewusst steht in V. 1c das Prädikatsnomen θεός, um so gleichermaßen das göttliche Wesen des Logos und seine Unterschiedenheit vom höchsten Gott auszudrücken.[31] Es ist im Sinn von θεῖος = ›von göttlichem Wesen/göttlich‹ zu übersetzen und wahrt die subtile Balance von Identität und Unterschie-

---

[22] Vgl. *Chr. Demke,* Logos-Hymnus, 51.
[23] Vgl. *F. Passow,* Handwörterbuch II/1, 1155: »zu Bezeichnung räumlicher Annäherung, … hin, nach, auf … in«.
[24] Vgl. *R. Bultmann,* Joh, 16.
[25] Vgl. *M. Theobald,* Im Anfang, 42.
[26] Die Zitate aus der ›Dreigestaltigen Protennoia‹ sind jeweils in der Übersetzung des Berliner Arbeitskreises für koptisch-gnostische Schriften wiedergegeben, ThLZ 99 (1974), 734–745.
[27] Texte in: Neuer Wettstein I/2, 1–15.
[28] Gegen *R. Bultmann,* Joh, 17: »Der Logos wird also mit Gott gleichgesetzt.«
[29] Vgl. *E. Haenchen,* Joh, 117 f; *M. Theobald,* Im Anfang, 42 ff.
[30] Vgl. Philo, Somn I 229 f: »… Deshalb hat auch die heilige Schrift an der vorliegenden Stelle den in Wahrheit existierenden Gott durch Artikel bezeichnet … den im uneigentlichem Sprachgebrauch aber ohne Artikel …«; ferner LegAll II 86; Somn I 239–241. Vgl. auch *Jamblichus,* De Vita Pythagorica 31, wonach die Pythagoreer folgende Unterscheidung einführten: »Von den vernunftbegabten Lebewesen ist das eine Gott, das andere Mensch, das dritte wie Pythagoras.« Pythagoras kommt das Adjektiv θεῖος zu, denn er reicht die rettende Philosophie aus der Hand der Götter weiter an die Menschen (vgl. Jamblichus, De Vita Pythagorica 1 f) Zum historischen Pythagoras vgl. *Chr. Riedweg,* Pythagoras. Leben – Lehre – Nachwirkung, München 2002. Aufschlussreich ist auch Philostr, VitAp VII 38, wo Damis nach einem weiteren Wunder des Apollonius sagt: »Erst damals, so sagte Damis, habe er die Natur (φύσεως) des Mannes wirklich begriffen und erkannt, daß sie göttlich (θεία) und der menschlichen Art überlegen sei.«
[31] Anders *O. Hofius,* Struktur und Gedankengang des Logos-Hymnus in Joh 1,1–18, 15 f, der jegliche sachliche Differenzierung in Joh 1,1 bestreitet und das Gott-Sein des Logos in einem ontologischen Sinn versteht. M. E. entspricht nicht ein statisch-ontologisches, sondern ein relational-partizipatorisches Modell der joh. Konzeption einer Wesenseinheit von Vater und Sohn.

denheit zwischen Vater und Sohn. V. 1c enthält die Spitzenaussage über das Sein und Wesen des Logos,[32] er ist an Würde und Bedeutung nicht zu übertreffen. Gott ist der Ort des Wortes, im Wort spricht Gott umfassend aus sich heraus. Selbstoffenbarung und Selbstmitteilung sind hier eins, denn das Wort ist schon im Anfang kein anderes als Jesus Christus. Damit vertritt Johannes wie zuvor Paulus einen exklusiven Monotheismus[33] in binitarischer Gestalt. Die Verehrung des einen Gottes wird ausgeweitet auf seinen Sohn.[34] Die in Joh 1,1 vorgenommene Relationierung zielt auf eine ursprüngliche und umfassende Partizipation des Logos an dem einen Gott,[35] der Ursprung und Grund allen Seins ist.[36] Zugleich bleibt das Verhältnis von Gott-Vater und dem göttlichen Logos/Sohn in einer eigentümlichen und gerade darin sachgemäßen Spannung, die weder durch eine Ontologie der Identität noch durch eine reduktive Subordination aufgelöst werden darf.

Die religionsgeschichtliche Herkunft des joh. λόγος-Begriffes kann nicht monokausal erklärt werden.[37] Ein erster möglicher Anknüpfungspunkt sind die alttestamentlichen Aussagen über das Wirken des Wortes Gottes bei der Schöpfung und in der Geschichte (vgl. Jes 11,4LXX; 55,11; Hab 3,5fLXX; Gen 1,3; Dtn 8,3; Ps 33,6; 46,6; Ex 20,1; ferner 4Esr 6,38 ff).[38] Wie das Wort Gottes so ist auch die Weisheit an den Taten Gottes (Ps 104,24) und der Schöpfung beteiligt (Jer 10,12; Sir 1,4; 24,3 ff; Weish 7,22.25.27; Jes 10,13; Spr 3,19). Von großer Bedeutung ist ferner die Logosphilosophie des Heraklit von Ephesus (geb. 544 v. Chr.). Über ihn heißt es in Diog Laert 9,5: »Sein berühmtes Buch trägt zwar von seinem Gesamtinhalt her den Titel ›Über die Natur‹ (Περὶ φύσεως), ist aber in drei Logoi unterteilt, nämlich in den Logos über das All, in den politischen und in den theologischen Logos« (περὶ τοῦ παντὸς καὶ πολιτικὸν καὶ θεολογικόν).[39] Übereinstimmungen zwischen seinem Logosbegriff und dem Prolog bestehen in folgenden Punkten:[40] a) Der Logos ist ewig und präexistent (Fragm. 1).[41] b) Der Logos

---

[32] Vgl. *R. Schnackenburg,* Joh I, 211; *E. Haenchen,* Joh, 116.

[33] Damit wird der jüdische Monotheismus keineswegs aufgegeben, sondern die Mittlergestalten im antiken Judentum (Mose, Henoch, atl. Heroen, Engel, Weisheit, Logos) bilden den religions- und traditionsgeschichtlichen Hintergrund dieser Entwicklung.

[34] Wie weit jüdisches Denken in einem hellenistischen Kontext gehen konnte, zeigt Philo, der den Logos als ›zweiten Gott‹ bezeichnen kann; vgl. LegAll II 86 (... τὸ δὲ γενικώτατόν ἐστι ὁ θεός, καὶ δεύτερος ὁ θεοῦ λόγος ...); QuaestGen II 62 (... πρὸς τὸν δεύτερον θεόν, ὅς ἐστιν ἐκείνου λόγος ...).

[35] Treffend *Th. Söding,* »Ich und der Vater sind eins« (Joh 10,30), 192: »So wenig der Logos ὁ θεός ist, der Gott und Vater Jesu, so sehr hat der Logos an seiner Gottheit teil.«

[36] *K. Wengst,* Joh I, 75, minimiert bewusst die joh. Konzeption, wenn er feststellt: »Durch die geradezu intime Beziehung zu Gott ist Jesus als dessen Ausleger legitimiert. ... Jesus, wie er im Evangelium dargestellt wird, ist Auslegung Gottes – des Gottes Israels; und nicht ist er ›Offenbarer‹ eines bisher unbekannten Gottes oder bringt er ›Kunde‹ von einem bisher mehr oder weniger verborgen gebliebenen Gott.« Natürlich bringt Jesus nicht »Kunde« von einem bisher unbekannten Gott, sondern auch im Johannesevangelium wird der eine Gott Israels verkündigt und verehrt. Das Besondere der joh. Konzeption liegt aber darin, dass der Logos Jesus Christus weitaus mehr als ein Prophet ist, wie Wengst suggerieren will.

[37] Vgl. hierzu zuletzt umfassend: *W. Löhr,* Art. Logos, RAC 23, Stuttgart 2010, 327–435; *L. Perilli* (Hg.), Logos. Theorie und Begriffsgeschichte, Darmstadt 2013.

[38] Vgl. *E. D. Freed,* Theological Prelude to the Prologue of John's Gospel, SJTh 32 (1979) 258 f. *C. H. Dodd,* Interpretation, 274 f, sieht das AT als Hintergrund des joh. λόγος-Gedankens.

[39] Zitiert nach *L. M. Gemelli Marciano* (Hg.), Die Vorsokratiker I, 285 f (= DK 22 A 1).

[40] Vgl. dazu *B. Jendorff,* Der Logosbegriff, EHS 20.19, Frankfurt 1976, 75 ff; *W. Kelber,* Die Logoslehre. Von Heraklit bis Origenes, Stuttgart 1976, 22 ff.

[41] Über das Werden und Vergehen der Welt sagt Heraklit: »Denn er will sagen, dass Feuer durch den das All regierenden Logos (ὅτι πῦρ ὑπὸ τοῦ διοικοῦντος λόγου) und Gott über Luft ins Feuchte, den Keim der

ist Schöpfungsmittler (Fragm. 1). c) Ablehnung und Aufnahme des Logos (Fragm. 1; Fragm. 50). d) Zwar wird bei Heraklit an keiner Stelle der Logos Gott oder göttlich genannt, aber dieses Attribut lässt sich bes. aus Fragm. 67 und Fragm. 30 erschließen.[42]

Dem Kyniker Antisthenes (ca. 455/445–365/360 v. Chr.) schreibt Diogenes Laertius (6,3) erste Reflexionen über den Logos zu: »Als erster definierte Antisthenes den Logos, indem er sagte: Ein Logos ist das, was klar macht, was etwas war oder ist« (Λόγος ἐστὶν ὁ τὸ τί ἦν ἢ ἔστι δηλῶν).

Der Rhetoriker Isokrates (436–338 v. Chr.) preist den Logos: »Es ist der Logos, der uns fast alles, was wir an Zivilisation hervorgebracht haben, zu vollbringen ermöglicht hat. Er ist es, der die Normen aufgestellt hat über gerecht und ungerecht, schön und hässlich, ohne deren Ordnung wir nicht fähig wären, mit anderen zusammenzuleben. … Denn die Fähigkeit der Rede ist das wichtigste Zeichen vernünftiger Sinnesart. … Wenn wir zusammenfassend diese Macht bestimmen wollen, so werden wir finden, dass nichts in der Welt, was mit Vernunft (φρονίμως) geschieht, ohne Logos (ἀλόγως) geschieht, sondern der Logos ist der Führer (ἡγεμών) aller Tätigkeit und alles Denkens, und die ihn am meisten gebrauchen, sind diejenigen, die den meisten Geist (νοῦς) haben« (Nikokles 7–9).[43]

Im monistischen System der Stoa ist der Logos die alle Körper durchdringende Kraft.[44] In der Vorstellung der λόγοι σπερματικοί (›die sich ausbreitenden Logoi‹) entfaltet die Stoa den Grundgedanken der ubiquitären Anwesenheit des Göttlichen in der Welt. Von Zenon (Fragm. 155) wird die Anschauung überliefert, Gott sei durch die Materie »hindurchgegangen wie der Honig durch die Waben« (v. Arnim I, 42,1–3). Nach stoischer Vorstellung war, ist und wird in der Welt nichts sein ohne den Logos. Bei Chrysipp heißt es nach Diog Laert VII 87f: »Deshalb wird das Leben gemäß der Natur zum Ziel, was besagt, gemäß der eigenen Natur und der des Ganzen leben, und nichts tun, was das ›gemeinsame Gesetz‹ (ὁ νόμος ὁ κοινός) gewöhnlich verbietet, das Gesetz, das die ›rechte Vernunft‹ ist (ὀρθὸς λόγος), die alles durchdringt, das identisch mit Zeus ist, dem Leiter der Verwaltung des Alls« (vgl. ferner Sen, Ep 124,14). Der Logos ist das Prinzip, das die Welt bis in die letzten Einzelzusammenhänge durchwaltet. Trotz gewichtiger Übereinstimmungen bleibt in der Stoa der Gedanke unvorstellbar, dass der göttliche Logos ausschließlich in einer geschichtlichen Person Gestalt annimmt. Auch eine wirkliche Erlösungsvorstellung entwickelte die Stoa nicht, denn der dafür konstitutive Dualismus war ihr fremd.

Konstitutiv für den joh. Logos-Begriff ist die Gleichsetzung von λόγος und σοφία (›Weisheit‹) im hellenistischen Judentum.[46] In Weish 9,1.2 heißt es über Gott: »Du hast das All gemacht durch dein Wort (ἐν λόγῳ), und durch deine Weisheit (τῇ σοφίᾳ) hast du den Menschen bereitet …«[47] In der Weisheit Salomos erscheint ab Kap. 18 nicht mehr die Sophia, sondern der Logos als die zentrale Gestalt.[48] Gott besiegt seine Feinde durch sein Wort, das um Mitternacht vom Himmel springt und wie ein Schwert umhergeht (Weish 18,15: » … sprang dein allmächtiges Wort vom Himmel …«).

Weltbildung, das er Meer nennt, verwandelt wird; daraus aber entstehen wiederum Erde und Himmel und das dazwischen Liegende. Wie es wieder zu Zurückwandlung und zum Weltbrand kommt, zeigt er deutlich im Folgenden …« (Zitiert nach *L. M. Gemelli Marciano* (Hg.), Die Vorsokratiker I, 309 = DK 22 B 31).

[42] Vgl. *B. Jendorff,* Der Logosbegriff, 63 ff.82 ff.

[43] Übersetzung: *W. Jaeger,* Die Formung des griechischen Menschen III, Berlin 1947, 151.

[44] Zur Logosvorstellung in der Stoa vgl. *M. Forschner,* Die stoische Ethik, Darmstadt ²1995, 25 ff.136 ff.

[45] Der Logos ist als πῦρ τεχνικόν auch Schöpfer, er wird mit der höchsten Gottheit identifiziert (Zeus), und er ist Offenbarer (vgl. Cornutus, Theologia Graeca 16).

[46] Für den griechischen Bereich vgl. das bei Diog Laert II 46 überlieferte Epigramm: »Trink nun beim Zeus an der Tafel, Sokrates, denn dich hat wirklich weise die Gottheit genannt, und die Weisheit ist Gott« (καὶ θεὸς ἡ σοφίη).

[47] Vgl. auch Prov 4,5, wo ›Wort meines Mundes‹ und ›Weisheit‹ parallel stehen.

[48] Vgl. *B. L. Mack,* Logos und Sophia. Untersuchungen zur Weisheitstheologie im hellenistischen Judentum, StUNT 10, Göttingen 1973, 96.

Bei Philo tritt der Logos vielfach für die Weisheit ein.[49] Wie die Weisheit ›Erstling‹ (πρωτίστη Ebr 31) und ἀρχή (OpMund 54) ist, so kann auch der Logos der ›Erstgeborene Gottes‹ (πρωτό-γονος ConfLing 146) und ἀρχή (ConfLing 146) heißen. Der Logos ist älter als alles Geschaffene (Migr 6), er erscheint als Licht (Somn I 75), er ist Sohn und Eikon Gottes (ConfLing 146 f; Fug 109), er ist göttlich (θεός), nicht aber ὁ θεός (Somn I 229–230). Der Logos steigt herab unter die Menschen (Somn I 75.85 f) und wird ihr Sachverwalter. Er wohnt unter den Menschen (PostC 122) und rettet jene, die mit der Tugend verwandt sind, während er ihre Feinde vernichtet (Somn I 85). Er ist Freund, Ratgeber (Fug 6) und Lehrer (διδάσκαλος Ebr 157; Somn I 129.191).

Nach Epiktet (ca. 55–120 n. Chr.) gibt Gott selbst Anteil an seiner Wirklichkeit durch das Pneuma bzw. den Logos:»Wer also die Regierung der Welt begriffen hat und einsieht, dass das größte, höchste und umfassendste Gemeinwesen das ist, welches aus den Menschen und Gott be-steht, denn von Gott ist der Samen nicht nur auf meinen Vater und Großvater, sondern auf alles, was auf Erden geboren wird oder ins Leben tritt, vorzüglicherweise aber auf die vernünftigen Ge-schöpfe, herabgekommen, und dass nur diese einer Gemeinschaft mit Gott fähig sind, weil sie durch die Vernunft (κατὰ τὸν λόγον) innig mit ihm verbunden sind, warum sollte, wer dies einsieht, sich nicht einen Weltbürger, warum nicht einen Sohn Gottes nennen? Warum sollte er sich vor ir-gend etwas in der Welt fürchten? … Und uns sollte der Gedanke nicht von allem Kummer und aller Furcht freimachen, dass wir Gott zum Schöpfer, Vater und Erhalter haben? « (Diss I 9,3–7)[50] Über Hermes wird beim Stoiker Cornutus (um 60 n. Chr.) berichtet:»Hermes ist die Vernunft (ὁ Ἑρμῆς ὁ λόγος ὤν), welche die Götter aus dem Himmel zu uns [Menschen] sandten (ὃν ἀπέ-στειλαν πρὸς ἡμᾶς ἐξ οὐρανοὶ οἱ θεοί), wobei sie von den Lebewesen der Erde allein den Men-schen zur Vernunft begabt (λογικόν) machten, etwas, was sie selbst für das Herausragendste über alles andere hinaus hielten« (Cornut 365–368).

Im griechischen Denken ist der Logos eine göttliche Größe/Gabe/Kraft, die Leben als Kultur und Ordnung ermöglicht und mit der Vernunft (νοῦς) und dem Gesetz (νόμος) als Lebensprinzip sehr eng verwandt ist. Fast zeitgleich mit dem Johannesevangelium formuliert z. B. Dio Chrys, Or 36,31:»So zielt der Logos, um es kurz zu sagen, darauf ab, das Menschengeschlecht mit der Gottheit harmonisch in Verbindung zu bringen und in einem Begriff alles Vernunftbegabte zusammenzu-fassen; denn in der Vernunft sieht sie die einzige sichere und unauflösliche Grundlage von Gemein-schaft und Gerechtigkeit.«

V. 1 erweist sich formal und inhaltlich als Tradition.[51] Die drei Teilsätze 1a–c sind durch das gemeinsame Subjekt ὁ λόγος, das Prädikat ἦν und das parataktische καί verbunden.[52] V. 1 ist nach dem Muster a – b; b – c; c – b aufgebaut, je zwei Wörter

---

[49] Vgl. dazu umfassend *B. L. Mack*, a. a. O., 133 ff. Mack vermutet, die Gleichsetzung von Logos und Sophia bei Philo sei durch ägyptische Motive ermöglicht worden. Zu den Übereinstimmungen zwischen Philo und den Prologaussagen vgl. auch *C. H. Dodd*, Interpretation, 276.

[50] Vgl. auch Epikt, Diss III 13,10–12:»Hingegen verspricht uns die Philosophie, uns auch vor diesen Fein-den Frieden schaffen zu wollen. Und was sagt sie? ›Wenn ihr mir eure Aufmerksamkeit gönnen wollt, ihr Menschen, so sollt ihr, wo ihr auch immer sein, was ihr auch immer tun mögt, in keine Betrübnis, in kei-nen Zorn gebracht, nie gezwungen, nie verhindert werden, ihr sollt ohne Leidenschaften und in vollkom-mener Freiheit euer Leben zubringen.‹ Wenn einer diesen Frieden hat, einen andern, als der Kaiser hat aus-rufen lassen (denn woher sollte er die Macht haben, einen solchen ausrufen zu lassen?), einen Frieden, den Gott durch die Vernunft (διὰ τοῦ λόγου) hat verkündigen lassen, warum sollte der, wenn er allein ist, sich nicht damit zufriedengeben können?«

[51] Für den durchgehenden redaktionellen (bzw. einheitlichen) Charakter des Prologs plädieren dagegen *E. Ruckstuhl*, Einheit, 63–97; *W. Eltester*, Der Logos und sein Prophet, passim; *H. Ridderbos*, The Structure and Scope of the Prologue, 190 ff; *P. Borgen*, Der Logos war das wahre Licht, SNTU 2 (1976), (99-117) 116; *C. K. Barrett*, The Prologue of St. John's Gospel, 27; *R. A. Culpepper*, The Pivot of John's Prologue, 1 ff; *C. H. Dodd*, Interpretation, 268 ff.

[52] Vgl. *E. Haenchen*, Joh, 117; *M. Theobald*, Im Anfang, 18.

tragen den Ton des Teilverses, wobei das zweite als erstes im nächsten Teilsatz erscheint (ἀρχή – λόγος; λόγος – ὁ θεός; θεός – λόγος).[53] Neben dieser erkennbaren Formung spricht auch das nur in V. 1.14a erscheinende absolute ὁ λόγος für Tradition.[54]

2 Das rückbezügliche οὗτος (›dieser‹) knüpft an V. 1c an und präzisiert die Aussage über den göttlichen Logos. Durch die Aufnahme von ἐν ἀρχῇ und πρὸς τὸν θεόν aus V. 1a.b wird deutlich, dass bereits dort vom göttlichen Logos die Rede war.[55] Deshalb ist V. 2 nicht bloße Wiederholung, sondern bewusst abrundende Interpretation und Bestandteil der Tradition.[56] Das Wort ist göttlichen Ursprungs, es verweilt bei Gott und beginnt von dort sein Wirken.[57] **3** Mit V. 3 kommt das Schöpfungswirken des Logos in den Blick. Der Subjektwechsel signalisiert ein neues Thema, das Verhältnis des Logos zur Schöpfung (πάντα) wird in den sechs paarweise angeordneten Teilsätzen V. 3–5 behandelt.[58] Das vorangestellte πάντα betont die allgemeine Mittlerrolle des Logos und meint nicht nur die Menschenwelt,[59] sondern die Schöpfung insgesamt.[60] Auch der wiederholende und verstärkende V. 3b lässt nur den Schluss zu, in πάντα die Totalität der Schöpfung zu sehen. Alles Sein verdankt sich dem Logos, es gibt eine vorgängige Bestimmtheit allen Seins durch den Logos.

Die kosmologische Funktion des Logos fügt sich bestens in antikes Denken ein. Zu den zentralen Themen aller relevanten philosophischen und religiösen Systeme der Antike gehörte die Kosmologie. Die Wirklichkeit als Ganzes, das Werden und Vergehen der Welt(en), der Einfluss der Gestirne auf menschliches Leben, die in der Welt wirksamen überindividuellen Kräfte und die Möglichkeiten postmortaler Existenzweisen werden z. B. bei Platon, Epikur und in der Stoa vielfältig erörtert. Ebenso finden sich in der jüdischen Apokalyptik zahllose Aussagen über das Werden und Vergehen der Welt, des Kampfes zwischen Gott und seinen Widersachern und des endgültigen Triumphes Gottes über alle seine Feinde. Dabei dominiert ein Grundgedanke: Die kosmologischen Abläufe sind nicht zufällig, sondern entsprechen dem Willen der Gottheit.[61]

Den religionsgeschichtlichen Hintergrund der Vorstellung des Logos als Schöpfungsmittler bildet das hellenistische Judentum, wie Spr 3,19; 8,22–30; Weish 7,12; 8,6; 9,1.9; Hiob 28,2–27 und zahlreiche Parallelen in den Schriften Philos zeigen.[62] Für den klassisch-griechischen Bereich vgl.

---

53 Vgl. *R. Bultmann*, Joh, 2 f; *E. Haenchen*, Joh, 117; *J. Becker*, Joh I, 83.
54 Gegen *H. Zimmermann*, Christushymnus, 253 ff, der V. 1 und 14a und damit die Logosprädikation dem Evangelisten zuschreibt.
55 Vgl. *E. Haenchen*, Joh, 119; *M. Theobald*, Im Anfang, 47 f.
56 Gegen *E. Käsemann*, Aufbau und Anliegen, 167; *R. Schnackenburg*, Joh I, 212; *Chr. Demke*, Logos-Hymnus, 52 f; *J. Blank*, Joh Ia, 70, die V. 2 nicht zur Tradition rechnen.
57 Vgl. Philo, ConfLing 146 f.
58 Vgl. *E. Haenchen*, Joh, 120; *M. Theobald*, Im Anfang, 18 f.
59 So *R. Bultmann*, Joh, 19 f.
60 Richtig *E. Haenchen*, Joh, 120.
61 Vgl. Leukipp (Mitte 5. Jh. v. Chr.) in seiner Schrift ›Über den Geist‹: »Kein Ding entsteht [oder: ereignet sich] aufs Geratewohl, sondern alles infolge eines Verhältnisses [oder: in begründeter Weise] oder durch Notwendigkeit« (Zitiert nach *J. Mansfeld*, Die Vorsokratiker II, 253).
62 Vgl. nur Philo, LegAll III 96.175; Fug 94 f; SacrAbCain 8.65; Cher 125.127; OpMund 20 f.24 f. Eine

Plato, Tim 30a.b: »Geben wir denn an, aus welchem Grund der Schöpfer das Entstehen und dieses Weltall schuf. Er war gut; in einem Guten erwächst nimmer und in keiner Beziehung irgendwelche Missgunst. … Indem nämlich der Gott wollte, dass alles gut und nach Möglichkeit nichts schlecht sei, so nahm er also alles, was sichtbar war und keine Ruhe hielt, sondern in ungehöriger und ordnungsloser Bewegung war, und führte es aus der Unordnung zur Ordnung, da ihm dieser Zustand in jeder Beziehung besser schien als jener. … So also muss man – in den Grenzen der wahrscheinlichen Rede – behaupten, dass diese Welt durch des Gottes Fürsorge als ein in Wahrheit beseeltes und mit Vernunft begabtes Lebewesen entstand.« Eine aufschlussreiche pagane Parallele bietet auch Diog Laert VII 147, der über die Stoiker berichtet: »Von Gott aber lehren sie: … Er ist der Schöpfer der Welt und gleichsam der Vater von allem, was, wie überhaupt so im besonderen von dem Teil von ihm gilt, welcher alles durchdringt und der je nach seinen Wirkungsweisen mit vielen Namen benannt wird. Man nennt ihn Dia (Zeus), weil durch (διά) ihn alles wird, Zena (Zeus), weil er Urheber des Lebens ist und alles Leben durchdrungen hat.« Der Zeushymnus des Aelius Aristides ist eine weitere eindrucksvolle pagane Parallele.[63] Für die urchristliche Tradition vgl. 1Kor 8,6; Röm 11,36; Kol 1,16; Hebr 1,2; für die gnostische Überlieferung vgl. NHC XIII 38,12–13: »und das All wurde gestaltet durch mich«.

4 Wie im Vater (Joh 6,57) ist auch im Logos und damit im Sohn das Leben, welches wiederum das Licht der Menschen ist. Die Menschen sind nicht selbst das Licht, vielmehr werden sie vom Licht betroffen und finden sich im Schein des Lichtes vor (vgl. Ps 36,10). Ihre ganze Existenz ist wesenhaft durch den Logos geprägt, der sie ins Leben rief und ihnen als Inbegriff des Lebens und als wahres Licht ihr Dasein gewährt. Im Logos ist das Leben gegenwärtig, er ist der Ort des Lebens,[64] und nur das Licht des Logos erhellt das Leben der Menschen.[65] Die Lebendigkeit der Menschen wird als Widerschein des Lichtes verstanden, das dem Logos von Anbeginn zu eigen war. Gottes Sein ist Leben/Licht und nicht Finsternis.

Das umstrittene Problem, ob das Ende von V. 3 und der Anfang von V. 4 durch eine Zäsur zwischen οὐδὲ ἕν und ὃ γέγονεν oder ὃ γέγονεν und ἐν αὐτῷ zu bestimmen sind, muss zugunsten der 1. Variante entschieden werden.[66] Syntaktisch und semantisch schafft diese Zuordnung hingegen

---

umfassende Auflistung und Analyse des jüdischen Materials findet sich bei *M. Endo,* Creation and Christology, 12–154.

[63] Or 43,7: »Zeus hat das All geschaffen, und Zeus' Werk ist alles, was ist, die Flüsse und die Erde und das Meer und der Himmel und alles, was darinnen, was darüber und was darunter ist, und die Götter und die Menschen und alles, was eine Seele hat, und was den Blicken sich darbietet und was nur der Geist erfassen kann« (= Neuer Wettstein II/2, 1132); vgl. ferner die Parallelen in Neuer Wettstein I/2, 15-27. Vergleichbare Vorstellungen finden sich in der um 80 n. Chr. verfassten pseudo-aristotelischen Schrift περὶ τοῦ κόσμου, wo es u.a. heißt: »dass alles von Gott und durch Gott besteht« (397b: ἐκ θεοῦ πάντα καὶ διὰ θεόν); »Zeus entstand als erster … Zeus ist Haupt, Zeus Mitte, durch ihn ist alles geschaffen« (401a: Ζεύς πρῶτος γένετο … Ζεὺς κεφαλή, Ζεὺς μέσσα Διὸς δ' ἐκ τέτυκται).

[64] Vgl. als Hintergrund Spr 8,35 f, wo die Weisheit von sich sagt: »Wer mich findet, findet Leben und erlangt das Gefallen des Herrn. Doch wer mich verfehlt, der schadet sich selbst, alle, die mich hassen, lieben den Tod.«

[65] Vgl. hierzu *O. Schwankl,* Licht und Finsternis, 80–113; *C. R. Koester,* Symbolism, 125–133; *K. Scholtissek,* In ihm sein und bleiben, 184–189

[66] So *W. Bauer,* Joh, 11 ff; *R. Bultmann,* Joh, 21 f; *K. Aland,* Über die Bedeutung eines Punktes. Eine Untersuchung zu Joh 1,3.4, in: *ders.,* Neutestamentliche Entwürfe, TB 63, München 1979, 390 f. Vgl. demgegenüber die gewichtigen Einwände von *E. Haenchen,* Probleme, 127 ff; *ders.,* Joh, 121 f; *R. Schnackenburg,* Joh I, 215–217. Die ältesten handschriftlichen Textzeugen enthalten keine Punktation, oder sie ist unsi-

Probleme.[67] Bei einer Einbeziehung von ὃ γέγονεν in V. 4a kann das Subjekt nur in ἦν (sc. ὁ λόγος) enthalten sein, ζωή ohne Artikel ist Prädikatssubstantiv, und ὃ γέγονεν kann nicht Subjekt sein, weil die ζωή ein Kennzeichen des Logos ist.[68] Andererseits bezieht sich das Personalpronomen in V. 3 auf den Logos, so dass auch hier ἐν αὐτῷ auf den Logos zu deuten wäre. Semantisch liegt die Schwierigkeit der 1. Lesart im fehlenden Bezug zum Logos, denn die »Verbindung von ὃ γέγονεν mit V. 4 lässt den Satz gar nicht von Logos reden«.[69] Zudem bezieht sich ζωή dann strenggenommen nicht nur auf den Menschen, sondern auf die Schöpfung insgesamt, wogegen V. 4b spricht.[70] Deshalb gebührt inhaltlich der 2. Variante der Vorzug.[71]

5 Der Logos will das Leben der Menschen erleuchten, er bewegt sich auf die Menschen zu. Von dieser Bewegung ist V. 5 ebenso wie der gesamte Prolog geprägt, er ist erfüllt von einer Dynamik der Zuwendung des Logos zu den Menschen. Das Präsens φαίνει (›es scheint‹) scheint bereits auf das Wirken des fleischgewordenen Logos hinzuweisen und insofern V. 14a vorwegzunehmen.[72] Gegen eine derartige Interpretation von V. 5 sprechen drei Beobachtungen:[73] 1) Es bleibt unklar, wann die Menschenwelt durch ihre Ablehnung des Lichtes zur Finsternis wurde. Gerade der auffällige Wechsel vom Präsens φαίνει zum Aorist κατέλαβεν (›hat es [nicht] erfasst‹) lässt die Frage offen, welches Ereignis genau gemeint ist und woran sichtbar wird, dass die Menschenwelt sich selbst zur Finsternis machte.[74] 2) Es wird nicht gesagt, warum der Logos Mensch wurde. Die soteriologische Dimension des Geschehens bleibt im Gegensatz zu V. 14 (»und wir schauten seine Herrlichkeit«) ungenannt. 3) Sollte V. 5a bereits die Inkarnation des präexistenten Logos meinen, dann wäre eine für die Gemeinde zentrale Aussage in einem christlichen Traditionsstück sehr unpräzis und missverständlich formuliert. Deshalb spricht V. 5 im Sinn der Vorlage vom vergeblichen Wirken des noch nicht inkarnierten Logos (›λόγος ἄσαρκος‹) in der Geschichte. Das Scheinen des Lichtes ist ein Kennzeichen der Geschichte (vgl. Weish 7,29), die sich in der Aufnahme bzw. Ablehnung des in der Schöpfung gegenwärtigen Logos vollzieht.[75] Auch jüdische Weisheitstraditionen, in denen vom beklagenswerten Geschick der Weisheit gesprochen wird, die auf der Erde keine Wohnung

---

cher (P[66.75*] ℵ* B A al). Irenäus (Haer I 8,5 u. ö.), Tertullian, Clemens und Origenes bezeugen einen Punkt zwischen οὐδὲ ἕν und ὃ γέγονεν, während sich dann im antiarianischen Kampf die Punktati-on nach ὃ γέγονεν durchsetzte (genaue Belege bei *K. Aland*, Über die Bedeutung eines Punktes, 368 ff; *E. L. Miller*, Salvation-History, 28 ff). Beginnt der Vers mit ὃ γέγονεν, so könnte man ein Werden des Logos vermuten.

67 Vgl. *M. Theobald*, Im Anfang, 19.
68 Vgl. *H. Gese*, Johannesprolog, 163.
69 *E. Haenchen*, Probleme, 128 Anm. 61.
70 Vgl. *R. Schnackenburg*, Joh I, 216.
71 So neben *E. Haenchen* auch *R. Schnackenburg*, Joh I, 217; *Chr. Demke*, Logos-Hymnus, 54.
72 So bes. *E. Käsemann*, Aufbau und Anliegen, 161 ff; *H. Ridderbos*, Function and Structure, 191; vgl. auch *Chr. Demke*, Logos-Hymnus, 58; *M. Theobald*, Im Anfang, 50 f; *R. Schnackenburg*, Logos-Hymnus, 103–105; *ders.*, Joh I, 221, hält V. 5 für »eine Abschweifung des Evangelisten«; ihm schließt sich an: *T. Onuki*, Gemeinde und Welt, 103.
73 Vgl. dazu *E. Haenchen*, Probleme, 130 ff; *ders.*, Joh, 122 ff.
74 Für κατέλαβεν schlägt *M. Theobald*, Joh I, 115 f, die Übersetzung ›überwältigen‹ (›und die Finsternis hat das Licht nicht überwältigt‹) vor, wobei er von V. 1–5 als ›Prolog im Prolog‹ ausgeht, der mit einer positiven Aussage geendet haben soll. Dagegen sprechen V. 10.11, wo ebenfalls und weiterhin vom vergeblichen Wirken des Lichtes die Rede ist.
75 Vgl. *J. Becker*, Joh I, 90.

fand (äthHen 42,1 f; Sir 24,2–22), legen diese Deutung nahe. Anders als die Vorlage dürfte der Evangelist φαίνει bereits auf die Fleischwerdung des Logos beziehen, denn nur dann kann der Einschub der redaktionellen Täuferpassage V. 6–8 an dieser Stelle sinnvoll erklärt werden. Die Aussage von V. 14 wird dadurch keineswegs abgeschwächt, sondern indem der Evangelist V. 5 von V. 14 her interpretiert, nimmt er eine christologische Konzentration vor: Bereits das Scheinen des Logos vom Beginn der Schöpfung an ist letztlich nur von der Inkarnation und somit von der Christusoffenbarung her zu verstehen.[76] Schon hier zeigt sich, dass V. 14 für Johannes in einem noch höheren Maße als für die Vorlage den Höhepunkt und Interpretationsschlüssel des Prologs bildet.[77] Zudem entsprechen die Distinktionen heutiger Logik nicht dem mehrschichtigen Denken des Evangelisten, für den die Zeitebenen in der nachösterlichen Anamnese verschmelzen und in den einzelnen Texten immer das gesamte Heilsgeschehen präsent ist. Obwohl die Finsternis das Licht nicht ergriff, wissen Johannes und seine Gemeinde, dass das Licht weiterhin in der Finsternis scheint.

Für das Verständnis der in V. 5 erstmals erscheinenden Antithese ›Licht‹ – ›Finsternis‹ ist die Vorordnung der Schöpfung von großer Bedeutung. Sie geht der ›Finsternis‹ voraus und gilt somit nicht wie in gnostischen Systemen als ein Werk der ›Finsternis‹. ›Licht‹ und ›Finsternis‹ konstituieren sich angesichts der Offenbarung, so dass der joh. Dualismus im Gegensatz zu gnostischen Schriften keine protologische Bedeutung hat,[78] sondern als eine Funktion der Christologie verstanden werden muss.[79] Nicht ein dem Offenbarungsgeschehen zeitlich oder sachlich vorgeordneter antikosmischer Dualismus zeigt sich im 4. Evangelium, vielmehr vollzieht sich mit der Offenbarung eine Scheidung zwischen dem im Unglauben verharrenden Kosmos und der glaubenden Gemeinde. So wie das Licht ein Kennzeichen der Offenbarung ist, zeugt die Finsternis von ihrer Abwesenheit.[80] Innerhalb der joh. Symbolsprache[81] bezeichnet Licht den Bereich der Gottzugehörigkeit und damit des wahren Lebens, während Finsternis für Gottesferne, Gericht und Tod steht.

6–8 Joh 1,1–5 weisen sich durch ihren Aufbau, die singulären Wendungen (ἐν ἀρχῇ, ὁ λόγος, πρὸς τὸν θεόν)[82] und die angeführten religionsgeschichtlichen Parallelen als Tradition aus. In eine ganz andere Welt führen die V. 6–8. Auffallend ist zunächst der

---

[76]   Vgl. *W. Schmithals*, Prolog, 39.
[77]   Treffend *H. Lausberg*, Johannes-Prolog, 237: »Der Vers J 1,14 ist der ›kompakte‹ Ziel-Vers der ersten Gedanken-Kette J 1,1–13 und der Haupt-Vers der zweiten Gedanken-Kette J 1,14–18, der in J 1,15–18 ›expliziert‹ wird.«
[78]   Vgl. dazu z. B. Iren, Haer I 24,1.4. Danach lehrte Satornil, dass die Welt und die Menschen nicht vom oberen Gott, sondern von Engeln geschaffen wurden. Auch nach Basilides ist die sichtbare Welt und alles, was in ihr ist, das Werk von Engeln, deren Oberster der Gott der Juden ist. Vgl. ferner NHC II/3 75,3: »Die Welt entstand durch einen Fehltritt.«
[79]   Vgl. *T. Onuki*, Gemeinde und Welt, 41 ff. Gegen *J. Becker*, Ich bin die Auferstehung und das Leben, 143; *L. Schottroff*, Der Glaubende, 228 ff, die den Dualismus dem Offenbarungsgedanken sachlich vorordnen.
[80]   Vgl. *M. Rissi*, Logoslieder, 327 f.
[81]   Vgl. *C. R. Koester*, Symbolism, 4: »A symbol is an image, an action, or a person that is understood to have transcendent significance. In Johannine terms, symbols span the chasm between what is ›from above‹ and what is ›from below‹ without collapsing the distinction.«
[82]   Die Wendung πρὸς τὸν θεόν findet sich nur noch Joh 13,3.

alttestamentliche Sprachstil (vgl. 1Sam 1,1 f LXX: ἄνθρωπος ἦν ... καὶ ὄνομα αὐτῷ ...), der sich in der engen Verbindung der drei finiten Hauptsätze mit jeweiligem Nebensatz zu einer Satzperiode zeigt.[83] Die zurückweisenden Pronomina οὗτος und ἐκεῖνος nehmen jeweils die vorhergehende Periode auf, wobei der Finalsatz περὶ τοῦ φωτός V. 7a in V. 8b wiederholt wird. Herrschte in V. 1–5 ein hymnischer Redestil vor, so findet sich in V. 6–8 Erzählstil! Der sprachlichen Veränderung entspricht eine neue Erzählebene, denn nicht mehr vom Prolog im Himmel, sondern von der Geschichte ist die Rede.[84] Der Übergang von V. 1–5 zu V. 6–8 erscheint sowohl inhaltlich als auch sprachlich abrupt, während das Thema von V. 6–8 und der Erzählstil in V.15.19 ff eine Fortsetzung finden. Diese Beobachtungen lassen den Schluss zu, in V. 6–8 einen redaktionellen Einschub des Evangelisten zu sehen.[85] Zum einen verbindet er dadurch den Prolog mit der in V. 19 ff einsetzenden fortlaufenden Erzählung und macht deutlich, dass der Prolog der Anfang des ganzen Evangeliums ist. Zugleich erscheint der Prolog als Ursprung der folgenden Darstellung, denn in ihr wird entfaltet, was der Prolog in konzentrierter Sprache und Vorstellungswelt bereits explizit enthält oder andeutet.[86] Darüber hinaus leitet den Evangelisten ein christologisches Interesse, denn durch das Auftreten des Täufers verweist V. 5 bereits auf V. 14. Das Wirken des Logos in der Schöpfung zielt für Johannes auf den Christus incarnatus, die Protologie ist gebunden an die Christologie und Soteriologie. Deutlich wird der Täufer von Jesus abgesetzt: 1) Er ist zwar ein von Gott Gesandter, aber nur ein Mensch. 2) Der Täufer tritt als Zeuge für Jesus auf, durch sein Zeugnis sollen die Menschen an Jesus glauben. 3) Nachdrücklich wird in V. 8 die Meinung abgewiesen, der Täufer sei der eschatologische Heilsbringer. Der Evangelist war nicht an einer Darstellung der selbständigen Tätigkeit und Verkündigung des Täufers interessiert, sondern er ordnete das Täuferbild seiner Christusdarstellung unter.[87] Dazu bot sich der Zeugnis-Begriff als eine historische und theologische Verstehenskategorie an.

9 Sprach V. 5 bereits von der Ablehnung des Lichtes durch die Finsternis, so erwähnt V. 9 nur allgemein das heilvolle Leuchten des Lichtes, während V. 10 die Gedanken von V. 5 fortführt: Ablehnung des Lichtes bzw. des Logos durch die Welt und die Seinen. Auch sprachliche Beobachtungen erweisen V. 9 als redaktionellen Übergangsvers,[88] denn das Subjekt von V. 9a ist umstritten (φῶς oder λόγος)[89] und

---

[83] Vgl. als hellenistische Parallele Epikt, Diss III 22,46, wo es über den wahren Kyniker heißt: »Siehe, Gott hat euch einen Mann gesandt (ἰδοὺ ἀπέσταλκεν ὑμῖν ὁ θεός) ...«

[84] Vgl. *W. Bauer*, Joh, 15.

[85] So z. B. auch *J. Wellhausen*, Joh, 7 f; *W. Bauer*, Joh, 15 f; *R. Bultmann*, Joh, 3; *R. Schnackenburg*, Joh I, 226 f; *J. Becker*, Joh I, 82; *W. Schmithals*, Prolog, 22; *Chr. Demke*, Logos-Hymnus, 65 f; *J. Blank*, Joh Ia, 70; *M. Rissi*, Logoslieder, 323; *J. Painter*, Prologue, 462; *O. Hofius*, Struktur und Gedankengang, 2; *H. Merklein*, Geschöpf und Kind, 167; *U. Wilckens*, Joh, 21. Nicht überzeugend ist die Vermutung von *E. Haenchen*, Joh, 125, der Autor von Joh 21 habe V. 6–8.15 hinzugefügt.

[86] Vgl. *Chr. Demke*, Logos-Hymnus, 65 f.

[87] Zu dem polemischen Akzent von V. 6–8 vgl. *J. Painter*, Prologue, 468 f.

[88] So auch *E. Käsemann*, Komposition und Anliegen, 167; *Chr. Demke*, Logos-Hymnus, 58; *S. Schulz*, Joh, 23 f; *M. Rissi*, Logoslieder, 323 f; *R. E. Brown*, John I, 9 f; *J. Becker*, Joh I, 84; *U. B. Müller*, Geschichte der Christologie, 14; *M. Theobald*, Im Anfang, 23; *W. Schmithals*, Prolog, 25; *J. Painter*, Prologue, 462. Zur Vorlage rechnen V. 9 z. B. *R. Bultmann*, Joh, 31f; *R. Schnackenburg*, Joh, 231 (ohne V. 9c); *E. Haenchen*, Joh, 126 f.

[89] Vgl. dazu *Chr. Demke*, Logos-Hymnus, 65 f; das αὐτόν in V. 10 spricht für λόγος.

die syntaktische Stellung der Wendung ἐρχόμενον εἰς τὸν κόσμον (›gekommen in die Welt‹) unklar.[90] Nach dem Täufereinschub rekapituliert der Evangelist V. 4 f, um so an den Punkt der Vorlage zurückzukehren, an dem er sie verließ.[91] Johannes identifiziert den Logos ausdrücklich als das wahre Licht,[92] wodurch er seine Einzigartigkeit hervorhebt und konkurrierende Ansprüche abwehrt. Als Licht leuchtet der Logos für alle Menschen, dies wiederum unterstreicht die anthropologische Dimension des Christusgeschehens. Alle Menschen sind vom Wirken des Logos in der Welt betroffen, denn ihm verdanken sie ihr Sein. Die ganze Welt existiert immer schon im Licht der Gnade Gottes, die im Wirken des Logos erschien. Das Licht des Lebens ist für alle da. Erstmals erscheint hier das Wort κόσμος, die ›Welt‹ ist das Ziel der Sendung des Logos und die Stätte seines Wirkens.   **10** Gegenüber V. 5a wird ein weiterführender Gedanke eingebracht, in dieser Prägnanz wurde das Sein des Logos im Kosmos zuvor nicht ausgesagt. V. 10bc nimmt zwei aus V. 3a.5b bekannte Aussagen auf, die aber durch ihre Zusammenstellung einen veränderten Sinn bekommen.[93] Neu gegenüber V. 3–5 ist die Voranstellung der inkarnatorischen Wendung ἐν τῷ κόσμῳ ἦν (›er war in der Welt‹), die nun die Schöpfungsmittlerschaft des Logos interpretiert.[94] Das Kommen des Logos in die Welt hat bereits in der Schöpfung seinen Ursprung. Die Schöpfung erfährt in der Inkarnation des Logos ihr Ziel, so dass die Ablehnung des Logos durch den Kosmos noch unbegreiflicher wird. Damit erweist sich V. 10c gegenüber V. 5b nicht als Wiederholung, sondern als Steigerung.[95] In V. 9.10 wird die Komplexität des joh. Kosmosbegriffs deutlich: Sowohl von seinem Ursprung her als auch in seinem Fortbestand durch den Logos bestimmt, kann der Kosmos durch den Unglauben zum widergöttlichen Bereich werden. Diese Möglichkeit entspricht aber nicht der Intention des Schöpfers, im Unglauben entfernt sich der Mensch von sich selbst und der ihn umgebenden Welt. **11** Die Aufnahme des πάντα aus V. 3a durch τὰ ἴδια (›Das Seine/das Eigene‹) und die Benennung der Menschen als οἱ ἴδιοι (›die Seinen‹; vgl. V. 4b) verdeutlichen noch einmal, dass im Logos alles seinen Ursprung hat und dennoch gilt: ›Sie nahmen ihn nicht auf‹.[96] Dieses Rätsel bleibt in seiner Unbegreiflichkeit stehen, niemand als Gott allein kann es auflösen!   **12ab** Mit einem adversativen δέ erfolgt der

---

[90] Vgl. zur Diskussion der Möglichkeiten *M. Theobald,* Im Anfang, 22.

[91] Vgl. *Chr. Demke,* Logos-Hymnus, 58.

[92] *G. H. van Kooten,* The ›True Light which enlightens everyone‹ (John 1:9): John, Genesis, the Platonic notion of the ›True, noetic light‹, and the Allegory of the Cave in Plato's Republic, in: *ders.* (Hg.), The Creation of Heaven and Earth, Leiden 2005, 149–194, sieht hier einen unmittelbaren Platonischen Einfluss. In Phaidon 109e wird vom ›wahren Himmel, wahren Licht (τὸ ἀληθινὸν φῶς) und der wahren Erde‹ gesprochen, die sich im göttlichen Bereich jenseits der erkennbaren Welt befinden.

[93] Vgl. *M. Theobald,* Im Anfang, 51.

[94] Dies verkennen *R. Schnackenburg,* Joh I, 232; *J. Becker,* Joh I, 84 f; *U. B. Müller,* Geschichte der Christologie, 14, die V. 10b bzw. den ganzen V. 10 für redaktionell halten.

[95] Diese Beobachtungen sprechen entscheidend gegen *W. Eltester,* Der Logos und sein Prophet, 129; *W. Schmithals,* Prolog, 25 f, die V. (9)10f lediglich als Wiederholung von V. 3–5 werten und diese Verse nicht als traditionell ansehen.

[96] Vgl. dazu das Klagelied der abgewiesenen Weisheit in Spr 1,20–27; aus dem griechischen Bereich kann man auf Dionysos verweisen, der von seiner Heimatstadt Theben ebenfalls (zunächst) abgelehnt wurde (vgl. Eur, Bacc).

Anschluss an V. 11, wobei ἔλαβον αὐτόν in V. 12a das αὐτὸν οὐ παρέλαβον aus V. 11b aufnimmt. Das Dativobjekt des Hauptsatzes (αὐτοῖς) wird mit zwei Relativsätzen (V. 12a. 13) und einer nachklappenden Partizipialkonstruktion erläutert (V. 12c).[97] Nur wenige[98] nahmen den Logos an und erhielten die Gabe der Gotteskindschaft (vgl. Baruch 3,9–37; Sir 4,10; 6,20–22; Weish 2,18; 7,27.28; NHC XIII 50,15f). Auf dieser soteriologischen Aussage liegt das Gewicht in V. 12ab,[99] der wie V. 5a vom heilvollen Wirken des λόγος ἄσαρκος spricht. Die Erlangung der Gotteskindschaft ist eine Gabe Gottes (vgl. 1Joh 3,1), eröffnet durch das heilvolle Wirken des Logos. **12c.13** Wird V. 12ab zumeist der Tradition zugerechnet,[100] so besteht über den redaktionellen Charakter von V. 12c.13 ein breiter Konsens:[101] 1) πιστεύειν εἰς τὸ ὄνομα αὐτοῦ ist im Gegensatz zu τέκνα γενέσθαι eine typisch joh. Wendung.[102] 2) In V. 12c liegt eine Metareflexion zu V. 12ab vor, die αὐτοῖς in V. 12b näher bestimmt und zudem anders als die Vorlage vom Glauben an den λόγος ἄσαρκος spricht.[103] 3) V. 13 ist in Prosa abgefasst. 4) Die Entschränkung eines jüdischen Heilspartikularismus zugunsten eines Heilsuniversalismus der Glaubenden geht auf den Evangelisten Johannes zurück (vgl. Joh 4,1–42; 8,41ff). Durch den Zusatz in V. 12c stellt der Evangelist bereits hier den Glauben als Aneignungsform des Heilsgeschehens heraus. Der Mensch vermag in keiner Form von sich aus das Heil zu erlangen, denn die Zeugung aus Gott ist allein Gottes Tat (vgl. Joh 3,3.5; ferner 1Joh 2,29; 3,9; 4,7). Das dem Irdischen (Blut, Fleisch, Sexualität) verhaftete Geschehen einer natürlichen Zeugung ist grundsätzlich getrennt von der Neuschaffung des Menschen aus dem Glauben. Johannes löst die Existenz der Glaubenden von allen geschichtlichen und blutsmäßigen Voraussetzungen.[104] Mit der in V. 10–13 vollzogenen Zweiteilung der Menschen in jene, die das Licht nicht erkannten, und jene, die es aufnahmen, verarbeitet Johannes nicht nur Erfahrungen seiner Gemeinde, sondern bereitet zugleich wirkungsvoll das Bekenntnis der Glaubenden in V. 14 vor. Zudem spiegelt sich bereits hier die zweiteilige Grundstruktur des Evangeliums, denn Ablehnung (Joh 1–12) und Annahme (Joh 13–20[21]) bestimmen seinen Aufbau.

---

[97] Vgl. *M. Theobald*, Im Anfang, 24.

[98] Vgl. *W. Bauer*, Joh, 21.

[99] So richtig *M. Theobald, Im Anfang, 24.*

[100] *Vgl. R. Bultmann,* Joh, 36 Anm. 1 (mit Ausnahme von ἐξουσία); *E. Käsemann,* Aufbau und Anliegen, 167f (der gesamte V. 12 bildet den Abschluss der Vorlage); *U. B. Müller,* Geschichte der Christologie, 18 (V. 12ab Abschluss der Vorlage); *Chr. Demke,* Logos-Hymnus, 59f; *S. Schulz,* Joh, 16 (V. 12ab Abschluss der Vorlage); *H. M. Schenke,* Christologie, 100; *M. Theobald,* Im Anfang, 88f; *W. Schmithals,* Prolog, 31. Anders *R. Schnackenburg,* Joh I, 237, der V. 12 dem Evangelisten zuweist, während *E. Haenchen,* Probleme, 138, V. 12f dem post-evangelistischen Ergänzer zuschreibt.

[101] Vgl. *R. Bultmann,* Joh, 37f; *R. Schnackenburg,* Joh I, 238f; *S. Schulz,* Joh, 16; *J. Becker,* Joh I, 85; *U. B. Müller,* Geschichte der Christologie, 13; *R. E. Brown,* John I, 10ff; *M. Rissi,* Logoslieder, 329ff; *J. Painter,* Prologue, 461.

[102] Vgl. *H. Zimmermann,* Christushymnus, 257.

[103] Vgl. *W. Schmithals,* Prolog, 30.

[104] Die Vorstellung der ›Zeugung aus Gott‹ hat vor allem im Hellenismus Parallelen: Im Zeushymnus des Kleanthes (v. Arnim I, Fragm. 537 Z. 4) heißt es: »Denn sie stammen aus deinem Geschlecht« (ἐκ σοῦ γὰρ γένος); bei Epikt, Diss IV 10,16, spricht der Beter zu Gott: »Du hast mich gezeugt«; vgl. ferner Philo, OpMund 84; SpecLeg II 30f; III 189; Sobr 56.

14 Zunächst zieht das vorangestellte καί (›und‹) die Aufmerksamkeit auf sich,[105] die Versteile 14ab sind durch das gemeinsame Subjekt ὁ λόγος verbunden, während das neue Subjekt in V. 14c das ἡμῖν aus V. 14b aufnimmt. Das Objekt τὴν δόξαν αὐτοῦ (›seine Herrlichkeit‹) in V. 14c wird in V. 14de erläutert. V. 14 gehört in seinem Grundbestand zur joh. Tradition: 1) Die Wiederaufnahme des absoluten ὁ λόγος führt die Hörer/Leser zu V. 1 zurück. 2) Die Fleischwerdung stellt einen thematischen Neueinsatz dar. 3) In V. 14 finden sich Hapaxlegomena: σκηνοῦν (›zelten/wohnen‹), χάρις (›Gnade‹; auch V. 16.17), πλήρης (›angefüllt‹ mit). Zudem erscheint θεᾶσθαι (›sehen/schauen/wahrnehmen‹) in Verbindung mit δόξα nur in V. 14c.[106] 4) V.15 knüpft inhaltlich und formal an V. 6–8 an, der Vers ist ein literarischer Einschub zwischen V. 14 und 16. 5) V. 14 weist einen bekenntnishaften Stil auf. 6) Die motivgeschichtliche Parallele im Weisheitsmythos (Sir 24,8: die σοφία schlägt in Israel ihr Zelt auf) erweist die Inkarnationsvorstellung als natürlichen Bestandteil des Textes. 7) Erst in V. 14 wird das Schicksal des Logos endgültig beschrieben und mit der Wendung ἐθεασάμεθα τὴν δόξαν αὐτοῦ das soteriologische Ziel des gesamten Geschehens angegeben. Somit erweist sich V. 14 als ein integraler Bestandteil der Tradition,[107] der weder einem vorredaktionellen Zuwachs[108] oder dem Evangelisten[109] noch einer postevangelistischen Redaktion zuzuschreiben ist.[110]

Mit dem Subjekt ὁ λόγος knüpft V. 14a bewusst an V. 1 an und betont, dass die folgenden Aussagen von dem im Anfang bei Gott weilenden Logos handeln. Das Verbum γίνομαι in Verbindung mit einem Prädikatsnomen bringt einen Wandel bei einer Person oder Sache zum Ausdruck (vgl. Joh 2,9). Es handelt »von Personen oder Sachen, die ihre Eigenschaft verändern, um das Eintreten des neuen Zustandes zu bezeichnen: zu etwas werden«.[111] Auch im Johannesevangelium bezeichnet σάρξ (›Fleisch‹) den geschöpflichen Menschen aus Fleisch und Blut (vgl. Joh 1,13; 3,6; 6,51.52. 53.54.55.56.63; 8,15; 17,2), die ›pure Menschlichkeit‹,[112] so dass σάρξ ἐγέ-

---

[105] Vgl. *M. Theobald*, Im Anfang, 25.
[106] Vgl. *H. Zimmermann*, Christushymnus, 257; *Y. Ibuki*, Lobhymnus, 150 Anm. 5.
[107] V. 14 halten u. a. für traditionell (zumeist mit der Annahme redaktioneller Teilabschnitte am Versende): *R. Bultmann*, Joh, 3 f; *R. Schnackenburg*, Joh I, 202 f; *J. Schneider*, Joh, 60 ff; *W. Schmithals*, Prolog, 21 f; *O. Hofius*, Struktur und Gedankengang, 21. *H. Zimmermann*, Christushymnus, 254, hält V. 14a für redaktionell und V. 14b–e für traditionell; *H. Merklein*, Geschöpf und Kind, 178–182, weist V. 14 insgesamt dem Evangelisten zu.
[108] Vgl. *U. B. Müller*, Geschichte der Christologie, 20; *J. Becker*, Joh I, 86 f.
[109] Vgl. *E. Käsemann*, Aufbau und Anliegen, 168 ff; *S. Schulz*, Joh, 16; *H. M. Schenke*, Christologie, 227. *Chr. Demke*, Logos-Hymnus, 61 ff, hält V. 14 und 16 für ein vom Evangelisten bearbeitetes Traditionsstück, das nicht ursprünglich zum Logoshymnus gehörte. Ähnlich *J. Painter*, Prologue, 466 ff, der in V. 14e.16–17 eine ›hellenistische‹ Addition auf vorjoh. Ebene zu einem V. 1-5.10-12b.14a-c umfassenden Sophiahymnus sieht. *P. Hofrichter*, ›Egeneto anthropos‹, 215 ff, erblickt in V. 14e–17 eine ›deuteropaulinisch-kleinasiatische‹ Erweiterung. *M. Rissi*, Logoslieder, 323 ff, unterscheidet in Joh 1,1–18 zwischen zwei eigenständigen Logoshymnen (1. Hymnus: V. 1–5.10ac.11.12b; 2. Hymnus: V. 14.16.17). Dagegen ist die offensichtlich ursprüngliche Korrespondenz zwischen V. 1 und V. 14 und die auf V. 14 zulaufende Aussagetendenz der V. 1–13 geltend zu machen.
[110] Vgl. *G. Richter*, Fleischwerdung des Logos, 169 u. ö. (antidoketische Redaktion).
[111] *W. Bauer*, WB[5], 316; vgl. auch *H. G. Liddell/R. Scott*, Lexicon, 349.
[112] Vgl. *R. Bultmann*, Joh, 40.

νετο (›Fleisch geworden‹) in V. 14a nicht nur als ›Berührung mit dem Irdischen‹,[113]
»unabdingbare(s) Mindestmaß der Ausstattungsregie«[114] oder bloßes Kommunikati-
onsmittel zwischen Himmel und Erde aufgefasst werden kann. Es benennt vielmehr
eine Veränderung des Logos; er ist nun, was er zuvor nicht war: wahrer und wirklicher
Mensch. Das Ereignis der Fleischwerdung des präexistenten Logos beinhaltet gleichermaßen eine Identitäts- und Wesensaussage, denn mit den übereinstimmenden Subjekten in V. 14a und V. 1 verbindet sich die Wesensaussage über das wahre Menschsein
Jesu: Der Mensch Jesus ist göttlicher Offenbarer, der sich selbst als Botschaft bringt.
Betont καὶ ὁ λόγος σὰρξ ἐγένετο (›und der Logos wurde Fleisch‹) die reale Fleisch-
werdung des Gottessohnes, drückt es die grundlegende Veränderung des Wesens des
Logos unter Wahrung seiner göttlichen Identität prägnant aus, dann kann V. 14a nicht
Ausdruck eines ›naiven Doketismus‹ sein, sondern muss dezidiert antidoketisch ver-
standen werden.[115] Die volle Fleisch-/Menschwerdung des Offenbarers ist für Doketen
unannehmbar, und als bewusste Polemik gegen Doketen ist deshalb V. 14a auf der
Ebene der Tradition und des Evangelisten zu interpretieren. Dafür sprechen drei
Gründe: 1) Die überraschende Verbindung von λόγος und σὰρξ sowie der bewusst
positive Gebrauch von σὰρξ (anders V. 13!) setzen Akzente: Der präexistente und
göttliche Logos geht umfassend in die geschöpfliche Wirklichkeit ein und wird ein
Teil von ihr. Dabei ist keinerlei Distanz zum Fleisch sichtbar; ein in dieser Schärfe
und Klarheit völlig neuer Gedanke, der sich auch nicht bei Paulus findet.[116] *Es geht
um Menschwerdung, zuallererst aber um Fleischwerdung!* Johannes setzt diesen Akzent
nicht absichtslos, sondern er betont gegen die Doketen: Gottes Wirklichkeit, Wahrnehmung und Wirksamkeit in der Welt vollzieht sich als und in der Leiblichkeit.
2) *Die Leiblichkeit des Retters/Erlösers Jesus Christus* (vgl. Joh 4,42) ist *kein Neben-,
sondern ein Zentralthema des gesamten 4. Evangeliums.*[117] Dabei ist die Korrespondenz
zwischen dem Anfang und dem Ende des Evangeliums, dem Prolog und den Erscheinungserzählungen in Joh 20 offenkundig, denn ihr zentrales Thema ist die Leiblichkeit
des Auferstandenen. Aber auch in den Wundererzählungen als sichtbaren Zeichen fin-

---

[113] Vgl. *E. Käsemann,* Jesu letzter Wille, 28.

[114] Ebd.

[115] Vgl. *R. Bultmann,* Joh, 38 ff; *R. Schnackenburg,* Joh I, 151. 243 f; *W. Bousset,* Kyrios Christos, 262; *W.
        Bauer,* Joh, 23; *G. Bornkamm,* Interpretation, 117; *R. E. Brown,* John I, 31 f; *O. Cullmann,* Der johannei-
        sche Kreis, 65; *G. Richter,* Fleischwerdung des Logos, 155 (Richter erblickt eine antidoketische Tendenz
        allerdings erst bei seiner postevangelistischen ›Redaktion‹). Anders z. B. *J. Becker,* Joh I, 96 (»Aber E hat
        mit keinem Wort angezeigt, daß er sich um 1,14a überhaupt gekümmert hat. Würde das Thema V. 14
        nicht im Joh stehen, würde niemand etwas vermissen«); *M. Rissi,* Logoslieder, 332 Anm. 55; *M. Theobald,*
        Im Anfang, 55; *L. Schottroff,* Der Glaubende, 276 f; *P. Hofrichter,* Nicht aus Blut, 136 Anm. 1 (er meint,
        V. 14a–d repräsentiere »eine noch unangefochtene ›kenotische‹ Christologie«). Wie in späteren gnostischen
        Kreisen die Inkarnationsvorstellung interpretiert wurde, zeigen *K. M. Fischer,* Der johanneische Christus,
        262–264; *P. Pokorný,* Der irdische Jesus, 220 f.

[116] In Röm 8,3 ist von der ›Gleichgestalt des sündigen Fleisches‹ die Rede, womit eine Differenz, ein Vorbehalt
        ausgedrückt wird. Zutreffend betont *J. D. G. Dunn,* Christology in the Making, 259: »… only in the
        Fourth Gospel can we speak of a doctrine of the incarnation.«

[117] Vgl. *J. Frey,* Leiblichkeit und Auferstehung, in: *ders.,* Die Herrlichkeit des Gekreuzigten, (699–738) 737:
        »Es kann nach alledem kein Zweifel daran bestehen, daß die Dimension der Leiblichkeit im Johannesevan-
        gelium von herausragender Bedeutung ist.«

den sich zahlreiche Betonungen der Menschlichkeit des Wundertäters;[118] besonders
in Joh 11, wo die Leiblichkeit des Lazarus zu einem Modell für das spätere Geschick
Jesu wird. Schließlich kommt der Leiblichkeit auch im eucharistischen Abschnitt Joh
6,51c–58 eine Schlüsselstellung zu. 3) 2Joh 7; 1Joh 1,1–4; 2,22; 4,1–3 zeigen deutlich,
dass die Frage der Fleischlichkeit/Leiblichkeit Jesu Christi von Anfang an ein umstrit-
tenes Thema innerhalb der joh. Schule war. Während die Johannesbriefe die reale
Fleischlichkeit Jesu Christi zur Bekenntnisfrage machen und nicht argumentativ entfalten, setzt die Evangeliumserzählung genau hier ein und stellt sein gesamtes Auftreten
und Wirken unter die Perspektive des inkarnierten Logos: Die Wahrheit (vgl. V. 17!)
ist eine ›eingefleischte‹ und nur als solche für Menschen zugänglich. Es gibt diesen
Logos vom Anfang bis zum Ende nur als Fleischgewordenen!

Die Inkarnation ist somit nicht nur ein punktuelles Ereignis, sondern V. 14a hat
bereits das gesamte Auftreten und Wirken Jesu Christi im Blick. Die Menschwerdung
sagt die volle Teilhabe Jesu Christi an der Geschöpflichkeit, Geschichtlichkeit und
damit auch Vergänglichkeit allen Seins aus. Damit ist Gott selbst Subjekt wirklicher
menschlicher Existenz. Zugleich gilt aber: Inkarnation bedeutet nicht die Preisgabe
der Göttlichkeit Jesu, vielmehr ist im 4. Evangelium Jesu Menschlichkeit ein Prädikat
seiner Göttlichkeit. Jesus ist Mensch geworden und zugleich Gott geblieben[119]: Gott
im Modus der Inkarnation.[120] Er wurde Mensch ohne Abstand und Unterschied,
Mensch unter Menschen. Zugleich ist er Gottes Sohn, auch zu ihm ohne Abstand
und Unterschied.[121]

V. 14b verschärft in einem weiterführenden Parallelismus V. 14a,[122] denn er betont
die leibhaftige Gegenwart des präexistenten Logos unter den Menschen. Der Logos
wurde nicht nur Mensch, sondern lebte als Mensch ›unter uns‹, was durch den Kreis
der ersten Zeugen von Andreas bis Thomas bestätigt wird. Das Verb σκηνοῦν erinnert
nicht so sehr an das Zelt als Wohnort Gottes (vgl. Ex 33,9–11), sondern hat im ›Zel-
ten‹ der Sophia seine nächsten Parallelen (vgl. Sir 24,4.8; äthHen 42,2; Ps 19,4; Bar
3,38; vgl. ferner Philo, Imm 134;[123] NHC XIII 47,14 f[124]). Hier steht σκηνοῦν für

---

[118] Vgl. Exk. 11: Die Zeichen/Wunder Jesu.

[119] Bewusst unklar in dieser zentralen Frage *R. Bultmann*, Joh, 41, der mit Blick auf die σάρξ formuliert: »Die
Offenbarung ist also in einer eigentümlichen Verhülltheit da.« Die σάρξ ist gerade keine Verhüllung, sondern die eine Seite eines paradoxen Sachverhaltes, was insbesondere die Zeichen/Wunder Jesu zum Ausdruck bringen.

[120] Vgl. Exk. 1: Inkarnation.

[121] Völlig anders *K. Wengst*, Joh I, 61: »Die Aussage, dass ›das Wort Fleisch ward‹, legitimiert nicht die christ-
lich beliebte Redeweise von der ›Menschwerdung Gottes‹. Johannes spricht genauer von der Fleischwerdung des Wortes. … Gott teilt sich wirklich in der Konkretheit des Menschen Jesus von Nazaret mit, aber
es bleibt indirekte Mitteilung …« Diese bewusste Minimierung der joh. Christologie scheitert bereits an
Joh 1,1 und 1,18; vgl. ferner Joh 10,30; 20,28.

[122] Vgl. *J. Jeremias*, Prolog, 9 f; *W. Wilkens*, Zeichen und Werke, 131; *G. Richter*, Fleischwerdung des Logos,
156; *H. Thyen*, FB (ThR 39), 230.

[123] »Solange nämlich die göttliche Vernunft nicht in unsere Seele gewissermaßen wie in eine Wohnung
gekommen ist, sind alle ihre Taten schuldlos …«

[124] Zur Analyse dieses Textes vgl. *J. M. Robinson*, Sethians and Johannine Thought. The Trimorphic Protennoia and the Prologue of the Gospel of John, in: *B. Layton* (Hg.), The Rediscovery of Gnosticism II, SHR
XLI, Leiden 1981, (643–670) 659 f.

den vergänglichen Menschenleib[125] (vgl. Weish 9,15; 2Kor 5,1.4; 2Petr 1,13.14), so dass V. 14b eine Steigerung der Inkarnationsaussage in V. 14a darstellt.[126] Der menschgewordene Offenbarer Jesus Christus verweilte tatsächlich unter den Menschen, lebte in Zeit und Geschichte, hatte seine Geschichte und entschied die Geschichte.

Das Schauen der δόξα des inkarnierten Logos durch die Glaubenden in V. 14c ist ein weiterer Höhepunkt des Prologs. Gerade in der Fleischwerdung offenbart der präexistente Logos seine göttliche Herrlichkeit. Gilt das Sehen der Doxa dem σὰρξ γενόμενος (›dem Fleischgewordenen‹), so formuliert das joh. Christentum hier sein grundlegendes Bekenntnis: In Jesus von Nazareth wurde Gott Mensch, ging der Logos in das Fleisch ein. Wer dies erkennt und in das Bekenntnis der Gemeinde einstimmt, dem offenbart sich die Doxa des Präexistenten (vgl. Joh 17,5),[127] und er erhält Anteil am Heilswerk des Sohnes Gottes. Das joh. Sehen ist ein Erkennen, das zum Glauben führt. Δόξα benennt als Offenbarungsherrlichkeit sowohl die göttliche Seinsweise als auch die erfahrbare Erscheinung Jesu.[128] Mit dem bekennenden ›wir‹ wird das spezifisch joh. Konzept der ›theologischen Augenzeugenschaft‹ eingeführt, das auch in 1Joh 1,1–4; 2,5; 3,1; 4,6; 5,18–20; Joh 4,22; 6,69; 17,22 vorliegt und sich mit der Gestalt des ›Lieblingsjüngers‹ (s. u. Exkurs 12) verbindet. Die theologische Augenzeugenschaft wird ausdrücklich mit Verben des Sehens, Hörens, Betastens und Erkennens verknüpft und bringt einen massiven theologischen Anspruch zum Ausdruck: Sie schließt vom Selbstanspruch her eine historische Augenzeugenschaft und die soziale Kontinuität innerhalb der johanneischen Schule mit ein, hört aber unmittelbarer und blickt tiefer, indem sie die wahre Bedeutung der Offenbarung des Logos Jesus Christus als ins Fleisch gekommenen Gottessohn erfasst. Zudem verschränken sich in dem ›wir‹ die Zeitebenen. Es wird von den ersten Zeugen und auf der Ebene der joh. Gemeinde zugleich gesprochen, so dass bereits am Anfang des Evangeliums das gesamte Heilsgeschehen (einschließlich der Erhöhung und Verherrlichung am Kreuz) und die ganze Gemeinde der Glaubenden präsent sind.[129]

---

[125] Vgl. *W. Bauer,* Joh, 24.

[126] Gegen *E. Käsemann,* Aufbau und Anliegen, 174, der V. 14b lediglich als »Epiphanie des Schöpfers auf Erden« versteht.

[127] *U. Wilckens,* Joh, 21, betont nachdrücklich den Zusammenhang zwischen Prolog und Joh 17: »Erst und nur zusammen mit dem Gebet Joh 17 erschließt sich der Sinn des Prologs Joh 1.«

[128] Δόξα als Bezeichnung der Epiphanie der Gottheit knüpft an atl. Theophanietraditionen an (vgl. Ex 16,10; 24,16 f; 33,18 f; 40,34 f u. ö.; vgl. ferner Jes 66,18). Weitaus aufschlussreicher ist jedoch Weish 7,25, wo es über die Sophia heißt: »Ein Hauch nämlich ist sie der Macht Gottes und eine klare Ausströmung der Herrlichkeit des Allherrschers (παντοκράτορος δόξης).« Von der Doxa der Weisheit ist auch in Weish 9,11 die Rede: »sie wird mich bewahren durch ihre Herrlichkeit«. Das gesamte traditions- und religionsgeschichtliche Material wird analysiert bei *N. Chibici-Revneanu,* Die Herrlichkeit des Verherrlichten, 335 ff; vgl. ferner die zusammenfassende Darstellung bei *W. Loader,* Jesus in John's Gospel, 197–221.

[129] Treffend *T. Onuki,* Zur literatursoziologischen Analyse, 175: »Der Grund dafür ist die Allzeitlichkeit der Person Jesu Christi, der alle Zeiten in sich impliziert«; zum nachösterlichen Standpunkt des ›wir‹ vgl. ferner *Chr. Hoegen-Rohls,* Der nachösterliche Johannes, 268–272; *J. Frey,* Eschatologie II, 159: »Mit diesen beiden Koordinaten, der ἀρχή und der Gegenwart der Gemeinde, ist der zunächst gültige temporale Rahmen gesetzt: Zwischen dem vorzeitlichen Sein des Logos bei Gott und dem gegenwärtig wirksamen Zeugnis der Glaubenden spielt sich das im folgenden narrativ und dramatisch dargestellte Heilsgeschehen ab.«

Das Objekt in V. 14c τὴν δόξαν αὐτοῦ erfährt durch V. 14de eine Erläuterung. Die erste Apposition gilt vielfach als Hinzufügung des Evangelisten,[130] wofür die überfrachtete Konstruktion (der Anschluss von πλήρης ist unklar),[131] das joh. μονογενής (Joh 1,18; 3,16.18; 1Joh 4,9) und das ungewöhnliche παρὰ πατρός sprechen. Mit μονογενής[132] = ›einziggeboren‹ (vgl. Weish 7,22) erhält die Doxa des präexistenten Logos eine qualitative Näherbestimmung. Sie ist die Doxa des einzig geborenen Sohnes, wodurch das besondere Verhältnis zwischen Vater und Sohn, das Außerordentliche und Unvergleichbare dieser Doxa betont wird, denn sie kommt exklusiv vom Vater. Die Einzigkeit Jesu hängt ursächlich an seiner Herkunft von Gott.[133] Die Wendung χάρις καὶ ἀλήθεια in V. 14e greift wahrscheinlich das alttestamentliche חֶסֶד וֶאֱמֶת auf (vgl. bes. Ex 34,6).[134] Χάρις bezeichnet den Gnadenreichtum und ἀλήθεια das Wesen des inkarnierten Logos, aus Gottes Wirklichkeit zu sein.[135]

Joh 1,14 ist für das Verständnis des gesamten Evangeliums richtungsweisend: Der in Jesus gegenwärtige Gott erweist sich als eine dem Menschen zugewandte, erfahrbare und sichtbare Wirklichkeit; Gnade und Wahrheit eröffnen ihm nun das Leben. Leitend ist dabei die Vorstellung des Näherrückens des Logos an die Menschen,[136] er inkarniert und kommuniziert mit der glaubenden Gemeinde, die ihn in seiner Göttlichkeit erkennt und annimmt. Die Inkarnationsvorstellung ist in ihrer joh. Ausprägung religionsgeschichtlich neu, zugleich aber war sie sowohl von geborenen Juden und Heiden in ihren jeweiligen kulturellen Kontexten rezipierbar.[137]

15 Fast einhellig wird der Vers wie V. 6–8 als redaktioneller Zusatz des Evangelisten angesehen.[138] Vom unmittelbaren Kontext unterscheidet er sich durch einen Subjekt- (V. 14.16: ›wir‹, V. 15: Johannes d. Täufer) und Tempuswechsel (V. 14.16: Aorist, V. 15: Präsens). V. 15 unterbricht in erzählender Prosa den Gedankengang und führt die bereits in V. 7.8 anklingende Bestimmung der Position des Täufers fort: Der Inkarnierte steht über dem Täufer, weil er in Wirklichkeit bereits vor ihm existierte.[139] Zugleich tritt der Täufer damit in den Kreis der in V. 14 vorausgesetzten Zeugen ein. Er bestätigt die Identität des präexistenten Logos mit dem geschichtlichen Jesus von Nazareth und unterstreicht damit die Kernaussage von V. 14.

16 Der mit einem ὅτι-recitativum einsetzende Vers greift durch die Stichwortver-

---

[130] Vgl. *R. Schnackenburg,* Joh I, 246 f; *U. B. Müller,* Geschichte der Christologie, 16 f; *M. Theobald,* Im Anfang, 92.

[131] Nach *W. Bauer,* Joh, 26, schließt es an αὐτοῦ an.

[132] Zu μονογενής vgl. *W. Bauer,* Joh, 25 f.

[133] *N. Chibici-Revneanu,* Die Herrlichkeit des Verherrlichten, 77, leitet aus der Familienmetaphorik (›von Gott‹; ›einzig geborener Sohn‹) in 1,14 auch den Aspekt der ›Ehre‹ für δόξα ab: »Die an 1,14 verifizierbare Mehrdimensionalität der δόξα, genauer die Möglichkeit, sie als ›Ehre‹ ebenso zu verstehen wie als Offenbarungsherrlichkeit Gottes, ist charakteristisch für das johanneische Offenbarungsverständnis, das übernatürliche Realitäten in alltäglichen Begriffen zum Ausdruck bringen will.«

[134] So fast alle Exegeten; vgl. aber die gewichtigen Gegenargumente bei *W. Bauer,* Joh, 26 f.

[135] Vgl. *P. G. Kirchschläger,* Nur ich bin die Wahrheit, 120.

[136] Vgl. *H. Lausberg,* Johannes-Prolog, 243.

[137] Vgl. dazu Exk. 1: Inkarnation.

[138] Vgl. nur *R. Bultmann,* Joh, 3; *R. Schnackenburg,* Joh I, 249; *U. Wilckens,* Joh, 22.

[139] Vgl. *R. Schnackenburg,* Joh I, 249 f.

bindung πλήρωμα auf V. 14 zurück.[140] Nachdrücklich werden die Erfahrung des epiphanen Logos durch die Glaubenden und die Heilsdimension der Inkarnation (χάρις ἀντὶ χάριτος) betont. Die Grundbedeutung der bei Johannes nur hier erscheinenden Präposition ἀντί ist: »gegen, statt, anstatt«,[141] was durch die übliche Übersetzung ›Gnade um Gnade‹ gerade nicht ausgedrückt wird. Vielmehr muss mit ›anstelle‹ übersetzt werden, wodurch von V. 17 her eine Überbietung und Ablösung ausgesagt wird: Das Gesetz ist eine Gabe, aber der Logos ist die Gabe schlechthin[142]. Das Subjekt ἡμεῖς πάντες verdeutlicht: Keineswegs nur die ›Augenzeugen‹, sondern auch die spätere glaubende Gemeinde ist Zeuge des Heilsgeschehens. Allen steht es offen, im Glauben die Gnade Christi zu empfangen. Somit kann V. 16 nicht als bloße redaktionelle Wiederholung von V. 14 angesehen werden,[143] denn V. 16 variiert und präzisiert zugleich; er knüpft an V. 14 an, führt aber zugleich darüber hinaus.[144] Nun spricht explizit die nachösterliche Gemeinde, die durch das Wirken des Parakleten die heilvolle Gnade empfing.[145] Zudem wäre die Stellung von V. 15 kaum zu erklären, wenn auch V. 16 auf den Evangelisten zurückginge.[146]   **17** Der Vers ist antithetisch aufgebaut,[147] er nimmt mit einem begründenden ὅτι V. 16b auf und erläutert die Wendung ›Gnade anstelle von Gnade‹. Unüberhörbar wird der Absolutheitsanspruch der Offenbarung Gottes in Jesus Christus[148] proklamiert und zugleich die heilsmittlerische Funktion des Mose relativiert, die sich auf die bloße Übergabe des Gesetzes beschränkt.[149] Gründen sowohl die Gesetzesübergabe als auch Gnade und Wahrheit in einem Akt Gottes, so unterscheiden sich doch die ›Mittler‹ Mose und Jesus Christus grundlegend und stehen in einem Gegensatz. Der Akzent des Verses liegt auf dem Wortpaar χάρις καὶ ἀλήθεια (›Gnade und Wahrheit‹; vgl. V. 14e); erhielt Mose lediglich das Gesetz,[150] so sind durch Jesus Christus Gnade und Wahrheit in der glaubenden Gemeinde Wirklichkeit geworden. Allein in der Inkarnation des Logos offenbart sich die göttliche Gnadenwirklichkeit, wodurch das Mosegeschehen zum bloßen Übergabeakt degradiert wird.[151] Dies wird sprachlich

---

[140] Vgl. *Chr. Demke,* Logos-Hymnus, 61 f.

[141] *F. Passow,* Handwörterbuch I/1, 239.

[142] Vgl. *H. Thyen,* Joh, 103 f; *K. Weyer-Menkhoff,* Die Ethik des Johannesevangeliums, 153 ff; anders *M. Theobald,* Joh I, 133.

[143] Gegen *W. Schmithals,* Prolog, 27, der den gesamten V. 16 dem Evangelisten zuschreibt.

[144] Vgl. *U. B. Müller,* Geschichte der Christologie, 18.

[145] *Chr. Hoegen-Rohls,* Der nachösterliche Johannes, 272–274, verweist zu Recht auf die motivgeschichtlichen Verbindungen zu Joh 17.

[146] Der Evangelist hätte dann V. 15 künstlich als Einschub stilisiert, um mit V. 16 wieder an V. 14 anzuknüpfen!

[147] Anders z. B. *J. Jeremias,* ThWNT IV, 877, der einen synthetischen Parallelismus vermutet.

[148] Ἰησοῦς Χριστός nur in Joh 1,17; 17,3.

[149] Zutreffend betont *O. Hofius,* »Der in des Vaters Schoß ist« Joh 1,18, in: *ders./H. Chr. Kammler,* Johannesstudien, 30, dass das Passivum divinum ἐδόθη nicht gegen diese Interpretation spricht, denn nicht die Frage nach dem Urheber der Tora, sondern nach ihrer Funktion steht zur Debatte.

[150] Zum Mosebild des 4. Evangeliums vgl. *D. Sänger,* »Von mir hat er geschrieben« (Joh 5,46), KuD 41 (1995), (112–135) 123–127.

[151] Eine andere Zuordnung findet sich bei *M. Theobald,* Joh I, 134: »Die Intention der Sentenz zielt nicht dahin, das Gesetz abzuwerten, sondern es Jesus zuzuordnen.«

durch die Verben δίδωμι (›geben‹) und γίνομαι (›werden‹) zum Ausdruck gebracht. *Während Mose nur empfängt, signalisiert γίνομαι wie bereits in V. 3 und 14 Jesu bleibende Teilhabe an Gottes Schöpfungsmacht,* d. h. in Jesus Christus sind Gottes schöpferische Gnade und Wahrheit erschienen. Das vom Kontext her überraschende Thema von V. 17 weist auf den Evangelisten als Verfasser, der am Ausschließlichkeitscharakter und Absolutheitsanspruch des Christusgeschehens durchgehend interessiert ist.[152] Es gibt keine heilsgeschichtliche Kontinuität zwischen Mose und Jesus Christus, die Christen stehen unter der Gnade und der Wahrheit, nicht unter dem Gesetz. Das Gesetz gehört auf die Seite der Juden (vgl. Joh 7,19; 8,17; 10,34), die Christen hingegen haben das Stadium einer Gesetzesreligion längst hinter sich gelassen (vgl. Joh 4,20 ff), denn die Nomoszeit wurde durch die Gnadenzeit abgelöst.[153] Johannes unterstreicht diesen Gedanken mit dem ἀλήθεια-Begriff, der nicht nur die Exklusivität der Person Jesu hinsichtlich seiner Herkunft, sondern vor allem hinsichtlich seiner soteriologischen Funktion beschreibt. Das wiederholte ἀλήθεια zeigt, dass Johannes bereits im Prolog neben Logos mit dem Wahrheitsbegriff einen weiteren zentralen Terminus antiker Philosophie aufgreift.[154] Wahrheit wird jedoch nicht mit einer heiligen Überlieferung, heiligen Orten und Riten, einer Idee, der richtigen Erkenntnis oder einem logischen Sachverhalt verbunden, sondern in Joh 1,14. 17 erscheint Jesus Christus als Ort der Gnade und Wahrheit Gottes, d. h. Wahrheit hat Widerfahrnischarakter und wird von Johannes personal gedacht. Wahrheit ist damit weitaus mehr und etwas völlig anderes als der Konsens subjektiver Vermutung. Als Wahrheit erschließt Jesus den Glaubenden den Sinn seiner Sendung, offenbart ihnen den Vater und befreit sie dadurch von den Mächten des Todes, der Sünde und der Finsternis. Jesus Christus ist nicht nur Zeuge der Wahrheit,[155] vielmehr als Teilhaber der göttlichen Wirklichkeit die Wahrheit selbst. **18** Betonte V. 1 die Gleichursprünglichkeit des Logos mit Gott hinsichtlich seines vorweltlichen Seins, so wird

---

[152] Für redaktionell halten V. 17: *R. Bultmann,* Joh, 53; *R. Schnackenburg,* Joh I, 252; *Chr. Demke,* Logos-Hymnus, 63; *M. Theobald,* Im Anfang, 94 f; *O. Hofius,* Struktur und Gedankengang, 3; *A. Lindemann,* Mose und Jesus Christus, 330f. Für Tradition plädieren hingegen *E. Haenchen,* Probleme, 132f; *H. Zimmermann,* Christushymnus, 258; *W. Schmithals,* Prolog, 27 f.

[153] *K. Wengst,* Joh I, 36, übersetzt den griechischen Schlüsselbegriff ἀλήθεια in Joh 1,17 mit »Treue« (bei *F. Passow,* Handwörterbuch I/1, 97, erscheint eine solche Übersetzungsmöglichkeit nicht), um durch diese sprachliche Umdeutung seine synthetische Interpretation zu begründen: »Gott ist gnädig Gebender durch Mose und Jesus Christus. Das Bekenntnis von V.16, überreich Gnade empfangen zu haben, wird also doppelt begründet: zunächst durch die Gabe der durch Mose vermittelten Tora und dann durch die Präsenz des gnädigen und treuen Gottes in Jesus Christus« (*ders.,* Joh I, 72). Bereits Joh 1,18 widerlegt eine solche Auslegung, die sich eindeutig an Positionen des gegenwärtigen christlich-jüdischen Dialogs orientiert, nicht aber am Text des Johannesevangeliums!

[154] Vgl. dazu Texte in: Neuer Wettstein I/2, 794 f. Ein Beispiel: Plato, Leg II 663e: »Etwas Schönes ist die Wahrheit, Fremder, und etwas Dauerhaftes; es scheint allerdings nicht leicht, ihr Glauben zu verschaffen.«

[155] Zur hellenistischen Vorstellung, dass Wahrheit immer eine Gabe Gottes/der Götter ist, die sich im rechten Gebrauch der Vernunft vollzieht, vgl. Plut, De Iside et Osiride 1: »Kein Ziel ist für Menschen bedeutsamer, und keine Gnadengabe Gottes entspricht seiner Würde mehr als die Wahrheit. Alles andere, dessen Menschen bedürfen, ›schenkt‹ Gott ihnen, aber an Vernunft und Denken ›gibt er ihnen Anteil‹; denn diese sind sein ureigenster Besitz, von diesen macht er selber Gebrauch.« Wahrheitskonzeptionen im griechisch-römischen und jüdischen Bereich werden dargestellt bei *P. G. Kirchschläger,* Nur ich bin die Wahrheit, 45–93.

nun die Vorstellung der einzigartigen Beziehung Jesu zum Vater in ihren geschichtlichen Dimensionen entfaltet. Jesus ist der Exeget Gottes, er allein vermag wirklich Kunde vom Vater zu bringen.[156] Mit der Inkarnation ging auch die einmalige und unmittelbare Gotteserfahrung Jesu in die Geschichte ein und ist nun für die Menschen als Offenbarung des Gottessohnes vernehmbar. Dadurch werden die Aussagen des Prologs auf die folgende Darstellung der Geschichte Jesu Christi appliziert: Was sich in den Taten, Reden und dem Leiden Jesu Christi vollzieht, entsprach von Anfang an dem Willen Gottes. Die Exklusivität des Christusgeschehens ist somit auf zweifache Weise gesichert, denn allein Jesus Christus vermag Kunde von Gott zu geben,[157] und seine Offenbarung liegt im uranfänglichen Sein des Logos bei Gott begründet.[158] Die überleitende Funktion, das typisch joh. Thema der ausschließlichen Gottesoffenbarung in Jesus Christus (vgl. Joh 5,37; 6,46; 16,28) und die Sprachgestalt des Verses (μονογενής, ἐκεῖνος) lassen ihn als Bildung des Evangelisten erkennen.[159] Durch die offenkundige Korrespondenz mit Joh 20,28 betont Johannes die Gottheit Jesu, die ihm von Anfang an zu eigen war, auch in seinem Erdenwirken sichtbar blieb und die Erscheinungen des Auferstandenen prägt. Jesus Christus ist als fleischgewordener Logos der wahre Ausleger des unsichtbaren Vaters und das Johannesevangelium ist das Resultat dieser Gotteserschließung, indem der eine Logos in die Logoi der Menschenwelt übergeht.

Formgeschichtlich kann die rekonstruierte vorjoh. Tradition als Hymnus bezeichnet werden, sofern das Charakteristikum eines Hymnus das »rühmende, lobpreisende Aufzählen der Taten oder Eigenschaften einer Gottheit«[160] ist. Auch die zahlreichen inhaltlichen und terminologischen Übereinstimmungen mit anderen hymnischen Texten im Neuen Testament legen diese Klassifizierung nahe (vgl. Kol 1,11; Hebr 1,3; 1Petr 1,25; Eph 1,6.12; Offb 1,6: δόξα; Kol 1,19; Eph 1,10: πλήρωμα; Eph 1,6.7: χάρις).[161] Der Hymnus besteht aus Zwei- und Dreizeilern in lockerer Reihenfolge, ohne dass eine dominierende metrische Form nachzuweisen wäre.[162] Kennzeichnend ist der

---

[156] Vgl. dazu Poll VIII 124: »Ausleger (ἐξηγηταί) werden diejenigen genannt, die das die göttlichen Zeichen und die anderen heiligen Dinge Betreffende erklären«; vgl. ferner Dio Chrys, Or 12,47, wonach der Philosoph der vollkommenste »Ausleger und Verkünder« (ἐξηγητὴν καὶ προφήτην) des Göttlichen ist.

[157] Nach *O. Hofius*, »Der in des Vaters Schoß ist«, 27 ff, bestreitet Johannes hier auch die Präexistenz der Tora. Als instruktive rabbinische Parallele kann er dafür Aboth RN (Rez. A) 31 anführen, wo es heißt: »Neunhundertvierundsiebzig Generationen vor der Erschaffung der Welt war die Tora (bereits) niedergeschrieben, und sie ruhte im Schoß des Heiligen – gepriesen sei er! – und sang das Loblied zusammen mit den Dienstengeln…« (Übersetzung nach *O. Hofius*, a. a. O., 27).

[158] Vgl. *M. Theobald*, Im Anfang, 48 f. Die Korrespondenz zwischen V. 1 und V. 18 betont besonders *I. de la Potterie*, Prologue, 375.

[159] Dem Evangelisten weisen V. 18 zu: *R. Bultmann*, Joh, 53 f Anm. 5; *R. Schnackenburg*, Joh I, 253; *E. Haenchen*, Joh, 131; *Chr. Demke*, Logos-Hymnus, 61.67; *J. Becker*, Joh I, 86; *U. B. Müller*, Geschichte der Christologie, 13.15; *M. Rissi*, Logos-Lieder, 331; *M. Theobald*, Im Anfang, 95; *W. Schmithals*, Prolog, 30; *O. Hofius*, Struktur und Gedankengang, 3. Zur Vorlage rechnen V. 18: *H. Gese*, Johannesprolog, 170 f; *P. Hofrichter*, ›Egeneto anthropos‹, 222.231 f.

[160] *R. Deichgräber*, Gotteshymnus und Christushymnus in der frühen Christenheit, StUNT 5, Göttingen 1967, 22. *K. Wengst*, Christologische Formeln und Lieder des Urchristentums, StNT 7, Gütersloh 1972, 205, klassifiziert den Prolog als ›Lied‹; *J. Jeremias*, Prolog, 8, als ›Psalm‹.

[161] Gegen *J. Jeremias*, Prolog, 9 f, für den der Prolog im ›Stufenparallelismus‹ abgefasst ist. *H. Lausberg*, Johannes-Prolog, 272 f, versteht Joh 1,1–18 (wie Lk 1,1–4) als ›exordium‹, dem mit 1,19 ff das ›corpus narrativum‹ folgt.

[162] Vgl. *Y. Ibuki*, Lobhymnus, 154 Anm. 45; *R. Deichgräber*, Gotteshymnus, 45 f.

Gebrauch von ὁ λόγος am Anfang der beiden unterschiedlich langen Strophen und der Übergang vom Er-Stil zum Wir-Stil (vgl. dazu Eph 1,3 ff; 2,14–16; Kol 1,13 ff; 2,13–15; Offb 1,5 f; 5,9–10; 7,10.12; 11,15.17 f; 19,1.5). Beschreibt die erste Strophe das Sein des Logos bei Gott, seine Schöpfungsmittlerschaft und sein Wirken als λόγος ἄσαρκος im Kosmos, so artikuliert sich in der zweiten Strophe das Bekenntnis der christlichen Gemeinden zur Doxa des Inkarnierten. Mit der direkten, unmittelbaren Darstellung des Heilsgeschehens korrespondiert das Bekenntnis der Glaubenden (vgl. Phil 2,6–9.10–11).

Die von Johannes aufgenommene Tradition ist nicht vom christologischen ›Wegschema‹ (vgl. Joh 16,28 u. ö.; Phil 2,6–11),[163] sondern von der Präexistenzvorstellung bestimmt: Jesus Christus als der eine Logos Gottes erscheint in seiner uranfänglichen Gottgleichheit und seinem Schöpfungswirken. Implizit wird der Logos mit der Weisheit Gottes identifiziert. Er enthält in sich die Fülle des Lebens und ist das Licht. In ihm offenbart sich der ursprüngliche Schöpfungswille Gottes, allein die Zuwendung zum Logos ermöglicht schöpfungsgemäßes Leben als Kinder Gottes. In der zweiten Strophe des Hymnus bekennt die Gemeinde die Offenbarung der Herrlichkeit, Gnade und Wahrheit im fleischgewordenen Logos Jesus Christus. Sie weiß sich getragen und bestimmt von der ihr verliehenen Lebensfülle des Logos.

Auf den Anfang kommt es an, er intoniert das Thema, weist den Weg und begleitet auf dem Weg. *Für den Evangelisten hat der Prolog die Funktion eines programmatischen Eröffnungstextes und mitgehenden Anfangs.*[164] Sowohl seine Stellung als auch die vom Evangelisten eingearbeiteten Metareflexionen und die Rückverweise im Evangelium auf den Prolog legen diese Klassifizierung nahe. Am Anfang des Evangeliums dient der Prolog als Lektüreanweisung für den Leser, indem er das vom Evangelisten beabsichtigte Verständnis des Folgenden prägnant formuliert.[165] Bereits die Ablehnung (V. 11) und die Aufnahme (V. 12) des Logos strukturieren das gesamte folgende Erzählgeschehen, es geht um Glaube oder Unglaube. Durch die Metareflexionen in V.12c.13.17.18 erweitert Johannes das Aussagespektrum seiner Vorlage. Das Christusgeschehen hat für ihn universale Züge, es entschränkt jeden Heilspartikularismus und muss als einzigartige Auslegung Gottes verstanden werden. Durch die Täufereinschübe erscheint auch der Prolog als ein geschichtlicher Bericht, und das Evangelium insgesamt ist nichts anderes als die Darstellung der Geschichte jenes im Anfang bei Gott seienden Logos.[166] Zudem führen die Täufereinschübe zu einer christologischen Konzentration, denn nun bezieht sich φαίνει in V. 5 bereits auf die Fleischwerdung des Logos und bereitet die thematische Inkarnationsaussage in V. 14 vor. Auch in V. 17.18 wird die christozentrische Interpretation des Evangelisten sichtbar. Nur in

---

[163] Vgl. *J. Becker,* Joh I, 94.
[164] Vgl. *J. D. G. Dunn,* Let John be John, 334: »The Fourth Evangelist really did intend his Gospel to be read through the window of the prologue.«
[165] Natürlich setzt der Prolog als ›Anfang‹ zugleich auch das ›Ende‹ voraus. Allein das vollendete Heilswerk Jesu Christi ermöglicht ein Denken, das verschiedene Zeit- und Sachebenen zu einer Einheit verschmelzen lassen kann (vgl. *T. Onuki,* Zur literatursoziologischen Analyse, 175).
[166] Vgl. *Y. Ibuki,* Offene Fragen, 11 ff. *P. v. d. Osten-Sacken,* Der erste Christ, 163 ff, sieht in den Täufereinschüben sogar das Zentrum des Prologs, denn sie bezeugen die Identität des präexistenten Logos mit dem Menschen Jesus.

V. 17 erscheint innerhalb des Prologs der Name Jesus Christus, und V. 18 unterstreicht, dass allein Jesus Kunde von Gott bringen kann.

Der Johannesprolog ist eine Zuwendungsgeschichte, denn an jemanden das Wort zu richten heißt, sich ihm zuzuwenden: Gott wendet sich im Logos Jesus Christus den Menschen zu. Durch den Prolog werden die Hörer/Leser des 4. Evangeliums in die Beziehungen des Logos Jesus Christus zum Vater, zur Schöpfung, zum Täufer, zum ungläubigen Kosmos und zur glaubenden Gemeinde eingeführt.[167] Der Prolog entfaltet die Grundzüge der joh. Sinnbildung und ruft unwillkürlich die Frage hervor, wie der Weg des Logos in die Welt, das Leben des Jesus von Nazareth im Licht der Aussagen des Prologs erzählt wird. Wie zeigt sich die Identität zwischen dem präexistenten Logos und dem geschichtlichen Jesus von Nazareth? Wie gelingt es dem 4. Evangelisten, die Christologie des Prologs in eine dramatische Jesuserzählung zu überführen? Wie vermag Johannes aufzuzeigen, dass der Unglaube eine unangemessene, der Glaube hingegen die einzig angemessene Haltung gegenüber Jesus ist (vgl. Joh 20,30 f)?

Exkurs 1: Inkarnation

Die Inkarnation/Fleischwerdung im Sinne der realen und bleibenden Menschwerdung eines Gottes bzw. gottähnlichen Wesens ist eine neue frühchristliche Vorstellung, die es zuvor in dieser Form in der Religionsgeschichte nicht gab.[168] Sie resultiert aus der notwendigen Zuordnung des leiblichen Lebens Jesu zu seiner Auferweckung von den Toten, durch die er (spätestens) dem Bereich Gottes angehörte. Beides galt es in Relation zu setzen und zusammenzudenken. Dabei ging es zuallererst um die Vergottung eines Menschen, denn Jesu Menschsein bildet die Basis und die Erscheinungen des Auferstandenen markieren den Ausgangspunkt der Christologie. Darauf weisen sowohl die vorpaulinischen Traditionen (vgl. 1Kor 15,3–5; Röm 1,3b–4a) als auch Paulus selbst (vgl. 1Kor 9,1; 15,8; Gal 1,16) als älteste Zeugnisse hin. Der außergewöhnliche Mensch Jesus von Nazareth, der schon zu Lebzeiten in einer einzigartigen Nähe zu Gott stand, musste seit und mit der Auferweckung von den Toten in eine Relation zu Gott gesetzt werden. Man nahm vom Ende her den Anfang in den Blick. Für die christologische Reflexion galt es die Frage zu beantworten: Ab wann war Jesus von Nazareth der Sohn Gottes? Verschiedene Antworten waren möglich: 1) Bei Markus wird Jesus als Sohn Gottes in der Taufe proklamiert (Mk 1,9–11), so dass er seinen irdischen Weg im Evangelium von Anfang an als Gottessohn geht. 2) Die Stammbäume bei Matthäus (Mt 1,1–17) und Lukas (Lk 3,23–38) stellen eine zweite mögliche Antwort dar: Jesus Christus ist durch seine Abstammung Sohn Gottes. Bei Matthäus wird er zum Sohn Abrahams und Davids, Lukas betont seine unmittelbare Abstammung von Gott (vgl. Lk 1,35). Paulus und Johannes gingen einen ganz eigenen Weg: Zwar nahmen sie die Tendenz zur Verlängerung der Heilsgeschichte bei Mt und Lk ›nach hinten‹ auf, überboten aber alle anderen Modelle durch die Präexistenz und Inkarnation Jesu Christi.

---

[167]   Vgl. Aristot, Rhetorica 1415a: »In den Reden und Epen gibt es einen Hinweis auf den folgenden Inhalt, damit die Hörer vorweg wissen, worum es sich handelt, und ihre Gedanken nicht in der Luft hängen, denn das Undefinierbare führt die Gedanken auf Irrwege. Wer nun den Anfang dem Hörer gleichsam fassbar in die Hand gibt, erreicht, dass er dem Thema folgen wird … «

[168]   Strikt davon zu unterscheiden ist die vielschichtige Vorstellung der Reinkarnation als periodische Wiedergeburt (zumeist der Seele), auf die der Wiedertod folgt; vgl. dazu *A. Payer,* Art. Reinkarnation, HRWG IV, Stuttgart 1998, 416–418.

Für beide war klar: Wenn Jesus von Nazareth der Sohn Gottes ist, dann war und ist er es schon immer.[169]

Bei Paulus findet sich die Präexistenzvorstellung in 1Kor 8,6; 10,4; Gal 4,4; Röm 8,3; 2Kor 8,9; Phil 2,6,[170] die Inkarnation wird in Gal 4,4; Röm 8,3; 9,5; 2Kor 8,9; Phil 2,7f ausgesagt. Bereits hier zeigt sich, dass der Sohn-Gottes-Titel entscheidend zur Ausprägung der Präexistenz- und Inkarnationsvorstellung beitrug und deren maßgebliches Interpretament wurde. Mit dem Sohnes-Titel verband sich schon früh die Vorstellung der ›Sendung‹ (vgl. Gal 4,4; Röm 8,3), aus der sich das Konzept des Abstieges und Aufstieges entwickeln konnte. Der Sohnes-Titel bringt sowohl die enge Verbindung Jesu Christi mit dem Vater als auch seine Funktion als Heilsmittler zwischen Gott und den Menschen zum Ausdruck (vgl. 2Kor 1,19; Gal 1,16; 4,4.6; Röm 8,3).

Im Johannesevangelium nehmen die Präexistenz- und Inkarnationsaussagen einen sehr breiten Raum ein und verbinden sich neben der Logos-Vorstellung vor allem mit dem Sohn-Gottes-Titel und der Sendungs-Christologie. Sie sprechen von der himmlischen Vorgeschichte Jesu Christi und bringen sein zeitunbegrenztes und vorschöpferisches Sein[171] sowie seine Teilhabe an der Ewigkeit des Vaters zur Sprache (vgl. Joh 1,1–3.30; 6,62; 17,5.24). Niemand hat jemals Gott gesehen außer der Logos/der Sohn (vgl. Joh 1,18; 3,11.13.31–35; 5,37f, 6,46; 8,19); es gilt: »Vom Vater bin ich ausgegangen und in die Welt gekommen. Ich verlasse die Welt wieder und gehe zum Vater zurück« (16,28). Jesus kommt von ›oben‹ (vgl. Joh 3,31; 8,14.23), vom Himmel (vgl. Joh 3,13; 6,33.38.41 f.46.50.62) und geht wieder zum Vater zurück (vgl. 13,33; 14,2.28; 16,5). Auch Mose (Joh 5,45 f), Abraham (Joh 8,58) und Jesaja (Joh 12,41) bezeugen, dass Jesus als präexistenter Gottessohn schon immer zu Gott gehört. Seine Existenz unterliegt keinen zeitlichen oder sachlichen Grenzen. Neben dem Prolog bringt vor allem die für Johannes zentrale Sendungsvorstellung Präexistenz und Inkarnation zum Ausdruck. Der ›einzig‹ geborene Logos/Gott ist kein anderer als der gesandte Sohn (μονογενής nur in Joh 1,14.18; 3,16.18). Die Sendung des Sohnes hat ihren Grund in der Liebe Gottes und ihr Ziel in der Rettung der Welt: »Denn Gott sandte den Sohn nicht in die Welt, damit er die Welt richte, sondern damit die Welt durch ihn gerettet werde« (Joh 3,17; vgl. 1Joh 4,9 f).[172] Jesu Würde besteht gerade darin, dass der Vater/Gott ihn gesandt hat (vgl. Joh 3,16; 5,36; 11,42; 17,8.21.23.25 u. ö.).

Auf die Ausprägung der frühchristlichen Inkarnationsvorstellung wirkten sowohl jüdische als auch griechisch-römische Vorstellungen ein. Aus dem jüdischen Bereich ist vor allem die Schechina-Vorstellung zu nennen, d. h. die ›Einwohnung‹ (שָׁכַן = ›wohnen‹) Gottes in der Welt. Diese altorientalisch-ägyptische Vorstellung findet sich in zahlreichen Varianten im Alten Testament:[173] Jahwe

---

[169] Vgl. W. *Pannenberg*, Grundzüge der Christologie, Gütersloh ⁵1976, 152: »Vom Bestätigungscharakter der Auferweckung Jesu her gesehen liegt es nun in der inneren Logik der Sache, daß Jesus immer schon mit Gott eins war, nicht erst von einem bestimmten Datum seines Weges ab.«

[170] Zur Präexistenzvorstellung bei Paulus vgl. *J. Habermann*, Präexistenzaussagen im Neuen Testament, 91–223; H. v. Lips, Weisheitliche Traditionen im Neuen Testament, 290–317; M. Hengel, Präexistenz bei Paulus?, in: Jesus Christus als die Mitte der Schrift (FS O. Hofius), hg. v. Chr. Landmesser u. a., BZNW 86, Berlin 1997, 479–517; Th. Söding, Gottes Sohn von Anfang an, in: Gottes ewiger Sohn, hg. v. R. Laufen, Paderborn 1997, 57–93.

[171] *J. Habermann*, Präexistenzaussagen im Neuen Testament, 403, spricht treffend von einer ›Präkreatorischen Präexistenz‹.

[172] Die Übereinstimmungen mit Gal 4,4; Röm 8,3.32 und 1Joh 4,9.10.14 weisen auf die jüdisch-hellenistische Weisheitsliteratur als gemeinsamen traditions- und religionsgeschichtlichen Hintergrund hin (vgl. z. B. Weish 9,9 f.17; Sir 24,4.12 ff; Philo, Agric 51; Her 205; ConfLing 63; Fug 12); weitere Texte in: Neuer Wettstein I/2, 156–163. Zu beachten sind aber auch hellenistische Parallelen: Cornut, 389 ff; Epikt, Diss III 22,23 (vgl. die Auslegung von Joh 3,16).

[173] Vgl. dazu insgesamt die Auflistung des Materials bei B. *Janowski*, Die Einwohnung Gottes in Israel, in: B. *Janowski*/E. E. Popkes (Hg.), Das Geheimnis der Gegenwart Gottes. Zur Schechina-Vorstellung in Judentum und Christentum, WUNT 318, Tübingen 2014, 3–40.

›wohnt‹ im Tempel (1Kön 8,12 f), im Himmel (1Kön 8,39.43), auf dem Zion (Jes 8,18), auf einem Berg (Ps 68,16 f). In deuteronomistischer Tradition erwählte Gott nur einen Ort, den Tempel, wo er seinen Namen ›wohnen‹ lässt (Dtn 12,11). Nach der Zerstörung des Tempels musste die Vorstellung transformiert werden; nun ›wohnt‹ Jahwe inmitten der Israeliten (Ez 43,7), er kehrt zurück zum Zion und nach Jerusalem, um dort zu ›wohnen‹ (Sach 8,3). In hellenistischer Zeit erfolgt eine weitere Transformation; nun ergeht an die eigentlich in den Höhen bei Gott ›wohnende‹ Weisheit der Befehl des Schöpfers: »In Jakob sollst du dein Zelt aufschlagen, und in Israel sollst du ein stetiges Erbe haben« (Sir 24,8).[174]

Mit den Weisheitsspekulationen verbindet sich ein weiterer zentraler Gedanke: Nach jüdischer Vorstellung gibt es nur einen Gott, aber er ist nicht allein. Zahlreiche himmlische Mittlergestalten wie die Weisheit (vgl. Prov 2,1–6; 8,22–31; Weish 6,12–11,1), der Logos oder die Namen Gottes haben ihre Heimat in unmittelbarer Nähe zu Gott.[175] Von der Weisheit kann es heißen: »Sende sie aus vom heiligen Himmel« (Weish 9,9) und: »Danach erschien sie auf Erden und wandelte unter den Menschen« (Baruch 3,38). Biblische Patriarchen wie Henoch (vgl. Gen 5,18–24)[176] oder Mose und Erzengel wie Michael[177] umgeben Gott und wirken nun in seinem Auftrag. Zudem konnten Engel zeitweise eine menschliche Gestalt annehmen (vgl. Gen 18; Tob 12; JosAs 14; Hebr 13,2). Sie alle bezeugen die Weltzugewandtheit Gottes,[178] zeigen, dass Gottes Macht überall präsent ist und alles seiner Kontrolle unterliegt. Als Teilhaber an der himmlischen Welt sind sie Gott untergeordnet, sie gefährden in keiner Form den Glauben an den einen Gott. Als geschaffene und untergebene Kräfte treten sie in keine Konkurrenz zu Gott, als göttliche Attribute beschreiben sie in der Sprache menschlicher Hierarchie die Aktivitäten Gottes für die Welt und in der Welt. Zugleich sind aber gravierende Unterschiede offenkundig:[179] 1) Die personifizierten göttlichen Attribute waren keine gleichwertigen Personen mit eigenständigen Handlungsfeldern. 2) Sie wurden nicht kultisch verehrt. 3) Innerhalb der Vielfalt jüdischer Vorstellungen war es undenkbar, dass ein gerade schmachvoll Verstorbener in gottgleicher Art verehrt wurde. Zwar dürfte bei der Entstehung der Sohnes-Christologie der im Rahmen der altorientalischen Königsideologie (der König als Sohn der Gottheit) zu verstehende Ps 2,7 (»Du bist mein Sohn, heute habe ich dich gezeugt«) eine wichtige Rolle gespielt haben; zugleich bleibt aber die entscheidende Differenz, dass nach jüdischem Verständnis kein Gekreuzigter ›Sohn Gottes‹ sein kann, »denn jeder, der am Holz hängt, ist von Gott verflucht« (Dtn 21,23).

---

[174] Die Testamente der 12 Patriarchen (z. B. TestNaph 8,3: »Sie werden Gott sehen, wohnend unter Menschen auf der Erde«; TestDan 5,13: »Der Herr wird in ihrer Mitte sein … «) werden hier nicht berücksichtigt, weil vor allem das Auftreten Gottes ›im Fleisch‹ (vgl. TestBen 10,8; TestSim 6,5) sowie das ›Kommen des Sohnes und sein Leiden‹ (vgl. TestLev 8,15; TestLev 16,3 ff; TestJud 24,1; TestJos 19,3; TestBen 3,8; 9,2 f; 11,2) deutlich auf christlichen Einfluss verweisen. Vgl. dazu *G. W. E. Nickelsburg,* Jewish Literature between the Bible and the Mishnah, Minneapolis ²2005, 302–315.

[175] Vgl. exemplarisch Weish 9,9–11; Philo, Conf 146 f.

[176] Als Texte vgl. z. B. äthHen 45 f (Henoch als Menschensohn); 45,4: »An jenem Tag werde ich meinen Erwählten unter ihnen wohnen lassen …«); 61 f (die Engel ›messen die Gerechten‹ und der Herr erscheint zum Gericht über die Mächtigen und Ungläubigen; über die Gerechten hingegen heißt es: »Und der Herr der Geister wird über ihnen wohnen, und sie werden mit jenem Menschensohn speisen und sich [zur Ruhe] niederlegen und sich erheben von Ewigkeit zu Ewigkeit«).

[177] Vgl. z. B. Dan 10,13–21; äthHen 20,5; 71,3; 90,21. Zur möglichen Bedeutung von Engelvorstellungen für die Entstehung der frühen Christologie vgl. *Ch. Rowland,* The Open Heaven, London 1982; *J. E. Fossum,* The Name of God and the Angel of the Lord, WUNT 36, Tübingen 1985; *L. T. Stuckenbruck,* Angel Veneration and Christology, WUNT 2.70, Tübingen 1995; *S. Vollenweider,* Zwischen Monotheismus und Engelchristologie, in: *ders.,* Horizonte neutestamentlicher Christologie, WUNT 144, Tübingen 2002, 3–27.

[178] Bei Philo, Som I 232, heißt es sogar über Gott, dass er ›in der Gestalt von Engeln erscheint, ohne dabei sein Wesen zu verändern – denn er ist ja unveränderlich – …«

[179] Vgl. *L. W. Hurtado,* One God, One Lord, Philadelphia 1998, 93–124.

Auf die Ausprägung der frühchristlichen Inkarnationsvorstellungen wirkten auch die griechischen Traditionen über die (zeitweilige) Menschwerdung der Götter und der Gottwerdung einzelner Menschen (Heroen) ein. Sie verweisen auf kulturgeschichtliche Vorgaben, die bei der Ausbildung[180] und der Rezeption[181] der frühen Christologie eine wichtige Rolle gespielt haben. Ein anthropomorpher Polytheismus ist geradezu das Kennzeichen der griechischen Religion[182] (klassisch Eur, Alcestis 1159: »Viele Gestalten kennt das Göttliche« = πολλαὶ μορφαὶ τῶν δαιμονίων). Göttliche Wesen in Menschengestalt stehen bereits im Zentrum des klassischen griechischen Denkens; Homer berichtet: »Durchwandern die Götter doch, Fremdlingen gleichend, die von weit her sind, in mancherlei Gestalt die Städte …«[183] Mythische Gestalten des Anfangs wie Pythagoras oder berühmte Wundertäter wie Apollonius von Tyana[184] erschienen als Götter in Menschengestalt, die ihre Macht zum Wohl der Menschen einsetzten. Empedokles reiste als unsterblicher Gott umher, beglückte und heilte die Menschen.[185] Die Götter verkehren mit den Menschen und nehmen dazu menschliche Gestalt an (z. B. Hom, Il 3,396 f: Helena erkennt Aphrodite an »ihrem lieblichen Nacken«, ihrer Brust und ihren strahlenden Augen; Il 4,86 f: Athene mischt sich unter die Troer »und war einem Mann ähnlich, Laodokos, Sohn des Antenor, dem mächtigen Krieger«; Hom, Il 13,43–46: Poseidon entsteigt dem Meer und nimmt die Gestalt eines Kriegers an; Hom, Il 14,312 ff: Eine Auflistung der ›Affären‹ des Zeus: er verkehrt wiederholt auch mit menschlichen Frauen und zeugt zahlreiche Kinder[186]). Ovid, Met 8,626 f, berichtet über einen Ort in Phrygien: »Dorthin kam Iuppiter in Menschengestalt (Iuppiter huc specie mortali); den Vater begleitend der Atlasenkel Mercur mit einem Stab, aber ohne die Flügelsohlen.«[187] Von Dionysos heißt es wiederholt, dass er menschliche Gestalt annahm.[188] Viele Fresken (z. B. in Pompeii) zeigen, wie populär diese mythologischen Erzählungen waren, so dass man ihre Kenntnis bei vielen Gemeindegliedern voraussetzen

---

[180] Dies betont zu Recht *D. Zeller,* Die Menschwerdung des Sohnes Gottes im Neuen Testament und die antike Religionsgeschichte, in: *ders.,* Neues Testament und Hellenistische Umwelt, BBB 150, Hamburg 2006, 61–77. *M. Hengel,* Der Sohn Gottes, 65, baut in seiner Auseinandersetzung mit der religionsgeschichtlichen Schule und *R. Bultmann* falsche Alternativen auf, wenn er zu den griechischen Göttervorstellungen feststellt: »Dem Geheimnis der Entstehung der Christologie kommen wir mit alledem kaum näher.« Es geht um die kulturellen Kontexte, in denen die frühen christologischen Aussagen entstehen und rezipiert werden konnten; dazu gehört auch der griechisch-hellenistische Bereich.

[181] Die klassische traditionsgeschichtliche Fragestellung muss um rezeptionsgeschichtliche Aspekte erweitert werden; vgl. *D. Zeller,* New Testament Christology in its Hellenistic Reception, NTS 46 (2001), (312–333), 332 f.

[182] Vgl. *W. Burkert,* Art. Griechische Religion, TRE 14, Berlin/New York 1985, (235–252) 238 ff. Die Gründungslegende der griechischen Religion überliefert Herod II 53,2: »Hesiod und Homer haben den Stammbaum der Götter in Griechenland geschaffen und ihnen ihre Beinamen gegeben, die Ämter und Ehren unter sie verteilt und ihre Gestalt geprägt.«

[183] Hom, Od 17,485 f (= Neuer Wettstein II/2, 1232); vgl. ferner Hom, Il 2,167–172; 5.121–132; 15.236–238; vgl. ferner Hom, Od 7,199-210 (= Neuer Wettstein I/2, 55); Eur, Ba 1–4.43–54 (= Neuer Wettstein II/1, 672 f); Plat, Soph 216a–b (= Neuer Wettstein II/2, 1232); Diod S I 12,9–10 (= Neuer Wettstein II/2, 1232 f); Sen, Phaedra 299 f, über Zeus: »Wie oft nahm geringere Gestalten an er selbst, der Himmel und Wolken lenkt«; Dio Chrys, Or 30,27: »Solange nun das Leben noch neu gegründet war, besuchten uns die Götter in eigener Person und sandten aus eigener Mitte Führer, eine Art Statthalter, die sich um uns kümmern sollten, zum Beispiel Herakles, Dionysos, Perseus und all die anderen, die, wie man erzählt, als Söhne oder Nachfahren von Göttern unter uns weilten.«

[184] Vgl. die Texte in: Neuer Wettstein I/2, 59.

[185] Vgl. Diog Laert 8,62: »Als ein unsterblicher Gott reise ich umher, nicht mehr sterblich, bei allem, wie es sich in meinem Fall gehört, mit Ehren ausgezeichnet, mit Binden umflochten und blühenden Kränzen.«

[186] Zu Europa vgl. vor allem Ovid, Met 2,834 ff: Zeus nimmt zunächst die Gestalt eines Stieres an, um sich Europa zu nähern; später legt er diese Gestalt ab und gibt sich zu erkennen.

[187] Die Beispiele ließen sich spielend vermehren; vgl. dazu *Th. Krüger,* Die Liebesverhältnisse der olympischen Götter mit sterblichen Frauen. Strukturanalyse und Interpretation, Münster 2006.

[188] Vgl. Eur, Bacc 4: »… ich vertauschte die Gottgestalt mit menschlicher …«; 53 f: »Deshalb nahm ich ein sterblich Aussehen an und schuf meine Gestalt in eines Menschen Wesen um. «

kann. Die Entstehung der Kultur wird auf das Eingreifen der Götter zurückgeführt; so schickt Zeus den Hermes, um die Menschen Recht und Scham zu lehren.[189] Hermes, Herakles und Apollo nehmen als Boten der Götter Menschengestalt an bzw. wirken als Götter unter den Menschen.[190] Götter in Menschengestalt können sowohl einen irdischen als auch einen ewigen Ursprung haben; Plutarch weiß über die Herkunft des Apollo zu berichten: »… denn die uralte Sage versetzt Apollo nicht unter diejenigen Götter, die einen irdischen Ursprung haben und erst durch Verwandlung zur Unsterblichkeit gelangt sind, wie Herakles und Dionysos, welche ihrer Verdienste wegen das Sterbliche und dem Leiden Unterworfene ablegten, sondern Apollo ist einer der ewigen, nicht geborenen Götter.«[191]

Neben den Göttern des Olymp spielten die Heroen in der griechischen Frömmigkeit eine große Rolle. Über sie berichtet Hesiod: »Als aber die Erde auch dieses Geschlecht in der Tiefe barg, schuf der Kronide Zeus noch ein weiteres, viertes auf der vielnährenden Erde, gerechter und besser, ein herrliches Geschlecht von Heroen (ἡρώων θεῖον γένος), die man Halbgötter (ἡμίθεοι) nennt, unsere Vorgänger auf der unendlichen Erde.«[192] Der berühmteste unter den Heroen war Herakles, dessen Kult überall in Griechenland verbreitet war und der als Hercules auch zu einer Zentralgestalt römischer Helden- und Götterverehrung wurde.[193] Als Sohn des Zeus und der sterblichen Alkmene hatte Herakles eine vollständige Biographie und verkörperte das Ideal des siegreichen Helden, der mit seinem Mut und seiner Kraft die Welt von großen Übeln befreit.[194] Seit hellenistischer Zeit gibt es eine breite philosophische Rezeption, die die Kämpfe und Leiden des Herakles ethisiert. So thematisiert ›Herakles am Scheideweg‹ die Wahl zwischen Tugend und Laster, vor die jeder Mensch sich gestellt sieht. Die ›Mühen‹ des Herakles führen ihn am Ende zur vollkommenen εὐδαιμονία/ Glückseligkeit (vgl. Xenoph, Mem II 1,21–34). Die wahre Kraft liegt in der Gesinnung des Helden. Auch in den kaiserzeitlichen Erlöserdiskursen war Herakles zweifellos die bedeutendste Gestalt, was vor allem in einem kynisch-stoischen Kontext Seneca, Epiktet und Dio Chrysostomos zeigen. Seneca stellt in seiner Tragödie ›Hercules furens‹ den leidenden Hercules als Musterbild der Tugend dar, der so den Tod überwand und als wahrer Sohn Jupiters in den Himmel aufgenommen wurde.[195] Nach Epiktet vernichtete Herakles als Sohn Gottes und Retter in Gehorsam gegenüber Zeus das Unrecht und die Gesetzlosigkeit auf der Erde;[196] wegen seiner Tugend (ἀρετή) verlieh ihm Zeus die Unsterblichkeit.[197] Über Herakles heißt es: »Aber er liebte Gott über alles, und darum hat man ihn für einen Sohn des Zeus gehalten (Διὸς υἱὸς εἶναι), und er war es auch« (Diss II 16,44; vgl. III 13–16). Auch Dio Chrysostomus gilt Herakles wegen seiner Tugendhaftigkeit wiederholt als υἱὸς τοῦ Διός (»Sohn des Zeus«; vgl. Or 2,78; 66,23), in Or 31,16; 69,1 erscheint er als ἡμίθεος (»Halbgott«), in Or 33,1 als ἥρως (»Heros«) und in Or 33,45 wird er unter die Götter gerechnet. Herakles ist nicht nur der Prototyp des Kynikers und des gerechten Herrschers,[198] das Vorbild für den der

---

[189] Vgl. Plato, Prot 322c-d (= Neuer Wettstein I/2, 56).

[190] Vgl. nur Apg 14,11b-12, wo nach der Wundertat des Paulus in Lystra die Menge ruft: »Die Götter sind in Menschengestalt zu uns herabgestiegen. Und sie nannten den Barnabas Zeus, den Paulus aber Hermes, weil er der Wortführer war.«

[191] Plut, Pelop 16 (= Neuer Wettstein I/2, 57 f.).

[192] Hes, Werke und Tage, 155–162.

[193] Vgl. hierzu A. J. Malherbe, Art. Herakles, RAC 14, Stuttgart 1988, 559–583.

[194] Alle relevanten Textkomplexe behandelt H. M. Zilling, Jesus als Held. Odysseus und Herakles als Vorbilder christlicher Heldentypologie, Paderborn 2011, 119-152.

[195] Vgl. ferner Sen, de Ben IV 8,1, wo Hercules sogar zur göttlichen Vernunft wird, die das gesamte All durchdringt.

[196] Vgl. Epikt, Diss III 26,32: »Herakles aber war ein Fürst und Heerführer in allen Ländern und auf allen Meeren; ein Zerstörer aller Gesetzlosigkeit und Ungerechtigkeit; ein Stifter des Rechts und des unsträflichen Lebens; und dies alles vollbrachte er arm und bloß und allein.«

[197] Vgl. Epikt, Ench 15: Diogenes und Herakles sind wegen ihres vorbildhaften Charakters Mitregenten der Götter »und heißen darum mit Recht göttlich.« Vgl. bereits Cicero, wo es über Herakles heißt, »den der Volksglaube in Erinnerung an seine Wohltaten in den Kreis der Götter versetzt hat« (Off 3,25).

[198] Vgl. Dio Chrys, Or 1,84, wo über Herakles berichtet wird, dass er der Tyrannei ein Ende bereitet habe und jede gerechte Königsherrschaft schütze: »Und deshalb ist er der Retter der Welt und der Menschheit« (καὶ διὰ τοῦτο τῆς γῆς καὶ τῶν ἀνθρώπων σωτῆρα εἶναι).

Tugend und Freiheit[199] verpflichteten Weisen und der Schutzgott vieler römischer Kaiser, sondern zu ihm beten die Menschen, um die Qualen ihres Lebens zu bewältigen.[200] Die zahlreichen Herakles-Traditionen (auch in der Ikonographie)[201] zeigen, wie selbstverständlich und verbreitet die Verehrung dieser Gestalt im 1./2. Jh. n. Chr. war.[202]

Die angeführten jüdischen und griechisch-römischen Vorstellungen beschreiben die kulturell-religiösen Hintergründe und Kontexte, in denen frühchristliche Gemeinden die Inkarnationsvorstellung rezipieren konnten. Die pagane Erzählkultur um Götter in Menschengestalt, um Helden wie Herakles oder andere Heroen gehörte zur Sozialisation vieler Heidenchristen, vor allem in den Städten Kleinasiens und Griechenlands. Ebenso waren Judenchristen die Vorstellungen vom ›Wohnen‹ Gottes und vom weltzugewandten Wirken der Weisheit oder von Engeln gegenwärtig.[203] Zugleich können daraus aber keine einlinigen Ableitungsversuche gemacht werden, weil es jeweils gravierende Unterschiede zur christlichen Inkarnationsvorstellung gibt.[204] Sowohl Gottes ›Wohnen‹ als auch das Herabkommen der göttlichen Weisheit oder einzelner Engel betonen zwar die Welt- und Menschenzugewandtheit Jahwes, aber es gibt keine wirkliche frühjüdische Inkarnationsvorstellung, die das *bleibende* Kommen Gottes bzw. des Messias ›im Fleisch‹ aussagt. Zudem war gerade für Juden der Gedanke unerträglich, dass Menschen wie der römische Kaiser Caligula sich anmaßten, als Götter zu gelten und verehrt zu werden.[205] Ebenso stellt die Verwandlung der griechischen Götter als temporäre Annahme menschlicher Gestalt keine wirkliche Inkarnation dar und die Heroen sind zwar ethische Vorbilder, aber ihnen kommt in keiner Weise eine soteriologische Funktion zu.[206] Schließlich ist es für beide kulturellen Systeme undenkbar, einen Gekreuzigten als Sohn Gottes zu verehren, was Paulus in 1Kor 1,23 betont: »Wir aber verkündigen den gekreuzigten Christen, den Juden ein Ärgernis und den Griechen eine Torheit.«

---

[199] Vgl. Diog Laert VI 71 f, wo Herakles als Vorbild der Lebensführung bezeichnet wird, »der nichts höher hielt als die Freiheit.«

[200] Vgl. Dio Chrys, Or 8,28, wo es über Herakles und seine qualvollen Kämpfe heißt: »Jetzt aber, nach seinem Tode, verehren sie ihn mehr als alle anderen, halten ihn für einen Gott und sagen, er wohne mit Hebe zusammen. Zu ihm beten sie alle, ihr Leben möge nicht so qualvoll sein – zu ihm, der die größten Qualen ertrug.«

[201] Vgl. den Bildteil am Ende des Buches von *H. M. Zilling,* Jesus als Held. Odysseus und Herakles als Vorbilder christlicher Heldentypologie.

[202] Vgl. auch Just, Dial 69,2 f, wo gegen die pagane Herakles-Verehrung polemisiert wird: »… Da sie ferner von Herakles behaupten, er sei gewaltig, habe die ganze Erde bereist, sei von Alkmene dem Zeus geboren und sei nach seinem Tod vom Himmel aufgefahren …«

[203] Allerdings wird man fragen dürfen, ob und in welcher Weise in den paulinischen und johanneischen Gemeinden in Kleinasien und Griechenland z. B. entlegene und überlieferungsgeschichtlich unsichere Henoch-Traditionen verbreitet waren, die in der Schreibtischarbeit der Exegeten einfach als bekannt postuliert werden.

[204] Es geht dabei nicht um Ursachen oder Abhängigkeiten, sondern um Rezeptions- und Verstehenshorizonte! Umso unverständlicher ist es, dass *L. W. Hurtado,* Lord Jesus Christ, den gesamten griechisch-hellenistischen Bereich faktisch ausblendet (im ausführlichen Stellenregister erscheinen Seneca und Epiktet nur je einmal!) und zur Inkarnationsvorstellung lediglich kurz die jüdische Weisheitsliteratur erwähnt (vgl. ders., a. a. O., 367). Ähnlich einseitig *W. v. Heyden,* Doketismus und Inkarnation, der auf den hellenistischen Kontext ganz kurz eingeht (vgl. a. a. O., 383 f), um dann den Ursprung der Inkarnationsvorstellung in mystischen frühjüdischen-frühchristlichen Vorstellungen zu suchen, die ihren Anhaltspunkt bereits beim historischen Jesus haben und sich dann vor allem mit Hilfe von Engel-Christologien weiterentwickelten (vgl. a. a. O., 461 f). Auch *J. D. G. Dunn,* Christology in the Making, 259 u. ö.; *B. Janowski,* Die Einwohnung Gottes in Israel, 34–37; *J. Frey,* Joh 1,14, die Fleischwerdung des Logos und die Einwohnung Gottes in Jesus Christus, 243 ff, verbleiben (wie zuvor z. B. *H. Gese*) bei monokausalen jüdischen Erklärungsmustern.

[205] Vgl. Philo, LegGai 118 (= Neuer Wettstein I/2, 54 f).

[206] Dies gilt auch für andere Mittlergestalten; vgl. z. B. Plut, De Iside et Osiride 361: »Darauf wurden denn beide, Isis sowohl als Osiris, um ihrer Tugend willen aus der Zahl der guten Dämonen unter die Götter

Zudem weist gerade die joh. Inkarnationsvorstellung ein semantisches und theologisches Eigen-profil auf, das sich vereinheitlichenden religionsgeschichtlichen Zuordnungen verweigert. Schon die Verbindung von λόγος und σάρξ an sich ist singulär; hinzu kommt die damit verbundene theo-logische Aussage: Es geht zuallererst um Fleischwerdung, die nicht vorschnell mit der Menschwer-dung überdeckt werden darf! Die Pointe des Prologs besteht gerade darin, dass der Abgrund zwischen Gott und dem Fleisch nicht einfach durch die Menschwerdung zugedeckt wird. Vielmehr kommen hier zwei Größen zueinander und ineinander, die ansonsten strikt getrennt sind. Fleisch bedeutet Zeitlichkeit und Vergänglichkeit, Verletzlichkeit und Verweslichkeit, alles Kategorien, die an Gott nicht herangetragen werden können. Die damit ausgesagte Paradoxie erfährt noch eine weitere Steigerung: Es ist das kreatürliche Sein, in das der Logos nicht nur eingeht, sondern zu dem er auch bleibend wird. Die Verbform ἐγένετο wird mit einem Prädikatsnomen (σάρξ) gebraucht und bedeutet ›werden‹, nicht aber nur ›Fleisch annehmen‹ oder ›im Fleisch erscheinen‹.[207] *Theolo-gisch bedeutet somit Inkarnation eine Humanisierung des Gottesgedankens und der Religion, denn im Logos Jesus Christus ging Gott in alle Bereiche menschlichen Lebens ein; Gott will in seinem Verhältnis zur Welt gedacht und erfahren werden.* Aus Liebe sandte Gott seinen Sohn (Joh 3,16) und gerade vom Leidenden gilt: »Siehe, der Mensch« (Joh 19,5b). Zugleich bleibt aber der fleischgewordene Logos göttlich, weil in der kreatürlichen Sarx seine Doxa aufleuchtet. Speziell diese Doppelstruktur des wirklich Menschlichen und bleibend Göttlichen ist religionsgeschichtlich nicht ableitbar und bildet das Fundament der in dieser Form neuen Inkarnationsvorstellung.

---

versetzt, ebenso, wie nachmals Bacchus und Herkules; und nun werden sie mit Recht zugleich als Götter und Dämonen (ἅμα καὶ θεῶν καὶ δαιμόνων) verehrt, da sie überall, vorzüglich aber auf und unter der Erde, eine große Macht besitzen.«

[207] Gegen *W. v. Heyden*, Doketismus und Inkarnation, 475, der genau diesen Gedanken minimieren will: »Dieses Zusammentreffen vorgegebener, schon verknüpfter Vorstellungen (Messias, Menschensohn, ent-rückter Gerechter) mit der Erfahrung einer realen, menschlichen Person (Jesus von Nazareth), an der man epiphan Gottes Vollmacht sehen, hören und befreiend und heilend erleben kann, führt zur Rede vom ›Fleisch‹ Christi. ›Fleisch‹ ist dabei der Ort der Erscheinung, der Offenbarung. Das Fleisch Christi ist daher der ›Tempel‹. Es ist das Kleid und die Gestalt des HERRN, mit der er unter uns Menschen sichtbar werden konnte, so dass er erstens überhaupt sichtbar werden konnte und dies zweitens in einer Art und Weise, die für die Menschen nicht als vernichtende Herrlichkeit erschien.«

II. Täuferzeugnis, Taufe Jesu und erste Jünger 1,19–51

Das 1. Kapitel des Johannesevangeliums ist von Bewegungen und Gegenbewegungen geprägt: Auf das Kommen des Logos in die Welt (1,1–18) folgt eine erste Gegenbewegung ›der Juden‹ (1,19–28). Dann kommt erstmals Jesus ins Bild (1,29–31) und Gott selbst weist Jesus in der Taufe als Geistträger und Sohn Gottes aus (1,32–34). Geradezu ein permanentes Kommen und Gehen zeichnet die Jüngerberufungen aus (1,35–51). Kompositionell orientiert sich die Eröffnung des Evangeliums in Joh 1 in seiner Makro-Struktur am Markusevangelium:

1) Programmtext	Mk 1,1[1]	Joh 1,1–18
2) Das Zeugnis des Täufers	Mk 1,2–8	Joh 1,19–28
3) Taufe Jesu	Mk 1,9–11	Joh 1,29–34
4) Erste Jünger	Mk 1,16–20	Joh 1,35–51
5) Wunder	Mk 1,21–28	Joh 2,1–11

Zugleich setzt Johannes aber eigene Akzente: a) Er präsentiert mit dem Prolog einen ausgeführten Programmtext; b) steigert das negative Bekenntnis des Täufers; c) lässt die Bewährung in der Wüste aus, weil sie für den präexistenten Logos völlig unpassend ist; d) arrangiert die Taufe Jesu neu, indem nun Gott exklusiv als Täufer auftritt; e) gestaltet in unerwarteter Weise die Jüngerberufung, indem er überraschende Bewegungen im Text vollzieht, neue Namen einführt und Rätsel aufgibt; und f) lässt den eigentlich immer präsenten Jesus erst sukzessive ins Bild kommen. Zunächst wird über Jesus berichtet bzw. gesprochen (V. 1–18.19–28), dann tritt ein schweigender Jesus ins Bild (V. 29–34), der erst in V. 38 die entscheidende Frage stellt: »Was sucht ihr?« Man kann das gesamte Evangelium als Antwort auf diese Frage verstehen.

1. Das Zeugnis des Täufers und die Taufe Jesu 1,19–34*

(19) Und dies ist das Zeugnis des Johannes, als die Juden aus Jerusalem Priester und Leviten zu ihm sandten, um ihn zu fragen: »Wer bist du?« (20) Und er legte ein Bekenntnis ab und leugnete nicht und bekannte: »Ich bin nicht der Christus.« (21) Und sie fragten ihn: »Was dann? Bist du Elia?« Und er sprach: »Ich bin es nicht.« »Bist du der Prophet?« Und er antwortete: »Nein.« (22) Daraufhin sagten sie zu ihm: »Wer bist du? Wir müssen denen, die uns gesandt haben, eine Antwort geben. Was sagst du über dich selbst?« (23) Er sprach: »Ich bin die Stimme eines Rufers in der

---

[1] Mk 1,1 einschließlich des textkritisch unsicheren υἱοῦ θεοῦ.

Wüste: Macht gerade den Weg des Herrn, wie es Jesaja, der Prophet, sagte.« (24) Und sie waren von den Pharisäern abgesandt. (25) Und sie fragten ihn und sprachen zu ihm: »Warum taufst du, wenn du nicht der Messias bist, nicht Elia und nicht der Prophet?« (26) Johannes antwortete ihnen und sprach: »Ich taufe mit Wasser. Mitten unter euch steht der, den ihr nicht kennt, (27) der nach mir kommt, dessen Riemen der Sandalen zu lösen ich nicht wert bin.« (28) Dies geschah in Bethanien jenseits des Jordan, wo Johannes taufte. (29) Am nächsten Tag sieht er, wie Jesus zu ihm kommt, und sagt: »Siehe, das Lamm Gottes, das die Sünde der Welt trägt. (30) Dieser ist es, von dem ich gesagt habe: Nach mir kommt ein Mann, der vor mir war, denn er war früher als ich. (31) Und ich kannte ihn nicht, damit er aber offenbar gemacht würde dem Volk Israel, deshalb bin ich gekommen, um mit Wasser zu taufen.« (32) Und Johannes legte Zeugnis ab, indem er sagte: »Ich sah den Geist wie eine Taube vom Himmel herabsteigen, und er blieb auf ihm. (33) Und ich kannte ihn nicht, der mich aber gesandt hat, um mit Wasser zu taufen, jener sprach zu mir: ›Auf wen du den Geist herabsteigen und bleiben siehst, dieser ist es, der mit Heiligem Geist tauft.‹ (34) Und ich habe ihn gesehen und habe bezeugt, dieser ist der Sohn Gottes.«

V. 34: P[66.75] א[c] A B C K L P W S Δ Θ Π Ψ 063 083 f[1.13] al it vg sy[p.h] bo arm geo Or Chr Cyr lesen ὁ υἱὸς τοῦ θεοῦ; demgegenüber bezeugen א* b e ff[2]* sy[s.c] Ambr den für Johannes singulären Titel ὁ ἐκλεκτὸς τοῦ θεοῦ (vgl. Lk 23,35). Für die erste LA sprechen sowohl die äußere Bezeugung als auch die joh. Theologie: Als zentraler Titel bildet ὁ υἱὸς τοῦ θεοῦ die sachgemäße Klimax dieser Erzähleinheit.[2]

An das Kommen des Logos in die Welt schließt sich eine erste Gegenbewegung in Gestalt der von den Pharisäern (V. 24) gesandten Priester und Leviten an, die Johannes d. Täufer einem Verhör unterziehen. Der Evangelist entfaltet damit die Leseanweisungen des Prologs, indem der Täufer für seine Person negativ und für Jesus positiv Zeugnis ablegt und somit das Verhältnis zwischen λόγος (›Logos‹) und ἄνθρωπος (›Mensch‹) eindeutig bestimmt wird. Das indirekte Zeugnis des Täufers über Jesus in Joh 1,19–28 knüpft an 1,6–8 an, das positive Zeugnis in Joh 1,29–34 nimmt 1,15 auf:[3] Johannes ist nicht das Licht, sondern dessen Zeuge. Mit der Gestalt des Täufers

---

*   Literatur: *Brown, Sh.:* The Priests and Levites: Identity and Politics in the Search for a Messiah, in: *St. A. Hunt/D. F. Tolmie/R. Zimmermann* (Hg.), Character Studies, 110–115; *Dodd, C. H.:* Historical Tradition, 248–278; *Dschulnigg, P.:* Jesus begegnen, 10–35; *Ernst, J.:* Johannes der Täufer, 196–205; *Freed, E. D.:* Jn 1,19–27 in Light of Related Passages in John, the Synoptics and Acts, in: The Four Gospels III (FS F. Neirynck), hg. v. *F. van Segbroeck* u. a., 1943–1961; *Iersel, B. M. F. van:* Tradition und Redaktion in Joh 1,19–36, NT 5 (1962), 245–268; *Koch, D. A.:* Der Täufer als Zeuge des Offenbarers. Das Täuferbild von Joh 1,19–34 auf dem Hintergrund von Mk 1,2–11, in: The Four Gospels III (FS F. Neirynck), hg. v. *F. van Segbroeck* u. a., 1963–1984; *Martyn, J. L.:* We have found Elijah, in: *ders.,* The Gospel of John in Christian History, New York 1978, 9–54; *Öhler, M.:* Elia im Neuen Testament, BZNW 88, Berlin 1997, 89–97; *Porsch, F.:* Pneuma und Wort, 19–51; *Richter, G.:* Zur Frage von Tradition und Redaktion in Joh 1,19–34, in: *ders.,* Studien, 288–314; *Schenke, L.:* Die literarische Entstehungsgeschichte von Joh 1,19–51, BN 46 (1989), 24–57; *Stowasser, M.:* Johannes der Täufer, 57–151; *Theobald, M.:* Fleischwerdung des Logos, 272–282.438–456; *Trocmé, É.:* Jean et les Synoptiques: l'exemple de Jn 1,15–34, in: The Four Gospels III (FS F. Neirynck), hg. v. *F. van Segbroeck* u. a., 1935–1941; *Williams, C. H.:* John (the Baptist): The Witness on the Threshold, in: *St. A. Hunt/D. F. Tolmie/R. Zimmermann* (Hg.), Character Studies, 46–60.

2   Mit *R. Bultmann,* Joh, 64 Anm. 2; *J. Blank,* Joh Ia, 138; *L. Schenke,* Entstehungsgeschichte, 28 Anm. 18; *M. Theobald,* Fleischwerdung des Logos, 282 f; gegen *R. Schnackenburg,* Joh I, 305; *J. Jeremias,* Neutestamentliche Theologie, Gütersloh, ³1979, 60 Anm. 17; *M. Stowasser,* Johannes der Täufer, 59 f.

3   Vgl. *M. Hooker,* John the Baptist and the Johannine Prologue, NTS 16 (1969/70), 354–358; *M. Stowasser,* Johannes der Täufer, 67 f. Zur Erzählstruktur von Joh 1,19–34 vgl. *L. Schenke,* Entstehungsgeschichte, 26–29.

verzahnt der Evangelist nicht nur nachdrücklich Prolog und Corpus des Evangeliums; er lässt mit dem Auftreten ›der Juden‹ (V. 19) die dramatische Auseinandersetzung zwischen Glauben und Unglauben beginnen, die sich nun vor den Hörern und Lesern des Evangeliums abspielt.

19 Die Wendung καὶ αὕτη ἐστιν ἡ μαρτυρία τοῦ Ἰωάννου bildet die Überschrift zum gesamten Abschnitt und geht auf den Evangelisten zurück.[4] Die Juden aus Jerusalem schicken eine Gesandtschaft zu Johannes d. Täufer, er wird einer offiziellen Befragung unterzogen (vgl. Joh 9,13–34). Die Messianität und der Offenbarungsanspruch Jesu stehen bereits hier im Hintergrund, sie werden im weiteren Verlauf des Evangeliums immer wieder kontrovers erörtert. Die Zusammensetzung der Gesandtschaft aus Priestern und Leviten[5] und damit aus Vertretern des Kultpersonals repräsentiert das offizielle Judentum und berührt das mit dem Offenbarungsanspruch Jesu eng verbundene Problem des legitimen Kultes, das in Joh 2,14–22 explizit wiederaufgenommen wird. Die Frage der Gesandtschaft »Wer bist du?« korrespondiert mit der Frage »Warum taufst du?« in Joh 1,25 und strukturiert das Folgende.
20 Die Antwort des Täufers hat in mehrfacher Hinsicht einen indirekten Charakter. Zunächst wird betont, dass der Täufer ein intensives und wahres Bekenntnis ablegt: ἐγὼ οὐκ εἰμὶ ὁ Χριστός (›Ich bin nicht der Christus‹).[6] Es dient in seiner negativen Form der Vorbereitung für Jesu Selbstoffenbarungen in den ἐγώ εἰμι-Worten. Den Hintergrund dieser ausdrücklichen Nichtidentifikation dürfte die Verwendung dieses Titels durch die Täufergemeinde für ihren eschatologischen Prätendenten bilden. Lk 3,15f; Just, Dial 88,7[7] und PsClemRc I 54; 60,[8] lassen deutlich erkennen, dass es einen Konflikt um die messianische Verehrung des Täufers gab.[9] **21** Die Fragesteller bieten zwei weitere Identifizierungsmöglichkeiten an, beide werden von Johannes d. Täufer ausdrücklich abgelehnt. Während der Täufer in Mk 9,11–13; Mt 11,12–14; 17,10–13; Lk 1,14–17.76[10] als wiederkehrender Elia erscheint, weist der 4. Evangelist diese Interpretation zurück. Den Anlass dafür bildeten wahrscheinlich Anschauungen der Täufergemeinde, in denen die eschatologische Funktion ihres Gründers mit der Gestalt des Elia redivivus umschrieben wurde.[11] Möglicherweise stehen dabei Anschauungen im Hintergrund, die im Dialog Justins mit Tryphon von

---

[4] Vgl. *J. Beutler,* Martyria, 232.
[5] Die Wendung ἱερεῖς καὶ Λευίτας findet sich im Johannesevangelium nur hier; *M. Stowasser,* Johannes der Täufer, 124, wertet sie als einen Hinweis auf Tradition.
[6] Bloßes Χριστός nur 17mal im Johannesevangelium (bei 529 Belegen im NT); allerdings zeigt die Platzierung (vgl. z. B. 11,27; 20,31) die Bedeutung des Titels an.
[7] Justin referiert die neutestamentliche Täufertradition (Mk 1,4–6par): »Als nämlich Johannes am Jordan war und die Taufe der Buße predigte, als er nur einen Ledergürtel und ein Gewand aus Kamelhaaren trug und nichts aß als Heuschrecken und wilden Honig, da meinte man, er sei der Christus; doch er rief: ›Nicht ich bin der Christus …‹«
[8] Zur Analyse vgl. *G. Strecker,* Das Judenchristentum in den Pseudoklementinen, TU 70, Berlin ²1981, 236–243.
[9] Vgl. *M. Stowasser,* Johannes der Täufer, 79–83; *M. Karrer,* Der Gesalbte, 360 f.
[10] Vgl. dazu *F. Hahn,* Christologische Hoheitstitel, 371–380.
[11] Vgl. *G. Richter,* »Bist du Elias?« (Joh 1,21), in: *ders.,* Studien, 13–15, *K. Backhaus,* »Jüngerkreise«, 354; *F. Hahn,* Christologische Hoheitstitel, 382.

Bedeutung sind.[12] Danach gebührt dem wiederkommenden Elia die Aufgabe, den bis dahin unerkannt auf Erden lebenden Messias zu salben und allen bekannt zu machen (vgl. Just, Dial 8,4; 49,1; 110,1). Der 4. Evangelist kennt die Tradition vom unerkannten Messias (Joh 7,27), und Johannes d. Täufer kommt in Joh 1,31a der bei Justin erwähnten Aufgabe des Elia redivivus nach, den Messias in Israel bekannt zu machen. Der 4. Evangelist würde die konkurrierenden Ansprüche der Täufergemeinde indirekt bestätigen, wenn er von einer Taufe Jesu durch Johannes d. Täufer als Elia redivivus berichtet hätte. Deshalb verwehrt er Johannes ausdrücklich den Beinamen ὁ βαπτίζων (›der Täufer‹) und betont nachdrücklich, dass Jesus von Gott getauft wurde (vgl. Joh 1,32 f). Auch die Zurückweisung des Titels ὁ προφήτης (›Prophet‹) erklärt sich am ehesten durch Auseinandersetzungen mit der konkurrierenden Täufergemeinde.[13] Wahrscheinlich sahen die Täuferjünger in ihrem Meister einen Propheten wie Mose (vgl. Dtn 18,15–18), zumal sich die Erwartung eines eschatologischen Propheten[14] von Mal 3,1.23 f an mit der Gestalt des wiederkehrenden Elia verbindet.   **22** Die bisherigen Negationen verdeutlichen die Dringlichkeit einer Antwort auf die Frage, wer denn der Täufer sei. Das Insistieren auf dieser Frage begründen die Fragesteller mit ihren Auftraggebern, die eine befriedigende Antwort erwarten.   **23** Der Täufer gibt sie mit einem verkürzten Zitat aus Jes 40,3, bei dem die zweite und dritte Zeile des Prophetenwortes zu einer Zeile zusammengezogen sind.[15] Das Gewicht liegt nun auf dem Zitatbeginn, der Täufer hat ausschließlich die Aufgabe, Zeugnis für den Offenbarer zu geben. Das alttestamentliche Zitat ist hier wie in Joh 6,31.45; 10,34; 12,13; 13,18; 15,25 selbst Teil der Ereignisabfolge, es überspringt die Zeitabstände und spricht als Teil der Handlung auch die textexterne Gemeinde an. Die Gleichzeitigkeit von Zitat, Erzählung und Verstehen zielt darauf, das Christuszeugnis der Schrift als gegenwärtig redendes unmittelbar zu Gehör zu bringen.   **24** Durch die Wendung ἐκ τῶν Φαρισαίων werden einige der Fragesteller aus V. 19 als Pharisäer gekennzeichnet.[16] Nach den Ἰουδαῖοι (›Juden‹) in V. 19 führt der Evangelist mit den Pharisäern eine weitere Größe ein, die später Jesus gegenüber feindlich gesinnt ist (vgl. Joh 7,32.45.47 f; 9,13.15.16. 40 u. ö.). Es soll deutlich werden, dass die den Täufer befragende Delegation das gesamte Judentum repräsentiert.   **25** Wenn Johannes d. Täufer nur der Zeuge des Offenbarers ist und ihm keine heilsmittlerische Qualität zukommt, stellt sich die Frage nach dem Sinn seiner Tauftätigkeit. Die nochmalige ausdrückliche Negation aller Würdebezeichnungen soll beim Leser das vom Evangelisten intendierte Täuferbild verstärken: Er ist bloßer Zeuge und erhebt keinerlei hoheitlichen Anspruch.   **26/27** Die Antwort des Täufers lehnt sich eng an die synoptischen Berichte an. Die Wendung ἐγὼ

---

[12]   Zur ausführlichen Begründung vgl. *M. Stowasser,* Johannes der Täufer, 83–95.

[13]   Vgl. *R. Bultmann,* Joh, 62; *J. Becker,* Joh I, 93; *M. Stowasser,* Johannes der Täufer, 98 ff.

[14]   Vgl. hierzu *F. Hahn,* Christologische Hoheitstitel, 351–371; *H. J. Kuhn,* Christologie und Wunder (s. u. II./2), 294–344.

[15]   Vgl. zu den Einzelheiten des Zitates *M. J. J. Menken,* Quotations, 21–35; *D. A. Koch,* Täuferbild, 1971 Anm. 27.

[16]   Vgl. *R. Schnackenburg,* Joh I, 280. Andere Interpretationen referiert *M. Stowasser,* Johannes der Täufer, 139.

βαπτίζω ἐν ὕδατι (›ich taufe mit Wasser‹) dürfte auf Mk 1,8par zurückgehen, V. 27a berührt sich mit Mt 3,11, und V. 27b zeigt eine deutliche Nähe zu Mk 1,7bpar Zugleich gestaltet Johannes durch zwei Änderungen die Ereignisabfolge: Er trennt die Wassertaufe von ihrem positiven Gegenstück, der Geisttaufe. Dies entspricht der gesamten Komposition von Joh 1,19–51, die darauf abzielt, Jesus immer mehr in das Bildfeld rücken zu lassen. Mit dieser Intention hängt auch die zweite grundlegende Veränderung gegenüber den Synoptikern zusammen, der Hinweis auf den unbekannt bereits Anwesenden in V. 26c. Auf der textinternen Erzählebene dient dieser Verweis der Steigerung der Erwartungshaltung, die Lesergemeinde hingegen kennt bereits jenen Unbekannten; sie weiß, dass Jesus schon immer hinter dem Geschehen steht. Deshalb bleibt unerwähnt, dass die Johannestaufe auf die Sündenvergebung zielte (Mk 1,4; Lk 3,3) und mit einem Sündenbekenntnis der Getauften verbunden war (Mk 1,5/Mt 3,6). Der Blick des Lesers wird somit nachdrücklich auf die entscheidende Person der Erzählung gelenkt. Die folgenden Jüngerberufungen illustrieren, wie durch eine Offenbarung Gottes (vgl. V. 32–34) die Unkenntnis der Person Jesu überwunden wird, so dass gesagt werden kann: ›Wir haben den Messias gefunden‹ (V. 41). Über die Jüngerberufungen hinaus sind Begegnungs-Texte wie Joh 4,1–42; 5,1–15; 7,25–28; 9,35–38 und 20,1–10.11–18 vom Motiv des ›Suchens‹ und ›Findens‹ und der Überführung des ›Nicht-Kennens‹ in den Glauben geprägt. Der Evangelist baut damit eine Sinnlinie auf, die von einem Grundgedanken geprägt ist: Jesus Christus offenbart und erschließt sich selbst den Seinen.[17] **28** Mit einem Präzisierungssatz schließt Johannes die erste Szene ab.[18] Die konkrete Ortsangabe zeigt, dass der Evangelist über alte Lokaltraditionen verfügte und an einer historisch-geographischen Verortung der Jesusgeschichte nachdrücklich interessiert war. Bethanien lag östlich von Jericho, jenseits des Jordans. Der Name ›Bootshausen‹ erklärt sich aus dem dortigen Fährbetrieb über den Jordan.[19] Der Täufer trat somit an jenem Ort auf, an dem Elia die Erde verließ (vgl. 2Kön 2). **29** Eine Zeitangabe leitet das positive Zeugnis des Täufers über Jesus ein. Die Gesandten aus Jerusalem sind verschwunden, alles konzentriert sich mit dem Täufer auf den in das Bild kommenden Jesus. Ihm gilt das Offenbarungswort des Täufers, das als erste positive Würdebezeichnung programmatischen Charakter hat: ὁ ἀμνὸς τοῦ θεοῦ (ὁ αἴρων τὴν ἁμαρτίαν τοῦ κόσμου) = ›das Lamm Gottes (das die Sünde der Welt trägt)‹. Die Herkunft der Bezeichnung ὁ ἀμνὸς τοῦ θεοῦ ist umstritten, als möglicher traditionsgeschichtlicher Hintergrund kommen gleichermaßen die Passatradition und der Gottesknecht aus Jes 53 in Frage. Für die Passatradition kann angeführt werden, dass Jesus nach Joh 18,28; 19,36 zu der Zeit stirbt, als im Tempel die Passalämmer

---

[17] Vgl. *K. Scholtissek*, »Mitten unter euch steht der, den ihr nicht kennt« (Joh 1,26), MThZ 48 (1997), 103-121

[18] Vgl. dazu *C. J. Bjerkelund*, Tauta Egeneto, 73-76.

[19] Vgl. *H. Stegemann*, Die Essener, Qumran, Johannes der Täufer und Jesus, 294. Einen Überblick zu den diversen Erklärungsversuchen findet sich bei *R. Riesner*, Bethanien jenseits des Jordans, 43–56, der allerdings Bethanien nicht als einen spezifischen Ort, sondern als Region versteht, den äußersten südwestlichen Teil von Bathanäa. Vgl. ferner *W. Wiefel*, Bethabara jenseits des Jordans (Joh 1,28), ZDPV 83 (1967), 72–81.

geschlachtet werden, und Johannes durch das Schriftzitat Ex 12,46 Jesus als das wahre Passalamm kennzeichnet. Auf den Gottesknecht Deuterojesajas weisen hingegen der Vergleich dieser Gestalt mit einem Lamm (vgl. Jes 53,7: »Misshandelt wurde er und beugte sich, und öffnete nicht seinen Mund, wie ein Lamm, das zur Schlachtbank gebracht wird ...«) und seine Aufgabe hin, die Sünden der vielen zu tragen (vgl. Jes 53,4.11fLXX).[20] Wahrscheinlich bezieht sich der Evangelist auf beide Überlieferungskomplexe, was der Mehrschichtigkeit seines Denkens entspricht. Entscheidend ist ohnehin der Sachgehalt der joh. Aussage: Paradoxerweise offenbart sich die Macht der Liebe in der Ohnmacht des Kreuzes. Jesus erscheint in der Gestalt der Niedrigkeit und hat dennoch die Macht vom Vater, die Welt zu erlösen. Der joh. Sündenbegriff ist (wie der paulinische) universal,[21] sprachlich angezeigt durch den Singular ἡ ἁμαρτία; Jesus nimmt nicht nur die Sünden Israels, sondern der ganzen Welt hinweg. Für die joh. Christen ist die Taufe der Ort, wo sie in die Lebensmacht des Geistträgers und Geisttäufers Jesus von Nazareth miteinbezogen (vgl. Joh 1,33; 3,5; 4,1) und von der Macht der Sünde getrennt werden.[22] Als ὁ ἀμνὸς τοῦ θεοῦ rettet Jesus durch seinen stellvertretenden Sühnetod am Kreuz den widergöttlichen Kosmos aus seiner Verfallenheit an die Sünde. *Genau an der Stelle, wo der joh. Jesus zum ersten Mal in den Blick kommt, erscheint er als der Gekreuzigte.*[23] Die erzählerische Wiederaufnahme der Metaphorik des ›Tragens‹ in Joh 19,17 verdeutlicht die Zusammenhänge:[24] Jesus trägt selbst sein Kreuz zur Hinrichtungsstätte; es ist das Kreuz, das bereits in Joh 1,11b (»und die Seinen nahmen ihn nicht auf«) im Blick ist und als Ort des lebenschaffenden Todes Jesu der gesamten Jesus-Christus-Geschichte bei Johannes die Perspektive gibt.[25] Bereits am Anfang ist damit das Ende präsent, die Hörer/Leser wissen, dass der Weg des präexistenten und inkarnierten Logos ans Kreuz führt. **30** Der Evangelist[26] greift auf Joh 1,15 zurück und interpretiert zugleich Joh 1,27: Das sündentilgende Lamm Gottes ist kein anderer als der präexistente Logos. **31** Die Zeugenfunktion des Täufers wird von Johannes[27] in zweifacher Hinsicht entfaltet: a) Das Unwissenheitsmotiv disqualifiziert den Täufer als

---

[20] Umfassende traditionsgeschichtliche Analysen finden sich bei *M. Hasitschka*, Befreiung von Sünde, 52–109 (votiert für die Gottesknechtvorstellung), und *Th. Knöppler*, theologia crucis, 67–83; *R. Metzner*, Das Verständnis der Sünde, 143-156 (sehen die Passatradition im Hintergrund).

[21] Vgl. *R. Metzner*, Das Verständnis der Sünde, 129: »Es geht nicht um eine immer wieder notwendige Vergebung einzelner Sünden, sondern um die Totalität der Sünde, deren Macht einmalig und für immer am Kreuz gebrochen wurde.«

[22] Vgl. *M. Hasitschka*, Befreiung von Sünde, 168–170.

[23] Wer die Bedeutung des Kreuzes bei Johannes minimieren will, muss entweder V. 29b ohne hinreichende Gründe für sekundär erklären (so *J. Becker*, Joh I, 111; *U. B. Müller*, Zur Eigentümlichkeit des Johannesevangeliums, 51f), oder einen wirklichen Bezug auf den Tod Jesu bestreiten (so *J. Schröter*, Sterben für die Freunde, 286).

[24] Vgl. auch αἴρειν in Joh 19,15.38.

[25] Zur kreuzestheologischen Interpretation von Joh 1,29 vgl. auch *U. Wilckens*, Christus traditus, se ipsum trandens, 33–37; *R. Metzner*, Das Verständnis der Sünde, 115–158; *J. Frey*, Die »theologia crucifixi« des Johannesevangeliums, 197–207; *W. Loader*, Jesus in John's Gospel, 136–155.

[26] Vgl. *M. Stowasser*, Johannes der Täufer, 125 f.

[27] Vgl. *M. Stowasser*, Johannes der Täufer, 126 f. Als joh. Stilmerkmal muss ἔρχομαι ἵνα (final) gelten; vgl. *E. Ruckstuhl/P. Dschulnigg*, Stilkritik, 79.

Offenbarungsträger, und die passivische Form φανερωθῇ lässt Gott als eigentliches Subjekt der Handlung erscheinen.[28] b) Die Taufe mit Wasser legitimiert nicht den Messias, sie hat lediglich Verweischarakter.   **32** In der Taufe Jesu kommt die Zeugenfunktion des Täufers zu ihrem Ziel. Zunächst wird die Frage beantwortet, woher der Täufer wusste, dass Jesus der endzeitliche Heilsbringer ist, obwohl er ihn nicht kannte: Er ist Zeuge der Verleihung des Geistes an Jesus, der nicht nur aus dem ›Himmel‹ und damit direkt von Gott kommt, sondern ausdrücklich auf Jesus ›bleibt‹. Als Träger des göttlichen Geistes ist Jesus von Nazareth der Christus (vgl. Jes. 61,1LXX: πνεῦμα κυρίου ἐπ᾽ ἐμέ, οὗ εἵνεκεν ἔχρισέν με).[29] Während sich Jesus in Mk 1,9 dem Täufer unterordnet (… ἐβαπτίσθη … ὑπὸ Ἰωάννου … = ›er wurde getauft … von Johannes …‹), besteht hier dessen Rolle und Würde allein im Zeuge-Sein. Nach joh. Logik kann der präexistente Logos nicht nachträglich durch eine (wenn auch herausragende) irdische Gestalt legitimiert werden.   **33** Erst jetzt erhellt sich der Zusammenhang zwischen der Geistverleihung an Jesus und der Wassertaufe des Johannes. Gott lässt den Täufer seine Rolle erkennen; seine Taufe hat lediglich vorläufigen und hinweisenden Charakter, entscheidend ist allein, was dem Täufer geoffenbart wird: οὗτός ἐστιν ὁ βαπτίζων ἐν πνεύματι ἁγίῳ (›dieser ist es, der mit Heiligem Geist tauft‹). Die Vermittlung des Geistes gebührt allein dem Offenbarer Jesus Christus, d. h. der 4. Evangelist lässt auch hier Johannes d. Täufer gegen dessen eigene Gemeinde argumentieren, in der die Geistverleihung von hoher Bedeutung war (vgl. Apg 19,1–7). Allein Gott vermag Jesus mit dem Geist zu ›taufen‹. Johannes d. Täufer hingegen bezeugt nur, dass Jesus der Geistempfänger, der Geistträger und der Geistübermittler ist.[30] Durch die Wiederaufnahme der Wendung καὶ μένον ἐπ᾽ αὐτόν (›und er [= der Geist] blieb auf ihm‹) betont der 4. Evangelist nachdrücklich die Bedeutung des Geistes für seine Jesusgeschichte. Weil der Geist Gottes bleibend auf Jesus ruht, zu einem Attribut seiner Person wird, kann das gesamte Auftreten Jesu, seine Taten und Reden, als ein Geschehen in der Kraft des Geistes verstanden werden.[31] Als endzeitlicher Geistträger gehört der geschichtliche Jesus von Nazareth, der bei Johannes immer zugleich auch der Prä- und Postexistente ist, bleibend auf die Seite Gottes. In die Kontinuität dieses Geistgeschehens weiß sich auch die joh. Gemeinde miteinbezogen, denn der Auferstandene gibt seinen Jüngern den Geist (vgl. Joh 7,39; 20,21b–22), und der Paraklet führt und lehrt die Gemeinde in der Zeit der Abwesenheit Jesu (vgl. Joh 14,16.26).   **34** Das Zeugnis des Täufers wird mit einem Bekenntnis abgeschlossen: οὗτός ἐστιν ὁ υἱὸς τοῦ θεοῦ (›dieser ist der Sohn Gottes‹). Zum ersten Mal erscheint der zentrale christologische Titel des 4. Evangeliums im vollen offenbarungstheologischen Sinn, er wird im wei-

---

28   Vgl. *M. Stowasser,* Johannes der Täufer, 143.
29   Vgl. auch Jes 11,2; 42,1; Weish 7,27; PsSal 17,37; 18,7. *H. Chr. Kammler,* Jesus Christus und der Geistparaklet (s. u. XI.), 155-169, betont zu Recht, dass diese alttestamentlichen Texte keine joh. Adoptions-Christologie nahelegen, vielmehr die joh. Sohn-Gottes-Christologie mit ihrer Präexistenzvorstellung den alttestamentlichen Messias-Begriff umformt und überbietet.
30   Vgl. *D. A. Koch,* Täuferbild, 1980.
31   Vgl. *G. M. Burge,* Anointed Community, 50 ff.

teren Verlauf des Werkes mehr und mehr entfaltet.[32] Die Aufnahme des Titels an dieser Stelle lässt in zweifacher Weise die sorgfältige Komposition des Evangelisten erkennen: a) Keiner der in V. 20 f.25 an den Täufer herangetragenen Titel vermag das Wesen Jesu wirklich zu erfassen. b) Johannes verweist mit ὁ υἱὸς τοῦ θεοῦ auf den Abschlussvers des Evangeliums (Joh 20,31), so dass der Titel Sohn Gottes das Wirken Jesu von der Berufung der ersten Jünger bis hin zur Sendung der Jünger umspannt.

Joh 1,19–34 ist Bestandteil einer Evangeliumseröffnung, die ein etappenweises Ins-Bild-Kommen Jesu zeichnet.[33] Der Evangelist lässt Johannes d. Täufer als bloßen Zeugen erscheinen, dem lediglich die Ehre zukommt, als erster auf die Würde Jesu hinzuweisen. Zugleich steht er damit aber innerhalb der Makrostruktur des Evangeliums am Anfang einer immer tiefer vordringenden Glaubenserkenntnis. Die Juden nehmen den Hinweis des Täufers nicht auf, so dass sie nicht mehr Zeugen des direkten Bekenntnisses des Täufers in Joh 1,29–34 sind. Für das Verständnis des gesamten Evangeliums ist entscheidend, dass der 4. Evangelist Jesus als Geistträger vorstellt. Die Pneumatologie erweist sich bereits zu Beginn des Evangeliums als Tiefenschicht joh. Theologie.

2. Die ersten Jünger 1,35–51*

(35) Am darauf folgenden Tag stand Johannes wieder da und zwei von seinen Jüngern. (36) Und als er sah, wie Jesus vorüberkam, spricht er:»Siehe, das Lamm Gottes!« (37) Die beiden Jünger hörten, wie er das sagte, und sie folgten Jesus. (38) Als Jesus sich umwandte und sah, dass sie ihm nachfolgten, spricht er zu ihnen:»Was sucht ihr?« Sie aber antworteten ihm:»Rabbi – das heißt übersetzt ›Lehrer‹ – wo wohnst du?« (39) Spricht er zu ihnen:»Kommt und seht!« Da kamen sie und sahen,

---

[32] Vgl. bes. die Bekenntnisse des Nathanael (Joh 1,49) und der Martha (Joh 11,27).
[33] Vgl. *M. Stowasser,* Johannes der Täufer, 135. Er führt den Nachweis, dass für die Entstehungsgeschichte von Joh 1,19–34 keine umfangreichen literarischen Vorlagen oder sukzessive Bearbeitungen angenommen werden müssen (vgl. a. a. O., 116–122), sondern sich der Jetzttext der bewussten Komposition des Evangelisten verdankt, wobei das Zeugnismotiv und das Motiv des Messias incognitus bestimmend sind.

* Literatur (vgl. auch zu 1,19–34): *Backhaus, K.:*»Jüngerkreise«, 230–249; *Böttrich, Chr.:*»Suchen und finden« Aspekte des johanneischen Menschenbildes nach Joh 1,35–51, in: Menschenbild und Menschenwürde, hg. v. *E. Herms,* Gütersloh 2001, 379–396; *Dodd, C. H.:* Historical Tradition, 302–312; *Dschulnigg, P.:* Jesus begegnen, 36-50; *Hahn, F.:* Die Jüngerberufung in Joh 1,35–51, in: Neues Testament und Kirche (FS R. Schnackenburg), hg. v. *J. Gnilka,* Freiburg 1974, 172–190; *Hanhart, K.:* The Structure of John i 35–iv 54, in: Studies in John (FS J. N. Sevenster), NT.S 24, Leiden 1970, 22–46; *Kuhn, H. J.:* Christologie und Wunder. Untersuchungen zu Joh 1,35-51, BU 18, Regensburg 1988 (Lit.!); *Manning, G. T.:* The Disciples of John (the Baptist): Hearers of John, Followers of Jesus, in: *St. A. Hunt/D. F. Tolmie/R. Zimmermann* (Hg.), Character Studies, 127–132; *Meyer, A.:* Kommt und seht. Mystagogie im Johannesevangelium ausgehend von Joh 1,35–51, fzb 103, Würzburg 2005; *Painter, J.:* Quest, 177–188; *Scholtissek, K.:* »Rabbi, wo wohnst du?« (Joh 1,38). Die mystagogische Christologie des Johannesevangeliums (am Beispiel der Jüngerberufungen 1,35–51), in: BiLi 68 (1995), 223–231; *Theobald, M.:* Fleischwerdung des Logos, 282–289.456–461; *Tovey, D.:* An Anonymous Disciple: A Type of Discipleship, in: *St. A. Hunt/D. F. Tolmie/R. Zimmermann* (Hg.), Character Studies, 133–136.

wo er wohnte, und sie blieben an jenem Tag bei ihm. Es war um die zehnte Stunde. (40) Andreas, der Bruder des Simon Petrus, war einer von den beiden, die (das Wort) von Johannes gehört hatten und ihm nachgefolgt waren. (41) Dieser findet zuerst seinen Bruder Simon und sagt zu ihm: »Wir haben den Messias gefunden, das heißt übersetzt: ›Gesalbter‹.« (42) Er führte ihn zu Jesus. Jesus sah ihn an und sprach: »Du bist Simon, der Sohn des Johannes. Du sollst Kephas genannt werden«, das bedeutet: ›Fels‹. (43) Am darauf folgenden Tag wollte er nach Galiläa fortgehen und findet Philippus. Und Jesus spricht zu ihm: »Folge mir nach!« (44) Philippus aber war von Bethsaida, aus der Stadt des Andreas und Petrus. (45) Philippus findet den Nathanael und sagt zu ihm: »Wir haben den gefunden, von dem Mose im Gesetz und die Propheten geschrieben haben, Jesus, den Sohn Josefs, aus Nazareth.« (46) Da sagte Nathanael zu ihm: »Kann aus Nazareth etwas Gutes kommen?« Spricht Philippus zu ihm: »Komm und sieh!« (47) Jesus sah, wie Nathanael zu ihm kam, und er sagte über ihn: »Siehe, ein wahrer Israelit, an dem kein Falsch ist.« (48) Spricht zu ihm Nathanael: »Woher kennst du mich?« Da antwortete Jesus und sprach zu ihm: »Bevor dich Philippus rief, habe ich dich gesehen, wie du unter dem Feigenbaum warst.« (49) Da antwortete ihm Nathanael: »Rabbi, du bist der Sohn Gottes, du bist der König Israels!« (50) Jesus antwortete und sprach zu ihm: »Weil ich dir sagte, dass ich dich unter dem Feigenbaum sah, glaubst du? Größeres als das wirst du sehen.« (51) Und er spricht zu ihm: »Amen, amen, ich sage euch: Ihr werdet den Himmel offen sehen und die Engel Gottes aufsteigen und niedersteigen über dem Menschensohn.«

V. 41: ℵ* L Wˢ al lesen πρῶτος; πρῶτον ist hingegen mit P⁶⁶·⁷⁵ ℵ² A B Θ Ψ 083 f¹·¹³ 892 al lat syᵖ·ʰ Epiph besser bezeugt.

Nachdem Johannes d. Täufer sein Zeugnis für den Gottessohn Jesus Christus beendet hat, wird in vier Episoden (V. 35–39.40–42.43–44.45–51) von den ersten Jüngerberufungen berichtet. Damit erfüllt sich die Verheißung aus Joh 1,7, dass Menschen durch das Zeugnis des Täufers zum Glauben finden. Der Täufer tritt ab, zugleich richtet der Evangelist den Blick endgültig auf Jesus. In der Begegnung mit ihm bildet sich der erste Jüngerkreis, der von nun an für die textexterne Hörer- und Lesergemeinde die glaubende Annahme des Offenbarungsanspruches Jesu demonstriert. Es kommt zu einer Kettenreaktion, Andreas ›findet‹ seinen Bruder Petrus, Jesus ›findet‹ Philippus, der wiederum Nathanael ›findet‹.

35 Die Zeitnennung strukturiert das Geschehen und dient der literarischen Gliederung (vgl. V. 43), nicht der exakten Zeitangabe.[34] Von nun an steht die Wirkung des Täuferzeugnisses im Mittelpunkt. **36** Die Szene vermittelt den Eindruck, als ob Jesus mit einer gewissen Regelmäßigkeit bei Johannes d. Täufer vorüberging. Damit verarbeitet der Evangelist zwei historische Sachverhalte: a) Die Überlieferung verweist auf eine geistige Verwurzelung Jesu im Täuferkreis, beide bewegten sich in einem vergleichbaren religiös-sozialen Milieu und Jesus wurde als Parallelgestalt zum Täufer wahrgenommen (vgl. Mt 11,18 fpar; Mk 2,18par; 6,14–16par; 8,28). Man wird Jesus als einen Täuferschüler auf Zeit verstehen müssen.[35] b) Nachösterlich lassen sich zahlreiche Parallelen und Verbindungen zwischen den Täuferjüngern und den Anhängern Jesu zeigen (vgl. Mk 2,18; Lk 1,5 ff; 11,2; Joh 1,35–51; 3,22 ff; 4,1–3; 10,40–42; Apg

---

[34] Vgl. *F. Hahn*, Jüngerberufung, 174. Eine exakte Zeitfolge lässt sich aus dem ἐπαύριον in V. 29.35.43 nicht ableiten.

[35] Vgl. *J. P. Meier*, A Marginal Jew II, New York 1994, 129. Zugleich gibt es keine überzeugenden Indizien für eine längere Mitgliedschaft Jesu im Täuferkreis; vgl. *K. Backhaus*, »Jüngerkreise«, 110–112.

19,1–7), die auf eine anhaltende Konkurrenzsituation zwischen der Täufer- und der Jesusbewegung hinweisen (vgl. V. 40: beide Jünger ›hören‹ bei Johannes d. T., folgen dann aber Jesus!). Wahrscheinlich schlossen sich auch Angehörige der einen Bewegung der anderen an. Wie in Joh 1,29 reagiert der Täufer mit der Aussage: ἴδε ὁ ἀμνὸς τοῦ θεοῦ (›Siehe, das Lamm Gottes‹). Die stereotype Wiederholung unterstreicht die Bedeutung des Täuferwortes über Jesus. Das Lamm als Kontrastbild zu vordergründiger Macht und Stärke zeigt, dass Gottes Liebe in Schwachheit und Verborgenheit zu den Menschen kam.   **37** Das Täuferwort bewegt zwei seiner Jünger, sich Jesus anzuschließen. Sie erkennen offenbar in Jesus von Nazareth den Sohn Gottes. Damit signalisiert der Evangelist: Wer auf den Täufer hört, folgt Jesus von Nazareth! Das Verb ἀκολου-θεῖν (›folgen/nachfolgen‹) verdeutlicht, dass die erste Begegnung der beiden Täuferjünger mit Jesus den Beginn einer festen Anhängerschaft bedeutete.[36] Christ-Werden in der Begegnung mit Jesus und Christ-Sein im Leben mit Jesus sind dadurch gekennzeichnet, dass der Mensch zu Jesus in eine Beziehung tritt und als Nachfolgender in ihr verbleibt.   **38** Jesu Frage soll die Jünger dazu anleiten, sich über die eigenen Absichten und Motive klar zu werden. Hier hat der Evangelist sowohl seine Gemeinde als auch Außenstehende im Blick. Die Fragen der Jünger sind primär Fragen der Hörer und Leser der joh. Christusbotschaft. Eine präzise Antwort auf die sie bewegende Frage nach dem Heil können die Jünger am Anfang noch nicht geben, sie antworten mit einer Gegenfrage: »Rabbi, wo wohnst du?« Die Frage zielt vordergründig auf eine Unterkunft Jesu, im Hintergrund steht aber Joh 14,2: »In meines Vaters Haus sind viele Wohnungen.« Die Begegnung mit Jesus führt Menschen auf einen Weg, dessen Ziel Gott selbst ist.   **39** Die ersten Worte des joh. Jesus sind eine Frage (V. 38b: »Was sucht ihr?«) und eine Einladung (V. 39a: »Kommt und seht!«); die Hörer und Leser des 4. Evangeliums werden damit aufgefordert, in die Textwelt einzutreten, nach Sinn zu suchen und ihn zu finden. Die Jünger folgen der Aufforderung Jesu, sie bleiben bei ihm, wobei das Verb μένειν (›bleiben‹) Signalcharakter hat; die Orts- und Zeitangabe unterstreichen die Intensität der Begegnung.[37]   **40** Die Identifizierung des einen Jüngers mit Andreas leitet die zweite Erzählsequenz ein, der Name des anderen Jüngers bleibt unerwähnt. Anders Mk 1,16 f, wo Simon und Andreas gleichzeitig von Jesus berufen werden. Bewusst verschweigt Johannes den Namen des zweiten erstberufenen Jüngers, die Hörer/Leser seines Evangeliums[38] können diese ›Leerstelle‹[39] ausfüllen, denn sie kennen ihn ohnehin: den Lieblingsjünger.[40] Dafür sprechen folgende Argumente: a) Das Verschweigen des Namens des zweiten erstberufenen Jüngers ist ein überraschender literarischer Zug, der nach einer Erklärung verlangt. Anonymität

---

36   Vgl. *K. Backhaus,* »Jüngerkreise«, 237.
37   Vgl. *J. Frey,* Eschatologie II, 191: »Die erzählerische (und damit textpragmatische) Wirkung dieses Darstellungsmittels besteht darin, dass den Lesern im Stillstehen der erzählten Zeit die Gelegenheit geboten wird, sich das Erzählte vorzustellen, darüber nachzudenken und seine Bedeutung zu erkennen.«
38   Treffend *H. Thyen,* Noch einmal: Johannes 21 (s. u. XVI.), 171, wonach der Erzähler »absichtsvoll eine Leerstelle geschaffen hat, in die sein Leser den geliebten Jünger einsetzen soll.«
39   Zum literarischen Konzept der ›Leerstelle‹ vgl. *U. Eco,* Lector in fabula, 63: »Der Text ist also mit Leerstellen durchsetzt, mit Zwischenräumen, die ausgefüllt werden müssen; und wer den Text sendet, geht davon aus, dass jene auch ausgefüllt werden.«
40   Für eine Identifizierung des unbekannten Jüngers mit dem Lieblingsjünger plädieren u. a. *A. Kragerud,*

ist kein Selbstzweck, die Rhetorik des Verschweigens fordert eine Antwort, die sich jeder Leser/Hörer des Evangeliums selbst geben kann.[41] b) Die überragende gesamtkirchliche Bedeutung des Petrus um 100 n. Chr. und seine Nennung bzw. nachträgliche Berufung in V. 41–42 erfordern eine Klärung des Verhältnisses dieser beiden herausragenden Jünger. c) Der Evangelist bietet diese Klärung mit der Gestalt des Lieblingsjüngers, der in 1,40 wie an allen anderen Stellen schweigt (anders in Joh 21,7!). d) Sowohl der ›andere Jünger‹ in Joh 18,15 als auch die ›beiden anderen Jünger‹ in Joh 21,2 verweisen auf der Ebene des Evangelisten und der Endredaktion des Evangeliums auch für 1,40 auf den Lieblingsjünger. Er tritt zwar erst ab Kap. 13 voll ins Bild, gilt aber dem Evangelisten und seiner Gemeinde von Anfang an als wahrer Zeuge des Christusgeschehens.[42] Er wurde vor Petrus berufen, während jener erst durch die Vermittlung seines Bruders Andreas zu Jesus kam. Zwar wird nicht ausdrücklich gesagt, dass der Lieblingsjünger der Erstberufene ist, dies ergibt sich aber aus der Gesamtpräsentation der Personen, insbesondere aus der Abfolge: der Ungenannte und Andreas und dann erst Petrus. Bewusst sagt der Evangelist nicht ausdrücklich, dass der Lieblingsjünger der erstberufene Jünger ist, denn er kennt die geschichtlichen Abläufe: Simon und Andreas sind die erstberufenen Jünger (Mk 1,16).[43] Wie in Joh 20,1–10 lässt Johannes geschichtliche Konstellationen und unumstößliche frühchristliche Traditionen in seine Erzählung einfließen und arrangiert sie zugleich neu: Während dort die Ersterscheinung des Auferstandenen vor Petrus (vgl. 1Kor 15,5; Lk 24,34) in Joh 20,6 aufgenommen wird (Petrus betritt als erster das leere Grab), wird hier die Erstberufung des Petrus insofern berücksichtigt, als der Erstberufene ungenannt bleibt. Zugleich signalisiert aber die Erwähnung des Petrus erst an dritter Stelle die theologische Neuorganisation des Anfangs: Weil der Lieblingsjünger der ideale Zeuge des Christusgeschehens ist, *muss er als theologischer Augenzeuge* der erstberufene Jünger sein (s. u. Exk. 12). Die joh. Erzählung nimmt die Anfangsgeschichte bewusst auf, reflektiert und reorganisiert sie aber theologisch neu. Für das Verständnis der joh. Narration heißt dies: Sie setzt eine umfassende Kenntnis der Jesusgeschichte und der Geschichte des frühen Christentums voraus, kann also jenseits und ohne diese Ge-

---

Lieblingsjünger (s. u. Exk. 12), 19–21; *W. Wilkens,* Entstehungsgeschichte, 35 Anm. 125; *R. E. Brown,* John I, 73; *O. Cullmann,* Der johanneische Kreis, 75 f; *F. Hahn,* Jüngerberufung, 184 f; *H. J. Kuhn,* Christologie und Wunder, 128; *E. Ruckstuhl,* Der Jünger, den Jesus liebte (s. u. Exk. 12), 392; *P. Dschulnigg,* Jesus begegen, 261; *T. Schultheiss,* Das Petrusbild im Johannesevangelium, 82 f. Dagegen votieren u. a.: *T. Lorenzen,* Lieblingsjünger, 45; *J. Kügler,* Der Jünger, den Jesus liebte, 421–424; *K. Backhaus,* »Jüngerkreise«, 239 f; *H. Thyen,* Joh, 132 f; *G. T. Manning,* The Disciples of John (the Baptist): Hearers of John, Followers of Jesus, in: *St. A. Hunt./Fr. Tolmie/R. Zimmermann,* (Hg.), Character Studies, 131; *D. Tovey,* An Anonymous Disciple: A Type of Discipleship, 135 f.

[41] Dies spricht eindeutig gegen die Behauptung, die Identität des ungenannten Jüngers sei für Johannes ohne Bedeutung; so z. B. *F. Neirynck,* The Anonymous Disciple of John 1, in: *ders.,* Evangelica II, 617–649; *J. Beutler,* Joh, 111.

[42] *M. Theobald,* Joh I, 181–183.188, sieht zwar auch im ungenannten Jünger den Lieblingsjünger, führt diese Identifizierung aber auf einen späteren Redaktor zurück, der V. 43 eingefügt habe: »Er wollte Platz schaffen für den Geliebten Jünger, … «

[43] Diese Abfolge spricht auch eindeutig gegen eine Identifizierung des ›ungenannten Jüngers/Lieblingsjüngers‹ mit dem Zebedaiden Johannes an dieser Stelle, der in Mk 1,19 erst als vierter Jünger berufen wird.

schichte nicht verstanden werden. Zugleich vollzieht der Evangelist eine entschiedene theologische Neuinterpretation und ›spielt‹ mit zentralen frühchristlichen Überlieferungen. Johannes nimmt aber nicht nur eine Uminterpretation der syn. Tradition vor, sondern baut bewusst einen Spannungsbogen auf, der vor allem auf Joh 19,25–27 zielt: Dort wird der Lieblingsjünger, der zugleich der erstberufene Jünger ist, als legitimer Nachfolger des gekreuzigten und auferstandenen Jesus Christus eingesetzt. e) Was für Joh 1–21 insgesamt zutrifft, gilt bereits in Joh 1,40: Das Verständnis und die Funktion des Petrus einerseits und des Lieblingsjüngers andererseits bestimmen sich aus ihrem gegenseitigen Verhältnis. In Joh 1–20 und eben auch in 1,40 dominiert der Vorrang des Lieblingsjüngers, in Joh 21 hingegen steht er im Abseits und Petrus ist die herausragende Jüngergestalt.

41 Andreas übermittelt seinem Bruder die für das Johannesevangelium entscheidende Glaubenserkenntnis und löst die durch Joh 1,20 aufgebaute Spannung: »Wir haben den Messias gefunden.« Jesus ist der Messias! Die sofortige Übersetzung dieses Titels ins Griechische (vgl. Joh 4,25) signalisiert den sprachlichen und kulturellen Hintergrund der joh. Gemeinde. Wenn Petrus als Erstem diese Mitteilung gemacht wird, dann liegt hier möglicherweise ein Reflex des synoptischen Messiasbekenntnisses vor (vgl. Mk 8,27–30par). **42** Nun führt der bereits Glaubende den noch nicht Glaubenden zu Jesus.[44] Ohne eine vorangegangene Vorstellung redet Jesus den neuen Jünger mit seinem vollen Namen an. Hier zeigt sich bereits das wunderbare Vorherwissen Jesu. Die Anrede ist mit einer Übertragung und Deutung des Symbolnamens Kephas/Petrus verknüpft. Die ursprünglich aramäische Form findet sich sonst nur noch bei Paulus (vgl. 1Kor 1,12; 3,22; 9,5; 15,1; Gal 1,18; 2,9.11.14), Petrus ist die gräzisierte Form des Namens. Der ursprüngliche Name des Fischers aus Bethsaida war Simon bzw. ›Simon, Sohn des Jonas‹ (Mt 16,17), ›Simon, Sohn des Johannes‹ (Joh 1,42; 21,16.17). Ob Jesus selbst Simon den Symbolnamen ›Kephas/Fels‹ beilegte (so auch Mk 3,16) oder ob es sich um eine nachösterliche Prägung handelt, lässt sich nur schwer entscheiden. Als Erstberufenem und erstem Leiter der Urgemeinde könnte Simon dieser Titel verliehen worden sein. Er charakterisiert nicht das Wesen des Menschen Simon Petrus, sondern illustriert die Vollmacht Jesu. Die Namensgebung ist keine bloße Bezeichnung, durch den Namen wird der Träger zu dem, was der Name besagt. Jesus nimmt für sich in Anspruch, gerade mit dem wankelmütigen Simon etwas Endgültiges, Festes und Unerschütterliches zu schaffen, er wird zum Prototyp des missionarischen Jüngers. Obwohl der Lieblingsjünger Petrus deutlich vorgeordnet ist, negiert Johannes keineswegs die besondere Stellung und Rolle des Petrus innerhalb des Jüngerkreises Jesu und des entstehenden Christentums.

---

[44] In V. 41.42a.45 f verarbeitete der Evangelist Berufungserzählungen seiner Schule (vorjoh. bzw. joh. Tradition), die durch drei Strukturelemente gekennzeichnet sind: a) Situationsbeschreibung; b) Messiasbekenntnis und c) das Führen zu Jesus; vgl. *F. Hahn,* Jüngerberufung, 178 f.

43 Mit der stereotypen Einleitung beginnt eine neue Szene.[45] Wie zuvor werden zwei Begebenheiten erzählt: Jesus ruft Philippus in die Nachfolge (V. 43 f), der wiederum Nathanael zu Jesus führt (V. 45–51). Nach der textinternen Logik hält sich Jesus immer noch an der Taufstelle am unteren Jordan auf und geht nun nach Galiläa. Auch im Johannesevangelium ist Galiläa zentraler Schauplatz der Wirksamkeit Jesu, es hat aber nicht mehr die Bedeutung wie bei den Synoptikern. Jerusalem ist bei Johannes der entscheidende Ort der Verkündigung Jesu. Auf dem Weg nach Galiläa ›findet‹ Jesus den Philippus und fordert ihn zur Nachfolge auf.[46] Der griechische Name Philippus wird noch in Joh 6,5.7; 12,21.22; 14,8.9 erwähnt, und er erscheint auch in den Zwölferlisten (vgl. Mk 3,18; Mt 10,3; Lk 6,14; Apg 1,13). Johannes ist allerdings nicht primär am Zwölferkreis interessiert, sondern er lässt verschiedene Jünger als Einzelpersönlichkeiten hervortreten.   **44** Als Heimatort des Philippus wird Bethsaida genannt (vgl. Joh 12,21). Offenbar verfügt Johannes hier über alte Lokaltraditionen, Bethsaida ist auch die Heimatstadt von Andreas und Petrus. Bethsaida gehört neben Kapernaum und Chorazin zu den wenigen Orten, für die mit Sicherheit ein Wirken des historischen Jesus angenommen werden kann (vgl. Mk 6,45; 8,22; Mt 11,21; Lk 9,10; 10,13–15). Neuere Ausgrabungen zeigen, dass Bethsaida mit dem auf der Ostseite ca. 2 km nördlich der Jordanmündung gelegenen et-Tell identifiziert werden kann.[47]

45 Wiederum kommt es zu einer Kettenreaktion; Philippus trifft seinerseits Nathanael, wahrscheinlich eine führende Persönlichkeit aus der Frühzeit der joh. Schule.[48] Dies entspricht der Tendenz des Evangelisten, wichtige Personen und Orte seiner Schule im Evangelium und damit im Leben Jesu zu verankern. Jesus wird Nathanael als der vorgestellt, von dem das Gesetz und die Propheten geschrieben haben.

---

[45]   Der Evangelist schuf mit V. 35–42 und V. 43–51 zwei Doppelerzählungen, womit er eine vierfache Intention verfolgte: »Er will die Berufung durch das Zeugnis Johannes des Täufers mit der Berufung durch Jesu eigenes Wort parallelisieren; er will sodann hervorheben, daß die neugewonnenen Jünger ihrerseits durch ihr messianisches Bekenntnis wiederum Menschen in die Nachfolge rufen; weiter liegt ihm daran zu zeigen, daß auch die indirekte Berufung zur Begegnung mit Jesus führt; und schließlich bemüht er sich, einen ganzen Katalog christologischer Hoheitstitel in diese Berufungserzählungen aufzunehmen« (*F. Hahn*, Jüngerberufung, 182). Trotz einzelner Unebenheiten stellt Joh 1, (19–34)35–51 eine geschlossene Einheit dar, was darauf schließen lässt, dass der Evangelist hier vorjoh. bzw. joh. Einzeltraditionen verarbeitete, nicht aber eine umfangreiche (schriftliche) ›Quelle‹ oder ›Vorlage‹. Dieses Erklärungsmodell wird gegenwärtig im wesentlichen in drei Varianten vertreten: 1) ›Semeia-Quelle‹ (vgl. *R. Bultmann*, Joh, 68 ff, der Joh 1,35–50 als Einleitung der ›Semeia-Quelle‹ sieht; ähnlich *M. Theobald*, Joh I, 34.189); ›Zeichen-Evangelium‹ (vgl. *R. T. Fortna*, Gospel of Signs, 179 ff; d*ers.*, Fourth Gospel, 15–47, der das ›Zeichen-Evangelium‹ mit Joh 1,6 f.19 ff.35 ff. beginnen lässt). 2) ›Grundschrift‹ (vgl. *G. Richter*, Zum sogenannten Tauftext Joh 3,5, in: *ders.*, Studien, 333, der zum Grundbestand der ›Grundschrift‹ Joh 1,6.7ab.19–34.35–50 zählt). 3) Von einer schriftlichen ›Vorlage‹ spricht *L. Schenke*, Entstehungsgeschichte, 45–51, die wesentliche Teile von V. 19.21.25 f.30 f. 28.35.37–39.40.44–50 umfasst haben soll. Der Evangelist ergänzte die ›Vorlage‹ im Rückgriff auf die Synoptiker und schuf so die überlieferte Textgestalt.

[46]   Als Parallele kann V. 41 gelten (Andreas ›findet‹ Petrus), so dass hieraus keine zwingenden literarkritischen Urteile abgeleitet werden können; gegen *M. Theobald*, Joh I, 187 f.

[47]   Vgl. *H. W. Kuhn/R. Arav*, The Bethsaida Excavations: Historical and Archaeological Approaches, in: The Future of Early Christianity (FS H. Köster), hg. v. *B. A. Pearson* u. a., Minneapolis 1991, 77–106.

[48]   Nach Joh 21,2 stammt Nathanael aus Kana; zu den aussichtslosen Versuchen, ihn mit einer anderen Persönlichkeit des Urchristentums identifizieren zu wollen, vgl. *W. Bauer*, Joh, 43.

Programmatisch erscheint Jesus als der zentrale Gehalt und Inhalt aller als heilig anerkannten Schriften.[49] Das ›Suchen‹ wurde durch das ›Finden‹ abgelöst, Gottes Heilswille ist an sein Ziel gekommen. Indem die Schriften dies gegenwärtig bezeugen, sind
sie selbst ein Teil des Heilshandelns Gottes auf Jesus hin, den ›Sohn Josefs aus Nazareth‹. Nazareth wird als Heimat Jesu von allen Evangelien bezeugt (vgl. Mk 1,9; 6,1–
6; Mt 2,23; 4,13; 13,53–58; Lk 1,26; 2,4.39.51; 4,16–30). Johannes sieht in Nazareth
wahrscheinlich auch den Geburtsort Jesu, er überliefert im Gegensatz zu Matthäus
und Lukas keine Bethlehem-Tradition (vgl. Mt 2,1.5.6.8.16; Lk 2,4.15), Joh 7,41 f
scheint sogar eine Geburt Jesu in Bethlehem ausdrücklich bestreiten zu wollen. Wie
Markus rechnet auch der 4. Evangelist mit leiblichen Brüdern und Schwestern Jesu
(vgl. Mk 3,31; 6,3; Joh 7,1–5), und die joh. Tradition setzt selbstverständlich Josef als
leiblichen Vater voraus (vgl. Joh 6,42). Während V. 43 eine Parallele zu den synoptischen Nachfolgelogien bildet (vgl. z. B. Mk 1,16–20; 2,14; Mt 8,21 f), steht in
V. 41.45 nicht Jesu souveräner Ruf in die Nachfolge, sondern die christologische Entdeckung der Jünger im Mittelpunkt.   **46** Die Frage des Nathanael offenbart, dass
Nazareth in den geläufigen messianischen Vorstellungen keinen Stellenwert besaß.
Wie sollte von dort der Messias kommen? Diese Skepsis kann nur durch Erfahrung
überwunden werden, deshalb die Aufforderung: »Komm und sieh!«   **47** Jesus ergreift
in der Begegnung mit Nathanael die Initiative. Bevor dieser ein Wort sagen kann, bezeichnet er ihn als einen Israeliten ohne Falsch. Wiederum offenbart Jesus sein vor-
gängiges Wissen, er kennt die Menschen durch und durch. Wie zuvor bei Petrus
(V. 42) illustriert auch die Anrede des Nathanael Jesu Wort in Joh 10,14: »Ich bin der
gute Hirte und kenne die Meinen, und die Meinen kennen mich.« Nathanael dient,
wie später auch Nikodemus, als Beispiel für den ›wahren und echten Israeliten‹. Er
überwindet den Anstoß der in der Schrift nicht vorhergesagten Herkunft des Messias
aus Nazareth.   **48** Jesus antwortet auf die Frage des überraschten Nathanael mit
einem zunächst rätselhaften Hinweis. Die Erwähnung des Feigenbaumes verweist auf
V. 50, die dortige Argumentation ›vom Geringeren zum Größeren‹ hat den Feigenbaum aus V. 48 zur Voraussetzung.   **49** Der wahre Israelit erkennt in Jesus den Sohn
Gottes, den König und Messias Israels. In der Begegnung mit Jesus macht Nathanael
eine grundlegende Glaubenserfahrung, er sieht nun, wer dieser Jesus aus Nazareth in
Wahrheit ist.   **50** Wenn Nathanael schon aufgrund des wunderbaren Vorherwissens
Jesu zu einer sachgemäßen Erkenntnis kommt, dann darf er wie die Hörer/Leser des
Evangeliums auf ›Größeres‹ hoffen. Die folgenden Wunder und Reden Jesu erfüllen
diese Verheißung.   **51** Ein Offenbarungsspruch schließt wirkungsvoll den gesamten
Abschnitt, zugleich nimmt er Bezug auf den Prologabschluss Joh 1,18: Hier wie dort
wird Jesus als der einzige, authentische Offenbarer Gottes vorgestellt. In Anspielung

---

[49] Die Trias ›Mose – Gesetz – Propheten‹ findet sich im Johannesevangelium nur hier. Sonst spricht der Evangelist von ἡ γραφή = ›die Schrift‹ (Joh 2,22; 7,38.42; 10,35; 13,18; 17,12; 19,24.28.36.37; 20,9); αἱ γρα-
φαί = ›die Schriften‹ (Joh 5,39); γράφειν = ›schreiben‹ (zumeist als Zitateinleitung: Joh 2,17; 6,31.45;
10,34; 12,14; 15,25; Inhalt der Schriften: Joh 8,17); τὸ γράμμα = ›der Buchstabe‹ (Joh 5,47; 7,15); νόμος
= ›Gesetz‹ (die ganze Schrift: Joh 10,34; 12,34; 15,25; Gesetzeskorpus: Joh 1,17.45; 7,19.23.49.51; 8,17;
18,31; 19,7); προφῆται = ›Propheten‹ (prophetischer Schriftenkreis: Joh 6,45).

auf Gen 28,12[50] erscheint er als der Ort, wo Himmel und Erde sich treffen. Dabei ist Jesus auch auf symbolischer Ebene keinesfalls die ›Leiter‹ und damit Gegenstand eines Geschehens (des Auf- und Niedersteigens der Engel), sondern er verkörpert die Kommunikation zwischen Gott und Mensch. In ihm offenbart sich die Herrlichkeit Gottes, nicht in Bethel oder im Tempel zu Jerusalem. Der von Gott herkommende Logos hat auch nach seiner Inkarnation immerwährenden Zugang zur himmlischen Welt, zugleich eröffnet er als gegenwärtig wirkender Menschensohn den Glaubenden den Zugang zur himmlischen Welt und damit zu Gott. Das nun einsetzende öffentliche Wirken Jesu zeugt unübersehbar und unüberhörbar von seiner andauernden Verbindung mit Gott.[51]

Die textexterne joh. Gemeinde erkennt in der Berufung der ersten Jünger die Anfänge ihrer eigenen Geschichte, die eng mit dem Wirken des Täufers verbunden ist. Der Weg zu Jesus führte für einige Jünger über den Täufer, sie sind Hörer des Täufers, folgen aber Jesus.[52] Alte Personal- und Lokaltraditionen ermöglichen es dem 4. Evangelisten, das Wirken Jesu auch in seinem Anfangsstadium historisch zuverlässig zu verorten. Zugleich hat die Erzählung exemplarische Bedeutung. Sie zeigt, wie Menschen suchen und zu Jesus finden, um dann ihrerseits durch das Bekenntnis zum Messias wiederum Menschen in die Nachfolge zu rufen. Verben der Bewegung und Wahrnehmung herrschen vor,[53] die Begegnung mit Jesus kann nicht folgenlos bleiben! Die Jüngerberufungen als erste joh. Begegnungsgeschichten verdeutlichen bereits, dass Suchen und Finden als Grundelemente religiösen Seins in Jesus ihre Erfüllung finden. Dabei zielt das Modell der indirekten Jüngerberufung unmittelbar auf die Gemeinde des Evangelisten, sie befindet sich in der Situation der vermittelten Nachfolge. Die Jüngerberufungen entfalten eine Dynamik, die das gesamte Johannesevangelium bestimmt: Auf seinem Offenbarungsweg begegnet Jesus Christus immer wieder Menschen und eröffnet ihnen und damit der textexternen Gemeinde Zugänge zum Geheimnis seiner Person.

---

[50] Vgl. dazu ausführlich *D. Burkett,* Son of the Man, 112–119. Eine bemerkenswerte Parallele findet sich bei Philo, Somn I 146 f: »Dies ist die symbolisch so genannte Leiter in der Welt; suchen wir aber nach der im Menschen, so werden wir die Seele finden, deren Fuß die gewissermaßen Erdige, die Sinnlichkeit, ist, deren Haupt aber das gleichsam Himmlische: der reinste Geist. Die ganze Leiter auf und ab aber wandeln fortwährend die Logoi Gottes (οἱ τοῦ θεοῦ λόγοι); wenn sie hinaufsteigen, ziehen sie sie mit in die Höhe, trennen sie vom Sterblichen und zeigen ihr den Anblick des allein Sehenswerten …«

[51] *W. Loader,* John 1:50–51 and the »Greater Things« of Johannine Christology, in: Anfänge der Christologie (FS F. Hahn), hg. v. *C. Breytenbach u. H. Paulsen,* Göttingen 1991, 255–274, will die ›größeren Dinge‹ nicht auf das öffentliche Wirken Jesu beziehen, sondern auf die Rückkehr des Sohnes in die Doxa des Vaters.

[52] Vgl. *G. T. Manning,* The Disciples of John (the Baptist): Hearers of John, Followers of Jesus, in: *St. A. Hunt/D. F. Tolmie/R. Zimmermann* (Hg.), Character Studies, 127–132.

[53] Vgl. εὑρίσκειν = ›finden‹ 1,41.43.45; ὁρᾶν = ›sehen‹ 1,33.34.39.47.48.50.51; βλέπειν = ›sehen/erblicken‹ 1,29; ἀκούειν = ›hören‹ 1,37.40; ἀκολουθεῖν = ›folgen/nachfolgen‹ 1,37.38.40.43; μένειν = ›bleiben‹ 1,32.33.38.39; ἐμβλέπειν = ›hinsehen‹ 1,36.42; ἔρχεσθαι = ›kommen‹ 1,27.29.30.31.39.46.47; ζητεῖν = ›suchen‹ 1,38; γινώσκειν = ›erkennen‹ 1,48.

III. Jesu erstes öffentliches Wirken: Die Kana-Ringkomposition 2,1–4,54

1. Das erste Wunder Jesu in Kana 2,1–11.12*

(1) Und am dritten Tag war eine Hochzeit in Kana in Galiläa, und die Mutter Jesu war dort. (2) Aber auch Jesus und seine Jünger waren zu der Hochzeit eingeladen. (3) Und als der Wein ausgegangen war, sagte die Mutter Jesu zu ihm: »Sie haben keinen Wein (mehr).« (4) Und Jesus spricht zu ihr: »Was habe ich mit dir zu tun, Frau? Meine Stunde ist noch nicht gekommen.« (5) Seine Mutter sagt zu den Dienern: »Was er euch sagt, tut!« (6) Es waren dort aber sechs steinerne Wasserkrüge, für die Reinigung der Juden aufgestellt; sie fassten je zwei bis drei Metreten. (7) Jesus sagt zu ihnen: »Füllt die Krüge mit Wasser!« Und sie füllten sie bis zum Rand. (8) Und er sagt zu ihnen: »Schöpft nun und bringt dem Tafelmeister!« Sie brachten (ihm davon). (9) Als aber der Tafelmeister das zu Wein gewordene Wasser gekostet hatte und nicht wusste, woher es kam – die Diener aber, die das Wasser geschöpft hatten, wussten es –, da ruft der Tafelmeister den Bräutigam (10) und sagt zu ihm: »Jedermann gibt zuerst den guten Wein und erst, wenn sie betrunken sind, den schlechteren. Du hast den guten Wein bis jetzt zurückgehalten.« (11) Dies tat Jesus als erstes Zeichen in Kana in Galiläa, und er offenbarte seine Herrlichkeit, und seine Jünger glaubten an ihn.

(12) Darauf zog er nach Kapernaum hinab, er und seine Mutter und seine Brüder und seine Jünger. Und sie blieben dort nicht viele Tage.

---

* Literatur: *Broer, I.:* Noch einmal: Zur religionsgeschichtlichen »Ableitung« von Joh 2,1–11, SNTU 8 (1983), 103–123; *ders.:* Das Weinwunder zu Kana (Joh 2,1–11) und die Weinwunder der Antike, in: Das Urchristentum in seiner literarischen Geschichte (FS J. Becker), hg. v. *U. Mell/U. B. Müller,* BZNW 100, Berlin 1999, 291–308; *Busse, U./May, A.:* Das Weinwunder von Kana (Joh 2,1–11), BN 12 (1980), 35–61; *Claußen, C.:* Turning Water to Wine. Re-reading the Miracle at the Wedding in Cana, in: *J. H. Charlesworth/P. Pokorný* (Hg.), Jesus Research, Grand Rapids 2009, 73–97; *Deines, R.:* Jüdische Steingefäße und pharisäische Frömmigkeit, WUNT 2.52, Tübingen 1993; *Derrett, J. D. M.:* Water into Wine, BZ 7 (1963), 80–97; *Eisele, W.:* Jesus und Dionysos. Göttliche Konkurrenz bei der Hochzeit zu Kana (Joh 2,1–11), ZNW 100 (2009), 1–28; *Förster, H.:* Die Perikope von der Hochzeit zu Kana (Joh 2:1–11) im Kontext der Spätantike, NT 55 (2013), 103–126; *Fortna, R. T.:* Gospel of Signs, 29–38; *ders.:* Fourth Gospel, 49–58; *Heekerens, H. P.:* Zeichen-Quelle, 63–77; *Hengel, M.:* The Interpretation of the Wine Miracle at Cana: Joh 2,1–11, in: The Glory of Christ in the New Testament (FS G.B. Caird), hg. v. *L. D. Hurst/N. T. Wright,* Oxford 1987, 83–112; *Labahn, M.:* Jesus als Lebensspender, 123–167; *Lausberg, H.:* Die Verse J 2,10–11 des Johannesevangeliums, NAWG.PH, Göttingen 1986; *Linnemann, E.:* Die Hochzeit zu Kana und Dionysos, NTS 20 (1974), 408–418; *Lütgehetmann, W.:* Die Hochzeit von Kana (Joh 2,1–11), BU 20, Regensburg 1990; *Michel, O.:* Der Anfang der Zeichen Jesu, in: Die Leibhaftigkeit des Wortes (FS A. Köberle), hg. v. *O. Michel/U. Mann,* Hamburg 1958, 15–22; *Noetzel, H.:* Christus und Dionysos, Aufsätze und Vorträge zur Theologie und Religionswissenschaft II, Berlin 1960; *Olsson, B.:* Structure and Meaning, 18–114; *Petersen, S.:* Wein im Überfluss (Die Hochzeit zu Kana), in: *R. Zimmermann* (Hg.), Kompendium der frühchristlichen Wundererzählungen, 669–680; *Riedl, H.:* Zeichen und Herrlichkeit, 123–152; *Rissi, M.:* Die Hochzeit in Kana (Joh 2,1–11), in: Oikonomia (FS O. Cullmann), hg. v. *F. Christ,* Hamburg 1967, 76–92; *Schmidt, K. L.:* Der johanneische Charakter der Erzählung vom Hochzeitswunder in Kana, in: Harnack-Ehrung, Leipzig 1921, 32–43; *Smitmans, A.:* Das Weinwunder von Kana, BGBE 6, Tübingen 1966; *Welck, Chr.:* Erzählte Zeichen, 132–140; *Wick, P.:* Jesus gegen Dionysos?, Bib 85 (2004), 179–98; *Zeilinger, F.:* Die sieben Zeichenhandlungen Jesu, 19–32.

V. 3: ℵ* a (b ff²) j sy^hmg lesen οἶνον οὐκ εἶχον, ὅτι συνετελέσθη ὁ οἶνος τοῦ γάμου. Gegenüber dieser Paraphrasierung ist die u. a. durch P^{66.75} ℵ¹ bezeugte kürzere LA als ursprünglich anzusehen. V. 11: P^{66c} P^{75vid} A B L N Θ Λ Π f¹ u. a. lesen: ἐποίησεν ἀρχὴν τῶν σημείων. Demgegenüber fügen P^{66} ein πρώτην vor ἀρχὴν u. ℵ* nach Γαλιλαίας ein. Diese sekundäre Betonung der Zählung kann nicht als ursprünglich angesehen werden.[1]

Wie im Markusevangelium (vgl. Mk 1,21–28) beginnt Jesu öffentliches Wirken auch bei Johannes mit einem Wunder. Allerdings ist nicht Kapernaum mit einer Dämonenaustreibung Schauplatz des Geschehens, sondern eine luxuriöse Hochzeit in Kana! Sowohl die Menge des Weines als auch die Diener und der ›Tafelmeister‹ als Chef der Dienerschaft verweisen auf einen reichen Haushalt. Ein verwegener Anfang, denn gerade in der Antike waren Hochzeiten rauschende Feste. Zahlreiche Texte berichten von üppigen Gelagen, besonderen Tanzdarbietungen und Mengen von Geschenken und Reden bei Hochzeiten.[2] Wenn Johannes in diesem Kontext Jesus erstmals öffentlich auftreten lässt, dann signalisiert er sein Verständnis der Inkarnation des präexistenten Gottessohnes: Seine Herrlichkeit offenbart sich in seiner helfenden und rettenden Nähe, Jesus Christus ist im 4. Evangelium im umfassenden Sinn der wahre Lebensspender. Die gesamte bisherige Darstellung zielt auf dieses Wunder hin, in ihm offenbart sich sichtbar, was der Prolog (vgl. ἀρχή in Joh 1,1.2 und 2,11) in mythologischer Rede beschreibt: die Doxa und die schöpferische Lebenskraft Jesu. Die Verheißung an Nathanael in 1,50c findet in der ersten großen Machttat Jesu in Galiläa ihre sichtbare Erfüllung; unmittelbar darauf folgt in Jerusalem die zweite große Tat Jesu (Joh 2,14–17), die ebenfalls mit dem Stichwort σημεῖον verbunden wird (Joh 2,18.23). Ursprünglich dürfte es sich beim Kanawunder um eine alte Lokaltradition gehandelt haben.[3] Nun aber ist das dieses Wunder nicht nur die Einleitung zu den Kapiteln 2–4 im engeren Sinn, es ist der Beginn der Offenbarung der Doxa des Präexistenten in Raum und Zeit, es enthüllt das Wesen des Gottessohnes, dessen gesamtes Wirken Johannes mit σημεῖον ποιεῖν = ›Zeichen/Wunder tun/vollbringen‹ bezeichnen kann (Joh 12,37; 20,30). Zudem verweist es als ›erstes‹ Zeichen auf weitere Manifestationen der Herrlichkeit Jesu Christi.[4]

---

[1]   Mit NA^{27.28} gegen *R. T. Fortna,* Gospel of Signs, 35 f; *H. P. Heekerens,* Zeichen-Quelle, 25, die in der LA πρώτην ἀρχὴν den ursprünglichen Text einer postulierten ›Zeichen-Quelle‹ sehen.

[2]   Eine jüdische Hochzeit dauerte in der Regel eine Woche (vgl. Tob 11,18); zu den Hochzeitssitten vgl. *Billerbeck* I, 500–518; II, 372–399; aus dem griechischen Bereich vgl. die Texte in: Neuer Wettstein I/2, 88–95.

[3]   Zu den möglichen historischen Daten des Textes (der Ort Kana in Galiläa; Jesus, seine Mutter und die Jünger; eine jüdische Hochzeit; die steinernen Krüge zur rituellen Waschung) vgl. *C. Claußen,* Turning Water to Wine, 89–97. Es ist nicht auszuschließen, dass Jesus in dem nur ca. 13 km von Nazareth entfernten Kirbet Kana (vgl. Joseph, Vit 86) wirkte und sich dort nachösterlich eine judenchristliche Gemeinde bildete, in der diese Erzählung entstand. Auf den historischen Jesus dürfte sie kaum zurückgehen, denn anders als in der synoptischen Tradition lag keine wirkliche Notlage vor und nur hier vollbringt Jesus ein unmotiviertes Luxuswunder. Für eine frühe Gemeinde in Kana kann nicht ausgeschlossen werden, dass sie die Erzählung in Kontrast und Überbietung zum Dionysos-Kult bildete, der für das wiederum nur 8 km entfernte Sepphoris im 1./2. Jh. n. Chr. postuliert werden kann, aber nicht muss (vgl. die Auslegung von V. 10).

[4]   Formgeschichtlich ist die Perikope als stilgerechtes ›Geschenkwunder‹ zu bezeichnen (vgl. *G. Theißen,* Urchristliche Wundergeschichten, 111 ff; *W. Bauer,* Joh, 46, spricht von einem ›Luxuswunder‹). V. 1–2: Exposition, V. 3–5: Vorbereitung des Wunders, V. 6–8: indirekte Schilderung des wunderhaften Vorganges, V. 9–10: Wunderbestätigung als Abschluss. Parallelen sind 1Kön 17,8–24; 2Kön 4,1-6; Lk 5,1–11; Joh 6,1–15par. Anders *M. Labahn,* Jesus als Lebensspender, 156, der aufgrund religionsgeschichtlicher

1 Die Perikope beginnt stilgerecht mit der Einführung in Zeit, Ort und Personen der Handlung. Die Zeitangabe ›am dritten Tag‹ ist redaktionell.[5] Damit setzt der Evangelist nicht eine 1,29.35.43 umfassende Zählung fort,[6] sondern er verweist auf den Auferstehungstag. Dieses Signal gibt Johannes der textexternen Hörer- und Lesergemeinde, für die der ›dritte Tag‹ nur der Auferstehungstag sein konnte (vgl. im unmittelbaren Kontext 1,29.36; 2,4c.19.20).[7] Zudem verweist auch das zweimalige Auftreten Marias im Evangelium (vgl. Joh 19,25) auf diesen kreuzestheologischen Zusammenhang.[8] Für Johannes ist der Wundertäter Jesus kein anderer als der Gekreuzigte und Auferstandene! Die Ortsangabe (Chirbet Kana 13 km nördlich von Nazareth)[9] ist ebenso wie die Mutter Jesu fest mit der Erzählung verbunden, auf Tradition verweist auch der ungewöhnliche Singular γάμος.[10]   **2** Zum traditionellen Bestand der Erzählung gehört auch die kurze Exposition in V. 2, wobei die Erwähnung der Jünger keineswegs sekundär ist.[11] Die Konzentration auf Jesus und seine Begleiter fällt auf, das Brautpaar und die anderen Gäste kommen nicht in den Blick. Während der Bräutigam immerhin in V. 9 vom Tafelmeister angesprochen wird, fehlt die Braut vollständig (vgl. aber Joh 3,29).   **3** Der Vers entspricht dem äußerst knappen Erzählstil der gesamten Perikope.[12] Es wird nicht gesagt, warum der Wein ausging, und die Mitteilung Marias an Jesus dient lediglich der Vorbereitung des Wunders.   **4** Jesus reagiert auf die indirekte Aufforderung zur Wundertat sehr zurückhaltend, die Abwehrformel hat alttestamentliche, neutestamentliche und hellenistische Parallelen.[13] Die unge-

Überlegungen an ein Epiphaniewunder denkt. *H. Förster*, Die Perikope von der Hochzeit zu Kana, 122, spricht von einem ›Wandlungswunder‹; er bestreitet, dass die Weinmmenge ungewöhnlich ist, da sich für antike Weingüter, Weinhändler und Jahresmengen größere Zahlen belegen ließen (vgl. a. a. O., 116–120). All dies liegt jedoch hier nicht vor, die Menge bleibt für eine Hochzeit außergewöhnlich! Der Evangelist übernahm den Grundbestand der Wundergeschichte als Einzeltradition aus seiner Schule und fügte sie durch redaktionelle Zusätze zentralen Linien seiner Theologie ein.

5   Vgl. *R. Bultmann*, Joh, 79 Anm. 3; *J. Becker*, Joh I, 127.

6   Will man auf die Zeitspanne einer Woche kommen (so *C. K. Barrett*, Joh, 213), muss Joh 1,40–42 als gesonderter Tag gezählt werden, ohne dass Johannes dies kenntlich gemacht hätte; vgl. *R. Schnackenburg*, Joh I, 330 f.

7   Bei Eur, Alkestis 1146, ist der 3. Tag der Termin, an dem die dem Tod geweihte, aber von Herakles entrissene Alkestis wieder ins Leben zurückkehren darf (»Admetus: »Warum denn nur steht diese Frau stumm da? Herakles: Noch darfst du ihre Begrüßungsworte nicht hören, bevor sie sich von ihrer Weihe an die unterirdischen Götter entsühnt hat und der dritte Tag gekommen ist«).

8   Anders *E. Straub*, Der Irdische als der Auferstandene, 254 f: »Die Zeitangabe datiert den Ostertag auf den Tag des Weinwunders zu Kana; sie nimmt ihn vorweg.«

9   Vgl. *G. Dalman*, Orte und Wege, 92 f; *R. Riesner*, GBL II (1988), 751–753.

10   Gewöhnlich wird für Hochzeit der Plural γάμοι gebraucht; vgl. *W. Bauer*, WB[5], 300.

11   Gegen *J. Wellhausen*, Joh, 13; *R. Bultmann*, Joh, 79.

12   Für vorjohanneische Tradition sprechen ὑστερεῖν und οἶνος (nur in Joh 2,1–10 und im redaktionellen Verweis Joh 4,46). *M. Labahn*, Jesus als Lebensspender, 138 f, rechnet V. 3b–4 zur Arbeit des Evangelisten, wofür er auf die parallele Erzählstruktur (Bitte – Zurückweisung – Vertrauen – Erfüllung) in Joh 4,47–50 verweist.

13   Vgl. z. B. Ri 11,12; 2Sam 16,10; 19,23; Epikt, Diss I 1,16; 22,15; 27,18; Mk 1,24; 5,7; Mt 8,29; Lk 4,34. Auffallend sind die Parallelen zwischen 1Kön 17,7–24 und Joh 2,1–11: 1) Dort weist die Witwe von Sarepta Elia mit den Worten τί ἐμοὶ καὶ σοί, ἄνθρωπε θεοῦ; hier Jesus seine Mutter mit ἐμοὶ καὶ σοί, γύναι zurück. 2) Dort mehrt Elia auf wundersame Weise Öl und Mehl, hier behebt Jesus auf wunderbare Weise den Weinmangel.

wöhnliche Anrede der Mutter Jesu mit ›Frau‹ (vgl. Joh 19,26) stellt keine Herabsetzung Marias dar, zugleich signalisiert sie aber unüberhörbar eine Distanz. Nicht verwandtschaftliche Beziehungen bestimmen Jesus, sondern allein sein Sein aus Gott (vgl. Joh 1,13). Dies zeigt die christologische Begründung für das abwehrende Verhalten Jesu in V. 4c: »Meine Stunde ist noch nicht gekommen.« Die sprachlichen Parallelen in Joh 7,30; 8,20 und die für Johannes zentrale Rede von der ›Stunde‹ Jesu belegen den redaktionellen Charakter von V. 4c.[14] Der Evangelist spricht von der Stunde der Verherrlichung Jesu (Joh 12,23.27 f; 17,1), der Stunde, die für die Sendung Jesu vom Vater zeugt (Joh 13,1; 7,30; 8,20), der Stunde der Annahme der Passion (Joh 12,27) und der Stunde, die da kommt (Joh 4,21.23; 5,25; 16,2.4.25). Nicht die Stunde des Wundertäters ist in V. 4c gemeint,[15] sondern die Stunde der Passion und der Verherrlichung des präexistenten und inkarnierten Gottessohnes.[16] Wie in Joh 7,6.8 trennt οὔπω die Zeit vor der Passion und die Passion. Nur beim Weinwunder und der Szene unter dem Kreuz (Joh 19,25–27) tritt die Mutter Jesu auf, und sie wird jeweils mit γύναι angeredet, wodurch beide Texte aufeinander bezogen werden.   **5** Die Anweisung der Mutter Jesu an die Diener treibt die Handlung voran und lässt bereits das bevorstehende außerordentliche Geschehen erahnen. Die Diener gehörten als Haussklaven[17] offenbar zu einer sehr wohlhabenden Familie.   **6** Wie V. 5 zählt auch V. 6 bis auf die Wendung »für die Reinigung der Juden« zur vorjoh. Tradition. Dieser kommentierende Zusatz des Evangelisten[18] dient der Information seiner Leser,[19] zugleich klingt auf einer zweiten Ebene das Motiv der Ablösung und Überbietung der jüdischen Religion durch den christlichen Glauben an (vgl. Joh 1,17; 2,18–22). Die sechs[20] Krüge dienten zur rituellen Reinigung der Hände und standen wahrscheinlich im Festraum oder einem Vorraum.[21] Der Gesamtinhalt der Krüge umfasste ca. 600 Liter bei einem Durchschnittswert von 2,5 Metreten pro Gefäß (1 Metretes = 39,39 Liter). Diese (spätere) Weinmenge zeugt wie die Anwesenheit der Diener und des Küchenmeisters vom luxuriösen Charakter der Hochzeit. Zugleich veranschaulicht die Weinmenge die Größe des Wunders.   **7** Die Weisung Jesu an die Diener setzt voraus, dass die Krüge zumindest teilweise leer waren.   **8** Das Wunder rückt nun in unmittelbare Nähe; wie in Joh 5,8; 11,43 eignet dem Wort Jesu eine wunderhafte Macht. Hier lautet es: »Schöpft«! Schöpfen ist ein sinnlicher Vorgang, man nimmt aus der Fülle und erwartet Stärkung und Wohlgefühl. Wo die Lebensfreude auszugehen droht, tritt Jesus

---

[14] Vgl. *H. Strathmann,* Joh, 58; *C. H. Dodd,* Tradition, 226; *E. Ruckstuhl,* Einheit, 197.204; *R. Schnackenburg,* Joh I, 333; *W. Wilkens,* Zeichen und Werke, 31.

[15] Gegen *R. Bultmann,* Joh, 81; *J. Becker,* Joh I, 127 f. Bezöge sich V. 4c auf die Wundertätigkeit Jesu, so würde er unmittelbar nach der Ablehnung das Wunder vollbringen!

[16] Vgl. *Th. Knöppler,* theologia crucis, 103; *U. Wilckens,* Joh, 56 f; *J. Frey,* Eschatologie II, 218: »Die mit der Rede von Jesu ›Stunde‹ verbundene Aussage des ›Noch-nicht‹ (Joh 2,4; 7,30; 8,20; vgl. 7,6–8) baut eine erzählerische Spannung auf, die erst durch die Proklamation ›der‹ Stunde in Joh 12,23 aufgelöst wird.«

[17] Vgl. dazu Horat, Saturae sive Sermones II 8,10–17; Apul, Met II 19.

[18] Vgl. *R. T. Fortna,* Gospel of Signs, 32.

[19] Vergleichbare Krüge wurden in verschiedenen Regionen Palästinas gefunden; vgl. *R. Deines,* Jüdische Steingefäße, 24 ff.

[20] Zur Zahl ›Sechs‹ vgl. z. B. Plut, Moralia 1018c: »Und Sechs ist eine perfekte Zahl, da sie gleich die Summe ihrer Teile ist, und wird ›Hochzeit‹ genannt wegen der Vermischung der geraden und ungeraden Zahl.«

[21] Vgl. *R. Deines,* Jüdische Steingefäße, 274.

als Lebensspender in Erscheinung. Der Tafelmeister als ›neutraler‹ Zeuge wird auser-wählt, das wunderhafte Geschehen zu bestätigen.[22]　**9** Der Tafelmeister beglaubigt nun den Vollzug des Wunders. Charakteristisch für ein Geschenkwunder ist die indi-rekte Schilderung des Wundervorganges, formgeschichtlich haben V. 9.10 die Funk-tion eines Wunderfeststellungsverfahrens (vgl. 1Kön 17,14–16; 2Kön 4,6; Mk 2,12; 5,15; 6,41–43; 8,8; Lk 5,6f, Joh 6,13). Die Wendung »und er wusste nicht, woher es kam – die Diener aber, die das Wasser geschöpft hatten, wussten es – «, muss als Par-enthese aufgefasst[23] und der redaktionellen Tätigkeit des Evangelisten zugerechnet werden.[24] Das Wunder zeugt von dem ›Woher‹ des Sohnes (vgl. Joh 4,11; 9,29), der vom Vater kommt (Joh 8,14) und nur den Willen dessen tut, der ihn gesandt hat (vgl. Joh 4,34; 5,36; 6,28f; 9,4; 10,25; 14,10; 17,4).　**10** Der erstaunte Tafelmeister ruft den Bräutigam und konfrontiert ihn mit einem Erfahrungswert: Üblicherweise serviert man zuerst den guten Wein, später den schlechteren Wein, wenn die Gäste schon be-trunken sind.[25] Damit wird nicht nur die Verwandlung des Wassers in Wein nochmals bestätigt, sondern darüber hinaus die besondere Güte des Weines hervorgehoben. Ex-akte religionsgeschichtliche Parallelen zur wunderhaften Umwandlung von Wasser zu Wein sind spärlich.[26] Vergleichbar ist vor allem ein Fragment des Historikers Memnon von Herakleia (1./2. Jh. n. Chr.), wo es über Dionysos heißt: »Er füllte also die Quelle, aus der die Nikaia gewöhnlich trank, wenn sie von der Jagd erschöpft war, mit Wein statt mit Wasser« (ἀντὶ τοῦ ὕδατος οἴνου); vgl. ferner Philostr, VitAp VI 10, wo von Apol-lon berichtet wird: »… Und doch wäre es ihm ein leichtes, den ganzen Parnaß zu er-schüttern, die Katalanischen Quellen umzuwandeln und mit Wein zu füllen …« (vgl. ferner AchTat II 2,1-6; Sil VII 186–194; PlinÄ, NatHist II 231; XXXI 16; Luc, Ver-Hist I 7; Philostr, Imagines I 14,3; Sib III 741–748; Paus VI 26,1f; Horat, Carmen II 19,9–12; Ovid, Metamorphoses XV 329–331). Als weitere motivgeschichtliche Über-einstimmungen zum Dionysos-Kult können angeführt werden[27]: Das Hochzeitsmotiv

---

[22]　Joh 2,6a.c.7.8 sind Bestandteil der traditionellen Wundergeschichte (neutestamentliche Hapaxlegomena: μετρητής, ἀρχιτρίκλινος). Zu ἀρχιτρίκλινος gibt es nur eine antike außerntl. Parallele (vgl. Neuer Wett-stein I/2, 108); vgl. dazu auch *D. H. Sick,* The Architriklinos at Cana, JBL 130 (2011), 513–525, der betont, »that the term would best apply to an individual who is both a slave or freed slave and an honored guest« (a. a. O., 514).

[23]　Vgl. *Blass/Debrunner/Rehkopf,* Grammatik, § 442,20.

[24]　Vgl. *K. L. Schmidt,* Der johanneische Charakter, 35; *R. Bultmann,* Joh, 82 Anm. 9; *W. Wilkens,* Zeichen und Werke, 31.

[25]　Ob diese ›Regel‹ wirklich den antiken und auch heutigen ›Bräuchen‹ widerspricht (so *R. Bultmann,* Joh, 82 Anm. 8), lässt sich nicht mehr klären. Wie der Verfasser des Textes haben auch die Hörer/Leser damals wie heute ihre eigenen Erfahrungen! Alle relevanten Vergleichstexte analysiert *H. Windisch,* Die johanneische Weinregel, ZNW 14 (1913), 248–257, ohne allerdings wirklich überzeugende Parallelen angeben zu kön-nen. Angeführt sei eine Tradition über Cato, der auf einer Siegesfahrt von Spanien den gleichen Wein wie die Ruderknechte trank: »Er stand so im großen Unterschied zu jenen, die auch ihren Gästen anderen Wein als sich selbst vorsetzen oder im Laufe der Mahlzeit unterschieben« (PlinÄ, NatHist XIV 91).

[26]　Alle relevanten Texte finden sich in: Neuer Wettstein I/2, 87–131; *I. Broer,* Das Weinwunder zu Kana, 295 ff.

[27]　Vor allem *P. Wick,* Jesus gegen Dionysos?, 179 (dionysische Motive als »hintergründige Argumentations-ebene des Johannesevangeliums«) und *W. Eisele,* Jesus und Dionysos, 1 f, kritisieren die Fokussierung auf das Verwandlungsmotiv und betonen die Vielfalt der Übereinstimmungen; kritisch hingegen *C. Claußen,* Turning Water to Wine, 80–86.

(Dionysos und Ariadne), das Motiv der Amme/Mutter, die Jüngerschaft. Allerdings sind diese Übereinstimmungen eher allgemeiner Art (speziell bei der Parallelisierung der Ammen des Dionysos mit der Mutter Jesu) und ob im 1. Jh. n. Chr. der Dionysoskult in Galiläa wirklich von Bedeutung war, muss offen bleiben[28]. Zudem fehlt jede Polemik gegen Dionysos im Text![29] Deshalb sollten keine einlinigen Ableitungen vorgenommen werden; weder der oft behauptete pagane (Dionysos-Kult)[30] noch ein alttestamentliche Hintergrund (Hochzeit als Anbruch der Heilszeit: Jes 54,4-8; 62,4f, Wein als Zeichen der Endzeit: Am 9,13; Hos 2,24; Jer 31,5, Elia-Elisa-Tradition, Wandlungswunder des Mose)[31] lassen sich am Text auf der Ebene des Evangelisten wirklich verifizieren. Eine Überbietung entspricht nicht dem joh. Denken, das weder an einem Komparativ oder Superlativ interessiert ist, sondern einfach vom Elativ ausgeht. Viel naheliegender sind innerjohanneische Sachzusammenhänge[32]: Dem ersten Wunder Jesu korrespondiert nicht zufällig das letzte ›Ich-bin-Wort‹ (Joh 15,1a: »Ich bin der wahre Weinstock«). Im gesamten Evangelium offenbart sich Jesus Christus als der eine vom Vater gesandte Erlöser, der als Inbegriff des Lebens Macht über die Elemente, den Tod und das Leben ausübt und die an ihn Glaubenden an seiner Lebensfülle teilhaben lässt.[33] Jesus ist eben nicht wie πᾶς ἄνθρωπος, sondern der Sohn Gottes! **11** Diese Zusammenhänge werden nun in einem Erzählkommentar präzisiert: Im Wunder offenbart Jesus seine Herrlichkeit, durch das Wunder glauben die Jünger an den Lebensspender und Gottessohn Jesus Christus. Nicht der Glaube schaut das Wunder, sondern durch die Offenbarung der Doxa des Inkarnierten im Wunder entsteht Glaube. Weil das Wunder Offenbarungsort der Doxa und damit der Gottheit des Inkarnierten ist, kann es zum Glauben führen. Johannes ist weder an einem mi-

---

[28] Für das 1. Jh. n. Chr. ist der Dionysos-Kult wahrscheinlich für die Dekapolis belegt, hier speziell für Skytopolis; vgl. dazu *A. Lichtenberger,* Kulte und Kultur der Dekapolis, ADPV 29, Wiesbaden 2003.

[29] Vgl. *J. Zumstein,* Joh, 117.

[30] Unhaltbar *R. Bultmann,* Joh, 83: »Zweifellos ist die Geschichte aus heidnischer Legende übernommen und auf Jesus übertragen worden.« Vgl. zur Kritik an Bultmann bes. *H. Noetzel,* Christus und Dionysos, passim. Noetzels Position setzte sich zunächst allgemein durch, vgl. aber *E. Linnemann,* Hochzeit zu Kana, 415ff; *J. Becker,* Joh I, 132; *W. Lütgehetmann,* Die Hochzeit von Kana, 277 ff; *M. Labahn,* Jesus als Lebensspender, 149–156. In der aktuellen Exegese mehren sich wieder die Stimmen, die einen Bezug zum Dionysos-Kult sehen; vgl. *P. Wick,* Jesus gegen Dionysos?, passim; *W. Eisele,* Jesus und Dionysos, passim; *M. Theobald,* Joh I, 203–209; *F. Zeilinger,* Die sieben Zeichenhandlungen, 21. Vgl. dagegen *H. Thyen,* Joh, 152, der einen Bezug zum Dionysos-Kult strikt ablehnt und Mk 2,18–21 als synoptischen Prätext vermutet. *S. Petersen,* Wein im Überfluss, 675, sieht zwischen beiden möglichen Traditionshintergründen keinen Widerspruch: »Vielmehr bietet das Johannesevangelium, wie auch sonst häufig, einen vielfältigen Weg zu dem ins Zentrum gestellten Christus an, der die jeweiligen Rezipierenden potentiell von einem unterschiedlichen religiösen Hintergrund ausgehend ›abholen‹ kann.«

[31] Ausführliche Kritik an alttestamentlich-jüdischen Ableitungsversuchen bei *E. Linnemann,* Hochzeit zu Kana, 410 ff.; *I. Broer,* Ableitung, 107–110. *H. Förster,* Die Perikope von der Hochzeit zu Kana, 124 f, lehnt einen Bezug zu Dionysos ausdrücklich ab und sieht in den Verwandlungswundern des Mose (vgl. Ex 4,1–9; 7,14–25) den möglichen Hintergrund.

[32] Eine sakramentale Interpretation der Kanaperikope (Wein als Element des Abendmahles) beruht auf Motivassoziationen und gerät in die Nähe einer allegorischen Deutung, gegen *W. Bauer,* Joh, 46 f; *O. Cullmann,* Der johanneische Kreis, 16; *M. Rissi,* Hochzeit, 87 ff; *H. P. Heekerens,* Zeichen-Quelle, 73; *U. Wilckens,* Joh, 59.

[33] Zu Wein als Inbegriff des Lebens vgl. Ri 9,13; Ps 104,15; Joel 2,23; Sir 31,27 (»Welchem Menschen bedeutet der Wein Leben? Wenn er ihn trinkt mit Maßen!«); 40,20; Pred 10,19.

rakulösen Glauben noch an einer Abwertung der Wunder interessiert, sondern einzig und allein an der Doxa des Inkarnierten und damit der Realität der Inkarnation. Diese Wirklichkeit der Fleischwerdung betont das Kanawunder in zweifacher Weise: Es ist wie alle joh. Wunder in seiner Materialität kaum zu überbieten, es bewirkt nachprüfbare Veränderungen in Raum und Zeit und verweist damit auf das sichtbare innerweltliche Wirken des Wundertäters. Zugleich ist das Wunder gerade in seiner Massivität Ort der Offenbarung der Doxa. Deshalb sind die Wunder keineswegs nur Episoden im Leben und Wirken des sarkischen Jesus, sie haben nicht nur Hinweischarakter oder sind gar nur symbolisch zu verstehen.[34] Vielmehr manifestiert sich in ihnen die eine Doxa Jesu, die in der Fleischwerdung für alle sichtbar wurde und sich in der Stunde des Todes und der Erhöhung erweisen wird. Johannes verwendet hier erstmals den Zeichen-Begriff (σημεῖον), der insgesamt 17mal im Evangelium erscheint und bis auf Joh 2,18; 6,30 durchweg redaktionell ist.[35] Das Konzept der erkennbaren Zeichen ist für Johannes zentral: Im und durch das Zeichen erweist Jesus Christus seine Gottessohnschaft, das Zeichen wiederum verweist auf das Woher seines Urhebers. Das Außerordentliche des Kanawunders betont Johannes mit seiner Zählung[36]; die Verwandlung von Wasser zu Wein ist das erste Wunder Jesu in Kana, ihm wird ein weiteres folgen.

Vielfach werden die Wunderzählung in V. 11a und das Glaubensverständnis in V. 11c als Argumente für die Existenz einer ›Semeia-Quelle‹ angeführt.[37] Die Sprachanalyse zeigt hingegen, dass der gesamte V. 11 auf den Evangelisten Johannes zurückgeht: Zum Satzanfang mit vorangestelltem ταῦτα vgl. Joh 1,28; 6,6.59; 8,20; 9,22; 10,6; 12,16.37; 19,36. Die Wendung ποιεῖν σημεῖα ist redaktionell in Joh 2,23; 3,2; 4,54; 6,14; 7,31; 9,16; 10,41; 11,47; 12,18.37; 20,30. Für ἀρχή = ›Anfang/Beginn‹ ist nur in Joh 1,1.2 mit Tradition zu rechnen. Zweifellos redaktionell sind ferner φανεροῦν = ›offenbaren/kundtun‹ (18mal in 1Joh/Johannesevangelium, nächste Parallele in Joh 17,6), δόξα = ›Herrlichkeit/Ehre‹ (19mal im Johannesevangelium), πιστεύειν εἰς = ›glauben an‹ (36mal im Johannesevangelium) und μαθητής = ›Jünger‹ im Plural mit folgendem Possessivpronomen (34mal im Johannesevangelium). Die Ortsangabe übernahm der Evangelist aus Joh 2,1 (vgl. die redaktionelle Notiz in Joh 4,46a).

12 Jesus zieht mit seiner Familie und den Jüngern nach Kapernaum hinab. Auffälligerweise werden hier seine Brüder erwähnt, die in der vorangehenden Wundererzählung keine Rolle spielen und Jesus nach Joh 7,5 kritisch gegenüberstanden. Vielleicht soll durch die Brüder die zuvor geschilderte Hochzeit als eine Art Familienfeier charakterisiert und die Anwesenheit Marias plausibilisiert werden. Auch für den 4. Evangelisten ist der am nordwestlichen Ufer des Sees Genezareth gelegene Ort Kapernaum

---

[34] Gegen *R. Bultmann*, Theologie, 397, der behauptet: »Sie (sc. σημεῖα) sind Bilder, Symbole.«
[35] S. u. Exk. 11: Die Zeichen/Wunder Jesu.
[36] *M. Theobald*, Joh I, 217, will ἀρχή nicht im Sinn einer Zählung verstehen: »Der Anfang gibt die Richtung vor, alles Spätere ist keimhaft in ihm angelegt.« Dagegen spricht deutlich die Verknüpfung mit δεύτερον in Joh 4,54.
[37] So rechnen *L. Schottroff*, Der Glaubende, 245; *J. Becker*, Joh I, 127; *M. Theobald*, Joh, 217, den gesamten V. 11 zur ›Semeia-Quelle‹. V. 11a halten für traditionell *R. Bultmann*, Joh, 79; *R. Schnackenburg*, Joh I, 338; *W. Wilkens*, Zeichen und Werke, 30; *S. Schulz*, Joh, 47; *H. P. Heekerens*, Zeichen-Quelle, 75. V. 11a.c sehen als traditionell an *R. T. Fortna*, Gospel of Signs, 37; *W. Nicol*, Semeia, 31.

ein Zentrum des Wirkens Jesu (vgl. Joh 4,46b; 6,17.24.59). Johannes verfügt über Lokaltraditionen aus Kana und Kapernaum, die er in Kap. 4,46–54 verbindet. Der sehr kurze Aufenthalt in Kapernaum zeigt, dass es Jesus nach Jerusalem drängt.[38] Johannes leitet damit eine Bewegung von Galiläa nach Jerusalem ein, die sich noch mehrmals im Evangelium wiederholt.

Johannes lässt Jesu öffentliche Wirksamkeit mit einer Wundergeschichte beginnen, die durch ihren äußerst knappen Erzählstil und die Materialität des Wunders den Blick einzig auf den lenkt, der das Wunder vollbringt. Diese völlige Konzentration auf den Wundertäter verstärkt der 4. Evangelist mit seinen redaktionellen Zusätzen und weitet zugleich in spezifisch joh. Weise die Perspektive, indem Wunder und Passion aufeinander bezogen werden. Schon das Kana-Wunder zeigt, dass das Konzept der erkennbaren Zeichen ein Element der Inkarnationschristologie des 4. Evangelisten ist, die bereits hier im Licht von Kreuz und Erhöhung erscheint. Die Christologie ist der Schlüssel zum Verständnis des ersten großen Wunders Jesu. Die Offenbarung der Doxa des Gottessohnes im Wunder und das wunderbare Geschenk des Glaubens signalisieren den Hörern/Lesern des Evangeliums, dass eine neue Zeit begonnen hat: die Zeit des Heils im Glauben an den gekreuzigten Gottessohn Jesus Christus. Er allein ist wahrer Lebensspender und gehört ganz auf die Seite Gottes, des Schöpfers allen Lebens.[39]

2. Die Tempelreinigung 2,13–22*

(13) Und nahe war das Passa der Juden, und Jesus zog hinauf nach Jerusalem. (14) Und er fand im Tempel(-hof) die Verkäufer von Rindern, Schafen und Tauben, und die Geldwechsler, die da saßen. (15) Und er machte eine Geißel aus Stricken und trieb sie alle aus dem Tempel(-hof) hinaus, auch die Schafe und die Rinder, und das Geld der Wechsler schüttete er aus, und die Tische stieß er um. (16) Und zu den Taubenverkäufern sagte er: »Schafft dies weg von hier, macht das Haus meines

---

[38] V. 12d (οὐ πολλὰς ἡμέρας) dürfte auf den Evangelisten zurückgehen; vgl. *R. Schnackenburg,* Joh I, 358.

[39] *M. Labahn,* Jesus als Lebensspender, 160 f, verweist zu Recht darauf, dass Joh 2,1–11 Interpretationsvorgaben für die folgenden Wundererzählungen enthält: 1) Offenbarung der Doxa im Wunder; 2) Glauben durch die Offenbarung der Doxa im Wunder; 3) Jesus als Lebensspender.

* Literatur: *Bammel, E.:* Die Tempelreinigung bei den Synoptikern und im Johannesevangelium, in: John and the Synoptics, hg. v. *A. Denaux,* 507–513; *Frühwald-König, J.:* Tempel und Kult, 75–105; *Hartman, L.:* »He spoke of the Temple of His Body« (Jn 2:13–22), SEÅ 54 (1989), 70–79; *Leroy, H.:* Rätsel und Mißverständnis, 137–147; *Moloney, F. J.:* Reading John 2,13–22: The Purification of the Temple, RB 97 (1990), 432–452; *Rahner, J.:* »Er aber sprach vom Tempel seines Leibes«, 176–340; *Sabbe, M.:* The Cleaning of the Temple and the Temple Logion, in: *ders.,* Neotestamentica, 331–354; *Schnelle, U.:* Die Tempelreinigung und die Christologie des Johannesevangeliums, NTS 42 (1996), 359–373; *Schnider, F./Stenger, W.:* Johannes und die Synoptiker, 37–53; *Söding, Th.:* Die Tempelaktion Jesu, TThZ 101 (1992), 36–64; *Stegemann, E.:* Zur Tempelreinigung im Johannesevangelium, in: Die Hebräische Bibel und ihre zweifache Nachgeschichte (FS R. Rendtorff), hg. v. *E. Blum* u. a., Neukirchen 1990, 503–516; *Stowasser, M.:* Die johanneische Tempelaktion (Joh 2,13–19). Ein Beitrag zum Verhältnis von Johannesevangelium und Synoptikern, in: Im Geist und in der Wahrheit (FS M. Hasitschka), hg. v. *K. Huber/B. Repschinski,* NTA 52, Münster 2008, 41–60.

Vaters nicht zu einer Markthalle!« (17) Seine Jünger erinnerten sich aber, dass geschrieben steht:
»Der Eifer um dein Haus wird mich verzehren.« (18) Da entgegneten die Juden und sagten zu ihm:
»Welches Zeichen kannst du uns vorweisen, dass du dies tun darfst?« (19) Jesus antwortete und
sprach zu ihnen: »Reißt diesen Tempel nieder, und in drei Tagen werde ich ihn errichten!« (20) Da
sprachen die Juden: »46 Jahre wurde an diesem Tempel gebaut, und du willst ihn in drei Tagen auf-
richten?« (21) Er aber sprach vom Tempel seines Leibes. (22) Als er aber auferweckt war von den
Toten, erinnerten sich seine Jünger, dass er dies gesagt hatte, und sie glaubten der Schrift und dem
Wort, das Jesus gesprochen hatte.

Zu den gravierendsten Unterschieden zwischen den Synoptikern und dem Johannesevangelium zählt die Stellung der Tempelreinigung. Während sich bei Markus die
Tempelreinigung einen Tag nach dem Einzug in Jerusalem (Mk 11,15–19), bei Matthäus und Lukas unmittelbar mit dem Einzug ereignet (Mt 21,12–13; Lk
19,45–46),[40] stellt Johannes bewusst die Tempelreinigung an den Anfang des öffentlichen Wirkens Jesu. Historisch gehört die Tempelreinigung zweifellos an das Ende
des Wirkens Jesu, denn sie war ein auslösender Faktor für seine Festnahme.[41] Johannes
dürfte um diesen ursprünglichen Ort der Tempelreinigung gewusst haben, denn speziell im Bereich der Passion Jesu verfügt er über alte Traditionen und gute Informationen. Mit der Voranstellung der Tempelreinigung, die literarisch als Prolepse zu
bezeichnen ist,[42] folgt der 4. Evangelist einer theologischen Chronologie: Weil die
Tempelreinigung historisch Auslöser für den Kreuzestod Jesu war und das Kreuz von
Beginn an die Dramaturgie des 4. Evangeliums inhaltlich und kompositionell bestimmt, muss die Tempelreinigung am Anfang des öffentlichen Wirkens Jesu stehen.

13 Der Evangelist führt Jesus mit diesem Vers von Galiläa nach Jerusalem. Mit dem
ersten Passa (vgl. 2,23) beginnt der joh. Festzyklus, der Jesus noch zweimal zu einem
Passafest nach Jerusalem kommen lässt (vgl. Joh 6,4; 11,55). Die Wendung τὸ πάσχα
τῶν Ἰουδαίων zeigt eine Distanz des Evangelisten zu diesem jüdischen Fest an, wahrscheinlich feierte die joh. Gemeinde schon ihr eigenes Osterfest.   **14** Jesus findet im
Tempelbezirk Verkäufer von Opfertieren und Geldwechsler vor. Sie dienten ursprünglich zur Aufrechterhaltung eines geordneten Kultbetriebes. Nicht jedes herbeigebrachte
Tier konnte von Priestern einzeln geprüft werden, und auch die Geldwechsler übten
eine Dienstleistung aus, denn nach Ex 30,11–16 musste jeder männliche Jude ab 20
Jahren eine Doppeldrachme als Tempelsteuer entrichten, z. Z. des Neuen Testaments
in tyrischer Währung.[43] Im Gegensatz zu den Synoptikern erwähnt die joh. Tradition
neben den Tauben auch noch Schafe und Rinder. Damit erscheint das Treiben im
Tempelbezirk als besonders anstößig, denn die Großopfertiere lagerten gewöhnlich
vor den Stadttoren.[44] An die Stelle der Verehrung und der Ehrfurcht ist die Profitsucht

---

[40] Zur Analyse der syn. Parallelen vgl. *J. Rahner*, »Er aber sprach vom Tempel seines Leibes«, 204–256.
[41] Vgl. dazu die Auslegung von Joh 18,32.
[42] Vgl. dazu *G. Genette*, Die Erzählung, 45–54.
[43] Die Pilger mussten ihre heimische Währung in die kultisch einwandfreie und wegen des Silbergehaltes
      materiell besonders wertvolle althebräische – tyrische Währung umtauschen; vgl. dazu *A. Ben-David*, Tal-
      mudische Ökonomie, Hildesheim 1974, 252–257.
[44] Vgl. *S. Safrai*, Die Wallfahrt im Zeitalter des zweiten Tempels, Neukirchen 1981, 185.

getreten, das Heiligtum wurde zum profanen Marktplatz.   **15** Jesus geht gegen dieses Treiben energisch vor. Nur hier ist davon die Rede, dass er sich eine aus Binsenstricken gefertigte Geißel machte, um die Tierverkäufer und ihre Tiere gleichermaßen aus dem Tempelbezirk zu treiben. Auch gegenüber den Geldwechslern ist der joh. Jesus radikaler. Bevor er wie bei Markus und Matthäus ihre Tische umwirft, schüttet er auch noch das offen in Gefäßen liegende Geld aus.   **16** Den Taubenhändlern stößt Jesus nicht nur (wie bei Markus und Matthäus) die Sitze um, sondern er befiehlt ihnen, alle Sachen fortzutragen. Als Begründung dient eine Anspielung auf Sach 14,21, wo es im Hinblick auf den endzeitlichen Kultus in Jerusalem heißt:»Und es wird keinen Händler mehr geben im Hause des Herrn Zebaoth zu der Zeit.«   **17** Mit der kontextuell völlig unvorbereiteten Anamnese der Jünger wird eine neue Erzählebene eingeführt. Der Evangelist[45] kommentiert das Geschehen durch ein Schriftzitat. Typisch für ihn ist im ersten Teil des Evangeliums (Kap. 1–12) als Zitateinleitung das Partizip γεγραμμένον (›geschrieben‹) in Verbindung mit ἐστίν (vgl. Joh 6,31.45; 10,34; 12,14).[46] Johannes zitiert Ps 68,10LXX,[47] wobei er den Aorist κατέφαγεν (›verzehren‹) in das Futur καταφάγεται (›wird verzehren‹) umwandelt, wodurch die Szene für die nachösterliche Perspektive transparent wird. Das Zitat ist diesmal nicht Teil der Handlungsabfolge (vgl. Joh 1,23), sondern auf der Ebene der Reflexion erschließt es das Geschehen (vgl. Joh 12,16.38.40; 19,24.36.37): Jesu Tod am Kreuz ist die Folge seines heiligen Eifers für den Vater. Die Jünger und mit ihnen die textexterne Hörer-/Lesergemeinde gelangen nach Ostern in der Begegnung mit der Schrift zu einem vertieften Verstehen des Wirkens Jesu. Dies gewährt der Paraklet, der nach Joh 14,26 die Gemeinde an alles erinnert, was Jesus lehrte.   **18** Im Gegensatz zu den Jüngern verstehen die Juden Jesus nicht. Deshalb folgt auf die Zeichenhandlung Jesu ihre Zeichenforderung. Jesus soll sein Tun als von Gott ermächtigtes Handeln legitimieren. Die Tradition des Evangelisten steht hier in gewisser Nähe zur vormarkinischen Überlieferung der Tempelreinigung, wo auch auf die Aktion Jesu die Frage nach der Berechtigung seines Vorgehens folgte (vgl. Mk 11,17.27). Zugleich erinnert das Ansinnen der Juden an die Zeichenforderung Mk 8,11 f; Mt 12,38 f; 16,1; Lk 11,16.29.   **19** Jesus geht in eigentümlicher Weise auf die Zeichenforderung ein. Mit der Aufforderung λύσατε τὸν ναὸν τοῦτον (›Reißt diesen Tempel nieder‹) stellt er eine Bedingung, die für die Fragesteller unerfüllbar ist.[48] So bleibt seine Handlungsweise auf der textinternen Erzählebene zunächst ohne ein Beglaubigungszeichen. Die glaubende Gemeinde auf der nachösterlichen Ebene weiß hingegen, dass beides eintrat: Jesus ist nach drei Tagen von den Toten auferstanden, und der Tempel in Jerusalem wurde niedergerissen. Deshalb konnte Johannes das Tempellogion Jesu auch nicht als ein Wort falscher Zeugen überliefern, wie dies in Mk 14,58; Mt 26,61 geschieht (vgl. Mk 15,29; Mt 27,40; Apg 6,14). Vielmehr identifiziert sich Jesus bei ihm ausdrücklich mit diesem Wort, allerdings mit einem grundlegenden Unterschied. Ist es bei Markus Jesus selbst,

---

[45]   Zum redaktionellen Charakter von V. 17 vgl. *F. Schnider/W. Stenger,* Johannes und die Synoptiker, 39.
[46]   Vgl. *M. Hengel,* Die Schriftauslegung des 4. Evangeliums, 276.
[47]   Zur Analyse vgl. *A. Obermann,* Erfüllung der Schrift, 114–128.
[48]   *R. Bultmann,* Joh, 88, spricht von einem »ironischen Imperativ des prophetischen Stils«.

der den Tempel in drei Tagen abbrechen und wiederaufbauen will, so ergeht dies bei Johannes als Aufforderung an die Juden. Nicht Jesus handelt gegen den Tempel, sondern die Juden selbst werden durch ihr Verhalten den Tempel niederreißen. So lässt Jesus sein Handeln nicht durch das Urteil anderer begutachten, zugleich wird er aber ein Zeichen geben, das seinerseits zur Stellungnahme herausfordert und über Heil bzw. Unheil entscheidet. Wurden in Vergleichstexten des antiken Judentums die Reinigung (vgl. PsSal 17,30) und auch Neuerrichtung (4Qflor 1,1–13) des Tempels vom Messias erwartet, so nimmt die joh. Tradition diese Erwartung auf und verdeutlicht, wer dieser Messias ist: Jesus Christus.   **20** Die Juden beziehen Jesu Wort auf den Tempel in Jerusalem. 46 Jahre wurde an diesem Tempel gebaut, Jesus kann ihn unmöglich in drei Tagen wiedererrichten. Nach Josephus (Ant XV 380) begann Herodes d. Gr. mit dem umfangreichen Ausbau des zweiten Tempels im Jahr 20/19 v. Chr. Das Gespräch würde dann in das Jahr 27/28 n. Chr. fallen, nach Lk 3,1 der Beginn des öffentlichen Wirkens Jesu.   **21** Mit dem Hinweis auf die Bauzeit des Tempels hatte Johannes bereits das Missverstehen der Juden vorbereitet, nun kommentiert er es und macht es damit offenkundig. Beziehen die Juden vordergründig ὁ ναὸς οὗτος auf den Tempel in Jerusalem, so ist damit in Wahrheit der Leib Jesu gemeint. Deshalb verbindet Johannes im Zusammenhang mit dem Jerusalemer Tempel ναός mit οἰκοδομεῖν = ›errichten‹ (V. 20), ist jedoch mit ναός der Leib Jesu gemeint, verwendet er ἐγείρειν = ›erwecken/aufstehen‹ (V. 19.20.22).[49]   **22** Ein Kommentarwort erschließt nun den Sinn des Geschehens: Die Tempelreinigung ist ein Zeichen für die Selbsthingabe Jesu. Explizit wird die Auferstehung Jesu von den Toten als der Horizont genannt, von dem her sich das Wirken des irdischen Jesus in der nachösterlichen geistgewirkten Anamnese erschließt. Nur hier spricht Johannes davon, dass die Jünger der Schrift glaubten. Dies bezieht sich zunächst auf das Schriftwort in V. 17, auf einer zweiten Ebene werden aber schon hier Jesu Tod und Auferstehung mit der Schrift verbunden. Erscheint Jesu Tod am Kreuz nach Joh 19,30 als Erfüllung der Schrift, so erschließt auch die Tempelreinigung diesen fundamentalen Zusammenhang: Gottes Heilshandeln, das in Gen 1,1 begann und in Joh 1,1 aufgenommen wird, gelangt in Jesus Christus zu seinem Ziel. Die Schrift und das Wort Jesu gehören zusammen, sie bestätigen sich, denn beide haben ihren Ursprung und ihre Einheit im Vater.

Mit der exponierten Stellung der Tempelreinigung zu Beginn des öffentlichen Wirkens Jesu verbindet Johannes zwei zentrale theologische Aussagen: 1) Er stellt Jesu Wirken von Anfang an unter die Perspektive von Kreuz und Auferstehung. Der Erzählfaden von Joh 1,29.36; 2,1a.4c wird aufgenommen und verstärkt. Wenn Johannes gerade mit der Tempelreinigung sein hermeneutisches Konzept des nachösterlichen Rückblicks einführt, dann gibt er damit seiner Hörer-/Lesergemeinde ein deutliches Signal: Bei der Tempelreinigung handelt es sich nicht um eine beliebige Episode aus dem Leben Jesu, sondern bereits hier geht es um das Verstehen der gesamten Sendung Jesu.

---

[49] Dieses Verb benennt in besonderer Weise die Auferstehung Jesu; vgl. Mk 16,6; Lk 24,34; Röm 4,24 u. ö.

Damit gewinnt die Tempelreinigung den Charakter einer Grundsatzerklärung![50] 2) Für Johannes ist Jesus selbst der Ort der bleibenden Gegenwart Gottes (vgl. Joh 10,38; 14,6.9 f) und damit der wahre Tempel.[51] Mit dieser kult- und tempelkritischen Haltung knüpft der Evangelist an Joh 2,6 an und bereitet zugleich die grundlegende Aussage über die Verehrung Gottes an heiligen Orten in Joh 4,20–24 vor. Nicht mehr im Tempel aus Stein, sondern in Jesus Christus treffen Himmel und Erde aufeinander (Joh 1,51), eröffnet sich der Zugang zum Vater.

3. Zeichen in Jerusalem 2,23–25

(23) Als er aber am Passafest in Jerusalem war, glaubten viele an seinen Namen, weil sie seine Zeichen sahen, die er tat. (24) Jesus selbst aber vertraute sich ihnen nicht an, weil er sie alle kannte (25) und weil er es nicht nötig hatte, dass jemand über den Menschen Auskunft gebe. Er selbst nämlich wusste, was im Menschen war.

Johannes verbindet mit diesem Überleitungsstück Tempelreinigung und Nikodemusgespräch (vgl. 4,43–45; 10,19–21.40–42; 11,55-57).[52] Die Wendung »niemand kann die Zeichen tun, die du tust« in 3,2b bezieht sich auf 2,23 zurück, zudem setzt ἦλθεν πρὸς αὐτόν (›er [= Nikodemus] kam zu ihm‹) in 3,2a Jesu Erwähnung in 2,23-25 voraus.

23 Summarisch stellt der Evangelist fest, dass viele am Passafest an Jesu Namen glaubten (vgl. 1,12; 3,18), weil sie seine ›Zeichen‹ sahen. Die Wunder haben somit auch in Jerusalem offenbart, wer Jesus Christus ist. **24/25** Mit αὐτὸς δὲ οὐκ ἐπίστευεν (›er selbst vertraute nicht‹) wird Jesu Verhalten in einen Gegensatz zum Glauben der Menge gestellt. Wehrt Johannes damit einen bloßen Zeichenglauben ab?[53] Dagegen spricht die Begründung in V. 24b.25: Nicht der mangelhafte Zeichenglaube der Menschen führt zu Jesu ablehnender Reaktion, sondern sein besonderes Wissen. Vom Messias heißt es in Jes 11,3: »Er wird nicht richten nach dem, was seine Augen sehen, noch Recht sprechen nach dem, was seine Ohren hören.« Die Abwendung Jesu gründet in seinem Wissen als Messias und Gottessohn, er lebt allein aus seiner einzigartigen Beziehung zu Gott.

---

[50] Einen anderen Akzent setzt *E. Stegemann,* Zur Tempelreinigung im Johannesevangelium, 513: »Ich meine also, daß dem Johannesevangelisten daran liegt, eine Interpretation der Tempelreinigung und des Tempelwortes als Mißverständnis zu erweisen, die sie in den Kontext politisch-messianischer Befreiungswunder nach Art des Mose oder des Josua rückt.«

[51] Diesen Aspekt betont *J. Rahner,* »Er aber sprach vom Tempel seines Leibes«, 310: »Sein den Tempelkult grundlegend in Frage stellendes und gleichzeitig aufhebendes Tun findet seine Begründung in der durch ihn selbst repräsentierten neuen Gegenwart Gottes, die die in Tempel und Kultbetrieb postulierte Gegenwart und Nähe Gottes vollkommen desavouiert. Denn ist Jesus selbst der Tempel Gottes, der Ort der realen Gottesanwesenheit, so kann es keinen anderen Kult-Ort gleicher Qualität mehr neben ihm geben.«

[52] Zum redaktionellen Charakter von Joh 2,23–25 vgl. *R. Bultmann,* Joh, 91; *R. Schnackenburg,* Joh I, 372; er zeigt sich an dem überleitenden ὡς δέ (vgl. Joh 7,10; ὡς οὖν in 4,1.40; 18,6) sowie in den Wendungen πολλοὶ ἐπίστευσαν εἰς τὸ ὄνομα αὐτοῦ und σημεῖα ποιεῖν.

[53] So z. B. *R. Bultmann,* Joh, 92; *R. Schnackenburg,* Joh I, 373; *R. E. Brown,* John I, 127.

Durch den Gegensatz zwischen der Menge und Jesus schafft Johannes einen bewussten Kontrast zum folgenden Dialog zwischen Nikodemus und Jesus. Aus der anonymen Menge tritt nun eine prominente Gestalt des Judentums heraus, die vom Evangelisten in Großaufnahme dargestellt wird.

4. Die Begegnung mit einem Lehrer Israels 3,1–12*

(1) Es war aber ein Mann unter den Pharisäern, Nikodemus mit Namen, ein Ratsherr der Juden. (2) Dieser kam des Nachts zu ihm und sprach zu ihm: »Rabbi, wir wissen, du bist ein Lehrer, der von Gott gekommen ist; denn niemand kann die Zeichen tun, die du tust, wenn Gott nicht mit ihm ist.« (3) Jesus antwortete und sprach zu ihm: »Amen, amen, ich sage dir: Wenn jemand nicht von neuem/von oben geboren wird, kann er das Reich Gottes nicht sehen.« (4) Spricht zu ihm Nikodemus: »Wie kann ein Mensch geboren werden, wenn er alt ist? Kann er etwa ein zweites Mal in den Leib seiner Mutter gelangen und geboren werden?« (5) Jesus antwortete: »Amen, amen, ich sage dir: Wenn einer nicht geboren wird aus Wasser und Geist, vermag er nicht einzugehen in das Reich Gottes. (6) Was aus dem Fleisch geboren ist, ist Fleisch; und was aus dem Geist geboren wird, ist Geist. (7) Wundere dich nicht, dass ich dir sagte: Ihr müsst von neuem/von oben geboren werden. (8) Der Wind weht, wo er will; du hörst sein Brausen wohl, aber du weißt nicht, woher er kommt und wohin er geht. So verhält es sich mit jedem, der aus dem Geist geboren ist.« (9) Nikodemus entgegnete und sprach zu ihm: »Wie kann das geschehen?« (10) Jesus antwortete und sprach zu ihm: »Du bist der Lehrer Israels und verstehst das nicht? (11) Amen, amen, ich sage dir: Was wir wissen, reden wir, und was wir gesehen haben, bezeugen wir, und doch nehmt ihr unser Zeugnis nicht an. (12) Wenn ich zu euch das Irdische sage und ihr nicht glaubt, wie werdet ihr glauben, wenn ich zu euch das Himmlische sage?«

V. 5: Zu ὕδατος καί (›[aus] Wasser und‹) vgl. die Einzelauslegung.

---

* Literatur zu Joh 3,1–36: *Becker, J.:* Joh 3,1–21 als Reflex johanneischer Schuldiskussion, in: Das Wort und die Wörter (FS G. Friedrich), hg. v. *H. Balz/S. Schulz,* Stuttgart 1973, 85–95; *Bergmeier, R.:* Gottesherrschaft, Taufe und Geist, ZNW 86 (1995), 53–73; *Buch-Hansen, G.:* »It is the spirit that gives life«, 297–307; *Culpepper, R. A.:* The Travail of New Birth, in: *St. A. Hunt/D. F. Tolmie/R. Zimmermann* (Hg.), Character Studies, 247–267; *Dschulnigg, P.:* Jesus begegnen, 106–121; *Frey, J.:* »Wie Mose die Schlange in der Wüste erhöht hat …«, in: Schriftauslegung im antiken Judentum und im Urchristentum, hg. v. *M. Hengel/H. Löhr,* WUNT 73, Tübingen 1994, 153–205; *ders.:* Die johanneische Eschatologie III, 242–309; *Hammes, A.:* Der Ruf ins Leben, 68–175; *Hofius, O.:* Das Wunder der Wiedergeburt, in: *ders./Kammler, H.Chr.,* Johannesstudien, 33–80; *Ibuki, Y.:* Gedankenaufbau und Hintergrund des 3. Kapitels des Johannesevangeliums, BSU 14 (1978), 9–33; *Klaiber, W.:* Der irdische und der himmlische Zeuge, NTS 36 (1990), 205–233; *Lee, D. A.:* Symbolic Narratives, 36–63; *Merklein, H.:* Gott und Welt, in: Der lebendige Gott (FS W. Thüsing), hg. v. *Th. Söding,* NTA 31, Münster 1996, 287–306; *Ndayango, A. C. C.:* Wunder, Glaube und Leben bei Johannes, Bonn 2001; *Pesch, R.:* »Ihr müßt von oben geboren werden«, BiLe 7 (1966), 208–219; *Popp, Th.:* Grammatik des Geistes, 81–255; *Schmidl, M.:* Jesus und Nikodemus: Gespräch zur johanneischen Christologie. Joh 3 in schichtenspezifischer Sicht, BU 28, Regensburg 1998; *Richter, G.:* Zum sogenannten Tauftext Joh 3,5, in: *ders.:* Studien, 327–345; *Ritt, H.:* »So sehr hat Gott die Welt geliebt …« (Joh 3,16). Gotteserfahrung bei Johannes, in: »Ich will euer Gott werden«. Beispiele biblischen Redens von Gott, SBS 100, Stuttgart 1981, 207–226; *Söding, Th.:* Wiedergeburt aus Wasser und Geist, in: Metaphorik und Mythos im Neuen Testament, hg. v. *K. Kertelge,* QD 126, Freiburg 1990, 168–219; *Stimpfle, A.:* Blinde sehen, 7–73; *Weder, H.:* Die Asymmetrie des Rettenden, in: *ders.:* Einblicke ins Evangelium, 435–465.

Im 3. Kapitel entfaltet der joh. Christus zum ersten Mal umfassend seine Lehre.[54] Standen zuvor die Taten Jesu im Mittelpunkt (Kanawunder, Tempelreinigung), so wird nun im Gespräch mit einem Juden erörtert, was zum Heil nötig ist. Damit führt das Nikodemusgespräch in das Zentrum joh. Theologie, es leistet den Zugang zur joh. Soteriologie. Im Kontrast zu der oberflächlichen Menge kommt es zu einer Begegnung zwischen Jesus und einem ernsthaften, nach Wahrheit fragenden Vertreter des jüdischen Volkes. Mit der Gestalt des Nikodemus macht Johannes seinen Hörern/Lesern ein Rollenangebot; grundlegende Fragen des Glaubens werden in einer Art Gemeindekatechese entfaltet: Wie gewinne ich Anteil am Heil? Wodurch kann der Mensch wirklich neu werden? Was bewirken Taufe und Geistverleihung? Wer vermag dem Menschen einen neuen Ursprung zu geben? In dem Lehrgespräch zwischen Jesus und Nikodemus erhalten diese existentiellen Fragen eine Antwort, es dient der joh. Gemeinde zur Vergewisserung ihrer eigenen Glaubensgrundlagen.

1 Die Nikodemusperikope beginnt mit einer »idealen Szene«[55] (V. 1–2a), die Leser/ Hörer werden in den äußeren Rahmen der Handlung eingeführt. Nikodemus war ein angesehener Schriftgelehrter (vgl. V. 10), Mitglied des Synedriums und der pharisäischen Bewegung (Joh 7,50). Unter den Pharisäern gab es Sympathisanten Jesu (vgl. neben Joh 9,16b z.B. Mk 12,28–34; Apg 15,5), zu denen auch Nikodemus zu rechnen ist (vgl. Joh 7,50; 19,39).   **2** Er kommt in der Nacht, um so seine Hinwendung zu Jesus zunächst zu verbergen.[56] Nikodemus führt das aufrichtige Suchen nach Wahrheit zu Jesus. Die Wunder Jesu bringen ihn zu einer richtigen Einsicht, dass Jesus nur ein von Gott gekommener Lehrer sein kann. Gott muss auf seiner Seite sein, wenn er solche Zeichen tun kann. Zugleich signalisiert die ›Nacht‹, dass Nikodemus noch vom Bereich des Lichtes und der Erkenntnis getrennt ist, denn er ordnet Jesus trotz aller Wertschätzung mit der Klassifizierung als ›Lehrer‹ noch in menschliche Kategorien ein.   **3** Der Evangelist greift eine joh. Schultradition auf. Dies ergibt sich aus der nur in Joh 3,3.5 belegten Wendung βασιλεία τοῦ θεοῦ (›Reich Gottes‹), die im Gegensatz zu den Synoptikern im 4. Evangelium keine geläufige Bezeichnung für das eschatologische Heil darstellt. Das für das Verständnis von V. 3 bedeutsame Adverb ἄνωθεν ist mehrschichtig: Es kann »von neuem« und »von oben her«[57] meinen. Die sonstige Verwendung von ἄνωθεν im Johannesevangelium (vgl. 3,31; 19,11.23) legt die Übersetzung »von oben her« nahe.[58] Insbesondere der christologische Bezug von ἄνωθεν in Joh 3,31 und 8,23 (Christus spricht: ἐγὼ ἐκ τῶν ἄνω εἰμί = ›ich bin von

---

[54] Zur Stellung von Joh 3 im Kontext sowie zur literarkritischen und theologischen Einheit des Textes vgl. *Th. Popp,* Grammatik des Geistes, 81–107.206–220.233–255.

[55] *J. Becker,* Joh I, 156.

[56] Im Hintergrund schwingt der Licht-Finsternis-Dualismus mit (vgl. auch Joh 9,4; 11,10; 13,30). Andere Interpretationsmöglichkeit: Als Schriftgelehrter sucht er die Ruhe der nächtlichen Diskussion; vgl. *O. Hofius,* Wunder der Wiedergeburt, 36 f.

[57] Vgl. dazu Philo, Her 63 f.184.

[58] So u. a. *R. Schnackenburg,* Joh I, 381f; *J. Becker,* Joh I, 159; *F. Porsch,* Pneuma, 97; *E. Haenchen,* Joh, 217; *R. Pesch,* ›Ihr müßt von oben geboren werden‹, 208; *J. Blank,* Krisis, 57; *H. Leroy,* Rätsel, 132. Anders *R. Bultmann,* Joh, 95 Anm. 2, der mit Nachdruck betont, ἄνωθεν könne hier nur »von neuem« bedeuten; so auch *H. Strathmann,* Joh, 68; *S. Schulz,* Joh, 55; *O. Hofius,* Wunder der Wiedergeburt, 42f.

oben her‹) fordert diese Interpretation, denn Christus und die Seinen sind ihrem Ursprungsort nach wesensverwandt. Allerdings ist eine bewusste Mehrschichtigkeit von ἄνωθεν damit nicht ausgeschlossen,[59] da die mit γεννηθῆναι ἄνωθεν verwandte Vorstellung der ›Zeugung aus Gott‹ (vgl. 1Joh 2,29; 3,9; 4,7; 5,1.4.18; Joh 1,13) zweifellos auch den Aspekt der Wiedergeburt enthält (vgl. Tit 3,5; 1Petr 1,3.23; Just, Apol I 61,3.10; 66,1; Dial 138,2; ActThom 132).[60] Das Verb γεννάω (›erzeugen/geboren werden‹) erscheint achtmal in Joh 3,3–8 und gehört zu den Leitlexemen des Textes. Durch die Gegenüberstellung von natürlicher und göttlicher Zeugung in Joh 1,13 wissen die Hörer/Leser des Evangeliums im Gegensatz zu Nikodemus um die göttliche Herkunft Jesu und um die Möglichkeit, vom Geschöpf zum Kind Gottes zu werden.[61] Die Tradition betont, es liege nicht in der Verfügungsgewalt des Menschen, das Gottesreich zu sehen. Gott selbst schafft dafür die Grundlage.[62]   **4** Nikodemus dient in der Komposition des Evangelisten vornehmlich als Gesprächspartner, der nicht Teilnehmer eines Dialogs, sondern Stichwortgeber und Zuhörer eines Monologs des joh. Christus ist. Auf diesem Hintergrund ist das Nichtverstehen des Nikodemus zu sehen, der meint, γεννηθῆναι ἄνωθεν = ›von neuem/von oben geboren werden‹ beziehe sich auf die physische Wiedergeburt eines alten Menschen.

Das Nichtverstehen ist eine literarische Form des Evangelisten, die von der Mehrschichtigkeit der joh. Begriffe, der Oberflächen- und Tiefenstruktur der joh. Sprache ausgeht.[63] Diese Mehrschichtigkeit ergibt sich aus der Notwendigkeit, ›himmlische Dinge‹ in irdischer Sprache ausdrücken und verstehen zu müssen, und der daraus resultierenden Unterscheidung zwischen einer alltäglichen und einer offenbarungstheologischen Sprachebene.[64] Das der natürlichen Wahrnehmung verpflichtete Erkennen ist Zeichen einer Erkenntnis κατ᾽ ὄψιν = ›nach dem Äußeren‹ (Joh 7,24) bzw. κατὰ τὴν σάρκα = ›nach dem Fleisch‹ (Joh 8,15) und somit auch Bestandteil einer antithetischen Konzeption.[65] Mit Hilfe des Nichtverstehens bereitet der Evangelist zentrale Glaubensaussagen vor, es

---

[59]   Vgl. *C. H. Dodd,* Interpretation, 303 Anm. 2; *C. K. Barrett,* Joh, 227 f; *J. Schneider,* Joh, 92.

[60]   Vgl. zur joh. Vorstellung der ›Zeugung aus Gott‹ *R. Schnackenburg,* Johannesbriefe, 175–183; *W. Bauer,* Joh, 51–53; *C. H. Dodd,* Interpretation, 303-305. Religionsgeschichtlich finden sich in den Mysterienreligionen aufschlussreiche Parallelen; vgl. nur Apul, Met XI 21; Plut, De Iside et Osiride 35 (alle relevanten Texte in: Neuer Wettstein I/2, 140–146).

[61]   Vgl. *Th. Popp,* Grammatik des Geistes, 113 f.

[62]   Vgl. *R. Bultmann,* Joh, 97; anders *G. Röhser,* Prädestination und Verstockung, 197ff.

[63]   Zur Forschungsgeschichte dieses Motives vgl. *D. A. Carson,* Understanding Misunderstanding in the Fourth Gospel, TynB 33 (1982) 60–67. In der Exegese hat sich für diesen Sachverhalt der Terminus ›Missverständnis‹ eingebürgert, der aber m. E. die joh. Intention nicht trifft. Jesus und Nikodemus verfügen »sprachtheologisch nicht über den gleichen Zeichenvorrat« (*Th. Popp,* Grammatik des Geistes, 120), so dass es auf dieser Ebene zu keiner Verständigung kommen kann. »Der jüdische Ratsherr kennt die neue Sprache nicht, die der joh. Offenbarer spricht. Er ist mit der Grammatik des Geistes nicht vertraut« (ebd.).

[64]   Nach *R. Bultmann,* Joh, 95 Anm. 2, liegt diese Mehrschichtigkeit »nicht darin, daß eine Vokabel zwei Wortbedeutungen hat, so dass das Mißverständnis eine falsche Bedeutung ergriffe, sondern darin, daß es Begriffe und Aussagen gibt, die in einem vorläufigen Sinne auf irdische Sachverhalte, in ihrem eigentlichen Sinne aber auf göttliche Sachverhalte gehen. Das Mißverständnis erkennt die Bedeutung der Wörter richtig, wähnt aber, daß sie sich in der Bezeichnung irdischer Sachverhalte erschöpfe«.

[65]   Vom Motiv des Nichtverstehens zu unterscheiden ist das Unverständnis der Jünger (vgl. Joh 13,13 ff; 14,4 f.8.22; 16,17 f), das lediglich ein mangelndes Verständnis ausdrückt und behoben werden kann; vgl. *J. Becker,* Joh I, 161 f.

hat eine pädagogische Funktion. Die Gesprächsstrategie Jesu ist immer darauf gerichtet, sein Gegenüber (und damit auch die Hörer/Leser des Evangeliums) zu vertieften Einsichten zu führen, wobei die Dialoge jeweils auf eine Selbstoffenbarung Jesu zulaufen.

5 Die Tradition in Joh 3,5 bildet in ihrer Konstruktion eine Parallele zu Joh 3,3 und stellt inhaltlich einen Argumentationsfortschritt dar. Entsprechen sich die Einleitungsformeln, der Bedingungssatz und die Objektangabe, so wird das ἄνωθεν = ›von neuem/von oben‹ aus V. 3 durch ἐξ ὕδατος καὶ πνεύματος = ›aus Wasser und Geist‹ und das ἰδεῖν = ›sehen‹ in V. 3 durch εἰσελθεῖν εἰς = ›eingehen in‹ erläutert. Die Zeugung/Geburt von oben realisiert sich in der Zeugung/Geburt aus Wasser und Geist. Es ist deutlich ein theologisches Gefälle von V. 3 zu V. 5 zu erkennen, das bereits für die joh. Tradition charakteristisch war und vom Evangelisten übernommen wird. Beide Verse werden Johannes als Traditionsbildungen der joh. Schule schriftlich vorgelegen haben,[66] da er sie in V. 7.8c variierend zitiert.

Die Interpretation von V. 5 entscheidet sich an dem Verständnis von ὕδατος καί (›[aus] Wasser und‹). Für die im Anschluss an H. H. Wendt[67] vorgetragene Vermutung R. Bultmanns, ὕδατος καί sei eine »Einfügung der kirchlichen Redaktion«,[68] gibt es weder text-, noch literarkritische Gründe. Textkritisch reicht das scheinbare Fehlen[69] von ὕδατος καί im Vulgata-Kodex Harleianus 1023 und einem Teil der Origenes-Überlieferung nicht aus, um den sekundären Charakter dieser Worte zu erweisen. Zudem setzt die u. a. von א* bezeugte Einfügung τοῦ ὕδατος καί in V. 8 die Ursprünglichkeit von ὕδατος καί in V. 5 voraus. Auch literarkritisch spricht nichts gegen die Ursprünglichkeit der beiden Wörter, denn sie verursachen keinen auf eine sekundäre Einfügung hinweisenden Bruch im Gedankengang. Das von R. Bultmann vorgebrachte Argument des angeblich fehlenden Kontextbezuges ist durch dessen Gesamtbeurteilung der Sakramente im Johannesevangelium präjudiziert, wonach »der Evangelist den Sakramentalismus der kirchlichen Frömmigkeit offenbar bewußt ausscheidet«.[70] Dieses Argument liegt ausschließlich auf der Ebene der theologischen Interpretation, nicht aber der literarkritischen Analyse! Zudem zeigten die Berichte über die Tauftätigkeit Jesu, dass der Evangelist die Taufe als normalen Initiationsritus in seiner Gemeinde voraussetzt, so dass Aussagen über das Wesen der Taufe nur folgerichtig sind.

Sowohl für die Tradition als auch für den Evangelisten sind Zeugung/Geburt aus Wasser und Geist und damit die Taufe die Bedingung für die Teilhabe am eschatologischen Heil.[71] Geist und Wasser verhalten sich wie Wirkursache und Instrumentalursache

---

[66] Zur traditionsgeschichtlichen Analyse vgl. *M. Theobald*, Herrenworte, 61-97. Es handelt sich um einen ›Einlass-Spruch‹ aus der mündlichen Überlieferung, der eine Nähe zu Mt 18,3 und Mk 10,15 aufweist und bereits auf vorjoh. Ebene christologisiert wurde.

[67] Vgl. *H. H. Wendt*, Johannesevangelium, 112; ferner *J. Wellhausen*, Joh, 17 f. Meines Wissens bezeichnete erstmals *C. H. Weiße*, Die evangelische Geschichte II, Leipzig 1838, 211f, den sakramentalen Charakter von Joh 3,5 als sekundär.

[68] *R. Bultmann*, Joh, 98 Anm. 2. *G. Richter*, Joh 3,5; 335 Anm. 39, weist ὕδατος καί sogar einem tertiären Redaktor zu.

[69] Vgl. *I. de la Potterie*, Naître de l'eau et naître de l'Esprit, ScEc 14 (1962), (417–443) 424 Anm. 33.

[70] *R. Bultmann*, Joh, 98 Anm. 2.

[71] *J. Becker* unternimmt den Versuch, Bultmanns theologische Position zu Joh 3,5 zu untermauern, ohne zugleich ὕδατος καί für sekundär zu erklären; Johannes polemisiere zwar »nicht gegen die Taufe« (Joh I, 164), thematisiere sie aber andererseits auch nicht. »Nicht das Sakrament im Verständnis von V. 3.5, sondern die Relation Wort und Glaube ist der archimedische Punkt für das Heil, und das Taufverständnis dem unterzuordnen« (ebd.).

zueinander; das Wasser ist »im Taufgeschehen als sichtbares Zeichen der Kommuni-
kationskanal des Geistes.«[72] Der Geist ist – wie in der Antike allgemein[73] – auch bei
Johannes das göttliche Lebensprinzip, das von Gott auf Jesus Christus niederging (Joh
1,32), den Jüngern vom Auferstandenen verliehen wurde (Joh 20,22) und als Paraklet
(Joh 14,26) in der nachösterlichen Gemeinde wirkmächtig die göttliche Lebenswelt
im Irdischen repräsentiert, speziell in der Taufe. Das generalisierende τις = ›einer/je-
mand‹ und die einen Ausschließlichkeitscharakter nahelegende Formulierung ἐὰν μή
… οὐ = ›wenn nicht … dann nicht‹ zeigen dabei die grundsätzliche Bedeutung der
Aussage an. Es gibt keinen anderen Zugang zum Reich Gottes als die Taufe. Allein
die Taufe vermittelt die eschatologische Heilsgabe des Geistes. Wie bei Paulus (vgl.
1Kor 6,11; 10,1ff; 12,13; 2Kor 1,21f; Gal 5,24.25; Röm 5,5)[74] und in der Apostel-
geschichte (vgl. Apg 1,5; 2,38; 8,17; 11,16; 19,1–6) ist in Joh 3,5 die Geistverleihung
an die Taufe gebunden. Somit sind Taufe und Geistverleihung auch in der joh. Schule
die Primärdaten christlicher Existenz (vgl. neben Joh 3,5f; 6,63a; bes. 1Joh 2,27; 3,24;
4,13; 5,6–8). In Joh 3,5 artikuliert sich der Standpunkt der nachösterlichen Gemeinde,
sie sieht die Taufe als ›Einlassbedingung‹ in das Reich Gottes und damit als heilsnot-
wendigen Initiationsritus an. Johannes übernimmt in vollem Umfang die Sicht seiner
Schultradition, es lassen sich noch nicht einmal ansatzweise Kritik oder Akzentver-
schiebungen erkennen. Damit vertritt der 4. Evangelist nicht einen ›Sakramentalismus‹
im neuzeitlichen Sinn, sondern teilt nur eine im gesamten Urchristentum geläufige
Vorstellung. Die Wendung βασιλεία τοῦ θεοῦ = ›Reich Gottes‹ verweist zudem innerhalb des Evangeliums auf die Rede von Jesus als βασιλεύς = ›König‹ (vgl. Joh 1,49;
12,13.15; 18,33.36.37.39; 19,3.12.14.15.19.21).[75] Die Bezüge zum Pilatusverhör
sind offenkundig: Der erste Dialog Jesu mit einem Juden und der letzte mit einem
Heiden entsprechen sich darin, dass beide Gesprächspartner Jesu wahres Wesen nicht
erkennen und auf einer irdisch-vordergründigen Ebene stehen bleiben. Die Kreuzesinschrift (vgl. Joh 19,19) verdeutlicht aller Welt, dass Jesu Tod am Kreuz als βασιλεύς
die Voraussetzung und der Ermöglichungsgrund des Eingehens der Glaubenden und
Getauften in die βασιλεία τοῦ θεοῦ ist. So wie Jesu βασιλεία nicht von dieser Welt
ist (vgl. Joh 18,36), müssen die Menschen »von oben/von neuem« geboren werden,
um am Heil zu partizipieren. **6** Johannes interpretiert seine Tradition mit dem
σάρξ-πνεῦμα-Dualismus (= ›Fleisch-Geist‹-Dualismus), der bereits im hellenistischen
Judenchristentum fest mit der Taufe verbunden war (vgl. Gal 5,13ff; Röm 1,3.4;

---

[72] *Th. Popp,* Grammatik des Geistes, 126.

[73] Bei Sen, Ep 65,2 heißt es über die Stoiker: »Im All gibt es zwei Prinzipien, aus denen alles hervorgeht, die
      Ursache und den Stoff/die Materie. Die Materie liegt untätig und regungslos da, zu allem bereit, tatenlos
      abwartend, wenn sie niemand bewegt. Die Ursache aber, d.h. der Geist, formt die Materie und verwandelt
      sie«; ähnlich Diog Laert 7,134: »Sie meinen, es gebe zwei Prinzipien, … Das leidende sei eigenschaftslose
      Substanz, die Materie, das wirkende der Geist in ihr, der Gott. Denn dieser sei für alle Zeit in ihr überall
      anwesend und gestalte jede Einzelheit« (Übersetzung: *R. Nickel,* Stoa und Stoiker I, 269.271); vgl. ferner
      die Auslegung von Joh 4,24.

[74] Vgl. *U. Schnelle,* Gerechtigkeit und Christusgegenwart. Vorpaulinische und paulinische Tauftheologie,
      GTA 24, Göttingen ²1986, 124ff.

[75] Vgl. *J. Frey,* Eschatologie III, 271–276.

8,5–8).[76] Der Ursprung bestimmt das Sein, so dass die mit ἐκ = ›aus/von‹ benannte Ursprungsbezeichnung (vgl. dazu Joh 3,31; 8,23.44.47; 15,19; 17,14. 16; 18,37) zugleich eine Wesensaussage darstellt. Im Hintergrund steht die Vorstellung, dass das Wesen eines Seins durch die Herkunft bestimmt wird und Gleiches nur Gleiches hervorbringen kann. Gehört der aus Fleisch Gezeugte wesensmäßig zur Sphäre der σάρξ, so ist er damit von der Sphäre des Pneumas grundlegend geschieden, denn das Pneuma erscheint bei Johannes als Lebensprinzip: Es macht lebendig, das Fleisch hingegen ist nichts nütze (Joh 6,63). Anders als bei Paulus ist das Fleisch nicht durch die Sünde qualifiziert; vielmehr offenbart sich in der Antithetik von Fleisch und Geist die Nichtigkeit der σάρξ.[77] Für den sarkischen Menschen gibt es keinen Zugang zum Reich Gottes, sondern nur durch einen von Gott gewährten Ursprung kann er Einlass in den Herrschaftsbereich Gottes erlangen. Der Geist ermöglicht dem Menschen den Schritt von einem selbstzentrierten zu einem gottzentrierten Leben. Πνεῦμα bezeichnet somit nicht nur eine Gabe, es muss in einem umfassenderen Sinn als göttliches Wirkprinzip bzw. Schöpfermacht verstanden werden. So wie für Paulus die καινὴ κτίσις = ›neue Schöpfung‹ letztlich gleichbedeutend mit dem Sein ἐν Χριστῷ (= ›in Christus‹) bzw. ἐν πνεύματι (= ›im Geist‹) ist (vgl. 2Kor 3,17; 5,17), beschreibt auch die Neugeburt ἐξ ὕδατος καὶ πνεύματος = ›aus Wasser und Geist‹ bei Johannes eine umfassende Neuschöpfung, die sich in der Taufe mit Wasser vollzieht und in ein vom Geist bestimmtes Leben führt.[78] Bewirkt der Geist den qualitativen Seinsunterschied zum sarkischen Menschen, so ist die Taufe »heilstatsächlich«,[79] insofern sie der Ort ist, an dem sich der Übergang von der Sphäre der Sarx und des Todes in die Sphäre Gottes ereignet.   7 Deshalb ist es nicht verwunderlich, wenn der joh. Jesus die Notwendigkeit der Geburt von oben betont.   8 Wiederum unterstreicht Johannes, dass die Zeugung aus dem Geist nicht in der Verfügungsgewalt des Menschen steht. Insbesondere der weisheitlich geprägte V. 8a (vgl. Spr 30,4; Pred 11,5; Sir 16,21)[80] hebt die Unverfügbarkeit der Neugeburt hervor; sie ist nicht menschliche, sondern ausschließlich göttliche Möglichkeit. Wie der Wind nicht vom Menschen beeinflusst werden kann, so ist auch Gott in seinem Handeln frei. Johannes wahrt damit das *extra nos* des Heilsgeschehens und gibt zugleich den Ort an, wo der Mensch des Heils teilhaftig werden kann: in der Taufe der joh. Gemeinde. Die antithetische Konzeption des Evangelisten ist nicht metaphysisch überhöht und kann schwerlich als ein ontologischer Dualismus bezeichnet werden, bei dem Menschen wesenhaft am Heil teilhaben oder von ihm ausgeschlossen werden. Vielmehr vollzieht sich der Übergang von der Sphäre des Unheils zur Sphäre des Heils in der Taufe und damit geschichtlich. Es gibt keinen naturhaften Zugang des Menschen zum Heil, sondern er muss sich im Glauben für die unverfügbare Heilsgabe Gottes öffnen. Das Heil des Menschen liegt

---

[76]   Vgl. dazu *U. Schnelle,* Gerechtigkeit und Christusgegenwart, 126 ff. *R. Bultmann,* Joh, 100 Anm. 4, hält den σάρξ-πνεῦμα-Dualismus für gnostisch; vgl. dagegen *E. Schweizer,* ThWNT VI, 414-419.437 ff; *E. Brandenburger,* Fleisch und Geist. Paulus und die dualistische Weisheit, WMANT 29, Neukirchen 1968.
[77]   Vgl. *R. Schnackenburg,* Joh I, 385.
[78]   Vgl. *F. Porsch,* Pneuma und Wort, 129.
[79]   *C. H. Ratschow,* Die eine christliche Taufe, Gütersloh 1972, 233.
[80]   Gegen *R. Bultmann,* Joh, 102 Anm. 1, der Joh 3,8 auf gnostische Traditionen zurückführt.

außerhalb seiner selbst, er kann daran nur im Modus des Empfangens Anteil erhalten. **9/10** Im dritten und letzten Gesprächsgang (V. 9–12) dokumentiert Johannes noch einmal durch die Frage in V. 9 und die Wendung οὐ γινώσκεις = ›du verstehst nicht‹ in V. 10 das Unverständnis des Nikodemus. Als besonders angesehener Schriftgelehrter müsste er Jesu Rede von der Zeugung aus Wasser und Geist sowie dem unverfügbaren Wirken des Geistes verstehen (vgl. z. B. Ez 36,25–27; Ps 51,12 f).[81] Hier wird wiederum deutlich, dass sich für den 4. Evangelisten die Schrift nur von der Offenbarung Gottes in Jesus Christus her erschließt, denn dem Schriftgelehrten Nikodemus ist ihr Sinn verborgen.[82]   **11/12** Die nachösterliche Perspektive tritt in den Vordergrund,[83] Nikodemus und seinen Standesgenossen wird das unmittelbare Wissen und Schauen der joh. Gemeinde entgegengestellt. Wenn Nikodemus und der von ihm repräsentierte Kreis schon die Anfänge der Heilsoffenbarung Jesu nicht verstehen, dann werden sie auch die ›himmlischen Dinge‹ nicht begreifen. Mit τὰ ἐπίγεια = ›himmlische Dinge‹ fasst Johannes seine Lehre von der Neugeburt des irdischen Menschen aus Wasser und Geist zusammen. Für ihn ist die Taufe der grundlegende Schritt zum Heil. Handeln die ›irdischen Dinge‹ vom Eintritt des Menschen in die Heilssphäre, so die ›himmlischen Dinge‹ vom Wirken des Offenbarers, das in V. 13–21 geschildert wird.[84]

Johannes verarbeitet in diesem Lehrgespräch Traditionen seiner Schule, in denen die soteriologische Bedeutung der Taufe als Einlassbedingung in das Reich Gottes thematisiert wird. Gerade als ein von Gott selbst ins Werk gesetzter Akt wahrt die Taufe die Unverfügbarkeit des Heilsgeschehens, zugleich ist sie der Ort, an dem Menschen als Glaubende in das Heil eingehen. In der Begegnung mit Nikodemus wird auch die textexterne Gemeinde schrittweise zu der Einsicht geführt, dass jeder Mensch auf Gottes schöpferisches Handeln durch Jesus Christus in der Taufe angewiesen ist. Durch sein weiteres Auftreten, vor allem das Eintreten für Jesus (vgl. Joh 7,45–52; 19,38–42) wird Nikodemus auch zu einem Modell für ein schrittweises Zum-Glauben-Kommen. Johannes gibt damit seiner Gemeinde zudem das Signal, dass von Anfang an sogar führende Pharisäer zu Jesus fanden.[85]

---

[81] Einen anderen Akzent setzt *O. Hofius,* Wunder der Wiedergeburt, 53–55; er betont, dass Nikodemus außerhalb des Glaubens Jesus gar nicht verstehen könne und Jesus ihn keineswegs tadele.

[82] Auch in Joh 5,39.46 f beruft sich der joh. Jesus auf die Schrift bzw. auf Mose, ohne einzelne Stellen anzugeben. Gemeint sein dürften Texte, die von dem endzeitlichen Wirken des Geistes sprechen; vgl. *R. Schnackenburg,* Joh I, 383 f.388.

[83] Vgl. dazu *Chr. Hoegen-Rohls,* Der nachösterliche Johannes, 275–281; zum Zeugnis-Motiv vgl. *J. Beutler,* Martyria, 307–313.

[84] Unpräzise *R. Schnackenburg,* Joh I, 392, der aufgrund seiner literarkritischen Vorentscheidungen einen Bezug von V. 12 auf V. 13–21 ablehnen muss und unter τὰ ἐπίγεια allgemein den »ganzen durch Christus erschlossenen Weg in die himmlische Welt« versteht. Mit V. 12 erreicht das Nikodemusgespräch allerdings einen ersten Einschnitt. Nur bis zu diesem Vers redet Jesus seinen Gesprächspartner in der 2. Pers. Pl. an, und auch die nächste formgeschichtliche Parallele 4Esr 4,1–11 (12–21) legt es nahe, hier eine Zäsur zu sehen.

[85] Vgl. *P. Dschulnigg,* Jesus begegnen, 120 f; *C. Bennema,* Theory of Character, 152 f.

5. Die Sendung des Sohnes als Heil für die Welt 3,13–21

(13) »Und niemand ist in den Himmel hinaufgestiegen außer dem, der aus dem Himmel herabgestiegen ist, der Menschensohn. (14) Und wie Mose die Schlange in der Wüste erhöhte, so muss der Menschensohn erhöht werden, (15) damit jeder, der glaubt, in ihm ewiges Leben habe. (16) Denn so sehr hat Gott die Welt geliebt, dass er seinen einzig geborenen Sohn gab, damit jeder, der an ihn glaubt, nicht verlorengehe, sondern ewiges Leben habe. (17) Denn Gott sandte den Sohn nicht in die Welt, damit er die Welt richte, sondern damit die Welt durch ihn gerettet werde. (18) Wer an ihn glaubt, wird nicht gerichtet; wer aber nicht glaubt, ist schon gerichtet, weil er nicht an den Namen des einzig geborenen Sohnes Gottes geglaubt hat. (19) Das aber ist das Gericht: Das Licht ist in die Welt gekommen, und die Menschen liebten die Finsternis mehr als das Licht, denn ihre Werke waren böse. (20) Jeder, der Böses tut, hasst das Licht und kommt nicht zum Licht, damit seine Werke nicht aufgedeckt werden. (21) Wer aber die Wahrheit tut, kommt zum Licht, damit seine Werke offenbar werden, dass sie in Gott gewirkt sind.«

Zur Typik des Lehrgesprächs gehört neben den Rollen des wissenden Lehrers und des unverständigen Schülers der Verweis auf himmlische Offenbarungen, die dem Schüler als einem irdischen Menschen wesenhaft verschlossen sind. Durch die Gegenüberstellung ›irdisch – himmlisch‹ wird zugleich eine Steigerung sichtbar:[86] Von nun an ist vom ›Himmlischen‹ die Rede. Dies kann sachgemäß nur in einem Monolog des Offenbarers geschehen, der allein über die himmlischen Dinge orientiert ist. Gegenüber dem nun stummen Nikodemus tritt Jesus als wahrer Lehrer auf. Die Leser/Hörer werden in eine für Johannes typische didaktische Spirale hineingezogen, der Evangelist führt sie in subtiler Argumentation zu zentralen Einsichten seiner Theologie. Nicht zufällig erscheinen erstmals die soteriologisch-eschatologischen Zentraltermini ζωὴ αἰώνιος = ›ewiges Leben‹ (Joh 3,15 f) , κρίνειν = ›richten‹ (Joh 3,17 f) und κρίσις = ›Gericht‹ (Joh 3,19).

13 Wiederum greift der Evangelist eine weisheitlich geprägte Tradition (vgl. Dtn 30,11.12; Spr 30,4; Weish 9,16; Bar 3,29; Röm 10,6; Eph 4,10) der joh. Schule auf,[87] die aus der Sicht der nachösterlichen Gemeinde die Identität zwischen dem in den Himmel Aufgestiegenen und dort Verweilenden (Perfekt ἀναβέβηκεν) und dem Inkarnierten betont (Aorist ὁ καταβάς = ›der Herabgestiegene‹).[88] Jesus verbindet in seinem Wirken Himmel und Erde.[89] Als der vom Himmel Hinabgestiegene und dorthin wieder Aufsteigende (1,51; 3,13; 6,62) vollzieht der Menschensohn für Johannes

---

[86] Eine wirkliche Entsprechung zur Steigerung ›irdisch – himmlisch‹ gibt es nicht, denn die vielfach zitierten Parallelen Weish 9,16; 4Esr 4,8.21; OdSal 34,4 f fassen beide Begriffe als Gegensätze auf; vgl. *R. Schnackenburg,* Joh I, 391 f.

[87] *D. Burkett,* The Son of the Man, 76–92, verweist nachdrücklich auf Spr 30,4a (τίς ἀνέβη εἰς τὸν οὐρανὸν καὶ κατέβη) als Hintergrund von Joh 3,13.

[88] Vgl. *R. Schnackenburg,* Joh I, 406.

[89] *J.-A. Bühner,* Der Gesandte, 382, sieht in Joh 3,13 (und 3,31f) eine Berufungsvision: »Der Anabatiker ist bei seiner Berufungsvision in einen Himmlischen gewandelt worden und kommt als solcher auf die Erde zurück. Die himmlische Wandlung des Anabatikers wurde offenbar in der johanneischen Tradition von Anfang an christologisch formuliert, wobei dann dem Menschensohn-Zusammenhang eine traditionsgeschichtliche Priorität einzuräumen ist.«

bereits in der Gegenwart seine Funktionen als Richter (5,27), Lebensspender (6,27.52.62) und Messias (8,28; 9,35; 12,23.34; 13,31f).[90] Die joh. Menschensohnworte erhalten sowohl durch ihre Einbindung in die Präexistenz- und Inkarnationschristologie als auch durch ihre Interpretation im Rahmen der Kreuzes- (ὑψωθῆναι = ›[am Kreuz] erhöht werden‹) und Erhöhungstheologie (δοξασθῆναι = ›verherrlicht werden‹) ihr Gepräge.[91]   **14** Die Anabasis des Menschensohnes wird in spezifisch joh. Weise als ›Erhöhung‹ gedeutet. Wie in Joh 8,28; 12,32 meint ὑψοῦν = ›erhöhen‹ auch hier die Kreuzigung Jesu.[92] Die typologische Deutung von Num 21,8 f[93] erschließt sich aus V. 14b, denn von dort übernimmt Johannes das charakteristische ὑψοῦν, welches weder im hebräischen Text noch in der LXX nachzuweisen ist.[94] Wie die Erhöhung der Schlange in der Wüste, so hat auch die Erhöhung Jesu rettende Funktion. Nicht erst Jesu Erhöhung in den Himmel, sondern bereits seine Erhöhung an das Kreuz ist rettendes Geschehen. In V. 14b zitiert der Evangelist eine Tradition,[95] die wie Mk 8,31 das δεῖ (›es ist notwendig‹) des göttlichen Heilswillens prägnant zum Ausdruck bringt. Die Erhöhung Jesu am Kreuz ist Voraussetzung für die Rettung der Gläubigen, was sowohl in V. 15 als auch in Joh 12,32–34 nachdrücklich betont wird. Die joh. Interpretation der Kreuzigung Jesu als ›Erhöhung‹ und zugleich ›Verherrlichung‹ (vgl. Joh 12,23; 13,31) zeugt von einem fortgeschrittenen Stadium innerhalb der urchristlichen Theologiegeschichte. Kreuzigung und Erhöhung sind nicht zwei getrennte Akte des Heilsgeschehens (vgl. Phil 2,8–11), vielmehr ist das Kreuz als Ort der Erhöhung und Verherrlichung das Heilsereignis. Hier zeigt sich eine christologische ›Konzentration‹, die sich auch bei dem ›Ineinander‹ der Zeiten im Johannesevangelium beobachten lässt (vgl. Joh 5,25): Das Heilsereignis wird nicht primär in seinen sachlichen oder zeitlichen Etappen dargestellt, sondern unter Wahrung der einzelnen Aspekte[96] als eschatologische gegenwärtige Einheit gesehen.   **15** Das Heilswerk Jesu zielt auf den Glauben, der die Heilsgabe des ewigen Lebens eröffnet.[97] Sowohl der Glaube als auch das Leben sind bleibend an Jesus verwiesen, der durch seine Erhöhung an das Kreuz beides ermöglichte. Das ewige Leben tritt nicht einfach an die Stelle des bisherigen Lebens, vielmehr gelangt nun das Leben zu seiner eigentlichen Bestim-

---

[90] Vgl. zum joh. Menschensohn-Verständnis *R. Schnackenburg,* Joh I, 411–423.
[91] Vgl. *F. Hahn,* EWNT III, 932 ff.
[92] Vgl. *W. Thüsing,* Erhöhung, 3 f.
[93] Zur Analyse von Num 21,4–9 und der Rezeption dieser Erzählung im antiken Judentum vgl. *J. Frey,* »Wie Mose die Schlange in der Wüste erhöht hat …«, 154–177.
[94] Bei Artemidor, Traumbuch II 53, heißt es im Rahmen von Traumdeutungen über eine Kreuzigung: »… denn der Gekreuzigte ist erhöht (καὶ γὰρ ὑψηλὸς ὁ σταυρωθείς) und nährt viele Vögel. Verborgenes bringt sie an den Tag, weil der Gekreuzigte weithin sichtbar ist.«
[95] Da der Evangelist den atl. Text mit Hilfe des ὑψοῦν interpretiert, kann man für diesen Versteil Tradition vermuten. Zur umfassenden traditionsgeschichtlichen Analyse von Joh 3,14f vgl. *M. Theobald,* Herrenworte, 201–223.
[96] Gegen *J. Becker,* Joh I, 171, der behauptet, das Kreuz als Leidenssymbol spiele in Joh 3,14 keine Rolle mehr; zutreffend hingegen *W. Thüsing,* Erhöhung, 7 f; *U. Wilckens,* Joh, 71: »Die Erhöhung (in den Himmel: V. 13!) vollzieht sich in der Kreuzigung; *J. Frey,* Eschatologie III, 277–280 (279: »Mit dem Begriff der ›Erhöhung‹ kommt Jesu Kreuzigung als Einsetzung in seine βασιλεία und als Grund seiner universalen Heilswirksamkeit zur Sprache«).
[97] Die Wendung ζωὴ αἰώνιος erscheint erstmals Dan 12,2LXX; vgl. ferner 2Makk 7,9.11.14.36; JosAs 8,9.

mung, indem es von dem geprägt wird, der das Leben ist (vgl. Joh 1,4).[98] Der zentrale Heilsbegriff ζωὴ αἰώνιος = ›ewiges Leben‹ umfasst sowohl das gegenwärtige biologische und kulturelle Leben als auch die unauflösliche und durch den leiblichen Tod nicht bedrohte Gemeinschaft mit Gott. Dies vollzieht sich für den Glaubenden jetzt in der Taufe, die in den Bereich des Geistes und des Lebens führt. **16** Johannes nimmt mit V. 16 und V. 17 geprägtes Traditionsgut seiner Schule auf. Für V. 16 zeigt dies ein Vergleich mit Röm 8,32: In beiden Texten ist Gott jeweils das handelnde Subjekt, sie sprechen vom ›Geben‹ (Joh 3,16: ἔδωκεν) bzw. ›Dahingeben‹ (Röm 8,32: παρέδωκεν) des Sohnes, und es wird der Heilssinn dieses Geschehens angegeben.[99] Die generelle Übereinstimmung von V. 17 mit Gal 4,4; Röm 8,3 und 1Joh 4,9.10.14 liegt in der Sendungsaussage im 1. Satzteil und der Angabe des Heilssinnes der Sendung im 2. Satzteil.[100] Alle Texte setzen die Präexistenz des Sohnes voraus, und die Angabe des soteriologischen Ziels des Heilsgeschehens bildet den eigentlichen Skopus. Ferner ist für die joh. Texte charakteristisch, dass die Liebe Gottes als Beweggrund seines Handelns angegeben wird und der Kosmos als Objekt der Liebe eine positive Bewertung erfährt.[101] Die formalen und inhaltlichen Übereinstimmungen zwischen den paulinischen und joh. Texten weisen auf die jüdisch-hellenistische Weisheitsliteratur als gemeinsamen traditions- und religionsgeschichtlichen Hintergrund hin (vgl. z. B. Weish 9,9 f.17; Sir 24,4.12 ff; Philo, Agric 51; Her 205; Conf 63; Fug 12).[102] Gottes Liebe zur Welt kulminiert im einmaligen geschichtlichen Akt der Sendung des Sohnes, die Sendung ans Kreuz vollzieht sich als ein Akt der Liebe.[103] Johannes lenkt damit die Hörer/Leser auf Kap. 1,14 zurück, denn die Sendung ereignet sich nicht in einem zeitlosen Auf- und Abstieg, sondern es ist der Inkarnierte, der am Kreuz seine Sendung vollendet.[104] Wie in Joh 1,18 qualifiziert der Evangelist das besondere Verhältnis des

---

[98] In Kap. 3,15 erscheint erstmals ζωή = ›Leben‹ seit Joh 1,4; ζωή ist 36mal im 4. Evangelium belegt, davon 17mal in der Wendung ζωὴ αἰώνιος.

[99] Vgl. *W. Kramer,* Kyrios Christos Gottessohn, AThANT 44, Zürich 1963, 112 f.

[100] Vgl. a. a. O., 110.

[101] Vgl. Weish 11,24: »Denn du liebst alles, was existiert, und verabscheust nichts von dem, was du geschaffen«.

[102] Weitere Philo-Parallelen bietet *E. Schweizer,* ›Sendungsformel‹, 88–90.92. Zu beachten ist ferner Epikt, Diss III 22,23, wonach der wahre Kyniker »von Zeus als Bote zu den Menschen gesandt wurde, um sie über das Gute und das Böse aufzuklären«. Über Hermes wird bei Cornutus (um 60 n. Chr.) berichtet: »Es wird überliefert, dass er auch der Bote (κῆρυξ) der Götter sei, und man sagte, dass er die Botschaften, die von jenen [den Göttern] kommen, den Menschen überbringt. [Er ist insofern] ein Bote, als er durch die ausgesendete Stimme die Inhalte, die von der Vernunft konzipiert sind, zu den Ohren bringt; [er ist insofern] Gesandter (ἄγγελος), als wir den Willen der Götter durch die Einsichten erkennen, welche uns durch die Vernunft (κατὰ τὸν λόγον) eingegeben werden« (Cornut 389–394); vgl. ferner Cornut 365–368: »Hermes ist die Vernunft (ὁ Ἑρμῆς ὁ λόγος ὤν), welche die Götter aus dem Himmel zu uns [Menschen] sandten (ὃν ἀπέστειλαν πρὸς ἡμᾶς ἐξ οὐρανοῖ οἱ θεοί), wobei sie von den Lebewesen der Erde allein den Menschen zur Vernunft begabt (λογικόν) machten, etwas, was sie selbst für das Herausragendste über alles andere hinaus hielten« (Cornut 365–368).

[103] Anders *O. Hofius,* Wunder der Wiedergeburt, 65, der ἔδωκεν nicht auf die Inkarnation und Sendung des Sohnes, sondern ausschließlich auf den Kreuzestod Jesu beziehen will. Zum joh. Liebesgedanken vgl. neben *Th. Söding,* »Gott ist Liebe«, in: Der lebendige Gott (FS W. Thüsing), hg. v. *Th. Söding,* NTA 31, Münster 1996, 306–357, bes. die Monographien von *E. E. Popkes,* Die Theologie der Liebe Gottes, und *F. J. Moloney,* Love in the Gospel of John, Grand Rapids 2013.

[104] Vgl. *H. Merklein,* Gott und Welt, 295. Gegen *U. B. Müller,* Zur Eigentümlichkeit des Johannesevangeli-

Sohnes zum Vater mit μονογενής = ›einzig geborenen‹, womit wiederum die Einheit
von Präexistenz, Sendung und Kreuz betont wird.[105] Auch der Aorist ἠγάπησεν = ›er
liebte‹ hat die einmalige geschichtliche Tat Gottes an Jesus im Kreuzesgeschehen im
Blick. Weil die Welt hier das Objekt und nicht nur der Schauplatz der Liebe Gottes
ist, muss κόσμος positiv verstanden werden. Aber in welchem Sinn? Zunächst ist die
Position abzuweisen, wonach die »Absicht der Aussage über die göttliche Zuwendung
zur Welt … allein die« ist, »in voller Schärfe die Ablehnung der Welt herzustellen: Sie
hätte die Möglichkeit des Glaubens gehabt«.[106] Dann wäre Joh 3,16 lediglich eine
nicht wirklich zugestandene Möglichkeit, das ursprünglich positive Vorzeichen einer
de facto ausschließlich negativen Bewertung der Welt bei Johannes. Diese Konzeption
wird dem Text nicht gerecht, denn die Gabe des ewigen Lebens als soteriologisches Ziel
des Heilshandelns Gottes erscheint in V. 16b als eine im Glauben zu ergreifende gegenwärtige Möglichkeit. Somit bezeichnet κόσμος in Joh 3,16 f zuallererst die erlö-
sungsbedürftige Menschenwelt als Zielpunkt des Handelns Gottes, die im Glauben die
in der Sendung des Sohnes eröffnete Heilsmöglichkeit ergreifen kann.[107] Anders als z.
B. Epikur[108] geht der Evangelist gerade nicht von einem Desinteresse Gottes an der
Welt oder einer Abwesenheit Gottes in der Welt aus. Die erste Erwähnung des Begriffs-
feldes ἀγάπη/ἀγαπᾶν = ›Liebe/lieben‹ im 4. Evangelium gilt der Liebe Gottes zur Welt;
deutlicher kann Johannes seine Position nicht signalisieren![109]   **17** Die bereits ab Joh
1,1–4 dominierende Vorzeitigkeit des Guten wird weiter entfaltet. Die Sendung des
Sohnes vollzieht sich als zuvorkommende und auf den gesamten Kosmos zielende Rettung (vgl. 1Joh 2,2; 4,14; Joh 4,42). Johannes betont wiederum die Präponderanz des
Heils, Heil und Unheil sind für ihn keine gleichgewichtigen Alternativen.

---

ums, 39 f, der die Sendungschristologie gegen die Kreuzestheologie ausspielen will: »Aufgrund der Gesand-
tenproblematik scheint der Tod Jesu primär zu einer Station auf dem Weg zum Leben, zur himmlischen
Welt zu werden. Doch ist nichts anderes zu erwarten, wenn die Grundtendenz des Evangeliums darin
besteht, die Legitimität Jesu als des himmlischen Gesandten zu erweisen. Der Tod Jesu kann dabei keine
Eigenbedeutung gewinnen, es sei denn negativ die Infragestellung dieser Legitimität« (a. a. O., 40). Gegen
die Auffassung, dem Tod Jesu käme im Rahmen einer dominierenden Sendungschristologie keine Heilsbedeutung zu, kann neben Joh 1,29.36; 2,14–22; 3,14–16; 10,15.17 f; 11,51 f; 12,27–33 vor allem auf Joh
19,30 verwiesen werden. Das τετέλεσται spricht gerade nicht der bereits zum Vater Zurückgekehrte, sondern der am Kreuz sterbende Jesus! Das Kreuz als Ort der Erhöhung und Verherrlichung ist zugleich das
Ziel der Sendung Jesu. Zur Kritik an einer Johannesinterpretation, die innerhalb eines statischen Dualis-
mus-Modells durch eine angeblich alles dominierende Sendungschristologie die Kreuzestheologie neutrali-
sieren will, vgl. auch *J. Rahner,* »Er aber sprach vom Tempel seines Leibes«, 68–72; *J. Frey,* Die »theologia
crucifixi« des Johannesevangeliums, 186–188.

[105] Zu den Bezügen zwischen Prolog und Joh 3,16 vgl. *Th. Popp,* Grammatik des Geistes, 157–162 (162: »Es
bleibt zu resümieren, daß Johannes seine kreuzestheologisch konzipierte universale soteriologische Christologie durch die in 1,1–18 grundgelegte Zusammenschau von Schöpfung und Erlösung entwirft. So kann
3,16 als ›Prolog in nuce‹ gelesen werden. Aus seiner schöpferischen Liebe heraus gibt Gott seinen Sohn. Er
würdigt jeden Menschen, in der Begegnung mit dem Menschgewordenen seine Bestimmung zum ewigen
Leben zu erfahren«).

[106] *L. Schottroff,* Der Glaubende, 288.

[107] Gegen *O. Hofius,* Wunder der Wiedergeburt, 66 f, der Joh 3,16 streng prädestinatianisch verstehen will.

[108] Vgl. Cic, NatDeor I 121: »Epikur jedoch hat die Religiosität aus den Herzen der Menschen mit Stumpf
und Stiel herausgerissen, indem er den unsterblichen Göttern sowohl Hilfsbereitschaft als auch Liebesfä-
higkeit absprach.«

[109] Vgl. dazu ausführlich *U. Schnelle,* Die Johannesbriefe, 162–167 (Die Liebe als Schlüsselbegriff der johanneischen Schule).

Exkurs 2: κόσμος bei Johannes

Einsetzend mit dem Prolog ist κόσμος = ›Welt/Kosmos‹ (Grundbedeutung: ›Ordnung‹, ›Anordnung‹)[110] ein durchgängiges Leitwort innerhalb des 4. Evangeliums. Das Johannesevangelium hat ein mehrschichtiges Kosmosverständnis. Drei Aussagereihen können unterschieden werden: 1) Positive Aussagen, die es nicht erlauben, eine durchgehende Inferiorität des Kosmos bei Johannes zu behaupten: Aus Liebe sandte Gott seinen Sohn in die Welt (Joh 3,16; vgl. 10,36; 1Joh 4,9.14), Jesus erscheint als σωτὴρ τοῦ κόσμου (Joh 4,42; vgl. 1Joh 2,2; 4,14); er ist der in die Welt gekommene Prophet bzw. Sohn Gottes (Joh 6,14; 11,27; vgl. 18,37). Als das vom Himmel herabgestiegene Brot gibt er dem Kosmos Leben (Joh 6,33, vgl. 6,51); er ist das Licht der Welt (Joh 9,5). Er ist gekommen, um den Kosmos zu retten (Joh 3,17; 12,47). Jesus sendet seine Jünger in die Welt (Joh 17,18; vgl. 17,15), und schließlich wird dem Kosmos sogar die Fähigkeit des γινώσκειν und πιστεύειν an Jesu Sendung zugesprochen (Joh 17,21.23; vgl. 14,31). 2) In einem neutralen Sinn erscheint Kosmos beim 4. Evangelisten als Raum, in dem Jesus wirkt (vgl. Joh 1,10; 9,5a; 14,19; 16,28; 17,5). 3) Negativ beurteilt wird der Kosmos, weil er Jesus nicht annimmt (Joh 1,10; vgl. 17,25), ihn und die Jünger hasst (vgl. Joh 7,7; 15,18.19; 17,14), als Bereich des Widergöttlichen erscheint (vgl. Joh 8,23; 12,25; 14,17.22.27.30; 15,19; 16,8.20.33; 17,6.11.13 f.16; 18,36) und deshalb das Gericht über ihn ergeht (Joh 9,39; 12,31; 16,11).

Johannes hat weder ein rein negatives noch ein doppeltes Kosmosverständnis,[111] sondern allein der Glaube bzw. der Unglaube entscheidet darüber, ob Menschen in Gottes geliebter Schöpfung ihrer Bestimmung gemäß leben (vgl. Joh 3,16f; 1Joh 4,9) oder der Kosmos zur widergöttlichen Welt wird (vgl. Joh 16,9). Keineswegs können die Juden einfach als Repräsentanten des ungläubigen Kosmos gesehen werden (s. u. Exk. 8), sondern sie sind (neben anderen) eine Verkörperung des Kosmos, die sich aus der konkreten historischen Situation des Wirkens Jesu und der Anfänge der johanneischen Gemeinde ergibt. Nicht nur die Juden, sondern auch Pilatus und damit die griechisch-römische Welt erweisen sich als Gegner Jesu.[112] Für den 4. Evangelisten gehört die Welt zum Schöpfungswerk des Logos (Joh 1,3 f) und besitzt keine minderwertige Qualität.[113] Nur der Unglaube qualifiziert den Kosmos als einen negativen Bereich, so dass Johannes von der Welt als Objekt der Liebe Gottes positiv, als Ort des Hasses und als Bereich des Unglaubens negativ sprechen kann.[114] Deshalb zielt die joh. Konzeption nicht auf eine Verwerfung, sondern auf eine innerweltliche (Joh 17,5!) Überwindung des Kosmos als Ort des Unglaubens.[115] Die negativen Aussagen müssen transkosmisch (vgl. 1Joh 5,4f; Joh 16,33) und nicht antikosmisch verstanden werden. Auch ist es nicht möglich, die Juden einfach als *die* Repräsentanten des ungläubigen Kosmos zu sehen.[116]

---

[110] Vgl. *F. Passow,* Handwörterbuch I/2, 1800 f: κοσμέω = »ordnen, ordentlich einrichten«; κόσμος = »ordentlich, wohl geordnet, gesetzt, ruhig«.

[111] Vgl. *R. Bultmann,* Joh, 34.

[112] Vgl. *L. Kierspel,* The Jews and the World in the Fourth Gospel, 213: »We contend, therefore, that the Gospel does not focus its polemic on the Jews as a race but situates the opposition of the historical Jesus in a post-Easter context of universale hate and persecution.«

[113] Zu Unrecht behauptet *L. Schottroff,* Der Glaubende, 287, es gebe einen Unterschied zwischen Joh 3,16 und 1Joh 4,9; vielmehr macht 1Joh 4,14 deutlich, dass auch in 1Joh 4,9 der Kosmos das Objekt der Liebe Gottes ist. Einerseits muss *L. Schottroff* zugeben, daß es eine gnostische Parallele zu Joh 3,16 nicht geben kann (a. a. O., 187), andererseits behauptet sie, »daß Johannes auch in 3,16 den Boden der Gnosis nicht verlassen hat« (a. a. O., 288).

[114] Übersichten zum joh. κόσμος-Gebrauch finden sich bei *R. E. Brown,* John I, 508–510; *N. H. Cassem,* A Grammatical and Contextual Inventory of the Use of κόσμος in the Johannine Corpus, NTS 19 (1972/73), 81–91; *L. Kierspel,* The Jews and the World in the Fourth Gospel, 13–110.

[115] Vgl. *H. Balz,* EWNT II, 772.

[116] Grundlegender Nachweis bei *L. Kierspel,* The Jews and the World in the Fourth Gospel, 111–213; gegen *R. Bultmann,* Joh, 59, wonach die Juden in ihrer Gesamtheit Vertreter des Unglaubens »und damit, wie sich zeigen wird, der ungläubigen ›Welt‹ überhaupt« sind.

Sie sind eine (und nicht die einzige!) Verkörperung des Kosmos, die sich innerhalb der Erzählstruktur eines Evangeliums aus der konkreten historischen Situation des Wirken Jesus und bei Johannes zudem aus den Anfängen seiner Gemeinde und der dramatischen Struktur seines Evangeliums ergibt. Nicht nur die Juden, auch Pilatus und damit die griechisch-römische Welt erweisen sich als Gegner Jesu, wenn sie im Unglauben verharren. Nicht mehr die ethnische Zugehörigkeit legitimiert die Berufung auf den einen wahren Gott, den Vater, sondern allein die Stellung zu Jesus Christus. Der joh. Dualismus zwischen Gott und Welt besitzt somit keine ontologische Qualität, sondern resultiert aus der eschatologischen Offenbarung Gottes in Jesus Christus, die den Dualismus begründet und im Glauben zugleich dessen Überwindung ermöglicht.

Die Spannungen zwischen Heilspartikularismus und Heilsuniversalismus lassen sich bei Johannes nicht spannungsfrei auflösen (vgl. Exk. 6). Vielmehr kommt es darauf an, nach der Integration der verschiedenen Aussagelinien in ein übergreifendes Argumentationsgefälle zu fragen. Es ist der Liebesgedanke, der den joh. Dualismus flankiert und interpretiert. Während der Dualismus eine jeweilige Grenzlinie beschreibt, bestimmt die Dynamik der Liebe Gottes zur Welt (Joh 3,16), zum Sohn (Joh 3,35; 10,17; 15,9.10; 17,23.26) und zu den Jüngern (Joh 14,21.23; 17,23.26), die Liebe Jesu zu Gott (Joh 14,31) und den Jüngern (Joh 11,5; 13,1.23.34; 14,21.23; 15,12.13; 19,26) sowie die Liebe der Jünger zu Jesus (Joh 14,15.21.23) und zueinander (Joh 13,34.35; 15,13.17) das joh. Denken positiv: Die vom Vater ausgehende Liebesbewegung setzt sich im Wirken des Sohnes und der Jünger fort, bis schließlich die Welt erkennt, »dass du mich gesandt hast und du sie geliebt hast, wie du mich geliebt hast« (Joh 17,23).

18 Die grundlegende Bedeutung des Glaubensbegriffes für das joh. Kosmosverständnis zeigt sich in der joh. Interpretation der Tradition V. 16 f: Allein der Glaube als Aneignungsform des Heilsgeschehens entscheidet darüber, ob sich Gottes Zuwendung zur Welt für den einzelnen als Heil oder Gericht vollzieht. Die universalen soteriologischen Aussagen der Tradition in V. 16 werden nicht zurückgenommen, vielmehr auf eine anthropologische Ebene transformiert, wo sich aus joh. Sicht der Übergang zum Heil oder das Verharren im Unheil ereignen. Im Glauben an die einmalige geschichtliche Offenbarung Gottes in Jesus Christus hat sich bereits die eschatologische Krisis vollzogen. Wer hingegen nicht an den Sohn glaubt, verkennt das Gerichtshandeln Gottes. Deshalb ist der Unglaube eine Form des Selbstgerichtes, das Gottes vorangehenden Heilswillen verkennt. Für Johannes führen die Offenbarungsworte Jesu notwendigerweise zur κρίσις; er setzt diese Grundeinsicht auch literarisch um, wie in Joh 5,22 ff schließen sich Gerichtsworte an eine Offenbarungsrede an. **19** Antithetisch zur liebenden Hinwendung Gottes zur Welt deckt Johannes das Wesen der Menschen auf. Die Sendung des Sohnes als Licht offenbart die Werke der Menschen, die angesichts der Krisis nun offen zutage liegen. Gerade im Licht der Liebe Gottes erscheinen die Menschen als das, was sie sind: der Finsternis und ihren Werken verpflichtet. Im jeweiligen Wandel vollzieht und offenbart sich das jeweilige Woher der Menschen. Dabei wird ein im jeweiligen Wandel sich immer schon vollziehender Determinismus in die Sichtbarkeit erhoben. Wer Böses tut, hasst das Licht und verbleibt in der Finsternis, der er ohnehin angehört. Johannes denkt hier nicht von der Entscheidung der Menschen her, sondern Gottes Entscheidung in der Sendung des Sohnes offenbart die wahre Situation der Menschen. Diese im Denken des Evangelisten singuläre Konzeption weist möglicherweise auf eine Tradition in V. 19–21 hin, wofür auch die Formung des Stückes in drei dreigliedrige Parallelismen spricht.[117] Johannes kann diese

---

[117] Vgl. *J. Becker*, Joh I, 173 f.

Tradition ohne den für ihn konstitutiven Glaubensbegriff aufnehmen, weil er sie als
eine Erläuterung der grundlegenden Aussagen von V. 18 versteht: Glaube und Unglaube finden ihre Entsprechung im ethischen Verhalten der Menschen. Sie sind nicht
Verhängnis, sondern resultieren auch aus dem sittlichen Tun der Menschen. Das Zusammenwirken von Gott und Mensch beim Zustandekommen des Glaubens erhält
damit keine hinreichende Erklärung, aber die Ethik erscheint als Forderung und Folge
des Glaubens, so wie das böse Tun dem Unglauben entspringt   20/21 Johannes stellt
die beiden Möglichkeiten menschlichen Handelns antithetisch gegenüber und führt
sie auf entsprechende ontologische Strukturen zurück. Im jeweiligen ethischen Verhalten der Menschen realisieren sich Glaube und Unglaube. So wie das böse Tun aus
dem Unglauben hervorgeht, ist das gute Werk Folge des Glaubens. Das Abwenden
vom Licht und von der Liebe führt zwangsläufig zum Hass, der die Menschen zur
Finsternis und zu ihren Werken treibt. Demgegenüber vollzieht sich das Tun der Wahrheit und ihrer Werke ἐν θεῷ, der in Jesus Christus den Weg der Liebe ging.

Johannes verarbeitet in diesem ›Lehrgespräch‹ Traditionen seiner Schule, die sowohl
die soteriologische Bedeutung der Taufe als Einlassbedingung in das Reich Gottes
(V. 3.5) als auch die Ermöglichung des Heils durch die Sendung des Sohnes
(V. 13.14b.16f) zum Inhalt haben. Handeln V. 1–12 von der Notwendigkeit und
Möglichkeit der Zeugung aus Wasser und Geist, so V. 13–21 von der grundlegenden
Ermöglichung dieses Geschehens. Dabei gerät das Thema des ersten Textabschnittes
in V. 13–21 keineswegs aus dem Blick, denn der Evangelist versteht die aus Wasser
und Geist gezeugten Menschen als Glaubende an den vom Vater gesandten Sohn (vgl.
V. 18.19.21). »Die Geburt von oben ist Geburt zum Glauben wie Geburt des Glau-
bens.«[118] Gerade als ein von Gott selbst ins Werk gesetzter Akt wahrt die Taufe die
Unverfügbarkeit des Heilsgeschehens. Zugleich ist sie der Ort, an dem der Mensch
als Glaubender in das Heil eingeht. Deshalb entsprechen falsche Alternativsetzungen
(Glaube gegen Taufe/Wasser ohne Taufbezug) dem joh. Denken gerade nicht. Die
Taufe kann im Johannesevangelium nicht als ein rein symbolischer Akt verstanden
werden, der nur sichtbar dokumentiert, was sich im Glauben längst vollzogen hat.[119]
Vielmehr ist das joh. Denken ein gleitendes Denken, das immer mehrere Dimensionen
umfasst: Durch das Kommen des Sohnes sind die göttliche und die menschliche Welt
miteinander verbunden und es gibt immer einen doppelten Realitätsbezug: Im Hinblick auf die Realität der heilstiftenden Fleischwerdung des Logos und im Hinblick
auf das Verständnis und die Aneignung dieser Realität in der Gemeinde, hier in der
Taufe. Die Liebe Gottes zur Welt zeigt sich gleichermaßen in der Ermöglichung und
der konkreten Zueignung des Heils an den einzelnen Menschen. Dabei unterstreicht
Joh 3,16 f nachdrücklich, dass die narrative Präsentation der Jesus-Christus-Geschichte

---

[118] *R. Pesch,* »Ihr müßt von oben geboren werden«, 215.
[119] Gegen *H. Thyen,* FB (ThR 44), 101, der für die Ursprünglichkeit von ὕδατος καί in Joh 3,5 votiert, andererseits aber meint, »das berechtigt kaum dazu, die Geburt ›von oben‹ als instrumental durch die Wassertaufe bewirkt darzustellen … «; ähnlich ders., Joh, 192 f. Vgl. ferner *C. K. Barrett,* Joh, 230, wonach
Johannes durch die Erwähnung des Geistes ein sakramentales Missverständnis der Taufe abwehren will.

im 4. Evangelium insgesamt durch eine »dramaturgische Christologie der Liebe Gottes« bestimmt wird.[120] Es entspricht dem Wesen der Liebe, nicht bei sich selbst zu bleiben; weil Liebe Bewegung ist, setzt sie sich fort und bestimmt der Liebesgedanke nicht nur die Theologie, sondern gewinnt Gestalt in der Christologie, um von dort alle Bereiche des joh. Denkens zu füllen.[121] Nicht weniger als die Rettung der Welt ist das Ziel der Sendung des Sohnes!

6. Das letzte Zeugnis des Täufers und Jesu Tauftätigkeit 3,22–30

(22) Danach kam Jesus mit seinen Jüngern in das judäische Land; dort hielt er sich mit ihnen auf und taufte. (23) Aber auch Johannes taufte in Änon nahe bei Salim, denn dort war viel Wasser, und sie kamen dorthin und ließen sich taufen. (24) Denn Johannes war noch nicht in das Gefängnis geworfen worden. (25) Es entstand aber ein Streit der Jünger des Johannes mit Jesus über die Reinigung. (26) Sie gingen zu Johannes und sprachen zu ihm: »Rabbi, der, welcher auf der anderen Seite des Jordans bei dir war, für den du Zeugnis abgelegt hast, siehe, dieser tauft, und alle kommen zu ihm.« (27) Johannes entgegnete und sprach: »Kein Mensch kann sich irgend etwas nehmen, wenn es ihm nicht vom Himmel gegeben ist. (28) Ihr seid meine Zeugen, dass ich gesagt habe: Ich bin nicht der Christus, sondern ich bin vor ihm her gesandt. (29) Wer die Braut hat, ist der Bräutigam. Der Freund des Bräutigams, der dabeisteht und auf ihn hört, freut sich sehr über die Stimme des Bräutigams. Diese meine Freude hat sich nun erfüllt. (30) Jener muss wachsen, ich aber muss abnehmen.«

V. 25: Zur Konjektur von μετὰ Ἰουδαίου in μετὰ Ἰησοῦ vgl. die Einzelauslegung.

Auf die Aussagen über das Wesen der Taufe lässt der 4. Evangelist Berichte über die Tauftätigkeit Jesu in Judäa und ein gleichzeitiges Wirken mit Johannes d. Täufer folgen. Im Gegensatz zu den Synoptikern und in anfänglicher Konkurrenz zur Täufergruppe verankert damit die joh. Schule die Taufe im Leben Jesu und gibt so ihrer eigenen Taufpraxis besondere Dignität.

22 Jesus und seine Jünger verlassen Jerusalem und begeben sich in die Jordansenke, wo Jesus sich eine Zeitlang aufhielt und taufte. Die Imperfektform ἐβάπτιζεν (›er taufte‹) lässt dabei an eine längere Wirksamkeit Jesu denken.[122] Auf den redaktionellen Charakter weisen die joh. Überleitungsformel μετὰ ταῦτα = ›danach‹ (vgl. 5,1.14; 6,1; 7,1; 19,38), die Fortsetzung des Itinerars aus Joh 2,23 und die im Gegensatz zu V. 23 unpräzise Ortsangabe hin.[123]   **23** Die Notiz über Johannes d. Täufer dürfte

---

[120] *E. E. Popkes,* Die Theologie der Liebe Gottes, 173.
[121] Vgl. *E. E. Popkes,* a. a. O., 355: »Die liebessemantischen Motive haben eine Schlüsselfunktion für das Verständnis des vierten Evangeliums. Sie stehen in einem wechselseitigen Bezugssystem, durch welches die theologische Gedankenführung des vierten Evangeliums eindrücklich zutage tritt. Diese Konzeption kann als ›dramaturgische Christologie der Liebe Gottes‹ bezeichnet werden, da die Worte und Taten Jesu die menschgewordene Liebe Gottes verkörpern.«
[122] Vgl. *W. Bauer,* Joh, 62; *R. Bultmann,* Joh, 124 Anm. 1.
[123] Vgl. *R. Schnackenburg,* Joh I, 448 f.

traditionell sein, was sich aus der genauen geographischen Bestimmung und dem Hapaxlegomenon παραγίνεσθαι (›herankommen‹) ergibt.[124] Johannes d. Täufer hat seine frühere Taufstelle verlassen und sich in die Nähe von Änon bei Salim begeben, weil es dort mehr Wasser gab. Änon bei Salim liegt im nördlichen Samaria, in der Nähe von Bet Schean.[125] Durch diese Ortsveränderung ist die Voraussetzung für ein Nebeneinander der Tauftätigkeit Jesu und Johannes d. Täufers geschaffen.	**24** Mit einer kurzen Bemerkung bereitet der Evangelist die sich anschließende Schilderung vor; Jesus und der Täufer wirken nun in der gleichen Landschaft. Wahrscheinlich verband die Täufergemeinde mit ihrer Taufe weitere Reinigungsriten, die von der joh. Gemeinde nicht praktiziert wurden.	**25/26** Die Verse haben eine Überleitungsfunktion und weisen auf eine Auseinandersetzung zwischen der joh. Gemeinde und der Täufergruppe über die rechte Taufpraxis hin. V. 25 dürfte traditionell sein, dafür sprechen das joh. Hapaxlegomenon ζήτησις (= ›Streit‹) und das vom Kontext her unmotivierte καθαρισμός (= ›Reinigung‹).[126] Es bezieht sich auf das Verhältnis der Jesus-Taufe zur Johannes-Taufe, so dass der Anlass für den Streit der taufende Jesus gewesen sein muss. Dies ergibt sich auch aus V. 26, was eine Konjektur des für den Fortgang der Erzählung funktionslosen μετὰ Ἰουδαίου (= ›mit einem Juden‹) bzw. μετὰ Ἰουδαίων (= ›mit Juden‹) in μετὰ τῶν Ἰησοῦ (= ›mit denen von Jesus‹)[127] bzw. μετὰ (τοῦ) Ἰησοῦ (= ›mit Jesus‹)[128] sachlich geboten erscheinen lässt. Ob ein Streit zwischen Täufer- und Jesusjüngern oder zwischen Täuferjüngern und Jesus anzunehmen ist, lässt sich nicht wirklich entscheiden. Für eine Auseinandersetzung zwischen Täuferjüngern und Jesus kann allerdings angeführt werden, dass sich der Anfang von V. 26 unmittelbar auf auf das Wirken Jesu bezieht. In V. 26 kommt in jeden Fall die Konkurrenzsituation zwischen der joh. Gemeinde und der Täufergruppe in dem polemischen πάντες (›alle‹) deutlich zum Ausdruck. Die joh. Gemeinde projiziert ihren zahlenmäßigen Erfolg gegenüber der Täufergruppe in das Leben Jesu zurück und degradiert Johannes d. Täufer zum bloßen Zeugen. Der Vers dürfte bis auf den syntaktisch schwerfälligen Relativsatz ᾧ σὺ μεμαρτύρηκας (= ›für den du Zeugnis abgelegt hast‹; vgl. dazu Joh 1,19–34) traditionell sein,[129] zumal Johannes seine Bemerkung über die Tauftätigkeit Jesu in V. 22 hier entnommen hat.	**27** Der Evangelist[130] lässt den Täufer noch einmal den Anspruch Jesu bestätigen. Im Erfolg Jesu zeigt sich das geheimnisvolle Wirken Gottes, es ist Gott, der die Täuflinge zu Jesus führt.	**28** Johannes verweist die Leser und

---

[124]	Vgl. *M. Stowasser,* Johannes der Täufer, 192.

[125]	Vgl. *G. Dalman,* Orte und Wege Jesu, 189: »In der wasserreichen Ebene von Beth Sean, die ehedem Beth Scheraj hieß, kam der Wanderer an dem tell er-ridra vorüber, der nach der griechischen Tradition wohl das Salem war, in dessen Nähe bei dem wasserreichen Enon Johannes nach Joh 3,23 taufte. Aber nicht die Quelle von Salem selbst, sondern die fünf Quellen von ed-dēr mit ihren Bächen südlich davon werden die Taufstätte sein, die sich somit an einem wichtigen Verkehrswege befand und von Judäa wie Galiläa aus sehr zugänglich, aber im Bereiche von Skythopolis den in diesen Landschaften herr-schenden Gewalten entnommen war.«

[126]	Vgl. *R. Bultmann,* Joh, 123.

[127]	Vgl. *O. Holtzmann,* Das Johannesevangelium untersucht und erklärt, Darmstadt 1887, 210; *M. Theobald,* Joh I, 285, der von einem Streit zwischen Täuferjüngern und Jesusjüngern ausgeht.

[128]	Vgl. z. B. *J. Becker,* Joh I, 182.

[129]	Vgl. *J. Becker,* Joh I, 182; gegen *R. Bultmann,* Joh, 25 Anm. 4.

[130]	Zum redaktionellen Charakter von V. 27 vgl. *M. Stowasser,* Johannes der Täufer, 196.

Hörer seines Evangeliums auf das frühere Zeugnis des Täufers (vgl. Joh 1,20.23). Die Jünger des Täufers bestätigen nun, dass er früher gesagt habe: »Ich bin nicht der Messias, sondern ich bin vor ihm her gesandt.« Ein zentrales Argument in der Auseinandersetzung zwischen der joh. Gemeinde und dem Täuferkreis wird so noch einmal ins Bewusstsein gerufen. **29** Der Täufer hat seine Aufgabe gegenüber dem Messias erfüllt, als Freund des Bräutigams und damit einer der beiden Brautführer legte er in der anbrechenden messianischen Heilszeit Zeugnis ab (vgl. Mk 2,19).[131] Die ›Braut‹ könnte auf der Bildebene die eschatologische Heilsgemeinde, d. h. die Gemeinde der Glaubenden sein. Die Freude des Täufers ist zur Erfüllung gekommen,[132] er kann nun abtreten und seinen Jüngern eine letzte Weisung geben. **30** Hier zeigt sich deutlich ein redaktionelles Interesse des Evangelisten.[133] Johannes d. Täufer tritt nach Kap. 3,30 nicht mehr aktiv in Erscheinung,[134] womit das Bild vom Wachsen und Abnehmen eine kompositionelle und ekklesiologische Auswertung erfährt.

Wie in anderen Gruppen des Urchristentums (vgl. Paulus; Mt 28,18–20) war auch innerhalb der joh. Schule die Taufe der normative Initiationsritus. Nur hier wird diese Praxis aber im Leben des geschichtlichen Jesus verankert, so dass ihr sowohl von der joh. Tradition als auch vom Evangelisten eine große Bedeutung beigemessen wird. Die joh. Schule führt in ihrem Raum das Werk des geschichtlichen Jesus weiter und erweist sich somit als dessen legitime Nachfolgerin. Vielleicht bewirkte auch die anfängliche Konkurrenzsituation zur Täufergruppe ein verstärktes Nachdenken über die eigene Taufpraxis und ihre historische wie theologische Begründung. Der Evangelist setzt die Taufe nicht nur beiläufig voraus, sondern Joh 3,23.25.30; 4,1 dokumentieren ein eminent theologisches Interesse. Die Taufe ist für Johannes eine sachgemäße Fortsetzung des Wirkens Jesu und als konstitutiver Aufnahmeritus in die Gemeinde conditio sine qua non christlicher Existenz. So ist es nur folgerichtig, wenn der 4. Evangelist auch Aussagen über das Wesen der Taufe macht.

7. Der himmlische Offenbarer 3,31–36

(31) »Wer von oben kommt, ist über allem. Wer von der Erde ist, ist von der Erde und redet irdisch. Wer aus dem Himmel kommt, (ist über allem). (32) Er bezeugt, was er gesehen und gehört hat,

---

[131] Das Bildwort in V. 29ab dürfte traditionell sein, vgl. *M. Stowasser*, a. a. O., 196. *M. u. R. Zimmermann*, Der Freund des Bräutigams (Joh 3,29): Deflorations- oder Christuszeuge?, ZNW 90 (1999), 123–130, weisen überzeugend nach, dass die Bildebene von V. 29 nicht auf die Freuden der Hochzeitsnacht, sondern auf ein theologisches Motiv verweist: »Die in Joh 3,29 verwendeten Formulierungen ›Freund‹, ›auf die Stimme hören‹ und ›vollkommene Freude‹ verfolgen letztlich die gleiche theologische Intention: Sie zielen auf den Erweis von Jesu Messianität.«

[132] Das Verb χαίρειν (›freuen‹) erscheint erstmals in Joh 3,29, zum letzten Mal in Joh 20,20: Am Anfang steht die Freude des Täufers, am Ende die Freude der Jünger.

[133] Vgl. *R. Bultmann*, Joh, 127; gegen *J. Becker*, Joh I, 183, der V. 30 seiner ›Semeia-Quelle‹ zurechnet. Für Redaktion spricht auch die im δεῖ ausgedrückte Notwendigkeit des göttlichen Heilsgeschehens, vgl. Joh 3,14; 12,34; 20,9. Für Tradition sprechen die joh. Hapaxlegomena αὐξάνειν, ἐλαττοῦσθαι; vgl. *M. Stowasser*, Johannes der Täufer, 196.

[134] Vgl. Joh 5,33.36; 10,40 f.

doch niemand nimmt sein Zeugnis an. (33) Wer aber sein Zeugnis annimmt, der hat bestätigt, dass Gott wahrhaftig ist. (34) Denn der, den Gott gesandt hat, redet die Worte Gottes; denn ohne Maß gibt er den Geist. (35) Der Vater liebt den Sohn, und er hat alles in seine Hand gegeben. (36) Wer an den Sohn glaubt, hat ewiges Leben; wer aber dem Sohn nicht gehorcht, wird das Leben nicht schauen, sondern der Zorn Gottes bleibt auf ihm.«

V. 31: ἐπάνω πάντων ἐστίν am Versende lassen aus: P75 א* D f1 u. a.; der Text wird bezeugt von P36vid P66 א2 A B L W S Θ Ψ f13 u. a. Eine Entscheidung ist von der äußeren Bezeugung her nicht möglich, auch innere Kriterien greifen nicht: Ein Schreiber könnte die Worte in Anlehnung an den Versanfang ausgelassen oder ergänzt haben.

Innerhalb des Aufbaus von Joh 3 stellen die V. 31–36 ein Problem dar. Formal sind sie die Fortsetzung der Täuferrede in V. 27 ff, inhaltlich lassen sie sich jedoch nicht als Worte des Täufers verstehen (bes. V. 35.36).[135] Dies führte zu zahlreichen Umstellungsversuchen,[136] die jedoch nicht überzeugen können, weil die Frage nach der Stellung und der Funktion von V. 31–36 durch eine bloße Textumstellung nicht gelöst wird. Vielmehr handelt es sich um einen Basistext joh. Theologie, der sich durch eine bekenntnishafte Sprache auszeichnet und dessen Themen auch an anderer Stelle im Evangelium in verschiedenen Variationen behandelt werden. Joh 3,31–36 kann deshalb als ein abschließender Kommentar der Nikodemusperikope und des Täuferzeugnisses aus der Hand des Evangelisten verstanden werden.[137] Auf Johannes d. Täufer als irdischen Zeugen folgt jetzt der himmlische Zeuge.

31 Die heilsgeschichtlichen Kategorien des Täufers werden nun in räumliche Vorstellungen überführt.[138] Johannes entfaltet die zwei Bereiche des Seins und die mit ihnen verbundenen Möglichkeiten. Als vom Himmel Gekommener nimmt Jesus eine alles überragende Macht- und Herrscherstellung ein. Er kommt von Gott und sieht

---

[135] Vgl. *R. Bultmann,* Joh, 92; *R. Schnackenburg,* Joh I, 374; gegen *W. Bauer,* Joh, 63 ff; *C. K. Barrett,* Joh, 219, die V. 31–36 als Täuferrede ansehen.

[136] *R. Bultmann,* Joh, 92 ff, fügt V. 31–36 an V. 21 an und kommt zu der Gliederung: 3,1–8.9–21.31–36.2–30. Für *R. Schnackenburg,* Joh I, 378 ff, endet das Nikodemusgespräch in 3,12, darauf folgen die ›situationsgelösten‹, ›kerygmatischen‹ Redestücke 3,31–36 und 3,13–21, während Joh 3,22–30 als Täuferperikope verstanden wird.

[137] Unter dieser Voraussetzung ist der im Anschluss an *C. H. Dodd,* Interpretation, 303 ff; *ders.,* Tradition, 279, gemachte Gliederungsvorschlag von *Y. Ibuki,* Gedankenaufbau und Hintergrund, 11, plausibel, der in Joh 3 zwei parallele Komplexe verarbeitet sieht.

	I. Abschnitt	II. Abschnitt
Exposition	2,23–25	3,22–24
Dialog	3,1–12	3,25–30
Monolog	3,13–21	3,31–36

Der überleitende Charakter von Joh 2,23–25; 3,22–24 ist nicht zu bestreiten und der Wechsel vom Dialog zum Monolog am Ende einer Sinneinheit typisch johanneisch (vgl. Joh 6; 8; 14), so dass Kap. 3 als bewusste Komposition durch den Evangelisten zu gelten hat. Für die Ursprünglichkeit der überlieferten Textabfolge sprechen auch die zahlreichen Verbindungen zwischen Joh 3,1–30 und 3,31–36 (vgl. V. 15 mit V. 36; V. 11 mit V. 32; V. 5.17 mit V. 34; V. 12 mit V. 31; V. 16 mit V. 35). Für die Einheitlichkeit von Joh 3 plädieren u. a. auch *E. C. Hoskyns/F. N. Davey,* Joh, 221 ff; *O. Cullmann,* Urchristentum und Gottesdienst, 78 ff; *C. K. Barrett,* Joh, 239; *R. E. Brown,* John I, 160; *W. Klaiber,* Der irdische und der himmlische Zeuge (s. o. III/4), 207 ff; *U. Wilckens,* Joh, 74 f; *J. Frey,* Eschatologie III, 300 ff.

deshalb ›von oben‹, d. h. aus der Perspektive Gottes. Die besondere Herkunft qualifiziert sowohl seine Worte als auch seine Werke. Dem himmlischen Offenbarer stehen die aus dem irdischen Bereich stammenden Menschen gegenüber. Auch hier prägt die Herkunft das Wesen, so dass sie nur »Irdisches« reden können. Sie sind nicht in der Lage, die Grenze zwischen dem Irdischen und dem Himmlischen zu überschreiten. **32** Der Evangelist formuliert nun die Grundüberzeugungen seiner Schule: Jesus ist der einzige und authentische Offenbarer Gottes. Als wahrhaftiger Zeuge sagt er nur das, was er gesehen und gehört hat, und deshalb verdient er Glauben. Wie in Joh 1,18 (vgl. Mt 10,27/Lk 10,22) liegt der Akzent auf der Einzigartigkeit und Exklusivität der Gottesoffenbarung Jesu. Er ist der einzige Zeuge, und sein Zeugnis allein ist wahr.[139] Umso befremdlicher ist es, wenn Menschen dieses Zeugnis nicht annehmen (vgl. Joh 1,11; 3,11). **33** Dem Unglauben setzt Johannes die positive Reaktion des Glaubens entgegen, Menschen akzeptieren das Zeugnis Jesu und kommen zum Glauben an Gott. Solche Menschen bestätigen die Wahrhaftigkeit und Treue Gottes. Das Zeugnis Jesu ist auf Zustimmung aus, Gott setzt sich nicht mit Gewalt durch, sondern wirbt um die Zustimmung des Menschen. Der Glaube an das Zeugnis Jesu erscheint hier als freie Tat des Menschen, der durch seine Antwort die Wahrhaftigkeit Gottes bestätigt. **34** Jesus ist der Gesandte Gottes, er repräsentiert Gott und ist zugleich das Fleisch gewordene Wort Gottes. Das Zentrum der joh. Sendungschristologie liegt in der Vorstellung der Identität von Bote und Botschaft. Jesus handelt ganz und gar und ausschließlich im Auftrag des Vaters. Als Gesandter Gottes spricht er die Worte Gottes, er tut dies in der Vollmacht des ihm von Gott in besonderer Weise verliehenen Geistes. Als Geistträger ist Jesus der Gesandte und als Sprecher Gottes gibt er den Geist (vgl. Joh 6,63; 7,37–39; 20,22).[140] **35** Ihren letzten Grund hat die Bevollmächtigung Jesu in der Liebe des Vaters zum Sohn (vgl. Joh 5,20; 13,3; 17,2.23–26). Schon vor der Grundlegung der Welt liebte der Vater den Sohn (vgl. Joh 17,24), und die Verherrlichung Jesu, seine Auferstehung von den Toten, bestätigt diese Liebe (vgl. Joh 17,23). Johannes begreift das Gottesverhältnis Jesu als Liebe des Vaters zum Sohn und des Sohnes zum Vater. Die Beziehung zwischen Gott und seinem Sohn Jesus Christus wird nicht in den Kategorien der Metaphysik oder Ontologie gedacht, sondern so wie jede Gottesbeziehung: als Liebe. Aus dem einzigartigen Gottesverhältnis Jesu leitet sich seine Vollmacht ab, Gott hat ihm alles in die Hand gegeben (vgl. Mt 11,27). **36** Als soteriologische Konsequenz des einzigartigen Offenbarungsanspruches Jesu ergibt sich: Die an den Sohn Glaubenden haben das ewige Leben. Die Wendung ζωὴ αἰώνιος (= ›ewiges Leben‹) benennt bei Johannes die volle Teilhabe am eschatologischen Heil. Das joh. Denken ist hier von einer beeindruckenden Einfachheit, prägnant wird die durch Jesus Christus geschenkte neue Wirklichkeit benannt, der Glaube ist der Anfang des ewigen Lebens. Dieser Heilswirklichkeit steht der Unglaube als Ungehorsam gegenüber dem Offenbarungsanspruch Jesu entgegen. Der Unglaube zerstört

---

[138] Vgl. *W. Klaiber,* Der irdische und der himmlische Zeuge, 226.
[139] Vgl. dazu *J. Beutler,* Martyria, 313–318.
[140] Jesus ist Subjekt von V. 34b; vgl. dazu *H.-Chr. Kammler,* Jesus Christus und der Geistparaklet (s. u. IX.), 170–181; *O. Hofius,* »Er gibt den Geist ohne Maß« Joh 3,34b, ZNW 90 (1999), 131–134; *J. Frey,* Eschatologie III, 301 f; *Th. Popp,* Grammatik des Geistes, 225–227.

das Verhältnis zwischen Mensch und Gott, der Mensch befindet sich im Zustand der Entfremdung gegenüber dem Ursprung des wahren Lebens. Auffällig ist die Zuordnung der Zeitebenen, auf das Futur ὄψεται (›er wird sehen/schauen‹) folgt das Präsens μένει (›er bleibt‹). Wer sich gegenwärtig dem Sohn verweigert, wird auch in Zukunft nicht das Leben erlangen können, denn der Zorn Gottes bleibt auf ihm.

Zum Abschluss der ›Gemeindekatechese‹ Joh 3 formuliert der Evangelist die Basissätze seiner Christologie: In der Liebe des Vaters zum Sohn gründet Jesu einzigartige Stellung; er allein ist der Offenbarer Gottes, der den Glaubenden das ewige Leben schenkt. Jesu Herkunft, seine dauernde Verbindung zur himmlischen Welt und sein Wissen um die himmlischen Dinge legitimieren ihn in einzigartiger Weise als authentischen Ausleger des Vaters. Wer sich gegenwärtig dem Sohn verweigert, wird auch in Zukunft nicht das Leben erlangen, sondern der Zorn Gottes bleibt auf ihm. Hier zeigt sich der Grundgedanke joh. Eschatologie: Gottes Handeln im Sohn eröffnet eine Zukunft, die sich in der Gegenwart entscheidet.

8. Die Selbstoffenbarung Jesu in Samaria 4,1–3.4–42*

Nach der Sammlung der Jünger aus Israel (Joh 1,29–51) und den Aussagen über die Taufe in Joh 3 erreicht der Missionsgedanke in Joh 4 einen ersten Höhepunkt: Die Samaritaner werden in die Selbstoffenbarung Jesu als Retter der Welt mit hineingenommen.[141] Strukturell bestehen deutliche Übereinstimmungen zwischen den Begegnungsgeschichten Joh 3,1–12 und 4,1–42: In beiden Fällen werden Menschen schrittweise in den Glauben eingeführt. Dabei verbindet Johannes beide Erzählungen durch einen antithetischen Parallelismus (Mann – Frau; Jude – Samaritanerin; Mitglied des Synedriums – gesellschaftliche Außenseiterin).

---

* Literatur: *Attridge, H. W.:* The Samaritan Woman: A Woman Transformed, in: *St. A. Hunt/D. F. Tolmie/R. Zimmermann* (Hg.), Character Studies, 268–281; *Boers, H.:* Neither on this Mountain nor in Jerusalem. A Study of John 4, SBL.MS 35, Atlanta 1988; *Botha, J. E.:* Jesus and the Samaritan Woman, NT.S 65, Leiden 1991; *Day, J. N.:* The Woman at the Well. Interpretation of Joh 4:1–42 in Retrospect and Prospect, BINS 61, Leiden 2002; *Foerster, H.:* Die Begegnung am Brunnen (Joh 4.4–42) im Licht der »Schrift«: Überlegungen zu den Samaritanern im Johannesevangelium, NTS 61 (2015), 201–218; *Frühwald-König, J.:* Tempel und Kult, 107–138; *Hahn, F.:* Die Worte vom lebendigen Wasser im Johannesevangelium, in: God's Christ and His People (FS N. A. Dahl), hg. v. *J. Jervell/W. A. Meeks,* Oslo 1977, 51–70; *Leidig, E.:* Jesu Gespräch mit der Samaritanerin und weitere Gespräche im Johannesevangelium, ThDiss 15, Basel 1979; *Link, A.:* »Was redest du mit ihr?« Eine Studie zur Exegese-, Redaktions- und Traditionsgeschichte von Joh 4,1–2; BU 24, Regensburg 1992; *Neugebauer, J.:* Die Textbezüge von Joh 4,1–42 und die Geschichte der johanneischen Gruppe, ZNW 84 (1993), 135–141; *Okure, T.:* The Johannine Approach to Mission, WUNT 2.31, Tübingen 1988; *Olsson, B.:* Structure and Meaning, 115–257; *Ritt, H.:* Die Frau als Glaubensbotin, in: Vom Urchristentum zu Jesus (FS J. Gnilka), hg. v. *H. Frankemölle/K. Kertelge,* Freiburg 1989, 287–306; *Schapdick, S.:* Auf dem Weg in den Konflikt, BBB 126, Berlin 2000; *Schenke, H. M.:* Jakobsbrunnen – Josephsgrab – Sychar, ZDPV 84 (1968), 159–184; *Schottroff, L.:* Johannes 4,5–15 und die Konsequenzen des johanneischen Dualismus, ZNW 59 (1968/69), 199–214. *Zimmermann, M. u. R.,* Brautwerbung in Samarien? Von der moralischen zur metaphorischen Interpretation von Joh 4, ZNT 2 (1998), 40–51.

Die Erzählung hat einen klaren Aufbau; auf das Übergangsstück V. 1.3 folgt die von der Lebenswasserthematik geprägte erste Begegnung Jesu mit der Frau aus Samaria (V. 4–15), an die sich wiederum Jesu Worte über den Ursprung des Heils und die wahrhaftige Verehrung Gottes anschließen (V. 16–26). Der Evangelist ändert mit V. 27–42 die Perspektive, die zunächst abwesenden Jünger werden in das Geschehen miteinbezogen und geben der Erzählung eine neue Ausrichtung. Die Mission ist nun das zentrale Thema, die Jünger und die bis dahin ebenfalls im Hintergrund stehenden Bewohner der samaritanischen Ortschaft sind die eigentlich handelnden Personen. Bei den Samaritanern tragen das Wort Jesu, der Glaube der Frau und die Mission der Jünger Frucht, indem sich die Erkenntnis durchsetzt, dass Jesus der Retter der Welt ist.

a) Der Täufer Jesus 4,1–3

(1) Als nun der Herr erkannte, die Pharisäer hätten davon gehört, dass Jesus mehr zu Jüngern mache und taufe als Johannes – (2) obwohl Jesus selbst nicht taufte, sondern nur seine Jünger – (3) da verließ er Judäa und zog wieder nach Galiläa.

V. 1: Statt κύριος (P[66.75] A B al) lesen a D Θ f1 al das einfachere Ἰησοῦς.[142]

1 Jesu ›Zunehmen‹ wird im Sinn eines Missionserfolges geschildert und damit ekklesiologisch interpretiert: Die Täufergemeinde muss abnehmen, die Jesusgemeinde hingegen wachsen. Der polemische Akzent ist durch die vergleichende Formulierung πλείονας … ἤ (= ›mehr … als‹) offenkundig. So wie Jesus erfolgreicher war als Jo-

---

[141] Die literarische Entstehungsgeschichte von Joh 4,1–42 wird in der neueren Exegese sehr unterschiedlich beurteilt (zur Forschungsgeschichte vgl. *T. Okure*, Johannine Approach, 58–75; *A. Link*, »Was redest du mit ihr?«, 30–177). Die Arbeiten von Teresa Okure und Andrea Link zeigen dabei paradigmatisch, wie sehr der methodische Zugang das Ergebnis bestimmt. Okure geht von einer ›contextual method‹ aus und wertet Joh 4,1–42 als literarische Einheit, die in der Missionsthematik ihr inhaltliches Zentrum habe (vgl. a. a. O., 181–188). Demgegenüber orientiert sich Link am Schichtenmodell G. Richters und unterscheidet zwischen der ›Grundschrift‹ (V. 5–9ab.16–19.20.21.25.26.27–30.35–38.39.40), dem ›Evangelisten‹ (V. 1. 3.10–15.23.24.31–3441.42) und der ›Redaktion‹ (V. 2.4.7a.9c.14.22). *M. Theobald*, Joh I, 304–306, nimmt eine ›Grunderzählung‹ der ›Zeichenquelle‹ an (V. 5f.7–26*.27–30.40b–42*), ergänzt durch die Einträge des Evangelisten. Ich sehe Joh 4,1–42 als eine aus Einzelszenen (V. 1–3.4–26. 27–30.31–38.39–42) kunstvoll komponierte Einheit an, die unter Aufnahme z. T. älteren Materials vom Evangelisten gestaltet wurde. Kontextstellung und Gesamtinterpretation beziehen sich deshalb auf die ganze Texteinheit, während die Einzelauslegung aus pragmatischen Gründen in mehreren Schritten erfolgt. Weitere Gliederungsvorschläge: 1) *E. Lohmeyer*, Aufbau und Gliederung, 22 f (V. 1–6: Jesus am Brunnen; V. 7–15: Erster Gesprächsgang; V. 16–19: Zweiter Gesprächsgang; V. 20–26: Dritter Gesprächsgang; V. 27–30: Rückkehr der Jünger; V. 31–38: Jesus und die Jünger; V. 39–42: Jesus und die Samaritaner. 2) *B. Olsson*, Structure and Meaning, 124 f (V. 1–4.5–6: doppelte Einleitung; V. 7–26: erster Dialog; V. 27–30: Zwischenstück; V. 31–38: zweiter Dialog; V. 39–42: Schluss). 3) *T. Okure*, Johannine Approach, 182 f (V. 1–26: narratio; V. 31–38: expositio; V. 28–30.39–42: demonstratio).

[142] Zur ausführlichen Begründung der LA κύριος vgl. auch *G. van Belle*, ΚΥΡΙΟΣ or ἸΗΣΟΥΣ in John 4,1?, in: *A. Denaux* (Hg.), New Testament Textual Criticism and Exegesis (FS J. Delobel), BEThL 161, Leuven 2002, 159–174.

hannes, so triumphiert die joh. Gemeinde über die Täufergruppe. Der Eintritt in die
Jüngerschaft und damit in die joh. Gemeinde ist mit der Taufe verbunden, wie die
Verbindung von μαθητὰς ποιεῖν (= ›Jünger gewinnen‹) und βαπτίζειν (›taufen‹) zeigt.
Zwar wird über die Art der Taufe nichts ausgesagt, aber sie gilt in Joh 4,1 als norma-
tiver Initiationsritus. Eine Tauftätigkeit des historischen Jesus lässt sich mit dem Hinweis auf Joh 3,23–26; 4,1 nicht begründen. Dagegen sprechen das Schweigen der
Synoptiker und das erkennbare theologische Interesse des Evangelisten bei seiner Darstellung des taufenden Jesus. Man kann zwar vermuten, dass die Synoptiker in ihrer
tendenziösen Täuferdarstellung eine solche Nachricht unterdrückten, die Jesus zum
Täuferschüler gemacht hätte. Anderseits berichten sie von der Taufe Jesu durch Johannes d. Täufer (Mk 1,9–11par), während der 4. Evangelist davon nur indirekt
spricht (Joh 1,29–34).   **2** Hier handelt es sich um eine sekundäre, den Gedankengang von V. 1 und V. 3 unterbrechende Glosse, die darauf zielt, die anstößige Taufpraxis Jesu an das synoptische Jesusbild anzugleichen.[143] Sprachlich ist Joh 4,2 durch
das neutestamentliche Hapaxlegomenon καίτοιγε (›obwohl/obgleich‹) auffällig, und
auch das artikellose Ἰησοῦς ist ungewöhnlich.   **3** Jesus verlässt das von den Pharisäern beherrschte Gebiet, in dem er auf Argwohn und Feindseligkeit stößt. So wird
erklärt, warum Jesus nach Samaria kommt.

b) Das lebendige Wasser 4,4–15

(4) Er musste aber durch Samaria reisen. (5) Da kommt er zu einer Stadt in Samarien mit Namen
Sychar, nahe bei dem Feld, das Jakob seinem Sohn Joseph gegeben hatte. (6) Dort war der Brunnen
Jakobs. Da nun Jesus müde war von der Reise, setzte er sich an dem Brunnen nieder, es war um die
sechste Stunde. (7) Da kommt eine Frau aus Samaria, um Wasser zu schöpfen. Jesus spricht zu ihr:
»Gib mir zu trinken!« (8) Seine Jünger waren nämlich in die Stadt gegangen, um Speisen zu kaufen.
(9) Da sagt zu ihm die Samaritanerin: »Wie kannst du als Jude von mir, einer Samaritanerin, zu
trinken begehren?« Juden verkehren nämlich nicht mit Samaritanern. (10) Da antwortete Jesus und
sprach zu ihr: »Wenn du die Gabe Gottes kenntest und wer es ist, der zu dir sagt: Gib mir zu trinken,
so hättest du ihn wohl gebeten, und er gäbe dir lebendiges Wasser.« (11) Spricht die Frau zu ihm:
»Herr, du hast kein Schöpfgefäß, und der Brunnen ist tief. Woher hast du denn das lebendige Wasser? (12) Bist du denn größer als unser Vater Jakob, der uns den Brunnen gegeben hat und der
selber daraus getrunken hat und seine Söhne und sein Vieh?« (13) Jesus entgegnete und sprach zu
ihr: »Jeder, der von diesem Wasser trinkt, den dürstet wieder. (14) Wer aber von dem Wasser trinkt,
das ich ihm geben werde, wird in Ewigkeit nicht dürsten, sondern das Wasser, das ich ihm geben
werde, wird in ihm zu einer Quelle, deren Wasser fortquillt zum ewigen Leben.« (15) Die Frau
spricht zu ihm: »Herr, gib mir dieses Wasser, damit ich nicht mehr dürste und nicht mehr hierher
kommen muss, um zu schöpfen.«

---

[143] Vgl. u. a. *J. Wellhausen*, Joh, 20; *R. Bultmann*, Joh, 128 Anm. 4; *C. H. Dodd*, Interpretation, 311 Anm. 3;
R. Schnackenburg, Joh I, 458. Als organisches Erzählelement sehen V. 2 an: *E. Leidig*, Gespräch, 153;
B. Olsson, Structure and Meaning, 153; *T. Okure*, Johannine Approach, 81–83.

4 Auf dem Weg in seine Heimat Galiläa muss Jesus durch Samaria reisen. Die Alter-
nativrouten durch die Jordansenke oder an der Küste entlang waren länger und be-
schwerlicher.[144] Bei zügiger Reise war es möglich, in drei Tagen von Jerusalem nach
Galiläa zu gelangen.[145]   **5** Der Weg führt Jesus an dem samaritanischen Hauptort
Sychar vorbei, in der Talsohle zwischen Ebal und Garizim gelegen und wahrscheinlich
mit dem heutigen Askar identisch, das ca. 1 km nordöstlich vom Jakobsbrunnen
liegt.[146] Unmittelbar neben dem Jakobsbrunnen lag von hellenistischer Zeit an bis ins
1. Jh. n. Chr. das Josefsgrab.[147] Mit dem Gebiet verbinden sich Lokaltraditionen, die
sich aus Gen 33,18 f; 48,22 und Jos 24,32 ergaben.[148]   **6** Brunnen wurden in vielen
Gebieten Palästinas gebaut, um tiefer liegende Quellen zu erreichen. Sie waren ein
herkömmlicher Ort der Kommunikation (vgl. Gen 24,10–33; Ex 2,15–21; 1Sam
9,11). Jesus setzt sich zur Zeit der größten Tageshitze an den Brunnen,[149] um sich mit
etwas Wasser zu erfrischen. Mit der Erwähnung des Jakobsbrunnens[150] ist die lokale
Präzisierung abgeschlossen (Landschaft, Ortschaft, Grundstück),[151] die Handlung im
engeren Sinn kann beginnen.   **7** In der Mittagshitze kommt die Samaritanerin, um
Wasser zu schöpfen. Dies nimmt Jesus zum Anlass für die Bitte, ihm zu trinken zu
geben.   **8** Der Evangelist fügt eine erläuternde Zwischenbemerkung ein, um die Ge-
sprächssituation zu präzisieren: Jesus und die Frau sind allein. Zugleich bereitet er den
in V. 27 einsetzenden Gesprächsgang vor; die Jünger waren inzwischen in die Stadt
gegangen, um Lebensmittel zu kaufen. Damit schafft Johannes eine doppelte Perspektive, die für die Dramatik der Erzählung entscheidend ist: auf der einen Seite der Brunnen mit den beiden Personen, auf der anderen Seite der Ort mit vielen Menschen.
Die Bewegung zwischen beiden Orten verleiht der Erzählung Lebendigkeit.   **9** Jesu
Bitte irritiert die Frau[152] in zweifacher Weise: Ein jüdischer Rabbi bittet eine Frau
und dazu noch eine Samaritanerin um Hilfe. Das Gespräch eines Rabbi mit einer Frau
in der Öffentlichkeit galt als unschicklich, Frauen nahmen normalerweise auch nicht
an rabbinischen Diskussionen teil. Rabbi Jose ben Jochanan (um 150 v. Chr.) wird
folgende Aussage über den Umgang mit einer Frau zugeschrieben: »Dein Haus sei
weithin geöffnet; Arme seien deine Hausgenossen; unterhalte dich nicht viel mit dem

---

[144] Vgl. dazu *G. Dalman*, Orte und Wege, 180–204.
[145] Vgl. Joseph, Vit 269.
[146] Vgl. dazu *H. M. Schenke*, Jakobsbrunnen – Josephsgrab – Sychar, 181; *M. Hengel*, Das Johannesevangelium als Quelle des antiken Judentums, 297–308.
[147] Vgl. *H. M. Schenke*, a. a. O., 175.
[148] Vgl. *Billerbeck* II, 432.
[149] *J. Frey*, Eschatologie II, 187 f, sieht in der Zeitangabe einen bewussten Bezug auf Joh 19,14.
[150] Die Jakobsüberlieferungen waren mit der Landschaft um Sichem verbunden. Das alte Sichem wurde 128
v. Chr. von Johannes Hyrkan zerstört, zum neuen Zentrum der Samaritaner entwickelte sich das an gleicher Stelle gelegene Sychar. Sychar wiederum verlor durch Neapolis (72 n. Chr. unter Vespasian gegründet)
an Bedeutung.
[151] Vgl. *H. Ritt*, Die Frau als Glaubensbotin, 290.
[152] Zur Rechtslage vgl. *G. Mayer*, Die jüdische Frau in der hellenistisch-römischen Antike, Stuttgart 1987,
85–92. *S. van Tilborg*, Reading John in Ephesus, 122–124, vermutet, dass sich die auffällige Rolle von
Frauen im Johannesevangelium (vgl. neben 4,4–42 bes. 11,1–44; 19,25–27; 20,1–18) aus den sozialen
Verhältnissen von Ephesus oder anderen kleinasiatischen Städten erklärt, wo Frauen aus höheren Schichten
Zugang zu wichtigen Ämtern hatten.

Weibe« (Abot I,5).[153] Jesus hingegen hält sich nicht an milieugebundene Schranken, er begegnet allen Menschen in gleicher Weise, denn allen gilt die Liebe Gottes. Auf das gespannte Verhältnis von Juden und Samaritanern weist der Evangelist mit einer Zwischenbemerkung ausdrücklich hin.[154] Der Umgang mit Samaritanern verunreinigt nach herrschender Lehre, so wird Rabbi Elieser (um 90 n. Chr.) der Spruch zugeschrieben: »Wer das Brot eines Samaritaners ißt, ist wie einer, der Schweinefleisch ißt.«[155] Für die erstaunte Frage der samaritanischen Frau gibt es also vielerlei Gründe.

Mit den Samaritanern[156] sind zunächst jene synkretistischen Jahwe-Verehrer gemeint, die nach 2Kön 17,29 im 8./7. Jh. v. Chr. in Samaria lebten. Davon zu unterscheiden sind die Anhänger eines Kults auf dem Garizim, die gegen Ende des 4. Jh. v. Chr. bewusst als neue Religionsgemeinschaft in Konkurrenz zu Jerusalem traten. Nach Joseph, Ant XI 306–312,[157] ist der Anlass für dieses samaritanische Schisma in einem Streit der Jerusalemer Priesterschaft über die Mischehenfrage zu sehen. Eine einflussreiche Gruppe unter den Priestern sah in Ehen von Priestern mit Nichtisraelitinnen eine Gefahr für die jüdische Identität. In den sich anschließenden Auseinandersetzungen verließ eine Gruppe von Priestern Jerusalem und siedelte sich auf samaritanischem Gebiet an. Von nun an amtierten nicht nur in Jerusalem, sondern auch am Garizim, einem südwestlich von Sichem gelegenen Berg, Zadokiden als Priester. Der auf dem Garizim errichtete Tempel wurde unter Johannes Hyrkan 128 (oder 114/107) v. Chr. zerstört, der Ort hatte aber weiterhin kultische Bedeutung. Wie die Sadduzäer übernahmen die Samaritaner nur den Pentateuch als Offenbarungsurkunde, auf dieser Grundlage entwickelten sie eine eigene Eschatologie. [158]

10 Jesu Antwort macht deutlich, dass das Gespräch sehr schnell über den unmittelbaren Anlass hinaus in eine ganz bestimmte Richtung zielt. Das Bildwort ὕδωρ ζῶν = ›lebendiges Wasser‹ (vgl. Ps 42,2; Jer 2,13; 17,13; Jes 11,9; Ez 47,1–12; Sir 15,3; 24,19–21.23–31: die Weisheit als Wasser, das allen Durst stillt)[159] ist mehrschichtig: Als Trinkwasser ist es Grundlage des physischen Lebens, als Gottesgeschenk gewährt es Leben im umfassenden Sinn. Diese Gabe kann nicht aus einem Brunnen, ›von

---

[153] Übersetzung nach *Billerbeck* I, 301.

[154] Wichtige Texte zum Verhältnis Juden – Samaritaner finden sich in: Neuer Wettstein I/2, 187–194. Illustrativ ist eine von Joseph, Ant XX 118, für die Zeit um 50 n. Chr. überlieferte Erzählung: »In der Folge kam es zu Feindseligkeiten zwischen Juden und Samaritern, und zwar aus folgender Veranlassung. Die Galiläer, die zu den Festen nach Jerusalem zogen, pflegten ihren Weg durch Samaria zu nehmen. Als sie nun auch jetzt wieder dieses Weges kamen, wurden sie von einer Anzahl Bewohner des Dorfes Ginaea, welches auf der Grenze zwischen Samaria und der großen Ebene liegt, überfallen, und es kamen viele von ihnen um«; eine direkte Parallele bietet Lk 9,52 f; vgl. Mt 10,5; Lk 17,11–19; Joh 8,48.

[155] Übersetzung nach *H. G. Kippenberg/G. A. Wewers*, Textbuch, 106; vgl. ferner Billerbeck I, 538–560.

[156] Vgl. zu den Samaritanern: *R. J. Coggins*, Samaritans and Jews, London 1975; *D. Crown* (Hg.), The Samaritans, Tübingen 1988; *F. Dexinger/R. Pummer* (Hg.), Die Samaritaner, Darmstadt 1992; *R. Egger*, Josephus Flavius und die Samaritaner, Göttingen 1986; *H. G. Kippenberg*, Garizim und Synagoge, RVV 30, Berlin 1971; *S. Lowy*, The Principles of Samaritan Bible Exegesis, Leiden 1977; *N. Schur*, History of the Samaritans, Frankfurt 1989; *J. Zangenberg*, ΣΑΜΑΡΕΙΑ. Antike Quellen zur Geschichte und Kultur der Samaritaner in deutscher Übersetzung, TANZ 15, Tübingen 1994. Zu den Samaritanern im Neuen Testament vgl. *A. Lindemann*, Samaria und Samaritaner im Neuen Testament, WuD 22 (1993), 51–76.

[157] Eine Rekonstruktion der von Joseph, Ant XI 312.321–324.342–344, benutzten Vorlage findet sich bei *H. G. Kippenberg/G. A. Wewers*, Textbuch, 91f.

[158] Vgl. dazu *H. G. Kippenberg/G. A. Wewers*, Textbuch, 97 ff.

[159] Vgl. ferner Baruch 3,12; Weish 7,25; äthHen 48,1; CD 3,16; 6,4; Philo, Fug 97; Somn II 242.

unten‹, sondern nur ›von oben‹, von Gott kommen.[160] Mit der Gabe ist letztlich Jesus als Person gemeint;[161] er spendet durch seinen heilvollen Tod und die Gabe des Geistes (vgl. Joh 7,39) Leben im umfassenden Sinn, ewiges Leben. Die symbolreichen Anspielungen Jesu machen eine paradoxe Situation offenbar: In der brütenden Mittagshitze bittet Jesus die Frau aus Samaria vordergründig um Wasser, in Wahrheit ist er es aber, der über die Gottesgabe ›lebendiges Wasser‹ verfügt.   **11** Die Mehrschichtigkeit der Worte Jesu wird von der Frau nicht verstanden; sie bezieht das ›lebendige Wasser‹ direkt auf den Brunnen, aus dem ohne ein Gefäß kein Wasser zu schöpfen ist. Während die Frau noch nach dem ›Woher‹ fragt, wissen die Hörer/Leser des Evangeliums schon längst, dass Jesus das ›lebendige Wasser‹ ist.   **12** Ohne es zu ahnen, nähert sich aber auch die Frau der Wahrheit. Der endzeitliche Offenbarer Jesus Christus ist für das 4. Evangelium natürlich ›größer‹ als Jakob, der Stammvater von Juden und Samaritanern, Jesus überragt ja sogar Abraham (vgl. Joh 8,56–58). Damit proklamiert das Johannesevangelium seine heilsgeschichtliche Überlegenheit gegenüber der samaritanischen Tradition.   **13** Das der Alltagssprache verhaftete Verstehen der Frau dient als willkommener Anlass, um das Bildwort des ›lebendigen Wassers‹ zu verdeutlichen. Normales Wasser stillt den Durst nur für eine kurze Zeit, der Zustand des Verlangens tritt alsbald wieder ein   **14** Die Gabe des ›lebendigen Wassers‹ wird hingegen den Menschen eine endgültige Befriedigung verschaffen, ihr Durst nach Leben ist ein für alle Mal gestillt.[162] Das ›lebendige Wasser‹ geht in den Menschen ein und entfaltet dort seine Kraft.[163] Ausdrücklich identifiziert Johannes hier mit dem ›lebendigen Wasser‹ die zentrale Heilsgabe des ewigen Lebens (vgl. als Parallele das Brotwort in Joh 6,27). Das ewige Leben besitzt eine völlig andere Qualität als das dem Tod verfallene natürliche Leben, in der glaubensstiftenden Begegnung mit dem Offenbarer Jesus Christus wird es dem Menschen geschenkt. Das ewige Leben ergreift das ganze menschliche Dasein und verleiht ihm über den Tod hinaus eine neue Richtung und einen neuen Sinn. Gott selbst gewährt dem Menschen Anteil an seiner Lebenswirklichkeit, die durch Liebe geprägt ist (vgl. 1Joh 4,16).[164]   **15** Die Frau aus Samaria denkt im irdisch-menschlichen Erfahrungshorizont, sie begreift die wahren Dimensionen der Aussagen Jesu noch nicht. Ihr Nichtverstehen verdeutlicht aber zugleich, dass sie von den Worten Jesu berührt ist, wenn sie nach dem Wasser verlangt, das sie wahrhaftig von den Daseinslasten befreit.[165]

---

[160] Vgl. Philo, Fug 198: »Gott ist also die älteste Quelle, und wohl mit Recht; denn er hat von sich diese ganze Welt ausströmen lassen. Mit Ehrfurcht vernehme ich aber, dass diese Quelle die Quelle des Lebens ist, denn allein Gott ist der Urheber der Seele und des Lebens und vornehmlich der vernünftigen Seele und des von der Einsicht geleiteten Lebens.«

[161] Vgl. *E. Haenchen*, Joh, 240.

[162] Die Futurformen sind kein Indiz für eine neue literarische Schicht (so z. B. *A. Link*, »Was redest du mit ihr?«, 216 f), sondern sie ergeben sich aus der nachösterlichen Perspektive des Evangelisten. Was Jesus auf der textinternen Ebene als zukünftig ankündigt, ist für die joh. Gemeinde gegenwärtige Realität.

[163] Relevante Texte zur Thematik in: Neuer Wettstein I/2, 198–208. Bei Philo wird der Logos zu einer inneren Quelle; vgl. Post 129; Somn II 246 ff. In Fug 195 heißt es in der Auslegung von Gen 24,16: »Diese Quelle ist die göttliche Weisheit, aus der die Einzelwissenschaften und alle die Schau liebenden Seelen getränkt werden, die von der Liebe zum Besten ergriffen sind.«

[164] Zum Symbolgehalt der joh. Rede vom ›lebendigen Wasser‹ vgl. *C. R. Koester*, Symbolism, 167–172.

[165] V. 15 hat eine Spiegelfunktion inne; er fasst zusammen, blendet zurück, weist voraus und schließt den 1. Dialogteil ab; vgl. *A. Link*, »Was redest du mit ihr?«, 222.

c) Der wahre Gottesdienst und der Messias 4,16–26

(16) Er sagt zu ihr: »Geh, rufe deinen Mann und komm wieder her!« (17) Die Frau entgegnete und sagte zu ihm: »Ich habe keinen Mann.« Jesus spricht zu ihr: »Mit Recht hast du gesagt: Ich habe keinen Mann. (18) Denn fünf Männer hast du gehabt, und den du jetzt hast, der ist nicht dein Mann. Da hast du Wahres gesagt.« (19) Die Frau sagt zu ihm: »Herr, ich sehe, dass du ein Prophet bist. (20) Unsere Väter haben auf diesem Berg angebetet; und ihr sagt, in Jerusalem sei der Ort, wo man anbeten muss.« (21) Jesus spricht zu ihr: »Glaube mir, Frau, die Stunde kommt, da ihr weder auf diesem Berg noch in Jerusalem den Vater anbeten werdet. (22) Ihr betet an, was ihr nicht kennt; wir beten an, was wir kennen; denn das Heil kommt von den Juden. (23) Doch die Stunde kommt, und jetzt ist sie da, wo die wahren Anbeter den Vater anbeten werden im Geist und in der Wahrheit; denn auch der Vater verlangt gerade nach solchen Anbetern. (24) Gott ist Geist, und die ihn anbeten, müssen im Geist und in der Wahrheit anbeten.« (25) Die Frau sagt zu ihm: »Ich weiß, dass der Messias kommt, den man Christus nennt. Wenn jener kommt, wird er uns alles verkündigen.« (26) Spricht zu ihr Jesus: »Ich bin es, der ich mit dir rede.«

16 Ziel des kurzen Gesprächsganges ist es, die Frau zu einer rechten Erkenntnis der Person Jesu zu führen. **17/18** Jesus kennt das Vorleben der Frau und offenbart wiederum sein wunderbares Vorauswissen.[166] Nach jüdischer Auffasssung konnte eine Frau nur zweimal, höchstens dreimal verheiratet sein,[167] wobei es für sie sehr schwierig war, eine Ehe aufzulösen.[168] Auf diesem Hintergrund ist es bemerkenswert, dass die belastete Vergangenheit der Frau von Jesus nicht thematisiert wird. Er verurteilt weder das unmoralische Vorleben der Frau, noch heißt er es gut. Vielmehr erscheint angesichts der Begegnung mit dem Offenbarer jede Vergangenheit als disqualifiziert. Die Erkenntnis des Offenbarers und die Selbsterkenntnis des Menschen gehören zusammen, in der Begegnung mit Jesus wird der Mensch seiner eigenen Schuld gewahr.

Können die fünf Männer der Frau näher bestimmt werden? Bei einer ethischen Interpretation zeigt die Zahl der Männer lediglich die Verwerflichkeit des bisherigen Lebens der Frau an.[169] Eine symbolische Auslegung legt zwei Möglichkeiten nahe: 1) Die Frau steht für Samaria, das nach 2Kön 17,24–34 von fünf Fremdstämmen bewohnt wurde. »Der eine, der ›nicht Ehemann‹ ist, repräsentiert entweder einen falschen Gott (Simon Magus?) oder die falsche Verehrung des wahren Gottes durch die Samaritaner (V. 22).«[170] 2) Mit den fünf Männern sind die fünf Bücher der Tora gemeint. Der jetzige Mann der Frau, der nicht ihr Mann ist, wäre nach dieser Interpretation Jesus.[171]

19 Die Frau fühlt sich von dem wunderhaften Wissen Jesu (vgl. Joh 1,47 f; 2,25; 5,6 u. ö.) unmittelbar betroffen, sie erblickt in ihm einen ›Propheten‹.[172] Die Samaritaner

---

[166] Vgl. als Parallele Philostr, VitAp VII 18, wo Apollonius das Vorleben eines ihm unbekannten Älian enthüllt.

[167] Vgl. *Billerbeck* II, 437.

[168] Vgl. hierzu G. *Mayer,* Die jüdische Frau in der hellenistisch-römischen Antike (s. o. 8/b), 78–84.

[169] Vgl. R. *Schnackenburg,* Joh I, 468. Problem: Warum send es gerade fünf Männer?

[170] C. K. *Barrett,* Joh, 253. Problem: Nach 2Kön 17,30 f verehrten die fünf Völker nicht fünf, sondern sieben Götter.

[171] So zuletzt F. *Wessel,* Die fünf Männer der Samaritanerin, BN 68 (1993), 26–34. Problem: Die Frau ist von den fünf Männern ›geschieden‹.

[172] Das Fehlen des Artikels zeigt an, dass προφήτης nicht wie in Joh 1,21; 6,14; 7,40 als vollwertiger christologischer Titel verstanden wird.

erwarteten einen endzeitlichen Propheten wie Mose, von dem es im samaritanischen Pentateuch zu Ex 20,21b heißt: »Einen Propheten wie dich will ich ihnen aus ihren Brüdern erwecken und meine Worte in seinen Mund geben. Und er wird ihnen alles sagen, was ich ihm befehlen werde. Und wer auf seine Worte nicht hören wird, die er in meinem Namen sprechen wird, von dem will ich Rechenschaft fordern.«[173] **20** Mit dem Kommen dieses Propheten erwartete man die Regelung alter kultischer Streitfragen, zu denen auch der wahre Kultort gehörte (vgl. 2Kön 17,28–41). Mit dem rechten Kultort war für Juden und Samaritaner gleichermaßen auch die Frage nach der wahrhaften Gotteserkenntnis und Gottesanbetung verbunden.[174] **21** Es gibt für den joh. Jesus keinen Ort, der allein als legitime Stätte der Gottesverehrung gelten kann. Die lokale Alternative ›samaritanischer Garizim – Tempelberg in Jerusalem‹ ist überwunden.[175] Mit dem Auftreten des Offenbarers Jesus Christus wurde eine neue Epoche der Gottesverehrung eröffnet, die sich durch eine unmittelbare Gotteserfahrung und Gottesverehrung auszeichnet und in der Gebetsanrede ›Vater‹ ihren charakteristischen Ausdruck findet. Wo Menschen Gott wirklich als ihren Vater verehren, ihn lieben und ihm vertrauen, hört der Streit um den richtigen oder falschen Kultort auf. **22** Aus der Perspektive der Juden betont diese kurze Zwischenbemerkung die relative Überlegenheit des jüdischen Kultes gegenüber dem samaritanischen. Die Samaritaner praktizieren lediglich einen Jahwe-Kult von minderem Rang. Sie verehren zwar den richtigen Gott, es gilt jedoch: ἡ σωτηρία ἐκ τῶν Ἰουδαίων ἐστίν (»Das Heil kommt von den Juden«). Bei aller Polemik gegenüber ›den Juden‹ im 4. Evangelium[176] wird hier der grundlegende jüdische Anspruch aufgenommen, bejaht und zugleich in spezifischer Weise abgewandelt: Der Jude Jesus von Nazareth (vgl. V. 9: σὺ Ἰουδαῖος ὢν = ›du als Jude‹) ist der alleinige authentische Offenbarer Gottes,[177] in ihm realisiert sich das Heil. In dieser christologischen Bestimmung geht der Sinngehalt von V. 22b aber keineswegs auf, denn mit dem Plural τῶν Ἰουδαίων verbindet sich eine weitere grundlegende Dimension: Der Verheißungsanspruch der Juden wird von Johannes keineswegs negiert,[178] Gott hält sich an sein Verheißungswort. Für Johannes ist die Heilsverheißung an die Juden unaufgebbar, denn sie ging in Jesus von Nazareth in

---

[173] Übersetzung nach *H. G. Kippenberg/G. A. Wewers,* Textbuch, 100. Wie sehr der Garizim als religiöses Zentrum der Samaritaner mit eschatologischen Erwartungen verbunden war, zeigt Joseph, Ant XVIII 85–89.

[174] Zu den Kultlegenden der Samaritaner vgl. *H. G. Kippenberg/G. A. Wewers,* Textbuch, 92–94.

[175] Vgl. Philo, Cher 100, wonach für Gott gilt: »als würdige Behausung ist nur die Seele geeignet«; vgl. ferner Somn I 149.215; Virt 188.

[176] Vgl. dazu Exk. 8: Die Ἰουδαῖοι im Johannesevangelium.

[177] *R. Bultmann,* Joh, 139 Anm. 6, sieht V. 22 als Glosse an (zuvor *W. Bauer,* Joh, 70) und behauptet: »Das ὅτι ἡ σωτηρία ἐκ τῶν Ἰουδαίων ἐστίν ist bei Johannes unmöglich… «; ähnlich *J. Becker,* Joh I, 207 f; *Chr. Dietzfelbinger,* Joh I, 109 f. Das Gegenteil ist der Fall, die Wendung ἡ σωτηρία ἐκ τῶν Ἰουδαίων ἐστίν gehört zu den Grundüberzeugungen joh. Theologie. Joh 4,22b ist ein Spitzensatz ntl. Soteriologie, der sich in dieser Form auch nicht bei Paulus findet und es unmöglich macht, in einem pauschalen Sinn von einem joh. ›Antijudaismus‹ zu sprechen. Zur Forschungsgeschichte vgl. *G. van Belle,* »Salvation is from the Jews«: The Parenthesis in John 4,22b, in: *R. Bieringer/D. Pollefeyt/F. Vandecasteele-Vanneuville* (Hg.): Anti-Judaism and the Fourth Gospel, Assen 2001, 370–400, der ebenfalls 4,22b für originär johanneisch hält und diesem Halbvers eine grundlegende Bedeutung für das joh. Denken beimisst.

[178] Vgl. *F. Hahn,* »Das Heil kommt von den Juden«. Erwägungen zu Joh 4,22b, in: *ders.,* Die Verwurzelung des Christentums im Judentum, Neukirchen 1996, 99–118.

Erfüllung.[179] **23/24** Mit dem Auftreten Jesu vollzieht sich die wahre Anbetung Gottes ›im Geist und in der Wahrheit‹; ohne blutige Opfer und darin dem Sein Gottes als Wirklichkeit der Liebe entsprechend. Als ›von oben‹ und ›von neuem‹ aus Wasser und Geist Geborene (Joh 3,5) haben die joh. Christen bereits jetzt an dieser neuen Wirklichkeit Gottes teil, in ihren Gebeten und Gottesdiensten vollziehen sie die Anbetung im Geist und in der Wahrheit. Die Frage nach dem ›Wo‹ der legitimen Gottesverehrung stellt sich nicht mehr, denn allein Jesus Christus ist der neue Ort des Heils (vgl. Joh 2,14–22); der neue Gottesdienst ist untrennbar mit der neuen Gotteserfahrung in Jesus Christus verbunden. Die Basis dieses Gottes- und Gottesdienstverständnisses ist die Pneumatologie; *die Wendung* πνεῦμα ὁ θεός *(»Gott ist Geist«) ist gleichermaßen ein Spitzensatz hellenistischer Religionsgeschichte*[180] *und joh. Theologie.* Weil Gott Geist ist und nur im und aus dem Geist richtig angebetet werden kann, ist das joh. Gottesdienstverständnis universal und lässt weder religiös-nationale noch soziale oder geschlechtliche Differenzierungen und Diskriminierungen zu. Samaritaner, Griechen und Juden können an diesen Gottesdiensten ebenso teilnehmen wie Frauen. Hinzu kommt: Jesus Christus ist der neue Ort Gottes in der Welt, sein Auferstehungsleib ist der wahre ›Tempel‹ (vgl. Joh 2,14–22). In ihm ›wohnt‹ Gott nicht nur, sondern er ist der exklusive Zugang zu Gott (vgl. Joh 14,6), er ist Gott (vgl. Joh 20,28).

Mit seiner Absage an einen geographisch fixierten Kultort, Tempel und Tempelbetrieb befindet sich Johannes in einer großen Nähe zu Strömungen in der Religionsphilosophie seiner Zeit.[181] Philo, Det 21, sagt über das wirkliche Opfer: »… – echt aber sind die der Seele, die als bloßes und einziges Opfer Wahrheit darbringt –, die unechten aber ablehnt; unecht aber sind alle Prunkstücke äußeren

---

[179] Vgl. *M. Diefenbach*, Der Konflikt Jesu mit den ›Juden‹ (s. u. Exk. 8: Die Ἰουδαῖοι im Johannesevangelium), 93: »Im Hinblick auf die Bedeutung der ›Juden‹ im vierten Evangelium haben die Aussagen in 4,9.22 eine Schlüsselfunktion«.

[180] Texte in: Neuer Wettstein I/2, 226–234; vgl. z. B. Zenon Fragm. 160 (v. Arnim I, 42,23–30); Kleanthes, Fragm. 533 (v. Arnim I 121,6 f); Fragm. 1009 (v. Arnim II, 299,11 ff); Chrysipp, Fragm. 310 (v. Arnim II, 112,31 f); Cic, Acad I 29, spricht über die Kraft, die den Kosmos zusammenhält: »Diese zusammenhaltende Kraft sei, wie sie sagen, die Seele der Welt und zugleich vollkommener Geist und vollkommene Weisheit, die sie Gott nennen; er sei eine Art von vorausschauender Klugheit, die für alle Dinge, die ihr anvertraut sind, sorgt, und zwar zuerst für die Himmelskörper, dann für die Dinge auf der Erde, die den Menschen angehen«; Porcius Cato (1. Jh. v. Chr.), Disticha I 1 f: »Wenn Gott Geist ist (si deus est animus), wie uns die Schriften lehren, so sollst du ihn vor allem mit reinem Herzen verehren«; Sen, Ad Helviam Matrem de Consolatione 8,3; Sen, Ep 31,11: »Suchen muss man, was nicht von Tag zu Tag schlechter wird, wogegen man nicht Widerstand leisten kann. Was ist das? Der Geist, doch dieser aufrecht, gut und groß: was anders kannst du ihn nennen als Gott, im Menschenkörper zu Gast weilend? Dieser Geist kann in einen Römischen Ritter wie in einen Freigelassenen wie in einen Sklaven fallen« (= Neuer Wettstein II/2, 1069); Epikt, Diss II 8,1–2.9–11: »Gott ist nützlich. Aber auch das Gute ist nützlich. Wahrscheinlich liegt das Wesen des Guten dort, wo das Wesen Gottes ist. Was ist nun das Wesen Gottes? Fleisch? Keinesfalls. Landbesitz? Keinesfalls. Ruhm? Keinesfalls. Geist, Erkenntnis, wahre Vernunft. … Willst du also nicht das wahre Wesen des Guten dort suchen, wo es sich einzig und allein befindet und an keiner anderen Stelle sonst? Wie? Sind denn nicht auch jene Wesen (Pflanzen und Tiere) Geschöpfe Gottes? Ja, aber sie sind nicht um ihrer selbst willen da und haben nicht teil am Göttlichen. Du aber bist um deiner selbst willen da, du bist ein Stück von Gott. Du hast in dir einen Teil von ihm.«

[181] *K. Wengst*, Joh I, 166 f, führt zu Joh 4,24 keine einzige hellenistische Parallele an! Er wirft in seinem Kommentar anderen Auslegern vielfach eine tendenziöse Darstellung im Hinblick auf das Judentum vor; er selbst ist im Hinblick auf den Hellenismus mehr als tendenziös, indem er das reichhaltige Material noch nicht einmal erwähnt.

Überflusses.« Für die wahre Verehrung Gottes gilt nach Seneca: »Nicht brauchen wir die Hände zum Himmel zu erheben noch den Tempelhüter anzuflehen, dass er uns zum Ohr des Götterbildes Zutritt gewähre, als ob wir so eher erhört werden könnten: Nahe ist Dir Gott, mit Dir ist er. Das behaupte ich, Lucilius, ein heiliger Geist wohnt in uns, als Beobachter und Überwacher unserer bösen und guten Taten; wie dieser von uns behandelt wurde, so behandelt er uns. Ein guter Mensch aber ist niemand ohne Gott« (Ep 41,1 f).[182] Plutarch, De Iside et Osiride 11, betont den symbolischen Charakter zahlreicher drastischer Aussagen in der ägyptischen Mythologie und fordert seine Leser auf, sich zu überzeugen, »dass du mit allen Opfern und Handlungen nichts Gottgefälligeres tun kannst als damit, dass du eine wahrheitsgemäße Auffassung von ihnen hegst, dann wirst du dem Übel entgehen, das nicht geringer ist als Gottlosigkeit: der abergläubischen Götterfurcht.« In den pseudepigraphischen Heraklitbriefen heißt es: »Ihr Menschen wisst ja nichts. Sagt uns doch erstens, was Gott ist, damit man euch glauben kann, wenn ihr behauptet, jemand sei ungläubig. Wo ist Gott? In den Tempeln eingeschlossen? Ja, das ist eure Art von Frömmigkeit, Gott im Finstern aufzubewahren! Ein Mensch wäre beleidigt, wenn man ihn ›steinern‹ nennen würde, und für einen Gott soll die Bezeichnung ›vom Felsen stammt er her‹ zutreffen? Ignoranten seid ihr! Wisst ihr nicht, dass Gott kein handwerkliches Produkt ist, dass kein Sockel für ihn ausreicht, dass er nicht nur einen heiligen Bezirk hat, sondern dass der ganze Kosmos mit der Vielfalt seiner Lebewesen, Pflanzen und Gestirne sein Tempel ist.«[183] Dion von Prusa prophezeit den Athenern: »Je frommer und gottesfürchtiger ihr werdet, desto weniger Weihrauch, Räucherwerk und Kränze wird es bei euch geben, und ihr werdet weniger und nicht so kostspielige Opfer darbringen« (Or 13,35; vgl. ferner 33,28, wo betont wird, dass der Gottheit nichts an Häusern oder Tempelschätzen liegt: »Maß und Vernunft allein bringen Rettung. Sie machen jeden, der sich an sie hält, glücklich und Gott wohlgefällig, nicht Weihrauch und Myrrhe«).

25 Das Bekenntnis der Frau zum zukünftigen Messias bewegt sich immer noch auf der vordergründigen Ebene tradierter Vorstellungen und bereitet so als Nichtverstehen die endgültige Selbstoffenbarung Jesu vor. **26** Das machtvolle Ego-eimi-Wort bildet den Höhepunkt der stufenweisen Selbstoffenbarung Jesu im Dialog mit der Samaritanerin. Nun ist endgültig deutlich, wer der ersehnte Messias der Juden und Samaritaner, der Messias aller Menschen ist: Jesus Christus.

d) Die Mission in Samaria 4,27–42

(27) Und währenddessen kamen seine Jünger und wunderten sich, dass er mit einer Frau sprach. Doch niemand sagte: »Was willst du?« oder »Was redest du mit ihr?« (28) Die Frau ließ ihren Wasserkrug stehen, ging zurück in den Ort und sagte zu den Menschen: (29) »Kommt, seht einen Menschen, der mir alles gesagt hat, was ich getan habe. Vielleicht ist dieser der Christus?« (30) Da gingen sie aus der Stadt und kamen zu ihm. (31) Inzwischen baten ihn die Jünger: »Rabbi, iss!« (32) Er aber sprach zu ihnen: »Ich habe eine Speise zu essen, die ihr nicht kennt.« (33) Da sagten nun die Jünger untereinander: »Hat ihm jemand zu essen gebracht?« (34) Jesus spricht zu ihnen: »Meine Speise ist, dass ich den Willen dessen tue, der mich gesandt hat, und sein Werk vollende. (35) Sagt

---

[182] (= Neuer Wettstein II/1, 535). Von einer Reinigung durch die Wahrheit sprechen auch die Qumran-Frommen: »Und dann wird Gott durch seine Wahrheit alle Werke des Menschen läutern und wird sich einige aus den Menschenkindern reinigen, indem er allen Geist des Frevels aus dem Innern ihres Fleisches tilgt und sie reinigt durch heiligen Geist von allen gottlosen Taten. Und er wird über sie sprengen den Geist der Wahrheit wie Reinigungswasser (zur Reinigung) von allen Greueln der Lüge und dem Sich-Wälzen in unsauberem Geist …« (1QS 4,20 f).

[183] Übersetzung G. *Luck*, Die Weisheit der Hunde, Stuttgart 1997, 291 f.

ihr nicht: Noch vier Monate und dann kommt die Ernte? Siehe, ich sage euch: Erhebt eure Augen und betrachtet die Felder, sie sind schon jetzt weiß zur Ernte. (36) Der Schnitter empfängt schon Lohn und sammelt Frucht zum ewigen Leben, damit der Sämann und der Schnitter sich gemeinsam freuen. (37) Denn darin ist das Wort wahr: Der eine sät, und der andere erntet. (38) Ich habe euch ausgesandt, um zu ernten, wo ihr nicht gearbeitet habt. Andere haben gearbeitet, und ihr seid in ihre Arbeit eingetreten.« (39) Aus jener Stadt aber glaubten viele der Samaritaner an ihn um des Wortes der Frau willen, die bezeugte: Er hat mir alles gesagt, was ich getan habe. (40) Als nun die Samaritaner zu ihm kamen, baten sie ihn, bei ihnen zu bleiben; und er blieb dort zwei Tage. (41) Und noch viel mehr glaubten um seines Wortes willen; (42) zu der Frau aber sagten sie: »Wir glauben nicht mehr wegen deiner Rede, sondern wir haben selbst gehört und wissen: Dieser ist in Wahrheit der Retter der Welt.«

27 Mit dem Zurückkommen der Jünger (vgl. V. 8) ändert sich die Erzählperspektive. Die Jünger sind erstaunt, dass Jesus mit einer samaritanischen Frau spricht, richten aber dennoch keine neugierigen oder tadelnden Fragen an ihn.[184] Vielmehr stellen sie sich der neuen Situation, dass auch Samaritaner in Jesus den Messias erkennen.   **28** Auf die Rückkehr der Jünger folgt als Gegenbewegung das Weggehen der Frau. Das Zurücklassen des Kruges signalisiert jedoch, dass sie zurückkehrt, d. h. Jesus nicht verlassen wird. In ihrer Stadt teilt sie den Menschen[185] ihre Entdeckung mit. Bewusst wird hier nicht von den Samaritanern oder Einwohnern von Sychar gesprochen, denn die folgende Botschaft gilt allen Menschen.   **29** Das wunderbare Vorherwissen Jesu führt die Frau zu der Vermutung, dass Jesus der verheißene Messias sein könnte.   **30** Ihre begeisterte Erzählung weckt das Interesse der Menschen, die sich aufmachen, um zu Jesus zu gehen. Damit ist die Voraussetzung für das spätere Zusammentreffen zwischen Jesus und den Samaritanern geschaffen.   **31** Inzwischen bieten die Jünger Jesus etwas von dem mitgebrachten Essen an,[186] diese Bitte bildet den Anlass für ihr Nichtverstehen.   **32** Jesus greift die Bitte der Jünger auf; zugleich kann es aber zu keiner Verständigung zwischen den Gesprächspartnern kommen, denn es werden zwei verschiedene Codes gebraucht. Der Charakter der von Jesus gemeinten Speise ist den Jüngern nicht zugänglich.   **33** So kommen sie zu der in ihren Kategorien möglichen Schlussfolgerung, dass Jesus von anderer Seite zu essen bekommen haben müsse. Für die Hörer und Leser des Evangeliums ist hingegen deutlich, dass der Vater Jesus unvergängliche Speise gegeben hat.   **34** Der Mangel an Kommunikation und die dadurch zwischen Jesus und den Jüngern entstandene Spannung bereiten das Offenbarungswort vor.[187] Jesus nimmt die zentralen Elemente aus dem Zwischengespräch V. 32 f auf und erläutert den Jüngern den Sinn seiner Sendung: den Willen dessen zu tun, der ihn gesandt hat (vgl. Joh 5,30; 6,38–40; 7,17; 9,32). Die joh. Gesandten-Christologie basiert auf der bleibenden Einheit von Vater und Sohn als dem Fundament der gesamten joh. Theologie. Es entspricht dem Willen des Vaters, dass

---

[184] Es liegt kein Missverständnis, sondern eine Neuentdeckung der Jünger vor: Jesus wendet sich auch den Samaritanern zu; vgl. *A. Link,* »Was redest du mit ihr?«, 293.

[185] Das Substantiv ἄνθρωπος erscheint nur in Joh 4,28; 6,14 im Plural.

[186] Die Aufforderung ῥαββί, φάγε = ›Rabbi, iss‹ ist singulär im Johannesevangelium.

[187] *C. H. Dodd,* Historical Tradition, 325; *C. K. Barrett,* Joh, 258, sehen zu Recht in V. 34 einen traditionellen Kern; vgl. Mt 4,4; Lk 4,4.

der Sohn sein Werk vollendet.[188] Konkret vollzieht sich dies mit der Aufnahme der Samaritaner in das Heilswerk von Vater und Sohn. Die Mission gehört konstitutiv zur Sendung des Sohnes, von hier leitet die nachösterliche joh. Gemeinde ihre Missionstätigkeit ab. Das Wirken Jesu und die Sendung der Jünger (Joh 20,21–23) begründen und legitimieren die eigene Missionstätigkeit.[189] **35** Jesus interpretiert die gegenwärtige Situation mit einem Sprichwort:[190] Entgegen der üblichen Erfahrung sind die Felder bereits reif zur Ernte, die Erntezeit ist schon da.[191] Für Johannes sind die Samaritaner ebenso wie die heidnische Welt bereit für die Aufnahme des Evangeliums. Damit werden die joh. Missionare aufgefordert, die Gunst der gegenwärtigen Stunde zu nutzen, es gibt keinen Grund für Resignation oder Zögern.   **36** Weil die Zeit der Ernte gekommen ist, steht der Schnitter bereit und empfängt für seine Arbeit seinen Lohn, das ewige Leben.[192] Durch die Aktivitäten der joh. Missionare werden Menschen in das Heilsgeschehen miteinbezogen, so dass sich der Sämann (Jesus) und die Schnitter (die joh. Missionare) gemeinsam freuen. Die Freude bei der Ernte (vgl. Jes 9,2; Ps 26,5 f) drückt sinnbildlich den Heilscharakter der joh. Mission aus.   **37** Die nachösterliche Perspektive tritt nun in den Vordergrund; mit einem weiteren Sprichwort[193] deutet Johannes die Erfahrung, dass Jesu Heilswirken in der Gegenwart der joh. Gemeinde Frucht bringt. Der Sämann Jesus musste sterben, damit andere zu einer späteren Zeit die Frucht ernten.   **38** Johannes lässt den vorösterlichen Jesus schon im Bewusstsein seiner zukünftigen Erhöhung und der Fortsetzung seines Werkes durch die joh. Missionare sprechen.[194] Sie treten in ein Werk ein, das mit der Sendung des Sohnes durch den Vater begann und von vielen urchristlichen Missionaren fortgesetzt wurde.[195] Die Begriffe ἀποστέλλειν (›senden‹), κόπος (›Mühe/Arbeit‹), κοπιᾶν (›arbeiten/abmühen‹) gehören zur urchristlichen Missionssprache,[196] mit ihrer jetzigen

---

[188] Nur in Joh 4,34; 17,4 findet sich τὸ ἔργον = ›das Werk‹ im Singular.

[189] Keineswegs handelt es sich bei der joh. Mission nur um eine Sendung zu den Prädestinierten, wie *E. Käsemann,* Jesu letzter Wille, 130 f, meint. Das ›Staunen‹ der Jünger in V. 27 macht deutlich, dass hinter Joh 4 aus der konkreten Missionstätigkeit erwachsene Lernprozesse stehen.

[190] Für ein Sprichwort votieren z. B. *R. Bultmann,* Joh, 144 f; *C. H. Dodd,* Historical Tradition, 394–397; *R. E. Brown,* John I, 174. Eine exakte Parallele zu V. 35a existiert allerdings nicht; vgl. aber *A. W. Argyle,* A Note on John 4:35, ET 82 (1971), 247 f, der mit einem Zitat aus der griechischen Literatur rechnet. Auf jeden Fall ist V. 35 eine vorjoh. Tradition synoptischen Typs: τετράμηνος ist neutestamentlich, ὁ θερισμός/θερισμόν joh. Hapaxlegomenon (vgl. Mk 4,29; Mt 13,30–39; Mt 9,37; Lk 10,2); χώρα nur in Joh 4,35; 11,54, λευκός nur in Joh 4,20; 20,12. Normalerweise lagen zwischen Saat und Ernte ca. sechs Monate, die hier genannten 4 Monate müssen als die kürzeste mögliche Zeitspanne angesehen werden.

[191] Zur Erntemetaphorik in V. 35–38 vgl. *P. v. Gemünden,* Vegetationsmetaphorik, 249–256.

[192] Auch V. 36 dürfte traditionell sein; μισθὸν λαμβάνει nur noch in 2Joh 8; σπείρω nur in Joh 4,36.37 als substantiviertes Partizip.

[193] Zu λόγος im Sinn von ›Sprichwort‹ vgl. Plato, Symposium 195b; Phaedrus 240c; Gorgias 499c. Zur Unterscheidung zwischen Säendem und Erntendem vgl. Dtn 20,6; 28,30; Hiob 15,28 (LXX); Micha 6,15; Philo, Leg All III 227; Sen, Ep 9,7.

[194] Dabei greift der Evangelist möglicherweise auch hier ein traditionelles Wort seiner Schule auf; vgl. zur Analyse *C. H. Dodd,* Historical Tradition, 398 f.

[195] Zu den ἄλλοι = ›andere‹ vgl. die Auflistung der Möglichkeiten bei *M. R. Ruiz,* Missionsgedanke, 71 f; *T. Okure,* Johannine Approach, 159 ff; *A. Link,* »Was redest du mit ihr?«, 313 f. Faktisch handelt es sich bei den ›anderen‹ um all jene, die vor der Gemeinde des Evangelisten Mission betrieben.

[196] Vgl. für κόπος als Missionsterminus aus dem paulinischen Schrifttum 1Thess 1,3.5; 1Kor 3,8; 15,58; 2Kor 10,15.

Mission führen die joh. Christen das Werk Jesu und der ersten Jünger weiter. **39** An der Frau aus Samaria wird exemplarisch deutlich: Der Glaube an Jesus kann nicht folgenlos bleiben. Jesus bot der Frau eine Lösung der Probleme ihrer Vergangenheit und damit zugleich eine wirkliche Zukunft an, indem er sich selbst als ›lebendiges Wasser‹ reicht. Die Frau erkennt, dass nun eine neue Zeit mit einem neuen Zugang zu Gott und einem neuen Kult angebrochen ist. Diese Erfahrungen haben sie verändert und sie zu einer Zeugin für Jesus werden lassen. **40** Das engagierte Zeugnis der Frau macht viele Samaritaner neugierig; sie gehen zu Jesus, und er bleibt mit ihnen zwei Tage zusammen.[197] **41** Die Samaritaner glauben nun auf das Wort Jesu hin, dessen zentraler Inhalt er selbst ist. **42** Das Zeugnis der Frau war die notwendige Voraussetzung, die äußere Bedingung für den Glauben der vielen Samaritaner. Am Ende steht jedoch die eigene Erfahrung: Es ist nicht möglich, stellvertretend zu glauben. Im Hören des Wortes Jesu kommen Menschen zum Glauben. Ein solcher Glaube bringt sich zur Sprache; während Jesus zuvor als Jude (V. 9), bedeutender als Jakob (V. 12), als Prophet (V. 19) und Messias (V. 25 f.29) erschien, heißt es nun: οὗτός ἐστιν ἀληθῶς ὁ σωτὴρ τοῦ κόσμου (»Dieser ist in Wahrheit der Retter der Welt«). Der Begriff σωτήρ stammt aus dem hellenistischen Herrscherkult[198] und wurde im Urchristentum auf Jesus übertragen (vgl. Lk 2,11; Apg 5,31; 12,23; Phil 3,20; 1Tim 4,10; 2Tim 1,10; Tit 1,4; 2,13; 3,6; Eph 5,25; 2Petr 1,1.11; 2,20; 3,2.18; 1Joh 4,14). Das Begriffsfeld σωτήρ/σωτηρία/σῴζειν (›Retter/Rettung/retten‹) weist in ntl. Zeit eine politisch-religiöse Konnotation auf: Der Römische Kaiser ist der Wohltäter und Retter der Welt, er garantiert nicht nur die politische Einheit des Reiches, sondern gewährt seinen Bürgern Wohlstand, Heil und Sinn.[199] Auch hier setzt Johannes einen Elativ, denn das von ihm verkündigte Evangelium umfasst alle Seins- und Zeitbereiche und gewährt ewiges Leben bereits in der Gegenwart.[200] Wer sich dieser Botschaft

---

[197] Zu den ›zwei Tagen‹ vgl. Joh 11,6; nach Did 11,5 sollen sich Wanderprediger nur zwei Tage in einer Gemeinde aufhalten.

[198] Vgl. dazu P. *Wendland,* ΣΩΤΗΡ. Eine religionsgeschichtliche Untersuchung, ZNW 5 (1904), 335–353; W. *Foerster,* ThWNT VII, 1009–1012. Insbesondere Hadrian (117–138 n. Chr.) wurde auf vielen Inschriften als σωτήρ verehrt; vgl. dazu S. *van Tilborg,* Reading John in Ephesus, 47 f. Den politischen Aspekt des Titels betont C. R. *Koester,* The Savior of the World, JBL 109 (1990), 665-680.

[199] Vgl. die Texte in: Neuer Wettstein I/2, 239–257; ferner Dio Chrys, Or 1,84, wo über Herakles, den Sohn des Zeus, berichtet wird, dass er der Tyrannei ein Ende bereitet habe und jede gerechte Königsherrschaft schütze: »Und deshalb ist er der Retter der Welt und der Menschheit« (καὶ διὰ τοῦτο τῆς γῆς καὶ τῶν ἀνθρώπων σωτῆρα εἶναι). Aufschlussreich ist die inschriftlich bezeugte Rede von Nero im Jahr 67 in Korinth (vgl. Neuer Wettstein I/1, 249 f), wo der Altar des Zeus Soter Nero gewidmet wird und der Kaiser als Herr der Welt und als der eine und einzige Retter erscheint; vgl. dazu Chr. *Auffarth,* Herrscherkult und Christuskult, in: Die Praxis der Herrscherverehrung in Rom und seinen Provinzen, hg. v. H. Cancik/K. Hitzl, Tübingen 2003, 283–317. Zur Thematik vgl. die sehr informative Einführung von A. *Deissmann,* Licht vom Osten, 287– 324; ferner F. *Jung,* ΣΩΤΗΡ. Studien zur Rezeption eines hellenistischen Ehrentitels im Neuen Testament, NTA 39, Münster 2002, 45–176; M. *Karrer,* Jesus der Retter (Sôtêr), ZNW 93 (2002), 153–176.

[200] Vgl. M. *Labahn,* ›Heiland der Welt‹. Der gesandte Gottessohn und der Römische Kaiser – ein Thema johanneischer Christologie?, in: M. Labahn/J. Zangenberg (Hg.), Zwischen den Reichen: Neues Testament und Römische Herrschaft, TANZ 36, Tübingen 2002, 147–173, der herausarbeitet, dass die exklusive johanneische Soteriologie auch eine Relativierung des Kaiserkultes beinhaltet, denn sie schließt jeden weiteren religiösen Anspruch aus (vgl. das ἀληθῶς in 4,42!).

anvertraut, verliert die Angst vor den unberechenbaren Mächten der Zukunft. Das universale Heil der Welt kann nicht von politischen Herrschern erwartet werden, sondern nur von dem gekreuzigten und auferstandenen Jesus Christus. Zugleich drückt sich in dieser Prädikation auch das Selbstverständnis der joh. Christen aus: Sie wissen sich mit ihrer Botschaft an den gesamten Kosmos gesandt, weil Jesus allein der Retter dieses Kosmos ist (vgl. Joh 3,17; 6,33; 12,47).

Joh 4,1–42 ist eine Missionserzählung,[201] die zeigt, wie Menschen durch die Begegnung mit Jesus verwandelt werden. Mit dem beispielhaften Verhalten der samaritanischen Frau wird ein Prozess geschildert, in dessen Verlauf Menschen immer mehr von Jesus erfahren und verstehen, bis sie schließlich in der direkten Begegnung mit ihm zum Glauben kommen. Das Suchen der Samaritanerin nach Wasser und damit nach Leben wird von Jesus in wunderbarer Weise aufgenommen und zum Ziel geführt. Allein die Selbstoffenbarung Jesu gewährt eine Erschließung seiner Person. Ziel der Sendung Jesu ist die Sammlung der Gemeinde durch sein Wort, die Teilhabe der Glaubenden am ewigen Leben. Wie die Taufe begründet Johannes auch die Mission im Leben Jesu. Damit eröffnet er den joh. Missionaren eine einmalige Perspektive: Sie dürfen in der bleibenden Verbundenheit mit dem Vater und dem Sohn die Welt zu der Einsicht führen, dass allein Jesus Christus der σωτὴρ τοῦ κόσμου ist.

9. Rückkehr nach Galiläa 4,43–45

(43) Nach zwei Tagen zog er von dort weiter nach Galiläa. (44) Jesus selbst bezeugte, dass ein Prophet in seiner Heimat nicht anerkannt wird. (45) Als er nun nach Galiläa kam, nahmen ihn die Galiläer auf, weil sie alles, was er in Jerusalem am Fest tat, gesehen hatten; denn auch sie waren zum Fest gekommen.

43 Die Zeitangabe hat eine Überleitungsfunktion, Jesus zieht von Sychar nach Galiläa weiter.   **44** Johannes zitiert das auch in der profanen Literatur belegte Sprichwort,[202] dass ein Prophet/Philosoph in seiner Heimat keine Anerkennung findet (vgl. Mk 6,4; Mt 13,57; Lk 4,24). Damit bringt er das (negative) Urteil seiner Schule über das Wirken Jesu in Galiläa zum Ausdruck.   **45** Die Galiläer nehmen Jesus zwar auf, weil sie seine Taten in Jerusalem sahen (vgl. Joh 2,23–25), zugleich verharren sie aber in einer abwartenden Haltung.[203]

---

[201] Vgl. *T. Okure*, Johannine Approach, 183; *M. R. Ruiz*, Missionsgedanke, 56.

[202] Vgl. Epikt, Diss III 16,11; Dio Chrys, Or 47,6; Philostr, Ep 44; alle wichtigen Texte in: Neuer Wettstein I/2, 257–261.

[203] Deshalb besteht zwischen V. 44 und V. 45 auch kein prinzipieller Widerspruch, der die Annahme einer Glosse rechtfertigen würde; so aber *J. Becker*, Joh I, 222. Zur ausführlichen Analyse von V. 44 vgl. zuletzt *G. van Belle*, The Faith of the Galileans. The Parenthesis in Jn 4,44, EThL 74 (1998), 27–44.

10. Das zweite Wunder in Kana 4,46–54*

(46) Er kam nun wieder nach Kana in Galiläa, wo er das Wasser zu Wein gemacht hatte. Und es war ein königlicher Beamter, dessen Sohn krank war in Kapernaum. (47) Als dieser hörte, dass Jesus aus Judäa nach Galiläa gekommen war, ging er zu ihm und bat ihn, er möge herabkommen und seinen Sohn heilen, denn er lag im Sterben. (48) Jesus sagte nun zu ihm: »Wenn ihr nicht Zeichen und Wunder seht, glaubt ihr nicht.« (49) Der königliche Beamte sagt zu ihm: »Herr, komm herab, bevor mein Kind stirbt!« (50) Jesus sagt zu ihm: »Geh, dein Sohn lebt!« Der Mann glaubte dem Wort, das Jesus gesprochen hatte, und ging fort. (51) Schon während er aber hinabging, kamen ihm seine Diener entgegen und sagten: »Dein Kind lebt.« (52) Da erfragte er von ihnen die Stunde, in der es (mit ihm) besser geworden war. Da sagten sie zu ihm: »Gestern in der siebenten Stunde verließ ihn das Fieber.« (53) Da erkannte der Vater, dass es zu jener Stunde war, in der Jesus zu ihm gesagt hatte: Dein Sohn lebt. Und er kam zum Glauben, er und sein ganzes Haus. (54) Dies ist nun das zweite Zeichen, das Jesus tat, als er aus Judäa nach Galiläa kam.

Wie er begann, so endet der erste Abschnitt des öffentlichen Wirkens Jesu: mit einem Wunder in Kana. Der ausdrückliche Bezug auf das Weinwunder in 4,46a zeigt, dass nach der Komposition des Evangelisten die Kap. 2–4 eine Einheit bilden.[204] Nach dem ersten Wunder hatte Jesus mit der zeichenhaften Handlung der Tempelreinigung den Argwohn der Juden geweckt und den Glauben der Jünger gestärkt (Joh 2,22). Glaubte die Menge aufgrund der Wunder an ihn (Joh 2,23), und erwies er sich gegenüber dem offiziellen Judentum und den Samaritanern als der, der Wiedergeburt, ewiges Leben und lebendiges Wasser bringt, so schließt sich mit der Heilung des Sohnes eines königlichen Beamten der Kreis des ersten öffentlichen Auftretens Jesu: Kamen in Joh 2,11 die Jünger, in Joh 2,23 die Jerusalemer, in Joh 4,39 die Samaritaner zum Glauben, so ist es in Joh 4,46–54 ein Heide.[205] Zudem verbindet das dreimalige ζῆν (›leben‹) in Joh 4,50.51.53 die Wundergeschichte mit dem vorhergehenden Gespräch Jesu mit der Samaritanerin. Erschien Jesus dort als der, der lebendiges Wasser

---

* Literatur: *Bittner, H. J.:* Jesu Zeichen, 122–135; *Boismard, M. É.:* Jean 4,46–54 et les parallèles synoptiques, in: John and the Synoptics, hg. *v. A. Denaux,* 239–259; *Dauer, A.:* Johannes und Lukas, 39–125; *Dunderberg, I.:* Johannes und die Synoptiker, 73–97; *Fortna, R. T.:* Gospel of Signs, 38–48; *ders.:* Fourth Gospel, 58–65; *Heekerens, H. P.:* Zeichen-Quelle, 51–63; *Labahn, M.:* Jesus als Lebensspender, 168–212; *Landis, S.:* Das Verhältnis des Johannesevangeliums zu den Synoptikern, BZNW 74, Berlin 1992; *Lindars, B.:* Capernaum Revisited. Jn 4,46–53 and the Synoptics, in: The Four Gospels (FS F. Neirynck), hg. v. *F. van Segbroeck* u. a., BEThL 100, Leuven 1992, 1985–2000; *Moloney, F. J.:* From Cana to Cana (John 2:1–4:54) and the Fourth Evangelist's Concept of Correct (and Incorrect) Faith, in: Studia Biblica 1978, hg. v. *E. A. Livingstone,* JSNT.S 2, Sheffield 1980, 185–213; *Riedl, H.:* Zeichen und Herrlichkeit, 153–188; *Schnelle, U.:* Antidoketische Christologie, 96–105; *Schnider, F./Stenger, W.:* Johannes und die Synoptiker, 54–88; *Schweizer, E.:* Die Heilung des Königlichen: Joh 4,46–54, in: *ders.,* Neotestamentica, Zürich 1963, 407–415; *Wegner, U.:* Der Hauptmann von Kafarnaum, WUNT 2.14, Tübingen 1985; *Welck, Chr.:* Erzählte Zeichen, 140–148; *Watt, J. G. van der:* Vollkommener Glaube heilt vollkommen, in: *R. Zimmermann* (Hg.), Kompendium der frühchristlichen Wundererzählungen, 681–689; *Zeilinger, F.:* Die sieben Zeichenhandlungen Jesu, 33–42.

[204] Vgl. *C. K. Barrett,* Joh, 262; *R. Schnackenburg,* Joh II, 271.
[205] Mit βασιλικός kann ein Mann aus königlichem Geschlecht, ein königlicher Beamter oder aber auch ein Soldat in königlichen Diensten gemeint sein (Belege bei *W. Bauer,* Joh, 77). Aufgrund der offenkundigen Verwandtschaft der Erzählung mit dem Hauptmann von Kapernaum ist das letztere anzunehmen, so dass es sich auch im 4. Evangelium wahrscheinlich um einen Heiden handelt. Die meisten Kommentatoren

und ewiges Leben gibt (4,10.11.14.36), so kann die Heilung des Sohnes eines βασι-λικός (›Hauptmann/ Beamter‹) als Illustration dieser grundlegenden Aussagen verstanden werden.

46 Das Itinerar in V. 46a geht auf den Evangelisten zurück.[206] Dies ergibt sich aus dem ausdrücklichen Rückverweis auf das Weinwunder,[207] dem joh. Sprachstil[208] und der zweiten Ortsangabe in V. 46b. Der zur ursprünglichen Erzählung gehörende V. 46b wirft die Frage auf, ob auch in der vorjoh. Tradition die Fernheilung zunächst ganz in Kapernaum spielte, vom Evangelisten aber durch V. 46a nach Kana verlegt wurde. Dafür spricht Joh 2,12, ein Vers, der in seinem jetzigen Kontext keinen rechten Sinn ergibt, aber ausgezeichnet als Einleitung zu Joh 4,46b passt.[209] Jesus wäre danach von Kana mit seinen Verwandten nach Kapernaum gegangen und vollbrachte dort die Heilung. Dem Evangelisten hätte dann wie in Kap. 6 eine Doppelüberlieferung vorgelegen, wobei die eine Wundergeschichte in Kana, die andere – wie bei den Synoptikern – in Kapernaum spielte. Johannes trennte beide Wundergeschichten und verlegte auch dieses zweite Wunder nach Kana, um so in einer ›Ringkomposition‹ das erste öffentliche Auftreten Jesu abzuschließen und Kana als besonderen Ort des Wirkens Jesu hervorzuheben.[210] **47** Wenn die Erzählung auch in der joh. Tradition in Kapernaum spielte, ist V. 47a zu großen Teilen (ἐκ τῆς Ἰουδαίας εἰς τὴν Γαλιλαίαν … καταβῇ καί = ›aus Judäa nach Galiläa … herabkommen und‹) der Redaktion zuzurechnen, denn Jesu Kommen von Judäa nach Galiläa setzt den jetzigen Kontext voraus.[211] Jesu Ruf als Wundertäter ist weit verbreitet; er veranlasst den königlichen Beamten, Jesus aufzusuchen und ihn zu bitten, von Kana herunterzugehen in das tiefer gelegene Kapernaum. Die Todesgefahr für das Kind unterstreicht die Dringlichkeit des Handelns Jesu und zugleich die Größe des zu erwartenden Wunders. Der Vater traut Jesus eine lebensspendende Macht zu, die eigentlich nur Gott zusteht: seinen todkranken Sohn aus dem Bereich des Todes zu retten. **48** Ein breiter Konsens besteht über den redaktionellen Charakter von V. 48.[212] Das Verständnis dieses Verses

---

beziehen βασιλικός auf einen Juden, wobei übersehen wird, dass Johannes dies an keiner Stelle ausdrücklich sagt. Zuzugestehen ist freilich, dass die Herkunft des Vaters bei Johannes nicht mehr die Bedeutung hat wie in der synoptischen Tradition.

[206] Vgl. *R. Bultmann,* Joh, 151; *W. Wilkens,* Zeichen und Werke, 343; *F. Schnider/W. Stenger,* Johannes und die Synoptiker, 66 ff; *A. Dauer,* Johannes und Lukas, 51 f; *R. T. Fortna,* Gospel of Signs, 39; *R. Schnackenburg,* Joh I, 501.

[207] Vgl. zum joh. Stilelement des Rückverweises Joh 1,30; 6,65; 13,33; 15,20; 16,15; 18,9.

[208] Vgl. οὖν, Κανὰ τῆς Γαλιλαίας.

[209] Vgl. *F. Schnider/W. Stenger,* Johannes und die Synoptiker, 66 ff; *R. Bultmann,* Joh, 152; *A. Dauer,* Johannes und Lukas, 52 f.

[210] Vgl. *K. Kundsin,* Topologische Überlieferungsstoffe, 22 ff.

[211] Vgl. *R. Bultmann,* Joh, 151, der ἐκ τῆς Ἰουδαίας εἰς τὴν Γαλιλαίαν und καταβῇ καί für redaktionell hält; *R. T. Fortna,* Gospel of Signs, 39 f; *F. Schnider/W. Stenger,* Johannes und die Synoptiker, 68, die mit einem gewissen Recht vermuten, das ›Heruntersteigen‹ in V. 49.51 sei ebenfalls redaktionell. *A. Dauer,* Johannes und Lukas, 55–59, hält V. 47a für redaktionell, V. 47b für traditionell.

[212] Vgl. *E. Schwartz,* Aporien IV, 511; *R. Bultmann,* Joh, 151; *J. Becker,* Joh I, 223; *E. Haenchen,* Joh, 158; *L. Schottroff,* Der Glaubende, 248 ff; *C. K. Barrett,* Joh, 264. Sprachlich weisen ἐὰν … οὐ μή (*Ruckstuhl* Nr. 44) und das οὖν-historicum (*Ruckstuhl* Nr. 2) auf joh. Redaktion hin. Auffallend ist zudem der Wechsel in die 2. Pers. Pl.

ist freilich umstritten. Weist Johannes mit dem singulären σημεῖα καὶ τέρατα[213] (›Zeichen und Wunder‹) ein Wunderverständnis zurück, das das Wunder nur als innerweltliche Machtdemonstration und Legitimation des Wundertäters auffasst?[214] Will er den bloßen Wunderglauben tadeln, um so seine Auffassung der überlieferten Erzählung bzw. sein Wunderverständnis überhaupt zu demonstrieren?[215] Solche Erklärungen übersehen, dass hier wie in Joh 2,4 das Verlangen nach dem Wunder zunächst abgewehrt wird, dann aber das Wunder doch erfolgt und unmittelbar Glauben hervorruft.[216] In V. 48 äußert sich keine spezifisch joh. Wunderkritik, sondern mit der Abweisung von σημεῖα καὶ τέρατα steht Johannes in der Tradition der Synoptiker. Auch sie kennen die Ablehnung der Zeichenforderung (vgl. Mk 8,11–12; Mt 12,39–42; 16,1–2.4; Lk 11,16.29–32; vgl. auch 1Kor 1,22), und das Motiv des angesichts der Not indifferenten Wundertäters findet sich ebenfalls in der synoptischen Wunderüberlieferung (vgl. Mk 6,48; 7,27).[217] Wie Joh 2,4 ist Joh 4,48 nicht als Ausdruck joh. Wunderkritik zu verstehen; Johannes weist nicht das Wunder als solches zurück, sondern die Forderung nach Zeichen und Wundern.[218] Auf die bloße Zeichenforderung kennt der Evangelist nur den Hinweis auf Tod und Auferstehung Jesu Christi (vgl. Joh 2,18–22). **49** Der unterbrochene Erzählfaden wird wieder aufgenommen, sicher auf joh. Redaktion ist deshalb V. 49a zurückzuführen,[219] möglicherweise auch die diesmal in direkter Rede formulierte Bitte des Vaters in V. 49b.[220] Der Vater lässt sich durch Jesu Reaktion nicht abschrecken, nachdrücklich weist er auf die Notwendigkeit eines Eingreifens Jesu hin. **50** Jesus spricht daraufhin das wunderwirkende Machtwort: »Geh, dein Sohn lebt!« V. 50 gehört zur ursprünglichen Erzählung, denn er schildert die notwendige Reaktion Jesu auf die zweifache Bitte des Vaters. Das Motiv des Vertrauens des Vaters (πιστεύειν ist mit ›Vertrauen‹ zu übersetzen; vgl. Mt 8,13) ist in unterschiedlicher Form Bestandteil aller Erzählvarianten und gehörte

---

[213] Vgl. zur Traditionsgeschichte dieser alttestamentlichen Wendung (Jes 8,18; 20,3; Jer 39,20; Dtn 4,34; Ex 7,3; Weish 8,8LXX) vor allem *F. Stolz*, Zeichen und Wunder, ZThK 69 (1972), 125–144.

[214] So pointiert *L. Schottroff*, Der Glaubende, 248 ff.

[215] So vor allem *E. Haenchen*, Johanneische Probleme, 88 f.; *ders.*, Joh, 91 f.258; *W. Nicol*, Semeia, 29; *R. Bultmann*, Joh, 152 f.; *S. Schulz*, Joh, 80 f.; *R. Schnackenburg*, Joh I, 498; *F. Schnider/W. Stenger*, Johannes und die Synoptiker, 69; *R. T. Fortna*, Gospel of Signs, 41, der von einer joh. Verleugnung des Wunders als Glaubensbasis spricht. *M. Theobald*, Joh I, 357 f., bezieht die Kritik in V. 48 auf die ›Galiläer‹ aus V. 45.

[216] Vgl. *W. Langbrandtner*, Weltferner Gott, 73.

[217] Vgl. *G. Theißen*, Wundergeschichten, 69 f.

[218] Gegen eine umfassende und grundsätzliche joh. Wunderkritik in V. 48 votieren *C. K. Barrett*, Joh, 264; *H. P. Heekerens*, Zeichen-Quelle (Diss.), 80 ff; *H. Thyen*, Joh, 289, der zu Recht auf Joh 20,31 verweist: »Und ein besserer oder vollerer Glaube als der in der Erkenntnis seiner ›Zeichen‹ gegründete ›Glaube an seinen Namen‹ (1,12) ist für Johannes überhaupt nicht denkbar (vgl. 20,31).« *W. J. Bittner*, Jesu Zeichen, 128–134, versteht V. 48 ausdrücklich als positive Regel. Anhand der Bitte des Vaters »formuliert dieses Wort eine allgemeine Einsicht, die als allgemeine Regel erkannt und anerkannt wird: ›Wenn ihr nicht Zeichen und Wunder seht, werdet ihr nicht glauben‹. Jesus erkennt und formuliert in dieser Stunde, dass der Weg zum Glauben der Menschen über die Erfahrung von σημεῖα führt« (a. a. O., 134); Bittner folgt u. a. *H. Thyen*, Joh, 291.

[219] Vgl. *R. T. Fortna*, Gospel of Signs, 41.

[220] So *R. Bultmann*, Joh, 152; *W. Wilkens*, Zeichen und Werke, 33; *E. Haenchen*, Johanneische Probleme, 88; *ders.*, Joh, 258 f; *F. Schnider/W. Stenger*, Johannes und die Synoptiker, 69; *H. P. Heekerens*, Zeichen-Quelle (Diss.), 67; *A. Dauer*, Johannes und Lukas, 63.

auch zur vorjoh. Tradition.[221] Auffällig ist die Abfolge ὁ υἱός σου ζῇ – ἐπίστευσεν (›dein Sohn lebt … und er glaubte‹), die sich in V. 53 wiederholt. Während ›glauben‹ in V. 50b das unbedingte Vertrauen auf die Zusage Jesu meint, ist das absolute πιστεύειν in V. 53b Ausdruck des Glaubens aufgrund des nun konstatierten Wunders, wobei deutlich eine Steigerung erkennbar ist. Die Wiederholungen zeigen, dass der joh. Lebens- und Glaubensbegriff im Mittelpunkt der Erzählung stehen. Jesus ist Herr über den Tod und Spender des Lebens, als fleischgewordenes Wort des Lebens heilt er durch das bloße Wort. Der Königliche demonstriert, was Glaube an Jesus Christus heißt: unbedingtes Vertrauen und Zutrauen. **51/52** In den zur vorjoh. Tradition gehörenden Versen[222] sind es im Gegensatz zu den Synoptikern die Diener, die mit Hilfe des ›Stundenmotives‹[223] die eingetretene Heilung bezeugen. Damit wird Jesus als der Urheber des Wunders bestätigt, auffällig bleibt die genaue Protokollierung des Geschehens. Jeder Zweifel ist ausgeräumt, Jesus vollbrachte dieses Wunder. **53** In V. 53a finden sich zahlreiche joh. Sprach- und Stileigentümlichkeiten,[224] die Redaktion nahelegen könnten.[225] Andererseits gehört das vorherrschende Motiv der Beglaubigung des Wundertäters zum festen Inventar von Fernheilungen. Es wird ausdrücklich konstatiert, das Wunder sei zu der Stunde eingetreten, als der Wundertäter das wunderwirkende Wort sprach (vgl. Mk 7,29; Mt 8,13).[226] Diese formgeschichtliche Beobachtung spricht für die Zugehörigkeit von V. 53a zur Tradition. V. 53b schildert die Reaktion auf die Konstatierung des Wunders: Der Königliche und sein ganzes Haus (vgl. Apg 10,2; 11,4; 16,15.31; 18,8) kommen zum Glauben, d. h. sie werden Christen.[227] Es entsteht eine Hausgemeinde, die wie in der paulinischen Mission auch in der joh. Schule das soziologische Grundelement von Gemeindebildungen war (vgl. 2Joh 10; 3Joh 8). Auch diesmal folgt der Glaube unmittelbar aus dem Sehen des Wunders. Nicht der Glaube schaut das Wunder, sondern er entsteht durch das Wunder.[228] **54** Der parallele Aufbau zu Joh 2,11, das joh. πάλιν und ἐλθών und die Wendung ἐκ τῆς Ἰουδαίας εἰς τὴν Γαλιλαίαν weisen den Vers als joh. Redaktion aus.[229] Das immer wieder bemühte Argument der Wunderzählung spricht gerade nicht für eine

---

[221] Gegen *R. T. Fortna,* Gospel of Signs, 42; *F. Schnider/W. Stenger,* Johannes und die Synoptiker, 70; *A. Dauer,* Johannes und Lukas, 65 f, die V. 50b Johannes zuweisen wollen.

[222] πυνθάνομαι = ›erfragen‹ außer 13,24 (wo die Überlieferung unsicher ist) nur hier.

[223] Das ›Stundenmotiv‹ klingt schon in Mt 8,13 an und ist stilgerechte Fortsetzung von V. 51. Diese formgeschichtliche Beobachtung spricht gegen alle Versuche, V. 52(53a) für redaktionell zu halten; gegen *E. Schwartz,* Aporien IV, 511; *W. Wilkens,* Zeichen und Werke, 34; *H. P. Heekerens,* Zeichen-Quelle, 60.

[224] Vgl. γινώσκειν, πατήρ, οὖν-historicum, Rückbezug auf ein Wort Jesu.

[225] Für Redaktion plädieren u. a. *R. T. Fortna,* Gospel of Signs, 43; *W. Wilkens,* Zeichen und Werke, 34; *H. P. Heekerens,* Zeichen-Quelle, 60.

[226] Vgl. *R. Bultmann,* Geschichte der synoptischen Tradition, 240.

[227] Vgl. *C. K. Barrett,* Joh, 265; *R. T. Fortna,* Gospel of Signs, 43; *C. H. Dodd,* Interpretation, 185.

[228] Vgl. *W. Langbrandtner,* Weltferner Gott, 73.

[229] Gegen *R. Bultmann,* Joh, 154; *E. Haenchen,* Joh, 260; *R. T. Fortna,* Gospel of Signs, 44; *S. Schulz,* Joh, 81; *W. Nicol,* Semeia, 28; *J. Becker,* Joh I, 224; *R. Schnackenburg,* Joh I, 501; *E. Schweizer,* Heilung, 407; *H. P. Heekerens,* Zeichen-Quelle, 63; *H. M. Teeple,* Origin, 181; *B. Lindars,* John 205; *A. Dauer,* Johannes und Lukas, 71 f; *M. Theobald,* Joh I, 360 f (er sieht in Ex 4,8 f das Vorbild), die vor allem mit Hinweis auf die Zählung und den angeblichen Widerspruch zu 2,23 entweder den gesamten V. 54 oder aber zumindest V. 54a der Tradition bzw. einer ›Semeia-Quelle‹ zurechnen wollen.

›Quelle‹, denn das δεύτερον besagt lediglich, dass die Heilung des Sohnes eines ›Königlichen‹ das zweite Wunder Jesu in Kana war. Deshalb besteht auch keine Spannung zwischen Joh 4,54 und der summarischen Wundererwähnung in Joh 2,23 (und 4,45), die nicht von Wundern in Kana spricht. Wiederum offenbart Jesus sein Wesen in einem Wunder, das damit von der realen Gegenwart Gottes in der Welt zeugt.

Johannes beschließt den ersten Zyklus des öffentlichen Auftretens Jesu bewusst mit einem zweiten Wunder in Kana. Diese ›Ringkomposition‹ lässt nicht nur die kompositorischen Fähigkeiten des 4. Evangelisten erkennen, sie weist zugleich der Wundertätigkeit Jesu die zentrale Rolle in seinem öffentlichen Wirken zu: Das Wunder demonstriert sichtbar die Göttlichkeit des Wundertäters und ruft Glauben an den Sohn Gottes hervor. Die Massivität des zweiten Wunders Jesu betont Johannes vor allem durch die Verlegung der Fernheilung nach Kana, denn die Steigerung der Entfernung unterstreicht die Größe des Wunders. Zudem übernimmt er aus seiner Tradition eine Erzählvariante des Hauptmanns von Kapernaum, bei der die expositionellen Motive stark gekürzt sind und alles Gewicht auf dem Wunderfeststellungsverfahren am Schluss der Erzählung liegt, wodurch ebenfalls die Größe der Wundertat hervorgehoben wird. Als Retter der Welt (Joh 4,42) lässt Jesus Menschen durch den Glauben an seiner Lebensmacht teilhaben.

Exkurs 3: Die Wunderzählung im Johannesevangelium

Seit A. Faure ist die Zählung der Wunder in Joh 2,11; 4,54 in Verbindung mit Joh 20,30 ein wichtiges Argument für die These, Johannes habe eine ›Semeia-Quelle‹ bzw. ein ganzes Wunderevangelium eingearbeitet.[230] Gestützt wird diese Annahme nach Meinung vieler Exegeten auch durch die summarischen Wundererwähnungen in Joh 2,23; 4,45, die scheinbar im Widerspruch zu der Zählung in 2,11 und 4,54 stehen.[231] Zur Erklärung der Wunderzählung bieten sich fünf Möglichkeiten an: 1) Die Zählung ist ein Charakteristikum der von Johannes benutzten ›Semeia-Quelle‹. Dann aber muss gefragt werden, warum sie bei zwei endet. Die Auskunft, der Leser könne selbst bis sieben zählen oder die Zählung in Ex 4,8f (zwei Zeichen des Mose)[232] sei das Vorbild, ist keine wirkliche Antwort auf diese Frage, denn die Wundererzählungen gehen weiter, die *Zählung* jedoch nicht.[233] Zudem hat die Analyse der ersten beiden Wundergeschichten ergeben, dass Joh 2,11; 4,54 redaktionell sind. 2) Joh 4,46–54 ist das zweite erzählte Wunder, so dass kein Widerspruch zu 2,23 und 4,45 besteht.[234] Aber auch bei dieser Lösung bleibt die Frage, warum die Zählung in 4,54 endet, denn es werden noch mehrere Wunder erzählt. 3) Der Evangelist Johannes führte allgemein die Zählung der Wunder ein. Wiederum muss gefragt werden, warum er nur die beiden ersten Wunder zählt. 4) Da beide Wunder in Kana lokalisiert sind, werden sie in der joh. Vorlage als erstes und zweites Wunder in Kana bezeichnet. Die Zählung wäre dann traditionell und bezöge sich bewusst

---

[230] Vgl. *A. Faure*, Die alttestamentlichen Zitate im 4. Evangelium und die Quellenscheidungshypothese, ZNW 21 (1922), 99-121.

[231] Vgl. nur *R. Bultmann*, Joh, 78.

[232] Vgl. ferner Philo, VitMos I 76: »Sollten sie aber noch immer ungläubig sein, so werden sie, durch drei Zeichen belehrt, die bisher ein Mensch weder gesehen hat noch vom Hörensagen kennt, ihren Sinn ändern.«

[233] Gegen *J. Becker*, Joh I, 136, der meint, mit diesem Hinweis das Problem gelöst zu haben.

[234] So *H. Conzelmann*, Grundriss, 386; er hält die Zählung allerdings für redaktionell.

nur auf die beiden ersten Wunder in Kana. Gegen diese Lösung spricht, dass nach der vorangegangenen Analyse Joh 2,11 und 4,54 redaktionell sind. 5) Die Zählung stammt vom Evangelisten Johannes.[235] Er zählte die beiden Wunder in Kana, um sie so als Anfangs- und Endpunkt des ersten öffentlichen Auftretens Jesu hervorzuheben. Zudem hatte er offensichtlich ein großes Interesse an Kana als einem besonderen Ort der Offenbarungen Jesu. Für diese letzte Erklärung spricht einmal der eindeutig redaktionelle Charakter von Joh 2,11; 4,54; außerdem besteht kein Widerspruch zu den summarischen Wundererwähnungen in Joh 2,23 und 4,45, die nicht in Kana, sondern sehr bewusst im feindlichen Jerusalem spielen. Zudem kann die Zählung der Kana-Wunder als kompositorisches Mittel des Evangelisten verstanden werden, um die beiden Wunder Jesu in Kana am Beginn und am Ende seines ersten öffentlichen Auftretens herauszustellen. Schließlich entsprechen 2,11; 4,54 der joh. Methode der nachträglichen Explikation (vgl. Joh 2,17; 7,39; 11,13; 12,16.33). Die Wunderzählung in Joh 2,11 und Joh 4,54 ist somit kein Hinweis auf eine vorjoh. ›Semeia-Quelle‹ oder gar ein Wunderevangelium, sondern Ausdruck joh. Komposition.

---

[235] So z. B. *E. Ruckstuhl,* Einheit, 109; *B. Noack,* Zur johanneischen Tradition, 114; *J. Blank,* Joh I, 177; *W. Wilkens,* Zeichen und Werke, 35; *U. Schnelle,* Antidoketische Christologie, 107; *U. Wilckens,* Joh, 91; *H. Thyen,* Joh, 293.

IV. Jesu erste Auseinandersetzung mit den Juden 5,1–47

1. Die Heilung am Teich Bethesda 5,1–9ab*

1) Danach war ein Fest der Juden, und Jesus zog hinauf nach Jerusalem. (2) Es ist aber in Jerusalem am Schaftor ein Teich, hebräisch Bethesda genannt, mit fünf Säulenhallen. (3) In diesen lag eine Menge Kranker, Blinder, Lahmer, Verkrüppelter. (5) Es war aber dort ein Mann, der schon 38 Jahre krank war. (6) Als Jesus diesen liegen sah und erkannte, dass er schon lange krank war, sagt er zu ihm:»Willst du gesund werden?«(7) Der Kranke antwortete ihm:»Herr, ich habe keinen Menschen, der mich, wenn sich das Wasser bewegt, in den Teich trägt; während ich aber gehe, steigt ein anderer vor mir herab.«(8) Jesus sagt zu ihm:»Steh auf, nimm deine Matte und geh umher.«(9) Und sofort wurde der Mann gesund, und er nahm seine Matte und ging umher.

V. 2: Der Name des Teiches wird in mehreren Varianten überliefert: a) Βηθεσδά A C N Γ Δ Θ 078 f[1.13] M f q sy[c.p.hmg]; b) Βηθσαϊδά P[75] B T W vg sy[h] Tert (P[66*] Βηδσαϊδάν; P[66c] Βηδσαϊδά) c) Βηθ-ζαθά ℵ (L) 33 it; d) Βελζεθά D (a) r[1]. Die LA d) muss schon aufgrund ihrer äußeren Bezeugung als unwahrscheinlich angesehen werden. LA c) dürfte durch Josephus (vgl. Bellum V 151 u. ö.: die Neustadt), LA b) durch Joh 1,44 beeinflusst sein. LA a) wird durch 3Q15 11,12 f zwar nicht bestätigt (dort ist zu lesen:»Bereich der [beiden] Becken«; vgl. *M. Küchler*, Zum »Probatischen Becken« und zu »Betesda mit den fünf Stoën«, 382), muss aber dennoch als die schwierigste und am weitesten verbreitete gelten (vgl. *M. Hengel*, Das Johannesevangelium als Quelle des antiken Judentums, 309); gegen NA[27.28]. V. 3b–4: Als Erklärung von V. 7 fügen Zeugen hinzu:»welche auf die Bewegung des Wassers warteten. (4) Ein Engel des Herrn aber stieg manchmal herab zum Teich und brachte das Wasser in Bewegung. Wer nun als erster nach dem Aufwallen des Wassers hineinstieg, wurde gesund, welche Krankheit auch immer er hatte«; die wertvollsten Hss. bieten diesen Zusatz nicht (z. B. P[66.75] ℵ B).[1]

---

* Literatur zu Joh 5,1–18: *Cebulj, Chr.:* Texte, Teiche, Theorien. Zum Stellenwert archäologischer Befunde für die Exegese von Joh 5, in: *M. Küchler/K. M. Schmidt* (Hg.), Texte – Fakten – Artefakte. Beiträge zur Bedeutung der Archäologie für die neutestamentliche Forschung, NTOA 59, Göttingen 2006, 143–159; *Culpepper, R. A.:* John 5.1–18: A Sample of Narrative-Critical Commentary, in: The Gospel of John as Literature, hg. v. *M. W. G. Stibbe,* 193–207; *Dodd, C. H.:* Historical Tradition, 174–180; *Dunderberg, I.:* Johannes und die Synoptiker, 99–124; *Fortna, R. T.:* Gospel of Signs, 48–54; *ders.:* Fourth Gospel, 113–117; *Jeremias, J.:* Die Wiederentdeckung von Bethesda, FRLANT 41, Göttingen 1949 (überarb. Ausgabe, *ders.:* The Rediscovery of Bethesda, Louisville 1966); *Hengel, M.:* Das Johannesevangelium als Quelle des antiken Judentums, 308–316; *Küchler, M.:* Zum »Probatischen Becken« und zu »Betesda mit den fünf Stoën«, in: *M. Hengel,* Judaica, Hellenistica et Christiana, WUNT 109, Tübingen 1999, 381–390; *Labahn, M.:* Eine Spurensuche anhand von Joh 5.1–18, NTS 44 (1998), 159–179; *ders.:* Jesus als Lebensspender, 213–264; *Lee, D. A.:* Symbolic Narratives, 98–125; *Mees, M.:* Die Heilung des Kranken vom Bethesdateich aus Joh 5,1–18 in frühchristlicher Sicht, in: *ders.,* Rezeptionsgeschichte, 221–231; *Metzner, R.:* Der Geheilte von Johannes 5 – Repräsentant des Unglaubens, ZNW 90 (1999), 177–193; *ders.:* Das Verständnis der Sünde, 40–61; *Painter, J.:* Quest for the Messiah, 213–226; *Theobald, M.:* »Steh auf!« – Erweckung zum Leben hier und jetzt (Die Heilung eines Gelähmten), in: *R. Zimmermann* (Hg.), Kompendium der frühchristlichen Wundererzählungen, 690–704; *Thomas, J. C.:* ›Stop sinning less something worse come upon you‹: The man at the pool in John 5, JSNT 59 (1995), 3–20; *Wallace, D. B.:* John 5,2 and the Date of the Fourth Gospel, Bib 71 (1990), 177–205; *Welck, Chr.:* Erzählte Zeichen, 148–157; *Witkamp, L. Th.:* The use of traditions in John 5.1–18, JSNT 25 (1985), 19–47; *Zeilinger, F.:* Die sieben Zeichenhandlungen Jesu, 121–133.

Durch narrative Anachronien wie Zeit- oder Ortssprünge kann eine Beschleunigung des Geschehens erfolgen.[2] Die Orts- und Themenwechsel in Joh 5–7 haben diese Funktion, denn mit Joh 5 setzt der sich ständig steigernde Konflikt Jesu mit den Juden ein (vgl. Joh 5,16.18; 7,1.25.40 ff; 8,44), aber auch die Auseinandersetzung mit den Jüngern, die zu einer Spaltung der Jüngerschaft führt (Joh 6,66–71). Kennzeichnend für den Erzählstil ist eine Steigerung des dramatischen Elementes; Jesus muss sich in zunehmendem Maß mit Einwänden gegen seine Person und seine Sendung auseinandersetzen. Zugleich wird aber für die Hörer/Leser des Evangeliums immer klarer, dass der Vater und der Sohn eins sind und der Sohn allein aus der Vollmacht des Vaters heraus handelt.

1 Wie in 2,13; 6,1 leitet der Evangelist mit der unbestimmten Zeitbestimmung μετὰ ταῦτα einen neuen Abschnitt ein und lässt Jesus zu einem Fest nach Jerusalem ziehen.[3] Welches Fest mit dem artikellosen ἑορτὴ τῶν Ἰουδαίων = ›Fest der Juden‹ (vgl. Joh 6,4; 7,2) gemeint ist, kann nicht mehr ermittelt werden und ist für Johannes auch ohne Belang.[4]   **2** Die dem Evangelisten vorliegende Erzählung beginnt mit V. 2, wobei der präsentische Versanfang nicht besagt, dass Jerusalem und der Ort der folgenden Handlung z. Z. der joh. Vorlage noch bestanden.[5] Zu προβατικῇ (›Schaf‹) muss πύλη (›Tor‹) ergänzt werden,[6] die ursprüngliche Bezeichnung der Stätte war Βηθεσδά. Der Ort dürfte identisch sein mit dem nördlich des Tempels gefundenen Doppelteich mit über 5000 qm Oberfläche. Die Anlage bestand aus einem kleineren, nördlichen Teich (40 m Länge, 50 m nördliche, 53 m südliche Breite) und einem größeren südlichen Teich (48 m Länge, 57,5 m nördliche, 65,6 m südliche Breite). Vier Hallen umgaben die Gesamtanlage, die fünfte Halle stand auf einer 6,5 m starken Trennmauer zwischen den beiden Teichen, dort lagen wahrscheinlich die auf Heilung wartenden Kranken.[7] Ob die Kranken in die 13 m tiefen Teiche oder in östlich von den Teichen in den Fels gehauenen Grotten gingen, lässt sich nicht eindeutig beantworten. Die Anlage sammelte das Wasser eines kleinen Seitenteils des Kidrontals, wahrscheinlich wurden die Becken aber auch durch eine unterirdische Anlage gespeist.

---

[1]   Zu weiteren Einzelheiten der Bezeugung vgl. *B. M. Metzger,* Textual Commentary, 179; *G. D. Fee,* On the Inauthenticity of John 5:3b–4; EvQ 54 (1982), 207–218.

[2]   Vgl. dazu *G. Genette,* Die Erzählung, 31 ff.

[3]   Vgl. *R. Schnackenburg,* Joh II, 118; *E. Haenchen,* Joh, 266; *J. Becker,* Joh I, 229; *R. Bultmann,* Joh, 277; *R. T. Fortna,* Gospel of Signs, 49.

[4]   Dies zeigt schon die distanzierte Formulierung ›Fest der Juden‹; vgl. *W. Bauer,* Joh, 79; *J. Becker,* Joh I, 277.

[5]   Vgl. *W. Bauer,* Joh, 79; *E. Haenchen,* Joh, 266.

[6]   Vgl. Neh 3,1.32; 12,39

[7]   *M. Küchler,* Die »Probatische« und Betesda mit den fünf STOAI (Joh 5,2), in: *A. Kessler* u. a. (Hg.), Peregrina Curiositas, NTOA 27 Freiburg (H)/Göttingen 1994, 127–154, verweist darauf, dass um die beiden Becken herum jeglicher archäologische Nachweis für Säulen fehlt und folgert daraus, dass es sich bei dem Schafteich und Bethesda um zwei nahe beieinander gelegene, aber getrennte Örtlichkeiten handeln muss, »nämlich eine Teichanlage und einen Gebäudekomplex mit ›fünf Stoën‹ … Die fünf Stoën sind am besten als eine mit etwas Zahlenallegorie versehene Aussage über die Hallen und Gewölbe der Betesda-Anlage östlich der beiden Teiche zu verstehen« (*ders.,* Zum »probatischen Becken« und zu »Betesda mit den fünf Stoën«, 381 f). Es gab also nach Küchler einen westlichen, doppelten Wasserspeicher »mit Namen προβατικὴ Κολυμβήθρα« und eine östliche »Badeanlage mit Namen ›Betesda‹« (a. a. O., 382).

3 Der zur joh. Tradition gehörende Vers[8] führt in die Situation ein; in berühmten antiken Heiligtümern hofften immer zahlreiche Menschen auf Heilung.[9] **5** Die eigentliche Handlung setzt erst mit der zur Topik von Wundergeschichten gehörenden Schilderung der Not des Kranken ein. Die Angabe der Krankheitsdauer[10] soll die Schwere des Leidens, die Aussichtslosigkeit der Heilung und damit die Größe des folgenden Wunders hervorheben (vgl. Mk 5,25 f; Lk 13,11; Apg 3,2; 4,22; 9,33; 14,8; Joh 9,1)[11] und könnte vom Evangelisten stammen. Für den Gelähmten bestand keine Hoffnung mehr auf Heilung, schon als Lebender befand er sich im Bereich des Todes. **6** Das wunderbare Wissen um die Krankheitsdauer geht ebenfalls auf Johannes zurück,[12] es hat die 38 Jahre von V. 5 zur Voraussetzung und entspricht joh. Theologie (vgl. Joh 1,47 f; 2,25 u. ö.). Auffälligerweise spricht Jesus selbst den Kranken an, wodurch die folgende große Wundertat vorbereitet wird. Jesus erfasst sofort die ausweglose Lage des Kranken und appelliert an seinen Lebenswillen. Möglicherweise steckt hinter ὑγιὴς γίνεσθαι = ›gesund werden‹ eine Anspielung auf den Asklepios-Kult, denn Heilungslegenden aus Epidauros enden häufig mit der Wendung »… und von diesem Augenblick an wurde er gesund« (ὑγιὴς ἐγένετο).[13] **7** Die Schilderung des Wunders in V. 7–9a.b ist traditionell. Die Wundermacht Jesu wird durch die indirekte Bitte des Kranken hervorgehoben, ihm in das Wasser zu helfen. Er will leben, sich der Macht des Todes nicht beugen.[14] Jesus ist auf die durch einen magischen Moment heilende Kraft des Teiches nicht angewiesen, er handelt von sich aus. **8** Das Befehlswort zeigt beachtliche Übereinstimmungen mit Mk 2,11; ob eine direkte li-

---

[8] Dafür sprechen sprachliche Gründe: κατακεῖσθαι (›daliegen‹) nur noch 5,6; πλῆθος (›Menge‹) nur noch 21,6; ξηρός (›vertrocknet‹) nur hier.

[9] So heißt es bei Strab, VIII 6,15, über das Asklepios-Heiligtum in Epidauros: »Diese Stadt ist uns nicht unbekannt, insbesondere aufgrund der Erscheinung des Asklepios, von dem geglaubt wird, dass er Krankheiten heile, wie immer sie auch beschaffen sind, und der den Tempel immer gefüllt hat mit Kranken und mit aufgestellten Votivtafeln, auf denen die geschehenen Heilungen aufgeschrieben sind, wie in Kos und Trikke.«

[10] Vgl. Dtn 2,14; möglicherweise erinnert Johannes an die 38 Jahre vor dem Einzug in das gelobte Land.

[11] Vgl. aus der paganen Literatur Philostr, VitAp III 38; VI 43. Allerdings schwingt auch ein medizinischer Aspekt mit, denn es gehörte zur medizinischen Prognostik, dass der Arzt schon vor der Untersuchung die Art der Krankheit erkannte; vgl. Hippocr, Prognostikon 1.

[12] Mit R. Schnackenburg, Joh II, 121; R. E. Brown, John I, 207; H. Strathmann, Joh, 97; gegen R. T. Fortna, Gospel of Signs, 50 f.

[13] Vgl. K. H. Rengstorf, Die Anfänge der Auseinandersetzung zwischen Christusglauben und Asklepiosfrömmigkeit, Münster 1953, 16 f. Texte bei L. R. LiDonnici, Epidaurian Miracle Inscriptions, SBL.TT 36, Atlanta 1995, 89.95.97 (= Epidaurische Iamata A 5.11.13.16: »Nikanor, ein Lahmer. Als er im wachenden Zustand da saß, raubte irgendein Knabe seinen Stock und rannte weg. Er stand auf und verfolgte ihn, und von diesem Augenblick an wurde er gesund [ὑγιὴς ἐγένετο])«; Neuer Wettstein I/2, 272–284. Bethesda war nach 135 n. Chr. sicher Asklepios-Heiligtum; vgl. dazu V. McCasland, The Asclepius Cult in Palestine, JBL 58 (1939), 221–227. Dezidiert für eine miqweh hält Bethesda Sh. Gibson: »Dabei bin ich zu dem Schluss gekommen, dass der Bethesda-Teich zur Zeit Jesu speziell für die rituelle Reinigung und nicht als Trinkwasserreservoir für die Stadt oder als vergnügliches Schwimmbecken genutzt wurde« (Die sieben letzten Tage Jesu, 93). Die Erzählwelt des Textes verweist allerdings deutlich auf ein Heilbad!

[14] Eine Parallele zum ausweglosen Schicksal von kranken Bettlern bietet Luc, Podagra 65–73, wo ein Gichtkranker über sein Schicksal reflektiert: »Weh mir!/an Lust und gutem Willen, Schritt vor Schritt/mich an die Tür zu schleppen, fehlt mir's nicht,/doch kraftlos, ach! versagen mir den Dienst/die steifen Glieder! – Mut gefasst, mein Herz!/Nimm dich zusammen! Auf! Bedenke, dass/ein armer Bettelmann, vom Podagra/gehindert seiner Nahrung nachzugehen,/ so gut als tot und schon begraben ist.«

terarische Abhängigkeit vorliegt oder ein Einzellogion aus der mündlichen Überlieferung verarbeitet wurde,[15] lässt sich nicht mehr mit Sicherheit entscheiden.   **9ab** Stilgerecht ist die sofortige (εὐθέως) Demonstration der Heilung, die als Ausgangspunkt
für den folgenden Sabbatkonflikt dient.[16]

Jesus erscheint in dieser Jerusalemer Lokaltradition als souverän handelnder Wundertäter, der alles weiß und keiner Heilmittel bedarf. Allein auf sein Wort hin ist der
Kranke gesund. Sollte die Angabe der Krankheitsdauer vom Evangelisten stammen,
so würde er die Größe des Wunders und die Macht des Wundertäters noch unterstreichen. Zudem verbindet Johannes die Heilung terminologisch mit der nachfolgenden
Auseinandersetzung durch die Aufnahme von ὑγιής (›gesund‹) in V. 11.14. Schließlich
verweist das ἔγειρε (›Stehe auf!‹) in V. 8 auf Jesus als Totenauferwecker und Lebensspender (vgl. Joh 5,21).[17] Für den Evangelisten macht die im Wunder offenbar
werdende Doxa Jesu auch vor dem Sabbat nicht halt,[18] denn sie ist Ausdruck der Einheit mit dem Vater und keiner irdischen Beschränkung unterworfen (V. 17.18). In
der Machttat wird sichtbar, was die christologische Rede ausführt: Jesu Einheit mit
dem Vater, seine Doxa, seine Macht über Leben und Tod, Gegenwart und Zukunft.

2. Der Konflikt um den Sabbat 5,9c–16

(9c) Es war aber an dem Tag Sabbat. (10) Es sprachen nun die Juden zu dem Geheilten: »Es ist
Sabbat, und es ist dir nicht erlaubt, deine Matte zu tragen.« (11) Er antwortete ihnen: »Der mich
gesund gemacht hat, sprach zu mir: Nimm deine Matte und geh umher!« (12) Sie fragten ihn: »Wer
ist der Mensch, der zu dir sagte: Nimm (deine Matte) und geh umher?« (13) Der Geheilte wusste
nicht, wer es war, denn Jesus war gegangen, weil so viel Volk an dem Ort war. (14) Jesus fand ihn
dann im Tempel und sagte zu ihm: »Siehe, du bist gesund geworden, sündige hinfort nicht mehr,
dass dir nicht noch Schlimmeres geschehe.« (15) Der Mensch ging hin und berichtete es den Juden,
es sei Jesus, der ihn gesund gemacht habe. (16) Und deshalb verfolgten die Juden Jesus, weil er
solches am Sabbat tat.

Johannes macht aus der ihm vorliegenden Wundergeschichte durch die Bemerkung
in V. 9c ganz bewusst einen Sabbatkonflikt.[19] Das traditionelle Motiv der Sabbatver-

---

[15] Vgl. *C. H. Dodd,* Historical Tradition, 176; *R. Bultmann,* Joh, 177; anders *F. Neirynck,* John 5,1–18 and
      the Gospel of Mark, in: *ders.,* Evangelica II, 703–708. Zum Verhältnis Joh 5,1–9ab/Mt 9,1–8 vgl. *R.
      Schnackenburg,* Joh II, 121 f.
[16] Zu der Demonstration in V. 9b gibt es nur eine hellenistische Parallele: Luc, Philops 11. Lucian berichtet
      von einem Knecht Midas, den eine Schlange biss und lähmte. Er wurde auf einem Tragstuhl herbeige-
      bracht und von einem Chaldäer durch einen Wunderspruch und ein Stück vom Grabstein einer verstorbe-
      nen Jungfrau geheilt: »Doch ist gewiß, daß Midas die nämliche Pritsche, auf der er hergetragen worden
      war, auf die Schultern nahm und frisch und gesund nach unserem Gute davonging«; vgl. auch Philostr,
      VitAp IV 45.
[17] Vgl. *E. Haenchen,* Joh, 270.
[18] Vgl. *W. Wilkens,* Zeichen und Werke, 41.
[19] Während *R. Bultmann,* Joh, 177; *J. Becker,* Joh I, 279 f, V. 9c–16 im wesentlichen ihrer ›Semeia-Quelle‹
      zurechnen, plädieren *R. T. Fortna,* Gospel of Signs, 52; *E. Haenchen,* Johanneische Probleme, 107; *ders.,*
      Joh, 270 ff; *W. Nicol,* Semeia, 32, zu Recht für den Evangelisten als Autor.

letzung dient dem Evangelisten lediglich als kompositionelles Mittel, die Sabbatverletzung als solche wird im Gegensatz zu den Synoptikern nicht mehr ausführlich diskutiert (vgl. nur Mk 2,23–28; 3,1–6). Johannes benutzt sie zur Vorbereitung der sich anschließenden großen eschatologischen Rede Jesu; ihm geht es um den Konflikt mit den Juden, der wie in Kap. 9 und 11 eine Wundertat als Ausgangspunkt hat. Innerhalb der Gesamtkomposition ist die Stellung von V. 17.18 nicht sicher zu bestimmen.[20] Ihnen kommt eine Scharnier- bzw. Übergangsfunktion zu; sie schließen ab, blicken zugleich aber voraus auf die eschatologische Rede und sind inhaltlich nur von V. 19–21 her verständlich. Deshalb werden sie erst im folgenden Abschnitt behandelt.

9c/10 Die Juden sehen, wie der Geheilte seine Matte fortträgt, eine Übertretung der Sabbatvorschriften.[21] Daraufhin wird der Geheilte zur Rede gestellt und auf seine Sabbatverletzung aufmerksam gemacht.   **11** Er begründet sein Verhalten mit der Berufung auf Jesus, ohne jedoch dessen Namen zu wissen. Damit wird eine semantische Linie aufgebaut, die über die Unwissenheit des Geheilten in V. 13 auf die Namensnennung Jesu in V. 15 zielt. Wenn Jesus die Macht hat, einem so lange kranken Menschen die Gesundheit und damit das Leben zurückzugeben, dann vermag er sich auch über Sabbatvorschriften hinwegzusetzen (vgl. Mk 2,27.28)   **12** Die Juden wollen vom Geheilten wissen, wer ihm den Befehl zur Übertretung des Sabbat gegeben habe.   **13** Der Geheilte weiß jedoch nicht, wer ihn gesund gemacht hat,[22] er bemüht sich auch nicht darum, Jesus zu finden.   **14** Vielmehr geht die Initiative wiederum von Jesus aus. Er führt die zweite Begegnung herbei (vgl. Joh 9,35–38) und warnt den Geheilten vor den Folgen seines Tuns. Wenn er die ihm von Gott zuteil gewordene Heilung leugnet, verliert er das eschatologische Heil. Die Logik der Argumentation setzt voraus, dass der Geheilte in der Vergangenheit gesündigt hat, was sein 38 Jahre währendes Gebrechen hervorrief.[23] Nun steht noch mehr auf dem Spiel, der Geheilte könnte durch ein erneutes Sündigen sogar sein Heil verfehlen. Das Wunder, die sich anschließende Handlung und die eschatologische Rede verdeutlichen somit gleichermaßen, dass sich in der Begegnung mit Jesus das Leben in all seinen Dimensionen entscheidet.   **15** Der Geheilte geht zu den Juden und gibt preis, wer ihn heilte. Nun kann es zu der vom Evangelisten anvisierten Begegnung zwischen Jesus und den Juden kommen.   **16** Plötzlich erscheint nicht mehr das Verhalten des Geheilten, sondern die Wundertat selbst als Sabbatbruch. Daraufhin wird zum ersten Mal im 4. Evangelium von einer Verfolgung Jesu durch die Juden berichtet.

---

[20] In den neueren Kommentaren wird die Stellung der Verse unterschiedlich gesehen: so teilt z. B. *H. Thyen*, Joh, 302, zwischen 5,15 und 5,16; *M. Theobald*, Joh I, 385, zwischen 5,18 und 5,19.

[21] Vgl. dazu *Billerbeck* II, 461.

[22] Das bei Johannes nur hier vorkommende ὑγιής (›gesund‹) ist die sprachliche und sachliche Verbindung zwischen V. 1–9a.b und V. 9c–18, vgl. *E. Haenchen*, Joh, 284.

[23] Zum Verhältnis von Sünde und Krankheit vgl. die Auslegung von Joh 9,2. Die unterschiedlichen Akzentuierungen zwischen beiden Texten zeigen, dass Krankheit auf vorgängiger Sünde beruhen kann, aber nicht muss. Allein Jesus weiß um die jeweiligen Zusammenhänge; er orientiert sich aber nicht an der Vergangenheit, sondern ihm kommt es allein darauf an, neues Leben in Gegenwart und Zukunft zu ermöglichen.

Der stilisierte Aufbau von V. 9c–16 und das eigenartige Verhalten des Geheilten zeigen,[24] dass auf der Auseinandersetzung Jesu mit den Juden für Johannes das Schwergewicht liegt. Der Geheilte ist Mittel zum Zweck und Statist in der sich verschärfenden Kontroverse Jesu mit den Juden. Dieser Konflikt bricht nicht unvermittelt über Jesus herein, denn nach der joh. Dramaturgie ist es Jesus selbst, der bewusst durch Wort und Tat die Konfrontation sucht.[25] Die in Jesu Lebensmacht sichtbar werdende Einheit von Vater und Sohn bestimmt von nun an unübersehbar die Dramaturgie des Geschehens.

3. Die Gegenwart und die Zukunft des Lebens 5,17–30*

(17) Jesus aber entgegnete ihnen: »Mein Vater wirkt bis jetzt, und ich wirke auch.« (18) Deshalb wollten die Juden ihn noch viel mehr töten, weil er nicht nur den Sabbat brach, sondern auch Gott seinen Vater nannte und sich Gott gleich machte. (19) Da entgegnete Jesus und sprach zu ihnen: »Amen, amen, ich sage euch: Der Sohn vermag von sich aus nichts zu tun, wenn er es nicht den Vater tun sieht. Denn was jener tut, das tut in gleicher Weise auch der Sohn. (20) Denn der Vater liebt den Sohn und zeigt ihm alles, was er selbst tut. Und er wird ihm noch größere Werke als diese zeigen, so dass ihr erstaunt sein werdet. (21) Denn wie der Vater die Toten auferweckt und lebendig macht, so macht auch der Sohn lebendig, die er will. (22) Auch richtet der Vater niemanden, sondern er hat das Gericht ganz dem Sohn übertragen. (23) Damit alle den Sohn ehren, wie sie den Vater ehren. Wer den Sohn nicht ehrt, ehrt den Vater nicht, der ihn gesandt hat. (24) Amen, amen, ich sage euch: Wer mein Wort hört und dem glaubt, der mich gesandt hat, hat ewiges Leben und kommt nicht ins Gericht, sondern ist hinübergegangen aus dem Tod in das Leben. (25) Amen, amen, ich sage euch: Die Stunde kommt und ist schon da, dass die Toten die Stimme des Sohnes Gottes hören werden, und die hören, werden leben. (26) So wie der Vater Leben in sich hat, so hat er auch dem Sohn gegeben, Leben in sich zu haben. (27) Und er hat ihm die Vollmacht gegeben, Gericht zu halten, weil er der Menschensohn ist. (28) Wundert euch nicht darüber, dass die Stunde kommt, in der alle, die in den Gräbern liegen, seine Stimme hören werden. (29) Und die das Gute getan haben, werden hervorgehen zur Auferstehung des Lebens, die aber das Schlechte verübt haben,

---

[24] *R. Metzner,* Der Geheilte von Joh 5, 188 f, betont zutreffend, dass in Joh 5 – im Gegensatz zu Joh 9 – von einer Sündenvergebung und vom Glauben des Geheilten nicht gesprochen werden kann.

[25] *H. Windisch,* Erzählungsstil, 189, bezeichnet Joh 5,1–18 als »dramatische Novelle«, die er in fünf Szenen unterteilt: 1) Heilung; 2) Verhandlung des Geheilten mit den Juden; 3) erneute Begegnung mit Jesus; 4) Mitteilung an die Juden, dass Jesus der Wundertäter war; 5) Zusammentreffen Jesus – Juden.

* Literatur: *Becker, J.:* Auferstehung der Toten im Urchristentum, SBS 82, Stuttgart 1976, 117–148; *Blank, J.:* Krisis, 109–182; *Bultmann, R.:* Die Eschatologie des Johannes-Evangeliums, in: *ders.,* Glauben und Verstehen I, Tübingen [8]1980, 134–152; *Frey, J.:* Eschatologie I, passim; *ders.:* Eschatologie III, 322–402; *Hammes, A.:* Der Ruf ins Leben, 176–244; *Hartingsveld, L. van:* Die Eschatologie des Johannesevangeliums, 137–170; *Kammler, H.-Chr.:* Christologie und Eschatologie. Joh 5,17–30 als Schlüsseltext joh. Theologie, WUNT 126, Tübingen 2000; *Richter, G.:* Präsentische und futurische Eschatologie im 4. Evangelium, in: *ders.,* Studien, 346–382; *Schnackenburg, R.:* Joh II, 530–544; *Schnelle, U.:* Anthropologie, 154–158; *Stählin, G.:* Zum Problem der johanneischen Eschatologie, ZNW 33 (1934), 225–259; *Stimpfle, A.:* Blinde sehen, 74–107; *Watt, J. G. van der:* Eschatology in John. A Continuous Process of Realizing Events, in: *ders.* (Hg.), Eschatology of the New Testament and some related documents, WUNT 2.315, Tübingen 2011, 109–140.

zur Auferstehung des Gerichts. (30) Ich vermag nichts von mir aus zu tun. So wie ich höre, richte ich, und mein Gericht ist gerecht, denn ich suche nicht meinen Willen, sondern den Willen dessen, der mich gesandt hat.«

Die Einheit von Vater und Sohn bildet bereits das Thema der Übergangspassage 5,17.18; Johannes entfaltet davon ausgehend die christologischen und eschatologischen Dimensionen dieses Grundgedankens in seiner ersten großen Rede. Dabei bildet die Christologie die sachliche Voraussetzung für die Eschatologie, denn allein in Jesus Christus gründet das eschatologische Geschehen. Die joh. Eschatologie tritt hier in ihrer Eigentümlichkeit deutlich hervor: Sie liegt in einem übergreifenden Zeitbegriff, der besonders die Gegenwart qualifiziert, aber auch die Zukunft im Blick hat. Dieses Konzept resultiert aus der Christologie des 4. Evangelisten, der Jesus Christus als Vollender der Zeit präsentiert: Er ist präexistent (vgl. Joh 1,1–5), inkarniert ohne Preisgabe seiner Göttlichkeit (vgl. Joh 1,14), wird zum Vater erhöht (vgl. Joh 3,14 f) und verherrlicht (vgl. Joh 17,1–5), um dann im Parakleten als himmlischer Offenbarer auch nach der Erhöhung in seiner Gemeinde gegenwärtig zu sein (vgl. vgl. Joh 14,16; 14,26; 15,26; 16,7). Damit wird nicht nur der grundlegende Unterschied zwischen Himmel und Erde aufgehoben, sondern Jesus Christus ist Herr über die Zeit; er durchbricht die Zeiten und ordnet die Zeiten neu, denn in ihm wird die Zukunft Gegenwart und die Gegenwart gewährt Zukunft.

17/18 Jesu Antwort zielt auf die folgende Rede und ist nur von V. 19–21 her verständlich.[26] Jesus nimmt für sein Handeln die Autorität Gottes in Anspruch, der auch am Sabbat wirkt.[27] In der Heilung des Gelähmten zeigt sich, dass Gott gegenwärtig durch Jesus handelt. Die behauptete Einheit mit dem Vater verschärft den Konflikt; Jesus hebt nicht nur den Sabbat auf, sondern macht sich darüber hinaus Gott gleich. Damit formuliert der Evangelist den zentralen Vorwurf der Juden gegen die Verkündigung der joh. Schule. Jesus verletzt aus der Perspektive der Juden die Einzigartigkeit Gottes; der Vorwurf des Di-Theismus führt zum Todesbeschluss. Die Abfolge ›Heilung am Sabbat – erster Todesbeschluss‹ könnte durch Mk 2,1–3,6 bedingt sein, worauf auch die Übereinstimmungen zwischen Joh 5,8/Mk 2,11 hinweisen. **19** Jesus entkräftet die gegen ihn erhobenen Vorwürfe mit dem Hinweis auf die Parallelität des Tuns von Vater und Sohn. Das Tun des Sohnes hat seinen Ursprung im Willen des Vaters und kann somit in keiner Weise gegen den Vater gerichtet sein. Weil Jesu Sein ganz in Gott gründet und aus ihm hervorgeht, handelt er in voller Übereinstimmung mit dem Vater. **20** Die Liebe des Vaters zum Sohn (vgl. Joh 3,35; 10,17) ist Ausdruck der wesensmäßigen Verbundenheit zwischen ihnen. Deshalb zeigt der Vater

---

[26] Vgl. *E. Haenchen,* Joh, 273. *R. Schnackenburg,* Joh II, 125 f; *J. Blank,* Joh Ib, 19 f, sehen V. 17.18 als Einleitung der großen eschatologischen Rede. Für einen Neueinsatz bei V. 19 kann vor allem die Korrespondenz mit V. 30 (›Der Sohn vermag von sich aus nichts zu tun‹) geltend gemacht werden.

[27] Vgl. Philo, LegAll I 5: »Nachdem Gott also zuerst am siebenten Tag die Erschaffung der sterblichen Wesen abgeschlossen hatte, beginnt er mit der Bildung anderer, göttlicherer Wesen; denn Gott hört niemals auf zu schaffen«; vgl. ferner Arist, Fragm. 5,11f; Philo, LegAll I 16–18; Cher 87; Det 161.

dem Sohn auch alles, was er selbst tut. Was aber meint Johannes mit den größeren Werken, die der Vater dem Sohn zeigen wird? Es sind zunächst die Wunder, die Heilung am Teich Bethesda und die beiden großen Zeichen in Kap. 9 und Kap. 11,[28] die jeweils ein großes Staunen hervorrufen werden (vgl. Joh 7,21; 9,16.29 f.; 11,47). Zugleich leitet V. 20b aber zu den großen eschatologischen Themen des Abschnittes über.[29] Der Sohn vermag wie der Vater den Toten das Leben zu geben,[30] so dass die Hörer und Leser des Evangeliums sowohl im Fortgang der Erzählung als auch in ihrer eigenen Gegenwart auf größere Werke des Sohnes hoffen dürfen.   **21** Mit ὥσπερ γὰρ ὁ πατήρ – οὕτως καὶ ὁ υἱός (›denn wie der Vater – so auch der Sohn‹) wird der Gedanke der Einheit von Vater und Sohn auf das eschatologische Heilshandeln übertragen. So wie der Vater Macht über Tod und Leben hat, erscheint nun auch der Sohn als Lebensspender und Totenerwecker.   **22** Mit der Vollmacht zur Totenauferstehung übergab der Vater dem Sohn das Gericht. Die Wendung τὴν κρίσιν πᾶσαν (›das Gericht ganz‹) betont die Uneingeschränktheit dieser Übertragung; der Sohn ist im Gericht die letzte, unhinterfragbare Instanz. Damit kommt dem geschichtlichen Auftreten Jesu Christi eine eschatologische Qualität zu. Der Sohn wird vom Vater in das Richteramt eingesetzt und übt es von nun an aus, die Eschatologie ist eine Funktion der Christologie.[31]   **23** Als Herr über Leben und Tod, Heil und Gericht ist der menschgewordene Gottessohn Jesus Christus dem Vater gleich; es gilt, den Sohn in gleicher Weise wie den Vater zu ehren.   **24** So wie der Vater die Vollmacht zum Gericht dem geschichtlichen Jesus von Nazareth übergab, der für Johannes kein anderer als der präexistente und erhöhte Sohn ist, trifft nun den Menschen die Heilsfrage in seinem geschichtlichen Dasein. In der Begegnung mit dem Wort Jesu Christi entscheidet sich das Heil, denn es ist ein Leben spendendes Wort. Im Hören des Wortes und im Glauben an den von Gott gesandten Sohn vollzieht sich der Schritt vom Tod zum Leben, ist das Heilsgut des ewigen Lebens bereits gegenwärtig. Weil Gott ewig ist, unterliegt auch seine Lebensgabe keiner zeitlichen Beschränkung. Der Glaubende kommt deshalb nicht in das Gericht, denn er hat schon längst teil an der in Jesus Christus erschienenen Lebensmacht Gottes. Glaube und Heil fallen ebenso zusammen wie Unglaube und Gericht.   **25** Der Verschränkung der Räume (vgl. Joh 3,3.7) entspricht bei Johannes eine Verschränkung der Zeitebenen. Traditionell zukünftige Vorgänge reichen in die Gegenwart hinein. Das ›Jetzt‹ des Heils ermöglicht die Inkarnation Jesu; wo er redet, ist endzeitliches Geschehen gegenwärtig. Das Vorherrschen einer präsentischen Eschatologie ergibt sich konsequenterweise aus der Grundüberzeugung der joh. Schule, dass in Jesus Christus das Wort Gottes endgültig Fleisch geworden ist. Mit Tod und Leben benennt Johannes die beiden möglichen Grundformen

---

[28] Vgl. *R. Schnackenburg,* Joh II, 132. *R. Bultmann,* Joh, 189 Anm. 2, weist V. 20b dem Evangelisten zu (V. 20a gehört zur ›Offenbarungsredenquelle‹) und sieht darin lediglich einen Rückbezug auf V. 1–18.

[29] Vgl. *J. Blank,* Krisis, 118, der die überleitende Funktion von V. 20 betont, er stellt »die Klammer zwischen christologischer Grundlegung und eschatologischer Explikation des Christusgeschehens dar«. Keineswegs »zerstört V. 20b den Zusammenhang zwischen V. 19c.20a und V. 21.23c« (so *J. Becker,* Joh I, 283), vielmehr bereitet er die folgende Argumentation vor.

[30] Vgl. *C. K. Barrett,* Joh, 275.

[31] Vgl. *J. Blank,* Krisis, 124 ff.

menschlicher Existenz. Tot sind alle Menschen jenseits des Glaubens, weil sie nicht dem Lebensbereich Gottes angehören. Im Hören auf die Stimme des Offenbarers[32] eröffnet sich jetzt in der Begegnung mit Jesus die Möglichkeit für den Menschen, sein dem Unheil verfallenes Dasein zu überwinden und in die Lebenswelt Gottes einzutreten. Das Hören vollzieht sich bei Johannes gleichermaßen als kommunikatives und personales Geschehen, im Vernehmen der Botschaft und in der Begegnung mit der Person Jesu. Mit der Betonung der Gegenwart des Heils hebt Johannes aber die Zukunft des Heils nicht auf.[33] Er betont die Verschränkung von Gegenwart und Zukunft, ohne die Zukunft auszublenden. Dies zeigt sich in dem paradoxen Nebeneinander beider Zeitbereiche in der Wendung ἔρχεται ὥρα καὶ νῦν ἐστιν (›die Stunde kommt und ist nun da‹) und in den Futurformen in V. 25bc.[34] Johannes denkt bitemporal: Die textinterne Jetzt-Zeit eines Jesuswortes und die Möglichkeit einer Realisierung dieses Wortes für die textexterne Hörer- und Lesergemeinde können nicht auf einer Zeitstufe liegen, sondern erfordern sachlich ein Zeitkontinuum[35]. **26** Der Glaubende wurde durch die Gabe des ewigen Lebens in den Lebensbereich des Vaters und des Sohnes aufgenommen. ›Leben zu haben‹ gehört zum innersten Wesen des

---

[32] R. *Bultmann,* Joh, 194 Anm. 5, führt diese Vorstellung auf den ›gnostischen Mythos‹ zurück. Weitaus näherliegend sind aber Parallelen aus dem AT und dem antiken Judentum. Gott ruft das Nichtseiende ins Sein (vgl. Philo, SpecLeg IV 187; syr Bar 48,8; Röm 4,17), durch sein Wort bringt Gott die Schöpfungswerke ins Dasein (vgl. Jes 48,13; syrBar. 21,4; Philo, Op-Mund 64). Als eine naheliegende Parallele ist vor allem JosAs 8,9 zu nennen: »Herr, Gott meines Vaters Israel, der höchste und stärkste Gott, der alles lebendig macht und ruft aus dem Dunkel in das Licht und vom Irrtum zur Wahrheit und aus dem Tod zum Leben.«

[33] R. *Bultmann,* Joh, 194 f, betont ausschließlich »das eschatologische Jetzt« und die »Gegenwart der Offenbarungsworte« und unterschlägt die futurischen Komponenten in V. 25. Bultmanns Eschatologie-Begriff ist durch die religionsgeschichtliche Entgegensetzung von futurischer Eschatologie in der spätjüdischen Apokalyptik und präsentischer Eschatologie in der Gnosis geprägt. Dabei werden die präsentischen Aussagen faktisch philosophisch als ewige Wahrheiten interpretiert, gegenüber denen die futurische Eschatologie sachlich abfällt; vgl. a. a. O., 193, zu Joh 5,24: »Auf den schärfsten Ausdruck wird der Gedanke und sein Gegensatz zur traditionellen Eschatologie durch den letzten Satz gebracht: der Glaubende ist schon aus dem Tod ins Leben hinübergeschritten.« Bultmanns Logik dürfte nicht unwesentlich von zwei Aspekten beeinflusst worden sein: 1) Dem Axiom der Ursprünglichkeit der reinen Form, das vor allem sein alttestamentlicher Lehrer H. Gunkel vertrat. Danach sind Mischformen immer ein starkes Indiz für die sekundäre Fortschreibung einer Form. 2) Der Gedanke, dass eine Gemeinschaft von Menschen ohne eine explizite Zukunftshoffnung existieren könne, verdankt sich wahrscheinlich einem existenzphilosophischen Postulat; eine philosophische Option, der allerdings die Erfahrung gegenübersteht, dass es weder Gegenwart ohne Zukunft noch Zukunft ohne Gegenwart geben kann. Zudem gibt es für eine ›rein‹ präsentische oder futurische Eschatologie keine Vergleichstexte; im Gegenteil, zahlreiche Schriftengruppen (Qumran, Philo, hellenistisches Diaspora-Judentum) lassen erkennen, dass es immer nur ein Nebeneinander mit unterschiedlicher Gewichtung gab. Schließlich: Wo lässt sich am Text des Johannesevangeliums verifizieren, dass präsentische Eschatologie jegliche Zukunftshoffnung ausschließt? Spätestens die Abschiedsreden zeigen, dass die Zukunft auch für das joh. Denken eine konstitutive Bedeutung hat.

[34] Vgl. *J. Schneider,* Joh, 131: »Das Gegenwärtigsein der ›Stunde‹ schließt ihr Kommen nicht aus.« Gegen *J. Becker,* Joh I, 285, der behauptet: »Im Kontrast zu den noch erhaltenen futurischen Verben steht eingangs die Umdeutung von E.« In V. 25 weist kein sprachliches Signal auf eine Korrektur hin, sondern Johannes verbindet Gegenwart und Zukunft!

[35] H. *Thyen* schließt sich bei seiner Auslegung von Joh 5,24 f der Position von L. van Hartingsveld an: V. 24 richtet sich direkt an die aktuellen Gegner Jesu, während V. 25 und auch V. 28 f das Motiv der ›größeren Werke‹ aufnehmen (5,20), die sich in der zukünftigen Auferweckung von den Toten zeigen werden. Thyen betont die Bedeutung der apokalyptischen Eschatologie für Johannes, wonach »Jesu Rede ohne diesen Hintergrund, den sie nicht nur voraussetzt, sondern auf ihre Weise sogar neu bekräftigt, seinen jüdischen

Vaters (vgl. Joh 6,57; ferner Jes 37,4.17; Dtn 5,26), und in der gleichen Weise wie der Vater ist der Sohn Lebensträger. **27** Ebenso übertrug der Vater dem Sohn die Vollmacht zum Gericht, weil er der Menschensohn ist. Die Gerichtsthematik aus V. 22 wird wieder aufgegriffen, nun aber erscheint der Menschensohn als Richter. Offenbar knüpft Johannes hier an Traditionen der jüdischen Apokalyptik an, wo der Menschensohn Gericht hält (vgl. äthHen 49,4; 61,9; 62,2 f; 63,11; 69,27; Lk 12,8 fpar; Mk 8,38). Der Sohn erscheint als eschatologischer Lebensspender und als Menschensohn-Richter. Wer nicht glaubt, kommt in das Gericht, so dass die Richterfunktion die Konsequenz des lebenspendenden Wirkens des Sohnes ist. **28/29** Die Aussagen von V. 25 werden nun ausgeweitet: Die Stunde wird kommen, in der die in den Gräbern Liegenden die Stimme des Menschensohnes hören. Die Betonung liegt auf der Zukünftigkeit des Kommens; die Begrabenen gehen einer allgemeinen Totenauferstehung entgegen, in der das ethische Verhalten den Maßstab im Gericht bildet. Ähnliche Vorstellungen waren im Urchristentum weit verbreitet, wie z. B. 2Kor 5,10; Röm 2,6–10; Apg 17,31; 1Petr 4,5 zeigen.[36] Berechtigen die Verschiebungen gegenüber Joh 5,25 zu der Annahme, die V. 27b.28.29 seien das Werk einer post-johanneischen Redaktion?[37] Der Stil- und Sprachgebrauch erlaubt keine Entscheidung über die Ursprünglichkeit von Joh 5,28.29.[38] Als wesentliche inhaltliche Argumente für den sekundären Charakter dieser Verse werden angeführt: 1) Der Widerspruch zu der präsentischen Eschatologie in V. 25. 2) Es ist nicht mehr wie in V. 25 von ›Toten‹ (im geistlichen Sinn), sondern von ›in den Gräbern Liegenden‹ die Rede. 3) Von einer Differenzierung im Gericht nach dem Kriterium des Handelns war zuvor nicht die Rede. 4) Die Stimme des Menschensohnes wird nicht nur von den Glaubenden gehört, sondern leitet das allgemeine Endgericht ein. Ein unauflöslicher Gegensatz zwischen V. 25 und V. 28.29 besteht nicht, denn in V. 25 artikuliert sich nicht eine ›rein‹ präsentische Eschatologie, vielmehr dominiert eine präsentische Ausrichtung, ohne futurische Aspekte zu eliminieren. Sachgemäß muss deshalb in V. 28.29 von

---

Antagonisten unverständlich bleiben müßte« (*ders., Joh*, 315). Joh 5,28.29 sind theologisch für Johannes unentbehrlich, weil sie eine Konsequenz der Sendung des Gottessohnes in den Kosmos sind (vgl. Joh 3,16 f), die allen Menschen gilt, auch jenen, die seit Adams Zeit bereits vor Jesu Kommen gestorben sind. Deshalb muss es bei Johannes eine zukünftige Auferweckung aller Toten zum endzeitlichen Gericht geben. In diese Interpretation fügt sich die Wendung ἐν τῇ ἐσχάτῃ τῇ ἡμέρᾳ in Joh 6,39 u. ö. nahtlos ein.

[36]   Die jüdische Apokalyptik (vgl. z. B. Dan 12,2LXX; äthHen 51; 4Esr 7,32; syrBar 42,7; 50,2) stellt nur den allgemeinen traditionsgeschichtlichen Hintergrund für Joh 5,28 f dar. *J. Frey*, Eschatologie III, 381 ff, plädiert mit beachtlichen Argumenten für den traditionellen Charakter von V. 28 f.

[37]   So z. B. *J. Wellhausen*, Joh, 26; *R. Bultmann*, Joh, 196 (»Auf alle Fälle aber sind V. 28 f der Zusatz eines Red., der den Ausgleich der gefährlichen Aussage V. 24 f mit der traditionellen Eschatologie herstellen will«); *G. Richter*, Präsentische und futurische Eschatologie im 4. Evangelium, 373–377; *J. Becker*, Joh I, 285; *A. Hammes*, Der Ruf ins Leben, 239 ff (V. 28 f als Reaktion auf Umbrüche in der Geschichte der joh. Schule); *M. Theobald*, Joh I, 400–402 (futurisch-eschatologische Relecture von V. 25); *J. Zumstein*, Joh, 220. Jede These einer späteren Korrektur, Ergänzung oder Relecture muss sich drei Einwänden stellen: 1) Warum soll der Evangelist nicht denken können bzw. dürfen, was den späteren Bearbeitern zugestanden wird? 2) Sowohl die historische Situation der joh. Schule als auch der theologisch-hermeneutische Standort des 4. Evangelisten lassen eine rein präsentische Eschatologie nicht zu! 3) Die christologische Gründung fordert einen zeitübergreifenden und somit die verschiedenen Zeitstufen einschließenden Eschatologiebegriff, der nicht auf den bloßen Gegensatz ›präsentisch – futurisch‹ reduziert werden kann.

[38]   Vgl. *J. Blank*, Krisis, 175 f; *E. Ruckstuhl*, Einheit, 161; *R. Schnackenburg*, Joh II, 144 f.

einer Ausweitung der eschatologischen Perspektive gesprochen werden. Lässt sich diese Ausweitung in die genuin joh. Theologie integrieren? Die ›Toten‹ in Joh 5,25 sind all jene Menschen, die durch den Glauben aus ihrer Bindung an die Welt herausgerissen werden und nun in das Leben eingehen. Demgegenüber spricht Joh 5,28.29 von den physisch Toten, die ›in den Gräbern liegen‹. Diese Erweiterung ist aus der Perspektive des Evangelisten und der textexternen Gemeinde in zweifacher Weise sinnvoll und notwendig: 1) Es gab z. Z. der Abfassung des Evangeliums in den joh. Gemeinden sicherlich schon verstorbene Christen. Die Frage nach der Auferstehung der Toten war somit aus der Gemeindesituation heraus naheliegend und theologisch notwendig. 2) Im Glauben sind die joh. Christen bereits vom Tod ins Leben hinübergeschritten, in der Gegenwart fiel bereits die Entscheidung über die Zukunft. Der Glaube bewirkt aber nicht die Auferweckung von den Toten; an keiner Stelle im joh. Schrifttum wird gesagt, die Glaubenden seien bereits auferstanden.[39] Der joh. Lebensbegriff schließt den physischen Tod nicht aus! Die Geschichtlichkeit des Daseins machte die Frage nach der Auferstehung der toten Christen unabwendbar. Für die textexterne Gemeinde ist Jesus schon lange beim Vater, und erst bei der Parusie (vgl. Joh 14,2 f.18 f) werden die Glaubenden ihm begegnen. Bei seiner Wiederkunft wird Jesus vollziehen, was in der Gegenwart für die Glaubenden entschieden, nicht aber schon Wirklichkeit ist: die Auferweckung von den Toten. Präsentische und futurische Eschatologie sind bei Johannes keine Gegensätze,[40] sondern sie ergänzen einander.[41] Eine bewusste Zuordnung der Zeitebenen findet sich auch in Joh 3,36; 6,54.57; 11,24–27; 12,48; 14,2–6.15–24; 16,16–33; es handelt sich dabei um einen genuin joh. Gedanken und nicht um ein Überarbeitungsphänomen: Was in der Gegenwart festgeschrieben wurde, hat auch in der Zukunft Bestand. Die Aussagen von V. 25 werden in V. 28 f weder korrigiert noch zurückgenommen, vielmehr nimmt sie der Evangelist auf und erweitert die dort bereits vorhandenen futurischen Aspekte im Hinblick auf einen Tatbestand, von dem einige Gemeindeglieder schon betroffen sind und alle betroffen sein werden.[42] Die bewusst gestaltete nachösterliche Erzählperspektive und der das Kommende

---

[39]   Vgl. *U. Schnelle,* Neutestamentliche Anthropologie, 157; ferner *J. Frey,* Eschatologie III, 381; der gegenwärtige Empfang des ewigen Lebens »bedeutet weder die Ausstattung mit physischer Unsterblichkeit noch die spirituelle Erhebung über das ›wesenlos‹ gewordene Todesgeschick, sondern dies, daß ihnen als vom Todesverderben Befreiten das eschatologische Heil gewiß ist, das sie schon jetzt haben und das sich im Falle ihres leiblichen Todes (Joh 11,26) in der ἀνάστασις ζωῆς (Joh 5,29; vgl. Joh 6,39 f.44.54) und der definitiven Christusgemeinschaft vollenden wird (vgl. 14,2; 17,24; 1Joh 3,2).«

[40]   Als Parallelen für das Ineinander von präsentischer und futurischer Eschatologie vgl. Röm 6,3–11; 1Joh 2,28–3,3; 4,17 und 5,11.

[41]   Vgl. in diesem Sinn *L. van Hartingsveld,* Eschatologie des Johannesevangeliums, 48–50; *C. K. Barrett,* Joh, 83–86; *J. Schneider,* Joh, 131 f; *W. G. Kümmel,* Theologie, 261; *U. Schnelle,* Neutestamentliche Anthropologie, 154–158; *J. Gnilka,* Theologie, 140 f; *D. A. Carson,* Joh, 258; *H. Weder,* Gegenwart und Gottesherrschaft: Überlegungen zum Zeitverständnis bei Jesus und im frühen Christentum, BThSt 20, Neukirchen 1993, 77–86; *K. Berger,* Theologiegeschichte, 719 f; *U. Wilckens,* Joh, 119–121; *J. Frey,* Eschatologie III, 390 f; *H. Thyen,* Joh, 314 f. *J. Blank,* Krisis, 172–182, votiert in seiner Dissertation für die Ursprünglichkeit von 5,28 f, in seinem Kommentar nimmt er aber eine leichte Selbstkorrektur vor (vgl. *ders.,* Joh Ib, 37–39). Er hält nun V. 27–29 für einen Nachtrag, der schon sehr früh mit 5,19–26 verbunden wurde und auf systematischer Ebene durchaus ›genuin‹ joh. Denken entspricht.

[42]   Andere Akzente setzt *H.-Chr. Kammler,* Christologie und Eschatologie, 224 f, der auch Joh 5,28 f präsentisch-eschatologisch verstehen will; sie handeln »von der in der Zeit nach Ostern geschehenden partikula-

ansagende Paraklet (vgl. Joh 16,13b) unterstreichen die sorgfältige Reflexion des Evangelisten über die Situation seiner Gemeinde in der Zeit. Er strebt nicht eine Entgeschichtlichung des Glaubens an,[43] sondern ein Verstehen der verschiedenen sachlichen, räumlichen und zeitlichen Ebenen des Christusgeschehens. **30** Es erfolgt ein Rückbezug auf V. 19, indem das dort in der 3. Pers. Gesagte nun in der 1. Pers. erscheint. Jesus vollzieht das Gericht nicht als Willkürakt, er handelt einzig und allein im Auftrag Gottes. Deshalb ist sein Gericht auch gerecht und wahrheitsgemäß.

Die in der Exegese vielfach verhandelte Alternative zwischen einer ursprünglich präsentischen und einer sekundär eingeführten futurischen Eschatologie wird weder dem Textbefund noch den theologischen Konstruktionen im Johannesevangelium gerecht. Vielmehr sind mehrere Ebenen zu unterscheiden und aufeinander zu beziehen: 1) Die eigentliche Zeitebene des Vaters und des Sohnes ist die Ewigkeit, d. h. Johannes hat zuallererst einen theologischen Zeitbegriff. 2) Als Sohn Gottes eröffnet Jesus Christus bereits in der Gegenwart vollständige Teilhabe am ewigen Leben, die auch durch den biologischen Tod nicht beendet wird, denn Gott ist ewig. 3) Die joh. Eschatologie ist durch eine Konzentration auf die Begegnung mit Jesus gekennzeichnet, der in ungebrochener Kontinuität zum Vater und in direkter Abhängigkeit von ihm als Lebensspender handelt. Deshalb kann man von einem personalen Zeitbegriff bei Johannes sprechen, der einen chronologischen Zeitbegriff einschließt, darin aber nicht aufgeht.[44] 4) Dieser Grundgedanke hebt jedoch im Hinblick auf die Glaubenden die Zukunft nicht auf, denn in der Zukunft wird mit der Auferstehung von den Toten offenbar, was in der Gegenwart bereits mit dem Glauben festgeschrieben wurde. 5) Der Evangelist vertritt somit zugleich eine überzeitliche und eine bi-temporale Eschatologie: Weil die Christologie die eigentliche Sachebene von Joh 5,17–30 ist, widersprechen sich präsentisch-eschatologische und futurisch-eschatologische Aussagen aber nicht, denn Jesus Christus ist der wahre Lebensspender in Gegenwart und Zukunft.[45]

---

ren, geistlichen Totenauferstehung« (a. a. O., 224). Dagegen spricht meines Erachtens die Auferweckung des Lazarus (Joh 11,1–44), die als Modellgeschichte nicht nur Jesu Christi Tod und Auferstehung vorwegnimmt, sondern den – für die textexterne johanneische Gemeinde zukünftigen – leiblichen Tod der Glaubenden thematisiert.

43 Deshalb betont *L. van Hartingsveld,* Eschatologie des Johannesevangeliums, 154 f: »Denn präsenteschatologische Aussagen sind nur möglich auf der Grundlage der futurisch-eschatologischen Aussagen.«

44 Vgl. *J. G. van der Watt,* Eschatology in John, 130: »People will live through Jesus who lives through the Father, who again is the source of life (6:57). This life cannot be terminated, just as God cannot be terminated.«

45 Vgl. *J. Frey,* Eschatologie III, 398–400. Eine Mittelposition in der Interpretation der joh. Eschatologie vertritt *H.-J. Eckstein,* Die Gegenwart im Licht der erinnerten Zukunft. Zur modalisierten Zeit im Johannesevangelium, in: *ders.,* Der aus Glauben Gerechte wird leben, Münster 2003, 187–206, der einerseits die präsentische Eschatologie als Grundmodell bei Johannes ansieht, zugleich aber zeittheoretische Modifizierungen vornimmt: Es »ist unbestreitbar, dass es dem Evangelisten ganz und gar um die Vergegenwärtigung der Zukunft und die Wiedergewinnung präsentischer Zuversicht geht … Umgekehrt ist – und auch das wiederum unabhängig von der Verhältnisbestimmung zu den Johannesbriefen – festzuhalten, dass die präsentische Eschatologie (als die Entfaltung der gegenwärtigen Zukunft) in der Tradition der futurischen Eschatologie (als der Gewissheitsäußerung einer zukünftigen Gegenwart) gründet« (a. a. O., 204).

4. Die Zeugen für den Sohn 5,31–47*

(31) »Wenn ich für mich selbst zeuge, ist mein Zeugnis nicht wahr. (32) Ein anderer ist es, der für mich zeugt, und ich weiß, dass sein Zeugnis wahr ist, das er für mich bezeugt. (33) Ihr habt zu Johannes gesandt, und er hat die Wahrheit bezeugt. (34) Ich aber nehme von einem Menschen kein Zeugnis an, sondern ich sage dies, damit ihr gerettet werdet. (35) Jener war eine brennende und leuchtende Fackel; ihr aber wolltet euch nur für eine Stunde an seinem Licht ergötzen. (36) Ich aber habe ein größeres Zeugnis abgelegt als das des Johannes. Denn die Werke, die mir der Vater gab, damit ich sie vollende, diese Werke, die ich tue, zeugen für mich, dass mich der Vater gesandt hat. (37) Und der Vater, der mich gesandt hat, jener hat für mich gezeugt. Weder habt ihr seine Stimme jemals gehört noch seine Gestalt gesehen, (38) und sein Wort habt ihr nicht bleibend in euch, weil ihr dem, den jener gesandt hat, nicht glaubt. (39) Ihr erforscht die Schriften, weil ihr meint, darin ewiges Leben zu haben, und jene geben Zeugnis von mir. (40) Ihr aber wollt nicht zu mir kommen, um Leben zu haben. (41) Ehre nehme ich von Menschen nicht an, (42) aber ich habe euch erkannt, dass ihr die Liebe Gottes nicht in euch habt. (43) Ich bin im Namen meines Vaters gekommen, und ihr nehmt mich nicht auf; wenn ein anderer in seinem eigenen Namen kommt, werdet ihr jenen aufnehmen. (44) Wie könnt ihr glauben, wenn ihr die Ehre voneinander nehmt, aber die Ehre, die vom einzigen Gott kommt, nicht sucht? (45) Meint nicht, dass ich euch beim Vater anklagen werde; vielmehr ist Mose euer Ankläger, auf den ihr hofft. (46) Wenn ihr Mose glauben würdet, so müsstet ihr auch mir glauben; denn jener hat von mir geschrieben. (47) Wenn ihr aber seinen Schriften nicht glaubt, wie werdet ihr dann meinen Worten glauben?«

Wie legitimiert Jesus seinen in der eschatologischen Lehrrede offenbar gewordenen, einzigartigen Anspruch? Er war keineswegs unumstritten, so dass der Abschnitt in der literarischen Form einer apologetischen Rede im Rahmen eines Rechtsstreites[46] einen Einblick in die Auseinandersetzung der joh. Schule mit dem Judentum gewährt. Unausgesprochener Ausgangspunkt ist dabei der Grundsatz, dass zumindest zwei Zeugen für die Wahrheit einer Sache einstehen müssen.[47] Niemand kann durch sein eigenes Zeugnis beglaubigt werden.

---

*   Literatur: *Beutler, J.:* Martyria, 237–306; *Blank, J.:* Krisis, 198–216; *Bühner, J. A.: De*r Gesandte, 118–267; *Meeks, W. A.:* Prophet-King, 286–319; *Michel, O.:* Zeuge und Zeugnis in: Neues Testament und Geschichte (FS O. Cullmann), Zürich/Tübingen 1972, 15–31; *Wilkens, W.:* Zeichen und Werke, 122–126.

[46] Als religionsgeschichtlicher Hintergrund für diese Form kommen sowohl alttestamentliche Überlieferungen (Jahwes Rechtsstreit mit Israel, vgl. Jes 3,13 f; Jer 2; Hos 4,1ff; Micha 6,1–5; Jes 43,8–12; 46,6–11) als auch hellenistische Anschauungen in Frage (vgl. *H. D. Betz,* Der Apostel Paulus und die sokratische Tradition, BHTh 45, Tübingen 1972, 43–137; ferner die Belege in: Neuer Wettstein I/2, 311–318). Inhaltlich steht Johannes hellenistischen Rechtsanschauungen näher (vgl. *J. Beutler,* Martyria, 234 f): Jesus verteidigt sich durch Benennung von Entlastungszeugen (Johannes d. Täufer, die Schriften, die Werke, der Geist, die Jünger, der Vater) und eine Gegenanklage. Eine beachtenswerte Parallele zum joh. Zeugnisbegriff findet sich bei Epikt, Diss I 29,44–49; III 24,110–114; 26,28: Der Philosoph tritt als von Gott geladener Zeuge auf, um ihn gegen Ankläger zu verteidigen. Das gesamte religionsgeschichtliche Material zum Zeugnis-Begriff analysiert *J. Beutler,* Martyria, 43–168.

[47] Vgl. Dtn 19,15 (explizit aufgenommen in Joh 8,17); Num 35,30; Dtn 17,6; Joseph, Ant 4,219 (zwei oder drei Zeugen); für die rabbinische Tradition Billerbeck II, 522. Plato, Leges XII 953e, rät bei einer Bürgschaft unter 1000 Drachmen zu drei, über 1000 Drachmen zu fünf Zeugen; Quintillian, Inst Orat V 7, behandelt ausführlich die Zeugenproblematik und schreibt zu Beginn: »Den meisten Schweiß kostet jedoch den Anwalt die Behandlung der Zeugenaussagen.«

31 Das Selbstzeugnis in der Form der Selbstlegitimation unterliegt stets dem Verdacht mangelnder Wahrhaftigkeit.[48] Joh 8,13 zeigt, dass dies ein zentraler Vorwurf des Judentums gegenüber dem joh. Christentum war. Der Evangelist nimmt den Grundsatz auf, wonach kein Mensch sich selbst beglaubigen kann, und entfaltet von dieser Maxime aus seine Argumentation.   **32** Würde Jesus nur für sich selber sprechen und Zeugnis ablegen, dann wäre sein Zeugnis nicht wahr. Er hat aber einen Zeugen, der seinen Offenbarungsanspruch bestätigt. Ohne den Vater zu nennen, ist aus joh. Sicht klar: Jesus kann sich auf das Zeugnis Gottes berufen, was seiner Person und seinem Anspruch unüberbietbare Autorität verleiht.   **33** Der Evangelist greift den Skopus seiner Täuferinterpretation noch einmal auf: Der Täufer war ein uneingeschränkter Zeuge für die Wahrheit (vgl. Joh 1,7 f.15.32.34; 3,26).   **34** Jesus selbst hätte ein solches Zeugnis gar nicht nötig gehabt, es geschah um der Menschen willen, damit diese gerettet werden. **35** Die Rolle des Täufers wird mit dem Bild der ›Lampe‹ (λύχνος) verglichen, die leuchtet, ohne das Licht (φῶς) zu sein. Der Evangelist wirft den Juden vor, dem Zeugnis des Täufers nicht wirklich gefolgt zu sein, sondern nur für kurze Zeit Nutzen daraus gezogen zu haben.   **36** Zumindest die Werke hätten die Juden davon überzeugen müssen, dass Jesus von Gott gesandt ist (vgl. Joh 10,25). Mit ἔργα benennt Johannes das Gesamtwirken des Sohnes, das die Wunder[49] und Reden miteinschließt und in Kreuz und Auferstehung seine Vollendung findet. Die Werke zeigen Jesu Legitimation durch Gott.[50]   **37** In einer aufsteigenden Linie ist nun ausdrücklich vom Zeugnis des Vaters die Rede (vgl. Joh 8,18). Das Perfekt μεμαρτύρηκεν verweist auf ein schon lange andauerndes Zeugnis, das bis in die Gegenwart hineinreicht. Im Hintergrund steht bereits hier die Vorstellung, dass neben dem Täufer und den Werken auch die Schrift von Jesus zeugt. Der Evangelist verbindet mit diesem Gedanken zwei Vorwürfe gegen die Juden: Sie haben weder die Gestalt Gottes gesehen noch seine Stimme wirklich vernommen.[51] Nach joh. Logik konnten sie dies auch nicht, denn allein in Jesus eröffnet sich der Zugang zum Vater; wer ihn sieht, sieht Gott, und wer ihn hört, hört Gott.   **38** Die Ablehnung Jesu belegt aus joh. Sicht, dass die Juden keine Verbindung mehr zum Wort Gottes haben. Sie erkennen nicht, dass Gott gegenwärtig durch Jesus spricht und handelt.   **39** Die Kontroverse erreicht nun einen ersten Höhepunkt: Johannes räumt zwar ein, dass die Juden die Schriften studieren, behauptet aber zugleich, ihr Suchen gehe in die Irre. Sie erkennen nicht, dass gerade die Schriften[52] von Jesus Zeugnis ablegen[53] und damit auf ihn verweisen. Deshalb bleibt ihre Suche nach dem ewigen

---

[48] Vgl. dazu Cic, Topica 19.
[49] Auch die wunderbaren Taten des Apollonius können mit ἔργα καὶ λόγοι (›Taten und Reden‹) bezeichnet werden, vgl. Philostr, VitAp VIII 12; vgl. ferner Sir 48,14.
[50] Zu Zeichen als ›Zeugen‹ vgl. Philo, VitMos II (III) 263f.281; LegAll II 55; Joseph, Ap II 53.
[51] Vgl. Dtn 4,12.
[52] Wahrscheinlich sind mit dem Plural die Schriften des Mose gemeint, nach heutiger Sprachregelung der Pentateuch.
[53] Vgl. dazu *J. Beutler*, Martyria, 262–264.287–289. Nach Cic, Topica 20, sind die Schriften von Philosophen, Dichtern und Geschichtsschreibern beweiskräftig, »aus deren Aussprüchen und Schriften man oft eine Gewähr (auctoritas) für das schöpft, was man geglaubt wissen will.«

Leben[54] ohne Frucht, denn sie erkennen nicht, wer das Leben ist und ewiges Leben zu geben vermag. Ihr Irrtum besteht darin, der Schrift beizumessen, was allein Jesus Christus gebührt: Lebensspender zu sein. Der Sohn hat seit jeher Leben in sich und gibt Anteil daran, so wie es die Schrift bezeugt. **40** Das Zeugnis der Schrift verweist die Juden an Jesus als den wahren Spender des Lebens. Die Juden wollen aber diesem Zeugnis nicht folgen, und deshalb werden sie das Heil nicht erlangen. **41/42** Jesus ist auf die Ehre, d. h. auf die Anerkennung von Menschen nicht angewiesen. Ihm genügt es, allein dem Willen und damit der Ehre Gottes verpflichtet zu sein. Gott als den gültigen Maßstab allen Lebens anzuerkennen heißt, ihn von ganzem Herzen zu lieben (vgl. Dtn 6,4 ff). Diese Liebe zu Gott fehlt den Juden, denn sie verweigern sich der Offenbarung in Jesus Christus. **43** Die Verschlossenheit gegenüber dem berechtigten Anspruch Jesu führt dazu, anderen Menschen zu folgen, die zwar die Legitimation Gottes in Anspruch nehmen, in Wahrheit aber nicht im Namen des Vaters handeln. Möglicherweise denkt Johannes hier an die zahlreichen Propheten und Messiasanwärter, die im Vorfeld des jüdischen Krieges auftraten.[55] **44** Zwangsläufig hat die Ablehnung der Gott zukommenden Ehre die Suche nach Anerkennung unter den Menschen zur Folge. Es entsteht eine Abhängigkeit, die Menschen in letzter Konsequenz unfrei macht. Wer sich dem alleinigen Gott verweigert, gewinnt nach joh. Anschauung keineswegs die Freiheit, sondern begibt sich unter das Joch von Pseudogöttern. **45–47** Der joh. Theologie wurde von Seiten des Judentums die fehlende Legitimation des Anspruches Jesu durch die Schrift vorgeworfen. Johannes nimmt dieses Argument auf, wendet es aber gegen die Juden. Jesus muss überhaupt nicht als Ankläger vor Gott auftreten, denn Mose selbst klagt die Juden an. Er schrieb von Jesus, so dass sowohl Mose als auch die Schrift den Offenbarungsanspruch Jesu bestätigen. Weil der präexistente Jesus Christus die Erfüllung der Schrift ist, legte bereits Mose für Jesus Zeugnis ab. Dieses Schriftverständnis ergibt sich aus der joh. Christushermeneutik. Die erst- und zugleich letztgültige Offenbarung in Jesus Christus (vgl. Joh 1,1–18) kann nicht in einem Widerspruch zur Offenbarung in der Schrift stehen. Die höchste und bleibende Bedeutung der Schrift besteht in ihrem grundlegenden Zeugnis, so dass nach joh. Verständnis die Schrift nur auf Jesus Christus hin gelesen und von ihm her verstanden werden kann. Das Verhältnis zwischen Jesus Christus und der Schrift ist als eine von Gott gewollte und angelegte Kontinuität zu denken.

Johannes variiert das zentrale Argument seiner Schule in der Kontroverse mit dem Judentum: Der Vater legt Zeugnis für Jesus ab und legitimiert somit als höchste und unhinterfragbare Instanz dessen Anspruch. Darüber hinaus bezeugen der Täufer (5,33), die ἔργα (5,36), Mose (5,45–47) und die Schrift (5,39), dass Jesus Christus der Sohn Gottes und der verheißene Messias ist. Die joh. Christushermeneutik rela-

---

[54] Zu der Vorstellung, dass die Schrift Leben in sich birgt, vgl. Ps 118,25.50.149LXX; Dtn 30,16–20; 32,47; Spr 4,4; 19,16; ferner *Billerbeck* III, 129–132.

[55] Vgl. Joseph, Ant XVIII 85f; XX 97 f; XX 167 f/Bellum II 258 ff; Ant XX 169 ff/Bellum II 26 ff; Bellum VII 734 ff; zu weiteren Texten und zur Literatur vgl. die Auslegung von Joh 18,33.

tiviert keineswegs die Stellung der Schrift, sondern weist ihr im Rahmen der temporären und sachlichen Priorität des Christusgeschehens einen außerordentlichen Rang zu: Als Christuszeuge kommentiert und vertieft die Schrift die wahre Erkenntnis des Gottessohnes.[56]

Exkurs 4: Die Reden Jesu

Zu den literarischen Besonderheiten des 4. Evangeliums zählen längere Abschnitte, in denen ausschließlich oder ganz überwiegend Jesus vor einem Publikum redet,[57] häufig unterbrochen durch Stichwortgeber. Zu diesen Texten gehören zuallererst Joh 5,17–47; 6,26–58.59; 8,12–59; 10,1–39, wobei in Joh 5; 6 und 10 jeweils eine Wundererzählung (Joh 5,1–9; 6,1–15.16–25; 9,1–41) der Ausgangspunkt ist. *Literarisch dient diese Verzahnung von Wunder und Rede der Themenangabe und der Dramatisierung; theologisch dominiert der Gedanke der inneren Verbundenheit und gegenseitigen Auslegung von Zeichen und Wort.* Die Tat illustriert das Wort und das Wort die Tat. Hinzu kommen die Abschiedsreden (bes. Joh 14; 15; 16) und das sog. ›hohepriesterliche Gebet‹ (Joh 17), die allerdings eine sehr eigene Pragmatik aufweisen und nur eingeschränkt mit den eben genannten Texten verglichen werden können.[58] Sie unterscheiden sich vor allem durch die Zuhörer (es sind nicht Juden bzw. Gegner, sondern ausschließlich die Jünger, bzw. in Joh 17 ist Gott der Angesprochene) und die Themen (Joh 14–16: Warum musste Jesus zum Vater gehen?/Joh 17: die Heiligung des Sohnes und der Gemeinde). Zudem gibt es kürzere Passagen, die nur bedingt kontextuell verankert sind und als isolierte Reden bzw. Redeteile bezeichnet werden können (vgl. Joh 3,31–36; 12,44–50). Schließlich finden sich Texteinheiten, in denen die dialogischen Elemente stärker ausgeprägt sind (in Joh 3,1–12: Nikodemus; Joh 4,4–26: die samaritanische Frau; in Joh 7,14–36: das ›Volk‹ und jüdische Gegner).

Im Johannesevangelium herrscht als literarische Form die wörtliche, direkte Rede Jesu vor; sie dient wie die wörtliche Rede insgesamt »der Personen-Charakterisierung und Dramatisierung, der stilistischen Aufwertung sowie bisweilen der Gliederung des erzählten Stoffes.«[59] Formal handelt es sich bei den meisten Texten um dialogische Reden. Allerdings argumentieren die Gesprächspartner des joh. Jesus in keinem Fall auf der gleichen Ebene, so dass sie zumeist nur gegnerische Einwände formulieren, falsche Schlussfolgerungen ziehen oder als bloße Themen- und Stichwortgeber fungieren. Insofern haben die joh. Reden trotz ihrer dialogischen Form einen überwiegend monologischen Charakter. Dies erklärt sich aus dem grundsätzlichen Charakter der joh. Theologie, wonach der fleischgewordene Logos Jesus Christus Kunde vom (bislang) unsichtbaren Gott bringt (vgl. Joh 1,1-18). Der theologische Ausgangspunkt der Reden/des Redens Jesu im Johannesevangelium ist sein Hören von/bei Gott; der Logos übersetzt sich in die Logoi (vgl. Joh 1,18: » … der einzig geborene Sohn … er hat Kunde gebracht/ausgelegt«; 3,32a: »Er bezeugt, was er gesehen und gehört hat«; 5,37b: »Weder habt ihr seine Stimme jemals gehört noch seine Gestalt gesehen«; 3,11a; 5,19b; 7,29a.b: »Ich kenne ihn, weil ich von ihm bin«; 8,28b: »ich rede, was mich der Vater gelehrt hat«; 12,50b). Die einzigartige Nähe des Sohnes zum Vater, das unmittelbare Vernehmen des göttlichen

---

[56] Vgl. auch *M. J. J. Menken,* Observations on the significance of the Old Testament in the Fourth Gospel, Neotestamentica 33 (1999), 125–143.
[57] Eine ›Rede‹ »bezeichnet die mündliche, zusammenhängende, meist längere, von einer Person vor einem Publikum vorgetragene Äußerung« (*Th. Schmitz,* Art. Rede I, HWRh 7, Tübingen 2005, [698–709] 698).
[58] Vgl. Exk. 13 und die Auslegung von Joh 17.
[59] *U. Eigler,* Art. Rede, DNP 10, Stuttgart 2001, (821–824) 821.

Wortes zeichnet den Sohn aus. Weil er die Wahrheit ist, sind seine Worte wahr; in ihm und durch ihn redet der Vater; Jesu Worte sind Geist und Leben (Joh 6,63b). Schließlich: Jesus gibt das Wort des Vaters an die Jünger weiter.

Johannes selbst klassifiziert durch den Gebrauch von λόγος in Joh 5,24; 6,60; 7,36; 8,31; 10,19 (Joh 8,43: λαλία) die entsprechenden Textabschnitte als ›Rede‹.[60] Es sind dem Anspruch nach öffentliche Reden, wie der Gegensatz von ›offen/öffentlich‹ (παρρησία in Joh 7,4.13.26; 10,24; 16,25.29; 18,20) und ›verborgen‹ (κρυπτός in Joh 7.4.10; 18,20) verdeutlicht. Der antiken Gattungslehre[61] nach dominiert in Joh 5; 8 und 10,22–39 die Gerichtsrede/Verteidigungsrede (genus iudiciale), während Joh 6 und 10,1–21 eher der Beratungsrede (genus deliberativum) zuzurechnen sind. Die Gerichtsrede/Verteidigungsrede ist deutlich von apologetischen Elementen geprägt, richtet sich vor allem an Gegner und in einem zweiten Schritt natürlich auch nach innen. Die Beratungsrede hat einen eher lehrhaften Charakter und vornehmlich innergemeindliche Probleme im Blick. Eine Mischform von Verteidigungs- und Werberede liegt in Joh 7 vor. Allerdings sind diese Abgrenzungen eher theoretischer Natur, faktisch verbinden sich in unterschiedlicher Intensität in allen Reden vor allem apologetische und lehrhafte Elemente, so dass man insgesamt am besten von ›Streitreden‹ spricht. Die starken bildhaften Elemente in Joh 10,1–21 (teilweise auch in Joh 6) legen eine genauere Klassifizierung als ›Bildrede‹ nahe. Als eine Untergattung erscheint in Joh 10,6 ausdrücklich παροιμία (›verhüllte Rede‹; vgl. Joh 16,25.29). Insgesamt sind alle Reden von bildhaften Elementen durchzogen; vgl. nur die ›Ich-bin-Worte‹ in Joh 6,35; 8,12; 10,7.11 und die Brot-Metaphorik in Joh 6.

Eine Gliederung der Reden nach rhetorischer Theorie (I. exordium: Einleitung, die auf die Zustimmung der Hörer abzielt; II. narratio: Darlegung des Sachverhaltes; III. argumentatio: Einführung in die Argumente; IV. confirmatio: Beweisführung, d. h. die Plausibilität der eigenen Argumente; V. confutatio: Widerlegung der gegnerischen Argumente; VI. conclusio: Abschluss der Rede) gelingt bei den vier großen Reden in Joh 5; 6; 8; und 10 nur sehr eingeschränkt.[62]

Bei der formalen Analyse sind darüber hinaus folgende Aspekte zu berücksichtigen: 1) Wer redet? Welche Personen treten auf? 2) Welche Redeformen werden benutzt: Fragen? Beispiele? Monologe? Dialoge? Vergleiche? Steigerungen? Apologien? Warnungen? Werbende Elemente? Weitere rhetorische Elemente? 3) Wer sind die Zuhörer? 4) Welche Personenkonstellationen und Netzwerkstrukturen liegen vor? 5) Welche Personen erheben Machtansprüche, wo entstehen Widerstände und formieren sich Gegner? 6) Was sind die Themen und die jeweiligen Hauptargumente? 7) Wodurch werden Zusammenhänge/begriffliche Vernetzungen hergestellt? 8) Wie wird Plausibilität zwischen Annahmen und Schlussfolgerungen erzeugt (Topik)? 9) Welche Gefühlsebenen werden angesprochen (Pathos)? 10) Welche Wissensformen und Weltsichten werden konstituiert, welche Formen von Wirklichkeit und Wahrheit entstehen?

---

[60]   Vgl. *F. Passow*, Handwörterbuch II/1, 76, wonach das gesprochene Wort, die ›Rede‹ eine Hauptbedeutung von λόγος ist.

[61]   Vgl. dazu *M. Fuhrmann*, Antike Rhetorik, Zürich ⁴1995, 81–98.

[62]   Bei Joh 5,17–47 könnte man folgende Einteilung vornehmen: 17: exordium/18: narratio/19–23: argumentatio I (Verhältnis zum Vater)/24–30: argumentatio II (Verhältnis zu den Glaubenden)/31–47: confutatio (Zeugen für den Sohn: der Vater, die Werke, Mose, die Schrift); ein Abschluss der Rede fehlt. Joh 6 hat einen klaren Aufbau, der sich allerdings rhetorischen Gliederungstopoi entzieht: Joh 6,1–25 und 6,60–71 bilden den narrativen Rahmen für die Lebensbrotrede und den eucharistischen Abschnitt Joh 6,(26–29)30–58(59). Geprägt ist der gesamte Text durch die Interaktion zwischen Jesus auf der einen Seite und dem Volk/den Juden sowie den Jüngern auf der anderen Seite. Joh 8 weist wiederum eine eigene Prägung auf; in Joh 10,1–21 könnte man gliedern: 9,39–41: narrativer Rahmen I/1–5.6: exordium/7–10: argumentatio I (erstes ›Ich-bin-Wort‹)/11–13: argumentatio II (zweites ›Ich-bin-Wort‹)/14–16: argumentatio III (drittes ›Ich-bin-Wort‹)/17–18: conclusio/19–21: narrativer Rahmen II.

Wendet man diese Fragestellungen auf die Reden an, ergibt sich folgendes Gesamt-Bild:[63]

1) Überwiegend bis ausschließlich redet/antwortet Jesus (Joh 5,17.19; 6,26.29.32.35.43; 8,12.14.21.23. 25b.31.34.42.49.54; 10,1–18.25–29.34–38). Darüber hinaus treten auf: a) Das fragende Volk (Joh 6,28.30.31.34); b) Juden, die Jesus töten wollen (Joh 5,18; 8,40.59; 10,31f.39); c) Juden, die murren (Joh 6,41.42); d) Juden, die mit Jesus disputieren (Joh 8,22.25a. 33.39.41b.48.52.57; 10,19–21); e) Juden, die an Jesus glauben (Joh 8,30.31a; 10,42); f) Pharisäer als gesonderte Gruppe (Joh 8,13.19).

2) Deutlich dominieren die Monologe Jesu (bes. Joh 5,19–47; 6,35–58; 8,46–59; 10,1–18.25–29.34–38), wobei die ›Amen, amen-Worte‹ in 5,19.24.25; 6,26.32.47.53; 8,34.51.58; 10,1.7 zentrale Aspekte hervorheben. Hinzu kommen Zitate (Joh 6,45) und Beispiele (Johannes d. T. in Joh 5,33–35) als Legitimationsinstanzen. Mit den Worten Jesu korrespondieren die Fragen/Einwände der Zuhörer/Juden/Pharisäer (Joh 6,30.42; 8,22.25.33.39. 48.52f.57). Apologetische Elemente herrschen in Joh 5,31–48; 6,43–47.53–58; 8,46–59 vor. Rhetorisch gekonnt sind die ›Ich-bin-Worte‹ in 6,35; 8,12; 10,7.11, die Jesu Einheit mit Gott (vgl. Joh 10,30) und seinen Führungsanspruch zum Ausdruck bringen sowie werbenden Charakter haben.

3) Zuhörer der Reden sind über weite Strecken die ›Juden‹ (Joh 5,19–47; 6,43–58; 8,21–29.48–59); an Jesus glaubende Juden (Joh 8,31–47); das Volk (Joh 6,26–40); die Pharisäer (Joh 8,13–20) und die Jünger (Joh 6,60).

4) Die Personenkonstellationen werden vom Gegensatz zwischen Jesus und ›den Juden‹ geprägt, der in Joh 5; 6; 8 und 10 vorherrscht. Dabei fungieren die Pharisäer in Kap. 5–11 insgesamt als Wortführer der Juden und bilden mit diesen ein Netzwerk (vgl. Joh 7,47.48; 8,13; 9,13.40 f; 11,46). Deutliche Konvergenzen zeigen sich zwischen den Juden und dem Volk (Joh 6,26–49), das Jesus ebenfalls fragend und ablehnend gegenübersteht; insofern bilden beide ebenfalls ein Netzwerk. Eine Sondergruppe stellen die an Jesus glaubenden Juden dar (Joh 7,31.40.46; 8,30ff), die einerseits von den Pharisäern unterschieden werden (Joh 7,47), mit denen er aber andererseits in Kap. 8 die schärfsten Auseinandersetzungen führt. Die Jünger spielen in den Reden eher eine Nebenrolle.

5) Grundlegend ist der Machtanspruch Jesu, der Gesandte des Vaters zu sein (Joh 5,19.37.43; 6,29.39.46; 8,42). Nur er hat Gott gesehen (Joh 6,46), er ist das vom Himmel herabgekommene Brot des Lebens (Joh 6,35.38.48.51). Dies kollidiert mit dem Anspruch der Juden auf Gott (Joh 8,41), auf die Schrift (Joh 6,31) und die legitime Abrahamskindschaft (Joh 8,30–59). Sie ›murren‹ (Joh 6,41f) und wollen Jesus töten (Joh 5,18; 7,1.19 f; 8,37.40.59; 10,31.32.39), wobei sich die Pharisäer besonders feindlich verhalten (vgl. Joh 7,32.45.47 f; 8,13).

6) Die jeweiligen Argumente der Gegner und Jesu sind klar erkennbar. Die Vorwürfe der Gegner lauten: a) Sabbatbruch und Ditheismus (5,18). b) Jesus ist ein Mensch, er lästert Gott (Blasphemie) und macht sich selbst zu Gott (Joh 10,33.36). c) Jesu irdische Abstammung als Sohn Josefs (Joh 6,42); seine d) Herkunft aus Galiläa (Joh 7,27.52); e) die uneheliche Geburt (Joh 8,41) und f) seine fehlende Bildung (Joh 7,15) sprechen gegen seinen Anspruch. g) Er ist ein Samaritaner, hat einen bösen Geist (Joh 8,48.52; 10,20) und scheint h) verrückt zu sein (7,20; 10,20). i) Jesus zeugt von sich selbst (Joh 8,13) und j) maßt sich an, größer als Abraham zu sein (Joh 8,53). Die fast gleichlautenden Formulierungen in Joh 5,18 und 10,33 (›Du machst dich Gott gleich‹) bilden eine Klammer und lassen den zentralen Streitpunkt aus der Sicht der Gegner deutlich erkennen: die illegitime Selbstermächtigung Jesu.

Jesus antwortet bzw. entgegnet: a) Er handelt nicht von sich aus, sondern der Vater hat ihn gesandt (Joh 5,19.37.43; 6,29.39.46; 8,42). b) Jesus zeugt nicht von sich selbst, sondern der Vater zeugt für ihn (Joh 5,31f.36–38; 8,17f), ebenso zeugen für Jesus: die Werke, z. B. die Wunder (Joh 5,36; 10,25.32.38); Johannes d. T. (Joh 5,33–35); die Schrift (Joh 5,39.47; 10,34–36); Mose (Joh 5,45–47) und Abraham (Joh 8,56–58). c) Jesus sucht nicht seine eigene Ehre oder die Ehre von Menschen (Joh 5,41–44; 8,49 f). d) Er hat sich die Glaubenden nicht unrechtmäßig angeeignet, sondern der Vater hat sie in seine Hand gegeben (Joh 6,39.44; 10,29). e) Allein Jesus bringt Kunde vom unsichtbaren Gott (Joh 5,37) und ist der ›wahre‹ Hirte, weil er sein Leben für die Schafe gibt (Joh

---

[63] Zu Einzelheiten vgl. die jeweilige Auslegung.

10,11.15.17f). f) Ihre eigene Praxis widerlegt die Juden, denn sie beschneiden am Sabbat, Jesus hingegen heilt am Sabbat den ganzen Menschen (Joh 7,19–24). g) Die Juden missverstehen die Schrift (Joh 10,34–36); h) Jesus ist von ›oben‹, seine Gegner hingegen von ›unten‹ (Joh 8,23). i) Weil die Gegner Jesus töten wollen, sind sie nicht Söhne Abrahams (Joh 8,40).

7) Zusammenhänge werden vor allem durch die Wiederholung bzw. Variation zentraler Themen hergestellt: der Sohn tut nichts ohne den Vater; der Vater sendet den Sohn und zeugt für den Sohn; Vater und Sohn sind eins (Joh 5,32; 6,38; 7,16.28 f; 8,18; 10,30 u. ö.). Auf Seiten der gegnerischen Juden ist es vor allem der Vorwurf der illegitimen Anmaßung, der sich durch alle Reden zieht (Joh 5,18; 6,41; 7,15; 8,33.48; 10,33 u. ö.).

8) Die Plausibilität ergibt sich aus den jeweiligen Setzungen und ihren flankierenden Argumenten. Bei Johannes: Jesus ist als Sohn Gottes der Gesandte des Vaters, der für ihn zeugt und dessen Willen er ausschließlich tut. Die Werke/Wunder, der Täufer, die Schrift, Mose und Abraham bezeugen diesen unumstößlichen Sachverhalt. Bei den Gegnern: Jesus maßt sich seinen göttlichen Status an (Joh 8,53: »Was machst du aus dir selbst«), weil er nicht die überlieferten Kriterien für den Messias erfüllt.

9) Emotionen spielen eine entscheidende Rolle in den Reden. Aggression, Furcht, Angst und Unsicherheit beherrschen die Szenerie: Jesus wird von den Juden umringt, verfolgt und bedrängt (Joh 5,16; 10,22); die Pharisäer wollen ihn wiederholt ergreifen lassen (Joh 7,30.32.44; 10,39). Die Juden murren gegen Jesus (Joh 6,41) und unter ihnen entsteht Streit wegen Jesus (Joh 7,40.41.43; 10,19). Immer wieder wollen die Juden Jesus töten (Joh 5,18; 7,1.19 f; 8,37.40.59; 10,31.32.39), so dass aus Furcht vor ihnen niemand mehr zu reden wagt (Joh 7,13). Jesus tritt einerseits diesen Bedrängnissen entgegen und verkündet durchgehend seine Botschaft (vgl. Joh 7,38; 8,12; 10,27 f u. ö.). Zugleich zeigt sich aber auch bei ihm eine hohe emotionale Beteiligung: Die Juden fragt er entgeistert: »Warum wollt ihr mich töten?« (Joh 7,19) und seine Botschaft schreit er auf dem Laubhüttenfest laut heraus (Joh 7,28). Er weicht den Nachstellungen der Juden aus, versteckt sich und flieht (Joh 7,1; 8,59; 10,39).

10) Die uneingeschränkte Einheit von Vater und Sohn ist die dominierende Weltsicht in den Reden. Diese Wirklichkeit soll allen Hörern und Lesern nahegebracht werden und sie sollen erkennen, dass die Argumente der Juden diese Wahrheit nicht erschüttern können.

Markant sind die literarischen und theologischen Funktionen der Reden:

1) Literarisch: Die Reden dienen der Dramatisierung des Geschehens. Durch Rede und Gegenrede werden die Konflikte zwischen Jesus und (vornehmlich) ›den Juden‹ nicht nur dargestellt und argumentativ gefüllt, sondern auch verschärft. Dabei ist der Einsatz bei Joh 5 kein Zufall, denn nach der Kana-Ringkomposition (Joh 2,1–4,54) setzt ab Kap. 5 eine Eskalation des Konfliktes ein, die im Todesbeschluss des Hohen Rates ihren Höhepunkt findet (Joh 11,53). Zudem besteht eine deutliche Korrespondenz zwischen den Reden und der Passionsgeschichte: Johannes kürzt das Verhör vor Hannas/Kaiphas (Joh 18,12–14.19–24) zugunsten des szenisch ausgestalteten Verhörs vor Pilatus (Joh 18,28–19,16a). Dennoch nimmt gerade beim 4. Evangelisten das Gerichtsgeschehen zwischen Jesus und den Juden einen breiten Raum ein: in den Reden. Dies zeigt sich vor allem durch den Rückverweis von Joh 18,19–24 auf die Reden (Stichwort παρρησία = ›Offenheit‹ in Joh 18,20; 7,4.13.26; 10,24) und die Vorverweise auf die Passion (vor allem: die Tötungsabsicht in Joh 5,18; 7,1.19 f; 8,37.40; 10,31.32.39 und die Frage des Hohepriesters aus Mk 14,61, die bei Johannes die Juden bereits in 10,24 stellen). Wie bei der Tempelreinigung (Joh 2,13–22) zieht Johannes zentrale Motive des Passionsgeschehens vor, verschärft so den Konflikt und trägt seine Kreuzestheologie bereits nachdrücklich in den ersten Teil des Evangeliums ein.

2) Theologisch: Es geht um die Legitimation des Anspruchs Jesu Christi, der von Gott gesandte Sohn zu sein. Der Vater legitimiert umfassend den Sohn, der nichts von sich aus tut. Damit wird dem zentralen Vorwurf entgegnet, Jesus usurpiere Gott, mache sich selbst zu Gott und suche seine eigene Ehre. Wahrscheinlich sahen sich die joh. Gemeinden nicht nur von Seiten des Judentums mit dem Vorwurf konfrontiert, dass Jesus (als Gekreuzigter) sich unrechtmäßig als Gott ausgibt. In den Reden werden die relevanten Gegenargumente formuliert und so die Gemeinden in ihren Konflikten argumentativ gestützt. Neben diese Innenfunktion tritt eine äußere, denn die Reden sind

über weite Strecken Werbereden für den christlichen Glauben in seiner joh. Gestalt. Konstitutiv für den Innen- und Außenbereich ist der öffentliche Anspruch und das öffentliche Wirken: Jesus agiert nicht im Verborgenen (Joh 7,4.26; 10,24 f) und das Christentum ist keine Geheimlehre. Im Gegenteil, die auffällig häufigen Orts- und Zeitangaben in den Reden unterstreichen den öffentlichen Anspruch. Jesus redet vor allem im Tempelbereich (Joh 7,14.28.37; 8,20; 10,23) und an den hohen Festen (Joh 7,2.37; 10,22), so dass niemand den Vorwurf erheben kann, Jesus habe etwas zu verbergen.

V. Jesus in Galiläa 6,1–71

Joh 6 ist in seiner vorliegenden Gestalt eine vom 4. Evangelisten szenisch-dramatisch gestaltete literarische Einheit,[1] die sich aus verschiedenen Einzeltraditionen zusammensetzt, die jeweils um das Stichwort Brot organisiert sind. Die Brot-Metapher eignet sich in besonderer Weise, um die Leser/Hörer von der unmittelbaren Lebenserfahrung her immer tiefer zu einer wahren Erkenntnis Jesu Christi als Brot des Lebens zu führen. Joh 6,1–25 und 6,60–71 bilden den narrativen Rahmen für die Lebensbrotrede und den eucharistischen Abschnitt Joh 6,(26–29)30–58(59).

Geprägt ist der gesamte Text durch die Interaktion zwischen Jesus auf der einen Seite und dem Volk/den Juden sowie den Jüngern auf der anderen Seite. Wunder und Rede illustrieren gleichermaßen die Lebensmacht Jesu Christi und zielen auf das Einstimmen in das Petrusbekenntnis Joh 6,68.[2]

1. Das Brotwunder 6,1–15*

(1) Danach ging Jesus fort an das jenseitige Ufer des galiläischen Sees von Tiberias. (2) Es folgte ihm aber eine große Menge; denn sie sahen die Zeichen, die er an den Kranken tat. (3) Jesus aber stieg auf einen Berg, und dort ließ er sich mit seinen Jüngern nieder. (4) Es war aber nahe das Passa, das Fest der Juden. (5) Als nun Jesus die Augen aufhob und eine große Menge auf sich zukommen sah, fragt er Philippus: »Woher sollen wir Brote kaufen, damit diese zu essen haben?« (6) Dies aber sagte er, um ihn zu prüfen; denn er wusste, was er tun wollte. (7) Philippus antwortete ihm: »Brote für zweihundert Denare werden nicht genügen für sie, damit jeder ein wenig bekommt!« (8) Einer

---

[1] Vom Kontext ist Joh 6 durch μετὰ ταῦτα (›danach‹) in 6,1 und 7,1 deutlich abgesetzt, zu den zahlreichen internen Querverbindungen vgl. die Einzelauslegung; zur literarischen Einheit von Joh 6 vgl. auch *J. D. Crossan*, It is written: A Structuralist Analysis of John 6, in: The Gospel of John as Literature, hg. v. *M. W. G. Stibbe*, 145–164; *P. N. Anderson*, Christology, 70–166; *Th. Popp*, Grammatik des Geistes, 256–276 (umfassender Nachweis der kompositionellen und theologischen Einheit von Joh 6).

[2] Vgl. *M. Labahn*, Offenbarung in Zeichen und Wort, 281.

[*] Literatur: *Anderson, P. N.:* Christology, 170–193; *Aus, R. D.:* Feeding the Five Thousand. Studies in the Judaic Background of Mark 6:30–44par. and John 6:1–15, New York 2010; *Beutler, J.:* Zur Struktur von Johannes 6, in: *ders., Studien*, 247–262; *Blank, J.:* Die johanneische Brotrede. Einführung: Brotvermehrung und Seewandel Jesu, BuL 7 (1966), 193–207; *Culpepper, R. A.* (Hg.): Critical Readings of John 6, BIS 22, Leiden 1997; *Fortna, R. T.:* Gospel of Signs, 55–64; *ders.:* Fourth Gospel, 79–93; *Frey, J.:* Das Bild als Wirkungspotential, in: *R. Zimmermann* (Hg.), Bildersprache verstehen, München 2000, 331–361; *Heising, A.:* Die Botschaft der Brotvermehrung, SBS 15, Stuttgart 1966; *Hunt, S. A.:* Rewriting the Feeding of Five Thousand. John 6.1–15 as a Test Case for Johannine Dependence on the Synoptic Gospels, Frankfurt 2011; *Labahn, M.:* Jesus als Lebensspender, 264–304; *ders., Offenbarung in Zeichen und Wort, 81–186; *Neirynck, F.:* La multiplication des pains (Jn 6,1–15), in: *ders.:* Jean et les Synoptiques, 182–187; *Painter,*

seiner Jünger, Andreas, der Bruder des Simon Petrus, sagt zu ihm: (9) »Hier ist ein Junge, der hat fünf Gerstenbrote und zwei Fische. Aber was ist das bei so vielen?« (10) Jesus sagte: »Lasst die Leute sich lagern!« Es war aber viel Gras an der Stelle. Da lagerten sich die Männer, ungefähr fünftausend an der Zahl. (11) Da nahm Jesus die Brote, und als er das Dankgebet gesprochen hatte, verteilte er sie unter die Dasitzenden, ebenso auch von den Fischen, soviel sie wollten. (12) Als sie aber satt waren, sagt er zu seinen Jüngern: »Sammelt die übrig gebliebenen Brocken, damit nichts umkomme!« (13) Da sammelten sie ein und füllten zwölf Körbe mit Brocken, die von den fünf Gerstenbroten übrig geblieben waren, nachdem sie gegessen hatten. (14) Als die Menschen sahen, was für ein Zeichen er getan hatte, sagten sie: »Dieser ist wahrhaftig der Prophet, der in die Welt gekommen ist!« (15) Jesus aber, der erkannte, dass sie kommen und ihn ergreifen würden, um ihn zum König zu machen, zog sich wieder allein auf den Berg zurück.

Der Übergang von Kap. 5 zu Kap. 6 ist abrupt, berechtigt aber dennoch nicht zu Textumstellungen, da es Johannes durchaus möglich ist, Jesus innerhalb eines Verses von Jerusalem an das jenseitige Ufer des Sees zu versetzen (vgl. Joh 2,12.13; 4,54). Zudem setzt Joh 6,2b mit dem Plural σημεῖα (›Zeichen/Wunder‹) die Heilungen in 4,46–54 und 5,1–9a voraus und geht auf den Evangelisten zurück. Der Erzähler wählt bewusst eine Perspektive, die den See mit seinen Ufern als Bühne für die Inszenierung der beiden folgenden Wunder erscheinen lässt. Nach den Auseinandersetzungen in Jerusalem vollbringt Jesus in Galiläa zwei weitere Zeichen, die Anlass zur Brotrede und zum eucharistischen Abschnitt werden und ihrerseits eine Spaltung der Jüngerschaft hervorrufen (6,60–71).

1 Jesus begibt sich an die andere Seite des Sees von Tiberias,[3] d. h. an das Ostufer des Sees Genezareth. Die Erzählperspektive verbleibt hingegen am ›diesseitigen Ufer‹, wohin Jesus, die Jünger (V. 21) und das Volk (V. 24) zurückkehren werden. Die Stadt Tiberias am Westufer des Sees Genezareth wurde zu Ehren des Kaisers Tiberius von Herodes Antipas 26/27 n. Chr. als neue Hauptstadt seines Territoriums erbaut. Für die Brotvermehrung erscheint Jesu Gang zum jenseitigen Ufer des Sees nicht notwendig, wohl aber für den folgenden Seewandel, ein Hinweis darauf, dass beide Perikopen bereits auf vorjoh. Ebene verbunden waren.[4] **2** Während die Volksmenge zur Exposition der ursprünglichen Wundergeschichte gehört (vgl. Mk 8,1), dürfte die Motivierung für das Folgen der Menge in V. 2b auf den Evangelisten zurückgehen. Sie bezieht sich auf die Heilungen in Joh 4,46–54; 5,1–9a und ist ähnlich wie Joh 4,48

J.: Tradition and Interpretation in John 6, NTS 35 (1989), 421–450; *Popp, Th.*: Grammatik des Geistes, 276–293; *Ruckstuhl, E.*: Die Speisung des Volkes durch Jesus und die Seeüberfahrt der Jünger nach Joh 6,1–25 im Vergleich zu den synoptischen Parallelstellen, in: The Four Gospels (FS F. Neirynck), hg. v. *F. van Segbroeck* u. a., 2001–2019; *Schenke, L.*: Die wunderbare Brotvermehrung, Würzburg 1983; *ders.*: Das Szenarium von Joh 6,1–25, TThZ 92 (1983), 191–203; *Schlier, H.*: Johannes 6 und das johanneische Verständnis der Eucharistie, in: *ders.*, Das Ende der Zeit, Freiburg 1971, 102–123; *Schnelle, U.*: Antidoketische Christologie, 114–123; *Schnider, F./Stenger, W.*: Johannes und die Synoptiker, 89–154; *Welck, Chr.*: Erzählte Zeichen, 157–163; *Witkamp, L. T.*: Some Specific Features in John 6.1–21, JSNT 40 (1990), 43–60; *Zeilinger, F.*: Die sieben Zeichenhandlungen Jesu, 43–55.

3 Die Bezeichnung ›See von Tiberias‹ für den See Genezareth findet sich in Joh 21,1; Joseph, Bellum III 57; IV 456.
4 Vgl. *F. Schnider/W. Stenger*, Johannes und die Synoptiker, 143.

als Abwehr einer bloßen Zeichenforderung zu verstehen (vgl. Joh 6,26.30). **3** Jesus geht mit seinen Jüngern auf einen Berg, der traditionell Ort wunderhaften Geschehens ist (vgl. Mk 9,2–10).[5] **4** Mit der Erwähnung des Passa spielt Johannes[6] auf den Auszug aus Ägypten und das Mannawunder in der Wüste an. Zugleich verbindet er durch die eucharistischen Anklänge (V. 11) das Brotwunder mit dem Todespassa Jesu. **5** Mit einer rhetorischen Frage an die Jünger beginnt die eigentliche Wundergeschichte. Auffallend ist die fehlende Begründung für das Kaufen der Brote (Mt 6,31: Hunger der Menge, Mk 6,34: Jesu Erbarmen). **6** Erst jetzt wird das Motiv für Jesu Handeln genannt.[7] Als souveräner Wundertäter weiß Jesus im voraus um die Größe seines Wunders[8] und muss nicht erst durch das Leid der Menge dazu veranlasst werden. Das Motiv des πειράζειν (›prüfen‹) öffnet die Erzählung, denn Jesu Selbstoffenbarung im Brot vollzieht sich auf verschiedenen Ebenen im gesamten 6. Kap. und stellt für die Jünger eine Versuchung dar, wie das Schisma in Joh 6,60–71 zeigt.[9] **7** Die Größe des Wunders wird gegenüber Markus[10] gesteigert, denn hier reichen zweihundert Denare nicht aus, um die Menge zu sättigen (vgl. Mk 6,37). **8** Eine Eigentümlichkeit der joh. Vorlage liegt in der Nennung der Jüngernamen, wobei allerdings die nachträgliche Identifizierung des einen Jüngers in V. 8b mit Ἀνδρέας ὁ ἀδελφὸς Σίμωνος (›Andreas, der Bruder des Simon‹) auf Johannes zurückgehen könnte (vgl. Joh 1,40.44; 12,22). **9** Die Erwähnung des Knaben mit fünf Gerstenbroten und zwei Fischen dient ebenso wie die zweifelnde Aussage des Philippus in V. 7 dazu, die Ratlosigkeit und das Missverstehen der Jünger gegenüber Jesus zu illustrieren. **10** Während Andreas noch skeptisch fragt, bereitet Jesus schon das Wunder vor. So steht den zweifelnden Jüngern der souverän handelnde Wundertäter gegenüber, der aus wenig viel macht. Die Zahl 5000 könnte mit 2Chron 35,9 zusammenhängen, wo von 5000 Lämmern als Passagabe die Rede ist.[11] **11** Die Danksagung ist eucharistisch stilisiert,

---

[5] V. 3 ist redaktionell, denn in V. 15 besteigt Jesus wiederum den Berg, ohne dass berichtet wird, er habe ihn zuvor verlassen; vgl. *F. Schnider/W. Stenger*, a. a. O., 144.

[6] Auch V. 4 stammt vom Evangelisten. Dafür sprechen sowohl die zahlreichen Festverweise im Johannesevangelium (vgl. 2,13–23; 4,45; 5,1; 7,2; 13,1) als auch das distanzierte τῶν Ἰουδαίων (›der Juden‹); vgl. *W. Wilkens*, Evangelist und Tradition, 83; *F. Schnider/W. Stenger,* Johannes und die Synoptiker, 144.

[7] Der Vers zeigt joh. Stileigentümlichkeiten (zu τοῦτο δὲ ἔλεγεν vgl. Joh 7,39; 11,51; 12,33; zu αὐτὸς γὰρ Joh 2,25; 4,44 f; 6,34; 13,11; 16,27); vgl. *R. Bultmann,* Joh, 157 Anm. 1; *R. T. Fortna,* Gospel of Signs, 58.

[8] Von Jesu Vorherwissen ist auch in Mk 2,8; Lk 6,8; 9,47; 11,17par; Mt 17,27 die Rede (vgl. ferner Mk 8,31par; 11,1 ff; 14,12 ff). Prägnante Parallelen finden sich bei Apollonius von Tyana. Apollonius vermag Lebensschicksale vorauszusagen (VitAp I 32.34; IV 18; V 7.37; VII 9.10.12) und sieht Katastrophen kommen (VitAp IV 4.10; V 18). Diese außerordentliche Fähigkeit wird auf die Götter (VitAp IV 44; V 7.12.37; VI 32; VII 10) oder auf die asketische Lebenshaltung des Weisen zurückgeführt (VitAp I 2; II 36 f; VI 11.13; VIII 5.7.9).

[9] Vgl. *M. Labahn,* Offenbarung in Zeichen und Wort, 281.

[10] Zum Verhältnis Joh 6,1–15/Mk 6,32–44par vgl. *U. Schnelle*, Antidoketische Christologie, 119–123. Die großen Übereinstimmungen zwischen der mk. und joh. Überlieferung, vor allem aber die Übernahme der von Markus konzipierten Abfolge ›Speisung der 5000 – Seewandel‹ sprechen für eine Kenntnis und Rezeption des Markusevangeliums durch Johannes und seine Schule. Eine eigenständige joh. Traditionsgeschichte des Speisungswunders (und des Seewandels) ist damit keineswegs ausgeschlossen, sondern sehr wahrscheinlich.

[11] Vgl. *R. D. Aus,* Feeding, 113–115.

sprachlich signalisiert das objektlose εὐχαριστεῖν[12] = ›danken/loben‹ eine Einwirkung der Eucharistietradition auf Joh 6,1–15.[13] Insbesondere die große Nähe zu 1Kor 11,23b–24 (Joh 6,11: ἔλαβεν ... καὶ εὐχαριστήσας = ›er nahm ... und dankte‹; 1Kor 11,23b–24: ἔλαβεν ... καὶ εὐχαριστήσας = ›er nahm ... und dankte‹)[14] zeigt die Beeinflussung der joh. Speisungstradition wie ihrer synoptischen Parallelen durch die Terminologie der Einsetzungsberichte (vgl. Mk 6,41; 8,6; Mt 14,19; 15,31; Lk 9,16). Die Beschränkung des absoluten Gebrauchs von εὐχαριστεῖν bei den vier Evangelien (und Paulus) auf die Einsetzungsberichte (Mk 14,23; Mt 26,27; Lk 22,17.19; 1Kor 11,24) und die Speisungsgeschichten (Mk 8,6; Mt 15,36; Joh 6,11.23) spricht für die Annahme, dass εὐχαριστεῖν zum terminus technicus mit der Bedeutung ›das Eucharistiegebet sprechen‹ wurde (vgl. später Did 9,1; 10,1.7).[15] Die Wendung ὅσον ἤθελον = ›soviel sie wollten‹ unterstreicht noch einmal die Größe des Wunders, jeder konnte sich so viel nehmen, wie er wollte.[16]   **12/13** Stilgemäß wird das Wunderfeststellungsverfahren berichtet. Die Anweisung in V. 12 könnte einen eucharistischen Hintergrund haben und den Umgang der Gemeinde mit dem geweihten Brot reflektieren. Die Jünger sammeln 12 Körbe ein, ein deutlicher Hinweis auf das endzeitliche Israel und den Zwölferkreis (vgl. Joh 6,67).   **14/15** Die joh. Deutung des Speisungswunders bezieht sich nicht auf ein bestimmtes historisches Ereignis (Jesu Erhebung durch die Menge zum politischen Messias), sondern Johannes[17] trägt durch das Bekenntnis der Menge wiederum seinen Gedanken vom Sehen des Wunders und daraus entstehendem Glauben ein. Das Wunder wird zum Anlass der Erkenntnis und des Bekenntnisses der Menge: Jesus ist der in die Welt gekommene Prophet. Der 4. Evangelist sichert diese positive Aussage sofort gegen Missverständnisse ab. Der Jesus zugesprochene Prophetentitel[18] darf nicht im irdisch-politischen Sinn verstanden werden, Jesus ist nicht nationaler Befreier, sondern der Sohn Gottes. Er ist das Brot des Lebens, das den Glaubenden ewiges Leben gewährt. Jesu wahres Sein lässt sich nicht innerweltlich ableiten, alle irdischen Deutungskategorien verfehlen den Gottessohn Jesus Christus.

---

[12] εὐχαριστεῖν ist als hellenistische Übersetzung von ברך nicht nachträglicher Ersatz von εὐλογεῖν, sondern gleichwertige Übersetzungsvariante; vgl. *H. Patsch,* Abendmahlsterminologie außerhalb der Einsetzungsberichte, ZNW 62 (1971), 216–219. Ein vergleichbarer Gebrauch findet sich in 1Kor 14,16 f; Joseph, Ant VIII 111; Corp Herm I 26,6; 27,2.

[13] Vgl. *H. Patsch,* Abendmahlsterminologie, 228–231; *ders.,* EWNT II, 221; *C. K. Barrett,* Joh, 289.

[14] Vgl. *H. Patsch,* Abendmahlsterminologie, 229.

[15] Vgl. *H. Patsch,* Abendmahlsterminologie, 210 ff; *ders.,* EWNT II, 221; *H. Schlier,* Johannes 6, 109. Gegen *R. Bultmann,* Joh, 157 Anm. 5, der unter εὐχαριστήσας nur das übliche jüdische Dankgebet versteht.

[16] Eingewirkt haben auf die ntl. Speisungstradition vor allem atl. Motive. Neben der Mosetradition, nach der das Volk wunderbar in der Wüste gespeist wurde (vgl. Ex 16,1–36; Num 11,6–9; Dtn 8,3.16 u. ö.), sind bes. die Speisungswunder aus der Elia-Elisa-Überlieferung zu nennen (1Kön 17,7–16; 2Kön 4,42–44).

[17] Zum redaktionellen Charakter von V. 14.15 vgl. *R. Bultmann,* Joh, 155.157 f; *R. Schnackenburg,* Joh II, 23 ff; *F. Schnider/W. Stenger,* Johannes und die Synoptiker, 146.

[18] Zur joh. Prophetenvorstellung vgl. *W. A. Meeks,* The Prophet-King, NT.S XIV, Leiden 1967; *M. de Jonge,* Jesus as Prophet and King in the Fourth Gospel, EThL 49 (1973), 160–177; *M. É. Boismard,* Jesus, the Prophet like Moses, in: *ders.,* Moses or Jesus, 1–68. Gegen die Auffassung, Johannes verstehe Christus als Endzeitpropheten wie Mose, sprechen vier Gründe: 1) Bei Johannes lässt sich keine Mose-Christus-Typo-

Im Gegensatz zu der vordergründig urteilenden Menge wissen die Leser/Leserinnen des Evangeliums um Jesu Christi wahres Königtum, das allein in seiner Legitimation durch den Vater besteht (vgl. Joh 18,36). Deshalb lässt es sich Jesus gefallen, beim Einzug in Jerusalem als »König Israels« empfangen zu werden (Joh 12,13), denn hier bilden Erhöhung und Verherrlichung den Verstehenshorizont.

Auch das Speisungswunder dient Johannes zur Demonstration der Hoheit Jesu, die sich in seinem Wunderhandeln offenbart. Die Menge folgt Jesus, weil sie seine großen Taten an den Kranken sah. Sie erkennt in ihm den in die Welt gekommenen messianischen Propheten und verkennt ihn damit zugleich, weil sie auf einer vordergründigen politischen Ebene verbleibt. Nach PsSal 17,21 ff wird der von Gott dem auserwählten Volk gesandte König und Gesalbte nicht nur die Heiden vertreiben, sondern auch über sein Volk in Gerechtigkeit herrschen, so dass er zugleich politische, militärische und religiöse Funktionen ausübt. Genau diese Sicht weist Johannes zurück; dennoch bewirkt aber auch hier das machtvolle Zeichen Glauben, findet sich das joh. Junktim vom Sehen des Wunders und daraus entstehendem Glauben,[19] allerdings in einem unzureichenden Sinn. Für die joh. Gemeinde hingegen ist deutlich, wer hier handelt: Nicht ein religiös-politischer Befreier, sondern der vom Himmel herabgekommene Sohn Gottes. Dabei verweist die Brotvermehrung zugleich auf die Sättigung, die Jesus als Brot des Lebens (Joh 6,35) in der Eucharistie (Joh 6,51c–58) gewährt.[20]

---

logie nachweisen, in der Jesus als der endzeitliche Prophet wie Mose dargestellt wird. Der Evangelist bezieht Mose und Christus nicht typologisch aufeinander, sondern stellt sie antithetisch gegeneinander (vgl. Joh 1,17; 6,32; 9,28). 2) An keiner Stelle des Johannesevangeliums wird deutlich auf Dtn 18,15.18 Bezug genommen. 3) Johannes greift bewusst die Prophetenvorstellung ausschließlich im Munde der Juden auf (Joh 1,12.25: Juden aus Jerusalem über Johannes d. Täufer; Joh 6,14.15: das Volk über Jesus) und bewertet sie nicht positiv. Als Akklamation oder Selbstpräsentation erscheint der Prophetentitel bei Johannes gerade nicht. Im Sinn einer bewusst ausgeführten christologischen Konzeption spielt die Erwartung, Jesus sei der eschatologische Prophet, der die Verheißung von Dtn 18,15.18 erfüllt, keine Rolle. 4) Im Judentum ist das für Johannes charakteristische absolute ὁ προφήτης = ›der Prophet‹ nicht belegt. In der Qumranliteratur findet sich die Erwartung eines Propheten wie Mose in 1QS IX 9,11; 4Q175. Zu den ›messianischen Propheten‹ des Josephus vgl. die Auslegung von Joh 18,33; zu den zeitgenössischen an Mose orientierten messianischen Erwartungen vgl. *Billerbeck* I, 85–88; *J. Jeremias*, ThWNT IV, 860–868. 868; *M. Labahn*, Offenbarung in Zeichen und Wort, 101–106; zu den messianischen Propheten und Königsanwärtern vgl. Neuer Wettstein I/2, 34–345. Auch im Hellenismus begegnen Propheten als Wundertäter; Apuleius erwähnt einen ägyptischen Propheten, der Tote auferweckte (Met II 28f), Apollonius von Tyana wird durchgehend als vollendeter Prophet dargestellt (vgl. *E. Fascher*, Prophētēs. Eine sprach- und religionsgeschichtliche Untersuchung, Gießen 1927, 199–203).

[19] Gegen *R. Schnackenburg*, Joh II, 17, der zu V. 2 meint, »daß die Menge ihm nur wegen dieser äußeren Wohltaten« nachfolgte. Sowohl das Nachfolgemotiv in V. 2 als auch das Bekenntnis in V. 14 werden nicht negativ beurteilt, sondern setzen im Gegenteil auf der Seite des Volkes Glauben an die Macht Jesu und Erkenntnis seiner Sendung voraus!

[20] Vgl. *Th. Popp*, Grammatik des Geistes, 292 f.

2. Der Seewandel 6,16–25*

(16) Als es aber Abend geworden war, gingen seine Jünger zum See hinab, (17) bestiegen ein Boot und machten sich auf den Weg nach Kapernaum jenseits des Sees. Und es war schon dunkel geworden, und Jesus war noch nicht zu ihnen gekommen. (18) Und der See wurde aufgewühlt, denn es wehte ein starker Wind. (19) Als sie nun etwa 25 bis 30 Stadien gefahren waren, sehen sie Jesus auf dem Meer wandeln und nahe an das Schiff kommen, und sie fürchteten sich. (20) Er aber sagt zu ihnen: »Ich bin es, fürchtet euch nicht!« (21) Da wollten sie ihn ins Boot nehmen, und sogleich war das Boot am Land, auf das sie zufuhren. (22) Die Menge, die am jenseitigen Ufer stand, sie sah am folgenden Morgen, dass kein anderes Boot dort war außer einem einzigen und dass Jesus nicht ins Boot gestiegen war mit seinen Jüngern, sondern nur seine Jünger weggefahren waren. (23) Es kamen andere Boote aus Tiberias, nahe dem Ort, wo sie das Brot gegessen hatten, als der Herr das Dankgebet gesprochen hatte. (24) Als nun die Menge sah, dass Jesus nicht dort war und auch nicht seine Jünger, stieg sie selbst in die Boote und kam, Jesus suchend, nach Kapernaum. (25) Und als sie ihn jenseits des Sees fanden, sprachen sie zu ihm: »Rabbi, wann bist du hierher gekommen?«

V. 23: D 091 it[a.d.e] syr[c.s] arm geo[1] lassen εὐχαριστήσαντος τοῦ κυρίου aus; für ursprünglich gehalten von Exegeten, die in der eucharistischen Wendung ohnehin eine Glosse sehen.[21] Die äußere Bezeugung spricht allerdings klar für die Authentizität der eucharistischen Wendung.

Wie im Markusevangelium folgt auch bei Johannes der Seewandel direkt auf die Speisung der 5000 (vgl. 6,32–44.45–52). Schwierig ist die Stellung von Joh 6,22–25 zu beurteilen, denn mit V. 21 endet das eigentliche Wunder. Andererseits bezeugen die V. 22–25 die Tatsächlichkeit des zuvor Geschilderten, so dass ihnen die Funktion eines Feststellungsverfahrens zukommt und sie formgeschichtlich zur Wundergeschichte gehören.[22] Schließlich spricht für den ursprünglichen Zusammenhang die Beobachtung, dass auch in Mk 6,53–56; 8,10 auf den Seewandel bzw. die Speisung der 4000 eine Überfahrt folgt, was trotz der jeweiligen Unterschiede eine traditionsgeschichtliche Verbindung anzeigt.[23] Anders als bei Markus wird das Geschehen nicht aus der Perspektive Jesu, sondern aus dem Blickwinkel der Jünger erzählt. Dadurch öffnet sich die Erzählung über das dramatische Geschehen hinaus zu einer Beschreibung des geistlichen Zustandes der Jünger, die bewusst für eine nachösterliche Rezeption offen ist.

---

* Literatur (vgl. auch zu 6,30–51ab): *Fortna, R. T.*: Gospel of Signs, 64–70; *Heil, J. P.*: Jesus Walking on the Sea, AnBib 87, Rom 1981; *Labahn, M.*: Offenbarung in Zeichen und Wort, 187–230; *Madden, P. J.*: Jesus' Walking an the Sea, BZNW 81, Berlin 1997, 106–115; *Popp, Th.*: Grammatik des Geistes, 294–304; *Schnelle, U.*: Antidoketische Christologie, 123–130; *Schnider, F./Stenger, W.*: Johannes und die Synoptiker, 102–154; *Welck, Chr.*: Erzählte Zeichen, 163–175; *Zeilinger, F.*: Die sieben Zeichenhandlungen Jesu, 57–71.

21 Vgl. z. B. *R. Bultmann*, Joh, 160 Anm. 5; *J. Schneider*, Joh, 143 Anm. 1.
22 Vgl. *F. Schnider/W. Stenger*, Johannes und die Synoptiker, 118; *M. Labahn*, Offenbarung in Zeichen und Wort, 37–40. Vgl. auch *R. T. Fortna*, Gospel of Signs, 64 ff, der neben V. 22–25 den gesamten V. 15 zur Seewandelperikope rechnet, während *J. P. Heil*, Walking, 75, in V. 15b den Beginn der Perikope sieht und V. 22–35 als »transformation« (a. a. O., 144) bezeichnet.
23 Zum Verhältnis von Joh 6,1–21 zu den synoptischen Parallelen vgl. *M. Labahn*, Offenbarung in Zeichen und Wort, 247–271, der allerdings nicht mit direkter literarischer Abhängigkeit, sondern einer mündlichen Zwischenstufe (second orality) rechnet.

16/17 Die Jünger gehen abends zum See und besteigen von sich aus ein Schiff (vgl. dagegen Mk 6,45), um ans Westufer nach Kapernaum zu fahren. Jesus ist noch immer nicht vom Berg herabgekommen. Mit V. 17b interpretiert der Evangelist die vorjoh. Tradition,[24] denn σκοτία ist bei Johannes ein theologisch gefüllter Begriff, der den Bereich der Gottesferne bezeichnet. Wer Jesus nicht nachfolgt, bleibt in der Finsternis (vgl. Joh 1,5; 8,12; 12,35.46).[25] Σκοτία verdeutlicht, dass sich die Jünger ohne Jesus in der Dunkelheit und damit in Gefahr befinden.[26] Zudem werden mit V. 17b zwei für das folgende Wunder notwendige Informationen nachgetragen: Jesus hält sich noch an Land auf, die Jünger hingegen sind schon mitten auf dem See.[27] Während das Volk das Brotwunder völlig missverstand, wird sich Jesus nun den Jüngern auf dem See offenbaren. Der Gegensatz zwischen Volk und Jüngern verbindet Brotwunder und Seewandel und ist auch ein Strukturelement der sich anschließenden Lebensbrotrede.   **18** Mit der Situationsschilderung beginnt das eigentlich wunderhafte Geschehen. Der See wird von einem starken Sturm aufgewühlt, die Jünger geraten in Lebensgefahr. Auffällig ist der Gebrauch des Verbums πνεῖν = ›wehen‹, es findet sich nur hier und in Joh 3,8. Das Wehen des Windes kündigt auch das pneumatische Kommen Jesu an: vorösterlich der Geistträger Jesus von Nazareth, nachösterlich der Auferstandene durch den Parakleten.   **19** Die Jünger befinden sich ungefähr auf der Mitte des Sees (25–30 Stadien = 4,5–5,5 Kilometer), so dass jede Hilfe zu spät käme. Plötzlich sehen sie Jesus auf dem Meer wandeln, sein Erscheinen löst unter ihnen eine große Furcht aus.   **20** Das Wunder der Sturmstillung wird vorausgesetzt und nicht in Einzelheiten geschildert, denn im Mittelpunkt der Erzählung steht allein die Epiphanie Jesu. Wie in Mk 6,50 tritt Jesus der Furcht der Männer mit einem majestätischen ἐγώ εἰμι, μὴ φοβεῖσθε (»Ich bin es, fürchtet euch nicht!«) entgegen. Zum ersten Mal begegnet im Johannesevangelium das absolute ἐγώ εἰμι = ›Ich bin es‹: Jesus offenbart auf dem See seine Gottheit, seine Epiphanie erscheint als rettende Gegenwart. Die Übereinstimmung mit Mk 6,50 zeigt deutlich, dass ἐγώ εἰμι aus der vorjoh. Tradition übernommen und schon dort als Offenbarungsformel verstanden wurde. Strukturanalogien zwischen Joh 6,19 f und Joh 20,19–23 sind unübersehbar: Hier wie dort befinden sich die Jünger in Gefahr und jeweils erscheint Jesus auf wunderbare Weise, um sie zu retten. Während es vorösterlich zu keinem Erkennen Jesu durch die Jünger auf dem See kommt, verdeutlicht Joh 20,20, dass sich Jesus von Nazareth auch bei Johannes (wie bei Markus) erst als Gekreuzigter und Auferstandener voll begreifen lässt.   **21** Wiederum weicht die joh. Überlieferung stark von Markus ab. Es entsteht der Eindruck, als sei Jesus am Boot der Jünger vorübergegangen (vgl. Mk 6,48d), d. h. ursprünglich läge in Joh 6,16–21a eine reine Epiphaniegeschichte vor, deren Zusammenhang mit der Sturmstillung nur noch indirekt durch V. 18 zu erschließen wäre. Inhaltlich kommt die Erzählung hier an ein erstes Ziel, denn die Jünger wollen Jesus in ihr Boot aufnehmen. Überraschenderweise berichtet V. 21b dann von einem

---

[24] Vgl. *F. Schnider/W. Stenger,* Johannes und die Synoptiker, 147.
[25] Vgl. dazu *J. P. Heil,* Walking, 146.
[26] Vgl. a. a. O., 147; *P. J. Madden,* Walking on the Sea, 108 f.
[27] Das ἤρχοντο in V. 17 besagt lediglich, dass die Jünger begannen, sich auf den Weg zu machen, so dass diese nachträgliche Information notwendig ist.

weiteren Wunder, denn als solches muss das plötzliche Versetzen des Bootes an das Ufer verstanden werden.[28] **22** Bis auf τῇ ἐπαύριον = ›am folgenden Morgen‹ (vgl. Joh 1,29.35.44; 12,12) ist der Vers der Tradition zuzurechnen. Er hat die Funktion, den Nachweis für die Wirklichkeit des Wunders zu erbringen; durch das Feststellungsverfahren wird der Effekt des Geschehens noch gesteigert. Das Volk blieb am Ort des Brotwunders zurück, es wusste, dass die Jünger mit dem einzigen Boot am Abend ohne Jesus abgefahren waren. Jesus hielt sich aber nicht mehr am einstigen Ort auf, es musste etwas Außergewöhnliches passiert sein. **23** Johannes löst mit der Erwähnung der Schiffe aus Tiberias das Problem, wie die Menge vom Ort der Brotvermehrung wieder über den See kommt,[29] und ermöglicht so die in V. 25 vorausgesetzte Begegnung mit Jesus. Weil das Boot der Jünger nicht mehr am Ufer ist (V. 22), muss für das Volk ein Weg gefunden werden, damit es Jesus in Kapernaum (vgl. V. 21) begegnen kann, um damit das Wunder des Seewandels zu bestätigen und die folgende Brotrede anzuhören. **24** Die Menge steigt in die Boote und fährt – Jesus suchend – nach Kapernaum. Damit sind die Voraussetzungen für ein Zusammentreffen geschaffen. **25** Die erstaunte Menge findet Jesus in Kapernaum und fragt, wie es möglich sei, dass er bereits hier sei. Sein ›Woher‹ steht zur Debatte. Die Hörer und Leser wissen um Jesu ›Woher‹ im doppelten Sinn: Er kam auf wunderbare Weise über den See, weil er in Wahrheit von Gott kommt.

Der Seewandel unterscheidet sich von den anderen joh. Wundergeschichten durch eine Differenzierung in der Wahrnehmung des Wundervorganges. Während die Jünger das tatsächliche Wundergeschehen sehen, muss die Volksmenge das Wunderhafte erschließen. Die Hörer/Leser des Evangeliums will Johannes damit zu einer Identifizierung mit den Jüngern veranlassen, sie dürfen ihre eigene Situation mit der Lage der Jünger vergleichen. Jesu Selbstoffenbarung auf dem See und die wunderhafte Rettung der Jünger zeigen der gegenwärtig bedrängten Gemeinde, dass Jesus auch sie durch die Kraft des Geistes aus der Gefahr retten wird.

---

[28] Parallelen für den Seewandel finden sich sowohl im Alten Testament (vgl. Ex 14,21–31; Jos 3,4; 2Kön 2,7.14 f; Ps 77,20; Hiob 9,8; 38,16; Sir 24,5 f) als auch im Hellenismus. Luc, Philops 13, erzählt von einem Hyperboräer, der sich am hellen Tag in die Lüfte erhob, auf dem Wasser umherlief (ἐφ’ ὕδατος) und gemächlich und langsam durchs Feuer ging; zahlreiche weitere Parallelen analysiert *A. Yarbro Collins,* Rulers, Divine Men, and Walking on the Water, in: Religious Propaganda and Missionary Competition in the New Testament World (FS D. Georgi), hg. v. *L. Bormann* u. a., NT.S 74, Leiden 1994, 214–222; vgl. ferner die Parallelen in: Neuer Wettstein I/2, 345–350.

[29] Das plötzliche Auftauchen der Schiffe war schon immer Anlass für die Vermutung, V. 23 (24) sei ein postevangelistischer Zusatz oder eine Glosse (so mit Unterschieden in der Einzelbegründung z. B. *R. Schnackenburg,* Joh II, 45; *J. Becker,* Joh I, 245; *E. Haenchen,* Joh, 312; *R. T. Fortna,* Gospel of Signs, 68). Das unvermittelte Erscheinen der Schiffe ergibt sich jedoch aus dem Kontext, der eine Erklärung für das Zusammentreffen der Menge mit Jesus in Kapernaum fordert. Wahrscheinlich war es Johannes selbst, der diese Verbindung herstellte (vgl. *U. Schnelle,* Antidoketische Christologie, 125 f). Auch das absolute ὁ κύριος ist für Johannes nicht ungewöhnlich, in erzählenden Texten erscheint es noch in Joh 4,1; 11,2; 20,20.

3. Die unvergängliche Speise 6,26–29

(26) Jesus entgegnete ihnen und sprach: »Amen, amen, ich sage euch, ihr sucht mich nicht, weil ihr Zeichen gesehen habt, sondern weil ihr von den Broten gegessen habt und satt geworden seid. (27) Verschafft euch nicht vergängliche Speise, sondern Speise, die zum ewigen Leben bleibt, die euch der Menschensohn geben wird; denn diesen hat Gott der Vater mit seinem Siegel beglaubigt.« (28) Da sagten sie zu ihm: »Was sollen wir tun, um die Werke Gottes zu wirken?« (29) Jesus antwortete und sprach zu ihnen: »Dies ist das Werk Gottes, dass ihr an den glaubt, den jener gesandt hat.«

Mit V. 26–29 als Überleitung und Einleitung verbindet der Evangelist die Doppeltradition von Speisungswunder und Seewandel mit der Lebensbrotrede.[30] Das Brotwunder und der Seewandel werden nun in ihrer Erschließungskraft für die in Jesus Christus erschienene Heilsfülle geöffnet.

26 Auf die Frage der Menge in V. 25 geht Jesus nicht ein, sondern knüpft mit ζητεῖν an V. 24 an, ein deutlicher Hinweis auf den redaktionellen Charakter von V. 26.[31] Zugleich lenkt Jesus den Blick von der sichtbaren Wirklichkeit auf das unsichtbare Wirken Gottes: Er fordert die Menge auf, die zeichenhaften Dimensionen des Geschehens zu erfassen.   **27** Durch zahlreiche Verweise bereitet Johannes die Thematik der Lebensbrotrede und des eucharistischen Abschnittes vor. Die Schlüsselbegriffe βρῶσις (›Speise‹), ζωὴ αἰώνιος (›ewiges Leben‹) und υἱὸς τοῦ ἀνθρώπου (›Menschensohn‹) blicken auf V. 53.54.55 voraus. Inhaltlich greift die Wendung ἡ βρῶσις ἡ μένουσα εἰς ζωὴν αἰώνιον (›die Speise, die zum ewigen Leben bleibt‹) das zentrale Thema der Lebensbrotrede auf (vgl. V. 32 f.48–51). Auch das Futur δώσει (›er wird geben‹) in V. 27 verweist bereits auf δώσω (›ich werde geben‹) in V. 51c.[32] Der Imperativ ἐργάζεσθε (›verschafft euch‹) wird nicht nur durch die Frage der Juden in V. 28 aufgenommen, vielmehr zeigen V. 53–58, wie sich die Heilsaneignung und damit das ἐργάζεσθαι vollzieht. Dabei bilden V. 27 und 58 eine Klammer,[33] denn V. 58 gibt die endgültige Antwort auf die Aufforderung von V. 27: Die unvergängliche und ewiges Leben spendende Speise ist der vom Himmel herabgestiegene Menschensohn selbst. Der pointierte Zusatz ὁ θεός (›Gott‹) zu πατήρ (›Vater‹) verweist auf die sachliche Priorität des Vaters, dessen Handeln am Menschensohn das Heil der Menschen

---

[30] Zum redaktionellen Charakter von V. 26–29 vgl. auch *R. Schnackenburg,* Joh II, 47.

[31] Vgl. *R. Bultmann,* Joh, 161. Joh. Stilmerkmale in V. 26 (nach *Ruckstuhl*): οὐχ᾿ ὅτι … ἀλλ᾿ ὅτι (Nr. 14); ἀπεκρίθη καὶ εἶπεν (Nr. 16); ἀμὴν ἀμήν (Nr. 40).

[32] Vgl. *L. Schenke,* Struktur, 38.

[33] Vgl. *W. A. Meeks,* Funktion, 264. Terminologisch bestehen zwischen beiden Versen folgende Verbindungen:

V. 58	V. 27
ἄρτος (›Brot‹)	βρῶσις (›Speise‹)
ὁ ἐξ οὐρανοῦ καταβάς	υἱὸς τοῦ ἀνθρώπου
(›das vom Himmel Herabgekommene‹)	(›Menschensohn‹)
ζήσει εἰς τὸν αἰῶνα	ζωὴ αἰώνιος
(›wird leben in Ewigkeit‹)	(›ewiges Leben‹)

ermöglicht. Die zahlreichen sprachlichen und inhaltlichen Beziehungen von V. 27 zu Joh 6,30–58, die strukturierende Funktion des Verses in der Gesamtkomposition von Joh 6 und die grammatische Konstruktion (μή + Imp. + ἀλλά, vgl. den redaktionellen Vers Joh 20,27) legen es nahe, im Evangelisten den Verfasser zu sehen.[34] Zudem weist V. 27 zwei joh. Stileigentümlichkeiten auf (begründendes γάρ, Substantiv mit Artikel als Attribut).[35] **28/29** Mit ἐργάζεσθαι (›verschaffen/arbeiten‹) und θεός (›Gott‹) werden tragende Stichworte aus V. 27 aufgegriffen.[36] Über die ausweichende Frage der Juden gelangt Johannes in V. 29 zu einer weiteren, für die Brotrede zentralen Forderung Jesu. Das geforderte Werk[37] ist der Glaube an Jesus als den von Gott Gesandten. Die Glaubensforderung verbindet V. 29 mit 6,35b.47, was wiederum auf redaktionelle Gestaltung schließen lässt.

4. Die Lebensbrotrede 6,30–51ab*

(30) Sie sprachen zu ihm: »Was tust du für ein Zeichen, damit wir sehen und dir glauben? Was wirkst du? (31) Unsere Väter haben das Manna in der Wüste gegessen, wie geschrieben steht: Brot aus dem Himmel gab er ihnen zu essen.« (32) Da sagte ihnen Jesus: »Amen, amen, ich sage euch: Nicht Mose hat euch das Brot aus dem Himmel gegeben, sondern mein Vater gibt euch das wahre Brot vom Himmel. (33) Denn Gottes Brot ist das, was vom Himmel herabkommt und der Welt Leben gibt.« (34) Da sprachen sie zu ihm: »Herr, gib uns dieses Brot allezeit!« (35) Jesus sprach zu

---

[34] Gegen *J. Becker*, Joh I, 245 f, der V. 27 ohne wirkliche Begründung der ›kirchlichen Redaktion‹ zuweist. *R. Bultmann*, Joh, 164 Anm. 5, meint, V. 27a stamme aus der Quelle der ›Offenbarungsreden‹, V. 27b sei hingegen von der ›kirchlichen Redaktion‹ hinzugefügt (vgl. a. a. O., 163 Anm. 3).

[35] Stilmerkmal Nr. 9 bei *Ruckstuhl*.

[36] Die erkennbare redaktionelle Verbindung zwischen V. 27 und V. 28 f spricht gegen die Annahme *R. Bultmanns*, Joh, 163 f, V. 28 f sei ein versprengtes Fragment, das die ›kirchliche Redaktion‹ hinter V. 27 stellte.

[37] τοῦ θεοῦ ist gen. obj.

* Literatur (vgl. auch zu 6,51c–58): *Blank, J.*: Die johanneische Brotrede, BiLe 7 (1966), 193–207; *Borgen, P.*: Bread from Heaven, NT.S 10, Leiden ²1981; *ders.*: John 6. Tradition, Interpretation and Composition, in: From Jesus to John (FS M. de Jonge), hg. v. *M. de Boer*, JSNT.S 84, Sheffield 1993, 268–291; *Bornkamm, G.*: Vorjohanneische Tradition oder nach-johanneische Bearbeitung in der eucharistischen Rede Johannes 6?, in: *ders.*, Geschichte und Glaube IV, BEvTh 53, München 1971, 51–64; *Dunn, J. D. G.*: Joh VI – an Eucharistic Discourse?, NTS 17 (1970/71), 328-338; *Heilmann, J.*: Wein und Blut, 144–240; *Kollmann, B.*: Ursprung und Gestalten der frühchristlichen Mahlfeier, GTA 43, Göttingen 1990, 102–131; *Kügler, J.*: Der Jünger, den Jesus liebte, 180–32; *Popp, Th.*: Grammatik des Geistes, 318–360; *Reiser, M.*: Eucharistische Wissenschaft. Eine exegetische Betrachtung zu Joh 6,26–59, in: Ökumenische Bemühungen um die Eucharistie (FS Th. Schneider), hg. v. *B. J. Hilberath u. D. Sattler*, Mainz 1995, 164–177; *Richter, G.*: Zur Formgeschichte und literarischen Einheit von Joh 6,31–58, in: *ders.*, Studien, 88–119; *Ruckstuhl, E.*: Wesen und Kraft der Eucharistie in der Sicht des Johannesevangeliums, in: Das Opfer der Kirche, Luzerner Theologische Studien 1, Luzern 1954, 47–90; *Schenke, L.*: Die formale und gedankliche Struktur von Joh 6,26–58, BZ 24 (1980), 21–41; *ders.*: Die literarische Vorgeschichte von Joh 6,26–58, BZ 29 (1985), 68–89; *Schlier, H.*: Johannes 6 und das johanneische Verständnis der Eucharistie, in: *ders.*, Das Ende der Zeit, Freiburg 1971, 102–123; *Schnackenburg, R.*: Das Brot des Lebens (Joh 6), in: *ders.*, Joh IV, 119–131; *Schneider, J.*: Zur Frage der Komposition von Joh 6,27–58(59), in: In memoriam E. Lohmeyer, hg. v. *W. Schmauch*, Stuttgart 1951, 132–142; *Theobald, M.*: Eucharistie in Joh 6, in: *Th. Söding (Hg.)*, Johannesevangelium, 178–257; *Weder, H.*: Die Menschwerdung Gottes. Überlegungen zur Auslegungsproblematik des Johannesevangeliums am Beispiel von Joh 6, in: *ders.*, Einblicke ins Evangelium, 363–400; *Wehr, L.*: Arznei der Unsterblichkeit, 182–277.

ihnen: »Ich bin das Brot des Lebens. Wer zu mir kommt, wird nicht hungern, und wer an mich glaubt, wird niemals dürsten. (36) Aber ich habe euch gesagt: Ihr habt mich gesehen und glaubt nicht. (37) Alles, was mir der Vater gibt, wird zu mir kommen; und den, der zu mir kommt, werde ich nicht hinausstoßen. (38) Denn ich bin vom Himmel herabgekommen, nicht um meinen Willen zu tun, sondern den Willen dessen, der mich gesandt hat. (39) Das aber ist der Wille dessen, der mich gesandt hat, dass ich von allem, was er mir gegeben hat, nichts verliere, sondern es auferwecke am Jüngsten Tage. (40) Denn das ist der Wille meines Vaters, dass jeder, der den Sohn sieht und an ihn glaubt, ewiges Leben hat; und ich werde ihn auferwecken am Jüngsten Tag.« (41) Da murrten die Juden über ihn, weil er gesagt hatte: Ich bin das Brot, das vom Himmel herabgekommen ist. (42) Und sie sprachen:»Ist das nicht Jesus, der Sohn Josefs, dessen Vater und Mutter wir kennen? Wie sagt er jetzt: Ich bin aus dem Himmel gekommen?« (43) Jesus entgegnete und sprach zu ihnen: »Murrt nicht miteinander! (44) Niemand kann zu mir kommen, wenn ihn nicht der Vater zieht, der mich gesandt hat, und ich werde ihn auferwecken am Jüngsten Tag. (45) Es steht bei den Propheten geschrieben: Und alle werden gottgelehrt sein. Jeder, der vom Vater gehört und gelernt hat, kommt zu mir. (46) Nicht, dass jemand den Vater gesehen hätte, außer dem, der von Gott ist; der hat den Vater gesehen. (47) Amen, amen, ich sage euch: Wer glaubt, hat ewiges Leben. (48) Ich bin das Brot des Lebens. (49) Eure Väter haben in der Wüste das Manna gegessen und sind gestorben. (50) Dies ist das Brot, das vom Himmel herabkommt, damit man davon isst und nicht stirbt. (51ab) Ich bin das lebendige Brot, das vom Himmel herabgekommen ist. Wenn jemand von diesem Brot isst, wird er in Ewigkeit leben.«

Eine für das joh. Denken charakteristische christologische Konzentration setzt ein, sukzessive erfolgt die Identifikation des Lebensspenders mit seiner Gabe. Sie erreicht in V. 35 ihren ersten Höhepunkt und zielt bereits auf den eucharistischen Abschnitt V. 51c–58. Die mit dem Bild vom Essen beschriebene Annahme Jesu im Glauben verdichtet sich zur Aufnahme des Inkarnierten, Gekreuzigten und Erhöhten im realen Essen der Eucharistie im Gottesdienst der Gemeinde.

30 Die joh. Lebensbrotrede setzt mit der Forderung der Juden (vgl. V. 41) ein, Jesus solle ein Beglaubigungszeichen vollbringen. Bei dem Verlangen nach dem Speisungswunder in der Wüste wie z. Zt. des Mose scheint die zuvor erfolgte Speisung der 5000 in Vergessenheit geraten zu sein. Dieser Widerspruch kann nur auf die Verknüpfung verschiedener Traditionen durch den Evangelisten zurückgeführt werden (vgl. die Parallele Mk 8,1–10/8,11–13).[38] Jesus soll sich als endzeitlicher Prophet bzw. Messias legitimieren.   **31** In freier Anspielung auf das AT (vgl. LXX Ex 16,4.15; Ps 77,24; 104,40; Neh 9,15a; 2Esr 19,15; Weish 16,20)[39] verlangen die Juden ein Mannawunder, das schon ihren Vätern in der Wüste das Überleben sicherte. Die Wiederholung bzw. Erneuerung dieses Wunders würde den Anbruch der messianischen Endzeit signalisieren.   **32** Die Auslegung des Zitates erfolgt antithetisch: Nicht Mose hat das

---

[38] Gegen *P. Borgen,* Bread from Heaven, 45 f, der die Lebensbrotrede mit dem Zitat in V. 31 beginnen lässt, weil das von ihm hinter Joh 6,31–58 vermutete ›homiletische Schema‹ als Anfang immer ein atl. Zitat hat, das in der Homilie erklärt wird; zur Kritik an dieser Abtrennung vgl. auch *H. Thyen,* FB (ThR 43), 347; *G. Richter,* Formgeschichte, 114.

[39] Das Zitat findet sich so im AT nicht! Die joh. Tradition zitiert hier m. E. Ps 77,24bLXX (καὶ ἄρτον οὐρανοῦ ἔδωκεν), schreibt wegen V. 33 ἐκ τοῦ οὐρανοῦ und ergänzt aus Ps 77,24a φαγεῖν. Zur Analyse vgl. zuletzt *M. J. J. Menken,* Quotations, 47–65; *B. G. Schuchard,* Scripture within Scripture, 34–38; *H. Obermann,* Erfüllung der Schrift, 132–150.

Brot vom Himmel gegeben (δέδωκεν), sondern der Vater Jesu gibt (δίδωσιν) das wahre und wirkliche Brot. Damit wird die nationale jüdische Heilserwartung entschränkt, zugleich universalisiert und überboten. Gott ist in seinem Handeln frei, sein zukünftiges Handeln vollzieht sich nicht als Wiederholung der Vergangenheit. Keineswegs erscheint Jesus hier als ›neuer Mose‹, denn er ist nicht Wundertäter, sondern Geber und Gabe in einer Person: der wahre Lebensspender. **33** Zwar identifiziert sich Jesus noch nicht mit dem Brot, aber καταβαίνων (›herabkommen‹; vgl. Joh 3,13.31) und die Wendung καὶ ζωὴν διδοὺς τῷ κόσμῳ (›und der Welt Leben gibt‹; vgl. Joh 6,51c) zielen bereits auf die Gleichsetzung in V. 35. **34** Auch die Bitte der Juden nach diesem Brot dient lediglich zur Vorbereitung des Höhepunktes des ersten Abschnittes der Lebensbrotrede. **35** Das ἐγώ εἰμι = ›Ich-bin‹-Wort enthüllt den Sinn des bisher Gesagten: Das Lebensbrot ist keine dinghafte Wundergabe, sondern Jesus selbst. Seine Person tritt an die Stelle überlieferter Heilserwartungen, er ist Heilsgeber und Heilsgabe zugleich. Allein er vermittelt das ewige Leben, wobei das Bildwort vom ›Brot‹ den Gabecharakter dieses Geschehens betont: In der Gabe des Lebensbrotes teilt Jesus sich selbst mit.[40] Aber auch Gott offenbart sich als der Schenkende, aus der von ihm gewollten Hingabe des Lebens Jesu erwächst die Gabe des wahren Lebens für die Menschen. Auf die Selbstpräsentation des Offenbarers in 35a folgen in V. 35b eine Aufforderung und eine soteriologische Verheißung. Das Doppelbild vom Hungern und Dürsten hat vor allem in der Weisheitsliteratur Parallelen (vgl. Spr 9,5; Sir 15,3; 24,19–22; 51,24).[41] Es verheißt die im Glauben gegenwärtige Überwindung der Todesverfallenheit des Menschen. Weil Jesus sich als Lebensbrot den Glaubenden schenkt, verliert der Tod seine Macht.

Exkurs 5: Die ›Ich-bin-Worte‹*

Die ›Ich-bin-Worte‹ sind als rhetorisch stilisierte Heraushebungsfigur ein Zentrum joh. Offenbarungstheologie und Hermeneutik. In ihnen sagt Jesus aus, wer er ist, was er für die Menschen sein will und wie sie ihn verstehen sollen. In den ›Ich-bin-Worten‹ verdichten sich in einzigartiger Weise Christologie und Soteriologie. Grammatisch lassen sich drei Typen der ›Ich-bin-Worte‹ unterscheiden: 1) das absolute ἐγώ εἰμι (Joh 8,24.28.58; 13,19; 18,6); 2) der implizit prädikative Gebrauch von ἐγώ εἰμι (Joh 4,26; 6,20; 18,5.8); 3) ἐγώ εἰμι in Verbindung mit einer metaphorischen Prädi-

---

[40] Parallelen zur Wendung ὁ ἄρτος τῆς ζωῆς finden sich vor allem in der weisheitlich geprägten jüdischen Schrift Joseph und Asenath (vgl. JosAs 8,5.9; 15,4.5; 16,14.16; 19,5; 21,21); vgl. dazu *Chr. Burchard,* The Importance of Joseph and Aseneth for the Study of the New Testament, NTS 33 (1987), 102–134. Für die Vorstellung, dass der Genuss eines Stoffes auch dessen Wesensmerkmale überträgt, vgl. auch Philo, Fug 176 f.195.202; Virt 79. Aufschlussreich ist Her 191: »Ferner verteilt der göttliche Logos mit besonderer Berücksichtigung der Gleichheit das sogenannte Manna, die himmlische Speise der Seele, – gemeint ist die Weisheit – gleichmäßig unter alle, die sie gebrauchen wollen.« Der Gerechte dürstet nach Weisheit und wird getränkt aus der Quelle der Weisheit (vgl. PostC 122.125.151–153; Fug. 138–202).

[41] Vgl. *R. E. Brown,* John I, 273; *R. Schnackenburg,* Brot des Lebens, 119–125.

* Literatur: *Ball, D. M.:* »I Am« in John's Gospel, JSNT.S 124, Sheffield 1996; *Bühner, J. A.:* Der Gesandte, 166–180; *Dodd, C. H.:* Interpretation, 93–96; *Hinrichs, B.:* »Ich bin.« Die Konsistenz des Johannes-Evangeliums in der Konzentration auf das Wort Jesu, SBS 133, Stuttgart 1988; *Klein, H.:* Vorgeschichte und

kation im Nominativ (ὁ ἄρτος = ›Brot‹: 6,35.41.48.51; τὸ φῶς = ›Licht‹: 8,12 [vgl. 9,5]; ἡ θύρα = ›Tür‹: 10,7.9; ὁ ποιμήν = ›Hirte‹: 10,11.14; ἡ ἀνάστασις καὶ ἡ ζωή = ›Auferstehung und Leben‹: 11,25; ἡ ὁδὸς καὶ ἡ ἀλήθεια καὶ ἡ ζωή = ›Weg, Wahrheit und Leben‹: 14,6; ἡ ἄμπελος = ›Weinstock‹: 15,1.5). Bei diesen ›Ich-bin-Worten‹ im Vollsinn sind die Selbstprädikationen teilweise mit Zusätzen versehen, sei es als Adjektiv (10,11.14), als Partizip (6,41.51) oder als Genitivattribut (6,35.48; 8,12; 10,7). Die Grundstruktur der ἐγώ εἰμι-Worte ist klar erkennbar: Auf die Präsentation (ἐγώ εἰμι) folgen das Bildwort mit Artikel sowie Invitation und Verheißung.[42]

Der religionsgeschichtliche Hintergrund der ἐγώ εἰμι-Worte lässt sich nicht monokausal bestimmen. Ausgangspunkt ist das Alte Testament, hier speziell Ex 3,14LXX (ἐγώ εἰμι ὁ ὤν = ›Ich bin, der ich bin‹; vgl. Ex 3,6.17) und Deutero-Jesaja (vgl. Jes 43,10.11LXX; 45,12LXX), wie die Aufnahme von Jes 44,6LXX in Offb 1,17 f zeigt (vgl. ferner Ez 34).[43] Auch in der Weisheitsliteratur finden sich beachtliche Parallelen (vgl. Sir 24,18; Spr 1,23; 4,2.11; 8,22ff.35f),[44] speziell die Weisheitsreden in der 1. Pers. Sg. in Sir 24 und Spr 8 könnten die Form der joh. ›Ich-bin-Worte‹ beeinflusst haben. Alle joh. Texte weisen zudem in ihrer Motivik eine große Nähe zur Weisheitsliteratur auf. Beachtenswert sind in diesem Kontext Parallelen zu ἐγώ εἰμι aus der ägyptischen Religiosität.[45] Selbstprädikationen ägyptischer Gottheiten lauten z. B.: »Ich bin der Stier des Ostgebirges«; »Ich bin die Magd der Welt«.[46] Berühmt ist die Isis-Aretalogie von Kyme aus dem 1./2. Jh. n. Chr., in der die Göttin von sich sagt: »Ich bin Isis, die Beherrscherin des ganzen Landes/Ich habe die Erde vom Himmel geschieden/Ich habe den Menschen die Weihungen gezeigt/Ich habe die Götterbilder verehren gelehrt/Ich bin die Herrin des Blitzes/Ich bin es, die Gesetzgeberin genannt wird/Ich besiege das Schicksal«.[47] Eingebettet sind die joh. ›Ich-bin-Worte‹ auch in die altorientalische Botenvorstellung.[48] Bei der Botensendung ist ein dreiteiliges Schema erkennbar: 1) Beauftragung; 2) Durchführung des Auftrages und 3) Rückkehr. Bei der Durchführung des Auftrages musste der fremde Bote sich vorstellen, als Selbstpräsentationen waren üblich ›Ich bin gekommen‹ und ›Ich bin der und der‹. Auf göttliche Boten wurde dieses Schema ebenfalls übertragen; vgl. Tob 12,14–18: »Und nun hat Gott mich gesandt, dich zu heilen (καὶ νῦν ἀπέστειλεν με ὁ θεὸς ἰάσασθαι σε)... Ich bin Raphael, einer der sieben heiligen Engel« (ἐγώ εἰμι Ραφαηλ, εἷς ἐκ τῶν ἑπτὰ ἁγίων ἀγγέλων). Als ein weiteres Gestaltungselement der joh. ἐγώ εἰμι-Worte muss die synoptische Überlieferung gelten. Mk 13,6; 14,62 und die wörtliche Übernahme von Mk 6,50 (ἐγώ εἰμι, μὴ φο-

Verständnis der johanneischen Ich-bin-Worte, KuD 33 (1987), 120–136; *Schnackenburg, R.:* Joh II, 59–70; *Schweizer, E.:* EGO EIMI. Die religionsgeschichtliche Herkunft und theologische Bedeutung der johanneischen Bildreden, FRLANT 56, Göttingen 21965; *Scott, M.:* Sophia and the Johannine Jesus, 116–134; *Thyen, H.:* Ich bin das Licht der Welt. Das Ich- und Ich-Bin-Sagen Jesu im Johannesevangelium, JAC 35 (1992), 19–46; *ders.:* Ich-Bin-Worte, RAC XVII, Stuttgart 1996, 147–213; *Williams, C. H.:* I am He, WUNT 2.113, Tübingen 2000, 255–303; *Zimmermann, H.:* Das absolute ἐγώ εἰμι als die neutestamentliche Offenbarungsformel, BZ 4 (1960), 54–69.266–276.

[42] Vgl. *S. Schulz,* Komposition und Herkunft, 85–90.
[43] Vgl. *G. Reim,* Jochanan, 172 ff; *H. Hübner,* Biblische Theologie des Neuen Testaments I, Göttingen 1990, 191 ff; *H. Thyen,* Ich bin das Licht der Welt, 24 ff; *ders.,* Ich-Bin-Worte, 158–166.174–183. Weitere relevante Texte: Jes 41,4; 43,25; 45,18.22; 46,4.9; 48,12; 51,12; 52,6.
[44] Vgl. *R. E. Brown,* John I, 537 f; *M. Scott,* Sophia and the Johannine Jesus, 116–131.
[45] Eine Übersicht bietet *H. Thyen,* Ich-Bin-Worte, 150–156.
[46] Zitiert nach *K. Berger/C. Colpe* (Hg.), Religionsgeschichtliches Textbuch zum Neuen Testament, Göttingen 1987, 163.
[47] In Auszügen zitiert nach *J. Leipoldt/W. Grundmann* (Hg.), Die Umwelt des Urchristentums II, Berlin 51979, 96 f; vgl. ferner Plut, De Iside et Osiride 9, wo Isis sagt: »Ich bin alles, was war und ist und sein wird (ἐγώ εἰμι πᾶν τὸ γεγονὸς καὶ ὄν καὶ ἐσόμενον), und mein Gewand hat noch kein Sterblicher gelüftet«; alle relevanten hellenistischen Belege zu den ›Ich-bin-Worten‹ finden sich in: Neuer Wettstein I/2, 357–373. Zu Isis-Vorstellungen vgl. *J. Bergman,* Ich bin Isis. Studien zum memphitischen Hintergrund der griechischen Isis-Aretalogien, Uppsala 1968; *F. Solmsen,* Isis among the Greeks and Romans, Cambridge (Mass.)/London 1979.
[48] Vgl. *J. A. Bühner,* Der Gesandte, 118–166.

βεῖσθε = ›Ich bin es, fürchtet euch nicht‹) in Joh 6,20 zeigen, dass hier mit Einflüssen gerechnet werden muss. Zudem stehen das Alte Testament und die synoptische Überlieferung im Hintergrund der spezifisch joh. Verbindung von ἐγώ εἰμι und Bildwort.

Für die Interpretation der ἐγώ εἰμι-Worte sind drei methodische Regeln zu beachten: 1) Der Sinn eines solchen Wortes erschließt sich nur, wenn über die Grundstruktur hinaus der konkrete Kontext im Johannesevangelium als Verstehenshorizont miteinbezogen wird. 2) Die ἐγώ εἰμι-Worte haben eine metaphorische Dimension, niemand kann nach dem alltäglichen Sprachgebrauch von sich behaupten, er sei ›das Brot‹ oder ›das Licht‹.[49] Zugleich zeigt der bestimmte Artikel an, dass Jesus nicht nur ›das Brot‹, ›das Licht‹ usw. bringt, sondern es ist. Im ἐγώ tritt der Sprecher selbst in die Aussage ein, er gibt sich kund, stellt sich für die Hörer/Leser des 4. Evangeliums als Gott vor. 3) Die ἐγώ εἰμι-Worte sind Bestandteil eines Bildfeldes,[50] mit dessen Material der Autor arbeitet und das für die Interpretation des ἐγώ εἰμι-Wortes von entscheidender Bedeutung ist. Das Verständnis der Selbstprädikation hängt auch davon ab, auf welche Frage(n) sie antwortet. Nach R. Bultmann handelt es sich nicht um eine Präsentations-, Qualifikations- oder Identifikationsformel, sondern um eine Rekognitationsformel,[51] bei der ἐγώ Prädikat ist und die auf die Frage antwortet: Wer/Was ist der Erwartete? Der Sinn ist: »in mir ist gegenwärtig das Lebensbrot, das Licht usw.«[52] Diese Interpretation stellt eine Verengung dar, denn in den ἐγώ εἰμι-Worten antwortet Jesus zuallererst darauf, wer er ist, woraus folgt, was er für die Glaubenden ist. Beide Aspekte bedingen und ergänzen einander, das ›Brot‹, das ›Licht‹, die ›Auferstehung‹ usw. kann Jesus für die Glaubenden nur sein, weil er der Sohn Gottes ist. Planvoll verdeutlicht Johannes in sieben ›Ich-bin-Worten‹ mit Metaphern aus der menschlichen Erfahrungswelt die Messianität Jesu. Die ›Ich-bin-Worte‹ sind Summarien der joh. Offenbarungstheologie,[53] in ihnen offenbart sich der Sohn wie zuvor der Vater im ἐγώ εἰμι.

36 Ein neuer Abschnitt in der Lebensbrotrede beginnt,[54] der aus V. 35 nur das Stichwort πιστεύειν aufgreift und sich inhaltlich auf das Speisungswunder zurückbezieht.[55] Verweist ὁρᾶν in V. 36 auf die Speisung der 5000, so blickt οὐ πιστεύειν (›nicht glauben‹) ebenfalls auf dieses Geschehen zurück, deutet aber zugleich auf einer zweiten Ebene auf die Scheidung der Jünger in Joh 6,64 hin. Zeuge der wunderbaren Speisung war das Volk (vgl. V. 2.5.22.24), während in V. 36 die ›Juden‹ (vgl. V. 41) auf ein Wunder angesprochen werden, das sie gar nicht sahen! An das ›Ich-bin-Wort‹ Jesu in V. 35 knüpft erst wieder V. 41 an. Auch das Thema des Abschnittes (der von Gott Gesandte tut den Willen des Vaters, indem er die Glaubenden nicht verlorengehen lässt) weist nur einen lockeren Kontextbezug auf,[56] denn der theologische Schlüssel-

---

[49] Gegen *E. Schweizer*, EGO EIMI, 117 f, der meint, der joh. Ich-bin-Satz sei »nichts anderes als eigentliche Rede und daher streng wörtlich« zu nehmen. Es sei »kein Bildsatz, sondern eine ohne Übertragung zu verstehende Aussage«.

[50] Vgl. *K. Berger*, Formgeschichte des Neuen Testaments, Heidelberg 1984, 38–40.

[51] Vgl. *R. Bultmann*, Joh, 167 Anm. 2; lediglich Joh 11,25; 14,6 werden als Identifikationsformel klassifiziert.

[52] *R. Bultmann*, Theologie, 418.

[53] Treffend bezeichnet *J. Ashton*, Understanding, 186, die ›Ich-Bin-Worte‹ als »miniature Gospels«.

[54] Vgl. *R. Schnackenburg*, Joh II, 70 f. Gegen *L. Schenke*, Struktur, 27, der erst hinter V. 36 einen Einschnitt sieht. Mit V. 35 erreicht der erste Abschnitt zweifellos einen Höhepunkt, der in V. 36 keine Fortsetzung findet.

[55] Vgl. *E. Ruckstuhl*, Wesen und Kraft der Eucharistie, 50.

[56] Terminologisch weist lediglich καταβέβηκα ἀπὸ τοῦ οὐρανοῦ in V. 38 auf ὁ καταβαίνων ἐκ τοῦ οὐρανοῦ in V. 33 zurück; inhaltlich werden die V. 44–46 teilweise vorweggenommen.

begriff ›der Wille (Gottes)‹ = τὸ θέλημα (τοῦ θεοῦ) erscheint innerhalb der Lebensbrotrede nur in diesem Abschnitt (V. 38.39.40).[57] Inhaltlich erweisen sich V. 36–40
geradezu als ein Kompendium joh. Theologie! Alle Beobachtungen lassen in ihrer Gesamtheit den Schluss zu, in V. 36–40 einen redaktionellen Einschub des Evangelisten
in die traditionelle Lebensbrotrede zu sehen.[58] Er ist der erste Kommentar des grundlegenden Offenbarungswortes V. 35.   **37** Johannes betont nun die Einbeziehung der
Glaubenden in das Heils- und Offenbarungsgeschehen. Der Heilswille Gottes für den
einzelnen Menschen erfüllt sich im Kommen Jesu, der die vom Vater Berufenen annimmt. Das ›Kommen‹ zu Jesus bezieht sich nicht auf die Bekehrungssituation, sondern auf die Bewahrung der Jünger im Glauben (vgl. V. 35b.40). Die Glaubenden
dürfen gewiss sein, dass Vater und Sohn sie nicht dem Verderben preisgeben werden.
38 In seinem Kommen vollzieht Jesus den Willen Gottes, der nicht nur sein eigenes
Geschick betrifft, sondern allen gilt, die an ihn glauben.   **39** Jesu Werk zielt auf die
Rettung der ihm vom Vater übergebenen Menschen, keiner soll verlorengehen und
dem eschatologischen Gericht anheimfallen. Vielmehr gilt Jesu uneingeschränkter
Heilsauftrag bis hin zur Auferweckung am ›Jüngsten Tag‹. Diese futurisch-eschatologische Aussage ist die positive Weiterführung der Zusage Jesu, keinen der Glaubenden
verlorengehen zu lassen. Sowohl auf textinterner als auch auf textexterner Ebene ist
dieser eschatologische Ausblick sinnvoll, denn er betont die Unbedingtheit und Weite
des Heilswillens Jesu und bezieht zugleich die joh. Gemeinde in das zukünftige Heilshandeln Gottes mit ein.   **40** Gottes Heilswille erfüllt sich im Glauben an Jesus Christus. Nur hier erlangt der Mensch Anteil am ewigen Leben, das auch durch den
physischen Tod nicht aufgehoben wird.[59]

Exkurs 6: Prädestination bei Johannes

Joh 6,36-40.44 rufen die Frage hervor, wie sich bei Johannes menschliche Aktivität und göttliches
Handeln, Eigenverantwortung und Bestimmtsein im Hinblick auf das Heil zueinander verhalten.
Zahlreiche Aussagen scheinen es nahezulegen, beim 4. Evangelisten von Determinismus bzw. Prädestination zu sprechen. So heißt es in Joh 6,44: »Niemand kann zu mir kommen, wenn ihn nicht
der Vater zieht.« Nicht nur die Sendung des Sohnes, sondern auch der Glaube erscheint hier als ein
gottgewirktes Werk. Der Vater hat dem Sohn die Seinen ›gegeben‹, so dass sie von nun an Anteil
am ewigen Leben haben (vgl. Joh 3,27; 6,37.39.65; 10,29; 17,2.6.9.24). Niemand vermag die Glaubenden aus der Hand des Sohnes zu reißen (Joh 10,29), keiner von ihnen geht verloren; nur der
Verräter, der von Anfang an dazu bestimmt war (Joh 6,64; 17,12). Grundsätzlich heißt es in Joh
8,47: »Wer aus Gott ist, der hört Gottes Worte«; nur die Seinen hören die Stimme des Hirten (Joh

---

[57] θέλημα ist insgesamt 11mal im Johannesevangelium belegt, davon allein 4mal in Joh 6,38–40.
[58] Zu Recht vermutet *J. Wellhausen,* Joh, 31, »daß das Stück 6,36–40 nicht ursprünglich zur vorhergehen-
      den Rede gehört hat«. Vgl. ferner *J. Schneider,* Komposition, 137: »Die Verse 37–40 haben wahrschein-
      lich ursprünglich nicht in diesem Zusammenhang gestanden.«
[59] Treffend *J. Frey,* Eschatologie III, 394, wonach der Hinweis auf die endzeitliche Auferweckung verdeut-
      licht, »daß das so vermittelte ›ewige Leben‹ nicht in der jetzigen Glaubensexistenz aufgeht und erst recht
      nicht im Sinne einer physischen Unsterblichkeit zu verstehen ist. Vielmehr ist den Jüngern im Falle des
      leiblichen Todes, der auch sie erwartet, die Auferweckung durch ihren Herrn und damit die Vollendung
      ihres Heils zugesagt.«

10,3f), nur wer aus der Wahrheit ist, hört die Stimme des Sohnes (Joh 18,37c). Jesus erwählte die Jünger aus der Welt, nicht sie ihn (Joh 15,16.19). Der Mensch muss ›von neuem/von oben‹ geboren werden, der natürliche Mensch hingegen gehört zur Sphäre des Fleisches (Joh 3,5f). Der Glaube ist nach johanneischem Verständnis ein Werk Gottes: »Dies ist das Werk Gottes, dass ihr an den glaubt, den jener gesandt hat« (Joh 6,29). So wie der Unglaube weitaus mehr ist als das Verhaftetsein an die ungläubige Welt (vgl. die Aufnahme der Verstockungsvorstellung aus Jes 6,9 f in Joh 12,40), so geht auch der Glaube letztlich auf die Initiative Gottes zurück.[60]

Weisen diese Sätze in Richtung Prädestination und Determinismus, so finden sich im Johannesevangelium andererseits Aussagen, die Aufforderungs- und Entscheidungscharakter haben. Joh 6,27a formuliert imperativisch: »Verschafft euch nicht vergängliche Speise, sondern Speise, die zum ewigen Leben bleibt!« Unmittelbar nach der Betonung des göttlichen Wirkens in Joh 6,44 wird in 6,45c das individuelle Moment des Hörens und Antwortens hervorgehoben. Der joh. Christus kann zum Glauben auffordern: »Glaubt mir, dass ich im Vater bin und der Vater in mir. Wenn nicht, so glaubt doch um der Werke selbst willen« (Joh 14,11; vgl. 10,38; 12,36; 14,1). Der Offenbarer lädt geradezu dazu ein, an ihn zu glauben: »Ich bin als Licht in die Welt gekommen, damit jeder, der an mich glaubt, nicht in der Finsternis bleibt« (Joh 12,46; vgl. 3,36; 14,1: »Glaubt an Gott und glaubt an mich!«).[61] Die Invitation gehört zur Grundform der ›Ich-bin-Worte‹, die eine Entscheidung für Jesus Christus herbeiführen wollen. Das gesamte Evangelium kann als Aufruf zum Glauben verstanden werden, es wurde geschrieben, »damit ihr glaubt, dass Jesus der Christus ist, der Sohn Gottes« (Joh 20,31).

Wie verhalten sich beide Aussagereihen zueinander? Für den 4. Evangelisten sind weder Glaube noch Unglaube einfach individuelle Entscheidungen, sondern ihr Woher liegt jeweils außerhalb des Menschen.[62] So wie Gott den Glauben wirkt, so entsteht der Unglaube als Verhaftetsein an die Welt bzw. den Teufel (vgl. Joh 8,41–46; 13,2) oder als Verstockungstat Gottes (vgl. Joh 12,37–41). Gott allein entscheidet über Heil und Unheil. Zugleich berührt das vorgängige Handeln Gottes die menschliche Existenz, so dass die Entscheidung für den Glauben oder das Verharren im Unglauben als nachfolgende menschliche Reaktionen auf das Heilsangebot Gottes zu verstehen sind. Der Mensch soll sich zum Glauben bewegen lassen, denn der Heilswille Gottes hebt die Entscheidungsfreiheit des Menschen nicht auf. Die damit ausgesagte Spannung ist sachgemäß, weil sich beide Aussagekomplexe nicht widerspruchslos zuordnen lassen.[63] Die für Johannes konstitutive Vorstellung der Unverfügbarkeit des Heils lässt Gott als alleiniges Subjekt des Heilsgeschehens erscheinen. Zugleich erfordert der auch bei Johannes belegte Gedanke der menschlichen Entscheidung angesichts der Offenbarung Gottes in Jesus Christus eine Beteiligung des Menschen bei der Aneignung des Heils. Was bei Johannes an vielen Stellen auf der theologischen Reflexionsebene als Vorherbestimmung erscheint, ist auf der geschichtlichen Ebene nichts anderes als der nachträgliche Erklä-

---

[60] R. Bultmann, Theologie, 377 f, wird diesem Sachverhalt nicht gerecht, wenn er formuliert: »In der Entscheidung des Glaubens oder des Unglaubens konstituiert sich definitiv das Sein des Menschen, und jetzt erst erhält sein Woher seine Eindeutigkeit.« Nicht die Entscheidung des Menschen, sondern das Handeln Gottes bestimmt nach zahlreichen joh. Texten das Woher des Menschen.

[61] Zum Verständnis von πιστεύετε (›glaubt‹) vgl. die Auslegung von Joh 14,1.

[62] Damit betont Johannes das »Voraussein der Gnade« (J. Gnilka, Neutestamentliche Theologie. Ein Überblick, Würzburg 1989, 136).

[63] Treffend R. Bergmeier, Glaube, 231: »Der Evangelist denkt prädestinatianisch, entfaltet aber nicht eine den Gesetzen der Logik genügende Prädestinationslehre.« Sehr stark in Richtung starrer Prädestination interpretiert O. Hofius, Erwählung und Bewahrung. Zur Auslegung von Joh 6,37, in: O. Hofius/H. Chr. Kammler, Johannesstudien, 81–86. Einen Mittelweg geht G. Röhser, Prädestination und Verstockung, 216: »›Geben‹ Gottes und ›Glauben‹ des Menschen gehören sachlich notwendig zusammen, gehen gemeinsam und in Gleichzeitigkeit auf zwei verschiedenen Ebenen vonstatten und gewähren dasselbe Heil (Auferstehung, ewiges Leben). Dieses Denkmodell der Simultaneität … scheint mir der entscheidende Schlüssel zu den hier zu behandelnden Abschnitten der Lebensbrot-Rede (und darüber hinaus) zu sein.«

rungsversuch der Erfahrung, dass es Glauben und Unglauben gibt. Ein solcher Erklärungsversuch muss notwendigerweise unausgeglichen und widersprüchlich sein,[64] weil sich hier der Mensch gewissermaßen an die Stelle Gottes setzt und vorgibt, seine Geheimnisse zu kennen. Prädestinationsaussagen sind deshalb immer theologische Grenzaussagen!

41 V. 41 knüpft an den Offenbarungsspruch Jesu in V. 35 an. Die murrenden Juden rekapitulieren das Wort Jesu und entsprechen darin dem murrenden Volk Israel auf der Wüstenwanderung.[65]   **42** Sie wenden sich gegen Jesu himmlische Herkunft mit dem Hinweis auf seine irdischen Eltern. In der Antike ist die Genealogie die erste Form von religiöser und politischer Legitimität. Der Unglaube erkennt in Jesus nur den Sohn von Josef und Maria, er verweigert sich dem Anspruch Jesu, das vom Himmel herabgestiegene Brot zu sein. Jesu Menschsein wird so zum Stein des Anstoßes, für die Juden ist die Einheit des Offenbarers Gottes mit dem geschichtlichen Jesus von Nazareth unannehmbar. Jesu Abstammung von natürlichen Eltern, seine Präexistenz und seine Offenbarertätigkeit sind für die joh. Theologie hingegen kein Widerspruch. Der Glaube weiß um die natürliche Abstammung Jesu, er blickt aber darüber hinaus und erkennt in ihm den himmlischen Offenbarer.   **43** Die Antwort Jesu ist zweigeteilt: Im ersten Teil (V. 44–46) wird Jesu Herkunft vom himmlischen Vater erwiesen. Erst der zweite Teil (V. 48–51) geht auf die Selbstprädikation Jesu als das Brot ein und betont seine eschatologische Heilsbedeutung. V. 47 fungiert als argumentatives Scharnier zwischen beiden Teilen. Diese kompositionelle Struktur verbietet es, bei V. 48 (oder V. 47) einen literarischen Einschnitt vorzunehmen, der auf eine sekundäre Re-Interpretation der Lebensbrotrede hinweisen soll.[66] Erst V. 48–51 explizieren die Wendung ἐγώ εἰμι ὁ ἄρτος (›ich bin das Brot‹) aus V. 41, und zudem sind diese Verse ausgeführter Kommentar zu V. 35, an den sich wiederum V. 41 anschließt.[67] Die Explikation des ›Ich-bin-Wortes‹ in V. 48–51 ist ein notwendiger Bestandteil der Lebensbrotrede, und der in diesem Abschnitt erkennbare Gedankenfortschritt kann nicht als literarkritisches Argument verwendet werden.[68]

44 Ein mit V. 37 vergleichbarer Gedanke wird entwickelt: Niemand kann zu Jesus kommen, es sei denn, der Vater zieht ihn.[69] Das Erkennen des Gottgesandten ist nur durch die zuvorkommende Liebe[70] und Gnade Gottes möglich. Der Mensch kann über den Glauben nicht verfügen, denn er ist ein Geschenk Gottes.   **45** Das Schriftzitat betont die Gegenwart des gnadenhaften Handelns Gottes (vgl. Jes 54,13LXX).[71]

---

[64] Besonders deutlich ist diese Spannung im Verhältnis von Joh 12,39 f zu 12,47 f: Während 12,39 f von einem Nicht-Glauben-Können durch die Verstockung Gottes spricht, fordert 12,47 f die Glaubensentscheidung der Menschen.

[65] In diesem Motiv ist eine bewusste Anspielung auf das Verhalten der Wüstengeneration zu sehen, vgl. LXX: Ex 16,2.7.8.9.12; Ps 106,24–27.

[66] Gegen *G. Bornkamm,* Tradition, 59; *H. Thyen,* FB (ThR 44), 97.

[67] Der Rückbezug von V. 48 auf V. 41 und V. 35 macht deutlich, dass hier ein Neueinsatz vorliegt und keinesfalls der Abschluss des ersten Teils der Lebensbrotrede, wie *P. Borgen,* Bread from Heaven, 80, meint.

[68] Gegen *G. Bornkamm,* Tradition, 59.

[69] Zu ἑλκύειν (›ziehen‹) vgl. *A. Oepke,* ThWNT II, 500 f. In Joh 12,32 zieht der Erhöhte alle zu sich.

[70] *M. Theobald,* Gezogen von Gottes Liebe, in: Schrift und Tradition (FS J. Ernst), Paderborn 1996, 323 ff, interpretiert zu Recht das Motiv des ›ziehenden Gottes‹ (vgl. dazu Plat, Politeia 515d–e; Ion, 536a; Philo, Praem, 58; Her 69 f) als Metapher für Gottes Liebe.

[71] Zur Analyse vgl. *M. J. J. Menken,* Quotations, 67–77; *A. Obermann,* Erfüllung der Schrift, 151–167.

Gott selbst lehrt nun die Menschen, die Zeit der Gottessuche ist vorüber. Wer vom
Vater hört und lernt, kommt zu Jesus. Von ihm her erschließt sich das Alte Testament,
eröffnet sich ein umfassendes Verstehen des vergangenen, gegenwärtigen und zukünftigen Heilshandelns Gottes.   **46** Weder vollzieht sich dieser Vorgang als mystische
Verbindung mit dem Vater,[72] noch haben die Glaubenden die gleiche Unmittelbarkeit
zum Vater wie der Sohn.[73] Nur im Sohn gibt sich der Vater zu erkennen (vgl. Joh
12,45; 14,9), so dass niemand zum Sohn kommen kann, der nicht zuvor vom Vater
gelehrt wurde. Ein unmittelbares Sehen des Vaters ist nur dem möglich, der bei Gott
war: dem präexistenten Christus. Damit wird noch einmal die Herkunft Jesu vom
himmlischen Vater bekräftigt.   **47** Eine prägnante Zusammenfassung der Gewissheit
des Glaubens schließt sich an. Ihr Inhalt, der auch den murrenden Juden gilt, ist so
exklusiv, dass er Aufsehen und Anstoß erregen muss: Nur im Glauben an Jesus Christus gibt es Zugang zu Gott und zum ewigen Leben.   **48** Die Lebensbrotrede strebt
ihrem Höhepunkt zu, Jesu Selbstzeugnis aus V. 35 (›Ich bin das Brot des Lebens‹) wird
aufgegriffen und verstärkt: Er ist Geber und Gabe zugleich. Dieser Leitgedanke bildet
den inhaltlichen Brückenschlag zum eucharistischen Abschnitt.   **49** Das Bildwort
wird im Kontrast zum alttestamentlichen Manna der Wüstengeneration entfaltet. Die
Väter aßen das Manna und mussten dennoch sterben, sie vermochten das ewige Leben
nicht zu erlangen. Der Tod der Wüstengeneration beweist somit die Gegenwart des
wahren Gottesbrotes in der Person Jesu.[74]   **50** Wer hingegen vom wahren Himmelsbrot isst, stirbt nicht (vgl. Dtn 8,3; Ps 78,24 f; JosAs 16,14). Allein Jesus gehört dem
göttlichen Lebensbereich an, so dass er eine Speise zu geben vermag, die alle irdischen
Begrenzungen aufhebt.   **51ab** Der soteriologische Zielpunkt der Lebensbrotrede wird
nun formuliert: Jesus ist das vom Himmel herabgekommene lebendige Brot, und wer
dieses Brot isst, wird leben in Ewigkeit. Mit der Verheißung ζήσει εἰς τὸν αἰῶνα = ›er
wird leben in Ewigkeit‹ erreicht die Lebensbrotrede ihren Höhepunkt und Abschluss,
dem Tod der Väter in der Wüste steht die unüberbietbare Heilsgabe des ewigen Lebens
gegenüber. Jesus ist das Leben, indem er das Leben gibt. Im ζωή = ›Lebens‹-Begriff
liegt der Schlüssel zum Verständnis der Lebensbrotrede. Er ist terminologisch
(V. 33.35.40.47.48.51) und inhaltlich gleichermaßen bestimmend: Allein in der Gabe
der ζωή erweist sich Jesus als das vom Himmel herabgestiegene Brot, denn darin überbietet er Mose und das Manna der Wüstengeneration.[75] Der Wechsel von ὁ ἄρτος
τῆς ζωῆς = ›Das Brot des Lebens‹ (vgl. V. 35.48) zu ὁ ἄρτος ὁ ζῶν = ›das lebendige
Brot‹ in V. 51a könnte Johannes zu seiner eucharistischen Interpretation veranlasst
haben.

Die Lebensbrotrede (V. 30–35.41–51ab) ist ein weisheitlich geprägter Lehrdialog, der
wahrscheinlich in der joh. Schule geformt und vom Evangelisten übernommen wurde.
Für die Eigenständigkeit des Abschnittes sprechen: 1) V. 30 markiert eindeutig einen

---

[72] Ob V. 46 damit gegen eine mystische Frömmigkeit polemisiert (so *W. A. Meeks*, Prophet-King, 299), lässt
sich nicht mehr ausmachen.
[73] Vgl. *W. Thüsing*, Erhöhung, 27.
[74] Vgl. *H. Schürmann*, Schlüssel, 158.
[75] Vgl. *F. Mußner*, ΣΩH, 132.

Neueinsatz, die wunderbare Speisung und der Seewandel scheinen in Vergessenheit geraten zu sein. 2) Zeuge der Speisung und des Seewandels ist das ›Volk‹ (V. 2.5.22.24), während die Gesprächspartner Jesu in der Lebensbrotrede die Juden sind (V. 41). 3) V. 36–40 beziehen sich auf das Speisungswunder zurück, weisen nur einen lockeren Kontextbezug auf (erst V. 41 knüpft wieder an V. 35 an) und behandeln ein eigenständiges Thema (τὸ θέλημα τοῦ θεοῦ = ›Der Wille Gottes‹), so dass sie als Einschub des Evangelisten gelten können. 4) Religionsgeschichtlich stellen die V. 30–35.41–51ab eine Einheit dar, sie müssen auf dem Hintergrund der jüdischen Weisheitsliteratur verstanden werden. Der Dialog ist durchgehend von einem Thema beherrscht: Jesus ist das vom Himmel herabgekommene wahre Brot des Lebens. Zur Entfaltung der Thematik dienen als Techniken des literarischen Verfahrens Einwände der Zuhörer, Wiederholung, Variation und Vertiefung. Eucharistische Anklänge sind im Text nicht zu leugnen, denn die Manna-Vorstellung ist im frühen Christentum ein gebräuchliches Motiv eucharistischer Traditionen (vgl. 1Kor 10,3 f; Offb 2,14.17). Dezidiert sakramentale Aussagen enthält die Lebensbrotrede jedoch nicht.

5. Der eucharistische Abschnitt 6,51c–58.59*

(51c) »Das Brot aber, das ich geben werde, ist mein Fleisch für das Leben der Welt.« (52) Da stritten die Juden untereinander und sagten:»Wie kann uns dieser sein Fleisch zu essen geben?« (53) Da sprach Jesus zu ihnen:»Amen, amen ich sage euch: Wenn ihr nicht das Fleisch des Menschensohnes esst und sein Blut trinkt, habt ihr nicht Leben in euch. (54) Denn wer mein Fleisch zerbeißt und mein Blut trinkt, hat ewiges Leben; und ich werde ihn auferwecken am Jüngsten Tag. (55) Denn mein Fleisch ist wahre Speise, und mein Blut ist wahrer Trank. (56) Wer mein Fleisch zerbeißt und mein Blut trinkt, bleibt in mir und ich in ihm. (57) Wie mich der lebendige Vater gesandt hat und ich durch den Vater lebe, so wird auch, wer mich isst, leben durch mich. (58) Dies ist das Brot, das vom Himmel herabgekommen ist; nicht wie bei den Vätern, die aßen und starben; wer dieses Brot isst, wird in Ewigkeit leben.« (59) Dies sagte er, als er in der Synagoge von Kapernaum lehrte.

Mit V. 51c setzt eine neue Argumentationsebene ein. Gegenüber Joh 6,30–51ab sind fünf gravierende inhaltliche Verschiebungen festzustellen:[76] 1) In der Lebensbrotrede

---

* Literatur (vgl. auch zu 6,30–51ab): *Lohse, E.:* Wort und Sakrament im Johannesevangelium, in: *ders.,* Die Einheit des Neuen Testaments, Göttingen ²1973, 193–208; *Menken, M. J. J.:* John 6,51c–58: Eucharist or Christology?, Bib 74 (1993), 1–26; *Popp, Th.:* Grammatik des Geistes, 360–379; *Schnelle, U.:* Antidoketische Christologie, 221–228; *Scholtissek, K.:* »Ich bin das lebendige Brot, das vom Himmel herabgekommen ist« (Joh 6,51), BiLi 68 (1995), 45–49.111–114; *Schürmann, H.:* Joh 6,51c – Ein Schlüssel zur großen johanneischen Brotrede, in: *ders.,* Ursprung und Gestalt, Düsseldorf 1970, 151–166; *ders.:* Die Eucharistie als Repräsentation und Applikation des Heilsgeschehens nach Joh 6,53–58; a. a. O., 167–187; *Schweizer, E.:* Das johanneische Zeugnis vom Herrenmahl, in: *ders.,* Neotestamentica, Zürich 1963, 371–396; *ders.:* Joh 6,51c–58 – vom Evangelisten übernommene Tradition?, ZNW 82 (1991), 274; *Wehr, L.:* Arznei der Unsterblichkeit, 241–277; *Wilckens, U.:* Der eucharistische Abschnitt der johanneischen Rede vom Lebensbrot (Joh 6,51c–58), in: Neues Testament und Kirche (FS R. Schnackenburg), hg. v. *J. Gnilka,* Freiburg 1974, 220–248; *Wilkens, W.:* Das Abendmahlszeugnis im vierten Evangelium, EvTh 18 (1958), 354–370.

76 Vgl. nur *R. Bultmann,* Joh, 161 f; *G. Richter,* Formgeschichte, 105 ff; *E. Lohse,* Wort und Sakrament, 200 f; *H. Thyen,* FB (ThR 43), 353 f; *L. Schenke,* Vorgeschichte, 73 f.

ist Jesus selbst das vom Himmel herabgekommene Lebensbrot, während im eucharistischen Abschnitt Fleisch und Blut Jesu das Himmelsbrot sind. 2) Das Himmelsbrot gibt (= δίδωσιν) in Joh 6,32 der Vater (V. 32), in Joh 6,51c hingegen wird der Sohn das Brot geben (= δώσω). 3) Das Essen (= φαγεῖν) des Brotes kann in der Lebensbrotrede nur symbolisch verstanden werden. Im Gegensatz dazu sind im eucharistischen Abschnitt φαγεῖν (›essen‹) und τρώγειν (›kauen‹) wörtlich aufzufassen. 4) Ist das Thema der Lebensbrotrede der Erweis der himmlischen Herkunft Jesu, so steht Jesu Leibhaftigkeit und Menschlichkeit im Mittelpunkt des eucharistischen Abschnittes. 5) Im Kontrast zur Lebensbrotrede kommt im eucharistischen Abschnitt dem Tun des Menschen eine besondere Bedeutung zu (V. 54.56).

Diese gewichtigen Veränderungen auf inhaltlicher Ebene zwingen zu der Annahme einer neuen literarischen Schicht in Joh 6,51c–58.[77] Offensichtlich sind diese Verse eine bewusste Interpretation und Weiterführung der Lebensbrotrede. Entstammt sie der geformten schriftlichen Tradition der joh. Schule, so muss die Einzelexegese darüber entscheiden, ob der eucharistische Abschnitt im Wesentlichen auf den Evangelisten oder eine postevangelistische Redaktion zurückgeht. Die letzte Möglichkeit kann methodisch nur dann erwogen werden, wenn Joh 6,51c–58 auf der Ebene des Evangelisten nicht erklärbar ist.

51c Mit καί ... δέ (vgl. Joh 8,16.17; 15,27; 1Joh 1,3) setzt ein neuer Abschnitt ein, der sich inhaltlich vom Vorhergehenden unterscheidet.[78] Das Stichwort σάρξ (›Fleisch‹) markiert einen vom Kontext unmotivierten, V. 51c–58 umfassenden Neueinsatz. Da mit σάρξ eine eigenständige Thematik eingeführt wird, kann V. 51c nicht als Ende der Lebensbrotrede gelten, sie hat in V. 51a.b ihren organischen Abschluss. Neben der Partikelfolge καί ... δέ weist auch die Korrespondenz zwischen dem redaktionellen V. 27 und der Wendung ὁ ἄρτος δὲ ἐγὼ δώσω (›das Brot, das ich geben werde‹) auf die Hand des Evangelisten. Die Verheißung aus V. 27 wird aufgenommen und erläutert: Die unvergängliche Speise, die ich geben werde, ist mein Fleisch.[79] Das Futurum δώσω deutet bereits auf die Begründung der Eucharistie im Kreuzestod Jesu in Joh 19,34b hin. Der von Johannes neu eingeführte Begriff σάρξ verweist die Hörer und Leser des Evangeliums auf einen umfassenden Begründungszusammenhang: 1) Durch den Prolog als programmatischen Eröffnungstext und mitgehenden Anfang ist σάρξ eindeutig konnotiert: Es ist das kreatürliche Sein, in das der Logos eingeht und zu dem er wird; zugleich aber göttlicher Logos bleibt, weil in der Sarx seine Doxa aufleuchtet. Speziell diese Doppelstruktur des wirklich Menschlichen und bleibend

---

[77] Die terminologischen Unterschiede zwischen der Lebensbrotrede und dem eucharistischen Abschnitt (Fehlen von πιστεύειν in Joh 6,51c–58; μάχομαι in V. 52 anstelle von γογγύζω; ζωὴν ἐν ἑαυτοῖς nur V. 53, die Immanenzformel in V. 56) reichen nicht aus, um verschiedene Ebenen zu behaupten.

[78] Anders *H. Schürmann,* Schlüssel, 157, der V. 51c ausschließlich als Abschluss der Lebensbrotrede versteht und erst in V. 52 eine Zäsur sieht.

[79] Möglicherweise steht hinter der Wendung ἡ σάρξ μού ἐστιν ὑπέρ ... ein von den Synoptikern und Paulus abweichendes Brot- und Deutewort der joh. Schule; vgl. *J. Jeremias,* 6,51c–58 – redaktionell?, ZNW 44 (1952/53), 256 f (Der Evangelist benutze eine mit V. 51c einsetzende vorjoh. eucharistische Homilie); *W. Wilkens,* Abendmahlszeugnis, 355 ff; *R. Schnackenburg,* Joh II, 83 f.

Göttlichen ist auch die Voraussetzung für das Verständnis von σάρξ im eucharistischen Abschnitt. Der Rückgriff auf Joh 1,14 unterstreicht somit, dass der in der Eucharistie Gegenwärtige kein anderer als der Präexistente und Inkarnierte ist. 2) Gab Jesus sein Fleisch für das Leben des Kosmos hin, so ist damit an seinen Tod gedacht. 3) Stiftete Jesu Tod die Eucharistie, dann meint ἡ σάρξ μού ἐστιν (›mein Fleisch ist es‹) nichts anderes als den heilvollen Genuss von Fleisch (und Blut) bei der Feier des Herren-mahles.[80] 4) Nach Joh 1,14 erscheint σάρξ erst wieder in Joh 3,6 und 6,51 ff, nämlich jeweils im Zusammenhang mit Taufe und Eucharistie. Dies ist kein Zufall, denn die Sakramente sind genau der lebensgeschichtliche Ort für die Glaubenden, wo sie an den in der Inkarnation offenbar gewordenen göttlichen Lebenskräften teilhaben. Das inkarnatorische, kreuzestheologische und sakramentale Verständnis von σάρξ wider-sprechen sich an dieser Stelle keineswegs, denn die Inkarnation und der wirkliche Tod Jesu sind unabdingbare Voraussetzung für die soteriologische Dimension der Eucha-ristie.[81] Die in der Eucharistie gegenwärtige heilvolle Universalität von Inkarnation und Kreuz betont Johannes mit der Wendung ὑπὲρ τῆς τοῦ κόσμου ζωῆς = ›für das Leben der Welt‹ (vgl. 6,33; 8,12; ferner Joh 10,11.15; 11,4; 13,37; 15,13).[82] Das Christusgeschehen ist nicht begrenzbar, es gilt allen Menschen.   **52** Die Juden fassen als Repräsentanten des Unglaubens (vgl. V. 30.34.41) Jesu Offenbarungswort in einem dinglichen Sinn auf. Das joh. Hapaxlegomenon μάχεσθαι (›streiten/kämpfen‹) ver-weist nicht auf die Hand einer späten ›Redaktion‹, sondern ist eine bewusste Anspie-lung des Evangelisten[83] auf das ›Streiten‹ der Wüstengeneration mit Mose (Ex 17,2; Num 20,3) bzw. Gott (Num 20,13), dem das ›Murren‹ des Volkes voranging.[84] Die Funktion von V. 52 liegt vor allem in der Vorbereitung der in V. 53–55 erfolgenden Antwort auf die durch V. 51c aufgeworfene Frage, weshalb das Essen des Fleisches Jesu die Gabe des ewigen Lebens gewährt.   **53** Mit einem negativen Konditionalsatz werden die Bedingungen für den Erhalt des ewigen Lebens formuliert: das Essen des

---

[80] Ebenso wie Johannes gebraucht Ignatius σάρξ anstelle von σῶμα zur Bezeichnung eines Mahlelementes (vgl. Sm 7,1; Röm 7,3; Phld 4; Trall 8,1; vgl. ferner Just, Apol I 66,2), um gleichermaßen die Wirklichkeit des Todes Jesu und die Heilsbedeutung der Eucharistie gegen die Doketen zu verteidigen, für die eine Leugnung der Fleischwerdung Jesu eine Entleerung der Eucharistie zur Folge hatte.

[81] Einen Bezug auf die Eucharistie bestreitet zuletzt wieder *J. Heilmann*, Wein und Blut, 238 f: »Sowohl lite-rarkritisch argumentierende ›eucharistische‹ Deutungsansätze als auch synchrone Versuche der ›eucharisti-schen‹ Deutung von Joh 6,51e–58 haben sich für die Auslegung dieser Verse als wenig tragfähig erwiesen. Die Auslegung von Joh 6,51e–58 innerhalb des Brotdiskurses hat gezeigt, dass das Motiv des Trinkens von Jesu Blut nicht metonymisch für das Trinken von Wein steht und dass die Bezeichnung ›eucharisti-scher Abschnitt‹ inadäquat ist. Vielmehr lassen sich die Motive vom Trinken des Blutes Jesu und vom Essen/Kauen seines Fleisches plausibel innerhalb des Joh 6 entfalteten metaphorischen Netzwerkes verste-hen, dem die konzeptuelle Metapher ESSEN/TRINKEN IST ANNAHME VON LEHRE zugrunde liegt. Sowohl das Brot als auch das Fleisch und Blut stehen für den inkarnierten logos, den die Jünger bzw. Glaubenden in Form seiner Lehre essen und trinken, also annehmen können. Die konzeptuelle Metapho-rik ist ebenfalls in den markinischen Prätexten zu finden. Der Verfasser hat sie aufgenommen und im Hinblick auf seine pragmatischen Ziele in kreativer und innovativer Weise in sein eigenes narrativ-theolo-gisches Konzept integriert.« Zur umfassenden Kritik dieser Position vgl. *U. Schnelle*, Symbol und Wirk-lichkeit. Zu einer notwendigen Bedingung johanneischen Denkens, ZNT 35 (2015), 59–63.

[82] Zum joh. Charakter der Wendung vgl. *E. Ruckstuhl*, Einheit, 250.

[83] Typisch johanneisch ist in V. 52 das οὖν-historicum.

[84] Vgl. *R. Schnackenburg*, Joh II, 89 f.

Fleisches und das Trinken des Blutes des Menschensohnes. Die auffällig scharfe Aussage und die Betonung der Eucharistie als unerlässlicher Heilsbedingung lassen vermuten, dass der Evangelist hier bewusst wie zuvor mit σάρξ in V. 51c einen antidoketischen Akzent setzt.[85] Allein die von den Doketen gering geschätzte Eucharistie vermittelt die Heilsgabe des ewigen Lebens. Der für die joh. Anthropologie ungewöhnliche Ausdruck vom Lebenhaben ἐν ἑαυτοῖς besagt nicht, dass Fleisch und Blut als Substanz Lebensträger sind. Der Evangelist denkt nicht in Sach-, sondern in Personalkategorien (vgl. V. 57). Einzig die Identität des Inkarnierten und Gekreuzigten mit dem himmlischen Menschensohn erklärt, warum der Genuss der eucharistischen Gaben die ζωὴ αἰώνιος = ›das ewige Leben‹ zu geben vermag.[86] **54** Die Form,[87] die fehlenden joh. Stilmerkmale und die wörtliche Wiederholung deuten auf eine vom Evangelisten an dieser Stelle aufgenommene eucharistische Tradition seiner Schule hin.[88] Das drastische τρώγειν muss im Sinn von ›kauen‹ verstanden werden[89] und zeigt deutlich einen antidoketischen Akzent: Nicht das bildhafte ›Essen‹ des Himmelsbrotes oder das geisterfüllte ›Essen‹ des Menschensohnes verleihen das ewige Leben, sondern allein das wahrhaftige Essen des Fleisches und Trinken des Blutes Jesu Christi in der Eucharistie. Damit wehrt τρώγειν »jedem Versuch einer Verflüchtigung«,[90] denn es betont unüberhörbar die in der Eucharistie gegenwärtige Realität von Inkarnation und Kreuzestod. Offenkundig ist die Korrespondenz zwischen dem eucharistischen Abschnitt und der Fußwaschung (τρώγειν nur in Joh 6,54.56–58 und in Joh 13,18!); Johannes bezieht durch τρώγειν beide Texte aufeinander und verdeutlicht, dass er um den ursprünglichen Ort der Abendmahlsüberlieferung weiß.[91] Fußwaschung und eucharistischer Abschnitt verbindet ein Thema: Jesu heilvolle Hingabe für die Seinen aus Liebe. Die refrainartige Wendung ›und ich werde ihn auferwecken am letzten Tag‹ in V. 54b (vgl. 39.40.44) geht auf den Evangelisten zurück.[92] Auch hier ist eine antidoketische Tendenz zu vermuten, denn mit dem Ausblick auf die endzeitliche Totenauferweckung wahrt Johannes die Unverfügbarkeit des Heils gegen die

---

85 Vgl. *W. Wilkens,* Abendmahlszeugnis, 356; *J. Schneider,* Joh, 153; *O. S. Brooks,* The Johannine Eucharist, JBL 82 (1963) 293–300; *R. Schnackenburg,* Joh II, 92; *J. D. G. Dunn,* John VI, 335; *G. Richter,* Formgeschichte, 113 u. ö.; *G. Bornkamm,* Tradition, 62; *J. Gnilka,* Theologie, 321; *L. Schenke,* Vorgeschichte, 88 (Antidoketismus einer späteren ›Redaktion‹); *B. Kollmann,* Mahlfeier, 122.

86 In seiner jetzigen Gestalt geht V. 53 auf den Evangelisten zurück, was vor allem die joh. Stilmerkmale nahelegen (1. οὖν-historicum; 2. Einleitung mit ἀμὴν ἀμήν; 3. ἐὰν μὴ ... οὐ); vgl. *Ruckstuhl* Nr. 2.40.44.

87 Vgl. dazu *R. Schnackenburg,* Joh II, 92.

88 *U. Wilckens,* Der eucharistische Abschnitt, 204 f, hält den gesamten V. 54 für traditionell.

89 Vgl. *F. Passow,* Handwörterbuch II.2, 2001: »nagen, knuppern, knuspern, schroten, zerbeissen, essen, fressen, bes. rohe Speisen mit den Zähnen zerreiben od. zermalmen«; vgl. ferner *R. Bultmann,* Joh, 176 Anm. 2; *E. Haenchen,* Joh, 327; *W. Bauer,* Joh, 98.

90 *W. Bauer,* WB[5], 1641.

91 Warum überliefert Johannes keinen Einsetzungsbericht? Eine plausible Antwort gibt *J. Gnilka,* Theologie, 323: »Noch nicht der Irdische, erst der Erhöhte konnte diese Gabe im Vollsinn gewähren.«

92 τῇ ἐσχάτῃ ἡμέρᾳ ist Stilmerkmal Nr. 32 bei *Ruckstuhl. R. Bultmann,* Joh, 162, u. a. streichen im Anschluss an *F. Spitta,* Johannesevangelium, 151 ff, durchgehend den Auferstehungsgedanken im 6. Kapitel. Für die Ursprünglichkeit der Wendung plädieren z. B. *E. Schweizer,* Zeugnis, 386 f; *U. Wilckens,* Der eucharistische Abschnitt, 242; *J. Schneider,* Komposition, 133; *H. Schürmann,* Eucharistie, 181 Anm. 79; *J. Frey,* Eschatologie III, 391–397.

ausschließlich auf die vollständige Gegenwart des Heils ausgerichteten Doketen (vgl. auch V. 57: ζήσει = ›er wird leben‹); V. 58: ζήσει εἰς τὸν αἰῶνα = ›er wird leben in Ewigkeit‹). Damit schmälert der Evangelist keineswegs die soteriologische Bedeutung des den Gläubigen bereits zuteil gewordenen Heilsgutes, das aber »über die irdische Lebenszeit hinaus« nur dann Bestand hat, »wenn es die Auferstehung der Toten gibt; d. h. die vergegenwärtigte Eschatologie bedarf als Ergänzung der endzeitlichen Escha-tologie«.[93] **55** An die Schultradition schließt sich eine erste Interpretation an: In der Eucharistie ist Jesu Fleisch reale, wirkliche, wahre Speise, und Jesu Blut ist realer, wirk-licher, wahrer Trank. Das Attribut ἀληθής (›wahr/wahrhaft‹) betont sowohl die Zu-verlässigkeit als auch die Exklusivität und Realität der Elemente des Herrenmahles.[94] Die eucharistischen Gaben gewähren das ewige Leben, nur sie sind göttliche Speise und göttlicher Trank. Eine Alternative zwischen der Betonung des realistischen Aktes des Essens und Trinkens sowie der Hervorhebung der Zuverlässigkeit der Heilsgabe der Eucharistie besteht nicht, vielmehr bedingen beide Aspekte einander.[95] **56** Der Genuss der eucharistischen Gaben bewirkt eine überaus enge Verbindung zwischen Jesus und dem Kommunikanten, er bleibt in Jesus und Jesus in ihm. Durch die Ver-einigung mit dem göttlichen Lebensträger[96] erlangt der Glaubende in der Eucharistie die Heilsgabe des ewigen Lebens.[97] Die joh. Immanenzformeln (vgl. 1Joh 3,24; 4,13. 16b; Joh 10,38; 14,10 f; 15,4–7; 17,21–23) beschreiben wie die paulinische ἐν Χριστῷ-Vorstellung (›in Christus‹) die einzigartige gegenseitige ›Inexistenz‹ von Of-fenbarer und Gläubigen ohne Aufgabe der jeweiligen personalen Identität. Sie haben ihren Ursprung in der joh. Vorstellung der Einheit von Vater und Sohn und wurden von dort auf die eucharistischen Aussagen übertragen.[98] **57** Der Vater als Inbegriff des Lebens sendet den Sohn (vgl. V. 29.38 f.44) zur Rettung des vom Tod gekenn-zeichneten Kosmos, die Glaubenden haben daran in der Eucharistie teil. Diese präg-nante Zusammenfassung des joh. Eucharistieverständnisses betont noch einmal die grundlegende Verbindung zwischen Inkarnation und Eucharistie. Weil der lebendige Gott seinen Sohn sandte, eröffnet sich für die Glaubenden das Leben. Wie der Sohn durch den Vater lebt, so wird der Glaubende durch Jesus leben (vgl. V. 33.35.48. 51a). Aus der innigen Verbindung des Kommunikanten mit Jesus im sakramentalen Akt (ὁ τρώγων με = ›der mich isst/kaut‹) folgert der Evangelist eine futurische Aussage über das Leben des Glaubenden (ζήσει = ›er wird leben‹). Die Gaben der Eucharistie ge-währen keineswegs nur ein auf die gegenwärtige Vollendung bezogenes Heil (vgl.

---

[93] *J. Schneider,* Komposition, 133.

[94] Da Johannes ἀληθής und ἀληθινός promiscue gebrauchen kann (vgl. bes. Joh 7,28/8,26), erscheint eine alternative Interpretation unzulässig zu sein und den Text zu überfordern. Sachlich trifft das Gemeinte am besten ἀληθῶς (D P⁶⁶ Θ u. a.), vgl. *R. Bultmann,* Joh, 176 Anm. 3.

[95] Gegen *R. Schnackenburg,* Joh II, 93; *E. Schweizer,* Zeugnis, 393 f.

[96] Zur Omophagie in den Mysterienkulten vgl. Eur, Fragm 472,9–15 (»Ein reines Leben führe ich, seit ich Eingeweihter des Zeus von Ida wurde, und des nächtlichen Zagreus ekstatischer Rausch und die rohver-schlingenden Mähler feierte und der Bergmutter die Fackeln schwang und geheiligter kuretischer Bak-chant genannt wurde«; ferner Eur, Bakchen 734–737; zur Interpretation vgl. *J. Kott,* Gott-Essen. Inter-pretationen griechischer Tragödien, München 1975.

[97] Vgl. *R. Schnackenburg,* Joh II, 94; *U. Wilckens,* Joh, 107.

[98] Vgl. ebd.

V. 54.58c), sondern begründen eine über den Tod hinausreichende Gemeinschaft mit Christus. **58** Der in der Eucharistie gegenwärtige Jesus Christus ist das vom Himmel herabgestiegene Brot des Lebens (vgl. V. 33.50). Noch einmal werden die Überwindung des Todes und Leben in Ewigkeit als Heilsgaben des Himmelsbrotes genannt. Die Antithetik zu den Vätern in der Wüste lenkt auf V. 49 und die Verheißung ewigen Lebens auf V. 51b zurück. Damit nimmt der Evangelist am Ende des eucharistischen Abschnittes zentrale Aussagen der Lebensbrotrede auf und stellt wiederum in wirkungsvoller Manier dem todbringenden Manna der Mosegeneration die Leben spendende Speise der Eucharistie gegenüber. **59** Die Lebensbrotrede und der eucharistische Abschnitt finden nun einen deutlichen Abschluss (vgl. ταῦτα εἶπεν). Die Ortsangabe bezieht sich auf den redaktionellen V. 24 (vgl. auch V. 17) zurück, und das Verb διδάσκειν (›lehren‹) qualifiziert die voraufgegangene Rede ausdrücklich als Lehre der joh. Schule. Die typisch joh. Sprachgestalt, die vergleichbaren redaktionellen Übergangsverse Joh 1,12; 4,46 und der Rückbezug auf Joh 6,24 weisen auf den Evangelisten als Verfasser des Verses hin.[99]

Offensichtlich leugneten Doketen innerhalb der joh. Schule die soteriologische Bedeutung des Herrenmahles, so dass sich der Evangelist zu einer Darlegung seines Eucharistieverständnisses veranlasst sah.[100] Im Hintergrund der Kontroverse steht auch hier die Frage nach der Leiblichkeit des inkarnierten, gekreuzigten und auferstandenen Gottessohnes Jesus Christus. Wenn er nur einen Scheinleib hatte, nicht wirklich ins Fleisch gekommen ist (vgl. 1 Joh 4,1–3), nur scheinbar litt und starb, dann ist die Eucharistie entleert und man kann ihr fernbleiben, wie es die Doketen bei Ignatius taten (Sm 7,1). Deshalb trägt der Evangelist hier sein Eucharistieverständnis vor. Als Ort für die Überlegungen bot sich der Anschluss an die Lebensbrotrede geradezu an, denn die Mannavorstellung war im Urchristentum mit dem Herrenmahl eng verbunden.[101] Die antidoketische Ausrichtung des Textes zeigt sich in der Verwendung von σάρξ in V. 51c, dem exklusiven Bedingungssatz in V. 53, der Aufnahme des realistischen τρώγειν und dem eschatologischen Ausblick in V. 54.58b. In V. 54a und möglicherweise auch in V. 51c (ἡ σάρξ μού ἐστιν ὑπέρ … = ›mein Fleisch für …‹) benutzte der Evan-

---

[99] Treffend bezeichnet *H. Strathmann*, Joh, 125, V. 59 als »Bühnenbemerkung«.

[100] Zur antidoketischen Ausrichtung von V. 51c–58 vgl. auch *B. Kollmann*, Mahlfeier, 131; *M. Hengel*, Die johanneische Frage, 247; *M. Reiser*, Eucharistische Wissenschaft, 174; *J. Frey*, Eschatologie III, 396 f.

[101] Als sinnvolle Fortsetzung der Lebensbrotrede auf der Ebene des Evangelisten sehen Joh 6,51c–58 u. a. an: *E. Ruckstuhl*, Einheit, 243 ff; *E. Schweizer*, Zeugnis, 385 ff; *P. Borgen*, Bread from Heaven, 96 f; *U. Schnelle*, Antidoketische Christologie, 214–228; *P. Stuhlmacher*, Das neutestamentliche Zeugnis vom Herrenmahl, ZThK 84 (1987), 24–32; *B. Kollmann*, Mahlfeier, 131; *W. Schmithals*, Johannesevangelium und Johannesbriefe, 355; *M. Hengel*, Die johanneische Frage, 247; *M. Reiser*, Eucharistische Wissenschaft, 174; *J. Frey*, Eschatologie III, 396 f; *U. Wilckens*, Joh, 107–109. Einer post-evangelistischen Redaktion ordnen 6,51c–58 u. a. zu: *R. Bultmann*, Joh, 161 f; *G. Richter*, Formgeschichte, 105 ff; *J. Becker*, Joh I, 263 ff; *H. Weder*, Menschwerdung Gottes, 367; *J. Zumstein*, Joh, 271. *M. Theobald*, Joh I, 484 f, betont ausdrücklich, dass der Evangelist keineswegs antisakramental eingestellt gewesen sei, ordnet Joh 6,51c–58 dennoch einer postevangelistischen Redaktion zu. Begründung: Erst der Redaktor trägt »ein inkarnationschristologisches Deutungsmuster in den vorgegebenen Rahmen ein« (a. a. O., 484). Dagegen ist einzuwenden, dass gerade dieses inkarnationschristologische Deutungsmuster das eigentliche Interesse des Evangelisten ist! Mit welcher Begründung kann man es ihm ab- und einem unbekannten, postulierten Redaktor zusprechen?

gelist eucharistische Traditionen der joh. Schule, die seiner antidoketischen Zielsetzung entsprachen. Johannes leitete seiner Auseinandersetzung mit den Doketen ein christologisches Interesse: Im Herrenmahl wird die heilvolle Identität des erhöhten Menschensohnes mit dem Inkarnierten und Gekreuzigten sichtbar und erfahrbar. So wie der Glaube den Zugang zu Jesus eröffnet,[102] gewährt die Eucharistie die real geschichtliche bleibende Teilhabe an seinem Heilswerk: Hier schenkt Jesus den Glaubenden Leben, weil er sein Leben für sie hingab. Er verbindet im eucharistischen Mahl die Glaubenden mit sich, wie er selbst mit dem Vater verbunden ist.

Wenn ein Text von Brot, Fleisch, Blut, das Dankgebet sprechen, kauen/essen und trinken sowie Leben und ewigem Leben spricht, dann werden durch diese starken Begriffe bewusst Assoziationen ausgelöst und Verbindungen zur rituellen Gemeindepraxis hergestellt. Die eucharistische und damit rituelle Ebene muss nicht von außen in den Text hineingetragen werden, sondern sie ist bereits durch den Evangelisten Johannes fest im Text verankert! Ebenso lässt sich die inkarnationstheologische Zuspitzung im eucharistischen Abschnitt bestens der Christologie des 4. Evangelisten (und nicht erst einem späteren Redaktor!) zuordnen, für den auf dem Hintergrund des christologischen Schismas in seiner Schule (vgl. Joh 6,60–71) die Leiblichkeit Jesu Christi ein durchgängiges Thema ist (vgl. Joh 1,14; 20,1–29). Auch aus religionsgeschichtlicher und vor allem ritualtheoretischer Sicht ist es unhaltbar, dem 4. Evangelisten ein fundamentales Interesse an den Sakramenten abzusprechen.[103] Das frühe Christentum war in ein sehr komplexes und attraktives religiös-philosophisches Umfeld eingebettet. Dabei wurde das Leben des antiken Menschen in allen Bereichen durch religiöse Vorstellungen und rituelle Vollzüge bestimmt. Sowohl die griechische als auch die römische Religion ist durch rituelle Vollzüge, durch das Handeln nach dem Brauch der Väter bzw. der Stadt geprägt. Durch den rituell korrekten Vollzug der den Göttern geweihten Opfer,[104] durch zeremonielles Schlachten und Essen, durch Reinigungsrituale galt es Störungen im Verhältnis der Götter zu den Menschen und der Menschen untereinander aufzuheben.[105] Es gibt keinen Hinweis darauf, dass die frühen Christen aus diesen Grundlagen religiöser Weltsicht und religiöser Praxis ausgestiegen sind. Warum sollten sie auch? Im Gegenteil, gerade der in der joh. Theologie dominierende Lebensbegriff fordert Orte der Teilhabe, nämlich Taufe und Eucharistie.

---

[102] Das Fehlen des Glaubensbegriffes in V. 51c–58 ist kein Indiz für den sekundären Charakter dieses Stückes. Vielmehr setzt der Evangelist selbstverständlich voraus, dass der Teilnehmer an der Eucharistie zugleich ein an Jesus Glaubender ist. Zudem will Johannes den eucharistischen Abschnitt auf dem Hintergrund seines jetzigen Kontextes – der Lebensbrotrede – verstanden wissen, wo πιστεύειν ein zentraler Begriff ist; vgl. *U. Wilckens*, Der eucharistische Abschnitt, 231; *J. Gnilka*, Theologie, 323.

[103] Im Hintergrund steht hier noch immer *R. Bultmann*, Theologie, 411: »Die Tatsache, daß bei Johannes die ›Heilstatsachen‹ im traditionellen Sinn keine Rolle spielen, und daß das ganze Heilsgeschehen: Menschwerdung, Tod und Auferstehung Jesu, Pfingsten und die Parusie in das eine Geschehen verlegt ist: die Offenbarung der ἀλήθεια Gottes im irdischen Wirken des Menschen Jesus und die Überwindung des Anstoßes im Glauben – dieser Tatsache entspricht es, daß auch die Sakramente keine Rolle spielen.«

[104] Vgl. Plato, Leges IV 716d: » ... dass für einen guten Menschen das Opfern und der ständige Verkehr mit den Göttern durch Gebete, Weihgeschenke und alle Formen der Gottesverehrung das schönste und beste und wirksamste Mittel zu einem glücklichen Leben und ihm daher auch ganz besonders angemessen ist.«

[105] Vgl. dazu *W. Burkert*, Griechische Religion der archaischen und klassischen Epoche, Stuttgart ²2011, 93–107.

Exkurs 7: Doketismus*

Joh 1,14; 6,51c–58.60–71; 19,34 f und die in 2Joh 7; 1Joh 2,22 f; 4,1–3; 5,6–8 bekämpften Gegner zeigen, dass es in der joh. Schule einen Konflikt um das sachgemäße Verständnis der Person Jesu Christi und seines Heilswerkes gab. Die im 1Joh attackierten Dissidenten gehörten ehemals zur Gemeinde (vgl. 1Joh 2,19) und leugneten aus der Sicht des Briefschreibers die soteriologische Identität zwischen dem irdischen Jesus und dem himmlischen Christus (vgl. 1Joh 2,22: Ἰησοῦς οὐκ ἔστιν ὁ Χριστός = ›Jesus ist nicht der Christus‹; vgl. ferner die Identitätsaussagen in 1Joh 4,15; 5,1.5).[106] Offenbar waren für die Gegner nur der Vater und der himmlische Christus heilsrelevant, nicht jedoch das Leben und Sterben des geschichtlichen Jesus von Nazareth. Für den Verfasser des 1Joh hat hingegen der den Vater nicht, der das Wirken des Sohnes falsch lehrt. Die Inkarnationsaussage in 1Joh 4,2 (vgl. 1Joh 1,2; 3,8b) lässt zudem auf die Bestreitung der Fleischwerdung des präexistenten Christus durch die Gegner schließen.[107] Die Passion des geschichtlichen Jesus von Nazareth (vgl. 1Joh 5,6b) hatte ebenso wie sein Sühnetod (vgl. 1Joh 1,9; 2,2; 3,16; 4,10) für sie keine Heilsbedeutung. Sie unterschieden strikt zwischen dem allein heilsrelevanten himmlischen Christus und dem irdischen Jesus, der seiner irdischen Erscheinung nach nur einen Scheinleib hatte. Für diese Interpretation spricht auch 1Joh 4,3, wo zu lesen ist: καὶ πᾶν πνεῦμα, ὃ λύει τὸν Ἰησοῦν ἐκ θεοῦ οὐκ ἔστιν = ›und jeder Geist, der Jesus auflöst, ist nicht aus Gott‹.[108] Die Gegner »eliminierten Jesus aus ihrer Lehre, leugneten die menschliche Seite des Erlösers«.[109]

Die Ignatiusbriefe[110] bieten zu diesem Konflikt eine Parallele, Ignatius wendet sich ebenfalls gegen eine doketische Christologie. Er wirft seinen Gegnern vor, die Leiblichkeit Jesu Christi zu bestreiten. Sie bekennen nicht, dass der Herr einen Leib trägt (Sm 5,2). Demgegenüber betont

---

*   Literatur zum Doketismus: *Bauspieß, M.:* »Doketismus« als theologisches Problem. Zur Bultmann-Käsemann-Kontroverse um den Wirklichkeitsbezug der johanneischen Theologie, in: *M. Bauspieß/Chr. Landmesser/F. Portenhauser* (Hg.), Theologie und Wirklichkeit, Neukirchen 2011, 185–219; *Brox, N.:* »Doketismus« – eine Problemanzeige, ZKG 95 (1984) 301–314; *Davies, J. G.:* The Origins of Docetism, StPatr 6 (= TU 81), Berlin 1975, 13–35; *Kinlaw, P.:* The Christ is Jesus, 69–108; *Klauck, H.-J.:* Die Johannesbriefe, 138–141; *Müller, U. B.:* Die Menschwerdung des Gottessohnes. Frühchristliche Inkarnationsvorstellungen und die Anfänge des Doketismus, 102–122; *Schnelle, U.:* Die Johannesbriefe, 138–146; *Slusser, M.:* Docetism: A Historical Definition, The Second Century 1 (1981), 163–172; *Strecker, G.:* Die Johannesbriefe, 131–139; *Tröger, K. W.:* Doketische Christologie in Nag-Hammadi-Texten, Kairos 19 (1977), 45–52; *Uebele, W.:* »Viele Verführer sind in die Welt ausgegangen«, BWANT 151, Stuttgart 2001, 44–57; *Weigandt, P.:* Der Doketismus im Urchristentum und in der theologischen Entwicklung des zweiten Jahrhunderts, Diss. theol. Heidelberg 1961; *Wengst, K.:* Häresie und Orthodoxie im Spiegel des ersten Johannesbriefes, Gütersloh 1976, 15–61.

[106] Vgl. u. a. *R. Bultmann,* Johannesbriefe, 44; *R. E. Brown,* The Epistles of John, 352; *G. Strecker,* Johannesbriefe, 129; *H. Windisch,* Die Katholischen Briefe, HNT 15, Tübingen ³1951, 127f; *E. Haenchen,* Neuere Literatur zu den Johannesbriefen, in: *ders.,* Die Bibel und Wir, Tübingen 1968, 274; *U. Schnelle,* Die Johannesbriefe, 107–109. Betrachtet man 1Joh 2,22 isoliert, dann kann auch die jüdische Leugnung der Messianität Jesu gemeint sein, was freilich durch 1Joh 2,19 ausgeschlossen ist; gegen *K. Weiß,* Die ›Gnosis‹ im Hintergrund und im Spiegel der Johannesbriefe, in: Gnosis und Neues Testament, hg. v. *K. W. Tröger,* Berlin 1973, 343, der in der Leugnung der Gottessohnschaft Jesu das Spezifikum der gegnerischen Lehre sieht. *H. Thyen,* TRE 17 (1987), 194, bezeichnet im Anschluss an *A. Wurm* die Gegner als ›orthodoxe Juden‹, die die Notwendigkeit eines himmlischen Offenbarers zur Gotteserkenntnis bestreiten.

[107] Vgl. u. a. *R. Bultmann,* Johannesbriefe, 50 ff; *G. Strecker,* Johannesbriefe, 211 f; *U. Schnelle,* Die Johannesbriefe, 132–138. Nach *R. Schnackenburg,* Johannesbriefe, 221; *P. Minear,* The Idea of Incarnation in First John, Interp 24 (1970), 300f, liegt in 1Joh 4,2 keine Inkarnationsaussage vor.

[108] Für die LA λύει (›löst auf‹) plädieren u. a. *R. Schnackenburg,* Johannesbriefe, 222 (ausführliche Begründung); *R. Bultmann,* Johannesbriefe, 67; *R. E. Brown,* The Epistles of John, 494–46; *P. Weigandt,* Doketismus, 104; *K. Wengst,* Häresie und Orthodoxie im Spiegel des ersten Johannesbriefes, 17 Anm. 14; *M. Hengel,* Die johanneische Frage, 171 ff; anders z. B. *H.- J. Klauck,* Der erste Johannesbrief, 234–237.

[109] *P. Weigandt,* Doketismus, 105.

[110] Abgefasst während der Regierungszeit Trajans zwischen 110–117 n. Chr.

Ignatius, dass Jesus Christus von der Jungfrau Maria wirklich geboren, von Johannes getauft und unter Pontius Pilatus wirklich für uns im Fleisch angenagelt wurde (Sm 1,1; vgl. Trall 9,1). Für die Gegner hat Jesus Christus nur zum Schein gelitten (vgl. Trall 10; Sm 2; 4,2). Nachdrücklich verweist hingegen Ignatius auf das Leiden und Sterben Christi (vgl. Eph 7,2; 20,1; Trall 9,1; 11,2; Röm 6,1; Sm 1,2; 6,2). Ist Jesus Christus auf Erden nur ›τὸ δοκεῖν‹ (= ›scheinbar‹) erschienen, litt er nicht wirklich, so müssen die Gegner auch seine Auferstehung leugnen. Nur so erklärt sich die Vehemenz, mit der Ignatius im Blick auf die Gegner die Auferstehung Jesu Christi im Fleisch betont (vgl. Sm 1,2; 3,1; 7,1; Trall 9,2; Eph 20,1; Magn 11). Leugnen die Gegner die Auferstehung, dann ist auch die Eucharistie entleert und die Gnade Christi geschmälert (Sm 6,2), so dass es nur folgerichtig ist, wenn die Gegner der Eucharistiefeier fernbleiben (vgl. Sm 7,1, ferner Sm 6,2). Da die Gegner die wahrhaftige sarkische Existenz Jesu Christi, sein Leiden und die Auferstehung des Gekreuzigten bestreiten, daraus Konsequenzen für die Eucharistie ziehen und das Stichwort τὸ δοκεῖν fällt, kann diese Lehre als Doketismus bezeichnet werden.[111] Offensichtlich wird die gesamte irdische Existenz Jesu Christi als δόκησις (= ›zum Schein‹) aufgefasst,[112] Jesus Christus ist nur zum Schein erschienen, ungeboren.

Allein diese Form einer monophysitischen Christologie, in welcher der Erlöser selbst ausschließlich göttlicher Natur ist und somit nicht er selbst, sondern seine δόκησις (›Scheingestalt‹) auf Erden erscheint, kann Doketismus genannt werden.[113] Ein in dieser Weise definierter Doketismus, dessen Konsequenz eine völlige Entleerung des irdischen Seins Jesu Christi ist, findet sich außer in den Ignatiusbriefen bei Satornil, Kerdon, Markion und in den Johannesakten.[114] Im Hintergrund des Doketismus dürften Grundanschauungen des Platonismus stehen,[115] für den eine soteriologisch relevante Menschwerdung einer Gottheit[116] ebenso unvorstellbar war wie das Leiden Gottes[117] ›für andere‹.

---

[111] Vgl. nur *W. Bauer*, Die Briefe des Ignatius von Antiochien und der Polykarpbrief, HNT.EB II, Tübingen 1920, 239 f; *P. Weigandt*, Doketismus, 57 f; *W. Bauer/H. Paulsen*, Die Briefe des Ignatius von Antiochia und der Polykarpbrief, HNT 18, Tübingen 1985, 65; *W. R. Schoedel*, Die Briefe des Ignatius von Antiochien, München 1990, 250 ff; *M. Lang*, Johannes und die Synoptiker, 170–176.

[112] Vgl. *W. Bauer*, Die Briefe des Ignatius, 239.

[113] Vgl. *P. Weigandt*, Doketismus, 16.18. Sehr wichtig ist, dass Doketismus und Gnosis keineswegs identisch sind:»Sondern der Doketismus ist eine der Voraussetzungen gnostischer Erlöserlehre …« (*C. Colpe*, Art. Gnosis II, RAC 11 [1981], 611); vgl. auch die Differenzierungen bei *P. Weigandt*, Doketismus, 4–19; ferner *W. R. Schoedel*, Briefe des Ignatius, 255; *N. Brox*,»Doketismus« – eine Problemanzeige, 312 ff.

[114] Vgl. *P. Weigandt*, Doketismus, 28.82–86. Vielfach wird die Christologie der Gegner mit der Theologie Kerinths verbunden oder identifiziert (vgl. bes. *K. Wengst*, Häresie und Orthodoxie, 24 ff; *R. E. Brown*, The Epistles of John, 65 ff). Übereinstimmungen zwischen der Lehre Kerinths (vgl. Iren, Haer I 26,1) und der vermuteten Christologie der Gegner im 1Joh lassen sich nicht leugnen (Trennung himmlischer Christus – irdischer Jesus, Hochschätzung der Taufe Jesu). Ihnen stehen allerdings erhebliche Differenzen gegenüber: Konstitutiv für das System Kerinths war offenbar die Kosmogonie, die für die Gegner im 1Joh nicht nachzuweisen ist. Auch die Unterscheidung zwischen einem pneumatischen, leidensunfähigen Christus und dem Menschen Jesus, der dem himmlischen Christus als zeitweiliges Gefäß diente, ist 1Joh 2,22; 5,6 nicht zu entnehmen.

[115] Speziell der Gegensatz von δοκεῖν – εἶναι (vgl. Politeia II 361b.362a u. ö.) im platonischen Denken dürfte den Doketismus beeinflusst haben. Das eigentliche Sein ist das geistig-ideelle Sein, während die Welt der Wahrnehmungen (aus der Sicht der Doketen das leibliche Sein Jesu) dem Schein unterworfen ist. Es gilt:»Wie das Sein zum Werden, so verhält sich die Wahrheit zum Glauben« (Plato, Timaeus 29c).

[116] Vgl. z. B. Diog Laert VII 147, wo es über die Stoiker heißt:»Von Gott aber lehren sie: er ist ein unsterbliches Wesen, vernünftig, vollkommen, oder ein denkender Geist, glückselig, unempfänglich für alles Böse, voll vorschauender Fürsorge für die Welt und alles, was in ihr ist; doch trägt er nicht Menschengestalt.«

[117] Nach Diog Laert X 123 lehrte Epikur über Gott:»Erstens halte Gott für ein unvergängliches und glückseliges Wesen, … und dichte ihm nichts an, was entweder mit seiner Unvergänglichkeit unverträglich ist oder mit seiner Glückseligkeit nicht im Einklang steht …« Vgl. ferner Epikt, Diss II 8,1 f:»Was ist nun das Wesen Gottes? Ist es Fleisch (σάρξ)? – Keineswegs. – Ist es ein Stück Land? – Nicht doch. – Ist es Verkündigung? – Ebensowenig. – Ist es Verstand, Wissen, rechte Vernunft (νοῦς, ἐπιστήμης, λόγος ὀρθός)? – Das ist es.«

6. Die Spaltung unter den Jüngern und das Bekenntnis des Petrus 6,60–71*

(60) Viele von seinen Jüngern, die das hörten, sprachen: »Diese Rede ist hart; wer vermag sie zu hören?« (61) Da Jesus bei sich selbst wusste, dass seine Jünger darüber murrten, sprach er zu ihnen: »Ist dies ein Anstoß für euch? (62) Wenn ihr nun den Menschensohn hinaufsteigen seht, wo er zuvor war? (63) Der Geist ist es, der lebendig macht, das Fleisch hingegen vermag nichts. Die Worte, die ich zu euch gesprochen habe, sind Geist und Leben. (64) Aber es sind einige unter euch, die nicht glauben.« Jesus wusste nämlich von Anfang an, wer die sind, die nicht glauben, und wer der ist, der ihn übergeben sollte. (65) Und er sprach: »Deshalb habe ich euch gesagt, dass niemand zu mir zu kommen vermag, wenn es ihm nicht vom Vater gegeben ist.« (66) Von da an zogen sich viele seiner Jünger zurück und wanderten nicht mehr mit ihm. (67) Da sprach Jesus zu den Zwölfen: »Wollt ihr auch fortgehen?« (68) Simon Petrus antwortete ihm: »Herr, zu wem sollen wir fortgehen? Du hast Worte ewigen Lebens, (69) und wir haben geglaubt und erkannt, dass du der Heilige Gottes bist.« (70) Jesus antwortete ihnen: »Habe ich nicht euch, die Zwölf, erwählt? Und einer von euch ist der Teufel.« (71) Er sprach aber über Judas, Sohn Simons Iskariot, denn dieser sollte ihn übergeben, einer von den Zwölfen.

Mit Joh 6,60–71 beginnt eine neue Sinneinheit, die einerseits auf die Lebensbrotrede und den eucharistischen Abschnitt zurückblickt,[118] andererseits aber eine eigene Thematik hat. Unter den Jüngern kommt es als Folge der vorangehenden Rede Jesu zu einer Spaltung, die Frage nach wahrer und falscher Jüngerschaft bricht auf. Damit ist der Zielpunkt des gesamten Kapitels erreicht: Jesu Selbstoffenbarung als in der Eucharistie gegenwärtiges ›Brot des Lebens‹ fordert eine Glaubensentscheidung der Jünger und auch der textexternen Gemeinde. Die eucharistischen Worte Jesu führen eine Scheidung unter den Jüngern herbei und haben für den Evangelisten entscheidende Bedeutung.

60 Die Selbstoffenbarung Jesu in der Lebensbrotrede und im eucharistischen Abschnitt wird von vielen Jüngern verworfen, die ihm bis hierhin nachfolgten. Der Jüngerkreis ist bei Johannes sehr viel umfangreicher als die Gruppe der ›Zwölf‹, die lediglich in Joh 6,67.70 f; 20,24 erscheinen. Im 4. Evangelium zählen sogar Personen zum engsten Jüngerkreis, die nicht zum Zwölferkreis gehören (vgl. Joh 1,36 f; 13,23; 19,26 f; 19,34; 20,2–10: der ›Lieblingsjünger‹; Joh 1,45–49: Nathanael; Joh 3,1 ff; 7,50; 19,39: Nikodemus; Joh 11,1–44: Lazarus, Maria, Martha). Worin die Zumutung für die Hörer, der Glaubensanstoß besteht, wird vom Evangelisten noch nicht genannt, spürbar ist jedoch der Unmut unter den Jüngern. **61** Wie zuvor die Juden fangen auch die Jünger an zu murren (vgl. V. 43). Sie sind unwillig, an das zu glauben,

---

*   Literatur: *Popp, Th.*: Grammatik des Geistes, 386–437; *Schenke, L.*: Das johanneische Schisma und die ›Zwölf‹ (Joh 6,60–71), NTS 38 (1992), 105–121; *Theobald, M.*: Häresie von Anfang an? Strategien zur Bewältigung eines Skandals nach Joh 6,60–71, in: Ekklesiologie des Neuen Testaments (FS K. Kertelge), hg. v. *R. Kampling* u. *Th. Söding,* Freiburg 1996, 212–246.

[118] Vgl. *L. Schenke,* Das johanneische Schisma und die ›Zwölf‹, 108 f.

was Jesus gerade über seine Person und die Bedeutung des Herrenmahls sagte.   **62**
Der eigentliche Anstoß wird von Jesus genannt: Die ἀνάβασις (= ›der Aufstieg‹) des
Menschensohnes führt ihn dorthin, wo er zuvor war. Wahrscheinlich lehnte eine
Gruppe innerhalb der Jünger die mit dem Aufstieg unmittelbar verbundene Vorstellung ab, Jesus sei aus dem Himmel herabgestiegen, denn das ἀναβαίνειν (= ›hinaufsteigen‹) greift antithetisch das καταβαίνειν (= ›herabsteigen‹) der vorangegangenen
Reden auf (vgl. 6,33.41.42.50.51.58). Das Schisma unter den Jüngern entzündete
sich an der Bedeutung der Inkarnation und damit der irdischen Existenz Jesu, die
wirkliche Menschwerdung Jesu wurde von vielen Jüngern geleugnet. Damit verband
sich ein jeweils unterschiedliches Eucharistieverständnis, die vom Evangelisten in Kap.
6,51c–58 vorgetragene Interpretation war für die einer doketischen Christologie zu-
neigenden Gegner offenbar unannehmbar.[119] Wohl konnten sie akzeptieren, dass Jesus
als der ›Erhöhte‹ in den Himmel hinaufgestiegen ist, seine wirkliche Menschwerdung
und sein wirkliches Leiden, so wie sie im eucharistischen Abschnitt vorausgesetzt werden, waren für sie jedoch unannehmbar.[120] Für Johannes hingegen ist deutlich: Wer
in den Himmel hinaufsteigt, muss zuvor aus der himmlischen Sphäre herabgestiegen
sein.   **63** Erst durch die an Kreuz und Auferstehung Jesu gebundene Gabe des Geistes
erschließt sich Jesu vorösterliches Handeln. Wer dem Bereich des ›Fleisches‹ verhaftet
bleibt, den irdischen Daseinshorizont als einzigen Maßstab nimmt, kann das Wesen
der Person Jesu nicht erkennen. Allein der Geist gewährt eine sachgemäße Sehweise,
ermöglicht den Glauben und das Leben. Der σάρξ-πνεῦμα-Dualismus (›Fleisch-
Geist‹) ist hier nicht christologisch, sondern anthropologisch in hermeneutischer Perspektive zu verstehen; er bezeichnet die Verstehensbedingungen des Glaubens und des
Unglaubens.[121] Paradoxerweise vollzieht sich das pneumatische Verstehen im Erfassen
der dinglichen Dimensionen der Eucharistie!   **64** Es entspricht einem Grundzug des
joh. Jesusbildes, dass er die Glaubensunwilligen kennt, vor allem den Verräter. Jesus
weiß um das Innerste der Menschen und um ihr Geschick.   **65** Wie in Joh 6,37.
39.44a erscheint der Glaube als ein gottgewirktes Werk. Allerdings vertritt Johannes
damit keine vorzeitliche Erwählung zum Heil oder Unheil. Vielmehr ist die Nichtan-
nahme der Botschaft schuldhaftes Tun des Menschen, der durch seine kreatürliche
Seh- und Hörfähigkeit (V. 60–62) die Bedeutung Jesu Christi erkennen kann.   **66**
Nun vollzieht sich die Trennung, denn viele Jünger verlassen Jesus. Der Evangelist datiert hier das Schisma seiner Tage in das Leben Jesu zurück. Er veranschaulicht damit
seiner Gemeinde, dass es zu den gegenwärtigen Konflikten kommen musste. Sie sind
ursächlich mit der Verkündigung Jesu verbunden; will man Jesus treu bleiben, so gibt

---

[119] Auch *L. Schenke*, a. a. O., 105 ff, versteht 6,60–71 als einen Reflex auf das Schisma in der joh. Schule,
klassifiziert aber die Gegner als Vertreter einer frühen judenchristlichen Christologie, wonach Jesus erst
durch die Erhöhung zum Messias eingesetzt wurde; diesem Konzept setzt Johannes seine Inkarnationschristologie entgegen. *K. Wengst*, Bedrängte Gemeinde, 124 f, sieht im Hintergrund von Joh 6,60–71 das
Problem der Apostasie; unter dem Druck des Synagogenausschlusses verlassen Jünger die joh. Gemeinde
und kehren zum Judentum zurück.

[120] Vgl. *F. Neugebauer*, Entstehung des Johannesevangeliums, 19 f.

[121] Vgl. dazu *W. Stenger*, »Der Geist ist es, der lebendig macht, das Fleisch nützt nichts« (Joh 6,63), TThZ 85
(1976), 116–122.

es keine andere Lösung als die Trennung von den Gegnern. **67** Auf die erste Dialogsequenz (V. 60–66) folgt nun Jesu Gespräch mit den Zwölfen (V. 67–71). Die nachösterliche Perspektive des Abschnittes tritt zunehmend in den Vordergrund.[122] Die Gemeinde darf sich mit den Zwölfen identifizieren, Jesu Frage gilt auch ihr. Die Hörer/Leser des Evangeliums werden herausgefordert, ebenso wie die Jünger eine Entscheidung für Jesus zu treffen. **68/69** Petrus formuliert das joh. Credo, so dass nun sein Bekenntnis die Zwölf und die gegenwärtige joh. Gemeinde verbindet.[123] Beide haben geglaubt und erkannt, dass Jesus ›der Heilige Gottes‹ ist. Dieser im vierten Evangelium einmalige christologische Titel bringt in besonderer Dichte die Einheit von Vater und Sohn zum Ausdruck. Jesus hat als ἅγιος τοῦ θεοῦ Anteil am innersten Wesen Gottes (vgl. Joh 10,30.36; 14,10 f; 17,17.19). Für Johannes bilden das exklusive Verhältnis des Gesandten zum Sendenden (vgl. Joh 17,18.20), sein Wirken als Wahrheit in der Welt, seine Rückkehr zum Vater und die Vergegenwärtigung dieses Geschehens im Wort, in der Kraft des Geistes und in den Gaben der Eucharistie eine innere Einheit; in all diesen Dimensionen vollzieht sich Jesu Heiligung, deshalb ist er ›der Heilige Gottes‹. **70** Jesus legitimiert das Bekenntnis des Petrus und weist somit die Zwölf als wirkliche Jünger aus. Sie wurden wie die gesamte joh. Gemeinde von ihm auserwählt (vgl. Joh 15,16.19). Aber auch diese Gruppe bleibt vom Abfall nicht verschont. **71** Wurde schon in V. 64 Judas in einem Atemzug mit den Schismatikern genannt, so betont Johannes nun, dass die Passion Jesu durch den Abfall eines Mitgliedes des von ihm erwählten Zwölferkreises mitverursacht wurde. Damit will er seine Gemeinde trösten, denn selbst die engsten Begleiter Jesu waren nicht vor Irrlehre und Abfall gefeit.[124]

Während die Offenbarung der Göttlichkeit Jesu (Joh 6,16–25) keine Spaltung der Jüngerschaft hervorruft, trennt der eucharistische Abschnitt mit seiner Betonung der unauflöslichen Zusammengehörigkeit der Menschheit und Gottheit in der Person Jesu Christi die falschen von den wahren Jüngern.[125] Die Häufung der rezeptionssteuernd wirkenden Kommentare des 4. Evangelisten (V. 61.66.71) zeigt, dass dem Schlussabschnitt von Kap. 6 große Bedeutung zukommt. Johannes lädt seine Hörer und Leser ein, in das Glaubensbekenntnis des Petrus einzustimmen. Zugleich verarbeitet er damit erzählerisch den zentralen Konflikt innerhalb der joh. Schule, der in 1Joh 2,19 sichtbar wird: »Von uns sind sie ausgegangen, aber sie waren nicht von uns. Denn wenn sie zu uns gehört hätten, wären sie bei uns geblieben. Aber es sollte an ihnen offenbar werden, dass sie nicht alle zu uns gehören.« Es gab eine Spaltung innerhalb der johanneischen Schule (vgl. vor allem Joh 6,66 mit 1Joh 2,19a–d), die durch eine Auseinandersetzung über die Heilsbedeutung der real-leiblichen Existenz Jesu ausgelöst wurde (vgl. 1Joh 2,22; 4,2f; Joh 1,14; 19,34b.35). In der Gemeindewirklichkeit war es dann die Teil-

---

[122] Vgl. *Chr. Hoegen-Rohls,* Der nachösterliche Johannes, 256–261.
[123] Zu den Übereinstimmungen mit Mk 8,27–30par vgl. *C. H. Dodd,* Historical Tradition, 219–221.
[124] Zu den Problemen des joh. Judas-Bildes vgl. die Auslegung von Joh 13,2.
[125] Vgl. auch *J. Frey,* Eschatologie III, 396.

nahme (oder Verweigerung) der Eucharistie, wo die unterschiedlichen Positionen offenbar wurden (vgl. 1Joh 5,6; Joh 6,51c–58). Deshalb die Abfolge Lebensbrotrede – eucharistischer Abschnitt – Schisma unter den Jüngern.

7. Johannes 6 als Einheit

Joh 6 ist keine traditionsgeschichtliche, wohl aber eine kompositionelle Einheit. Das gesamte Kapitel lässt sich als eine wohlüberlegte Komposition durch den Evangelisten Johannes verstehen und interpretieren, so dass sich die Annahme einer post-evangelistischen Schicht erübrigt. Bereits die redaktionelle Passanotiz in V. 4 verweist auf den eucharistischen Abschnitt. Auch das Speisungswunder und der Seewandel sind transparent für das eucharistische Mahl. Semantisch wird dies präzis durch den Gebrauch von εὐχαριστεῖν (= ›danken/loben‹) in V. 11 und V. 23 angezeigt, denn objektloses εὐχαριστεῖν hat die Bedeutung, ›das Eucharistiegebet sprechen‹. In beiden Wundern vollzieht Jesus, was er in der Eucharistie ebenfalls gewährt: Er spendet Leben und rettet aus Todesverfallenheit. Die redaktionellen V. 26–29 bereiten die Thematik von Joh 6,30–51ab und 6,51c–58 vor und verbinden zugleich die beiden Hauptteile (6,1–25.30–58.59) des gesamten Kapitels miteinander. *Die Lebensbrotrede und der eucharistische Abschnitt sind wiederum durch ein Netz von Vor- und Rückverweisen verknüpft, wobei der Bedeutungshorizont der Zentralbegriffe ›Brot‹ und ›Leben‹ ständig erweitert wird.* Auch die Stellung von Joh 6,60–71 erhält nun eine sinnvolle Erklärung. Das Schisma unter den Jüngern ist ein Reflex der Spaltung innerhalb der joh. Schule (1Joh 2,19), die sich an der soteriologischen Bedeutung der irdischen Existenz Jesu entzündete und bei der die Eucharistie als Ort der Gegenwart des Leibes Jesu Christi offensichtlich eine wichtige Rolle spielte. Der Evangelist projiziert eine Problematik seiner Zeit in das Leben Jesu zurück und legitimiert damit seine Position durch Jesus selbst. Petrus und Judas fungieren als Prototypen eines Verhaltens gegenüber Jesus, das der Evangelist in seiner Zeit als Treue bzw. Verrat wiedererkennt.

Der Evangelist Johannes hat in Joh 6 unabhängige, aber thematisch und motivgeschichtlich verwandte Traditionen seiner Schule aufgenommen, eigene Texte hinzugefügt und dies zu einer nach innen gerichteten Lehrrede mit dialogischen Elementen geformt. Zentrum des Kapitels ist der eucharistische Abschnitt in V.51c–58, auf den die redaktionelle Arbeit des Evangelisten zuläuft und der in seiner antidoketischen Ausrichtung den Anlass für die jetzt vorliegende Gestalt von Joh 6 bildete.[126] Rituale wie die Eucharistie als Verdichtungen von Wirklichkeit können kollektive Identitäten stabilisieren und erhalten. Ihre lebensweltliche Funktion besteht darin, eine Brücke »von einem Wirklichkeitsbereich zum anderen«[127] zu schlagen. Rituale sind wie Sym-

---

[126] Vgl. *Th. Popp*, Grammatik des Geistes, 379–386.437–456 (präziser Nachweis der Einheit von Joh 6).
[127] *A. Schütz/Th. Luckmann*, Strukturen der Lebenswelt II, Frankfurt ³1994, 95.

bole eine zentrale Kategorie religiöser Sinnvermittlung.[128] und Johannes bedient sich ihrer (vgl. Joh 3,5; 13,1–20), um den zentralen Gedanken seiner Sinnbildung ein unverkennbares Profil zu geben: Der inkarnierte, gekreuzigte und auferstandene, in der Eucharistie gegenwärtige Jesus Christus ist der wahre Lebensspender.

---

[128] *C. Geertz,* Dichte Beschreibung, Frankfurt 1987, 90: »Jemand, der beim Ritual in das von religiösen Vorstellungen bestimmte Bedeutungssystem ›gesprungen‹ ist, … und nach Beendigung desselben wieder in die Welt des Common sense zurückkehrt, ist – mit Ausnahme der wenigen Fälle, wo die Erfahrung folgenlos bleibt – verändert. Und so wie der Betreffende verändert ist, ist auch die Welt des Common sense verändert, denn sie wird jetzt nur noch als Teil einer umfassenderen Wirklichkeit gesehen, die sie zurechtrückt und ergänzt.«

VI. Der sich steigernde Konflikt mit den Juden 7,1–11,54

Der ab Kap. 5 dominierende Konflikt Jesu mit ›den Juden‹ steigert sich nun und strebt einer Entscheidung zu. In einem dramatischen Episodenstil schildert Johannes die Auseinandersetzungen der Juden mit Jesus und jenen, die an ihn glauben. Kernpunkt der Kontroverse ist die Messiasfrage (vgl. Joh 7,26 f.31.41 f; 9,22; 10,24): Ist Jesus von Nazareth der verheißene Messias Israels? Johannes behandelt speziell in Kap. 7 und 8 alle relevanten Argumente, die innerhalb seiner Schule in diesem Zusammenhang erörtert wurden. Als zusammenhängende Untereinheit erweisen sich Joh 7 und 8 durch κρυπτός (›verborgen‹) in 7,4 und κρύπτειν (›verbergen‹) in 8,59: Im Verborgenen geht Jesus zum Fest, verborgen verlässt er es wieder.[1]
Auf der Makroebene stellen bes. Joh 7–10 in mehrfacher Hinsicht eine Einheit dar:[2] 1) Einheit der Personen: Durchgängig agieren Jesus und die an ihn Glaubenden auf der einen Seite, die Ἰουδαῖοι (›Juden‹) bzw. weitere Repräsentanten des Unglaubens auf der anderen Seite. 2) Einheit des Ortes: Der zentrale Ort des Geschehens ist Jerusalem. Jesus begibt sich in Joh 7,10 nach Jerusalem, er verweilt dort vom Laubhüttenfest (Joh 7,2) bis zum Tempelweihfest (vgl. Joh 10,22), um sich dann für eine kurze Zeit jenseits des Jordans an die Taufstelle Johannes d. Täufers zurückzuziehen.

1. Jesus und seine ungläubigen Brüder 7,1–13

(1) Und danach zog Jesus in Galiläa umher; denn er wollte nicht in Judäa umherziehen, weil die Juden ihn zu töten suchten. (2) Es war aber Laubhütten, das Fest der Juden, nahe. (3) Da sprachen seine Brüder zu ihm: »Zieh weg von hier und gehe hinauf nach Judäa, damit auch deine Jünger die Werke sehen, die du tust. (4) Denn niemand tut etwas im Verborgenen, wenn er die Öffentlichkeit sucht. Wenn du solche Dinge tust, offenbare dich der Welt!« (5) Denn auch seine Brüder glaubten nicht an ihn. (6) Jesus spricht nun zu ihnen: »Meine Zeit ist noch nicht da; eure Zeit aber ist immer vorhanden. (7) Die Welt vermag euch nicht zu hassen, mich aber hasst sie, weil ich von ihr bezeuge, dass ihre Werke böse sind. (8) Zieht ihr hinauf zum Fest; ich gehe nicht zu diesem Fest hinauf, weil meine Zeit noch nicht erfüllt ist.« (9) Nachdem er dies gesagt hatte, blieb er selbst in Galiläa. (10) Als aber seine Brüder zum Fest hinaufgegangen waren, da zog auch er selbst hinauf, nicht öffentlich,

---

[1] Zum umfassenden Nachweis der vielfältigen weiteren sprachlichen und sachlichen Verbindungen zwischen Joh 7 und 8 vgl. *Y. Ibuki,* Wahrheit, 66–75; zur Analyse von Joh 7 vgl. auch *J. Schneider,* Zur Komposition von Joh 7, ZNW 45 (1954), 108–119; *J. Ashton,* Understanding, 330–336. Die literarische Entstehungsgeschichte der Kap. 7 und 8 lässt sich m. E. nicht mehr exakt nachzeichnen. Wahrscheinlich fügte der 4. Evangelist hier vornehmlich Einzeltraditionen seiner Schule aneinander, die in der Auseinandersetzung mit dem Judentum und für die Entfaltung der eigenen Christologie von Bedeutung waren.
[2] Vgl. *L. Schenke,* Joh 7–10: Eine dramatische Szene, ZNW 80 (1989), 172–192; *J. Painter,* Quest for the Messiah, 287–304.

sondern heimlich. (11) Die Juden suchten ihn nun auf dem Fest und sagten: »Wo ist denn jener?«
(12) Und es entstand seinetwegen eine große Unruhe unter der Menge. Die einen sagten: »Er ist
gut.« Die anderen aber sagten: »Nein, sondern er verführt das Volk.« (13) Niemand jedoch sprach
öffentlich über ihn aus Furcht vor den Juden.

V. 8: οὔπω lesen P⁶⁶·⁷⁵ B L al, womit offensichtlich ein Ausgleich zu V. 10 hergestellt werden soll.
V. 12a: P⁶⁶ ℵ lesen den Sg. τῷ ὄχλῳ (vgl. V. 12c.20.31.40.43.49); der Pl. τοῖς ὄχλοις (P⁷⁵ B) muss
als lectio difficilior gelten.

Der Selbstoffenbarung auf dem Laubhüttenfest geht ein Abschnitt voran, der in
eigentümlicher Weise Jesu Verhältnis zu seinen Brüdern darstellt.

1 Jesus hält sich noch längere Zeit in Galiläa auf und bleibt in Distanz zum feindlichen
Judäa/Jerusalem. Damit schafft der Evangelist den Übergang von Kap. 6 zu Kap. 7,
zugleich bereitet er mit der Erwähnung der feindlich gesonnenen Ἰουδαῖοι die folgende Thematik vor.   **2** Eine neue Erzähleben e setzt ein, das Laubhüttenfest bildet
die Kulisse für die kommenden dramatischen Ereignisse.[3] Schon die großen Propheten
des Alten Testamentes benutzten den Tempel und die Wallfahrtsfeste, um ihre Botschaft in Jerusalem zu verkünden (vgl. Jer 7,1 ff; Ez 8,1 ff). Das Laubhüttenfest schließt
als Höhepunkt der drei großen jüdischen Feste den Monat Tischri: Neujahrsfest, Ver-
söhnungstag und das Laubhüttenfest. Diese Feste fallen nach unserer Zeitrechnung
in der Regel in die Zeit zwischen dem 10. September und 10. Oktober. Nach Josephus
ist das Laubhüttenfest »das weitaus größte und heiligste Fest bei den Hebräern«,[4] fast
ganz Israel ist zugegen.   **3** Die Brüder Jesu[5] drängen ihn, diese Möglichkeit eines öffentlichen Forums wahrzunehmen. Jesus soll sich aus ihrer Sicht durch Werke vor den
Jüngern und dem Volk beglaubigen.   **4** Als Begründung für ihr Ansinnen führen die
Brüder ein weisheitliches Wort (vgl. Mk 4,22) an: Niemand, der in der Öffentlichkeit
bekannt werden will, vollbringt seine Taten im Verborgenen. Nur Öffentlichkeit verbürgt den Erfolg.   **5** Damit denken die Brüder Jesu nach der Art der Welt, der einzige
Weg zum Erfolg ist die Öffentlichkeit. Das Denken in diesen vordergründigen Maßstäben offenbart zugleich, dass die Brüder nicht an Jesus glauben. Sie haben das Wesen
der Person Jesu Christi und das Ziel seiner Sendung nicht verstanden. Dies wird sichtbar im Zeitverständnis Jesu und seiner Brüder.[6]   **6** Für Jesus ergibt sich der richtige
Zeitpunkt seines Handelns (= καιρός) allein aus der Übereinstimmung mit dem Willen Gottes, das Zeitverständnis der Welt hingegen ist von vordergründigen Interessen
geleitet. In der unaufhaltsam dahinströmenden Weltzeit erwächst immer ein durch
die Umstände motivierter Zeitpunkt zum Handeln, Jesu καιρός hingegen ist Gottes
einmaliges Handeln an ihm im Kreuzesgeschehen.[7]   **7** Weil der Unglaube an der

---

3   Vgl. zum Laubhüttenfest *Billerbeck* II, 774–812.
4   Joseph, Ant VIII 100.
5   Zu den Brüdern Jesu vgl. *J. Blinzler*, Die Brüder und Schwestern Jesu, Stuttgart 1967. *Chr. Dietzfelbinger*,
    Der ungeliebte Bruder, 383, vermutet, »daß es Jakobus sein muß, der in dem verallgemeinernden Titel
    ›Brüder‹ der eigentlich Gemeinte ist«.
6   Vgl. *J. Blank,* Joh Ib, 81 f.
7   Zur Auslegung vgl. *W. Thüsing*, Erhöhung und Verherrlichung, 90–92.

Welt orientiert ist, kann die Welt die Nichtglaubenden auch nicht hassen. Demgegenüber bezeugt Jesus der Welt, dass ihre Werke böse sind, sie kommen aus dem Unglauben. Unvermittelt tritt hier der Kosmos/die Welt an die Stelle der Juden, beide Begriffe sind offenbar austauschbar. **8** Jesus geht noch nicht zum Fest hinauf, weil seine Zeit noch nicht erfüllt ist (vgl. Joh 2,4.10). Wieder erinnert Johannes seine Leser und Hörer daran, dass Jesu ›Stunde‹ am Kreuz noch bevorsteht und sich seine Sendung erst im Kreuzesgeschehen vollendet. Jesus macht sich nicht von einem fremden Zeitverständnis abhängig, er lebt vollständig in der Übereinstimmung mit dem Willen des Vaters. **9** Deshalb folgt er dem Ansinnen seiner Brüder nicht und verbleibt in Galiläa. **10** Im Gegensatz zu der Ankündigung in V. 8b zieht Jesus nun doch hinauf zum Fest, aber erst nach seinen Brüdern und im Verborgenen. Johannes verbindet mit diesem auf den ersten Blick widersprüchlich erscheinenden Verhalten zwei Aussagen: 1) Jesus lässt den Zeitpunkt seines Handelns nicht von außen bestimmen. 2) Die Zeit für den öffentlichen Einzug Jesu in Jerusalem ist noch nicht gekommen (vgl. Joh 12,12 ff), deshalb meidet Jesus hier die Öffentlichkeit. Zudem steigert Johannes Spannung und Dramatik des Geschehens; die Leser und Hörer warten nun darauf, was sich in Jerusalem ereignet. **11** Ihnen wird mitgeteilt, dass auch ganz Jerusalem dem öffentlichen Auftreten Jesu auf dem Laubhüttenfest entgegenblickt. Man spricht über Jesus und sucht ihn. **12** Die gespannte Erwartungshaltung im Volk ist vielschichtig. Für und Wider formieren sich und formulieren: Jesus ist gut, bzw. er ist ein Volksverführer. Der Vorwurf, Jesus sei ein falscher Prophet[8] bzw. ein Lügenprophet, spielte in der jüdischen Polemik gegen das Christentum am Ende des 1. Jh. und zu Beginn des 2. Jh. eine wichtige Rolle. Bei Justin, Dial 68,8 f, heißt es: »Durch seine Werke führte Jesus die Menschen seiner Zeit zu seiner Erkenntnis. Sie aber nahmen, obwohl sie diese Wunder sahen, in ihnen Trugbilder und Zaubereien an; wagten sie es ja auch, Christus einen Zauberer und Volksverführer zu nennen.« **13** Die Furcht vor den Juden soll erklären, warum der Glaube an Jesus noch nicht umfassend bekannt wurde (vgl. Joh 9,22; 12,42; 19,38; 20,19).

Wie die Volksmenge (Joh 6,30), die Juden (Joh 6,41 f) und die Jünger (Joh 6,64) glauben auch die Brüder nicht an Jesu Sendung. Wie zuvor Maria (Joh 2,3–5) drängen sie Jesus, in der Öffentlichkeit seine Werke zu vollbringen. Wiederum reagiert Jesus zunächst ablehnend, um dann selbst die Initiative zu ergreifen. Obwohl er im Verborgenen nach Jerusalem reist, ist seine Person bereits das zentrale Thema auf dem Fest.

2. Jesus auf dem Laubhüttenfest 7,14–36

(14) Es war aber schon mitten in der Festwoche, als Jesus zum Tempel hinaufging und lehrte. (15) Nun wunderten sich die Juden und sprachen: »Woher kennt dieser die Schriften, obwohl er (sie) doch nicht studiert hat?« (16) Jesus nun entgegnete ihnen und sprach: »Meine Lehre ist nicht meine eigene, sondern dessen, der mich gesandt hat. (17) Wenn jemand seinen Willen tun will, wird er

---

[8]   Zur innerjüdischen Auseinandersetzung vgl. die Rezeption von Dtn 18,19–22 in CD 12,2 f; 11Q19 54,8–21.

erkennen, ob die Lehre aus Gott ist oder ob ich von mir selbst rede. (18) Wer von sich selbst redet, sucht die eigene Ehre; wer aber die Ehre dessen sucht, der ihn sandte, der ist wahrhaftig, und Ungerechtigkeit ist nicht in ihm. (19) Hat euch nicht Mose das Gesetz gegeben? Und niemand von euch tut das Gesetz! Warum sucht ihr mich zu töten?« (20) Das Volk antwortete: »Du hast einen Dämon! Wer will dich töten?« (21) Jesus entgegnete und sprach zu ihnen: »Ein Werk habe ich getan, und ihr staunt alle darüber. (22) Und doch: Mose hat euch die Beschneidung gegeben – nicht als ob sie von Mose käme, vielmehr von den Vätern –, und ihr beschneidet einen Menschen am Sabbat. (23) Wenn ein Mensch am Sabbat die Beschneidung empfängt, damit das Gebot des Mose nicht aufgehoben werde, warum zürnt ihr mir dann, wenn ich am Sabbat einen ganzen Menschen gesund gemacht habe? (24) Urteilt nicht nach dem Äußeren, sondern trefft ein gerechtes Urteil!« (25) Da sagten einige von den Jerusalemern: »Ist das nicht der, den sie töten wollen? (26) Und siehe, er redet in der Öffentlichkeit, und sie sagen ihm nichts. Sollten etwa die Ratsherren wirklich erkannt haben, dass dieser der Christus ist? (27) Von diesem wissen wir jedoch, woher er ist. Vom Christus aber, wenn er kommt, weiß niemand, woher er ist.« (28) Da rief Jesus, als er im Tempel lehrte und sprach: »Ihr kennt mich und wisst, woher ich bin. Und ich bin nicht von mir aus gekommen, sondern der ist wahrhaftig, der mich gesandt hat, den ihr nicht kennt. (29) Ich kenne ihn, weil ich von ihm bin und jener mich gesandt hat.« (30) Da versuchten sie ihn zu ergreifen, aber keiner legte Hand an ihn, denn seine Stunde war noch nicht gekommen. (31) Aus dem Volk glaubten aber viele an ihn und sagten: »Kann der Christus, wenn er kommt, mehr Wunder tun, als dieser getan hat?« (32) Die Pharisäer hörten das Gemurmel des Volkes über ihn. Da sandten die Oberpriester und die Pharisäer Diener aus, um ihn zu ergreifen. (33) Da sprach Jesus: »Nur kurze Zeit bin ich noch bei euch, und ich gehe zu dem, der mich gesandt hat. (34) Ihr werdet mich suchen und nicht finden; denn wo ich bin, könnt ihr nicht hinkommen.« (35) Die Juden nun sprachen untereinander: »Wohin will dieser gehen, so dass wir ihn nicht finden? Will er etwa in die Diaspora der Griechen gehen und die Griechen lehren? (36) Was ist das für ein Wort, das er sprach: ›Ihr werdet mich suchen und nicht finden‹, und: ›Wo ich bin, dahin könnt ihr nicht kommen‹?«

Die gespannte Erwartungshaltung erfordert den öffentlichen Auftritt Jesu auf dem Fest. Ausdrücklich lässt der 4. Evangelist Jesus als Lehrer auftreten (διδάσκειν = ›lehren‹: V. 14.28.35; διδαχή = ›Lehre‹: 16.17).[9] Im Hintergrund des Abschnittes stehen Diskussionen innerhalb der joh. Schule. Die Messianität Jesu musste begründet werden, Einwände galt es überzeugend zurückzuweisen.

14 Ein Ortswechsel markiert den Beginn der neuen Sinneinheit. Mit τὸ ἱερόν (›Tempel‹) benennt Johannes den gesamten Tempelbezirk, einschließlich der Vorhöfe und Säulenhallen.[10] Jesus wird als Lehrer dargestellt, der sich selbst als Offenbarer verkündet. **15** Die erstaunten Juden formulieren ein erstes Argument gegen Jesu Anspruch: Er kann sich nicht auf die Schrift berufen, weil er kein Schriftgelehrter ist. Zwischen den joh. Christen und den Juden war offensichtlich umstritten, ob Jesus als Lehrautorität anerkannt werden könne, da ihm die erforderliche Ausbildung fehle.[11] Dieses

---

9   V. 14 ist durch die Begriffe διδάσκειν und διδαχή fest mit den folgenden Versen verbunden; gegen *R. Bultmann,* Joh, 205–209; *R. Schnackenburg,* Joh II, 183 f; *J. Blank,* Krisis, 42–52, die V. 15–24 hinter Kap. 5,45–47 stellen; zur umfassenden Kritik an Schnackenburg vgl. auch *S. Pancaro,* Law, 169–174. Joh 7,14–36 kann in drei Unterabschnitte aufgeteilt werden: 1) Jesus lehrt (V. 14–24); 2) Erwägungen über den Messias (V. 25–31); 3) die Sendung der Knechte und die sich anschließenden Ereignisse (V. 32–36).
10 Vgl. *R. Schnackenburg,* Joh II, 201 Anm. 1.
11 Zur Herausbildung des Rabbinats vgl. *G. Stemberger,* Das klassische Judentum, München 1979, 83–91.

Argument dürfte bereits gegen den historischen Jesus vorgebracht worden sein und spiegelt sich direkt oder indirekt in vielen Überlieferungen wider (vgl. Mk 1,27: ›eine neue Lehre in Vollmacht‹; Mk 2,1–12.23–27; 3,1–6; Mt 23 u. ö.), denn Jesus wurde offenkundig als Lehrer wahrgenommen. Für Johannes bedarf Jesus keiner Beglaubigung durch Menschen, denn er ist vom Vater gesandt.   **16** Dieses Argument wird noch einmal verstärkt: Jesus kann sich für seine Lehre auf Gott selbst berufen, eine höhere Instanz gibt es nicht.   **17** Die Frage nach der Anerkennung der Lehre Jesu leitet weiter zur Frage nach der Anerkennung Gottes. Wer den Willen Gottes tut, der wird erkennen, dass Jesu Lehre göttlichen Ursprungs ist. Für Johannes gibt es keine Möglichkeit, aufgrund von äußeren Kriterien ein Urteil über Jesu Lehre zu fällen. Allein der Wille Gottes, d. h. der Glaube, führt zu der Einsicht, dass Jesu Lehre von Gott ist. Weil Jesus in seiner ganzen Existenz auf Gott bezogen ist, kann er auch nur von Gott her verstanden werden.   **18** Jesus steht ganz im Dienst der Sache Gottes, er sucht nicht die Anerkennung unter den Menschen. Vielmehr geht es ihm allein um die Ehre Gottes, der ihn gesandt und autorisiert hat.   **19** Weiter wendet Jesus ein: Wie können sich die Juden auf den Gesetzgeber Mose berufen, wenn sie Jesu Legitimation bezweifeln und ihn als den Gesandten Gottes töten wollen? Sie halten das Gesetz ohnehin nicht und brechen es mit ihrer Tötungsabsicht wiederum.   **20** Das Volk lehnt Jesu Einwurf mit großer Entrüstung ab, im Gegenzug wirft es ihm vor, er habe einen bösen Geist, d. h. er sei verrückt.   **21** Jesus entgegnet diesem Vorwurf zunächst mit dem Hinweis auf das ›eine Werk‹, die Krankenheilung am Sabbat (Joh 5,1–9ab). Im Hintergrund der nun einsetzenden Argumentation steht der Vorwurf der Juden, dass ein von Gott Gesandter den Sabbat nicht verletze.   **22/23** Ein weiteres Argument wird eingeführt: Das Gebot der Beschneidung, wonach ein Knabe am achten Tag nach der Geburt beschnitten werden muss, ist so wichtig, dass es auch eingehalten werden muss, falls der achte Tag auf einen Sabbat fällt.[12] Johannes folgert daraus: Wenn ein Mensch am Sabbat beschnitten werden darf, warum ist es dann gegen den Willen Gottes, einen Menschen am Sabbat zu heilen (vgl. Mk 3,4)? Die Juden können nicht die Beschneidung am Sabbat als legitim ansehen und zugleich Jesus wegen einer Krankenheilung am Sabbat verurteilen.   **24** Jesus fordert die Juden auf, nicht mit zweierlei Maß zu messen. Das Sabbatgebot als menschliches Werk lässt Ausnahmen zu, um wieviel mehr sollte dies nicht auch für Jesus gelten, der mit seiner Heilung am Sabbat Gottes neue Heilsordnung demonstrierte.   **25** Jesu Auftreten erstaunt einige Jerusalemer, die über die feindlichen Absichten führender Kreise informiert sind.   **26** Sie deuten Jesu Verhalten in provozierender Art und Weise: Sollten etwa die priesterlichen Adelsfamilien und die Mitglieder des Synedriums anerkannt haben, dass Jesus der Messias ist? Wie in V. 12 erwähnt Johannes eine innere Spaltung unter den Juden, die sich innerhalb des 7. Kapitels noch zuspitzt. Das joh. παρρησία-Konzept (= ›Öffentlichkeit/Freimut‹) gewinnt Kontur:[13] Der von den Brüdern Jesu geforderte (Joh

---

[12] Vgl. Schab 18,3: »Alles, was zur Beschneidung nötig ist, darf man am Sabbat verrichten« (*Billerbeck* II, 487).

[13] Vgl. dazu ausführlich *M. Labahn*, Die παρρησία des Gottessohnes im Johannesevangelium. Theologische Hermeneutik und philosophisches Selbstverständnis, in: *J. Frey/U. Schnelle* (Hg.), Kontexte des Johannesevangeliums, 321–363.

7,4) und von Teilen des Volkes noch nicht praktizierte Freimut (Joh 7,13) wird nun von Jesus eingelöst: Er redet frei und wahrhaftig, so dass man ihm später nicht den Vorwurf machen kann, er habe seine Sendung vom Vater verschwiegen (vgl. Joh 18,20). Während die ἰσηγορία (= ›Redefreiheit‹) das formale Rederecht des Bürgers bezeichnet, meint παρρησία als politischer Begriff die freimütige Rede, die ohne Rücksicht auf Interessen oder Gefahren in eine konkrete Situation hinein die Wahrheit sagt. Die wahrhaftige und freimütige Existenz zeichnet sich durch eine Übereinstimmung von Person, Handeln und Reden aus.[14] Jesus lebt in der Übereinstimmung mit Gott, der Wahrheit und sich selbst, wie kein anderer kann er also das Prädikat der παρρησία für sich in Anspruch nehmen.   **27** Die Frage nach der Messianität Jesu steht nun im Mittelpunkt der christlich-jüdischen Auseinandersetzung. Zunächst greift Johannes ein Argument auf, das offensichtlich gegen die Messianität Jesu ins Feld geführt wurde: Die Gesprächspartner wissen, dass Jesus aus Galiläa stammt, während vom wirklichen Messias niemand weiß, woher er kommt. Die Auffassung von der verborgenen Herkunft des Messias ist eine im antiken Judentum spät auftretende Tradition.[15] Justin bezeugt für die Mitte des 2. Jh. die Aktualität dieses Argumentes: »Wenn der Messias auch bereits geboren ist und irgendwo sich befindet, so ist er doch unbekannt; ja, er selbst weiß nicht um sich, noch hat er irgendwelche Gewalt, bis Elia kommt und ihn salbt und allen offenbar macht.«[16] Innerhalb der joh. Logik ist dieses Argument ohne Überzeugungskraft, weil das Wissen um die irdische Herkunft Jesu oberflächlich ist. Nur Jesus selbst weiß um seine wahre Herkunft von Gott, den Menschen jenseits des Glaubens bleibt sie verborgen.   **28/29** Jesus entgegnet dem Einwand der Jerusalemer mit einem Gefühlsausbruch. Ihnen sind nur die irdischen, äußeren Daten seines Lebens bekannt, die Wahrheit hingegen kennen sie nicht, weil sie Jesus nicht als Gesandten Gottes anerkennen. Auch Gott ist ihnen in Wahrheit unbekannt, denn erst Jesus bringt wahre Gotteserkenntnis. Johannes verbindet Präexistenz- und Sendungschristologie, um so die Wesensgemeinschaft Jesu mit Gott zu betonen.   **30** Die Gegner wollen Jesus verhaften, können es aber nicht, denn: »seine Stunde war noch nicht gekommen« (vgl. Joh 2,4; 13,1). Niemand wagt, Hand an Jesus zu legen, dem ohne die Zustimmung Gottes nichts Böses widerfahren kann.   **31** Trotz der feindlichen Absichten der Führer glauben viele aus dem Volk an Jesus. Als Begründung dient ein weiteres zentrales Argument in der christologischen Kontroverse zwischen der joh. Schule und den Juden: Vom zukünftigen Messias werden Zeichen und Wunder erwartet, diese Erwartungen erfüllte Jesus in vollem Umfang. Seine Zeichen überragen die Legitimationsversuche der Messiasprätendenten bei weitem,[17] sie bezeugen Jesu Herkunft von Gott.   **32** Die positive Reaktion von Teilen des Volkes zwingt die für

---

[14] Für den Philosophen gilt ebenfalls, dass er sich durch eine mutige Übereinstimmung von Existenz, Lehre und freimütigem Reden auszeichnet; vgl. nur Diog Laert V 5; Dio Chrys 4,58 f; Luc, Demonax 3.

[15] Vgl. äthHen 46,2 (»Und ich fragte einen der Engel, den, der mit mir ging und mir alle Geheimnisse zeigte, nach jenem Menschensohn, wer er sei, woher er stamme …«); 4Esr 7,28; 13,32.

[16] Just, Dial, 8,4; vgl. 110,1. Zur Messiasproblematik vgl. *Billerbeck* IV/2, 799–976; *P. Volz,* Die Eschatologie der jüdischen Gemeinde, 173–229; *M. Karrer,* Der Gesalbte, 95 ff; *F. García-Martínez,* Messianische Erwartungen in den Qumranschriften, JBTh 8 (1993), 171–208.

[17] Vgl. Joseph, Ant XVIII 85 ff; XX 97 f.169 ff; Bellum VII 437 f.

den Tempelbezirk zuständigen Instanzen zum Handeln. Der Anstoß kommt von den Pharisäern; sie bewegen die Oberpriester, Jesus durch ein Kommando verhaften zu lassen. Damit formiert sich die Gegnerschaft Jesu erstmals deutlich.[18] Die Pharisäer werden im 4. Evangelium zunächst nur am Rande erwähnt (vgl. 1,24; 3,1; 4,1). In den großen Auseinandersetzungen in Jerusalem treten sie massiv auf den Plan (vgl. Joh 7,32.45.47.48; 8,3.13; 9,13.15.16.40; 11,46. 47.57; 12,19.42) und erscheinen nun als die eigentlichen Gegner Jesu, die dessen Offenbarungsanspruch bekämpfen. Innerhalb der Gegnerschaft Jesu kommt aber auch den Oberpriestern aus den sadduzäischen Familien eine zentrale Aufgabe zu,[19] denn sie sind das beschließende und ausführende Organ im Prozess gegen Jesus. Die Pharisäer werden im Passionsbericht mit Ausnahme von Joh 18,3 nicht mehr erwähnt, Johannes dürfte darum gewusst haben, dass die Sadduzäer die führenden Akteure bei der Verhaftung und dem Prozess Jesu waren.   **33/34** Die Gefahr beeindruckt Jesus nicht, denn seine Stunde ist noch nicht gekommen. Der Offenbarer verweilt nur noch für eine kurze Zeit in der Welt; die Chance des Glaubens muss nun genutzt werden. Es wird die Zeit kommen, wo der Offenbarer nicht mehr in der Welt ist. Die Juden können dieses Wort Jesu nicht verstehen, weil sie weder um seine himmlische Herkunft noch um seine Rückkehr zum Vater wissen. Ihre Hilflosigkeit zeigt sich in der Frage, ob Jesus zu den Griechen in der Diaspora gehen will, um sie zu lehren. Im Gegensatz zu den Juden weiß die textexterne Hörer- und Lesergemeinde, dass durch Jesu Weggang zum Vater genau das geschehen ist, was die Juden unwissend fragen. Die Botschaft vom Messias Jesus von Nazareth gelangte in die griechische Welt und erreichte dort viele Menschen. **35/36** Die Ratlosigkeit der Juden wird durch die fragende Wiederholung des Jesuswortes unterstrichen. Der Evangelist fordert mit diesem literarischen Mittel seine Gemeinde nachdrücklich auf, über diese ihr bekannten Zusammenhänge noch einmal nachzudenken, denn die Hörer und Leser des Evangeliums sind die von Jesus selbst belehrten Ἕλληνες (›Griechen‹). Sie verstehen Jesu Andeutungen, denn sie wissen um seine Herkunft und sein Geschick.

In der Auseinandersetzung zwischen Jesus und den Juden steuert der Evangelist auf die zentrale Frage zu: Ist Jesus von Nazareth der Messias? Während innerhalb der Menge verschiedene Meinungen vertreten werden, agieren die führenden priesterlichen Familien und die Pharisäer bewusst gegen Jesus. Sie wollen und können nicht erken-

---

[18] In Joh 7 treten nicht weniger als 8 Gruppen auf, die jeweils in ihrer unterschiedlichen Reaktion auf Jesus geschildert werden: 1. die Ἰουδαῖοι = ›die Juden‹ (V. 2.11.13.15.33.35); 2. die Brüder Jesu (V. 3.5.10); 3. der ὄχλος = ›das Volk ‹ (V. 12.20.31.40 f.43.49); 4. die ›Jerusalemer‹ (V. 25); 5. die ἄρχοντες = ›die Oberen/Führer‹ (V. 26.48); 6. die Pharisäer (V.32.47 f); 7. die Oberpriester und Pharisäer (V. 32.45); 8. die Diener der Oberpriester und Pharisäer (V. 32.45 f.). Die Gruppen sind teilweise nicht exakt unterscheidbar (vgl. Nr. 2, 4,5,6,7), eine feindliche Gesinnung gegenüber Jesus hegen ausdrücklich die Oberpriester und Pharisäer sowie Teile der Ἰουδαῖοι.

[19] Vgl. dazu *J. Jeremias,* Jerusalem zur Zeit Jesu, 181–204. Die ἀρχιερεῖς waren höhere Tempelbeamte, zu denen außer dem Hohepriester der Tempeloberst, der Tempelaufseher, der Schatzmeister, die nicht mehr amtierenden Hohepriester sowie weitere priesterliche Aufseher gehörten. »Die ständig am Tempel tätigen Oberpriester bilden ein festes Kollegium, das die priesterliche Gerichtsbarkeit innehat und dessen Glieder Sitz und Stimme im Hohenrat haben« (a. a. O., 203).

nen, dass Jesus der von Gott Gesandte ist. Das Nichtverstehen führt die Juden dennoch ungewollt zu einer richtigen Einsicht, die auf der textinternen Ebene unverständlich, für die Adressaten aber höchst aktuell ist: Infolge seines Todes wird Jesus zu den Heiden und damit auch zu den Adressaten des Evangeliums gehen, um sie zu lehren.[20]

3. Am letzten Tag des Festes 7,37–52

(37) Am letzten Tag, dem großen Tag des Festes, stand Jesus auf und rief: »Wer durstig ist, der komme zu mir, und es trinke, (38) wer an mich glaubt. Wie die Schrift sagt: Ströme lebendigen Wassers werden aus seinem Leib fließen.« (39) Dies sagte er aber von dem Geist, den die an ihn Glaubenden empfangen sollten. Denn der Geist war noch nicht da, weil Jesus noch nicht verherrlicht war. (40) Einige aus dem Volk, die diese Worte hörten, sagten: »Dieser ist wahrhaftig der Prophet!« (41) Andere sagten: »Dieser ist der Christus!« Andere aber sagten: »Kommt denn der Christus aus Galiläa? (42) Sagt nicht die Schrift, dass der Christus aus Davids Samen kommt und von dem Dorf Bethlehem, wo David war?« (43) So kam es seinetwegen unter dem Volk zu einer Spaltung. (44) Einige von ihnen wollten ihn ergreifen, aber niemand legte Hand an ihn. (45) Da kamen die Diener zu den Oberpriestern und Pharisäern, und die sprachen zu ihnen: »Warum habt ihr ihn nicht gebracht?« (46) Die Diener antworteten: »Niemals hat ein Mensch so geredet.« (47) Da entgegneten ihnen die Pharisäer: »Habt auch ihr euch verführen lassen? (48) Hat denn einer von den Ratsherren an ihn geglaubt oder von den Pharisäern? (49) Aber dieses Volk, das das Gesetz nicht kennt, verflucht sind sie!« (50) Spricht zu ihnen Nikodemus, der früher zu ihm gekommen war, einer von ihnen: (51) »Richtet etwa unser Gesetz einen Menschen, ehe man ihn zuerst verhört und erkannt hat, was er tut?« (52) Sie entgegneten und sprachen zu ihm: »Bist du denn auch aus Galiläa? Forsche und sieh, dass aus Galiläa ein Prophet nicht hervorgeht!«

Mit Jesu Auftritt am Ende des Laubhüttenfestes spitzen sich die Ereignisse zu. Wiederum kann der Text in drei Abschnitte aufgeteilt werden: 1. Jesus lehrt (V. 37–39); 2. Erwägungen der Menge über den Messias (V. 40–44); 3. Sendung eines Verhaftungskommandos und Einspruch des Nikodemus (V. 45–52).

37/38 Mit dem ›letzten, dem großen Tag‹ des Laubhüttenfestes beginnt eine neue Szene. Johannes bezieht sich wahrscheinlich nicht auf das eigentliche Schlussfest am 8. Tag,[21] sondern auf den 7. Tag des Festes, an dem die Wasserspende vollzogen wurde.[22] Mit dem Ritual der Wasserspende verbanden sich die Vorstellungen der ›Fülle des Wassers‹ und damit der ›Fülle des Lebens und des Heils‹ (vgl. Jes 12,3; Ez 47,1–12). Jesus tritt auf dem Tempelplatz auf und ruft zum Höhepunkt des fröhlichsten Festes Israels der Menge zu: »Wer durstig ist, der komme zu mir, und es trinke, wer an mich glaubt.« Für die syntaktische und semantische Zugehörigkeit der Partizipialwendung ὁ πιστεύων εἰς ἐμέ (›wer/der an mich glaubt‹) zum Vorhergehenden sprechen

---

[20] Vgl. *J. Frey,* Heiden – Griechen – Gotteskinder, 253.
[21] Vgl. dazu *Billerbeck* II, 808–812.
[22] Zum Ritual der Wasserspende vgl. *Billerbeck* II, 799–805.

vor allem kontextuelle und inhaltliche Erwägungen:[23] Die Glaubenden sollen von
Jesus trinken, aus dessen Leib Wasserströme hervorquellen.[24] Jesus präsentiert sich in
diesem Werbespruch als der, der ewiges Leben vermittelt; als das Wasser, das allen
Durst stillt.[25] Das Wort lässt eine weisheitliche Motivik erkennen (vgl. Spr 9,4–5; Sir
24,19–22; 51,23 f); als fleischgewordener Logos erscheint Jesus als alleiniger Mittler
von Leben und Heil. Als wahrer Tempel (vgl. Joh 2,19.21) spendet Jesus lebendiges
Wasser, nicht hingegen die Ziontempelquelle. Der Kult in Jerusalem hat in Jesus sein
Ende gefunden (vgl. Joh 4,21.23). Ein mit der Wendung καθὼς εἶπεν ἡ γραφή (›wie
die Schrift sagt‹) eingeführtes Schriftwort soll das Gesagte unterstreichen, exakt nachgewiesen werden konnte es bisher nicht. Wahrscheinlich handelt es sich um eine Anspielung auf eine jüdische Auslegungstradition, die auf Texten wie Ex 17,1–7; Num
20,2–13; Jes 48, 21; 55,1; Ps 77,16.20LXX beruhen könnte.[26] Jesus selbst erscheint
als der Lebensquell, von dem das eschatologische Lebenswasser, das ewige Leben, in
unendlicher Fülle ausströmt.[27] Die deutliche Korrespondenz zwischen Joh 7,38 und
Joh 19,34 lässt einen kreuzestheologischen Akzent erkennen: Als der Gekreuzigte und
Auferstandene wird Jesus zum bleibenden Lebensquell für alle, die an ihn glauben.
39 Dies vollzieht sich in der Kraft des Geistes, eine Verheißung, die für die textexterne
Lesergemeinde nach Ostern in Erfüllung gegangen ist. Als aus Wasser und Geist Ge-
taufte haben die joh. Christen schon teil an der in Jesus offenbar gewordenen göttli-
chen Lebensfülle.   **40/41** Wiederum löst ein Wort Jesu eine Diskussion unter dem
Volk aus. Die einen halten ihn für den endzeitlichen Propheten (vgl. Dtn 18,15–18),
andere für den Messias. Dem steht der Einwand entgegen, dass der Messias nicht aus
Galiläa kommen kann (vgl. Joh 1,46). Dieser zentrale Streitpunkt in der Auseinandersetzung zwischen der joh. Schule und den Juden wird nun entfaltet.   **42** Für die
Gegner belegt die Schrift, dass Jesus nicht der Messias sein kann. Der Messias kommt
aus dem Geschlecht Davids und muss in Bethlehem geboren sein, dem Heimatdorf
Davids (vgl. Micha 5,1).[28] Erstaunlicherweise führt Johannes die in Mt 2,1.5 f/Lk
2,1–10 belegte Bethlehemtradition nicht als Gegenargument an. Zwei Gründe mögen
dafür ausschlaggebend gewesen sein: 1) Johannes weiß um Jesu Geburt in Nazareth
und verschweigt dieses historische Faktum nicht. 2) Der Glaube an Jesus Christus als
den Sohn und Gesandten Gottes kann nicht durch seine irdische Herkunft, sondern

---

[23] Ausführliche Begründung bei *G. Bienaimé,* L'annonce des fleuves d'eau vive en Jean 7,37–39, RTL 21
(1990), 281–310.417–454; anders z. B. *M. J. J. Menken,* Quotations, 188–194, der mit ὁ πιστεύων εἰς
ἐμέ den neuen Satz beginnen lässt.

[24] In V. 38 ist αὐτοῦ auf Jesus zu beziehen; vgl. *W. Bauer,* Joh, 112 f.

[25] Vgl. zur Erörterung bes. *R. Schnackenburg,* Joh II, 211–217.

[26] Vgl. ferner Ps 105,41; Sach 13,1; 14,8; Ps Philo, Antiquitates Biblicae, 10,7; zur Erörterung der Probleme vgl. *E. D. Freed,* Old Testament Quotations, 21–38; *R. Schnackenburg,* Joh II, 215 f; *M. J. J. Menken,*
Quotations, 194–202.

[27] Sachliche Parallelen zu dieser Vorstellung bietet vor allem Philo; vgl. Fug 97: »Die Schrift ermahnt also
den, der schnell laufen kann, in atemloser Hast zu dem Höchsten zu eilen, der göttlichen Vernunft, welche die Quelle der Weisheit ist, um von ihrem Nass zu schöpfen und ewiges Leben anstatt des Todes als
Preis zu erhalten«; vgl. ferner Fug 198; Spec Leg IV 140; PostC 69; 129; Det 82; Prob 13; Somn II 242.

[28] Bethlehem ist ca. 9 km von Jerusalem entfernt; zu David und seiner Familie vgl. 1Sam 16,18; 20,8; 2Sam
2,32.

allein durch seine himmlische Herkunft belegt werden.[29]   **43** Es kommt unter dem
Volk zu einer Spaltung zwischen Jesus-Anhängern und Jesus-Gegnern.   **44** Wiederum
versuchen einige der Gegner, Jesus zu verhaften; sie werden aber wie schon in V. 30
zurückgehalten.   **45/46** Das Verhaftungskommando kehrt unverrichteter Dinge zu
seinen Auftraggebern zurück, es konnte Jesus nicht in seine Gewalt bringen. Als Begründung führen die Diener der Oberpriester und Pharisäer an, dass sie angesichts
des gewaltigen Wortes nichts gegen Jesus ausrichten konnten. Damit werden sie zu
unfreiwilligen Zeugen der Überzeugungskraft des Offenbarungswortes Jesu.   **47** Die
Pharisäer reagieren darauf mit der für die Diener gefährlichen Frage, ob denn auch
sie sich haben verführen lassen.   **48** Der Hinweis auf das eigene Verhalten soll das
Argument der Ratsherren und Pharisäer stützen, keiner von ihnen glaubte bisher an
Jesus. Johannes unterstreicht damit das feindselige Verhalten der jüdischen Führungsschicht gegenüber Jesus.   **49** Beim Volk hingegen fand Jesus großen Anklang; auch
dies dürfte historisch zutreffend sein. Die jüdische Führungsschicht stellt sich selbst
als im Gesetz gefestigt dar, das Volk wird jedoch als gesetzesunkundig abqualifiziert.[30]
50 Die selbstsichere Aussage aus V. 48 wird in bemerkenswerter Weise relativiert, denn
Nikodemus, der zum Kreis der jüdischen Ratsherren und Pharisäer gehört (vgl. Joh
3,1–10), tritt für Jesus ein.   **51** Er stellt die wichtige Frage, ob das jüdische Gesetz
erlaube, einen Menschen ohne vorheriges Verhör zu verurteilen.[31] Hier scheint bereits
ein zentrales Motiv des Passionsberichtes durch: Weder die jüdischen Ankläger noch
Pilatus können gegenüber Jesus einen strafwürdigen Tatbestand benennen. Wenn die
Pharisäer Jesus ohne Verhör vorverurteilen, dann verstoßen sie gegen die Grundsätze
der Tora.   **52** Der Hinweis des Nikodemus erfährt eine schroffe Ablehnung; man
wirft ihm vor, selbst aus Galiläa zu sein. Er solle die Schrift studieren und erkennen,
dass ein Prophet nicht aus Galiläa komme. Indirekt unterstellen die Pharisäer damit
Nikodemus, ein Anhänger Jesu zu sein. Diesen Eindruck will Johannes auch bei seinen
Hörern/Lesern wecken, denn mit der Gestalt des Nikodemus verbinden sich für ihn
zwei Motive: 1) Offenbar fanden auch Vertreter aus der jüdischen Führungsschicht
zum Glauben an Jesus. 2) Johannes demonstriert an Nikodemus, was passiert, wenn
ein Mensch mit Jesus in Kontakt kommt. Über die ersten, unbeholfenen Grundfragen
des Glaubens ist Nikodemus hinaus. Er tritt nun bereits öffentlich für Jesus ein und
bekennt sich schließlich zu dem gekreuzigten und auferstandenen Jesus (vgl. Joh
19,38–42).

---

[29]   Der 4. Evangelist variiert damit die gemeinantike Vorstellung, dass die Herkunft das Wesen und Sein bestimmt; vgl. Musonius, Dissertationes 2, der betont, »dass der Seele des Menschen von Natur die Anlage
zur Sittlichkeit innewohnt und der Keim der Tugend (σπέρμα ἀρετῆς) einem jeden von uns eingepflanzt
ist.«

[30]   Vgl. dazu die rabbinischen Traditionen über den הארץ אם bei Billerbeck II, 494–519; ferner *R. Meyer*, Der
Am ha-Ares, in: *ders.*, Zur Geschichte und Theologie des Judentums in hellenistisch-römischer Zeit, Berlin 1989, 21–39.

[31]   Vgl. Ex 23,1; Dtn 1,16; 17,4; Joseph, Ant XIV 167: »Denn das Gesetz verbietet ausdrücklich, einen
wenn auch noch so verbrecherischen Menschen umbringen zu lassen, ehe er vom Synedrium zum Tode
verurteilt ist.«

In Joh 7 sind wesentliche Argumente in der Auseinandersetzung zwischen der joh. Theologie und dem Judentum um die Messianität Jesu gut zu erkennen. Die contra-Argumente lauten: 1) Niemand weiß, woher der Christus kommt (V. 27); möglicherweise aus Bethlehem (V. 42), nach keiner Überlieferung kommt der Messias jedoch aus Galiläa (V. 41.52); 2) Jesus kennt die Schriften nicht (V. 15); 3) nur das gesetzesunkundige Volk glaubt an Jesus, nicht hingegen die Gesetzeskundigen (V. 48 f); 4) Jesus hat einen Dämon (V. 20) und verführt das Volk (V. 12). Als Gegenargumente führt Johannes an: 1) Jesu Lehre kommt von Gott (V. 16 f), der ihn gesandt hat (V. 18); 2) die Juden handeln nicht nach dem Gesetz (V. 19); 3) Jesus vollbringt viele Zeichen, die ihn legitimieren (V. 21.31); 4) Jesus redet frei und offen (V. 26.46); 5) Jesus ist Geistträger (V. 38f); 5) nicht nur das Volk, sondern auch einzelne Führer (V. 50 f: Nikodemus) geben sich als Sympathisanten zu erkennen.

Ein später Einschub: Jesus und die Ehebrecherin 7,53–8,11*

Mit dieser Perikope verbinden sich komplexe textgeschichtliche, literarische und theologische Probleme. Der äußere textkritische Befund ist eindeutig:[32] Joh 7,53–8,11 fehlt in $P^{66.75}$ א B C^{vid} L N T W X Y Δ Θ Ψ 0141 0211 al. Geboten wird die Perikope von Hss. des ›westlichen Textes‹: D E (F) G H K M U Γ Π 28 700 892 al (nach 7,52). Die Stellung der Perikope variiert zudem, nach 7,36 (ms. 225), nach 7,44 (georg. Hs), nach 21,25 (1 565 1076 1570 1582 arm^{mss}), nach Lk 21,38 (f^{13}), nach Lk 24,53 (1333^s).

Der textkritische Befund lässt zwei Interpretationen zu: 1) Es handelt sich bei Joh 7,53–8,11 um eine (alte) mündliche post-johanneische Tradition synoptischen Typs[33], die erst relativ spät in die für das Neue Testament relevante Textüberlieferung gelangte. Sie wird deshalb in den Kommentierungen des Johannesevangeliums entweder gar

---

*   Literatur: *Baum, A. D.:* Die Perikope von der Ehebrecherin (Joh 7,53–8,11): Ihr Weg in das Johannesevangelium, in: *W. Hilbrands* (Hg.), Sprache lieben – Gottes Wort verstehen (FS H. von Siebenthal), Gießen 2011, 231–271; *Becker, U.:* Jesus und die Ehebrecherin, BZNW 28, Berlin 1963; *Borse, U.:* Die Entscheidung des Propheten, SBS 158, Stuttgart 1994; *Ehrmann, B. D.:* Jesus and the Adulteress, NTS 34 (1988), 24–44; *Heil, J. P.:* The Story of Jesus and the Adulteress (John 7,53–8,11) Reconsidered, Bib 72 (1991), 182–191; *Keith, Chr.:* The Pericope Adulterae, the Gospel of John, and the Literacy of Jesus, NTTS 38, Leiden 2009; *Thyen, H.:* Jesus und die Ehebrecherin (Joh 7,53–8,11), in: Religionsgeschichte des Neuen Testaments (FS K. Berger), hg. v. *A. v. Dobbeler/K. Erlemann/R. Heiligenthal,* Tübingen 2000, 433–446; *Wallace, B. D.:* Reconsidering ›The Story of Jesus and the Adulteress Reconsidered‹, NTS 39 (1993), 290–296.

32   Umfassende Auflistung und Analyse bei *U. Becker,* Die Ehebrecherin, 8–43. Sein Ergebnis: »Das eherne Schweigen sämtlicher Zeugen spricht dafür, daß die PE nicht vor dem 3. Jh. in griechischen Codices und damit überhaupt in den kanonischen Text des NT Aufnahme fand« (a. a. O., 39). Vgl. ferner *B. M. Metzger,* Textual Commentary, 187–189; *K. Aland,* Studien zur Überlieferung des Neuen Testaments und seines Textes, ANTT 2, Berlin 1967, 39–46. Im Gegensatz zu Becker ist Aland der Meinung, »daß die Perikope bereits im 2. Jahrhundert ihren Weg in die späteren kanonischen Evangelien begann« (a. a. O., 40).

33   Ob mit der bei Euseb, HE III 39,17 erwähnten Erzählung von der Sünderin, die bereits Papias (um 130 n. Chr.) aus dem Hebräer-Evangelium kannte, Joh 7,53–8,11 gemeint ist, bleibt unsicher. Positiv *U. Becker,* Die Ehebrecherin, 104 (»Papias [+ 125] ist der älteste Zeuge für die Perikope von der Ehebrecherin«), negativ hingegen *D. Lührmann,* Die Geschichte von einer Sünderin und andere apokryphe Jesusüberlieferungen bei Didymos von Alexandrien, NT 32 (1990), 289–316.

nicht,[34] in einem Anhang[35] oder nur summarisch behandelt[36] 2) Der Text ist johanneisch und gehörte zum Johannesevangelium in seiner ursprünglichen Gestalt; er
wurde aus inhaltlichen Gründen in einem frühen Stadium der Textüberlieferung gestrichen.[37] Mit diesem Erklärungsmodell verbindet sich die These, dass nicht textkritische, sondern vornehmlich inhaltliche Kriterien darüber entscheiden müssen, ob Joh
7,53–8,11 ein originärer Bestandteil des 4. Evangeliums ist.

(53) Und sie gingen, ein jeder in sein Haus. (1) Jesus aber ging auf den Ölberg. (2) Am frühen
Morgen kam er wiederum in den Tempel, und das ganze Volk kam zu ihm. Und er setzte sich und
lehrte sie. (3) Da brachten die Schriftgelehrten und Pharisäer eine Frau, die beim Ehebruch ergriffen
worden war, und stellten sie in die Mitte (4) und sprachen zu ihm: »Meister, diese Frau wurde auf
frischer Tat beim Ehebruch ergriffen. (5) Im Gesetz hat uns Mose geboten, solche Frauen zu steinigen. Was sagst du?« (6) Dies sagten sie, um ihn zu versuchen, damit sie einen Grund hätten, ihn
anzuklagen. Jesus aber bückte sich und schrieb mit dem Finger auf den Boden. (7) Als sie ihn aber
weiterhin fragten, richtete er sich auf und sprach zu ihnen: »Wer von euch ohne Sünde ist, der werfe
den ersten Stein auf sie!« (8) Und wieder bückte er sich und schrieb auf den Boden. (9) Als sie das
hörten, gingen sie fort, einer nach dem anderen, angefangen bei den Älteren, und er blieb allein
zurück mit der Frau, die in der Mitte stand. (10) Da richtete sich Jesus auf und sprach zu ihr: »Frau,
wo sind sie? Hat dich niemand verurteilt?« (11) Sie aber sprach: »Niemand, Herr!« Da sprach Jesus:
»Auch ich verurteile dich nicht. Geh hin und sündige von nun an nicht mehr!«

53 Die Erzählung setzt den jetzigen Kontext nicht voraus; nach dem Lehrvortrag Jesu
gehen die Zuhörer nach Haus.[38] **1/2** Jesus selbst geht zum Ölberg; die Abfolge ›Lehrtätigkeit im Tempel – Ölberg – früher Morgen – das ganze Volk‹ verdankt sich offensichtlich Lk 21,37.38.[39] Am frühen Morgen kehrt Jesus zum Tempel zurück, um
wiederum zu lehren. Das herbeiströmende Volk bildet die Kulisse für das folgende
Geschehen. Im Johannesevangelium setzt sich Jesus nur hier nieder, um zu lehren (vgl.
Mk 4,1par, Mt 5,1; Lk 5,3).[40] **3** Die eigentliche Handlung beginnt, Schriftgelehrte
und Pharisäer bringen die beim Ehebruch ertappte Frau zu Jesus. Die Schriftgelehrten
werden im Johannesevangelium sonst nicht erwähnt, die Wendung οἱ γραμματεῖς καὶ
οἱ Φαρισαῖοι (›die Schriftgelehrten und Pharisäer‹) findet sich aber 7mal bei Mt, 1mal
bei Mk und 5mal bei Lk. Die Frau wird in die Mitte eines Kreises gestellt, sie rückt –
neben Jesus – in den Mittelpunkt der Erzählung, obwohl sie nur zwei Worte spricht
(V. 11). **4** Dem Fall entsprechend reden die Ankläger Jesus als ›Lehrer‹ an, dem ein
eigentlich klarer Tatbestand vorgelegt wird, um ihn auf die Probe zu stellen (vgl. Mk
12,13par; 10,2par; Mt 19,3par). **5** Ehebruch war untersagt (Ex 20,14) und wurde

---

34 So z. B. *R. Bultmann, H. Strathmann*.
35 So z. B. *C. K. Barrett*, Joh, 562–566.
36 Vgl. *J. Becker, G. R. Beasley-Murray, D. A. Carson, R. E. Brown*. Eine ausführliche Analyse und Auslegung
    finden sich bei *R. Schnackenburg*, Joh II, 224–236; *M. Theobald*, Joh I, 548–562.
37 Vgl. *U. Borse*, Die Entscheidung des Propheten, 12 u. ö.
38 Sprachlich gibt es keine Argumente gegen den ›johanneischen‹ Charakter von V. 53; zutreffend *U. Borse*,
    Die Entscheidung des Propheten, 17.
39 Anders *J. P. Heil*, Story, 183 f, der auf Joh 7,14 verweist. *U. Borse*, Die Entscheidung des Propheten, 31,
    sieht die lk. Parallelstelle, wertet sie aber positiv als Entlehnung des 4. Evangelisten.
40 In Joh 7,37 ›steht‹ Jesus und ruft seine Botschaft dem Volk zu.

nach Dtn 22,22; Lev 20,10 mit dem Tod bestraft. Ez 16,38–41; 23,45–48; Jub 30,8 f
zeigen, dass in der Zeit vor den Regelungen der Mischna[41] die Steinigung die übliche
Hinrichtungsart bei Ehebruch war.[42] Angesichts dieser Konstellation wird Jesus ausdrücklich nach seiner Meinung gefragt.   **6** Die Verfänglichkeit der Situation ist offenkundig: Wenn Jesus sich gegen die Steinigung der Frau ausspricht, wendet er sich gegen
das Gesetz. Stimmt er zu, dann verleugnet er die Liebe Gottes zu den Sündern (vgl. Mk
2,17; Joh 9,2 f) und qualifiziert sein eigenes Verhalten am Sabbat als strafwürdig (vgl.
Joh 5,9 ff; 9,14 ff). Wie in Mk 12,13–17par rechnen die Fragesteller damit, dass Jesus
sich selbst zu Fall bringt. Aber auch diesmal reagiert Jesus mit überlegener Souveränität!
Er ignoriert durch sein Verhalten die Fragesteller, weil er ihre hinterlistigen Absichten
kennt. Nur hier und in V. 8 wird gesagt, dass Jesus etwas ›schrieb‹.[43] In Verbindung
mit den ebenfalls nur hier erwähnten Schriftgelehrten könnte dies ein Hinweis darauf
sein, dass die Perikope u. a. auch das Ziel verfolgte, Jesus als schreibkundig und schrift-
gelehrt zu legitimieren.[44]   **7** Die Hartnäckigkeit der Fragenden veranlasst Jesus dann
doch, mit einem entwaffnenden Wort zu reagieren: »Wer von euch ohne Sünde ist, der
werfe den ersten Stein auf sie.« Dtn 13,10 f; 17,5–7 gesteht den Zeugen eines Verbre-
chens das Recht zu, zuerst einen Stein zu werfen. Jesus verschärft diese Regel: Nur wer
ohne Sünde ist,[45] darf die Frau bestrafen. Wie in Mt 7,1 (»Richtet nicht, damit ihr nicht
gerichtet werdet«) legt Jesus die wirkliche Situation eines jeden Menschen offen: Niemand ist wirklich unschuldig, jeder hingegen müsste im Gericht Gottes verurteilt werden.   **8** Jesu Verhalten unterstreicht die Wucht des vorangehenden Wortes; es spricht
für sich allein, bedarf keiner Kommentierung.   **9** Das Wort verfehlt seine Wirkung
nicht, ein Ankläger nach dem anderen verlässt den Platz. Niemand vermag diesem Wort
Jesu etwas entgegenzusetzen, und am Ende bleiben die Frau und Jesus allein zurück.
10 Erst jetzt kommt es zu einer Begegnung zwischen den beiden. Jesus erwähnt allein
das überraschende Verhalten der Ankläger, während er über die Anklage kein Wort verliert.   **11** Auch Jesus verurteilt die Frau nicht, er spricht sie aber auch nicht frei.[46] Vielmehr wählt er einen positiven Weg, der aus der Schuld der Vergangenheit herausführt:
»Gehe hin und sündige von nun an nicht mehr!«

---

[41]   Nach Sanhedrin XI 1.6 war bei Ehebruch mit einer verheirateten Frau als Strafe die Erdrosselung vorgese-
hen; vgl. *Billerbeck* II, 519 f.
[42]   Vgl. *R. Schnackenburg*, Joh II, 226 f.
[43]   Das Schreiben auf der Erde könnte von Jer 17,13 motiviert sein: »Die Hoffnung Israels, Jahwe, alle, die
dich verlassen, werden zuschanden, und die von dir weichen, werden auf den Boden geschrieben, weil sie
die Quelle lebendigen Wassers verließen.« Jesu Verhalten wäre dann als Zeichenhandlung zu verstehen:
Gott müsste eigentlich alle Menschen in den Staub schreiben. Es ist müßig zu fragen, was Jesus auf den
Boden schrieb.
[44]   So vor allem *Chr. Keith*, The Pericope Adulterae, 175 ff.
[45]   ἀναμάρτητος = ›ohne Sünde‹ ist neutestamentliches Hapaxlegomenon; vgl. in der LXX bes. Dtn 29,18;
2Makk 8,4; 12,42. Gemeint ist nicht absolute Schuld- bzw. Sündlosigkeit, sondern »sündlos im Sinne des
Nichtgesündigthabens« (*W. Bauer*, WB[5], 114).
[46]   Gegen *R. Schnackenburg*, Joh II, 231, der von einem Freispruch spricht. Ein Freispruch war angesichts des
klaren Sachverhaltes, der Zeugen und der Vorschriften der Tora gar nicht möglich.

Die Erzählung weist einige joh. Spracheigentümlichkeiten auf (V. 5: λιθάζω = ›steinigen‹; zu V. 6a vgl. Joh 6,6a; V. 11: μηκέτι ἁμάρτανε = ›sündige hinfort nicht mehr‹ wörtlich nur hier und in Joh 5,14), die aber nicht eindeutig sind[47] und einen ›johanneischen Charakter‹ der Perikope nicht erweisen können. Traditionsgeschichtlich haben auf die Erzählung synoptische Stoffe (vgl. Lk 7,36–50; Mk 12,13–17; Mk 10,3; Lk 6,7),[48] vor allem aber die Susanna-Erzählung eingewirkt.[49] Jesus wird in Analogie zu Daniel dargestellt, beide bewahren eine Frau durch ihr weises Verhalten vor der Verurteilung. Die formgeschichtliche Beurteilung von Joh 7,53–8,11 fällt sehr unterschiedlich aus. R. Bultmann nennt die Erzählung ein ›apokryphes Apophthegma‹,[50] U. Becker ordnet sie den synoptischen Streitgesprächen zu,[51] während R. Schnackenburg von einer ›Zeichenhandlung‹ spricht.[52] Eine überzeugende Klassifizierung fällt schwer, deutlich ist allerdings die Konzentration der Erzählung auf den in prophetischer Weisheit handelnden Jesus. Die Haltung Jesu, vor allem aber das Logion V. 7b lassen es nicht ausgeschlossen erscheinen, die Erzählung im Leben des historischen Jesus zu verankern.[53] Jesus nimmt zu einem im damaligen Judentum aktuellen Thema Stellung, indem er nicht direkt gegen die Vorschriften der Tora votiert, sondern in eigener Vollmacht dem ursprünglichen Willen Gottes Geltung verschafft (vgl. Mk 2, 27 f; 3,4).

War die Erzählung ein ursprünglicher Bestandteil des Johannesevangeliums? Die fehlende Bezeugung in der zeitlich frühen Textüberlieferung reicht allein nicht aus, den Text aus dem 4. Evangelium zu verbannen. Andererseits: Warum sollte der Text – seine Ursprünglichkeit vorausgesetzt – gestrichen worden sein? Das Argument, er sei aus inhaltlichen Gründen weggelassen worden,[54] überzeugt nicht, denn Jesu Verhalten in Kap. 7,53–8,11 ist so anstößig oder nicht anstößig wie in anderen Partien des Evangeliums (vgl. Joh 5,1–9; 9). Jesus billigt den Ehebruch der Frau nicht, er spricht sie auch nicht frei, sondern ermöglicht ihr mit einer klaren Weisung einen Neuanfang. Joh 7,5–8,11 sollte deshalb als eine alte apokryphe Jesuserzählung angesehen werden, die erst spät Eingang in die kanonische Textüberlieferung fand und als Illustration von Joh 8,15 verstanden wurde.

---

47   Vgl. die Auseinandersetzung zwischen *J. P. Heil,* Story, passim; *U. Borse,* Die Entscheidung des Propheten, 35–37, und *B. D. Wallace,* Reconsidering, 291–293.
48   Vgl. die Übersicht bei *U. Borse,* Die Entscheidung des Propheten, 37–41.
49   Vgl. hierzu *U. Borse,* a. a. O., 41–44, der acht Berührungen zwischen Joh 7,53–8,11 und der Susanna-Erzählung notiert. Zur Susanna-Erzählung vgl. *O. Plöger,* Zusätze zu Daniel, JSHRZ I/1, Gütersloh ²1977, 76–81; *H. Engel,* Die Susanna-Erzählung, OBO 61, Freiburg (H)/Göttingen 1985. Alle relevanten jüdischen und hellenistischen Texte (vgl. bes. Philostr, Vit Ap V 24) zu Joh 7,53–8,11 finden sich in: Neuer Wettstein I/2, 408–424.
50   Vgl. *R. Bultmann,* Geschichte der synoptischen Tradition, 67.
51   Vgl. *U. Becker,* Die Ehebrecherin, 83.
52   Vgl. *R. Schnackenburg,* Joh II, 233.
53   Vgl. bes. *U. Becker,* Die Ehebrecherin, 165–174; skeptisch demgegenüber *H. v. Campenhausen,* Zur Perikope von der Ehebrecherin (Joh 7,53–8,11), ZNW 68 (1977), 164–175; *H. Thyen,* Jesus und die Ehebrecherin, 44.
54   So zuletzt *U. Borse,* Die Entscheidung des Propheten, 12 u. ö. *Borse* meint, der Bearbeiter nahm an der verzeihenden Güte Jesu Anstoß, die für ihn mit der ehelichen Treue unvereinbar war.

4. Jesus als das Licht der Welt 8,12–20*

(12) Wiederum redete Jesus zu ihnen und sprach: »Ich bin das Licht der Welt. Wer mir nachfolgt, wird nicht in der Finsternis wandeln, sondern er wird das Licht des Lebens haben.« (13) Da sprachen nun die Pharisäer zu ihm: »Du zeugst von dir selbst; dein Zeugnis ist nicht wahr.« (14) Jesus entgegnete und sprach zu ihnen: »Auch wenn ich von mir selbst zeuge, so ist mein Zeugnis wahr, weil ich weiß, woher ich komme und wohin ich fortgehe; ihr dagegen wisst nicht, woher ich komme und wohin ich fortgehe. (15) Ihr richtet nach dem Fleisch, ich richte keinen. (16) Wenn ich aber richte, ist mein Urteil wahr, weil ich nicht allein bin, sondern ich und der Vater, der mich gesandt hat. (17) Auch steht in eurem Gesetz geschrieben, dass das Zeugnis zweier Menschen wahr ist. (18) Ich bin es, der von mir selbst Zeugnis gibt, und es zeugt für mich der Vater, der mich gesandt hat.« (19) Da sprachen sie wiederum zu ihm: »Wo ist dein Vater?« Jesus antwortete: »Ihr kennt weder mich noch meinen Vater; würdet ihr mich kennen, dann würdet ihr auch meinen Vater kennen.« (20) Diese Worte sprach er bei der Schatzkammer, als er im Tempel lehrte. Und niemand nahm ihn fest, weil seine Stunde noch nicht gekommen war.

Der Erzählfaden von Kap. 7 wird wiederaufgenommen, Jesus befindet sich nach wie vor im Tempel (V. 20). Ein Offenbarungswort bildet den Ausgangspunkt für die folgenden Szenen, die zumeist durch die Abfolge ›Worte Jesu – Missverstehen der Juden – Erklärung Jesu‹ strukturiert sind.

12 Wiederum offenbart sich Jesus in seiner Heilsbedeutung, indem er sagt, was er für die Glaubenden ist. Das Wort ist klar strukturiert: Auf die Präsentation (ἐγώ = ›ich‹) und das Bildwort (τὸ φῶς τοῦ κόσμου = ›das Licht der Welt‹) folgen Invitation und Verheißung. Johannes verwendet Licht als Metapher für die Offenbarung bzw. das Heil. Mit φῶς (›Licht‹) verbindet sich ein bestimmtes Bildfeld, das durch Begriffe wie Offenbarung, Leben, Sicherheit, Erleuchtung und Erkenntnis geprägt ist.[55] Zugleich signalisiert der Artikel τὸ (φῶς), dass Jesus nicht nur der Bringer, sondern selbst das Licht, die Offenbarung und das Heil ist. Die Lichtmetapher ist christologisch geprägt, Licht in Verbindung mit dem menschgewordenen Logos hat einen streng personalen Charakter (vgl. Joh 1,4.5.7.8.9; 3,19b).[56] Das Licht erleuchtet mit seiner heilsamen Kraft die Welt, κόσμος umfasst an dieser Stelle die gesamte Schöpfung. Wer sich in den Schein dieses Lichtes begeben will, wird eingeladen, ihm zu folgen. Die Bindung des Glaubenden an Jesus drückt Johannes durch den Begriff des Nachfolgens aus. Mehr als bei den Synoptikern bezeichnet ἀκολουθεῖν (›nachfolgen‹) die ausschließliche Bindung an Jesus, wobei jeweils die Identität des Irdischen mit dem Erhöhten vorausgesetzt ist. Nachfolgen meint das Eintreten in eine grundlegende Glaubensbeziehung, die totale und vollständige Grundausrichtung der gesamten Lebenseinstellung auf Jesus Christus. Nicht das Befolgen einzelner Vorschriften steht dabei im Mittel-

---

* Literatur: *Blank, J.:* Krisis, 216–226; *Beutler, J.:* Martyria, 265–271.289–293; *Schwankl, O.:* Licht und Finsternis, 186–222.

[55] Vgl. dazu *H. Conzelmann,* Art. φῶς, ThWNT IX, 302–349.

[56] Eine Parallele bietet Philo, Somn I 75, der Gott als Licht beschreibt, »und nicht nur Licht, sondern jedes anderen Lichtes Vorbild, ja noch mehr: älter und höher als jedes Vorbild, weil es die Bedeutung eines Urbildes hat. Denn das Urbild ist der von ihm ganz erfüllte Logos ...«.

punkt, vielmehr ein Leben aus dem Erhelltsein durch die Offenbarung. Wer sich an das Licht hält, das Jesus selbst ist, lebt nicht mehr in der Finsternis und damit in der Richtungslosigkeit, sondern er wird das Licht des Lebens haben. Die Verheißung ›er wird das Licht des Lebens haben‹ ist für die glaubende Gemeinde bereits Wirklichkeit geworden, weil sie die Finsternis verlassen hat und in der Nachfolge des Lichtes Jesus Christus lebt. Das Licht des Glaubens bringt für sie die Dunkelheit des Unglaubens zum Schwinden. Was zuvor im Evangelium über das Licht gesagt wurde, verkündet Jesus nun von sich selbst, denn er ist das wahre Licht, das in die Welt gekommen ist und jeden Menschen erleuchten will (vgl. Joh 1,9).   **13** Die Pharisäer fassen Jesu Selbstoffenbarung als Selbstzeugnis auf. Es unterliegt dem Verdacht der Selbstbegünstigung und muss aus ihrer Perspektive hinterfragt werden.   **14** Jesus antwortet auf diesen Einwand, indem er die Wahrhaftigkeit seines Zeugnisses betont. Das Wissen um sein Woher und Wohin, um seinen Ausgang vom Vater und seine Rückkehr zum Vater legitimiert seinen Anspruch.   **15** Die Gegner verfügen nicht über ein solches Wissen; sie sind dem Irdisch-Diesseitigen verhaftet, und ihre Urteile entsprechen dieser Kategorie.   **16** Würde Jesus richten, so wäre sein Urteil wahr. Er orientiert sich ganz und gar an Gott und enthält sich des vordergründigen Richtens. Als Offenbarer unterliegt er nicht weltlichen Maßstäben.   **17/18** Jesus beruft sich auf den jüdischen Rechtsgrundsatz, wonach das übereinstimmende Zeugnis zweier Menschen wahr ist (vgl. Num 35,30; Dtn 17,6; 19,15).[57] Kein anderer als Jesus kann diesen Grundsatz in Anspruch nehmen, denn das Verhältnis von Vater und Sohn zeichnet sich nicht durch eine äußerliche, sondern eine innere, vollständige Übereinstimmung aus. Als Gesandter Gottes repräsentiert Jesus den Vater in der Welt, seine Präsenz in der Welt zeigt zugleich den Vater als Sendenden.   **19** Die Frage der Gegner offenbart, dass sie Jesu Rede, sein Wesen und sein Gesandtsein vom Vater nicht verstanden haben. Für Johannes gibt es keine Gotteserkenntnis an Jesus vorbei, vielmehr offenbart sich Gott exklusiv in Jesus von Nazareth. Wer den Sohn nicht kennt, kennt auch den Vater nicht.   **20** Johannes beendet den Abschnitt mit einer präzisen topographischen Angabe. Jesus hielt die Rede an jener Stelle im Tempelbezirk, wo der Frauenvorhof lag, das gesamte Volk Zutritt hatte und die Opferkästen sowie die Aufbewahrungskammern für die Tempelschätze lagen.[58] Der Frauenvorhof war auch der Ort, wo während des Laubhüttenfestes die große nächtliche Lichtfeier stattfand. Wie in Joh 7,37ff überbietet Jesus jüdische Heilsvorstellungen, denn er ist das wahre Licht. Auch diesmal (vgl. Joh 7,29f) wird Jesus noch nicht festgenommen, weil die von Gott bestimmte Stunde noch nicht gekommen ist.

Weil Jesus und seine Gegner auf verschiedenen Ebenen stehen, kommt es zwischen ihnen zu keiner wirklichen Verständigung. Die Einheit von Vater und Sohn und die einzigartige Repräsentation des Vaters durch den Sohn wird von den Gegnern Jesu nicht erkannt, so dass sie auch das Zeugnis des Vaters für den Sohn ignorieren.

---

[57] Vgl. ferner *Billerbeck* I, 790 f.
[58] Vgl. *Billerbeck* II, 37–45.

5. Jesu Herkunft von oben 8,21–29

(21) Da sprach er wiederum zu ihnen: »Ich gehe fort, und ihr werdet mich suchen, und ihr werdet in eurer Sünde sterben. Wohin ich fortgehe, dorthin könnt ihr nicht kommen.« (22) Da sprachen die Juden: »Will er sich selbst töten, weil er sagt: Wo ich hingehe, dorthin könnt ihr nicht kommen?« (23) Und er sprach zu ihnen: »Ihr seid von unten, ich bin von oben. Ihr seid aus dieser Welt, ich bin nicht von dieser Welt. (24) Nun habe ich euch gesagt, dass ihr in euren Sünden sterben werdet. Wenn ihr nicht glaubt, dass ich es bin, werdet ihr in euren Sünden sterben.« (25) Da sprachen sie zu ihm: »Wer bist du?« Da sprach Jesus zu ihnen: »Was rede ich denn überhaupt noch mit euch? (26) Vieles habe ich euch zu sagen und zu richten; der mich aber gesandt hat, ist wahrhaftig, und was ich von ihm gehört habe, dies sage ich der Welt.« (27) Sie verstanden aber nicht, dass er zu ihnen vom Vater sprach. (28) Da sprach Jesus zu ihnen: »Wenn ihr den Menschensohn erhöht habt, dann werdet ihr erkennen, dass ich es bin und dass ich nichts von mir aus tue, sondern das rede, was mich der Vater gelehrt hat. (29) Und der mich gesandt hat, ist bei mir; er hat mich nicht allein gelassen, weil ich alle Zeit tue, was ihm gefällt.«

Die ›Stunde Jesu‹ wird nun unter dem Aspekt seines Fortgehens zum Vater und den damit verbundenen Folgen für die Gegner näher bedacht.

21 Das Verb ὑπάγειν (›fortgehen‹) ist bei Johannes mehrschichtig: Es bezeichnet einmal den Tod Jesu, seine Abwesenheit gegenüber der Welt. Zugleich hat ὑπάγειν aber einen positiven Aspekt, denn erst Jesu Fortgehen zum Vater ermöglicht die Existenz der Gemeinde und die Verheißung des ewigen Lebens (vgl. Joh 13,1; 14,3). Wenn Jesus fortgegangen ist, werden ihn die Juden suchen (vgl. Joh 7,34.36; 13,33). Dieses Suchen bleibt jedoch erfolglos, weil sie durch die Macht der Sünde nicht erkennen, dass Jesus bei Gott ist. Sünde ist bei Johannes identisch mit Unglaube, deshalb werden all jene in ihrer Sünde sterben, die in ihrem Unglauben verharren.[59] Für Johannes besteht das Heil in der Lebensgemeinschaft mit Jesus, das Unheil in der Trennung von Jesus. Der Unglaube als Grundeinstellung schließt den Menschen bleibend vom Heil, d. h. vom ewigen Leben aus. Deshalb gibt es für den Unglauben auch keine Vollendung der Gemeinschaft mit Jesus, so wie sie den Glaubenden verheißen wird (vgl. Joh 14,1–3). **22** Die ›Juden‹ können Jesu Aussagen nicht verstehen, sie reagieren mit einer vordergründigen Frage. **23** Ihr Einwand dient Jesus dazu, den Sachverhalt weiter zu entfalten und zu vertiefen. Die grundsätzliche Wesensverschiedenheit zwischen dem Offenbarer und der Welt wird mit dem Hinweis auf den unterschiedlichen Ursprung erklärt. Im Hintergrund steht der joh. Gedanke, dass die Herkunft das Dasein umfassend bestimmt. Jesu Herkunft vom Vater und das Verhaftetsein des Unglaubens in der Welt schließen einander aus und machen ein gegenseitiges Verstehen unmöglich. **24** Jesus wiederholt seine Warnung: Die ›Juden‹ werden in ihren Sünden sterben,[60] wenn sie nicht glauben, dass Jesus der Gesandte Gottes ist. Das absolute ἐγώ εἰμι (›Ich bin‹) signalisiert mit der Frage, wer Jesus für die Glaubenden bzw. den Unglauben sei, das Grundthema von Joh

---

[59]   Vgl. zur Analyse auch M. *Hasitschka*, Befreiung von Sünde, 196–205.
[60]   In Joh 8,21 erscheint der Sg. ἁμαρτία = ›Sünde‹ (erstmals seit 1,29), in 8,24 der Pl. ἁμαρτίαι (›Sünden‹). Ein Bedeutungsunterschied ist nicht zu erkennen, es geht jeweils um die Grundhaltung des Unglaubens, die sich in einzelnen Verfehlungen realisiert.

8 (vgl. V. 12.28.58).   **25** Die Gegner haben Jesu besonderen Anspruch verstanden, deshalb die Frage: Wer bist du? Zugleich verbleiben sie aber im Raum des Vordergründigen, denn das Wesen Jesu als Ort der Gegenwart Gottes kann nicht durch ihre zusätzlichen Fragen geklärt werden. Was Jesus bisher über sich sagte, ist ausreichend.   **26** Dennoch müsste Jesus noch viel über die verstockten Gegner sagen, was nichts anderes als Gerichtsworte sein könnten. Aber Jesus verzichtet darauf, seine richterliche Funktion auszuüben; er tut nichts anderes, als der Welt das zu sagen, was er vom Vater gehört hat.   **27** Wiederum verstehen die Gegner nicht, wovon Jesus redet.   **28/29** Erst wenn Jesus durch seine Kontrahenten am Kreuz erhöht wird, werden auch sie seine Person erkennen. Die aktivische Formulierung macht unmissverständlich deutlich, dass für Johannes Kreuzigung und Erhöhung identisch sind (vgl. Joh 12,32 f.). Die Erhöhung hat für Johannes Offenbarungscharakter; sie zeigt, dass Jesus der Sohn Gottes ist, weil sich am Kreuz die Liebe Gottes zur Welt offenbart (vgl. Joh 3,16). Durch seinen Tod am Kreuz bestätigt und vollzieht Jesus in vollkommener Weise den Gehorsam gegenüber dem Vater. Gerade in dieser Stunde weiß sich Jesus mit dem Vater verbunden, der ihn nicht allein lässt. So wie Jesus allezeit den Willen des Vaters tat, vollbringt er ihn auch in seinem Leiden und Sterben.

In der Auseinandersetzung mit den Gegnern offenbart Jesus sein Wesen: Er kommt als Offenbarer vom Vater, ›von oben‹, und sagt der Welt, was er beim Vater gehört hat. Auch wenn sich die Gegner jetzt dem Anspruch Jesu verschließen, am Kreuz werden sie endgültig erkennen, dass Jesus der Gesandte Gottes ist. Sendungs- und Kreuzestheologie sind bei Johannes ständig aufeinander bezogen, denn am Kreuz erreicht die Sendung des Sohnes ihr Ziel (vgl. Joh 19,30).

6. Freiheit und Wahrheit durch den Sohn 8,30–36

(30) Als er solches redete, glaubten viele an ihn. (31) Da sprach Jesus zu den Juden, die an ihn glaubten:»Wenn ihr in meinem Wort bleibt, seid ihr wahrhaftig meine Jünger. (32) Und ihr werdet die Wahrheit erkennen, und die Wahrheit wird euch frei machen.« (33) Sie antworteten ihm:»Wir sind Same Abrahams und waren noch nie jemandes Knechte. Wie kannst du sagen: Ihr werdet frei werden?« (34) Jesus antwortete ihnen:»Amen, amen, ich sage euch, dass jeder, der die Sünde tut, ein Knecht der Sünde ist. (35) Der Knecht aber bleibt nicht immer im Hause, nur der Sohn bleibt für ewig. (36) Wenn also der Sohn euch frei macht, dann werdet ihr wirklich Freie sein.«

Die Auseinandersetzung mit den an Jesus glaubenden Juden bzw. den Ἰουδαῖοι (›Juden‹) tritt nun in eine entscheidende Phase: Die wahre Herkunft der Gesprächspartner sowie das Verständnis von Wahrheit und Freiheit stehen zur Debatte.[61]

30 Der Vers hat eine Übergangsfunktion, er berichtet, dass viele aufgrund der vorangegangenen Rede an Jesus glaubten.   **31** Dabei handelt es sich um Juden(christen),

---

[61]   Zur umfassenden Analyse von Joh 8,31–59 vgl. *H. E. Lona,* Abraham in Johannes 8. Ein Beitrag zur Methodenfrage, EHS.T 65, Frankfurt 1976, 182–445.

die schon länger im Glauben stehen (Part. Perf.: πεπιστευκότας) und nun von Jesus direkt angesprochen werden. Im Gespräch mit ihnen setzt Jesus exemplarisch die Argumente ein, die in der Auseinandersetzung zwischen der joh. Schule und dem Judentum von Bedeutung waren. Am Anfang steht die Aufforderung, im Wort Jesu zu bleiben (vgl. Joh 15,4–10). Das Wort ist der Zugang der Menschen zu Jesus. Das Verb μένειν betont die Kontinuität der Glaubensentscheidung,[62] die Bindung an Jesus soll unauflösbar sein. Die Wendung μένειν ἐν τῷ λόγῳ τῷ ἐμῷ (›Bleiben in meinem Wort‹) zeigt, dass Johannes das Wort Jesu als einen Lebensraum betrachtet, in dem der Mensch sich dauernd aufhalten darf. Somit ist μένειν auch das Kennzeichen der wahren Jüngerschaft, die sich am Wort Jesu als der einzigen Richtschnur orientiert. **32** Die Folge eines solchen Verhaltens wird das Erkennen der Wahrheit und die Befreiung durch die Wahrheit sein.[63] Wahrheit ist im Johannesevangelium keine abstrakte Größe, sondern christologisch gefüllt. Jesus Christus selbst ist die Wahrheit (vgl. Joh 14,6). Sie begegnet in der Person Jesu und ist gegenwärtig in seinem Wort. Als Wahrheit erschließt Jesus den Glaubenden den Sinn seiner Sendung, offenbart ihnen den Vater und befreit sie dadurch von den Mächten des Todes, der Sünde und der Finsternis. Freiheit ist somit die unmittelbare Wirkung der Wahrheitserfahrung der Glaubenden.   **33** Die glaubenden Juden entgegnen dem Anspruch Jesu mit dem Hinweis auf ihre Abrahamskindschaft. Als ›Same Abrahams‹ waren sie nie Sklaven, denn ihr Selbstverständnis als Kinder Abrahams schließt Freiheit mit ein. Zwischen der joh. Schule und dem Judentum war offenbar umstritten, wer sich zu Recht auf Abraham berufen darf. Im antiken Judentum wurde die Bedeutung Abrahams als Stammvater des jüdischen Volkes zunehmend betont. Abraham hielt die Tora vorbildlich ein, er schloss mit Gott einen Bund und bekräftigte diesen durch die Beschneidung. Mit der Opferung Isaaks bestand er die ihm von Gott auferlegte Prüfung, und seine Verdienste gehen nun auf die Nachkommen über, denen als Same Abrahams ein besonderer Status zukommt (vgl. Sir 44,19–21; 1Makk 2,52; 4Esr 3,13 ff).[64] Noch in der Mitte des 2. Jh. n. Chr. war die Abrahamskindschaft ein zentraler Streitpunkt zwischen Christen und Juden.[65]   **34** In seiner Antwort stellt Jesus der jüdischen Position einen anderen Begriff von Freiheit gegenüber. Die eigentliche Knechtschaft des Menschen besteht nicht in einer äußerlichen Sklaverei, sondern in der Sklaverei der Sünde. Mit dem Tun der Sünde gerät man unter die Herrschaft der Sünde, woraus sich ein Sein unter der Sünde ergibt. Hinter der Sünde wiederum steht der Unglaube, der sich der offenkundigen Wahrheit verweigert.[66]

---

[62]   Vgl. zur Auslegung *J. Heise*, Bleiben, 71–77.
[63]   Vgl. dazu umfassend *Y. Ibuki*, Wahrheit im Johannesevangelium, 88–116.
[64]   Vgl. dazu *K. Berger*, Abraham, TRE 1 (1977), 372–382; *B. Ego*, Abraham als Urbild der Toratreue Israels, in: Bund und Tora, hg. v. *F. Avemarie/H. Lichtenberger*, WUNT 92, Tübingen 1996, 25–40.
[65]   Vgl. Just, Dial 44,1: »Ihr täuscht euch, wenn ihr meint, daß ihr, weil ihr dem Fleische nach von Abraham abstammt, auf jeden Fall das Gute erben werdet, das Gott durch Christus zu geben versprochen hat«; Dial. 140,2, wo es von jüdischen Lehrern heißt: »Denn sie lehren menschliche Lehren und Gebote. Außerdem verführen sie sich und euch mit der Idee, dass auf jeden Fall denen, welche dem Fleische nach von Abraham abstammen, das ewige Reich werde gegeben werden, selbst dann, wenn sie ungläubige und gegen Gott ungehorsame Sünder sind.«
[66]   Zur umfassenden Analyse vgl. *M. Hasitschka*, Befreiung von Sünde, 225–249. Die Nähe zur paulinischen Theologie ist unverkennbar, sowohl bei Paulus als auch bei Johannes konstituiert die Sünde einen Herr-

35 Johannes greift das Bild der antiken Hausgemeinschaft auf, um die Stellung der Knechte und der Freien zu bestimmen. Die Knechte haben kein bleibendes Recht, fest zur Familie zu gehören; demgegenüber bleibt der Sohn immer im Haus. **36** Deshalb kann nur der Sohn wirklich befreien, er begründet die neue ›Gottesfamilie‹. Wiederum zeigt sich die christologische Füllung des Freiheitsbegriffes, wahre Freiheit gewährt allein Jesus Christus. Wie bei der ›Wahrheit‹ (vgl. Joh 1,17) wird auch bei der ›Freiheit‹ ein gemeinantiker Diskurs aufgenommen und christologisch profiliert: Die Herausbildung eines individuellen Freiheitsverständnisses gehört zu den herausragenden Kulturleistungen des Hellenismus,[67] insbesondere der kynisch-stoischen Philosophie. Es ist geradezu das Kennzeichen des Philosophen, in Freiheit zu leben (vgl. Epikt, Diss II 1,23); so wird von Diogenes überliefert, »dieselbe Lebensweise wie Herakles zu verfolgen, der die Freiheit allem vorzog« (Diog Laert 6,71). Dieser individuelle Freiheitsbegriff wird bei Johannes (wie zuvor bei Paulus) auf eine höhere Stufe gehoben, indem nun eine neue Heteronomie (die Gemeinschaft mit Christus) die wahre Autonomie gewährt, nämlich die Freiheit von der Sünde.

Mit der Gegenüberstellung einer ethnisch und einer christologisch begründeten Abrahamskindschaft verbindet sich ein zentrales theologisches Problem: Wer kann sich auf den vollkommenen Gehorsam gegenüber Gott berufen, so wie Abraham ihn vorlebte? Für Johannes nur der, der in Jesus Christus die Wahrheit Gottes erkennt und sich im Glauben von der Macht der Sünde befreien lässt. Diesen und den folgenden Konflikt führt Jesus nach der vorliegenden Textabfolge (V. 30.31!) mit an ihn glaubenden Juden, d. h. die Auseinandersetzung um die wahre Berufung auf Abraham trägt Johannes nicht nur mit den Juden (V. 48), sondern auch mit militanten Judenchristen aus.

7. Abrahams- und Teufelskindschaft 8,37–47*

(37) »Ich weiß, dass ihr Same Abrahams seid; aber ihr sucht mich zu töten, weil mein Wort nicht in euch haftet. (38) Was ich beim Vater gesehen habe, das rede ich, aber auch ihr tut das, was ihr vom Vater gehört habt.« (39) Sie entgegneten und sprachen zu ihm: »Unser Vater ist Abraham!« Jesus spricht zu ihnen: »Wenn ihr Kinder Abrahams wäret, dann würdet ihr auch Abrahams Werke tun. (40) Nun aber sucht ihr mich zu töten, einen Menschen, der euch die Wahrheit gesagt hat, die

---

schaftsbereich. Bei der Sünde handelt es sich nicht nur um einzelne Taten, für die ein Mensch verantwortlich gemacht wird, sondern um einen Machtbereich, in dem man lebt und der das gesamte Denken und Handeln prägt (vgl. Gal 4,7; Röm 6,16.17.20).

[67] Vgl. dazu die Darstellungen bei *D. Nestle,* Eleutheria. Studien zum Wesen der Freiheit bei den Griechen und im Neuen Testament I: Die Griechen, HUTh 6, Tübingen 1967; *ders.,* Art. Freiheit, RAC 8, Stuttgart 1972, 269–306; *M. Pohlenz,* Griechische Freiheit. Wesen und Werden eines Lebensideals, Heidelberg 1955; *M. Forschner,* Die stoische Ethik, Stuttgart 1981, 104–113.

* Literatur: *Dahl, N. A.:* Der Erstgeborene Satans und der Vater des Teufels, in: Apophoreta (FS E. Haenchen), BZNW 30; Berlin 1964, 70–84; *Grässer, E.:* Die Juden als Teufelssöhne in Joh 8,37–44; in: *ders.,* Der Alte Bund im Neuen, WUNT 35, Tübingen 1985, 154–167; *Leroy, H.:* Rätsel und Mißverständnis, 67–88; *Lona, H. E.:* Abraham in Johannes 8, 217–224.434–438; *Reim, G.:* Joh 8,44 – Gotteskinder/Teufelskinder, in: *ders.,* Jochanan, 353–358.

ich vom Vater gehört habe. Dies tat Abraham nicht. (41) Ihr tut die Werke eures Vaters.« Sie sprachen zu ihm: »Wir sind nicht unehelich geboren, wir haben einen Vater, Gott.« (42) Da sprach Jesus zu ihnen: »Wäre Gott euer Vater, so würdet ihr mich lieben. Denn von Gott bin ich ausgegangen und gekommen. Denn nicht von mir aus bin ich gekommen, sondern jener hat mich gesandt. (43) Weshalb versteht ihr meine Sprache nicht? Weil ihr mein Wort nicht hören könnt. (44) Ihr stammt von dem Vater, dem Teufel, und wollt die Begierden eures Vaters tun. Jener war ein Menschenmörder von Anbeginn, und in der Wahrheit hatte er keinen Stand, weil in ihm die Wahrheit nicht ist. Wenn er die Lüge spricht, spricht er aus seinem eigenen Wesen, denn er ist ein Lügner und der Vater der Lüge. (45) Mir aber, weil ich die Wahrheit sage, glaubt ihr nicht. (46) Wer von euch kann mich einer Sünde überführen? Wenn ich die Wahrheit sage, warum glaubt ihr mir nicht? (47) Wer aus Gott ist, hört die Worte Gottes; darum hört ihr nicht, weil ihr nicht aus Gott seid.«

Der Streit um die *wahre* Abrahamskindschaft setzt sich fort, die Frage nach dem Woher Jesu und seiner Gegner wird in zugespitzter Form erörtert. Seine Gegner sind dabei nach Joh 8,30.31 immer noch ›an ihn glaubende Juden‹, d. h. es handelt sich hier nicht ausschließlich um Polemik gegen ›die Juden‹, sondern um einen theologischen Konflikt innerhalb und außerhalb der joh. Schule.

37 Jesus erkennt die Berufung der Gegner auf die Abrahamskindschaft partiell an. Dennoch wollen sie ihn töten, denn sein Wort gewinnt keinen Raum in ihnen. Der Unglaube ist somit das entscheidende Motiv für die Tötungsabsicht. **38** Johannes stellt ausdrücklich eine Verbindung zwischen der Tötungsabsicht der Juden und dem in V. 44 erhobenen Vorwurf der ›Teufelskindschaft‹ her. Die je verschiedene Herkunft prägt Sein, Denken und Handeln, so dass sich im Tun der Gegner ihr Woher offenbart und damit auch ihr ›Vater‹ sichtbar wird. **39** Die Ἰουδαῖοι (›Juden‹) behaupten noch einmal nachdrücklich, in der Abrahamskindschaft zu stehen. Jesus bestreitet dies mit dem Hinweis auf ihre Werke. Abrahams Frömmigkeit war in jeglicher Hinsicht unbestritten, niemals hätte er einen Boten Gottes oder sogar den Sohn Gottes töten können. **40** Die Juden hingegen wollen mit Jesus einen Menschen töten, der ihnen die bei Gott gehörte Wahrheit gesagt hat. Die Verwendung von ἄνθρωπος (›Mensch‹) zielt wiederum bereits auf V. 44 (ἀνθρωποκτόνος = ›Menschenmörder‹); die Offenbarung Gottes begegnet in einem Menschen, der nun getötet werden soll. **41** Das Verhalten der Juden deckt ihre Herkunft auf, so dass die Frage nach dem Urheber eines solchen Verhaltens immer dringlicher wird. Die Gegner verwahren sich dagegen mit dem Hinweis auf ihre Gotteskindschaft.[68] Sie nehmen den Vorwurf Jesu, einen anderen Vater als Abraham zu haben, positiv steigernd auf und behaupten, in einem legitimen Gottesverhältnis zu stehen. **42** Jesus greift das Stichwort der Gotteskindschaft auf, um es mit dem Verweis auf das Verhalten der Juden zu widerlegen. Sie müssten Jesus lieben, eine uneingeschränkt positive Einstellung zu ihm haben, wenn Gott ihr Vater wäre. Weil Jesus der Gesandte Gottes ist, zeigt sich wahre Gottesliebe in der Liebe zu ihm. Es ist unmöglich, sich auf Gott zu berufen und gleichzeitig seinen Sohn töten zu wollen. **43** Die grundlegende Verschiedenheit zwischen dem Offenbarer und der Welt führt nun dazu, dass die Ἰουδαῖοι die Sprache Jesu nicht mehr

---

[68] Vgl. dazu *Billerbeck* I, 219f.

verstehen können. Sie stehen im Unglauben und sind gegenüber dem Wort Jesu verschlossen, sie können es nicht wirklich vernehmen. Die Verschlossenheit wiederum hängt ursächlich mit der Herkunft der Ἰουδαῖοι zusammen. **44** Der Vorwurf der Teufelskindschaft gegenüber den Jesus bedrängenden Juden thematisiert diesen Aspekt. Aber wer bzw. was ist gemeint? Die korrekte Übersetzung von ὑμεῖς ἐκ τοῦ πατρὸς τοῦ διαβόλου ἐστέ lautet: ›Ihr seid aus dem Vater des Teufels‹, d.h. der Vater des Teufels wäre die eigentlich negative Größe.[69] Dies kann aber vom Kontext her kaum gemeint sein und: Wer ist der Vater des Teufels? Deshalb ist die sinnvollste Lösung, zwischen ›Vater‹ und ›des Teufels‹ ein Komma zu setzen,[70] so dass das Woher der opponierenden Juden auf den ›Teufel‹ zurückgeführt wird. Johannes sucht nach einer Erklärung für den Unglauben und die daraus resultierende Absicht, Jesus zu töten. Urheber des Unglaubens sind die Ἰουδαῖοι nicht aus sich selbst heraus, sondern der Unglaube wird auf die übermenschliche Macht des Bösen, auf den Teufel, zurückgeführt. Johannes steht damit in der Tradition des antiken Judentums, in dem zunehmend die menschliches Begreifen übersteigenden Erfahrungen des Bösen auf einen Gegenspieler Gottes zurückgeführt wurden.[71] Zwar bleibt Gott der Herr von Schöpfung und Geschichte, aber unerklärliche oder mit dem Heilsplan Gottes unvereinbare Ereignisse konnten nun diesem Gegenspieler zugeschrieben werden. Im 4. Evangelium und im 1Joh finden sich zahlreiche satanologische Aussagen: Der Teufel ist der ›Herr‹ der Welt (Joh 12,31; 14,30; 16,11; 1Joh 5,19), er lässt die Taten der Welt böse sein (Joh 3,19; 7,7). Er ist nicht nur für den Verrat Jesu verantwortlich (vgl. Joh 6,70; 13,2.28), sondern jede Art von Sünde hat in ihm ihren Ursprung (vgl. 1Joh 3,8). Wenn die Gegner Jesus töten wollen, dann erweisen sie damit ihr Sein ›aus dem Vater, dem Teufel‹. Die Herkunft bestimmt das Verhalten, die Juden vollbringen die Begierden ihres Vaters. Das ›Wesen‹ des Teufels entfaltet Johannes in zweifacher Weise: 1) Er ist ein ›Menschenmörder von Anfang an‹. Damit wird wahrscheinlich auf den Sündenfall angespielt (vgl. 1Joh 3,8), möglicherweise aber auch auf Kain (vgl. 1Joh 3,12).[72] Das Phänomen des Bösen kann mit diesen Auskünften nicht befriedigend

---

[69] Vgl. zu den Problemen *R. Bultmann,* Joh, 241; *E. Haenchen,* Joh, 370 f.

[70] Vgl. *E. Haenchen,* Joh, 371.

[71] Vgl. hierzu *G. Baumbach,* Qumran und das Johannesevangelium, 16–19; *O. Böcher,* Der johanneische Dualismus, 27 ff; *H. Haag* (Hg.), Teufelsglaube, Tübingen ²1974, 141–269. Als relevante Texte vgl. 1QS 3,19–21; 4,15–16; 4Qflor 1,8; Jub 1,20; 12,20. Von besonderer Bedeutung ist Jub 15,33, wo innerhalb eines jüdischen Textes die ›Kinder Israels‹ mit den ›Söhnen Beliars‹ gleichgesetzt werden: »Und jetzt will ich dir mitteilen, dass die Kinder Israels in dieser Ordnung das Vertrauen enttäuschen werden und ihre Kinder nicht beschneiden werden gemäß diesem ganzen Gesetz. Denn in Bezug auf das Fleisch ihrer Beschneidung werden sie Auslasser sein in der Beschneidung ihrer Söhne. Und alle Söhne Beliars werden ihre Söhne ohne Beschneidung lassen, wie sie geboren wurden.« Vgl. ferner Dio Chrys, Or 4,38, wo Dion den Sophisten vorwirft, sie seien von einem ›bösen Geist‹ besessen.

[72] *N. A. Dahl,* Der Erstgeborene Satans, 76–79, meint, Joh 8,44 habe ursprünglich nicht vom Vater des Teufels, sondern von Kain als Vater der Juden und Sohn des Teufels geredet. Ähnlich *G. Reim,* Joh 8,44, 356. Für eine solche seit *J. Wellhausen,* Joh, 43, erwogene Konjektur fehlen jedoch alle Hinweise, denn der jetzige Text ist innerhalb des joh. Dualismus voll verständlich. Eine religionsgeschichtliche Parallele bietet Jub 7,27, wo Noah spricht: »Denn ich sehe, und siehe, Dämonen haben begonnen, in die Irre zu führen euch und meine Kinder. Jetzt aber fürchte ich wegen euch, daß ihr, nachdem ich gestorben bin, Menschenblut auf der Erde vergießen werdet und dass auch ihr vertilgt werdet vom Antlitz der Erde.«

erklärt werden, es bleibt ein Rätsel. Das Böse beginnt mit dem Bösen, mit dem Willen zur bösen Tat. 2) Ein weiteres Kennzeichen des Teufels besteht darin, dass er nicht in der Wahrheit, sondern in der Lüge ist. Während ἀλήθεια (›Wahrheit‹) den göttlichen Bereich bezeichnet, ist ψεῦδος (›Lüge‹) das Kennzeichen des Teufels. So wie Gott, die Wahrheit und das Leben zusammengehören, sind auf der anderen Seite der Teufel, die Lüge und der Tod ursächlich miteinander verbunden. Der Teufel hat mit der Wahrheit nichts zu tun, seinem Wesen entspricht die Lüge, deshalb ist er der Vater der Lüge. Für das Verständnis dieses schwierigen Verses sind somit zwei Erkenntnisse grundlegend: 1) Die Juden sind nicht wesenhaft Teufelskinder, sondern sie wurden es unter dem Einfluss einer fremden, unentrinnbaren Macht: dem Teufel.[73] 2) Jesus spricht nicht generell von der Teufelskindschaft ›der‹ Juden, sondern er wendet sich mit der direkten Anrede ὑμεῖς (›ihr‹) ausschließlich gegen jene Ἰουδαῖοι (›Juden‹), die ihn töten wollen.   **45** Im Gegensatz zu den Ἰουδαῖοι tritt Jesus für die Wahrheit und das Leben ein. Er wirft seinen Gegnern vor, dass sie ihm gerade deshalb nicht glauben, weil er die Wahrheit sagt.   **46** Die Ἰουδαῖοι verfolgen einen Menschen, der mit der Sünde nichts zu schaffen hat und wesenhaft schuldlos ist.[74] Umso schärfer stellt sich dann aber die Frage, warum die Ἰουδαῖοι ihm nicht glauben.   **47** Eine Antwort darauf bietet das dualistische Herkunftsdenken. Wer die Worte Gottes in der Offenbarung Jesu hört, zeugt damit von seiner Herkunft aus Gott, umgekehrt gibt sich im Nicht-Hören des Unglaubens die Herkunft vom Teufel zu erkennen.

Für Johannes bestimmt die Herkunft das Sein, das sich wiederum in einem bestimmten Tun realisiert. Innerhalb dieses dualistischen Grundansatzes erweisen sich die Jesus feindlich gesinnten Ἰουδαῖοι unter dem Einfluss des Teufels mit ihrer Tötungsabsicht als ›Teufelskinder‹. Johannes versucht mit dieser Argumentation, das Phänomen des Unglaubens begreifbar zu machen, das Unfassbare zu erklären.

8. Jesus war vor Abraham 8,48–59

(48) Da entgegneten die Juden und sprachen zu ihm: »Sagen wir nicht mit Recht, dass du ein Samaritaner bist und einen Dämon hast?« (49) Jesus antwortete: »Ich habe keinen Dämon, sondern ehre meinen Vater, ihr aber entehrt mich. (50) Ich suche aber nicht meine Ehre; es ist einer, der sucht und der richtet. (51) Amen, amen, ich sage euch: Wenn jemand mein Wort bewahrt, wird er den Tod in Ewigkeit nicht schauen.« (52) Da sprachen die Juden zu ihm: »Nun haben wir erkannt, dass du einen Dämon hast. Abraham ist gestorben und die Propheten, und du sagst: Wenn einer mein Wort bewahrt, wird er in Ewigkeit den Tod nicht schmecken. (53) Bist du etwa größer als unser Vater Abraham, der gestorben ist? Auch die Propheten sind gestorben. Wozu machst du dich selbst?« (54) Da antwortete Jesus: »Wenn ich mich selbst ehre, so ist meine Ehre nichtig. Mein Vater ist es, der mich ehrt, von dem ihr sagt: ›Er ist unser Gott‹. (55) Jedoch habt ihr ihn nicht erkannt, ich aber kenne ihn. Und würde ich sagen, dass ich ihn nicht kenne, dann wäre ich ein Lügner wie ihr. Aber ich kenne ihn und halte sein Wort. (56) Abraham, euer Vater, war froh, dass er meinen Tag sehen sollte; er sah ihn und freute sich.« (57) Da sprachen die Juden zu ihm: »Du bist noch

---

[73] Anders Offb 2,9; 3,9; wo die Ἰουδαῖοι mit der ›Synagoge des Satans‹ gleichgesetzt werden.
[74] Zum Motiv des unschuldig verfolgten Gerechten vgl. Weish 2,10–20.

keine fünfzig Jahre alt und hast Abraham gesehen?« (58) Da sprach Jesus zu ihnen: »Amen, amen, ich sage euch: Ehe Abraham wurde, bin ich.« (59) Da hoben sie Steine auf, um sie auf ihn zu werfen. Jesus aber verbarg sich und ging aus dem Tempel hinaus.

Das Thema der Abrahamskindschaft wird von Johannes weitergeführt, indem er das Verhältnis zwischen Jesus und Abraham präzisiert.

48 Die Juden geben den Vorwurf der Teufelskindschaft zurück, sie bezeichnen Jesus als ›Samaritaner‹ und Besessenen. Der Vorwurf, selbst vom Teufel besessen zu sein, findet sich im Hinblick auf Jesus bereits in Mk 3,22par. Die Samaritaner galten als eine für Magie und Zauberei besonders anfällige Gruppe (vgl. Just, Apol 26). Beide Argumente wurden wahrscheinlich von der jüdischen Seite in der Auseinandersetzung mit der joh. Schule erhoben.   **49** Jesus weist den gegnerischen Vorwurf zurück, ihm geht es allein um die Ehre des Vaters, dem die Ἰουδαῖοι die gebührende Ehre verweigern.   **50** Als Gesandter Gottes sucht Jesus nicht seine eigene Ehre, vielmehr überlässt er es Gott, am Ende ihn zu ehren und zu verherrlichen. Gott ist es aber auch, der richtet, er wird über den Unglauben sein Urteil sprechen.   **51** Ein Offenbarungsspruch führt eine neue Argumentationsebene ein: Wer das Wort Jesu im Glauben festhält, wird den Tod in Ewigkeit nicht sehen; Jesu Wort gewährt das ewige Leben.   **52** Die Juden nehmen an dieser Aussage Anstoß, sie werten sie als eine Bestätigung ihres Vorwurfes der Besessenheit. Wer behauptet, durch sein Wort ewiges Leben vermitteln zu können, muss besessen sein, denn er nimmt für sich eine Fähigkeit in Anspruch, die nur Gott zukommt.   **53** Jesu maßlose Selbstüberschätzung zeigt sich aus der Sicht der Gegner darin, dass sogar die Erzväter und die großen Propheten gestorben sind. Will Jesus sich etwa über diese herausragenden Gestalten der jüdischen Geschichte stellen?   **54** Jesus weist den Vorwurf der Selbstüberschätzung zurück, er sagt die Wahrheit, weil er in einer einzigartigen Beziehung zu Gott steht. Es ist der Vater selbst, der den Sohn ehrt und damit Jesu Anspruch legitimiert.   **55** Die Juden nehmen Jesus nicht als Offenbarer an und offenbaren damit, dass sie Gott nicht kennen. Jesus hingegen kennt Gott seinem innersten Wesen nach; würde er etwas anderes behaupten, dann wäre er ein Lügner.   **56** Jesus geht noch einen Schritt weiter, indem er behauptet, dass auf ›seinen Tag‹ bereits der Erzvater Abraham gewartet habe. Im Hintergrund steht die jüdische Hoffnung, dass die Patriarchen beim Auftreten des Messias an der kommenden Welt Anteil haben werden.[75] Mit dem Auftreten Jesu hat die endgültige Heilszeit begonnen: Abraham schaute den Messias und ist erfüllt von der eschatologischen Freude (vgl. Gen 17,17). Abraham wird somit als Zeuge für Jesu Auftreten und Messianität in Anspruch genommen.[76]   **57** Die Ἰουδαῖοι verstehen Jesu Aussage nicht, sie argumentieren ausschließlich chronologisch.   **58** Das Nichtverstehen bereitet die Spitzenaussage des gesamten Abschnittes vor: »Ehe Abraham wurde, bin ich.« Als präexistenter Gottessohn (vgl. Joh 1,1 ff.30; 6,62; 17,5.24) gehört Jesus schon immer zu Gott. Während Abraham dem zeitlichen Vergehen unterliegt (γενέσθαι =

---

[75]   Vgl. zu den Motiven und Traditionen *Billerbeck* II, 525; *H. E. Lona,* Abraham in Johannes 8, 292–313.
[76]   Vgl. *H. E. Lona,* Abraham in Johannes 8, 447–450.

›werden/entstehen‹), gilt für Jesus das ewige Sein bei Gott (ἐγὼ εἰμί = ›bin ich‹).[77]
Seine Existenz unterliegt keinen zeitlichen Grenzen, er ist der Herr der Zeit. Hier verdichtet sich die grundlegende Paradoxie der joh. Christologie: Der geschichtliche Jesus
von Nazareth nimmt für sich in Anspruch, bleibende Gegenwart Gottes zu sein. In
der Begegnung mit Jesus und seinem Wort vollzieht sich der καιρός = ›der rechte Zeit-
punkt/die Erfüllung der Zeit‹, die Zeit wird zur Ewigkeit.   59 Für die Gegner ist ein
solcher Anspruch Blasphemie, folglich versuchen sie Jesus durch Steinigung zu töten,
so wie es die Tora vorschreibt (Lev 24,16). Durch das Verlassen des Tempels entzieht
sich Jesus dieser Gefahr.

Der einzigartige Anspruch Jesu wird von Johannes in diesem Abschnitt noch einmal
nachdrücklich herausgestellt. Die Hörer/Leser des Evangeliums sollen erkennen, dass
allein Jesus die Stätte der göttlichen Offenbarung in der Geschichte ist. Er gehört bleibend zum göttlichen Bereich, so dass er sogar vor den Erzvätern war.

Exkurs 8: Die Ἰουδαῖοι im Johannesevangelium*

Die scharfen Auseinandersetzungen zwischen Jesus und den Ἰουδαῖοι (›Juden‹) werfen die Frage
auf, wie der 4. Evangelist diese Gruppe darstellt. Es lassen sich (mit Überschneidungen) acht verschiedene Bedeutungen von Ἰουδαῖοι im Johannesevangelium nachweisen:[78]

   1) Ἰουδαῖοι als empirische Volksmenge: Joh 1,19; 11,19.31.33.36; 12,9; 13,33; 18,12.14.
      20.31. 35. 38b;19,12.20.21a.31.
   2) Ἰουδαῖοι als Jesusfeinde und Repräsentanten des Unglaubens: Joh 5,10.15f.18; 6,41; 7,1.13;
      8,44. 48.52.57; 9,18.22; 10,31.33; 11,8.54; 18,36; 19,7.14.38b; 20,19.
   3) Ἰουδαῖοι als kulturgeschichtliche Bezeichnung: Joh 2,6.13; 4,9b; 5,1; 6,4; 7,2; 11,55;
      19,40.42.

---

[77] Die paradoxe Zeitstruktur (das ›Werden‹ Abrahams im Aor., Jesu vorzeitiges ›Sein‹ im Präs.) bringt das
»einzigartige, zeitunbegrenzte, da an der Ewigkeit des Vaters teilhabende Sein der Person Jesu zur Sprache,
textpragmatisch gesehen wird es in der Verlesung des Evangeliums, im Lautwerden des ἐγὼ εἰμί Jesu in
tautegorischer Weise als gegenwärtig proklamiert und damit den Hörenden im Vollzug der Verkündigung
an dem so präsent gesetzten Heil (vgl. 11,25; 14,6) Anteil gewährt« (*J. Frey,* Eschatologie II, 88 f).

* Literatur: *Ashton, J.:* The Identity and Function of the Ἰουδαῖοι in the Fourth Gospel, NT 27 (1985),
40–75; *Barrett, C. K.:* Das Johannesevangelium und das Judentum, Stuttgart 1970; *Baumbach, G.:*
Gemeinde und Welt im Johannesevangelium, Kairos 14 (1972), 121–136; *Bieringer, R./Pollefeyt, D./Van-
decasteele-Vanneuville, F.* (Hg.): Anti-Judaism and the Fourth Gospel, Assen 2001; *Culpepper, R. A.:* Anatomy, 125–132; *Diefenbach, M.:* Der Konflikt Jesu mit den »Juden«, NTA 41, Münster 2002; *Grässer, E.:*
Die antijüdische Polemik im Johannesevangelium, in: *ders.,* Der Alte Bund im Neuen, Tübingen 1985,
135–153; *Hahn, F.:* ›Die Juden‹ im Johannesevangelium, hg. v. *F. Mußner),* hg.
v. *P. G. Müller/W. Stenger,* Freiburg 1981, 430–438; *Hakola, R.:* Identity Matters. John, the Jews and
Jewishness, NT.S 118, Leiden 2005; *Leistner, R.:* Antijudaismus im Johannesevangelium? Frankfurt 1974;
Motyer, S.: Your Father the Devil? A New Approach to John and the ›Jews‹, London 1997; *Neuhaus, D.*
(Hg.): Teufelskinder oder Heilsbringer – die Juden im Johannes-Evangelium, Frankfurt ²1993; *Pratscher,
W.:* Tiefenpsychologische Erwägungen zur negativen Rede von »den Juden« im Johannesevangelium,
SNTU 25 (2000), 141–151 *Rissi, M.:* »Die Juden« im Johannesevangelium, ANRW II 26.3, Berlin 1996,
2099–2141; *Schnelle, U.:* Die Juden im Johannesevangelium, in: Gedenkt an das Wort (FS W. Vogler),

4) Ἰουδαῖοι als Dialogpartner bzw. Stichwortgeber: Joh 2,18.20; 7,15.35; 8,22.57; 10,24; 11,36.
5) Ἰουδαῖοι als gespaltene Gruppe angesichts der Offenbarung: Joh 6,52; 7,11; 10,19–21.
6) Ἰουδαῖοι als positive religiöse Größe: Joh 4,22b; 18,33.39; 19,3.14.19.21b.
7) Ἰουδαῖοι als Bezeichnung für Sympathisanten Jesu: Joh 3,1; 8,30.31; 11,45; 12,11; 19,38a.39.
8) Ἰουδαῖος als Bezeichnung für Jesus: Joh 4,9a.

Die semantische Analyse zeigt, dass οἱ Ἰουδαῖοι (›die Juden‹) bei Johannes keineswegs eine durchgehend negative Konnotation aufweist (nur ca. ein Drittel der Belege sind negativ!), sondern ein sehr komplexer Sprachgebrauch vorliegt. Verbindet man dies mit der textsemantischen Grundregel, dass jede Wortbedeutung durch ihre kontextuale Aktualisierung weitere Modifikationen erfährt,[79] dann ergibt sich schon aus diesem Befund eine Zurückhaltung gegenüber der Rede vom ›Antijudaismus‹ im 4. Evangelium.

Der vielschichtige Sprachgebrauch[80] erweitert sich durch Gruppen, die sachlich zu den Ἰουδαῖοι hinzuzurechnen sind, teilweise eine parallele Funktion einnehmen oder innerhalb des Erzählgefüges des Johannesevangeliums eine eigene Rolle spielen: Φαρισαῖοι (Joh 1,24; 3,1; 4,1; 7,32.45.47.48; 8,13; 9,13.15.16.40; 11,46.47.57; 12,19.42; 18,3); ἀρχιερεῖς (Joh 7,32.45; 11,47.49.51.57; 12,10; 18,3.10.13.15.16.19.22.24.26.35; 19,6.15.21); ὄχλος (Joh 5,13; 6,2.5. 22.24; 7,12.20.31.32.40. 43.49; 11,42; 12,9.12.17.18.29.34); ὑπηρέται (Joh 7,32.45.46; 18,3. 12.18.22.36; 19,6); λευίτης (Joh 1,19); ἱερεύς (Joh 1,19); die ›Jerusalemer‹ (Joh 7,25).

---

hg. v. *Chr. Kähler/M. Böhm/Chr. Böttrich*, Leipzig 1999, 217–230; *Scholtissek, K.*: Antijudaismus im Johannesevangelium, in: »Nun steht aber diese Sache im Evangelium …« Zur Frage nach den Anfängen des christlichen Antijudaismus, hg. *v. R. Kampling*, Paderborn 1999, 151–181; *Smith, D. M.*: Judaism and the Gospel of John, in: Jews and Christians, hg. v. *J. H. Charlesworth*, New York 1990, 76–96; *Stegemann, E.*: Die Tragödie der Nähe, KuI 4 (1989), 114–122; *Trilling, W.*: Gegner Jesu – Widersacher der Gemeinde – Repräsentanten der ›Welt‹. Das Johannesevangelium und die Juden, in: *ders.,* Studien zur Jesusüberlieferung, SBAB 1, Stuttgart 1988, 209–231; *Thyen, H.*: ›Das Heil kommt von den Juden‹, in: Kirche (FS G. Bornkamm), hg. v. *D. Lührmann/ G. Strecker*, Tübingen 1980, 163–184; *Wahlde, U. C. v.*: The Johannine ›Jews‹: A Critical Survey, NTS 28 (1982), 33–60; *Wiefel, W.*: Die Scheidung von Gemeinde und Welt im Johannesevangelium auf dem Hintergrund der Trennung von Kirche und Synagoge, ThZ 35 (1979), 213–227.

[78] Zur Einordnung des joh. Gebrauchs von Ἰουδαῖοι in verschiedene Gruppen vgl. auch *R. Leistner*, Antijudaismus im Johannesevangelium? (Faltblatt im Anhang); *F. Mußner,* Traktat über die Juden, München 1979, 282–288; *H. Kuhli*, EWNT II, 479 f; *W. Wiefel*, Scheidung, 223 f; *U. C. v. Wahlde,* Survey, 39 f; *M. Diefenbach,* Der Konflikt Jesu mit den »Juden«, 67–266; ein ausführlicher forschungsgeschichtlicher Überblick findet sich bei *T. L. Schram,* The Use of Ioudaios in the Fourth Gospel, Diss. theol., Utrecht 1974. Insgesamt finden sich 69 Ἰουδαῖοι-Belege im Johannesevangelium. Die Zählung erfolgt nach der Computer-Konkordanz zum Novum Testamentum Graece, hg. v. *K. Aland* u. a., Berlin 1980, 927–929. Nicht berücksichtigt wurde Ἰουδαία, zur Konjektur in Joh 3,25 vgl. die Auslegung. Obwohl Ἰουδαῖος/Ἰουδαῖοι nicht explizit erscheinen, wurden in die Tabelle mit aufgenommen: Joh 8,30 (Ἰουδαῖοι als sachliches Subjekt); Joh 8,44; Joh 19,38a.39 (Joseph von Arimathäa und Nikodemus als Sympathisanten Jesu).

[79] Vgl. *B. Sowinski*, Textlinguistik, Stuttgart 1983, 79.

[80] Der joh. Sprachgebrauch bei Ἰουδαῖος/Ἰουδαῖοι ist keineswegs singulär. Eine beachtenswerte Parallele bietet Josephus, der Ἰουδαῖοι zumeist als kollektiven Begriff in einem neutralen Sinn verwendet (44 Belege für den Plur. Nom. Ἰουδαῖοι; vgl. z. B. Ant I 214; XI 108.173.295; XII 126.133.159), aber auch einen negativen Gebrauch von Ἰουδαῖοι kennt (vgl. Vita 112.113.429). Die Vielfalt des Gebrauchs von Ἰουδαῖος/Ἰουδαῖοι/Ἰουδαία wird durch den Inschriftenbefund bestätigt; vgl. *R. S. Kraemer,* On the Meaning of the Term »Jew« in Graeco-Roman Inscriptions, HThR 82 (1989), 35–53; *M. H. Williams,* The Meaning and Function of IOUDAIOS in Graeco-Roman Inscriptions, ZPE 116 (1997), 249–262.

Die Art und Weise, wie Johannes die Ἰουδαῖοι in seiner Erzählabfolge platziert, gibt Auskunft über seine Kommunikationsziele. Hier sind auffällige Beobachtungen zu machen. In Kap. 1–4 finden sich lediglich 9 von insgesamt 69 Ἰουδαῖοι-Belegen im Johannesevangelium. Die Ἰουδαῖοι treten nicht aktiv als Gegner Jesu in Erscheinung, es finden sich ausschließlich neutrale (vgl. Joh 1,19; 2,6.13.18.20; 4,9b) oder positive Aussagen: Jesus ist Jude (Joh 4,9a), das Heil kommt von den Juden (Joh 4,22) und Nikodemus (Joh 3,1 ff; vgl. 7,50; 19,39) ist ein Sympathisant Jesu. Dies ändert sich schlagartig in Kap. 5–11. 34 Belege signalisieren den massiven Konflikt zwischen Jesus und den Ἰουδαῖοι. Die ›Juden‹ murren über Jesus (Joh 6,41; 7,12), verfolgen ihn (Joh 5,16), versuchen ihn zu töten (Joh 5,18; 7,1.19; 8,22–24) bzw. wollen ihn steinigen (Joh 8,59; 10,31.33; 11,8). Ihr Hauptvorwurf gegen Jesus lautet, sich Gott gleichzumachen (Joh 5,18; 10,33). Nikodemus (Joh 3,2) und die Eltern des Blindgeborenen (Joh 9,22) haben Furcht vor den Juden, die schließlich nicht mehr als Kinder Abrahams (vgl. Joh 8,33–40) oder Gottes (vgl. Joh 8,41–43.45–47) erscheinen. Während für die glaubende Gemeinde Joh 20,29 gilt (»Selig sind, die nicht sehen und doch glauben«), kann der joh. Christus programmatisch zu den Ἰουδαῖοι sagen: »Ihr habt mich gesehen und glaubt doch nicht« (Joh 6,36). In Kap. 12 erscheint Ἰουδαῖος/ Ἰουδαῖοι zweimal (Joh 12,9: neutral; 12,11: positiv), in Kap. 13 einmal (Joh 13,33: neutral), in Kap. 14–17 gar nicht, in Kap. 18–20 hingegen 23mal. Innerhalb der Passionsgeschichte differenziert Johannes sehr genau; die Ἰουδαῖοι sind zwar auch hier gegen Jesus feindlich eingestellt (Joh 18,36; 19,7.12.38), die eigentlich Handelnden sind aber andere. Die Oberpriester, ihre Diener (und die Pharisäer) wollen Jesus bereits in Joh 7,32 ff; 11,45 ff festnehmen lassen; nun treten sie wieder auf den Plan (vgl. Joh 18,3). Der Hohepriester verhört Jesus (Joh 18,12 ff) und überstellt ihn an Pilatus (Joh 18,28 ff). Den Kreuzigungsruf sprechen bei Johannes zuerst die Oberpriester und ihre Diener (Joh 19,6); die Oberpriester bringen das entscheidende Argument für Jesu Kreuzigung vor (Joh 19,15b) und verlangen eine Änderung der Kreuzesinschrift (Joh 19,21). Der 4. Evangelist weiß, dass nicht ›die Juden‹, sondern die führenden priesterlichen Familien die Kreuzigung Jesu betrieben.

Die Konzentration auf Kap. 5–11 und den Passionsbericht zeigt deutlich, dass die Verwendung von Ἰουδαῖος/ Ἰουδαῖοι im Johannesevangelium als dramaturgisches Element verstanden werden muss. Während der Evangelist mit Kap. 1–4 in die Erzählwelt einführt und die wesentlichen Handlungsträger vorstellt, eskaliert der Konflikt mit den Ἰουδαῖοι in Kap. 5–11, um dann im Todesbeschluss (Joh 11,45–53) seinen Höhepunkt und in der Passionsgeschichte sein Ziel zu erreichen. Die Auseinandersetzung zwischen Jesus und den Ἰουδαῖοι wird in der Dramaturgie des 4. Evangelisten sorgsam vorbereitet, er platziert sie bewusst in der Mitte und am Ende seiner vita Jesu. Johannes entfaltet den Konflikt zwischen Glauben und Unglauben als hochdramatische Auseinandersetzung, in der die Juden naturgemäß eine zentrale Rolle spielen, weil der Jude Jesus von Nazareth mit Juden sprach und stritt. Dabei dient der Gebrauch von Ἰουδαῖοι gerade nicht als Signalelement für Jesusfeindschaft, sondern schließt vielfältige Verhaltensweisen gegenüber der Offenbarung Jesu ein. Der Schlüssel zum Verständnis von Ἰουδαῖοι liegt in der literarischen Welt des 4. Evangeliums, weil hier die Funktionen der Ἰουδαῖοι in ihrer semantischen, textpragmatischen und theologischen Vielfalt wahrgenommen und differenziert interpretiert werden können. Unter literarischer Welt sind die Strategien zu verstehen, die Johannes entwickelt, um theologische Einsichten in erzählte Geschichte umzusetzen.

Die Einbettung der Ἰουδαῖοι in den Dualismus von Glaube und Unglaube lässt die differenzierte Sicht des 4. Evangelisten ebenfalls erkennen. Die bisherigen Analysen haben gezeigt, dass im Gegensatz zu der von R. Bultmann[81] vorgenommenen Verhältnisbestimmung die Trennlinie nicht zwischen den Glaubenden auf der einen Seite und den Ἰουδαῖοι als Repräsentanten des Unglaubens auf der anderen Seite verläuft. Vielmehr gehören die Juden sowohl zu den Glaubenden als auch zu den Nichtglaubenden. Die vielfach beobachteten Parallelen zwischen den Ἰουδαῖοι und dem κόσ-

---

[81] Gegen *R. Bultmann,* Theologie, 380: »Am Beispiel der jüdischen Religion macht Johannes klar, wie der menschliche Sicherungswille das Wissen um Gott verdreht, wie er aus Gottes Forderung und Verheißung einen Besitz macht und sich so gegen Gott verschließt.«

μος[82] (›die Welt‹) weisen in dieselbe Richtung. Wie bei den Juden finden sich auch beim Kosmos neutrale, negative und positive Aussagen (s. o. Exk. 2). Der Kosmos wird wie die Juden nur dann zu einer negativen Größe, wenn er im Unglauben verharrt. Den Schlüssel für die vom 4. Evangelisten intendierte Zuordnung von Ἰουδαῖοι und κόσμος bieten die Abschiedsreden und das mit ihnen unmittelbar verbundene Gebet Jesu für die Glaubenden (Joh 14–17). Dort finden sich 38 der 78 Kosmos-Belege, zugleich erscheint aber Ἰουδαῖοι nicht. Die Funktion der Ἰουδαῖοι auf der textinternen Ebene der vita Jesu übernimmt nun der Kosmos für die textexterne Hörer- und Lesergemeinde. Was Jesus in positiver und negativer Weise von ›den Juden‹ widerfuhr, erfährt in der Gegenwart wiederum in positiver und negativer Weise die Gemeinde von ›der Welt‹. Johannes verknüpft die Phänomene des Glaubens und Unglaubens auf der textinternen Ebene der vita Jesu mit den Ἰουδαῖοι, auf der textexternen Ebene der Gemeinde hingegen mit dem κόσμος, um so der Gemeinde eine Deutung ihrer gegenwärtigen Situation zu ermöglichen. Die Allgemeinheit der Anrede (›die‹ Juden), die vielfältigen Bedeutungen des Begriffes, seine historische Unbestimmtheit (Wer sind ›die‹ Juden?), die Art und Weise, wie Johannes ihn in seiner Erzählabfolge verwendet und in sein dualistisches System integriert, weisen darauf hin, dass der Schlüssel zum Verständnis von Ἰουδαῖοι in der literarischen Welt des 4. Evangeliums gesucht werden muss.[83] Zudem kann ein so bewusst gestalteter Text wie das Johannesevangelium nicht als unmittelbares Spiegelbild seiner Entstehung gelesen werden.[84]

Der Einblick in die literarische Funktion der Ἰουδαῖοι, vor allem aber inhaltliche Gründe sollten davor warnen, von einem joh. ›Antijudaismus‹ zu sprechen.[85] Die Juden werden nicht qua Volkszugehörigkeit oder aufgrund ihres Wesens negativ beurteilt,[86] sondern nur, wenn sie (wie andere Menschen auch) unter der Macht des Unglaubens verharren. Für Johannes ist Jesus Jude (Joh 4,9), deshalb kommt das Heil von den Juden (Joh 4,22) und Jesus ist wirklich der ›König der Juden‹ (Joh 19,3.19.21). Urheber der Tötung Jesu ist eine fremde, widergöttliche Macht: der Teufel. Er agiert direkt durch Judas (Joh 13,2; 14,30), der über eine römische Kohorte verfügen kann (Joh 18,3). Der Teufel macht Teile der Juden unfrei, sie wollen Jesus töten und werden so zu ›Teufelskindern‹ (Joh 8,44).

---

[82] Vgl. u. a. *R. Bultmann*, Joh, 222; *J. Blank*, Krisis, 231 ff; *E. Grässer*, Polemik 150 f; *G. Baumbach*, Gemeinde und Welt im Johannesevangelium, 123 f.

[83] Auf die literarische Welt weist eine weitere Beobachtung hin: Die Gegnerpolemik gehörte offenbar zur literarischen Konvention der Zeit, d. h. Johannes bediente sich einer in der Antike üblichen Form der Argumentation und Auseinandersetzung; vgl. dazu *L. T. Johnson*, The New Testament's Anti-Jewish Slander and the Conventions of Ancient Polemic, JBL 108 (1989), 419–441.Texte zur antiken Gegnerpolemik finden sich in: Neuer Wettstein I/2, 451–468.

[84] All diese Beobachtungen sprechen gegen die These von *K. Wengst*, Bedrängte Gemeinde, 55–74, die Ἰουδαῖοι seien Repräsentanten der zeitgenössischen Synagoge. Das Johannesevangelium zeigt einen deutlichen Abstand zu Palästina (vgl. die Abschnitte 3 und 4 der Einleitung), und die Ἰουδαῖοι erscheinen nicht in den Abschiedsreden, dem Textabschnitt, der am intensivsten auf die Situation der textexternen Gemeinde eingeht.

[85] Zum Problem des angeblichen joh. ›Antijudaismus‹ vgl. die abgewogenen Überlegungen bei *F. Mußner*, Traktat über die Juden, München 1979, 281 ff. *Mußner* weist darauf hin, dass innerhalb der ›Geographie‹ des Johannesevangeliums die meisten Ἰουδαῖοι-Belege mit den gegen Jesus opponierenden führenden Schichten in Jerusalem verbunden sind, »so daß ein Großteil dieser Stellen von vornherein eine semantische Limitierung erfährt, die eine Identifizierung ›der Juden‹ mit dem jüdischen Volk verbietet« (a. a. O., 283). *M. Diefenbach*, Der Konflikt Jesu mit den »Juden«, 280, folgert aus seiner ausführlichen Analyse aller Texte: »Eine Differenzierung zwischen jüdischen Aristokraten und dem jüdischen Volk einerseits, die eine exklusive Glaubensauffassung haben und ausdrücklich nicht an Jesus glauben (können – wegen ihrer Toratreue im Unterschied zum ›hellenistischen Synkretismus‹), sowie die an Jesus glaubenden ›Juden‹ wie Nikodemus, Joseph von Arimathäa und Teilen des jüdischen Volkes andererseits, ist für das vierte Evangelium unumgänglich und bietet so ein differenziertes Bild in dieser Frage.«

[86] Missverständlich ist in diesem Kontext die Bemerkung von *R. Bultmann*, Joh, 59: »Die Ἰουδαῖοι sind eben das jüdische Volk nicht in seinem empirischen Bestande, sondern in seinem Wesen.« Zu Bultmanns grundsätzlich positiver Wertung des Alten Testaments und des Judentums vgl. *K. de Valerio*, Altes Testament und Judentum im Frühwerk Rudolf Bultmanns, BZNW 71, Berlin 1994.

9. Die Heilung des Blindgeborenen 9,1–41*

(1) Und im Vorübergehen sah er einen Mann, der von Geburt an blind war. (2) Und seine Jünger fragten ihn: »Rabbi, wer hat gesündigt, dieser oder seine Eltern, dass er blind geboren wurde?« (3) Jesus antwortete: »Weder hat dieser gesündigt noch seine Eltern, sondern die Werke Gottes sollen an ihm offenbar werden. (4) Wir müssen wirken die Werke dessen, der mich gesandt hat, solange es Tag ist; es kommt die Nacht, da niemand wirken kann. (5) Solange ich in der Welt bin, bin ich das Licht der Welt.« (6) Nach diesen Worten spuckte er auf die Erde und machte einen Brei aus dem Speichel und strich ihm den Brei auf die Augen (7) und sagte zu ihm: »Geh, wasche dich im Siloahteich« (d. h. übersetzt Gesandter)! Da ging er fort und wusch sich und kam sehend (zurück). (8) Da sagten die Nachbarn und die, welche ihn früher gesehen hatten – denn er war ein Bettler –: »Ist das nicht der, der da saß und bettelte?« (9) Die einen sagten: »Er ist es.« Andere aber sagten: »Nein, aber er sieht ihm ähnlich.« Jener sagte: »Ich bin es!« (10) Da sagten sie zu ihm: »Wie wurden deine Augen geöffnet?« (11) Jener antwortete: »Ein Mensch mit Namen Jesus machte einen Brei und salbte meine Augen und sagte mir: Geh zum Siloahteich und wasche dich. Da ging ich fort, und als ich mich gewaschen hatte, wurde ich sehend.« (12) Und sie sagten zu ihm: »Wo ist er?« Er sagt: »Ich weiß es nicht.« (13) Sie führen ihn, den einstmals Blinden, zu den Pharisäern. (14) Es war aber Sabbat an dem Tag, da Jesus den Brei gemacht und seine Augen geöffnet hatte. (15) Da fragten ihn wiederum auch die Pharisäer, wie er wieder sehend geworden war. Er aber sagte zu ihnen: »Er legte mir einen Brei auf die Augen, und ich wusch mich und ich sehe.« (16) Da sagten einige von den Pharisäern: »Dieser Mann ist nicht von Gott, denn er hält den Sabbat nicht ein.« Andere aber sagten: »Wie kann ein sündiger Mensch solche Zeichen tun?« Und es gab eine Spaltung unter ihnen. (17) Da sagten sie wiederum zum Blinden: »Was sagst du über ihn, dass er dir die Augen geöffnet hat?« Er aber sagte: »Er ist ein Prophet.« (18) Da glaubten die Juden nicht von ihm, dass er blind gewesen und sehend geworden war, bis sie seine Eltern (des Sehend-Gewordenen) gerufen hatten. (19) Und sie fragten sie: »Ist dies euer Sohn, von dem ihr sagt, dass er blind geboren wurde? Wie kann er da jetzt sehen?« (20) Da entgegneten seine Eltern und sprachen: »Wir wissen, dass dieser unser Sohn ist und dass er blind geboren wurde. (21) Wie er aber jetzt sehen kann, wissen wir nicht, und wer seine Augen geöffnet hat, wissen wir nicht. Fragt ihn, er ist alt genug. Er wird für sich selbst reden!« (22) Das sagten seine Eltern, weil sie die Juden fürchteten. Denn die Juden waren schon darüber einig geworden: Wer ihn als Christus bekenne, solle aus der Synagoge ausgestoßen werden. (23) Deswegen sagten seine Eltern: »Er ist alt genug; fragt ihn!« (24) Da riefen

---

*   Literatur: *Asiedu-Pephra, M.:* Johannine Sabbath conflicts, 117–157; *Bornkamm, G.:* Die Heilung des Blindgeborenen, in: *ders.,* Geschichte und Glaube II, BEvTh 53, München 1971, 65–72; *Busse, U.:* Metaphorik in neutestamentlichen Wundergeschichten? Mk 1,21–28; Joh 9,1–41, in: *K. Kertelge* (Hg.), Metaphorik und Mythos im Neuen Testament, QD 126, Freiburg 1990, 110–134; *Dunderberg, I.:* Johannes und die Synoptiker, 175–188; *Fortna, R. T.:* Gospel of Signs, 70–74; *ders.,* Fourth Gospel, 109–113; *Frey, J.:* Sehen oder Nicht-Sehen?, in: *R. Zimmermann* (Hg.), Kompendium der frühchristlichen Wundererzählungen, 725–741; *Holleran, J. W.:* Seeing the Light. A Narrative Reading of John 9, EThL 69 (1993), 5–26; *Labahn, M.:* Jesus als Lebensspender, 305–377; *ders.,* Der Weg eines Namenlosen – Vom Hilflosen zum Vorbild (Joh 9), in: Die bleibende Gegenwart des Evangeliums (FS O. Merk), hg. v. *R. Gebauer/M. Meiser,* MThSt 76, Marburg 2003, 63–80; *Lee, D. M.:* Symbolic Narratives, 161–187; *Nicklas, T.:* Ablösung und Verstrickung, 307–389; *Metzner, R.:* Das Verständnis der Sünde, 62–114; *Lieu, J.:* Blindness in the Johannine Tradition, NTS 34 (1988), 83–95; *Painter, J.:* John 9 and the Interpretation of the Fourth Gospel, JSNT 28 (1986), 31–44; *Reim, G.:* Joh 9 – Tradition und zeitgenössische messianische Diskussion, in: *ders.,* Jochanan, 321–330; *Rein, M.:* Die Heilung des Blindgeborenen, WUNT 2.73, Tübingen 1995; *Schwankl, O.:* Licht und Finsternis, 223–234; *Welck, Chr.:* Erzählte Zeichen, 175–207; *Zeilinger, F.:* Die sieben Zeichenhandlungen Jesu, 132–150; *Zumstein, J.:* Ausgrenzung aus dem Judentum und Identitätsbildung im Johannesevangelium, in: *F. Schweitzer* (Hg.), Religion, Politik und Gewalt, Gütersloh 2006, 383–393.

sie zum zweiten Mal jenen Mann, der blind gewesen war, und sagten zu ihm: »Gib Gott die Ehre. Wir wissen, dass dieser Mann ein Sünder ist.« (25) Da antwortete jener: »Ob er ein Sünder ist, weiß ich nicht. Eines weiß ich: Ich war blind, jetzt sehe ich.« (26) Da sagten sie zu ihm: »Was hat er dir getan? Wie hat er dir die Augen geöffnet?« (27) Er antwortete ihnen: »Ich habe es euch schon gesagt, und ihr habt nicht (darauf) gehört. Warum wollt ihr es noch einmal hören? Wollt auch ihr seine Jünger werden?« (28) Und sie beschimpften ihn und sagten: »Du bist ein Jünger von jenem, wir aber sind Jünger des Mose. (29) Wir wissen, dass Gott zu Mose gesprochen hat. Von diesem aber wissen wir nicht, woher er ist.« (30) Der Mann antwortete und sagte zu ihnen: »Darin liegt das Verwunderliche, dass ihr nicht wisst, woher er ist, und er meine Augen geöffnet hat. (31) Wir wissen, dass Gott Sünder nicht hört, sondern wenn einer fromm ist und seinen Willen tut, auf den hört er. (32) Seit Ewigkeit hat man nicht gehört, dass jemand die Augen eines Blindgeborenen geöffnet hat. (33) Wäre dieser nicht von Gott, hätte er nichts tun können.« (34) Sie entgegneten und sprachen zu ihm: »Du wurdest ganz in Sünden geboren, und du belehrst uns?« Und sie stießen ihn aus. (35) Jesus hörte, dass sie ihn ausgestoßen hatten, und fand ihn und sagte: »Glaubst du an den Menschensohn?« (36) Jener antwortete und sprach: »Wer ist er, Herr, dass ich an ihn glaube?« (37) Jesus sprach zu ihm: »Du hast ihn gesehen, und der mit dir spricht, ist es.« (38) Der aber sprach: »Ich glaube, Herr!« Und er fiel vor ihm nieder. (39) Und Jesus sprach: »Zum Gericht kam ich in diese Welt, damit die Nichtsehenden sehen und die Sehenden blind werden.« (40) Einige von den Pharisäern hörten das, die bei ihm waren, und sagten zu ihm: »Sind auch wir blind?« (41) Jesus sagte zu ihnen: »Wäret ihr blind, hättet ihr keine Sünde. Nun aber sagt ihr: Wir sehen! Eure Sünde bleibt.«

V. 4: P$^{66.75}$ א* L W pc pbo bo lesen πέμψαντος ἡμᾶς; eine unjohanneische Wendung, die eine Angleichung an ἡμεῖς δεῖ am Versanfang darstellt. V. 38.39a: Die Auslassung von ὁ δὲ ἔφη … εἶπεν ὁ Ἰησοῦς in P^{75} א* W b (1) ist sekundär; vgl. zur Diskussion *B. M. Metzger,* Textual Commentary, 195.

Joh 9,1–41 hebt sich vom unmittelbaren Kontext durch eine relativ einheitliche Komposition ab. Während in Kap. 8 und 10 sehr verschiedenartige Traditionen verarbeitet wurden, zeichnet sich die Heilung des Blindgeborenen durch eine für das Johannesevangelium ungewöhnliche Geschlossenheit in der Sprache, der Thematik und im Aufbau aus.[87] Die Verbindung zum engeren Kontext stellt V. 1 her; gleich nach seinem Fortgang aus dem Tempel vollbringt Jesus die Blindenheilung. Die Heilung demonstriert augenfällig das Thema ›Jesus, das Licht der Welt‹ (vgl. 9,5.39) und ist eine Entfaltung von Joh 8,12: ἐγώ εἰμι τὸ φῶς τοῦ κόσμου (»Ich bin das Licht der Welt«). Darüber hinaus besteht durch das Stichwort φῶς (›Licht‹) eine Verbindung zu Joh 12,35 f.46, und das Thema φῶς – κρίσις (›Licht – Gericht‹) in 9,39–42 lenkt auf Joh 3,19 ff zurück. Die Sündenthematik fungiert ebenfalls als thematisches Band zwischen Joh 8 und 9 (vgl. 8, 21.24.34.46 und 9,2.3.24.25.31.34.41). Schließlich stellt die Hirtenrede in Joh 10,1–18 einen Kontrast zu der in Joh 9 vorherrschenden Situation der Verfolgung und Unterdrückung dar (vgl. V. 22.30–34). Diesem Kontrast entspricht eine innere Verbindung, denn die Hirtenrede verdeutlicht, dass sich der in der Gefährdung gewonnene Glaube in der bleibenden Verbundenheit mit Jesus realisiert.[88]

---

[87] Vgl. die umfassende synchrone Analyse bei *M. Rein,* Heilung des Blindgeborenen, 11–64. Wie die meisten Interpreten vertritt auch Rein eine Unterteilung des Textes in sieben Abschnitte: V. 1–7.8–12. 13–17.18–23.24–34.35–38.39–41.

[88] Zur Diskussion möglicher Verbindungslinien zwischen Joh 9 und dem unmittelbaren Kontext vgl. *M. Labahn,* Jesus als Lebensspender, 368–370.

Die Bedeutung von Joh 9 wird aber erst sichtbar, wenn man die Stellung dieses Kapitels im Aufriss des Evangeliums betrachtet: Diente in Joh 2–7 der wiederholte Verweis auf jüdische Feste als Kompositionsprinzip, um Jesus immer wieder nach Jerusalem zu bringen, so erfolgt nun, da Jesus ständig in Jerusalem ist (vgl. Joh 7,10) bzw. sich in unmittelbarer Nähe zu Jerusalem aufhält (vgl. Joh 11,18), die Auseinandersetzung mit den Juden vor allem in den beiden großen thematisch und kompositionell geschlossenen Einheiten Joh 9 und Joh 11. Diesem formalen Aufbauprinzip entspricht auf der inhaltlichen Ebene eine erkennbare Steigerung innerhalb der Auseinandersetzung Jesu mit den Juden. Die Juden erkennen nun nicht mehr an, dass Jesus überhaupt Wunder tun kann (vgl. Joh 9,16.24.31; anders noch 6,14.26.30), und stoßen den aus, der durch das Wunder zum Glauben kam (vgl. V. 30–34). Diese Haltung findet ihre konsequente Fortsetzung in Joh 11, wo sowohl der Wundertäter (vgl. Joh 11,47 ff) als auch der auferweckte Lazarus sterben sollen (vgl. Joh 12,10).

1 Jesus sieht beim Fortgehen aus dem Tempel an einem der Tore einen Blinden sitzen.[89] Wiederum ergreift Jesus die Initiative (vgl. Joh 5,6), denn der Blinde kennt ihn nicht und bittet ihn auch nicht um Hilfe. Dass es sich um einen von Geburt an Blinden handelt,[90] steigert nur die Größe des folgenden Wunders.   **2** Die Jüngerfrage ist für eine Wundergeschichte ungewöhnlich, zumal der hier diskutierte Zusammenhang zwischen Schuld und Krankheit bei einem von Geburt an Blinden zusätzliche Schwierigkeiten aufwirft.[91] Wenn gute und böse Taten ihre Folgen in sich tragen, dann kann man vom Wohlergehen bzw. Unglück eines Menschen auf sein Verhalten zurückschließen. Was aber ist, wenn bei einem Menschen offenkundig keine böse Tat vorliegt? Hier versagt das Denken im ›Tun-Ergehen-Zusammenhang‹, wovon das Buch Hiob durchgängig zeugt. Das Problem verlagert sich dann auf die Ebene des Gottesbildes. Kann der Gott der Gerechtigkeit und Liebe auch für das Böse und das Leid verantwortlich sein? Bewusst erörtert der Text diese grundlegenden Fragen nicht. Vielmehr ist die Funktion der Jüngerfragen nicht in theoretischen Spekulationen über einen ›Tun-Ergehens-Zusammenhang‹ zu sehen, sondern nur in der Abweisung aller Spekulationen durch Jesus.   **3** Die Frage nach Schuld ist unangemessen, weil es jetzt um

---

[89] Der gesamte Vers ist der Tradition zuzurechnen; vgl. *R. T. Fortna,* Gospel of Signs, 70; *R. Bultmann,* Joh, 250; *J. Becker,* Joh I, 371.

[90] Zu ›von Geburt an blind‹ vgl. die Texte in: Neuer Wettstein I/2, 481–484; speziell Paus IV 12,10 (»Es geschah auch, dass Ophioneus, dieser Seher, der von Geburt an blind gewesen ist, sehend wurde zum großen Erstaunen der Leute; es befiel ihn ein starker Kopfschmerz, und danach konnte er sehen«); Philostr, Ep 12 (»Selig, Götter, sind die, die von Geburt an blind sind. Zu ihnen hat die Liebe keinen Zugang«).

[91] Vgl. Ex 20,5; Dtn 5,9; Tob 3,3 f; als pagane Parallelen vgl. Dio Chrys, Or 80,6; Solon, Fragm. I 25–32; alle relevanten Texte finden sich in: Neuer Wettstein I/2, 484–488 (bemerkenswert Plut, Mor 561c: »Wenn Gott erst die Nachkommen der bösen Menschen bestraft, so ist das noch lächerlicher, als wenn ein Arzt wegen der Krankheit des Vaters oder Großvaters dem Sohn oder Enkel Arznei geben würde«). Zu den jüdischen Diskussionen über das Verhältnis von Sünde und Krankheit vgl. *Billerbeck* II, 527–529; *A. Schlatter,* Joh, 222–224. Die umfangreiche Literaturdiskussion wird dokumentiert bei *M. Rein,* Heilung des Blindgeborenen, 101–108.

das Offenbarwerden der Werke Gottes geht.[92] Am von Geburt an Blinden wird das Heil Gottes offenbar. Auf einer zweiten Ebene liefert die Situation des Blinden einen Hinweis auf die generelle Situation des Menschen. Gegenüber dem ›Licht der Welt‹ Jesus Christus befinden sich zunächst alle Menschen im Zustand der Blindheit, unabhängig von ihren bisherigen Taten. Alle bedürfen sie einer Neugeburt, um sehend zu werden. **4** Die Werke Gottes müssen innerhalb einer begrenzten Zeit vollbracht werden, denn Jesu Zeit auf Erden ist festgesetzt.[93] Als vom Vater Gesandter vollbringt er Wunder, bis die ›Nacht‹ der Passion (vgl. Joh 13,30) sein allen sichtbares Wirken beendet. **5** Solange Jesus aber in der Welt wirkt, ist er das Licht der Welt (vgl. Joh 8,12). Damit deutet Johannes an, dass für ihn die Wundergeschichte mehrere Deutungsebenen besitzt. Was sich in der Geschichte am Blindgeborenen ereignet, vollzieht sich an jedem Menschen, der zum Glauben kommt. Er wird vom ›Licht der Welt‹ aus seiner Blindheit herausgeholt und wird so zu einem wahrhaft Sehenden.[94] **6/7** Die Schilderung des Heilungsvorganges in V. 6f weist traditionelle Züge auf: Speichel gilt in der antiken Medizin als bewährtes Heilmittel gegen Augenkrankheiten.[95] Aus Speichel und Erde (vgl. Gen 2,7) wird eine Masse gebildet, die in Verbindung mit dem Abwaschen am Siloahteich eine heilende Wirkung hervorruft. Für den traditionellen Charakter von V. 6 sprechen das neutestamentliche Hapaxlegomenon πτύσμα = ›Speichel‹ sowie πτύειν = ›spucken‹ (nur noch Mk 7,33; 8,25) und χαμαί = ›auf den Boden‹ (nur noch Joh 18,6). Das Befehlswort Jesu in V. 7 hat lediglich die Funktion, den Blinden zum Teich Siloah zu bringen, von dem er nach dem Waschen als einem therapeutischen Akt als Sehender zurückkehrt. Der Teich Siloah war eine bedeutende Wasseranlage in Jerusalem, die durch verschiedene Kanäle von der Gichon-Quelle gespeist wurde (vgl. dazu 2Kön 20,20; Jes 22,11). Die Erklärung des Namens ›Siloah‹ geht auf den Evangelisten zurück;[96] er macht deutlich, dass es letztlich doch Jesus ist, der als Gesandter des Vaters die Heilung vollbringt.

---

[92]   Die Erklärung dieser Abweisung in V. 3b–5 deutet sowohl sprachlich (zum elliptischen ἀλλ' ἵνα vgl. Joh 1,8.31; 13,18; 14,31; 15,25; zu φανεϱοῦν vgl. bes. Joh 2,11; 3,21; zu ἐϱγάζεσθαι und ἔϱγα vgl. nur Joh 5,17.36; 6,28.30) als auch inhaltlich (in Jesu Handeln werden die Werke Gottes offenbar: Joh 3,21; 5,17; 10,32; Jesus als Licht der Welt: Joh 3,19; 8,12; 11,9.10; 12,46) auf den Evangelisten hin.

[93]   Der Plural ἡμᾶς schließt Jesus und die Jünger zusammen, die auch ›Gesandte‹ sind (vgl. Joh 14,12; 17,18; 20,21). Schließlich darf sich auch die joh. Gemeinde miteinbeziehen, denn auch sie ist aufgefordert, Gottes Werke zu wirken.

[94]   Im Hintergrund der Lichtmetaphorik dürften Gen 1,3; Jes 42,6; 60,1–3 stehen.

[95]   Vgl. PlinÄ, Hist Nat 28,7; Tac, Hist IV 81; Suet, Caes VIII 7,2f; Dio Cass LXVI 8; Horat, Epistulae I 1,29f; Ael Arist, Or 48,74–76; Aristoph, Plutus 715ff; Epidaurische Iamata A 9; B 20; *Billerbeck* II, 15–17. Eine instruktive Parallele zu unserem Text bildet eine (Asklepios-)Inschrift aus dem 2. Jh. n. Chr. (Text und Kommentar bei *A. Deissmann,* Licht vom Osten, 108), wo einem blinden Soldaten von der Gottheit die Weisung gegeben wird, hinzugehen, aus Blut und Honig eine Salbe herzustellen und drei Tage damit die Augen zu bestreichen. Der Soldat wurde daraufhin wieder sehend und dankte öffentlich der Gottheit (SIG3 1173; vgl. ferner SIG3 1170). Alle wichtigen Texte finden sich in: Neuer Wettstein I/2, 489–499; zur Diskussion der Texte vgl. *M. Labahn,* Jesus als Lebensspender, 327–335.

[96]   Zu den Problemen dieser Übersetzung vgl. *M. Rein,* Heilung des Blindgeborenen, 122–126. Zu beachten ist als Parallele Vit Proph, Jes. 2 (= Neuer Wettstein I/2, 497); zur Diskussion vgl. *M. Labahn,* Jesus als Lebensspender, 323f.

Bereits in V. 7 wird der Kranke durch den Gang zum Teich Siloah eine selbständige Erzählfigur, erst in V. 35 trifft er wieder mit Jesus zusammen.[97] Diese Beobachtung spricht gegen alle Versuche, nur die V. 1–7 einer joh. Tradition zuzurechnen, das Folgende hingegen allein für das Werk des Evangelisten zu halten.[98] Die Darstellung des Blindgeborenen in V. 7 zielt bereits auf die nachfolgenden Dialoge, die als notwendige Reaktion auf das Wunder und als sehr kunstvoll aufgebaute Interpretation des Geschehens verstanden werden müssen. Zudem spricht auch die kompositorische wie auch theologische Geschlossenheit der Perikope für die Annahme, dass bis auf die redaktionellen Zusätze die gesamte Erzählung vom Blindgeborenen eine joh. Tradition ist.[99]

8 Zunächst wird die Reaktion der Nachbarn geschildert. Man erfährt, der Blindgeborene sei vorher Bettler gewesen (προσαίτης = ›Bettler‹ nur hier und in Mk 10,46)[100] und viele Menschen hätten ihn gekannt. An ihm ist offenbar eine Veränderung vorgegangen, was die Tatsächlichkeit des Wunders unterstreicht.   **9** In der kleinen Auseinandersetzung um die Identität des ehemals Blinden kündigt sich bereits die Spaltung an, die Jesu Person und Tun hervorruft. Während einige die Identität bezweifeln, bekräftigt sie der Geheilte nachdrücklich mit einem ἐγώ εἰμι = ›ich bin es‹. **10** Nun wird die Nachfrage nach dem Wunderhergang notwendig.   **11** Der Geheilte antwortet darauf mit der nochmaligen Schilderung des Heilungsvorganges, die sich sehr eng an die zuvor erzählte Geschichte anlehnt. Jesus wird zunächst vom Geheilten als ὁ ἄνθρωπος = ›Mensch‹ bezeichnet, später erscheint er als προφήτης = ›Prophet‹ (V. 17), ist παρὰ θεοῦ = ›von Gott‹ (V. 33) und offenbart sich schließlich als υἱὸς τοῦ ἀνθρώπου = ›Menschensohn‹ (V. 35). Damit vollzieht sich gleichsam als Folge der Heilung ein Erkenntnisprozess beim ehemals Blinden, der sukzessive zur vollen Erkenntnis der Person Jesu Christi führt.   **12** Daraufhin will sich die Menge an Jesus halten, der aber ist entschwunden, so dass der Blindgewesene weiterhin im Mittelpunkt der Erzählung steht.   **13** Es beginnt ein Verhör des Blindgeborenen durch die Pharisäer. Die joh. Ironie ist unverkennbar: Der ehemals Blinde wird von denen verhört, die meinen, sehend zu sein, in Wahrheit aber blind sind!   **14** Die Erzählperspektive ändert sich, beiläufig erfahren die Hörer/Leser, Jesus habe die Heilung an einem Sabbat vollzogen. Da das Kneten eines Teiges als Arbeit am Sabbat verboten war,[101] steigert sich der Konflikt. Auffallend ist die an Joh 5,9c erinnernde nachträgliche Erwähnung der Sabbatproblematik, die auch hier vom Evangelisten eingeführt

---

[97] Vgl. *E. Haenchen,* Joh, 378.

[98] Die Wachstumsgeschichte von Joh 9,1–41 wird in der Forschung sehr unterschiedlich beurteilt; vgl. die Auflistung bei *M. Rein,* Heilung des Blindgeborenen, 65–78. *Rein,* a. a. O., 284–293, votiert für ein Drei-Stufen-Modell: 1) Ursprünglicher Bestand: V. 1–3a.6.7.8–12 (Admiration), 35–38 (Akklamation); 2) Erweiterung durch die Sabbatthematik: V. 13–17; 3) Abschließende Bearbeitung des Evangelisten: 3b–5.18–34.39–41. *M. Labahn,* Jesus als Lebensspender, 373–377, sieht vier Phasen der Textentstehung (1. Wundergeschichte; 2. Sabbatkonflikt; 3. Selbstvergewisserung der vorjoh. Gemeinde nach dem Synagogenausschluss; 4. der Evangelist) und betont die Übereinstimmungen mit Joh 5,1–18.

[99] *G. Bornkamm,* Heilung des Blindgeborenen, 67, urteilt zu Recht: »Die Geschichte von der Heilung des Blindgeborenen ist ein kunstvoll aufgebautes Ganzes.«

[100] Zu den Übereinstimmungen bzw. Differenzen zwischen Joh 9 und Mk 8,22–26; 10,46–52 vgl. die Tabelle bei *C. H. Dodd,* Historical Tradition, 182. Eine eingehende Analyse des Verhältnisses von Joh 9 zu anderen neutestamentlichen Wundergeschichten bietet *M. Rein,* Heilung des Blindgeborenen, 211–221. Er stellt zu Recht fest, dass nicht mit Abhängigkeiten zu rechnen ist.

[101] Vgl. *Billerbeck* II, 530.

wurde, um die Dramatik des Geschehens zu steigern.[102]   **15** Die Pharisäer befragen wiederum den Blindgeborenen, der noch einmal in verkürzter Form den Heilungsvorgang darstellt, wodurch nochmals die Tatsächlichkeit des Wunders hervorgehoben wird.   **16** Wie V. 14 stammt auch dieser Vers sehr wahrscheinlich vom Evangelisten, denn die beginnende Diskussion der Pharisäer setzt eine Heilung am Sabbat voraus.[103] Johannes schildert die möglichen Reaktionen auf die Wundertätigkeit Jesu: einerseits die Ablehnung der göttlichen Legitimation Jesu mit dem Hinweis auf dessen Nichtbeachtung der Tradition, andererseits die Glauben hervorrufenden σημεῖα (›Zeichen‹), die auf die göttliche Herkunft des Wundertäters schließen lassen. Auch hier findet sich in modifizierter Form das für den Evangelisten charakteristische Junktim zwischen Sehen des Wunders und Glauben. Das Wunder ruft sowohl Verweigerung als auch Vertrauen hervor, so dass auch unter den Pharisäern Streit entsteht. Möglicherweise gab es Meinungsverschiedenheiten unter den Pharisäern über die Bedeutung der Person Jesu, zur Debatte stand sein ›Woher‹.   **17** Die Pharisäer wenden sich an den Blindgewesenen und fragen ihn nach seiner Meinung über Jesus. Er sieht in Jesus einen Propheten, was eine deutliche Steigerung gegenüber dem ὁ ἄνθρωπος (›Mensch‹) von V. 11 und eine erste Glaubensaussage des Geheilten darstellt.   **18** Die Juden bezweifeln daraufhin die Identität des ehemals Blinden mit dem nun Sehenden und rufen die Eltern herbei, um Gewissheit zu erhalten. Nachdem die Haltung des Geheilten eindeutig ist, sollen die Eltern veranlasst werden, die Glaubwürdigkeit des ehemals Blinden in Zweifel zu ziehen. Der auffällige Wechsel von Φαρισαῖοι (›Pharisäer‹) zu Ἰουδαῖοι (›Juden‹) dürfte auf Johannes zurückgehen (vgl. Joh 1,19–24; 7,32–36; 18,3.12);[104] er hat innerhalb des Erzählungsablaufes eine steigernde Funktion, denn die Position der Fragesteller verhärtet sich zunehmend.   **19** Die Fragen an die Eltern sollen die Identität des Geheilten klären und den Wundervorgang aufhellen.   **20/21** Die Eltern bestätigen lediglich, dass der Sehendgewordene ihr Sohn ist und früher blind war. Sie vermeiden hingegen ängstlich jede Aussage darüber, wie er sehend wurde und wer dieses Wunder vollbrachte.   **22/23** Zur Erklärung des ungewöhnlichen Verhaltens der Eltern wird dem Leser mitgeteilt, dass die Juden beschlossen hatten, jeden aus der Synagoge auszuschließen,[105] der sich zu Christus bekennt. Damit ist der eigentliche Punkt der Auseinandersetzung genannt: Ist Jesus von Nazareth der Messias, Jesus der Christus? Das Bekenntnis zu Jesus Christus ist nicht folgenlos, es zieht Verfolgungen durch die Juden nach sich. Auf der literarischen Ebene dienen V. 22 f als Erläuterung, um das Verhalten der Eltern zu motivieren und das ganze Ausmaß der Feindschaft der Juden zu illustrieren. Über seine rein literarische Funktion hinaus blickt Joh 9,22 auf die Trennung joh. Christen von der Synagoge zurück.[106] Eine aktuelle Auseinandersetzung der joh. Gemeinde mit der Synagoge ist

---

[102] Vgl. *R. Schnackenburg,* Joh II, 313.

[103] Dafür spricht auch die Wendung τοιαῦτα σημεῖα ποιεῖν, vgl. Joh 2,11.23; 4,54; 6,14.30; 7,31; 10,41; 11,47; 12,18.37; 20,30.

[104] Umfassende Behandlung der Problematik bei *M. Rein,* Heilung des Blindgeborenen, 86–99.

[105] Zu ἀποσυνάγωγος = ›aus der Synagoge ausschließen‹ vgl. Abschnitt 4 der Einleitung.

[106] Vgl. zur Begründung *U. Schnelle,* Antidoketische Christologie, 37–42; *M. Hengel,* Die johanneische Frage, 288 ff; *M. Rein,* Heilung des Blindgeborenen, 262–266.

dem Text hingegen nicht zu entnehmen.[107]   **24** Der Geheilte wird einem weiteren Verhör unterzogen,[108] in dessen Mittelpunkt die Frage nach der göttlichen Legitimation des Wundertäters steht. Zunächst soll der Geheilte Gott die Ehre geben, d. h. die Wahrheit sagen. Für die Fragesteller steht allerdings das Wesen Jesu schon fest: Er ist ein Sünder und damit nicht von Gott.   **25** Während die Juden die göttliche Herkunft des Wundertäters und die Wirklichkeit des Wunders infrage stellen, verteidigt der ehemals Blinde Jesus und betont noch einmal die Tatsächlichkeit des Wunders. Offenkundig widerstreitet das Faktum des Wunders der Anschauung, Jesus sei ein Sünder. **26/27** Daraufhin entwickelt sich wiederum eine Diskussion über den Wunderhergang, die in die ironische Frage des Geheilten mündet: »Wollt ihr auch seine Jünger werden?« Die Juden begreifen langsam die Ausweglosigkeit ihrer Argumentation und beginnen, den ehemals Blinden zu beschimpfen.   **28** Mit dem Hinweis auf ihre Mosejüngerschaft[109] verwahren sie sich gegen die Unterstellung einer Jesusjüngerschaft.   **29** Dieses Argument wird ausgeweitet, indem die Legitimation des Mose durch Gott selbst (vgl. Ex 33,11; Joseph, Ant VIII 104) und die unbekannte Herkunft des Wundertäters Jesus gegenübergestellt werden. Für Johannes ist deutlich: Die Jünger des Mose entlarven sich selbst, wenn sie den nicht erkennen, über den Mose geschrieben hat (vgl. Joh 5,46). Damit erreicht das Gespräch sein eigentliches Ziel: Wenn die Juden von sich behaupten, durch Mose legitimiert zu sein, wodurch ist dann Jesus legitimiert?[110] **30** Der Blindgewesene belehrt die Pharisäer mit ihren eigenen Argumenten. Gerade die Singularität des Wunders zeugt für die göttliche Herkunft des Wundertäters, so dass er nicht ein Sünder sein kann. Im Wunder hat Gott selbst für Jesus gesprochen. **31** Gott erhört nicht Sünder,[111] sondern nur den, der fromm[112] ist und seinen Willen tut.   **32** Noch einmal wird die Größe und Einmaligkeit des Wunders hervorgehoben, es handelt sich um ein außergewöhnliches Geschehen.   **33** Daraus wird die theologisch einzig angemessene Schlussfolgerung gezogen: Ein solches Wunder kann nur vollbringen, wer ›von Gott‹ ist.[113] Johannes[114] dient die Größe des Wunders nicht nur als Argument im Streitgespräch mit den Juden, sondern umfassend als Legitimation der göttlichen Herkunft Jesu. Die durch die Existenz des Blindgewesenen nicht zu leugnende Wirklichkeit des Wunders weist die Göttlichkeit des Wundertäters aus.

---

[107] Gegen *J. L. Martyn,* History and Theology, 37 ff; *K. Wengst,* Bedrängte Gemeinde, 75 f.

[108] Die Wendung δὸς δόξαν τῷ θεῷ in V. 24 weist darauf hin, dass die Juden im Blindgeborenen schon einen Verurteilten sehen; vgl. *Billerbeck* II, 535.

[109] Vgl. dazu *Billerbeck* II, 535; mit Μωϋσέως ἐσμὲν μαθηταί sind wahrscheinlich die Pharisäer gemeint.

[110] Die Antwort auf diese entscheidende Frage in V. 30–33 stammt zu großen Teilen vom Evangelisten, denn V. 30 setzt den redaktionellen V. 29 voraus (zudem ist ἐν τούτῳ eine joh. Wendung; vgl. 4,37; 13,35; 15,8; 16,30), und V. 33 ist sicher eine joh. Bildung (zu οὗτος παρὰ θεοῦ = ›dieser ist von Gott‹ vgl. Joh 6,46; 7,29; 8,40; 17,5.7.8; zur Wendung ›etwas tun können‹ vgl. Joh 3,2; 5,19; 9,4.16; 11,37; 15,5; zur Legitimation durch Wunder vgl. Joh 3,2; 20,30f).

[111] Vgl. dazu 1Joh 3,21.22; Jes 1,15; Ps 66,18; 108,7; Spr 15,8.29. Darüber hinaus bietet *W. Bauer,* Joh, 136, hellenistische Belege.

[112] Im NT erscheint θεοσεβής = ›gottesfürchtig/fromm‹ nur hier (was für den traditionellen Charakter von V. 31 spricht), es ist aber geläufiger Terminus in der hellenistischen religiösen Literatur; vgl. *W. Bauer,* WB[5], 708; *A. Deissmann,* Licht vom Osten, 391 f.

[113] Vgl. dazu das ebenfalls redaktionelle οὐκ ἔστιν οὗτος παρὰ θεοῦ im Mund der Pharisäer in V. 16a.

[114] Gegen *J. Becker,* Joh I, 370, der die massive Wundertheologie in V. 33 seiner ›Semeia-Quelle‹ zuschreibt, obwohl dieser Vers sprachlich eindeutig als joh. Bildung zu erkennen ist.

Das Wunder ist die sichtbare innerweltliche Demonstration der Hoheit Jesu. **34** Die
Juden reagieren auf diese Belehrung des Blindgewesenen zornig; sie legen seine ange-
borene Blindheit als Sündhaftigkeit aus und stoßen ihn aus ihrer Gemeinschaft aus.[115]
Damit greifen sie ein Argument auf, das Jesus bereits in V. 3 abgewiesen hatte. **35**
Wie in Joh 5,14 wird der Blindgeborene daraufhin von Jesus ›gefunden‹ (vgl. auch
Joh 1,41), und es kommt zu einer vom Evangelisten[116] gestalteten Schilderung der
Glaubenserkenntnis und des Glaubensbekenntnisses des Geheilten. Trat zuvor der
Blindgeborene vor dem Volk und den jüdischen Instanzen beharrlich für Jesus ein, so
gelangt er nun durch Jesus selbst zum wahren Sehen und Glauben. Er erkennt in Jesus
den ›Menschensohn‹.[117] Mit diesem Begriff fasst Johannes das gesamte Heilsgeschehen
der Inkarnation, Erhöhung und Verherrlichung Jesu Christi zusammen. **36** Der Geheilte antwortet Jesus mit der Gegenfrage, wer es denn sei, an den er glauben solle.
Die Anrede weist dabei bereits in die Richtung des späteren Bekenntnisses. **37** Es
liegt in der Logik der Erzählung, dass Jesus sich selbst offenbart, denn der Geheilte
hat ihn zuvor noch nicht gesehen. Er konnte also gar nicht wissen, wer dieser Jesus
von Nazareth ist, und erst als Jesus sich mit dem Hinweis auf das Wunder zu erkennen
gibt, kommt der Geheilte zum Glauben. **38** Er spricht ein Glaubensbekenntnis, das
bewusst im Anklang an das Thomasbekenntnis (Joh 20,28) gestaltet ist. Wie Thomas
darf auch der ehemals Blinde sehen und glauben; wie Thomas weiß er jetzt, dass Jesus
wirklich der Kyrios ist. Er gibt Gott die Ehre, wie es die Pharisäer in V. 24 von ihm
forderten. Die Bedeutung der Wunder für die joh. Christologie ist auch hier nicht zu
übersehen: Es ist der Wundertäter Jesus, an den der Geheilte glaubt, dessen Macht er
am eigenen Leib erfahren hat und den er jetzt anbetet (vgl. Joh 4,20.24).[118] Das Wunder legitimiert nicht nur den Wundertäter (V. 33), es ruft darüber hinaus Glauben
hervor. **39** Ist mit dem Glaubenszeugnis des Blindgeborenen die eigentliche Handlung abgeschlossen, so fügt der Evangelist eine weitere Deutung des Geschehens an.[119]
Mit dem charakteristischen Stilmittel einer mehrschichtigen Ausdrucksweise[120] betont
Johannes, dass die Offenbarung nicht nur Gnade ist, sondern zum Gericht werden
kann, weil sich an der Stellung zu ihr entscheidet, wer sehend wird und wer in Blind-

---

[115] Zuallererst meint ἐκβάλλειν = ›herauswerfen‹ hier das Entfernen aus dem Raum, in dem das Verhör stattfand. Darüber hinaus ist es im Sinn von V. 22 als Synagogenausschluss zu verstehen; vgl. die Belege bei *W.
Bauer*, WB[5], 471, für »jemanden aus der Gemeinschaft ausstoßen«.

[116] Vgl. *J. Schneider*, Joh, 194; *J. Becker*, Joh I, 377; *R. Bultmann*, Joh, 256 Anm. 7, der es allerdings nicht
mehr für möglich hält, exakt zwischen Redaktion und Tradition zu trennen. Für joh. Redaktion spricht
neben dem parallelen Aufbau zu Joh 5 vor allem V. 37 (zu καί – καί vgl. Joh 4,36; 6,36; 7,28; 11,48;
12,28; 15,24; eine Sachparallele ist Joh 4,26); johanneisch ist ebenfalls die Formulierung πιστεύειν εἰς.

[117] Der Begriff υἱὸς τοῦ ἀνθρώπου = ›Menschensohn‹ in V. 35 ist wohl durch den forensischen Kontext in
V. 39 bedingt. Eine Sachparallele bieten Joh 3,13–21; 12,31–36; vgl. dazu *R. Schnackenburg*, Joh II, 320–
322; *D. Burkett*, The Son of the Man, 161–168.

[118] Zur Proskynese als angemessener Haltung gegenüber dem Wundertäter vgl. vor allem Philostr, Vit Ap VII
21, wo berichtet wird, dass die Bürger von Ephesus Apollonius anbeteten und für göttergleich hielten,
nachdem er ihre Stadt von der Pest befreit hatte.

[119] Vgl. *E. Haenchen*, Joh, 382; *Chr. Welck*, Erzählte Zeichen, 184 ff, sieht in V. 35–41 den eigentlichen
Schwerpunkt der Wundergeschichte.

[120] Vgl. zum übertragenen Gebrauch von τυφλός = ›blind‹ im AT und im hellenistisch beeinflussten Judentum *W. Schrage*, ThWNT VIII, 280 f.284 ff.

heit verharrt. Allein im Ja oder Nein zur Offenbarung Gottes in Jesus von Nazareth zeigt sich, ob ein Mensch zum Bereich des Lichtes gehört oder in der Finsternis bleibt, die Möglichkeit wirklichen Sehens nicht ergriffen hat und dem Gericht verfällt (vgl. Joh 8,12; 12,35 f; 12,46). Der Blindgeborene ist in einem doppelten Sinn sehend geworden: Er erhielt nicht nur sein Augenlicht, sondern erkannte darüber hinaus, dass Jesus παρὰ θεοῦ = ›von Gott‹ ist, und glaubte an ihn.   **40/41** Demgegenüber sind die Pharisäer nur vermeintlich Sehende, denn sie erkennen in Jesus nicht den Offenbarer und sind somit Blinde, obgleich sie das Augenlicht besitzen. Sie haben Jesu große Wundertat gesehen, sind dem Offenbarer begegnet und dennoch nicht zum Glauben gekommen, so dass sie in der Sünde schlechthin verbleiben: der Ablehnung des Offenbarers (vgl. Joh 8,21; 15,22.24; 16,9; 19,11). Sehen heißt somit Glauben, Unglaube hingegen Blindsein.

Die kompositionell geschlossene und umfangreiche Erzählung von der Blindenheilung[121] dient Johannes zur Illustration und Demonstration der christologischen Aussage: »Solange ich in der Welt bin, bin ich das Licht der Welt« (Joh 9,5; vgl. 8,12; 12,46). Dass Jesus das Licht der Welt ist, zeigt sich in der einzigartigen Heilung eines von Geburt an Blinden. Dieses außerordentliche Wunder legitimiert Jesu göttliche Herkunft und weist ihn als von Gott gesandten Wundertäter aus (vgl. Joh 9,7c.16.33). Während die Juden im Unglauben verharren, Jesu Umgang mit der Tradition als Sünde interpretieren (V. 14.16a) und sogar die Tatsächlichkeit des Wunders leugnen, gelangt der Blindgeborene in einem dramatisch gestalteten stufenweisen Prozess[122] zur Erkenntnis der göttlichen Herkunft Jesu, die in dem πιστεύω von V. 38 ihren Höhepunkt erreicht (vgl. zuvor V. 11: ἄνθρωπος = ›Mensch‹; V. 17: προφήτης = ›Prophet‹; V. 33: παρὰ θεοῦ = ›von Gott‹; V. 35: υἱὸς τοῦ ἀνθρώπου = ›Menschensohn‹). Somit wird auch in Kap. 9 das joh. Junktim vom Sehen des Wunders und daraus entstehendem Glauben sichtbar (vgl. bes. V. 16b.33). Während der Blindgeborene durch Jesus sein Augenlicht erhielt und durch den Glauben zu einem wahrhaft Sehenden wurde, verfallen die Pharisäer der Krisis, weil sie im Unglauben verharren (V. 39–41). ›Sehen‹ wird hier neu definiert (wie zuvor Licht, Leben, Wahrheit, Geburt, Wasser, Gericht, Brot): Der ehemals Blinde wird zu einem wahrhaft Sehenden, die vermeintlich Sehenden hingegen offenbaren ihre Blindheit.

Mit der Offenbarung der Doxa Jesu im Wunder verbindet sich für den Evangelisten das Gericht, sofern die Offenbarung einerseits Schau des Göttlichen, andererseits aber auch Anstoß des Unglaubens ist. Nicht ein historiographisches,[123] sondern ein streng christologisches Interesse leitet Johannes bei seiner Bearbeitung der Erzählung vom Blindgeborenen: Jesu Sein von Gott wird im σημεῖον sichtbar, das Wunder offenbart die Doxa des Wundertäters und legitimiert ihn zugleich, es ruft Glauben und Unglauben hervor. Johannes fordert damit seine Gemeinde auf, ebenso wie der Blindgeborene

---

[121] Formgeschichtlich kann Joh 9 als Wundergeschichte eingestuft werden; vgl. den umfassenden Nachweis bei *M. Rein,* Heilung des Blindgeborenen, 192–283.

[122] Vgl. *R. E. Brown,* John I, 377; *J. Schneider,* Joh, 187.

[123] Gegen *J. L. Martyn,* History and Theology, 24 ff, der das christologische Interesse des Evangelisten vernachlässigt.

durch den Glauben auf Jesu heilendes Handeln zu reagieren. Wenn dies geschieht, öffnet Jesus nicht nur dem Blindgeborenen, sondern auch der Gemeinde die Augen. Auch ihr Glaube ist gefordert, sich ebenso wie beim Blindgeborenen öffentlich und in Gefährdungen zu bewähren.[124]

Exkurs 9: Sünde im Johannesevangelium

Während der Sündenbegriff in der Paulusexegese eine zentrale Rolle spielt, wurde ihm in der Johannesforschung bisher nur wenig Aufmerksamkeit geschenkt. Dies überrascht angesichts des sprachlichen Befundes: 1) Das Substantiv ἁμαρτία = ›Sünde‹ ist im Johannesevangelium 17mal belegt, nur der Römer- und Hebräerbrief bieten im Neuen Testament eine größere Anzahl von Belegen. Deutlich darunter liegen z.B. die Synoptiker (Mk: 6mal; Mt: 7mal; Lk: 12mal). Hinzu kommt, dass auch im 1Joh ἁμαρτία 17mal vorkommt. Der sprachliche Befund allein signalisiert schon die Bedeutsamkeit des Themas, als zweiter Punkt treten hinzu: Lässt sich die theologische Konzeption des 4. Evangelisten ohne Einbeziehung des Sündenbegriffes überhaupt erfassen? Der Heilswille Gottes für die Welt, das Kommen des Offenbarers, die Verfasstheit der Welt und des Menschen, Glaube – Unglaube, Gericht und Heil – alle zentralen Themen johanneischer Theologie weisen eine unmittelbare Verbindung zum Sündenbegriff auf. Dies verwundert nicht, denn jedes theologische Sinngebäude unterliegt einer internen Logik, die u. a. klären muss, was das Wesen des Bösen ist, warum Menschen sich der Christusoffenbarung verweigern und wie der Unglaube möglich ist.

Johannes behandelt diese Fragen in thematischen Blöcken, ein Überblick über die Belege lässt deutlich Zusammenhänge erkennen: 1) Der Sündenbegriff steht in den Gesprächsgängen der Wundertraditionen Joh 5 und 9 zur Debatte. Sie verdeutlichen, dass es Jesus nicht darauf ankommt festzustellen, wer Sünder ist oder war, sondern dass sein Kommen das Wesen der Sünde aufdeckt und Sünde überwindet. Dieses Profil des joh. Sündenbegriffes wird 2) in den Auseinandersetzungen Jesu mit den Ἰουδαῖοι und dem Kosmos in den Offenbarungsreden Jesu in Joh 8 sowie Joh 15 und 16 weiter entfaltet. In Joh 8 kommt der Begriff ἁμαρτία 6mal vor, ein deutlicher Hinweis auf die Brisanz des Themas. Die Sünde wird hier als Unverständnis der Juden gegenüber dem göttlichen Gesandten Jesus Christus und seinem Weg präzisiert. Dieses Unverständnis erweist sich als der Unglaube selbst, Sünde ist Unglaube gegenüber dem Gesandten Gottes. Ferner erscheint Sünde als Verhaftetsein an die Welt, wobei sich das Sein in der Sünde und das Tun der Sünde wechselseitig konstituieren. Im Rechtsstreit zwischen den Ἰουδαῖοι und Jesus in Joh 8 zeichnet sich ein Thema ab, das auch die Auseinandersetzung zwischen Jesus und der Welt in den Abschiedsreden beherrscht: Es geht um die Rechtmäßigkeit des Anspruches Jesu, der Gesandte Gottes zu sein. Die Sünde der Welt besteht in der bewussten Ablehnung eines angesichts der Wunder und Reden offenkundigen Tatbestandes: Jesus Christus ist der sündlose Sohn Gottes (vgl. Joh 8,46). Den eigentlichen Grund für diese Verweigerung sieht Johannes in der Eigenliebe der Welt. Die Welt greift nach der ihr eigenen Ehre und lässt die Liebe zu Gott vermissen (vgl. Joh 15,19). Während sich Gott der Welt liebend und werbend zuwendet (vgl. Joh 3,16), reagiert diese nur abweisend und mit Hass. Sünde erscheint somit bei Johannes als Eigenehre, Eigenliebe und als ein Sich-Entziehen aus der Liebe Gottes. 3) Einen bewussten kompositorischen und theologischen Bogen spannt Johannes mit der ersten und letzten Aussage über die Sünde: Joh 1,29 und 20,23. Damit das Leben der Welt zugute kommt, muss die Sünde überwunden werden. Der Ort, an dem die Sünde der Welt und die ζωή (›Leben‹) Gottes aufeinandertreffen, ist das Kreuz. Hintergründige joh. Ironie wird sichtbar: Am Kreuz beseitigt das Lamm Gottes die Sünde der Welt, zugleich beseitigt die Welt das Lamm Gottes am Kreuz. Wenn Johannes das gesamte Heilsgeschehen als Überwindung der Sünde kennzeichnet und dabei den Singular ἡ ἁμαρτία = ›die Sünde‹ verwendet, wird deutlich: Sünde benennt bei

---

[124] Den politisch-öffentlichen Aspekt betont *M. Labahn,* Der Weg eines Namenlosen, 72–78.

Johannes nicht ein Fehlverhalten, sondern sie kennzeichnet den Zustand der Welt jenseits des Christusgeschehens. Die Welt wird von der Macht der Sünde beherrscht, allein Gottes Heilshandeln am Kreuz bricht ihre Herrschaft. Joh 20,23 verbindet das Wirken Jesu und das Wirken der Jünger im Blick auf das Wirken des Geistes und die Befreiung von Sünde am Schluss des Evangeliums. So wie zur Sendung Jesu wesentlich das Hinwegnehmen der Sünde gehört, so zur Sendung der Jünger die Sündenvergebung im Auftrag des Sohnes. Die Jünger, wie Jesus mit dem Geist Gottes bedacht, führen das Heilswerk Jesu an der Welt fort. Sie wenden ihr umfassend das Heil zu, das Jesus als Lamm Gottes durch seine einmalige Sühne am Kreuz für sie erwirkte. Unter der Führung des Geist-Parakleten vergegenwärtigt die joh. Gemeinde nachösterlich das Werk Jesu. Steht die durch die Jünger erfolgte Sündenvergebung in Entsprechung zu dem Heilswerk Jesu, dann bewirkt sie eine Anteilgabe an der Reinigung und Heiligung, die die Jünger selbst durch Jesus und sein Wort erfuhren (vgl. Joh 13,10; 15,2f; 17,19).

Das joh. Sündenverständnis weist ein klares theologisches Profil auf: Sünde ist weder eine nomistische noch eine moralische Kategorie. Vielmehr deutet der prävalent singularische Gebrauch darauf hin, dass Johannes Sünde in einem generellen Sinn versteht: Sünde ist Unglaube. Der Unglaube zeigt sich als Hass der Welt gegen den Offenbarer und die Seinen (3,20; 7,7; 15,18 f), Sklaverei unter der Herrschaft der Sünde mit der Folge des Todes (8,21.24.34–36), Verhaftung an die Welt und ihren Herrscher (12,31; 14,30; 16,11), Eigenliebe und Eigenehre der Welt (7,18; 5,41.44) und als Sich-Entziehen aus der Liebe Gottes (6,44; 12,32). Hinzu kommt die joh. Rede vom Teufel, der sich des Judas und jener Ἰουδαῖοι bemächtigt, die Jesus töten wollen (Joh 6,70; 8,44; 13,2.27; 19,11). Eine wichtige Stelle in diesem Zusammenhang ist Joh 19,11. Jesus spricht zu Pilatus: »Darum hat der, der mich dir übergab, größere Sünde als du«. Hier weist die singularische Formulierung deutlich darauf hin, dass nicht die Ἰουδαῖοι allgemein, sondern Judas als Werkzeug des Teufels gemeint ist. All diese Aspekte sind miteinander verbunden und ergeben einen Gesamteindruck, den der Evangelist mit ›Unglauben‹ definiert. Sünde ist bei Johannes die eine, im Widerspruch zur Offenbarung Gottes sich zur Geltung bringende Verweigerung der Welt gegenüber dem Gesandten Gottes. Als den Menschen total beanspruchende Macht der Welt, der Finsternis und des Todes versklavt die Sünde jeden, der ihr erliegt (Joh 8,34: »Jeder, der die Sünde tut, ist ein Knecht der Sünde«). Der generelle Charakter des Sündenbegriffs erlaubt es nicht, ihn einzugrenzen und – wie R. Bultmann – historisierend auf die Ἰουδαῖοι anzuwenden.[125] Vielmehr befindet sich nach joh. Anschauung jeder im Bereich der Sünde, der nicht an den Offenbarer Jesus Christus glaubt, egal ob Jude oder Nichtjude. Der joh. Glaubensbegriff erlaubt eine weitere Schlussfolgerung: So wie der Glaube das Leben, das ewige Leben gewährt, trennt der Unglaube und d. h. die Sünde vom Leben. Der eigentliche Gegenbegriff zur Sünde ist im Johannesevangelium das Leben, das ewige Leben.

Warum verharrt die Welt angesichts der Heilsbotschaft vom Handeln Gottes in Jesus Christus im Unglauben? Sie erliegt aus joh. Sicht der Sünde, wobei die Sünde gleichermaßen Tat- und Verhängnischarakter hat. Johannes bringt die Eigenverantwortung des Menschen dadurch zum Ausdruck, dass er die Ablehnung der Gottesoffenbarung als willentliche Verweigerung versteht. Zugleich baut sich die Sündentat zur Sünde der Welt auf und bewirkt einen Schicksalszusammenhang, der in die Versklavung durch die Welt und ihre teuflischen Mächte, aber auch in die Verstockung durch Gott (Joh 12,39!) führt und im eschatologischen Tod sein Ziel findet (Joh 8,21.24). Es handelt sich im wahrsten Sinn des Wortes um einen sich selbst aufbauenden Teufelskreis. Für Johannes ist diese Realität des Unglaubens so bedrückend, weil Gott am Kreuz ein Nein zur Sünde und ein Ja zum Leben gesprochen hat. Am Kreuz wird die Sünde offenbar und zugleich überwunden. Auch im Zusammenhang mit der Sündenthematik kann bei Johannes von einer Prävalenz des Heils gesprochen werden. Das am Kreuz einmalig und unwiederholbar erwirkte Heil Gottes wird nachösterlich unter der Führung des Parakleten in der Vollmacht zur Sündenvergebung durch die joh. Gemeinde für die Welt eingebracht.

---

[125] *R. Bultmann,* Theologie, 380: »Die Sünde der ›Juden‹ ist … ihre Verschlossenheit gegen die ihre Sicherheit in Frage stellende Offenbarung.« Differenzierter *R. Metzner,* Das Verständnis der Sünde, 352 f.

10. Der gute Hirte 10,1–21*

(1) »Amen, amen, ich sage euch: Wer nicht durch die Tür in den Hof der Schafe hineingeht, sondern anderswo einsteigt, der ist ein Dieb und Räuber. (2) Wer aber durch die Tür hineingeht, ist Hirte der Schafe. (3) Ihm öffnet der Türhüter, und die Schafe hören seine Stimme, und er ruft die eigenen Schafe beim Namen und führt sie hinaus. (4) Wenn er die eigenen (Schafe) alle hinausgetrieben hat, geht er vor ihnen her, und die Schafe folgen ihm, weil sie seine Stimme kennen. (5) Einem Fremden werden sie aber nicht folgen, sondern vor ihm fliehen, denn sie kennen nicht die Stimme der Fremden.« (6) Dieses Rätselwort sprach Jesus zu ihnen, jene aber erkannten nicht, was er zu ihnen sprach. (7) Wiederum sprach Jesus: »Amen, amen, ich sage euch: Ich bin die Tür der Schafe. (8) Alle, die vor mir kamen, sind Räuber und Diebe. Aber die Schafe haben nicht auf sie gehört. (9) Ich bin die Tür; wer durch mich hineintritt, wird gerettet werden, und er wird ein- und ausgehen und wird Weide finden. (10) Der Dieb kommt nur, um zu stehlen, zu schlachten und zugrunde zu richten. Ich bin gekommen, damit sie Leben und Überfluss haben. (11) Ich bin der gute Hirte. Der gute Hirte gibt sein Leben für die Schafe. (12) Der Tagelöhner aber, der nicht Hirte ist, dem die Schafe nicht gehören, sieht den Wolf kommen, verlässt die Schafe und flieht, und der Wolf raubt sie und zerstreut sie. (13) Denn er ist nur Tagelöhner, und ihm liegt nichts an den Schafen. (14) Ich bin der gute Hirte und kenne die Meinen, und die Meinen kennen mich, (15) wie mich der Vater kennt und ich den Vater kenne. Und ich gebe mein Leben für die Schafe. (16) Und ich habe noch andere Schafe, die nicht aus diesem Hort sind; auch sie muss ich führen, und sie werden meine Stimme hören, und es wird sein eine Herde, ein Hirte. (17) Deshalb liebt mich der Vater, weil ich mein Leben hingebe, damit ich es wiederum nehme. (18) Niemand nimmt es von mir, sondern ich gebe es von mir aus. Ich habe Macht, es zu geben, und Macht, es wiederum zu nehmen. Diesen Auftrag erhielt ich von meinem Vater.« (19) Wiederum kam es zu einer Spaltung unter den Juden wegen dieser Worte. (20) Viele von ihnen sagten: »Er hat einen Dämon und ist wahnsinnig; was hört ihr auf ihn?« (21) Andere sagten: »Dies sind nicht die Worte eines Besessenen. Kann etwa ein Besessener die Augen von Blinden öffnen?«

V. 7: P⁶⁶ rell lesen ἡ θύρα; P⁷⁵ sa ac mf hingegen ὁ ποιμήν. Die LA ἡ θύρα τῶν προβάτων ist die schwierigere, ὁ ποιμήν stellt eine durch den Kontext bedingte Glättung dar.[126] V. 16: Den Plural γενήσονται bezeugen P⁴⁵ אᶜ B D L W al; den Singular γενήσεται hingegen P⁶⁶ א* A K al. Nach äußeren Kriterien ist eine Entscheidung nicht möglich, inhaltlich entspricht die Sing. der joh. Intention, der Plur. dürfte durch ἀκούσουσιν veranlasst sein.

---

* Literatur: *Becker, J.*: Die Herde des Hirten und die Reben am Weinstock, in: *U. Mell* (Hg.), Die Gleichnisreden Jesu 1899–1999, BZNW 103, Berlin 1999, 149–178; *Beutler, J./Fortna, R. T.* (Hg.): The Shepherd Discourse of John 10 and its Context, MSSNTS 67, Cambridge 1991; *Busse, U.*: Offene Fragen zu Joh 10, NTS 33 (1987), 516–533; *Dschulnigg, P.*: Der Hirt und die Schafe (Joh 10,1–18), SNTU 14 (1989), 5–23; *Fischer, K. M.*: Der johanneische Christus und der gnostische Erlöser, in: Gnosis und Neues Testament, hg. v. *K. W. Tröger*, Berlin 1973, 245–266; *Hahn, F.*: Die Hirtenrede in Joh 10, in: Theologia Crucis – Signum Crucis (FS E. Dinkler), hg. v. *C. Andresen* u. *G. Klein,* Tübingen 1979, 185–200; *Kiefer, O.*: Die Hirtenrede, SBS 23, Stuttgart 1967; *Kowalski, B.*: Die Hirtenrede (Joh 10,1–18) im Kontext des Johannesevangeliums, SBB 31, Stuttgart 1996; *Reinhartz, A.*: The Word in the World, 48–98; *Ruiz, M. R.*: El discurso del buen pastor (Jn 10,1–18), EstB XLVIII (1990), 5–45; *Sabbe, M.*: John 10 and Its Relationship to the Synoptic Gospels, in: *ders.*, Neotestamentica, 443–466; *Schnackenburg, R.*: Die Hirtenrede Joh 10,1–18, Joh IV, 131–143; *Simonis, A. J.*: Die Hirtenrede im Johannesevangelium, AnBib 29, Rom 1967; *Trajan, P. R.*: La parable du »pasteur« et ses explications: Jean 10,1–18, StAns 67, Rom 1980; *Watt, J. G.van der*: Family of the King, 54–92; *Zimmermann, R.*: Christologie der Bilder, 241–404.

126 Vgl. *R. Schnackenburg*, Joh II, 363; *B. Aland*, Neutestamentliche Handschriften als Interpreten des Textes? P⁷⁵ und seine Vorlagen in Joh 10, in: Jesu Rede von Gott und ihre Nachgeschichte im frühen Christentum (FS W. Marxsen), hg. v. *D. A. Koch* u. a., Gütersloh 1989, 387; *B. Kowalski*, Die Hirtenrede, 41–44; anders *E. Haenchen*, Joh, 388.

Mit der Hirtenrede steigert Johannes die Auseinandersetzung mit den Pharisäern und entfaltet zugleich Grundlinien seiner Christologie und Ekklesiologie. Die Pharisäer sind seit Joh 9,40 angesprochen, und der überraschende Einsatz mit dem Bild des Diebes und Räubers in der Hirtenrede geht auf diese szenische Rahmung zurück.[127] Auch das Unverständnis der Zuhörer (Joh 10,6) bezieht sich direkt auf die Blindheit der Pharisäer. Zudem stellt Joh 10,21 ausdrücklich eine inhaltliche Verbindung zwischen Blindenheilung und Hirtenrede für die Hörer/Leser des Evangeliums her. Die bereits in Joh 9,39–41 vorherrschende metaphorische Sprache wird nun mit dem Bildfeld des Hirten weitergeführt. Ziel der Hirtenrede ist die Klärung des legitimen Anspruches Jesu.[128] Die Pharisäer haben in ihrer Blindheit einen Führungsanspruch verspielt, allein Jesus vermag in Wahrheit das Heilsvolk Israel zu leiten. Die joh. Gemeinde soll erkennen, dass trotz innerer und äußerer Gefährdungen Jesus Christus ihr ›guter Hirte‹ ist, der sie sicher führen wird.

1 Mit der Beteuerungsformel ›Amen, amen‹ wird auch hier der Offenbarungsgehalt der Rede Jesu verdeutlicht (vgl. Joh 3,3; 6,26.32; 8,34 u. ö.). Die Kontrastpaare ›Hirte – Dieb, Räuber‹ sowie ›durch die Tür – anderswo‹ bestimmen das Bild. Der Dieb und Räuber (vgl. Ez 34,2 ff.8 ff) unterscheidet sich vom Hirten dadurch, dass er nicht durch die Tür, sondern von anderswo zu den Schafen gelangt. Es gibt somit einen legitimen und einen illegitimen Zugang zu den Schafen. **2** Der rechtmäßige Hirte wählt den legitimen Weg zu den Schafen und weist sich dadurch aus. **3** Ihm öffnet der Türhüter, der als Unterhirte die Herde unmittelbar bewacht.[129] Die große Vertrautheit mit der Herde ist ein weiteres Kennzeichen des Hirten (vgl. Ps 37,18; Nah 1,7). Er gab seinen Schafen Namen, und bei diesen Namen ruft er sie (vgl. Jes 43,1; 45,3 f; 49,1 u. ö.). An der Stimme erkennen die Schafe den Hirten (vgl. Ps 94,7LXX).

---

[127] Vgl. *U. Busse*, Offene Fragen, 517; gegen *J. Becker*, Joh I, 366, der behauptet, der Einsatz in 10,1 sei »kompositorisch und thematisch unvermittelt«. Zu den zahlreichen sprachlichen und thematischen Verbindungslinien zwischen Joh 10,1–18 und dem unmittelbaren Kontext vgl. vor allem *J. A. du Rand*, A syntactical and narratological reading of John 10 in coherence with chapter 9, in: *J. Beutler/R. T. Fortna* (Hg.): The Shepherd Discourse of John 10 and its Context, 94–115; *H. Thyen*, Johannes 10 im Kontext des vierten Evangeliums, a. a. O., 123–128; *B. Kowalski*, Die Hirtenrede, 180–194; *R. Zimmermann*, Christologie der Bilder, 241–250.

[128] Das Bild des Hirten gehört in der gesamten Antike zur Herrschaftsmetaphorik; vgl. für das AT z. B. Jes 40,10 f; Ps 79,2; 94,7f(LXX); Micha 5,3; Ez 34,23. Für den Bereich des Hellenismus vgl. die Texte in: Neuer Wettstein I/2, 515–521; hervorzuheben ist, dass fast zeitgleich mit dem 4. Evangelisten das Hirtenmotiv in den vier Reden des Dion von Prusa über die (ideale) Herrschaft aufgegriffen wird, um das Wesen des wahren Herrschers zu charakterisieren: Er soll sich um sein Volk in Gerechtigkeit und nach den Gesetzen kümmern, wie ein Hirte um die ihm anvertraute Herde (vgl. Dio Chrys, Or 1,13; 2,70 ff; 3,40; 4,43–45).

[129] Vgl. *C. K. Barrett*, Joh, 370. Es ergeben sich zwei Interpretationsmöglichkeiten: 1. Mehrere Besitzer von Kleinherden bringen ihre Herden des Nachts gemeinsam auf einem ummauerten Hof unter und haben zur Bewachung einen Türhüter angestellt. Dafür könnten die Erwähnung des Türhüters und das betonte τὰ ἴδια (›das Eigene‹) sprechen (so *R. Schnackenburg*, Joh II, 352). Andererseits werden andere Herden nicht erwähnt, der Erzähler hat daran offensichtlich kein Interesse. 2. Für eine Herde im Freien wird in der Nacht eine Umzäunung errichtet. Die Hirten schlagen in der Nähe ihr Lager auf, einer von ihnen bewacht unmittelbar die Herde. Das betonte τὰ ἴδια würde sich dann auf den Dieb in V. 1 beziehen (so *W. Bauer*, Joh, 139; *R. Bultmann*, Joh, 284 Anm. 1).

4 Der Hirte führt die Herde aus der Umzäunung hinaus; er geht voran, und die Schafe folgen seiner vertrauten Stimme. Das Verb ἀκολουθεῖν = ›folgen/nachfolgen‹ ist für die Hörer/Leser des Evangeliums ein deutlicher Hinweis auf die Glaubensnachfolge (vgl. Joh 8,12). Wie der Blindgeborene (vgl. Joh 9,35–38) folgt die joh. Gemeinde dem Offenbarer. **5** Dem Fremdling hingegen folgen die Schafe nicht, sie fliehen vor ihm, denn seine Stimme ist ihnen nicht vertraut. So wie Schafe mit Sicherheit den Hirten an der Stimme erkennen, so erkennen die Seinen den Offenbarer. Umgekehrt folgen die Glaubenden nicht fremden Führern oder Verführern. **6** Johannes klassifiziert die Bildrede Jesu als παροιμία (›verhüllende Rede/Redeweise‹),[130] die von den ungläubigen Juden nicht verstanden wird. In Joh 16,25.29 bezeichnet Paroimia die dunkle, rätselhafte Rede im Gegensatz zur offenen, verständigen Rede. Die Juden können nen Jesus auch hier nicht verstehen, denn erst nach Ostern eröffnet sich für die Glaubenden unter der Führung des Geistes ein wirkliches Verständnis des Wirkens Jesu. Die textexterne Hörer- und Lesergemeinde hingegen erkennt die metaphorischen Verweise in Jesu Rede. Sie erblickt in den Schafen das Volk Gottes, zu dessen Gliedern sie selbst zählt. Der Hirte verweist auf Gott bzw. den Messias, die Diebe und Räuber hingegen sind jene, die unrechtmäßig die Führung des Gottesvolkes beanspruchen. Die Glieder des Gottesvolkes hören nur auf die Stimme des Hirten; sie kennen seine Lehre und wissen, dass er ihnen das ewige Leben erschlossen hat. Die Diebe und Räuber hingegen wollen nur Macht und Herrschaft über die Herde, nicht aber ihr Wohl. Der Begriff παροιμία benennt somit nicht einfach Unverständliches, sondern ist in eine offenbarungstheologische Zeitperspektive eingebettet: Bis Ostern ist Jesu Verkündigung verhüllt, danach offen verstehbar.[131]

Formgeschichtlich lässt sich Joh 10,1–5 nur schwer einordnen.[132] Die doppelte Antithetik in V. 1 spricht gegen eine Bestimmung als ›Gleichnis‹,[133] obwohl der Text eine deutliche Nähe zu Gleichnissen aufweist[134]. Dem singulären Charakter des Textes entspricht eher die Bezeichnung ›Bildrede‹, der als literarisches Verfahren ein ›Bildfeld‹ zugrunde liegt,[135] das »von verschiedenen Seiten her angegangen wird; der Verf. ›spielt‹ mit dem gesamten Material des metaphernspendenden Bereichs, der in diesem Falle ›Schafzucht‹ ist.«[136] Verschiedene Metaphern aus dem Bildfeld der Schafhaltung können aufgegriffen werden, um die Bedeutung Jesu für die glaubende Gemeinde zu unterstreichen. Deshalb sind Wechsel auf der Bildebene nicht Indizien für literarkritische Operationen, sondern natürliche Formelemente.

---

[130] Vgl. *W. Bauer*, WB⁵, 1270; zum antiken Vergleichsmaterial vgl. *R. Zimmermann*, Christologie der Bilder, 30–35. Παροιμία bedeutet allgemein ›Sprichwort‹ (vgl. 2Petr 2,22). In Sir 39,3LXX heißt es: »Er (der wahre Schriftgelehrte) erforscht das Verborgene der Gleichnisreden (ἀπόκρυφα παροιμιῶν) und verweilt bei den Rätseln der Gleichnisse.« *H. Thyen*, Joh, 477 f, hält an dem m. E. unpassenden Begriff ›Rätselrede‹ fest, denn ein wirkliches ›Rätsel‹ liegt nicht vor, weil die Glaubenden alles verstehen.

[131] Vgl. *C. J. Bjerkelund*, Tauta Egeneto, 108 f.

[132] Einen Forschungsüberblick bietet *B. Kowalski*, Die Hirtenrede, 141–146.

[133] Vgl. *P. Dschulnigg*, Der Hirt und die Schafe, 9 f.

[134] *R. Zimmermann*, Christologie der Bilder, 280, spricht von einem ›erzählenden Gleichnis‹.

[135] Vgl. *K. Berger*, Formgeschichte, 39; *U. Busse*, Offene Fragen, 520.

[136] *K. Berger*, Formgeschichte, 39.

7 Mit der Beteuerungsformel ›Amen, amen‹ stellt sich Jesus nun als ›Tür der Schafe‹ vor.[137] Hier dürfte ›Tür zu den Schafen‹ gemeint sein,[138] während V. 9 eindeutig im Sinn von ›Tür für die Schafe‹ zu verstehen ist.[139] Das ›Ich-bin-Wort‹ sagt, wer Jesus in seiner Heilsbedeutung ist. Formal ist ein Personalpronomen mit einer Metapher[140] als Prädikat verbunden, wobei der bestimmte Artikel beim Prädikatsnomen zeigt, dass nicht ein Vergleich, sondern eine Gleichsetzung vorliegt.[141] ›Tür der Schafe‹ ist Jesus als Hirte der Schafe, weil der wahre Hirte durch die Tür zu den Schafen eintritt.[142] Indem der Hirte Jesus zugleich die Tür ist,[143] werden andere Offenbarungs- und Führungsansprüche abgewiesen. Jesus gewährt den Zugang zum Heil, weil er das Heil ist. Niemand gelangt zum Heil an ihm vorbei, denn Jesus ist der alleinige Heilsbringer. **8** Deshalb sind all jene, die vor ihm kamen, Diebe und Räuber, auf sie hörten die Schafe nicht. Eine Anspielung auf Gestalten des Alten Testaments (Mose, Elia, David) oder auf Johannes d. T. liegt nicht vor. Sie werden zwar als Zeugen für die Offenbarung Gottes in Jesus Christus in Anspruch genommen, nicht aber als ›Räuber und Diebe‹ abgewertet. Zunächst muss deshalb das πρὸ ἐμοῦ (›vor mir‹) innerhalb des Bildfeldes erklärt werden. Die Diebe und Räuber kommen in der Nacht vor dem Hirten, der erst am Morgen zu den Schafen geht.[144] Verlässt man die Bildebene, so dürfte an die Führer des jüdischen Volkes (Pharisäer) und an Messiasprätendenten gedacht sein. **9** In dem zweiten Ego-eimi-Wort präsentiert sich Jesus als die Tür für die Schafe. Eine Tür trennt zwischen zwei Räumen, ermöglicht aber zugleich, von einem Bereich in den anderen zu gelangen. Hier steht das verbindende Element im Vordergrund; Jesus Christus ist der alleinige Zugang zum Heil, nur wer durch diese Tür ein- und ausgeht, wird gerettet (vgl. Joh 3,17; 5,34; 12,47). Das ›Weide-Finden‹ (vgl. Ps 23,1–3; Ez 34,12–15) fungiert als Bild für ›Leben-Haben‹, Jesus eröffnet den Seinen das Leben. **10** Der Dieb hingegen will nicht retten, sondern vernichten. Er ist nicht Lebensspender, sondern Verführer und Verderber.[145] Deutlich erscheint ἀπολλύειν (›vernichten‹) als Gegenbegriff zu σῴζειν (›retten‹) in V. 9, allein Jesus ist gekommen, um das Leben in überreicher Fülle zu bringen. Damit wird nicht nur eine Verbindung zum zentralen

---

[137] V. 7–10 sind als erste, V. 11–18 als zweite Interpretation von V. 1–5 anzusehen; vgl. dazu *J. Painter,* Tradition, History and Interpretation in John 10, in: *J. Beutler/R. T. Fortna* (Hg.): The Shepherd Discourse of John 10 and its Context, 53–74.

[138] Vgl. u. a. *W. Bauer,* Joh, 139; *H. Strathmann,* Joh, 165; *P. Dschulnigg,* Der Hirt und die Schafe, 12.

[139] Zur Diskussion vgl. *R. Schnackenburg,* Joh II, 363 f.

[140] Das Bildwort ›die Tür‹ könnte aus der messianischen Deutung von Ps 118 (117) erwachsen sein, wo es in V. 20 heißt: »Dies ist das Tor zum Herrn, nur Gerechte dürfen hier einziehen.« Aus dem späteren gnostischen Schrifttum sind als Parallelen bes. zu nennen Act Joh 109; Od Sal 17,10; 42,16f.

[141] Vgl. *E. Stauffer,* ThWNT II, 348.

[142] Vgl. *R. Schnackenburg,* Joh II, 364.

[143] Für *E. Schweizer,* Ego Eimi, 142, ist diese Vorstellung ein Hauptargument für seine Vermutung, V. 7 und V. 9 seien nicht ursprünglich (zuvor schon *J. Wellhausen,* Joh, 48 f, *W. Bauer,* Joh, 139 u. a.). *R. Bultmann,* Joh, 286, hält V. 7.9 für Glossen des Evangelisten zur ›Offenbarungsredenquelle‹. *J. Becker,* Joh I, 385, versteigt sich im Hinblick auf V. 7–10 sogar zu der Aussage, »dem Schreiber sei die Verbalisierung seiner Gedanken nicht ganz geglückt«. Demgegenüber gilt: Die Türworte dienen der näheren Charakterisierung der soteriologischen Funktion Jesu und haben eine klar erkennbare Aufgabe.

[144] Vgl. *R. Schnackenburg,* Joh II, 366.

[145] *J. Blank,* Joh Ib, 224, vermutet hier eine Anspielung auf den Ausgang des jüdischen Krieges.

joh. Lebens-Motiv hergestellt (vgl. die ›Ich-bin-Worte‹ in Joh 11,25; 14,6), sondern auch ein Übergang geschaffen.[146]   **11** Spender des Lebens ist Jesus durch die Hingabe seines Lebens. Darin erweist er sich als der endzeitliche gute Hirte[147] und zeigt, dass er der Messias, der Hirte des Volkes Gottes, ist. In Ez 34 hingegen greift Gott jene Hirten des Volkes Israel an, die sich selbst weiden (Ez 34,2), die Schwachen nicht stärken, die Kranken nicht heilen und das Verlorene nicht suchen (Ez 34,4).[148] Deshalb sind die Schafe zerstreut und werden ein Opfer der wilden Tiere. Gott aber gibt sein Volk nicht auf: »Ich bestelle über sie einen einzigen Hirten, dass er sie weide, meinen Knecht David. Er soll sie weiden und ihr Hirt sein. Ich, Jahwe, werde ihr Gott sein, und mein Knecht David wird Fürst in ihrer Mitte sein« (Ez 34,23 f). Dann folgt eine Beschreibung der kommenden Heilszeit (Ez 34,25–31), die mit dem Bund zwischen Jahwe und seinem Volk endet: »Ihr seid meine Schafe, die Schafe meiner Weide und ich bin euer Gott.« Auf diesem Hintergrund muss Joh 10,1–18 gelesen und verstanden werden,[149] das Bildwort vom guten Hirten ist ein Gegenbild zu den allein auf ihren Vorteil bedachten Hirten des Volkes Israel in Ez 34. Zugleich werden die Verheißungen dieses Textes aufgenommen, Jesus Christus ist der gute Hirte, der Messias, der aus Liebe und in Übereinstimmung mit dem Vater sein Leben für die Seinen gibt.[150] Die Wendung τιθέναι τὴν ψυχὴν ὑπέρ (»sein Leben geben für«) ist eine zentrale soteriologische Formel im 4. Evangelium (vgl. Joh 10,15.17; 13,37 f; 15,13; ferner 1Joh 3,16),[151] sie betont in Übereinstimmung mit der joh. Passionsgeschichte den Gedanken der von Jesus ausgehenden Selbsthingabe des Lebens, um Leben für die Glaubenden zu ermöglichen.   **12** Im Kontrast zum Verhalten des guten Hirten steht die Reaktion des Tagelöhners. Ihm gehören die Schafe nicht, und er hat kein wirkliches Interesse an ihnen. Wenn der Wolf als typischer Feind der Schafe kommt, lässt er sie im Stich. Er gibt nicht sein Leben für die Schafe, sondern bringt sich selbst in Sicherheit (vgl. Sach 11,9.16 f). Die Zerstreuung ist das Schicksal einer Herde, die vom Hirten verlassen und vom Wolf bedrängt wird (vgl. Jer 10,21; 23,1–8; Ez 34,5.6; Sach

---

[146] Vgl. *P. Dschulnigg,* Der Hirt und die Schafe, 15.

[147] *H. Thyen,* Johannes 10 im Kontext des vierten Evangeliums, 131, verweist mit Recht darauf, dass die Rede vom guten Hirten nur in der rabbinischen Literatur belegt ist und ὁ ποιμὴν ὁ καλός einen Ausschließlichkeitsanspruch formuliert.

[148] Vgl. auch Jer 23; Sach 11.

[149] Vgl. *M. R. Ruiz,* Buen Pastor, 38: »Jn 10,1–18.26–29 es una explicación derásica de Ez 34.« Vgl. ferner Sach 11,4–17; 13,7–9; äthHen 89,19–22; vgl. auch *J. Beutler,* Der alttestamentlich-jüdische Hintergrund der Hirtenrede Johannes 10, in: *J. Beutler/R. T. Fortna* (Hg.), The Shepherd Discourse of John 10 and its Context, 18–32.

[150] Vgl. zur Vorstellung des endzeitlichen Hirten neben Ez 34 u. a. Jer 13,17; 23,3; 31,10; Ps 28,9; 74,1; 77,21; 78,52; 79,13; Jes 40,11; 49,9 f; Sach 13,7–9; Ps Sal 17,24.40. Für die Hirtenvorstellung im hellenistischen Bereich ist besonders aussagekräftig Dio Chrys, Or 4,43–44: »Wer nun mit Zeus befreundet ist und seine Gesinnung hat wie er, wie sollte er jemals etwas Unrechtes begehren, etwas Schlechtes und Schändliches beabsichtigen können? Dasselbe will Homer wohl auch sagen, wenn er einen König als ›Völkerhirten‹ preist. Denn einzige Aufgabe des Hirten ist es, seine Schafe zu versorgen, sie zu bewahren und zu schützen, nicht, beim Himmel, sie zu töten, zu schlachten und abzuhäuten.«

[151] Gegen *U. B. Müller,* Bedeutung, 63, der behauptet, in Joh 10,11.15 »liegt nur vorgeprägte Rede vor, die noch nicht das Eigentliche johanneischer Theologie umgreift«. *J. Becker,* Joh I, 388, entledigt sich dieser Texte mit der Bemerkung: »Alle diese Stellen gehören nicht zu E«; vgl. demgegenüber *Th. Knöppler,* theologia crucis, 203–205.

11,16; 13,7; Mt 9,36).   **13** Das Verhalten des Tagelöhners hängt ursächlich mit seinem Status zusammen. Er arbeitet nur für Lohn und setzt sich nicht für die Schafe ein.   **14** Das zweite ›Ich-bin-Wort‹ vom guten Hirten bestimmt das Verhältnis zwischen Hirten und Schafen als ein gegenseitiges Erkennen. Erkennen im joh. Sinn vollzieht sich nicht als rationaler Erkenntnisakt, sondern in der Einheit von Erkennen, Anerkennen und Handeln, die jeweils in der Offenbarung gründen und von ihr getragen werden. Sachgemäß geht das Erkennen des guten Hirten voran, denn es ermöglicht und trägt das Erkennen der Seinen (vgl. Ez 34,31).   **15** Hinter dem gegenseitigen Erkennen von Jesus und den Glaubenden steht das Erkennen von Vater und Sohn. Auch hier findet sich eine deutliche Akzentuierung. Das Erkennen des Vaters geht voraus, das Erkennen des Sohnes folgt als Antwort. Getragen wird das Verhältnis zwischen Vater und Sohn von gegenseitiger Liebe, die in der freiwilligen und souveränen Lebenshingabe des Sohnes an ihr äußerstes Ziel kommt (vgl. Joh 3,16; 15,13).   **16** Mit der Erwähnung der anderen Schafe werden das Bildfeld und der Argumentationshorizont erweitert.[152] Es gibt noch Schafe, die nicht aus dieser Herde (= Israel) stammen. Auch sie werden die Stimme des Hirten hören und zu der einen neuen Herde aus Juden und Heiden geführt. Der Evangelist verweist hier wie in 12,20–22 (die ›Griechen‹ wollen Jesus sehen) auf seine gegenwärtige Gemeinde aus Heiden- und Judenchristen. Weil die Sendung des Sohnes der ganzen Welt gilt (vgl. nur Joh 3,16; 4,42), vertritt die joh. Schule ein universales, die gesamte Menschheit miteinbeziehendes Heilskonzept. Mission auch unter Heiden ist die sachgemäße Konsequenz aus diesem Grundzug joh. Theologie.[153] Die ekklesiologische Vision des Johannesevangeliums lautet: eine Herde und ein Hirte. Weil Jesus der Messias aller Menschen ist, sollen Juden und Heiden an dem durch ihn heraufgeführten Heil gleichermaßen teilhaben.   **17** Das Motiv der Lebenshingabe des Sohnes wird wiederaufgegriffen und weitergeführt. Der Vater liebt den Sohn, weil er sein Leben opfert. Die Liebe zwischen Vater und Sohn (vgl. Joh 3,35; 17,24) und die sich darin bekundende Einheit steht im Zentrum joh. Christologie; Jesus gibt sein Leben hin, um es dann wieder zu nehmen. Mit diesem Verweis auf die Verherrlichung und Auferstehung erscheint Jesus als endzeitlicher Lebensträger und Lebensspender, der als Sohn Gottes auch Herr über das Leben ist.   **18** Deshalb vollzieht sich die Selbsthingabe Jesu nicht als passiver Akt, sondern er geht von sich aus und freiwillig den Weg ans Kreuz. Die Passionsgeschichte entfaltet diesen Gedanken; Jesus bestimmt den Zeitpunkt seines Leidens selbst (vgl. Joh 18,1–11; 19,11 u. ö.). In Übereinstimmung mit dem Willen des Vaters entscheidet er über seine Lebensgabe und Lebensnahme. Damit sammelt er das Volk Gottes aus Juden und Heiden und erweist sich als der gute Hirte, der die vom Vater übertragene Bestimmung erfüllt.   **19** Unter den Juden rufen die Worte Jesu abermals eine Spaltung hervor (vgl. Joh 7,43; 9,16), denn niemand kann sich ihnen gegenüber neutral verhalten.   **20** Erneut wird der Vorwurf gegen Jesus erhoben,

---

[152] Für sekundär halten V. 16 u. a. *R. Bultmann,* Joh, 292, *S. Schulz,* Joh, 151; *E. Haenchen,* Joh, 394; *E. Schweizer,* EGO EIMI, 150.

[153] Deshalb ist V. 16 auch nicht einer post-evangelistischen Bearbeitung zuzuweisen, vgl. *M. R. Ruiz,* Buen Pastor, 35–37; *P. Dschulnigg,* Der Hirt und die Schafe, 16 f.

er sei vom Teufel besessen und größenwahnsinnig (vgl. Joh 7,20; 8,48.49.52). **21** Andere hingegen führt die Evidenz der Blindenheilung zu der Meinung, dass hinter Jesus eine andere Macht als ein Dämon stehen müsse.

Die Entstehungsgeschichte der Bildrede vom guten Hirten lässt sich nur hypothetisch bestimmen. Die zahlreichen joh. Hapaxlegomena (V. 1: ἀλλαχόθεν = ›anderswoher‹; V. 2.11.12.14.16: ποιμήν = ›Hirte‹; V. 3: ἐξάγω = ›hinausführen‹; V. 5: ἀλλότριος = ›der Fremde‹; V. 5.12: φεύγω = ›fliehen‹; V. 9: νομή = ›Weide‹; V. 10: κλέπτω = ›stehlen‹; V. 10: θύω = ›schlachten/töten‹; V. 12: λύκος = ›Wolf‹; V. 12.13: μισθωτός = ›Tagelöhner‹),[154] der traditionsgeschichtliche Hintergrund in Ez 34 und die Parallele Joh 15,1–8 lassen darauf schließen, dass der Evangelist die zentralen Elemente dieser Rede bereits vorfand.[155] Ausgangspunkt dürften die Bildworte von der Tür und vom guten Hirten gewesen sein, die in der joh. Schule bedacht und in ihren verschiedenen Dimensionen ausgelegt wurden. Aus den einzelnen Bildworten entstanden so einzelne Bildreden,[156] die dann zu dem nun vorliegenden Text vom Evangelisten zusammengefügt wurden, der zudem für die jetzige Stellung im Kontext und die Deutung in V. 6 verantwortlich ist.

Die Bildrede vom Hirten erweist sich durch ihren überlegten Aufbau und die zentrale Stellung als ein Grundtext joh. Christologie und Ekklesiologie. Sie ist vor allem nach innen gerichtet und kann als Beratungsrede verstanden werden, denn die Gemeinde soll erkennen: Jesus Christus ist der endzeitliche gute Hirte, der durch seine Lebenshingabe das Volk Gottes zusammenführt und ihm das Leben eröffnet. Nicht zufällig wird in der Hirtenrede als letzter öffentlicher Rede Jesu vor der Passion das Thema der Hingabe Jesu für die Seinen in den Mittelpunkt gestellt! Indem die Führer des jüdischen Volkes die Selbstprädikation Jesu als Messias ablehnen und abwegige Fremdprädikationen einführen, trennen sie sich von Gott. So wie es für Johannes nur einen Zugang zum Vater gibt, kennt er auch nur ein Volk Gottes, das aus den Glaubenden besteht. Die Kontrastfiguren des ›guten Hirten‹ und des ›Wolfes‹ sollen ebenso wie die Erfahrung der Annahme und Ablehnung Jesu den Glaubenszweifeln in der Gemeinde entgegenwirken. Die Gemeinde wird aufgerufen, sich wieder neu auf ihre Mitte, den ›Hirten‹ Jesus Christus auszurichten.

11. Disput um die Gottessohnschaft Jesu 10,22–39

(22) Danach war in Jerusalem das Fest der Tempelweihe. Es war Winter. (23) Und Jesus ging im Tempel in der Säulenhalle des Salomo umher. (24) Da umringten ihn die Juden und sprachen zu

---

[154] Vgl. ferner als seltene joh. Worte: αὐλή, θύρα, κλέπτης, λῃστής, θυρωρός.

[155] Vgl. S. Schulz, Komposition und Herkunft, 85; J. Beutler, Hintergrund der Hirtenrede, 24.

[156] Die Bildworte innerhalb der Bildrede dürfen nicht isoliert, sondern nur innerhalb des Textganzen interpretiert werden. Die von Bildworten/Metaphern geforderten Übertragungsleistungen sind nur möglich, wenn die Einbettung in die gesamte Narration (dies betont J. G. van der Watt, Family of the King, 91 f) und die kontextualen Ausdrücke beachtet werden. »Wir aktualisieren die Bedeutung der beteiligten Wörter, um herauszufinden, welche mögliche Bedeutung die Metapher hat« (G. Kurz, Metapher, Allegorie, Symbol, Göttingen ⁴1997, 24). Innerhalb der joh. Welt kommt hinzu, dass eine Übertragungsleistung nur dann möglich ist, wenn die Hörer/Leser über ihre Alltagserfahrung hinaus in der Lage sind, das Bild zu lesen, d. h. in der Kraft des Geistes die wahre Bedeutung des ›Hirten‹ Jesus Christus zu erfassen: seine lebenspendende Gottessohnschaft.

ihm: »Wie lange hältst du uns noch hin? Wenn du der Christus bist, sage es uns frei heraus!« (25) Jesus antwortete ihnen: »Ich habe es euch gesagt, doch ihr glaubt nicht; die Werke, die ich im Namen meines Vaters tue, zeugen von mir. (26) Ihr aber glaubt nicht, denn ihr seid nicht aus meinen Schafen. (27) Meine Schafe hören auf meine Stimme, und ich kenne sie, und sie folgen mir. (28) Und ich gebe ihnen ewiges Leben, und sie werden in Ewigkeit nicht zugrunde gehen, und niemand wird sie aus meiner Hand reißen. (29) Mein Vater, der sie mir gegeben hat, ist größer als alle, und niemand vermag sie aus der Hand des Vaters zu reißen. (30) Ich und der Vater sind eins.« (31) Wiederum hoben die Juden Steine auf, um ihn zu steinigen. (32) Jesus antwortete ihnen: »Viele gute Werke vom Vater habe ich euch gezeigt. Für welches dieser Werke wollt ihr mich steinigen?« (33) Da antworteten ihm die Juden: »Nicht wegen eines guten Werkes wollen wir dich steinigen, sondern wegen einer Gotteslästerung, weil du dich selbst zu Gott machst, obwohl du nur ein Mensch bist!« (34) Jesus antwortete ihnen: »Steht nicht in eurem Gesetz geschrieben: Ich habe gesagt: Ihr seid Götter? (35) Wenn er nun jene als Götter bezeichnet hat, an die das Wort Gottes erging, und die Schrift nicht aufgehoben werden kann, (36) wieso sagt ihr dann zu dem, den der Vater geheiligt hat und in die Welt gesandt hat: Du lästerst Gott! Weil ich gesagt habe: Ich bin Gottes Sohn? (37) Wenn ich die Werke meines Vaters nicht tue, dann glaubt mir nicht! (38) Wenn ich sie aber tue, dann glaubt den Werken, wenn ihr schon mir nicht glaubt, damit ihr erkennt und versteht, dass der Vater in mir ist und ich im Vater bin.« (39) Da suchten sie ihn wieder zu ergreifen, doch er entkam ihrer Hand.

Johannes schildert die unmittelbare Reaktion der Hörer auf die große Rede Jesu. Charakteristisch ist eine Verschärfung der Situation, denn es wird zweimal ausdrücklich erwähnt, dass die Juden Jesus töten wollen (V. 31.39). Die Jahreszeit (V. 22: Winter) unterstreicht die frostige, gespannte Atmosphäre. Vom Passa im Frühjahr (vgl. Joh 2,13; 6,4) und dem Laubhüttenfest im Herbst (Joh 7,2) führt Johannes die Hörer/Leser jetzt mit dieser Streitrede in den Winter.

22/23 Johannes gibt nun den topographischen Rahmen für die Hirtenrede und die sich anschließenden Auseinandersetzungen an, indem Jesu Auftreten zeitlich fixiert und lokalisiert wird (vgl. Mk 11,27). Das Fest der Tempelweihe erinnert an die Entweihung des Tempels durch die Aktionen von Antiochius IV. und die Wiedereinweihung durch Judas Makkabäus im Jahr 164 v. Chr. (vgl. 1Makk 4,36–52).[157] Die ›Halle Salomos‹ lag an der Ostmauer des Tempels, nach Apg 5,12 war sie auch ein Versammlungsort der Urgemeinde.   **24** Dem eindrucksvollen äußeren Rahmen des Auftretens Jesu entspricht die Dramatik des folgenden Geschehens. Die Juden stellen Jesus die entscheidende Frage:[158] »Bist du der Messias?« (vgl. Mk 14,61; Lk 22,67–70). Johannes versteht die vorangegangene ›Hirtenrede‹ offenbar als Antwort auf diese Frage, deshalb lässt er die Juden nach der Messianität Jesu fragen.   **25** Obwohl Jesus darauf bereits eine unzweideutige Antwort gegeben hat (vgl. Lk 22,67b), zeigt das Verhalten der Juden ihr fortwährendes Unverständnis. Schließlich bezeugen auch die Werke Jesu Messianität, so dass deutlich wird: Allein der Unglaube verhindert das Erkennen der Juden.   **26** Die ›Schafe Jesu‹ ist eine Metapher für die Glaubenden, zu denen die

---

[157] Vgl. Joseph, Ant XII 325: »Dieses Fest feiern wir von jener Zeit an bis heute und nennen es das Fest der Lichter, weil, wie ich glaube, die freie Ausübung unserer Religion uns unerwartet wie ein Lichtstrahl aufgegangen ist.«

[158] Vgl. dazu *J. Painter*, Quest for the Messiah, 357–366.

Juden aufgrund ihres Unglaubens nicht gehören. Sie können weder Jesu Reden noch seine Werke zutreffend deuten. **27** Im Gegensatz dazu hören die Seinen auf Jesu Stimme und folgen ihrem Hirten. **28** Die Zusammengehörigkeit zwischen Jesus und den Seinen besteht wesentlich darin, dass Jesus den Glaubenden das ewige Leben, das Heil schenkt. Das ewige Leben hat eine bleibende Wirkung; wer an Jesus glaubt, kann nicht mehr der Macht Gottes entrissen werden, er verfällt nicht mehr dem Verderben. **29** Hinter Jesus steht Gott selbst, hierin liegt der tiefste Grund für die Wahrheit des Anspruches Jesu. Der Vater übergab Jesus die ›Schafe‹ (vgl. Joh 6,37 f.44), so dass keine Macht diesen Heilsstatus wieder aufzuheben vermag. **30** Allein die Wesens-, Offenbarungs- und Wirkeinheit von Vater und Sohn (vgl. Joh 1,1; 17,20–22; ferner Lk 22,69) begründet Jesu Stellung als ›guter Hirte‹. Sein Wirken gründet umfassend in der Einheit mit dem Vater und nur aus dieser Einheit bezieht er selbst seine einzigartige Würde.[159] Dieser Basissatz joh. Theologie und Christologie steht nicht zufällig in der Mitte des Evangeliums, denn *er bildet die Mitte des joh. Denkens!* In Jesus wurde Gott Mensch, und Gott begegnet nur im Menschen Jesus. Der exklusive Bezug des Vaters auf den Sohn und der einzigartige Anspruch des Sohnes bedingen und ergänzen einander, im Sein und Wirken des Sohnes offenbart sich der Vater selbst. Die christozentrische Theologie des 4. Evangelisten, das Konzept einer Theologie als Christologie erreicht hier einen Höhepunkt; aus der umfassenden Partizipation am Vater wirkt der Sohn als ›guter Hirte‹. Jesus präsentiert als Sohn den Vater, er ist mit ihm in einer unbegrenzten Einheit, und nur aus dieser Einheit heraus erklärt sich seine besondere Stellung,[160] d. h. die Offenbarungseinheit wurzelt in der Wesenseinheit.[161] Der Gedanke einer Identifikation von Vater und Sohn ist jedoch abwegig, denn es gibt für Johannes nur einen Gott, der sich als Vater Jesu Christi offenbart hat[162]. Dies wird semantisch durch die neutrische Formulierung ἕν ἐσμεν = ›wir sind eins‹ in Joh 10,30 deutlich angezeigt.[163] Nur der Vater ist εἷς θεός = ›der eine Gott‹! **31** Die Juden sind wiederum über die Aussagen Jesu so erzürnt (vgl. Joh 8,59), dass sie Steine aufheben, um ihn zu töten (vgl. Mk 14,64). Sie fassen die Behauptung der Einheit von Vater und Sohn als Gotteslästerung auf, die Einzigartigkeit Jesu im Verhältnis zu Gott kann von ihnen nicht akzeptiert werden. **32** Jesus stellt sich diesem Einwand und verweist auf die von ihm vollbrachten Werke. Die Wunder zielten immer auf das Heil des Menschen, haben aber ihren Ursprung von Gott her (ἐκ τοῦ πατρός). **33** Die Juden weisen den Vorwurf zurück, sie wollten Jesus wegen seiner Werke steinigen. Vielmehr liege der Grund in Jesu Behauptung, mit Gott auf einer Stufe zu stehen.

---

[159] *R. Bultmann*, Joh, 295, betont zu Recht, dass Joh 10,30 der schärfste Ausdruck des Offenbarungsgedankens im Johannesevangelium ist.

[160] Vgl. *W. Grundmann*, Der Zeuge der Wahrheit 43: »Das Verhältnis von Vater und Sohn beruht auf dem Erwählen des Sohnes durch den Vater, in dem seine Liebe zum Sohne sich enthüllt.«

[161] Vgl. *J. Frey*, Eschatologie III, 348–351. Demgegenüber will *K. Wengst*, Joh I, 392 f, Joh 10,30 ausdrücklich auf eine Funktionseinheit reduzieren, »einer Einheit des Vermögens und Wirkens ... Sachlich entspricht dem das Verhältnis zwischen Gott und Mose«. Eine solche Bestimmung entspricht in keiner Weise dem johanneischen Denken (vgl. nur Joh 1,17; 5,45 f!) und minimiert bewusst die johanneische Christologie.

[162] *H. Thyen*, Joh, 499, spricht zutreffend von der »Einheit der Verschiedenen«.

[163] Vgl. *J. Frey*, Eschatologie III, 350.

Der strittige Punkt in der Auseinandersetzung zwischen Jesus und den Juden ist somit der Anspruch Jesu, Gott gleich zu sein. Nach joh. Auffassung geht es dabei immer auch um das rechte Gottesverständnis, was wiederum von den Juden strikt geleugnet wird. Die Gottesfrage ist für Johannes ursächlich mit der Frage nach der Person Jesu verbunden, die Juden hingegen wollen beides trennen.   **34** Der Verweis auf Ps 82,6 ist der Ausgangspunkt für ein Argument a minori ad maius: Wenn Gott die Richter Israels als ›Gottes-Söhne‹ ansprach, dann kann sich Jesus mit größerem Recht als Sohn Gottes bezeichnen.   **35/36** Weil jedes Schriftwort für alle Zeiten gültig ist, muss auch dieses Wort gelten und darf von Jesus in Anspruch genommen werden. Jesus kann sich also für sein Selbstverständnis als Sohn Gottes zu Recht auf die Schrift berufen, deshalb lästert er Gott nicht.   **37/38** Neben die Schrift treten nun die Werke Jesu, die ihn als von Gott kommend ausweisen. Die Juden sollten sich wenigstens von den Werken überzeugen lassen. Sie müssten dann erkennen, dass Jesus auf die Seite Gottes gehört, denn der Vater ist in ihm und er ist im Vater. Die Werke sind unübersehbare Indizien für die Einheit von Vater und Sohn.   **39** Wiederum versuchen die Juden, Jesus zu töten. Er aber entkommt ihrer Hand, weil nicht die Gegner, sondern allein Gott und Jesus selbst die Stunde seines Todes bestimmen.

In der Szene am Tempelweihfest verarbeitet Johannes Elemente des Verhörs Jesu vor dem Synedrium,[164] auf die er in Kap. 18,19–24 zurückverweist. Dies verdeutlichen das Stichwort παρρησία = ›Freimut/freie Rede‹ (vgl. Joh 18,20; 10,24; ferner 7,4.13.26), die Christusfrage der Juden in 10,24 (des Hohepriesters in Mk 14,61) und die Tötungsabsicht in Joh 10,31.32.39 (vgl. ferner 5,18; 7,1.19 f; 8,37.40). Dies entspricht seiner Tendenz, Teile des Passionsgeschehens vorzuziehen (vgl. z. B. Joh 2,14–22; 12,27 f) und in der Passionsschilderung eigene Akzente zu setzen. Die Reden Jesu werden so zu einem zentralen Ort des Gerichtsgeschehens zwischen Jesus und den Juden.[165] Wiederum wird deutlich, dass die Gottheit Jesu im Zentrum der joh. Theologie steht und zugleich der Anlass für den Unglauben der Juden ist. Johannes markiert damit noch einmal scharf den eigentlichen Grund für die Auseinandersetzungen mit den Juden.

Exkurs 10: Trinitarisches Denken im Johannesevangelium

Innerhalb seiner Neuschreibung der Jesus-Christus-Geschichte kommt es Johannes wesentlich darauf an, das Verhältnis zwischen Gott-Vater, dem Sohn Jesus Christus und dem Geist-Parakleten zu klären.[166] Dazu nötigte ihn die theologische Logik, die mit fortschreitender Zeit auf eine Bestimmung des Status' der göttlichen Personen und ihrer Handlungsfelder drängte. Hinzu kam der vom

---

[164] Vgl. *M. Sabbe,* John 10 and its relationship to the Synoptic Gospels, in: *J. Beutler/R. T. Fortna* (Hg.), The Shepherd Discourse of John 10 and its Context, 75–93. Auch *A. Dauer,* Spuren der (synoptischen) Synedriumsverhandlung im 4. Evangelium, in: *A. Denaux* (Hg.), John and the Synoptics, 307–339, sieht in Joh 10,22–39 deutliche Spuren der Verarbeitung von Motiven der uns vorliegenden Synoptiker, weist dies aber einem Verschmelzungsprozess auf vorjoh. Ebene zu.

[165] Vgl. Exk. 4: Die Reden Jesu.

[166] Vgl. dazu *U. Schnelle,* Trinitarisches Denken im Johannesevangelium, in: Israel und seine Heilstraditionen

Judentum erhobene Vorwurf des Ditheismus (vgl. Joh 5,18; 10,33.36; 19,7),[167] der die frühchristliche Verkündigung und damit auch die joh. Sinnbildung in ihrem Kern traf. Johannes begegnet diesen Gefährdungen, indem er eine grundlegende Funktion der Erzählung aufnimmt und zur Präzisierung einsetzt: die Relationierung. Sie setzt in Beziehung und stellt kausale Verknüpfungen her, die das Verstehen ermöglichen. Die in Joh 1,1 vorgenommenen Bestimmungen zeigen, dass für den Evangelisten wie für seine Tradition Gott und sein Logos nicht gleichursächlich, wohl aber gleichzeitig, gleichartig und gleichwirksam sind. Die Relationierung zielt auf eine ursprüngliche und umfassende Partizipation des Logos an dem einen Gott, der Ursprung und Grund allen Seins ist. In Joh 1,18 wird die Vorstellung der einzigartigen Beziehung Jesu zum Vater in ihren geschichtlichen Dimensionen entfaltet. Jesus ist der Exeget Gottes, er allein vermag wirklich Kunde vom Vater zu bringen. Mit der Inkarnation ging auch die einmalige und unmittelbare Gotteserfahrung Jesu in die Geschichte ein und ist nun für die Menschen als Offenbarung des Gottessohnes vernehmbar. In Korrespondenz zu Joh 1,18 betont Joh 20,28 die Gottheit Jesu, die ihm von Anfang an zu eigen war, auch in seinem Erdenwirken sichtbar blieb und die Erscheinungen des Auferstandenen prägt. Mit der Wendung ὁ κύριός μου καὶ ὁ θεός μου formuliert Johannes bewusst am Ende seines Evangeliums das höchste Bekenntnis, das gegenüber Jesus Christus abgelegt wird. Die Einheit von Vater und Sohn vollzieht sich in Joh 5,17–30 als Willens-, Handlungs- und Offenbarungseinheit in der Konzentration auf die Begegnung mit Jesus Christus, der in ungebrochener Kontinuität zum Vater und in direkter Abhängigkeit von ihm als Lebensspender agiert. Als Sohn Gottes will er das wahre Leben für die Menschen, er tritt dafür ein und eröffnet bereits in der Gegenwart vollständige Teilhabe am ewigen Leben, die auch durch den biologischen Tod nicht beendet wird. Dieser Grundgedanke hebt die Zukunft nicht auf, denn in der Zukunft wird mit der Auferstehung von den Toten offenbar, was in der Gegenwart festgeschrieben wurde. Auch die besondere eschatologische Konzeption des Johannes ergibt sich folgerichtig aus der Relationierung von Vater und Sohn.

In sachlicher Kontinuität zu Joh 5 steht Joh 10,30: »Ich und der Vater sind eins«! Dieser Basissatz joh. Theologie und Christologie steht in der Mitte des Evangeliums und bildet die Mitte des joh. Denkens. Die reziproke Immanenzaussage in Joh 10,38 (»… damit ihr erkennt, dass der Vater in mir ist und ich im Vater«) und Joh 14,10 (Jesus sagt zu Philippus: »Glaubst du nicht, dass ich im Vater bin und der Vater in mir?«) bringt die johanneische Konzeption prägnant zum Ausdruck. Weil Jesus aus der vom Vater gewollten und gewährten Einheit lebt, offenbart sich in seinem Reden und Wirken der Vater selbst.[168] Nach Joh 17,5 soll der Vater den Sohn ›bei sich selbst‹ verherrlichen, d. h. ihn endgültig wieder aufnehmen in den göttlichen Bereich und in jene Herrlichkeit, die der Sohn schon vor Grundlegung der Welt zu eigen war (vgl. Joh 12,41; 17,24c.d). Der Evangelist lenkt auf den Prolog zurück (vgl. Joh 1,1–2) und betont wiederum das einzigartige Verhältnis zwischen Vater und Sohn. Jesus kommt aus dem göttlichen Bereich, den er auch in seinem Erdenwirken offenbarte und in den er nun zurückkehrt. Die Inkarnation wird von Johannes nicht als Preisgabe, sondern als Offenbarwerden der Doxa verstanden. Die Gottzugehörigkeit Jesu kennt keine zeitliche oder sachliche Beschränkung, sie ist vielmehr umfassend und total, weil sie ihren Ursprung vor Zeit und Kosmos hat. Wiederum erscheint die Bindung an den Vater als Grundlage des Heilswerkes Jesu, das vor aller Zeit begann und in Ewigkeit bleiben wird. Auch Joh 17,20–22 variiert das Zentralthema joh. Denkens. Erneut zeigt sich, dass bei Johannes Relationierung und Partizipation aufs engste miteinander verbunden sind. Die Gemeinde soll ein Abbild der Einheit von Vater und Sohn

---

im Johannesevangelium (FS J. Beutler), hg. v. *M. Labahn/K. Scholtissek/A. Strotmann,* Paderborn 2003, 367–386.

[167] Vgl. dazu auch Mk 14,61–64par. Nach Lev 24,15 f ist die Strafe für Gotteslästerung der Tod durch Steinigung, nach Dtn 21,22 f soll die Leiche an einem Kreuz aufgehängt werden; vgl. ausführlich *D. L. Bock,* Blasphemy and Exaltation in Judaism and the Final Examination of Jesus, WUNT 2.106, Tübingen 1990.

[168] Treffend bemerkt *K. Scholtissek,* In ihm sein und bleiben, 371: »Die Theozentrik Jesu ermöglicht es dem Vater, sich selbst ganz und gar im Sohn zu vergegenwärtigen. Jesus repräsentiert nicht den Vater, er präsentiert ihn.«

sein und darin dem Urbild entsprechen. Einheit erwächst nicht aus dem Konsens der Gemeindeglieder, sondern ist eine von Gott kommende Gabe, die es stets zu erbitten, zu erwarten und zu praktizieren gilt.[169] Der Evangelist bestimmt das Verhältnis zwischen Vater und Sohn einerseits und den Glaubenden andererseits wiederum als gegenseitige ›Inexistenz‹: Wie Christus in Gott ist und Gott in ihm, so sind die Glaubenden im Vater und im Sohn. Wie bei Paulus (vgl. z. B. 2Kor 5,17) wird auch in der johanneischen Schule die gegenseitige ›Inexistenz‹ pneumatisch gedacht (vgl. 1Joh 4,13.24). Sie bewährt sich umfassend in der Liebe, bezeugt eindrücklich die Herkunft der Gemeinde von Gott und hat eine missionarische Dimension. In ihrer Einheit spiegelt die Gemeinde die Einheit von Vater und Sohn wider und offenbart darin ihre Teilhabe an der Doxa Jesu Christi. In konzentrierter Form signalisieren schließlich die ›Ich-bin-Worte‹ (Joh 6,35; 8,12; 10,7; 10,11; 11,25; 14,6; 15,1) als Zentrum der joh. Offenbarungstheologie und Hermeneutik das besondere Verhältnis von Vater und Sohn. Wer den Sohn sieht, sieht den Vater (Joh 12,45; 14,9); wer den Sohn hört, hört den Vater (Joh 14,24); wer an den Sohn glaubt, glaubt an den Vater (Joh 14,1) und wer den Sohn nicht ehrt, ehrt auch den Vater nicht (Joh 5,23).

Wie verhalten sich dazu Texte, die auf eine Unterordnung des Sohnes hinweisen? Unmittelbar vor Joh 10,30 betont der joh. Jesus:»Mein Vater, der sie mir gegeben hat, ist größer als alle« (Joh 10,29). Durchgängig verweist Jesus auf den Vater, der ihn gesandt hat (vgl. Joh 3,16; 5,23.24.30.37; 6,29.38.39.44.57; 7,16.18.28.29.33; 8,16.18.26.29.42; 10,36; 12,44.45.49; 13,16.20; 14,24.26; 15,21.26; 16,5.7; 17,3.8.18.21.23.25; 20,21). Der Vater ist der ›alleinige‹ Gott (Joh 5,44) und er hat dem Sohn alle Macht gegeben, so dass dieser von sich aus nichts tun kann (vgl. Joh 5,19 f; 6,37). Der Sohn verherrlicht den Vater (Joh 14,13b) und bezeugt ausdrücklich in Joh 14,28c: »Der Vater ist größer als ich.« In Joh 17,1 hebt Jesus die Augen zum Himmel und betet zu seinem Vater, dem einen, wahren Gott. Durchgängig hebt Johannes das wahre Menschsein des präexistenten Gottessohnes hervor;[170] er wurde »Fleisch« (Joh 1,14), unterwarf sich damit den Bedingungen des irdischen Daseins und lebte als Jude (Joh 4,9). Jesus vollbringt außergewöhnliche Zeichen, deren Realitätscharakter ausdrücklich nachgeprüft werden kann (vgl. Joh 2,9f; 4,51 ff; 6,13; 9,9.20.25.39; 11,39.44).[171] Er feiert auf einer Hochzeit (Joh 2,1–11) und reinigt energisch den Tempel (Joh 2,14–22); als Wanderer ist er erschöpft und durstig (Joh 4,6 f.; er liebt seinen Freund Lazarus (Joh 11,3), ergrimmt über die Trauer der Menge (Joh 11,33 f) und weint über ihn (Joh 11,35). Angesichts des ihm bevorstehenden Schicksals (Joh 12,27; vgl. 13,21) ist Jesus verwirrt bzw. erregt (ταράσσω) und am Kreuz verlangt er nach einem Getränk (Joh 19,28). Durchgängig wird Jesus im Johannesevangelium als (ὁ) ἄνθρωπος = ›(der) Mensch‹ bezeichnet (Joh 5,12; 8,40; 9,11; 11,50; 18,27.29), er ist der Mensch schlechthin: ἰδοὺ ὁ ἄνθρωπος = ›Siehe, der Mensch‹ (Joh 19,5).

Wie lassen sich diese scheinbar gegensätzlichen oder zumindest spannungsreichen Aussagereihen zuordnen? Zwei Extreme sind auszuschließen: 1) Für Johannes gibt es nur einen Gott, der sich als Vater Jesu Christi offenbart hat (vgl. Joh 10,30). Nur der Vater ist εἰς θεός (›Der eine Gott‹)! Der Vater sendet und ermächtigt den Sohn, der allein aus der ihm verliehenen Vollmacht heraus handelt. Deshalb sagt der Auferstandene zu Maria Magdalena:»Ich steige auf zu meinem Vater und eurem Vater, zu meinem Gott und zu eurem Gott« (Joh 20,17). Der Vorwurf einer ditheistischen Konstruktion ist bei Johannes gegenstandslos. 2) Ebenso muss aber festgehalten werden, dass der aus der späteren dogmengeschichtlichen Entwicklung entlehnte Begriff der Subordination nicht geeignet ist, das Ziel der johanneischen Relationierungen zu erfassen. Der Sohn ist weitaus mehr als ein Agent des Vaters, er hat nicht nur an dessen Wesen teil, sondern ist vom Wesen des Vaters. Deshalb muss von einer Wesenseinheit von Vater und Sohn bei Johannes gesprochen werden, die sich als Willens- und Wirkeinheit realisiert. Johannes vertritt einen exklusiven Monotheismus in binitari-

---

[169] Vgl. dazu *K. Scholtissek*, a. a. O., 327–339.
[170] Vgl. *Th. Söding*, »Ich und der Vater sind eins«, 193–196.
[171] Vgl. dazu *U. Schnelle*, Antidoketische Christologie, 87–194.

scher Gestalt: Die Verehrung des einen Gottes wird ausgeweitet auf seinen Sohn. Innerhalb dieser Konzeption erfasst der Begriff der *Hinordnung* des Sohnes zum Vater den Zielpunkt der joh. Relationierung. Semantisch legt sich dieser Begriff durch die eine räumliche Annäherung ausdrückende Präposition πρός = ›auf, hin, zu‹ nahe, die nicht nur in Joh 1,1.2 zur Bestimmung des Verhältnisses von Vater und Sohn dient, sondern einen Grundzug des gesamten joh. Denksystems benennt: So wie der Sohn auf den Vater ausgerichtet ist, sollen sich die Menschen auf Jesus Christus ausrichten, »damit sie eins seien wie wir« (Joh 17,11). Die Relationierung zielt auf Partizipation, auf die bleibende Einheit in der Differenz. Der Sohn kehrt zurück zum Vater (vgl. Joh 13,1) und nimmt die Glaubenden zu sich (vgl. Joh 14,3), so dass sie teilhaben an der besonderen Beziehung zwischen Vater und Sohn.

Erst die Pneumatologie überführt die joh. Relationierungen in ein synthetisch strukturiertes Gesamtsystem. Die theozentrische Grundlegung und christologische Ausrichtung der Pneumatologie zeigt sich bereits in Joh 1,32–34; ihr partizipativer Grundzug wird vor allem in der Taufe sichtbar, denn hier erhalten auch die Glaubenden durch den Geist Zugang zur himmlischen Welt. Indem die joh. Schule in der Gegenwart in der Kraft des Geistes tauft, führt sie das Werk des Geistträgers Jesus von Nazareth fort. So wie Jesus im Heiligen Geist auftrat, so erscheint nun auch die Taufe als ein geistgewirktes Geschehen (vgl. Joh 3,3.5).[172] Der Geist bezeugt die Wirklichkeit und gewährt die Wirksamkeit der Sakramente (vgl. Joh 6,63).[173] In besonderer Weise weiß sich die joh. Gemeinde durch die Sendung des Parakleten in die Kontinuität des Geisthandelns des Vaters am Sohn miteinbezogen. Bereits Joh 14,16.17 weisen die Parakletsprüche als ein Zentrum joh. Relationierung aus. Die Wirkeinheit von Vater und Sohn bei der Sendung des Parakleten kommt auch in Joh 15,26 zum Ausdruck, jetzt sendet der Sohn den Paraklet. Diese Akzentuierung entspricht der vollkommenen Seins-, Offenbarungs- und Wirkeinheit von Vater und Sohn und ist kein Indiz für tiefgreifende Unterschiede zwischen der ersten und zweiten Abschiedsrede.

Für Johannes gibt es nur einen Gott, der sich selbst umfassend und einmalig in Jesus Christus offenbarte und mit ihm in der Einheit des Wesens, des Willens und des Wirkens ist.[174] Es handelt sich bei der Gottessohnschaft des Sohnes nicht um eine Usurpation gottgleicher Würde (so der Vorwurf der Juden in Joh 5,18; 10,33; 19,7), sondern um eine präzise Bestimmung des Wollens des Vaters. Der Gedanke der Einheit von Vater und Sohn ermöglicht es Johannes, in seiner Jesus-Christus-Geschichte uneingeschränkt am Monotheismus festzuhalten und zugleich die für sein Denken charakteristischen Relationierungen vorzunehmen. Johannes denkt nicht statisch, sondern in dynamischen, kommunikativen Relationen: Die Liebe des Vaters zum Sohn ist die Basis ihrer Einheit (vgl. Joh 3,35; 10,17 u. ö.), in der Hinordnung des Sohnes zum Vater sind beide uneingeschränkt aufeinander ausgerichtet. Aus der Fülle dieser Einheit senden der Vater und/oder der Sohn den Geist der Wahrheit, der in seinem Ursprung ganz auf den Vater und den Sohn bezogen ist, ohne dass eine gegenseitige Immanenz ausgesagt wird. In seinem Wirken ist der Geist ganz auf den Sohn bezogen, indem er das Offenbarungsgeschehen immer neu vergegenwärtigt, so dass in ihm der Sohn und der ihn sendende und beglaubigende Vater immer gegenwärtig sind. Die Pneumatologie bietet Johannes die Möglichkeit zusammenzudenken, was im antiken wie im modernen Weltbild zumeist getrennt wahrgenommen wird: Himmel und Erde, Raum und Zeit, Geschichte und Eschaton. Gott als Geist, der pneumatisch begabte Jesus und die Paraklet-Gemeinde vereinen sich in ihrer gemeinsamen Herkunft ›von oben‹. Innerhalb einer trinitarischen Grundkonzeption erscheint die Einheit der Glaubenden mit dem Vater und dem Sohn als Einheit im Geist und in der Liebe, denn das gesamte Offenbarungsgeschehen zielt auf die Partizipation der Glaubenden an der Liebesgemeinschaft von Vater und Sohn: »Wenn mich jemand liebt, wird er mein Wort bewahren, und mein Vater wird ihn lieben, und wir werden zu ihm kommen und Wohnung bei ihm nehmen« (Joh 14,23). Das johanneische Denken ist trinitarisches Denken!

---

172 Zur Analyse vgl. *Th. Popp,* Grammatik des Geistes, 107–135.
173 Vgl. hierzu *Th. Popp,* a. a. O., 395 ff.
174 Vgl. *U. Wilckens,* Monotheismus und Christologie, JBTh 12 (1997), 94 f.

12. Johannes der Täufer und Jesus 10,40–42

(40) Und er ging wieder über den Jordan an den Ort, wo Johannes zuerst getauft hatte. Und er blieb dort. (41) Und viele kamen zu ihm und sagten: »Johannes hat zwar kein Zeichen getan; aber alles, was Johannes über ihn sagte, ist wahr.« (42) Und viele glaubten dort an ihn.

40 Um weitere Auseinandersetzungen zu vermeiden, zieht sich Jesus an die Stelle zurück, wo Johannes zuerst taufte (vgl. Joh 1,28). Dort verweilt er über einen längeren Zeitraum.   **41** Im Gegensatz zu den Juden kommen nun viele Menschen zu Jesus und bestätigen das Zeugnis des Täufers und damit auch den Anspruch Jesu. Die Wundertätigkeit erscheint als das hervorstechende Merkmal des öffentlichen Wirkens Jesu und muss als Legitimation seiner göttlichen Herkunft und Sendung verstanden werden. Der Täufer fungiert auch hier als Vorläufer, dessen Auftreten lediglich Zeugnischarakter hat (vgl. Joh 1,19–34; 3,28).[175]   **42** Dieses Zeugnis hat jedoch sein Ziel erreicht, Glauben an Jesus zu wecken.

13. Die Auferweckung des Lazarus 11,1–44*

(1) Es war aber einer krank, Lazarus von Bethanien, aus dem Dorf der Maria und Martha, ihrer Schwester. (2) Maria war es aber, die den Herrn mit Öl gesalbt und seine Füße mit ihren Haaren abgewischt hatte; deren Bruder Lazarus war krank. (3) Da sandten nun die Schwestern zu ihm und ließen sagen: »Herr, siehe, der, den du liebst, ist krank.« (4) Als Jesus es aber hörte, sagte er: »Diese Krankheit ist nicht zum Tode, sondern zur Verherrlichung Gottes, damit der Sohn Gottes durch sie verherrlicht werde!« (5) Jesus aber liebte Martha und ihre Schwester und Lazarus. (6) Als er nun

---

[175] Die bewusste Betonung des Abstandes zwischen Jesus und Johannes d. Täufer (vgl. Joh 1,8.15.19–27.29–34; 3,26–30; 5,33–36) weist ebenso auf die Hand des Evangelisten hin wie die stereotype Erwähnung des Glaubens der Menge in V. 42 (vgl. Joh 2,23; 3,18; 7,31; 11,45) und die Stellung des Übergangsstückes Joh 10,40–42 (zu den typisch joh. Überleitungswendungen vgl. Joh 2,23–25; 4,43–45; 10,19–21; 11,55–57) im Kontext, denn Joh 11 illustriert in machtvoller Weise die Gültigkeit der Aussage von V. 41. Zudem lassen sich in dem Abschnitt zahlreiche joh. Stileigentümlichkeiten nachweisen: V. 40: ἀπέρχομαι (21mal), πάλιν (41mal), τόπος (16mal), ἐκεῖ (23mal); V. 41: πολύς (39mal), ἔρχομαι (151mal), πρός (99mal); zur Wendung ἦλθον πρὸς αὐτὸν καὶ ἔλεγον vgl. Joh 3,2.26; zu σημεῖον ποιεῖν vgl. Joh 2,11.23; 4,54; 6,14.30; 9,16; 20,30. Zu πολλοὶ ἐπίστευσαν in V. 42 vgl. Joh 2,23; 3,18; 4,39; 7,31; 8,30; 11,45; 12,11.42. Gegen *R. Bultmann*, Joh, 299 Anm. 2; *J. Becker*, Joh I, 396; *M. Theobald*, Joh I, 706, die in Joh 10,40–42 ein Stück ihrer ›Semeia-Quelle‹ sehen. Becker führt als Beleg die Ortsangabe in V. 40 an, was aber nicht überzeugt, denn der Evangelist bezieht sich hier bewusst (τὸ πρῶτον) auf 1,28, wohl wegen der Ortsangabe ›Bethanien‹ (vgl. Joh 11,1), wo freilich ein anderes Bethanien gemeint ist.

*   Literatur: *Burkett, D.:* Two Accounts of Lazarus' Resurrection in John 11, NT 35 (1994), 209–232; *Busse, U.:* Johannes und Lukas: Die Lazarusperikope als Frucht eines Kommunikationsprozesses, in: John and the Synoptics, hg. v. A. Denaux, 281–306; *Fischbach, S. M.:* Totenerweckungen. Zur Geschichte einer Gattung, fzb 69, Würzburg 1992, 237–268; *Fortna, R. T.:* Gospel of Signs, 74–87; *ders.:* Fourth Gospel, 94–109; *Frey, J.:* Eschatologie III, 403–462; *Kremer, J.:* Lazarus. Die Geschichte einer Auferstehung, Stuttgart 1985; *Labahn, M.:* Jesus als Lebensspender, 378–465; *Lindars, B.:* Rebuking the Spirit: A New Analysis of the Lazarus Story of John 11, in: John and the Synoptics, hg. v. A. Denaux, 542–547; *Moloney, F. J.:* The Faith of Martha and Mary. A Narrative Approach to John 11,17–40, Bib. 75 (1994), 471–493; *Reinmuth, E.:* Lazarus und seine Schwestern – was wollte Johannes erzählen?, ThLZ 124 (1999), 127–137; *Saß, G.:* Die Auferweckung des Lazarus, BSt 51, Neukirchen 1967; *Sproston North, W. E.:* The Laza-

hörte, dass jener krank sei, da blieb er an dem Ort, wo er war, zwei Tage. (7) Dann sagte er zu den Jüngern: »Wir wollen wieder nach Judäa gehen.« (8) Sagen zu ihm die Jünger: »Rabbi, gerade erst wollten dich die Juden steinigen, und du willst wieder dorthin gehen?« (9) Jesus antwortete: »Hat der Tag nicht zwölf Stunden? Wenn jemand am Tag wandert, stößt er nicht an, denn er sieht das Licht dieser Welt. (10) Wenn er aber bei Nacht wandert, stößt er an, weil das Licht nicht in ihm ist.« (11) Das sagte er, und danach spricht er zu ihnen: »Lazarus, unser Freund, ist eingeschlafen; aber ich gehe, um ihn aufzuwecken.« (12) Da sagten die Jünger zu ihm: »Wenn er eingeschlafen ist, wird er gesund werden.« (13) Jesus aber hatte von seinem Tod gesprochen; jene aber meinten, er spreche von der Ruhe des Schlafes. (14) Da nun sagte ihnen Jesus offen: »Lazarus ist gestorben, (15) und ich freue mich um euretwillen, damit ihr zum Glauben kommt, dass ich nicht dort war; aber lasst uns zu ihm gehen.« (16) Da sprach Thomas, genannt Zwilling, zu seinen Mitjüngern: »Gehen auch wir, um mit ihm zu sterben!« (17) Als nun Jesus ankam, fand er ihn schon vier Tage im Grabe liegen. (18) Bethanien aber war nahe bei Jerusalem, ungefähr fünfzehn Stadien. (19) Es waren aber viele von den Juden zu Martha und Maria gekommen, um sie über ihren Bruder zu trösten. (20) Als Martha nun hörte, dass Jesus komme, ging sie ihm entgegen. Maria aber saß im Haus. (21) Da sprach Martha zu Jesus: »Herr, wärst du hier gewesen, mein Bruder wäre nicht gestorben! (22) Und nun weiß ich, was du auch von Gott erbittest, wird dir Gott geben.« (23) Spricht zu ihr Jesus: »Dein Bruder wird auferstehen!« (24) Spricht zu ihm Martha: »Ich weiß, dass er auferstehen wird am Jüngsten Tag bei der Auferstehung.« (25) Sprach zu ihr Jesus: »Ich bin die Auferstehung und das Leben; wer an mich glaubt, wird leben, auch wenn er stirbt, (26) und jeder, der im Glauben an mich lebt, wird in Ewigkeit nicht sterben. Glaubst du das?« (27) Sie sagt zu ihm: »Ja, Herr, ich glaube jetzt, dass du der Christus bist, der Sohn Gottes, der in die Welt kommt.« (28) Und als sie dies gesagt hatte, ging sie fort und rief ihre Schwester Maria und sagte ihr heimlich: »Der Meister ist da und ruft dich!« (29) Jene aber, als sie es hörte, sprang schnell auf und ging zu ihm. (30) Jesus aber war noch nicht in das Dorf gekommen, sondern befand sich noch an der Stelle, wo ihm Martha begegnet war. (31) Als nun die Juden, die bei ihr im Hause waren und sie trösteten, sahen, dass Maria schnell aufstand und hinausging, folgten sie ihr in der Meinung, sie gehe zum Grab, um dort zu weinen. (32) Maria nun, als sie dorthin kam, wo Jesus war, sah ihn und fiel ihm zu Füßen und sagte zu ihm: »Herr, wärst du hier gewesen, mein Bruder wäre nicht gestorben!« (33) Als nun Jesus sah, wie sie klagte und die mit ihr gekommenen Juden klagten, ergrimmte er im Geist und erregte sich (34) und sprach: »Wohin habt ihr ihn gelegt?« Sie sagten zu ihm: »Herr, komm und sieh!« (35) Jesus weinte. (36) Da sagten die Juden: »Siehe, wie lieb er ihn hatte!« (37) Einige aber von ihnen sagten: »Konnte nicht dieser, der die Augen des Blinden geöffnet hat, bewirken, dass auch dieser nicht starb?« (38) Jesus ergrimmte wieder im Innersten und ging zum Grab. Es war aber eine Höhle, und ein Stein lag davor. (39) Jesus aber spricht: »Nehmt den Stein fort!« Es sprach zu ihm die Schwester des Verstorbenen, Martha: »Herr, er riecht schon; denn es ist der vierte Tag.« (40) Jesus sagt zu ihr: »Habe ich dir nicht gesagt: Wenn du glaubst, wirst du die Herrlichkeit Gottes sehen?« (41) Da nahmen sie den Stein fort. Jesus aber hob die Augen auf und sprach: »Vater, ich danke dir, dass du mich erhört hast. (42) Ich aber wusste, dass du mich immer erhörst. Aber wegen der umherstehen-

rus Story within the Johannine tradition, JSNT.S 212, Sheffield 2001; *Stenger, W.:* Die Auferweckung des Lazarus, TThZ 83 (1974), 17–37; *Stibbe, M. W. G.:* A Tomb with a View. John 11,1–44 in Narrative-Critical Perspective, NTS 40 (1994), 38–54; *Stimpfle, A.:* Blinde sehen, 108–146; *Thyen, H.:* Die Erzählung von den bethanischen Geschwistern (Joh 11,1–12,19) als »Palimpsest« über synoptischen Texten, in: The Four Gospels (FS F. Neirynck*)*, hg. v. *F. van Segbroeck* u. a., 2021–2050; *Wagner, J.:* Auferstehung und Leben. Joh 11,1–12,19 als Spiegel johanneischer Redaktions- und Theologiegeschichte, BU 19, Regensburg 1988; *Welck, Chr.:* Erzählte Zeichen, 208–235; *Wilkens, W.:* Die Erweckung des Lazarus, ThZ 15 (1959), 22–39; *Wuellner, W.:* Putting Life back into the Lazarus Story and its Reading: The Narrative Rhetoric of John 11 as a Narration of Faith, Semeia 54 (1991), 113–131; *Zeilinger, F.:* Die sieben Zeichenhandlungen Jesu, 151–180; *Zimmermann, R.:* Vorbild im Leben und Sterben (Die Auferweckung des Lazarus). Joh 11,1–12,11, in: *ders.* (Hg.), Kompendium der frühchristlichen Wundererzählungen, 742–763.

den Menge sagte ich es, damit sie glauben, dass du mich gesandt hast!« (43) Und als er das gesagt hatte, rief er mit lauter Stimme: »Lazarus, komm heraus!« (44) Der Tote kam heraus, die Füße und die Hände mit Binden umwickelt, und sein Gesicht war mit einem Schweißtuch bedeckt. Jesus sprach zu ihnen: »Befreit ihn und lasst ihn gehen!«

Die Auferweckung des Lazarus ist der Höhepunkt des öffentlichen Wirkens Jesu und zugleich der Anlass des endgültigen Todesbeschlusses der Juden (Joh 11,53). Bewusst wurde das größte Wunder im Neuen Testament von Johannes an diesen Ort gestellt. Auf die verschärfte Kontroverse mit den Juden (Joh 10,22 ff) und die Hervorhebung des Wunderwirkens Jesu in Joh 10,40–42 erfolgt in Bethanien und damit in der unmittelbaren Nähe Jerusalems dieses außerordentliche Wunder. Es bewirkt Glauben (Joh 11,45) und ruft zugleich Unglauben hervor (Joh 11,47–53). Der für alle sichtbaren Offenbarung Jesu als Lebensspender steht der Todesbeschluss der Juden gegenüber, dem machtvollsten Zeichen die größte Tat des Unglaubens.[176] Zahlreiche Verweise (V. 4.8.16.25.40) verstärken die passionstheologische Ausrichtung der gesamten Erzählung, die von hintergründiger joh. Ironie geprägt ist: Weil Jesus einen Toten erweckt, muss er selbst in den Tod gehen! Die Hörer/Leser des Evangeliums wissen aber zugleich: Wie Jesus den Lazarus vom Tod erweckte, wird Gott Jesus vom Tod erwecken, so dass die Lazarusgeschichte immer auch eine Modellgeschichte für Jesu eigenes Geschick ist.

1 Der gesamte Vers ist im Rahmen der Exposition als traditionell anzusehen.[177] Der Name Λάζαρος[178] = ›Lazarus‹ erscheint noch in Lk 16,19–31. Mit Bethanien ist das judäische Bethanien gemeint (vgl. V. 18), das ca. drei Kilometer von Jerusalem entfernt ist und von dem in Joh 1,28; 10,40 erwähnten Ort gleichen Namens zu unterscheiden ist.[179] Mit Maria und Martha (vgl. Lk 10,38–42)[180] werden zwei weitere für das folgende Geschehen wichtige Personen eingeführt; ἐκ τῆς κώμης (»aus dem Dorf«) stellt eine – zunächst geographische – Verbindung zu Lazarus her.[181]   **2** Dem Leser wird

---

[176] Vgl. *R. Schnackenburg,* Joh II, 396.
[177] Vgl. *R. Schnackenburg,* Joh II, 402 ff; *C. K. Barrett,* Joh, 389 f.
[178] Zur Form des Namens Λάζαρος (= ›Gott hat geholfen‹) vgl. *C. K. Barrett,* Joh, 388.
[179] Vgl. dazu *G. Schneider,* EWNT I, 511 f.
[180] Die lk. und joh. Traditionen über Maria, Martha und Lazarus weisen Übereinstimmungen auf: Von Martha heißt es in Lk 10,38–42/Joh 12,2, dass sie diente; Maria sitzt sowohl in Lk 10,39 als auch in Joh 11,32b zu Jesu Füßen und hört seine Worte. Die Erzählung vom reichen Mann und armen Lazarus (Lk 16,19–31) schließt in V. 30 f mit der Feststellung, dass die Juden sich auch dann nicht zur Buße bekehren, wenn Lazarus von den Toten auferstehen und ins Leben zurückkehren würde. Dies ereignet sich in Joh 11, aber die Juden bekehren sich nicht, sondern beschließen den Tod von Jesus und Lazarus (Joh 11,53; 12,10). Allerdings weiß Lukas nichts davon, dass Maria, Martha und Lazarus Geschwister sind, was sich in den umständlichen Formulierungen in Joh 11,1.2 noch ausdrückt. *H. Thyen,* Die Erzählung von den bethanischen Geschwistern, 2038, versteht Joh 11,1–12,19 als eine Collage aus verschiedenen lk. Texten (speziell Lk 7,11–17; 10,38–42; 16,19–31); traditionsgeschichtliche Erwägungen finden sich auch bei *M. Labahn,* Jesus als Lebensspender, 451–457.
[181] Es besteht kein Grund, die Erwähnung der Schwestern für sekundär zu halten (so aber *E. Schwartz,* Aporien III, 166; *J. Wellhausen,* Joh, 52 f), denn V. 1 hat innerhalb der Exposition die Funktion, drei zentrale Personen des folgenden Geschehens vorzustellen.

erklärt, wer die ebengenannte Maria ist. Zusammen mit dem Verweis auf Joh 12,3 und dem absoluten Gebrauch von ὁ κύριος gilt dies vielfach als Indiz für den sekundären Charakter des Verses.[182] Andererseits ist der nachklappende Relativsatz »deren Bruder Lazarus war krank« Voraussetzung für das sonst völlig unvermittelte αἱ ἀδελφαί (»die Schwestern«) in V. 3a, wo sich αὐτόν auf τὸν κύριον in V. 2 zurückbezieht.[183] Zudem ist die Voranstellung von Maria gegenüber Martha (vgl. V. 1.2 einerseits und V. 5.20–27 andererseits) als ein Kennzeichen der Tradition anzusehen, die vom Evangelisten bewusst verändert wird, so dass V. 2 zur Tradition zu rechnen ist.[184] Mit der Erwähnung der Krankheit wird bereits die Dringlichkeit des kommenden Geschehens angedeutet. **3** Die Schwestern informieren Jesus durch einen Boten über die Krankheit in der Erwartung, er werde sofort kommen. Jesu Eintritt in die Handlung und die Erwähnung einer Gesandtschaft als geläufiges Motiv bei der Heilung Todkranker (Joh 4,47) bzw. Totenerweckungen (Mk 5,35; Apg 9,38)[185] sind Hinweise auf Tradition.[186] **4** Bis auf die Einleitung »als Jesus es aber hörte, sagte er« (ἀκούσας δὲ ὁ Ἰησοῦς εἶπεν)[187] ist der Vers als joh. Redaktion anzusehen; er gibt eine erste Deutung des bevorstehenden Geschehens. Für diese Annahme sprechen sowohl sprachliche Beobachtungen[188] als auch die große inhaltliche Nähe zu Joh 2,11; 9,3. Die Krankheit des Lazarus führt nicht in den Tod, da sie Anlass für die Offenbarung der δόξα θεοῦ (»Herrlichkeit Gottes«) im Wunder ist. Für Jesus leitet dieses Geschehen endgültig den Weg zum Kreuz ein, den Johannes als wechselseitige Verherrlichung des Vaters und des Sohnes interpretiert. Für die Hörer/Leser des Evangeliums ist bereits jetzt deutlich: In der Auferweckung des Lazarus werden Jesu Tod und Auferweckung vorweggenommen.[189] **5** Johannes stellt Martha gegenüber ihren Geschwistern in den Vordergrund (vgl. V. 20–27),[190] er beschreibt die Zuneigung Jesu mit dem charakte-

---

[182] Vgl. *J. Wellhausen,* Joh, 52; *E. Schwartz,* Aporien III, 166; *R. Bultmann,* Joh, 302 Anm. 1; *R. Schnackenburg,* Joh II, 403; *J. Becker,* Joh II, 406; *W. Wilkens,* Erweckung, 23.

[183] Die Analyse von Joh 6,23 hatte bereits gezeigt, dass absolutes ὁ κύριος kein sicherer Hinweis auf eine Glosse ist. Auch die auffallende Parallele von τὸν κύριον in V. 2 und κύριε in V. 3 zu Lk 10,39 (Maria sitzt πρὸς τοὺς πόδας τοῦ κυρίου) und Lk 10,40 (Martha redet Jesus mit κύριε an) spricht für Tradition.

[184] Vgl. *E. Haenchen,* Joh, 398 (er weist darauf hin, dass vielfach im Johannesevangelium bekannte Personen in ähnlicher Weise vorgestellt werden, vgl. Joh 7,50; 19,39 [Nikodemus]; 11,49; 18,14 [Kaiphas]; 6,71; 12,4; 13,2; 18,2.3.5 [Judas]).

[185] Vgl. *G. Theißen,* Wundergeschichten, 59 f.

[186] Die V. 3–4 u. 5–6 sind in zweifacher Hinsicht eine Doppelung: V. 4a stellt fest, Jesus habe die Botschaft der Schwestern über ihren kranken Bruder erhalten, hingegen erweckt V. 6a den Eindruck, als habe Jesus hier erstmals von der Krankheit des Lazarus gehört. Berichtet schon V. 3 von der Freundschaft zwischen Jesus und Lazarus, so stellt V. 5 ausdrücklich fest, dass Jesus Martha, ihre Schwester und auch Lazarus liebte. Zudem wird in V. 3 φιλεῖν und in V. 5 ἀγαπᾶν zur Kennzeichnung dieser Beziehung gebraucht.

[187] Zu beachten ist vor allem die parallele Wendung in V. 6a, vgl. *R. T. Fortna,* Gospel of Signs, 78. Den gesamten V. 4 halten für redaktionell *R. Bultmann,* Joh, 302 Anm. 7; *R. Schnackenburg,* Joh II, 404 f; *J. Becker,* Joh II, 417.

[188] Zu οὐκ … ἀλλά … ἵνα vgl. Joh 1,8.31; 9,3; 13,18; 14,30c–31; zu πρὸς θάνατον vgl. 1Joh 5,16; zu δι' αὐτῆς vgl. Joh 1,7; 3,17.

[189] Vgl. *R. Schnackenburg,* Joh II, 404.

[190] Vgl. *W. Stenger,* Auferweckung, 22 f.

ristischen Verbum ἀγαπᾶν = ›lieben‹.[191] Wahrscheinlich zählten die drei Geschwister zum Kreis der Jesusjünger, so dass die Geschichte unter dem Vorzeichen der Liebe Jesu zu den Seinen steht. Diese Liebe kann der Tod nicht aufheben, denn Jesus lässt die Seinen nicht verlorengehen. **6** Der Versanfang wiederholt V. 4a, und V. 6b macht die Zeitangabe in V. 17 verständlicher, jeweils Hinweise auf die Arbeit des Evangelisten.[192] Zudem steigert Johannes durch Jesu ungewöhnliches Verweilen die Größe des Wunders; aus einer bloßen Krankenheilung wird nach einiger Zeit eine Totenerweckung.[193] Normalerweise erfolgte die Bestattung (vor allem wegen Seuchengefahr) innerhalb eines Tages. Nach der internen Erzähllogik vollbringt Jesus das Wunder der Auferweckung des Lazarus nun am dritten Tag, wodurch das Verständnis der Lazarus-Perikope als ein Zeichen für Jesu Tod und Auferstehung unterstrichen wird. **7** Ein neuer Erzählabschnitt setzt ein, der zunächst bis V. 10 reicht[194]: Jesus wendet sich an die plötzlich anwesenden Jünger und spricht von einer Reise nach Judäa, ohne Lazarus zu erwähnen. Zeit und Stunde seines Handelns bestimmt Jesus selbst (vgl. Joh 18,1–11), sein Aufbruch nach Bethanien bildet den Auftakt der Leidensgeschichte. **8** Die Jünger können Jesu Handeln noch nicht verstehen, weil ihnen die Bedeutung des kommenden Geschehens verborgen ist. Mit dem Verweis auf die Auseinandersetzungen mit den Juden in Joh 10,31–39 tritt die Passionsthematik offen zutage. **9/10** Ein Bildwort (vgl. Mt 6,22–23) lässt weitere Bezüge zur Passion erkennen: Jesus wirkt in der ihm bestimmten Zeit in der Welt (vgl. Joh 9,4) bis zu der Stunde, wo er zum Vater geht (Joh 13,1). Er ist das Licht der Welt (Joh 8,12), wer ihm nicht nachfolgt, bleibt in der Finsternis und verfehlt das Heil (Joh 12,35). Noch bleibt genügend Zeit, um in der Welt zu wirken; die ›Nacht‹ ist noch nicht gekommen, weil die vom Vater festgesetzte Stunde der Passion noch bevorsteht. Die Jünger brauchen sich aber nicht zu ängstigen, denn alles ist dem Willen des Vaters unterworfen.

Der Wechsel der Anrede, die Vorwegnahme des ἄγωμεν = ›lasst uns gehen‹ aus V. 15 in V. 7, die fest mit dem Kontext verbundene Passionsthematik, der fehlende Bezug zu Lazarus und die Wiederaufnahme von μετὰ τοῦτο λέγει = ›danach sagt er‹ aus V. 7 in V. 11 machen es wahrscheinlich, dass V. 7–10 auf den Evangelisten zurückgehen.[195] Schwierig sind in V. 11–16 Redaktion und Tradition zu trennen. Während die Erwähnung des Lazarus in V. 11–15 für Tradition spricht, weisen zahlreiche inhaltliche Merkmale auf die Hand des Evangelisten hin: die mehrschichtige Sprechweise vom ›Schlafen‹ und ›Auferwecken‹ (V. 11), das Nichtverstehen der Jünger (V. 12), zu dem in V. 13

---

[191] 37 Belege im Johannesevangelium; von Jesu Liebe zu den Seinen sprechen vor allem Joh 13,1–34; 14,21; 15,9.10.12; vgl. ferner ›den Jünger, den Jesus liebte‹ in Joh 13,23; 19,26.

[192] Vgl. *W. Wilkens*, Erweckung, 24

[193] Vgl. *E. Haenchen*, Joh, 399.

[194] Eine wirklich überzeugende Gliederung der Erzählung ist kaum möglich; allerdings legen Aktionen/Fragen Jesu und der Jünger, Ortswechsel und das Auftreten neuer Personen folgende Struktur nahe: V. 1–6.7–10.11–16.17–19.20–27.28–32.33–37.38–44 (weitere Gliederungsvorschläge bei *M. Labahn,* Jesus als Lebensspender, 386 f).

[195] Vgl. *W. Stenger,* Auferweckung, 20; *R. T. Fortna,* Gospel of Signs, 78 f (er rechnet lediglich λέγει τοῖς μαθηταῖς zur Vorlage); *E. Haenchen,* Joh, 400; *R. Schnackenburg,* Joh II, 399 (er hält V. 7–16 für redaktionell); *W. Wilkens,* Erweckung, 24; *R. E. Brown,* John I, 432 (sieht bes. in V. 7–8 eine Hinzufügung); *J. Becker,* Joh II, 418.

ein Kommentar gegeben wird, das Motiv der ›offenen Rede‹ (zu παρρησία vgl. Joh 7,4; 10,24; 11,54; 16,25; 18,20), das Junktim zwischen Sehen des Wunders und Glauben in V. 15 und die Erwähnung des Thomas (vgl. Joh 14,5; 20,24–29).[196]

11 Durch die doppelsinnige Redeweise wird Jesu wunderbares Vorherwissen betont und gleichzeitig das Missverständnis der Jünger vorbereitet.[197]   **12** Jesus weiß, dass Lazarus inzwischen verstorben ist, und dennoch kann er sagen, Lazarus schlafe nur. Die Jünger deuten die Worte Jesu in einem irdisch-vordergründigen Sinn und erkennen nicht die göttliche Dimension des kommenden Geschehens.   **13** Für die Leser kommentiert Johannes das Verhalten der Jünger und offenbart, worum es im Folgenden wirklich geht: um eine Totenerweckung.   **14** Jetzt erfahren dies auch die Jünger, denn Jesus enthüllt seine Rede vom ›Schlafen‹ und ›Auferwecken‹.   **15** Sofort wird die soteriologische Dimension des bevorstehenden Ereignisses den Jüngern (und damit auch der Gemeinde) offenbart: Sie kommen durch die machtvolle Totenerweckung zum Glauben, d. h. auch hier trägt der Evangelist sein Junktim vom Sehen des Wunders und daraus entstehendem Glauben ein, wobei die Worte »ich freue mich um euretwillen« im Munde Jesu die Bedeutung des folgenden Wunders noch verstärken. Jesus heilt nicht aus Mitleid, sondern um seine Macht zu demonstrieren und Glauben hervorzurufen. Die Wendung ἀλλὰ ἄγωμεν πρὸς αὐτόν = ›aber lasst uns zu ihm gehen‹ in V. 15c dürfte zur Tradition gehören,[198] denn sie stößt sich mit dem redaktionellen ἄγωμεν εἰς τὴν Ἰουδαίαν πάλιν = ›wir wollen wieder nach Judäa gehen‹ in V. 7 und ist innerhalb des Handlungsablaufes der Tradition Voraussetzung für V. 16. **16** Mit der Erwähnung des Thomas (vgl. Joh 14,5; 20,24–29) lenkt Johannes auf die Passionsthematik zurück. Thomas[199] fordert die übrigen Jünger auf, mit Jesus in den Tod zu gehen. Ähnlich wie Petrus (vgl. Joh 13,37) wird er als ein Jünger geschildert, der seinem Glauben vornehmlich mit Worten, nicht aber mit Taten Ausdruck verleiht.   **17** Die Handlung schreitet fort: Jesus erscheint am Grab des Lazarus, der schon vier Tage tot ist. Da nach jüdischer Vorstellung die Seele nur drei Tage in der Nähe des Leibes verweilt,[200] wird durch diese Zeitangabe die Möglichkeit einer Täuschung bzw. des Scheintodes ausgeschlossen und die Größe des folgenden Wunders gesteigert.   **18/19** Die Tröstung der Trauernden gehört zu den vornehmsten jüdischen Liebeswerken.[201] Da Bethanien nur ca. 3 km von Jerusalem entfernt liegt,[202] können

[196] Vgl. *R. Schnackenburg*, Joh II, 399; *R. T. Fortna*, Gospel of Signs, 79. Den Abschnitt halten für redaktionell (bis auf V. 16): *W. Stenger*, Auferweckung, 21; *E. Haenchen*, Joh, 401ff; *J. Becker*, Joh II, 409; *W. Wilkens*, Erweckung, 24 f (Becker und Wilkens rechnen die Verse allerdings nicht zu ihrer ältesten Traditionsstufe).
[197] Zum Schlaf als Metapher für den Tod vgl. die Parallelen in: Neuer Wettstein I/2, 569–572.
[198] So *R. T. Fortna*, Gospel of Signs, 79.
[199] Zum Namen vgl. *W. Bauer*, Joh, 150; zur Thomas-Tradition vgl. *R. Schnackenburg*, Joh II, 410 f.
[200] Vgl. *Billerbeck* II, 544 f; Luc, Philopseudes 13, berichtet von einer Auferstehung nach 20 Tagen (= Neuer Wettstein I/2, 576). Aufschlussreich ist der bereits in der Auslegung von Joh 2,4 erwähnte Abschnitt Eur, Alkestis 1146, wonach die Rückkehr aus dem Bereich des Todes am 3. Tag (und nicht später) erfolgt.
[201] Vgl. *Billerbeck* IV/1, 559–610.
[202] Während V. 17 zur Tradition zu rechnen ist, müssen die wiederholte Ortsangabe in V. 18 und das Erscheinen der Juden bei Maria und Martha als redaktionell angesehen werden, denn sowohl die Wendung ἡ Βεθανία ἐγγὺς τῶν Ἱεροσολύμων als auch die jüdischen Trauergäste, die in V. 45 f die Kunde

viele Juden kommen, um die Schwestern zu trösten. Zugleich werden sie so zu Zeugen des größten Wunders Jesu.   **20** Nur Martha hört von Jesu Kommen[203] und eilt ihm entgegen, während Maria im Haus verweilt, wie es sich für eine trauernde Frau geziemt (vgl. Ez 8,14). In diesem Verhalten kommen unterschiedliche Erwartungen zum Ausdruck; Martha erhofft offenbar viel von Jesus, während für Maria die Situation hoffnungslos erscheint.   **21** Martha spricht ihr Vertrauen zu Jesus aus und bittet ihn dann indirekt, er möge doch Lazarus wiedererwecken.   **22** Nach menschlichem Ermessen ist die Situation aussichtslos, aber Martha weiß um das besondere Verhältnis Jesu zu Gott; in ihren Augen kann Jesus immer noch das Schicksal ihres Bruders wenden.   **23** Jesu Antwort ist bewusst mehrdeutig formuliert.   **24** Martha begreift Jesu Wort im Sinne des jüdischen Auferstehungsglaubens[204] und liefert so die dunkle Folie, von der sich das folgende Offenbarungswort Jesu um so heller abhebt.   **25/26** Die machtvolle Selbstprädikation in V. 25a wird durch einen Zweizeiler in V. 25b.26ab erläutert:[205] Die Auferstehung als Überwindung des Todes und Gabe des Lebens ereignet sich im Glauben an Jesus. Das ›Ich-bin-Wort‹[206] präsentiert in konzentrierter Form das joh. Credo: Gott hat Jesus die Macht über den Tod und das Leben gegeben, er ist der wahre Lebensspender. Die Bedeutung der Szene zeigt sich auch darin, dass gegenüber den vorangehenden ἐγώ εἰμι-Worten (vgl. Joh 6,35; 8,12; 10,11.14) zwei Begriffe (Auferstehung und Leben) das Sein und Wesen Jesu beschreiben. Soteriologie und Christologie verschmelzen: Allein im Glauben an Jesus Christus vollzieht sich das Heil; Jesus offenbart die σωτηρία = ›Rettung‹, weil er der σωτήρ = ›Retter‹ ist. Da Jesus die Auferstehung und das Leben bleibend verkörpert, erschließen sich für die Glaubenden diese Heilsgüter nur in der Gemeinschaft mit ihm. Der irdische Tod bleibt keinem Menschen, auch Jesus nicht, erspart, aber die Macht des Todes ist trotz des Sterbenmüssens gebrochen. Die Neudefinition von Leben und Tod in der joh. Theologie basiert auf der Überzeugung, dass einzig der Glaube an Jesus Christus und die Gemeinschaft mit ihm das Leben im Vollsinn gewähren. Tod hingegen heißt, aus dieser Lebensgemeinschaft ausgeschlossen zu sein. Der Evangelist korrigiert mit V. 25 f keineswegs jegliche futurische Eschatologie.[207] Der in Joh 11,23–26 aufgestellte Gegensatz ist nicht prinzipieller, sondern aktueller Natur, denn nur das folgende Wunder erfordert die starke Betonung der präsentischen Eschatologie. Allein die Auferweckung des Lazarus als augenfällige Demonstration der gegenwärtigen Macht Jesu über Leben

---

von der Totenerweckung verbreiten, verweisen auf die Passionsthematik; vgl. *W. Wilkens,* Erweckung, 24; *W. Stenger,* Auferweckung, 21. Dagegen rechnet *R. T. Fortna,* Gospel of Signs, 80, V. 18 f zur Tradition (mit Ausnahme von ἐκ τῶν Ἰουδαίων).

203   Auch das folgende Gespräch zwischen Jesus und Martha in V. 20–27 geht auf Johannes zurück, wofür die charakteristische Voranstellung von Martha und die fast gleichlautenden Formulierungen der beiden Schwestern in V. 21b und V. 32b sprechen; vgl. *W. Stenger,* Auferweckung, 23; *R. T. Fortna,* Gospel of Signs, 80 f (joh. Redaktion auf der Basis eines Grundbestandes innerhalb der Quelle); *W. Wilkens,* Erweckung, 23; *W. Nicol,* Semeia, 38; *R. Schnackenburg,* Joh II, 400.

204   Vgl. dazu *P. Volz,* Eschatologie, 229–256; zentrale Texte: Jes 26,19; Dan 12,2 f; Ez 37,1–14; Ps 29,16; 73; 4Q 521; 2Makk 7,14; PsSal 3,12.

205   Vgl. *R. Schnackenburg,* Joh II, 415; *R. Bultmann,* Joh, 307f, der V. 25 f für einen Text aus den ›Offenbarungsreden‹ hält.

206   Zu den joh. ἐγώ εἰμι-Worten vgl. Exk. 5.

207   Vgl. hierzu die Auslegung von Joh 5,24–29.

und Tod und als Vorabbildung der Auferstehung Jesu macht die prägnante Hervorhebung präsentischer Eschatologie notwendig.[208] Deshalb kann dieser Text nicht als Beleg für einen grundsätzlichen Gegensatz zwischen die Gegenwart des Heils betonenden und die Zukunft des Glaubenden mit einschließenden Aussagen bei Johannes in Anspruch genommen werden.[209] Lazarus wurde in der direkten Begegnung mit Jesus vom Tod auferweckt, was für die joh. Gemeinde so nicht mehr möglich ist. Die nachdrückliche Aufforderung »Glaubst du das?« lässt deutlich erkennen, dass Johannes auf seine Gemeinde zielt.[210] Für die textexterne Lesergemeinde steht der individuelle Tod jeweils noch bevor, der mit der Wendung »auch wenn er stirbt« ausdrücklich thematisiert wird.[211] Die Gemeinde darf auf die Wiederkunft des Sohnes Gottes hoffen, der dann die in der Gegenwart begonnene Gemeinschaft des Glaubens bestätigen wird.   **27** Die unerhörte Auferstehungsbotschaft Jesu verlangt Glauben, und deshalb wird von Martha ausdrücklich ein Bekenntnis abgelegt,[212] das in großer Übereinstimmung mit Joh 20,31 Jesu Messianität und Gottessohnschaft betont. Nur in 11,27 und 20,31 erscheinen die Titel Χριστός = ›Gesalbter/Christus‹ und υἱὸς τοῦ θεοῦ = ›Sohn Gottes‹ gemeinsam, ein Signal für die Bedeutsamkeit der Verse. Für Johannes ist Jesus der Messias, weil er der Sohn Gottes ist.   **28** Auch die aus Furcht vor den Juden heimliche Nachricht Marthas an ihre Schwester ist als ein Hinweis auf die Passion Jesu zu verstehen.[213] Im Gegensatz zu den Juden gehört Maria auf die Seite Jesu; er ist ihr διδάσκαλος = ›Lehrer‹ und ruft sie.   **29** Maria fühlt sich unmittelbar angesprochen, schnell wendet sie sich von ihren Tätigkeiten ab und eilt zu Jesus.   **30** Die merkwürdige Mitteilung, Jesus sei noch nicht in das Dorf gekommen, unterstreicht den Kontrast zwischen den Schwestern auf der einen und den Juden auf der anderen Seite. Weil Lazarus irgendwo außerhalb des Dorfes beigesetzt wurde, geht Jesus nicht sofort in das Trauerhaus, kann er Martha in Abwesenheit der Trauergäste die wahre Bedeutung des kommenden Geschehens erkennen lassen und begegnet dann Maria. Szenisch gekonnt wird so der Glaube der Schwestern dem Unglauben der Juden gegenübergestellt.   **31** Die Trauergemeinde will Maria trösten und folgt ihr in der Meinung, sie

---

[208] Vgl. *U. Schnelle,* Antidoketische Christologie, 146; *J. Frey,* Eschatologie III, 456.

[209] Vielmehr zeigt sich auch hier mit der Wendung κἂν ἀποθάνῃ ζήσεται in V. 25b die für Johannes charakteristische Verschränkung der Zeitebenen; vgl. *J. A. Bühner,* Denkstrukturen, 224 f; anders z. B. *A. Stimpfle,* Blinde sehen, 146.

[210] Vgl. *E. Reinmuth,* Lazarus und seine Schwestern, 131.

[211] Vgl. *J. Frey,* Eschatologie III, 458.

[212] *F. Moloney,* Joh, 339, wertet das Perfekt πεπίστευκα als Beleg dafür, »that Martha came to the faith she expresses in this verse before Jesus' words on resurrection and life in vv. 25–26.« Demgegenüber betont *J. Frey,* Eschatologie II, 104 f, dass die Perfektformen von πιστεύειν = ›glauben‹ bei Johannes nicht den punktuellen Beginn, sondern die besondere Intensität des Glaubens zum Ausdruck bringen. In Verbindung mit dem emphatischen ἐγώ, stellt das Perfekt wie in Joh 6,69 eine rhetorische Steigerung dar; vgl. *J. Frey,* Eschatologie III, 436. Zudem zeigt Joh 3,18, dass der Evangelist mit den Zeitstufen bei πιστεύειν bewusst rhetorisch arbeitet, ohne dass logisch die Zeitaspekte (gegenwärtiges/vergangenes Geschehen) wirklich unterschieden werden können.

[213] Auf den Evangelisten gehen V. 28–31 zurück, der damit die in V. 32 vorausgesetzte Begegnung zwischen Jesus und Maria vorbereitet und zudem die noch im Haus weilenden Juden zum Grab kommen lässt, wo sie Zeugen der Auferweckung des Lazarus werden; vgl. *R. Schnackenburg,* Joh II, 418; *W. Stenger,* Auferweckung, 21 f.

wolle am Grab des Verstorbenen weinen. Ihr bleibt verborgen, dass Maria nun zu dem geht, der wirklich Trost spenden kann.[214]　**32** Johannes schafft durch die Einleitung (Ἡ οὖν … ἦν Ἰησοῦς) wieder den Anschluss an die ihm vorliegende Tradition. Ein traditionelles Motiv in Wundergeschichten ist das Niederfallen von Kranken oder deren Stellvertretern vor Jesus, um so Aufmerksamkeit zu wecken und Vertrauen in die Macht des Wundertäters zu demonstrieren. Auch Maria bekundet ihr Zutrauen in die Fähigkeiten Jesu, allerdings nur für die Vergangenheit.[215]　**33** Das Klagen Marias und der Trauergäste versetzt Jesus in Zorn,[216] denn es lässt Zweifel an seiner Wunderkraft aufkommen.[217] Der Unglaube verharrt in der Todesmacht, weil er Jesus nicht als den Geber und Herrn des Lebens erkennt. Eine tiefe innere Erschütterung ergreift Jesus.[218]　**34** Es drängt ihn zum Grab des Lazarus, um das Wunder zu vollbringen. **35/36** Während Jesus zuvor über das Klagen der Trauernden ergrimmte, weint er jetzt selbst. Johannes[219] betont so nachdrücklich die Menschlichkeit Jesu. Das ritualisierte Klagen der Juden kennzeichnet er mit dem Verb κλαίειν = ›klagen/weinen‹, den Gefühlsausbruch Jesu hingegen mit δακρύειν = ›weinen/Tränen vergießen‹. Genau an dem Ort, wo Jesu Göttlichkeit am machtvollsten in Erscheinung treten wird, stellt Johannes in einzigartiger Weise Jesu Menschlichkeit in den Vordergrund.　**37** Auch der Verweis auf Kap. 9 geht auf Johannes zurück; wiederum wird Jesu Verhalten unterschiedlich beurteilt. Der Rückgriff auf die Blindenheilung im Mund der Juden muss als Zweifel an der Wundermacht Jesu aufgefasst werden.　**38** Der Argwohn der Juden ruft Jesu abermaliges Ergrimmen im redaktionellen V. 38a (Ἰησοῦς … ἐν ἑαυτῷ) hervor.[220] V. 38b schließt sich sehr gut an den traditionellen V. 34 an; mit ἔρχεται = ›er kommt‹, wird das ἔρχου καὶ ἴδε = ›komm und sieh‹, wiederaufgenommen, und Jesus ist endlich am Ort des Geschehens. Vor dem Grab des Lazarus liegt ein Stein;[221] es handelt sich um eines der Höhlengräber, die in der näheren Umgebung von Jerusalem vielfach nachgewiesen sind.　**39** Auf den Befehl Jesu soll der Stein entfernt werden. Befolgt wird diese Anweisung jedoch erst in V. 41a, ein deutlicher Hinweis auf den redaktionellen Charakter des eingeschobenen Gespräches zwischen Martha und Jesus.[222] Die Bemerkung Marthas, Lazarus sei schon vier Tage tot und verbreite Ver-

---

[214]　Vgl. *E. Haenchen*, Joh, 410.

[215]　Die gleichlautende redaktionelle Formulierung im Munde Marthas in V. 21b lässt vermuten, dass in V. 32c Tradition vorliegt; gegen *R. T. Fortna*, Gospel of Signs, 81f, der sowohl V. 21b als auch V. 32c für redaktionell hält. Dagegen ist einzuwenden, dass das traditionelle Motiv des Niederfallens durchgängig mit Bekenntnissen, Vertrauenserklärungen und Akklamationen verbunden ist und Johannes Martha, nicht aber Maria besonders hervorhebt.

[216]　Vgl. Mk 5,38 f; zu ἐμβριμᾶσθαι = ›schnauben‹ als Zeichen des Unmutes vgl. Mk 1,43; 14,5; Mt 9,30.

[217]　V. 34 fordert m. E. diese Deutung, denn Jesu Drang zum Grab des Lazarus dient dazu, alle Zweifel an seiner Wundermacht zu beseitigen; gegen *R. E. Brown*, John I, 425f, der hier Jesu Empörung gegen die Macht des Todes und damit des Satans sieht.

[218]　Die Wendung καὶ ἐτάραξεν ἑαυτόν geht auf Johannes zurück, vgl. Joh 12,27; 13,21; 14,1.27.

[219]　Man wird deshalb V. 35 und die Deutung des Verhaltens Jesu in V. 36 dem Evangelisten zuschreiben müssen, während V. 33b.c.34 als Tradition anzusehen sind.

[220]　Vgl. *R. Schnackenburg*, Joh II, 420; *R. T. Fortna*, Gospel of Signs, 82f, der allerdings in V. 38 Ἰησοῦς οὖν noch zu seiner ›Quelle‹ rechnet.

[221]　Vgl. dazu *Billerbeck* I, 1051.

[222]　Vgl. *R. Schnackenburg*, Joh II, 414; *R. T. Fortna*, Gospel of Signs, 83. Gegen *J. Becker*, Joh II, 426f, der V. 39 zur ›Zeichen-Quelle‹ rechnet, V. 40 hingegen auf den Evangelisten zurückführt. Für Redaktion spre-

wesungsgeruch, lässt Jesu Vorhaben nach menschlichem Ermessen als aussichtslos erscheinen, zugleich betont sie nachdrücklich die Größe des folgenden Wunders.[223] **40** Jesu Antwort auf Marthas Hinweis hebt noch einmal den engen Zusammenhang zwischen Wunder und Glauben hervor, denn das Wunder überwindet den Zweifel, stärkt bereits vorhandenes Vertrauen und ruft neuen Glauben hervor. Mit dem δόξα-Begriff greift Johannes auf V. 4 zurück, nun tritt ein, was Jesus dort als Verheißung aussprach. **41** V. 41a knüpft an den Befehl Jesu in V. 39 an und hat seine ursprüngliche Fortsetzung sehr wahrscheinlich in dem Ruf an Lazarus, aus dem Grab herauszukommen (V. 43 f).[224] In diesen überlieferten Ablauf hat der Evangelist ein Gebet Jesu eingeschoben.[225] Jesu Dank an Gott schon vor der Wundertat ist Ausdruck der einzigartigen Verbindung zwischen Vater und Sohn (vgl. Joh 1,51; 5,19; 10,30 u. ö.), aber auch Hinweis auf das Wissen des Wundertäters um das Eintreten des Wunders. Jesus dankt für die ihm gewährte Erhörung im bevorstehenden Wunder. **42** In einer bemerkenswerten Dichte entfaltet Johannes sein Wunderverständnis. Der auffallende Verweis Jesu auf die ringsum stehende Menge zeigt, dass das Ziel des Wunders der Glaube an die göttliche Legitimation und die göttliche Sendung des Wundertäters ist. Gerade in seiner Massivität weist das Wunder auf den Gottessohn hin und zeugt damit auch für den Vater. Es ist keineswegs nur Appendix oder entbehrliches Beiwerk, sondern zentrales inhaltliches Darstellungsmittel joh. Christologie. Das Wunder beglaubigt die Sendung des Sohnes, seine im ›Ich-bin-Wort‹ ausgesagte Vollmacht, und führt gerade dadurch zum Glauben. **43/44** Nun erfolgt die Darstellung des eigentlichen Wunders.[226] Auf den majestätischen Befehl Jesu Λάζαρε δεῦρο ἔξω = ›Lazarus, komm heraus‹ (vgl. Mk 1,25 f; 5,8; Lk 4,41) kommt Lazarus aus dem Grab, jedoch mit Leinenbinden an den Händen und Füßen sowie einem Schweißtuch um den Kopf, wodurch das eingetretene Wunder realistisch demonstriert wird (vgl. Mk 1,31; 2,12; 5,42.43; Joh 5,9). Zur Totenerweckung tritt ein zweites Wunder hinzu, denn obwohl Lazarus an Händen und Füßen durch die Leinentücher gebunden ist und ein Schweißtuch sein Gesicht verhüllt, kann er gehen und findet den Ausgang des Grabes (vgl. Seewandel und wunderbare Landung in Joh 6,21).[227] Allein durch sein Wort vermag der Gottessohn Jesus Christus einem wirklich Verstorbenen das Leben zurückzugeben.

---

chen ferner die Vorstellung Marthas und der Rückverweis in V. 40b (vgl. dazu Joh 2,11) auf V. 25f. Zudem widerspricht der Geruch des Leichnams in V. 39c der in V. 44 vorausgesetzten Einbalsamierung.

[223] Zur Auferweckung von Toten, die schon in die Verwesung übergingen, vgl. Luc, Philops 13.

[224] Vgl. *R. Schnackenburg,* Joh II, 425; *R. T. Fortna,* Gospel of Signs, 83; *R. Bultmann,* Joh, 311 Anm. 6.

[225] Vgl. *W. Stenger,* Auferweckung, 23.

[226] Für Tradition spricht auch das neutestamentliche Hapaxlegomenon περιδεῖσθαι = ›umwickeln‹ in V. 44.

[227] Vgl. *E. Haenchen,* Joh, 413; *R. Bultmann,* Joh, 312; *W. Bauer,* Joh, 154; *W. Stenger,* Auferweckung, 26. *R. Bultmann,* Joh, 301 Anm. 4; *W. Wilkens,* Erweckung, 23ff; *J. Becker,* Joh II, 406ff, unterscheiden in Joh 11 nicht nur zwischen Redaktion und Tradition, sondern vermuten darüber hinaus einen ursprünglichen Bericht, der bereits bei der Aufnahme in die ›Semeia-Quelle‹ bearbeitet wurde. Während Bultmann auf eine Rekonstruktion dieser ursprünglichen Erzählung verzichtet und nur vermutet, dass die Schwestern ursprünglich anonym waren, unternehmen *Wilkens* (vgl. a. a. O., 27) und *Becker* (vgl. a. a. O., 345) mit unterschiedlichen Ergebnissen eine genaue Rekonstruktion der ältesten Erzählschicht, die dann sowohl auf vorjoh. Ebene als auch vom Evangelisten bearbeitet worden sei. Nach der hier vorgelegten Analyse umfasste die joh. Tradition V. 1.2.3.4a.15c.17.32.33.34.38bc.39a.41a.43.44; sie wurde umfassend vom Evangelisten bearbeitet.

Darin erweist sich Jesus wiederum als Herr über Leben und Tod, als wahrer Lebensspender. In zweifacher Weise zeichnet Johannes am Ende der Erzählung die Auferstehung des Lazarus als Vorabbildung der Auferstehung Jesu: 1) Sowohl bei Lazarus als
auch bei Jesus handelt es sich bei der letzten Ruhestätte um ein Felsengrab (vgl. Joh
11,38;20,1); 2) Von beiden heißt es, sie seien nach jüdischer Sitte beigesetzt worden
(vgl. Joh 11,44;19,40), beide Häupter wurden mit einem Schweißtuch verhüllt (vgl.
Joh 11,44;19,40). Zugleich zeigt sich in diesem kleinen Detail der große Unterschied
zwischen Lazarus und Jesus; während der eine befreit werden musste, löste sich der
andere selbst aus den Banden des Todes (vgl. Joh 20,6 f).

Zur synoptischen und außersynoptischen Tradition enthält die Auferweckung des Lazarus zahlreiche
Verbindungslinien. Starke Ähnlichkeiten bestehen zur Auferweckung der Tochter des Jairus (Mk
5,22–24.35–43).[228] In beiden Erzählungen ist der Schwerkranke tot, bevor Jesus kommt (Mk 5,35;
Joh 11,17). Der Tod wird in metaphorischer Redeweise als ›Schlaf‹ bezeichnet (Mk 5,39; Joh 11,11).
Jesus ist über die Totenklage unwillig (Mk 5,38–39b; Joh 11,33). Die Toten ruft Jesus mit einem
Befehlswort ins Leben zurück (Mk 5,41; Joh 11,43) und erteilt nach der Erweckung Anordnungen
(Mk 5,43b; Joh 11,44). Zur Auferweckung des Jünglings von Nain (Lk 7,11–17) besteht nur eine
geringe motivgeschichtliche Nähe (vgl. das Befehlswort in Lk 7,14; Joh 11,43), wohl aber zeigt
diese Erzählung aus dem lk. Sondergut, dass schon relativ früh Berichte von Totenerweckungen au-
ßerhalb des mk. Traditionsstromes existierten. Auffällig sind die sprachlichen und inhaltlichen Übereinstimmungen zwischen Joh 11 und der Auferweckung der Tabitha durch Petrus in Apg
9,36–42.[229] Nach dem Tod der Jüngerin wird eine Gesandtschaft zu Petrus geschickt (Apg 9,38;
Joh 11,3). Wie Jesus in Joh 11 vollbringt auch Petrus das Wunder durch ein Befehlswort (Apg 9,40).
Durch das Wunder kommen viele zum Glauben (Apg 9,42; Joh 11,45:). Markante Beispiele von
Totenauferweckungen aus dem paganen Bereich sind Philostr, VitAp IV 45; Apul, Florida 19; allerdings handelt es sich jeweils um die Auferweckung Scheintoter. Die aufgezeigten Parallelen können keine literarischen Abhängigkeiten belegen, zeigen aber das Einfließen zahlreicher Traditionen
und Motive in Joh 11.[230]

Die Lazarusperikope zeichnet sich durch eine Vielzahl von Bewegungen und Perspektiven aus. Zunächst werden geographische und zeitliche Barrieren durchbrochen;
weder Entfernungen noch Zeitabstände können Jesus davon abhalten, seinem Freund
Lazarus das Leben zurückzugeben. Obwohl Lazarus bereits im ersten Vers erwähnt
wird, tritt er selbst erst im letzten Vers der Erzählung in Erscheinung. In diesen Spannungsbogen arbeitet Johannes Kurzporträts ein, die mögliche Verhaltensweisen gegenüber Jesus zum Inhalt haben. Im Umgang mit diesen Erzählfiguren sollen die
Gemeindeglieder eigene Positionen in ihrem Verhältnis zum Tod und ihrem Glauben
an Jesus entwickeln. Auch das Jesusporträt enthält überraschende Züge, wird er doch
gerade als Herr über Leben und Tod in seiner wahren Menschlichkeit geschildert. Die
textexterne Hörer- und Lesergemeinde versteht die Auferweckung des Lazarus zum
einen als Vorabbildung des Geschickes Jesu; allerdings mit dem Unterschied, dass Jesus

---

[228] Vgl. dazu vor allem *R. Schnackenburg,* Joh II, 428 f. Einen Vergleich mit biblischen und außerbiblischen
Schilderungen bietet *J. Kremer,* Lazarus, 39–45.97–109.
[229] Zu den sprachlichen Übereinstimmungen vgl. *R. T. Fortna,* Gospel of Signs, 84 Anm. 2.
[230] Vgl. dazu die form- und religionsgeschichtlichen Überlegungen bei *M. Labahn,* Jesus als Lebensspender,
434–442.

nicht in das irdische Leben zurückkehrt. Zudem darf sie hoffen, dass der beim Vater weilende Jesus an den Glaubenden ebenso handeln wird wie an Lazarus. Darüber hinaus bestimmt ein Grundgedanke joh. Theologie die Lazarusperikope: Im Wunder offenbart Jesus seine Göttlichkeit, die ihn paradoxerweise ans Kreuz führt. Herrlichkeits- und Kreuzestheologie sind im 4. Evangelium keine Gegensätze, sondern sie werden bewusst aufeinander bezogen: Der Gottessohn Jesus von Nazareth geht den Weg des wirklichen Leidens, um so den Glaubenden das Leben zu ermöglichen.

14. Der Todesbeschluss des Hohen Rates 11,45–54*

(45) Viele nun von den Juden, die zu Maria gekommen waren und gesehen hatten, was er getan hatte, glaubten an ihn. (46) Einige aber von ihnen gingen zu den Pharisäern und sagten ihnen, was Jesus getan hatte. (47) Da versammelten die Oberpriester und Pharisäer den Hohen Rat und sagten: »Was sollen wir tun? Denn dieser Mensch tut viele Zeichen! (48) Wenn wir ihn gewähren lassen, werden alle an ihn glauben, und die Römer werden kommen und uns Land und Volk wegnehmen.« (49) Einer aber von ihnen, Kaiphas, der Hohepriester jenes Jahres war, sprach zu ihnen: »Ihr wisst nichts (50) und bedenkt auch nicht, dass es besser für euch ist, wenn ein Mensch für das Volk stirbt und nicht das ganze Volk zugrunde geht.« (51) Das sagte er aber nicht von sich heraus, sondern weil er der Hohepriester jenes Jahres war, prophezeite er, dass Jesus für das Volk sterben sollte. (52) Doch nicht allein für das Volk, sondern damit er die zerstreuten Kinder Gottes zur Einheit zusammenführe. (53) Von diesem Tage an waren sie entschlossen, ihn zu töten. (54) Jesus aber wandelte nicht mehr öffentlich unter den Juden, sondern er ging weg von dort in die Gegend nahe der Wüste in eine Stadt, die Ephraim heißt. Dort blieb er mit seinen Jüngern.

Es entspricht joh. Ironie und Dramatik, wenn das größte Wunder Jesu zum Anlass für den endgültigen Todesbeschluss wird.[231] Der Evangelist nimmt die kreuzestheologischen Implikationen der Lazarusperikope auf und verdeutlicht noch einmal, dass die Auferweckung des Lazarus Jesu Schicksal vorwegnimmt.

45 Zunächst wird von der durch das Wunder herbeigeführten Krisis berichtet. Niemand kann sich gegenüber einer solchen Tat Jesu neutral verhalten, vielmehr führt sie zu Entscheidungen und so zu Scheidungen. Die positiven Reaktionen werden von Johannes zuerst genannt: Viele Juden sind von der glaubenstiftenden Wirkung des Zeichens ergriffen und finden zu Jesus. **46** Andere hingegen gehen zu den Pharisäern,

---

*   Literatur: *Beutler, J.:* Two ways of Gathering: The Plot to kill Jesus in John 11.47–53, NTS 40 (1994), 399–406; *Dodd, C. H.:* The Prophecy of Caiaphas: John 11,47–53, in: *ders.,* More New Testament Studies, Manchester 1968, 58–68; *Grimm, W.:* Das Opfer eines Menschen. Eine Auslegung von Joh 11,47–53, in: Israel hat dennoch Gott zum Trost (FS Ben-Chorin), hg. v. *G. Müller,* Trier 1978, 61–82; *Nicklas, T.:* Die Prophetie des Kajaphas. Im Netz johanneischer Ironie, NTS 46 (2000), 589–594.

[231] Man wird Joh 11,47–57 kaum als Anfang eines vorjoh. Passionsberichtes ansehen können (Rekonstruktionsversuche bei *M. Myllykoski,* Die letzten Tage Jesu, 89 Anm. 90), denn der Text ist inhaltlich und sprachlich durchgehend johanneisch geprägt (vgl. *E. Ruckstuhl/P. Dschulnigg,* Stilkritik, 224). Dies schließt aber auch hier die Aufnahme alter Traditionen nicht aus; vgl. die Hapaxlegomena συνέδριον = ›Synedrium‹, λογίζεσθαι = ›bedenken‹, μηνύειν = ›anzeigen‹, ἁγνίζειν = ›reinigen, heiligen‹.

um Anzeige gegen Jesus zu erstatten.   **47** Daraufhin kommt es zu einer Sitzung der Oberpriester und Pharisäer im Synedrium. Im Gegensatz zu Mk 14,1 werden nicht die Schriftgelehrten, sondern die Pharisäer als zweite entscheidende Gruppe bezeichnet. Weil die Pharisäer bisher zu den Gegnern Jesu zählten, lag es für Johannes nahe, sie auch in die Passionsgeschichte einzuführen (vgl. Joh 18,3).[232] Historisch hatten z. Z. Jesu die Sadduzäer und ihre Verbündeten im Synedrium die Mehrheit, was vom 4. Evangelisten durch die stereotype Voranstellung von ἀρχιερεῖς = ›Hohepriester‹ betont wird (vgl. Joh 7,32.45; 11,47.57; 18,3).[233] Die Wirkung der Wunder Jesu ist so groß, dass sie zu öffentlichen Gruppenbildungen führt und sogar zu einer gefährlichen Massenbewegung werden könnte.   **48** In dieser Entwicklung lag politische Brisanz, denn eine Ansammlung vieler Menschen würde die Aufmerksamkeit der Römer erregen und ihr Eingreifen provozieren. Die Erwähnung der Römer ist ein von Johannes künstlich eingeführtes ironisches Motiv, denn die Führer der Juden verkennen die Wirkung ihres eigenen Beschlusses: Der Tempel in Jerusalem wird zerstört werden, und der Leib des gekreuzigten und auferstandenen Jesus von Nazareth ist der wahre neue Tempel (vgl. Joh 2,13–22). Aus der Perspektive der erfolgten Tempelzerstörung lässt Johannes die Führer des jüdischen Volkes ihre eigene Zukunft prophezeien! **49/50** Der im Todesjahr Jesu amtierende Hohepriester Kaiphas[234] rät zu einem aus seiner Sicht klugen politischen Verhalten, wonach der Tod eines einzelnen Menschen gerechtfertigt werden kann, wenn dadurch das Volk gerettet wird.[235] Johannes versteht diese Aussage in einem tieferen Sinn; für ihn stirbt Jesus nicht nur im vordergründig politischen Sinn für das Volk, sondern im eschatologischen Sinn. Er allein rettet die Menschheit aus Juden und Heiden vor der Vernichtung.[236] Johannes nimmt hier die griechisch-römische Vorstellung des sinn- und heilvollen Sterbens für das eigene Volk auf,[237] um Jesu Christi Tod in seiner rettenden Wirkung zu beschreiben.   **51** Kaiphas übt sein prophetisches Amt unbewusst aus. Ihm ist nicht klar, dass er mit seinem Vorschlag bereits im Dienst des göttlichen Heilswillens steht und nicht nur das Heil für das jüdische Volk, sondern das Heil der ganzen Welt prophezeit.[238] Die vordergründigen politischen Erwägungen der Führer des jüdischen Volkes offenbaren aber auch

---

[232] Nur Matthäus erwähnt im Zusammenhang mit der Passion Jesu noch die Pharisäer (vgl. Mt 21,45; 27,62), beide Belege sind redaktionell; zu beachten ist die Nähe von Joh 11,47–53 zu Mt 26,3–5.

[233] Vgl. *E. Lohse*, ThWNT VII, 866.

[234] Die Wendung ἀρχιερεὺς ὢν τοῦ ἐνιαυτοῦ ἐκείνου = ›er war Hohepriester jenen Jahres‹ (vgl. Joh 11,51; 18,13) ist mit *R. Schnackenburg*, Joh II, 449 f; *R. E. Brown*, John I, 440; *M. Hengel*, Die johanneische Frage, 296 Anm. 102, als temporaler Genitiv aufzufassen, wonach Kaiphas (auch) im Todesjahr Jesu amtierte.

[235] Nach Joseph, Ant XVIII 118, ließ Herodes Antipas aus vergleichbaren Motiven Johannes d. Täufer hinrichten.

[236] Während ἔθνος im national-politischen Sinn die Juden bezeichnet, umfasst λαός die Gemeinschaft der Heilsempfänger, die in keinerlei Weise begrenzt ist; vgl. *J. Frey*, Heiden – Griechen – Gotteskinder, 238ff.

[237] Zwei Beispiele: 1) Plut, Pelopidas 21,3, berichtet von einem Leonidas, »der, ebenfalls nach einem Orakel, gewissermaßen sich selbst für Griechenland zum Opfer brachte«; Horat, Carmina III 2,12, preist den Mut zum Kampf: »Schön und ehrenvoll ist es, für die Heimat zu sterben« (dulce et decorum est pro patria mori). Weitere Belege in: Neuer Wettstein I/2, 587–598; *J. Schröter*, Sterben für die Freunde, 272–274.

[238] Johannes kennt offenbar die Vorstellung, wonach dem Hohepriester kraft seines Amtes auch die Prophetengabe verliehen ist, vgl. Joseph, Ant XI 327; XIII 282 f.299 f (für Hyrkanus I).

die Tragik des bevorstehenden Geschehens: Um das jüdische Volk vor den Römern zu retten, soll Jesus geopfert werden; gerade durch dieses Geschehen aber wird der Untergang des jüdischen Volkes noch beschleunigt. **52** ›Kinder Gottes‹ sind all jene, die im Glauben an Jesus Christus zur Einheit finden, seien sie Juden oder Heiden. Deshalb stirbt Jesus auch für das jüdische Volk, wenn er den universalen Heilsplan Gottes erfüllt und die in der Welt versprengten Gotteskinder zur Einheit führt. Als guter Hirte sammelt Jesus in der Endzeit die Zerstreuten Gottes.[239] **53** Von nun an steht fest, dass Jesus getötet werden soll. **54** Jesus zieht sich daraufhin aus der Öffentlichkeit zurück in die Stadt Ephraim.[240] Dieser Ort ist wahrscheinlich identisch mit dem heutigen et Tajbe, das 20 km nordöstlich von Jerusalem liegt.[241] Aus dem feindlichen Jerusalem begibt sich Jesus in einen sicheren Bereich.

Obwohl die Juden meinen, durch Jesu Tod vordergründig einen Nutzen zu haben, vollzieht sich in Wahrheit das gesamte Geschehen nach dem Willen Gottes. Jesu Tod verhindert nicht den Untergang des Tempels, wohl aber begründet er die Rettung aller, die an ihn glauben.

Exkurs 11: Die Zeichen/Wunder Jesu

Was die synoptische Tradition mit δύναμις (»Machttat«) oder τέρας (»Wunder«) bezeichnet, heißt bei Johannes σημεῖον (»Zeichen«).[242] Nur die Heilung des Lahmen am Teich Bethesda (Joh 5,1-9ab) wird nicht σημεῖον genannt, wohl aber nachträglich ἔργον = »Werk« (Joh 7,21). In Joh 2,11; 4,54; 6,14; 9,16; 11,47; 12,18 und 20,30 dient σημεῖον (Plural: σημεῖα = »die Zeichen«) zur Bezeichnung und Charakterisierung eines zuvor geschilderten Wunders. Als summarische Bezeichnung für Wunder erscheint σημεῖον (σημεῖα) in Joh 2,23; 6,2; 7,31; 10,41. Hier ist es vor allem das Volk, das angesichts der Zeichen/Wunder zum Glauben kommt oder im Unglauben verharrt.

Bei Johannes sind σημεῖον (σημεῖα) und ἔργον (Plural: ἔργα = »die Werke«) Parallelbegriffe, insofern sie beide das Wunderwirken Jesu bezeichnen können. Zu den verschiedenen ἔργα gehören auch die Wunder Jesu. Ein deutlicher Bezug auf die σημεῖα ist in Joh 5,20.36; 6,29.30; 7,3.21; 9,3.4; 10,25.32ff; 14,10f; 15,24 unverkennbar. Zugleich ist ἔργον weit umfassender als σημεῖον. Es kann das gesamte Heilswerk Jesu bezeichnen (vgl. Joh 4,34; 17,4), hat aber vor allem die Funktion eines Zeugnisses für die göttliche Sendung Jesu. Wie die Zeichen zeugen die Werke von der Einheit des Vaters mit dem Sohn (vgl. Joh 4,34; 5,36; 6,28f; 9,4; 10,25.32.37; 14,10; 17,4); in den Werken des Sohnes wird der Vater sichtbar. Der Sohn vollbringt die ἔργα τοῦ θεοῦ (»Werke Gottes«), er tut den Willen dessen, der ihn gesandt hat, und gerade deshalb bezeugen ihn die Werke. Σημεῖα kann aber nur Jesus vollbringen, ἔργα hingegen auch die Jünger, das Volk, die Menschen allgemein und sogar der Teufel. Während σημεῖον durchweg absolut gebraucht wird, folgt auf

---

[239] Im Hintergrund steht die Vorstellung der Sammlung der Zerstreuten in der messianischen Endzeit; vgl. z. B. Jes 11,12; 49,5 f; Jer 23,2 f; Ez 11,17; 20,34; 28,25; 2Makk 1,27; 2,18; Sir 36,13; PsSal 8,28.34; 11.

[240] Joseph, Bellum IV 551, berichtet, dass Vespasian im Jahr 68 n. Chr. die »Städtchen Bethel und Ephraim« erobert habe.

[241] Vgl. dazu *B. Schwank,* Joh, 315; *P. Katz,* Wieso gerade nach Efrajim?, ZNW 88 (1997), 130–134.

[242] Als Einführung in die Wundererzählungen des Johannesevangeliums vgl. *U. Poplutz,* Hinführung, in: *R. Zimmermann* (Hg.), Kompendium der frühchristlichen Wundererzählungen, 659–667.

ἔργον zumeist ein qualifizierender Genitiv (vgl. Joh 7,7; 9,4). Auch die Worte Jesu können als ἔργα erscheinen (vgl. Joh 5,36–38; 8,28; 14,10; 15,22–24). Die Korrespondenz von Worten und Werken bedeutet keineswegs »die Identität von Werk und Wort«[243] Jesu bei Johannes, denn beide sind wohl Offenbarungsträger, aber nur den Werken eignet eine in Raum und Zeit nachprüfbare, augenfällige Realität. Zudem deuten Joh 10,32–38; 14,8–12 darauf hin, dass der Evangelist zwischen beiden unterscheidet. Eine Fortsetzung finden die Werke Jesu durch die Jünger, denen in Joh 14,12 verheißen wird, größere Werke als Jesus zu tun.

Während bei den Synoptikern der Begriff σημεῖον nie auf Handlungen des irdischen Jesus bezogen wird, verbindet sich damit bei Johannes ein umfassendes theologisches Konzept! Subjekt aller 17 σημεῖον-Belege im Johannesevangelium ist Jesus Christus, was die exklusiv christologische Bedeutung des Begriffes zeigt. Hinzu kommt, dass bis auf Joh 2,18; 6,30 alle σημεῖον-Belege auf den Evangelisten Johannes zurückgehen, d. h. der Zeichenbegriff ist ein zentrales Element innerhalb der joh. Christologie und Theologie. In den joh. Wundererzählungen kommt immer anhand eines konkreten Geschehens das Ganze des Heilsgeschehens exemplarisch zur Darstellung! Dabei treten zwei Charakteristika des joh. Zeichenbegriffs in den Vordergrund:
    a) Zuallererst sind die ›Zeichen‹ Teil eines *öffentlichen Kommunikations- und Erkenntnisprozesses* mit einer sinnlichen Dimension. Alle Zeichen sind öffentlich, nachprüfbar und zielen auf Glauben (vgl. nur Joh 2,1–11; 11,1–44; 20,30 f). Dies entspricht dem joh. σημεῖον-Konzept, denn ein Zeichen zeigt als Bestätigung, Beweis oder Vorzeichen etwas an;[244] es verweist auf etwas hinter oder jenseits seiner selbst. d. h. es bezeichnet als gegenwärtiger und sichtbarer Sachverhalt einen nicht unmittelbar sichtbaren, aber erschließbaren Tatbestand.[245] Dabei bleibt Johannes allerdings nicht stehen. Bei ihm sind die ›Zeichen‹ nicht nur Kommunikationsmittel zwischen der himmlischen und irdischen Welt, sie haben nicht nur Verweis- und Legitimationscharakter, sondern Jesus ist, was er im Zeichen repräsentiert: Sohn Gottes und damit uneingeschränkter Teilhaber Gottes (vgl. Joh 6,35; 10,30; 14,9; 20,28). Jesu Taten sind Taten des Vaters und die Taten des Vaters sind Jesu Taten, denn: »Wäre dieser nicht von Gott, hätte er nichts tun können« (Joh 9,33).
    Im Hintergrund des joh. σημεῖον-Konzeptes stehen zuallererst die Zeichen des Mose im Exodus-Geschehen (vgl. Ex 3,2–14; 4,8 f.30 f; 7; ferner Jes 35).[246] Hier finden sich die Motive der göttlichen Legitimation und Demonstration, die Verbindung von Zeichen und Glauben bzw. Unglauben (Ex 4,8.9), das Wandlungsmotiv (Ex 7,17) und die Wendung σημεῖα ποιεῖν (Ex 4,30). Bei Johannes kommt allerdings ein zweites Element hinzu: Die mittelplatonische Vorstellung, dass Gott durch den Logos, die Vernunft der Welt sein Bild eingezeichnet hat, so dass er durch Bilder/in Bildern in der Welt erkannt werden kann. Es existiert also eine ontologische Verbindung zwischen dem Bild und dem Abgebildeten (bei Johannes zwischen Jesus Christus und Gott).[247] Jesus Christus vollzieht nicht nur wie Mose einen Auftrag Gottes, sondern er ist selbst göttlich/Gott (vgl. Joh 1,1; 20,28), d. h. Jesus Christus bildet nicht nur etwas ab, sondern er ist es selbst.
    Der exklusiv-christologische und offenbarungstheologische Gebrauch von σημεῖον im 4. Evangelium ist ohne Analogie. Er ist ausschließlich als theologische Leistung des Evangelisten Johannes zu begreifen. Religionsgeschichtlich dürfte im weiteren Sinn die Septuaginta den Hintergrund des johanneischen σημεῖον-Begriffes bilden. Zu nennen sind hier vor allem die bereits erwähnten Zeichen des Mose vor dem Pharao in Ex 4,8 f (»Wenn sie dir aber nicht glauben und die Stimme des ersten Zeichens nicht hören, so werden sie dir glauben, um der Stimme des letzten Zeichens willen.

---

[243] *R. Bultmann,* Theologie, 407.
[244] Vgl. Sextus Empiricus, Adversus Mathematicos 8,143: »Allgemein wird mit Zeichen dasjenige gemeint, was etwas anzuzeigen scheint«.
[245] Vgl. hierzu *R. Hirsch-Luipold,* Klartext in Bildern. ἀληθινός κτλ, παροιμία – παρρησία, σημεῖον als Signalwörter für eine bildhafte Darstellungsform im Johannesevangelium, in: *J. Frey/J. G. van der Watt/ R. Zimmermann* (Hg.), Imagery in the Gospel of John, WUNT 200, Tübingen 2006, 61–102.
[246] Vgl. dazu *K. H. Rengstorf,* Art. σημεῖον, ThW 7, Stuttgart 1964, 199–261.
[247] Dies betont zu Recht *R. Hirsch-Luipold,* Klartext in Bildern, 71–74.

Und es soll sein: Wenn sie dir auf diese zwei Zeichen hin nicht glauben und nicht auf deine Stimme hören ... «); 4,30 f (»und Aaron sagte alle diese Worte, die Gott zu Mose geredet hatte, und er tat die Zeichen vor dem Volk. Und das Volk glaubte und freute sich ... «); Num 14,22. Innerhalb der neutestamentlichen Überlieferung dürfte die Zeichenforderung gegenüber Jesus in der synoptischen Tradition (vgl. Mk 8,11ff; 13,4; Mt 12,9–42; 16,1–2.4; Lk 11,16.29–32; ferner 1Kor 1,22) von Einfluss gewesen sein. Johannes nimmt dieses Motiv in veränderter Form auf, Jesus wehrt nun nicht mehr wie bei den Synoptikern die Zeichenforderung ab, sondern das σημεῖον erhält einen positiven Verweischarakter. Den Einfluss des Motivs der Zeichenforderung zeigt sich auch in dem traditionellen Gebrauch in Joh 2,18; 6,30. Kennzeichnend für den Evangelisten ist die Ausweitung des Motivs und seine exklusiv christologische Füllung.

b) Die Wundererzählungen bilden *ein theologisches und narratologisches Zentrum* des Johannesevangeliums. *Theologisch:* Den Menschen wendet sich Jesus vor allem in seinen Wundern zu, das Konzept der erkennbaren Zeichen ist ein zentrales Element der Inkarnationschristologie des 4. Evangelisten.[248] Die Wunder verdeutlichen einen zentralen Aspekt der joh. Christologie: *Die heilvolle Nähe des Göttlichen im Inkarnierten, der als Schöpfungsmittler das Leben schuf (Joh 1,3), das Leben ist (Joh 1,4) und Leben spendet.*[249] *Narratologisch:* Johannes integrierte sieben Wundergeschichten in sein Evangelium, wobei die Zahl Sieben nach Gen 2,2 als Zahl der Fülle und Vollendung gilt; man kann im 1. Hauptteil des Evangeliums von einer Zeichen-Kette sprechen. Die Wunder bilden zusammen mit den Reden Jesu den erzählerischen Grundstock des 4. Evangeliums, denn sie klären gleichermaßen die Frage nach der Herkunft und damit der Identität Jesu. Jede Art von Wunder kommt bei Johannes nur einmal vor und die einzelnen Wunder sind planmäßig über das öffentliche Wirken Jesu verteilt. Dabei folgen die johanneischen Wunder in ihrem Ablauf einem sukzessiven Verdichtungsprinzip,[250] indem die traditionellen Wundergeschichten im Laufe des Evangeliums immer stärker mit theologischen Themen verschränkt werden und so eine theologische Steigerung inszeniert wird: Vom kurzen Weinwunder in Kana bis hin zur barocken Erzählung von der Auferweckung des Lazarus. Innerhalb dieses Konzeptes leisten die Wundergeschichten vor allem zweierlei: Die Verstärkung des dramatischen Elementes und die Verbindung mit der Passionsgeschichte. Die Wunder bilden das erzählerische Fundament, das in den Selbstoffenbarungen Jesu zur Erkenntnis führen will, dass er seinen Ursprung und seine Herkunft bei Gott hat, dass er Gottes Wort, Gottes Sohn, der vom Vater gesandte Menschensohn und Bringer des göttlichen Lebens ist.

Joh 20,31 zeigt deutlich, dass die Wunder für Johannes eine eminent theologische Funktion haben; der Evangelist relativiert nicht die Zeichen, sondern integriert sie in seine gesamte theologische Konzeption. Dabei sind sechs Motive besonders bedeutsam:[251]

1) *Wunder und Offenbarung der Doxa:* Für Johannes haben die Wunder Jesu Christi zuallererst Offenbarungscharakter. Die Herrlichkeit des Sohnes, die ihm vom Vater vor der Schöpfung bereits

---

[248] Zur Analyse der joh. Wunderüberlieferung vgl. die Literatur zu den jeweiligen Texten; eine Gesamtanalyse bieten folgende im LV angeführten Titel: *W. Nicol,* The Semeia in the Fourth Gospel; *U. Schnelle,* Antidoketische Christologie, 87–194; *W. J. Bittner,* Jesu Zeichen im Johannesevangelium; *Chr. Welck,* Erzählte Zeichen; *M. Labahn,* Jesus als Lebensspender; *F. Zeilinger,* Die sieben Zeichenhandlungen Jesu im Johannesevangelium.

[249] Vgl. *M. Labahn,* Jesus als Lebensspender, 501, im Inkarnierten kommt »Gott selbst den Menschen zum Leben nahe.«

[250] *H. Förster,* Die johanneischen Zeichen und Joh 2:11 als möglicher hermeneutischer Schlüssel, NT 65 (2014), 1–23, sieht eine kontinuierliche Steigerung von Wunder zu Wunder: »Vor dem Hintergrund der vorliegenden Analyse, die eine klare Strukturierung der Zeichen im Johannesevangelium gemäß ihrer Größe von einem eher kleinen zu dem einen, massiven Wunder, der Auferweckung des Lazarus, aufweist, darf 2:11 als hermeneutischer Schlüssel für die Zeichen des Johannesevangeliums gesehen werden, da die ἀρχὴ τῶν σημείων – der ›Beginn der Zeichen‹– tatsächlich eine derartige Strukturierung bereits auf der semantischen Ebene deutlich macht.«

[251] Vgl. *U. Schnelle,* Antidoketische Christologie, 182–194.

verliehen wurde (vgl. Joh 17,5bc.24cd; 12,41), die sichtbar wurde in der Inkarnation des Präexistenten (Joh 1,14ab), manifestiert sich jetzt in den Wundern (Joh 2,11; 11,4.40) und vollendet sich am Kreuz, um in die eine Doxa des Vaters zurückzukehren (vgl. Joh 17,1b.5.10b.22.24c). Ausdrücklich zeigt sich die Doxa Jesu Christi im ersten (Joh 2,11) und letzten Wunder (Joh 11,4.40). Dadurch wird Jesu gesamtes Wunder-Wirken als eine wiederholte Offenbarung der Doxa dargestellt. Johannes gebraucht Doxa, um die von ihm übernommenen Wundergeschichten theologisch zu interpretieren und damit zugleich mit seiner theologischen Gesamtkonzeption zu verbinden. Dabei verweisen besonders die Größe und Materialität der Wunder, ihre sinnliche Dimension, auf das Woher und damit die Göttlichkeit des Wundertäters (vgl. Joh 9,33). Jesus verwandelt nicht nur Wasser in Wein, er füllt darüber hinaus sechs gewaltige Krüge mit einer Menge von fast 700 Litern (Joh 2,1–11). Die Fernheilung des Sohnes eines königlichen Beamten in Kapernaum findet nicht mehr am Ort selbst statt, sondern Jesus ist in Kana (Joh 4,46–54). Der Lahme am Teich Bethesda ist schon 38 Jahre krank (Joh 5,1–9). Bei der wunderbaren Speisung der 5000 können alle so viel nehmen, wie sie wollen, und dennoch bleiben zwölf Körbe voll Brot übrig (Joh 6,1–15). Jesus wandelt nicht nur auf dem See und hilft den Jüngern aus ihrer Not (Joh 6,16–20), er vollbringt noch ein weiteres Wunder, indem er das Boot an das gewünschte Ufer versetzt (Joh 6,21). Einem von Geburt an Blinden gibt Jesus das Augenlicht wieder (Joh 9,1–41). Lazarus ist schon vier Tage tot und steht schon am Beginn der Verwesung, als Jesus ihn von den Toten erweckt, und obgleich er an Händen und Füßen gebunden war und sein Angesicht von einem Schweißtuch verdeckt wurde, fand Lazarus aus der Grabstätte heraus (Joh 11,1–44).

2) *Wunder und Inkarnation:* Die Wunder zeugen mit ihren außergewöhnlichen Dimensionen von der Anwesenheit des Göttlichen in der Welt; sie demonstrieren die Verkörperung des Logos. Zugleich betonen aber die zahlreichen Verweise auf die Nachprüfbarkeit (vgl. Joh 2,9f; 4,51 ff; 5,5.8f; 6,13; 9,9.20.25 f; 11,17.39.44) die Realität der Wunder und zeugen so auch von der Inkarnation und wahren Menschlichkeit Jesu Christi.[252] Er feiert eine Hochzeit (Joh 2,1–11); er liebt seinen Freund Lazarus (Joh 11,3), er ergrimmt über die Trauer der Menge (Joh 11,33 f) und weint über Lazarus (Joh 11,35). In den Heilungs- und Auferstehungserzählungen tritt die Körperlichkeit alles Menschlichen in den Vordergrund, der Jesus in keiner Weise ausweicht. Auch in anderen Erzählsträngen des Evangeliums wird das Motiv der Menschlichkeit Jesu Christi thematisiert: Er stammt aus Nazareth in Galiläa (1,45 f 4,44; 7,41.52) und nicht aus Bethlehem (vgl. Joh 7,42!); seine Eltern sind ebenso bekannt (1,45; 2,1.3.12; 6,42; 19,26) wie seine Brüder (2,12; 7,1–10). Er besitzt einen sterblichen Leib (2,21) aus Fleisch (6,51) und Blut (19,34). Aus höchster Leidenschaft reinigt er den Tempel (Joh 2,14–22); auf Wanderungen ist er erschöpft und durstig (Joh 4,6 f). Angesichts des ihm bevorstehenden Schicksals (Joh 12,27; vgl. 13,21) ist Jesus verwirrt bzw. erregt und verlangt am Kreuz nach einem Getränk (Joh 19,28). Pilatus lässt ihn von seinen Soldaten durch Geißeln und Dornen foltern (19,1f), um dann gewissermaßen amtlich zu bestätigen: »Siehe, der Mensch!« (19,5). Ein Mitglied des Hinrichtungskommandos stellt eindeutig fest, dass Jesus tatsächlich tot ist (19,33) und schließlich wird der Leichnam Jesu amtlich freigegeben (19,38). Bei seiner Bestattung soll der zu erwartende Leichengeruch durch Duftstoffe gebannt werden (19,39 f). Die Jünger und zuletzt Thomas dürfen sich schließlich durch Augenschein davon überzeugen, dass der Leib des Auferstandenen mit dem des Irdischen und Gekreuzigten identisch ist (20,20.27).

3) *Wunder und die Einheit von Vater und Sohn:* Die Wunder bestätigen die Einheit von Vater und Sohn. Der Sohn verbringt nur die Werke dessen, der ihn gesandt hat, und die Wunder sind nichts anderes als ›Werke Gottes‹ (vgl. Joh 5,20–36; 6,29.30; 7,3.21; 9,3b–5; 10,25.32ff.38; 14,10–11; 15,24). Insbesondere in Joh 9,3b–5 verbindet der Evangelist Jesu Wunder-Wirken mit dem gesamten Heilsgeschehen, das in Joh 4,34 und 17,4 als ἔργον (»Werk«) bezeichnet wird. Die Wunder legitimieren Jesus, weil sich in ihnen die Einheit von Vater und Sohn anschaulich manifestiert. Wer solche Dinge tut, kann nur von Gott kommen (vgl. Joh 9,16.30.33; 11,42); Gott muss mit ihm

---

[252] Vgl. dazu *M. M. Thompson,* The Incarnate Word, 53–86.

sein (Joh 3,2). Weil der Vater dem Sohn die Vollmacht über das Leben gegeben hat (vgl. Joh 10,28–30; 17,2), vermag Jesus den Sohn eines königlichen Beamten zu heilen (Joh 4,51–53) und Lazarus von den Toten aufzuerwecken (Joh 11,20–27.41–44). Durch das Motiv der Einheit von Vater und Sohn verbindet Johannes die Wundererzählungen mit dem Zentrum seiner Theologie: der endgültigen Offenbarung des Vaters im Sohn.

4) *Wunder und Glaube:* Die Offenbarung der Doxa des Inkarnierten in den Wundern ist kein folgenloses Geschehen, sondern zielt auf Glauben. Dabei sieht nicht der Glaube zuerst das Wunder, sondern durch die Offenbarung der Herrlichkeit Jesu in den Wundern entsteht der Glaube (vgl. Joh 2,11). Nach den Jüngern ist es dann die Menge, die aufgrund der Zeichen-Wunder an Jesus glaubt (vgl. Joh 2,23). Wer solche unglaublichen Taten vollbringt, kann nur der in die Welt gekommene wahre Prophet, der Christus sein (vgl. Joh 6,14; 7,31). Wie unmittelbar Glaube und Zeichen-Wunder bei Johannes zusammenhängen, zeigt Joh 10,40–42, denn hier wird als entscheidende Differenz zwischen Jesus und Johannes dem Täufer bemerkt, dass dieser keine Zeichen vollbrachte. Für den Evangelisten bewirkt also das Wunder den Glauben, folgt auf das Sehen des Zeichens/Wunders der Glaube an Jesus Christus. Dieser völlig undualistische Zusammenhang zwischen Sehen und Glauben wird in Joh 2,11.23; 4,53; 6,14; 7,31; 9,35–38; 10,40–42; 11,15.40.45; 12,11; 20,8.25.27.29a explizit ausgesprochen und ist in Joh 4,39; 6,2; 9,16; 12,18 vorausgesetzt, so dass ihm für das Glaubensverständnis der 4. Evangelisten eine zentrale Bedeutung zukommt. Gegenüber einer Relativierung und rein worthaften Fassung des joh. Glaubensbegriffes, muss betont werden, dass für Johannes die Wunder Machttaten Gottes sind, weil die Offenbarung der Doxa im Wunder Glauben hervorruft. Nicht nur einen hinweisenden, minderwertigen oder unvollständigen Glauben, sondern Glauben im Vollsinn des Wortes: Erkennen und Anerkennen der Gottessohnschaft Jesu Christi.

5) *Wunder und Unglaube:* Die Wunder Jesu Christi wirken nicht automatisch, sondern sie rufen sowohl Glauben und auch Unglauben hervor. Trotz der unübersehbaren Wunder verbleiben Menschen im Unglauben (vgl. Joh 12,37). Selbst Jesu Brüder glauben nicht an ihn (Joh 7,5), obgleich sie seine Werke gesehen haben (Joh 7,3). Die Heilung des Blindgeborenen hat auf Seiten der Juden Glauben und Unglauben zur Folge (Joh 9,16). Das Bekenntnis des Blindgeborenen »Herr, ich glaube« in Joh 9,38 nimmt Jesus zum Anlass, um den Gerichtscharakter seiner Sendung zu betonen. Wie der Glaube bzw. der Unglaube generell (vgl. Joh 3,18) entscheidet auch die Haltung gegenüber der Wundertätigkeit Jesu über das Gericht (Joh 9,39). Die Auferweckung des Lazarus führt viele Juden zum Glauben (Joh 11,45), gleichzeitig gehen aber einige zu den jüdischen Führern, um Jesus zu verraten (Joh 11,46). Johannes demonstriert an den Wundern das Wesen des Unglaubens, denn angesichts der Realität der Wunder ist Unglaube die Leugnung eines unleugbaren Tatbestandes: Jesus Christus ist der Sohn Gottes. Nicht Unwissenheit oder Unvermögen sind Merkmale des Unglaubens, sondern die bewusste Ablehnung eines nicht zu übersehenden, offenkundigen Tatbestandes. Die Verbindung zwischen Wunder und Unglaube zeigt schließlich, dass für den Evangelisten die Wunder nicht magisch wirken. Trotz ihres Offenbarungscharakters, ihrer Materialität und Realität fordern sie auf der Seite des Menschen eine Entscheidung.

6) *Wunder und Passion:* Der Unglaube der jüdischen Führer ist der Anlass für die Passion Jesu. Ihr endgültiger Todesbeschluss folgt auf die machtvollste Tat Jesu, die Auferweckung des Lazarus (Joh 11,53). Hier wird die kompositionelle Originalität des 4. Evangelisten sichtbar, denn die Wunder werden so zu Etappen auf dem Weg Jesu zum Kreuz, der bereits mit den Täuferverweisen (Joh 1,29.35: Jesus als ›Lamm Gottes‹) und der Voranstellung der Tempelreinigung (Joh 2,14–22) eingeleitet wird. Im ersten und letzten Wunder finden sich ausdrückliche Passionsverweise: Joh 2,1 lenkt mit dem ›dritten Tag‹ den Blick auf den Auferstehungsmorgen und in Joh 2,4c schlägt »meine Stunde ist noch nicht gekommen« die Brücke zur Passion (vgl. Joh 13,1). Bereits im ersten Wunder wird angedeutet, was sich im letzten ereignet: Jesu Wundertätigkeit als Auslöser für die Passion. Gerade dort, wo der Gottessohn seine Doxa offenbart, entzündet sich der Unglaube. In Joh 11,8–10 warnen die Jünger ausdrücklich Jesus (»… gerade erst wollten die Juden dich steinigen …«) und Thomas sagt in Joh 11,16: »Gehen auch wir, um mit ihm zu sterben«. Die anderen Wundergeschichten verschärfen den Konflikt Jesu mit den Juden bzw. jüdischen Autoritäten und richten so das Geschehen ebenfalls auf die Passion aus.

So wie Jesu Christi gesamtes Wirken eine Offenbarung und Verherrlichung des Vaters durch den Sohn und des Sohnes durch den Vater ist (vgl. Joh 8,54; 12,28; 13,31 f; 14,13), so sind die Zeichen/Wunder der zentrale Ort dieses Geschehens. Sie verweisen nicht nur auf die Herrlichkeit des Sohnes und des Vaters, sondern sind unmittelbarer Ausdruck dieser Herrlichkeit. Johannes erhebt den Komparativ der Synoptiker zum Superlativ, indem er die Lebensmacht des Sohnes unübersehbar werden lässt. Deshalb ist der Glaube als ›Sehen/Erkennen‹ die natürliche Antwort auf Gottes heilvolle Zuwendung zur Welt in Jesus Christus.

VII. Das letzte Passa in Jerusalem und das bevorstehende Leiden Jesu 11,55–12,50

Die Wallfahrtssituation bestimmt die Abfolge der kommenden Ereignisse. Die Hörer und Leser des Evangeliums werden in die gespannte Erwartungshaltung hineingenommen, die in Jerusalem im Vorfeld des letzten Passa Jesu herrscht. Allen am Geschehen Beteiligten ist klar, dass nun letztgültige Entscheidungen fallen werden. Kapitel 12 nimmt innerhalb der zweigeteilten Makrostruktur des Johannesevangeliums eine Übergangsfunktion ein.[1] Das öffentliche Wirken Jesu findet sein Ende,[2] und die bevorstehende Passion rückt immer mehr in den Vordergrund. Schließlich wird noch einmal das große Thema des 1. Hauptteils des Evangeliums in verdichteter Form behandelt: Der Konflikt zwischen Glauben und Unglauben (Joh 12,37–50).

1. Die Stimmung in Jerusalem 11,55–57

(55) Es war aber das Passa der Juden nahe, und viele vom Land gingen vor dem Passa hinauf nach Jerusalem, um sich zu heiligen. (56) Da suchten sie Jesus und sprachen zueinander, als sie im Tempel standen: »Was meint ihr? Wird er etwa nicht zum Fest kommen?« (57) Es hatten nämlich die Oberpriester und Pharisäer ein Gebot erlassen: Wenn jemand weiß, wo er sich aufhält, soll er es anzeigen, damit man ihn festnehmen kann.

55 Die Zeitangabe (vgl. Joh 2,13; 6,4) ist ein deutliches Signal für die Hörer und Leser des Evangeliums, dass nun Jesu Ende nahegekommen ist. Zahlreiche Festpilger ziehen nach Jerusalem, um sich noch vor dem Passa der levitischen Reinigung zu unterziehen.[3] **56** In Jerusalem ist Jesus bereits der Mittelpunkt aller Gespräche. Ähnlich wie in Joh 6,24; 7,1 suchen die Menschen Jesus; sie fragen erwartungsvoll, aber auch zweifelnd, ob er ebenfalls zum Fest kommen werde. **57** Johannes erklärt die skeptische Erwartungshaltung der Jerusalemer, denn die Oberpriester und Pharisäer haben eine öffentliche Anordnung gegen Jesus erlassen: Wer den Aufenthaltsort Jesu weiß, muss ihn mitteilen. Oberpriester und Pharisäer erscheinen hier als eine anordnende Behörde, wobei unklar bleibt, aufgrund welcher rechtlichen Kompetenz sie solche Anweisungen erlassen konnten.[4] Der Evangelist setzt – historisch wahrscheinlich zutref-

---

[1] Vgl. *C. H. Dodd,* Interpretation, 383 (»apt transition«); *R. A. Culpepper,* Anatomy, 94 (»transitional chapter«); *G. Mlakuzhyil,* Literary Structure, 221.239 f (»bridge-section«).

[2] Die abschließende Funktion von Kap. 12 zeigt sich vor allem im Rückbezug auf Kap. 1 (vgl. 1,4–9/12, 35.46: Licht und Finsternis; 1,23/12,38.40: Jesaja-Zitat; 1,40.44/12,21 f: Philippus und Andreas; 1,51/12,29: Erwähnung der Engel; 1,51/12,23.34: Der Menschensohn).

[3] Vgl. Num 9,6–13; 2Chron 30,15–19; Joseph, Bellum I 229.

[4] In Frage kommende Texte werden bei *R. Schnackenburg,* Joh II, 457, referiert.

fend – voraus, dass es zwischen dem Beschluss, gegen Jesus vorzugehen, und dem Verhalten des Judas ein Verbindungsglied geben muss, das in einer Art ›Haftbefehl‹ liegen könnte. Judas dürfte Jesus nicht völlig unmotiviert übergeben haben, sondern als Reaktion auf Nachstellungen der hohepriesterlichen Familien.

2. Die Salbung in Bethanien 12,1–8.9–11*

(1) Sechs Tage vor dem Passa kam Jesus nach Bethanien, wo Lazarus war, den Jesus von den Toten auferweckt hatte. (2) Dort bereiteten sie ihm ein Mahl, und Martha diente; Lazarus aber war einer von denen, die mit ihm zu Tisch lagen. (3). Da nahm Maria ein Pfund echten, wertvollen Nardenöls, salbte Jesu Füße und trocknete seine Füße mit ihren Haaren ab. Das Haus aber war von dem Geruch des Öles erfüllt. (4) Es sprach aber Judas Iskariot, einer von seinen Jüngern, der ihn übergeben sollte: (5) »Warum wurde das Öl nicht für dreihundert Denare verkauft und den Armen gegeben?« (6) Dies sagte er aber nicht, weil ihm an den Armen gelegen war, sondern weil er ein Dieb war und die Kasse verwaltete und trug, was man hineinwarf. (7) Da sprach Jesus:»Lass sie, damit sie es für den Tag meines Begräbnisses aufbewahre. (8) Die Armen habt ihr allezeit bei euch, mich aber habt ihr nicht allezeit!« (9) Als nun viel Volk von den Juden erfuhr, dass er dort sei, kamen sie nicht nur um Jesu willen, sondern auch um Lazarus zu sehen, den er von den Toten auferweckt hatte. (10) Die Oberpriester aber beschlossen, auch Lazarus zu töten. (11) Denn viele von den Juden gingen um seinetwillen hin und glaubten an Jesus.

Innerhalb der Textreihenfolge fallen gegenüber Markus zwei Besonderheiten auf: 1) Der 4. Evangelist lässt die ›Leidenswoche‹ mit der Salbung in Bethanien beginnen, die bei Markus erst am Anfang der eigentlichen Passionsgeschichte steht (Mk 14,3–9). 2) Die Salbung Jesu ist dem Einzug in Jerusalem vorangestellt, der wiederum bei Markus die ›Leidenswoche‹ eröffnet (Mk 11,1–10). Die neue Szenenfolge unterstreicht durch den Zusammenhang Salbung – Grablegung (vgl. Mk 15,42–47par; Joh 19,38–42) die sachliche Verbindung zum Ostergeschehen, die Salbung ist ein verhüllter Hinweis auf Ostern. Zugleich sind die Verknüpfungen zur Lazarus-Erzählung unübersehbar, nicht zuletzt durch die Verzahnung der Salbung in Bethanien mit dem Tötungsbeschluss gegen Lazarus. Den Hörern und Lesern des Evangeliums soll durch die szenische Abfolge deutlich werden, dass der Weg Jesu nicht in die Leere des Todes führt, sondern gerade in seinem Schicksal das Leben triumphiert.

1 Die Zeitangabe sperrt sich gegen eine genaue Festlegung, denn sowohl der Ausgangspunkt der Zählung als auch die Anzahl der zu zählenden Tage sind ungewiss. Andererseits haben joh. Zeitangaben immer Signal- und Verweischarakter, so dass

---

* Literatur: *Dauer, A.:* Johannes und Lukas, 126–206; *Dunderberg, I.:* Zur Literarkritik von Joh 12,1–11, in: John and the Synoptics, hg. v. A. Denaux, 558–570; *Gruber, M.:* Die Zumutung der Gegenseitigkeit. Zur johanneischen Deutung des Todes Jesu anhand einer pragmatisch-intratextuellen Lektüre der Salbungsgeschichte Joh 12,1–8, in: G. van Belle (Hg.), The Death of Jesus in the Fourth Gospel, 647–660; *Mohr, T. A.:* Markus- und Johannespassion, 129–147; *Reinbold, W.:* Tod Jesu, 106–111; *Sabbe, M.:* The Anointing of Jesus in John 12,1–8 and its Synoptic Parallels, in: The Four Gospels (FS F. Neirynck), hg. v. F. van Segbroeck u. a., 2051–2082.

auch hier mit bewusster Gestaltung zu rechnen ist.[5] Am wahrscheinlichsten ist die
Annahme, dass Jesus am Freitag, d. 14. Nisan, starb (vgl. Joh 18,28), so dass der 6. Tag
auf Sonntag, d. 9. Nisan fällt, nach christlicher Zeitrechnung wäre es der Palm-
sonntag.[6] Johannes ersetzte die mk. Tradition (Mk 14,3: »im Hause Simons des Aus-
sätzigen«) durch einen Rückbezug auf die Lazarus-Geschichte, um so gleich zu Beginn
der Leidenswoche den Auferstehungsgedanken einzutragen.   **2** Im Haus der Geschwister Maria, Martha und Lazarus findet ein Mahl statt, wobei die ausdrückliche
Erwähnung des Lazarus die Realität des vorangegangenen Auferweckungswunders unterstreicht. Lazarus ist vollständig ins Leben zurückgekehrt und nimmt nun sogar wieder an einem festlichen Mahl teil.   **3** Maria bringt ein Pfund echten Nardenöls herbei,
das in Ostasien gewonnen wurde und als besonders kostbar galt. Neben der Qualität
ist auch die Menge des Öles außerordentlich. Maria salbt mit dem Öl die Füße Jesu
und trocknet sie mit ihren Haaren ab (vgl. Lk 7,40), womit sie ihre besondere Zuneigung gegenüber Jesus zum Ausdruck bringt. Wie bei der Hochzeit in Kana imponiert
der grenzenlose Überfluss, das ganze Haus ist von dem Duft des Öles erfüllt. Auch
dieser Zug zeigt wieder Verbindungen zur Lazarus-Erzählung (vgl. Joh 11,39) und zu
den Ostererzählungen, denn der Wohlgeruch des wertvollen Öles steht in krassem
Gegensatz zum ›Geruch des Todes‹. Zudem stellt Johannes durch die auffällige Betonung der Füße Jesu eine Verbindung zur Fußwaschungserzählung her: Als Gesalbter
wird Jesus seinen Dienst an den Jüngern vollziehen.[7]   **4/5** Marias Verhalten erregt
den Unwillen des Judas, der den Hinweischarakter der Salbung nicht erkennt und in
ihr vordergründig nur verschwenderischen Luxus sieht.   **6** Der Evangelist kommentiert den Einspruch des Judas und spricht ihm aufrichtige Motive ab. Es gehe ihm in
Wirklichkeit nicht um die Armen, denen man gerade beim Passa-Fest reichlich geben
soll. Vielmehr habe er das Geld[8] nur für sich selbst behalten wollen. Johannes nimmt
hier ein Motiv der sich bildenden Judas-Legenden auf, das die Unerklärlichkeit seines
Verhaltens verständlicher machen soll.   **7/8** Judas soll Maria gewähren lassen, die von
Jesus zudem indirekt aufgefordert wird, ein Teil des Salböles für das Begräbnis aufzubewahren. Nach Joh 19,40 wird Jesus nach jüdischem Brauch mit der Beigabe wohl-
riechender Harze bestattet, während in den synoptischen Berichten das Salben Jesu
erst durch den Gang der Frauen zum leeren Grab nachgeholt werden soll (vgl. Mk
16,1par). Jesu zweites Wort hebt die Bedeutung der Tat Marias hervor, denn es bleibt
nicht mehr viel Zeit, um ihm Gutes zu tun. Den Armen kann und muss allezeit geholfen werden, der Offenbarer hingegen ist nur noch eine kleine Zeitspanne auf der
Erde.

---

[5] Die unjoh. Sprachgestalt spricht keineswegs gegen eine absichtsvolle Gestaltung des Evangelisten; anders *A.
Dauer,* Johannes und Lukas, 152 f, der die Zeitangabe als traditionell ansieht und deshalb inhaltlich nicht
auswertet.

[6] Vgl. *W. Bauer,* Joh, 158; *J. Blank,* Joh Ib, 291. *M. Weise,* Passionswoche und Epiphaniewoche im Johannes-
Evangelium, KuD 12 (1966), 48–62, ordnet die Zeitangabe in eine Passalamm-Typologie ein.

[7] Die zweifache Nennung der Füße Jesu und die Verbindung zur Fußwaschung lassen auf eine bewusste
Gestaltung des 4. Evangelisten schließen; gegen *A. Dauer,* Johannes und Lukas, 156–158, der meint, dass
Johannes die Anklänge an die lk. und mk. Überlieferung bereits vorgegeben waren.

[8] 300 Denare entsprechen dem Lohn für 300 Arbeitstage; vgl. Mt 20,2.

Zwischen Joh 12,1–8 und der mk. Salbungserzählung bestehen in der Grundstruktur erhebliche Übereinstimmungen: a) Die Salbung findet in Bethanien statt (Mk 14,3/Joh 12,1). b) Die Armenfürsorge dient als Argument für die Kritik an der Salbung (Mk 14,5/Joh 12,5). c) Der übereinstimmende Kaufpreis des Salböls wird erwähnt (Mk 14,5/Joh 12,5). d) Jesus weist die Kritik in ähnlicher Weise zurück und bezieht die Salbung auf seinen Tod (Mk 14,6 f/Joh 12,7f). Zugleich besteht eine beachtliche Nähe von Joh 12,1–8 zu Lk 7,36–50 und 10,38–42: a) Nur hier wird berichtet, dass statt des Hauptes die Füße Jesu gesalbt wurden (Lk 7,38.46/Joh 12,3). b) Nur hier findet sich die Angabe, dass Jesu Füße mit den Haaren einer Frau getrocknet wurden (Lk 7,38/Joh 12,3). c) In Lk 10,38.40.41/Joh 12,2 ist von Maria und Martha die Rede. d) Die Tätigkeit Marthas wird mit διακονεῖν = ›dienen‹ bezeichnet (Lk 10,40/Joh 12,2). Diesen Übereinstimmungen stehen erhebliche Unterschiede gegenüber,[9] von denen nur die wichtigsten genannt seien: a) Bei Lukas sind die Salbungstraditionen nicht mit der Passionsgeschichte verbunden. b) Lk 10,38–42 hat mit der joh. Salbungserzählung nur die Frauennamen und das Dienen der Martha gemeinsam. c) In Lk 7,36–50 ist die salbende Frau eine anonyme, stadtbekannte Sünderin.

Der komplexe überlieferungsgeschichtliche Befund führte zu sehr unterschiedlichen Erklärungsmodellen,[10] von denen zwei ernsthaft erwogen werden können: 1) Johannes lag eine Mischtradition vor, die Verbindungen zur vormk. und vorlk. Überlieferung aufweist, nicht aber direkt von den vorliegenden Synoptikern beeinflusst wurde.[11] 2) Johannes kannte die mk. und lk. Erzählungen, nahm Motive daraus auf und schuf (unter Aufnahme einer eigenen Tradition) den vorliegenden Text.[12] Eine sichere Entscheidung zwischen beiden Modellen ist kaum möglich; für eine direkte literarische Abhängigkeit von Markus und Lukas sprechen allerdings sprachliche (πιστικός nur in Mk 14,3/Joh 12,3; gleichlautende Genitivverbindungen) und inhaltliche Übereinstimmungen (insbesondere die zweifache Erwähnung der Füße Jesu in Lk 7,38.44.46/Joh 12,3).

9 Juden aus Jerusalem haben vom Aufenthalt Jesu in Bethanien Kunde erhalten und kommen nun in großen Scharen herbei. Sie wollen den von den Toten auferweckten Lazarus sehen, der neben Jesus das Interesse auf sich zieht.   **10/11** Dies wiederum erweckt den Argwohn der Oberpriester, die nun den Todesbeschluss dahingehend ausweiten, dass auch Lazarus getötet werden soll. Als Motiv für diese Entscheidung wird der Glaube vieler Juden an Jesus aufgrund des Lazarus-Wunders genannt. Hier zeigt sich wiederum das typisch joh. Zeichenverständnis, wonach das Wunder Glauben an Jesus hervorruft.

---

[9] Eine vollständige Auflistung findet sich bei *A. Dauer,* Johannes und Lukas, 127–131; die Unterschiede zu Mk 14,3–9 notiert R. Schnackenburg, Joh II, 464 f.

[10] Eine Übersicht bietet *A. Dauer,* Johannes und Lukas, 132–151.

[11] So z. B. *C. H. Dodd,* Historical Tradition, 167. *A. Dauer,* Johannes und Lukas, 206, vertritt folgende Lösung: »Die Ähnlichkeiten zwischen der joh Geschichte und der (den?) lk Erzählung(en) sind demnach dadurch zustande gekommen, daß letztere im Laufe der (mündlichen) Tradition die vorjoh Geschichte, die sich aus der mk her entwickelt hat, beeinflußt haben.«

[12] Vgl. z. B. *M. Sabbe,* John 12,1–8, 2081: »The Fourth Gospel in turn has replaced the anointing story in the Passion Narrative. In this, John followed Mark exhibiting many close similarities with the Markan text. In the meantime, he also took over several descriptive details from the Lukan account, in particular, the repeated mention of the feet of Jesus; by so doing, he elaborated a parallel to his narrative of the washing of the disciples' feet. These close similarities with the Markan and Lukan texts (and to a much lesser degree with that of Matthew) are best explainable on the hypothesis of a direct Johannine dependence upon them.« Für eine Bearbeitung aller Synoptiker durch Johannes plädiert *I. Dunderberg,* Literarkritik, 566 ff, der auch auf die beachtlichen Übereinstimmungen zwischen Mt 26,11/Joh 12,8 hinweist.

Wie die Lazarus-Perikope ist auch der Beginn des joh. Passionsgeschehens durch Hinweise auf Jesu Sieg über den Tod geprägt. Die Salbung durch Maria, das unaufrichtige Verhalten des Judas und der Todesbeschluss gegen Lazarus verweisen gleichermaßen auf das bevorstehende Geschehen, dem Jesus bewusst und gefasst entgegenschreitet.

3. Der Einzug in Jerusalem 12,12–19

(12) Als am folgenden Tag das viele Volk, das zum Fest gekommen war, hörte, dass Jesus nach Jerusalem kommt, (13) nahmen sie Palmenzweige und gingen hinaus, ihm entgegen, und riefen: »Hosanna! Gelobt sei, der da kommt im Namen des Herrn, der König Israels!« (14) Jesus aber fand einen jungen Esel und setzte sich darauf, wie geschrieben steht: (15) Fürchte dich nicht, Tochter Zion! Siehe, dein König kommt, sitzend auf dem Fohlen einer Eselin. (16) Dieses verstanden die Jünger zuerst nicht, als aber Jesus verherrlicht war, da erinnerten sie sich, dass dies über ihn geschrieben stand und dass man ihm solches getan hatte. (17) Die Volksmenge, die bei ihm war, als er den Lazarus aus dem Grab rief und ihn von den Toten auferweckte, legte Zeugnis ab. (18) Deshalb zog ihm auch die Volksmenge entgegen, weil sie hörte, dass er dieses Zeichen getan hatte. (19) Die Pharisäer sprachen nun untereinander: »Seht ihr, dass ihr nichts ausrichtet. Siehe, die Welt läuft ihm nach.«

Johannes lässt Jesus nicht vor (so Mk 11,1–11par), sondern nach dem Verhaftungsbeschluss des Hohen Rates in Jerusalem einziehen. Zudem verbindet er die Einzugserzählung mit der Lazarusperikope (vgl. V. 17 f). Der Einzug in Jerusalem ist nun der letzte erzählte Bericht vom öffentlichen Wirken Jesu vor dem Beginn der Leidensgeschichte. Dabei steht bereits das Königsmotiv im Mittelpunkt, das auch im Passionsbericht dominiert.

12/13 Während in der synoptischen Version Jesu Anhänger das jubelnde Geleit beim Einzug bilden, zieht bei Johannes die Menge aus Jerusalem Jesus entgegen. Johannes berichtet auch nicht von einem Abschlagen der Palmenzweige, sondern sie standen den Pilgern offenbar zur Verfügung. Palmenzweige galten als Sinnbilder für den siegreichen Herrscher, seit dem Makkabäeraufstand ein im Judentum fest verankertes Symbol (vgl. 1Makk 13,51; 2Makk 10,7; 14,4). Auch der Hosanna-Ruf war mit dem Palmenzweig eng verbunden; der Feststrauß des Laubhüttenfestes konnte ›Hosanna‹ genannt werden.[13] Das ohne Einleitungsformel überlieferte Zitat stammt bis auf ὡσαννά aus Ps 117,26aLXX. Das vorangestellte ὡσαννά dürfte sich auf Ps 118, 25αβMT beziehen,[14] das folgende ὁ βασιλεὺς τοῦ Ἰσραήλ = ›Der König Israels‹ geht auf Johannes zurück. Der Evangelist gestaltet den königlichen Einzug Jesu bewusst zu einer überaus feierlichen Szene aus. Das Volk holt Jesus als König ein und drückt durch den Gebetsruf ›Hosanna‹ die Hoffnung auf Hilfe und Rettung aus.　**14** Die legendenhaften Züge der mk. Version der Einzugsperikope (Aussendung der Jünger, Finden des jungen Esels) werden ausgelassen, denn für Johannes steht Jesu besondere

---

[13] Vgl. *Billerbeck* I, 850.
[14] Vgl. zur Analyse *A. Obermann,* Erfüllung der Schrift, 185–203.

Würde fest und muss nicht mehr erwiesen werden. Jesus kommt bereits als Messias und König Israels nach Jerusalem. Allerdings kennt und übernimmt auch Johannes die urchristliche Auslegungstradition, die im Einzug Jesu auf einem Jungesel die Erfüllung von Sach 9,9 sah.   **15** Der Evangelist zitiert wahrscheinlich in verkürzter Form Sach 9,9LXX und nimmt zudem Gen 49,11LXX auf (πῶλον ὄνου).[15] Der in Jerusalem einziehende Jesus ist der in Zion erwartete König Israels. Die Schrift fungiert als Deutehintergrund des Geschehens: Es entspricht dem Willen Gottes, dass Jesus Christus König Israels und Retter der Welt ist.   **16** Ausdrücklich wird das Geschehen für die Hörer/Leser kommentiert, es erschließt sich erst aus der nachösterlichen Anamnese. Dann wird deutlich, dass die Schrift dieses Geschehen bezeugt und Jesus im Einklang mit dem Willen Gottes steht.   **17/18** Die Volksmenge bekennt sich zu Jesus als endzeitlichem Heilsbringer und Lebensspender. Die Auferweckung des Lazarus demonstrierte eindrücklich Jesu göttliche Vollmacht, so dass ihm nun alle entgegenziehen. Lazarus wird dadurch zum Symbol für Unglauben und Glauben; seine Auferweckung löste den Todesbeschluss gegen Jesus aus, zugleich aber auch die positive Haltung der Volksmenge.   **19** Die Gegner Jesu fühlen sich nun endgültig zum Handeln herausgefordert. Der offenkundige Erfolg Jesu erfordert ein Einschreiten, denn die ganze Welt läuft Jesus schon nach. Wie die folgende Erwähnung der Griechen zeigt, bezieht sich das Wort κόσμος (›Welt‹) hier bereits auf die nachösterliche Missionstätigkeit der joh. Schule.

Johannes gestaltet Jesu Einzug in Jerusalem als vollmächtiges Geschehen. Die Volksmenge ist von Jesu Taten, insbesondere der Auferweckung des Lazarus so beeindruckt, dass sie ihm in der Erwartung heilvollen Handelns in göttlicher Vollmacht entgegengeht. Als König Israels wird er nicht nur die Menge, sondern die ganze Welt retten. Im Gegensatz zu den Hörern/Lesern des Evangeliums ist der Volksmenge allerdings noch nicht klar, in welcher Weise Jesus König Israels und der Welt ist.

4. Die Griechen fragen nach Jesus 12,20–26

(20) Es waren aber einige Griechen unter denen, die hinaufgezogen waren, um am Fest anzubeten. (21) Diese traten nun an Philippus aus Bethsaida in Galiläa heran, fragten ihn und sprachen: »Herr, wir wollen Jesus sehen.« (22) Philippus geht und sagt es dem Andreas; Andreas und Philippus gehen und sagen es Jesus. (23) Jesus aber antwortet ihnen und spricht: »Die Stunde ist gekommen, dass der Menschensohn verherrlicht wird. (24) Amen, amen, ich sage euch, wenn das Weizenkorn nicht in die Erde fällt und stirbt, bleibt es allein; wenn es aber stirbt, bringt es reiche Frucht. (25) Wer sein Leben liebt, verliert es; wer sein Leben in dieser Welt hasst, wird es zum ewigen Leben bewahren. (26) Wenn einer mir dient, folge er mir nach, und wo ich bin, dort wird auch mein Diener sein. Wenn einer mir dient, wird ihn der Vater ehren.«

---

[15]   Zu den Einzelheiten vgl. *M. J. J. Menken*, Die Redaktion des Zitats aus Sach 9,9 in Joh 12,15, ZNW 80 (1989), 193–209; *A. Obermann*, Erfüllung der Schrift, 203–215.

Das Kommen der ›Welt‹ zu Jesus wird nun mit der Erwähnung der ›Griechen‹ konkretisiert. Joh 12,20–50 kann als eine Art ›Abschiedsrede‹ Jesu an die Welt gelesen
werden, danach wendet er sich den Jüngern und dem Vater zu. Am Ende des öffentlichen Wirkens Jesu kommt nun eine weitere Gruppe in den Blick (vgl. zuvor in Joh
10,16 die ›anderen Schafe‹), die keineswegs so feindlich gesinnt ist wie die meisten
Juden.

20 Die Ἕλληνες (›Griechen‹) fungieren als Vertreter der zum Glauben gekommenen
Heidenwelt.[16] Ἕλληνες, d. h. Bewohner der griechischen Welt der Ägäis und Kleinasiens, erscheinen in Jerusalem, um am Passafest teilzunehmen. Bei diesen Festpilgern
dürfte es sich um Gottesfürchtige[17] gehandelt haben, die zwar nicht direkt das Passa
feiern durften, wohl aber Opfer darbringen konnten.[18] Der religiöse Status der Griechen wird von Johannes bewusst nicht präzisiert, aber gerade durch die Unbestimmtheit der Gruppe, ihr plötzliches Auftreten und ihr lautloses Verschwinden bekommt
der Text seine kommunikative Funktion.   **21/22** Das Geschehen nimmt einen unerwarteten Verlauf. Die Griechen wenden sich nicht direkt an Jesus, sondern zunächst
an Philippus aus Bethsaida, einen Jünger Jesu mit griechischem Namen. Philippus
führt die Griechen nicht gleich zu Jesus, sondern schaltet erst noch Andreas ein, der
mit ihm Jesus das Anliegen der Griechen übermittelt. Historisch lässt sich dieser Ge-
schehensablauf kaum plausibel machen, erst in Verbindung mit den Jüngerberufungen
in Joh 1 ergibt sich seine Funktion. Neben dem Lieblingsjünger sind es Philippus und
Andreas, die sich durch eine besondere Nähe zu Jesus auszeichnen. Andreas wurde
vor Simon Petrus berufen (vgl. Joh 1,40–42), und Jesus selbst berief Philippus unmittelbar nach Andreas und Kephas (Joh 1,43).[19] Als Verbindungsleute zu den Griechen
treten jene Jünger auf, die im 4. Evangelium eine wichtige Rolle spielen und wahrscheinlich in der Adressatengemeinde des 4. Evangeliums als herausragende Missionare
verehrt wurden. Bewusst kommt es zu keiner Begegnung zwischen Jesus und den Griechen, denn die Griechen als Chiffre für die kleinasiatischen Adressaten des 4. Evangeliums können nicht den Irdischen, sondern nur den Erhöhten sehen.   **23** Wie stark
Johannes die textexterne Hörer/Lesergemeinde im Blick hat, zeigt die Reaktion Jesu.
Er geht auf das Anliegen von Philippus und Andreas nicht ein, sondern erläutert die
Heilsbedeutung seines Todes. Im Gegensatz zu Joh 2,4; 7,30; 8,20 wird nun ausdrück-
lich betont, die Stunde der Verherrlichung des Menschensohnes sei gekommen. Die
Stunde Jesu erhält ihre besondere Würde durch das Geschehen, das sich in ihr und
mit ihr ereignet: die Verherrlichung des Menschensohnes. Mit Verherrlichung benennt
Johannes die Erhebung in den göttlichen Bereich, sie ist eine Tat Gottes, die sich in
Kreuz und Auferstehung vollzieht.   **24** Das Bildwort vom Weizenkorn (vgl. 1Kor

---

[16] Vgl. *W. Heitmüller,* Johannes, 137.139; *J. Frey,* Heiden – Griechen – Gotteskinder, 255.
[17] Vgl. *R. Schnackenburg,* Joh II, 478; *U. Busse,* Die »Hellenen« von Joh 12,20 ff und der sogenannte »An-
      hang« Joh 21, in: *F. van Segbroeck* (Hg.), The Four Gospels, 2091. *J. Beutler,* Greeks come to see Jesus (John
      12,20 f), Bib 71 (1990), 333–347, sieht Jes 52,15LXX im Hintergrund von V. 20 f.
[18] Vgl. *Billerbeck* II, 549–551.
[19] Philippus ist mit 12 Erwähnungen der nach Petrus am häufigsten genannte Jünger im Johannesevangelium,
      was seine Bedeutung unterstreicht.

15,35–41) veranschaulicht das Geschehen: Jesus muss sterben, wenn er ›Frucht‹ bringen soll. Der Tod Jesu ist der Tod, aus dem die Frucht und damit das Leben kommt. **25** Johannes überliefert ein Logion, das in seiner Urfassung auf den historischen Jesus zurückgehen dürfte (vgl. Lk 17,33/Mt 10,39; Mk 8,35). Jesu Weg und Geschick sind Ermöglichung und Vorbild für eine Existenz, die sich ganz auf Gott ausrichtet. Dabei geht es um nicht weniger als um den Verlust oder den Gewinn des Lebens. Leben im Vollsinn ist nur durch die Bindung an Jesus möglich; wer hingegen das Leben in dieser Welt gewinnen will, verliert es in Wahrheit an den Tod. Das Loslassen der eigenen Existenz wurde von Jesus vorbildhaft gelebt, deshalb hat sich in ihm das ewige Leben verwirklicht.   **26** Johannes versteht Nachfolge als umfassende Bindung der Glaubenden an Jesus (vgl. Lk 14,27/Mt 10,38; Mk 8,34par). Sie ist als christliche Lebenshaltung an seinen Tod und seine Verherrlichung gebunden; so wie Jesus Gott diente, sollen die Nachfolgenden Jesus dienen. Das Dienen ist umfassend gemeint und bezeichnet ›Gottes-Dienst‹ als Lebensgehorsam. Wer so Jesus nachfolgt, wird am selben Ort wie er sein, d. h. in die immerwährende Gemeinschaft mit dem Vater und dem Sohn aufgenommen werden.

Der 4. Evangelist deutet die Geschichte seiner eigenen Schule, in den ›Griechen‹ dürfen die Adressaten des Evangeliums sich selbst erkennen. Den irdischen Jesus konnten sie nicht sehen, den erhöhten Jesus Christus hingegen verstehen sie besser als die Juden. *Während die Juden ab Kap. 5 Jesus in feindlicher Absicht ›suchen‹, erscheinen die Griechen als die wahrhaft Suchenden und Findenden.*

5. Die Erhöhung des Menschensohnes 12,27–36

(27) »Jetzt ist meine Seele erschüttert. Doch was soll ich sagen? Vater, rette mich aus dieser Stunde? Deshalb bin ich doch in diese Stunde gekommen! (28) Vater, verherrliche deinen Namen!« Da kam eine Stimme aus dem Himmel: »Ich habe verherrlicht und werde wieder verherrlichen.« (29) Das Volk nun, das dabeistand und es hörte, sagte, es habe gedonnert. Andere sagten: »Ein Engel hat zu ihm geredet.« (30) Jesus entgegnete und sprach: »Nicht um meinetwillen erging diese Stimme, sondern um euretwillen. (31) Jetzt ist das Gericht über diese Welt, jetzt wird der Herrscher dieser Welt hinausgeworfen werden. (32) Ich aber, wenn ich von der Erde erhöht sein werde, werde alle zu mir ziehen.« (33) Dies sagte er aber, um deutlich zu machen, welchen Todes er sterben würde. (34) Da antwortete ihm das Volk: »Wir haben aus dem Gesetz gehört, dass der Christus ewig bleibt. Wie kannst du dann sagen: Der Menschensohn muss erhöht werden? Wer ist dieser Menschensohn?« (35) Da sprach Jesus zu ihnen: »Nur noch eine kurze Zeit ist das Licht bei euch. So wandelt, solange ihr das Licht habt, damit die Finsternis euch nicht überfällt. Denn wer in der Finsternis wandelt, der weiß nicht, wohin er geht. (36) Solange ihr das Licht habt, glaubt an das Licht, damit ihr Söhne des Lichtes werdet!« Dies redete Jesus und ging weg und verbarg sich vor ihnen.

Johannes lenkt den Blick noch intensiver auf das Geheimnis des Todes Jesu. Es wird weiter geklärt, was der Tod Jesu für die Glaubenden und die Nichtglaubenden bedeutet. Dabei korrespondiert dieser Abschnitt am Ende des öffentlichen Wirkens Jesu mit dem Nikodemusgespräch am Anfang (vgl. Joh 12,34 mit Joh 3,14).

27/28 Der Evangelist greift die Gethsemane-Tradition auf, wobei er die mk. Überlieferung voraussetzt (V. 27a/Mk 14,33b.34a: Erschütterung der Seele; V. 27c/Mk 14,36a: Vater-Anrede; V. 27c/Mk 35b.41c: Errettungsmotiv; V. 28a/Mk 14,36c: Ergebungsmotiv).[20] Angesichts des bevorstehenden Todes ist Jesu Seele erschüttert (vgl. Ps 6,4; 41,7LXX), und die Nähe der Todesmacht betrübt ihn aufs tiefste. Zugleich sagt die theologische Reflexion, dass Jesus aus dieser Situation gar nicht gerettet werden kann, weil sie Voraussetzung seines Heilswerkes ist. Deshalb bittet der joh. Jesus den Vater um die Verherrlichung seines Namens. Eine Himmelsstimme gibt die göttliche Antwort; die Verherrlichung des Sohnes in Kreuz und Auferstehung ist zugleich die Verherrlichung des Vaters. In diesem Geschehen verbinden sich die Zeiten, denn die *eine* Verherrlichung gilt für Vergangenheit und Zukunft. Mit der Himmelsstimme verweist der Evangelist auf Joh 1,32–34 zurück und strukturiert zugleich den 1. Hauptteil des Evangeliums, der nun durch eine Himmelsstimme eröffnet und beschlossen wird. Die Funktion von Himmelsstimmen besteht vor allem in der Offenbarung des Zukünftigen.[21] Joh 1,32–34 präsentiert Jesus als Geistträger, die Kap. 2–12 illustrieren diese Aussage. Joh 12,28 kündigt die Verherrlichung Jesu an, die in Kap. 18–20 geschildert wird. **29** Die Menge hört zwar die Stimme, vermag ihren Inhalt aber nicht zu deuten. Manche halten sie für einen Donnerschlag, andere sind der Meinung, ein Engel habe zu Jesus gesprochen. **30** Dies erfordert eine Reaktion Jesu, der nun auf die wahre Bedeutung der bevorstehenden Stunde hinweisen kann. Mit der Bemerkung, dass dieses Geschehen »euretwegen« erfolge, wird die textexterne Hörer- und Lesergemeinde explizit angesprochen, damit sie die wahre Bedeutung des Todes Jesu versteht. **31** Die ›Stunde‹ der Verherrlichung des Menschensohnes ist zugleich die ›Stunde‹ des endgültigen Gerichtes über die Welt, das jetzt stattfindet (νῦν). Das Verherrlichungsgeschehen bedeutet das Ende der alten, todverfallenen Welt und den Anfang der neuen Welt Gottes. Die Entmachtung des ›Herrschers dieser Welt‹, d. h. des Teufels, vollzieht sich durch Jesu Tod und Auferstehung. Es ereignet sich ein universaler Herrschaftswechsel, dem ›Hinausgeworfenwerden‹ des Teufels entspricht die Inthronisation Jesu. **32/33** Der beim Vater Erhöhte wird (ἑλκύσω = Futur) kraft seines Kreuzestodes alle Glaubenden zu sich ›ziehen‹, d. h. mit dem Heil beschenken. Ein deutlicher Hinweis auf futurische Eschatologie! Mit einem Kommentarwort (vgl. Joh 18,32b)[22] deutet der Evangelist sein Verständnis von Kreuz, Erhöhung und Verherrlichung an. Die Erhöhung Jesu ist die Erhöhung am Kreuz, was semantisch sehr genau durch ποίῳ θανάτῳ (= ›welchen Todes‹) angezeigt wird. Im Kreuz erlangt Jesus die Würde der Erhöhung und Verherrlichung.[23] Das Kreuz ist gerade bei Johannes Grunddatum und bleibender Ort des Heils, und nur vom Kreuz her kann Jesu Gang

---

[20]   Vgl. *T. Onuki,* Abschiedsreden, 226 ff.
[21]   Vgl. dazu *P. Kuhn,* Offenbarungsstimmen im Antiken Judentum, TSAJ 20, Tübingen 1989.
[22]   Vgl. zur Exegese *C. J. Bjerkelund,* Tauta Egeneto, 119–125.
[23]   Den traditionsgeschichtlichen Hintergrund der joh. Erhöhungs- und Verherrlichungschristologie bildet Jes 52,13LXX, wo es über den Gottesknecht heißt: Ἰδοὺ συνήσει ὁ παῖς μοῦ καὶ ὑψωθήσεται καὶ δοξασθήσεται σφόδρα; vgl. dazu *Th. Knöppler,* theologia crucis, 162 f.

zum Vater sachgemäß in den Blick genommen werden.[24] Wiederum ist die joh. Redeweise mehrschichtig, denn als Gekreuzigter ist Jesus in zweifacher Weise ›erhöht‹: Er hängt am Kreuz und ist zugleich beim Vater. Die Erhöhung am Kreuz und die Erhöhung zum Vater fallen bei Johannes zusammen; im Kreuzestod vollzieht sich die Erhöhung.[25]   **34** Der Einwand des Volkes dient dazu, die besondere joh. Formung des Menschensohn-Begriffes zu betonen. Das joh. Bekenntnis erblickt in dem gekreuzigten und erhöhten Jesus den verheißenen Menschensohn und Messias. Demgegenüber gibt das Volk eine weitverbreitete jüdische Vorstellung wieder: Die Herrschaft des Messias wird als ewig in Herrlichkeit angesehen (vgl. Jes 9,6; Ez 37,25; PsSal 17,4f; Just, Dial 32,1). Johannes stellt dem Bild vom Messiaskönig die Gestalt des leidenden und erhöhten Jesus gegenüber.   **35/36** Weil Jesus als leidender und erhöhter Menschensohn das Licht der Welt ist, müssen die Menschen darauf achten, dass sie im Licht wandeln, um nicht von der Macht der Finsternis überwältigt zu werden (vgl. Joh 9). Wer in der Finsternis wandelt, kennt die Richtung seines Lebens nicht und verfehlt den Sinn seiner Existenz. Deshalb die Aufforderung, an das ›Licht‹, d. h. an Jesus zu glauben. Allein die Glaubenden sind die wahren Söhne des Lichtes.[26]

Am Ende des öffentlichen Auftretens Jesu macht Johannes noch einmal deutlich, dass der Erhöhte und Verherrlichte kein anderer als der Gekreuzigte ist. Gerade beim 4. Evangelisten fällt die radikale Erniedrigung Jesu am Kreuz zusammen mit der Erhöhung und Verherrlichung des Erlösers, Retters und Lebensspenders. Die Kreuzestheologie ist kein Nebenthema joh. Christologie, sie lässt sich weder literarkritisch eliminieren noch inhaltlich als ›uneigentlich‹ abqualifizieren.[27] Gerade weil der Heilssinn des Kreuzes so betont wird, ist bei Johannes das Leiden Jesu schon vom Ostersieg überblendet. Deshalb kann der 4. Evangelist das Gekreuzigtwerden als ὑψωθῆναι (›erhöht werden‹) und δοξασθῆναι (›verherrlicht werden‹) verstehen. In diesem Sinn ist die Kreuzestheologie Voraussetzung für die Herrlichkeitschristologie.

---

[24] Gegen *J. Becker*, Joh II, 470: »Nicht das Kreuz ist also bleibender Realgrund der Erlösung, sondern die Erhöhung, die sich als Abschluss der Sendung ergibt.«

[25] Anders *E. Straub*, Der Irdische als der Auferstandene, 260 f: »Zwar weist Jesus in 3,14 und 12,32 f auf die Art und Weise seines Todes voraus, doch liegt der entscheidende Punkt dieser Stellen darin, dass die Kreuzigung (σταυρόω) auf die Erhöhung (ὑψόω) festgelegt wird. Es geht um kein paradoxes Zusammenfallen von Erhöhung und Kreuzigung, denn die Kreuzigung als Erniedrigung wird nicht thematisiert.« Dagegen ist zu betonen, dass die Funktion von Joh 12,33 gerade darin besteht, die Erhöhung als Erniedrigung zu bestimmen! Dieser auffällige Präzisierungssatz lässt an keiner Stelle erkennen, dass er seine Eigenaussage durch die Einordnung in übergeordnete Interpretationsmodelle verlieren will.

[26] Vgl. zu diesem Begriff *R. Schnackenburg*, Joh II, 497.

[27] Während z. B. *E. Käsemann*, Jesu letzter Wille, 111; *J. Becker*, Joh II, 470, *U. B. Müller*, Die Bedeutung des Kreuzestodes Jesu im Johannesevangelium, passim; *ders.*, Zur Eigentümlichkeit des Johannesevangeliums, 39 f u. ö., und *E. Straub*, Kritische Theologie oder ein Wort vom Kreuz, FRLANT 203, Göttingen 2003, die Existenz einer joh. Kreuzestheologie entweder leugnen oder ihr nur eine uneigentliche Funktion zubilligen, erblicken u. a. folgende Autoren in der Kreuzestheologie ein zentrales Sachanliegen joh. Theologie: *K. Wengst*, Bedrängte Gemeinde, 199–219; *U. Schnelle*, Antidoketische Christologie, 189–192; *H. Kohler*, Kreuz und Menschwerdung, passim; *M. Hengel*, Schriftauslegung, 271 ff; *P. Bühler*, Ist Johannes ein Kreuzestheologe? in: Johannes-Studien (FS J. Zumstein), hg. v. *M. Rose*, Zürich 1991, 191–207; *Th. Knöppler*, theologia crucis, passim; *U. Wilckens*, Christus traditus, se ipsum tradens, passim; *M. Lang*, Johannes und die Synoptiker, passim; *J. Rahner*, »Er aber sprach vom Tempel seines Leibes«, 287 f u. ö.; *J. Frey*, Die »theo-

6. Die Verstockung Israels 12,37–43

(37) Doch obwohl er solch große Zeichen vor ihnen getan hatte, glaubten sie nicht an ihn, (38) damit das Wort des Propheten Jesaja erfüllt werde, das er sprach: Herr, wer hat unserer Botschaft geglaubt? Und der Arm des Herrn, wem wurde er offenbart? (39) Darum haben sie nicht glauben können, wie wiederum Jesaja sagte: (40) Er hat ihre Augen verblendet und ihr Herz verhärtet, damit sie mit den Augen nicht sehen und mit dem Herzen nicht verstehen und sie nicht umkehren und ich sie heilen werde. (41) Dies hat Jesaja gesagt, als er seine Herrlichkeit sah, und von ihm hat er geredet. (42) Dennoch glaubten viele von den Oberen an ihn, aber wegen der Pharisäer bekannten sie es nicht, um nicht aus der Synagoge ausgeschlossen zu werden. (43) Denn sie liebten die Ehre der Menschen mehr als die Ehre Gottes.

Nach dem Abschluss der öffentlichen Wirksamkeit Jesu (Joh 12,36b) wendet sich Johannes dem Phänomen des Unglaubens zu, das ihn zutiefst beunruhigt.

37 Mit der Korrespondenz zwischen Joh 12,37 und Joh 20,30 f baut der Evangelist[28] bewusst einen Kontrast zwischen dem Unglauben angesichts der Offenbarung Jesu vor der Welt und dem vom Hörer/Leser des Evangeliums gerade aufgrund dieses Wirkens geforderten Glauben auf. Trotz der einzigartigen Offenbarungen Jesu in Wort und Tat fanden und finden nur wenige zum Glauben. Dieser Tatbestand ist für Johannes ein großes Rätsel, das nach einer Erklärung sucht. Die entscheidende Frage lautet: Warum kamen so wenige Menschen zum Glauben, obwohl Jesus so gewaltige Zeichen vor ihnen gewirkt hatte?   **38** Die Antwort auf die Frage nach der Ursache des Unglaubens erfolgt in zweifacher Weise. Zunächst wird erklärt, dass der Unglaube in der Perspektive eines Prophetenwortes gedeutet werden muss, Johannes zitiert Jes 53,1LXX.[29] Auffällig ist die Einleitungsformel, während bis Joh 12,14.(16.)39.41 die AT-Zitate durch (καθὼς) γεγραμμένον = ›wie geschrieben steht‹,[30] und (καθὼς) εἶπεν = ›(wie die Schrift) sagt‹[31] eingeleitet werden, begegnet in Joh 12,38 erstmalig die Einleitungsformel ἵνα πληρωθῇ = ›damit erfüllt werde‹ (vgl. Joh 13,18; 15,25; 19,24.36; ferner 17,12; 19,28).[32] Dieser Wechsel hängt ursächlich mit der Stellung von Kap.

---

logia crucifixi« des Johannesevangeliums, passim. Die hinter dieser Debatte stehende Sachfrage lautet, ob die joh. Rede vom Tod Jesu durch die Einordnung in ein übergeordnetes Interpretationsschema (z. B. Dualismus; Gesandtenchristologie; Jesu Weg der Selbstoffenbarung vom Vater her und zum Vater hin) neutralisiert wird, oder auch bei Johannes das Kreuz von grundlegender und bleibender Bedeutung für die Christologie ist.

[28] Joh 12,37 stammt vom Evangelisten, wofür besonders die zahlreichen joh. Stileigentümlichkeiten sprechen: Zum gen. abs. vgl. besonders Joh 8,30, zu τοσοῦτος vgl. Joh 6,9; 14,9 und zu ἔμπροσθεν vgl. Joh 1,15.30; 3,28; 10,4. Eindeutig johanneisch ist σημεῖα ποιεῖν (vgl. Joh 2,11.23; 3,2; 4,54; 6,14.30; 7,13; 9,16; 10,41; 11,47; 12,18; 20,30), und zu (οὐκ) ἐπίστευον εἰς αὐτόν vgl. besonders Joh 2,11; 4,39; 3,16; 6,40; 7,31; 8,30; 9,36; 10,42; 11,45.48; 12,42; vgl. *R. Schnackenburg,* Joh II, 525 ff; *R. T. Fortna,* Gospel of Signs, 199; *W. Nicol,* Semeia, 39; *R. Kühschelm,* Verstockung, Gericht und Heil, 126 f. Gegen *R. Bultmann,* Joh, 346; *J. Becker,* Joh II, 408 f, die in Joh 12,37 f einen Bestandteil der ›Semeia-Quelle‹ sehen.

[29] Zur Analyse vgl. *R. Kühschelm,* Verstockung, Gericht und Heil, 74 ff; *A. Obermann,* Erfüllung der Schrift, 218 ff.

[30] Vgl. mit geringen Unterschieden Joh 2,17; 6,31.45; 10,34; 12,14.16.

[31] Vgl. Joh 1,23; 7,38; 12,39.41; ferner 7,42.

[32] Dieser auffällige Tatbestand wird in der Exegese seit *A. Faure,* Die alttestamentlichen Zitate (s. o. Exk. 3), 99 f, beachtet.

12 im Gesamtaufbau des Evangeliums zusammen. Erst nachdem Jesus sein öffentliches Wirken abgeschlossen hat und deutlich ist, dass das Weizenkorn in die Erde fällt, um zu sterben und die Frucht des ewigen Lebens zu bringen (Joh 12,24 f), kann von einer Erfüllung der Schrift gesprochen werden. Als Gekreuzigter und Erhöhter ist Jesus Christus die Erfüllung der Schrift (vgl. Joh 19,28–30). Mit dem Zitat aus Jes 53,1LXX bringt Johannes sein Staunen über das Phänomen des Unglaubens zum Ausdruck und bereitet damit zugleich in einer sich thematisch steigernden Reflexion die Verstok-kungsaussagen vor.   **39** Der Vers hat zunächst eine überleitende und verbindende Funktion. Mit πιστεύειν = ›glauben‹ wird auf V. 37.38 Bezug genommen, πάλιν = ›wiederum‹ verbindet die beiden Jesaja-Zitate, und die inhaltliche Verknüpfung beider Zitate zeigt sich durch die dreifache Namensnennung des Propheten Jesaja in der Rahmung (Joh 12,38a.39.41a). Inhaltlich wird die Kernaussage des folgenden Zitates vorweggenommen: Es entspricht dem Willen Gottes, dass die Menschen nicht glauben konnten.   **40** Im Gegensatz zu V. 38 greift der Evangelist diesmal stark in das alttestamentliche Zitat ein; er zitiert Jes 6,10, wobei Umfang und Wortlaut weder mit MT noch mit LXX übereinstimmen.[33] Johannes beginnt mit der Verblendung der Augen und fügt dann die Verstockung des Herzens an, wobei er die Verhärtung der Ohren übergeht. Das Vorziehen der Verblendung der Augen erklärt sich durch die vorangegangenen Zeichen, aus denen Jesus eigentlich als Messias hätte erkannt werden müssen. Das Herz ist innerhalb der biblischen Anthropologie das Personenzentrum, hier fallen Denken, Fühlen und Entscheiden zusammen; das Herz kommt nicht zur Einsicht und damit auch nicht zum Glauben an Jesus Christus. Wer ist das Subjekt der Verben, und wie ist der Wechsel von der 3. Pers. Sg. zur 1. Pers. Sg. am Zitatende zu erklären? Zumeist wird Gott als Subjekt von τετύφλωκεν (›verblenden‹) und ἐπώρωσεν (›verhärten‹) gesehen, Jesus ist das Subjekt von ἰάομαι (›heilen‹).[34] Gott erscheint dann als Urheber der Verstockung, Jesus hingegen als ihr Heiler, der allerdings in diesem Fall nicht heilen kann. Die theologische Problematik dieser Vorstellung ist offenkundig: Warum wurde Jesus Christus Mensch, wenn sein Heilswerk keinen rettenden Charakter haben darf (anders V. 47!)? Um den fatalen Konsequenzen einer solchen Anschauung zu entgehen, können zwei Wege eingeschlagen werden: 1) Das Subjekt von τετύφλωκεν und ἐπώρωσεν ist nicht Gott, sondern der Teufel, der als Gegenspieler Gottes auftritt.[35] 2) Mit Hinweis auf V. 37 wird das ›Nicht-Glauben-Können‹ im Sinn von ›Nicht-Glauben-Wollen‹ interpretiert.[36] Eine sachgemäße Interpretation

---

[33]   Vgl. dazu *R. Kühschelm*, Verstockung, Gericht und Heil, 78–99; *M. J. J. Menken*, Quotations, 98–122; *A. Obermann*, Erfüllung der Schrift, 235–242. Zumeist wird angenommen, dass sich der Evangelist an MT und LXX anlehnt. Während Jes 6,10 im antiken Judentum in der Regel abgemildert rezipiert wird (vgl. *A. Obermann*, Erfüllung der Schrift, 238–241), verschärft Johannes die Aussage: In Jes 6,10MT erteilt Gott nur den Auftrag zur Verstockung, jetzt verstockt er selbst!

[34]   Vgl. zur Begründung *R. Schnackenburg*, Joh II, 518 f; *A. Obermann*, Erfüllung der Schrift, 245.

[35]   So bes. *J. Blank*, Krisis, 301 ff; *ders.*, Joh Ib, 338 f. Blank kann darauf verweisen, dass Gott und Jesus hier das einzige Mal im gesamten Evangelium nicht zusammen-, sondern gegeneinanderwirken. Gegenargument: Nichts weist im Text darauf hin, dass der Teufel als Subjekt gedacht werden soll.

[36]   Vgl. z. B. *R. Kühschelm*, Verstockung, Gericht und Heil, 192: »Vielmehr zieht die permanente schuldhafte Ablehnung das Nicht-Glauben-Können nach sich und verkehrt Gottes intendiertes Heilshandeln in Jesus faktisch ins Gegenteil, so daß nun geradezu gesagt werden kann, Gott selbst habe durch sein Handeln ver-

muss den nachösterlichen Standort des 4. Evangeliums ernst nehmen, denn die Erfahrung des Unglaubens prägt die joh. Gemeinden und verlangt nach einer Erklärung. Die Verstockungstheorie ist allerdings nur einer von mehreren Erklärungsversuchen innerhalb des Evangeliums [37] und muss deshalb als Epiphänomen angesehen werden. Sie versucht mit dem Hinweis auf Gottes Vorausschau im nachösterlichen Rückblick zu erklären, was nicht erklärbar ist. Aus der Perspektive des Evangelisten stellt die bewusste Verstockung der Menschen durch Gott eine mögliche Antwort auf die Frage nach dem Unglauben dar, ein Gedanke, der aber nicht verabsolutiert und instrumentalisiert werden darf. **41** Weil Jesus Subjekt und Herr der Zeit ist, kann Jesaja wie zuvor Johannes d. Täufer, Mose und Abraham als Christuszeuge in Anspruch genommen werden. Er sah die Doxa des präexistenten Jesus Christus, die mit der Doxa des Vaters identisch ist. [38] Auch hier nimmt Johannes das Wort der Schrift in christologischer Perspektive auf, die Schrift erfüllt sich für ihn gegenwärtig. **42/43** Überraschenderweise stellt der Evangelist nun fest, dass der Unglaube der Juden nicht als eine in sich geschlossene Größe angesehen werden kann. Offenbar hebt die in der Schrift vorhergesagte Verstockung die Glaubensentscheidung des einzelnen Menschen keineswegs auf, wie der Glaube vieler Oberer zeigt.[39] Wegen des großen Einflusses der Pharisäer bekennen diese Oberen ihren Glauben aber nicht öffentlich, weil sie fürchten, aus der Synagoge ausgeschlossen zu werden. Johannes stellt die Pharisäer wieder als die eigentlichen Gegenspieler dar, die einen starken Druck auf die Juden ausübten. Indirekt sagt er damit, dass die Botschaft vom Messias Jesus Christus mehr Anhänger gefunden hätte, wenn dies nicht durch innerjüdischen Druck verhindert worden wäre.

Johannes ringt mit dem Phänomen des Unglaubens, der nicht die Wahrheit, wohl aber die Wirksamkeit der Verkündigung zu relativieren scheint. Eine überzeugende Erklärung für den Unglauben vermag er nicht zu geben, weil es allein Gott vorbehalten ist, dieses Geheimnis zu lösen.

7. Jesu Wort als Gericht 12,44–50

(44) Jesus aber rief und sprach: »Wer an mich glaubt, glaubt nicht an mich, sondern an den, der mich gesandt hat. (45) Und wer mich sieht, sieht den, der mich gesandt hat. (46) Ich bin als Licht in die Welt gekommen, damit jeder, der an mich glaubt, nicht in der Finsternis bleibe. (47) Und wenn jemand meine Worte hört und sie nicht bewahrt, so richte nicht ich ihn. Denn ich bin nicht gekommen, um die Welt zu richten, sondern um die Welt zu retten. (48) Wer mich verwirft und meine Worte nicht annimmt, der hat schon seinen Richter. Das Wort, das ich gesprochen habe,

---

blendet und verhärtet.« Gegenargument: Hier werden die Aussagen von V. 39.40 in ihrer Anstößigkeit nicht ernst genommen und vorgegebenen Anschauungen angepasst.

[37] Dies wird im unmittelbaren Kontext durch die Argumentation ab V. 42 belegt! Vgl. ferner Exk. 6: Prädestination bei Johannes.

[38] Vgl. *J. Blank*, Krisis, 303.

[39] Vielleicht ist hier an Nikodemus (vgl. Joh 3,1 ff; 7,50; 19,39) und Joseph von Arimathäa (vgl. Joh 19,38) gedacht.

jenes wird ihn richten am Jüngsten Tag. (49) Denn ich habe nicht aus mir selbst gesprochen, sondern der mich gesandt hat, der Vater, er hat mir geboten, was ich reden und sagen soll. (50) Und ich weiß, dass sein Gebot ewiges Leben ist. Was ich also rede, rede ich so, wie der Vater es mir gesagt hat.«

Zum Abschluss des öffentlichen Wirkens Jesu wird noch einmal die bleibende Heilsbedeutung seiner Offenbarung und ihr endzeitlicher Entscheidungscharakter herausgestellt.[40] Die Rede ist bewusst zeitlich und örtlich nicht fixiert, weil ihr Inhalt immer und überall gilt. Johannes ruft den Hörern/Lesern des Evangeliums wiederum ins Bewusstsein, dass es bei der Offenbarung Gottes in Jesus Christus um Heil oder Gericht geht.

44/45 Das laute Rufen kennzeichnet Jesu Worte als an die ganze Welt gerichtete Offenbarungsrede. Weil Jesu Worte über Heil und Unheil entscheiden, dürfen sie nicht überhört werden. Der Evangelist betont noch einmal den Grundgedanken seiner Sendungschristologie: Wer an Jesus glaubt, glaubt nicht nur an ihn, sondern an den Vater, der ihn sandte. Christus- und Gottesglaube sind für Johannes identisch, denn der Vater und der Sohn sind eins. Der Glaube an den Sohn hat sein letztes Ziel im Glauben an den Vater. In Jesus begegnet Gott den Menschen, und Jesus führt die Menschen zu Gott. Für Johannes ist deutlich, dass Gott nur in Jesus Christus gefunden und erkannt werden kann.   **46** Mit der christologischen Licht-Metapher wird wie in Joh 8,12 verdeutlicht, dass allein Jesus der Heilsbringer für die Menschen ist. Das Kommen Jesu geschah in positiver Absicht; wer an ihn glaubt, bleibt nicht in der Finsternis. Gott will das Heil der Menschen, deshalb sandte er seinen Sohn, um die Dunkelheit der Menschen zu erhellen.   **47/48** Weil allein Jesus Christus den Weg zum Heil eröffnet, sind die Menschen aufgerufen, dieses Heil zu ergreifen. Es liegt nicht in der Absicht Jesu, die Menschen dem Verderben zu überantworten, sondern Jesus ist gekommen, um die Welt zu retten. Deshalb zieht sich der Mensch das Gericht selbst zu, wenn er das Wort des Offenbarers ablehnt. Die Offenbarung in Jesus Christus kann nicht folgenlos sein, vielmehr liegt es in der Verantwortung des Menschen, ob er das Heil ergreift oder sich ihm verweigert. Im Gegensatz zu 12,39 f wird die Entscheidungsfreiheit des Menschen nicht aufgehoben. Dem Menschen kann das Wagnis seiner Freiheit nicht abgenommen werden, so dass Heil bzw. Unheil als die natürlichen Folgen seines Verhaltens erscheinen. Das Wort Jesu rettet, zugleich klagt es aber den an, der es zurückweist. In der Begegnung mit dem Wort Jesu fällt jetzt die Entscheidung über Heil und Unheil, sie wird am Jüngsten Tag bei der Parusie Jesu offenbar. **49/50** Der Grundgedanke von V. 44 f wird wieder aufgenommen: In Jesus begegnet Gott, sein Wort ist kein anderes als das Wort Gottes. Als gesandter Offenbarer des Vaters redete Jesus nicht von sich selbst, sondern ausschließlich im Auftrag Gottes. Die

---

[40]   Die rekapitulierende Funktion von Joh 12,44–50 spricht gegen die Vermutung, die Verse stünden als ›versprengtes Fragment‹ nicht an ihrem ursprünglichen Ort (so z. B. *R. Bultmann*, Joh, 237, der 12,44–50 im Anschluss an 8,12 platziert). *J. Becker*, Joh. II, 484, sieht in 12,44–50 eine spätere Hinzufügung; ähnlich *R. Kühschelm*, Verstockung, Gericht und Heil, 150. *R. Schnackenburg*, Joh II, 514, hält den Text für johanneisch, meint aber, eine spätere Redaktion habe ihn an dieser Stelle eingefügt.

Gebundenheit an den Vater zeichnet Jesus in einzigartiger Weise aus, er ist wahrhaftig das fleischgewordene Wort Gottes. Weil es die Worte des Vaters sind, vermitteln Jesu Worte das ewige Leben und damit das eschatologische Heil. Was Jesus verkündet, sagt er ausschließlich im Namen des Vaters, d. h. das Johannesevangelium enthält den letztgültigen Offenbarungswillen Gottes.

Zum Abschluss des 1. Hauptteils resümiert Johannes die zentrale Botschaft seines Evangeliums: Jesus Christus kam als Licht in die Welt, um den Menschen das Heil zu bringen. Wer an ihn glaubt, findet Zugang zu Gott, wer im Unglauben verharrt, richtet sich selbst.

VIII. Die Fußwaschung als Vorabbildung der Passion Jesu
13,1–30

1. Die Fußwaschung und ihre Deutungen 13,1–20*

(1) Vor dem Passafest wusste Jesus, dass seine Stunde gekommen war, aus dieser Welt hinüberzugehen zum Vater; und da er die Seinen in der Welt liebte, liebte er sie bis ans Ende. (2) Und als das Mahl begonnen hatte – schon war der Teufel hineingefahren in das Herz des Judas Iskariot, des Sohnes des Simon, ihn zu übergeben, (3) doch (Jesus) wusste, dass ihm der Vater alles in die Hände gegeben hatte und dass er von Gott gekommen war und zu Gott fortgeht –, (4) steht er vom Mahl auf und legt das Oberkleid ab und nimmt ein Leinentuch und umgürtete sich damit. (5) Dann gießt er Wasser in das Becken und fängt an, seinen Jüngern die Füße zu waschen und mit dem Leinentuch abzutrocknen, mit dem er umgürtet war. (6) Er kommt nun zu Simon Petrus. Der aber sagt zu ihm: »Herr, du willst mir die Füße waschen?« (7) Jesus entgegnete und sprach zu ihm: »Was ich tue, verstehst du jetzt noch nicht, später aber wirst du es erkennen.« (8) Petrus sagt zu ihm: »Niemals sollst du mir die Füße waschen!« Jesus antwortete ihm: »Wenn ich dich nicht wasche, hast du keinen Teil an mir.« (9) Simon Petrus sagt zu ihm: »Herr, nicht allein meine Füße, sondern auch die Hände und das Haupt!« (10) Jesus spricht zu ihm: »Wer gebadet ist, braucht nicht mehr gewaschen zu werden, sondern er ist ganz rein. Auch ihr seid rein, aber nicht alle.« (11) Denn er kannte den, der ihn ausliefern sollte, deshalb sagte er: »Ihr seid nicht alle rein.« (12) Nachdem er ihnen die Füße gewaschen hatte, zog er sein Obergewand an, legte sich wieder zu Tisch und sprach zu ihnen: »Versteht ihr, was ich euch getan habe? (13) Ihr nennt mich Lehrer und Herr, und ihr sagt es zu Recht, denn ich bin es. (14) Wenn nun ich, der Herr und Lehrer, eure Füße gewaschen habe, dann seid auch ihr verpflichtet, einander die Füße zu waschen. (15) Denn ein Beispiel habe ich euch gegeben, damit auch ihr tut, was ich an euch getan habe. (16) Amen, amen, ich sage euch: Der Sklave steht nicht höher als sein Herr, und der Gesandte nicht höher als der, der ihn gesandt hat. (17) Wenn ihr das wisst, selig seid ihr, wenn ihr es tut. (18) Nicht von euch allen spreche ich, ich weiß, welche ich erwählt habe. Aber damit die Schrift erfüllt werde: Der mein Brot isst, hat seine Ferse gegen mich erhoben. (19) Schon jetzt sage ich es euch, bevor es geschieht, damit ihr glaubt, wenn es geschieht, dass ich es bin. (20) Amen, amen, ich sage euch: Wer jemanden aufnimmt, den ich senden werde, der nimmt mich auf. Wer aber mich aufnimmt, nimmt den auf, der mich gesandt hat.«

---

* Literatur: *Beutler, J.:* Die Heilsbedeutung des Todes Jesu im Johannesevangelium nach Joh. 13,1–20, in: Der Tod Jesu, hg. v. *K. Kertelge,* QD 74, Freiburg 1976, 188–204; *Culpepper, R. A.:* The Johannine Hypodeigma: A Reading of John 13, Semeia 53 (1991), 133–152; *Dunn, J. D. G.:* The Washing of the Disciples' Feet in Joh 13,1–20, ZNW 61 (1970), 247–252; *Grossouw, W. G.:* A Note on John 13,1–3, NT 8 (1966), 24–131; *Hofius, O.:* Die Erzählung von der Fußwaschung Jesu, ZThK 106 (2009), 156–176; *Kleinknecht, K. Th.:* Johannes 13, die Synoptiker und die ›Methode‹ der johanneischen Evangelienschreibung, ZThK 82 (1985), 361–388; *Kohler, H.:* Kreuz und Menschwerdung, 192–229; *Lohse, W.:* Die Fußwaschung (Joh 13,1–20). Eine Geschichte ihrer Deutungen, Diss. theol., Erlangen 1967; *Moloney, F. J.:* A Sacramental Reading of John 13.1–38, CBQ 53 (1991), 237–256; *Niemand, Chr.:* Die Fußwaschungserzählung des Johannesevangeliums, StAns 114, Rom 1993; *Richter, G.:* Die Fußwaschung im Johannesevangelium, BU 1, Regensburg, 1967; *Sabbe, M.:* The Footwashing in Jn 13 and its Relation to the Synoptic Gospels, in: ders., Neotestamentica, 409–441; *Schnelle, U.:* Die johanneische Schule, 210–216; *Segovia, F. F.:* John 13.1–20. The Footwashing in the Johannine Tradition, ZNW 73 (1982), 31–51; *Thomas, J. C.:* Footwashing in John 13 and the Johannine Community, JSNT.S 61, Sheffield 1991; *Thyen, H.:* Johannes 13 und die »Kirchliche Redaktion« des vierten Evangeliums, in: Tradition und Glaube (FS K. G. Kuhn), hg. v.

V. 10: Den Langtext οὐκ ἔχει χρείαν εἰ μὴ τοὺς πόδας νίψασθαι bezeugen B C* L W Ψ al. Den Kurztext οὐκ ἔχει χρείαν νίψασθαι lesen א it^{aur.c} vg^{ww} Tert Orig (umfassende Auflistung aller Varianten in GNT⁴, 374). Inhaltlich ist dem Kurztext der Vorzug zu geben, denn »wenn nach dem λούεσθαι noch eine Fußwaschung nötig ist, so ist der Gebadete eben nicht ganz rein«.[1]

Joh 13,1–20 kommt eine Schlüsselstellung im Aufbau des 4. Evangeliums zu. Als Prolog des 2. Hauptteils und Portal zur Leidensgeschichte nimmt die Fußwaschung als ›symbolische Erzählung‹[2] die vorangegangenen Passionsverweise auf und richtet den Blick endgültig auf das bevorstehende Geschick Jesu. Auch das zentrale Thema der Abschiedsreden ist in Joh 13,1–20 bereits präsent: das bevorstehende Weggehen zum Vater (vgl. Joh 13,1.3), das in der Fußwaschung von Jesus für die textexterne Gemeinde eine Deutung erfährt. Die Fußwaschung als Vorabbildung des Geschickes Jesu soll die Gemeinde motivieren, in der Zeit der Abwesenheit Jesu ebenso wie dieser zu handeln: aus Liebe. Auch die Stilisierung des Geschehens als Symposion ist kein Zufall, denn bei einem Symposion werden die Götter geehrt und vor allem zentrale ethische, politische und religiöse Themen erörtert. Das zentrale joh. Thema lautet: Warum musste Jesus zum Vater gehen?

1 Der Evangelist nimmt die Passanotizen Joh 11,55; 12,1.12.20 auf und verweist zugleich auf 18,28.[3] Nach dem Abschluss seines öffentlichen Wirkens weiß Jesus um die kommende Stunde seines Leidens (vgl. Joh 2,4c; 7,30; 8,20; 12,27), die in die Verherrlichung führen wird (vgl. Joh 12,23). Damit wird der Tod Jesu nicht von der Herrlichkeit aufgesogen und zum uneigentlichen Geschehen, sondern hier offenbart sich bereits: Der Tod am Kreuz ist die Verherrlichung, im Tod begegnet Jesus dem Vater. Im Kreuz fallen die Bewegung des Sohnes zum Vater und des Vaters zum Sohn ineinander.[4] Jesu Weg zum Kreuz steht in der Kontinuität seines bisherigen Seins und Wirkens, in der Kontinuität der Liebe. Damit interpretiert Johannes auch die bevorstehende Fußwaschung als einen Akt der Liebe und eröffnet durch εἰς τέλος den Blick auf die Passion.[5] Die präpositionale Bestimmung εἰς τέλος beinhaltet eine zeitliche (›bis ans Ende‹) und qualitative (›bis zur Vollendung‹) Aussage. Das Kreuz ist der Ort, an dem die Liebe Jesu zu den Seinen an ihr Ende und ihre Vollendung gelangt, am Kreuz kann Jesus deshalb sagen: τετέλεσθαι (Joh 19,30: »es ist vollbracht«).

G. Jeremias/H. W. Kuhn/H. Stegemann, Göttingen 1971, 343–356; *Weiss, H.:* Foot Washing in the Johannine Community, NT 21 (1979), 298–325; *Zumstein, J.:* Die johanneische Auffassung der Macht, gezeigt am Beispiel der Fußwaschung (Joh 13,1–17), in: *ders.,* Kreative Erinnerung, 99–114.

[1]   *R. Bultmann,* Joh, 358. Für den Kurztext plädieren auch *R. Schnackenburg,* Joh III, 22 f; *C. K. Barrett,* Joh, 434 f; *R. E. Brown,* John II, 552; *H. Thyen,* Johannes 13, 348; eine Übersicht zu den verschiedenen Lösungsversuchen bietet *J. C. Thomas,* Footwashing, 19–25. Für den Langtext plädiert z. B. *O. Hofius,* Die Erzählung von der Fußwaschung Jesu, 165–173, der dort nicht zwei verschiedene, sondern eine Waschung annimmt.
[2]   So *J. Blank,* Joh II, 36.
[3]   Zum redaktionellen Charakter von Joh 13,1 vgl. *H. Kohler,* Kreuz und Menschwerdung, 196 f.
[4]   Vgl. *H. Kohler,* Kreuz und Menschwerdung, 201 f.
[5]   Gegen *J. Becker,* Joh II, 500; *G. Richter,* Fußwaschung, 318, die V. 1b der ›kirchlichen Redaktion‹ bzw. einer späteren Redaktion zuweisen wollen.

2 An den Eingangsvers schließt Johannes eine (traditionelle) kurze Notiz über die Mahlsituation an und führt das Verrätermotiv ein.[6] Die Fußwaschung vollzieht sich im Rahmen eines Symposions, dem in der antiken Welt ein hoher Stellenwert zukam. Ein Symposion (συμπόσιον) war weitaus mehr als ›gemeinsames, geselliges Trinken‹. Vielmehr standen im Zentrum die Götterverehrung und das Götterlob in Form von religiösen Ritualen.[7] Zudem war ein Symposion auch der Ort ausgedehnter philosophischer Gespräche, so wie sie Plato in seinem gleichnamigen Dialog schildert. Die Aufnahme des traditionell mit der Mahlszene verbundenen Verrätermotivs (vgl. Lk 22,3) zeigt, dass der Evangelist bewusst die Fußwaschung an die Stelle des letzten Mahles setzt. Illustriert doch die Fußwaschung nachdrücklich das joh. Verständnis der Passion Jesu als einer Bewegung der zuvorkommenden Liebe. Zudem betonte Johannes bereits in 6,51c–58 die grundlegende soteriologische Bedeutung des Abendmahls. Der Verräter Judas ist den Lesern seit Joh 6,70 bekannt, und auch Jesus weiß um den Verrat (vgl. Joh 6,64; 13,11), hält aber das Geschehen nicht auf.[8] Gerade dort, wo die Liebe Gestalt gewinnt und an ihr Ziel gelangt, setzt die Gegenbewegung des unerklärlichen Hasses ein.

Das joh. Judas-Bild ist nicht frei von Spannungen.[9] Während Judas nach Joh 6,70 zu den von Jesus selbst erwählten Jüngern zählt und metaphorisch als ›Teufel‹ bezeichnet wird, gewinnt in Joh 13,2.27 der Teufel als eine fremde Macht über ihn Gewalt. Heißt es in Joh 13,2 »schon war der Teufel (διά-βολος) hineingefahren in das Herz des Judas Iskariot, des Sohnes des Simon«, so stellt Joh 13,27b fest:»Und als er den Bissen genommen hatte, fuhr der Satan (σατανᾶς) in jenen ein.« Während hier Judas als Werkzeug des Teufels erscheint, werden ihm in Joh 12,6 niedere moralische Motive für sein Tun unterstellt. Diese Spannungen dürften auf verschiedene Traditionen zurückzuführen sein, die Johannes einem Grundgedanken dienstbar gemacht hat: Gott und Jesus lassen den Satan durch Judas gewähren (Joh 13,27a; 18,4.9), damit so die Schrift erfüllt wird (Joh 13,18; 17,12; 18,9) und der göttliche Heilsplan sich vollzieht.

3 Das Tun des Verräters wirft die Frage nach der Vollmacht Jesu auf. Judas kann nicht eigenständig Macht über Jesus ausüben, sondern Vater und Sohn lassen ihn bewusst gewähren.[10] Jesus handelt aus der Vollmacht des Vaters heraus, der ihm alles übergab (vgl. Joh 3,35; 10,29; 17,2). Die Begründung liefert V. 3b: Jesus kommt von Gott und wird zu Gott zurückkehren. Jesu Sein aus Gott erweist sich paradoxerweise in der Erniedrigung.   **4/5** Nun setzt die eigentliche Handlung ein. Das Geschehen wird

---

[6]   Vgl. *T. Onuki*, Abschiedsreden, 173; *H. Kohler*, Kreuz und Menschwerdung, 204.

[7]   Zum richtigen Verhalten beim Symposion heißt es bei Athen, 462C u. a.: » … Der Altar in der Mitte ist völlig mit Blumen bedeckt, Gesang erfüllt das Haus und festliche Freude. Zuerst aber müssen frohgesinnte Männer den Gott preisen mit frommen Geschichten und reinen Reden, indem sie spenden und beten, das Gerechte tun zu können … « (zitiert nach *M. L. Gemelli Marciano* [Hg.], Die Vorsokratiker I, 227).

[8]   Deshalb besteht aus joh. Perspektive auch kein Widerspruch zwischen Joh 13,2 und 13,27; gegen *J. Becker*, Joh II, 500, der dies als Hauptargument für seine Zuweisung von V. 2 zur sog. ›kirchlichen Redaktion‹ nimmt.

[9]   Zu Judas vgl. *W. Vogler*, Judas Iskarioth, ThA 42, Berlin 1983; *H.-J. Klauck*, Judas – ein Jünger des Herrn, QD 111, Freiburg 1987; *R. E. Brown*, Death of the Messiah II, 1394–1418.

[10]   *R. Schnackenburg*, Joh III, 18, *J. Becker*, Joh II, 501, weisen V. 3 ihrer jeweiligen späten ›Redaktion‹ zu. Dabei verkennen sie die theologische Funktion dieses Verses.

knapp erzählt, und das Überraschende bahnt sich unauffällig an: die Fußwaschung des Herrn an seinen Dienern.[11] Dabei verbleibt die Erzählung zunächst im Kontext eines Symposions, denn Waschungen oder Salbungen gehörten zu den vorbereitenden Riten.[12] Ferner ist es für ein Symposion entscheidend, welcher Platz eingenommen bzw. zugewiesen wird. Jesus begibt sich durch das Ablegen des Obergewandes[13] und das Anlegen des Schurzes in das Aufgabenfeld des Dieners;[14] ein Rollentausch findet statt. Anschaulich schildert V. 5 den Vollzug der Fußwaschung, der Herr dient seinen Jüngern. Während von Caligula überliefert wird, er habe römische Senatoren bewusst gedemütigt, indem er ihnen befahl, ihm die Füße zu waschen,[15] erweist Jesus seine Liebe in der Freiheit, den niedrigsten Dienst an den Jüngern selbst zu verrichten. Eine Entsprechung findet dieses Geschehen in der Verspottungsszene (vgl. Joh 19,1–5), wo der König der Juden als lächerliche Gestalt mit Dornenkrone und Purpurmantel der Menge vorgeführt wird.[16] Jesus offenbart und vollzieht sein Sein aus Gott in der Fußwaschung als Gestaltwerdung der Liebe.[17]

Die vorliegende literarische Gestalt von Joh 13,1–20 wirft zahlreiche Probleme auf:[18] 1) Auf die eigentliche Fußwaschung in V. 4.5 folgen zwei Deutungen: V. 6–10ab; V. 12–17. Die erste Deutung ist dialogisch, die zweite monologisch strukturiert. 2) Das Verrätermotiv erscheint in V. 10c. 11 und V. 18 f. 3) Während V. 7 behauptet, Petrus könne erst später die Fußwaschung verstehen, wird in der zweiten Deutung sofort eine Interpretation gegeben. Die literarische Genese des Textes lässt sich am besten so erklären:[19] a) Die ursprüngliche Fußwaschungserzählung umfasste V. 2a (καὶ δείπνου γινομένου).4.5.12ab (ὅτε οὖν ... εἶπεν αὐτοῖς).16.20.17.[20] Es handelt sich um eine Ge-

---

11   Zum traditionellen Charakter von V. 4 f vgl. z. B. *R. Bultmann,* Joh, 351f; *K. Wengst,* Bedrängte Gemeinde, 221 Anm. 380. Nur in V. 5 erscheint im Evangelium ἤρξατο c. Inf.

12   Vgl. Plut, Mor 148B.C.

13   Dies diente nach *W. Bauer,* WB⁵, 744, dazu, »um die Arme frei zu bekommen« (vgl. Apg 7,58; 22,20).

14   Nach *Billerbeck* II, 557, gehörte das Fußwaschen zu den Pflichten des nichtjüdischen Sklaven gegenüber seinem Herrn, aber auch zu den Aufgaben der Frau gegenüber ihrem Mann und der Kinder gegenüber ihrem Vater. Im Kontext von Joh 13 dominiert die Sklave-Herr-Relation (vgl. 13,13 f.16), ohne dass damit die Dimension des Liebesdienstes ausgeschlossen wäre. Beide Elemente finden sich auch in JosAs 20,1–5, wo Aseneth anstelle einer Dienerin Joseph vor dem Mahl die Füße wäscht. Zur Fußwaschung in der antiken Welt vgl. die Texte bei *J. C. Thomas,* Footwashing, 26–56; Neuer Wettstein I/2, 636–644; sie zeigen, dass die Fußwaschung durchgehend als Vorbereitungsritus galt.

15   Vgl. Suet, Caligula, 26; vgl. ferner Dio Cass LIX 27,1, wo es über Caligula heißt: »Zu küssen pflegte er nur ganz wenige; denn selbst den meisten Senatoren bot er nur die Hand oder den Fuß zur Huldigung.«

16   Vgl. *H. Kohler,* Kreuz und Menschwerdung, 209.

17   Die passionstheologische Dimension der Fußwaschung erschloss sich die nachösterliche Gemeinde möglicherweise auch noch aus der Anspielung auf das Herrenmahl durch ἐγείρεται ἐκ τοῦ δείπνου und den Verweis des τίθημι auf τίθημι τὴν ψυχὴν ὑπέρ in Joh. 10,11.15.17.18 (vgl. 15,13); so bes. *H. Kohler,* a. a. O., 206 f; dagegen *R. Schnackenburg,* Joh III, 19.

18   Einen Überblick zu den verschiedenen literarkritischen Hypothesen bieten z. B. *G. Richter,* Fußwaschung, 303 ff; *T. Onuki,* Abschiedsreden, 158–165; *Chr. Niemand,* Die Fußwaschungserzählung, 21–43. Wegweisend und bis heute zwei Auslegungsmodelle: 1) Nach *J. Wellhausen,* Joh, 58–60, gehören Joh 13,4f.12–15 in die ›Grundschrift‹, die Deutung V. 6–11 ist ebenso sekundär wie V. 16.17–19.20 und die Erwähnung des Judas. 2) Demgegenüber urteilt *E. Schwartz,* Aporien I, 346 Anm. 1, »die Rede Jesu, welche auf die Fußwaschung folgt, ist kaum ursprünglich«. Ein gewisser Konsens besteht in der gegenwärtigen Exegese darin, dass V. 4 f den Ausgangspunkt der Fußwaschungserzählung bilden. Umstritten hingegen bleibt das Verhältnis der beiden Deutungen und der mit ihnen verbundenen Einzelverse.

19   Vgl. *U. Schnelle,* Die johanneische Schule, 211 ff.

20   Vgl. *T. Onuki,* Abschiedsreden, 170.

meinderegel, die Herrschen und Dienen in der Gemeinde am Verhalten Jesu illustriert (vgl. Mk 10,42–45; Lk 22,24–27; Mk 9,33–37). b) Innerhalb der joh. Schule wurde auf vorredaktioneller Ebene eine erste, ethisch ausgerichtete Deutung angeschlossen (V. 12c.13–15). c) Johannes fügte eine zweite Deutung an, die soteriologisch ausgerichtet ist (V. 6–10ab). d) Durch den Passaverweis, den bevorstehenden Weggang Jesu aus der Welt und das Verrätermotiv interpretiert Johannes die Fußwaschung im Kontext seiner Kreuzestheologie (V. 1.2bc.3.10c.11.18.19).

6 Mit der Einrede des Petrus wird der Handlungsablauf unterbrochen und eine erste Möglichkeit des Verstehens des ungewöhnlichen Handelns Jesu entfaltet. Im Gegensatz zu den anderen Jüngern billigt Petrus das Tun Jesu nicht; er bringt das Geschehen zum Stillstand,[21] denn er versteht nicht, dass sich Jesu Herrsein als Dienen vollzieht. **7** Jesus begegnet dem Unverständnis des Petrus mit dem Hinweis, er könne sein Handeln jetzt noch nicht verstehen. Mit μετὰ ταῦτα (›später‹) bezieht sich Johannes explizit auf die nachösterliche Zeit und stellt die Fußwaschung in den Verstehenshorizont des Kreuzes (vgl. Joh 2,22; 12,16). Erst nach dem Weggang Jesu zum Vater erschließt sich durch das Kommen des Geistes (vgl. Joh 7,39; 16,7; 20,22) für die joh. Gemeinde die wahre Bedeutung der Fußwaschung.[22] Deshalb kann Petrus die Fußwaschung noch nicht begreifen, denn erst die Sinndeutung durch den Geist der Wahrheit ermöglicht ein Verstehen.   **8** Jesu Antwort fordert Petrus zu einem erneuten Widerspruch heraus. Für ihn gibt es kein ›Später‹ des Verstehens, kategorisch lehnt er Jesu Ansinnen ab. Dadurch stellt Petrus die Gemeinschaft mit Jesus in Frage, denn mit V. 8b interpretiert Johannes die Fußwaschung als einen von Jesus selbst ausgehenden, Gemeinschaft stiftenden Akt. Durch die Fußwaschung eröffnet Jesus die Teilhabe an ihm. Dieser soteriologische Horizont der Fußwaschung setzt Jesu Tod voraus, der als ein Akt der Liebe den Raum der Liebe in der Gemeinschaft mit Jesus und im gegenseitigen Dienen in der Gemeinde erst ermöglicht (vgl. Joh 12,24–26).[23]   **9** Die Kehrseite des Widerspruches zeigt sich nun im Übereifer des Petrus. Die Fußwaschung erscheint ihm nicht als ausreichend, um die völlige Gemeinschaft mit Jesus herzustellen. Eine umfassende Waschung soll die Totalität der Gemeinschaft verbürgen. Petrus versteht nicht, dass bereits in der Fußwaschung das Ganze der Liebe Jesu Gestalt gewinnt. Nicht die Quantität bestimmt Jesu Handeln, sondern das Teil lebt ebenso wie das Ganze von der Qualität des Tuns Jesu.[24] **10ab** Mit seiner Antwort klärt Jesus endgültig, dass die Fußwaschung als pars pro toto auf das Ganze der Existenz der Glaubenden zielt (καθαρὸς ὅλος = ›vollständig rein‹). Jesus eröffnet den Glaubenden durch seinen Tod am Kreuz das Leben und macht sie rein. Nicht kultisches Bemühen gewährleistet die Nähe zu Gott, sondern das jeder menschlichen Aktivität zuvorkommende Handeln Jesu. Das Verbum λούεσθαι (›sich waschen/baden‹) bezeichnet in 1Kor 6,11; Apg 22,16; Eph 5,26; Hebr 10,22; Tit 3,5; 2Petr 2,22 den Taufvorgang.

---

[21] Vgl. *H. Kohler*, Kreuz und Menschwerdung, 210.
[22] Vgl. *T. Onuki*, Abschiedsreden, 171.
[23] Vgl. ebd.
[24] Vgl. *H. Kohler*, Kreuz und Menschwerdung, 215.
[25] Vgl. *H. Kohler*, a. a. O., 216 f.

Hier ist dagegen ein direkter Taufbezug nicht zu erkennen, obgleich zwischen beiden eine Beziehung besteht. Das λούεσθαι gründet ebenso wie die Taufe im Kreuzestod Jesu Christi.[25]

Die V. 6–10ab müssen als Deutung der traditionellen Fußwaschungserzählung durch den Evangelisten Johannes verstanden werden.[26] Dafür sprechen folgende Gründe: 1) Mit V. 6 wechselt die Erzählebene, die erzählte Handlung wird durch die Interpretation abgelöst. 2) V. 6–10ab sind nur innerhalb des jetzigen Kontextes sinnvoll. 3) Das literarische Verfahren der dialogischen Aufarbeitung einer zuvor erzählten Handlung hat in Joh 20,24–29 eine Parallele. 4) Die kreuzestheologische Interpretation der Fußwaschung weist deutlich auf Johannes hin. 5) Die Gegenüberstellung Petrus – Lieblingsjünger in Joh 13,23–25 wird durch V. 6–10ab verstärkt; hier der unverständige Petrus, dort der Lieblingsjünger als Hermeneut Jesu.

10c.11 Der Evangelist fügt eine Notiz über Judas an und verstärkt damit die kreuzestheologische Interpretation der Fußwaschung.[27] Während der erste Einspruch gegen die Fußwaschung von Jesus überwunden wird, lehnt Judas das durch Jesus erbrachte Leben ab und ermöglicht es dadurch indirekt. Aber auch im Verrat ist Jesus Herr der Situation (vgl. Joh 18,1–11), er weiß um die Absicht des Judas und lässt es geschehen. Unterschiedlich wird die Ursache für das Verhalten des Judas beurteilt. Es erklärt sich nicht aus der Bosheit des Jüngers, sondern in 13,2 ist der Teufel der Urheber des Verrates. Nach Joh 17,12 geschah der Verrat, damit die Schrift erfüllt werde, was auf Gott als das eigentliche Subjekt des Geschehens hinweist. Während Petrus trotz seines Versagens immer im Kreis der Jünger und bei Jesus bleibt, kennzeichnet Judas das Weggehen in der Nacht (vgl. 13,30). **12** Die Erzählebene von V. 4.5 wird wiederaufgenommen und der Abschluss der Fußwaschung dargestellt. V. 12a variiert die Verben aus V. 4 f in umgekehrter Reihenfolge,[28] ein weiteres Indiz für die ursprüngliche Zusammengehörigkeit von V. 4.5.12ab auf der Ebene joh. Tradition. Jesus zieht sein Obergewand an und legt sich wieder zu Tisch. Nun stellt sich (erneut) die Frage des Verstehens! Mit γιώσκετε τί πεποίηκα ὑμῖν = »Versteht ihr, was ich euch getan habe?« (V. 12c) leitet Jesus eine Interpretation der Fußwaschung ein, deren literarischer Ort umstritten ist.

Drei Interpretationsmöglichkeiten ergeben sich: 1) Die zweite Deutung V. 12c–15(–17–20) wurde von einer post-joh. Redaktion eingefügt.[29] Als Hauptgründe für diese Vermutung gelten die ›Spannungen‹ zwischen V. 7/V. 12 ff und der ›Widerspruch‹ zwischen der soteriologischen (V. 6–10) und der paränetischen (V. 12–20) Deutung. Warum aber sollte Johannes ausschließlich an einer soteriologischen Deutung interessiert sein? Die Alternative ›soteriologisch – paränetisch‹ überzeugt nicht,[30] zumal Joh 13,15 im Kontext fest mit Joh 13,34 verbunden ist. 2) Der Evangelist ist auch für die 2. Deutung verantwortlich.[31] Dann wäre er ohne ›Traditionsdruck‹ für die schwierige Text-

[26] Vgl. *R. Bultmann,* Joh, 351.
[27] Gegen *R. Schnackenburg,* Joh III, 11.15, der bei seiner ›Redaktion‹ ein besonderes Interesse an Judas vermutet.
[28] Vgl. *J. Beutler,* Heilsbedeutung, 200.
[29] So z. B. mit Unterschieden im Detail *R. Schnackenburg,* Joh III, 12.27; *J. Becker,* Joh II, 507 ff.
[30] Vgl. *T. Onuki,* Abschiedsreden, 171 ff; *K. Th. Kleinknecht,* Johannes 13, 368 Anm. 27.
[31] So *T. Onuki,* Abschiedsreden, 173; *K. Th. Kleinknecht,* Johannes 13, 368.

folge verantwortlich. 3) V. 12c–15 sind eine erste Deutung der Urtradition der Fußwaschung auf vorredaktioneller Ebene.[32] Johannes hätte diese traditionelle Deutung mitaufgenommen und sie in seine primär passionstheologisch orientierte Interpretation integriert. Diese Erklärung wird m. E. dem komplexen Textbefund in Joh 13,1–20 am ehesten gerecht.

13 Jesus knüpft an die selbstverständliche Sprachregelung zwischen ihm und den Jüngern an. Mit dem begründenden εἰμὶ γάρ unterstreicht er, dass er wirklich ›Lehrer‹ und ›Herr‹ ist. Die Fußwaschung machte Jesus nicht zum Diener, wie es der normalen Ordnung entsprochen hätte. Vielmehr vollzog Jesus gerade als Herr die Fußwaschung; sie hebt sein Herrsein nicht auf, sondern im Dienen erweist Jesus seine Herrschaft. Die Anrede des Auferstandenen mit κύριος = ›Herr‹ (vgl. Joh 20,2.18.25.28)[33] erschließt das joh. Verständnis des Vorganges: So wie Jesus als Herr in der Fußwaschung dient, ist der Auferstandene kein anderer als der Gekreuzigte. Das Kreuz ist die konkrete Gestalt des Dienens des Kyrios Jesus Christus.   **14** Jesus folgert aus seinem Tun an den Jüngern ein entsprechendes Verhalten der Jünger untereinander. Gottes Gabe der Liebe ermöglicht die Liebe der Jünger zueinander und befreit zu einer Gott entsprechenden Existenz. Der Heilsindikativ setzt den ethischen Imperativ aus sich heraus.   **15** Die christologische Verankerung von Indikativ und Imperativ bei Johannes wird offenkundig. Das in der Fußwaschung Gestalt gewinnende Tun Jesu ist Voraussetzung und Ermöglichung des Liebesdienstes der Jünger. In seinem Tun ist Jesus Urbild und Vorbild zugleich (vgl. 1Joh 2,6), er gibt für die Jünger ein Paradigma christlicher Existenz und Lebensführung und begründet damit deren Handeln.[34] In der Entsprechung der Liebe zeigt sich deshalb das Verstehen der Jünger, im Dienen erschließt sich für sie der Sinn der Sendung Jesu.   **16** Die ursprüngliche Deutung der Fußwaschung Jesu setzt ekklesiologische Akzente. Jesu Verhalten in der Fußwaschung wird zur Norm der Gemeinde; was der Herr tat, soll auch der Knecht, die Gemeinde, verwirklichen. Der Gesandte ist nicht größer als der ihn Sendende, sondern ganz von ihm abhängig, so dass auch der Gesandte zum Eintritt in das Liebeshandeln Gottes verpflichtet ist. Die Größe des Herrn und Sendenden besteht nicht in seiner Machtausübung, vielmehr verkörpert und praktiziert er die größere Liebe (vgl. Joh 15,13). Paradoxerweise vollzieht sich die Macht des Gottessohnes in der Gestalt des Dienens, ebenso wie das wahre Leben nur durch den Tod gewonnen werden kann. Joh 13,16 weist beachtliche Übereinstimmungen mit Mt 10,24 auf.[35] Während die Q-Überlieferung οὐκ ἔστιν μαθητὴς ὑπὲρ τὸν διδάσκαλον = ›der Jünger ist nicht über dem Lehrer/Meister‹ (Mt 10,24a; Lk 6,40a) aufgrund des fehlenden zweiten Op-

---

[32]   *R. Bultmann*, Joh, 351 f, ordnet V. 4 f und die Deutung V. 12–20 einer von Johannes benutzten ›Quelle‹ zu.
[33]   Sonst als Anrede des Petrus, vgl. Joh 6,68; 13,25.36.37; 21,15 ff.20 f.
[34]   Ob der Fußwaschungserzählung ein Ritus innerhalb der joh. Schule zugrunde liegt, lässt sich nicht mehr ausmachen. *J. C. Thomas*, Footwashing, 126–185, erwägt, dass die Fußwaschung »took place in the context of a meal (perhaps the Agape?) together with the eucharist« (a. a. O., 184). Mit Bezug auf 1Joh 1,7–10; 2,1–2; 5,16–18 vermutet er zudem, dass die Fußwaschung »has to do with the issue of post-conversion sin« (a. a. O., 188).
[35]   Vgl. hier *C. H. Dodd*, Historical Tradition, 335 ff; *K. Th. Kleinknecht*, Johannes 13, 380 f; *T. Onuki*, Abschiedsreden, 168 f.

positionspaares wahrscheinlich nicht der traditionsgeschichtliche Ausgangspunkt für das überlieferte joh. Logion ist,[36] kommt der vorliegende Matthäus-Text dafür in Frage. Die Differenzen zwischen beiden Texten (andere Reihenfolge des Oppositionspaares δοῦλος – κύριος = ›Knecht – Herr‹, unterschiedliche Oppositionspaare μαθητής/διδάσκαλος – ἀπόστολος/πέμψαντος = ›Jünger/Lehrer – Gesandter/Sendender‹) lassen auf eine eigenständige joh. Traditionsgeschichte schließen, deren Ausgangspunkt das mt. Logion war.[37] Sowohl die Verbindungen zur synoptischen Tradition als auch das joh. Hapaxlegomenon ἀπόστολος = ›Apostel/Gesandter‹ in V. 16b legen es nahe, in V. 16 einen Bestandteil der ältesten Traditionsstufe zu sehen.

17 Die abschließende Seligpreisung an die Jünger fasst aus der Sicht des Evangelisten den ersten Ertrag der Fußwaschung zusammen.[38] Wie verhalten sich Wissen und Tun zueinander? Intendiert der Evangelist eine Antithetik oder Abstufung, bei der das Wissen lediglich als Vorstufe zum Tun erscheint,[39] oder geht es ihm um die Einheit von Wissen und Tun? Für Letzteres spricht die Beobachtung, dass beides zuvor in der Fußwaschung den Jüngern von Jesus geschenkt wurde.[40] Das Tun ist nicht ohne das Wissen möglich, das Wissen vollendet sich im Tun.[41] **18/19** Johannes führt wieder das Verrätermotiv ein, das in Verbindung mit dem alttestamentlichen Zitat einen Hinweis auf das letzte Mahl Jesu liefert. Die Verbindung zwischen Verratsansage und Schriftwort war traditionell vorgegeben (vgl. Mk 14,18), der Wortlaut des Zitates aus Ps 41,10b entspricht weder dem MT noch der LXX genau.[42] Bedeutsam ist die Verwendung von τρώγειν anstelle von ἐσθίειν im LXX-Text, wodurch der Evangelist auf Kap. 6,51c–58 verweist und den Zusammenhang Abendmahl – Fußwaschung – Verrat verstärkt.[43] In der engen Gemeinschaft des Mahles ereignet sich der Verrat, muss er sich ereignen, damit die Schrift erfüllt wird. Jesus weiß um die Notwendigkeit dieses Geschehens, und auch die Jünger werden es nach Tod und Auferstehung Jesu verstehen. Die Erfüllung der Schriftaussagen wird ihnen zum Glauben verhelfen, denn sie werden erkennen, dass der Gekreuzigte und Auferstandene kein anderer ist als der, der ihnen in der Fußwaschung diente. Die ἐγώ εἰμι-Formel (vgl. dazu Joh 8,24; 18,5) benennt nachdrücklich Jesus Christus als göttlichen Offenbarer und verweist auf das nachösterliche Wiedererkennen. Auch in der Tragik des Verrates gewährt Jesus den Jüngern Einsicht in Gottes Willen. **20** Neben Mt 10,40/Lk 10,16 findet sich in Mk 9,37b eine prägnante Parallele: καὶ ὃς ἂν ἐμὲ δέχηται, οὐκ ἐμὲ δέχεται ἀλλὰ τὸν ἀποστείλαντά με = »Und wer mich aufnimmt, nimmt nicht mich, sondern den auf, der

---

[36] Anders z. B. *J. A. Bühner*, Der Gesandte, 241, wonach V. 16a die Q-Tradition, V. 16b die jüdische Botenrechts-Terminologie aufnimmt.

[37] Für Abhängigkeit plädieren u. a. *R. Bultmann*, Joh, 364; *R. Schnackenburg*, Joh III, 28; *W. Bauer*, Joh, 170.

[38] V. 17 dürfte der Abschluss der ältesten Tradition der Fußwaschung sein, vgl. *T. Onuki*, Abschiedsreden, 170.

[39] So z. B. *R. Schnackenburg*, Joh III, 29.

[40] Vgl. *H. Kohler*, Kreuz und Menschwerdung, 227 f.

[41] Eine Parallele bietet Sen, Ep 75,7: »Nicht ist glücklich, wer es weiß, sondern wer es tut«; über die Philosophie sagt Seneca: »Handeln lehrt die Philosophie, nicht reden« (Ep 20,2: facere docet Philosophia, non dicere); vgl. Neuer Wettstein I/2, 650.

[42] Vgl. dazu *M. J. J. Menken*, Quotations, 123–138; *A. Obermann*, Erfüllung der Schrift, 255–271 (beide rechnen mit einer Übersetzung von Ps 41,10MT durch den Evangelisten).

[43] Gegen *R. Schnackenburg*, Joh III, 30.

mich gesandt hat«. Der Anschluss dieses Wortes an die Gemeindetradition über das Herrschen und Dienen in Mk 9,33–35 lässt darauf schließen, dass die joh. Überlieferung mit V. 16 zusammengehört und zur ältesten Tradition der Fußwaschung zu rechnen ist.[44] Der Evangelist setzt hier die vollmächtige Legitimation der Jünger durch den Auferstandenen voraus (vgl. Joh 20,21.22) und verbindet bewusst die Missionspraxis der joh. Schule mit der Fußwaschung. Die Missionare sind Boten Jesu, und der Jesus gemäße Dienst der joh. Gemeinde besteht in der Aufnahme dieser Boten. Möglicherweise liegt auf der Ebene des Evangelisten eine Anspielung auf den Konflikt zwischen dem Presbyter und Diotrephes im dritten Johannesbrief vor. Diotrephes nahm Wandermissionare des Presbyters nicht auf und hinderte auch andere daran, dies zu tun (vgl. 3Joh 8.9. 10). Er wollte nicht dienen, sondern der Erste sein (vgl. 3Joh 9).

Eine kreuzestheologische Intention prägt die gesamte Neuorganisation der Fußwaschungserzählung durch den Evangelisten Johannes.[45] Sie zeigt sich in der passionstheologischen Einleitung V. 1.2bc.3, im Verrätermotiv V. 2bc.18.19 und in der Textabfolge im Anschluss an die eigentliche Handlung V. 4 f. Die Vorordnung der soteriologischen Deutung ergibt sich aus dem Gesamtverständnis der Fußwaschung durch Johannes: Sie ist Vorwegnahme des Weges Jesu zum Kreuz, der seinerseits die Liebe der Jünger untereinander ermöglicht. Insofern ist die Abfolge soteriologische Grundlegung – ethische Deutung aus der Perspektive des Evangelisten sachgemäß.

2. Der Lieblingsjünger und der Verräter 13,21–30

(21) Nachdem Jesus dies gesagt hatte, wurde er im Geist erregt und bezeugte und sprach: »Amen, amen, ich sage euch: Einer von euch wird mich übergeben.« (22) Die Jünger blickten einander ratlos an, von wem er wohl spreche. (23) Es lag aber einer von seinen Jüngern an der Brust Jesu, der, den Jesus liebte. (24) Diesem winkt Simon Petrus zu, er solle herausfinden, wer es sei, von dem er rede. (25) Da lehnt sich jener an die Brust Jesu und sagt zu ihm: »Herr, wer ist es?« (26) Jesus antwortet: »Es ist jener, dem ich den Bissen, den ich eintauche, geben werde.« Und er taucht den Bissen ein, nimmt ihn und gibt ihn Judas Iskariot, dem Sohn des Simon. (27) Und als er den Bissen genommen hatte, fuhr der Satan in jenen ein. Daraufhin sagt Jesus zu ihm: »Was du tun willst, tue bald!« (28) Von den Tischgenossen verstand aber keiner, warum er dies zu ihm sagte. (29) Manche meinten, da Judas der Kassenverwalter war, dass Jesus ihm habe sagen wollen: Kaufe, was wir für das Fest benötigen oder für die Armen, um ihnen etwas zu geben. (30) Als nun jener den Bissen zu sich genommen hatte, ging er sofort hinaus. Es war aber Nacht.

---

[44] Vgl. *T. Onuki,* Abschiedsreden, 170.

[45] Gut herausgearbeitet von *H. Kohler,* Kreuz und Menschwerdung, 199 ff; *J. Zumstein,* Die johanneische Auffassung der Macht, 113 f. Kritisch gegenüber einer solchen Deutung *Chr. Niemand,* Die Fußwaschungserzählung, 169 ff, der als Traditionskern V. 4–5.9–10 ansieht und als ›Sitz im Leben‹ der Fußwaschungserzählung die Frage vermutet, ob Täuferjünger beim Eintritt in die joh. Gemeinde noch einmal zu taufen seien. »Dem Jünger, der bereits λελουμένος ist, d. h. die Bußtaufe des Johannes empfangen hatte und jetzt angesichts der Begegnung mit Jesus eine Waschung aller Körperteile empfangen zu sollen meint, wird gesagt: Die empfangene Taufe ist auf dem Weg zur vollen Reinheit nicht hinfällig geworden und als solche nicht zu wiederholen. Was aber darüber hinaus und jetzt, angesichts des Jesusereignisses, zu tun ist, drückt sich im Empfang der Fußwaschung aus« (a. a. O., 383).

Wie die Synoptiker (vgl. Mk 14,18–21; Mt 26,21–25; Lk 22,21–23) verbindet auch
Johannes mit dem andauernden Symposion eine Mahlszene mit der Kennzeichnung
des Verräters Judas. Während Markus das Geschehen nur knapp mitteilt, gestaltet Johannes die Szene kunstvoll aus und verbindet sie mit zentralen Motiven seiner Theologie.

21 Um den Verrat des Judas weiß Jesus im Voraus. Weil sein Tod näherrückt, ist Jesus
tief erschüttert; die Wendung ταράσσεσθαι τῷ πνεύματι = ›erregt werden im Geist‹
(vgl. Joh 11,33; 12,27) benennt bei Johannes immer die Konfrontation mit der Un-
heilsmacht des Todes. Fest mit der ältesten Judas-Überlieferung ist εἷς ἐξ = ›einer
von/einer aus‹ (vgl. Mk 14,10par; 14,43par; Joh 6,71; 12,4) verbunden, denn Judas
zählte zum engsten Kreis der Jünger Jesu. Nach Mk 3,19 gehörte »Judas Iskariot, der
ihn auch übergab«, zum Zwölferkreis, in den Zwölferlisten wird er immer als letzter
angeführt (vgl. Mk 3,16–19; Mt 10,2–4; Lk 6,13–16). Das Verbum παραδίδωμι bedeutet: »übergeben, ausliefern, überlassen (als Ausdruck der Polizei- und Gerichts-
sprache zwangsweise vorführen, gefangen einliefern)«.[46]   **22** Die Jünger sind über
die Aussage Jesu ratlos und erschrocken, weil sie nicht wissen, wer gemeint ist.   **23**
Johannes führt nun erstmals explizit den »Jünger, den Jesus liebte«, ein.[47] Im Rahmen
des Symposions liegt der Lieblingsjünger an der Brust Jesu, so wie Jesus nach Joh 1,18
an der Brust des Vaters lag.[48] Damit wird der Lieblingsjünger zum einzigartigen Exegeten Jesu, so wie Jesus der Exeget Gottes ist! Die Verben ἀγαπᾶν (›lieben‹: Joh 13,23;
19,26) bzw. φιλεῖν (›lieben‹: Joh 20,2) ordnen den Lieblingsjünger in hervorgehobener
Form der Liebesgemeinschaft von Vater und Sohn zu (vgl. Joh 3,35; 10,17; 15,8;
17,23 f u. ö.)   **24/25** Petrus wendet sich an den Lieblingsjünger mit der Bitte, er
möge fragen, wer gemeint sei. Zu Jesus hat Petrus keinen direkten Zugang, denn er
muss sich erst an den Lieblingsjünger wenden, um den Namen des Verräters zu erfahren. Eine Antwort bekommt er freilich nicht, d. h. das zentrale Motiv der redaktionellen Einführung des Lieblingsjüngers durch den 4. Evangelisten ist nicht die
Entlarvung des Verräters, sondern die Gegenüberstellung von Petrus und dem Lieblingsjünger.[49] Während Petrus hier deutlich in eine Nebenrolle gedrängt wird, fungiert
der Lieblingsjünger als Hermeneut Jesu.[50]   **26** Die Antwort Jesu ist unter Bezugnahme auf Ps 41,10 formuliert. Der Name des Jüngers wird in Joh 6,71; 13,2 mit
Judas Iskariot, Sohn des Simon, überliefert, in Mk 3,19; 14,10.43 ›Judas Iskariot‹.
Der Beiname ›Iskariot‹ weist wahrscheinlich auf Kerjot hin, eine Ortschaft in Südju-
däa, und wäre mit »Mann aus Kerjot« zu übersetzen.[51] Das Eintauchen des Bissens in

---

46   *W. Bauer*, WB⁵, 1218.
47   Zum Nachweis des redaktionellen Charakters von V. 23–26a vgl. *T. Lorenzen*, Lieblingsjünger, 12–18. Der
     Einschub unterbricht die Erzählfolge und zeichnet sich durch zahlreiche joh. Stilmerkmale aus.
48   Κόλπος nur in Joh 1,18 und 13,23!
49   Vgl. *T. Lorenzen*, Lieblingsjünger, 17.
50   Vgl. *T. Lorenzen*, a. a. O., 23 f; *R. Schnackenburg*, Joh III, 323; *A. Dauer*, Passionsgeschichte, 196–200
     (umfassender Nachweis des redaktionellen Charakters von V. 26 f); *R. Bultmann*, Joh, 515; *A. Kragerud*,
     Lieblingsjünger (s. u. Exk. 12), 27; *W. Wilkens*, Entstehungsgeschichte, 84 f.
51   Vgl. dazu *R. E. Brown*, Death of the Messiah II, 1410–1416.

die Schüssel ist eine klare Anspielung auf die synoptische Abendmahlsüberlieferung (vgl. Mk 14,20), wobei in dieser Kontinuität zugleich die spezifisch joh. Konzeption sichtbar wird: Während bei Markus Jesus und Judas eintauchen (›… einer von den Zwölfen, der mit mir …‹), taucht hier Jesus selbst den Bissen ein und reicht ihn Judas, d. h. er bestimmt (wie später in der gesamten Passionsgeschichte) den Ablauf der Ereignisse.   **27** Johannes erklärt das Verhalten des Judas in eigentümlicher Weise, indem er ihn als das ausführende Organ einer ihn bestimmenden Macht darstellt. Der eigentliche Gegenspieler Jesu in dem sich beschleunigenden Drama ist der Satan, die Macht des Bösen, die sich des Judas bemächtigt hat. Für den 4. Evangelisten ist deutlich, dass sich das Böse nicht aus Eifersucht oder Habsucht erklären lässt (anders Mk 14,11),[52] sondern es erscheint in der Gestalt des Satans als eine überindividuelle, widergöttliche Macht, die aber dem göttlichen Willen nicht entzogen ist (vgl. Joh 13,18; 17,12). Der Lieblingsjünger, Judas und Jesus wissen um diese Macht und die folgenden Ereignisse, deshalb fordert Jesus seinen Jünger auf, schnell zu tun, was er tun muss.   **28/29** Die übrigen Jünger können Jesu Worte nicht verstehen und meinen, Jesus habe Judas zum Einkaufen fortgeschickt oder ihn beauftragt, angesichts des nahen Passa den Armen etwas zu geben.   **30** Die Szene schließt mit einem symbolkräftigen Bild: Judas geht in die Nacht. Während Nikodemus des Nachts zu Jesus kommt (vgl. Joh 3,2) und zu einem Jünger Jesu wird, entfernt sich Judas umgekehrt von Jesus und geht in die Nacht, d. h. in die Finsternis des Bösen hinein.

Johannes komponiert die Verrat-Szene zu einer symbolkräftigen Ereignisabfolge, in deren Mittelpunkt Jesus, der Lieblingsjünger und Judas stehen. Während Judas vom Satan zu seinem Tun getrieben wird, weiß der Lieblingsjünger von Jesus um das kommende Geschehen. Er ist damit der erste Jünger, der in das Geschick Jesu eingeweiht wird, während Petrus mit den anderen Jüngern im Vordergründigen verbleibt. Johannes vermeidet es bewusst, das Böse zu erklären und begreifbar zu machen. Für ihn ist Judas nicht im strengen Sinn Täter, sondern Ausführender eines fremden Willens.

---

[52]   Die Bemerkung in Joh 12,6 bezieht sich nicht auf den Verrat.

Exkurs 12: Der Lieblingsjünger*

So wie der Paraklet die Gegenwart der Gemeinde bestimmt und ihre Zukunft erschließt, verbindet der Lieblingsjünger[53] die Gemeinde in einzigartiger Weise mit der Vergangenheit des Erdenwirkens Jesu. Mit dem Lieblingsjünger verknüpft Johannes literarische, theologische und historische Strategien. Literarisch erscheint der Lieblingsjünger als Vorzugsjünger[54] und darin als ein Modell-Jünger, der im Text Bewegungen vollzieht, innerhalb derer sich die Hörer/Leser selbst konstituieren können.[55] In Joh 1,37–40 und 18,15–18 muss der Lieblingsjünger in den Text eingetragen werden, er fungiert als ›Leerstelle‹, die besetzt werden muss, damit der Text funktioniert.[56] Theologisch ist der Lieblingsjünger vor allem Traditionsgarant und idealer Zeuge des Christusgeschehens. Der Lieblingsjünger wurde vor Petrus berufen (Joh 1,37–41), er ist der Hermeneut Jesu und der Sprecher des Jüngerkreises (Joh 13,23–26a). So wie Jesus als Hermeneut an der Brust des Vaters liegt (Joh 1,18), fungiert der Lieblingsjünger als Hermeneut Jesu. In der Stunde der Anfechtung bleibt er seinem Herrn treu (Joh 18,15–18) und wird so zum wahren Zeugen unter dem Kreuz und zum wahren Nachfolger Jesu (Joh 19,25–27). Der Lieblingsjünger nimmt die Mutter Jesu εἰς τὰ ἴδια = ›in das Eigene‹ auf (Joh 19,27); eine klare Bezugnahme auf das Kommen Jesu zu den Seinen in Joh 1,11, d. h. der Lieblingsjünger führt das Werk Jesu weiter. Er bestätigt den wirklichen Tod Jesu am Kreuz (Joh 19,34b.35) und erkennt als erster die eschatologische Dimension des Ostergeschehens (Joh 20,2–10). In der durchgehend vom Evangelisten Johannes[57] eingeführten Gestalt des Lieblingsjüngers verdichten sich typologische und individuelle Züge.[58] Er ist Petrus stets vorgeordnet, erscheint an Schlüsselstellen der Erzählung, wird teilweise detailgetreu porträtiert und verfügt vor allem immer über ein umfassendes Verständnis des Geschehens. Keineswegs ist der Lieblingsjünger als historische Person »ganz und gar eine Fiktion«,[59] denn Joh 21,22.23 setzt seinen unerwarteten Tod voraus, was die Herausgeber des Johannesevangeliums zu einer Korrektur der Personaltraditionen über den Lieblingsjünger und seines Verhältnisses zu Petrus veranlasste. Verkörperte der Lieblingsjünger nur einen Typus oder ein theologisches Prinzip, dann wären sowohl seine durchgehende Konkurrenz zu Petrus als auch seine Funktion als anerkannter Traditionsgarant nicht überzeugend.

---

* Literatur: *Bauckham, R.:* The Testimony of the Beloved Disciple, Grand Rapids 2007; *Brown, R. E.:* The Community of the Beloved Disciple, New York 1979; *Charlesworth, J. H.:* The Beloved Disciple, Valley Forge PA 1995; *Culpepper, R. A.:* John. The Son of Zebedee, 56–88; *Grassi, J. A.:* The Secret Identity of the Beloved Disciple, New York 1992; *Kragerud, A.:* Der Lieblingsjünger im Johannesevangelium, Oslo 1959; *Kügler, J.:* Der Jünger, den Jesus liebte, passim; *Lorenzen, T.:* Der Lieblingsjünger im Johannesevangelium, passim; *Quast, K.:* Peter and the Beloved Disciple, JSNT.S 32, Sheffield 1989; *Resseguie, J. L.:* The Beloved Disciple: The ideal Point of View, in: *St. A. Hunt/D. F. Tolmie/R. Zimmermann* (Hg.), Character Studies, 537–549; *Roloff, J.:* Der johanneische ›Lieblingsjünger‹ und der Lehrer der Gerechtigkeit, NTS 15 (1968/69), 129–151; *Ruckstuhl, E.:* Der Jünger, den Jesus liebte, in: *ders.,* Jesus im Horizont der Evangelien, 355–395; *Schnackenburg, R.:* Joh III, 449–464; *Simon, L.:* Petrus und der Lieblingsjünger im Johannesevangelium, EHS 23.498, Frankfurt 1994; *Theobald, M.:* Der Jünger, den Jesus liebte, in: Geschichte – Tradition – Reflexion III (FS M. Hengel), hg. v. *H. Lichtenberger* u. a., Tübingen 1996, 219–255; *Thyen, H.:* Entwicklungen innerhalb der johanneischen Theologie und Kirche im Spiegel von Joh 21 und der Lieblingsjüngertexte des Evangeliums, passim.

53 Einen Forschungsüberblick zur Lieblingsjüngerfrage bieten *L. Simon,* Petrus und der Lieblingsjünger, 34–103; *J. H. Charlesworth,* The Beloved Disciple, 127–224.

54 Vgl. *P. Dschulnigg,* Jesus begegnen, 262.

55 Vgl. *U. Eco,* Lector in fabula, 68 f, über den Modell-Leser.

56 Vgl. a. a. O., 63 f.

57 Vgl. *T. Lorenzen,* Der Lieblingsjünger, 73.

58 Vgl. *W. Grundmann,* Zeugnis und Gestalt, 18: »Der Lieblingsjünger ist ebenso Individuum und Typus; stirbt er als Individuum, so bleibt er als Typus.«

59 *A. Kragerud,* Lieblingsjünger, 149.

Eine genauere historische Bestimmung des Lieblingsjüngers bewegt sich notwendigerweise im Bereich des Hypothetischen.[60] Gegen vier Lösungsmodelle müssen m. E. Einwände erhoben werden: 1) Es kann sich beim Lieblingsjünger nicht um eine Persönlichkeit außerhalb der joh. Schule handeln, denn der Lieblingsjünger ist Garant der johanneischen Tradition. 2) Wäre der Zebedaide Johannes gemeint, dann hätte der 4. Evangelist dies ohne Schwierigkeiten zumindest andeuten können.[61] Der Zebedaide Johannes spielte in der Urgemeinde eine wichtige Rolle (vgl. Gal 2,9), verschwindet dann aber im Dunkel der Geschichte. Es dürfte kein Zufall sein, dass die Zebedaiden in Kap. 1–20 nicht erscheinen, wohl aber in 21,2, d. h. erst die postjohanneische Redaktion trägt sie ein und will Assoziationen erzeugen. Zudem lässt sich die intendierte Erstberufung in Joh 1,40 kaum mit dem Zebedaiden Johannes verbinden, der nach Mk 1,19 erst als Vierter berufen wurde. 3) Der Evangelist selbst kommt für eine Identifizierung nicht in Frage,[62] denn er führte den Lieblingsjünger in sein Werk ein. Zudem wussten seine Hörer/Leser, dass er nicht die Gründerautorität der johanneischen Schule war. 4) Der These eines rein fiktionalen/funktionalen[63] oder anonymen bzw. unbekannten[64] Jüngers widerspricht die exponierte Funktion des Lieblingsjüngers im 4. Evangelium. Deshalb ist es historisch wie theologisch am plausibelsten, im Lieblingsjünger den Presbyter des 2/3Joh zu sehen, der wiederum mit dem bei Papias erwähnten Presbyter Johannes identisch ist (vgl. Euseb, HE III 39,4). Als Begründer der joh. Schule erscheint der Presbyter bereits in 2/3 Joh als besonderer Traditionsträger; der Evangelist nahm diese Funktion auf und weitete sie aus. Indem er den Gründer der johanneischen Schule und den Verfasser des 2/3Johannesbriefes nachösterlich zum vorösterlichen wahren Augenzeugen und Garanten der Tradition macht, repräsentiert der Lieblingsjünger die nachösterlichen joh. Jünger im Raum der vorösterlichen Jünger! So schließt sich der Kreis: Mit dem Lieblingsjünger und dem Parakleten vollzieht der Evangelist eine doppelte Ver-

---

[60]   Zu den wichtigsten Lösungsvorschlägen (Zebedaide Johannes, Evangelist Johannes, Presbyter Johannes, Lazarus, Johannes Markus, Paulus, Repräsentant des Heidenchristentums, anonymer Gemeindelehrer) vgl. die Überblicke bei *J. Kügler,* Der Jünger, den Jesus liebte, 439–448; *R. A. Culpepper,* John. The Son of Zebedee, 72–88. Die neueren Vorschläge stammen von *J. H. Charlesworth,* The Beloved Disciple, 431.436 u. ö. (er identifiziert den Lieblingsjünger mit Thomas); *J. Neugebauer,* Die eschatologischen Aussagen (s. u. IX.), 103–106 (intratextuelle Gleichsetzung des Lieblingsjüngers mit Nathanael); *K. Berger,* Im Anfang war Johannes, 96–106 (Identität des Lieblingsjüngers mit Andreas).

[61]   So aber *H. Thyen,* Joh, 600: »Die Väter haben jedoch insofern wohl eine richtige Spur verfolgt, als der Zebedaide Johannes – neben Petrus und Jakobus nach Mk 9,1 ffparr. Und 14,32parr. einer der drei vertrautesten Jünger Jesu – wohl tatsächlich das Modell ist, nach dem der Evangelist seinen fiktionalen Erzähler geschaffen und damit dem Märtyrer Johannes zugleich ein literarisches Denkmal gesetzt hat.«

[62]   Vgl. auch die Argumente bei *R. Schnackenburg,* Joh III, 456–458, der den Lieblingsjünger weder mit dem Zebedaiden noch mit dem Evangelisten gleichsetzt; er »ist eine historische Person, ein Herrenjünger, der aber nicht zum Kern der Zwölf gehörte, am ehesten ein Jerusalemer« (a. a. O., 461). Eine Kombination verschiedener Lösungsmodelle findet sich bei *M. Hengel,* Die johanneische Frage, 210–219, hinter den johanneischen Schriften »steht als Schulhaupt eine überragende Lehrerpersönlichkeit, die zwischen 60 oder 70 und 100/110 in Kleinasien eine beträchtliche überregionale Wirkung entfaltete, die – als Außenseiter gewiss – den (möglicherweise nicht unbestrittenen) Anspruch erhob, noch Jünger Jesu gewesen zu sein, und zwar nach Meinung der Schule ein Jünger ganz eigener Art. Dieser Lehrer mit dem verbreiteten jüdisch-palästinischen Namen Johannes starb erst hochbetagt und trug als Greis in der Schule und den mit ihr verbundenen Gemeinden die Bezeichnung ›der Alte‹, und man verband mit seiner Person besondere Hoffnungen im Blick auf die Parusie« (a. a. O., 219). Hengel identifiziert den Autor des 4. Evangeliums, der Johannesbriefe und auch den Lieblingsjünger mit dem ›Alten Johannes‹, der in jungen Jahren mit Jesus in Berührung kam, in den Wirren des jüdischen Krieges nach Kleinasien übersiedelte und dort im hohen Alter in Ephesus starb (vgl. *ders.,* Die johanneische Frage, 317 ff). Ähnlich *R. Bauckham,* The Testimony of the Beloved Disciple, 34 f, der hinter dem Lieblingsjünger ebenfalls ›John the Elder‹ sieht und dies mit dem Konzept einer historischen Augenzeugenschaft verbindet.

[63]   So zuletzt *J. Kügler,* Der Jünger, den Jesus liebte, 477, wonach dem Lieblingsjünger eine rein pragmatische Funktion innerhalb von Lehrstreitigkeiten zukommt; ähnlich *H. Thyen,* Noch einmal: Johannes 21 (s. u. XVI.), 162 ff.

[64]   Vgl. *R. A. Culpepper,* John. The Son of Zebedee, 84.

schränkung der Zeitebenen nach vorn und hinten, wobei Ostern jeweils zugleich Mitte und Ausgangspunkt ist. So weiß sich die joh. Schule in besonderer Weise mit dem irdischen und dem erhöhten Jesus Christus verbunden.[65]

Warum aber führt der Evangelist Johannes dieses Konzept des idealen Zeugen ein? Zunächst einmal
ist der Lieblingsjünger ein Teil des umfassenderen joh. Konzeptes der theologischen Augenzeugen-
schaft , das in 1Joh 1,1–4; 2,5; 3,1; 4,6; 5,18–20; Joh 1,14; 4,22; 6,69; 17,22; 19,35 vorliegt. Im
Hinblick auf die Auseinandersetzung mit den doketischen Falschlehrern um die Leiblichkeit Jesu
Christi (vgl. 2Joh 7; 1Joh 1,1–4; 2,22; 4,1–3; Joh 1,14; 6,51–58; 19,34f; 20,24–29) formulieren
vor allem der 1Joh und das Johannesevangelium unübersehbar den Anspruch einer *theologischen
Augenzeugenschaft*.[66] Dieses Konzept kreiert eine neue Wirklichkeit höherer Ordnung, an der die
Adressaten partizipieren dürfen. Die theologische Augenzeugenschaft schließt vom Selbstanspruch
her eine historische Augenzeugenschaft und die soziale Kontinuität innerhalb der joh. Schule mit
ein, blickt aber tiefer und hört unmittelbarer, indem sie die wahre Bedeutung der Offenbarung des
Logos Jesus Christus als ins Fleisch gekommenen Gottessohn erfasst. Die Dominanz der joh. Epi-
phanie- und Offenbarungssprache (ὁράω = › sehen‹, ἀκούω = ›hören‹, φανερόω = ›offenbaren‹,
μαρτυρέω = ›bezeugen‹ und θεάομαι = ›erblicken‹) und das Umgreifen/Begreifen des Logos in
1Joh 1,1 lassen deutlich erkennen, dass es um die Realität des Heilsgeschehens geht. Der authentische Blick des Autors/der Autoren auf das Christusgeschehen wird zur Perspektive der Hörer und
Leser; sie sollen besser sehen und tiefer erkennen; es geht um ein unverfälschtes, wahr-
heitsgemäßes und ursprüngliches Erfassen und Auslegen des Christusgeschehens.[67]

Neben den Konflikten mit Doketen, anhaltenden Auseinandersetzungen mit ‚den Juden' und
‚der Welt' dürfte der Ausgangspunkt für die Entwicklung des Konzeptes der theologischen Augenzeugenschaft die historische bzw. theologie-politische Situation der joh. Theologie und Gemeinden
gewesen sein. Die joh. Theologie entwickelte sich ab 60 n. Chr. in Kleinasien, wahrscheinlich in
und um Ephesus herum. Zwischen 80 und 90 n. Chr. wurden die Johannesbriefe abgefasst, um
100 n. Chr. das Johannesevangelium. Zu dieser Zeit wurde die theologie-politische Situation des
frühen Christentums von fünf Hauptströmungen bestimmt: 1) Paulus; 2) die Synoptiker; 3) Johannes; 4) Jakobus/Judenchristentum und 5) Petrus.[68] Von besonderer Bedeutung ist Petrus,[69] der
als Erstberufener, erster Leiter der Jerusalemer Gemeinde und Märtyrer im ausgehenden 1. Jh.
immer mehr zu einer bedeutenden theologischen und literarischen Gestalt wird: a) Die Papiastra-
dition zum Markusevangelium (Euseb, HE III 39,15), wonach Markus der Dolmetscher des Petrus
war und dessen Verkündigung niederschrieb, macht den erstberufenen Jünger auch zum eigentlichen
Autor des ersten Evangeliums. b) Das Petruswort Mt 16,17–19 qualifiziert Petrus als eine Schlüs-
sel-Gestalt des frühen Christentums.[70] Petrus erscheint als Garant der mt. Überlieferung und als
Prototyp des bekennenden Jüngers und christlichen Lehrers, der im Gegensatz zu den Schriftge-

---

[65] Diese für das gesamte Johannesevangelium unerlässliche theologische Funktion spricht gegen alle Versuche,
den Lieblingsjünger einer späteren literarischen Schicht zuzuweisen; so *M. Theobald*, Der Jünger, den Jesus
liebte, 239, wonach für die Lieblingsjüngertexte gilt: »Sie stammen auch alle aus der Feder der johanneischen Redaktion und sind also erst nachträglich, im Zuge einer Relecture des Buches, in dieses eingetragen
worden.«

[66] Vgl. dazu *U. Schnelle*, Johannesbriefe, 60–69; zur Augenzeugenschaft in verschiedenen Fragestellungen vgl.
R. Zimmermann, »Augenzeugenschaft« als historisches und hermeneutisches Konzept – nicht nur im Johannesevangelium, in: *S. Luther/J. Röder/E. Schmidt* (Hg.), Wie Geschichten Geschichte schreiben, WUNT
395, Tübingen 2015, 209–251.

[67] *H.-J. Klauck*, Der erste Johannesbrief, 76, verbleibt bei dem m. E. hier nicht gemeinten Begriff der bloßen,
historischen Augenzeugenschaft, den er natürlich ablehnen muss.

[68] Vgl. dazu *U. Schnelle*, Die ersten 100 Jahre des Christentums, 496–508.

[69] Vgl. hier zuletzt *Chr. Böttrich*, Petrus, BG 2, Leipzig 2001; *M. Hengel*, Der unterschätzte Petrus, Tübingen
2006.

[70] Vgl. hier *U. Luz*, Das Evangelium nach Matthäus II, EKK I/2, Neukirchen 1990, 458: »Der Beiname
Kephas ist alt, aber Mt 16,18 nicht.«

lehrten und Pharisäern (vgl. Mt 23,13) durch seine Interpretation der Überlieferung das Himmelreich aufschließt und so die mt. Ekklesia zu einem fest gegründeten Haus macht (vgl. Mt 7,24–27). c) Mit dem 1Petrusbrief tritt Petrus erstmals als (fiktiver) Autor in Erscheinung.[71] Schon das Präskript formuliert deutlich einen überregionalen Anspruch: »An die erwählten Fremden in der Diaspora von Pontus, Galatien, Kappadozien, Asien und Bithynien« (1Petr 1,1). Das Schreiben richtet sich an die Gemeinden von fast ganz Kleinasien, jenem Gebiet, in dem um 100 n. Chr. die meisten Christen lebten. Der Apostel Petrus ist bereits Vorbild für die Standhaftigkeit der Glaubenden im Leiden. Das Pseudonym Petrus wurde außerdem gewählt, weil der Apostel nach Apg 10 der Begründer der Völkermission war und als einer der ersten Märtyrer im frühen Christentum verehrt wurde. Seine Leidensbereitschaft prädestinierte ihn zum Verfasser dieses Schreibens. d) Der 2Petrusbrief erhebt den Anspruch, das Testament des Apostels Simon Petrus zu sein (vgl. 2Petr 1,1.13–15). Auch der Hinweis auf die Verklärung Jesu (2Petr 1,18), der Rückgriff auf den 1Petr (vgl. 2Petr 3,1) und das in 2Petr 3,15 f vermittelte Paulusbild sollen diesen Eindruck nahelegen. Der 2Petr erhebt den Anspruch, die Gesamtheit der Zeugen für seine Zurückweisung der Falschlehrer und seine Interpretation der Parusieverzögerung auf seiner Seite zu haben. Im 2Petr treten nun Petrus und Paulus als Zeugen der Einheit und der Wahrheit auf, wobei Petrus für das rechte Paulusverständnis einsteht.[72] Um 100 n. Chr. ist Petrus nicht nur eine bedeutsame historische Gestalt des Anfangs, sondern auch eine theologische Größe, die Briefe verfasst sowie andere Schriften legitimiert und interpretiert. Die Märtyrer Petrus und Paulus werden nun als Einheit gesehen (vgl. 1Klem 5,4.5; IgnRöm 4,3), wobei Petrus die angemessene Interpretation der Paulusbriefe verbürgt (2Petr). Eine zentrale Gestalt des Jüngerkreises und der Jerusalemer Gemeinde wird somit zu einem historischen und theologischen Garanten der ganzen Kirche. Fazit: *Die theologie-politische Situation z. Zt. der Abfassungszeit des 4. Evangeliums machte es erforderlich, bei einem neuen Evangelium/einer neuen Sicht des Christusgeschehens das Verhältnis zu den Macht- und Interpretationsansprüchen der Petrustradition zu klären.*[73] Der Evangelist unternimmt dies in Joh 1–20, indem er seinen Lieblingsjünger konsequent Petrus vorordnet und damit einen einzigartigen Anspruch erhebt.

Ein anderes Bild bietet Joh 21 (s. u. XVI.); hier wird die Vorrangstellung des Lieblingsjüngers gegenüber Petrus in Joh 1–20 nachhaltig korrigiert! In Joh 1–20 ist der unmittelbare Zugang des Lieblingsjüngers zu Jesus und seine deutliche Vorordnung vor Petrus konstitutiv. Nun aber ist es Petrus, der Jesus mehr als alle anderen liebt (Joh 21,15) und dreimal erhält Petrus vom Auferstandenen ausdrücklich den Auftrag: »Weide meine Schafe« (Joh 21,15.16.17). Jesus setzt Petrus in das Hirtenamt ein und macht ihn damit in deutlicher Korrektur von Joh 19,25–27 zu seinem irdischen Stellvertreter. An der einzigen Stelle, wo der Lieblingsjünger *ohne Petrus* in Erscheinung tritt (19,25–27), wurde ein klares ekklesiologisches Signal gesetzt: Der Lieblingsjünger als irdischer Nachfolger des Gekreuzigten nimmt mit Maria alle Glaubenden in seine Obhut (Joh 19,25–27). Demgegenüber steht nun in Kap. 21 die exklusive ekklesiologische Funktion *des Petrus* deutlich im Vordergrund und der Lieblingsjünger *im Hintergrund*. Er hat keinen direkten Zugang mehr zu seinem Herrn, sondern Petrus und Jesus reden über sein Schicksal (vgl. Joh 21,20–23). Die Herausgeber des Johannesevangeliums dokumentieren mit ihrem Vorgehen den ständig wachsenden Einfluss der mit der Petrus-Gestalt verbundenen Kreise, der zu einer Ergänzung und damit auch Korrektur des

---

[71] Die Autorisierung des Petrus und mit ihm verbundener Kreise durch Schriften hielt auch im 2. und 3. Jh. Chr. unvermindert an; zu den außerkanonischen Petrusschriften (z. B. Kerygmata Petri, Petrusevangelium, Apokalypse des Petrus, Petrusakten) vgl. *K. M. Schmidt,* Mahnung und Erinnerung im Maskenspiel. Epistolographie, Rhetorik und Narrativik der pseudepigraphischen Petrusbriefe, HBS 38, Freiburg 2003, 410–418.

[72] Vgl. *Th. K. Heckel,* Die Traditionsverknüpfungen des Zweiten Petrusbriefes und die Anfänge einer neutestamentlichen biblischen Theologie, in: Die bleibende Gegenwart des Evangeliums (FS O. Merk), hg. v. *R. Gebauer/M. Meiser,* MThSt 76, Marburg 2003, (189–204) 193–195.

[73] Zutreffend weist *I. Dunderberg,* The Beloved Disciple in Conflict?, 201, darauf hin, dass diese Autorisierungsstrategien auch für andere Jünger/Jüngerinnen nachweisbar sind (Maria Magdalena, Jakobus, Thomas), wobei das Johannesevangelium speziell bei der Thomastradition den Ausgangspunkt bilden dürfte.

ursprünglichen Konzeptes führte. Sie sahen sich wahrscheinlich gezwungen, die joh. Traditionen unter die Autorität des Petrus zu stellen, damit sie so weiter als legitime Interpretation des Christusgeschehens gelten konnten. Zugleich ist aber zu beachten: Indem der Lieblingsjünger zum Autor des 4. Evangeliums wird (Joh 21,24), nimmt die post-johanneische Redaktion seine hermeneutische Funktion unter veränderten Vorzeichen auf.

IX. Die erste Abschiedsrede 13,31–14,31*

Sinnbildungen können nur dann entstehen, erfolgreich sein und bestehen, wenn sie über Plausibilität, Anschlussfähigkeit und Erneuerungskraft verfügen. Bei Johannes ist dies der Fall, weil es ihm gelingt, Kontinuität herzustellen und das Bleibende des Vergangenen für die Zukunft zu benennen. Dies leisten die Abschiedsreden, die als besonderer theologischer und literarischer Kunstgriff des 4. Evangelisten anzusehen sind. Bereits in Lk 22,14–38 lässt sich die Absicht erkennen, das kurze Beisammensein Jesu mit seinen Jüngern beim Abendmahl (Mk 14,17–25) zu einer Abschiedsszene auszuweiten. Johannes nimmt diese Tendenz auf und baut die Abschiedssituation zu einem zentralen Komplex seines Werkes aus. Innerhalb der Gesamtkomposition des Evangeliums erscheint die Thematik der Abschiedsreden keineswegs überraschend, sie wird vielmehr durch das zentrale Stichwort ὑπάγειν (›fortgehen‹; vgl. Joh 3,8; 7,33 f; 8,14. 21; 13,3; 14,4 f.28; 16,5.10.17; ferner 3,14 f; 12,32) vorbereitet. Die Hörer/

---

* Literatur zu den Abschiedsreden und zum Parakleten: *Back, F.:* Gott als Vater, 25–104; *Becker, J.:* Die Abschiedsreden Jesu im Johannesevangelium, ZNW 61 (1970), 215–246; *Betz, O.:* Der Paraklet, AGSU 2, Leiden 1963; *Beutler, J.:* Habt keine Angst. Die erste johanneische Abschiedsrede (Joh 14), SBS 116, Stuttgart 1984; *Bornkamm, G.:* Der Paraklet im Johannes-Evangelium, in: *ders., Geschichte und Glaube I,* BEvTh 48, München 1968, 68–89; *Burkhalter, St.:* Die johanneischen Abschiedsreden Jesu, Stuttgart 2013; *Dettwiler, A.:* Die Gegenwart des Erhöhten, FRLANT 169, Göttingen 1995; *Dietzfelbinger, Chr.:* Paraklet und theologischer Anspruch im Johannesevangelium, ZThK 82 (1985), 389–408; *ders.:* Die größeren Werke (Joh 14,12 f), NTS 35 (1989), 27–47; *ders.:* Der Abschied des Kommenden, WUNT 95, Tübingen 1997; *Franck, E.:* Revelation Taught. The Paraclete in the Gospel of John, CB.NT 14, Lund 1985; *Frey, J.:* Eschatologie III, 102–239; *Haldimann, K.:* Rekonstruktion und Entfaltung. Exegetische Untersuchungen zu Joh 15 und 16, BZNW 104, Berlin 2000; *Hasitschka, M.:* Die Parakletworte im Johannesevangelium, SNTU 18 (1993) 97–112; *Hoegen-Rohls, Chr.:* Der nachösterliche Johannes, passim; *Ibuki, Y.:* Der andere Paraklet, BSU 13 (1977), 19–43; *Johnston, G.:* The Spirit-Paraclete in the Gospel of John, SNTSMS 12, Cambridge 1970; *Kammler, H. Chr.:* Jesus Christus und der Geistparaklet, in: *O. Hofius/H. Chr. Kammler,* Johannesstudien, 87–190; *Kellum, L. S.:* The Unity of the Farewell Discourse. The Literary Integrity of John 13.31–16.33, JSNTS 256, London 2004; *Klauck, H.-J.:* Der Weggang Jesu. Neuere Arbeiten zu Joh 13–17, BZ 40 (1996), 236–250; *Lang, M.:* Johanneische Abschiedsreden und Senecas Konsolationsliteratur. Wie konnte ein Römer Joh 13,31–17,26 lesen?, in: *J. Frey/U. Schnelle* (Hg.), Kontexte des Johannesevangeliums, 365–412; *Leaney, A. R. C.:* The Johannine Paraclete and the Qumran Scrolls, in: John and the Dead Sea Scrolls, hg. v. *J. H. Charlesworth,* New York 1991, 38–61; *Müller, U. B.:* Die Parakletvorstellung im Johannesevangelium, ZThK 71 (1974), 31–77; *Mußner, F.:* Die johanneischen Parakletsprüche und die apostolische Tradition, BZ 5 (1961), 56–70; *Neugebauer, J.:* Die eschatologischen Aussagen in den johanneischen Abschiedsreden, BWANT 140, Stuttgart 1995; *Onuki, T.:* Die johanneischen Abschiedsreden und die synoptische Tradition, passim; *ders.:* Gemeinde und Welt, 95–166; *Parsenios, G. L.:* Departure and Consulation. The Johannine Farewell Discourses in Light of Greco-Roman Literature, NT.S 117, Leiden 2005; *Popp, Th.:* Die konsolatorische Kraft der Wiederholung: Liebe, Trauer und Trost in den johanneischen Abschiedsreden, in: *G. van Belle/M. Labahn/P. Maritz* (Hg.), Repetitions and Variations in the Fourth Gospel, 523–587; *Rahner, J.:* Vergegenwärtigende Erinnerung, ZNW 91 (2000), 72–90; *Schnackenburg, R.:* Die johanneische Gemeinde und ihre Geisterfahrung, Joh IV, 33–58; *Schneider, J.:* Die Abschiedsreden

Leser des Evangeliums wissen um Jesu Herkunft von Gott (vgl. Joh 1,1–4; 16,28), sie kennen die feindliche Haltung des Kosmos gegenüber Jesus (vgl. Joh 1,10 f; 15,18–20; 16,2 f) und wurden nicht darüber im Unklaren gelassen, dass Jesu Rückkehr zum Vater auch sein ›Woher‹ legitimiert (vgl. Joh 3,13; 6,62).[1]
In ihren unmittelbaren Kontext sind die Abschiedsreden hervorragend eingebettet. Die Salbung in Bethanien (Joh 12,1–8.9–11), der Einzug in Jerusalem (Joh 12,12–19), die Ankündigung der Verherrlichung (Joh 12,20–36) und auch der Unglaube des Volkes (Joh 12,37–50) verstärken als Prolepsen die Verbindungslinien von Kap. 12 zum Passions- und Ostergeschehen. Das Passionsgeschehen ist durch das unaufrichtige Verhalten des Judas (12,4–6) und den Todesbeschluss gegen Lazarus (12,10) präsent. Die Salbung ist ein kaum verhüllter Hinweis auf Ostern: 1) In 12,7 wird ausdrücklich auf das Begräbnis Joh 19,38–42 verwiesen; 2) Das Nardenöl ist als Gegensatz zum Gestank des Lazarus ein Zeichen für Lebensduft,[2] d. h. es symbolisiert die Auferstehungswirklichkeit, die schließlich durch die refrainartige Erwähnung der Auferweckung des Lazarus (12,1.9.17) unterstrichen wird. Maria salbt einen Lebenden, der ein Lebender bleibt, so dass sie die Salbe wieder abwischen kann. 3) Die ausdrückliche Erwähnung des Wegganges Jesu zum Vater in 12,8b antizipiert die Abschiedsreden und das gesamte Ostergeschehen. Die Sentenz[3] Joh 12,24 thematisiert ausdrücklich Jesu Tod und Auferstehung: »Amen, amen, ich sage euch, wenn das Weizenkorn nicht in die Erde fällt und stirbt, bleibt es allein; wenn es aber stirbt, bringt es reiche Frucht.« Jesus muss sterben, wenn er ›Frucht‹ bringen soll, d. h. allein aus seinem Tod kommt die Frucht und damit das Leben. Schließlich verweist das Erhöhungsmotiv in 12,32 deutlich auf Joh 19,30 und der Unglaube des Volkes und seiner Führer präludiert ebenfalls das Passionsgeschehen (vgl. Joh 18,39 f; 19,6.15). Den Hörern und Lesern des Evangeliums soll durch die szenische Abfolge in Joh 11 (die Auferweckung des Lazarus als Vorwegnahme der Auferstehung Jesu) und 12 deutlich werden, dass der Weg Jesu nicht in die Leere des Todes führt, sondern gerade in seinem Schicksal das Leben triumphiert.

Jesu, in: Gott und die Götter (FS E. Fascher), Berlin 1958, 103–112; *Schnelle, U.:* Die Abschiedsreden im Johannesevangelium, ZNW 80 (1989), 64–79; *ders.:* Die johanneischen Abschiedsreden und das Liebesgebot, in: *G. van Belle/M. Labahn/P. Maritz* (Hg.), Repetitions and Variations in the Fourth Gospel, 589–608; *ders.:* Johannes 16 im Rahmen der Abschiedsreden, in: *J. Verheyden* u. a. (Hg.), Studies in the Gospel of John and its Christology (FS G. van Belle), BETL 265, Leuven 2014, 425–446; *Scholtissek, K.:* Abschied und neue Gegenwart, EThL LXXV (1999), 332–358; *Segovia, F. F.:* The Farewell of the Word, Minneapolis 1991; *Stevick, D. B.:* Jesus and His Own, Grand Rapids 2011; *Tolmie, D. F.:* Jesus' Farewell to the Disciples, BIS 12, Leiden 1995; *Wilckens, U.:* Der Paraklet und die Kirche, in: Kirche (FS G. Bornkamm), hg. v. *D. Lührmann/G. Strecker,* Tübingen 1980, 185–203; *Windisch, H.:* Die fünf johanneischen Parakletsprüche, in: Festgabe für A. Jülicher, hg. v. *H. v. Soden/R. Bultmann,* Tübingen 1927, 110–137; *Winter, M.:* Das Vermächtnis Jesu und die Abschiedsworte der Väter, FRLANT 161, Göttingen 1994; *Zimmermann, H.:* Struktur und Aussageabsicht der johanneischen Abschiedsreden (Jo 13–17), BiLe 8 (1967), 279–290.

[1]   Vgl. zu den zahlreichen Bezügen zwischen den Abschiedsreden und Kap. 1–12/18–20.21 bes. *J. Neugebauer,* Die eschatologischen Aussagen, 100–111. Der Umfang (Joh 13,1–17,26/13,31–17,26/13,31–16,33/14,1–16,33) und die Zählung der Abschiedsreden werden unterschiedlich bestimmt; eine Übersicht bietet *Chr. Hoegen-Rohls,* Der nachösterliche Johannes, 82–92. Für eine Begrenzung auf 13,31–16,33 spricht die Einbettung in die Rahmenszenen des Mahles und des Gebetes; die Zählung von zwei Abschiedsreden legt sich durch den Neueinsatz in 15,1 nahe.

[2]   Vgl. *M. Gruber,* Die Zumutung der Gegenseitigkeit (s. o. VII.2), 648 f.

Joh 13,1–30 verstärkt erkennbar diese Linien: Die Fußwaschung Joh 13,1–20 eröffnet den 2. Hauptteil des Evangeliums, verstärkt die passionstheologische Ausrichtung des gesamten Evangeliums und behandelt auch die zentrale Thematik der
Abschiedsreden: Jesu bevorstehendes Weggehen zum Vater (vgl. Joh 13,1.3). Bereits
in Joh 13,1 bezieht sich die Wendung ›er liebte sie bis zum Ende‹ auf Joh 19,30 und
meint beides, ›bis zuletzt‹ und ›bis zur Vollendung‹.[4] Die Fußwaschung als Vorabbildung des Geschickes Jesu soll die Gemeinde motivieren, in der Zeit der Abwesenheit
Jesu ebenso wie dieser zu handeln: aus Liebe. Wie die Synoptiker (vgl. Mk 14,18–21;
Mt 26,21–25; Lk 22,21–23) verbindet auch Johannes eine Mahlszene mit der Kennzeichnung des Verräters Judas. Während Markus das Geschehen nur knapp mitteilt,
gestaltet Johannes die Szene kunstvoll aus und verbindet sie mit zentralen Motiven
seiner Theologie. Auch die Stellung von Joh 17 ist im Gesamtaufbau plausibel: In den
Abschiedsreden entschlüsselte Jesus den Jüngern und damit auch der textexternen Lesergemeinde im Horizont des Parakleten und der Parusie ihre Gegenwart und ihre
Zukunft; nun wendet er sich im Gebet dem Vater zu, ohne jedoch die Jünger der Abschiedsreden aus dem Blick zu verlieren (vgl. Joh 17,9). Hier ist für den Evangelisten
und seine Gemeinde der geeignete Ort, um grundlegende Aussagen ihres Glaubens
im Munde Jesu zu Gehör zu bringen. Schließlich bilden Joh 13,1–4 und das Gebet
Jesu in Joh 17 eine Art inclusio, beide rahmen die gesamte Abschiedsszene.[5]

Für den Beginn der Abschiedsreden in Joh 13,31 lassen sich vier Argumente anfüh-
ren:[6] 1) Joh 13,30.31a markiert deutlich einen Abschluss und Übergang; die Situation
des Verrates wird innerhalb der joh. Symbolsprache als ›Nacht‹ charakterisiert und
Judas verlässt Jesus und die anderen Jünger (ἐξῆλθεν). Damit wird die geschlossene
Mahlgemeinschaft aufgehoben[7]. 2) Daraufhin konstituiert sich ein neuer Kreis, denn
Jesus kann nun den verbleibenden (treuen) Jüngern den Sinn seines bevorstehenden
Wegganges erläutern. 3) Das Thema ›Weggang‹ wird semantisch durch die Zeitangabe
›noch eine kurze Zeit bin ich bei euch‹ und die Verben ›weggehen‹, ›verherrlichen‹
deutlich angezeigt. 4) Schließlich ist das Liebesgebot in V. 34.35 die theologische Basis
der folgenden Abschiedsreden: In Jesu Liebe zu den Seinen und ihrer gegenseitigen
Liebe realisiert sich Jesu Anwesenheit trotz Abwesenheit. Mit der Wendung ταῦτα
ἐλάλησεν Ἰησοῦς (›dies redete Jesus‹) in Joh 17,1 werden die Abschiedsreden als abgeschlossen betrachtet. Jesus hebt seine Augen auf zum Himmel, dem Raum Gottes,
mit dem er selbst anhaltend verbunden ist (vgl. Joh 1,51; 12,28). Die nun gekommene
›Stunde‹ ist die des Kreuzes, der Verherrlichung und Erhöhung. Die innere Strukturierung der Abschiedsreden wird durch eine Zweiteilung bestimmt, denn die Wendung
ἐγείρεσθε, ἄγωμεν ἐντεῦθεν (›Steht auf, lasst uns von hier fortgehen‹) in Joh 14,31
signalisiert einen Abschnittswechsel und Joh 15,1 setzt mit ἐγώ εἰμι (›Ich bin‹) neu
ein. Insgesamt weisen auch die Abschiedsreden selbst eine überlegte Gesamtkompo-

---

[3]   Vgl. dazu Epikt, Diss IV 8,36–39.
[4]   Vgl. *H. Thyen*, Joh, 585.
[5]   Vgl. *H. Thyen*, Joh, 584.
[6]   Gegen *F. Moloney*, John, 391 f; *H. Thyen*, Joh, 603, die den Einschnitt erst bei 14,1 machen wollen.

sition auf, indem ein Spannungsbogen von der größten inneren Einheit (vgl. Joh 13,31–38) bis zur größten äußeren Gefährdung (vgl. Joh 16,4b–15) aufgebaut wird. Der Evangelist verarbeitet in den Abschiedsreden neben eigenen Texten zahlreiche Traditionen der joh. Schule, um seiner Gemeinde eine Sinndeutung ihrer Situation zu geben.[8] Der eigentliche Adressat der Worte des scheidenden Jesus ist die textexterne joh. Gemeinde,[9] deren Gegenwart und Zukunft vom Parakleten und der erwarteten Wiederkunft Jesu bestimmt wird. Was auf der dramatischen Erzählebene als prospektive Verhältnisbestimmung erscheint, ist zugleich eine Retrospektive,[10] die als bestimmende Zeitebene die Gegenwart der joh. Gemeinde hat. Johannes bringt diese Fokussierung auch sprachlich deutlich zum Ausdruck, denn die ›Juden‹ erscheinen nicht in den Abschiedsreden,[11] dafür finden sich hier 38 der 78 κόσμος (›Welt‹)-Belege im 4. Evangelium. Es geht um die Auseinandersetzung der joh. Gemeinde mit dem Unglauben der Welt. In dieser textpragmatischen Perspektive müssen die Abschiedsreden gelesen werden; sie erweisen sich dann als ein Zentrum joh. Theologie. Der Evangelist verankert mit den Abschiedsreden durch den Parakleten ausdrücklich die Gegenwart in der Vergangenheit, um so die gefährdete Identität seiner Gemeinde durch eine Zuversicht und Mut machende Zukunftsperspektive zu sichern: Die Gemeinschaft der Glaubenden mit Gott und Jesus von Nazareth wird nicht zerbrechen.

1. Jesu Verherrlichung und das neue Gebot der Liebe 13,31–38

(31) Als er nun hinausgegangen war, sagte Jesus: »Nun ist der Menschensohn verherrlicht worden, und Gott ist in ihm verherrlicht worden. (32) Und Gott wird ihn durch sich verherrlichen, und sofort wird er ihn verherrlichen. (33) Kinder, ich bin nur noch eine kurze Zeit bei euch. Ihr werdet mich suchen, und wie ich zu den Juden gesagt habe: ›Wohin ich gehe, könnt ihr nicht kommen‹, so sage ich es jetzt auch euch. (34) Ein neues Gebot gebe ich euch, dass ihr einander liebt, gleichwie ich euch geliebt habe, damit auch ihr einander liebt. (35) Daran werden alle erkennen, dass ihr meine Jünger seid, wenn ihr Liebe untereinander habt.« (36) Sagt zu ihm Simon Petrus: »Herr, wohin gehst du?« Jesus antwortete ihm: »Wohin ich gehe, kannst du mir jetzt nicht folgen. Später aber wirst du mir folgen.« (37) Sagt zu ihm Petrus: »Herr, warum kann ich dir jetzt nicht folgen? Mein Leben werde ich für dich hingeben!« (38) Jesus antwortet: »Du wirst dein Leben für mich hingeben? Amen, amen, ich sage dir: Noch bevor der Hahn kräht, wirst du mich dreimal verleugnen.«

V. 32a: εἰ ὁ θεὸς ἐδοξάσθη ἐν αὐτῷ wird von P⁶⁶ ℵ* B C* D L W al ausgelassen und muss als sekundär angesehen werden.

---

[7] Vgl. *Chr. Hoegen-Rohls,* Der nachösterliche Johannes, 90.
[8] Die Vielfalt der Themen und die in den einzelnen Abschiedsreden erkennbaren Akzentuierungen sind keineswegs Indizien für nachträgliche Textbearbeitungen, vielmehr gilt das Prinzip, »die in den Reden angesprochenen Themen nicht en bloc, sondern anhand von Motiv-Linien zu entfalten« (*Chr. Hoegen-Rohls,* Der nachösterliche Johannes, 222).
[9] Vgl. *W. S. Kurz,* Farewell Addresses in the New Testament, Collegeville/Minnesota 1990, 187: »Farewell discourses are the part of a narrative most directly addressed to the implied readers.«
[10] Vgl. *J. Rahner,* Vergegenwärtigende Erinnerung, 74.

Schon mit dem ersten Text der Abschiedsreden verdeutlicht Johannes seiner Gemeinde die grundlegende Ermöglichung und die bleibende Bedingung ihrer Existenz: Jesu Verherrlichung und das Gebot der Bruderliebe. Alle Grundmotive der folgenden Abschnitte sind hier bereits präsent: δοξάζειν = ›verherrlichen‹, ὑπάγειν = ›fortgehen‹, ἀγαπᾶν = ›lieben‹.[12]

31/32 Nachdem Judas ›rausgegangen‹ ist, kann die interne Belehrung der Jünger und mit ihnen der gesamten joh. Gemeinde beginnen. Ein viergliedriger Hymnus[13] beschreibt die Verherrlichung des Menschensohnes, die in all ihren Dimensionen auf der Einheit von Vater und Sohn basiert. Der Hymnus nimmt Motive aus Jes 52,13 auf, eine bemerkenswerte synoptische Parallele findet sich in Mk 14,21. Sowohl die mit dem Prologhymnus vergleichbare Form (καί-Anschluss) als auch der traditionsgeschichtliche Hintergrund weisen auf den vorjoh. Charakter von V. 31/32 hin.[14] Die beiden ersten Glieder des Hymnus bringen in passivischer Wendung die wechselseitige Verherrlichung von Vater und Sohn, der zweite Parallelismus das aktivische Handeln Gottes am Menschensohn zum Ausdruck. Auffällig sind die zeitlichen Differenzierungen (Aorist – Futur, Zeitadverbien: νῦν = ›nun‹ – εὐθύς = ›sofort‹); die Zeitbestimmungen lassen sich sachgemäß verstehen, wenn die textexterne Hörer- und Lesergemeinde als eigentlicher Adressat verstanden wird: Nur sie kann das gleiche Ereignis als bereits geschehen und zugleich auf der Erzähllebene noch ausstehend verstehen.[15] Die Reziprozität der beiden ersten Glieder unterstreicht die Identität Jesu als Offenbarer Gottes; Jesus und Gott legen sich gegenseitig aus, d. h. auch Gott selbst leidet und überwindet am Kreuz.   **33** Die joh. Version der Verleugnung des Petrus (V. 33.36–38) dürfte dem Evangelisten vorgelegen haben, wofür insbesondere die für das Evangelium singuläre Anrede τεκνία (›Kinder‹) und die offenkundige Nähe zu Lk 22,31–34 sprechen.[16] Den Zusammenhang zwischen V. 33 und V. 36–38 unterstreicht der Leitbegriff ὑπάγειν = ›fortgehen‹, wobei die Frage in V. 36a offensichtlich V. 33 voraussetzt. Jesus und die Jünger befinden sich in einer Zeit des Übergangs; nur noch eine kurze Spanne wird Jesus bei den Jüngern sein, dann endet die Offenbarungszeit. Die Realität der bevorstehenden Trennung betonen die Motive des ›Suchens‹ und ›Nicht-Finden-Könnens‹ und die Parallelisierung mit den Juden.[17] Als Weggang zum Vater bedeutet Jesu Tod aber nicht endgültige Trennung, sondern den Übergang in eine neue Art der Beziehung zwischen Jesus und den Jüngern. Während die Diener der Oberpriester und Pharisäer Jesus suchen, aber nicht finden werden (vgl. Joh 7,33 f), erfüllt sich das ›Suchen‹ der Jünger in Joh 20,11–29.[18]   **34/35** Das Liebes-

---

[11]   Joh 13,33 ist kein inhaltlich relevanter Beleg.
[12]   Vgl. *J. Schneider,* Die Abschiedsreden Jesu, 106. Δοξάζειν: Joh 14,13; 15,8; 16,14; 17,1.4.5.10; ὑπάγειν: 14,4.5.28; 15,16; 16,5.10.17; ἀγαπᾶν: 14,15.21.23.24.28.31; 15,9.12.17; 17,23.24.26.
[13]   Vgl. *S. Schulz,* Untersuchungen, 120 f; *T. Onuki,* Abschiedsreden, 199.
[14]   Vgl. *S. Schulz,* Untersuchungen, 121; anders *R. Schnackenburg,* Joh III, 58.
[15]   Vgl. *A. Dettwiler,* Gegenwart des Erhöhten, 133.
[16]   Vgl. *T. Onuki,* Abschiedsreden, 217–220.
[17]   Im Hintergrund von V. 33 dürfte das Motiv der scheidenden Weisheit stehen (vgl. äthHen 42,2; Prov 1,28).

gebot scheint den geschlossenen Zusammenhang von V. 33.36–38 zu stören, deshalb wird es oft einer späteren Redaktion[19] oder ›Relecture‹[20] zugewiesen. Ein solches Verfahren ist jedoch nicht geeignet, die Jetztgestalt des Textes sinnvoll zu klären. Wer V. 34f einer späteren Redaktion zuweist, geht zumeist vom redaktionellen Charakter der V. 31–33.36–38 aus, was sehr fraglich erscheint. Zudem sind V. 34f fest in den Makrokontext eingebunden, denn das Motiv der Liebe führt zu den Abschiedsreden hin und beendet sie zugleich (vgl. Joh 13,1–20; 17,24–26).[21] Schließlich wird bei dieser literarkritischen Argumentation die theologische Funktion des Liebesgebotes in seinem jetzigen Kontext verkannt: In der Situation des Wegganges Jesu benennt das Liebesgebot, wie die Jünger, und damit die textexterne Gemeinde, mit Jesus verbunden bleiben können.[22] Indem in der Gemeinde die Liebestat Jesu als Bruderliebe Gestalt gewinnt, ist Jesu einmaliger Dienst im Handeln der Glaubenden gegenwärtig.[23] Die Jünger dürfen und sollen sich hineinnehmen lassen in die durch Gott ausgelöste Liebesbewegung und darin Jesus und ihrer Jüngerschaft entsprechen. Das Gebot der Bruderliebe als zentrale ethische Anweisung der joh. Schule (vgl. 2Joh 4–7; 1Joh 2,7–11; 4,10.19) lässt die Zuordnung von Indikativ und Imperativ deutlich erkennen: So wie Jesus die Seinen in seinem ur- und vorbildhaften Tun bis zur Hingabe in den Tod liebte, so sollen auch sie einander lieben.[24] Während in der syn. Tradition das Liebesgebot in der Gestalt des Doppelgebotes aus der Schrift abgeleitet wird (vgl. die Aufnahme von Dtn 6,4.5; Lev 19,18 in Mk 12,30.31), begründet es hier Jesus selbst. Dies entspricht joh. Logik, denn bereits die Schrift zeugt von Jesus (vgl. Joh 5,46), er ist auch Herr der Schrift. Das Prädikat ›neu‹ für das Liebesgebot verdankt sich ebenfalls diesem Denkansatz, denn die Neuheit liegt nicht in der Anweisung als solcher, sondern allein bei dem, der sie spricht. Indem der präexistente, inkarnierte, gekreuzigte und erhöhte Jesus Christus das Liebesgebot formuliert, erhält es eine neue Qualität.

36/37 Im Dialog zwischen Simon Petrus und Jesus wird der Aspekt des Wegganges Jesu weiter entfaltet. Wie bei der Fußwaschung zeigt Petrus auch hier sein Unverständnis über den bevorstehenden Weg Jesu, worin er als exemplarischer Jünger erscheint. Er kann nicht verstehen, dass Jesu Tod nicht der Weg in das Ende und die Sinnlosigkeit ist, sondern die Rückkehr zu Gott und damit die Vollendung seines Werkes. Entscheidend ist auch hier die zeitliche Differenzierung ($\nu\tilde{\upsilon}\nu$= ›nun‹ – $\H{\upsilon}\sigma\tau\epsilon\varrho o\nu$ = ›später‹); erst später, d. h. nach Ostern, wird Petrus zu einem wirklichen Verstehen Jesu und damit auch zu einer echten Nachfolge fähig sein. Jesu Fortgang zum Vater ist kein Hindernis für die Nachfolge, sondern begründet und fordert sie geradezu. Nachfolge ist ein nachösterliches Phänomen, paradoxerweise kann man Jesus nur zu der Zeit nachfolgen, in der es keine Unmittelbarkeit der Beziehung zum irdischen Jesus mehr gibt.[25]

---

18 Vgl. Jesu Frage an Maria Magdalena in Joh 20,15: »Wen suchst du?«
19 Vgl. z. B. *R. Schnackenburg*, Joh III, 59; *J. Becker*, Joh II, 536; *Chr. Dietzfelbinger*, Abschied des Kommenden, 26 f (ein später eingefügter joh. Text).
20 Vgl. *A. Dettwiler*, Gegenwart des Erhöhten, 63.129.
21 Vgl. *Chr. Hoegen-Rohls*, Der nachösterliche Johannes, 97.
22 Vgl. *U. Wilckens*, Der Paraklet und die Kirche, 187; *U. Schnelle*, Abschiedsreden, 66; *J. Frey*, Eschatologie III, 129.
23 Vgl. *R. Bultmann*, Joh, 404.
24 Vgl. zum Liebesgebot in den johanneischen Schriften *G. Strecker*, Johannesbriefe, 328–333.

38 Jesus karikiert die petrinische Bereitschaft zum Tod, denn er weiß wie die textexterne Gemeinde, dass gerade der große Bekenner Petrus in der Stunde der Passion zum Leugner wird (vgl. Joh 18,17.25–27).[26]

Wie die Abschiedsreden insgesamt antwortet Joh 13,31–38 auf die Frage, in welcher Weise die textexterne Leser- und Hörergemeinde die Verbindung zu Jesus aufrechterhalten kann. Paradoxerweise kennzeichnet der Text Diskontinuität und nicht Kontinuität als das stabilisierende Element in der Beziehung zu Jesus. Nach Ostern kann Nachfolge nicht als bloße Wiederholung oder Restitution der vorösterlichen Beziehung gedacht werden, vielmehr leitet Jesu Weggang zum Vater etwas qualitativ Neues ein. So wie Jesus aus Liebe zu den Seinen den Weg ans Kreuz geht, soll die Gemeinde in der Geschwisterliebe Jesu Tun entsprechen. Das Liebesgebot ist das Zentrum der prinzipiellen Ethik des 4. Evangelisten. Er nimmt damit einen zentralen Impuls der Verkündigung Jesu auf und führt ihn zur Vollendung: Wer aus der Liebe heraus lebt, benötigt keine Einzelgebote, sondern weiß sich an das Grundprinzip allen Seins gebunden. In der Liebe ist der Mensch nicht nur mit sich selbst und seinen Mitmenschen eins, sondern auch mit dem tragenden Grund seines Seins: Gott (vgl. 1Joh 4,8: »Gott ist Liebe«).

2. Jesu Weggang zum Vater 14,1–14

(1) »Nicht erschüttern lasse sich euer Herz! Glaubt an Gott und glaubt an mich! (2) Im Hause meines Vaters sind viele Wohnungen; wäre es nicht so, hätte ich euch sonst gesagt: Ich gehe hin, um euch eine Stätte zu bereiten? (3) Wenn ich hingegangen bin und euch eine Stätte bereitet habe, dann komme ich wieder und werde euch zu mir holen, damit auch ihr seid, wo ich bin. (4) Wohin ich fortgehe – den Weg dorthin wisst ihr.« (5) Sagt zu ihm Thomas: »Herr, wir wissen nicht, wohin du fortgehst. Wie können wir den Weg wissen?« (6) Jesus spricht zu ihm: »Ich bin der Weg, die Wahrheit und das Leben; niemand kommt zum Vater außer durch mich. (7) Wenn ihr mich erkannt habt, werdet ihr auch meinen Vater erkennen; und jetzt schon erkennt ihr ihn und habt ihn gesehen.« (8) Spricht zu ihm Philippus: »Herr, zeige uns den Vater, das genügt uns.« (9) Da sagt Jesus zu ihm: »So lange bin ich nun schon bei euch, und du hast mich noch nicht erkannt, Philippus? Wer mich gesehen hat, hat den Vater gesehen. Wie kannst du sagen: Zeige uns den Vater? (10) Glaubst du nicht, dass ich im Vater bin und der Vater in mir ist? Die Worte, die ich euch sage, rede ich nicht von mir aus; sondern der Vater, der in mir bleibt, vollbringt seine Werke. (11) Glaubt mir, dass ich im Vater bin und der Vater in mir ist. Wenn nicht, glaubt wenigstens um der Werke willen. (12) Amen, amen, ich sage euch: Wer an mich glaubt, wird die Werke, die ich tue, auch selbst tun können; ja, er wird noch größere Werke tun als diese, denn ich gehe zum Vater. (13) Und was immer ihr in meinem Namen bittet, das werde ich tun, damit der Vater durch den Sohn verherrlicht werde. (14) Wenn ihr mich um etwas in meinem Namen bittet, werde ich es tun.«

---

[25] Vgl. *A. Dettwiler,* Gegenwart des Erhöhten, 139.

[26] Möglicherweise weist der joh. Jesus damit das durch Petrus repräsentierte Nachfolgeverständnis ab, für das die Verbindung zum vorösterlichen Jesus konstitutiv ist. So *Chr. Dietzfelbinger,* Die größeren Werke, 42 ff, der im Hintergrund des Textes eine Auseinandersetzung zwischen dem Johannesevangelium und dem Matthäusevangelium sieht, das sich stark am irdischen Jesus orientiert und Nachfolge in Verbindung mit dem irdischen Jesus versteht.

V. 2: ὅτι lassen P⁶⁶ C² Δ Θ 28.700.1010.1241 aus; demgegenüber lesen ὅτι: א B A C* P⁶⁶ᶜ al. Die äußere Bezeugung spricht für die Ursprünglichkeit des ὅτι.

Das Getrenntwerden von Jesus wirft die Frage auf, wie in Zukunft die Beziehung zu ihm aussehen wird. Gerade im Hinblick auf die textexterne Hörer- und Lesergemeinde muss der joh. Jesus nun von der Zukunft reden und erklären, wie die Gegenwart mit der Zukunft verbunden ist.

1 Jesus wendet sich wieder an alle Jünger und fordert sie auf, die Erschütterung ihres Herzens zu überwinden. Der Verlust der Unmittelbarkeit der Jesusbeziehung führt zu einer Krise; die Jünger befinden sich wie die Glaubenden späterer Zeiten in der Situation des Verlassenseins. Johannes antwortet darauf mit dem wiederholten Verweis auf den Glauben; er lässt Jesus zum Glauben an Gott und an sich selbst auffordern![27] Der Glaube an Gott ist nichts anderes als der Glaube an den Offenbarer Jesus Christus. **2/3** Mit einem Offenbarungsspruch seiner Schule führt der Evangelist die Thematik weiter.[28] Für eine joh. Tradition sprechen besonders die singulären Wendungen οἰκία τοῦ πατρός (›Haus des Vaters‹), ἑτοιμάζειν τόπον (›Ort bereiten‹), πάλιν ἔρχομαι (›ich komme wiederum‹), εἶπον ἄν (›hätte ich gesagt‹), μοναὶ πολλαί (›viele Wohnungen‹) und die für das Johannesevangelium auffällige Eschatologie: 1) Jesus bereitet nach seinem Fortgang Wohnungen für die Gläubigen im Himmel. 2) Jesus wird vom Himmel kommen,[29] um die Seinen zu sich zu holen. Damit kann nur die Parusie des Erhöhten gemeint sein,[30] was durch den apokalyptischen Traditionshintergrund (vgl. äthHen 14,15–23; 39,4–8; 41,2; 48,1; 71,5–10.16; slawHen 61,2; Apokalypse Abrahams 17,16; 29,15) und die neutestamentlichen Parallelen (bes. 1Thess 4,16.17) bestätigt wird. Die Parusie ist hier nicht die Ergänzung eines eigentlich schon abgeschlossenen Vorganges oder Zustandes, sondern die Erfüllung der eschatologischen Zusage des Sohnes. Entscheidend für das Verständnis der Tradition sind die Raum- und Zeitaussagen. Das Haus/die Wohnung ist eine Metapher religiösen Heils[31] und

---

[27] Das zweimalige πιστεύετε in V. 1b ist wegen μὴ ταρασσέσθω als Imperativ zu verstehen; vgl. zuletzt *A. Dettwiler*, Gegenwart des Erhöhten, 142.

[28] Vgl. *S. Schulz*, Untersuchungen, 159–164 (V. 1–3 Tradition); *J. Becker*, Joh II, 549 f. Zur ausführlichen Analyse von Joh 14,2 f vgl. u. a. *G. Fischer*, Die himmlischen Wohnungen. Untersuchungen zu Joh 14,2 f, EHS.T 38, Bern/Frankfurt 1975; *J. McCaffrey*, The House with many Rooms: The Temple Theme of Jn. 14,2–3, AnBib 114, Rom 1988; *A. Stimpfle*, Blinde sehen, 147–216; *J. Frey*, Eschatologie III, 135–153.

[29] In V. 3b muss πάλιν ἔρχομαι als Weissagung zweifellos futurisch verstanden werden (vgl. *Blass/Debrunner/Rehkopf*, Grammatik, § 323,1; ferner παραλήμψομαι).

[30] Vgl. *Th. Zahn*, Joh, 545 f; *A. Schlatter*, Joh, 293; *H. Strathmann*, Joh, 206; *L. van Hartingsveld*, Die Eschatologie des Johannesevangeliums, 103–110; *R. E. Brown*, John II, 626; *J. Schneider*, Joh, 258; *J. Becker*, Joh II, 549; *G. R. Beasley-Murray*, John, 250 f; *J. Beutler*, Habt keine Angst, 43 f; *M. de Jonge*, The Radical Eschatology of the Fourth Gospel and the Eschatology of the Synoptics: in: John and the Synoptics, hg. v. *A. Denaux*, 486; *J. Frey*, Eschatologie III, 144 f. Anders *J. Neugebauer*, Die eschatologischen Aussagen, 137 f, der Joh 13,33–14,6 auf die Jesusnachfolge der Märtyrer und ihre Aufnahme in die himmlischen Wohnungen beziehen will.

[31] Vgl. die Belege in: Neuer Wettstein I/2, 667–677 (Ein Beispiel: nach Plato, Phaidon 114d, haben die Seelen der Verstorbenen ›Wohnungen‹). Vgl. ferner Eur, Alkestis, 364 f (Admetus sagt zu der sterbenden

ein wichtiges Element der joh. Familienmetaphorik: Die Bewohner des himmlischen Hauses sind den Unsicherheiten des irdischen Daseins enthoben, sie werden in der bleibenden Geborgenheit von Vater und Sohn sein. Die streng futurische Ausrichtung des Spruches zielt auf die Verarbeitung negativer Gegenwartserfahrungen der joh. Gemeinde. Die präsentische Eschatologie ist offenkundig keine ausreichende Antwort auf die Bedrängnisse der Gegenwart und die Angst vor der Zukunft. Sowohl die Bedrängnisse der Gegenwart als auch die Todesproblematik lassen es sinnvoll erscheinen, das Heil nicht ausschließlich in der Gegenwart zu verorten, sondern Gegenwart und Zukunft sinnvoll aufeinander zu beziehen. **4** Das Weg-Motiv führt zur folgenden Argumentation hin, wobei Jesu positive Aussage über das Wissen der Jünger die Einrede des Thomas provoziert. **5** Wie zuvor Petrus dokumentiert auch Thomas mit seiner Frage, dass er die Person Jesus Christus und ihren Weg noch nicht verstanden hat. Das Nichtverstehen des Jüngers steht somit exemplarisch im Gegensatz zu dem nun folgenden machtvollen Wort Jesu. **6** Jesus antwortet auf die Frage des Thomas mit einer dreifachen Selbstidentifikation. Das ›Ich-bin-Wort‹ zeigt eine klare Struktur: Der Sprecher identifiziert sich mit einem Konkretum (ὁδός = ›Weg‹) und zwei Abstrakta (ἀλήθεια = ›Wahrheit‹, ζωή = ›Leben‹). Auf eine christologische Identifizierung folgt eine negativ formulierte soteriologische Aussage. Im Hintergrund des Weg-Motives steht die jüdische Weisheitsliteratur (vgl. Spr 4,10 f; 8,22). Johannes verwendet diese Metapher, um die Frage nach dem Sinn und Ziel menschlichen Lebens zu stellen und gleichzeitig Jesus als den alleinigen Zugang zum Heil zu qualifizieren. Jesus ist aber nicht nur der Weg zu Gott, er ist die Verkörperung göttlicher Wahrheit und göttlichen Lebens. Jesus ist der Weg, weil er selbst die Wahrheit ist und das Leben spendet. Der Evangelist bindet das Verständnis Gottes exklusiv an die Person Jesu; wer Gott ist, kann nur an Jesus abgelesen werden. Damit formuliert Johannes einen nicht mehr zu überbietenden Exklusivitätsanspruch, denn jeder Erkenntnisanspruch setzt auch einen Wahrheitsanspruch voraus.[32] Jesus Christus ist nicht nur Zeuge der Wahrheit,[33] *sondern die Wahrheit selbst!* Die Ausschließlichkeit der Manifestation göttlicher Wirk-

---

Alkestis: »Doch wenigstens warte dort auf mich, wenn ich gestorben bin, und rüste das Haus, wo du mit mir wohnen wirst«); Anth Graec VII 363, wo es in einem Grabepigramm für den Ritter Zenodot heißt: »Dieses prächtige Grab aus trefflich gemeißeltem Marmor schließt den Leib eines Toten in sich, eines großen Heroen, des Zenodot. Seine Seele fuhr aufwärts zum Himmel, wo Orpheus und wo Platon die heilge, gottbergende Wohnstatt gefunden.« Sen, Naturales Quaestiones VI 32,6, sagt über den Tod: »Nicht die Tatsache, allein der Zeitpunkt ist fraglich. Du machst also, was du einmal machen musst. Stelle keine Fragen, sei nicht beunruhigt, verhalte deine Schritte nicht, als ob du einem Unglück entgegengingest. Dich erwartet die Natur, die dich geboren hat, und ein besserer und sicherer Wohnort.« Vgl. ferner ApkAbr 16,17; 21,8; 29,13–18; äthHen 39,4–7; 53,6; AssMos 10,9–10; syrBar 48,6; 61,8–10; *I. Peres,* Griechische Grabinschriften und neutestamentliche Eschatologie, WUNT 157, Tübingen 2003, 141–148 (zahlreiche Grabinschriften bezeugen den griechischen Glauben an himmlische Wohnungen).

[32] Dieser Anspruch ist im alttestamentlichen Gottesbegriff angelegt; vgl. nur Ex 20,2 f; Jes 44,6; Dtn 6,4 f.

[33] Vgl. dazu Sen, Ep 20,9, wo es über den berühmten Stoiker/Kyniker Demetrios heißt: »Dann ist er nicht nur ein Lehrer, sondern ein Zeuge der Wahrheit.« Zur hellenistischen Vorstellung, dass Wahrheit immer eine Gabe Gottes/der Götter ist, die sich im rechten Gebrauch der Vernunft vollzieht, vgl. Plut, Is et Os 1: »Kein Ziel ist für Menschen bedeutsamer, und keine Gnadengabe Gottes entspricht seiner Würde mehr als die Wahrheit. Alles andere, dessen Menschen bedürfen, ›schenkt‹ Gott ihnen, aber an Vernunft und Denken ,gibt er ihnen Anteil‹; denn diese sind sein ureigenster Besitz, von diesen macht er selber Gebrauch.«

lichkeit in Jesus Christus richtet sich kritisch gegen alle konkurrierenden Ansprüche. Wahrheit und Leben im umfassenden Sinn sind für die Menschen nicht verfügbar, es gibt sie nur bei Jesus Christus. Weil Johannes Wahrheit nicht abstrakt versteht, sondern personal denkt, muss der Wahrheitsbegriff inhaltlich präzisiert werden.[34] Jesus Christus ist als Ort der Wahrheit die Wahrheit selbst; durch ihn wird die Wahrheit vermittelt, indem er als Logos zu der Welt und den Seinen redet. In seinem Wort und nicht in heiligen Überlieferungen und Orten, auch nicht in Ideen oder Erkenntnissen offenbart sich die Wahrheit. Mit der Wahrheit verbindet sich gerade bei Johannes auf engste die Liebe. Gottes Heilswerk in Jesus Christus kann nach joh. Sicht nur adäquat als ein Akt der Liebe Gottes zu den Menschen verstanden werden (vgl. Joh 3,16; 1Joh 4,8.16), so dass sich Wahrheit und Liebe gegenseitig auslegen.[35] Der joh. Absolutheitsgedanke ist nichts anderes als eine Variation der Absolutheit der göttlichen Liebe zu den Menschen in Jesus Christus. Der Wahrheitsanspruch Jesu Christi ist die Unbedingtheit der Liebe! **7** Der vorangegangene christologische Spitzensatz wird nun im Hinblick auf das Verhältnis von Vater und Sohn näher erläutert. Für Johannes fallen Jesuserkenntnis und Gotteserkenntnis zusammen; wer den Sohn sieht, sieht den Vater und umgekehrt. Die der Zukunft vorbehaltene Schau Gottes vollzieht sich bereits im gegenwärtigen Sehen des Sohnes, wobei sich das Perfekt ἑωράκατε (›ihr habt gesehen‹) deutlich auf die Zeit der Wirksamkeit des irdischen Jesus bezieht. **8** Die Einrede des Philippus dient als Negativfolie für die weiteren Ausführungen. Philippus sieht zwar in Gott das Ziel menschlicher Existenz, hat aber immer noch nicht begriffen, dass die Frage nach Gott in Jesus Christus bereits an ihr Ziel und Ende gelangt ist. **9** Die Bitte des Philippus weist Jesus als unangemessen zurück. Bereits seine irdische Geschichte ist sichtbarer Ort der Manifestation Gottes. Wer dies nicht erkennt, verbleibt im Bereich des Vorläufigen. In der Begegnung mit Jesus gelangt die Frage nach Gott an ihr Ziel. Der Glaube erkennt: In Jesus ist Gott bleibend gegenwärtig. **10/11** Das unüberbietbare enge Verhältnis zwischen Vater und Sohn wird nun als gegenseitige ›Inexistenz‹ beschrieben.[36] Der räumlichen Vorstellungsweise liegt der Aspekt des Seins in einem Wirkungsraum zugrunde: Jesus ist in seiner Existenz vollständig durch Gott bestimmt, der sich wiederum in Jesu Wirken offenbart. Johannes erläutert dieses gegenseitige Bestimmtsein mit einem Verweis auf die ἔργα (›Werke‹) Jesu. Damit spitzt sich die Argumentation zu: Zumindest die Werke und d. h. die Wunder erweisen die göttliche Identität Jesu.[37] Die Wunder Jesu haben Offenbarungsqualität und zwingen

---

[34] Vgl. Epikt, Diss I 4,30–32, wo der Philosoph Chrysipp gerühmt wird: »Und da haben alle Völker der Erde einem Triptolem Tempel und Altäre gebaut, weil er uns mildere Nahrungsmittel verschafft hat: demjenigen aber, der die Wahrheit erfunden, der die Wahrheit ins rechte Licht gesetzt und der Welt bekannt gemacht hat, die Wahrheit, die nicht bloß die Erhaltung des Lebens, sondern die Glückseligkeit wirkt … wer von euch hat diesem großen Manne einen Altar oder einen Tempel gebaut, oder eine Ehrensäule geweiht, oder dankt anbetend Gott für ihn? Wir bringen den Göttern Opfer dar, dass sie uns den Weinstock und das Getreide gegeben haben; und dafür sollte die Gottheit keinen Dank von uns empfangen, dass sie eine solche Frucht in dem menschlichen Geiste hervorgebracht hat, durch die sie uns die Wahrheit, die zur Glückseligkeit führt, zeigen wollte?«

[35] Vgl. *A. Dettwiler*, Gegenwart des Erhöhten, 166–168.

[36] Vgl. dazu *R. Borig*, Der wahre Weinstock (s. u. X.), 199–236; *M. L. Appold*, Oneness Motif, 18–34.

[37] Anders *A. Dettwiler*, Gegenwart des Erhöhten, 173, der nicht an die joh. Wunder, sondern an Jesu gesamtes Offenbarungswirken denken will.

unmittelbar zu der Einsicht, dass Jesus der alleinige Offenbarer Gottes ist. **12** Die nachösterliche Perspektive tritt nun explizit in den Vordergrund, indem den Jüngern verheißen wird, größere Werke als Jesus zu tun. Der Sinn der außergewöhnlichen Rede von den ›größeren Werken‹ (vgl. Joh 5,20) ist umstritten.[38] Ausgangspunkt für jede Interpretation muss der Zusammenhang zwischen dem Weggang Jesu zum Vater und der dadurch ermöglichten ›größeren Werke‹ sein. Im Hintergrund steht die grundlegende Erfahrung, dass die Wirksamkeit Jesu mit seiner Erhöhung zum Vater nicht endete, sondern durch die Gegenwart des Parakleten neu begann. Weil der erhöhte Christus durch den Parakleten in der Gemeinde wirkt, kann von ›größeren Werken‹ gesprochen werden, die sich in der Mission der joh. Schule zeigen.[39] Die ›größeren Werke‹ zeichnen sich nicht durch eine höhere Qualität des Jüngerwirkens aus, sondern resultieren aus der zeitlichen und geographischen Entschränkung des Wirkens Jesu nach seinem Fortgang zum Vater. Ostern hat auch für die Jünger epochale Bedeutung, denn mit ihrer Beauftragung (vgl. Joh 20,21–23) setzt sich Jesu Wirken in universaler Perspektive fort. Die Gemeinde soll wissen, dass sich in der Zukunft die grundlegende Bedeutung des Wirkens Jesu immer mehr herausstellen wird. Die Zukunft ist für das joh. Denken schon deshalb konstitutiv, weil in ihr Jesu Werk immer umfassender zum Tragen kommt. **13/14** Die Gebetsgewissheit unterstreicht diesen Aspekt: Jesus erfüllt die in seinem Namen an ihn gestellten Bitten und gewährt dadurch die ›größeren Werke‹. Adressat des Gebetes ist hier auffälligerweise Jesus, allerdings ist das Gebet zu ihm keineswegs von Gott losgelöst, denn jede Gebetserhörung dient der Verherrlichung des Vaters durch den Sohn. Weil im Gebet der Glaube seine Sprache findet, das Gebet Ausdruck für das radikale Angewiesensein des Menschen auf Gott ist, gibt es Gebetsgewissheit.

Die Zukunftsperspektive bestimmt in den Abschiedsreden das joh. Denken: Jesus wird nach seinem Weggang zum Vater wiederkommen und die Glaubenden zu sich holen. Bis zu diesem Zeitpunkt darf sich die Gemeinde des anhaltenden Wirkens des Vaters und des Sohnes gewiss sein.

3. Die erste Verheißung des Parakleten und das Wiederkommen Jesu 14,15–24

(15) »Wenn ihr mich liebt, werdet ihr meine Gebote bewahren. (16) Und ich werde den Vater bitten, und er wird euch einen anderen Parakleten geben, damit er mit euch sei in Ewigkeit: (17) den Geist der Wahrheit, den die Welt nicht empfangen kann, denn sie sieht ihn nicht und erkennt ihn nicht. Ihr aber erkennt ihn, denn er bleibt bei euch und wird in euch sein. (18) Ich werde euch nicht als Waisen zurücklassen, ich komme zu euch. (19) Noch eine kurze Zeit, und die Welt wird mich nicht mehr sehen. Ihr aber werdet mich sehen, denn ich lebe, und auch ihr werdet leben. (20) An jenem Tage werdet ihr erkennen, dass ich in meinem Vater bin und ihr in mir und ich in euch. (21) Wer meine Gebote hat und sie bewahrt, der ist es, der mich liebt. Wer aber mich liebt, der

---

[38] Vgl. die Diskussion bei *R. Schnackenburg*, Joh III, 80 f.
[39] So u. a. *J. Blank*, Joh II, 97.

wird von meinem Vater geliebt werden, und ich werde ihn lieben, und ich werde mich ihm offenbaren.« (22) Es sagt zu ihm Judas – nicht der Iskariot – : »Herr, wie kommt es, dass du dich uns
und nicht der Welt offenbaren willst?« (23) Jesus antwortete und sprach zu ihm: »Wenn mich jemand liebt, wird er mein Wort bewahren, und mein Vater wird ihn lieben, und wir werden zu ihm
kommen und Wohnung bei ihm nehmen. (24) Wer mich nicht liebt, bewahrt meine Worte nicht.
Und das Wort, das ihr hört, ist nicht meines, sondern des Vaters, der mich gesandt hat.«

Der erste Parakletspruch führt die Zukunftsthematik weiter, indem er das Handeln
des Vaters und des Sohnes für die glaubende Gemeinde pneumatologisch entfaltet.
Nun wird vollends deutlich, dass Jesu Fortgang zum Vater für die Gemeinde zu einem
soteriologischen Gewinn führt.

15 Ein neuer Abschnitt wird eröffnet, denn ἀγαπᾶν = ›lieben‹ (vgl. V. 21.23.24.28.31)
und τηρεῖν ›beachten/bewahren‹ (vgl. V. 21.23.24) bestimmen wesentlich die Thematik des Folgenden.[40] Im Halten der Gebote zeigt sich die Liebe der Jünger zu Jesus.
Johannes verdeutlicht der textexternen Gemeinde noch einmal, dass Glaube und Liebe
eine Einheit sind; die verbindliche Form des Festhaltens des Wortes Jesu ist die Liebe.
16/17 Der erste Parakletspruch dürfte trotz seiner Sprachgestalt[41] auf eine Tradition
der joh. Schule zurückgehen.[42] Dafür sprechen neben der inneren Geschlossenheit
des Spruches vor allem die Spannungen zum Kontext: Ist es nach V. 16.17 der Paraklet,
der zu den Glaubenden kommen wird, so nach V. 18.28 Jesus selbst und nach V. 23
schließlich der Vater und der Sohn.[43] Eine Parallelisierung dieser Aussagen ist nicht
möglich, denn die Gabe des Parakleten ist an Jesu Fortgang und sein *Verbleiben* beim
Vater gebunden. Würde man den Parakletspruch ausscheiden, so bliebe der Gedankengang geschlossen: Dem Fortgang Jesu entspricht sein Wiederkommen bzw. sein
Wiedergesehenwerden. Eine vorschnelle Harmonisierung der verschiedenen Aussagen
ist wenig hilfreich, vielmehr wird man annehmen müssen, dass der Evangelist Entwürfe verarbeitet, die in unterschiedlicher Weise das zukünftige Handeln Gottes für
die Gemeinde bedenken. Für die Erfassung der vorausgesetzten Zeitperspektiven ist
entscheidend, dass für die Hörer- und Lesergemeinde schon längst eingetreten ist, was
auf der textinternen Ebene als zukünftig angekündigt wird. Die Gemeinde erfährt bereits die heilvolle Gegenwart des Parakleten, der bei ihr für ›ewig‹ ist, d. h. die Verbindung der Glaubenden mit Jesus und durch Jesus mit Gott ist für alle Zukunft offen.
Die Gemeinde wird aufgrund der Geist-Gegenwart niemals mehr aus der Gemeinschaft mit Jesus und Gott entlassen. So wie Jesus als ›erster‹ Beistand und Helfer (vgl.
1Joh 2,1) für die Jünger eintrat, wirkt in der Gegenwart der Heilige Geist als ἄλλος

---

[40] Vgl. *J. Beutler,* Habt keine Angst, 51; anders *R. Schnackenburg,* Joh III, 79 f, der wie andere erst nach
     V. 17 einen Einschnitt sieht.
[41] Vgl. dazu *F. Mußner,* Die johanneischen Parakletsprüche und die apostolische Tradition, 56 ff.
[42] Vgl. *H. Windisch,* Die fünf johanneischen Parakletsprüche, 113–115; *S. Schulz,* Untersuchungen, 143-
     145, die allerdings auch V. 15 zur Tradition rechnen. *J. Beutler,* Habt keine Angst, 63, hält den Grundbe-
     stand von V. 16.17 für vorjohanneisch.
[43] *W. Bauer,* Joh, 184, benennt im Gegensatz zu vielen neueren Kommentaren deutlich die Aporien von Joh
     14,3.18 und 14,15–17.

παράκλητος = ›anderer Paraklet‹. Als ›Geist der Wahrheit‹[44] vermittelt der Paraklet nicht Lehrsätze, sondern gewährt die Begegnung mit Jesus Christus, der die Wahrheit ist (vgl. Joh 14,6). Diesen ›Geist der Wahrheit‹ kann die Welt nicht empfangen, weil sie sich im Zustand der Verschlossenheit gegenüber der Gottesoffenbarung in Jesus Christus befindet. Damit macht Johannes keine negative Wesensaussage über die Welt, sondern konstatiert nur ihre Verfasstheit gegenüber dem Anspruch Gottes. Öffnet sich die Welt dem Wirken des Geistes, so hat sie bereits aufgehört, Welt im widergöttlichen Sinn zu sein.   **18–20** In der vorjoh. Tradition V. 18 (ὀρφανός nur noch Jak 1,27)[45] drückt sich wie in Joh 14,2 f die Parusieerwartung der Gemeinde aus. Eindeutig setzen ἀφίημι = ›weggehen‹ und ὀρφανός = ›verwaist‹ die Situation des *andauernden* Wegganges Jesu voraus, so dass ἔρχεσθαι = ›kommen‹ auf seine Wiederkunft zu beziehen ist. Die Wiederkunft Jesu kann hier nicht mit der Geistsendung identifiziert werden, da nach Joh 20,22 der Geist eine Gabe des Auferstandenen ist und deutlich von ihm unterschieden werden muss (vgl. zuvor Joh 7,39!).[46] Auch eine durchgängige Interpretation der V. 18–21 vom Ostergeschehen her bereitet Schwierigkeiten,[47] denn durch den Parakletspruch und die Situation des schutzlosen Verwaistseins befindet sich der Evangelist auf der Erzählebene seiner Gemeinde, die von der Ostererfahrung und der Gegenwart des Parakleten herkommt und für die das verheißene Geschehen nur in der Zukunft und d. h. in der Parusie liegen kann. Für diese Interpretation spricht auch die aus der apokalyptischen Menschensohntradition stammende Kombination vom Kommen und Sehen der zukünftigen Heilsgestalt (vgl. Dan 7,13 f; Mk 13,26; 14,62) sowie der Ausdruck ἐν ἐκείνῃ ἡμέρᾳ = ›an jenem Tag‹ (vgl. dazu Jes 2,11.17; Sach 12,3 f.6.8 f; äthHen 45,3 f; 63,3.8), der im Urchristentum terminus technicus für die Wiederkunft Christi ist (vgl. Mt 7,22; Lk 10,12; 17,31; 2Thess 1,10; 2Tim 1,12.18; 4,8). Auch ἔρχεται = ›er kommt/er kam‹ in Joh 20,19.26 vermag eine durchgängige Interpretation von Joh 14,18–21 auf dem Hintergrund der Ostererscheinungen des Auferstandenen nicht zu begründen, denn dort ergibt sich der Gebrauch von ἔρχεται aus der Logik der Erzählung, während ἔρχεσθαι = ›kommen‹ in Joh 14,2 f.18 prägnante Bezeichnung für die Wiederkunft ist.[48] Schließlich waren die

---

[44] Die Wendung πνεῦμα τῆς ἀληθείας erscheint nur in den Abschiedsreden (Joh 14,17; 15,26; 16,13) und dürfte durch Joh 14,6 bedingt sein; vgl. als religionsgeschichtliche Parallelen in einem dualistischen Kontext TestJud 20,5; 1QS 3,6 f.18–21; 4,21; 1QM 13,10.

[45] Vgl. zur weiteren Begründung *S. Schulz*, Menschensohn-Christologie, 164 Anm. 7. Zum Motiv der vom Meister verlassenen Jünger vgl. bes. Epikt, Diss III 24,14 f, wo es von Herakles heißt: »Er hat sich ja auch, als es die Umstände zu erlauben schienen, verehelicht und Kinder gezeugt und seine Kinder nicht mit Seufzen und Sehnsucht, nicht als wenn er sie als Waisen zurückließe, verlassen. Denn er wusste, dass kein Mensch Waise ist, sondern alle einen Vater haben, der immerdar und unaufhörlich für sie Sorge trägt. Denn er hatte es sich nicht bloß so sagen lassen, dass Zeus der Vater der Menschen sei«; vgl. ferner Plato, Phaidon 116a.

[46] Anders z. B. *R. Bultmann*, Joh, 477: »eben im Kommen des Geistes kommt er selbst«; *J. Becker*, Joh II, 556: »Jesus kommt im Parakleten.«

[47] So aber z. B. *Chr. Dietzfelbinger*, Johanneischer Osterglaube, 51–66; *ders.*, Abschied des Kommenden, 75–105 (Joh 14,18–24 als joh. ›Ostertexte‹); *H. Thyen*, Joh, 632, der ebenfalls für das ›österliche Wiedersehen‹ plädiert.

[48] Vgl. *H. v. Siebenthal*, Grammatik, § 197c: Indikativ Präsens mit Zukunftsbezug. »Besonders ἔρχομαι gehen wird im NT recht häufig so verwendet (manchmal in Kombination mit eigentlichen Futurformen).«

Erscheinungen des Auferstandenen nur vorübergehender Art, demgegenüber setzt V. 18 die dauernde zukünftige Präsenz Jesu voraus (das Präsens θεωρεῖτε in V. 19 hat futurische Bedeutung = ›ihr werdet sehen‹; vgl. das Futur ζήσετε = ›ihr werdet leben‹).[49] Gerade bei den Abschiedsreden ist die textpragmatische Dimension entscheidend: Alle futurischen Aspekte und Aussagen wären für die textexterne joh. Gemeinde in ihrer konkreten Gefährdungssituation völlig unzureichend, wenn sie sich auf das lange zurückliegende Ostergeschehen und nicht auf die zukünftige Parusie beziehen würden!   **21** Unter Aufnahme der Thematik von V. 15 wird die Offenbarung auf der Basis der Einheit von Vater und Sohn als ein Mit-Einbezogen-Sein in die Liebesgemeinschaft zwischen Vater und Sohn interpretiert. Die Teilhabe an der Selbst-Mitteilung Gottes vollzieht sich in der unzertrennbaren Einheit von Liebe und Glaube. Wer Jesus liebt, glaubt an ihn, und wer an ihn glaubt, liebt ihn.   **22** Die Frage des Judas dient dazu, das Wesen Jesu weiter zu verdeutlichen. Für Johannes hängt die Offenbarung nicht von der Bestätigung durch die Welt ab, sondern sie hat ihre Gewissheit im Heilshandeln des Vaters und des Sohnes.   **23/24** Die Liebe Gottes trägt Jesus, so dass alle, die Jesus lieben und sein Wort beachten, auch die Liebe des Vaters erfahren. Vater und Sohn werden sogar zu ihnen kommen und ›Wohnung nehmen‹. Die Frage nach den himmlischen Wohnungen (Joh 14,2 f) wird aufgenommen und in umgekehrter Richtung beantwortet:[50] Das Kommen Jesu zu den Seinen bedeutet zugleich auch die Ankunft Gottes. Die Gemeinde der Glaubenden ist somit die neue eschatologische Gotteswohnung, der Tempel Gottes in der Welt (vgl. Joh 4,21–24).

Johannes verdeutlicht der Gemeinde die andauernde Selbst-Mitteilung des Vaters und des Sohnes im Kommen des Parakleten und verheißt ihr das Kommen des Sohnes bei der Parusie. Gegenwart und Zukunft sind gleichermaßen vom Wirken des Vaters und des Sohnes umgriffen.

Exkurs 13: Die Form der Abschiedsreden und der Paraklet

Es ist kein Zufall, dass Johannes ausschließlich in den Abschiedsreden vom Parakleten spricht, denn die Funktionen des Parakleten sind eng mit der literarischen Gattung ›Abschiedsrede/Vermächtnisrede/literarisches Testament‹ verbunden.[51] Diese Gattung findet sich in ausgeprägter Form im

---

49 Vgl. *Th. Zahn,* Joh, 559 f; *W. Bauer,* Joh, 184; *W. Stählin,* Zum Problem der joh. Eschatologie, 236 f; *J. Frey,* Eschatologie III,166. Der häufig vorgebrachte Einwand, die Parusie könne hier nicht gemeint sein, weil sie sich vor dem gesamten Kosmos vollziehen müsse (so z. B. *F. Porsch,* Pneuma und Wort, 248.383), ist nicht zwingend, denn schon in der Parusietradition Joh 14,2 f beschränkt sich das Wiederkommen des Herrn auf den Jüngerkreis. Zudem liegt die Parusie Jesu nur vor den Seinen in der Logik joh. Denkens, denn die üblicherweise mit der Parusievorstellung verbundenen Gerichtsaussagen (vgl. z. B. 1Thess 1,10; 2Kor 5,10; Mk 13,24–27; 2Thess 2,1–12; 2Petr 3,4–7) entfallen bei Johannes, weil der Kosmos durch seinen Unglauben bereits gerichtet ist (vgl. Joh 3,18a u. ö.).

50 Zur Auslegung vgl. auch *K. Scholtissek,* In ihm sein und bleiben, 264–268.

51 Die Sprachregelung ist fließend; während in der alttestamentlichen Exegese der Begriff ›literarisches Testament‹ vorherrscht, spricht *U. B. Müller* in seinem grundlegenden Aufsatz (s. o. IX.) von der Gattung ›Abschiedsrede‹, während *M. Winter* den Terminus ›Vermächtnisrede‹ einführt.

Deuteronomium (vgl. Dtn 31–34)[52] und wurde in ihrer weiteren Entwicklung wesentlich durch den Deuteronomismus bestimmt (vgl. Jos 23–24; 1Sam 12; 1Kön 2,1–10). Sowohl die alttestamentliche Weisheit als auch die frühjüdische Apokalyptik wirkten in der Folgezeit auf die formale und inhaltliche Ausgestaltung der Gattung Abschiedsrede ein (vgl. Tob 4,1–21; 14,1–11; 1Makk 2,49–70; äthHen; slawHen; Jub; LAB; AssMos; TestIss; TestHiob; syrBar; 4Esr).[53] Idealtypisch sind folgende Formmerkmale für eine Abschiedsrede konstitutiv: 1) Anfangsrahmen: Abschiedssituation mit Einführung des Redners und des/der Adressaten; 2) Redekorpus (in direkter Rede): Rückschau auf die Vergangenheit, Paränese, Zukunftsansage (mit Bestimmung eines Nachfolgers); 3) Schlussrahmen (berichtend): Tod, Begräbnis und Trauer.[54] Die Gattung Abschiedsrede ist formal eine monologische Rede ›nach innen‹ und hat deutlich eine legitimierende Funktion; der sterbende Held bestimmt seinen Nachfolger und stattet ihn mit dem notwendigen Charisma aus. Führergestalten wie Mose, Baruch oder Esra reflektieren, wie ihrem Werk Kontinuität über den Tod hinaus verliehen werden kann: durch Ermahnung und Trost, Abfassung von Schriften und Einsetzung eines gleichwertigen Nachfolgers. Eine Parallele zu Jesus und dem Parakleten bietet vor allem das Verhältnis Mose – Josua: Josua übernimmt das Amt seines Vorgängers (vgl. Num 17,18 ff; Dtn 31,1ff) und wird ausdrücklich als Geistträger bezeichnet (vgl. Num 27,18; Dtn 34,9: »Josua aber, der Sohn des Nun, war erfüllt vom Geist der Weisheit, denn Mose hatte ihm die Hände aufgelegt. Und die Israeliten hörten auf ihn und taten, wie Jahwe dem Mose geboten hatte«; LAB 19; 20; vgl. auch die prophetische Sukzession in 2Kön 2,9 f.15 f).[55] Ausführlich wird das Problem des Übergangs in Ass Mos 11,9ff reflektiert, wo der verzweifelte Josua zum scheidenden Mose spricht: 9) »Herr, du gehst hinweg, und wer soll für dieses Volk sorgen? 10) Oder wer ist da, der sich ihrer erbarmt, und wer wird ihr Führer sein auf dem Wege? 11) Oder wer wird für sie beten, ohne es auch nur einen Tag zu unterlassen, damit ich sie in das Land ihrer Vorväter hineinführen kann? 12) Auf welche Weise soll ich dieses Volk hegen …?« Der scheidende Baruch (vgl. syrBar 44–46) vertraut seinen Nachfolgern die Aufgaben an, die er selbst wahrnahm: Ermahnung und Lehre des zurückgelassenen Volkes (vgl. syrBar 44,3; 45,1.2). Esra klagt: »Denn siehe, ich werde weggehen, wie du mir befohlen hast, und das gegenwärtige Volk ermahnen. Aber die später Geborenen, wer wird die unterweisen? … Weil dein Gesetz verbrannt ist, weiß niemand, was von dir getan wurde, noch welche Taten geschehen sollen. Wenn ich also vor dir Gnade gefunden habe, schicke in mich den heiligen Geist. Dann will ich alles, was in der Welt von Anfang an geschehen ist, was in deinem Gesetz geschrieben war, niederschreiben, damit die Menschen den Weg finden können und die, welche leben wollen, in der Endzeit das Leben erlangen« (4Esr 14,19–22). 4Esr 14,24 ff zeigt deutlich, dass die Gattung Abschiedsrede auch dazu dienen konnte, Schriften zu legitimieren, indem sie den Ursprung der Schrift einer sterbenden Gestalt der Vergangenheit zuweist. Dies liegt auch beim Johannesevangelium vor, denn der Paraklet vergegenwärtigt Jesu Worte und macht ihn zum Autor des Evangeliums. Die Verwendung des Begriffes ὁ παράκλητος = ›der Herbeigerufene/Helfer für andere/Beistand‹ dürfte sich bei Johannes aus der Gattung Abschiedsrede erklären.[56] Als substantivisch gebrauchtes

---

[52] Zur Analyse vgl. *M. Winter*, Vermächtnis Jesu, 65–87.

[53] Vgl. dazu *M. Winter*, a. a. O., 112–204. Der Bereich der griechisch-römischen Literatur wird von Winter nicht behandelt; vgl. hier Xenoph, Kyropaedia VIII 7,6–17 (Beispiele für Abschiedsreden aus dem jüdisch-hellenistischen und dem griechisch-römischen Bereich finden sich in: Neuer Wettstein I/2, 655–664).

[54] Vgl. *M. Winter*, a. a. O., 212.

[55] Vgl. dazu *U. B. Müller*, Parakletvorstellung, 57–59.

[56] So die These von *U. B. Müller*, a. a. O., 61: »Die Bezeichnung παράκλητος = παρακαλῶν für den ›Geist der Wahrheit‹ ist wohl aus einer besonderen Funktion heraus zu verstehen, wie sie in jüdischen Texten anhand der Abschiedsschilderungen reflektiert wird. Die Größe, die die Kontinuität zur Tätigkeit des Scheidenden zu garantieren hat, soll eben dessen Ermahnung, Tröstung und Belehrung weiterführen.« Die Problematik dieser These besteht darin, dass παράκλητος in keinem der relevanten Texte vorkommt. Das Verbum παρακαλεῖν erscheint bei Johannes nicht, in den Vergleichstexten finden sich nur lateinische oder syrische Äquivalente.

Verbaladjektiv (mit passivischer Bedeutung) von παρακαλεῖν wird παράκλητος in der Profangräzität im Sinn von ›Anwalt‹, ›Beistand‹ oder ›Fürsprecher‹ gebraucht.[57] Weil in der Abschiedssituation die Wahrung der Kontinuität als Fortführung des Ermahnens und der Lehre begriffen wurde, könnte Johannes den Begriff παράκλητος in diesem Sinn aufgegriffen und ausgeweitet haben. Bei ihm bekommt der Paraklet vor allem eine hermeneutische Funktion, er erschließt als Lehrer, Zeuge und Interpret für die Gemeinde die Bedeutung der Person Jesu Christi und führt die Glaubenden in die Zukunft.

4. Das zweite Wort über den Parakleten und der Abschluss der ersten Abschiedsrede 14,25–31

(25) »Dies habe ich zu euch gesagt, als ich noch bei euch war. (26) Der Paraklet, der Heilige Geist, den der Vater in meinem Namen senden wird, jener wird euch alles lehren und euch an alles erinnern, was ich euch gesagt habe. (27) Frieden lasse ich euch zurück, meinen Frieden gebe ich euch; nicht wie die Welt gibt, gebe ich euch. Euer Herz lasse sich nicht erschüttern, noch sei es verzagt. (28) Ihr habt gehört, dass ich zu euch gesagt habe: Ich gehe weg und komme zu euch. Wenn ihr mich lieben würdet, würdet ihr euch freuen, dass ich zum Vater gehe, denn der Vater ist größer als ich. (29) Und nun habe ich es euch gesagt, bevor es geschieht, damit ihr glaubt, wenn es geschieht. (30) Nicht mehr viel werde ich mit euch reden, denn es kommt der Herrscher der Welt. Doch über mich hat er keine Macht, (31) sondern die Welt soll erkennen, dass ich den Vater liebe und so tue, wie mir der Vater aufgetragen hat. Steht auf, lasst uns von hier fortgehen!«

Art und Weise des Wirkens des Parakleten werden nun weiter bedacht, so dass Jesu Rückkehr zum Vater nicht als Verabschiedung aus der Geschichte, sondern als wirkungsmächtige neue Epoche des Heilshandelns Gottes begriffen werden muss.

25/26 Johannes setzt erstmals den Parakleten mit dem πνεῦμα ἅγιον = ›Heiliger Geist‹ (vgl. Joh 1,33; 20,22) gleich. Damit signalisiert er Kontinuität, benennt aber zugleich sein Spezifikum: Der Paraklet ist kein anderer als der Heilige Geist im Urchristentum, als solcher ist er aber der Paraklet. Dominiert im ersten Parakletspruch die Vorstellung der bleibenden Präsenz des Parakleten in der Gemeinde, so werden nun sein Ursprung und seine Funktionen näher bestimmt. Dabei spiegelt sich die nachösterliche Perspektive des Evangelisten deutlich wider; der Geist verbindet die zu Ende gegangene Jesus-Zeit mit der Gegenwart des Evangelisten. Diese Gegenwart ist durch die Anwesenheit des Geistes bestimmt, den der Vater im Namen Jesu gesandt hat. Indem der Geist an die Stelle Jesu tritt, zeigt sich deutlich eine Parallelität: So wie Jesus als Offenbarer der Repräsentant Gottes war, so ist nun der Geist der Repräsentant des Vaters und des Sohnes. Die Sendung des Geistes erfolgt ›im Namen Jesu‹, d. h. auch Jesus ist aktiv

---

[57] Zu den sprachlichen Aspekten vgl. *J. Behm,* ThWNT V, 799–801. Die relevanten religionsgeschichtlichen Ableitungsversuche (Gnosis, Vorläufer-Vollender-Idee; Fürsprecher-Vorstellung, Qumran, Gattung Abschiedsrede) sind zusammengestellt bei *R. Schnackenburg,* Joh III, 163–169; *G. M. Burge,* Anointed Community, 10–30. Als Parallele für das forensische Verständnis von παράκλητος vgl. Diog Laert IV 50; in der Bedeutung von ›Fürsprecher, Beistand‹ bietet Philo zahlreiche Parallelen (vgl. Flac 13.22 f.151.181; OpMund 23.165; Jos 239 f; SpecLeg I 237; VitMos II 134); alle Texte in: Neuer Wettstein I/2, 689–693.

am Wirken des Geistes beteiligt. Vater und Sohn wirken auf ihre Weise in der Sendung des Geistes zusammen. Sowohl ἄλλον = ›(einen) anderen‹ in Joh 14,16 als auch ἐν τῷ ὀνόματί μου = ›in meinem Namen‹ in Joh 14,26 weisen allerdings sprachlich sehr genau darauf hin, dass zwischen Jesus und dem Parakleten eine Beziehung, aber keine völlige Gleichheit besteht.[58] Wenn Jesus und der Paraklet einfach identisch wären, müssten sie nicht unterschieden werden! Der Paraklet erscheint als eine eigenständige, vom Vater und Sohn zu unterscheidende Person, die jedoch von ihrem Ursprung, ihrem Wesen und ihrem Wirken her auf die Seite des Vaters und des Sohnes gehört.[59] Die geläufige Gleichsetzung des Parakleten mit Jesus lässt sich an keinem Paraklet-spruch verifizieren, vielmehr verdankt sie sich ausschließlich einem aus anderen Texten gewonnenen Verständnis der joh. Eschatologie. Auch fallen bei Johannes keineswegs Ostern, Pfingsten und die Parusie zusammen,[60] sondern die Erhöhung und Verherr-lichung sind die Voraussetzung der Gabe des Geistes (vgl. Joh 7,39; 20,22) bzw. des Parakleten, der wiederum die Zeit bis zu Jesu Wiederkunft bestimmt. Von besonderem hermeneutischen Interesse sind die beiden Funktionen des Parakleten: lehren und er-innern. Der Geist bringt keine neuen Offenbarungen über das Wirken Jesu hinaus, sondern er vergegenwärtigt und erschließt die Jesus-Offenbarung. Mit der Berufung auf den Parakleten bindet Johannes die Gemeinde an die exklusive Lehrautorität Jesu, denn durch den Parakleten spricht nach dieser Konzeption Jesus selbst. Mit dem Be-griff des ›Erinnerns‹ meint Johannes einen aktiven Vorgang: etwas erinnernd verge-genwärtigen.[61] Intendiert ist nicht ein einfaches Wiederholen dessen, was Jesus einmal sagte. Vielmehr geht es um die Vergegenwärtigung des Vergangenen in einer durch

---

[58] Gegen *G. M. Burge*, Anointed Community, 41, der wie viele andere vor ihm behauptet: »When one encountered the Spirit Paraclete in the Johannine community, one encountered the risen Christ.« Der Begründer dieser Interpretation ist wohl *W. Heitmüller*, Joh, 152: »im Geist kommt Jesus selbst«. Auch Joh 15,26c (ἐκεῖνος μαρτυρήσει περὶ ἐμοῦ = ›jener wird von mir zeugen‹) und die Sendung des Parakle-ten durch Jesus in Joh 15,26a; 16,7e sprechen gegen eine einfache Identifizierung des Parakleten mit Jesus. Wenn schließlich nach Joh 16,13 der Paraklet das reden wird, was er (vom Vater und Sohn) hören wird, so zeigt sich wiederum, dass in der joh. Schule sehr wohl zwischen dem Wirken des Parakleten und dem Sein Jesu unterschieden wurde; vgl. *U. Schnelle*, Abschiedsreden, 69 f; *J. Frey*, Eschatologie III, 163 f.

[59] Vgl. *F. Porsch*, Pneuma und Wort, 255; *G. R. Beasley-Murray*, John, 261; *H. Chr. Kammler*, Jesus Christus und der Geistparaklet, 109.

[60] Vgl. *U. Schnelle*, Abschiedsreden, 70; *J. Frey*, Eschatologie III, 167; gegen *W. Heitmüller*, Joh, 152: »Das Kommen des Geistes ist Ostern und Pfingsten zugleich – und endlich auch das (Wieder-) Kommen Jesu (die Parusie), das man als Abschluß dieser Zeit erwartet.« Heitmüller folgen u. a. *R. Bultmann*, Joh, 477; *A. Dettwiler*, Gegenwart des Erhöhten, 206: »In der Erfahrung des Geist-Parakleten ereignet sich die ›Parusie‹.«

[61] Das philosophische Konzept des Erinnerns wurde vor allem in der Schule des Pythagoras gepflegt; über seine Schüler heißt es: »Sie glaubten, man müsse alles, was man lerne und was einem erklärt werde, im Gedächtnis festhalten und bewahren und sich im Lernen und Hören danach richten, wie viel die lernende und sich erinnernde Instanz aufnehmen kann, denn sie ist es, mit der man erkennen und in der man das Erkannte bewahren muss« (Jamblich, Vit Pyth 164 = Neuer Wettstein I/2, 697). Nach Quintilian, Insti-tutionis Oratoriae XI 2,11–13.17–20, führte die Erfahrung des Todes zur Erfindung der Mnemokunst. Bei einem Bankett sei Simonides von Keos (6./5. Jh. v. Chr.) gerade aus dem Saal gegangen, als dieser ein-stürzte. Die Opfer im Saal seien so entstellt gewesen, dass die Angehörigen sie nicht mehr unterscheiden konnten. »Da habe, so heißt es, Simonides, weil er die Reihenfolge im Gedächtnis hatte, in der jeder sei-nen Platz an der Tafel gehabt hatte, den Angehörigen wieder zu den Ihren verholfen« (XI 2,13).

die Gegenwart des Geistes bestimmten Auslegung.[62] ›Erinnern‹ bezeichnet den lebendigen Prozess vergegenwärtigender Anwendung und Neuerschließung der Jesus-Geschichte durch den Parakleten. Johannes benennt mit μιμνῄσκομαι = ›erinnern‹ die produktive und weiterführende Aneignung der Jesus-Offenbarung, wie er sie in seinem Evangelium selbst betreibt. Durch den Parakleten legt sich Jesus im Johannesevangelium gewissermaßen selbst aus, er ist dem Anspruch nach der eigentliche Autor des 4. Evangeliums! **27** Als Abschiedsgabe lässt Jesus den Seinen den Frieden zurück. Das Wort Friede ist in einem umfassenden Sinn zu verstehen, es schließt alles ein, was Jesus den Glaubenden gewährt. Friede ist für Johannes letztlich eine göttliche Gabe, dessen Inhalt Jesus selbst ist. Der Friede Jesu steht im Gegensatz zu dem Frieden, den die Welt gibt. Weil aber die Gemeinde weiterhin in dieser Welt lebt, ist auch ihr Friede niemals unangefochten. Die Glaubenden sollen sich durch die Welt nicht erschrecken und verunsichern lassen, sondern im Vertrauen auf Gottes Friedensgabe auch in schwierigen Zeiten zuversichtlich leben. Die Friedensthematik kann auch im Johannesevangelium im Kontext der Pax Romana gelesen werden.[63] Im Zentrum dieser Vorstellung stand seit Augustus[64] die Person des Kaisers, der als Pontifex Maximus den Fortbestand und den Zusammenhalt des Imperium Romanum in sakralrechtlicher Hinsicht garantiert, das Gemeinwesen zusammenhält und durch seine kluge Politik vor allem Frieden und Wohlstand sichert.[65] Der römischen Ideologie[66] von Frieden, Sicherheit und Wohlstand stellt Johannes einen anderen Frieden entgegen: Den inneren Frieden im Glauben an Jesus Christus als den wahren Friedensbringer, Friedensstifter und Sohn Gottes. **28** Noch einmal wird der textexternen Gemeinde der Grundgedanke der Abschiedsreden verdeutlicht: Jesu Fortgehen zum Vater ist nicht das Ende seiner Wirksamkeit, sondern der Beginn einer neuen Epoche in der Beziehung zwischen der Gemeinde und dem Erhöhten. Die Rückkehr des Gesandten zum

---

[62] Aufschlussreich ist in diesem Kontext Epikt, Diss IV 169: »Auch jetzt, wo Sokrates tot ist, bringt ja das Gedächtnis an alles das, was er im Leben geredet und getan hat, den Menschen nicht weniger, nein größeren Nutzen« (= Neuer Wettstein I/2, 736).

[63] Vgl. dazu *K. Wengst*, Pax Romana, München 1986, 19–71.

[64] Vgl. exemplarisch die Res gestae des Augustus; zur religiösen Entwicklung des Octavian/Augustus vgl. *M. Clauss*, Kaiser und Gott, Stuttgart 1999, 1986, 54–75.

[65] Vgl. als Beispiel die Inschrift von Halikarnass (2. v. Chr.): » ... da die ewige und unsterbliche Natur des Alls das größte Gut aus überschäumender Freundlichkeit den Menschen schenkte, indem sie Caesar Augustus hervorbrachte, den / Z. 5 Vater für ein glückseliges Leben bei uns und Vater seiner einheimischen Göttin Roma, den heimischen Zeus und Retter des Menschengeschlechtes, dessen Wünsche in allem die Vorsehung nicht nur erfüllte, sondern übertraf; denn Land und Meer leben in Frieden, Städte glänzen in gesetzlicher Ordnung, / Z. 10 Eintracht und Überfluss, es ist ein förderlicher Höhepunkt für jedes Gut, für gute Hoffnungen auf die Zukunft, für guten Mut auf die Gegenwart der Menschen, die mit Festen, Standbildern, Opfern und Liedern ... erfüllen ... « (zitiert nach: *H. Freis* [Hg.], Historische Inschriften zur römischen Kaiserzeit, Darmstadt ²1994, 17).

[66] Vgl. dazu z. B. Sen, Clem I 2: » ... diese vielen Tausende Schwerter, die mein Friede ruhig hält, können auf meinen Wink gezogen werden ... «; Clem I 5: »Du kannst folgendes, Kaiser, furchtlos erklären – alles, was sich unter deinem Beistand, unter deinem Schutz begeben hat, ist sicher ... «; Epikt, Diss II 13, über den durch die Philosophie gewährten Frieden: »Wenn einer diesen Frieden hat, einen andern als der Kaiser hat ausrufen lassen ...«; Aelius Aristides, Romrede 104: »Nun aber ist dem Erdkreis selbst und seinen Bewohnern eine allgemeine und jedem erkennbare Sicherheit geschenkt.«

Vater bildet den Abschluss des grundlegenden Offenbarungsweges. Weil Gott das letzte Ziel des Weges Jesu ist, ist er größer als der Gesandte. Die überaus enge Zusammengehörigkeit zwischen Gott und Jesus bei Johannes schließt den Gedanken einer Rangfolge und damit einer Unterordnung Jesu als Sohn unter den Vater keineswegs aus. Die Verheißung (ὑπάγω) καὶ ἔρχομαι πρὸς ὑμᾶς = ›(ich gehe fort) und komme zu euch‹ kann sich auf das Kommen des Parakleten oder auf die Parusie beziehen. Der nachösterliche Standpunkt der Gemeinde lässt auch hier auf die Parusie schließen. **29** Durch die Worte Jesu sollen die Jünger eine positive Einstellung zu seinem bevorstehenden Tod gewinnen, d. h. zum Glauben kommen. Die pragmatische Funktion der Abschiedsreden wird wiederum sichtbar; sie sollen den angefochtenen Glauben der Gemeinde gewiss machen.   **30/31** Mit einer Überleitung zur Passion findet die erste Abschiedsrede ihr Ende. Jesus geht, und der ›Herrscher der Welt‹ kommt, womit Judas Iskariot als Werkzeug des Teufels gemeint sein dürfte (vgl. Joh 13,2; 18,3). Der ›Herrscher der Welt‹ hat jedoch keine Macht über den Gesandten Gottes, denn Jesu Tod ist nicht seine Vernichtung, sondern im Gegenteil das Gericht über die Welt und letztendlich die Entmachtung des ›Herrschers dieser Welt‹. Überraschenderweise wird der Welt hier die Fähigkeit zugesprochen, Jesu Tod als Akt seines liebenden Gehorsams zu verstehen. Der Tod bricht über Jesus nicht wie ein blindes Schicksal herein, sondern entspricht dem Willen des Vaters und seinem eigenen Willen, deshalb die Aufforderung, den Ort zu verlassen und dem Kommenden entgegenzugehen.

Durch den Weg ans Kreuz erweist sich Jesus endgültig als Offenbarer der göttlichen Liebe. Er ermöglicht durch das Kommen des Parakleten die Existenz der Gemeinde und verheißt ihr sein Wiederkommen.

Exkurs 14: Abschiedsreden und Literarkritik

Die Korrespondenz zwischen Joh 14,31c und Joh 18,1 sowie der damit verbundene harte Übergang zwischen Joh 14,31c und 15,1 ist ein Schwerpunkt joh. Literarkritik. In der Forschung sind fünf Modelle zur Erklärung des Jetzttextes von Bedeutung:
    1) Lösung der Probleme durch *Textumstellungen*. So rechnet R. Bultmann mit der ursprünglichen Textfolge Joh 13,1–30; 17,1–26; 13,31–35; 15,1–16,33; 13,36–14,31.[67] Neben methodologischen Bedenken ist gegen Bultmanns Vorgehen vor allem einzuwenden, dass es ihm nicht gelingt, einen ›besseren‹ Text zu rekonstruieren. Dies scheitert an Kap. 17, das den Höhepunkt und sinnvollen Abschluss der Abschiedsreden bildet. Sprach Jesus zuvor mit den Jüngern, so wendet er sich nun in der Stunde des Abschieds im Gebet dem Vater zu.
    2) Der zweite Lösungsvorschlag sieht in Kap. 15–17 den Nachtrag einer *späteren Redaktion*. Diese u. a. von R. Schnackenburg[68] und J. Becker[69] vertretene These scheitert an der vorausgesetzten Arbeitsweise des Redaktors. Er hätte durch seine ungeschickte Einfügung von Joh 15–17 zwischen Joh 14,31 und 18,1 erst all die Probleme geschaffen, um deren Lösung sich die Exegese in diesem Jahrhundert bemüht. Allein durch die Platzierung der Kap. 15–17 vor Joh 14,30c hätte der Redaktor alle Schwierigkeiten umgehen können und somit auch für seine Leser und Hörer eine

---

[67] Vgl. *R. Bultmann,* Joh, 348–351.
[68] Vgl. *R. Schnackenburg,* Joh III, 101–103.
[69] Vgl. *J. Becker,* Joh II, 572 f.

›befriedigende‹ Textfolge hergestellt (14,31b » ... tue, wie mir der Vater aufgetragen hat«; 15,1: »Ich bin der wahre Weinstock« – Kap. 15–17,26/14,31c: »Steht auf, lasst uns von hier fortgehen«; 18,1: »Nachdem Jesus dies geredet hatte ...«).[70] Schließlich lässt sich der post-johanneische Charakter der Kap. 15–17 nicht nachweisen.[71]

3) Eine Variante der Nachtragshypothese ist das *Relecture-Modell:* »Ein Relecture-Prozess liegt dann vor, wenn ein erster Text die Bildung eines zweiten Textes hervorruft und wenn dieser Text seine volle Verständlichkeit erst im Bezug zum ersten Text gewinnt.«[72] Von den klassischen literarkritischen Optionen unterscheidet sich dieses Modell in zwei Punkten: a) Die Frage nach einem individuellen Autor tritt zugunsten der Hypothese einer joh. Schule in den Hintergrund. b) Joh 15–17 gelten nicht mehr als Konkurrenz oder Korrektur von Kap. 13,31–14,31. Grundlegend ist die Annahme einer ›Weiterschreibung‹, die durch eine veränderte historische Situation oder die »Dynamik der theologischen Reflexion«[73] bedingt sein kann. Drei Einwände sind allerdings auch gegen dieses Modell zu erheben: a) Der faktische Verzicht auf einen individuellen Autor führt zu einer Anonymisierung des Überlieferungsprozesses. b) Wie die ›kirchliche Redaktion‹ muss auch das Relecture-Modell mit am Text nicht nachweisbaren veränderten historischen Situationen oder theologischen Defiziten als Anlass für die Weiterschreibung rechnen. Häufig gilt der angebliche Gegensatz zwischen einer christologischen Ausrichtung der 1. Abschiedsrede und einer ethisch-ekklesiologischen Ausrichtung der 2. Abschiedsrede als Indiz für eine spätere Bearbeitungsstufe.[74] Dieses Argument verkennt, dass die Abschiedsreden insgesamt durch eine christologische Fundierung und eine durchgängige ethische und ekklesiologische Aktualisierung gekennzeichnet sind, die eine Trennung der einzelnen Aspekte unmöglich macht. Bereits das Liebesgebot in Joh 13,31–38 ist der christologische, ethische und ekklesiologische Basistext der gesamten Abschiedsreden! Die in Kap. 15–16 zweifellos in den Vordergrund tretenden ethisch-ekklesiologischen Aspekte ergeben sich notwendigerweise aus der Gemeindesituation und sind auf der Ebene des Evangelisten unerlässlicher Bestandteil der Abschiedsreden und des gesamten Evangeliums. c) Neue und weiterführende Aspekte können auch vom gleichen Autor eingeführt werden und sind keineswegs ein Indiz für eine spätere ›Weiterschreibung‹. Das Modell der ›Weiterschreibung‹ ist prinzipiell auf allen Ebenen der joh. Überlieferung denkbar. Deshalb gilt auch hier die methodische Regel, dass ein Text dem Evangelisten Johannes nur dann abgesprochen und einer späteren Bearbeitung zugesprochen werden kann, wenn ein Verstehen des Textes auf der Ebene des Evangelisten nicht möglich ist.[75]

---

[70] Vgl. *L. S. Kellum,* Unity, 77: »Furthermore, how could any editor not see the problem he has created with the insertion of chs. 15–17 after the magnus reus. After all, all he has to do is insert 15–17 one verse earlier and ›as the Father gave me commandment, even so I do‹, transitions perfectly to ›I am the true vine, and my Father is the husbandman‹. And for that matter, what better place for ›arise, let us go hence‹, than immediately after the prayer of John 17?« *Kellum,* a. a. O., 104–112.127–131, weist darüber hinaus nach, dass die Abschiedsreden einen einheitlichen Stil aufweisen, der sich auch nicht vom Stil des gesamten Evangeliums unterscheidet und das Werk einer Hand ist.

[71] Dies zeigt die Kohäsions- und Kohärenzanalyse von *J. Neugebauer,* Die eschatologischen Aussagen, 45-154. *U. Wilckens,* Joh, 7, und *J. Frey,* Eschatologie III, 118, schreiben die Kap. 15–16 bzw. 15–17 dem Evangelisten zu, meinen aber, jener selbst (so Wilckens) oder die Herausgeber des Evangeliums (so Frey) hätten die Kapitel erst später eingefügt. Eine sehr unwahrscheinliche und letztlich überflüssige Spekulation!

[72] *J. Zumstein,* Relecture, 404; *ders.,* Joh, 551: »Nach unserer Ansicht sind die Kapitel 15–17 ein sekundärer literarischer Zusatz«; vgl. ferner *A. Dettwiler,* Gegenwart des Erhöhten, 44–52.

[73] *A. Dettwiler,* Gegenwart des Erhöhten, 302.

[74] So aus der aktuellen Debatte z. B. *A. Dettwiler,* Gegenwart des Erhöhten, 290; *K. Haldimann,* Rekonstruktion und Entfaltung, 404, der betont, »dass Joh 15 und 16 in Aufnahme und Modifikation von Joh 13,31–14,31 eine selbständige zweite Abschiedsrede darstellen. Anders als 13,31–14,31 verdankt sich die zweite Abschiedsrede aber nicht einem im wesentlichen einheitlichen Entwurf, sondern ist das Produkt eines längeren redaktionsgeschichtlichen Prozesses.«

[75] Faktisch verbleibt das Modell der ›Weiterschreibung‹ bei den literarkritischen und theologischen Prämissen *R. Bultmanns;* vgl. *J. Zumstein,* Geschichte des johanneischen Christentums, 423: »Die Endredaktion

Zumal es zum Charakter eines jeden gelungenen Textes gehört, durch Variationen, Differenzierungen, Umstrukturierungen, Erweiterungen und neue Aspekte den Gedankengang voranzutreiben und die Hörer/Leser zu weiterführenden Einsichten zu führen, so dass ein gedankliches Fortschreiten durch thematische Präzisierungen/Aktualisierungen gerade *kein* Anzeichen für einen sekundären Prozess ist. Das Modell der Relecture lebt ebenso wie die extensiv literarkritischen Entwürfe von dem Vor-Urteil einer literarischen und theologischen Insuffizienz des Johannesevangeliums.[76] Zu bedenken ist schließlich ein hermeneutisches Argument: Auch für das Relecture-Modell gilt, dass seine Vertreter nicht das 4. Evangelium interpretieren, sondern das Johannesverständnis jener Kreise, die für den Relecture-Prozess verantwortlich sind. Die Frage nach dem Status von Texten bleibt ungeklärt, denn es ist gerade für die Interpretation ein wesentlicher Unterschied, ob einem Text der Status eines Primär- oder Sekundärtextes zugewiesen wird.

4) Bei der ›*symbolischen*‹ *Interpretation* von Joh 14,31c steht in der Regel nicht die wörtliche Befolgung der Aufforderung Jesu, sondern ihr Verweischarakter im Mittelpunkt. C. H. Dodd kann feststellen:»The movement is a movement of the spirit«.[77] H. Thyen versteht den Vers als Aufforderung an den Leser:»Der soll jetzt ›aufstehen‹, nämlich die Spannung erfahren, wohin er gehen wird.«[78] Solche Interpretationen übergehen zu schnell das literarkritische Problem und sind noch subjektiver als andere Erklärungsmodelle.

5) Die neuere Forschung zeigt, dass neben den atl. und frühjüdischen Vergleichstexten auch *griechisch-römische Literaturformen* für das Verständnis der joh. Abschiedsreden von großer Bedeutung sind. Fragt man nach der Funktion der Abschiedsreden, dann lassen sich zahlreiche Vergleichspunkte z. B. mit Senecas Schriften aufzeigen.[79] Hier wie dort soll durch die Wirren und Ängste

---

unterscheidet sich vom Evangelium durch einige wenige, aber prägnante Einfügungen. Als Beispiele seien außer dem Kap. 21 einige Glossen über die traditionelle Eschatologie und die Sakramente, das Ende des Kap. 3 oder manche Teile der Abschiedsreden angeführt.« Ein grundlegender Unterschied zu Bultmann besteht allerdings, denn es wird ausdrücklich festgestellt, »daß diese von der joh. Schule vorgenommenen Einfügungen das Evangelium nicht korrigieren oder sogar zensieren, sondern die vorhandene Tradition weiter reflektieren und aktualisieren wollten« (ebd.). Damit sind die methodischen Probleme aber nicht gelöst: Welcher Art sind die Reflexionen und Fortschreibungen? Eine Fortschreibung ist nur dann sinnvoll, wenn der vorliegende Text als insuffizient empfunden wird!

76 So spricht z. B. *K. Haldimann,* Rekonstruktion und Entfaltung, 406, von ›interpretatorischen Gewinnen‹, die er natürlich nicht dem Evangelisten, sondern dem Konto der sekundären Bearbeitungsschicht gutschreibt. Die schwerwiegenden literarischen und hermeneutischen Probleme (wessen Evangelium wird eigentlich interpretiert?) werden auch damit nicht gelöst, dass aus der eher unfähigen ›Kirchlichen Redaktion‹ bei Bultmann nun »der Redaktor als kongenialer Autor« wird (vgl. *K. Haldiman,* Rekonstruktion und Entfaltung, 34.39 f). Wie kann bei einer solchen Nähe noch zwischen Evangelist und ›Redaktor‹ unterschieden werden? Was *K. Haldimann,* Rekonstruktion und Entfaltung, 430, als wesentlichen theologischen Ertrag der ›Redaktion‹ anführt (»Von der zweiten Abschiedsrede und deren ›ekklesiologischem‹ Inkarnationsverständnis her legt es sich nahe, das JohEv insgesamt vom Grundgedanken der Inkarnation als dem weltlich inszenierten Schöpfungsgedanken her zu verstehen«) kennzeichnet zweifellos bereits die Theologie des 4. Evangeliums, so dass gerade auf theologischer Ebene eine Unterscheidung zwischen dem Evangelisten und der ›Redaktion‹ nicht möglich und zugleich überflüssig ist.

77 *C. H. Dodd,* Interpretation, 409.

78 *H. Thyen,* TRE 17 (1987), 216; vgl. zudem *ders., Joh,* 636, wo er Joh 15–17 als einen »Autographen des Evangelisten« bezeichnet und sich dem Modell von Dodd anschließt; vgl. auch *Chr. Hoegen-Rohls,* Der nachösterliche Johannes, 122. *St. Burkhalter,* Abschiedsreden, 166–168, vermutet, Joh 15,1 ff sei auf dem Weg Jesu ins Kidrontal gesprochen worden: »Joh 15–17 ist dramaturgisch ganz ausgezeichnet in den Gang des Evangeliums eingefügt. Inhaltlich ergibt sich mit 14,31 nicht die geringste Bruchstelle. Allerdings wird der Leser mit 14,31 intensiv dazu aufgefordert, sich gerade in Anbetracht des kommenden Leidens innerlich mit Jesus auf den Weg zu machen, seine Gemeinschaft nicht zu verlassen und so an den gegebenen Verheißungen teil zu haben!« (a. a. O., 168).

79 Vgl. *M. Lang,* Johanneische Abschiedsreden und Senecas Konsolationsliteratur, in: *J. Frey/U. Schnelle* (Hg.), Kontexte des Johannesevangeliums, 365–412; zu den Abschiedsreden als Konsolationsliteratur vgl. auch *G. L. Parsenios,* Departure and Consulation, 90–109.

des Lebens und Sterbens hindurch ein Sinn ermittelt und ein Ziel angegeben werden: Bei Seneca die Einsicht in die Unausweichlichkeit und Natürlichkeit des Todes sowie die Aussicht auf den ewigen Frieden der Seele, bei Johannes die Einsicht in den Tod Jesu als Voraussetzung für die Sendung des Parakleten und die Aussicht auf die vollständige Einheit mit dem Vater und dem Sohn. Vor allem die Abfolge Fußwaschung (als literarisches Symposium) – Abschiedsreden (als konsolatorischer Text) kann als Hinweis auf eine Beeinflussung der Abschiedsreden durch griechisch-römische Literaturformen gewertet werden.[80] Plato spricht von einem ›Bankett der Worte‹ (Tim 27b) und insbesondere Plutarch (Mor 6,686b) weist auf den engen Zusammenhang zwischen Festbankett und philosophischen Erörterungen hin, von denen auch die profitieren, die nicht direkt daran teilnahmen. Für die Abschiedsreden gilt deshalb: »the banquet of words invites Jesus' later disciples into his presence, drawing them into the feast of words that Jesus shared with his original followers on the night before his death. The Johannine logodeipnon, therefore, functions somewhat analogously to a philosopher's instructional letter to his pupils, bridging the gap between teacher and student.«[81] Auch für Joh 14,31/15,1 finden sich Motivparallelen in der griechischen Literatur, denn das Modell des ›äußeren Stillstandes bei gleichzeitigem inneren Fortschritt‹ ist ein Element der griechischen Tragödie. Texte wie Sophokles, Antigone 876–943, zeigen,[82] dass Worte/Reden von Sterbenden szenisch dadurch verstärkt werden können, indem alle anderen Handlungen in den Hintergrund treten.[83] Allein die Worte des Sterbenden und ihre Bedeutung sollen im Mittelpunkt stehen. »Greek tragic exits provide a ready literary form to emphasize and dramatize Jesus' departure and return to the Father.«[84] Mit diesen bedenkenswerten Erwägungen sind allerdings die vorliegende Textabfolge und die Strategie des Evangelisten noch nicht erklärt.

Für das literarische Modell *des äußeren Stillstandes bei gleichzeitigem inneren Fortschritt* musste Johannes nicht auf griechische Tragödien zurückgreifen, sondern es bot sich in den von ihm aufgenommenen synoptischen Traditionen an. Neben Joh 14,31c gibt es zahlreiche Hinweise, dass Johannes die in der mk. Passionsgeschichte verarbeiteten Traditionen kannte. Da er offensichtlich in 14,30b auf Mk 14,42b und in 14,31c auf Mk 14,42a Bezug nimmt, dürfte die Vermutung nicht abwegig sein, dass der Evangelist auch die Tradition der Gefangennahme Jesu kannte (Mk 14,43 ff), denn diese setzt die vorhergehende Erzählung voraus.[85] Durch die Eingangswendung ἔτι αὐτοῦ λαλοῦντος (»als er noch redet«) in Mk 14,43 wird nicht nur eine enge Verbindung zu V. 42 hergestellt, sondern die mk. Textabfolge bezeugt mit diesen Worten, dass Jesus vor der Begegnung mit Judas noch etwas sprach. Das Part. Präs. beschreibt sprachlich sehr genau einen gleichzeitig ablaufenden Vorgang, keineswegs bezieht es sich auf das zuvor Gesagte. Der Markustext weiß also um Worte Jesu auf dem Weg zu seinen Häschern. Für den 4. Evangelisten war damit ein literarischer Ort vorgegeben, um weitere Traditionen seiner Schule sowie von ihm selbst verfasste Texte in den Erzähl- und Darstellungsablauf seines Evangeliums zu integrieren. Psychologische Betrachtungen über die Länge des Weges oder die Dauer der Rede sind unangebracht, weil das hier zu betrachtende literarische Verfahren für den Evangelisten keineswegs ungewöhnlich ist. Abrupte Übergänge sind für Johannes keine Seltenheit, zudem kennt er das literarische Mittel der Wiederaufnahme des Erzählfadens (vgl. z. B. Joh 2,1–11 mit 4,46; 7,14 mit 7,25–30; Joh 9 mit Joh 10,21; Joh 11,1–45 mit 12,9; Joh 12,15.16 mit 18,33 ff), wie sie auch in Joh 18,1 vorliegt. Als eine gewisse Parallele zum Vorgehen des Evangelisten in Joh 14,31c; 15,1; 18,1 kann man schließlich die Festreisen Jesu nach Jerusalem betrachten (vgl. Joh 2,13; 5,1; 7,10), die auch kontextuell unvorbereitet sind und allein dem Zweck dienen, Jesus an den Ort seiner Feinde zu bringen. Die Einfügung von Joh 15–17 zwi-

---

[80] Vgl. dazu *G. L. Parsenios,* Departure and Consulation, 111–149.

[81] A. a. O., 143 f.

[82] Analyse verschiedener Motive und Texte bei *G. L. Parsenios,* a. a. O., 49–70.

[83] *G. L. Parsenios,* a. a. O., 68: »The action is in limbo and the plot is frozen until the speech concludes.«

[84] A. a. O., 152.

[85] Vgl. *J. Gnilka,* Das Evangelium nach Markus, EKK 2/2, Neukirchen ³1989, 266 f; *R. Pesch,* Das Markusevangelium, HThK 2/2, Freiburg ³1984, 397.

schen Joh 14,31 und 18,1 lässt sich somit als ein literarisches Verfahren begreifen, dessen Ausgangspunkt die dem Evangelisten aus dem Markusevangelium vorgegebene Nachricht war, dass Jesus
nach seinem Aufbruchbefehl und vor seiner Begegnung mit Judas zu den Jüngern noch etwas sprach.

Nicht nur auf der textinternen, sondern auch auf der Ebene des Hörers/Lesers und damit der
joh. Gemeinde ist das Vorgehen des Evangelisten sinnvoll: Die Aufforderung Jesu in Joh 14,31c
hat Signalcharakter, denn für die nachösterliche Lesergemeinde sind die auf der Erzählebene des
Evangeliums erst folgenden Ereignisse in dem Befehl Jesu natürlich schon präsent, so dass die starke
ethische und ekklesiologische Ausrichtung von Joh 15–17 sachgemäß ist. Jesu Aufbruch signalisiert
bereits die durch den Tod und die Erhöhung des Gottessohnes eingetretene Situation, in der sich
die Leser bzw. Hörer des Johannesevangeliums befinden. Der überwiegend paränetische Charakter
von Joh 15–17 stellt somit eine sachgemäße Fortsetzung von Joh 14 dar, indem nun unter der Voraussetzung des Offenbarungsgeschehens (vgl. den Indikativ in Joh 15,3.9) die Gemeinde auf die
Bewahrung des Heils angesprochen wird.[86] Die Abschiedsreden sind sowohl in literarischer als auch
in theologisch-hermeneutischer Hinsicht ein konstitutiver Bestandteil der joh. Form des Evangeliums.

---

[86] Vgl. *T. Onuki*, Gemeinde und Welt, 125 ff. Gegen *R. Schnackenburg*, Joh III, 102 ff, und *J. Becker*, Joh II,
572 ff, die in der veränderten Perspektive das Hauptargument für ihre Annahme sehen, Joh 15–17 seien
auf eine spätere Redaktion zurückzuführen.

X. Die zweite Abschiedsrede 15,1–16,33

Zwischen Joh 13–14 und 15–16 gibt es klar erkennbare thematische Entsprechungen.[1] Sie erklären sich aus der Sprechsituation und Sprechperspektive, denn den beiden Abschiedsreden Joh 13–14 und Joh 15–16 entsprechen unterschiedliche Ebenen der Textkommunikation. Während Joh 13–14 teilweise noch auf der Ebene der Geschichte Jesu spielen, dominiert in Joh 15–16 eindeutig die Ebene der Adressaten.[2] In Joh 17 wird dann der Versuch einer Verschränkung dieser beiden Ebenen unternommen.

1. Der wahre Weinstock 15,1–17*

(1) »Ich bin der wahre Weinstock, und mein Vater ist der Winzer. (2) Jede Rebe an mir, die keine Frucht bringt, schneidet er ab, und jede Rebe, die Frucht bringt, reinigt er, damit sie noch mehr Frucht bringt. (3) Ihr seid schon rein durch das Wort, das ich zu euch gesprochen habe. (4) Bleibt in mir, und ich bleibe in euch. Wie die Rebe aus sich keine Frucht zu bringen vermag, wenn sie nicht im Weinstock bleibt, so auch ihr, wenn ihr nicht in mir bleibt. (5) Ich bin der Weinstock, ihr seid die Reben. Wer in mir bleibt und ich in ihm, der bringt viel Frucht, denn ohne mich könnt ihr nichts tun! (6) Wenn jemand nicht in mir bleibt, wird er wie eine Rebe weggeworfen und vertrocknet. Man sammelt sie, wirft sie ins Feuer, und sie verbrennen. (7) Wenn ihr in mir bleibt und meine Worte in euch bleiben, dann bittet, was ihr wollt, und es wird euch gegeben. (8) Dadurch wurde mein Vater verherrlicht, dass ihr viel Frucht bringt und euch als meine Jünger erweist. (9) Wie mich der Vater geliebt hat, so habe ich euch geliebt. Bleibt in meiner Liebe! (10) Wenn ihr

---

[1] Vgl. *J. Neugebauer,* Die eschatologischen Aussagen, 93: »Betrachtet man die Teilthemen in Joh 13–17, so fällt auf, dass die thematischen Abschnitte aus Kap. 13/14 in Kap 15/16 zum großen Teil eine direkte Entsprechung haben.«

[2] Vgl. a. a. O., 153: »Die auffällig parallele Gestaltung der beiden Textabschnitte legt die Vermutung nahe, daß die in Kapitel 13/14 auf dem ›einmaligen level‹ ablaufende Handlung als Typus und deutendes Bezugssystem der aktuellen Probleme der Gemeinde, die in Kapitel 15/16 zum Ausdruck kommen, dient. Nachdem Jesus im joh. Drama den Jüngern, die zu Lebzeiten bei ihm waren, sein Testament hinterlassen hat, tritt er gleichsam aus der Handlung heraus an den Rand der ›Bühne‹ und richtet ein zweites testamentarisches Vermächtnis direkt an die nachösterliche Gemeinde.«

* Literatur (vgl. auch zu 13,31–14,31): *Borig, R.:* Der wahre Weinstock. Untersuchungen zu Joh 15,1–10, StANT 16, München 1967; *Dettwiler, A.:* Gegenwart des Erhöhten, 80–110; *Gemünden, P. v.:* Vegetationsmetaphorik, 156–172; *Heise, J.:* Bleiben, 80–92; *Lattke, M.:* Einheit im Wort, 162–188; *Moloney, F. J.:* The Structure and Message of John 15,1–16,3; ABR 35 (1987), 35–49; *Niemand, Chr.:* Spuren der Täuferpredigt in Johannes 15,1–11, Protokolle zur Bibel 4 (1995), 13–28; *Ritt, H.:* Der christologische Imperativ. Zur Weinstock-Metapher in der testamentarischen Mahnrede (Joh 15,1–17), in: Neues Testament und Ethik (FS R. Schnackenburg), hg. v. *H. Merklein,* Freiburg 1989, 136–150; *Segovia, F. F.:* Farewell of the Word, 124–167; *Watt, J. G. van der:* »Metaphorik« in Joh 15,1–8, BZ 38 (1994), 67–80.

meine Gebote haltet, werdet ihr in meiner Liebe bleiben, so wie ich die Gebote meines Vaters gehalten habe und in seiner Liebe bleibe. (11) Dies habe ich euch gesagt, damit meine Freude in euch sei und eure Freude vollkommen werde. (12) Dies ist mein Gebot, dass ihr einander lieben sollt, wie auch ich euch geliebt habe. (13) Größere Liebe hat niemand als die, dass er sein Leben hingibt für seine Freunde. (14) Ihr seid meine Freunde, wenn ihr tut, was ich euch gebiete. (15) Nicht mehr nenne ich euch Knechte, denn der Knecht weiß nicht, was sein Herr tut. Euch habe ich Freunde genannt, weil ich euch alles kundgetan habe, was ich von meinem Vater gehört habe. (16) Nicht ihr habt mich erwählt, sondern ich habe euch erwählt und euch dazu bestimmt, dass ihr hingeht und Frucht bringt und eure Frucht bleibt. Damit, was immer ihr in meinem Namen den Vater bittet, er euch gibt. (17) Dies gebiete ich euch, dass ihr einander liebt.«

Der Aufruf in Joh 14,31c signalisiert Trennung, nun beginnt Jesu Weggang zum Vater. Der Trennung setzt Johannes die Verbundenheit entgegen. Obwohl Jesus geht, bleibt die Gemeinde mit ihm verbunden, so wie Weinstock und Reben innig miteinander verbunden sind.

1 Die Bildrede[3] vom wahren Weinstock setzt mit einer Selbstqualifikation Jesu ein. Er ist der ›wahre‹ Weinstock, nur ihm gebührt das Attribut ἀληθινός (vgl. Joh 4,23; 6,32).[4] Auf der Bildebene setzt sich Jesus damit an die Stelle, die bis dahin Israel einnahm,[5] das nach Jer 2,21 der von Gott gepflanzte ›wahre Weinstock‹ ist (LXX: ἄμπελος ἀληθινή). Es entspricht dem Willen Gottes, der als Weinbauer der Besitzer und Herr des Weinbergs ist, dass nun der Offenbarer Jesus Christus der Gründer und das Zentrum der neuen Heilsgemeinde ist.

Das Bildfeld vom Weinberg sowie die Verbindung zwischen Weinberg/Weinstock und Fruchtbringen sind fest im Alten Testament und antiken Judentum verankert (vgl. Jes 5,1–7; 27,2–6; 60,21; Jer 2,21; 5,10; 6,9; Ez 15,1–8; 17,3–10; 19,10–14; Hos 10,1; 14,6–8; Ps 80,9–12.15 f; Joel 1,7; 2,22; Sir 24,17; Jub 16,26; 21,24; äthHen 10,16; 84,6; 93,2.5.10; 1QH 6,15f; 4Esr 5,23 ff; 9,29–37).[6]

2 Auf der Bildebene werden typische Tätigkeiten des Winzers genannt, er schneidet die unfruchtbaren Reben ab und beschneidet die guten Reben, so dass sie mehr Frucht bringen. Das Fruchtbringen (vgl. Ps 1,3) wird nicht näher bestimmt, es beschreibt

---

[3]   Zu dieser Formbestimmung vgl. grundlegend *R. Borig,* Der wahre Weinstock, 21 ff. Wie in Joh 10,1–18 liegt der Bildrede ein Bildfeld zugrunde, in dem Metaphern aus dem Bereich des Weinbaus in verschiedenartiger Weise zugeordnet werden (*J. G. van der Watt,* »Metaphorik«, 77–79, spricht treffend von einem »metaphorischen Netzwerk«). Schon die Inkongruenz zwischen einer Person und einer Pflanze in V. 1a signalisiert den Hörern/Lesern, dass bei diesem Text zwischen verschiedenen Ebenen unterschieden werden muss und sie selbst vor der Aufgabe stehen, die Bild- und Sachaussagen zuzuordnen. Die Formbestimmung ›Bildrede‹ hat sich in der neueren Exegese durchgesetzt; andere Bestimmungen: Metapher (*D. A. Carson,* John, 511); Maschal (*R. E. Brown,* John II, 668 f); Allegorie (*B. Lindars,* John, 487 f); Bildzusammenhang (*J. G. van der Watt,* »Metaphorik«, 68 Anm. 6).

[4]   Signalisiert durch den bestimmten Artikel beim Prädikat.

[5]   Vgl. *R. Borig,* Der wahre Weinstock, 97.

[6]   Vgl. *R. Borig,* Der wahre Weinstock, 79–194. Gegen *E. Schweizer,* EGO EIMI, 39–41; *R. Bultmann,* Joh, 407 Anm. 6, die Joh 15,1–8 auf ›den Mythos vom Lebensbaum‹ zurückführen, der in der mandäischen Literatur zahlreiche Parallelen hat (vgl. Ginza 59,39–60,2; 181,27 f; 301,11–14; 325,4–327,23). *E. Schweizer* hat seine Position später revidiert (vgl. *ders.,* Neotestamentica, Zürich 1963, 260).

umfassend das Leben in der Gemeinschaft mit Jesus.[7] Wer als Jünger keine Frucht bringt, ist bereits aus der lebendigen Verbindung mit Jesus herausgefallen und verfällt dem Gericht. **3** Die Bildebene wird verlassen und die textexterne Lesergemeinde direkt angesprochen. Offenbar liegt ein Kommentar des Evangelisten zu der traditionellen Bildrede vom Weinstock vor.[8] Durch die Begegnung mit dem Wort Jesu sind die Glaubenden rein und befähigt, Frucht zu bringen. Zudem wird die Fußwaschung (Joh 13,10) aufgenommen: Durch Jesu vorbildhaftes Handeln und Jesu Wort sind die Jünger rein. Der Bezug auf das Reinheitsmotiv in Kap. 13,10 ist außerdem ein weiterer Hinweis auf die Ursprünglichkeit der vorliegenden Textabfolge Joh 13–17.

Wie in Joh 10 entwickelte sich aus dem Bildwort ›Ich bin der wahre Weinstock‹ in der joh. Schule eine Bildrede, die V. 1–2.4b–6 umfasste. Darauf weisen das geschlossene Bildfeld, die joh. Hapaxlegomena ἄμπελος = ›Weinberg‹ (V. 1), γεωργός = ›Weinbauer/Winzer‹ (V. 1.4.5), τὸ πῦρ = ›Feuer‹ (V. 6), ξηραίνω = ›vertrocknen‹ (V. 6) und die neutestamentlichen Hapaxlegomena κλῆμα = ›Rebe‹ (V. 2.4b.5.6), καθαίρω (V. 2 = ›reinigen‹) hin.[9] Zudem unterbricht V. 3 formal (direkte Anrede in der 2. Pers. Pl.) und inhaltlich (λόγος!) die Bildrede, ein deutlicher Hinweis auf die Interpretation einer Tradition.

4 Der einleitende Aufruf zum gegenseitigen ›Bleiben‹ zielt wiederum auf die textexterne Gemeinde und geht auf Johannes zurück. Mit μένειν = ›bleiben‹ bringt der Evangelist die gegenseitige Verlässlichkeit und Treue im Verhältnis zwischen Jesus und den Seinen zum Ausdruck. Die überaus enge Verbindung wird als gegenseitige ›Inexistenz‹ beschrieben, wobei μένειν auch die praktische Bewährung der Christusgemeinschaft miteinschließt. Die traditionelle Bildebene wird mit καθώς = ›gleichwie‹ weitergeführt. Ohne die fortwährende Verbindung mit dem Weinstock ist es für die Reben unmöglich, Frucht zu bringen. Ebenso können die Jünger keine Frucht bringen, wenn sie nicht mit Jesus verbunden sind. Jesus als der Inbegriff des Lebens und der Liebe ermöglicht den Seinen ein Leben in Glauben und Liebe. **5** Das erste ›Ich-bin-Wort‹ hatte das Verhältnis des Sohnes zum Vater zum Inhalt, nun thematisiert ein weiteres ›Ich-bin-Wort‹ die Verbindung des Sohnes zu den Jüngern. Die Unterscheidung ›Weinstock – Reben‹ scheint auf der Bildebene eine leichte Spannung aufzuweisen, weil eigentlich der Weinstock bereits das Ganze, also auch die Zweige mitumfasst.[10] Durch diesen hyperbolischen Zug wird die Unumkehrbarkeit des Verhältnisses zwischen Jesus und den Seinen betont. Nur das Bleiben in ihm hat die Verheißung des Fruchtbringens. Allein die gegenseitige ›Inexistenz‹ als Ausdruck der umfassenden Gemeinschaft zwischen Jesus und den Jüngern befähigt die Jünger zum Fruchtbringen. Demgegenüber folgt aus der Trennung von Jesus oder der Indifferenz ihm gegenüber die radikale Fruchtlosigkeit. So wie das Heil nur in der Verbindung mit Jesus erfahrbar und lebbar ist, erwächst das Unheil aus einem Leben ohne Jesus.

---

[7] Vgl. *J. Blank,* Joh II, 144.

[8] Vgl. *R. Bultmann,* Joh, 410 Anm. 4.

[9] Vgl. *S. Schulz,* Komposition und Herkunft, 85; gegen *A. Dettwiler,* Gegenwart des Erhöhten, 81, der diese Argumente als »zu ungewiss« bezeichnet.

[10] Vgl. *R. Borig,* Der wahre Weinstock, 48 f.

6 Dem Leben mit Jesus kommt ebenso eine eschatologische Dimension zu wie dem Getrenntsein vom Heil. Wer nicht in Jesus bleibt, wird hinausgeworfen (vgl. Mt 5,13; 21,39). Sowohl bei Paulus (vgl. bes. 1Kor 3,13.15) als auch in der Apokalypse (vgl. Offb 8,5.7.8; 9,17f u. ö.) ist das Feuer ein geläufiges Bild für das Gericht.[11] Die Jünger verfallen dem Gericht, das sich im Unglauben als Selbstgericht vollzieht.   **7** Der Evangelist interpretiert die Tradition mit Blick auf die textexterne Lesergemeinde und führt zwei neue Gedanken ein. Das ›Bleiben‹ in Jesus wird an das Wort gebunden. Der Glaube ist an das Wort verwiesen; Jüngerschaft bedeutet Gehorsam gegenüber diesem Wort. Dem Einverständnis mit dem Wort verheißt Johannes die volle Gebetserhörung (vgl. Joh 14,10–13). Aus der innigen Gemeinschaft zwischen Jesus und den Seinen erwächst ein Beten, das seiner Erhörung gewiss ist. Das Gebet erscheint als ein zentraler Bestandteil der lebendigen Beziehung der Glaubenden mit Jesus, es ist eingebettet in den Akt des Fruchtbringens.   **8** Der Vater wird nicht nur durch den Hingang des Sohnes (vgl. Joh 13,31f), sondern auch durch das Fruchtbringen der Jünger verherrlicht. Die Glaubenden ehren Gott in ihrem Tun und erweisen sich darin als Jünger Jesu. Zum wahren Jüngersein gehören das Bleiben in Jesu Wort, das Leben aus dem Gebet und das Handeln in der Liebe. Diese Jünger nimmt Jesus an, sie dienen ihm wirklich und sind ›seine‹ Jünger. Das durch Christus erworbene Heil ruht nicht in sich selbst, sondern bringt Früchte. Dieser Grundzug joh. Denkens wird nun unter dem Aspekt des Liebesgedankens vom Evangelisten weiter entfaltet. Die Bildebene wird verlassen, es herrscht sachbezogene Rede vor.   **9** Die Jünger dürfen sich hineingenommen wissen in die umfassende Liebesbewegung von Vater und Sohn. Mit den Aoristformen betont Johannes die anhaltend gültige Wirklichkeit[12] der Liebe zwischen Vater und Sohn, Jesus und den Jüngern. Diese bleibende Liebe gewährt Jesus auch seinen Jüngern, sie ist ein Bestandteil seines Heilswirkens. Das in der Weinstockrede geforderte Fruchtbringen ist nichts anderes als die Liebe. Deshalb kann die Forderung des ›Bleibens in mir‹ abgewandelt werden in den Aufruf: ›Bleibt in meiner Liebe‹.   **10** Die Liebe vollzieht und konkretisiert sich im Halten der Gebote (vgl. Joh 14,15. 21.23). Die Gebote erweisen im Tun der Liebe ihre Verbindlichkeit. Wieder dürfen sich die Jünger an Jesus orientieren, der durch seinen Weg ans Kreuz die Gebote des Vaters hielt und in dessen Liebe blieb. Wie in der Fußwaschung wird auch hier das vorbildhafte Tun Jesu zum Leitbild für die Praxis der Jünger.[13]   **11** Jesus verheißt den Jüngern seine Freude, die auch ihre Freude bestimmen soll. Johannes spricht abermals die textexterne Gemeinde direkt an, denn nach Joh 20,20 wird die bleibende Freude der Jünger durch die Begegnung mit dem Auferstandenen hervorgerufen. Die Osterfreude und die Freude über die andauernde Gegenwart Jesu im Parakleten bestimmen und erfüllen die Gemeinde.   **12** Wer aus der Osterfreude heraus sein Leben führt, lebt in der Liebe. Jesu Liebe begründet und ermöglicht die gegenseitige Liebe der Jünger.   **13** Die Liebe Jesu verwirklicht sich in seiner radikalen Hingabe für die Seinen. So wie Jesus die Glaubenden in seinem vorbildhaften Tun bis zum Tod liebte, so sollen

---

[11] Vgl. zur Feuer-Metapher im Alten Testament, der Apokalyptik und im Neuen Testament bes. *F. Lang,* ThWNT VI, 933–947.

[12] Vgl. *Blass/Debrunner/Rehkopf,* Grammatik, § 333,2.

[13] Vgl. *J. Blank,* Joh II, 148.

auch die Glaubenden einander lieben. Jesu Tod für die Freunde ist ein stellvertretender Tod, der Leben ermöglicht und das neue Sein in der Liebe eröffnet.[14]   **14** Die Jünger folgen Jesus, indem sie das Liebesgebot halten, und erweisen sich darin als seine Freunde.   **15** Die antike Fundamentalunterscheidung zwischen Sklave und Herr wird im gegenseitigen Tun der Liebe aufgehoben; die Glaubenden überwinden in der Liebe den Status eines Knechtes, sie sind Jesu Freunde. Die Gottesbeziehung der joh. Christen ist nicht von blinder Unterwerfung geprägt, sondern vom Wissen um den Willen und das Wesen Gottes: die Liebe. Freizügig und umfassend (πάντα = ›alles‹) teilte Jesus den Jüngern mit, was er vom Vater hörte. Die Jünger und mit ihnen die joh. Gemeinde sind eingeweiht in das Wesen und das Wollen Gottes, so dass ihnen die Ehrenbezeichnung φίλοι = ›Freunde‹ zu Recht gebührt. Aus der Wesensgemeinschaft erwächst die Liebesgemeinschaft.

Das Ausmaß der Liebe Jesu zu den Seinen wird von Johannes mit verbreiteten Vorstellungen hellenistischer Freundschafts- und Verantwortungsethik entfaltet.[15] Vgl. dazu Plat, Sym 179b–c; 179e–180a; 207a–b; 208d; Arist, Eth Nic IX 8,9 1169a–b; Diod Sic X 4,3–6; Epikt, Diss II 7,3 (»Wenn ich mich nun für meinen Freund [ὑπὲρ τοῦ φίλου] in Gefahr begeben sollte oder die Pflicht erforderte, sogar das Leben für ihn zu lassen [ἀποθανεῖν ὑπὲρ αὐτοῦ]…«); III 24,64 f; Ench 32,3; Luc, Tox 6,36 f; Philostr, VitAp VII 11–14; Diog Laert X 121; Sen, Ep 1.9.10. Der Freundschaftsgedanke gewann unter hellenistischem Einfluss auch im jüdischen Denken an Bedeutung (vgl. z. B. Sir 6,5–17; Weish 7,27). Für Philo sind die Weisen und Frommen zugleich die Freunde Gottes, weil sie ihm wirklich nahe sind (vgl. LegAll III 1). »Das Weise ist Gott mehr befreundet als untertan« (Sobr 55). Philo kann über Mose sagen: »Deshalb erreicht er den Gipfel, … weil alle Weisen Freunde Gottes sind (οἱ σοφοὶ πάντες φίλοι θεοῦ) … Freizügigkeit (= παρρησία) aber ist mit Freundschaft verwandt; zu wem anders als zu seinem Freund wird man freizügig reden?« (Her 21).

16 Das neue Verhältnis zu Jesus und Gott können die Jünger nur als unverdientes Geschenk verstehen; nicht sie entschieden sich für Jesus, sondern sie wurden von Jesus erwählt (vgl. Joh 6,70; 13,18). Über die Beweggründe des Handelns Jesu spekuliert Johannes nicht, es geht ihm um die Unumkehrbarkeit des Gottesverhältnisses und den Vorrang der Gnade. Der Indikativ der Erwählung zielt auf den Imperativ des Fruchtbringens. In Verbindung mit der Wendung ἵνα ὑμεῖς ὑπάγητε = ›dass ihr hingeht‹ schließt das Fruchtbringen hier auch das missionarische Wirken der joh. Schule mit ein.[16] Jesus wünscht seinen Jüngern bleibende Frucht und verheißt ihnen Gebetserhörung (vgl. V. 7). Weil das Fruchtbringen Ausdruck der Einheit zwischen Jesus und den Jüngern ist, dürfen die Jünger im Namen Jesu Gott bitten und sich der Erfüllung ihrer Gebete gewiss sein.   **17** Mit dem Liebesgebot schließt Johannes die Redeeinheit ab und kennzeichnet noch einmal die Liebe als die Frucht eines Lebens mit Jesus und Gott.

---

[14]   *M. Dibelius,* Joh 15,13. Eine Studie zum Traditionsproblem des Johannes-Evangeliums, in: Festgabe A. Deissmann, Tübingen 1927, 168–186, hat den Traditionscharakter von V. 13 wahrscheinlich gemacht; vgl. dazu ferner *H. Thyen,* »Niemand hat größere Liebe als die, daß er sein Leben für seine Freunde hingibt« (Joh 15,13), in: Theologia Crucis – Signum Crucis (FS E. Dinkler), hg. v. *C. Andresen/G. Klein,* Tübingen 1979, 467–481.

[15]   Alle wichtigen Texte in: Neuer Wettstein I/2, 715–725.

[16]   Vgl. *R. Schnackenburg,* Joh III, 127.

In der Situation des schmerzvollen Abschiedes unterstreicht die Bildrede vom Weinstock nachdrücklich die Intensität und Unmittelbarkeit der Liebesbeziehung zwischen Jesus und den Jüngern, in deren Kontinuität sich die joh. Gemeinde weiß.[17]

2. Der Hass der Welt 15,18–25

(18) »Wenn die Welt euch hasst, dann wisst, dass sie mich vor euch gehasst hat. (19) Wenn ihr aus der Welt wäret, dann würde die Welt ihr Eigentum lieben. Weil ihr aber nicht aus der Welt seid, sondern ich euch aus der Welt heraus erwählt habe, deshalb hasst euch die Welt. (20) Erinnert euch an das Wort, das ich euch sagte: Ein Knecht ist nicht größer als sein Herr. Wenn sie mich verfolgt haben, werden sie auch euch verfolgen; wenn sie mein Wort beachtet haben, werden sie auch euer Wort beachten. (21) All dies werden sie euch tun um meines Namens willen, weil sie den, der mich gesandt hat, nicht kennen. (22) Wenn ich nicht gekommen wäre und hätte nicht zu ihnen gesprochen, dann hätten sie keine Sünde; jetzt haben sie keine Entschuldigung mehr für ihre Sünde. (23) Wer mich hasst, hasst auch meinen Vater. (24) Wenn ich die Werke nicht getan hätte unter ihnen, die kein anderer getan hat, dann hätten sie keine Sünde. Nun aber haben sie diese gesehen und hassen mich und den Vater dennoch. (25) Damit sich das Wort erfüllt, das in ihrem eigenen Gesetz geschrieben steht: Sie haben mich ohne Grund gehasst.«

Der Evangelist schwenkt von der Innen- zur Außenperspektive, das Verhältnis der Welt zur Gemeinde ist nun das Thema. Die Gemeinde wird auf ihre Grundsituation angesprochen: die Erfahrung des Unglaubens und des Hasses der Welt. Von den insgesamt 12 Belegen von ›hassen‹ (μισεῖν) im Johannesevangelium finden sich allein 7 in diesem kurzen Textabschnitt. Der Evangelist lenkt den Blick immer mehr auf die äußeren Gefährdungen der Gemeinde, die auf drastische Art und Weise die Ablehnung der Welt erfährt, denn der Hass zeigt sich als eine aktive feindselige Haltung.

18 Lokale Drangsale und Verfolgungen gehörten von Anfang an zu den Begleiterscheinungen der Ausbreitung des Christentums (vgl. z. B. 1Thess 2,14–16; 2Kor 11,23–33). Daraus ergab sich folgerichtig der Gedanke einer Schicksalsgemeinschaft zwischen dem Offenbarer und der Gemeinde; so wie Jesus Christus abgelehnt wurde, so erfahren auch die Christen immer wieder die harte Realität des Unglaubens. Die Gemeinde soll sich auf diese Grundsituation des Bedrängtseins durch den Unglauben besinnen und sich verdeutlichen, dass sie nicht etwas dem Glauben Fremdes ist. Im Hass der Welt begegnet der Gemeinde das, was Jesus selbst widerfuhr. **19** Weil die Jünger nicht zur Welt gehören, sind sie dem Hass der Welt ausgeliefert. Jesus erwählte sie aus der Welt heraus, so dass sie nun den schroffen Gegensatz zwischen Gott und der Welt in ihrer eigenen Situation erfahren. Die Glaubenden identifizieren sich nicht mehr mit den Werten und Maßstäben der Welt, deshalb werden sie von ihr gehasst. **20** Der Rückverweis auf Kap. 13,16 unterstreicht, wie bewusst der joh. Gemeinde war, dass es ihr nicht besser ergehen kann als ihrem Meister. Sie wird Verfolgung erleiden, aber auch Missionserfolge erzielen. **21** Das feindselige Verhalten der Welt

---

[17]   Anders *A. Dettwiler,* Gegenwart des Erhöhten, 100–106, der Joh 15,1–17 aus der Verfolgungssituation der Gemeinde verstehen will, um so einen Ausgangspunkt für die vermutete Relecture zu erhalten.

geschieht um Jesu willen und erfolgt aus der Unkenntnis Gottes. Diese Unkenntnis ist nicht in fehlenden Informationen begründet, sondern resultiert aus der Verweigerung der Anerkennung Gottes und seines Offenbarers Jesus Christus.   **22** Die Welt ist unentschuldbar, weil der Offenbarer Gottes sichtbar gekommen ist. Die Sünde der Welt ist der Unglaube, der sich bewusst gegen Jesus wendet.   **23** Die Feindschaft gegen Jesus ist immer auch Feindschaft gegen Gott, weil Gott selbst in Jesus den Menschen begegnet.   **24** Die Welt sah die Wunder als unübersehbare Zeichen des Offenbarungswirkens Jesu und kam im Gegensatz zu den Jüngern (vgl. Joh 2,11) nicht zum Glauben. Die Sünde der Welt besteht somit in der bewussten Ablehnung eines eigentlich offenkundigen Sachverhaltes: Jesus Christus ist der Sohn Gottes.   **25** Der zutiefst bedrückende Tatbestand des Unglaubens wird als Erfüllung einer Schriftstelle gedeutet (vgl. Ps 35,19; 69,5);[18] im Hintergrund steht die Überzeugung, dass sich im Geschick Jesu die Schrift erfüllt, d. h. Gottes Heilsplan zu seinem Ziel gelangt.

3. Der Paraklet und die Jünger 15,26–27

(26) »Wenn der Paraklet kommt, den ich euch senden werde vom Vater, der Geist der Wahrheit, der vom Vater ausgeht, jener wird Zeugnis von mir ablegen. (27) Und auch ihr legt Zeugnis ab, weil ihr von Anfang an mit mir seid.«

Gerade in der Bedrängnis bleibt die Gemeinde nicht allein, sondern der Vater und der Sohn stehen ihr im Parakleten bei. Dadurch erhalten die Glaubenden die Kraft, ihr Zeugnis gegenüber einer nichtglaubenden Welt abzulegen.

26/27 Die Wirkeinheit von Vater und Sohn bei der Sendung des Parakleten kommt auch in Joh 15,26 zum Ausdruck, jetzt sendet der Sohn den Parakleten. Diese Akzentuierung entspricht der vollkommenen Seins- und Wirkeinheit von Vater und Sohn und ist kein Indiz für tiefgreifende Unterschiede zwischen der ersten und zweiten Abschiedsrede.[19] Eine weitere Funktion des Parakleten wird genannt, die bisher noch nicht zur Sprache kam: Der Geist legt Zeugnis für Jesus ab. So wie Jesus mit seiner ganzen Existenz der Gottes- und Wahrheitszeuge war und ist, zeugt nun der Geist von Jesus. Das Zeugnis-Motiv[20] bringt einen zentralen Gedanken joh. Theologie zum Ausdruck: Das ganzheitliche Bestimmtsein durch die Offenbarung Gottes in Jesus Christus. Die Wahrnehmung dieses Geschehens ist keineswegs nur ein intellektueller Akt, sondern betrifft die ganze Existenz. Deshalb setzt sich das Zeugnis des Geistes im Zeugnis der Jünger folgerichtig fort. Dieses Glaubenszeugnis gegenüber einer feindlich gesinnten Welt ist ein geschichtliches Zeugnis; es beginnt mit den Jüngern Jesu und wird von der joh. Gemeinde fortgeführt. In ihrem öffentlichen Zeugnis gegenüber einer nichtglaubenden Welt darf sich die Gemeinde des Beistandes des Geistes gewiss sein.

---

[18]   Zur Analyse vgl. *M. J. J. Menken,* Quotations, 139–145.
[19]   Gegen *J. Becker,* Joh II, 555 f; *M. Theobald,* Gott, Logos und Pneuma, 73 f.
[20]   Vgl. dazu *J. Beutler,* Martyria, 273–276.

4. Die Verfolgung durch die Synagoge 16,1–4a

In Joh 16 treten die in der bisherigen Argumentation bereits sichtbar gewordenen zwei Grundprobleme der textexternen Hörer- und Lesergemeinde endgültig in den Vordergrund: 1) Die Bedrängnis durch den Unglauben der Welt; 2) das Ausbleiben der erhofften Parusie.[21] Beides bedingt einander, die Erfahrung des Unglaubens lässt die Gemeinde das erwartete Wiederkommen Jesu umso schmerzlicher vermissen.

(1) »Dies habe ich euch gesagt, damit ihr nicht Anstoß nehmt. (2) Sie werden euch aus den Synagogen ausschließen, es wird sogar die Stunde kommen, wo jeder, der euch tötet, meint, Gott einen Dienst zu tun. (3) Und dies werden sie tun, weil sie weder den Vater noch mich erkannt haben. (4a) Aber dies habe ich euch gesagt, damit ihr euch, wenn die Stunde kommt, erinnert, dass ich es euch gesagt habe.«

1 Jesu Rede bereitet auf eine Konfliktsituation vor, die nach der textinternen Erzähllogik in der Zukunft liegt, für die Gemeinde hingegen schon längst Vergangenheit ist. **2** Johannes verarbeitet die Auseinandersetzung zwischen seiner Gemeinde und dem Judentum mit dem Motiv des Synagogenausschlusses. Die Prophezeiung in Joh 16,2 ist deutlich durch die urchristlichen Verfolgungstraditionen geprägt,[22] die sich auch in Mt 5,10 f; 10,21 ff; Mk 13,12 ff und Lk 6,22; 12,4; 21,12 widerspiegeln. Hier erscheint die Verfolgung der Glaubenden bis hin zur Tötung als ein überliefertes Motiv (vgl. Mt 10,21.28; 24,9; Mk 13,12; Lk 21,16). Auch die Ankündigung der ›Stunde‹ ist ein aus der jüdischen Apokalyptik geläufiges Verfolgungsmotiv (vgl. Jes 39,6; Jer 7,32; 16,44; Sach 14,1LXX; 4Esr 5,1; 13,29, für das Neue Testament vgl. ferner Mk 2,20; Lk 17,22; 21,6; 23,29). Diese traditionsgeschichtlichen Beobachtungen stützen die Annahme, dass Joh 16,2 nicht auf eine konkrete Auseinandersetzung Bezug nimmt, sondern traditionelle Motive in der Abschiedssituation verarbeitet werden.

Joh 9,22; 12,42; 16,2 lassen sich weder als direkte Reaktion auf die Formulierung der birkat haminim verstehen,[23] noch können sie die Last einer judenchristlichen Auslegung des Johannesevangeliums tragen. Sollten sie einen realen historischen Hintergrund haben, dann blickt der Evangelist darauf zurück, ohne dass eine präzise Festsetzung – etwa um das Jahr 90[24] – möglich wäre. Gegen eine derart späte zeitliche Fixierung sprechen sowohl die nur im Rahmen einer jurisdiktionellen Beauftragung verstehbare Verfolgertätigkeit des Paulus (vgl. Gal 1,13; Phil 3,6; ferner die in 1Thess 2,14 ff vorausgesetzte Verfolgung der Gemeinde in Judäa durch Juden) als auch die einzige synoptische Parallele in Lk 6,22 (vgl. auch Lk 11,49–51). Im Makarismus an die Verfolgten spiegeln sich Auseinandersetzungen zwischen dem jungen Christentum und der Synagoge wider.[25] Das Verbum ἀφορίζειν in Lk 6,22 ist mit ›exkommunizieren‹ zu übersetzen und deckungsgleich mit ἀποσυνάγωγος γίνεσθαι = ›aus der Synagoge ausschließen‹. Auch ἐκβάλλειν (τὸ ὄνομα) in Lk 6,22 hat

---

[21] Vgl. *J. Neugebauer*, Die eschatologischen Aussagen, 157: »Als Grundproblem wird man das Ausbleiben der Wiederkunft Jesu ansehen müssen.«
[22] Vgl. *C. K. Barrett*, Joh, 485; *J. Becker*, Joh II, 493.
[23] Vgl. den Abschnitt 4 in der Einleitung.
[24] So *W. Schrage*, ThWNT VII, 848.
[25] Vgl. dazu *F. W. Horn*, Christentum und Judentum in der Logienquelle, EvTh 51 (1991), 344–364.

eine disziplinarische Bedeutung, es sollte nicht mit ›schmähen‹ wiedergegeben werden, sondern steht für ›verwerfen‹ oder ›ausstoßen‹.[26] Mit ἀποσυνάγωγος wird somit eine Entwicklung bezeichnet, die bereits in der synoptischen Tradition und bei Paulus vorausgesetzt wird.

3 Die Verfolgung der Gemeinde zeigt, dass die Verfolger weder Gott noch den Gottessohn Jesus Christus kennen.   **4a** Wenn die Jünger nachösterlich der Verfolgung und dem Hass ausgesetzt werden, dann sollen sie sich daran erinnern, dass Jesus dies vorausgesagt hat. Das Motiv des ›Erinnerns‹ verweist auf die nachösterliche Situation und leitet die für das Folgende konstitutive Unterscheidung der Zeiten ein.

5. Das Wirken des Parakleten in der Welt 16,4b–15

(4b) »Dies habe ich euch aber nicht von Anfang an gesagt, denn ich war bei euch. (5) Jetzt aber gehe ich hin zu dem, der mich gesandt hat, und niemand von euch fragt mich: Wohin gehst du? (6) Aber weil ich dies zu euch gesagt habe, hat Trauer euer Herz erfüllt. (7) Aber ich sage euch die Wahrheit, es nützt euch, wenn ich fortgehe. Wenn ich nämlich nicht fortgehe, wird der Paraklet nicht zu euch kommen; wenn ich jedoch fortgehe, werde ich ihn zu euch senden. (8) Und wenn er kommt, wird er die Welt überführen bezüglich der Sünde und bezüglich der Gerechtigkeit und bezüglich des Gerichtes. (9) Bezüglich der Sünde, dass sie nicht an mich glauben. (10) Bezüglich der Gerechtigkeit, dass ich zum Vater fortgehe und ihr mich nicht mehr seht. (11) Bezüglich des Gerichtes, dass der Herrscher dieser Welt gerichtet ist. (12) Noch vieles hätte ich euch zu sagen, ihr könnt es jetzt aber nicht ertragen. (13) Wenn aber jener kommt, der Geist der Wahrheit, der wird euch in alle Wahrheit führen. Denn er wird nicht von sich aus reden, sondern er wird reden, was er hört. Und er wird euch das Zukünftige verkündigen. (14) Jener wird mich verherrlichen, denn er wird aus dem Meinen nehmen und es euch verkündigen. (15) Alles, was der Vater hat, ist mein; deswegen habe ich gesagt, dass er es aus dem Meinen nimmt und es euch verkündigen wird.«

In Joh 16,4b–11.12.13–15 kommt das Wirken des Parakleten in neuer Weise gegenüber Joh 14 und 15 in den Blick. Der vierte Parakletspruch Joh 16,7–11 führt zunächst eine definitive Klarstellung durch: Allein Jesu Fortgehen zum Vater gewährt den Jüngern und damit auch der Gemeinde ihre anhaltende Existenz. Zugleich antwortet Johannes auf die grundlegende Frage, wie die Jünger ohne die Gegenwart des Offenbarers ihre Situation in der Bedrängnis bestehen können. Die Antwort hat grundsätzlichen Charakter, erst Jesu Weggehen ermöglicht das Kommen des Parakleten, der das Offenbarungsgeschehen in der nachösterlichen Bedrängnis verstehbar macht und zugleich der Gemeinde in ihrer Bedrängnis beisteht, indem er das Wesen der nichtglaubenden Welt aufdeckt.

4b/5 Die Abschiedssituation wird aktualisiert; der Anfang (ἐξ ἀρχῆς) und das Ende (νῦν δέ) des Wirkens Jesu stehen sich gegenüber. Jesu Fortgehen zum Vater gewährt einerseits den Jüngern und damit auch der Gemeinde die Existenz, andererseits stürzt Jesu Abwesenheit die Glaubenden in Verlassenheit und Verfolgung. Angesichts dieser Situation stellen die Jünger noch nicht einmal die Frage, wohin Jesus geht (anders:

---

[26] Vgl. *G. Strecker,* Die Bergpredigt, Göttingen ²1985, 46.

Joh 13,36; 14,5).[27] **6** Die Trauer der Jünger zeugt von ihrem Nichtverstehen, das nun durch die Worte Jesu überwunden werden soll. **7** Johannes antwortet wiederum auf die grundlegende Frage, wie die Jünger ohne die Gegenwart des Offenbarers ihre Situation der Bedrängnis bestehen können. Die Antwort hat grundsätzlichen Charakter, erst Jesu Weggehen ermöglicht das Kommen des Geistes, der das Offenbarungsgeschehen in der nachösterlichen Bedrängnis verstehbar macht. Die nachösterliche Zeit ist durch die Gegenwart des Parakleten geprägt, der den Sinn des Wirkens Jesu erschließt. Wie in Joh 15,26 ist es Jesus, der den Parakleten sendet. **8–11** In Joh 16,8–11 wird das Wirkspektrum des Parakleten gegenüber den vorangehenden Sprüchen deutlich ausgeweitet. Das forensische Element dominiert, der Geist überführt die ungläubige Welt[28] und verkündet ihr das Urteil Gottes. Johannes versteht die Christusoffenbarung als Krisis der Welt; in der Begegnung mit dem Offenbarer und seinem Wort wird die Welt vor die letztgültige Entscheidung um Heil und Unheil gestellt. Das letzte Gericht findet deshalb nicht am Ende aller Zeiten statt, sondern schon jetzt. Der Geist und die von ihm erfüllte joh. Gemeinde haben die Aufgabe, dieses Gericht und seinen Ausgang der Welt bekannt zu machen. Innerhalb dieses Geschehens wird dem Geist die Funktion zugewiesen aufzudecken, was Sünde, Gerechtigkeit und Gericht sind. Das Wesen der Sünde besteht im Unglauben. Sie resultiert nicht aus einzelnen Taten, sondern ist Ausdruck einer gottfeindlichen Grundhaltung, die sich der im Offenbarer Jesus Christus begegnenden Liebe Gottes verschließt. Der Paraklet zeugt von der Gerechtigkeit, d. h. vom Heilswerk Gottes in Jesus Christus. Jesu Fortgehen zum Vater ist die Überwindung des Bösen, deshalb kann das gesamte Heilsgeschehen mit dem Begriff der Gerechtigkeit beschrieben werden.[29] Schließlich bezeugt der Paraklet, dass mit dem Tod und der Auferstehung Jesu Christi die endgültige Äonen-Wende bereits erfolgt ist. Der Paraklet versetzt somit nach joh. Auffassung die Gemeinde in die Lage, die Welt kritisch mit der Offenbarungsbotschaft zu konfrontieren. **12** Wiederum betont Jesus die Differenz der Zeiten, die zugleich den sachlichen Unterschied zwischen vor- und nachösterlicher Wirklichkeit anzeigt: Erst der Geist führt zu einem wirklichen Verstehen der Jesus-Botschaft. **13–15** Die deutliche Wiederaufnahme des Demonstrativpronomens ἐκεῖνος = ›jener‹ in V. 8 durch V. 13 weist Joh 16,13–15 als fünften Parakletspruch aus. Dem nach außen gerichteten Wirken des Geistes stellt Johannes im letzten Parakletspruch das Wirken des Geistes

---

[27] Diese Spannung führte oft zu Umstellungsversuchen (vgl. die Auflistung der Möglichkeiten bei *G. R. Beasley-Murray,* John, 279). *A. Dettwiler,* Gegenwart des Erhöhten, 219, fasst V. 5 ausdrücklich als ›Relecture-Phänomen‹ auf: Nicht mehr der Weg Jesu, sondern der Weg der Jüngergemeinde stehe im Mittelpunkt. M. E. handelt es sich um ein Motiv, das dazu dient, das Unverständnis der Jünger noch einmal herauszustellen, um so das Verständnis der Gemeinde zu fördern.

[28] Die Wendung ἐλέγχειν τὸν κόσμον = ›die Welt überführen‹ stammt aus der jüdischen Apokalyptik; was dort Gott oder der Messias vollziehen, wird hier auf den Parakleten übertragen; vgl. *O. Betz,* Paraklet, 192–206; *U. B. Müller,* Parakletvorstellung, 69 f.

[29] Zumeist wird δικαιοσύνη = ›Gerechtigkeit‹ gänzlich auf Jesus bezogen, vgl. *F. Porsch,* Pneuma und Wort, 286–288; *H. Chr. Kammler,* Jesus Christus und der Geistparaklet, 130 f; *Chr. Dietzfelbinger,* Abschied des Kommenden, 191. *Chr. Hoegen-Rohls,* Der nachösterliche Johannes, 184–186, erörtert die verschiedenen Verständnismöglichkeiten und bestimmt δικαιοσύνη als einen relationalen Begriff, »der von der konstitutiven Zusammengehörigkeit von Vater und Sohn spricht. Er trägt den Charakter eines Oberbegriffs über die einzelnen Aspekte, in der sich diese Einheit zeigt« (a. a. O., 186).

im Inneren der Gemeinde gegenüber (Joh 16,13–15). Dem Parakleten kommt die
Aufgabe zu, in der joh. Gemeinde den Sinn der Christusoffenbarung immer wieder
neu zu erschließen. Als Geist der Wahrheit wird er in die ganze Wahrheit einführen,
d. h. zu einem tieferen Verstehen der Person Jesu Christi führen.[30] Dabei bleibt die
Offenbarung des Parakleten streng an die Christusoffenbarung gebunden. Der Paraklet
ist in seinem Wirken beständig auf den erhöhten Jesus Christus zurückbezogen, aus
dessen Offenbarungsfülle er ›nimmt‹. Dieser Rückbezug macht erneut deutlich, dass
Jesus und der Paraklet nicht identisch sind, es gibt nur einen Parakleten, der als ›Geist
der Wahrheit‹ den Vater und den Sohn repräsentiert.[31] Weil für Johannes die geschichtliche Offenbarungswahrheit in Jesus und die Wahrheit Gottes eins sind, kann das Wirken des Geistes sich nur auf diese grundlegende Einheit beziehen. Zugleich hat die
eine Offenbarung noch eine Zukunft vor sich, die durch das Wirken des Parakleten
geprägt ist. Hier zeigt sich die trinitarisch orientierte Grundkonzeption des joh. Denkens: Der Vater gibt dem Sohn das Wort, das der Sohn verkörpert und offenbart; der
Geist wiederum bringt als Gesandter von Vater und Sohn das Wort nachösterlich zur
Geltung. Wenn der Paraklet das Zukünftige ansagt, dann ist er gerade in dieser Funktion mit der Ursprungstradition verbunden. Er erschließt die Jesusoffenbarung für die
Gemeinde und gerade dadurch verherrlicht er Jesus weiter. Mit δοξάζειν = ›verherrlichen‹ wird auf Joh 17,1–5 und das gesamte Passionsgeschehen verwiesen. Für die
textexterne joh. Hörer-/Lesergemeinde ist das Zukünftige bereits Gegenwart, und was
Jesus auf der textinternen Ebene den Jüngern verheißt, ist für sie bereits Wirklichkeit.
Als Beistand, Lehrer, Hermeneut, Fürsprecher, Anwalt, Stellvertreter und Zeuge verbindet der Paraklet die Jetzt-Zeit der joh. Gemeinde mit der Jesus-Zeit. Er erschließt
die Jesusoffenbarung für die Gemeinde; im Parakleten wirken letztlich der Vater und
der Sohn in der Gemeinde. Das Johannesevangelium muss mit dem Anspruch gelesen
werden, dass sich hier Vater und Sohn durch den Parakleten selbst auslegen und dadurch die Glaubenden zu einem umfassenden Verstehen der Offenbarung führen.

Der vierte und fünfte Parakletspruch Joh 16,7–11.13–15 lassen sich bruchlos in eine
dreifache Gesamtbewegung innerhalb der Parakletsprüche und der gesamten Abschiedsreden einfügen: 1) In der Präsentation Joh 14,16.17 werden die Jünger (V. 16)
und die Welt (V. 17) als die beiden zentralen Wirkbereiche des Parakleten genannt.
Diese beiden Bereiche werden dann entfaltet; in Joh 14,26 kommen zunächst die Jünger, in Joh 15,26 kommt dann mit dem Zeugnismotiv die Welt in den Blick, die im
vierten Parakletspruch deutlich dominiert. Im fünften Parakletspruch Joh 16,13–15
geht es zu den Jüngern/der Gemeinde zurück, nun aber unter der textinternen Perspektive der Passion und der textexternen Perspektive der aktuellen Verkündigung. 2)
Damit verbindet sich eine Verschärfung des Konfliktes mit der Welt, in dessen Verlauf
dem Parakleten immer mehr juridische Funktionen zugeschrieben werden (Joh 15,26;

---

[30] Vgl. *A. Dettwiler*, Gegenwart des Erhöhten, 234; *H. Chr. Kammler*, Jesus Christus und der Geistparaklet,
      137 f.
[31] Anders z. B. *M. Hasitschka*, Parakletworte, 109, der von drei ›Parakleten‹ spricht: der irdische Jesus als bis-
      heriger Paraklet, der erhöhte Jesus als himmlischer Paraklet und der in der Gemeinde wirkende Paraklet.

16,7–11). Je näher die Passion kommt, desto schärfer wird die Auseinandersetzung mit der Welt und umso größer der Beistand des Parakleten. 3) Nach Joh 14,26 sendet allein der Vater den Parakleten, in Joh 14,26 sendet ihn der Vater ›im Namen Jesu‹, in Joh 15,26 kommt der Paraklet, den Jesus ›vom Vater‹ sendet, und in Joh 16,7 ist es dann allein Jesus, der den Parakleten senden wird. Am Ende ist es der in die Verherrlichung der Passion gehende Jesus Christus, der den Parakleten sendet.

Es gibt deshalb weder Hinweise noch Notwendigkeiten, innerhalb der Parakletsprüche und damit auch im Verhältnis von Joh 16 zu Joh 14/15 mit nachträglichen redaktionellen Veränderungen/Interpretationen zu rechnen. Vielmehr lässt sich ein klarer Gedankengang erkennen, der sich bruchlos in die Gesamttheologie des 4. Evangeliums einfügt.

Exkurs 15: Johannes als Geisttheologe

Die Parakletsprüche zeigen, dass die Pneumatologie ein Zentrum joh. Denkens ist. Hermeneutik und Pneumatologie sind bei Johannes ursächlich miteinander verbunden, denn allein der Geist gewährt in der nachösterlichen Anamnese die wahre Erkenntnis Jesu Christi. Dabei ist die in den Abschiedsreden vorherrschende hermeneutisch-forensische Dimension der Pneumatologie in ein umfassendes Bezugssystem eingebunden. Die christologische Grundlegung der Pneumatologie zeigt sich in Joh 1,32–34; 3,34; 7,37–39: Jesus erscheint als der bleibende Geistträger, dessen Reden und Tun sich von nun an in der Kraft des Geistes vollzieht. Als einziger und authentischer Offenbarer Gottes gewährt er wiederum durch die Gabe des Geistes den Glaubenden das Leben. Die anthropologische Dimension der Pneumatologie wird vor allem in der Taufe sichtbar, denn hier erhalten auch die Glaubenden durch den Geist Zugang zur himmlischen Welt. Indem die joh. Schule in der Gegenwart in der Kraft des Geistes tauft, führt sie das Werk des Geistträgers Jesus von Nazareth fort. So wie Jesus im Heiligen Geist auftrat, so erscheint nun auch die Taufe als ein geistgewirktes Geschehen (vgl. Joh 3,3.5). Der Geist bezeugt die Wirklichkeit und gewährt die Wirksamkeit der Sakramente (vgl. Joh 6,63). Mit dem Wirken des Geistes verbindet sich auch eine neue Art des Gottesdienstes, hierin zeigt sich die ekklesiologische Dimension der Pneumatologie. Die wahre Anbetung Gottes vollzieht sich nun ›im Geist und in der Wahrheit‹ (Joh 4,23 f), ohne blutige Opfer und darin dem Sein Gottes als Wirklichkeit der Liebe entsprechend. Weil allein Jesus Christus der neue Ort des Heils ist (vgl. Joh 2,14–22), verbindet sich der neue Gottesdienst untrennbar mit der neuen Gotteserfahrung der joh. Gemeinde. Gott ist Geist (Joh 4,24) und kann nur im Geist richtig angebetet werden. Auch der Missionsgedanke gründet im 4. Evangelium in der Gabe des Geistes; die joh. Gemeinde weiß sich durch den Erhöhten zur Mission und zum vollmächtigen Umgang mit Sündern berufen (vgl. Joh 20,21–23).

Die Pneumatologie bietet Johannes die Möglichkeit zusammenzudenken, was im antiken wie im modernen Weltbild zumeist getrennt wahrgenommen wird: Himmel und Erde, Raum und Zeit, Geschichte und Eschaton. Gott als Geist, der pneumatisch begabte Jesus und die Paraklet-Gemeinde vereinen sich in ihrer gemeinsamen Herkunft ›von oben‹. Innerhalb einer trinitarischen Grundkonzeption erscheint die Einheit der Glaubenden mit dem Vater und dem Sohn als Einheit im Geist und in der Liebe. Umfassender als beim 4. Evangelium kann das Wirken des Geistes nicht gedacht werden: Johannes ist Geisttheologe.[32]

---

[32] Die bei Euseb, HE VI 14,7, überlieferte Anschauung des Klemens von Alexandrien, Johannes habe ein πνευματικὸν εὐαγγέλιον = ›geistliches Evangelium‹ verfasst, entspricht durchaus dem Textbefund.

6. Die Verheißung des Wiedersehens Jesu 16,16–22

(16) »Eine kurze Zeit, und ihr seht mich nicht; und wiederum eine kurze Zeit, und ihr werdet mich sehen.« (17) Es sprachen nun einige von seinen Jüngern untereinander: »Was bedeutet dies, dass er zu uns sagt: Eine kurze Zeit, und ihr werdet mich nicht sehen, und wiederum eine kurze Zeit, und ihr werdet mich sehen? Und: Ich gehe weg zum Vater?« (18) Sie sagten nun: »Was bedeutet dies: eine kurze Zeit? Wir verstehen nicht, was er redet.« (19) Jesus erkannte, dass sie ihn fragen wollten, und sagte ihnen: »Ihr überlegt untereinander, dass ich sagte: Eine kurze Zeit, und ihr seht mich nicht, und wiederum eine kurze Zeit, und ihr werdet mich sehen. (20) Amen, amen, ich sage euch: Ihr werdet weinen und wehklagen, die Welt aber wird sich freuen. Ihr werdet trauern, aber eure Trauer wird sich in Freude verwandeln. (21) Wenn eine Frau gebiert, hat sie Trauer, denn ihre Stunde ist gekommen. Wenn sie aber das Kind geboren hat, denkt sie nicht mehr an die Not, wegen der Freude, dass ein Mensch in die Welt gekommen ist. (22) So habt ihr zwar nun Trauer; aber ich werde euch wiedersehen, und euer Herz wird sich freuen, und eure Freude nimmt niemand von euch.«

Die im letzten Parakletspruch dominierende Zukunftsperspektive wird nun in Joh 16,16–22 weiter thematisiert. Intensiv bearbeitet Johannes den Gedanken des Wiedersehens Jesu. Die Ausführlichkeit, ja Umständlichkeit der Argumentation lässt erkennen, wie sehr diese Frage die joh. Gemeinde bedrängte.

16–18 Bewusst führt ein Rätselwort Jesu in die Problematik ein. Es dient dazu, die Jünger zu einem intensiven Fragen und Nachdenken zu veranlassen, so dass auch die Gemeinde zu einem vertieften Verständnis des Wiederkommens Jesu geführt wird. Für die Jünger ist nicht nur die Aussage über das ›Wiedersehen‹ rätselhaft, sondern auch die Wendung ›ich gehe zum Vater‹ steht zur Debatte. Der gesamte Komplex des Fortgehens und Wiedersehens Jesu bedarf somit einer erneuten Deutung. Was ist mit dem ›Wiedersehen‹ Jesu gemeint? Vor allem: Was bedeutet das den gesamten Abschnitt dominierende μικρόν = ›wenig‹; ›kurze Zeit‹ (siebenmal in Joh 16,16–19; zuvor: Joh 7,33; 12,35; 13,33; 14,19)? Auf der textinternen Erzählebene wird auf die Osterereignisse angespielt, die Jünger werden Jesus wiedersehen (vgl. Joh 20,19–29). Damit ist der Text in seiner Bedeutungstiefe aber noch nicht ausgeschöpft. Zunächst: Während in der verwandten Formulierung Joh 14,19 das Sehen des Kosmos und der Jünger gegenübergestellt werden, ist hier Jesu Gehen zum Vater insgesamt der eigentliche Bezugspunkt. Dieses Gehen ist aber keineswegs punktuell auf Ostern zu beschränken, sondern benennt den neuen andauernden Ort Jesu: beim Vater. Das damit verbundene ›Nichtsehen« ist deshalb nicht nur ein Problem der textinternen Jünger, sondern ein andauerndes, generelles Problem der Gemeinde. Die auffällige Betonung des μικρόν lässt die Länge und damit auch die Dehnung der Zeit als den eigentlichen Problemhintergrund erkennen. Wenn es die Frage nach der ›Restzeit‹ überhaupt nicht gäbe und Ostern das Zeitproblem definitiv gelöst hätte, wären all diese Reflexionen in ihrer Umständlichkeit schlicht überflüssig. Zudem sagt der Paraklet nach Joh 16,13 das Zukünftige an, er wird aber erst nach Jesu Tod und Auferstehung und das heißt auch nach den Erscheinungen des Auferstandenen gesandt. Wie kann die nachösterliche/textexterne Gemeinde die futurischen Aussagen über das baldige Wiedersehen Jesu verstehen? *Sie kommt von Ostern her, und es ist zu fragen, ob der erneute Verweis auf die zurückliegenden Ostererscheinungen ausreicht, um die gegenwärtige Situation der*

Bedrängnis zu bewältigen.[33] Offensichtlich konnten in der joh. Gemeinde bedrängende Glaubenszweifel entstehen, obwohl die Osterbotschaft verkündigt wurde! *Kann der Hinweis auf Ostern ein Problem lösen, dessen Entstehung er nicht verhinderte?* Weil die zeitlichen Differenzierungen auf die Überwindung der λύπη = ›Trauer‹ zielen, ist aus textpragmatischer Perspektive der Zeitpunkt des Wiedersehens für die Hörer und Leser des Evangeliums nicht auf die Ostererscheinungen, sondern auf die Parusie zu beziehen.[34] Gerade das Ausbleiben der Parusie macht die Frage nach ihrem Eintreffen umso dringlicher! Zudem sagt der Paraklet nach Joh 16,13 das Zukünftige an, der Paraklet wird aber erst nach Jesu Tod und Auferstehung, und d. h. auch nach den Erscheinungen des Auferstandenen, gesandt.   **19** Jesus tadelt das Unverständnis der Jünger, wobei die monotone Wiederholung des Spruches Jesu die Bedeutung der zu behandelnden Fragen noch einmal unterstreicht.   **20** Der Evangelist blickt auf die unmittelbar bevorstehende Situation des Todes und damit der Abwesenheit Jesu. Die Jünger werden dadurch in Bedrängnis und Verwirrung gestürzt, während die Welt der Meinung ist, Jesus Christus als Offenbarer Gottes überwunden zu haben. Ostern ermöglicht für die Jünger die Überwindung dieser Anfechtungen (vgl. Joh 20,20), denn Trauer und Bedrängnis werden sich in Freude verwandeln.   **21/22** Das Bild der gebärenden Frau bringt die Umwandlung von der Bedrängnis zur Freude nachdrücklich zum Ausdruck. Die traditionsgeschichtliche Verankerung dieses Bildes in der jüdischen Apokalyptik (vgl. z. B. äthHen 62,4; 4Esr 4,42; Mk 13,8.15 ff; Offb 12)[35] lässt vermuten, dass Johannes auch hier an die Parusie denkt.[36] Nun ist Jesus selbst das auslösende Subjekt für das Wiedersehen der Jünger. Jesus kommt, wann er will; er bestimmt den Zeitpunkt seines Erscheinens. Dann wird Freude das Herz der Jünger erfüllen, eine Freude, die ihnen niemand mehr nehmen kann (vgl. Jes 66,14LXX). Das Bild der gebärenden Frau, der Perspektivwechsel beim Kommen Jesu und die Zusage, dass niemand mehr die Freude von der Gemeinde nehmen könne, legen es nahe, für die textexterne Gemeinde die Parusie als Horizont der Aussagen anzunehmen. Die Zusage immerwährender Freude kann die Gemeinde nicht nur auf Ostern beziehen, denn dies würde in einem krassen Gegensatz zu ihrer gegenwärtigen Situation stehen. Sie kommt von Ostern her, aber Ostern bewahrt sie nicht vor der gegenwärtigen Trauer! Deshalb stellt Johannes die Gemeinde in einen Zeithorizont, der über Vergangenheit und Gegenwart hinausreicht.

---

[33] Die Diskussion, ob mit dem ›Wiedersehen‹ Ostern, die Parusie oder sogar beides gemeint sei, krankt m. E. an der nicht konsequent durchgeführten Unterscheidung zwischen der textinternen Erzähllogik (= Ostern) und dem Zeithorizont der textexternen Gemeinde (= Parusie).

[34] Vgl. *J. Wellhausen*, Joh, 73 f; *W. Stählin*, Zum Problem der joh. Eschatologie, 241 ff; *U. Schnelle*, Abschiedsreden, 75; *J. Ernst*, Johannes, 60 f; *J. Neugebauer*, Die eschatologischen Aussagen, 153.157; *K. Erlemann*, Naherwartung und Parusieverzögerung im Neuen Testament, TANZ 17, Tübingen 1995, 182 f; *J. Frey*, Eschatologie III, 207 f. Für Ostern plädieren z. B. *T. Onuki*, Gemeinde und Welt, 154 f; *A. Dettwiler*, Gegenwart des Erhöhten, 241 f.

[35] Zu den Bildern und Motiven für die Endzeit in der jüdischen Apokalyptik vgl. *P. Volz*, Eschatologie, 147–163 (›Die letzte böse Zeit‹).

[36] Vgl. die Analysen von *J. Frey*, Eschatologie III, 209–215.

7. Der Tag des Herrn 16,23–28

(23) »Und an jenem Tag werdet ihr mich nichts (mehr) fragen. Amen, amen, ich sage euch: Wenn ihr den Vater in meinem Namen um etwas bitten werdet, so wird er euch geben. (24) Bis jetzt habt ihr um nichts in meinem Namen gebeten. Bittet, und ihr werdet empfangen, damit eure Freude vollkommen sei. (25) Dies habe ich zu euch in Rätselreden gesagt. Es kommt die Stunde, da werde ich nicht mehr in Rätseln zu euch sprechen, sondern in offener Rede werde ich euch über den Vater verkündigen. (26) An jenem Tag werdet ihr in meinem Namen bitten, und ich sage euch nicht, dass ich den Vater euretwillen befragen werde. (27) Denn der Vater selbst liebt euch, weil ihr mich geliebt habt und geglaubt habt, dass ich von Gott ausgegangen bin. (28) Ich bin vom Vater ausgegangen und in die Welt gekommen; wiederum verlasse ich die Welt und gehe zum Vater.«

23/24 Der Parusiehorizont wird mit Joh 16,23.24 noch deutlicher: Jesus verheißt den Jüngern den Freudentag seiner Wiederkehr; die Wendung ἐν ἐκείνῃ τῇ ἡμέρᾳ = ›an jenem Tag‹ ist eine geläufige Bezeichnung für das Wiederkommen Christi bei der Parusie (vgl. Mt 7,22; Lk 10,12; 2Tim. 1,12.18)[37] und nimmt in V. 23 und V. 26 deutlich Joh 14,20 auf. An jenem Tag wird es keine Fragen mehr geben, denn die Glaubenden sind dann endgültig in den Bereich der göttlichen Wahrheit eingetreten und ihre Gebete erfüllen sich (vgl. Joh 14,13–14; 15,16). Jener Tag ist durch die Erfahrungsgewissheit der Gebete der Jünger gekennzeichnet. Wiederum erscheint das Gebet als eine Grundstruktur des christlichen Gottesverhältnisses, gerade im Gebet kommt Jesu grundlegende und bleibende Offenbarer- und Mittlerfunktion zum Ausdruck. Inhalt des Betens ist die Gottesgemeinschaft selbst, so dass Fragen nach der Wirksamkeit der Gebete überflüssig sind. Das Gebet schenkt nach joh. Anschauung die vollendete Freude, das eschatologische Glück, deshalb dürfen die Jünger bitten und werden empfangen, ohne dass konkrete Einzelbitten genannt werden. **25** Bisher hat Jesus nur in rätselhaften Bildern zu den Jüngern gesprochen, dann aber wird er offen und unverhüllt zu ihnen reden. Johannes grenzt das ›Reden in verhüllten Bildern‹ und das ›offene Reden‹ zeitlich voneinander ab, wobei die ›Stunde‹ und ›jener Tag‹ die Grenzscheide bilden. Auf der textinternen Ebene sind damit Jesu Tod und Auferstehung sowie die Ostererscheinungen gemeint, die alles bis dahin Verhüllte in Klarheit und Offenheit umwandeln. Für die joh. Gemeinde hingegen legt sich auch hier der Ausblick auf die Parusie nahe. Die Wiederkehr Jesu wird das Ende aller Rätsel und Fragen bringen, unter denen die Gemeinde in der Welt noch leidet. **26/27** Dann werden die Jünger den Vater zwar auch noch im Namen Jesu bitten, in Wahrheit aber bedürfen sie der hilfreichen Fürsprache Jesu nicht mehr. Gott selbst liebt sie und erhört sie, weil sie an Jesus als den Gesandten Gottes geglaubt haben. Die Jünger werden in die Gemeinschaft des Vaters und des Sohnes mitaufgenommen, weil ihre Verbundenheit mit Jesus im Glauben zugleich die Verbundenheit mit Gott ist. **28** Ein lehrhafter Kernsatz fasst die joh. Offenbarungstheologie zusammen: Jesus von Nazareth kam als Offenbarer Gottes in die Welt, um den Menschen Wahrheit und Rettung zu bringen, nach seinem Heilswerk kehrte er wieder zum Vater zurück. Die Rahmung des Weges

---

[37] Im Hintergrund steht die Vorstellung vom Tag Jahwes, vgl. Am 5,15–20; Joel 2,1–11; Sach 12,1–11; vgl. *G. v. Rad,* Theologie des Alten Testaments II, München ⁵1968, 129 ff.

Jesu durch παρὰ τοῦ πατρός (›vom Vater‹) und πρὸς τὸν πατέρα (›zum Vater‹) zeigt deutlich an, dass sein Heilswerk ein Zeugnis für den Vater ist, der hinter Jesu Wirken steht und in diesem gegenwärtig ist. Jesus gründet ganz und gar in Gott, und die Gemeinde darf sich freuen, in die Einheit von Vater und Sohn hineingenommen zu sein.

8. Der Abschluss der zweiten Abschiedsrede 16,29–33

(29) Da sagen seine Jünger: »Siehe, nun redest du in offener Rede und sprichst nicht mehr in Rätselrede. (30) Nun wissen wir, dass du alles weißt und es nicht nötig hast, dass dich jemand fragt. Deshalb glauben wir, dass du von Gott ausgegangen bist.« (31) Es antwortete ihnen Jesus: »Jetzt glaubt ihr? (32) Siehe, die Stunde kommt, und sie ist schon gekommen, wo ihr zerstreut werdet, ein jeder in sein Eigenes, und mich allein lasst. Aber ich bin nicht allein, denn der Vater ist mit mir. (33) Dies habe ich zu euch geredet, damit ihr in mir Frieden habt. In der Welt habt ihr Bedrängnis, aber seid getrost: Ich habe die Welt besiegt.«

29/30 Auf den vorangegangenen christologischen Lehrsatz folgt als Antwort eine Bekenntnisaussage der Jünger. Unmittelbar an der Schwelle des Weggehens Jesu erkennen sie in ihm den Gesandten Gottes. Der Glaube enthält bei Johannes immer das Moment des Verstehens, die Alternative zum Glauben ist nicht das Wissen, sondern der Unglaube. Den Jüngern ist nun deutlich, dass Jesus es nicht nötig hat, irgendetwas gefragt zu werden, denn aus der Einheit mit dem Vater weiß er alles. **31/32** Mit kritischem Ton stellt Jesus den Glauben der Jünger in Frage. Zu einem wirklichen, umfassenden Glauben kann es erst kommen, wenn der Tod Jesu am Kreuz erfasst ist. Dieses Geschehen steht aber noch bevor, so dass der Glaube der Jünger nur als ein vorzeitiger verstanden werden kann. Zu seiner Erfüllung kommt er erst dann, wenn das Ärgernis des Kreuzes voll mitaufgenommen wird. Das Verhalten der Jünger in der Passion bestätigt Jesu kritische Haltung. Die Stunde der Gefangennahme Jesu wird für die Jünger zu einer ›Stunde der Zerstreuung‹ (vgl. Mk 14,27 f.). Die Jünger werden in ›das Eigene‹ zerstreut, d. h. sie gehen in die Irre (vgl. Jes 53,6).[38] **33** Die Abschiedsreden enden mit einer vollmächtigen Zusage Jesu. Obwohl der Glaube der Jünger erst als defizitär bezeichnet wurde, spricht ihnen Jesus das eschatologische Gut des Friedens zu. Wirklichen Frieden können die Jünger nur in Jesus haben, er ist der Grund des Friedens. Die schon immer in den Blick genommene textexterne Lesergemeinde wird nun explizit angesprochen: Die Bedrängnis in der Welt ist ein Bestandteil ihres Glaubens und ihrer Existenz, aber Jesus hat diese Welt in Kreuz und Auferstehung überwunden. Dadurch steht die Gemeinde in einem neuen Verhältnis zur Welt, denn sie ist durch Christus den Todesmächten entzogen. Der Glaube hat bereits in der Gegenwart teil am Sieg Jesu, deshalb ist er auch innerhalb der Welt die einzige zum Leben befreiende Macht.

Nichts nötigt zu der Annahme, dass sich bei Joh 16 im Verhältnis zu Joh 14 der Textstatus verschoben hätte, aus einem Primär- ein Sekundärtext geworden wäre. Vielmehr

---

[38]   Da Johannes nicht von Erscheinungen in Galiläa berichtet (anders Kap. 21), entfällt dieser Bezug.

bringt Joh 16 innerhalb des Gesamtkomplexes ›Abschiedsreden‹ zwei Fundamentaleinsichten markant zum Ausdruck: 1) Der Paraklet tritt in der gegenwärtigen Bedrängnis aktiv für die Glaubenden ein und steht ihnen im Konflikt mit der Welt aktiv bei (Joh 16,8–14). Dieser Aspekt findet sich zuvor in dieser Klarheit und Prägnanz nicht! 2) Joh 16 macht die Zukunft zum beherrschenden Thema der Gegenwart. Damit werden vor allem Aspekte aus Joh 14 aufgenommen und zugleich ausgebaut. Beide Themen sind für die Abschiedsreden von Anfang an konstitutiv und deshalb nötigt nichts zu der Annahme, sie seien erst durch anonymes Wachstum und sekundäre Interpretationsprozesse hinzugetreten. Die Vermutung historischer Diversität und ihrer Bearbeitung durch unterschiedliche joh. Texte überzeugt deshalb bei den Abschiedsreden nicht. Weisen unterschiedliche Argumentationsmuster notwendigerweise auf zu differenzierende historische Situationen und unterschiedliche Personen/Gruppen innerhalb der Geschichte der joh. Gemeinde hin? Oder gehört es nicht zur theologischen und literarischen Kompetenz eines guten Autors, auf verschiedene Herausforderungen mit unterschiedlichen Antworten einzugehen? Gerade das johanneisch geprägte Christentum bietet so reichhaltige Entfaltungsmöglichkeiten des Glaubens, für die mitnichten immer neue Situationen und neue Interpreten gefunden werden müssen.

9. Die Einheit der Abschiedsreden

Die beiden Abschiedsreden Joh 13,31–14,31 und 15,1–16,35 behandeln eine Fülle verschiedener Aspekte: Unter der Perspektive des Wegganges Jesu zum Vater werden die zukünftige Verherrlichung des Sohnes, das Gebot der Liebe, die Offenbarung des Vaters dem Sohn, die Spannung von Nicht-Sehen und Glauben, die bleibende Präsenz Jesu im Bild des Weinstockes, der Hass der Welt, die drohenden Verfolgungen und schließlich das Wiedersehen und die damit verbundene Freude behandelt. Für die Jünger und damit für die Gemeinde steht die Furcht im Raum, ohne Zukunft den gegenwärtigen Bedrängnissen ausgesetzt zu sein. *Die Zukunftsfähigkeit ist aber die Bedingung jeglicher Existenz!* Dieser Gefährdung stellen die Abschiedsreden grundlegende Erkenntnisse entgegen: Der Abschied Jesu ist nötig, denn nur so gibt es eine Zukunft unter der Führung des Geistes. Der bevorstehende Abschied Jesu führt nicht zum Ende und in die Orientierungslosigkeit, sondern Jesu Wirken hat weiterhin Bedeutung und Bestand. Seine Liebe verlischt nicht, sein Sieg über die Sünde und den Tod wird durch sein eigenes Sterben nicht in eine Niederlage verkehrt. Zugleich ist Jesus anders unter den Jünger präsent als zu den Tagen, als er sie begleitete. Es ist eine neue Zeit angebrochen, die vom Heiligen Geist geprägt wird; der Paraklet ist ein Geist der Möglichkeiten und Potentiale. Kennzeichen des Geistes sind seine Herkunft von Gott, sein göttliches Wesen und damit sein Gegenüber zur Welt. Der Geist verkündet und erschafft, was werden soll und sein wird: Mit dem Wirken des Geistes öffnen sich Türen in die Zukunft, denn auf den Abschied folgt ein Wiedersehen. Gott selbst bleibt den Glaubenden treu, indem der Heilige Geist in die Welt kommt und Vater und Sohn in ihm präsent sind und bleiben. Die Jünger sollen darauf vertrauen, dass die Zukunft Gutes für sie bereithält, weil sie die Zukunft des Vaters, Sohnes und des Geistes ist.

Dem entspricht eine dreifache Bewegung innerhalb der Abschiedsreden: a) Das Wirken des Parakleten an den Jüngern und gegenüber der Welt (Joh 14,16 f) wird planmäßig in einer Bewegung von den Jüngern (Joh 14,26) über die Welt (Joh 15,26; 16,7–11) wieder hin zu den Jüngern (Joh 16,13–15) entfaltet. b) Die Sendung des Parakleten geht zunächst exklusiv vom Vater aus (Joh 14,16), am Ende ist es dann aber der in die Passion und Verherrlichung gehende Gottessohn, der den Parakleten sendet (Joh 16,7). c) Was für die Abschiedsreden insgesamt gilt, trifft für Joh 15 und vor allem Joh 16 in besonderer Weise zu: die Ausleuchtung der Zukunft. Angesichts der gegenwärtigen Bedrängnis steht die Zukunftsfähigkeit des joh. Christentums auf dem Spiel. Dieser Aspekt kommt zweifellos auch schon in Joh 13,31–14,31 vor, dominiert nun aber durchaus sachgemäß am Ende der Abschiedsreden. Die exklusiven juridischen Funktionen des Parakleten im Streit mit der Welt und die Verheißung der Wiederkunft Jesu als Erlösung von den gegenwärtigen Bedrängnissen gehen deutlich über die erste Abschiedsrede hinaus und geben der Gemeinde Kraft und Zuversicht. All dies tritt nicht sekundär hinzu, sondern gehört zum ursprünglichen Bestand des joh. Konzeptes der Abschiedsreden. Deshalb sind ekklesiologische Akzentuierungen kein Zeichen für nachträgliche Interpretationen.

Wenn der ›Sitz im Leben‹ der Abschiedsreden die theologische Trauerarbeit und die Zukunftsorientierung sind,[39] die sich jeweils vor allem als Tröstung und Stärkung durch theologische Erkenntnis vollziehen, dann sind Wiederholungen, Variationen, Erweiterungen und Aufnahme verwandter Themen keineswegs ein Zeichen für einen sekundären Textstatus, sondern bewusstes und notwendiges literarisches Mittel eines überlegt gestaltenden Autors! Für diese Annahme spricht eine weitere Beobachtung: Die gesamten Abschiedsreden stehen unter dem Leitwort der Liebe: der Liebe Gottes zu Jesus (vgl. Joh 15,9.10; 16,27; ferner 17,23.24.26), der Liebe Jesu zu Gott (vgl. Joh 14,31), der Liebe Gottes zu den Jüngern (vgl. Joh 14,21.23; 16,27; ferner 17,23), der Liebe Jesu zu den Jüngern (vgl. Joh 13,1; 14,21; 15,9.12.13), der Liebe der Jünger zu Jesus (vgl. Joh 14,15.21.23 f.28; 16,27) und der Liebe der Jünger untereinander (vgl. Joh 13,35; 15,10.12.17).[40] Hier zeigt sich, dass die zahlreichen inneren Verflechtungen/Akzentuierungen in den Abschiedsreden und im Evangelium insgesamt Bestandteile/Variationen des grundlegenden theologischen Programms des Evangelisten sind: Die Offenbarung der Liebe Gottes in Jesus Christus als Liebe Gottes zur Welt und für die Glaubenden, für die sich das Bleiben in Gott und Jesus als Bleiben im Liebesgebot vollzieht. Die Liebe ist somit die entscheidende Handlungsanweisung für die Zukunft! Diese innere Verflechtung bestätigt, dass die Abschiedsreden in ihrer vorliegenden Gestalt als hermeneutischer Schlüssel des Johannesevangeliums zu lesen sind und literarkritische Reduzierungen ihrem Sinngehalt nicht gerecht werden.

---

[39] Vgl. *Th. Popp,* Die konsolatorische Kraft der Wiederholung: Liebe, Trauer und Trost in den johanneischen Abschiedsreden, passim.

[40] Vgl. dazu *U. Schnelle,* Die johanneischen Abschiedsreden und das Liebesgebot, passim.

XI. Jesu Gebet zum Vater für die Glaubenden und die Welt
17,1–26*

(1) Dies redete Jesus, und er hob seine Augen auf zum Himmel und sprach: »Vater, die Stunde ist gekommen, verherrliche deinen Sohn, damit der Sohn dich verherrliche. (2) Denn du hast ihm Macht gegeben über alles Fleisch, damit er allen, die du ihm gegeben hast, ewiges Leben schenke. (3) Dies aber ist das ewige Leben, dich als den einzig wahren Gott zu erkennen und den du gesandt hast, Jesus Christus. (4) Ich habe dich auf der Erde verherrlicht, indem ich das Werk vollendete, das du mir gabst, damit ich es tue. (5) Und nun, Vater, verherrliche du mich bei dir selbst mit der Herrlichkeit, die ich bei dir hatte, bevor die Welt war. (6) Ich habe deinen Namen den Menschen offenbart, die du mir aus der Welt gegeben hast. Sie waren dein, und du hast sie mir gegeben und sie haben dein Wort bewahrt. (7) Nun haben sie erkannt, dass alles, was du mir gegeben hast, von dir ist. (8) Denn die Worte, die du mir gegeben hast, habe ich ihnen gegeben, und sie haben sie angenommen, und sie haben wahrhaftig erkannt, dass ich von dir ausgegangen bin, und sie glaubten, dass du mich gesandt hast. (9) Ich bitte dich für sie. Nicht für die Welt bitte ich, sondern für die, die du mir gegeben hast, denn sie sind dein. (10) Alles, was mein ist, ist dein, und was dein ist, ist mein, und ich bin in ihnen verherrlicht. (11) Ich bin nicht mehr in der Welt, doch sie sind in der Welt, und ich komme zu dir. Heiliger Vater, bewahre sie in deinem Namen, den du mir gegeben hast, damit sie eins seien wie wir. (12) Solange ich bei ihnen war, habe ich sie bewahrt in deinem Namen, den du mir gegeben hast, und ich habe sie behütet, und keiner von ihnen ging verloren, außer dem Sohn des Verderbens, damit die Schrift erfüllt werde. (13) Nun aber komme ich zu dir, und dies sage ich in der Welt, damit sie meine Freude vollständig in sich haben. (14) Ich habe ihnen dein Wort gegeben, und die Welt hasste sie, weil sie nicht aus der Welt sind, so wie auch ich nicht aus der Welt bin. (15) Ich bitte dich nicht darum, dass du sie aus der Welt fortnehmen sollst, sondern dass du sie vor dem Bösen bewahrst. (16) Sie sind nicht aus der Welt, so wie ich nicht aus der Welt bin. (17) Heilige sie in der Wahrheit, dein Wort ist Wahrheit. (18) Wie du mich in die Welt gesandt hast, so habe auch ich sie in die Welt gesandt. (19) Und für sie heilige ich mich, damit auch sie in der Wahrheit geheiligt sind. (20) Nicht nur für diese bitte ich, sondern auch für die, welche durch ihr Wort an mich glauben, (21) damit sie alle eins seien, so wie du, Vater, in mir bist und ich in dir, so sollen auch sie in uns sein, damit die Welt glaubt, dass du mich gesandt hast. (22) Und ich habe die Herrlichkeit, die du mir gegeben hast, ihnen gegeben, damit sie eins sind, wie wir eins

---

*   Literatur: *Appold, M. L.:* Oneness Motif, 194–236; *Becker, J.:* Aufbau, Schichtung und theologiegeschichtliche Stellung des Gebetes in Johannes 17, ZNW 60 (1969), 56–83; *Borchert, G. L.:* The Prayer of John 17 in the Narrative Framework of the Johannine Gospel, in: Gemeinschaft am Evangelium (FS W. Popkes), hg. v. E. Brandt u. a., Leipzig 1996, 11–18; *Dietzfelbinger, Chr.:* Abschied des Kommenden (s. o. IX.), 254–358; *Hera, M. P.:* Christology and Discipleship in John 17, WUNT 2.342, Tübingen 2013; *Hoegen-Rohls, Chr.:* Der nachösterliche Johannes, 230–255; *Käsemann, E.:* Jesu letzter Wille, passim; *Michel, O.:* Das Gebet des scheidenden Erlösers, ZSTh 18 (1941), 521–534; *Onuki, T.:* Gemeinde und Welt, 167–182; *Ritt, H.:* Das Gebet zum Vater, fzb 36, Würzburg 1979; *Ruiz, M. R.:* Missionsgedanke, 222–255; *Schnackenburg, R.:* Strukturanalyse von Joh 17, BZ 16 (1973), 67–78; 17 (1974) 196–202; *ders.,* Herrlichkeit und Einheit (Joh 17,22–24), Joh IV, 173–183; *Scholtissek, K.:* Das hohepriesterliche Gebet Jesu, TThZ 109 (2000), 199–218; *Sprecher, M. Th.:* Einheitsdenken aus der Perspektive von Joh 17, EHS 23.495, Frankfurt 1993; *Thüsing, W.:* Herrlichkeit und Einheit, Münster ²1975; *ders.,* Die Bitten des johanneischen Jesus in dem Gebet Joh 17 und die Intention Jesu von Nazareth, in: Die Kirche des Anfangs (FS H. Schürmann), Freiburg 1978, 307–338.

sind. (23) Ich in ihnen und du in mir, damit sie vollendet seien in der Einheit und die Welt erkennt, dass du mich gesandt hast und du sie geliebt hast, wie du mich geliebt hast. (24) Vater, ich will, dass jene, die du mir gegeben hast, dort mit mir zusammen seien, wo ich bin, damit sie meine Herrlichkeit sehen, die du mir gegeben hast, denn du hast mich geliebt vor Grundlegung der Welt. (25) Gerechter Vater, die Welt hat dich nicht erkannt, ich aber habe dich erkannt, und diese haben erkannt, dass du mich gesandt hast. (26) Und ich habe ihnen deinen Namen kundgetan und werde ihn kundtun, damit die Liebe, mit der du mich geliebt hast, in ihnen sei und ich in ihnen.«

In den Abschiedsreden entschlüsselte Jesus den Jüngern und damit auch der textexternen Lesergemeinde Gegenwart und Zukunft im Horizont des Parakleten und der Parusie, nun wendet er sich im Gebet dem Vater zu. Hier ist für den Evangelisten und seine Gemeinde der geeignete Ort, um grundlegende Aussagen ihres Glaubens und ihres Weltverhältnisses im Munde Jesu zu Gehör zu bringen.[1] Dabei bilden Fußwaschung (speziell Joh 13,1–3) und das große Gebet Jesu zum Vater eine inclusio um die Abschiedsszene, denn hier wie dort bildet die einsetzende ›Stunde‹ den Ausgangspunkt und steht Jesu Eintreten für die Seinen im Mittelpunkt. Er bittet den Vater, sowohl die gefährdete innere Einheit als auch die bedrohte äußere Existenz der Gemeinde zu bewahren. So soll aus der Perspektive des Evangelisten der Verunsicherung der Glaubenden entgegengetreten und ein positives Sendungsbewusstsein der Gemeinde erzeugt werden. Die Jünger und damit die Ekklesiologie sind das dominierende Thema von Joh 17! Auch im Ineinander der Zeiten und Perspektiven wird das nachösterliche Selbstverständnis der joh. Gemeinde gerade an dieser Stelle besonders deutlich: Jesus bittet nicht nur um seine zukünftige Verherrlichung (V. 1–5), sondern er betet teilweise als bereits Verherrlichter (V. 11!; vgl. V. 10.13). Retrospektive und Prospektive bilden eine sachliche und erzählerische Einheit; was auf der narrativen Ebene noch folgt, ist auf der theologischen Ebene bereits eingetreten: Als (in Wahrheit) bereits Verherrlichter ist Jesus auf dem Weg zur Verherrlichung und als (in Wahrheit) bereits in der Gegenwart des Geistes/Parakleten lebend, empfängt die Gemeinde den Geist. Insofern bilden die Gebets- und Geistverheißungen der Abschiedsreden die sachliche Voraussetzung für das Abschiedsgebet, was zudem deutlich für die Ursprünglichkeit der jetzt vorliegenden Textabfolge innerhalb des Johannesevangeliums spricht. Jesus tritt nun für die Jünger und die Welt vor dem Vater ein, was eine Erfüllung von Joh 16,23.24 darstellt.

1 Mit der Wendung ταῦτα ἐλάλησεν = ›dies redete (Jesus)‹ werden die Abschiedsreden als abgeschlossen betrachtet. Jesus hebt seine Augen auf zum Himmel, dem Raum

---

[1]   Zur Gliederung von Joh 17 vgl. die Übersichten bei *H. Ritt,* Gebet zum Vater, 92–147; *M. Th. Sprecher,* Einheitsdenken, 33–44. Jede Gliederung muss von offenkundigen Textsignalen ausgehen (πάτερ-Anrede; imperativische Rufe; Aussagen Jesu in der 1. Pers. Sing.; Aussagen Jesu über die Textadressaten). Als Untereinheiten sind dann zunächst V. 1–5 und V. 24–26 klar zu erkennen. Offensichtlich ist der Neueinsatz in V. 11d mit der Anrede πάτερ ἅγιε, ebenso signalisiert der Imperativ ἁγίασον αὐτούς in V. 17 einen Neubeginn. Daraus ergibt sich als Gliederung: V. 1–5.6–11c.11d–16.17–19.20–23.24–26. Zugleich muss die Gesamtstruktur des Textes beachtet werden, die durch eine Bewegung der Öffnung gekennzeichnet ist: Zunächst bittet Jesus für sich selbst, dann für die Jünger und schließlich für alle Glaubenden.

Gottes, mit dem er selbst anhaltend verbunden ist (vgl. Joh 1,51; 12,28). Die nun gekommene ›Stunde‹ ist die des Kreuzes, der Verherrlichung und Erhöhung. Es ist die
›Stunde‹ des Hinübergehens zum Vater (Joh 13,1), das sich in Kreuz und Auferstehung
ereignen wird; hier vollendet sich die Offenbarung. In Tod und Auferstehung verherrlicht der Vater den Sohn. Mit ἵνα ὁ υἱὸς δοξάσῃ σέ = ›damit der Sohn dich verherrliche‹ wechselt der Evangelist auf die Ebene des zukünftigen Wirkens des Sohnes[2] und
damit auf die Ebene der textexternen Gemeinde, denn die Verherrlichung des Vaters
vollzieht sich durch das Wirken des Sohnes in der Gemeinde.   **2** Das Heilswerk Gottes im Sohn zielt auf das lebenspendende Wirken des Sohnes unter den Seinen durch
den Parakleten. Die Gabe des ewigen Lebens vermittelt sich in dem einen Wort, das
selbst das Leben ist (vgl. Joh 1,4).   **3** Sachgemäß wird nun der innere Zusammenhang
zwischen der Glaubenserkenntnis und der Lebensgabe betont. Die Erkenntnis Gottes
und die Erkenntnis Jesu Christi eröffnen das ewige Leben und sind zugleich dessen
Inhalt. Wahres Leben erschließt sich nur in der Glauben weckenden Begegnung mit
Jesus Christus. Der Name Ἰησοῦς Χριστός und der Bekenntnisstil verbinden Joh
1,17; 17,3 und 20,31; jeweils wird aus explizit nachösterlicher Perspektive eine zentrale
Aussage über die Person des Offenbarers gemacht. Dieser nachösterliche Standpunkt
zeigt sich auch in den Aoristen ἔδωκας/τελειώσας = ›gegeben/vollendet‹ in V. 2.4, so
dass V. 3 nicht als sekundäre Einfügung, sondern als Ausdruck der Theologie des Evangelisten gelten muss, für den die Einheit des irdischen Jesus und auferstandenen Christus ein durchgehendes Ineinander der vorösterlichen und nachösterlichen Perspektive
erlaubt.[3]   **4** Indem Jesus das ihm vom Vater aufgetragene Werk (vgl. Joh 4,34; 5,36)
in der Welt vollendet, wird er vom Vater verherrlicht. Deshalb kommt auch das Werk
des Vaters im Leiden- und Sterbenmüssen des Sohnes zu seinem Ziel. Johannes hat
mit ἔργον = ›Werk‹ wiederum das gesamte Heilswerk Jesu im Blick, das sich am Kreuz
vollendet (vgl. Joh 19,30).   **5** Nun soll der Vater ›bei sich selbst‹ den Sohn verherrlichen, d. h. ihn endgültig wieder aufnehmen in den göttlichen Bereich und in jene
Herrlichkeit, die dem Sohn schon vor Grundlegung der Welt zu eigen war (vgl. Joh
12,41; 17,24c.d). Der Evangelist lenkt auf den Prolog zurück (vgl. Joh 1,1–2) und
betont wiederum das einzigartige Verhältnis zwischen Vater und Sohn. Jesus kommt
aus dem göttlichen Bereich, den er auch in seinem Erdenwirken offenbarte und in
den er nun zurückkehrt. Die Inkarnation wird von Johannes nicht als Preisgabe, son-

2   Vgl. *R. Schnackenburg,* Joh III, 193.
3   Vgl. *T. Onuki,* Gemeinde und Welt, 169 ff; gegen *J. Becker,* Aufbau und Schichtung, 73 ff, der V. 3.8.
    12b.16.20 f auf »anonymes Wachstum« zurückführt, und *R. Schnackenburg,* Joh III, 195.207.209.215,
    der V. 3.20.21 mit Sicherheit, V. 12b.16 hingegen mit Zweifeln einer »zweiten Hand« zuschreibt. Die
    Problematik einer extensiven joh. Literarkritik wird hier deutlich: Ist es schon fragwürdig, Joh 17 dem
    Evangelisten ab- und einer späteren Redaktion zuzuschreiben, so wird mit der historisch und theologisch
    kaum fassbaren Kategorie des »anonymen Wachstums« ein Text auf eine dritte Ebene und damit in das
    Dunkel einer uns entzogenen Geschichte zurückverlegt. Wenig überzeugend ist auch *Chr. Dietzfelbinger,*
    Abschied des Kommenden, 341–344, der insbesondere das Fehlen der Rede vom Parakleten als Indiz für
    den nachträglichen Charakter von Kap. 17 wertet. »Als eigenständiges Stück entstanden wurde es später
    dem Evangelium eingefügt, ohne dass man sich die Mühe gemacht hätte, die dabei entstehenden Span-
    nungen auszugleichen« (a. a. O., 344). Ein derartiges Urteil verkennt die planvolle und sachgemäße Stel-
    lung von Joh 17 im Gesamtaufbau des Evangeliums und unterschätzt die literarischen Fähigkeiten des
    4. Evangelisten. Zur literarischen Einheit von Joh 17 vgl. *M. Th. Sprecher,* Einheitsdenken, 267–273.

dern als Offenbarwerden der Doxa verstanden. Die Gottzugehörigkeit Jesu kennt keine zeitliche oder sachliche Beschränkung, sie ist vielmehr umfassend und total, weil sie ihren Ursprung vor Zeit und Kosmos hat. Wiederum erscheint die Bindung an den Vater als Grundlage des Heilswerkes Jesu, das vor aller Zeit begann und in Ewigkeit bleiben wird.   **6** Johannes leitet jetzt explizit auf die textexterne Hörer- und Lesergemeinde über. Die joh. Gemeinde zählt sich zu denen, die Jesus von Gott gegeben wurden.[4] Die Glaubenden kommen aus der Welt, deren Macht und Maßstäbe sie nun hinter sich gelassen haben, weil Gott sie in die Gemeinde und damit in seinen eigenen Bereich einführte. Sowohl die Existenz der Gemeinde als auch der Glaube des Einzelnen verdanken sich einem gnadenhaften Akt Gottes, der in seiner unhinterfragbaren Freiheit Menschen erwählt.[5] Die joh. Gemeinde entspricht dem vorangegangenen Gnadenhandeln Gottes im Bewahren des Wortes Gottes. Darin vollzieht sich die Gemeinschaft mit Jesus, der das fleischgewordene Wort ist.   **7** In der Annahme des Wortes erkannten die Jünger auch den Inhalt der Gottesoffenbarung in Jesus Christus. Der Sohn empfing alles vom Vater, er verkündet, bezeugt und verkörpert den Willen des Vaters.   **8** Durch die Weitergabe des Wortes wissen sich die Glaubenden in das Heilshandeln Gottes miteinbezogen. Sie nahmen Jesu Wort an, erkannten in ihm den von Gott Gesandten und geben nun das Wort in ihrer Missionstätigkeit weiter (vgl. V. 21.23). Hier artikuliert sich wiederum der spezifisch joh. Traditionsgedanke. Die Verkündigung der joh. Schule geht letztlich auf Gott selbst zurück, der sich im Logos Jesus Christus offenbarte. Auch die Weitergabe dieser Botschaft vollzieht sich durch die Gegenwart des Parakleten[6] in göttlicher Unmittelbarkeit, zu keiner Zeit löste sich die Botschaft von ihrem Ursprung.   **9** Nicht nur ihren Ursprung, sondern auch ihre fortwährende Existenz in der Welt verdankt die Gemeinde Gott. Jesu Fürbitte sichert der Gemeinde das Leben, Jesus tritt als Fürbittender beim Vater für die Gemeinde ein. Alles vollzieht sich in der Freiheit und der Liebe des Vaters, der Jesus die Glaubenden gab und das Bitten des Sohnes hört. Für die Welt kann der Sohn hingegen nicht eintreten, denn sie verschloss sich im Unglauben gegenüber dem Vater.   **10** Wiederum zeigt sich das Bewusstsein der joh. Gemeinde, ein Teil des göttlichen Heilshandelns zu sein. Im Glauben der Gemeinde wird Jesus verherrlicht, so dass sich im Raum der Gemeinde das Heilswerk des Vaters und des Sohnes fortsetzt. **11** Nun wird die Situation der Glaubenden umfassend bedacht: ihr Ort in der Welt, aber nicht von der Welt. Die Chronologie des erzählten Geschehens wechselt und die nachösterliche Perspektive dominiert: Jesus ist schon als Verherrlichter zum Vater zurückgekehrt, die Gemeinde hingegen verbleibt bewusst (vgl. V. 15!) in der Welt. Hier bedarf sie aber weiterhin des göttlichen Beistandes und Schutzes, um den Jesus in sei-

---

4   Vgl. *Chr. Hoegen-Rohls,* Der nachösterliche Johannes, 235 f.
5   Vgl. *R. Schnackenburg,* Joh III, 201; anders *G. Röhser,* Prädestination und Verstockung, 232, wonach Jünger Jesu die sind, »die sich Gott grundsätzlich zugewandt haben und deswegen von ihm (aufgrund der Einheit von Vater und Sohn) gleichsam an Jesus ›weitergereicht‹ werden«. Im Text ist von einer Zuwendung der Jünger zu Gott allerdings nicht die Rede!
6   Obwohl vom Geist in Joh 17 nicht explizit gesprochen wird, gilt: »Für das literarische Verhältnis zwischen Abschiedsreden und Abschiedsgebet bedeuten die gesammelten Beobachtungen, daß die Geistverheißungen der Abschiedsreden die sachliche Voraussetzung für die Aussagen des Abschiedsgebetes bilden« (*Chr. Hoegen-Rohls,* Der nachösterliche Johannes, 254).

nem Gebet zum Vater bittet. Die Gebetsanrede πάτεϱ ἅγιε = ›Heiliger Vater‹ betont Gottes Heiligkeit, seine Unterschiedenheit vom Irdisch-Vergänglichen. Gott soll die Gemeinde vor den Angriffen und Versuchungen der Welt bewahren und sie damit in der Einheit von Glaube und Liebe festigen. **12** Die grundlegende Gebetsbitte in V. 11b wird im Folgenden weiter entfaltet. In seinem Erdenwirken bewahrte Jesus die ihm vom Vater gegebenen Jünger, und sie blieben im Bereich seiner Offenbarung. Nur Judas ging verloren, er musste seine verderbliche Tat vollbringen, damit die Schrift erfüllt und das Heilswerk Gottes vollendet wurde. **13** Jetzt ist der Augenblick des Fortgehens Jesu gekommen, der von Johannes paradox als Anfang der vollkommenen Freude der Jünger und der Gemeinde beschrieben wird. Mit Jesu Tod und Auferstehung beginnt das eschatologische Heil, das die Welt nicht geben kann. Die Gemeinde hat nun teil an dem durch Christus erworbenen ewigen Leben. **14** Gegenwärtig ist dieses Heil im Wort, das die Glaubenden aus dem Mund Jesu Christi empfingen. Durch dieses Wort ist die Gemeinde schon längst von der Welt geschieden, denn sie gehört nun dem Lebensbereich Gottes an. Deshalb hasst sie die Welt, weil sie sich von der Welt unterscheidet und einen anderen Ursprung hat. **15** Trotz der Bedrängnisse in der Welt bittet Jesus ausdrücklich den Vater, die Glaubenden nicht aus der Welt zu nehmen. Die Gemeinde soll ganz bewusst in der Welt leben, ohne aus der Welt zu sein. Johannes proklamiert keine Weltflucht, sondern die Überwindung der Welt als Ort des Unglaubens durch die Mission (V. 18.20.21). Zudem liefert Gott die Seinen nicht dem Bösen, d. h. dem Unglauben aus; er bewahrt sie vor den Mächten, die ihre Verbindung zu Gott aufbrechen wollen. Die Welt bleibt trotz ihres Unglaubens die Schöpfung Gottes. **16** Die Gemeinde ist ebenso wie Jesus nicht aus der Welt, sondern beide haben in unterschiedlicher Weise ihren Ursprung in Gott. Damit unterscheidet sich die Gemeinde grundlegend von der Welt, denn sie ist auf Gott ausgerichtet. **17** In diesem Bemühen bedarf sie aber der Unterstützung Gottes. Deshalb bittet Jesus den Vater um die Heiligung der Gemeinde, »das heißt der fortgesetzten Angleichung an Gottes Art und Wesen«.[7] Die Heiligung vollzieht sich ›in der Wahrheit‹, die nach joh. Auffassung eine Wesensbestimmung Gottes ist und mit dem Wort Gottes gleichgesetzt werden kann (vgl. Joh 8,31 f). Die Wahrheit bestimmt die Glaubenden in ihrem Sein und Handeln, sie ist identisch mit der Offenbarung des Vaters im Sohn und gewinnt in der Liebe Gestalt. **18** Weil die Gemeinde mit ihrem Hineingehen in die Welt Anteil an der Sendung Jesu hat, ist sie auf die bleibende Verbindung mit Gott als ihrem Lebensursprung angewiesen. Sie tritt mit ihrem Missionshandeln nicht an die Stelle Jesu, sondern ihr Wirken ist Fortsetzung der Sendung Jesu. Von Weltabgeschiedenheit oder einer ›feindlichen‹ Welt ist hier nichts zu spüren, vielmehr nimmt die Gemeinde Weltverantwortung wahr, indem sie das Heilshandeln Gottes für die Welt in Jesus Christus bezeugt und verkündet.[8] So wie sich die Gemeinde der Sendung Jesu verdankt, trägt sie nun die Botschaft von der befreienden

---

[7] *J. Blank,* Joh II, 273.
[8] Anders *E. Käsemann,* Jesu letzter Wille, 137: »Der Botschaft von dem über die Erde schreitenden Gott entspricht die Gemeinde, welche selbst im Bewußtsein ihrer Sendung dem Irdischen gegenüber keine Solidarität verspürt«; *L. Schottroff,* Der Glaubende, 294, wonach die joh. ἀγάπη nur ein Ziel habe: »die

Wahrheit in die Welt.   **19** Indem Jesus sich für die Glaubenden opferte, wurden auch sie in den Bereich der Heiligkeit Gottes mithineingenommen. Nun können sie in der Welt ihren Glauben bezeugen und für die Wahrheit eintreten.   **20** Jesus bittet sogar für jene, die durch die Verkündigung der Jünger zum Glauben gekommen sind; ein unübersehbarer Hinweis auf die textexterne Gemeinde und die Missionstätigkeit der joh. Gemeinden.[9] Das durch Jesus in die Welt gekommene Wort wirkt durch die Zeiten. Die Jünger empfingen von Jesus das Wort, die joh. Gemeinde wiederum nahm es von den Jüngern an und trägt es nun durch die eigene Mission in die Welt. Letztlich ist es aber Jesus selbst, der die Existenz der Gemeinde in der Welt ermöglicht und erhält. Im Johannesevangelium verkündet Jesus sich selbst im Parakleten durch die Jünger; die Glaubenden können immer nur weitergeben, was sie von Jesus empfingen. **21** Die Gemeinde soll ein Abbild der Einheit von Vater und Sohn sein und darin dem Urbild entsprechen. Einheit erwächst nicht aus dem Konsens der Gemeindeglieder, sondern ist eine von Gott kommende Gabe, die es stets zu erbitten, zu erwarten und zu praktizieren gilt.[10] Der Evangelist bestimmt das Verhältnis zwischen Vater und Sohn einerseits und den Glaubenden andererseits wiederum als gegenseitige ›Inexistenz‹: Wie Christus in Gott ist und Gott in ihm, so sind die Glaubenden im Vater und im Sohn. Wie bei Paulus (vgl. z. B. 2Kor 5,17) wird auch in der joh. Schule die gegenseitige ›Inexistenz‹ pneumatisch gedacht (vgl. 1Joh 4,13.24). Sie bewährt sich umfassend in der Liebe, bezeugt eindrücklich die Herkunft der Gemeinde von Gott und hat eine missionarische Dimension. Auch hier zeigt sich ein positives κόσμος (= ›Welt‹)-Verständnis; die Welt hat die Möglichkeit des Glaubens an Jesus, wenn sie das Wort annimmt.   **22** In ihrer Einheit spiegelt die Gemeinde die Einheit von Vater und Sohn wider und offenbart darin ihre Teilhabe an der Doxa Jesu. Wiederum gewährt die Bindung an Jesus der Gemeinde ihre Existenz und bleibende Identität. Der Gekreuzigte und Erhöhte ist in ihrer Mitte gegenwärtig.   **23** Als Gabe des Vaters und des Sohnes muss die Einheit der Gemeinde in der Geschichte bewahrt werden. So wie der Sohn im Vater gründet, darf sich die Gemeinde der Gegenwart des Sohnes sicher sein. Deshalb hofft sie auf die Vollendung ihrer Einheit, die sich unter den Gefährdungen der Welt als Gabe des Sohnes immer wieder neu ereignet. Einheit kann somit nicht institutionell hergestellt werden, sie ist ausschließlich eschatologische Gabe. Für die Welt wird die Einheit der Gemeinde dann zum Glaubenszeugnis; sie erkennt darin die Sendung des Sohnes und die Liebe des Vaters zu den Seinen.   **24** Das Gebet zielt nun auf einen Abschluss, sprachlich und inhaltlich signalisiert durch einen bewussten Rückbezug auf den Beginn des Textes (Vater-Anrede, gegenseitige Verherrlichung,

---

Distanzierung von der feindlichen Welt.« Zur Kritik an diesem Auslegungsmodell vgl. A. *Lindemann,* Gemeinde und Welt, 155–160.

[9]   V. 20 f sind keineswegs eine sekundäre Hinzufügung, sondern eine sachgemäße Fortsetzung: Thematisiert V. 18 die Sendung der Jünger in die Welt, so ist es nur natürlich, dass auch von denen gesprochen wird, die durch die Wortverkündigung der Jünger zum Glauben gekommen sind. Diesen Zusammenhang verkennen *J. Becker,* Aufbau und Schichtung, 74 f; *R. Schnackenburg,* Joh III, 215, wenn sie als Hauptargument für ihr literarkritisches Urteil anführen, die Erwähnung späterer Generationen sei in diesem Gebet nicht denkbar.

[10]   Vgl. dazu *H. F. Weiß,* Ut omnes unum sint. Zur Frage der Einheit der Kirche im Johannesevangelium und in den Briefen des Ignatius, ThV X (1979), 67–81.

Rückkehr in die Präexistenz-Doxa).[11] Jesus tritt beim Vater für die Vereinigung der
Gemeinde mit ihm ein, die sich in der offenen Schau seiner göttlichen Herrlichkeit
vollziehen wird. Es dürfte dabei kaum an eine himmlische Vereinigung zwischen Jesus
und den Seinen[12] oder an die Vollendung in der Liebe[13] gedacht sein, sondern die Parusie (vgl. Joh 14,2 f)[14] markiert auch hier den Horizont des erwarteten Geschehens.
Den gegenwärtigen Zustand der Gemeinde kann der Evangelist kaum als Stand der
Vollendung bezeichnen, so dass sich der erwartete Umschwung bei der Parusie ereignen soll. Dann wird die erhoffte Vollendung der Gemeinde mit Christus bei Gott eintreten. Die Gemeinde bekommt Anteil an der göttlichen Herrlichkeit, die Jesus bereits
vor der Grundlegung der Welt hatte, die er in seinem Erdenwirken offenbarte und in
der er nun für immer verweilen wird.[15]   **25/26** Trotz der Offenbarung des Vaters im
Sohn verbleiben Menschen im Bereich des Unglaubens. Zugleich haben aber viele die
Einheit von Vater und Sohn erkannt, denn ihnen hat der Sohn den Namen des Vaters
und damit Gott selbst kundgetan.[16] Bedeutsam ist der Abschluss des Gebetes: Der
Weg der Gemeinde in die Zukunft ist der Weg der Liebe. Die Liebe erwächst aus der
Einheit, und nur wer in der Liebe wandelt, verbleibt in der Einheit.

In Joh 17 erscheint Gott als gebender Vater, der als Ursprung alles Seienden den Sohn,
aber auch die glaubende Gemeinde in seine Herrlichkeit aufnimmt. Als Sohn und
Gesandter des Vaters geht Jesus Christus der Stunde des Kreuzes und der Erhöhung
entgegen, in der die Doxa des Vaters aufleuchtet und die Macht des Todes besiegt
wird. Als Verherrlichter beim Vater ist der Sohn der lebenspendende Logos für die
Glaubenden. Wie an keiner anderen Stelle des 4. Evangeliums repräsentiert der bit-
tende Jesus das Einbezogensein der Glaubenden in das göttliche Heilshandeln und
damit das Selbstverständnis der textexternen joh. Gemeinde. Es entspricht dem Willen
des Vaters und des Sohnes, dass die Gemeinde in der Welt bleibt und unter der Führung des Parakleten in der Liebe wirkt, denn nur so lebt und bezeugt sie ihre Teilhabe
an der Einheit von Vater und Sohn.

---

[11] Vgl. *M. Th. Sprecher,* Einheitsdenken, 187.
[12] So z. B. *R. Bultmann,* Joh, 398; *R. Schnackenburg,* Joh III, 223. Dagegen spricht Joh 13,33 (»Wo ich hingehe, könnt ihr nicht hinkommen«), vgl. aber andererseits Joh 12,32 (»Und wenn ich erhöht bin von der
Erde, werde ich alle zu mir ziehen«).
[13] So z. B. *J. Blank,* Joh II, 283 (dagegen spricht allerdings die lokale Dimension).
[14] So *Th. Zahn,* Joh, 614; *C. K. Barrett,* Joh, 497; *J. Neugebauer,* Die eschatologischen Aussagen (s. o. IX.),
160; *J. Frey,* Eschatologie III, 231.
[15] Vgl. dazu *W. Thüsing,* Erhöhung und Verherrlichung, 214–219.
[16] Vgl. dazu *M. Th. Sprecher,* Einheitsdenken, 206–208.

XII. Der Prozess gegen Jesus 18,1–19,16a

Das hohepriesterliche Gebet dokumentiert eindrucksvoll die Einheit von Vater und Sohn und die andauernde Fürsorge des Sohnes für die Seinen, so dass nun unter diesen Voraussetzungen der Evangelist mit der Schilderung der Passion Jesu im engeren Sinn einsetzen kann. Die Hörer bzw. Leser des Evangeliums trifft das Passionsgeschehen nicht unvorbereitet, denn die zahlreichen Passionsverweise (vgl. Joh 1,29. 36; 2,1a.4c; 3,14; 6,51; 7,6; 8,21; 10,11.15.17; 11,13; 12,16; 15,13) und die wiederholten Hinweise auf die Tötungsabsichten der Juden (vgl. Joh 5,18; 7,32; 8,59; 10,31; 11,46–53) richten das gesamte Auftreten Jesu auf die Passion aus. Zudem schuf der Evangelist durch die Voranstellung der Tempelreinigung (Joh 2,14–22), den Verweis auf Gethsemane in Joh 12,27f und die Fußwaschung (Joh 13,1–20) als Vorabbildung des Geschickes Jesu einen umfassenden expliziten theologischen Verstehenshorizont für die Passion Jesu als das Ziel seines Wirkens.

1. Die Verhaftung Jesu 18,1–11*

(1) Nachdem Jesus dies geredet hatte, ging er mit seinen Jüngern hinaus über den Bach Kidron, wo ein Garten war; dorthin ging Jesus mit seinen Jüngern. (2) Aber auch Judas, der ihn auslieferte, kannte diesen Ort, weil Jesus dort oft mit seinen Jüngern zusammenkam. (3) Judas führt nun die Abteilung Soldaten und Diener der Oberpriester und Pharisäer und kommt dorthin mit Fackeln, Lampen und Waffen. (4) Da Jesus alles wusste, was über ihn kommen sollte, ging er hinaus und spricht zu ihnen: »Wen sucht ihr?« (5) Sie antworteten ihm: »Jesus von Nazareth.« Er sagte zu ihnen: »Ich bin es.« Es stand aber auch Judas, der ihn auslieferte, bei ihnen. (6) Als er zu ihnen sprach: »Ich bin es!«, wichen sie zurück und fielen zu Boden. (7) Wiederum fragte er sie: »Wen sucht ihr?« Sie aber antworteten: »Jesus von Nazareth.« (8) Jesus antwortete: »Ich habe euch gesagt, dass ich es bin; wenn ihr mich sucht, lasst diese gehen!« (9) Damit das Wort erfüllt würde, das er gesagt hatte: »Von denen, die du mir gegeben hast, habe ich keinen verloren.« (10) Simon Petrus, der ein Schwert dabei hatte, zog es und schlug nach dem Diener des Hohepriesters und hieb ihm sein rechtes Ohr ab. Der Name des Dieners aber war Malchus. (11) Da sprach Jesus zu Petrus: »Stecke das Schwert in die Scheide! Soll ich den Kelch, den mir der Vater gegeben hat, nicht trinken?«

V. 1: Die LA τῶν Κέδρων bezeugen א^c B C L N X al; א* D W al lesen τοῦ Κέδρου. Die LA τοῦ Κεδρών wird zwar nur von A S Δ 123 it^{c.e.q} vg syr^{s.p.pal} got bezeugt, dürfte aber dennoch ursprünglich

---

* Literatur: *Dauer, A.:* Passionsgeschichte, 21–61; *Dodd, C. H.:* Historical Tradition, 65–81; *Lang, M.:* Johannes und die Synoptiker, 61–86; *Mohr, T. A.:* Markus- und Johannespassion, 226–251; *Reinbold, W.:* Der älteste Bericht, 138–145.234–240; *Richter, G.:* Die Gefangennahme Jesu nach dem Johannesevangelium, in: *ders.,* Studien, 74–87; *Sabbe, M.:* The Arrest of Jesus in Jn 18,1–11 and its Relation to the Synoptic Gospels, in: *ders., Neotestamentica,* 355–388.

sein, denn ein ›Zedernbach‹ in der Nähe von Jerusalem ist unbekannt (vgl. *B. M. Metzger,* Textual Commentary, 214).

Johannes setzt auch bei seiner Schilderung der Verhaftung Jesu eigene Akzente. Offenbar in Kenntnis synoptischer Passionsberichte (Mk/Lk) gestaltet er die Verhaftungsszene um. Im Mittelpunkt steht nun allein Jesus, der nicht als Opfer weltlicher Mächte erscheint, sondern in der Einheit mit dem Vater dessen Willen erfüllt. Weil Jesus nach der joh. Darstellung seit der Fußwaschung um ›seine Stunde‹ weiß (vgl. Joh 13,1.3), kann er souverän seiner Verhaftung entgegengehen.

1 Johannes schließt mit der kurzen Wendung »nachdem Jesus dies geredet hatte« (vgl. Joh 7,9; 9,6; 11,43; 13,21) die Abschiedsreden und das Gebet für die Glaubenden ab und nimmt den Erzählfaden von Kap. 14,31c wieder auf. Die Nachricht über den Gang Jesu mit seinen Jüngern (vgl. Mk 14,32; Lk 22,39) in einen Garten (vgl. Joh 18,26; 19,41) jenseits des nur im Winter Wasser führenden Kidrons am unteren Hang des Ölberges[1] fand der Evangelist in seiner Tradition vor.[2] Die nachklappende und lediglich wiederholende Bemerkung in V. 1c dürfte mit ihrer Betonung des Handelns Jesu auf den Evangelisten zurückgehen (vgl. zur Konstruktion Joh 2,12).   **2** Nun wird die Begründung für Jesu Verhalten und das nachfolgende Zusammentreffen mit Judas geliefert. Judas kennt diesen Ort ebenfalls, denn Jesus weilte dort bereits mehrfach mit seinen Jüngern. Auch diesen Vers übernahm Johannes aus seiner Tradition, wofür die Bezeichnung des Judas (ὁ παραδιδοὺς αὐτόν; Mk 14,42: παραδιδούς με), das Hapaxlegomenon πολλάκις = ›häufig‹ und die für Johannes nur hier belegte Form συνήχθη sprechen.[3] Das Verbum παραδιδόναι kann nicht mit ›verraten‹ übersetzt werden, sondern steht auch hier für ›ausliefern, übergeben, überlassen‹.[4] Judas ist innerhalb der joh. Konzeption zwar auch ein Mensch mit niederen Motiven (vgl. Joh 12,6), vor allem aber Werkzeug des Teufels (vgl. Joh 13,2.27).   **3** Zum Ort der Verhaftung kommt Judas sowohl mit einer römischen Kohorte[5] als auch mit Dienern der Oberpriester und Pharisäer (vgl. Joh 7,32.45; 11,47.57). Damit erfüllt sich nicht nur Jesu Weissagung (vgl. Joh 14,30) über den vom Teufel bestimmten Judas (vgl. Joh 6,70; 13,27), sondern der gesamte gottfeindliche Kosmos aus Juden und Römern zieht aus, um Jesus zu verhaften. Dieses Motiv unterstreicht die Stärke des Verhaftungskommandos und seiner Bewaffnung, dem wehrlosen Jesus stehen mächtige Widersacher gegenüber. Wenn nur bei Johannes[6] von einer Beteiligung der Römer schon bei der Verhaftung Jesu gesprochen wird[7] (vgl. demgegenüber Mk 14,43), so dürfte dies christologischer Konzeption entspringen: So früh

---

[1]   Zum Bach Kidron vgl. Joseph, Bellum V 70; Ant. VIII 17; IX 151 u. ö.

[2]   Vgl. *A. Dauer,* Passionsgeschichte, 22 f; anders *M. Sabbe,* The Arrest of Jesus, 355–359.

[3]   Vgl. *A. Dauer,* Passionsgeschichte, 25; *M. Sabbe,* The Arrest of Jesus, 360–363.

[4]   Vgl. *W. Bauer,* WB[6], 1242 f.

[5]   Joseph, Bellum III 67: »Von den Kohorten haben 10 eine Stärke von je 1000 Fußsoldaten, die übrigen 13 Kohorten je 600 Mann und dazu 120 Reiter.«

[6]   Zu Redaktion und Tradition in V. 3 vgl. *A. Dauer,* Passionsgeschichte, 28 f.

[7]   Historisch ist dies unwahrscheinlich, denn auf der Burg Antonia war nur eine Kohorte stationiert (vgl. Apg 21,31), über die Judas nicht einfach verfügen konnte. Zudem hätte der Kommandant Jesus kaum zu dem von den Römern abgesetzten Hannas geführt; vgl. *R. Schnackenburg,* Joh III, 251; *W. Bauer,* Joh,

wie möglich tritt der gesamte Kosmos aus Juden und Römern gegen Jesus auf. **4** Jesus weiß um das kommende Geschehen und geht mit einer rhetorischen Frage seinen Häschern überlegen entgegen. Nur Jesus fragt im Johannesevangelium: »Wen sucht ihr?« bzw. »Wen suchst du?« (vgl. Joh 1,38; 20,15). Typisch johanneisch[8] ist das wunderbare Vorherwissen Jesu; er verfügt über ein seinen Gesprächspartnern nicht zugängliches Wissen (vgl. Joh 1,48; 3,8.11; 4,16–19; 5,32; 7,28f; 8,14.19.55.59). Vor allem aber betont der Evangelist, dass Jesus um den vom Vater vorgezeichneten Weg in das Leiden und den Tod weiß (Joh 3,14; 7,6; 12,23; 13,1.3.31). Das Verhalten des Judas ist ihm ebenfalls von Anfang an bekannt (Joh 6,64; 13,18.26 f). Auch in der Passion gilt, dass Jesus selbst den Handlungsablauf bestimmt und darin den Willen des Vaters vollzieht. **5** Der Dialog wird mit der Antwort der Häscher fortgesetzt. Ναζωραῖος = ›Nazarener‹ dürfte wie beim Titulus in Joh 19,19 Herkunftsbezeichnung sein.[9] Die Hoheit Jesu kommt in seiner Antwort zum Ausdruck: ἐγώ εἰμι. Damit nimmt der Evangelist auf Joh 8,28, speziell aber auf Joh 13,18 f Bezug. Dort kündigt Jesus die Übergabe des Judas an, damit die Jünger erkennen, ›dass ich es bin‹ (Joh 13,19c: ὅτι ἐγώ εἰμι). Die nochmalige Erwähnung des Judas stellt ein retardierendes Moment[10] dar (vgl. Joh 1,24), die Reaktion auf Jesu hoheitliches Wort wird nicht sofort mitgeteilt. **6** Das wiederholte ἐγώ εἰμι (vgl. V. 8) verdeutlicht, dass hier für den Evangelisten der christologische Schwerpunkt liegt: Sowohl die Jünger als auch die Hörer/Leser sollen erkennen, dass es Jesus ist, der die göttlich-hoheitlichen ›Ich-bin-Worte‹ sprach, in der Fußwaschung sich erniedrigte und nun freiwillig in die Gefangenschaft und den Tod geht. Vor dem machtvollen Auftreten Jesu weichen seine Feinde zurück, nur vor einem Stärkeren beugen sich die Knie der Soldaten. Hier strahlt bereits die Doxa des Erhöhten auf, vor der die Gegner zurückschrecken. **7** Mit der Wiederholung der Frage Jesu und der Antwort der Feinde unterstreicht Johannes: Nur Jesus selbst kann den Soldaten und Knechten gestatten, ihn zu verhaften. **8** Jesus ist auch auf dem Weg zum Kreuz der gute Hirte, der sein Leben für die Seinen gibt (Joh 10,11.15.18) und sie dadurch vor dem Verderben rettet (Joh 10,28). Im Eintreten Jesu für die Jünger erkennt die Gemeinde auch Jesu andauernde Fürsorge für sie. **9** Damit erfüllt Jesus sein früher gegebenes Wort. Dieser Rückverweis (vgl. Joh 18,32) bezieht sich nicht auf eine bestimmte Textstelle, sondern der Evangelist spielt auf 6,39; 10,28; 17,12 an, wo in unterschiedlicher Weise Jesu Tat für die Seinen bedacht wird. Für Johannes stellt Jesu Lebenshingabe mit der Eröffnung des ewigen Lebens für die Glaubenden und die konkrete Rettung des Lebens der Jünger keinen Widerspruch dar. Vielmehr kommt hier in einem umfassenden Sinn die Fürsorge Jesu zum Ausdruck: Er sorgt mit Entschiedenheit für die ihm Anvertrauten; niemand vermag die Glaubenden von Jesus zu trennen.

---

209. Nicht überzeugend ist der Versuch von *J. Blinzler,* Prozess Jesu, 90–98, in der Speira und dem Chiliarchen (Joh 18,12) jüdische Polizeiorgane zu sehen.

8   Die V. 4–9 dürften auf den Evangelisten zurückgehen, wofür die zahlreichen joh. Stileigentümlichkeiten, die Komposition (vgl. Joh 1,35–39) und die theologischen Themen sprechen; Einzelnachweis bei *A. Dauer,* Passionsgeschichte, 29–41; *M. Sabbe,* The Arrest of Jesus, 368–374; *M. Lang,* Johannes und die Synoptiker, 71–78.

9   Vgl. *R. Schnackenburg,* Joh III, 353.

10 Vgl. *A. Dauer,* Passionsgeschichte, 36. Nicht überzeugend ist hier *M. Sabbe,* The Arrest of Jesus, 371, der in V. 5b »a substitution for the kiss of Judas« sieht.

Johannes lehnt sich bei seiner Darstellung offenbar an Mk 14,49b.50 an, denn dem Motiv der Schrifterfüllung in Mk 14,49b entspricht Joh 18,9a. Die Flucht der Jünger in Mk 14,50 wandelt der Evangelist in eine Anordnung Jesu um (18,8c).[11] Den Kuss des Judas (Mk 14,44f.) ließ er aus,[12] weil diese Szene nicht seiner Konzeption entsprach, in der Jesus allein als der Handelnde erscheint. Deshalb platziert Johannes das Gebet in Gethsemane (Mk 14,32–42) in Joh 12,27f vor dem Beginn der Passion im engeren Sinn, ohne damit die Bedeutung dieses Textes zu schmälern. Positiv trägt er Züge in die Passion Jesu ein, die bereits zuvor die Darstellung bestimmen: Jesu wunderbares Vorherwissen, das hoheitliche ἐγώ εἰμι, Jesu Sorge um die Seinen.

10 In Mk 14,47par greift ein unbekannter Jünger bei der Festnahme zum Schwert. Johannes nimmt diese Tradition auf und verarbeitet sie in charakteristischer Weise, indem er sein Petrus-Porträt um eine Nuance erweitert und mit Malchus[13] einen neuen Namen für das sonst unbekannte Opfer des Schwertstreiches in seine Jesus-Geschichte einführt (vgl. Joh 1,45; 3,1; 13,23). Das Verhalten des Simon Petrus erscheint unmotiviert,[14] denn Jesus ordnete in V. 8 die Entlassung der Jünger an und begab sich freiwillig in die Hände seiner Feinde. Die gewaltsame Parteinahme des Petrus für seinen Herrn lässt die Verleugnung in einem noch düsteren Licht erscheinen.   **11** Für Johannes liegt das theologische Schwergewicht der Szene offensichtlich in V. 11b,[15] deshalb änderte er die mk. Folge (Mk 14,47: Zwischenfall mit dem Schwert; 14,49b: Erfüllung der Schriften; 14,50: Flucht der Jünger). Die Aufforderung Jesu an Petrus, das Schwert in die Scheide zu stecken,[16] unterstreicht noch einmal die Freiwilligkeit des Todesweges Jesu. Mit dem Kelchwort knüpft der Evangelist bewusst an die Gethsemane-Tradition (vgl. Mk 14,36par), seine Aufnahme dieser Tradition in Joh 12,27f, die Fußwaschung (vgl. bes. Joh 13,3.21) und den eucharistischen Abschnitt (Joh 6,51c) an. Johannes verschweigt Jesu Gefühle angesichts des nahenden Todes keineswegs (vgl. Joh 12,27; 13,21), aber bei der Passion im engeren Sinn dominiert der Gedanke der Einheit von Vater und Sohn: Die Passion entspricht dem Willen des Vaters, der Sohn nimmt sie freiwillig an und dokumentiert gerade darin seine Einheit mit dem Vater.

Schon die Verhaftungsszene lässt Jesu völlig andersartiges Denken und Handeln erkennen. Er benötigt keine Gewalt wie seine Gegner oder Petrus, um den Lauf der Dinge zu bestimmen. Vielmehr handelt er allein aus der Einheit mit dem Vater und ist gerade deshalb Herr des Geschehens. Er trinkt den für ihn bestimmten Kelch und rettet durch sein Sterben all jene, die an ihn glauben.

---

[11] Vgl. *M. Sabbe,* The Arrest of Jesus, 373.

[12] Vgl. aber die Wendung ὁ παραδιδοὺς αὐτόν in Mk 14,44a/Joh 18,5b!

[13] Die auch bei Josephus (Araberfürst: Ant XIII 131; XIV 370; XV 167; vornehmer Jude: Ant XIV 84. 273–279) belegte gr.-lat./nichtjüdische Namensform Μάλχος steht für ›König‹; Malchus wird hier als ein heidnisch geborener Sklave verstanden. Warum der Name Malchus? Eine schlüssige Antwort auf diese Frage ist nicht möglich. Ich vermute, dass ein Mitglied der joh. Schule diesen Namen trug, das zuvor ein Gegner der Christen war.

[14] Die Übereinstimmungen zwischen Joh 18,10 und Mk 14,47 bzw. Lk 22,50 (τὸ δεξιόν) könnten ebenso wie der Name Malchus für Tradition sprechen (so *A. Dauer,* Passionsgeschichte, 43–46).

[15] Vgl. *R. Schnackenburg,* Joh III, 256.

[16] Eine Parallele bietet Mt 26,52; *M. Sabbe,* The Arrest of Jesus, 384, weist auf weitere Übereinstimmungen hin.

2. Die Verhandlung vor Hannas und die Verleugnung des Petrus 18,12–27*

Der Prozess entfächert sich nun in Antitypik, denn alle genannten Personen stellen Gegenbilder zu Jesus dar, bei denen jeweils eine entsprechende Frage im Hintergrund steht: Wer ist der wahre König der Juden: Jesus oder der Kaiser? Wer ist der wahre Richter: Jesus oder Pilatus? Wer muss wegen Blasphemie verurteilt werden: Jesus oder der Hohepriester? Wer handelt ungehörig gegenüber dem Hohepriester: Jesus oder der Knecht? Welcher ›Sohn des Vaters‹ ist der zu verurteilende Aufrührer: Jesus oder Barabbas? Die Antithetik geht mit der unübertroffenen Schärfe joh. Ironie stets zu Gunsten des Falschen aus. Zugleich leuchtet unter dieser ironischen Brechung überall die Herrlichkeit Jesu hervor.

(12) Die Kohorte nun und der Hauptmann und die Diener der Juden nahmen Jesus und banden ihn (13) und führten ihn zuerst zu Hannas. Denn er war der Schwiegervater des Kaiphas, der in jenem Jahr Hohepriester war. (14) Es war aber Kaiphas, der den Juden riet, es sei besser, ein Mensch sterbe für das Volk. (15) Simon Petrus aber folgte Jesus nach und ein anderer Jünger. Jener Jünger aber war dem Hohepriester bekannt und ging mit Jesus in den Hof des Hohepriesters hinein. (16) Petrus aber stand draußen vor der Tür. Da kam nun der andere Jünger, der dem Hohepriester bekannt war, und sprach mit der Türhüterin und führte Petrus hinein. (17) Da sagte nun die Magd, die das Tor bewachte, zu Petrus: »Gehörst du nicht auch zu den Jüngern dieses Menschen?« Jener sagte: »Nein, ich nicht!« (18) Die Knechte und Diener hatten aber ein Kohlefeuer gemacht, sie standen da und wärmten sich, denn es war kalt. Auch Petrus stand bei ihnen und wärmte sich. (19) Der Hohepriester nun fragte Jesus nach seinen Jüngern und nach seiner Lehre. (20) Jesus antwortete ihm: »Ich habe öffentlich zur Welt gesprochen. Ich habe immer in der Synagoge und im Tempel gelehrt, wo alle Juden zusammenkommen, und habe nichts im Geheimen geredet. (21) Warum fragst du mich? Frage doch die Zuhörer, was ich ihnen sagte. Siehe, sie wissen, was ich sagte.« (22) Als er aber dies gesagt hatte, schlug ihm einer der dabeistehenden Diener ins Gesicht und sagte zu Jesus: »So antwortest du dem Hohepriester?« (23) Jesus antwortete ihm: »Wenn ich etwas Unrechtes gesagt habe, weise das Unrecht nach; wenn es aber recht war, warum schlägst du mich?« (24) Nun sandte ihn Hannas gefesselt zum Hohepriester Kaiphas. (25) Petrus aber stand dort und wärmte sich. Da sagten sie zu ihm: »Bist du nicht auch einer von seinen Jüngern?« Er leugnete und sagte: »Nein, ich nicht!« (26) Da sagte einer von den Dienern des Hohepriesters, ein Verwandter dessen, dem Petrus das Ohr abgeschlagen hatte: »Habe ich dich nicht im Garten mit ihm gesehen?« (27) Wiederum leugnete Petrus, und sogleich krähte der Hahn.

Johannes verarbeitete in Kap. 10,22–39 wesentliche Elemente der synoptischen Darstellung des Verhörs Jesu vor jüdischen Instanzen und berichtete bereits in Kap. 11,47–54 von einer Verhandlung des Synedriums, die mit dem Todesurteil über Jesus endete. Deshalb übernahm er den ihm bekannten Prozessbericht der Synoptiker (Mk 14,55–

---

*   Literatur: *Dauer, A.*: Passionsgeschichte, 62–99; *Dodd, C. H.*: Historical Tradition, 88–96; *Fortna, R. T.*: Jesus and Peter at the High Priest's Home, NTS 24 (1977/78), 371–383; *Hahn, F.*: Prozeß Jesu, 52–67; *Heil, J. P.*: Blood and Water, 28–44; *Lang, M.*: Johannes und die Synoptiker, 86–115; *Mohr, T. A.*: Markus- und Johannespassion, 252–281; *Myllykoski, M.*: Die letzten Tage Jesu I, 66–92; *Neirynck, F.*: Jesus before Annas. John 18,13–14.19–24, EThL 66 (1990), 38–55; *Reinbold, W.*: Der älteste Bericht, 146–156.

65par) nicht,[17] zumal die dort zur Debatte stehende Messiasfrage in seiner Darstellung schon längst beantwortet war. Außerdem besaß er eine eigene Tradition über ein Verhör Jesu vor Hannas, die er redaktionell überarbeitete und mit der Nachricht von der Überstellung Jesu an Kaiphas kombinierte. Mit der Verhörszene verband der Evangelist zwei Szenen der Verleugnung des Petrus, wobei er diese Zweiteilung offenbar aus Mk 14,54/14,66–72 übernahm.

12 Der Vers nimmt den Handlungsablauf von V. 3 wieder auf und dürfte zur vorjoh. Tradition gehören.[18] Römer und Juden ergreifen Jesus und binden ihn. Die auch in V. 24 erwähnten Fesseln unterstreichen Jesu schmachvolle Behandlung; wie ein Verbrecher wird er weggeführt.　　**13** Das Verhaftungskommando bringt Jesus zu Hannas, der von Quirinius 6 n. Chr. zum Hohepriester eingesetzt[19] und 15 n. Chr. durch den Prokurator Valerius Gratus abgesetzt wurde.[20] Hannas war das Haupt einer überaus einflussreichen hohepriesterlichen Familie, seine fünf Söhne hatten alle das Amt des Hohepriesters inne.[21] Neben seinem Einfluss behielt Hannas auch weiterhin den Titel Hohepriester (vgl. auch Apg 4,6).[22] Mit πρῶτον = ›zuerst‹ dürfte die joh. Redaktion einsetzen, denn das zu ergänzende δεύτερον = ›danach‹ bezieht sich auf den von Johannes eingeführten amtierenden Hohepriester Kaiphas (vgl. Joh 11,49).[23] Dieser wurde 18 n. Chr. als Hohepriester von den Römern eingesetzt,[24] er behielt dieses Amt bis 37 n. Chr.[25] Hier erscheint Kaiphas als Schwiegersohn des Hannas, während er ihm in Lk 3,2; Apg 4,6 einfach nachgeordnet ist.　　**14** Der Evangelist nimmt nun explizit Bezug auf die von ihm vorgezogene Synedriumsverhandlung unter dem Vorsitz des Kaiphas in Joh 11,47–54. Damit verdeutlicht er den Hörern/Lesern, dass in dieser Verhandlung der eigentliche Todesbeschluss gegen Jesus fiel. Johannes weiß somit um den historischen Ablauf des Prozesses gegen Jesus. Er zieht die zentrale Verhandlung vor dem Hohen Rat aber vor, weil für ihn der Todesbeschluss Resultat der sich ständig steigernden Auseinandersetzung Jesu mit dem ungläubigen Kosmos ist, die in Kap. 11 ihren Höhepunkt und ihr Ende findet. Dies entspricht dem bereits mehrfach beobachteten literarischen Verfahren des Evangelisten, zentrale Elemente der synoptischen Passionsüberlieferung vorzuziehen. Zudem verfügte er über die Sondertradition eines Verhörs Jesu vor Hannas, die er nun in seine Schilderung einbauen konnte. Die Verbindung Hannas/Kaiphas direkt vor dem ersten Bericht über die Verleugnung des

---

[17]　Für eine Kenntnis dieses Berichtes in der mk. und/oder lk. Version sprechen die Erwähnung des Kaiphas in Joh 18,13b.14.24.28 und die Übereinstimmungen zwischen Joh 18,22a/Mark. 14,65c (Gerichtsdiener schlagen Jesus).

[18]　Nachweis bei *A. Dauer,* Passionsgeschichte, 66 f; redaktionell ist lediglich οὖν.

[19]　Vgl. Joseph, Ant XVIII 26.

[20]　Vgl. Joseph, Ant XVIII 34.

[21]　Vgl. Joseph, Ant. XX 198f.

[22]　Vgl. *E. Schürer,* Geschichte des jüdischen Volkes II, Leipzig ⁴1907, 274 f; *J. Jeremias,* Jerusalem zur Zeit Jesu, 178.

[23]　*W. Reinbold,* Der älteste Bericht, 149, hält den joh. Bericht für »verworren« und schreibt die Erwähnung des Kaiphas einer späten Redaktion oder einem Glossator zu.

[24]　Vgl. Joseph, Ant XVIII 35; zu Kaiphas vgl. *R. Metzner,* Kaiphas, Leiden 2010; *A. Reinhartz,* Caiaphas. The High Priest, Minneapolis, 2013.

[25]　Vgl. Joseph, Ant XVIII 95.

Petrus ergab sich für Johannes wahrscheinlich aus Mk 14,53.54. Die Unterscheidung in Mk 14,53 zwischen ὁ ἀρχιερεύς (›der Hohepriester‹) und πάντες οἱ ἀρχιερεῖς (›alle Hohepriester‹) bot die Möglichkeit, eine Tradition über ein Verhör vor Hannas mit der Erwähnung des Kaiphas zu kombinieren, die ihrerseits in V. 24 mit der Überstellung an Kaiphas fortgesetzt wird.   **15** Mk 14,54 berichtet, dass Petrus von ferne Jesus nachfolgte und sich im Hof des Hohepriesters aufwärmte. Auf diese Notiz folgt die Verhandlung vor dem Hohen Rat (Mk 14,55–65), an die sich die eigentliche Verleugnungsszene des Petrus anschließt.[26] Johannes nahm diesen Ablauf zum Anlass, die Verleugnungsszene ebenfalls zu teilen und den ersten Teil mit der Lieblingsjüngerthematik zu verbinden.[27] Simon Petrus folgt Jesus nach,[28] mit ihm aber noch ein ›anderer‹ Jünger (ἄλλος μαθητής). Dieser Jünger kennt den Hohepriester und kann im Gegensatz zu Petrus Jesus in den Hof des Hohepriesters hinein folgen.[29]   **16** Die Raumstruktur (εἰς = ›hinein‹ für den ›anderen‹ Jünger – ἔξω = ›draußen‹ für Petrus) ist deutlich als Kompositionselement zu erkennen.[30] Der draußen vor der Tür stehende Petrus ist vom ›Innenraum‹ getrennt, er bedarf der Vermittlung jenes dem Hohepriester bekannten Jüngers, um an der Türhüterin vorbei in den Hof zu gelangen.

Wer ist dieser Jünger? Auf erzähltechnischer Ebene dient diese Figur dazu, dem Hörer/Leser zu erklären, warum Petrus doch noch in den Hof gelangte. Für den Evangelisten beschränkt sich seine Bedeutung jedoch nicht auf diese Funktion,[31] denn er identifiziert in Joh 20,2 den ἄλλος μαθητής ausdrücklich mit dem Jünger, ›den Jesus liebte‹. Damit bezieht er sich auf Joh 13,23; 18,15.16; 19,26 zurück und leitet gleichzeitig zum Verstehen dieser Texte an. Für eine Identifizierung[32] spricht auch das Konkurrenzmotiv zu Petrus; der ›andere Jünger‹ hat das Privileg der Bekanntschaft des Hohepriesters und eines freien Zutrittes zu dessen Hof. Er folgt seinem gefangenen Herrn, und keine Tür kann ihn dabei aufhalten. Auch Petrus verschafft er die Möglichkeit des Zuganges zu Jesus, der aber verleugnet den Herrn schmählich. Auffällig sind die Parallelen zu Joh 20,2–10, auch dort wird Petrus zuerst genannt (V. 2), dann aber ist ihm in V. 4.8 der Lieblingsjünger voraus. Auch als Garant der joh. Tradition (vgl. Joh 13,23; 19,25–27.34b–35) erscheint der Lieblingsjünger an dieser Stelle, denn als Bekannter des Hohepriesters ist er ein authentischer Prozesszeuge. Er verbürgt die joh. Schilderung der Passion Jesu! V. 15b.16 sind somit als redaktioneller Einschub des Evangelisten anzusehen.[33]

---

[26] Diese Verschachtelung (›sandwich-agreement‹) geht auf den Evangelisten Markus zurück; vgl. *J. Gnilka,* Das Evangelium nach Markus (s. o. IX.), 275.

[27] V. 15a–16 ist joh. Redaktion; vgl. zur Begründung *M. Lang:* Johannes und die Synoptiker, 92–95.

[28] Joh 18,15a entspricht Mk 14,54a.

[29] Bei verändertem Subjekt (der ›andere Jünger‹ an der Stelle des Petrus) entspricht V. 18c sachlich Mk 14,54b.

[30] Vgl. *M. Lang,* Johannes und die Synoptiker, 94 f.

[31] So aber *J. Blank,* Joh III, 52 f.

[32] Für eine Identifizierung plädieren u. a.: *H. Strathmann,* Joh, 239; *A. Kragerud,* Lieblingsjünger (s. o. Exk. 12), 25 f; *W. Wilkens,* Entstehungsgeschichte, 81; *R. E. Brown,* John II, 822; *T. Lorenzen,* Lieblingsjünger, 51; *O. Cullmann,* Der johanneische Kreis, 75; *E. Haenchen,* Joh, 521; *F. Neirynck,* The ›Other Disciple‹ in Jn 18,15–16, in: *ders.,* Evangelica I, 335–363; *G. R. Beasley-Murray,* John, 324; *J. P. Heil,* Blood and Water, 32; *H. Thyen,* Noch einmal: Johannes 21 (s. u. XVI.), 160. Eine Identifizierung lehnen dagegen u. a. ab: *R. Bultmann,* Joh, 369 f; *C. H. Dodd,* Tradition, 86 ff; *B. Lindars,* John, 548; *J. Roloff,* ›Lieblingsjünger‹, 131 f; *A. Dauer,* Passionsgeschichte, 72–75; *R. Schnackenburg,* Joh III, 266 f; *J. Kügler,* Der Jünger, den Jesus liebte, 424–428; *L. Simon,* Petrus und der Lieblingsjünger (s. o. Exk. 12), 119–122; *J. M. Charlesworth,* The Beloved Disciple (s. o. Exk. 12), 344; *H. Thyen,* Joh, 713.

[33] Vgl. *T. Lorenzen,* Lieblingsjünger, 49 ff. Es besteht kein Grund, die Erwähnung des ἄλλος μαθητής der ›kirchlichen Redaktion‹ zuzuschreiben, wie dies z. B. *J. Becker,* Joh II, 651, tut.

17 Dies bestätigt die auffällige und zugleich umständliche Personenangabe ἡ παιδίσκη ἡ θυρωρός (›die Magd, die die Tür bewachte‹). Die synoptische/vorjoh. Tradition sprach von einer Magd (vgl. Mk 14,66.69), Johannes erwähnte deshalb in seinem Einschub eine Türhüterin und identifizierte sie dann mit der in der Tradition vorgegebenen Magd. Sie fragt Petrus, ob er ein Jünger Jesu sei; Petrus leugnet daraufhin zum ersten Mal. **18** Die Knechte und Diener haben ein Feuer gemacht, denn die Frühjahrsnächte sind kalt. Auch Petrus gesellt sich zu ihnen, um sich zu wärmen. Die synoptischen Parallelen (Mk 14,54.67/Lk 22,55) zeigen, dass hier ein traditioneller Zug der Verleugnungsgeschichte vorliegt.[34] **19** Der Hohepriester (Hannas) fragt Jesus im Gegensatz zu den Synoptikern (Mk 14,61bpar) nicht nach seiner Messianität, sondern nach seinen Jüngern und seiner Lehre. Dürfte das Fragen des Hohepriesters in V. 19b noch zur vorjoh. Tradition gehören, so klingen mit den Jüngern und der Lehre Jesu genuin johanneische Themen an. In die Auseinandersetzung Jesu mit dem ungläubigen Kosmos sind auch seine Jünger miteinbezogen. Mit διδαχή = ›Lehre‹ (Joh 7,16 f.) bzw. διδάσκειν = ›lehren‹ (Joh 6,59; 7,14.28; 8,20.28) kennzeichnet der Evangelist wiederholt Jesu Wirken. Jesu Lehre stammt nicht von ihm selbst, sondern vom Vater (vgl. Joh 7,16 f.28; 8,28). Als Gesandter des Vaters verkündigt Jesus, dass er selbst die Wahrheit, das Leben und der Weg zum Vater ist (vgl. Joh 14,6). Für den Evangelisten ist die Messiasfrage durch die vorangegangene Darstellung der Person und Lehre Jesu schon längst beantwortet (vgl. bes. Joh 7,25 ff.37 ff), zumal sie bereits im Mund der Juden in Joh 10,24 erscheint, von Jesus positiv beantwortet wird (Joh 10,25a) und den abermaligen Versuch einer Steinigung Jesu durch die Juden hervorruft (Joh 10,31). Hier zeigt sich wiederum das literarische Verfahren des Evangelisten, zentrale Aspekte und Texte der synoptischen Passionsdarstellung vorwegzunehmen und in die eigene, neue Akzente setzende Gesamtdarstellung zu integrieren. Zugleich erfüllt Johannes mit der Hannas-Szene die Forderung des Nikodemus nach einem Verhör (Joh 7,50 f). **20** Jesus beantwortet die Doppelfrage des Hohepriesters nicht direkt, sondern verweist auf seine öffentliche Predigt (vor den Juden) in Synagoge und Tempel. Der Evangelist nimmt Mk 14,49 auf, zugleich bezieht er sich innerhalb seines Werkes auf Kap. 6,59; 7,14.28; 8,20. Inhaltlich verweist Johannes damit auf die Reden und Auseinandersetzungen mit den Juden in Kap. 6; 7; 8; 10. Typisch johanneisch ist der Gegensatz ἐν κρυπτῷ – ἐν παρρησίᾳ (›im Verborgenen‹ – ›öffentlich‹; vgl. Joh 7,4.10.13.26; 10,24). Der offenkundige Rückbezug auf die Messiasfrage und den Terminus παρρησία in Joh 10,24 zeigt, dass der Evangelist um die Stellung der Messiasfrage in den synoptischen Passionsberichten weiß. Der Offenheit der Verkündigung Jesu entspricht der Glaube, demgegenüber bedingen Verborgenheit und Unglaube einander. **21** Jesus weist das Ansinnen des Hohepriesters noch einmal ausdrücklich zurück. Er soll die Hörer der öffentlichen Verkündigung fragen, wenn er seine Lehre kennenlernen will. **22** Jesu Verhalten gegenüber dem Hohepriester wird von einem

---

[34] Zu den Unterschieden und Parallelen (speziell zu Lukas) vgl. *A. Dauer*, Passionsgeschichte, 77 f. Auffällig ist die Wendung ἀνθρακιὰν ποιεῖν anstelle von περιάπτειν πῦρ (Lk 22,55).

dabeistehenden Diener als ungebührlich empfunden und mit einem Schlag ins Gesicht bestraft. Der feste Zusammenhang zwischen Verhör und Misshandlung Jesu zeigt, dass Johannes in V. 22a eine von Mk 14,65c abhängige Tradition aufnimmt.[35]   **23** Jesus verwahrt sich gegen den Vorwurf und die Reaktion des Dieners. Seine Rede ist wahrhaftig, so dass er zu Unrecht geschlagen wurde. Das Recht ist auf Jesu Seite.   **24** Damit ist für Johannes das Verhör vor Hannas beendet. Er berichtet nun kurz von der Überführung des gefesselten Jesus zum amtierenden Hohepriester Kaiphas. Der Evangelist weiß um ein Verhör Jesu vor Kaiphas (vgl. Mk 14,60–64par), schildert es aber nicht.   **25** Johannes nimmt die Situationsangabe aus V. 18 wieder auf und berichtet nun unter Verwendung vorjoh. Traditionsmaterials[36] von der zweiten und dritten Verleugnung des Petrus. Die Knechte und Diener fragen Simon Petrus, ob er nicht auch zu den Jüngern Jesu gehöre. Petrus leugnet zum zweiten Mal, sein οὐκ εἰμι = ›ich bin es nicht‹ steht im deutlichen Gegensatz zum ἐγώ εἰμι = ›ich bin es‹ Jesu in Joh 18,5.8. Während Jesus für seine Jünger eintritt, bestreitet Petrus seine Zugehörigkeit zu Jesus.   **26** Anders als bei den Synoptikern (vgl. Mk 14,70; Lk 22,59) folgt die dritte Verleugnung ohne zeitliche Verzögerung. Der Fragesteller ist ein Verwandter jenes Malchus, dem Petrus ein Ohr abschlug (vgl. Joh 18,10). Hier liegt eine joh. Sondertradition vor, durch die wiederum eine neue Person innerhalb der Passionsgeschichte auftritt (zuvor: Malchus, der ›andere Jünger‹, Hannas) und zugleich auf die Gefangennahme Jesu zurückverwiesen wird.   **27** Die Antwort des Petrus erfährt der Hörer/Leser nicht, lediglich das Faktum der dritten Verleugnung und der Hahnenschrei werden mitgeteilt. Der Hahn als Symbol der Wachsamkeit und des Sonnenaufganges kräht bei Markus zweimal (Mk 14,30.72), bei den anderen Evangelien hingegen nur einmal. Johannes und seine Tradition sind nicht an dem bei den Synoptikern geschilderten Gefühlsausbruch des Petrus interessiert (vgl. Mk 14,72bpar). Ihr Petrusbild ergibt sich aus dem bewussten Kontrast zwischen dem kämpfenden Petrus bei der Verhaftung Jesu und seiner dreimaligen Verleugnung.

Auch im Hannas-Verhör tritt Jesus als hoheitlich Handelnder auf. Hannas und Jesus haben sich nichts zu sagen; was zu sagen wäre, wurde bereits ausgesprochen und ist allgemein bekannt. Jesus muss sich vor diesem unbefugten Ankläger nicht rechtfertigen und lässt sich auch nicht durch den Schlag eines Dieners provozieren. Das Recht und die Wahrheit sind auf seiner Seite. Im Gegensatz zum souverän handelnden Jesus und dem unbehelligt agierenden Lieblingsjünger erscheint Petrus als Versager.

---

[35]   Vgl. *F. Hahn*, Prozess Jesu, 66; zur Analyse vgl. *A. Dauer*, Passionsgeschichte, 84 ff, der V. 22a der vorjoh. ›Quelle‹ zuweist, V. 22b.23 hingegen für redaktionell hält.

[36]   Zur genauen Bestimmung der Traditionen vgl. *A. Dauer*, Passionsgeschichte, 88–90.

3. Das erste Verhör vor Pilatus 18,28–38a*

(28) Nun führten sie Jesus von Kaiphas in das Prätorium. Es war aber früh am Morgen. Sie selbst gingen nicht ins Prätorium, um sich nicht zu verunreinigen, sondern das Passa essen zu können. (29) So kam Pilatus zu ihnen heraus und fragte: »Welche Anklage habt ihr gegen diesen Menschen?« (30) Und sie antworteten ihm und sprachen: »Wenn dieser nicht ein Übeltäter wäre, hätten wir ihn dir nicht übergeben.« (31) Pilatus sprach nun zu ihnen: »Nehmt ihr ihn doch und richtet ihn nach eurem Gesetz!« Die Juden sagten zu ihm: »Uns ist es nicht erlaubt, jemanden zu töten.« (32) So erfüllte sich Jesu Wort, mit dem er angedeutet hatte, welchen Tod er sterben würde. (33) Pilatus ging wieder in das Prätorium hinein, rief Jesus und sprach zu ihm: »Bist du der König der Juden?« (34) Jesus antwortete: »Sagst du das von dir aus, oder haben es dir andere über mich gesagt?« (35) Pilatus antwortete: »Bin ich denn ein Jude? Dein Volk und die Hohepriester übergaben dich mir. Was hast du getan?« (36) Jesus antwortete: »Mein Königtum ist nicht von dieser Welt. Wenn mein Königtum von dieser Welt wäre, hätten meine Diener gekämpft, damit ich den Juden nicht übergeben würde. Nun aber ist mein Königtum nicht von hier.« (37) Da sagte Pilatus zu ihm: »Also bist du doch ein König?« Jesus antwortete: »Du sagst es, ich bin ein König. Ich bin dazu geboren und in die Welt gekommen, damit ich für die Wahrheit Zeugnis ablege. Jeder, der aus der Wahrheit ist, hört auf meine Stimme.« (38) Da sprach Pilatus zu ihm: »Was ist Wahrheit?«

Die Verhandlung vor Pilatus bildet den kompositionellen und inhaltlichen Höhepunkt der joh. Passionsdarstellung. In ihr verdichten sich zentrale Motive joh. Theologie in dramatischer Ausgestaltung. Innen- (Joh 18,33–38a; 19,1–3.8–12) und Außenszenen (Joh 18,29–32.38b–40; 19,4–7.13–16a) wechseln einander ständig ab, wobei der wiederholte Ortswechsel des Pilatus das Gliederungsprinzip für die sieben Szenen markiert.[37] Die Außenszenen benennen die Anklage und die sich daraus ergebende Argumentation, die Innenszenen haben Jesu Königtum zum Thema. Die Raumstruktur hat somit auch eine symbolische Dimension: Während ›innen‹ Jesus als wahrer König erscheint, fordert ›draußen‹ die Menge seinen Tod. Die vorangegangenen Verhörszenen gestaltete der Evangelist bewusst knapp, um nun Römer und Juden umfassend am Prozessgeschehen zu beteiligen.[38] Dies entspricht der Universalität des Wahrheitsanspruches Jesu, der gesamte Kosmos sitzt über ihn zu Gericht. Johannes verteilt die Rollen in einem Dreiecksverhältnis: Jesus, Pilatus und die Führer der Juden

---

* Literatur: *Baum-Bodenbender, R.:* Hoheit in Niedrigkeit, 125–175; *Blank, J.:* Die Verhandlung vor Pilatus. Joh 18,28–19,16 im Lichte johanneischer Theologie, BZ 3 (1959), 60–81; *Dauer, A.:* Passionsgeschichte, 100–164; *Diebold-Scheuermann, C.:* Jesus vor Pilatus. Eine exegetische Untersuchung zum Verhör Jesu durch Pilatus (Joh 18,28–19,16a), SBB 32, Stuttgart 1996; *Dodd, C. H.:* Historical Tradition, 96–120; *Hahn, F.:* Prozess Jesu, 38–52; *Hengel, M.:* Reich Christi, Reich Gottes und Weltreich im Johannesevangelium, in: M. Hengel u. A. M. Schwemer (Hg.), Königsherrschaft Gottes und himmlischer Kult, WUNT 91, Tübingen 1991, 163–184; *Lang, M.:* Johannes und die Synoptiker, 121–156; *Mohr, T. A.:* Markus- und Johannespassion, 282–290; *Reinbold, W.:* Der älteste Bericht, 156–164; *Sabbe, M.:* The Trial of Jesus before Pilate in John and its Relation to the Synoptic Gospels, in: A. Denaux (Hg.), John and the Synoptics, 341–385; *Schlier, H.:* Jesus und Pilatus, in: ders., Zeit der Kirche, Freiburg ⁵1972, 56–74; *Söding, Th.:* Die Macht der Wahrheit und das Reich der Freiheit, ZThK 93 (1996), 35–58.

[37] Vgl. *R. Baum-Bodenbender,* Hoheit in Niedrigkeit, 29–34. *C. Diebold-Scheuermann,* Jesus vor Pilatus, 105–137, bietet einen Forschungsüberblick zur szenischen Strukturierung des Textes, wobei sie von 8 Szenen ausgeht.

[38] Vgl. *J. Blank,* Johannespassion, 163 f.

bestimmen in unterschiedlicher Weise und auf verschiedenen Ebenen das Geschehen. Während die führenden Kreise der Juden ihren Todesbeschluss schon längst gefällt haben und unnachgiebig auf Jesu Kreuzigung drängen, entwickelt sich zwischen Jesus und Pilatus ein hochdramatischer Gesprächsgang.

28 Das Verhaftungskommando führt Jesus von Kaiphas zum Amtshaus des Pilatus, dem Prätorium. Es befand sich möglicherweise in der Burg Antonia,[39] wo eine römische Kohorte lag und der Tempelbezirk am besten überblickt und beherrscht werden konnte. Die Zeitangabe ἦν δὲ πρωΐ (›in der Frühe‹, der Tagesbeginn gegen 6 Uhr) bezieht sich zunächst auf Mk 15,1. Der Evangelist und seine Tradition[40] verbleiben damit grundsätzlich in der mk. Reihenfolge: Gefangennahme – Überstellung an die Hohepriester – Verleugnung des Petrus 1. Teil – Verhör durch die Hohepriester – Verleugnung des Petrus 2. Teil – Übergabe an Pilatus ›in der Frühe‹. Auf einer zweiten Ebene knüpft ἦν δὲ πρωΐ an die Zeitangabe in Joh 13,1.30c an und bestimmt zugleich das Verständnis von Joh 19,14.31: Am Tag der Schlachtung der Passalämmer stirbt das wahre Passalamm. Während die Tat des Verräters in der Nacht geschah, wird am Morgen offenbar, dass Jesus Christus ohne Schuld ist. V. 28b dürfte auf den Evangelisten zurückgehen, denn er bildet die Voraussetzung für die sich anschließende dramaturgische Gestaltung der Pilatus-Szene. Johannes setzt zunächst ein chronologisches Signal, das Essen des Passalammes[41] steht noch bevor, Jesus stirbt somit am Freitag, dem 14. Nisan. Damit verbindet sich ein christologisches Signal: Die Juden beharren auf den levitischen Kultregeln[42] und versperren sich damit den Zugang zum wahren Passalamm.[43]   **29** Pilatus wird vom Evangelisten kommentarlos eingeführt; er geht hinaus zu den Juden und fragt sie nach der Anklage gegen Jesus.

Der aus dem alten römischen Rittergeschlecht der Pontier stammende Pontius Pilatus war 26–36 n. Chr. Präfekt von Judäa.[44] Die außerneutestamentlichen Quellen schildern Pilatus als »von Natur aus unbeugsam, eigenwillig und hart«, sie erwähnen »seine Bestechlichkeit, seine Gewalttätigkeit, seine Räubereien, Misshandlungen, Beleidigungen, fortgesetzten Hinrichtungen ohne Gerichtsverfahren sowie seine unaufhörliche und unerträgliche Grausamkeit« (Philo, LegGai 301–302). Mehrfach provozierte Pilatus Konflikte mit den Juden. Gleich zu Beginn seiner Amtszeit ließ er römische Truppen mit Feldzeichen in Jerusalem einmarschieren (Joseph, Ant. XVIII 55–59; Bellum II 169–174), für den Bau einer Wasserleitung nahm er Geld aus dem Tempelschatz (Joseph, Ant XVIII 60–62; Bellum II 175–177), er stellte Weiheschilder zu Ehren des Kaisers Tiberius im ehemaligen

---

[39] Vgl. *K. Müller,* Kapitalgerichtsbarkeit, 54; *J. Blank,* Joh III, 71 f; zur Burg Antonia vgl. Joseph, Bellum V 238.243–245. Andere Lokalisierungsvorschläge: 1) Oberer Herodes-Palast (Zitadelle); 2) Unterer Herodes-Palast (Hasmonäer-Palast); vgl. zur Problematik *R. Riesner,* GBL III, Gießen 1989, 1221 f; *M. Lang,* Johannes und die Synoptiker, 121 f.

[40] V. 28a dürfte traditionell sein, denn die Ortsangabe ›Prätorium‹ findet sich nur hier und die Zeitangabe πρωΐ bei Johannes nur noch in der Tradition Joh 20,2; vgl. *A. Dauer,* Passionsgeschichte, 121 f.

[41] Zu φαγεῖν τὸ πάσχα = ›das Passa essen‹ vgl. *Billerbeck* II, 837–840.

[42] Vgl. zur Erklärung Billerbeck II, 838 f: Verunreinigung durch Betreten eines heidnischen Hauses. Nach Joseph, Bellum VI 426 f, waren neben Nichtjuden »Aussätzige, Samenflüssige, in der monatlichen Regel befindliche Frauen sowie anderweitig Unreine« vom Passamahl ausgeschlossen.

[43] Vgl. *H. Ritt,* Plädoyer für Methodentreue. Thesen zur Topographie und Chronologie der Johannespassion, in: *K. Kertelge* (Hg.), Der Prozess gegen Jesus, 188 f; *Th. Söding,* Die Macht der Wahrheit, 39.

[44] Wichtige Texte zu Pilatus finden sich in: Neuer Wettstein I/2, 767–772.

Herodespalast auf (Philo, LegGai 299) und ließ eine Versammlung der Samaritaner am Garizim überfallen (Joseph, Ant XVIII 85–89). Für dieses Vergehen wurde er vom syrischen Legaten abgesetzt und nach Rom geschickt, um Rechenschaft abzulegen.[45]

30 Die Juden können gegen Jesus nur den allgemeinen und ungenauen Vorwurf erheben, er sei ein ›Übeltäter‹.[46] Damit überführen sich die Ankläger selbst, denn das einzige ›Verbrechen‹ Jesu besteht nach Joh 19,7 darin, sich zum Sohn Gottes gemacht zu haben. Dies aber ist er in Wahrheit! **31** Pilatus weist das Ansinnen der Juden zurück, sie sollen sich im Rahmen ihrer eigenen Gerichtsbarkeit mit Jesus auseinandersetzen. Der Einwand der Juden, dass sie kein Todesurteil vollstrecken können, offenbart ihre eigentliche Absicht: Sie wollen den Tod Jesu.

Die Kapitalgerichtsbarkeit stand in Judäa allein dem römischen Prokurator zu.[47] Bei dem ersten Prokurator Coponius (6–9 n. Chr.) vermerkt Josephus ausdrücklich, er habe mit uneingeschränkter Vollmacht regiert[48] und vom Kaiser auch das Recht erhalten, die Todesstrafe zu verhängen.[49] Die unrechtmäßige Hinrichtung des Herrenbruders Jakobus bestätigt,[50] dass in Judäa nur die Prokuratoren das Recht über Leben und Tod hatten. Schon die Einberufung des richterlichen Synedriums durch den Hohepriester Ananos hätte der Zustimmung des Prokurators bedurft, erst recht das über Jakobus gefällte Todesurteil durch Steinigung. Deshalb waren Beschwerden bei dem herannahenden neuen Prokurator Albinius erfolgreich, und Agrippa II. setzte Ananos als Hohepriester schon nach drei Monaten ab.

32 Mit einem kurzen Kommentarwort lenkt der Evangelist[51] auf Kap. 12,32.33 zurück und unterstreicht zugleich den paradoxen Charakter des sich abzeichnenden Geschehens: Die Juden wollen Jesus töten, müssen dafür aber aufgrund der Rechtslage die Hilfe eines Heiden in Anspruch nehmen. **33** Pilatus kehrt in das Innere des Prätoriums zurück und beginnt mit dem in einem Kapitalprozess obligatorischen Verhör.[52] Die Frage des Pilatus »Bist du der König der Juden?« benennt sowohl den aus römischer Perspektive entscheidenden Vorwurf im Prozess gegen Jesus als auch das

---

[45] Zu Pilatus vgl. auch *K. St. Krieger,* Pontius Pilatus – ein Judenfeind? Zur Problematik einer Pilatusbiographie, BN 78 (1995), 63–83. Er betont, dass alle Quellen über Pilatus tendenziös berichten und Vorsicht geboten ist gegenüber der geläufigen Darstellung, Pilatus sei ein besonders charakterloser Mensch gewesen.

[46] Die Wendung κακὸν ποιῶν ist unjohanneisch, hat aber eine Parallele in Mk 15,14par und könnte daher wie V. 30b.c insgesamt traditionell sein.

[47] Vgl. hier bes. *K. Müller,* Kapitalgerichtsbarkeit, 44–58 (dort die Auseinandersetzung mit anderen Thesen); *M. Lang,* Johannes und die Synoptiker, 129–134; auch *E. Bammel,* Die Blutgerichtsbarkeit in der römischen Provinz Judäa vor dem ersten jüdischen Aufstand, in: *ders.,* Judaica, WUNT 37, Tübingen 1986, 59–72; *P. Egger,* »Crucifixus sub Pontio Pilato«, 41–50.

[48] Vgl. Joseph, Ant XVIII 2.

[49] Vgl. Joseph, Bellum II 117.

[50] Vgl. Joseph, Ant XX 200–203.

[51] Gegen *R. Bultmann,* Joh, 505; *R. Schnackenburg,* Joh III, 281, die V. 32 der ›kirchlichen Redaktion‹ bzw. der ›Redaktion‹ zuweisen.

[52] Das römische Verfahren (coercitio) verlief nach der cognitio extra ordinem (freier Prozessverlauf mit einer Entscheidung nach eigenem Ermessen) und stand immer unter dem Grundsatz, dass das Heil des römischen Volkes oberstes Gesetz ist (vgl. Cic, De Legibus III 3,8; ferner die Texte in: Neuer Wettstein I/2, 775–789). Zur uneingeschränkten Vollmacht des Prokurators und zu den prozessrechtlichen Fragen vgl. die gestraffte Darstellung bei *K. Müller,* Kapitalgerichtsbarkeit, 52 ff.

zentrale theologische Motiv der joh. Darstellung. Beides ist jedoch nicht identisch, denn Pilatus und Jesus begegnen sich von Anfang an auf verschiedenen Gesprächs- und Verstehensebenen. Während für Pilatus die Frage nach dem ›König der Juden‹ eine Machtfrage ist, stellt sich für Johannes gerade hier die Wahrheitsfrage. Ironie und tiefgründige Erkenntnis prägen das joh. Verständnis des Titels ›König der Juden‹: Jesus ist König der Juden, aber nicht in der Art und Weise, die ihn das Leben kostet.

Warum hatten die Römer ein Interesse daran, Jesus zu töten? Sie ließen sich mit Sicherheit von jü- dischen Instanzen dazu nicht ohne Grund drängen, und der Hinweis auf innerjüdische Lehrstrei- tigkeiten reicht ebenfalls nicht aus, um das Eingreifen der Römer zu erklären. Eine Lösung dieser schwierigen Frage könnte Jesu Vorgehen gegen den Tempel (vgl. Joh 2,14–22) liefern. Wahrschein- lich wurde Jesu Aktion gegen den Tempel als Infragestellung der wirtschaftlichen, religiösen und politischen Ordnung interpretiert und damit insbesondere von den Sadduzäern[53] zur causa poenae instrumentalisiert und von den Römern aufgegriffen.[54] Die Übereinstimmung mit Mk 15,2par weist darauf hin, dass Jesus vorgeworfen wurde, sich als Messias im politischen Sinn auszugeben und eine Rebellion gegen die Römer zu initiieren.[55] Die Brisanz dieses Vorwurfes illustriert Josephus. In den Wirren nach dem Tod Herodes d. Gr. strebten sowohl ein gewisser Judas[56] als auch ein ge- wisser Simon,[57] Knecht Herodes d. Gr., die Königswürde an. Sie plünderten und brandschatzten mit ihren Truppen, wurden dann aber von den Römern vernichtend geschlagen. Danach griff ein gewisser Athronges[58] nach der Krone. Er führte den Königstitel und kämpfte sowohl gegen die Römer als auch gegen die Familie Herodes d. Gr. Auch er wurde von den Römern und ihren Ver- bündeten besiegt.[59] Josephus charakterisiert diese unruhige Zeit in einem Summarium: »Und so war Judäa voll von Räuberbanden; und wo immer sich eine Gruppe von Anführern zusammentat, wählten sie einen König, der den Untergang der staatlichen Ordnung herbeiführen sollte. Sie fügten zwar wenigen Römern einen unerheblichen Schaden zu, bereiteten aber ihrem eigenen Volk ein großes Blutbad.«[60] Josephus berichtet dann, der römische Statthalter Varus habe weitere Aufstände brutal niedergeschlagen und einmal 2000 Juden kreuzigen lassen.[61] Hinter den von Josephus als ›Räuberbanden‹ bezeichneten Gruppen standen messianische und soziale Hoffnungen, die sich auf eine Befreiung von der Römerherrschaft und eine gerechtere Ordnung richteten. Nach PsSal 17,21 ff wird der von Gott dem auserwählten Volk gesandte König und Gesalbte nicht nur die Heiden ver- treiben, sondern über sein Volk in Gerechtigkeit herrschen.

---

[53] Vgl. *H. Ritt,* »Wer war schuld am Tod Jesu?«, BZ 31 (1987), 165–175.
[54] Vgl. dazu auch Exk. 16: Der Tod am Kreuz.
[55] Treffend *Th. Söding,* Macht der Wahrheit, 44: »Jesus von Nazaret ist als König der Juden hingerichtet worden. Im Horizont römischen Rechts kann das nichts anderes bedeuten, als daß Jesus zum potentiellen oder
faktischen Aufrührer gegen die römische Herrschaft erklärt und deshalb gekreuzigt worden ist. Daß diesem
Urteil eine groteske Verkennung der wahren Intention Jesu zugrunde liegt, auch wenn seine Sendung alles
andere als unpolitisch gewesen ist, duldet keinen Zweifel, zeigt aber die ganze Abgründigkeit der Passion
Jesu.«
[56] Vgl. Joseph, Ant XVII 272.
[57] Vgl. Joseph, Ant XVII 273 ff.
[58] Vgl. Joseph, Ant XVII 278 ff.
[59] Vgl. zur Analyse der wichtigsten Texte *R. Meyer,* Der Prophet aus Galiläa, Leipzig 1940, 60–88; *M. Hengel,* Die Zeloten, AGSU 1, Leiden ²1976, 261–277.329 ff; *P. Egger,* »Crucifixus sub Pontio Pilato«, 72 ff;
H. Lichtenberger, Messianische Erwartungen und messianische Gestalten in der Zeit des Zweiten Tempels,
in: *E. Stegemann* (Hg.), Messias-Vorstellungen bei Juden und Christen, Stuttgart 1993, 9–20; *M. de Jonge,*
Christologie, 149–156; *Chr. Riedo-Emmenegger,* Prophetisch-messianische Provokateure der Pax Romana,
NTOA 56, Fribourg/Göttingen 2004.
[60] Joseph, Ant XVII 285.
[61] Vgl. Joseph, Ant XVII 295; vgl. auch Ant XX 502, wo von der Kreuzigung der beiden Söhne des Zeloten-
gründers Judas, Simon und Jakob, um 46 n. Chr. durch den Prokurator Tiberius Alexander berichtet wird.

Der Evangelist weiß um den entscheidenden Vorwurf im Prozess gegen Jesus, er nimmt ihn auf und macht ihn in seiner Weise zum zentralen Thema des Gespräches zwischen Pilatus und Jesus. Musste Johannes beim Einzug in Jerusalem (vgl. Joh 12,16) noch vermerken, dass die Jünger das Königtum Jesu nicht verstanden, weil Jesus erst erhöht werden musste, so bahnt sich nun das Verstehen an.   **34** Nach der inneren Erzähllogik konnte Pilatus die wahre Anklage gegen Jesus noch gar nicht wissen. Deshalb fragt Jesus nach, wer ihm die Erkenntnis vermittelte.   **35** Der Evangelist[62] stellt mit der Antwort des Pilatus klar, dass allein das jüdische Volk und seine Führer für das Verfahren und damit für den Tod Jesu verantwortlich sind. Die Oberpriester beabsichtigen bereits seit Joh 7,32, Jesus zu töten. Als Nichtjude ist Pilatus nicht daran interessiert, gegen Jesus vorzugehen. Darin zeigt sich eine apologetische Tendenz bei Johannes, zugleich ist er auch hier nahe an der historischen Wahrheit: Nicht innerjüdische theologische Streitigkeiten veranlassten Pilatus zum Eingreifen, sondern allein der – unberechtigte – Vorwurf gegen Jesus, die Herrschaft über Israel anzustreben.   **36** Jesus offenbart Pilatus nun das wahre Wesen seiner Person und Sendung: Seine Königsherrschaft ist nicht aus dieser Welt, weil er selbst nicht aus der Welt stammt, sondern allein in Gott gründet. Jesus lebt ganz und gar aus Gott und auf Gott hin (vgl. Joh 1,18; 3,11.32; 5,19 f; 6,38; 7,16; 8,28 f u. ö.), Gott allein verbürgt seine Autorität. Läge der Ursprung der Königsherrschaft Jesu im irdisch-politischen Bereich, so hätte er sich entsprechend verhalten und sich der Verhaftung mit Gewalt entzogen. In Wahrheit liegt der Ursprung der Königsherrschaft Jesu bei Gott; von ihm erhielt er sie, und im Gehorsam gegen Gott führt er sie aus. Gerade in ihrem überweltlichen Charakter offenbart sich die Brisanz der Königsherrschaft Jesu. Weil Jesus durch Leiden, Sterben und Erhöhung für eine Herrschaft eintritt, die nicht aus dieser Welt ist, stellt er die existierenden Machtstrukturen der Welt infrage.[63]   **37** Wäre Jesus ein weiterer jüdischer Messiasprätendent, wüsste Pilatus, was er zu tun hätte. Nun aber muss er nachfragen: »Also bist du doch ein König?« Auch hier dienen die literarischen Techniken des Missverständnisses und der Mehrschichtigkeit von Begriffen der Aufdeckung des Gemeinten. Jesus bekommt die Möglichkeit, das Ziel seiner Sendung auch Pilatus darzulegen. Zunächst bejaht er die Frage des Pilatus,[64] um dann das Wesen seines Königtums weiter zu präzisieren. Er ist der fleischgewordene Logos (vgl. Joh 1,14), der in die Welt kam (vgl. Joh 1,9; 3,16; 6,14; 11,27; 12,46; 16,28), um für die Wahrheit Zeugnis abzulegen (vgl. Joh 8,32)[65] und jene zu sammeln, die auf die Stimme des Offenbarers hören (vgl. Joh 10,16.27). Als Offenbarer, Zeuge und Verkörperung der Wahrheit (vgl. Joh 14,6) ist Jesus ›König‹. Zu seinem Reich gehören alle, die ihren Ursprung in der Wahrheit haben. Nicht zufällig steht der Wahrheitsbegriff im Zentrum des joh. Passionsberichtes. Im Prozess gegen Jesus geht es nicht um machtpolitische Fragen; es wird über die Wahrheit gerichtet, die Welt streitet gegen die

---

[62]   Zum überwiegend redaktionellen Charakter von V. 34–38a vgl. *A. Dauer,* Passionsgeschichte, 112 ff; *M. Lang,* Johannes und die Synoptiker, 137–155.
[63]   Vgl. *M. Hengel,* Reich Christi, 167 ff; *Th. Söding,* Macht der Wahrheit, 47.
[64]   Die Antwort Jesu (»Du sagst es, ich bin ein König«) könnte ein Bestandteil vorjoh. Tradition sein (vgl. Mk 15,2par), vgl. *A. Dauer,* Passionsgeschichte, 123.
[65]   Auch der wahre Kyniker zeugt für Tugend und Wahrheit; vgl. Epikt, Diss IV 8,30–32.

Offenbarung Gottes. Wahrheit ist für Johannes kein noetischer oder kommunikativer, sondern allein ein theologischer, d. h. christologischer und soteriologischer Begriff. Der sich in Jesus Christus offenbarende und rettende Gott ist die Wahrheit. Die Wahrheit ist Gottes Identität, und dadurch unterscheidet sich Gott grundlegend von der Welt. Als Sohn Gottes ist Jesus Christus die Wahrheit, er offenbarte sie in seinem Wirken, und er bezeugt sie gerade in seinem Leiden. Das Selbst-Zeugnis Jesu für die Wahrheit kulminiert im ersten Verhör durch Pilatus, denn hier zeigt sich endgültig, dass Jesus die Konsequenz seiner Sendung nicht verleugnet und sein Tod Zeugnis für die Wahrheit ist: Kreuz und Erhöhung sind der nicht zu überbietende Ausdruck der Einheit von Vater und Sohn, die als Einheit der Wahrheit und der Liebe auch für die Welt zum rettenden Geschehen wird.   **38a** Das Erscheinen der Wahrheit in Jesus Christus stellt Pilatus vor eine Entscheidung. Mit seiner berühmten Frage: »Was ist Wahrheit?« nimmt Pilatus den Standpunkt der Skepsis ein.[66] Pilatus flüchtet nicht in Entscheidungslosigkeit,[67] sondern vertritt bewusst eine philosophische Gegenposition zum Wahrheitsanspruch Jesu.[68] Die Begegnung mit der Wahrheit nötigt den Menschen zu einer Entscheidung, eine Ablehnung führt ebenso wie das Ausweichen in das Gericht (vgl. Joh 3,18–21). Wie zuvor die Juden (vgl. Joh 8) kann auch Pilatus die menschgewordene Wahrheit Jesus Christus nicht verstehen, denn er ist nicht ›aus der Wahrheit‹. Damit ist das Schicksal Jesu besiegelt!

Vielfach wurde vermutet, Johannes gestalte die Verhandlung vor Pilatus im Sinn einer Königsinthronisation.[69] Dann wären Joh 18,36 als Proklamation, Joh 19,1–3 als Investitur und Inthronisation, Joh 19,4–7 als Akklamation zu verstehen.[70] Dieser These widerspricht aber das Wesen des joh. Königsbegriffes: Jesus erhielt sein Königtum von Gott, er kann deshalb nicht von Menschen zum König inthronisiert werden. Als der fleischgewordene Logos und Gottessohn ist Jesus von Anfang an König, und deshalb bekennt Nathanael bereits in Joh 1,49: »Du bist der König Israels« (vgl. ferner Joh 6,15; 12,13.15). Zudem bleiben Unsicherheiten bei den einzelnen Elementen des altorientalischen Königsrituals[71] und ihrer Zuordnung zum joh. Text.[72] Johannes spricht von der Königsherrschaft Jesu vorwiegend via negationis; für ihn liegt das theologische Schwergewicht auf V. 37b.[73]

---

[66] Nach Diog Laert IX 74 zeichnet sich der Standpunkt der Skeptiker dadurch aus, dass sie »den Lehrsätzen der Sekten sämtlich den Garaus machen, ohne selbst etwas lehrsatzmäßig festzustellen«.

[67] So zumeist die Ausleger, die meinen, Pilatus vertrete keine philosophisch-skeptische Position; vgl. z. B. *J. Blank,* Joh III, 87; *R. Schnackenburg,* Joh III, 287; *F. Hahn,* Prozess Jesu, 42; *E. Haenchen,* Historie und Geschichte, 196–198 (Zusammenstellung wichtiger Auslegungen dieser Stelle). Vgl. zur Kritik an dieser Position auch *M. Lang,* Johannes und die Synoptiker, 146–156.

[68] Vgl. Cic, De Natura Deorum I 67 (»Aber wo ist die Wahrheit?«); Diog Laert IX 61 (Pyrrhon wird die Aussage zugeschrieben, »dass nichts in Wahrheit sei, vielmehr geschehe alles, was die Menschen tun, auf Grund bloßer gesetzmäßiger Übereinkunft und nach Maßgabe der Gewohnheit«); IX 83 f (Pyrrhon konstatiert: »Unsere Parole also sei: Zurückhaltung des Urteils über die Wahrheit«). Vgl. ferner Sextus Empiricus, Pyrrhonei Hypotyposeis I 8–12.

[69] Vgl. *J. Blank,* Verhandlung vor Pilatus, 76; *A. Dauer,* Passionsgeschichte, 111; *F. Hahn,* Prozess Jesu, 40 f.

[70] Vgl. *J. Blank,* Verhandlung vor Pilatus; *ders.,* Joh III, 81.89 f.

[71] Vgl. hierzu *G. Friedrich,* Die formale Struktur von Mt 28,18–20, ZThK 80 (1983), 137–151.

[72] So müsste z. B. Joh. 19,14b (ἴδε ὁ βασιλεὺς ὑμῶν) im Rahmen einer Königsinthronisation als Präsentation verstanden werden!

[73] Vgl. *F. Hahn,* Prozess Jesu, 41; zur Kritik vgl. auch *M. Lang,* Johannes und die Synoptiker, 120 f.

Der Prozess vor Pilatus offenbart endgültig: Jesus Christus ist die Wahrheit, und deshalb kann er für die Wahrheit Zeugnis ablegen. Wer auf seine Stimme hört, lässt sich von der Wahrheit bestimmen.

4. Die Amnestie am Passa 18,38b–40

(38b) Und nachdem er dies gesagt hatte, ging er wieder zu den Juden hinaus und sagt zu ihnen: »Ich finde keine Schuld an ihm. (39) Es ist aber der Brauch bei euch, dass ich euch am Passa einen (Gefangenen) freigebe. Wollt ihr nun, dass ich euch den König der Juden freigebe?« (40) Da schrien sie wieder und sagten: »Nicht diesen, sondern den Barabbas.« Barabbas aber war ein Räuber.

Die joh. Darstellung ist gegenüber den Synoptikern gekürzt und gestrafft. Antithetik, Paradoxie und hintergründige Ironie kennzeichnen das Geschehen: Pilatus bietet die Freilassung Jesu an, die Juden aber wollen Barabbas frei sehen. Der Unschuldige wird verurteilt, der Verbrecher hingegen erhält die Freiheit.

38b Pilatus geht wieder hinaus zu den Juden und bekundet ihnen gegenüber die Unschuld Jesu (vgl. Lk 23,4).[74]   **39** Wie Mk 15,6/Mt 27,15 berichtet auch die vorjoh. Tradition[75] von dem Brauch, am Fest einen Gefangenen freizulassen.[76] Das Amnestieangebot des Pilatus in V. 39b stimmt fast wörtlich mit Mk 15,9 überein.[77] Pilatus stellt Jesus nicht mit seinem Namen, sondern als ›König der Juden‹ vor. Damit bestätigt er wie in Joh 19,21f, dass Jesus diesen Titel zu Recht trägt. Das Entgegenkommen des Pilatus lässt das Verhalten der Juden in einem noch dunkleren Licht erscheinen. **40** Die Juden entscheiden sich laut schreiend (vgl. Lk 23,18) für Barabbas.[78] Sie wollen nicht den wahren Messias Israels, sondern den politisch-messianischen Bandenführer Barabbas. Die Bezeichnung des Barabbas als ληστής = ›Räuber‹ dürfte nicht zufällig sein. Bei Josephus werden die Zeloten im römischen Sinn als ληισταί und damit als gesetzlose Verbrecher dargestellt, die jeweils ihre gerechte Strafe empfangen.[79] Wahrscheinlich gehörte Barabbas der Zelotenbewegung an (vgl. Mk 15,7.27), wodurch der

---

[74] V. 38b ist ein Teilelement in der Gesamtkomposition und geht auf den Evangelisten zurück, dagegen dürfte V. 38b wegen der großen Übereinstimmungen mit Lukas (εὑρίσκω/ἐν τινι, αἰτίαν/αἴτιον, οὐδεμίαν/οὐδέν) zur vorjoh. Tradition gehören; vgl. auch *A. Dauer*, Passionsgeschichte, 123.

[75] Vgl. zur Analyse *A. Dauer*, Passionsgeschichte, 123–126; *M. Lang*, Johannes und die Synoptiker, 156–162.

[76] Außerbiblisch gibt es keine wirklichen Parallelen für diesen Vorgang (vgl. die Analyse möglicher Vergleichstexte bei *C. K. Barrett*, Joh, 518), dennoch liegt kein ernsthafter Grund vor, die Historizität zu bestreiten; es könnte ein Fall von Einzelamnestie vorliegen.

[77] Bei Mk/Mt folgt das Amnestieangebot der Amnestieforderung des Volkes (Mk 15,8par), in Lk 23,16 macht Pilatus ebenso wie bei Johannes das Angebot von sich aus. *M. Lang*, Johannes und die Synoptiker, 162–167; zeigt, dass Joh 18,39f in Kenntnis von Mk 15,6–13 und Lk 23,16–20 komponiert wurde.

[78] Βαραββᾶς ist entweder mit ›Sohn des Vaters‹ (so z. B. *C. K. Barrett*, Joh, 519) oder mit ›Sohn des Abba‹ im Sinn eines Eigennamens (so z. B. *P. Rüger*, TRE 3 [1978], 603) zu übersetzen.

[79] Vgl. dazu *M. Hengel*, Die Zeloten, 25–47.347 f. In Joseph, Bellum II 253, wird für die Zeit des Statthalters Felix (52–60 n. Chr.) berichtet: »Die Zahl der von ihm gekreuzigten Räuber (ληστῶν) … stieg ins Ungeheure.«

Kontrast umso schärfer wird: Die Juden verwerfen ihren König, der ihnen Heil bringt, und wählen einen Repräsentanten jener Bewegung, die im großen Krieg gegen Rom (66–73/74 n. Chr.) wesentlich zum Untergang des Tempels und des jüdischen Staates beitrug.

5. Die Geißelung und Verspottung Jesu 19,1–3

(1) Daraufhin nahm Pilatus Jesus und ließ ihn geißeln. (2) Und die Soldaten flochten eine Krone aus Dornen und setzten sie auf sein Haupt und zogen ihm einen Purpurmantel an. (3) Und sie traten vor ihn hin und sprachen: »Sei gegrüßt, König der Juden!« Und sie gaben ihm Backenstreiche.

Pilatus lässt Jesus im Innenhof des Prätoriums geißeln, um so die Juden zufriedenzustellen und Jesus vor der Todesstrafe zu bewahren.

1 Die öffentliche Geißelung diente vor allem der Abschreckung (vgl. Joseph, Bellum VI 304; VII 200).[80] Als eigenständige Strafe konnte sie durch die an den Enden der Lederriemen angebrachten Knochensplitter zu schweren Verletzungen oder sogar zum Tod führen (vgl. Philo, Flac 75). Als Bestandteil der römischen Kreuzigungsstrafe (vgl. Philo, Flac 72; Joseph, Bellum II 305–308)[81] wird die Geißelung nach dem joh. Ablauf von Pilatus ohne die Verurteilung zur Kreuzigung[82] und damit in einem rechtsfreien Raum durchgeführt.   **2** Die Soldaten verhöhnen Jesus, indem sie ihm als Königsinsignien eine Dornenkrone aufsetzen und einen Purpurmantel anziehen.[83] In der gegenüber den Synoptikern gestrafften Darstellung fehlen das Rohr, mit dem Jesus auf das Haupt geschlagen wird, das Bespeien und die Huldigung auf den Knien (vgl. Mk 15,18.19; Mt 27,29/30).[84]   **3** Die Soldaten huldigen dem König der Juden; in den Augen der Welt erscheint Jesu Königtum als bloße Lächerlichkeit. Eine Karikatur und Jammergestalt, die ohne Gegenwehr die Schläge einfacher Soldaten erduldet.[85] Der eigentliche Höhepunkt der joh. Darstellung folgt aber erst: Pilatus stellt den König der Juden seinem Volk vor.

---

[80] Wichtige Texte in: Neuer Wettstein I/2, 797–802.

[81] Die wieder auferstandenen Philosophen wollen Lukian wegen seines Spotts mit dem Tode bestrafen und beraten über die grausamste Todesart; als erstes schlägt Aristippus vor: »Meine Meinung ist, dass er nach einer tüchtigen Geißelung ans Kreuz geschlagen werden soll« (Lukian, Piscator 2 = Werke I, S. 231).

[82] Vgl. als Parallele Lk 23,16.22 (die Geißelung wird vor dem Urteil angedroht, aber nicht ausgeführt). Bei Mk/Mt erfolgt die Geißelung nach dem Urteilsspruch (Mk 15,15/Mt 27,26). Zur Analyse der synoptischen Texte vgl. *A. Dauer,* Passionsgeschichte, 126 f; *R. Baum-Bodenbender,* Hoheit in Niedrigkeit, 192–196; *M. Lang,* Johannes und die Synoptiker, 176–179.

[82] Als Parallele vgl. Philo, Flacc 36–40, wo es über den geisteskranken Carabas heißt, dass junge Burschen ein Spiel mit ihm trieben: »Die nahmen den unglücklichen Menschen mit ins Gymnasium und stellten ihn auf einen erhöhten Platz, wo er allen sichtbar war; sie stülpen ihm ein Blütenbüschel von Papyrus als Krone auf den Kopf und umhüllen seinen Körper mit einer Matte als Mantel; anstatt eines Szepters gibt ihm einer ein kurzes Stück Papyrus« (a. a. O., 37).

[84] Dennoch sind die Übereinstimmungen beachtlich; Joh 19,2a entspricht fast wörtlich Mt 27,29a; Mk 15,17 wird umgestellt in Joh 19,2 aufgenommen.

[85] Nur die joh. Tradition spricht von Backenstreichen (ῥαπίσματα).

6. *Ecce homo* 19,4–7

(4) Und Pilatus ging wieder nach draußen und sagt zu ihnen: »Siehe, ich bringe ihn zu euch hinaus, damit ihr erkennt, dass ich keine Schuld an ihm finde.« (5) Jesus kam nun heraus; er trug den Dornenkranz und den Purpurmantel. Und er sagt zu ihnen: »Siehe, der Mensch!« (6) Als ihn nun die Oberpriester und Diener sahen, schrien sie und sprachen: »Kreuzige, kreuzige!« Pilatus sagt zu ihnen: »Nehmt ihr ihn und kreuzigt ihn; denn ich finde keine Schuld an ihm.« (7) Da antworteten ihm die Juden: »Wir haben ein Gesetz, und nach diesem Gesetz muss er sterben, weil er sich selbst zum Sohn Gottes gemacht hat.«

Ironie und Paradoxie bestimmen wiederum die Szene, die zugleich von einer eigentümlichen Feierlichkeit geprägt ist: Die Oberen der Juden richten ihren unschuldigen König nach ihrem eigenen Gesetz und erkennen nicht, dass Jesu Christi wahre Hoheit in seiner Menschlichkeit besteht.

4 Pilatus geht zum dritten Mal zu den Juden hinaus und erklärt wiederum, er fände keine Schuld an Jesus. Ein dramatischer Auftritt bahnt sich an: Pilatus kündigt das Kommen Jesu an, und das Volk wartet auf seinen König. **5** Jesus erscheint als Karikatur,[86] Zerrbild[87] eines Königs, bekleidet mit einer Dornenkrone und einem schäbigen Soldatenmantel.[88] Johannes[89] lässt Pilatus die Szene deuten: ἰδοὺ ὁ ἄνθρωπος (›Siehe, der Mensch‹).

Es bieten sich verschiedene Deutungsmöglichkeiten an:[90] 1) Johannes polemisiert gegen den gnostischen Anthropos-Mythos.[91] Es ist allerdings fraglich, ob dieser Mythos in einer geschlossenen Form jemals existierte und für den 4. Evangelisten schon vorausgesetzt werden darf. 2) Johannes versteht ὁ ἄνθρωπος im Sinn von ὁ υἱὸς τοῦ ἀνθρώπου.[92] Dagegen ist einzuwenden, dass eine solche Gleichsetzung singulär wäre[93] und der Menschensohn-Titel sonst immer im Mund Jesu erscheint.[94] 3) Johannes bezieht sich auf Heilserwartungen im jüdisch-hellenistischen Bereich, in denen der Heilsbringer als ἄνθρωπος bezeichnet wird.[95] Dagegen sprechen die schmale Textbasis im Bereich des antiken Judentums und die sonstigen Titel bei Johannes. 4) Das ὁ λόγος σὰρξ ἐγένετο aus Joh 1,14 wird in 19,5 »in seiner extremsten Konsequenz sichtbar«.[96] Zwar macht Johannes an keiner Stelle eine Inkarnationsaussage mit ἄνθρωπος, dennoch weist dieser Ansatz den Weg zum Verstehen der joh. Aussage.

---

[86] Vgl. *R. Bultmann,* Joh, 510.

[87] Vgl. *R. Schnackenburg,* Joh III, 294.

[88] Vgl. Mk 15,17.20; sprachliche Parallelen bestehen zwischen Joh 19,5a und Mk 15,17b. Bei Appianus, Bella civilia II 150, heißt der Soldatenmantel ἡ πορφύρα.

[89] Zum redaktionellen Charakter von 19,4.5 vgl. *A. Dauer,* Passionsgeschichte, 106.108; *M. Lang,* Johannes und die Synoptiker, 181–185.

[90] Vgl. auch *M. Lang,* Johannes und die Synoptiker, 182–184.

[91] Vgl. *J. Gnilka,* Christologie, 106 f.

[92] Vgl. *C. K. Barrett,* Joh, 520 f.; *A. Dauer,* Passionsgeschichte, 109; *C. H. Dodd,* Interpretation, 437; *J. Blank,* Joh III, 92.

[93] Joh 8,28 reicht als Begründung nicht aus, denn ein Bezug auf 19,5 ist nicht zu erkennen.

[94] Vgl. *R. Schnackenburg,* Die Ecce-homo-Szene und der Menschensohn (FS A. Vögtle), Freiburg 1975, 371–386.

[95] Vgl. *W. A. Meeks,* Prophet-King, 69–72; *R. E. Brown,* John II, 876.

[96] *R. Bultmann,* Joh, 510.

Gerade dieser erniedrigte, in den Augen der Umherstehenden lächerliche Mensch ist der Sohn Gottes, der am Kreuz erhöht und verherrlicht wird. Johannes dürfte hier Jes 52,13.14 im Blick haben,[97] zugleich verschränken sich Christologie und Anthropologie: Jesus Christus begegnet den Menschen in der Entäußerung des Leidens, und er ist gerade darin ›der Mensch‹. Jesus Christus ist der Mensch schlechthin, denn er schafft durch seine Selbsthingabe am Kreuz den Menschen Raum, in der Wahrheit und der Liebe zu leben. Die Glaubenden werden selbst zu wahren Menschen, indem sie die Liebe und Entäußerung Jesu Christi aufnehmen, so dass einer dem anderen Mensch wird.   **6** Die Oberen und ihr Gefolge, nicht das Volk,[98] reagieren auf das von Pilatus veranstaltete Schauspiel mit dem Kreuzigungsruf. In den synoptischen Berichten erscheint der Kreuzigungsruf bei der Barabbas-Szene (Mk 15,13 fpar), die joh. Darstellung[99] ist auch hier durch eine steigernde Dramatisierung gekennzeichnet: Das Auftreten ihres Königs beantworten die religiösen Führer Israels mit dem Kreuzigungsruf. Pilatus will das Verfahren wiederum auf die jüdischen Instanzen abwälzen; sie sollen Jesus kreuzigen, weil er keine Schuld an ihm findet. Diese dritte Unschuldserklärung (vgl. Joh 18,38b; 19,4b)[100] verdeutlicht aus joh. Sicht, wer die Schuld an Jesu Tod trägt: die Führer des jüdischen Volkes. Historisch trifft diese Beurteilung zu, denn auf jüdischer Seite wurde der Tod Jesu nicht vom ganzen Volk, ›den Juden‹ oder den Pharisäern betrieben, sondern von der sadduzäischen Führungsschicht.[101]   **7** Wie in Joh 5,18; 10,33 erheben die Juden den Vorwurf, Jesus habe sich selbst zum Sohn Gottes gemacht, und er müsse deshalb sterben (vgl. Lev 24,16). Für Johannes ist somit der Unglaube der wahre Grund für den Tod Jesu.

7. Das zweite Verhör vor Pilatus 19,8–11

(8) Als nun Pilatus dieses Wort gehört hatte, fürchtete er sich um so mehr. (9) Und er ging wieder in das Prätorium hinein und spricht zu Jesus: »Woher bist du?« Jesus gab ihm aber keine Antwort. (10) Da sagt Pilatus zu ihm: »Redest du nicht mit mir? Weißt du nicht, dass ich Macht habe, dich freizulassen, und Macht habe, dich zu kreuzigen?« (11) Jesus antwortete ihm: »Du hättest über mich überhaupt keine Macht, wenn es dir nicht von oben gegeben wäre. Deshalb hat, der mich dir übergab, größere Sünde.«

---

[97] Vgl. *J. Blank,* Johannespassion, 162.

[98] In Mk 15,11 fordert das Volk, in Mt 27,22 fordern ›alle‹ die Kreuzigung Jesu, in Lk 23,18 schreien ›sie insgesamt‹.

[99] *A. Dauer,* Passionsgeschichte, 127f, hält V. 6 für traditionell: Nicht ›die Juden‹, wie vor- und nachher, sondern die Hohepriester und ihre Diener stehen im Mittelpunkt. Sowohl bei Johannes als auch bei Lukas (Lk 23,22) folgt auf den Kreuzigungsruf eine Unschuldserklärung des Pilatus.

[100] Auch bei Lukas finden sich drei Unschuldserklärungen (Lk 23,4; 23,14f; 23,22), die dritte wie bei Johannes nach dem Kreuzigungsruf.

[101] Der joh. Sprachgebrauch ist wiederum sehr differenziert: Die Pharisäer erscheinen 18mal in Joh 1–12; hingegen nur einmal im Passionsbericht (Joh 18,3). Der Evangelist weiß, dass die Pharisäer zwar Gegner Jesu waren, nicht aber seine Kreuzigung betrieben. Demgegenüber treten die ἀρχιερεῖς und die ὑπηρέται ausschließlich im Zusammenhang mit der Verfolgung und dem Prozess Jesu auf (vgl. Joh 7,32.45.46; 11,47 ff; 18,3 ff).

Die Wahrheits- und die Machtfrage treffen wieder aufeinander, wobei deutlich wird, dass nur die Wahrheit wirklich Macht besitzt.

8 Pilatus gerät in Furcht gegenüber dem Anspruch Jesu, Gottes Sohn zu sein. Vor den Juden musste er keine Angst haben, nun aber befällt den Vertreter irdischer Macht plötzlich große Unsicherheit angesichts der Möglichkeit, dass Jesus wirklich Gottes Sohn sein könnte. Pilatus fühlt sich getrieben, sich noch einmal mit diesem Jesus von Nazareth zu beschäftigen. **9** Er geht zurück in das Prätorium und fragt nach Jesu Herkunft. Damit tritt ein zentraler Zug joh. Christologie[102] in den Mittelpunkt, der schon mehrfach die Auseinandersetzung zwischen Jesus und den Juden (vgl. Joh 7,27 f; 8,14; 9,29 f) bestimmte: Jesu himmlische Herkunft. Jesus Christus ist der von Gott kommende Offenbarer, das vom Himmel herabgestiegene Brot des Lebens. Als Sohn Gottes ist er nicht aus dieser Welt. Jesus antwortet Pilatus nicht; sein Schweigen[103] ist sachgemäß, denn der dem Irdischen verhaftete Pilatus könnte die Antwort des himmlischen Offenbarers ohnehin nicht verstehen. **10** Jesu Schweigen verunsichert und provoziert Pilatus zugleich. Er vertritt das Imperium Romanum und besitzt nach eigener Einschätzung die Macht, Jesus freizulassen oder zu kreuzigen.[104] **11** Hier widerspricht ihm Jesus und deckt die wahren Machtverhältnisse auf. Zwar hat Pilatus die Verfügungsgewalt über Jesus, aber die verlieh ihm in diesem Fall nicht der römische Staat, sondern Gott. Mit ἄνωθεν = ›von oben‹ umschreibt Johannes auch hier den himmlischen, göttlichen Bereich, aus dem Jesus selbst kommt (vgl. Joh 3,31) und der Pilatus diese Rolle zudachte. Eine göttliche Legitimation staatlicher Macht beabsichtigt Johannes nicht,[105] vielmehr zeigt er im Gegenteil die Grenzen des Staates und die wirklichen Machtverhältnisse im Himmel und auf Erden auf. Eine apologetische Tendenz offenbart sich in V. 11c: Wirkliche Schuld luden all jene auf, die den Tod Jesu aktiv betrieben,[106] aus joh. Perspektive vor allem Judas als Instrument des Satans und die Führer des jüdischen Volkes.

---

[102] Joh 19,8–11 sind durchweg redaktionell; vgl. *A. Dauer,* Passionsgeschichte, 117 f; *M. Lang,* Johannes und die Synoptiker, 188–193.

[103] Vgl. Mk 14,61/Mt 26,63; Mk 15,5/Mt 27,14; Lk 23,9; anders als in der synoptischen Überlieferung spielt das Schweigemotiv bei Johannes keine große Rolle. Zum antiken Motiv des Schweigens des Philosophen vor dem Richter vgl. *D. Zeller,* Jesus und die Philosophen vor dem Richter (zu Joh 19,8–11), BZ 37 (1993), 88–92.

[104] Zu den weitreichenden Befugnissen eines römischen Präfekten vgl. *A. N. Sherwin-White,* Roman Society, 1–23.

[105] Gegen *R. Bultmann,* Joh, 512, der behauptet: »Seine (sc. Jesu) Worte besagen, daß die Autorität des Staates nicht aus der Welt stammt, sondern durch Gott begründet ist. Nicht erst das Wissen um den Bezug zu Gott stellt die Autorität her; sie ist mit dem Amte gegeben, und die ἐξουσία des Pilatus stammt von Gott, wie er sie auch anwenden mag« (Selbstkorrektur in EH, 54). Vgl. zur Kritik an Bultmann bes. *H. v. Campenhausen,* Zum Verständnis von Joh 19,11, ThLZ 73 (1948), 387–392.

[106] παραδούς hat generellen Charakter, vgl. *R. Schnackenburg,* Joh III, 302.

8. Die Verurteilung Jesu 19,12–16a

(12) Von da an suchte Pilatus, ihn freizulassen. Die Juden aber schrien und sprachen: »Wenn du diesen freilässt, bist du kein Freund des Kaisers. Jeder, der sich selbst zum König macht, widersetzt sich dem Kaiser.« (13) Als Pilatus diese Worte hörte, führte er Jesus hinaus und setzte sich auf seinen Richterstuhl an dem Ort, der Lithostrotos, auf hebräisch aber Gabbata heißt. (14) Es war aber der Rüsttag zum Passa-Fest, um die sechste Stunde. Und er spricht zu den Juden: »Seht, euer König!« (15) Jene aber schrien: »Weg, weg, kreuzige ihn!« Pilatus sagt zu ihnen: »Euren König soll ich kreuzigen?« Die Oberpriester antworteten: »Wir haben keinen König außer dem Kaiser!« (16a) Dann übergab er ihn ihnen, damit er gekreuzigt würde.

Den Hörern/Lesern vermittelt sich der Eindruck, Pilatus wolle Jesus nun doch freilassen (vgl. Lk 23,16.20.22).[107] Kurz vor dem Urteilsspruch steigert die joh. Erzählung[108] damit die Spannung und verschärft den Kontrast zwischen dem Verhalten des Pilatus und der unnachgiebigen Haltung der Führer der Juden.

12 Die Juden setzen Pilatus mit einem politischen Argument unter Druck: Wenn er Jesus freilässt, ist er kein Freund des Kaisers mehr. Möglicherweise besaß Pilatus durch die besondere Verbindung zu dem einflussreichen Seianus den Ehrentitel ›amicus Caesaris‹, der hervorragenden Männern verliehen wurde.[109] Dann käme der Statthalter in den Verdacht, nicht loyal zum Kaiser Tiberius zu stehen.[110] Er hätte den ›Judenkönig‹ Jesus Christus begünstigt und die Autorität des Kaisers in Frage gestellt. Zugleich entscheiden sich die Juden mit dieser Argumentation gegen den himmlischen König Jesus Christus und für den heidnischen Kaiser in Rom. Der wahre Sohn Gottes wird zugunsten des Kaisers geopfert, der sich selbst zum Gott macht. **13** Pilatus kann sich dem für seine Person gefährlichen Vorwurf der Illoyalität gegenüber dem Kaiser nicht entziehen, die Entscheidung bahnt sich an. Der Präfekt setzt sich auf den Richterstuhl[111] und lässt Jesus herausführen. Die Ortsangabe ›Lithostrotos‹ unterstreicht

---

[107] Vgl. *R. Baum-Bodenbender*, Hoheit in Niedrigkeit, 38 f.

[108] Eine überzeugende Trennung von Redaktion und Tradition ist in V. 12.13 nicht möglich; vgl. zum Für und Wider *A. Dauer*, Passionsgeschichte, 128–130.

[109] Die Caesaren banden durch diesen Titel vor allem Senatoren und Ritter an sich. Sie hatten dadurch großen Einfluss (vgl. Epikt, Diss IV 1,95), zugleich standen sie aber immer in der Gefahr, durch Intrigen nicht nur ihren Titel, sondern auch ihre soziale Stellung und ihren Besitz zu verlieren sowie verbannt zu werden (vgl. z. B. Suet, Augustus 66,2; Tac, Annalen III 24; VI 29). Vgl. zu diesem ganzen Komplex *E. Bammel*, Φίλος τοῦ καίσαρος, ThLZ 77 (1952), 206–210.

[110] Pilatus würde sich damit des crimen laesae maiestatis schuldig machen, d. h. die Souveränität des Kaisers antasten; zu den Folgen eines solchen Verdachtes vgl. z. B. Tac, Historien I 77,3.

[111] Historisch und theologisch gleichermaßen unwahrscheinlich ist der Versuch, καθίζειν = ›setzen/sitzen‹ transitiv zu verstehen: Pilatus setzt Jesus auf den Richterstuhl (vgl. dazu den Exkurs bei *A. Dauer*, Passionsgeschichte, 269–274, dort auch die Auseinandersetzung mit der Literatur; vgl. zur Diskussion ferner *J. Blinzler*, Prozeß Jesu, 346–356; *F. Hahn*, Prozeß Jesu, 48–50; *R. E. Brown*, Death of the Messiah II, 1388–1393; *M. Lang*, Johannes und die Synoptiker, 196–199). Dagegen spricht deutlich die joh. Intention, Jesu Königtum offiziell durch Pilatus bestätigen zu lassen. Jesus ist auf der äußeren Prozessebene nicht sein eigener Richter, er wird gerichtet. Bei Josephus (Bellum II 301) heißt es über den Statthalter Florus (64–66 n. Chr.): »Florus, der damals im Königspalast abgestiegen war, ließ am nächsten Tage vor dem Palast den Richtstuhl (βῆμα) aufstellen und nahm darauf Platz (καθέζεται) ... «

den amtlichen Charakter des Geschehens; es handelt sich um einen mit Steinplatten gepflasterten Platz vor dem Prätorium.[112] Die aramäische Bezeichnung ist keine Übersetzung des griechischen Ausdruckes, sondern meint ›Anhöhe, Erhöhung‹.[113] **14** Auch ein chronologisches Signal[114] unterstreicht die Bedeutung der Szene: Es war der Rüsttag des Passafestes,[115] ungefähr die sechste Stunde (vgl. Joh 4,6), also um zwölf Uhr am Mittag. Pilatus präsentiert den Juden Jesus als ihren König.

Alle vier Evangelien stimmen darin überein, dass Jesus an einem Freitag gekreuzigt wurde (Mk 15,42; Mt 27,62; Lk 23,54; Joh 19,14.31.42). Nach den Synoptikern ist dieser Freitag der erste Tag des Passafestes, der 15. Nisan (vgl. Mk 14,12par). Bei Johannes stirbt Jesus am Rüsttag des Passa, dem 14. Nisan am Nachmittag (vgl. Joh 18,28; 19,14.31),[116] genau zu dem Zeitpunkt, als die Passalämmer auf dem Tempelplatz geschlachtet wurden.[117] Auch die mk. Tradition stützt die joh. Überlieferung, denn nach Mk 14,1 f sollte Jesus vor dem Fest inhaftiert und getötet werden und Judas soll Jesus ›rechtzeitig‹ (εὐκαίρως) übergeben (Mk 14,11), d. h. die Gefangennahme Jesu erfolgte in der Nacht vom 13. zum 14. Nisan.[118] Für diese Datierung spricht ferner die Notiz in Mk 15,20 f, Simon von Kyrene sei vom Acker gekommen und habe das Kreuz Jesu tragen müssen. Am Passa ruhte alle Arbeit, so dass auch hier an den Rüsttag zum Passa zu denken ist, was bei Streichung des Zusatzes ὅ ἐστιν προσάββατον auch in Mk 15,42 vorausgesetzt wird. Schließlich bestätigt auch 1Kor 5,7 diese Deutung: »Unser Passa ist ja auch schon geopfert, Christus«;[119] ferner 1Petr 1,19. Hinzu kommt ein generelles Argument: Der Prozess konnte weder aus jüdischer Sicht (Verletzung der Sabbatgebote) noch aus römischer Perspektive (Angst vor Unruhen) am Sabbat stattfinden.

15 Die Juden reagieren auf Jesu Auftreten mit der nachdrücklichen Forderung: »Weg, weg, kreuzige ihn!« Noch einmal versucht Pilatus die Auslieferung Jesu zu verhindern, betont spricht er von ›eurem König‹ und will die Juden noch einmal umstimmen. Aber die Kluft ist zu groß, die Oberpriester treiben Pilatus wiederum in die Enge, indem sie indirekt mit einer Intervention beim Kaiser drohen, falls Pilatus Jesus nicht kreuzigen lassen sollte. Die ganze Tragik des Prozesses gegen Jesus offenbart sich im Satz der Oberpriester: »Wir haben keinen König außer dem Kaiser.« Damit geben die Juden ihren wahren König preis und zugleich ihre messianischen Hoffnungen auf. Sie

---

[112] Es ist umstritten, ob eine bei der Festung Antonia freigelegte Pflasterung mit dem Lithostrotos aus Joh 19,13 identifiziert werden kann; vgl. dazu *E. Otto,* Jerusalem – die Geschichte der Heiligen Stadt, Stuttgart 1980, 139.

[113] Vgl. *Billerbeck* II, 572; ferner *C. K. Barrett,* Joh, 523 f; *B. Schwank,* Joh, 446.

[114] Die Angaben in Joh 19,14 sind traditionell; vgl. *A. Dauer,* Passionsgeschichte, 132–136; *M. Lang,* Johannes und die Synoptiker, 199–201.

[115] Vgl. *Billerbeck* II, 834 f.

[116] Nach wie vor grundlegend für alle Probleme ist die überzeugende Argumentation bei *Billerbeck* II, 812–853; vgl. ferner *J. Jeremias,* Die Abendmahlsworte Jesu, 73 ff (kritisch gegenüber der joh. Chronologie); *A. Strobel,* Der Termin des Todes Jesu, ZNW 51 (1960), 69–101; *A. Dauer,* Passionsgeschichte, 132–143; *R. Ries*ner, Die Frühzeit des Apostels Paulus, WUNT 71, Tübingen 1994, 31–52 (Freitag, der 14. Nisan [= 7. April] des Jahres 30 als Termin für die Kreuzigung).

[117] Vgl. Joseph, Ant XVII 213; Bellum VI 423.

[118] Vgl. *A. Strobel,* Termin des Todes Jesu, 73.

[119] Wurde der 14. Nisan aus theologischen Gründen (Jesus als wahres Passalamm) als Hinrichtungstag Jesu gewählt (so z. B. *O. Betz,* Probleme des Prozesses Jesu, ANRW 25.1, Berlin 1982, 572; *J. Blank,* Joh III, 73)? Dagegen spricht, dass Johannes (wie Paulus) keine Passalamm-Typologie entwickelt; vgl. *A. Dauer,* Passionsgeschichte, 137–142.

unterwerfen sich einem Kaiser, der eine Verehrung als Gott fordert.   **16a** Nach diesem Bekenntnis der Oberpriester kann Pilatus den Forderungen der Juden nicht länger widerstehen, wenn er sich nicht vom Kaiser lossagen will. So endet der Prozess gegen Jesus mit der Übergabe zur Kreuzigung (vgl. Mk 15,15b).[120]

Johannes gestaltet den Prozess gegen Jesus als ein hochdramatisches Geschehen, denn es ist der Prozess der ungläubigen Welt gegen den Offenbarer Gottes. Pilatus erscheint als ein vielschichtiger Charakter (in gewisser Weise offen für Jesus, zugleich aber Skeptiker und in politischen Zwängen gefangen) und fungiert als Zeuge der Unschuld Jesu, denn nur als Unschuldiger übt Jesus durch seinen Tod eine Heilsfunktion aus. Theologisch verbürgt Gott die Unschuld Jesu, literarisch vermochte innerhalb der Erzählung nur Pilatus diese Funktion zu übernehmen. Zugleich gilt aber: Pilatus kann den Anspruch Gottes in Jesus Christus nicht wirklich verstehen, und die Führer der Juden wollen ihn nicht akzeptieren.

---

[120] In V. 16a dürfte τότε οὖν redaktionell sein. Schwierig ist αὐτοῖς zu beurteilen; nach der internen Erzähllogik sind die Juden bzw. Hohepriester gemeint (V. 6.15), denen es aber nach Kap. 18,31; 19,6 f nicht erlaubt ist, Todesurteile auszuführen.

XIII. Kreuzigung und Begräbnis Jesu 19,16b–42*

1. Die Kreuzigung Jesu 19,16b–22

(16b) Sie übernahmen nun Jesus. (17) Und er selbst trug das Kreuz und ging hinaus an den Ort, den man Schädelstätte nennt, auf hebräisch Golgotha. (18) Dort kreuzigten sie ihn und mit ihm zwei andere, zur einen und zur anderen Seite, in der Mitte aber Jesus. (19) Pilatus schrieb aber auch eine Inschrift und befestigte sie oben am Kreuz. Es stand geschrieben: ›Jesus der Nazaräer, der König der Juden‹. (20) Diese Aufschrift lasen nun viele der Juden, denn der Ort, wo Jesus gekreuzigt wurde, lag nahe der Stadt. Sie aber war abgefasst in Hebräisch, Lateinisch und Griechisch. (21) Zu Pilatus sprachen nun die Oberpriester der Juden: »Schreibe nicht: Der König der Juden, sondern dass jener gesagt hat: Ich bin der König der Juden.« (22) Pilatus antwortete: »Was ich geschrieben habe, habe ich geschrieben.«

Das Königsmotiv wird weiter ausgeführt; der geschundene Jesus von Nazareth trägt sein Kreuz selbst und sitzt als König der Juden auf seinem Thron. Bereits am Kreuz beginnt seine Herrschaft, denn es wird keine Finsternis berichtet (vgl. Mt 27,45), weil er das Licht der Welt ist (vgl. Joh 8,12; 1,4 f). Es wird keine Gottverlassenheit geschildert, denn er vollendet den Auftrag des Vaters, der immer bei ihm ist und ihn nicht verlassen wird (vgl. Joh 8,29).

16b Jesus wird übernommen und zur Kreuzigung abgeführt (vgl. Mk 15,20b). Unklar bleibt in der vorliegenden Textabfolge das Subjekt von παρέλαβον (›sie übernahmen‹). Im Plural erscheinen zuletzt die Juden bzw. Oberpriester (V. 14.15), die aber als Subjekt in V. 16b dem historischen Ablauf nicht entsprechen.[1] Möglicherweise formuliert Johannes wiederum bewusst missverständlich, um die Schuld der Juden und ihrer Führer zu betonen, obwohl deutlich ist, dass es Soldaten sind, die Jesus nach der Geißelung ›übernehmen‹, ihn ›krönen‹, verspotten und dann zur Hinrichtungsstätte hinausführen.   **17** Während bei den Synoptikern Simon von Kyrene das Kreuz Jesu zum Ort der Kreuzigung trägt (Mk 15,21par), ist es im 4. Evangelium Jesus selbst. Dieser historisch wahrscheinlich zutreffende[2] und zugleich auffällige Zug[3] dürfte auf

---

* Literatur: *Dauer, A.:* Passionsgeschichte, 165–227; *Dodd, C. H.:* Historical Tradition, 121–136; *Heil, J. P.:* Blood and Water, 77–119; *Lang, M.:* Johannes und die Synoptiker, 207–239; *Mohr, T. A.:* Markus- und Johannespassion, 313–364.

[1] Diese Unstimmigkeit führte vielfach zu der Vermutung, dass auf vorjoh. Ebene Joh 19,16b an 19,1.2aα anschloss und damit der Abfolge in Mt 27,27–33 entsprach; vgl. dazu A. *Dauer,* Passionsgeschichte, 166 f.168.

[2] Vgl. Plut, Mor 554B: »Ein jeder Verbrecher muss mit dem Leibe sein Kreuz zur Hinrichtung hinaustragen …«

[3] *R. Bultmann,* Joh, 517 Anm. 4; *J. Becker,* Joh II, 692, spielen die Bedeutung dieser Szene herunter, wenn sie behaupten, sie sei unbetont und ohne eigenes Gewicht.

Johannes zurückgehen.[4] In Anlehnung an synoptische Nachfolgelogien (vgl. Lk 14,27) formuliert er damit ein doppeltes theologisches Anliegen: 1) Er betont die Niedrigkeit des leidenden Gottessohnes Jesus Christus.[5] Jesus trägt sein Kreuz selbst, kein anderer kann es für ihn tragen. Die Prophezeiung des Täufers aus Kap. 1,29 gewinnt eindringlich Gestalt: »Siehe das Lamm Gottes, das trägt die Sünde der Welt« (vgl. Joh 1,36). 2) Johannes verdeutlicht mit dem Bild des kreuztragenden Jesus seiner Gemeinde, dass auch sie zur Leidensnachfolge bereit sein muss, so wie sie es in der Vergangenheit schon tat (vgl. Joh 9,22, 12,42, 16,2). Der Kreuzigungsort lag außerhalb der damaligen Stadtmauern Jerusalems (vgl. V. 20b), wo Gefangene hingerichtet wurden (vgl. Joseph, Bellum IV 360). Auch die joh. Tradition[6] (vgl. Mk 15,22; Mt 27,33) nennt das aramäische Wort für diesen Platz und die griechische Übersetzung. Wahrscheinlich lag Golgotha an dem Ort der späteren Grabeskirche.　**18** Der Vollzug der Kreuzigung wird kurz geschildert (vgl. Mk 15,24a).[7] Die Bezeichnung der beiden Mitgekreuzigten als λῃσταί = ›Räuber/Verbrecher‹ (Mk 15,27/Mt 27,38) ersetzt Johannes wahrscheinlich durch ἄλλους = ›andere‹, um so ein politisches Missverständnis der Kreuzigung Jesu zu vermeiden.[8] Auch die Bemerkung μέσον δὲ τὸν Ἰησοῦν = ›in der Mitte aber Jesus‹ geht auf den Evangelisten zurück; Jesus wird am Kreuz ein besonderer Platz zugedacht, der Blick richtet sich allein auf den sterbenden König der Juden.

Exkurs 16: Der Tod am Kreuz

Die Kreuzigung galt als eine entehrende Strafe.[9] Der Delinquent musste oftmals den Querbalken zur Kreuzigungsstätte tragen,[10] er wurde angenagelt (vgl. Joh 20,25.27)[11] und starb zumeist nach einem langen Leidenskampf[12]. Um das Leben des Delinquenten zu verlängern oder zu verkürzen, hatten die Henker verschiedene Methoden entwickelt.[13] Der Tod konnte schon nach drei Stunden

---

[4]　Zu Recht wird vielfach vermutet, dass Johannes die Szene mit Simon von Kyrene bewusst ausließ; vgl. *A. Dauer,* Passionsgeschichte, 169; *J. Blank,* Joh III, 114.

[5]　Zumeist wird diese Szene im Sinn einer Hoheitschristologie interpretiert, sie unterstreicht dann die »Freiwilligkeit und Überlegenheit Jesu« (*A. Dauer,* Passionsgeschichte, 168), oder »Jesus wird ›heroisiert‹« (*J. Blank,* Joh III, 114). M. E. ist das Gegenteil der Fall, Jesu Menschlichkeit erfährt eine unübersehbare Betonung. Zur antidoketischen Ausrichtung der Szene vgl. auch *W. Schmithals,* Johannesevangelium und Johannesbriefe, 409; *M. Lang,* Johannes und die Synoptiker, 210.

[6]　Joh 19,17b ist als traditionell anzusehen, vgl. *A. Dauer,* Passionsgeschichte, 170 f.

[7]　Bis auf die beiden angeführten redaktionellen Eingriffe gehört auch V. 18 zur Tradition.

[8]　Wie in Lk 23,33b wird die Schächergeschichte im Gegensatz zur mk. Abfolge vorgezogen.

[9]　Vgl. Joseph, Bellum VII 203; Cic, Verr II 1,7; II 5,165.170; Sen, Ep 101,12–14 (das Kreuz als »unseliges Marterholz« = infelix lignum); weitere Belege bei *H. W. Kuhn,* Jesus als Gekreuzigter in der frühchristlichen Verkündigung bis zur Mitte des 2. Jahrhunderts, ZThK 72 (1975), 7 ff; Neuer Wettstein I/2, 815–818.

[10]　Belege bei *H. W. Kuhn,* EWNT III, 640 f. Wahrscheinlich handelt es sich um ein T-förmiges Kreuz, so wie es durch den Fund von Giv'at ha-Mivtar für Palästina nachgewiesen ist.

[11]　Vgl. ferner Joseph, Bellum II 308; V 451; Lk 24,39; Kol 2,14. Der Gekreuzigte von Giv'at ha-Mivtar wurde an den Füßen angenagelt, vgl. *H. W. Kuhn,* Der Gekreuzigte von Giv'at ha-Mivtar, in: Theologia crucis – Signum crucis (FS E. Dinkler), hg. v. *C. Andresen* u. *G. Klein,* Tübingen 1979, (303–334) 320 ff; *ders.,* TRE 19 (1990), 715.

[12]　Vgl. dazu *Chr. M. Pilz,* Tod am Kreuz. Geschichte und Pathophysiologie der Kreuzigung, Diss. med., Tübingen 1986, 64 ff.

oder auch erst nach drei Tagen eintreten. Die Todesursache resultiert in der Regel aus dem Zusammenwirken folgender Faktoren: 1. Traumatischer Schock; 2. Orthostatischer Kollaps (Blutabsacken während aufrechter Körperhaltung in die untere Körperhälfte); 3. Ateminsuffizienz; 4. Herzbeuteltamponade (Ansammlung seröser Flüssigkeit am Herzen).[14]

Verantwortlich für Kreuzigungen in Palästina zeichnete durchweg der römische Statthalter. Die Kreuzigung war die bevorzugte römische Todesstrafe für Sklaven und Aufständische.[15] Im Zeitraum zwischen 63 v. Chr. und 66 n. Chr. wurden alle Kreuzigungen in Palästina an Aufständischen und ihren Sympathisanten von den Römern durchgeführt.[16] Warum aber wurde Jesus gekreuzigt, und welche Rolle spielten jüdische Instanzen in dem Verfahren? Aufschlussreich ist hier Joseph, Bellum VI 300–305, ein Text, der zeigt, dass Prophetie gegen den Tempel und die Stadt Jerusalem offenbar eine Beteiligung der jüdischen Kapitalgerichtsbarkeit an der grundsätzlich Römern zustehenden Rechtsfindung verlangte.[17] Der Text bestätigt, dass es wohl einen etablierten Instanzenweg gab. Von führenden Männern der jüdischen Selbstverwaltung wird ein offizielles Verfahren gegen den Propheten Jesus Ben Ananias angestrengt. Er wird zunächst von Mitgliedern des Synedriums verhört und dann dem Prokurator übergeben. Die Geißelung ging in der Regel der Vollstreckung eines Todesurteils voraus, d. h. die jüdischen Instanzen dürften einen Kapitalprozess angestrengt haben, die letztgültige römische Entscheidung lautete allerdings in diesem Fall auf Freispruch. Ein ähnlicher Ablauf ist für den Prozess gegen Jesus v. Nazareth zu vermuten. Die Tempelreinigung brachte Jesus offensichtlich den Vorwurf ein, die öffentliche Ordnung in wirtschaftlicher und politischer Hinsicht anzugreifen.[18] Er stellte mit seiner Aktion gegen den Tempel aus der Sicht der Sadduzäer den Kultbetrieb in Frage. Vergehen gegen den Tempel gehörten zu den »durchaus seltenen Fällen, welche die römische Rechtsfindung in der Provinz Judäa bewogen, auf dem Wege einer Ausnahmeregelung die jüdische Kapitalgerichtsbarkeit an der eigenen ›cognitio‹ zu beteiligen«.[19] Vornehmlich die Sadduzäer dürften Jesu Verhaftung angestrengt und das Verhör vor dem Hohen Rat betrieben haben. Jesus wurde dann dem römischen Statthalter übergeben, der eine eigene Untersuchung durchführte und letztverantwortlich für das Todesurteil ist.

19 Der Kreuzesinschrift kommt in der joh. Passionsgeschichte eine besondere Bedeutung zu.[20] Nur bei Johannes wird sie mit dem lateinischen Lehnwort titulus bezeichnet und von Pilatus selbst geschrieben. Ausschließlich hier ist betont davon die Rede, dass

---

13 Vgl. a. a. O., 140 ff.

14 Vgl. a. a. O., 147: »Der Tod am Kreuz wird durch eine allgemeine Hyp- und Anoxie hervorgerufen, die durch traumatischen Schock, orthostatischen Kollaps, Ateminsuffizienz und Herzbeuteltamponade verursacht werden und sich in ihren Auswirkungen gegenseitig verstärken. Welche pathologische Ursache letztendlich für den Tod am Kreuz verantwortlich gemacht werden kann, ist nicht zu entscheiden. Der todbringende Mechanismus ist ein komplexes Geschehen, das sich aus den genannten pathologischen Faktoren zusammensetzt. Die daraus gemeinsam resultierenden Hyp- und Anoxie determinieren den azidotischen Zelluntergang in den lebenswichtigen Organen.« Pilz lehnt damit die bisherigen (vornehmlich monokausalen) Erklärungen ab: Hitzschlag, Blutvergiftung, Verhungern, Verdursten, Verbluten, Ohnmacht.

15 Grundlegend ist hier *H. W. Kuhn*, Die Kreuzesstrafe während der frühen Kaiserzeit, ANRW II 25/1, Berlin 1982, 648–793.

16 Belege bei *H. W. Kuhn*, TRE 19 (1990), 714 f; umfassende Quellensammlung bei *D. W. Chapman/E. J. Schnabel*, The Trial and Crucifixion of Jesus. Texts and Commentary, WUNT 344, Tübingen 2015.

17 Zur Analyse vgl. *P. Egger*, »Crucifixus sub Pontio Pilato«, 135–147.

18 Zum Tempel vgl. *J. Maier*, Beobachtungen zum Konfliktpotential in neutestamentlichen Aussagen über den Tempel, in: Jesus und das jüdische Gesetz, hg. v. *I. Broer*, Stuttgart 1992, 173–213.

19 *K. Müller*, Kapitalgerichtsbarkeit, 82 f.

20 Joh 19,19 stammt (bis auf die Erwähnung des Pilatus) aus der vorjoh. Passionsgeschichte, der Evangelist stellte allerdings um: V. 23bc schließt gut an V. 18 an. Wie bei den Synoptikern wäre die Reihenfolge in der joh. Tradition: Kreuzigung – Aufteilung der Gewänder – Anbringung des Titulus; vgl. *A. Dauer*, Passionsgeschichte, 174–177.

die Inschrift am Kreuz angebracht wurde.[21] Der 4. Evangelist ergänzt den traditionellen Titulus[22] um die bereits in Kap. 18,5.7 erscheinende Herkunftsbezeichnung Ἰησοῦς ὁ Ναζωραῖος[23] = ›Jesus der Nazarener‹ und lenkt damit auf Kap. 1,35–39.45–49 zurück. Unzweifelhaft bezeugen alle vier Evangelien den sachlichen Kern der Urteilsbegründung: ὁ βασιλεὺς τῶν Ἰουδαίων (›der König der Juden‹). Damit rückt das Königsmotiv wieder in den Mittelpunkt; für Johannes der Ort, um mit einer letzten Auseinandersetzung zwischen Pilatus und den Juden die Bedeutung des Geschehens noch einmal zu unterstreichen. Johannes verwendet nicht ἐπιγραφή = ›Aufschrift‹, sondern das lateinische Lehnwort τίτλος = ›titulus, Titel‹ und unterstreicht damit, *dass die Kreuzesinschrift Anklagetafel und Ehrentitel zugleich ist.* **20** Viele Juden lesen die Kreuzesinschrift, weil die Hinrichtungsstätte nahe der Stadt liegt. Die Inschrift ist in der aramäischen Volkssprache, der lateinischen Amtssprache und der griechischen Handelssprache abgefasst.[24] Damit wird das Königtum Jesu aller Welt bekanntgemacht und die verheißungsgeschichtliche Linie von Joh 4,22b wiederaufgenommen. Johannes[25] unterstreicht mit der Erwähnung des Lateinischen und Griechischen die Universalität des Christusgeschehens: Der gesamte Erdkreis soll wissen, dass Jesus wirklich der König der Juden und der Retter der Welt ist. So wird Pilatus zum ersten Missionar Jesu!   **21** Die Oberpriester erheben Einspruch, denn für sie ist der Titulus bloße Anmaßung. Es soll klargestellt werden: Jesus ist nicht der König der Juden, er gab sich nur als solcher aus.   **22** Pilatus wehrt dieses Ansinnen ab und entspricht damit der ihm von Gott zugewiesenen Rolle im Prozess gegen Jesus. Die Inschrift ist unabänderlich, weil sie der Wahrheit entspricht.[26]

Als Gekreuzigter ist Jesus von Nazareth der König der Juden und Retter bzw. Richter der Welt. Mit der Herkunftsbezeichnung ὁ Ναζωραῖος (›der Nazarener‹) spannt Johannes bewusst einen Bogen über sein gesamtes Evangelium: Aus dem unscheinbaren Nazareth stammt wirklich der Messias (vgl. Joh 1,45 f.49), der als König in Jerusalem einzog (vgl. Joh 12,13–15) und seinem Volk als geschundene Gestalt vorgestellt wurde (vgl. Joh 19,5). Die Hörer und Leser des Evangeliums müssen nicht mehr wie die Juden am Titulus vorübergehen, um zu lesen und zu verstehen; ihr Weg durch das Evangelium führte sie bereits zur Wahrheit der Kreuzesinschrift.

---

[21]   Bei Mt 27,37/Lk 23,38 wird dies vorausgesetzt, Mk 15,26 spricht nur davon, dass eine Inschrift mit der Schuldangabe existierte. Eine exakte Parallele für die joh. Darstellung gibt es nicht (vgl. *H. W. Kuhn,* Jesus als Gekreuzigter, 5 Anm. 13); mehrfach bezeugt ist nur der Brauch, dass bei Verurteilten eine Tafel vorangetragen wurde, die ihre Schuld benannte (vgl. Suet, Caligula 32,2; Domitian 10,1; Dio Cass 54,3,7). Historische Zweifel an der Anbringung der Kreuzesinschrift sind m. E. unbegründet, gegen *J. Blank,* Joh III, 109.

[22]   Die ursprüngliche Form dürfte Mk 15,26 wiedergeben: ὁ βασιλεὺς τῶν Ἰουδαίων (›der König der Juden‹).

[22]   In Joh 18,5.7 ist Ναζωραῖος als Erkennungs- und Identifikationswort zweifellos Herkunftsbezeichnung; zu alternativen Interpretationen vgl. *H. Kuhli,* EWNT II, 1117–1121.

[24]   Zu mehrsprachigen Inschriften vgl. Joseph, Ant XIV 191; Bellum VI 125 (= Neuer Wettstein I/2, 820).

[25]   Zum redaktionellen Charakter von V. 20–22 vgl. *A. Dauer,* Passionsgeschichte, 177–182.

[26]   Die Betonung der Unabänderlichkeit der Inschrift unterstreicht die positive Funktion des Titels ὁ βασιλεὺς τῶν Ἰουδαίων innerhalb der joh. Theologie; gegen *E. Stegemann/W. Stegemann,* König Israels, nicht König der Juden? Jesus als König Israels im Johannesevangelium, in: Messias-Vorstellungen bei Juden und Christen, hg. v. *E. Stegemann,* Stuttgart 1993, 41–56, wonach bei Johannes eine Distanzierung gegenüber dem Titel ›König der Juden‹ und eine Identifizierung mit dem Titel ›König Israels‹ vorliegen soll.

2. Die Verteilung der Kleider 19,23–24

(23) Nachdem nun die Soldaten Jesus gekreuzigt hatten, nahmen sie seine Kleider und machten vier Teile daraus, für jeden Soldaten ein Teil, und das Untergewand. Das Untergewand aber war ohne Naht, von oben her ganz durchgewebt. (24) Sie sagten nun zueinander: »Wir wollen es nicht zerteilen, sondern darüber losen, wem es gehören soll.« Damit die Schrift erfüllt werde, die sagt: »Sie teilten meine Kleider unter sich und warfen über mein Gewand das Los.« Dies also taten die Soldaten.

23 Mit V. 23a (οἱ οὖν ... τὸν Ἰησοῦν) verknüpft der Evangelist die Kreuzigungsszene mit der folgenden Erzählung über die Kleiderverteilung und den Loswurf.[27] Dieser traditionelle Erzählteil[28] wurde von dem abschließenden Psalmzitat her entworfen. Dem ersten Teil des Zitats entspricht die Kleiderverteilung, dem zweiten das Los über das Untergewand. Da den Soldaten des Hinrichtungskommandos die Kleider des Hingerichteten zustanden,[29] teilten sie die Kleider Jesu in vier Teile. Dem Plural τὰ ἱμάτια entsprechen die vier Teile der Oberkleidung, dem Singular τὸν ἱματισμόν das nahtlose Unterkleid.   **24** Der besonderen Art des Kleidungsstückes entsprechend, zerteilen es die Soldaten nicht, sondern werfen darüber das Los. Gegen den Psalmtext und die synoptische Überlieferung (vgl. Mk 15,24bpar: τὰ ἱμάτια) spricht Johannes beim zweiten Kleidungsteil von einem χιτών. Eine symbolische Deutung des Gewandes (1. der ungenähte Rock des Hohepriesters Jesus; 2. das nahtlose Gewand als Symbol für die Einheit der Kirche) entspricht kaum der Intention des Textes.[30] Jesus würde dann das hohepriesterliche Gewand oder die Einheit der Kirche ablegen! Näherliegend ist eine Interpretation, die sich in den unmittelbaren Kontext einpasst: Jesus hängt entblößt und gedemütigt am Kreuz; die letzte Ehre wurde ihm genommen, er ist nackt. Stärker als die Synoptiker betont Johannes Jesu Menschlichkeit und sein wirkliches Leiden, d. h. die Szene ist deutlich von einem antidoketischen Akzent geprägt.[31] Die abschließende Zitateinleitung ἵνα ἡ γραφὴ πληρωθῇ = ›damit die Schrift erfüllt wird‹ weist auf den Evangelisten (vgl. Joh 13,18; 17,12; 19,24). Das Zitat entspricht wortwörtlich dem LXX-Text, im Gegensatz zu den Synoptikern wird bei Johannes Ps 21,19LXX aber vollständig zitiert.[32] Die folgenden Schriftzitate in 19,28 f.36 f

---

[27] Die joh. Tradition hat die gleiche Abfolge wie die Synoptiker: 1. Kreuzweg (19,16b.17b), 2. Kreuzigung (19,18ab), 3. Kleiderverteilung (19,23b.24), 4. Kreuzesinschrift (19,19). Alle Beobachtungen weisen darauf hin, dass sowohl die joh. Tradition als auch der 4. Evangelist den mk. und lk. Passionsbericht kannten; zur Analyse vgl. *M. Lang,* Johannes und die Synoptiker, 219–223.

[28] Vgl. zur ausführlichen Begründung des redaktionellen Charakters von V. 23a und der traditionellen Formung von V. 23b.24 *A. Dauer,* Passionsgeschichte, 182–191. Im Hintergrund der joh. Ausarbeitung dürfte die mk. Anspielung (Mk 15,24b) auf Ps 21,19LXX stehen.

[29] Vgl. *J. Blinzler,* Prozeß Jesu, 368f.

[30] Darstellung der einzelnen Positionen und überzeugende Kritik an der symbolischen Auslegung bei *A. Dauer,* Passionsgeschichte, 186–191. Symbolisch interpretieren wieder *J. Blank,* Joh III, 118; *B. Schwank,* Joh, 455 f.

[31] Vgl. *A. Obermann,* Erfüllung der Schrift, 294.

[32] *A. Obermann,* a. a. O., 296, betont das Motiv der Gottesferne (vgl. Ps 21,2.12.20aLXX) als leitenden Gedanken bei der joh. Zitataufnahme.

zeigen, dass hier für Johannes ein weiterer Schwerpunkt liegt: Auch im Leiden und Sterben Jesu vollzieht sich der in der Schrift festgelegte Wille des Vaters. Die nachklappende Bemerkung über das Tun der Soldaten geht auf Johannes zurück und leitet zur nächsten Szene über.

Nichts zeigt die Wehrlosigkeit und Demütigung des Gekreuzigten schonungsloser als seine Nacktheit. In tiefster Verlassenheit erfüllt Jesus den Willen des Vaters.

3. Die Frauen und der Lieblingsjünger unter dem Kreuz 19,25–27*

(25) Es standen aber bei dem Kreuz Jesu seine Mutter und die Schwester seiner Mutter, Maria, die (Frau) des Klopas, und Maria Magdalena. (26) Als Jesus seine Mutter sah und dabeistehend den Jünger, den er liebte, sagt er zu der Mutter: »Frau, siehe, dein Sohn!« (27) Danach sagt er zum Jünger: »Siehe, deine Mutter!« Von jener Stunde an nahm der Jünger sie zu sich.

In bewusstem Kontrast zu den vier ungläubigen Soldaten des Exekutionskommandos steht das Zeugnis der vier Frauen[33] und des Lieblingsjüngers unter dem Kreuz.

25 Der Evangelist fand in seiner Tradition[34] eine an Mk 15,40 orientierte Notiz über das Zeugnis von drei Frauen unter dem Kreuz vor und gestaltete sie aus. Er komplettierte diese Gruppe mit der Mutter Jesu,[35] um so die Vierzahl zu erhalten, und zugleich die Voraussetzungen für die sich anschließende Szene unter dem Kreuz zu schaffen. Die Mutter Jesu wird nur noch in Joh 2,4 (6,42) erwähnt, d. h. sie ist die Zeugin der ersten und letzten Tat Jesu. Maria Magdalena ist auch in den joh. Erscheinungsberichten fest verankert (vgl. Joh 20,1.11–18; vgl. ferner Mk 16,1par.). Von der Schwester der Mutter Jesu und Maria, der (Frau) des Klopas, ist im Evangelium nur hier die Rede. Während bei den Synoptikern die Frauen ›von ferne‹ (μακρόθεν Mk 15,40; Lk 23,49; Mt 27,55) das Geschehen verfolgen, versetzt sie Johannes direkt unter das Kreuz. Aus den ›von ferne‹ zuschauenden Frauen werden ›nahe‹ Zeuginnen unter dem Kreuz.[36]   **26/27** Jetzt ist die ›Stunde‹ gekommen, die beim Weinwunder

---

* Literatur: *Brown, R. E.:* Death of the Messiah II, 1021–1025; *Charlesworth, J. H.:* The Beloved Disciple (s. o. Exk. 12), 57–68; *Dietzfelbinger, Chr.:* Der ungeliebte Bruder, 385–389; *Kügler, J.:* Der Jünger, den Jesus liebte, 233–239; *Lang, M.:* Johannes und die Synoptiker, 223–227; *Schürmann, H.:* Jesu letzte Weisung Jo 19,16–27c, in: *ders.,* Ursprung und Gestalt, Düsseldorf 1970, 13–28; *Zumstein, J.:* Johannes 19,25–27, ZThK 94 (1997), 131–154.

[33] Eine Reduzierung auf drei oder zwei Frauen entspricht nicht der joh. Intention; vgl. *W. Bauer,* Joh, 223; *C. K. Barrett,* Joh, 529.

[34] Vgl. zum Nachweis *A. Dauer,* Passionsgeschichte, 192 ff.

[35] Vgl. *R. Bultmann,* Joh, 520.

[36] Johannes änderte die Reihenfolge der Synoptiker (das Zeugnis der Frauen beim Kreuz erst nach dem Tod Jesu; vgl. Mk 15,40 f), weil für ihn der Akzent auf V. 26 f lag. Der Evangelist kannte Mk 15,40, denn nur unter dieser Voraussetzung ist seine Komposition erklärbar.

in Kana noch nicht sein konnte (vgl. Joh 2,4). Der sterbende Jesus weist seine Mutter und den Lieblingsjünger aneinander. Der Lieblingsjünger tritt an die Stelle Jesu, er ist nun der Sohn Marias.[37] Zugleich erfüllt Jesus die einem Sohn nach Ex 20,12 aufgetragene Rechtspflicht, für die Mutter zu sorgen. Der Lieblingsjünger nimmt Maria auf und sorgt für sie.[38] Diese vom Evangelisten Johannes gestaltete Szene[39] ist die Gründungslegende der joh. Theologie und der joh. Gemeinde. Maria repräsentiert exemplarisch die Glaubenden aller Zeiten,[40] die wie sie selbst an den Lieblingsjünger gewiesen sind.[41] So wie der Logos die Seinen aufnahm (vgl. Joh 1,11.12), nimmt nun der Lieblingsjünger Maria und damit alle Glaubenden ›zu sich auf‹ (εἰς τὰ ἴδια). Dem Lieblingsjünger gelten die letzten Worte Jesu, er ist durch das Testament Jesu am Kreuz autorisiert und sein wahrer Nachfolger. Als legitimer Deuter und Vermittler der Botschaft Jesu ist der Lieblingsjünger zugleich der Gründer und anerkannte Führer der joh. Gemeinde.

Vom Kreuz herab setzt Jesus seine Gemeinde ein, die sich wie Maria in die Obhut des Lieblingsjüngers begeben darf. Die Stunde der Kreuzigung und Erhöhung ist die Stunde der Geburt der Kirche!

4. Der Tod Jesu 19,28–30

(28) Danach, als Jesus wusste, dass alles schon vollbracht war, sagt er, damit die Schrift vollendet werde: »Mich dürstet!« (29) Es stand dort aber ein Gefäß gefüllt mit Essig. Sie steckten nun einen mit Essig gefüllten Schwamm auf einen Ysopzweig und hielten ihn an seinen Mund. (30) Als nun Jesus den Essig genommen hatte, sprach er: »Es ist vollbracht!« Und er neigte sein Haupt und übergab den Geist.

Von den Soldaten über den wahren Zeugen schwenkt der Blick nun zum Gekreuzigten, der seine letzten Worte spricht.

---

[37]   *Chr. Dietzfelbinger,* Der ungeliebte Bruder, 389, erblickt auch hier einen Seitenhieb auf Jakobus: »Damit erscheint Jakobus als der von Jesus Übergangene, als der ungeliebte Bruder, und das ist ein Affront gegen Jakobus, ein Nein, dessen Härte schockiert.«

[38]   Treffend *J. Zumstein,* Johannes 19,25–27, 140: es ist »der Lieblingsjünger, der dazu aufgefordert ist, die Mutter aufzunehmen und nicht umgekehrt.«

[39]   Es ist in der neueren Exegese fast unbestritten, dass V. 26 f auf den Evangelisten zurückgeht; vgl. zum Nachweis *T. Lorenzen,* Lieblingsjünger, 23 f; *A. Dauer,* Passionsgeschichte, 196–200; *J. Zumstein,* Johannes 19,25–27, 137 f; *M. Lang,* Johannes und die Synoptiker, 225–227. Anders *J. Becker,* Joh II, 698, der auch hier seine post-evangelistische Redaktion am Werk sieht.

[40]   Vgl. *H. Schürmann,* Jesu letzte Weisung Jo 19,16–27c, 20 ff. Andere Deutungsversuche Marias bei *A. Dauer,* Passionsgeschichte, 318 ff.

[41]   Eine andere Verhältnisbestimmung nimmt *U. Wilckens,* Maria, Mutter der Kirche (Joh 19,26 f), in: Ekklesiologie des Neuen Testaments (FS K. Kertelge), hg. v. *R. Kampling/Th. Söding,* Freiburg 1996, 247–266, vor: »Jesu Mutter soll auch in der nachösterlichen Obhut dieses Jüngers ihre Mutterrolle behalten. Sie ist und bleibt Jesu Mutter, als solche soll er sie annehmen und ehren« (a. a. O., 265).

28 Die Bedeutsamkeit der vorhergehenden Szene wird noch einmal unterstrichen und zugleich ein Spannungsbogen zu Joh 18,4 geschlagen. Was Jesus zu Beginn der Passion schon wusste, tritt nun ein: Es ist alles vollbracht und er kann sterben. Im Tod Jesu vollendet sich das ihm vom Vater aufgetragene Werk (vgl. Joh 4,34; 5,36; 17,4), auch für Johannes gelangt damit das Heilswerk Gottes am Kreuz Jesu Christi zum Ziel![42] Die Rettung der Welt vollzieht sich in der tiefsten Erniedrigung, die paradoxerweise zugleich die Erhöhung ist. So wie ›alles‹ (πάντα in Joh 1,3) durch den Logos ins Sein gerufen wurde, vollendet sich nun ›alles‹ (πάντα) im Kreuzestod des Sohnes.[43] In diesem Geschehen kommt zugleich die Schrift an ihr Ziel und Ende.[44] Die außergewöhnliche Einleitungsformel ἵνα τελειωθῇ ἡ γραφή[45] = ›damit die Schrift vollendet werde‹ signalisiert eine grundlegende theologische Aussage: Mit Jesu Tod am Kreuz gelangen der Wille des Vaters und damit zugleich die Schrift zur vollendeten Erfüllung. Das im Alten Testament niedergelegte Christuszeugnis wird nun in der Vollendung des Werkes Jesu in der Passion selbst an sein Ziel gebracht.[46] Mit διψῶ = ›ich habe Durst/mich dürstet‹ liegt eine Anspielung auf Ps 68,22LXX vor, wo es heißt: »und gegen meinen Durst tränkten sie mich mit Weinessig«.[47] Im Gegensatz zu den Synoptikern äußert bei Johannes Jesus selbst den Wunsch nach einem Trank. Damit erfüllt sich Joh 18,11b: Jesus trinkt den Kelch, den ihm der Vater gibt. Schließlich betont Johannes auch hier Jesu wahres Menschsein, denn Durst gehört zu den physischen Qualen einer Kreuzigung.   **29** Jesus wird ὄξος gereicht, d. h. verdünnter, mehr oder weniger zu Essig gewordener Wein. Das herbe Getränk der kleinen Leute und Soldaten soll das herbe Leiden am Kreuz lindern. Anders als bei den Synoptikern (vgl. Mk 15,36a)[48] wird der Schwamm nicht auf einem Rohr, sondern auf einem Ysopzweig

---

[42] Eine Alternative zwischen ›Vollendung in der Passion‹ (so *W. Grundmann*, Zeuge der Wahrheit, 79) und ›Vollendung des Werkes‹ (so z. B. *A. Dauer*, Passionsgeschichte, 210; *M. Lang*, Johannes und die Synoptiker, 228–238; *W. Thüsing*, Erhöhung, 64–69) besteht für Johannes bei τετέλεσται in 19,28.30 nicht; vielmehr: In der Passion vollendet sich das Werk Jesu. Treffend für Joh 19,38–30 ist die Analyse von *R. Bergmeier*, ΤΕΤΕΛΕΣΤΑΙ Joh. 19,30, ZNW 79 (1988), 282–290. Zur Trennung von Redaktion und Tradition vgl. *A. Dauer*, Passionsgeschichte, 201–210; *M. Lang*, Johannes und die Synoptiker, 228–238. V. 28b ist Bestandteil der traditionellen joh. Passionsgeschichte, V. 28a Redaktion des Evangelisten.

[43] Zu möglichen weiteren Bezügen auf die Schöpfungsgeschichte vgl. *M. Hengel*, Schriftauslegung, 284–286.

[44] Vgl. *J. Beutler*, Die Heilsbedeutung des Todes Jesu (s. o. VII./1), 194: »Auch der johanneische Passionsbericht sieht im Leiden und Sterben Jesu die Erfüllung der Schrift und damit des göttlichen Heilsratschlusses.«

[45] Sonst ἵνα ἡ γραφὴ πληρωθῇ (vgl. Joh. 13,18; 17,12; 19,14.36), ἵνα ὁ λόγος ... πληρωθῇ (vgl. Joh 12,38), ἵνα πληρωθῇ ὁ λόγος ... (vgl. Joh 15,25). Ab ἵνα ist in V. 28 mit Tradition zu rechnen, vgl. *A. Dauer*, Passionsgeschichte, 204 f.

[46] *W. Kraus*, Johannes und das Alte Testament, 14, betont zu Recht, dass die Spitze des joh. Schriftverständnisses über den Gedanken der Schrifterfüllung hinausgeht: »Sie besteht m. E. darin, daß Jesus die Schrift nicht nur erfüllt, sondern vollendet und daß mit der Vollendung des Geschickes Jesu die johanneische Darstellung selbst in den Rang der γραφή rückt und das maßgebliche Zeugnis für die Gemeinde wird.«

[47] Möglicherweise steht auch Ps 22,16 im Hintergrund: »Trocken wie eine Scherbe ist mein Gaumen, dass meine Zunge an meinem Kiefer klebt. In den Staub des Todes lässt du mich sinken«; vgl. ferner Ps 42,3; 63,2.

[48] Zum Verhältnis zu den Synoptikern im Einzelnen und zum traditionellen Charakter von V. 29 vgl. *A. Dauer*, Passionsgeschichte, 207–209.

dargereicht.[49] Möglicherweise wird damit auf den Gebrauch des Ysops im Rahmen des Passa angespielt (vgl. Ex 12,22; Lev 14,4.49–51; Ps 51,9; Hebr 9,19).[50] Jesus ist das wahre Passalamm, das sterbend die Sünde der Welt auf sich nimmt (vgl. Joh 1,29). **30** Der Evangelist betont ausdrücklich, dass Jesus wirklich trank.[51] Darin zeigt sich ebenso wie in der Bemerkung über das Herabsinken des Hauptes bei seinem Tod eine antidoketische Tendenz.[52] Jesu Menschlichkeit und Kreatürlichkeit wird betont; der präexistente Logos, der Schöpfungsmittler, der Sohn Gottes stirbt wirklich als Mensch.[53] Die Aussage über die Hingabe des Geistes führt die Hörer- und Lesergemeinde an den Anfang des Evangeliums zurück; der Geistträger Jesus von Nazareth (vgl. Joh 1,32.34) gibt seinen Geist auf, d. h. er stirbt. Zugleich weiß die Gemeinde, dass sein Tod die Voraussetzung für die Gabe des Geistes an die Glaubenden ist (vgl. Joh 7,39). Überaus bedeutungsvoll für die joh. Theologie ist Jesu letztes Wort am Kreuz, das testamentarischen Charakter hat: τετέλεσται = ›es ist vollbracht‹.[54] Damit bezieht sich Johannes auf εἰς τέλος = ›zur Vollendung‹ in Kap. 13,1 zurück, der Liebesdienst Jesu für die Seinen in der Fußwaschung vollendet sich nun im Tod am Kreuz. Am Kreuz gelangt die Offenbarung an ihr Ziel, vollendet sich der Weg des geschichtlichen Jesus. Hier rückt das Kreuz in die Mitte joh. Theologie. Keineswegs erscheint der Tod Jesu bei Johannes nur als ›Durchgang‹, als »Austritt aus der Welt«.[55] Noch verwunderlicher angesichts der überlegten theologischen Gestaltung der Szenen unter dem und am Kreuz erscheint die Behauptung, Johannes liege »nichts an der Art des Todes als solchem«,[56] das Entscheidende sei allein der Rückgang Jesu zum Vater. Damit werden Alternativen aufgebaut, die dem joh. Denken fremd sind. Das Kreuz ist nicht nur Durchgangsstadium im Rahmen einer dominierenden Sendungschristologie, sondern gerade bei Johannes der Ort des Heils.[57]

Mit dem Tod des Königs der Juden und des Retters der Welt beendet Johannes seinen Rundblick. Er ging vom Titulus am Kreuz aus, betrachtete dann den blutigen Alltag der Soldaten, präsentierte den wahren Zeugen Jesu, um schließlich den Blick auf dem

---

[49] Die Ysop-Pflanze ist ein ca. 50 cm hohes, dicht beblättertes Gewächs mit herbem Duft; vgl. *B. Schwank*, Joh, 460.

[50] So *M. Hengel*, Schriftauslegung, 280. Allerdings sind die Bezüge nur indirekter Art; vgl. *R. Schnackenburg*, Joh III, 331.

[51] V. 30a (ὅτε οὖν … τετέλεσται) geht auf den Evangelisten zurück, gegen *A. Dauer*, Passionsgeschichte, 209.214, der nur τετέλεσται als redaktionell ansieht. Zum redaktionellen ὅτε οὖν vgl. Joh. 2,22; 4,45; 6,24; 19,8; λαμβάνειν 45mal im Johannesevangelium.

[52] Vgl. *M. Hengel*, Schriftauslegung, 279.

[53] Zum Zusammenhang von Menschsein und Tod vgl. Sen, Ep 99,8: »Wer immer beklagt, dass jemand gestorben ist, beklagt, dass er ein Mensch gewesen ist.«

[54] *A. Dauer*, Passionsgeschichte, 212, verweist auf Jes 55,11 als traditionsgeschichtlichen Hintergrund von τετέλεσται bei Johannes; anders *M. Lang*, Johannes und die Synoptiker, 235 f, der einen griechisch-hellenistischen Hintergrund annimmt (relevante Texte in: Neuer Wettstein I/2, 829 f).

[55] Dies behauptet *J. Becker*, Joh II, 472.

[56] Ebd. Ähnlich *U. B. Müller*, Eigentümlichkeit des Johannesevangeliums, 48: »Der Tod Jesu ist primär Durchgangsstadium auf dem Wege zum Leben; er hat als solcher keine spezifische Heilsbedeutung.«

[57] Treffend formuliert *W. Loader*, Jesus in John's Gospel, 196: »Jesus' death, exaltation and return to the Father are a revelation about revelation.«

nackt und dürstend sterbenden Jesus ruhen zu lassen. In typisch joh. Ironie und Abgründigkeit erscheint so der tiefste Punkt der Erzählung als Höhepunkt!

5. Die durchbohrte Seite Jesu 19,31–37

(31) Weil nun Rüsttag war und die Leiber nicht am Sabbat am Kreuz bleiben sollten – denn groß war der Tag jenes Sabbats –, baten die Juden Pilatus, man möge ihnen die Beine brechen und sie abnehmen. (32) Es kamen nun die Soldaten und zerbrachen die Beine des ersten und (danach) des anderen, der mit ihm gekreuzigt worden war. (33) Als sie aber zu Jesus kamen und sahen, dass er schon gestorben war, zerbrachen sie seine Beine nicht, (34) sondern einer der Soldaten stach mit einer Lanze in seine Seite, und sofort kam Wasser und Blut heraus. (35) Und der es gesehen hat, hat es bezeugt, und sein Zeugnis ist wahr, und jener weiß, dass er die Wahrheit sagt, damit auch ihr glaubt. (36) Denn dies geschah, damit die Schrift erfüllt werde: »Kein Knochen wird ihm zerbrochen werden«. (37) Und wiederum sagt eine andere Schrift(stelle): »Sie werden auf den schauen, den sie durchbohrt haben.«

In Joh 19,31–37 verarbeitet der Evangelist eine Sondertradition,[58] die von dem crurifragium an den Mitgekreuzigten und dem Lanzenstich in Jesu Seite berichtet.

31 Nach Dtn 21,22 f soll ein Gehenkter nicht über Nacht am Pfahl hängen bleiben, denn er ist ein von Gott Verfluchter.[59] Die führenden Juden bitten deshalb Pilatus, den Gekreuzigten die Beine brechen zu lassen und ihre Leiber abzunehmen. Es war nämlich der Rüsttag des Passas, der als besonderer Sabbat ›großer Sabbat‹ hieß.[60] Möglicherweise konnte dieser Sabbat groß genannt werden, weil er zugleich der erste Passafeiertag war.[61] **32** Die Soldaten brechen den beiden Mitgekreuzigten die Beine, um durch das crurifragium ihre Leidenszeit zu verkürzen.[62] Sie gehen nicht der Reihe nach vor, denn nach Joh 19,18 hängt Jesus in der Mitte. Bewusst baut die Erzählung einen Spannungsbogen auf. **33** Als die Soldaten zu Jesus kommen, ist dieser schon gestorben, so dass ihm nicht die Beine gebrochen werden.[63] **34/35** Stattdessen stößt ein Soldat mit einer Lanze in die Seite Jesu. Auffällig ist die Notiz über das sofortige Heraustreten von Blut (αἷμα) und Wasser (ὕδωρ). Physiologisch dürfte dieser Vorgang

---

[58] Für Tradition plädieren u. a. *R. Bultmann,* Joh, 516; *S. Schulz,* Joh, 239; *R. E. Brown,* John II, 944 f; *E. Haenchen,* Joh, 553; *J. Becker,* Joh II, 704. Zur ausführlichen Analyse vgl. *M. Lang,* Johannes und die Synoptiker, 239–259.

[59] Vgl. auch Joseph, Bellum IV 317 f; ferner Philo, Flacc, 83: »Ich habe auch schon von solchen gehört, die gekreuzigt wurden, die man aber, weil solche Feiertage (sc. Geburtstag des Kaisers) bevorstanden, vom Kreuz abnahm und den Verwandten gab, damit sie ein würdiges Begräbnis erhielten, wie es Brauch ist.«

[60] Die Parenthese ἦν γὰρ μεγάλη ἡ ἡμέρα ἐκείνου τοῦ σαββάτου dürfte auf den Evangelisten zurückgehen, der damit auf Joh 7,37 zurückverweist; vgl. *R. Schnackenburg,* Joh III, 334.

[61] Dies vermutet *C. K. Barrett,* Joh, 533. Sollte allerdings dieser Sabbat als Darbringung der ›Omergarbe‹ auf den 16. Nisan fallen, entsteht eine Spannung zur sonstigen joh. Passionschronologie; vgl. *R. Bultmann,* Joh, 524 Anm. 5; *J. Jeremias,* Abendmahlsworte, 75.

[62] Vgl. hierzu *H. W. Kuhn,* TRE 19 (1990), 717, der darauf hinweist, dass in außerchristlichen Texten das crurifragium erst im 4. Jh. n. Chr. belegt ist.

[63] Vgl. dazu Jub 49,13, wo es über das Passalamm heißt: »Und es gibt kein Zerbrechen irgendeines Knochens aus ihm. Denn nicht wird zerbrochen werden aus den Kindern Israels irgendein Knochen.«

auf eine Herzbeuteltamponade zurückzuführen sein.[64] Im Johannesevangelium sind αἷμα und ὕδωρ aber vor allem theologisch qualifizierte Begriffe, so dass auf einer zweiten Ebene nach der theologischen Dimension des Geschehens zu fragen ist. V. 35 bezieht sich ausschließlich auf die Wirkung des Lanzenstiches in V. 34b, hingegen verweisen V. 36.37 mit ταῦτα und den alttestamentlichen Zitaten auf das crurifragium und den Lanzenstich zurück. V. 34b.35 sind somit ein Einschub des Evangelisten[65] oder einer post-johanneischen Redaktion.[66] Sprachlich weist der Abschnitt auf die Hand des Evangelisten Johannes, denn μαρτυρεῖν (›bezeugen‹), μαρτυρία (›Zeugnis‹), ἀληθής (›wahr‹), πιστεύειν (›glauben‹), ἀληθινός (›glaubwürdig/zuverlässig‹) und ὕδωρ (›Wasser‹) sind joh. Vorzugswörter.[67] Auch die Thematik des Textes, speziell seine antidoketische Tendenz, lässt an den Evangelisten denken: 1) Die Erwähnung von Blut und Wasser in V. 34b soll offensichtlich die Realität des Todes Jesu hervorheben.[68] Das Herausfließen von Blut und Wasser, aus denen der Mensch besteht,[69] gilt als Beweis für den wirklichen menschlichen Leib Jesu und seinen Tod.[70] Am Ende der Passion betont Johannes noch einmal die Leiblichkeit des Erlösers, was besonders an der auffälligen Voranstellung von αἷμα deutlich wird. 2) Weil Jesu Tod Voraussetzung für die heilstiftende Wirkung der Sakramente ist, verweisen αἷμα und ὕδωρ auch auf Eucharistie und Taufe.[71] Der Evangelist gebraucht αἷμα fast nur im eucharistischen Sinn (Joh 6,53–56),[72] und für ὕδωρ belegt Joh 3,5 ein sakramentales Verständnis. Johannes sieht das Faktum des Todes Jesu und seine gegenwärtige Heilsbedeutung in der Gemeinde als Einheit. Auch das Zeugnismotiv in V. 35 macht diesen Zusammenhang offenkundig, da die μαρτυρία des Augenzeugen letztlich der Vergewisserung der

---

[64] Vgl. *Chr. M. Pilz,* Tod am Kreuz (s. o. Exk. 16), 128 f: »Im Herzbeutel finden sich normalerweise 5 bis 20 ml einer wasserähnlichen Flüssigkeit, welche durch Entzündung, – Exsudat –, oder Stauung, – Transsudat –, an Menge zunimmt. Nach einer Contusio cordis können in der Herzwand diskrete oder herdförmige Blutungen auftreten, die meistens vom Endocard ausgehen. Das Spektrum der Hämorrhagie ins Pericard gestaltet sich sehr unterschiedlich und reicht von leichten petechialen Blutungen bis zu einem manifesten Bluterguß, der 400 ml und mehr betragen kann.«

[65] So z. B. *C. K. Barrett,* Joh, 554; *T. A. Mohr,* Markus- und Johannespassion, 360; *E. Schweizer,* Zeugnis (s. o. V./5), 381 f; *A. Dauer,* Johannes und Lukas, 228 ff.

[66] Vgl. *R. Bultmann,* Joh, 525; *R. Schnackenburg,* Joh III, 335 (V. 35 Hinzufügung einer späteren Redaktion); *J. Becker,* Joh II, 706; *S. Schulz,* Joh, 239 f; *G. Richter,* Blut und Wasser aus der durchbohrten Seite Jesu (Joh 19,34b), in: *ders.,* Studien, 120–142; *J. Zumstein,* Joh, 730 (V. 34b–35 als Relecture).

[67] μαρτυρεῖν Joh 33mal (Mt 1mal, Mk 0mal, Lk 1mal), μαρτυρία Joh 14mal (Mt 0mal, Mk 3mal, Lk 1mal), ἀληθής Joh 14mal (Mt 1mal, Mk 1mal, Lk 0mal), ἀληθινός Joh 9mal (Mt 0mal, Mk 0mal, Lk 1mal), πιστεύειν Joh 98mal (Mt 11mal, Mk 14mal, Lk 9mal), ὕδωρ Joh 21mal (Mt 7mal, Mk 5mal, Lk 6mal).

[68] Antidoketisch interpretieren V. 34b z. B. *G. Richter,* Blut und Wasser, 135; *W. Wilkens,* Entstehungsgeschichte, 14 f; *T. Lorenzen,* Lieblingsjünger, 57.59; *M. Hengel,* Schriftauslegung, 280 Anm. 105; *M. Lang,* Johannes und die Synoptiker, 242–247.

[69] Vgl. 4Makk 9,20; weitere Belege bei *E. Schweizer,* Zeugnis, 382.

[70] Durch das Austreten des Blutes verliert der Mensch sein Leben; vgl. Gen 4,10; 9,4–9; Lev 17,14; Dtn 12,23; Spr 1,18. Götter hingegen haben kein wirkliches Blut; vgl. Cic, De Natura Deorum I 49, wo er feststellt, dass Götter zwar eine menschliche Gestalt haben: »Gleichwohl handelt es sich bei dieser Gestalt nicht um einen Körper, sondern nur um eine Art Körper, und sie besitzt auch kein Blut, sondern bloß eine Art Blut«; vgl. ferner 68.71.73 f.

[71] Vgl. *W. Thüsing,* Erhöhung, 171 f; *J. Roloff,* Lieblingsjünger (s. o. Exk. 12), 138; *W. Klos,* Sakramente, 74 ff; *E. Haenchen,* Joh, 554 f; *J. P. Heil,* Blood and Water, 107 f.

[72] Einzige Ausnahme: Joh 1,13.

sakramentalen Gemeindepraxis dient. 3) Der ungenannte Zeuge in V. 35 kann nur der Lieblingsjünger sein (vgl. Joh 19,25–27),[73] weil zuvor andere Jesusjünger nicht erwähnt werden und sich ἐκεῖνος (›jener‹) in V. 35c auf das vorangehende αὐτοῦ (›sein‹) bezieht.[74] Der Lieblingsjünger steht noch unter dem Kreuz, wiederum erscheint er als wahrhaftiger Zeuge des Christusgeschehens und hervorgehobener Traditionsträger. Der Lieblingsjünger ist von Anfang an der wissende Jünger, deshalb ist sein Zeugnis wahr und wird zum Garanten des joh. Christuszeugnisses gegen alle Verfälschungen durch doketische Irrlehrer.[75] 4) Mit ἵνα καὶ ὑμεῖς πιστεύητε = ›damit auch ihr glaubt‹ in V. 35d zielt Johannes wie in 20,31 auf den Glauben seiner Gemeinde,[76] der durch das wahrhaftige Zeugnis des Lieblingsjüngers gestärkt und vor falschen Lehren geschützt werden soll. Typisch johanneisch ist schließlich der in V. 35 vorausgesetzte Zusammenhang von Sehen, Bezeugen und Wissen um die Wahrheit des Bezeugten (vgl. Joh 1,34; 3,11.32; 4,29.42; 5,31–34), der die Zuverlässigkeit und Exklusivität des joh. Christuszeugnisses zum Ausdruck bringt und der Selbstvergewisserung der Gemeinde dient. Zum Abschluss der Passionsgeschichte formuliert Johannes mit 19,34b.35 sein antidoketisches Verständnis des Todes Jesu, nimmt das Zeugnis des Lieblingsjüngers als anerkannten Garanten der joh. Tradition in Anspruch und sichert somit die Grundlage der sakramentalen Praxis der Gemeinde. **36/37** Der zweifache Schriftbezug nimmt den Erzählfaden aus V. 33.34a wieder auf.[77] In V. 36 könnte ein Zitat aus Num 9,12MT vorliegen,[78] möglich ist aber auch ein Mischzitat aus Ex 12,10.46; Ps 33,21LXX.[79] Eine sichere Entscheidung lässt sich nicht fällen,[80] weil keine der Stellen exakt wiedergegeben wird. Wahrscheinlich soll Jesus auch hier als das wahre Passalamm gekennzeichnet werden. Ein deutliches Schriftzitat liegt in V. 37 mit der Aufnahme von Sach 12,10MT vor.[81] Das Schauen auf den

---

[73] Vgl. *W. Bauer,* Joh, 226; *T. Lorenzen,* Lieblingsjünger, 53–59 (dort auch die ausführliche Auseinandersetzung mit der Position Bultmanns); *A. Dauer,* Passionsgeschichte, 332 f; *J. Kügler,* Der Jünger, den Jesus liebte, 265-267; *M. Lang,* Johannes und die Synoptiker, 246 f.

[74] Vgl. *C. K. Barrett,* Joh, 535.

[75] In Joh 21,24 ist es gerade nicht der Zeuge selbst, der durch seine Augenzeugenschaft die Wahrheit der joh. Überlieferung bekundet. Die Herausgeber des Evangeliums dokumentieren lediglich ihr Wissen um das Zeugnis des Lieblingsjüngers, so dass beide Texte inhaltlich, aber auch sprachlich erheblich differieren. Vgl. dazu *R. Schnackenburg,* Joh III, 340. Zur sprachlichen Gestalt von Joh 19,35 vgl. ferner *R. Ruckstuhl,* Einheit, 225–227.

[76] *G. Richter,* Blut und Wasser, 141, will von Joh 20,31 her gerade den sekundären Charakter von V. 34b.35 erweisen, weil hier nicht vom Glauben an die Messianität Jesu die Rede sei. Dieses Argument überzeugt nicht, denn es geht auch in 19,34b.35 um das rechte Verständnis der Gottessohnschaft Jesu.

[77] Die Einführung ἐγένετο γὰρ ταῦτα geht wahrscheinlich auf Johannes zurück, vgl. *R. Schnackenburg,* Joh III, 341.

[78] So *G. Reim,* Jochanan, 51–54.

[79] So *M. Hengel,* Schriftauslegung, 280. Für Ps 33,21LXX votieren bes. *C. H. Dodd,* Historical Tradition, 42 ff.131 ff; *A. Dauer,* Passionsgeschichte, 139 ff. Eine Kombination aus Ps 33,21LXX und den Pentateuchtexten vermutet *M. J. J. Menken,* Quotations, 147–166. *H. Obermann,* Erfüllung der Schrift, 298–310; sieht in Joh 19,36 ein Zitat aus Ex 12,10.46LXX und/oder Num 9,12LXX, wobei die Verbform συντριβήσεται aus Ps 33,21LXX aufgenommen wurde.

[80] Eine Forschungsübersicht bietet *B. G. Schuchard,* Scripture within Scripture, 135 Anm. 7–13.

[81] Vgl. hierzu bes. *R. Schnackenburg,* Das Schriftzitat in Joh 19,37, Joh IV, 164–173; *M. J. J. Menken,* Quotations, 167–185.

Durchbohrten schließt das Heraustreten von Blut und Wasser mit ein und darf aus der Perspektive des Evangelisten als Heilsaussage verstanden werden.[82] Mit dem Erzähler schauen die Glaubenden auf den, aus dessen Leib Blut und Wasser fließen und der damit die Verheißung aus Joh 7,38 erfüllt und nach seiner Erhöhung die Seinen zu sich ziehen wird (vgl. Joh 12,32).

Während die Juden gemäß ihrer religiösen Ordnung den Tod der Gekreuzigten beschleunigen wollen, stiftet der am Kreuz durchbohrte Jesus die neue religiöse Ordnung: Taufe und Abendmahl. Die joh. Gemeinde erkennt in diesem Geschehen den bereits in der Schrift ausgesagten Heilswillen Gottes.

6. Das Begräbnis Jesu 19,38–42

(38) Danach bat Josef von Arimathäa – der ein Jünger Jesu war, freilich aus Furcht vor den Juden nur im Verborgenen – den Pilatus, den Leichnam Jesu abnehmen zu dürfen; und Pilatus gestattete es ihm. So kam er und nahm seinen Leib herab. (39) Es kam aber auch Nikodemus, der das erste Mal bei Nacht zu ihm gekommen war, und brachte eine Mischung aus Myrrhe und Aloe, etwa hundert Pfund. (40) Sie nahmen nun den Leib Jesu und wickelten ihn zusammen mit den wohlriechenden Salben in Leinenbinden ein, so wie es bei den Juden Brauch ist beim Begräbnis. (41) Es war aber bei dem Ort, wo er gekreuzigt wurde, ein Garten und in dem Garten ein neues Grab, in dem noch niemand beigesetzt worden war. (42) Dort bestatteten sie Jesus wegen des Rüsttages der Juden, weil das Grab in der Nähe lag.

Die ordentliche Bestattung von Toten gehört zu den hochgeschätzten Werken der jüdischen Barmherzigkeit und Frömmigkeit.[83] Durch die Initiative des Josef von Arimathäa wird Jesus davor bewahrt, als Gekreuzigter in ein öffentliches Massengrab geworfen zu werden.[84]

38 Mit μετὰ δὲ ταῦτα[85] schließt Johannes seine Tradition von der Grablegung Jesu an das Vorhergehende an. Wie bei den Synoptikern (vgl. Mk 15,43; Mt 27,58; Lk 23,52) bittet Josef von Arimathäa um den Leichnam Jesu. Josef von Arimathäa war nach Mk 15,43 ein ›vornehmer Ratsherr‹, wahrscheinlich ein Mitglied des Synedriums. In der joh. Tradition erscheint er als Jünger Jesu, der aus Furcht vor den Juden seinen Glauben nicht öffentlich bekannte. Pilatus entspricht der Bitte, was wiederum als ein Entgegenkommen gewertet werden muss, denn normalerweise gehörte es zur Strafe für Gekreuzigte, dass sie nicht einfach beerdigt werden konnten.[86] **39** Auch

---

82 Vgl. *R. Schnackenburg,* Joh III, 344.
83 Vgl. dazu *Billerbeck* I, 1047–1051.
84 Vgl. zum Begräbnis von Hingerichteten *J. Blinzler,* Prozeß Jesu, 385 ff.
85 Vgl. Joh 3,22; 5,1; 6,1.14; 7,1.
86 Vgl. Petronius, Sat 111: »Da ließ nun der Statthalter der Provinz einige Räuber ans Kreuz schlagen, … In der Nacht nach der Hinrichtung hielt ein Soldat an den Kreuzen Wache, damit niemand eine Leiche zur Beerdigung herabnehmen könne.«

der vom Evangelisten[87] in die Tradition eingefügte Nikodemus war ein vornehmer Sympathisant Jesu, der in der Nacht zu Jesus kam. Nachdem er bereits in Joh 7,50 f für Jesus eingetreten war, bekennt er sich nun offen zu ihm. Nikodemus bringt eine Mischung aus Myrrhe und Aloe mit, ›an die 100 Pfund‹. In pulverisierter Form wurden Myrrhe, ein wohlriechendes Harz, und Aloe, eine duftende Holzart, zwischen die Leinentücher geworfen, um so den Leichengeruch zu verhindern. Die ungewöhnliche Menge (ca. 33 kg im Wert von ca. 30 000 Denaren) weist auf das Außerordentliche des Geschehens hin,[88] es handelt sich um eine Königsbestattung. Von einer Salbung mit Öl ist hier nicht die Rede; die Salbung Jesu in Bethanien durch Maria (Joh 12,3) behält ihre grundlegende Bedeutung, wird aber in der Menge um das Hundertfache überboten! **40** Josef von Arimathäa und Nikodemus binden nach der Abnahme den Leichnam Jesu in Leinentücher und fügen die erwähnten aromatischen Substanzen bei. Nur bei Johannes (19,40; 20,5.6.7) und in Lk 24,12 werden die Leinentücher mit ὀθόνια (= ›feiner Leinwand‹) bezeichnet. Die Leinentücher wurden fest um die Gliedmaßen und den Rumpf geschlungen (vgl. Joh 20,6.7; 11,44). Unwillkürlich fühlen sich die Hörer/Leser an Lazarus erinnert, der aus dem Grab herauskam und von seinen Totenbinden befreit werden musste (vgl. Joh 11,44). Jesus hingegen kann sich nach seiner Auferstehung selbst von den Binden befreien (vgl. Joh 20,6.12). Der nachklappende Hinweis auf die Begräbnissitten der Juden dürfte auf den Evangelisten zurückgehen, der wiederholt für seine Leser jüdische Gewohnheiten erklärt (vgl. nur Joh 2,6; 11,55; 18,28b). **41** Die joh. Tradition berichtet von einem nahe der Kreuzigungsstätte gelegenen Grab, in dem Jesus beigesetzt wurde. Während Mk 15,46bpar von einem in Felsen gehauenen Grab spricht, lokalisiert der joh. Bericht das Grab in einem Garten! Es handelt sich der Würde Jesu entsprechend um ein neues und unberührtes Grab. Durch den Fund einer Grabanlage im Nordosten Jerusalems ist die Bestattung eines Gekreuzigten in einem Privatgrab bezeugt.[89] Trotz der Unterschiede zwischen den einzelnen Berichten über die Grablegung dürfte sicher sein, dass Jesus in einem Privatgrab unweit des Kreuzigungsortes beigesetzt wurde. **42** Nachdrücklich wird die Bestattung Jesu an diesem Ort betont und in zweifacher Weise vom Evangelisten motiviert: Der Rüsttag zwang zur Eile, die Nähe des Grabes ermöglichte eine umgehende Beisetzung. Allerdings ist dem Leser der Rüsttag aus 19,31 bekannt, und auch die Nähe des Grabes zum Kreuz ergibt sich geradezu zwangsläufig aus den Angaben in V. 41. Deshalb schloss der vorjoh. Bericht wahrscheinlich mit der knappen Bemerkung: »Dort bestatteten sie Jesus«.[90]

Die Passionsgeschichte beginnt (Joh 18,1–11) und endet mit einer Garten-Szene. Kaum zufällig verwendet Johannes κῆπος nur im Passionsbericht (Joh 18,1.26).[91] Das

---

[87] Dafür spricht bes. der explizite Rückverweis mit τὸ πρῶτον; vgl. *R. Schnackenburg,* Joh III, 348.

[88] Die Steigerung der Mengenangabe dürfte auf den Evangelisten zurückgehen (vgl. Joh 2,6; 5,5; 18,3); für Tradition plädiert *R. Schnackenburg,* Joh III, 349.

[89] Vgl. dazu *H. W. Kuhn,* Der Gekreuzigte von Giv'at ha-Mivtar (s. o. Exk. 16), 305 f.

[90] *R. Schnackenburg,* Joh III, 352, will nur die Erwähnung des ›Rüsttages der Juden‹ dem Evangelisten zuschreiben.

[91] Vgl. dagegen χωρίον in Joh 4,5.

neue Grab in einem Garten betont, wie die joh. Grablegungstradition insgesamt, die
Würde und das Außerordentliche der Beisetzung Jesu. Josef von Arimathäa und
Nikodemus treten aus der Verborgenheit heraus; durch ihren Liebesdienst bekennen
sie öffentlich ihren Glauben an Jesus. Dadurch werden sie zum Modell für Sympathisanten des Christentums, die bisher ein offenes Bekenntnis nicht wagten.

XIV. Die Ostererzählungen 20,1–29

Der Aufbau von Joh 20 ist durch eine doppelte Bewegung gekennzeichnet: Unverkennbar ist eine Steigerung der Gegenwart des Auferstandenen in eine neue, unverfügbare Leiblichkeit hinein. War die Leiblichkeit des Inkarnierten das zentrale Thema des Prologs, so stehen das Sehen/Schauen/Erblicken/Wahrnehmen[1] (und Verstehen) der Leiblichkeit des zum Vater Auffahrenden und der damit verbundene Glaube im letzten Kapitel des Evangeliums im Mittelpunkt. Während Petrus und der Lieblingsjünger nur die Leinenbinden im leeren Grab sehen, erscheint Jesus bereits Maria Magdalena, ohne dass sie ihn berühren darf. Den Jüngern zeigt Jesus als Legitimation seine Wundmale, und Thomas wird sogar aufgefordert, die Wundmale zu berühren, um so die Identität des Gekreuzigten mit dem Auferstandenen handgreiflich zu erfahren. Eine gegenläufige Tendenz zeigt sich in der Glaubensgewissheit. Während der Lieblingsjünger glaubt ohne zu sehen, glaubt Maria Magdalena erst auf die direkte Anrede Jesu hin (Joh 20,16). Von den Jüngern heißt es dann, dass sie sich angesichts der Erscheinung Jesu ›freuten‹ (Joh 20,20b), und der Zweifel des Thomas muss durch die Leibhaftigkeit des Auferstandenen überwunden werden. Durch diese gegenläufige Bewegung verkörpert der Lieblingsjünger in idealer Weise das Prinzip, das nun auch für die textexterne Hörer- und Lesergemeinde gilt: Selig sind, die nicht sehen und doch glauben (Joh 20,29b).

1. Der Wettlauf zum Grab 20,1–10 *

(1) Am ersten Tag der Woche kommt Maria Magdalena frühmorgens, als es noch dunkel ist, zum Grab und sieht, dass der Stein vom Grab weggenommen war. (2) Da eilt sie und kommt zu Simon Petrus und zu dem anderen Jünger, den Jesus liebte, und sagt zu ihnen: »Sie haben den Herrn aus dem Grab genommen, und wir wissen nicht, wo sie ihn hingelegt haben.« (3) Da machte sich Petrus

---

[1] Βλέπειν in Joh 20,1.5; θεωρεῖν in Joh 20, 6.12.14; ὁρᾶν in Joh 20,8.18.20.25.29.

* Literatur zu 20,1–10.11–18: *Charlesworth, J. H.:* The Beloved Disciple (s. o. Exk. 12), 68–118; *Dietzfelbinger, Chr.:* Osterglaube, 8–19; *Hartmann, G.:* Die Vorlage der Osterberichte in Joh 20, ZNW 55 (1964), 197–220; *Hergenröder, C.:* Wir schauten seine Herrlichkeit, 458–483; *Kremer, J.:* Osterevangelien, 163–184; *Kügler, J.:* Der Jünger, den Jesus liebte, 314–349; *Lang, M.:* Johannes und die Synoptiker, 259–279; *Mahoney, R.:* Two Disciples at the Tomb, TW 6, Bern-Frankfurt 1974; *Neirynck, F.:* John and the Synoptics: The Empty Tomb Stories, in: *ders.,* Evangelica II, 571–599; *Stenger, W.:* Strukturale Lektüre der Ostergeschichten des Johannesevangeliums (Joh 19,31–21,25), in: *ders.,* Strukturale Beobachtungen zum Neuen Testament, NTTS 12, Leiden 1990, 202–242; *Zeller, D.:* Der Ostermorgen im 4. Evangelium (Joh 20,1–18), in: Auferstehung Jesu – Auferstehung der Christen, hg. v. L. Oberlinner, QD 105, Freiburg 1986, 145–161; *Zumstein, J.:* Die johanneische Ostergeschichte als Erzählung gelesen, ZNT 3 (1999), 11–19.

auf und der andere Jünger, und sie gingen zum Grab. (4) Beide aber liefen zusammen. Der andere Jünger aber lief voraus, schneller als Petrus, und kam als erster zum Grab. (5) Und als er sich vorbeugt, sieht er die Leinentücher liegen, ging aber nicht hinein. (6) Nun kommt auch Simon Petrus, der ihm gefolgt war, und ging hinein in das Grab. Er sieht die Leinentücher dort liegen, (7) doch das Schweißtuch, das auf seinem Kopf war, liegt nicht bei den Leinentüchern, sondern abseits zusammengelegt, an einem eigenen Ort. (8) Da ging auch der andere Jünger hinein, der als erster an das Grab gekommen war, und sah und glaubte. (9) Denn sie verstanden noch nicht die Schrift, dass er von den Toten auferstehen müsse. (10) Da gingen die Jünger wieder zu den anderen.

Johannes verwob mit der Erzählung einer Erscheinung Jesu vor Maria Magdalena (V. 1.11–18) den Wettlauf der beiden Jünger zum Grab (V. 2–10).[2] Dieses literarische Verfahren erschließt sich aus folgenden Beobachtungen: Maria steht nach V. 11 am Grab, von dem sie in V. 2 weggegangen war, ohne dass ihre Rückkehr berichtet wird. Im Grab sieht Maria zwei Engel, die zuvor von den beiden Jüngern nicht bemerkt wurden. Die Erkenntnisse der beiden Jünger über das leere Grab haben für Maria keine Bedeutung. Der Verkündigungsauftrag an Maria in V. 17 kommt angesichts des Glaubens des Lieblingsjüngers in V. 8 verspätet.

1 Der Gang Maria Magdalenas zum Grab wird auch in Mk 16,1; Lk 24,1.10; Mt 28,1 berichtet. Gehen bei den Synoptikern mehrere Frauen zum Grab, um Jesus zu salben, so entfällt dieser Zug bei Johannes aufgrund der vorhergehenden Erzählung. Der Evangelist ist ebenso wie seine Tradition an Einzelpersonen interessiert, deren Verhalten und Erkenntnisse exemplarische Bedeutung für die Gemeinde haben. Maria Magdalena war eine Jüngerin Jesu (vgl. Lk 8,2), die fest mit den Erscheinungstraditionen verbunden ist, so dass sie wahrscheinlich an Jesu Zug nach Jerusalem teilnahm und Zeugin der sich anschließenden Ereignisse wurde. Am ersten Tag der Woche[3] geht Maria Magdalena frühmorgens[4] zum Grab, als es noch dunkel ist. Diese Angabe steht im Widerspruch zu Mk 16,2, wo ausdrücklich erwähnt wird, dass die Sonne schon aufging. Historisch ist ein Gang zum Grab in der Dunkelheit eher unwahrscheinlich, σκοτία = ›Finsternis/Dunkelheit‹ könnte eine Deutung des Evangelisten sein.[5] Weil die Erkenntnis der Auferstehung Jesu erst bevorsteht, befindet sich Maria noch im Bereich der Dunkelheit, der Trauer und des Zweifels (vgl. 20,11). Die mit der Erzählung vom leeren Grab traditionell verbundene Nachricht, dass der Stein vom Grab weggenommen sei, eröffnet ein dramatisches Geschehen. **2** Auffällig ist das Verhalten Maria Magdalenas, die sofort zu Simon Petrus und dem Lieblingsjünger läuft und ihnen berichtet, Jesus sei aus dem Grab genommen worden, obwohl sie selbst gar nicht in das Grab geschaut hatte.[6] Offenbar geht V. 2 auf Johannes

---

[2] Vgl. u. a. *W. Wilkens,* Entstehungsgeschichte, 87.

[3] Vgl. dazu *Blass/Debrunner/Rehkopf,* Grammatik, § 247,1.

[4] Bemerkenswert ist die Aufnahme von πρωΐ aus Mk 16,2, das in Lk 24,1 bereits entfällt.

[5] Σκοτία ist Stilmerkmal Nr. 22 bei *Ruckstuhl.*

[6] *R. Schnackenburg,* Joh III, 362, schließt aus dem Plural οἴδαμεν, ursprünglich habe die Tradition von mehreren Frauen gewusst. Aber auch in Joh 3,2.11 wird οἴδαμεν in Zusammenhang mit einer Person gebraucht, es liegt kein echter Plural vor; vgl. *R. Bultmann,* Joh, 529 Anm. 4; 530 Anm. 3.

zurück,[7] der dadurch eine ursprünglich nur von Petrus erzählende Grabestradition (V. 3a: ἐξῆλθεν = ›er ging hinaus‹) mit dem Bericht einer Erscheinung vor Maria Magdalena verband und zugleich durch die Einführung des Lieblingsjüngers[8] und weitere redaktionelle Bearbeitungen die Erzählung vom ›Wettlauf zum Grab‹ schuf.[9] **3** Petrus und der Lieblingsjünger reagieren auf die bestürzende Nachricht Marias und brechen zum Grab auf.[10] **4** Unerwartetes geschieht: Petrus und der Lieblingsjünger laufen plötzlich zum Grab und nehmen damit die Bewegung der Eile Maria Magdalenas auf. Ausdrücklich wird vermerkt, dass der Lieblingsjünger vor Petrus das Grab erreichte. Das bereits bekannte Motiv der Rivalität zwischen beiden Jüngern und des Vorranges des Lieblingsjüngers erfährt durch προέδραμεν = ›er lief voraus‹ und πρῶτος = ›als erster‹ eine starke Betonung. Aus der textimmanenten Logik einer Grabeserzählung lässt sich dieser Zug nicht erklären, denn die Jünger sind nach V. 3 bereits auf dem Weg zum Grab, so dass ein Wettlauf als überflüssig erscheinen muss. V. 4 dürfte deshalb auf den Evangelisten zurückgehen,[11] der auch hier an einer Vorrangstellung des Lieblingsjüngers gegenüber Petrus interessiert ist. Das dieser Intention dienende Motiv eines Wettlaufs zum Grab entwickelt Johannes wahrscheinlich aus Lk 24,12.

Zunächst fallen die sachlichen und sprachlichen Parallelen zwischen Lk 24,12 und Joh 20,3–10 auf:[12] Besonderes Gewicht hat das Vorkommen singulärer oder seltener Wörter bei Lukas und Johannes in jeweils diesen beiden Texten: τρέχω (›laufen‹) bei Lukas in 15,20 (trad.); 24,12; bei Johannes nur in 20,2.4; παρακύπτω (›hineinbeugen‹) nur in Lk 24,12 und Joh 20,5.11;[13] ὀθόνια (›Leinentücher‹) nur in Lk 24,12 und in Joh 19,40; 20,5.6.7. Die textkritische Ursprünglichkeit von Lk 24,12 darf heute vorausgesetzt werden,[14] so dass die Annahme einer Kenntnis von Lk 24,12 sowohl durch die joh. Tradition als auch durch den Evangelisten angenommen werden muss.[15]

---

[7] Vgl. *R. Bultmann,* Joh, 528; *T. Lorenzen,* Lieblingsjünger, 29–31; dagegen sieht *G. Hartmann,* Osterberichte, 199, V. 2 als traditionell an.

[8] Die Bezeichnung des Lieblingsjüngers als ὁ ἄλλος μαθητὴς ὃν ἐφίλει Ἰησοῦς bezieht sich auf Joh 13,23; (18,15 f); 19,26. Zum Wechsel zwischen ἀγαπᾶν und φιλεῖν vgl. Joh 3,35–5,20; 11,3–11,5; 14,24–16,27; vgl. *T. Lorenzen,* Lieblingsjünger, 30 Anm. 22. Es besteht der geringste Grund, die Einfügung des Lieblingsjüngers einer angeblichen ›kirchlichen Redaktion‹ zuzuschreiben, wie es *J. Becker,* Joh II, 719 f, auch hier wieder will. Joh. Stilmerkmale: οὖν-historicum (Ruckstuhl Nr. 2), Σίμων Πέτρος (*Ruckstuhl* Nr. 24).

[9] *R. Schnackenburg,* Joh III, 359; *G. Hartmann,* Osterberichte, 199 f, meinen, Petrus und Maria Magdalena seien ursprünglich zum Grab zurückgekehrt. Dagegen sprechen der Singular ἐξῆλθεν in V. 3a und die traditionsgeschichtliche Basis der Erzählung Lk 24,12. Zur Kritik an den Theorien Hartmanns vgl. *T. Lorenzen,* Lieblingsjünger, 31 Anm. 24.

[10] V. 3a dürfte traditionell sein, wofür der Singular ἐξῆλθεν, Πέτρος anstelle von Σίμων Πέτρος und die Übereinstimmungen mit Lk 24,12 sprechen.

[11] Vgl. *T. Lorenzen,* Lieblingsjünger, 32; *R. Schnackenburg,* Joh III, 366; *G. Hartmann,* Osterberichte, 200.

[12] *A. Dauer,* Lk 24,12 – Ein Produkt lukanischer Redaktion?, in: The Four Gospels (FS F. Neirynck), hg. v. *F. van Segbroeck* u. a., 1697–1716; *ders.,* Zur Authentizität von Lk 24,12, EThL 70 (1994), 294–318, hat versucht, den sekundären Charakter von Lk 24,12 nachzuweisen. Vgl. demgegenüber die überzeugende Kritik von *F. Neirynck,* Once more Luke 24,12, EThL 70 (1994), 319–340.

[13] Im NT sonst noch Jak 1,25; 1Petr 1,12.

[14] Dem Fehlen von Lk 24,12 in D ita.b.d.e.l wird in der neueren Exegese zumeist keine textgeschichtliche Priorität mehr eingeräumt; vgl. *K. Aland,* Die Bedeutung des P⁷⁵ für den Text des Neuen Testaments, in: *ders.,* Studien zur Überlieferung des Neuen Testaments und seines Textes, Berlin 1967, (155–172) 157.168 f; *J. Jeremias,* Abendmahlsworte, 143 f. Die meisten neueren Lukaskommentare gehen zu Recht von der Ursprünglichkeit von Lk 24,12 aus: *G. Schneider,* Das Evangelium nach Lukas, ÖTK 3/2, Gütersloh 1977, 494; *W. Wiefel,* Das Evangelium nach Lukas, ThHK 3, Berlin 1988, 404; *J. A. Fitzmyer,*

Daraus ergibt sich, dass nur von Lk 24,12 her sich ein so auffallender Zug wie der Wettlauf der beiden Jünger zum Grab erklären lässt. Johannes übernahm in V. 2.4 τρέχειν = ›laufen‹ aus dem Lukastext und unterstrich mit dem singulären προτρέχειν = ›vorauslaufen‹ die Vorrangstellung des Lieblingsjüngers gegenüber Petrus. **5** Nach der jetzigen Textabfolge ist es der Lieblingsjünger, der sich in das Grab vorbeugt und die Leinentücher dort liegen sieht.[16] Seltsamerweise geht er aber nicht in das Grab hinein. Diese Bemerkung des Evangelisten[17] erklärt sich aus dem Folgenden. **6** Auch Petrus kommt nun zum Grab und geht im Gegensatz zum Lieblingsjünger in das Grab hinein. Offenbar weiß auch Johannes[18] von der Ersterscheinung des Auferstandenen vor Petrus und arbeitet hier dieses vorgegebene Element in die Erzählung ein. Der Lieblingsjünger konnte nicht im Gegensatz zur urchristlichen Tradition (vgl. 1Kor 15,3 ff; Mk 16,7; Mt 28,7; Lk 24,34) als Erster das leere Grab betreten und damit zum Erstzeugen der Auferstehung werden. Dieses Privileg bleibt Petrus vorbehalten, der wie zuvor der Lieblingsjünger die Leinentücher im Grab liegen sieht. **7** Petrus entdeckt aber darüber hinaus das Schweißtuch, das an einem besonderen Ort zusammengefaltet liegt. Mit dieser gleichermaßen genauen wie umständlichen[19] Bemerkung unterstreicht die Erzählung[20] die Tatsächlichkeit der Auferstehung Jesu und wehrt zugleich den naheliegenden Verdacht des Leichenraubes ab.[21] Im Gegensatz zu Lazarus (vgl. Joh 11,44) legte Jesus von sich aus die Leinenbinden ab, die nun Zeugnis vom lebenden Jesus geben. Sie sind nicht mehr Tücher des Todes, sondern Symbole des Lebens. **8** Jetzt betritt auch der Lieblingsjünger das Grab, das er als erster erreicht hatte. Mit einem Blick erfasst er die Situation und kommt sofort zum vollen Glauben an die Auferstehung Jesu.[22] Hier gibt es kein Unverständnis gegenüber der Situation, es bedarf keiner handfesten Beweise zur Überwindung des Zweifels wie später bei Thomas. Für den Lieblingsjünger gilt: Aus dem Sehen erwächst der Glaube. Dieser außerordentliche und beispielhafte Glaube illustriert wiederum die hervorgehobene Rolle des Lieblingsjüngers innerhalb des Evangeliums und sein besonderes Verhältnis

---

The Gospel according to Luke, AncB 28A, Garden City NY 1985, 1547; *M. Wolter,* Das Lukasevangelium, HNT 5, Tübingen 2008, 773. Inhaltlich entspricht Lk 24,12 voll dem lukanischen Begriff der Augenzeugenschaft, textkritisch erklärt sich die Auslassung in D it, »weil man einen Widerspruch zu V. 24 (dort Plural!) sah« (*W. Wiefel,* Lk, 404).

[15] Gegen *R. E. Brown,* John II, 1000 (Lk 24,12 als Hinzufügung eines späteren Redaktors); *R. Mahoney,* Two Disciples, 69; *R. Schnackenburg,* Joh III, 314, die wegen der – textkritischen – Unsicherheiten Lk 24,12 nicht als traditionsgeschichtliche Basis für den Johannestext ansehen.

[16] Auf der Traditionsebene schloss V. 5a an V. 3a.c an, d. h. Petrus beugte sich wie in Lk 24,12 in das Grab vor.

[17] Vgl. *R. Schnackenburg,* Joh III, 366; μέντος ist Stilmerkmal Nr. 26 bei *Ruckstuhl.*

[18] Sicher geht V. 6a auf den Evangelisten zurück (vgl. R. Schnackenburg, Joh III, 359). V. 6b (εἰσῆλθεν ... κείμενα) überschneidet sich mit V. 5a (κείμενα τὰ ὀθόνια), so dass auch hier die Arbeit des Evangelisten zu vermuten ist.

[19] Vgl. zur Konstruktion *R. Schnackenburg,* Joh III, 367 Anm. 26.

[20] V. 7 ist als traditionell anzusehen, vgl. *G. Hartmann,* Osterberichte, 200.

[21] Diesen Aspekt erwägen *R. Bultmann,* Joh, 530 Anm. 7; *C. K. Barrett,* Joh, 540. *R. Schnackenburg,* Joh III, 367, sieht darin die eigentliche Intention des Verses.

[22] Gegen *R. Bultmann,* Joh, 530, der meint, auch Petrus sei beim Anblick des leeren Grabes zum Glauben gekommen.

zu Jesus.[23] Der Evangelist[24] macht damit den Lieblingsjünger zum ersten wahren Os-
terzeugen. Petrus bestätigt durch seine sorgfältige Beobachtung das ungewöhnliche
Geschehen, Maria Magdalena begegnet als Erste dem Auferstandenen, aber der
Lieblingsjünger glaubt als Erster an den auferstandenen Jesus Christus und erkennt
damit den Kern der Gottessohnschaft Jesu. Schließlich bestätigt der Lieblingsjünger
(wie Petrus) nachdrücklich die Wirklichkeit des Todes Jesu und der leiblichen Auferstehung Jesu, worin wiederum eine antidoketische Tendenz sichtbar wird.   **9**
Gegenüber V. 8b wirkt V. 9 wie ein retardierendes Moment; nach der jetzigen Textfolge
verstehen die beiden Jünger die Schrift nicht, dass Jesus von den Toten auferstehen
müsse. Eine Erklärung dieser Spannung zwischen V. 8 und V. 9 muss von dem traditionellen Charakter von 9 ausgehen.[25] Bildete Lk 24,12 den Ausgangspunkt für die
Petruserzählung der joh. Tradition, dann hätte V. 9 (mit dem Singular ᾔδει = ›er verstand‹) das Nicht-zum-Glauben-Kommen des Petrus angesichts des leeren Grabes erklärt.[26] Johannes übernahm diese Aussage und änderte lediglich den Singular in den
Plural ›sie verstanden (nicht)‹ um.[27] Ist ihm dann aber die Spannung zu V. 8 nicht
aufgefallen? Möglicherweise sah Johannes keinen Widerspruch, denn V. 9 könnte aus
seiner Sicht auf die textexterne Lesergemeinde zielen. Für sie erschließt sich der Glaube
an die Auferstehung Jesu nicht mehr aus einem unmittelbaren Sehen, sondern aus
dem im Alten Testament festgelegten Heilswillen Gottes.[28]   **10** Beide Jünger gehen
wieder nach Hause, ohne dass von einer Reaktion bzw. Aktion ihrerseits berichtet
wird. Hätten sie nicht den anderen Jüngern die ungeheure Neuigkeit des leeren Grabes
und der Auferstehung Jesu mitteilen müssen? Wahrscheinlich liegt hier der traditionelle Schluss der Erzählung vor, der wie Lk 24,12c davon berichtete, dass Petrus
wieder heimkehrte.[29] Johannes glich dann diesen Schluss lediglich der vorhergehenden
Erzählung an.

---

[23] Vgl. *A. Kragerud,* Lieblingsjünger (s. o. Exk. 12), 29 f; *T. Lorenzen,* Lieblingsjünger, 25f; *R. Schnacken-
      burg,* Joh III, 368.

[24] Der gesamte V. 8 geht auf Johannes zurück; vgl. τότε οὖν (*Ruckstuhl* Nr. 1), εἰσέρχεσθαι setzt V. 5b vor-
      aus, ὁ ἐλθὼν πρῶτος εἰς τὸ μνημεῖον wiederholt V. 4c. Die Verbindung ›sehen – glauben‹ in V. 8b ist
      typisch johanneisch, vgl. z. B. Joh 2,11.23; 10,40–42; 11,15.40.45.

[25] Vgl. *G. Hartmann,* Osterberichte, 201f. Anders *R. Bultmann,* Joh, 530; *W. Wilkens,* Entstehungsgeschich-
      te, 157, die V. 9 für nachjohanneisch halten.

[26] Vgl. *T. Lorenzen,* Lieblingsjünger, 36. Vorausgesetzt werden muss dabei, dass der redaktionelle V. 8 eine
      Aussage über Petrus analog Lk 24,12b verdrängte: » ... und er wunderte, sich über das Geschehene.«

[27] *R. Schnackenburg,* Joh III, 359, wertet den Plural ᾔδεισαν als Beleg für seine Theorie, die Tradition habe
      ursprünglich von Petrus und Maria Magdalena gehandelt.

[28] Anders *R. Mahoney,* Two Disciples, 271, der meint, mit V. 9 werde ein ›falscher‹ Glaube der Jünger abge-
      wiesen: »The empty tomb of itself and directly, and not first in the light of reflection on the Scripture, can
      work analogously to a ›sign‹ as a prod to genuine faith.« *J. Zumstein,* Die johanneische Ostergeschichte,
      15, konstatiert: »Der implizite Autor betont, dass der Lieblingsjünger im Unterschied zu Petrus ohne die
      Unterstützung der Schrift, die den klassischen hermeneutischen Rahmen für das urchristliche Verständnis
      des Osterglaubens bildet, zum Glauben gekommen ist.« Eine solche Unterscheidung ist allerdings im Text
      nicht angedeutet.

[29] Vgl. *T. Lorenzen,* Lieblingsjünger, 36.

In der Interpretation einer ursprünglich nur von Petrus handelnden traditionellen Erzählung von der Entdeckung des leeren Grabes zeigt sich das Selbstverständnis des Evangelisten und seiner Schule. Der Wettlauf zum leeren Grab lebt von der Antithetik zwischen Petrus und dem Lieblingsjünger.[30] Der Evangelist übergeht nicht die Tradition von Petrus (und Maria Magdalena) als Erstzeugen, ordnet sie aber konsequent dem Lieblingsjünger zu. Er ist auch hier seinem Herrn näher als Petrus, als Erster erreicht er das Grab. Das Geschick Jesu wird vom Lieblingsjünger ebenfalls sofort erkannt und gedeutet. Jesus Christus ist nicht bei den Toten, sein Leichnam wurde auch nicht gestohlen, sondern er ist auferstanden und wird zum Vater gehen. Mit der Gestalt des Lieblingsjüngers nimmt Johannes damit für sich und seine Schule in Anspruch, das Christusgeschehen in all seinen Dimensionen authentisch erkannt, geglaubt und bezeugt zu haben.

2. Maria und das leere Grab 20,11–18

(11) Maria aber stand draußen am Grab und weinte. Während sie weinte, beugte sie sich in das Grab vor. (12) Und sie sieht zwei Engel in weißen Gewändern dasitzen, der eine am Kopfende, der andere bei den Füßen, wo der Leichnam Jesu gelegen hatte. (13) Und sie sagen zu ihr: »Frau, warum weinst du?« Sie sagt zu ihnen: »Sie haben meinen Herrn weggenommen, und ich weiß nicht, wohin sie ihn legten.« (14) Nach diesen Worten drehte sie sich um und sieht Jesus dastehen, doch sie wusste nicht, dass es Jesus war. (15) Jesus spricht zu ihr: »Frau, warum weinst du? Wen suchst du?« Weil sie meint, es sei der Gärtner, sagt sie zu ihm: »Herr, wenn du ihn weggetragen hast, sag mir, wohin du ihn gelegt hast, und ich werde ihn holen.« (16) Jesus sagt zu ihr: »Maria!« Sie wendet sich um und sagt hebräisch zu ihm: »Rabbuni!« (das heißt Meister). (17) Jesus spricht zu ihr: »Rühr mich nicht an, denn ich bin noch nicht hinaufgestiegen zum Vater. Geh aber zu meinen Brüdern und sage ihnen: Ich steige auf zu meinem Vater und eurem Vater, zu meinem Gott und zu eurem Gott.« (18) Maria Magdalena geht und berichtet den Jüngern: »Ich habe den Herrn gesehen«, und dies habe er zu ihr gesagt.

Der Erzählfaden aus V. 1 wird wiederaufgenommen.[31] Allerdings läuft auch hier das Geschehen nicht geradlinig weiter, denn die Engelszene (V. 12.13) ist für die nachfolgende Begegnung zwischen Jesus und Maria Magdalena ohne Bedeutung.[32] Wahrscheinlich fügte sie Johannes ein, um so das dramatische Element zu steigern: Maria Magdalena wird nicht sofort aus ihrer Trauer und Ungewissheit entlassen. Zudem bezeugen die Engel wie zuvor der Lieblingsjünger und Petrus das leere Grab,[33] die Voraussetzung für die drei Erscheinungsberichte in Joh 20.

---

[30] Nicht antithetisch, sondern synthetisch bestimmt *R. Mahoney,* Two Disciples, 278, den Skopus der Erzählung: »Our analysis of the pericope's literary structure convinced us that the recounted actions of the two disciples are brought into relationship not on the level of contrasting personal qualities or symbols but on the level of the actions themselves, the distinct but related assignments with which we can say the evangelist sent them to the tomb: Peter was sent to notarize the facts, the other disciple to see them and believe.«

[31] Zur Gesamtanalyse vgl. neben den Kommentaren vor allem *R. Bieringer* u.a. (Hg.), To Touch or Not to Touch? Interdisciplinary Perspectives on the Noli me tangere, Leuven 2013.

[32] Vgl. *R. Schnackenburg,* Joh III, 371 f.

[33] Darüber hinaus waren dem Evangelisten die Engel durch Lukas vorgegeben; sie gehörten auch nach Joh 1,51 zu der mit Jesus verbundenen himmlischen Welt. Deutlich erkennbar ist das literarische Verfahren

11 Der Evangelist knüpft mit Μαρία ... τῷ μνημείῳ (›Maria ... dem Grab‹) an V. 1 an. Maria befindet sich noch außerhalb des Grabes und weint. Sie hängt stärker als die Jünger am Grab, die Emotionalität ihres Verhaltens wird deutlich hervorgehoben. Bewegungen prägen die Szene, Maria beugt sich in das Grab hinein.   **12** Das leere Grab wird in anderer Weise als bei den Jüngern in den Blick genommen, indem nun nicht Leinenbinden und Schweißtuch, sondern zwei Engel am Kopf- und Fußende die Leere des Grabes bezeugen. Die leuchtend weißen Kleider sind ein Symbol der himmlischen Welt; die Anwesenheit der Engel signalisiert, dass sich hier ein natürliche Erkenntnis übersteigendes Geschehen ereignet hat.   **13** Die Engel sind nicht Überbringer einer Botschaft (vgl. Mk 16,5–7), vielmehr leitet ihre Frage zwei Interpretationen des leeren Grabes ein. Maria Magdalena deutet die Abwesenheit Jesu als Leichenraub. Für die Hörer- und Lesergemeinde ist durch die Anwesenheit der Engel jedoch klar, dass dies eine Fehlinterpretation ist, denn die Engel bezeugen, dass Gott hier gehandelt hat.   **14** Maria Magdalena wendet sich um und mit ihr wendet sich die Situation, ohne dass sie es zunächst wahrnimmt. Sie erkennt den bereits anwesenden Jesus nicht[34] und hält ihn für den Gärtner.[35]   **15** Das anhaltende Weinen der Maria und ihr Nichterkennen unterstreichen das Neue und die Fremdheit der Situation. Jesu Anruf löst diese Situation noch nicht auf, vielmehr verbleibt Maria Magdalena in der Vorstellung des Leichenraubes, den sie rückgängig machen will. Jesu Frage »Wen suchst du?« lenkt auf Joh 1,35–51 zurück. Dort werden die späteren Jünger von Jesus mit der gleichen Frage angesprochen (Joh 1,38); er offenbart sich ihnen und löst eine Kettenreaktion aus. Mit der Offenbarung des Auferstandenen gelangt nun nicht nur das Suchen der Jünger, sondern alles Suchen nach Leben an sein eigentliches Ziel.   **16** An die Begegnung schließt sich das Wiedererkennen an, Jesus ruft Maria bei ihrem Namen. Erst jetzt erfolgt eine erneute, die wahre Hinwendung Marias zu Jesus, die Hinwendung des Glaubens; sie spricht ihn in einzigartiger Weise als ῥαββουνί (›Meister, Herr, Lehrer‹) an.[36] Im Gegensatz zu ῥαββί hat ῥαββουνί einen Bekenntnischarakter, Maria bringt so ihren Glauben an den Auferstandenen zum Ausdruck. Der Autor des Evangeliums muss diesen Begriff für seine Zeit und seine Gemeinde erklären, die außerhalb Palästinas zu vermuten ist.   **17** Jesus verwehrt Maria die Möglichkeit, ihn zu berühren. Diese Form der Selbstvergewisserung ist noch nicht möglich, denn Jesus befindet sich in einem Zwischenzustand: von den Toten auferstanden, aber noch nicht zum Vater aufgefahren. Stattdessen erhält Maria Magdalena den Auftrag, den Jüngern den Aufstieg Jesu zum Vater zu verkün-

---

der Wiederaufnahme mit καὶ θεωρεῖ (V. 12a.14b). Es liegt somit auch hier ein ›sandwich-agreement‹ vor, d. h. eine künstliche Unterbrechung mit Wiederaufnahme. Für eine spätere Hinzufügung halten die Engelszene dagegen G. *Hartmann,* Osterberichte, 206; R. *Schnackenburg,* Joh III, 372. Als joh. Redaktion sind in Joh 20,11–18 anzusehen: V. 11a.12aβ–14a.17b.d.18c; zur Analyse vgl. M. *Lang,* Johannes und die Synoptiker, 271–278.

34   Vgl. dazu C. *Hergenröder,* Wir schauten seine Herrlichkeit, 472 ff.

35   Eine Anspielung auf die Paradies-Erzählung vermag ich nicht zu erkennen; anders N. *Wyatt,* »Supposing Him to Be the Gardner« (John 20,15). A Study of the Paradise Motif in John, ZNW 81 (1990), 21–38.

36   Im Neuen Testament findet sich die Steigerungsform ῥαββουνί nur in Mk 10,51 und Joh 20,16; sonst wird Jesus immer mit ῥαββί angeredet (Joh 1,38.49; 3,2; 4,31; 6,25; 9,2; 11,8).

den.[37] Johannes verwendet bewusst nicht das Verbum ὑψοῦν (›erhöhen‹), sondern ἀναβαίνειν (›hinaufsteigen‹), wenn er von Jesu bleibender Verbindung mit der himmlischen Welt (vgl. Joh 1,51) oder von der Rückkehr des Sohnes zum Vater spricht (vgl. Joh 3,13; 6,62). Damit verbindet sich ein zweiter auffallender Zug: Nur hier spricht Jesus im Hinblick auf die Jünger von ›meinem Vater und eurem Vater, meinem Gott und eurem Gott‹. Jesu Rückkehr zum Vater begründet auch ein neues Verhältnis zwischen Gott und den Jüngern![38] Johannes formuliert hier noch einmal den theologischen Ertrag der Abschiedsreden: Jesu Fortgang zum Vater ist für die Gemeinde kein Verlust, sondern die Bedingung für das einzigartige Verhältnis der Glaubenden zu Gott; sie sind Kinder Gottes (Joh 1,12). **18** Nun ist der Zeitpunkt gekommen, dass Maria Magdalena sich vom Grab löst. Sie verkündet den Jüngern: »Ich habe den Herrn gesehen«[39] und richtet die aufgetragene Botschaft aus. Nach dem Lieblingsjünger ist damit auch Maria Magdalena zu einer sachgemäßen Erkenntnis Jesu Christi gelangt.

Die Erzählung von der Erscheinung vor Maria Magdalena klärt die Frage nach dem Ort Jesu und betont, wie zuvor der Wettlauf zum leeren Grab, die Unverfügbarkeit der neuen Identität Jesu Christi.[40] Zunächst hält Maria am Grab als dem natürlichen Ort Jesu fest, sie will den scheinbaren Grabraub rückgängig machen. Dann aber wird sie zu der Erkenntnis geführt, dass Jesus seinen legitimen und bleibenden Ort beim Vater hat.

3. Jesu Erscheinung vor den Jüngern 20,19–23*

(19) Am Abend jenes ersten Tages der Woche, als die Türen, wo die Jünger waren, aus Furcht vor den Juden verschlossen waren, kam Jesus und trat in die Mitte und spricht zu ihnen: »Friede sei mit euch!« (20) Nachdem er dies gesagt hatte, zeigte er ihnen die Hände und die Seite. Da freuten sich die Jünger, weil sie den Herrn sahen. (21) Da sprach Jesus wiederum zu ihnen: »Friede sei mit euch! Wie mich der Vater gesandt hat, so sende ich euch.« (22) Nach diesen Worten hauchte er sie an und spricht zu ihnen: »Empfangt den Heiligen Geist! (23) Welchen ihr die Sünden erlasst, denen sind sie erlassen, welchen ihr sie belasst, denen sind sie belassen.«

Von einer Jüngerreaktion auf die Botschaft Maria Magdalenas berichtet Johannes nicht. Stattdessen fügt er eine weitere Erscheinungserzählung an, damit aus dem »Ich habe den Herrn gesehen« der Maria das »Wir haben den Herrn gesehen« der Jünger werden kann.

---

[37] Nach der vorliegenden Textabfolge ist Maria Magdalena die Erstzeugin des Auferstandenen, denn die Erscheinungen vor den Jüngern folgen in V. 19–23.24–29; ein bemerkenswerter Tatbestand, denn nach Joseph, Ant IV 219 besitzen Frauen kein Zeugnisrecht (»… von Frauen akzeptiere kein Zeugnis …«).
[38] Vgl. *F. Back*, Gott als Vater, 169.
[39] Vgl. dazu *C. Hergenröder*, Wir schauten seine Herrlichkeit, 483.
[40] Diesen Aspekt betont *J. Zumstein*, Die johanneische Ostergeschichte, 13 ff.

* Literatur: *Dauer, A.*: Johannes und Lukas, 219–248; *Kremer, J.*: Osterevangelien, 184–202; *Lang, M.*: Johannes und die Synoptiker, 259–279; *Ruiz, M. R.*: Missionsgedanke, 257–276.

19 Johannes setzt ein chronologisches Signal: Jesus erscheint am Abend dieses ersten Ostertages. Die Botschaft Marias hat die Jünger nicht verändert, sie verharren aus Furcht vor den Juden[41] in der Abgeschiedenheit eines Hauses. Demonstrativ erscheint Jesus den Jüngern (vgl. Lk 24,36). Der Epiphaniebericht ist deutlich zweigeteilt, angezeigt durch den zweifachen Gruß εἰρήνη ὑμῖν (›Friede sei mit euch‹), in V. 19 und V. 21. **20** Auf die Erscheinung folgt eine Handlung, Jesus zeigt den Jüngern seine Hände und seine Seite (vgl. Lk 24,40). Vom Erzählablauf her erscheint dieses Verhalten unmotiviert, denn eine solche Legitimation wurde nicht verlangt. Genau dies zeigt aber, dass die Frage der Leiblichkeit des Auferstandenen für den Evangelisten entscheidende Bedeutung besaß, weil sie offenbar in seiner Gemeinde umstritten war. Die Jünger als Repräsentanten der Gemeinde verkörpern zwei mögliche Haltungen gegenüber dieser Frage: Bejahung der Identität des Gekreuzigten mit dem Auferstandenen (die Mehrheit der Jünger) oder Zweifel daran (Thomas). Hier verwandelt der Beweis der Lebendigkeit Jesu die Furcht der Jünger in Freude. Wie zuvor Maria Magdalena können nun auch sie sagen, dass sie den Herrn gesehen haben. **21** An den Selbsterweis Jesu schließt sich die Sendung der Jünger an, denn Mission ist für Johannes die natürliche Folge des Glaubens. Die Sendung des Sohnes in die Welt begründet und fordert die Sendung der Jünger innerhalb der Welt.[42] **22/23** Die Gabe des Geistes bevollmächtigt und befähigt die Jünger, Jesu Werk fortzusetzen. Der deutliche Bezug auf Gen 2,7 (ἐνεφύσησεν = ›er hauchte‹) zeigt, dass Johannes dieses Geschehen als umfassende Neuschöpfung versteht (vgl. Joh 3,3.5). Der Auferstandene überträgt den Jüngern und damit der Gemeinde sogar seine Binde- und Lösegewalt. Die einmalige Sühnetat Jesu (vgl. Joh 1,29.36; 3,16; 6,51c; 10,11.15.17 f; 11,47 ff; 12,24; 13,1; 18,14) ermöglicht die Vergebung von Sünden; zugleich schließen sich aber Menschen durch schwere, unvergebbare Verfehlungen vom Heil aus. In welcher Weise sich das Binden und Lösen vollzieht, wird nicht gesagt; keineswegs kann dieses Geschehen auf die Taufe und Verkündigung beschränkt werden. Vielmehr geht es um eine verbindliche Haltung gegenüber Gemeindegliedern, die durch ihr Verhalten ihr Christsein in Frage stellen. Eine sachliche Nähe zu 1Joh 1,8–10; 3,9; 5,16–18 ist unverkennbar: Hier wie dort geht es um vergebbare und nicht vergebbare Sünden, wobei jeweils eine genaue Definition der Sünden unterbleibt, um so die Entscheidungsgewalt der Gemeinde offenzuhalten.[43] Möglicherweise ist Joh 20,23 ein Hinweis auf die Lösung des im 1Johannesbrief erkennbaren innergemeindlichen Konfliktes um das Wesen der Sünde und die Tragweite des Sündigens: Die Gemeinde schuf eine durch den Auferstandenen legitimierte Bußpraxis, in deren Rahmen die Gemeinde selbst darüber entscheidet, wer zu ihr gehört und wer sich von ihr getrennt hat. Damit zeugt auch das Evangelium von dem ernsten Willen der joh. Christen, ihre Gemeinde von der Sünde fernzuhalten. Christsein und Sünde schließen sich eigentlich aus.

---

[41] Die Wendung διὰ τὸν φόβον τῶν Ἰουδαίων dürfte auf den Evangelisten zurückgehen (vgl. Joh. 7,13; 9,22; 19,38).

[42] Vgl. zur Analyse *M. R. Ruiz,* Missionsgedanke, 257–276.

[43] Vgl. dazu *I. Goldhahn-Müller,* Die Grenze der Gemeinde, GTA 39, Göttingen 1989, 27–75; *U. Schnelle,* Johannesbriefe, 76–79.122–124.177–182.

Im Sendungsbefehl verschränken sich die Gegenwart des Erhöhten und die aktuelle Situation der Gemeinde in der Welt. Die Gemeinde weiß sich durch den Erhöhten selbst zur Mission und zum vollmächtigen Umgang mit den Sündern berufen, weil die Gabe des Geistes ihr die Vollmacht und die Kraft dazu gibt. Dabei zeigt sich in der Erstnennung des Sündenerlassens die theologische Priorität der Gnade vor dem Gericht.

4. Jesu Erscheinung vor Thomas 20,24–29*

(24) Thomas aber, einer von den Zwölfen, Zwilling genannt, war nicht bei ihnen, als Jesus kam. (25) Da sagten die anderen Jünger zu ihm: »Wir haben den Herrn gesehen.« Er jedoch sagte zu ihnen: »Wenn ich an seinen Händen nicht das Wundmal der Nägel sehe und meinen Finger in die Stelle der Nägel und meine Hand in seine Seite lege, glaube ich nicht.« (26) Und nach acht Tagen waren seine Jünger wieder drinnen und Thomas bei ihnen. Da kam Jesus bei verschlossenen Türen, trat in die Mitte und sprach zu ihnen: »Friede sei mit euch!« (27) Dann sagt er zu Thomas: »Lege deinen Finger hierher und siehe meine Hände und nimm deine Hand und lege sie in meine Seite und sei nicht mehr ungläubig, sondern gläubig!« (28) Thomas antwortete und sprach zu ihm: »Mein Herr und mein Gott!« (29) Jesus spricht zu ihm: »Weil du mich gesehen hast, glaubst du. Selig, die nicht sehen und doch glauben!«

Der Thomasperikope kommt innerhalb der Erscheinungsgeschichten eine besondere Bedeutung zu, denn Johannes interpretiert sie durch den unmittelbaren Anschluss von V. 30 f als σημεῖον = ›Zeichen‹.[44] Dadurch verweist der Evangelist die Hörer und Leser auf die vorangegangenen Wundererzählungen. Auch die wunderhaften Züge der Erzählung mit ihrer Betonung der in Raum und Zeit nachprüfbaren Realität des Geschilderten stehen in enger Verbindung zur gesteigerten Darstellung des Mirakulösen in den Wundergeschichten. Schließlich steht die Thematik von Sehen und Glauben in sachlicher Nähe zum joh. Junktim vom Sehen des Wunders und daraus entstehendem Glauben. Auf das Bekenntnis der Jünger ›Wir haben den Herrn gesehen‹ muss nun eine Reaktion erfolgen, sei es die des Unglaubens oder die des Glaubens.

24 Thomas wird als ›einer von den Zwölfen‹ vorgestellt. Die Hörer/Leser kennen ihn bereits aus den redaktionellen Abschnitten Joh 11,16; 14,5, wo er als treuer Jünger

* Literatur: *Dauer, A.:* Zur Herkunft der Thomas-Perikope Joh 20,24–29, in: Biblische Randbemerkungen (FS R. Schnackenburg), hg. v. *H. Merklein/J. Lange,* Würzburg ²1974, 56–76; *ders.:* Johannes und Lukas, 248–259; *Dietzfelbinger, Chr.:* Osterglaube, 42–51; *Hergenröder, C.:* Wir schauten seine Herrlichkeit, 514–533; *Kohler,* H.: Kreuz und Menschwerdung, 173–191; *Kremer, J.:* »Nimm deine Hand und lege sie in meine Seite!« Exegetische, hermeneutische und bibeltheologische Überlegungen zu Joh 20,24–29, in: The Four Gospels (FS F. Neirynck), hg. v. *F. van Segbroeck* u. a., 2153–2181; *Lang, M.:* Johannes und die Synoptiker, 287–294; *Schnelle, U.:* Antidoketische Christologie, 156–161; *Popp, Th.:* Thomas: Question Marks and Exclamation Marks, in: *St. A. Hunt/D. F. Tolmie/R. Zimmermann* (Hg.), Character Studies, 504–529.

[44] Vgl. *K. H. Rengstorf,* ThWNT VII, 245.

erscheint. Thomas will mit Jesus in den Tod gehen, was ihm den Glauben an die Auferstehung seines Herrn offenbar versperrt.[45] Für das Fehlen des Thomas bei der vorangegangenen Erscheinung erfolgt keine Begründung, es dient lediglich zur Vorbereitung der Begegnung mit Jesus.   **25** Die anderen Jünger teilen Thomas nur mit, dass sie Jesus gesehen haben, woraufhin Thomas Beweise für die Identität des Auferstandenen mit dem Irdischen fordert. V. 25b ist eine bewusste Wiederaufnahme und Variation von V. 20, die doppelte Negativpartikel οὐ μή erscheint 17mal, ἐὰν μή 18mal im Johannesevangelium. Formal und inhaltlich bietet Joh 4,48 die nächste Parallele für die Verknüpfung eines Bedingungssatzes mit οὐ μή (vgl. ferner Joh 8,51f; 16,7). Ebensowenig wie sich dort eine generelle Ablehnung des Wunders findet, wird in 20,25b die Verbindung zwischen dem wunderhaften Sehen des Auferstandenen und daraus entstehendem Glauben negativ beurteilt.   Im Gegenteil, die Bedingungen des Thomas werden in V. 27 erfüllt,[47] so dass V. 25 nicht für eine joh. Wunderkritik in Anspruch genommen werden kann.   **26** Das einleitende ›nach acht Tagen‹ nimmt die Zeitangabe von V. 19 auf, so dass die zweite Erscheinung Jesu am nachfolgenden Sonntag erfolgt, dem Tag der Erinnerung an die Auferstehung des Herrn (vgl. IgnMag 9,1; Barn 15,9; vgl. ferner Offb 1,10; Apg 20,7; Did 14,1).[48] Jesu wunderhaftes Erscheinen wurde wörtlich aus V. 19 übernommen. Während es dort in einem sinnvollen Zusammenhang erscheint, wirkt es hier ausschließlich auf das folgende Gespräch zwischen Jesus und Thomas hin konstruiert.[49]   **27** Die Zweifel des Thomas werden nicht brüsk zurückgewiesen, sondern aufgenommen und durch Jesus selbst überwunden. Er erfüllt die Forderungen des Thomas, wobei die Übereinstimmungen deutlich zeigen, dass eine Variation aus V. 25b vorliegt.[50] In wunderbarer Weise darf Thomas die Identität des Auferstandenen mit dem Irdischen in Raum und Zeit nachprüfen; ob er es auch wirklich tut, bleibt offen.[51] Auf jeden Fall kommt er dadurch zum Glauben. Mit der Aufforderung »Sei nicht mehr ungläubig, sondern gläubig« (μὴ γίνου ἄπιστος ἀλλὰ πιστός) akzeptiert Jesus ausdrücklich den Zusammenhang zwischen dem wunderhaften Sehen und daraus entstehendem Glauben.[52]   **28** Das reale

---

[45] Den redaktionellen Charakter von V. 24 erweisen zahlreiche sprachliche Beobachtungen: zu εἷς ἐκ τῶν δώδεκα vgl. Joh 6,71, εἷς mit partitivem ἐκ findet sich ferner in Joh 6,8; 11,49; 13,21.23; 18,26. Die zusätzliche Bezeichnung des Thomas als ὁ λεγόμενος Δίδυμος ist im redaktionellen Vers Joh 11,16 belegt, zu ὁ λεγόμενος vgl. darüber hinaus Joh 4,5.25; 5,2; 9,11; 11,54; 19,13.17. 15mal kommt εἶναι μετά mit folgendem Genitiv und 74mal artikelloses Ἰησοῦς im 4. Evangelium vor (ohne Kap. 21).

[46] Gegen *R. Schnackenburg*, Joh III, 393, der hier wie in Joh 4,48 Wunderkritik vermutet.

[47] Darauf weist *E. Käsemann*, Jesu letzter Wille, 53f, zu Recht besonders hin.

[48] Vgl. *R. Schnackenburg*, Joh III, 394.

[49] Vgl. *G. Hartmann*, Osterberichte, 212; *A. Dauer*, Herkunft, 59. Typisch johanneisch sind οἱ μαθηταί mit folgendem Possessivpronomen und der asyndetische Anschluss mit ἔρχεται ὁ Ἰησοῦς.

[50] V. 25b: δάκτυλόν μου/V. 27: δάκτυλόν σου; V. 25b: ἴδω ἐν ταῖς χερσὶν αὐτοῦ/V. 27: ἴδε τὰς χεῖράς μου; V. 25b: καὶ βάλω μου τὴν χεῖρα εἰς τὴν πλευρὰν αὐτοῦ/V. 27: καὶ φέρε τὴν χεῖρά σου καὶ βάλε εἰς τὴν πλευράν μου; V. 25b: οὐ μὴ πιστεύσω/V. 27: μὴ γίνου ἄπιστος ἀλλὰ πιστός.

[51] Im Text wird nicht ausdrücklich gesagt, dass Thomas wirklich seinen Finger in die Wundmale und seine Hand in die Seite legte, Jesu Aufforderung in V. 27 und das Bekenntnis in V. 28 könnten dies aber nahelegen; *B. Lindars*, Joh, 614; *R. Schnackenburg*, Joh III, 396, meinen, Thomas habe auf ein Nachprüfen verzichtet.

[52] Eine beachtliche Parallele findet sich bei Philostr, VitAp VIII 12. Apollonius verschwindet am Ende seines

Sehen des Auferstandenen bringt Thomas zum Glauben und löst sein Bekenntnis aus.[53] Die Verbindung von ὁ κύριος (›Herr‹) und ὁ θεός (›Gott‹) verweist auf das Alte Testament (Ps 34,23LXX: ὁ θεός μου καὶ ὁ κύριος),[54] hat im Evangelium eine Sachparallele im Nathanaelbekenntnis (Joh 1,49)[55] und dürfte hier durch die Wendung ἑώρακα τὸν κύριον in 20,18 und den bewussten Rückbezug auf Joh 1,1c (θεὸς ἦν ὁ λόγος) und 1,18 (μονογενὴς θεός) bedingt sein (vgl. ferner 1Joh 5,20fin).[56] Während Thomas zuvor Jesus nur in seiner irdischen Wirklichkeit begriff (vgl. Joh 11,16), erschließt sich ihm nun Jesu göttliche Wirklichkeit. Er bekennt Jesus als seinen Herrn und Gott und bringt damit den Glauben der joh. Gemeinde an die Gottessohnschaft Jesu Christi zum Ausdruck, der hier auch eine antiimperiale Konnotation aufweist: Domitian ließ sich in der Spätzeit seiner Herrschaft als »Dominus et Deus noster«[57] anreden, wobei die Kritik antiker Autoren[58] erkennen lässt, wie stark dieser Herrschaftsanspruch das Leben und Verhalten der Menschen beeinflussen konnte. Wenn auf diesem Hintergrund die vom Kaiser beanspruchten Attribute von Johannes auf den gekreuzigten und auferstandenen Jesus Christus übertragen werden, dann beinhaltet dies auch eine deutliche Kritik am Kaiserkult.   **29** Mit der Feststellung ὅτι ἑώρακάς με πεπίστευκας[59] als Wort Jesu (»Weil du mich gesehen hast, glaubst du«) wird noch einmal der Zusammenhang zwischen dem wunderbaren Sehen und daraus

Lebens nach dem Verhör durch Domitian auf wundersame Weise aus dem Gerichtssaal, um wie angekündigt (VII 41) zweien seiner Jünger zu erscheinen. Sie fragen ihn, ob er lebendig oder tot sei. Apollonius streckt seine Hand aus und sagt: »Fasse sie an (λαβοῦ μου)! Wenn ich dir entschlüpfe, dann bin ich ein Schatten (εἴδωλον) aus dem Reiche der Persephone ... Wenn ich aber bei deiner Berührung an Ort und Stelle bleibe, so überzeuge auch Damis, dass ich lebe und meinen Leib noch nicht verlassen habe! Sie waren nicht länger imstande zu zweifeln (ἀπιστεῖν).«

53   Typisch johanneisch ist die Einführungsformel ἀπεκρίθη ... καὶ εἶπεν αὐτῷ , vgl. *E. Ruckstuhl*, Einheit, 199.

54   Vgl. ferner Ps 29,3; 85,15; 87,2.

55   Vgl. ferner die Bekenntnisse in Joh 4,42; 6,69; 9,37 f; 11,27; 16,30; 20,16.

56   Vgl. 1Joh 5,20fin.21, wo es über Jesus Christus heißt: »Dieser ist der wahrhaftige Gott (ὁ ἀληθινὸς θεός) und ewiges Leben. (21) Kinder, hütet euch vor den Götterbildern«; zur Auslegung vgl. *U. Schnelle*, Johannesbriefe, 183–187.

57   Suet, Domitian 13,2 (= Neuer Wettstein I/2, 855).

58   Vgl. Dio Chrys, Or 45,1, wo es mit Bezug auf Domitian heißt: »Wie ich meine Verbannung durchgestanden habe, ohne dem Mangel an Freunden, der materiellen Not und körperlichen Hinfälligkeit zu erliegen; wie ich zu dem allen ausgeharrt habe unter einem Feind, der nicht der erste beste von Leuten meines Standes oder, wie sie manchmal genannt werden, von Gleichberechtigten war, sondern der mächtigste und grimmigste, von allen Griechen und Nichtgriechen Herr und Gott genannt, in Wirklichkeit aber ein böser Dämon; wie ich ihm obendrein nicht schmeichelte oder seinen Haß durch Bitten auszusöhnen suchte ...« Vgl. auch Martial X 72, 1–3, wo Martial die Veränderungen am Hof mit dem neuen Kaiser Trajan beschreibt: »Schmeicheleien, ihr naht euch mir vergeblich, ihr elenden, mit euren abgefeimten Lippen. Von einem »Herrn und Gott« habe ich nicht vor zu sprechen« (= Neuer Wettstein I/2, 854); vgl. ferner Martial V 8,1; VII 34,8; VIII 2,6; IX 66,3; Dio Chrys, Or 1,21.

59   Gegen *Nestle-Aland*[27.28] u. a. ist der Satz nicht als Frage aufzufassen, wie es die Parallelen Joh 1,50; 16,31 nahezulegen scheinen. Die Frageform würde eine Distanz zum Ausdruck bringen, die für Johannes gerade nicht charakteristisch ist. Zudem weist das Perfekt von πιστεύειν (im Gegensatz zum Präsens in 1,50; 16,31) auf einen festen Glauben hin, und die folgende Seligpreisung schließt besser an eine Feststellung als an eine Frage an; vgl. auch *R. Schnackenburg*, Joh III, 398. Typisch johanneisch ist der Sprachgebrauch in V. 29: Die Einleitungsformel λέγει αὐτῷ ὁ Ἰησοῦς ist vielfach belegt; vgl. nur Joh 2,7; 4,7.21.26.34. 50; 5,8; 7,6 u. ö. Perfektformen von πιστεύειν kommen 6mal, von ὁρᾶν 20mal vor, insgesamt ist

entstehendem Glauben betont. Eine Akzentverschiebung bringt der folgende Makarismus. Er gilt den Generationen, die nicht mehr durch das unmittelbare Sehen des
Auferstandenen zum Glauben gelangen können.[60] An Thomas wird exemplifiziert,
was zur Zeit des Johannesevangeliums schon gilt: Glauben ohne das Thomas gewährte
wunderhafte direkte Sehen des Auferstandenen, Angewiesensein auf die Überlieferung
der Augenzeugen. Die unterschiedlichen zeitlichen Perspektiven sind für die Interpretation der Thomasperikope entscheidend, denn Thomas vereinigt zwei Zeitebenen in
sich. Während V. 24–29a von einem Geschehen berichten, das nur zur Zeit der
Epiphanien des Auferstandenen und der ersten Jüngergeneration möglich war, richtet
V. 29b den Blick auf die Zukunft, was allein schon die Form des Makarismus verdeut-
lich.[61] V. 29b kritisiert oder relativiert somit nicht das vorherige Sehen des Thomas,
sondern formuliert lediglich, was für die folgenden Generationen im Unterschied zu
den Augenzeugen bereits gilt.[62] Das unmittelbare Sehen ist auf die Generation der
Augenzeugen beschränkt. Indem dieses Sehen aber die joh. Tradition begründet, hat
es im Kerygma für die joh. Gemeinde gegenwärtige Bedeutung. Bemerkenswert ist
die Kontinuität zwischen den Manifestationen des Irdischen in den Wundern und
dem wunderhaften Erscheinen des Auferstandenen in Joh 20,24–29a: Hier wie dort
findet sich das Junktim von Sehen und daraus entstehendem Glauben, wird die in
Raum und Zeit nachprüfbare Realität des Wirkens bzw. der Auferstehung Jesu unterstrichen.

Neben den zahlreichen nachgewiesenen joh. Spracheigentümlichkeiten weisen auch die Komposi-
tionstechnik sowie die Aufnahme einzelner Motive aus Joh 20,19–23 darauf hin, dass die
Thomasperikope auf den Evangelisten Johannes zurückgeht.[63] So nimmt ἑωράκαμεν τὸν κύριον
in V. 25a auf ἰδόντες τὸν κύριον in V. 20b Bezug, und die Antwort des Thomas in V. 25b ist deutlich V. 20a nachgestaltet. Die Zeitangabe in V. 26a bezieht sich auf V. 19a, und Jesu wunderhaftes
Kommen in V. 26b entspricht der Schilderung in V. 19b. Schließlich ist die Begegnung zwischen
Jesus und Thomas in V. 27 eine Variation von V. 25b. Auf die Hand des Evangelisten weist auch
die Komposition der Thomasperikope hin; sie hat auffallende Parallelen in der Nathanael-Erzählung
(Joh 1,45–51).[64] Auf die Botschaft des Philippus (1,45) reagiert Nathanael zunächst skeptisch

         πιστεύειν 98mal, ὁρᾶν 62mal im Johannesevangelium belegt. Ebenfalls redaktionell ist μακάριος in Joh
         13,17, vgl. R. Schnackenburg, Joh III, 398.
60   Vgl. R. Schnackenburg, Joh III, 399; H. Kohler, Kreuz und Menschwerdung, 207 ff.
61   Sehr deutlich ist dieser futurische Akzent in Joh 13,17, wo den Jüngern das Heil verheißen wird, wenn sie
         das beispielhafte Tun Jesu in Zukunft (= ἐάν; vgl. R. Bultmann, Joh, 363 Anm. 5; G. Strecker, EWNT II,
         931) verwirklichen. Die auffälligen Aoristpartizipien widersprechen dem nicht, denn V. 29b formuliert
         einen in Zukunft für die joh. Christen immer gültigen Sachverhalt, der als bereits eingetreten gedacht
         wird; vgl. Blass/Debrunner/Rehkopf, Grammatik, § 333,3a/373,7; R. Schnackenburg, Joh III, 399. Einen
         traditionsgeschichtlichen Zusammenhang zwischen dem Makarismus in Joh 20,29 und der Seligpreisung
         der Augenzeugen in Lk 10,23; Mt 13,16 sehen C. H. Dodd, Tradition, 354; G. Strecker, a. a. O., 931.
62   Vgl. E. Käsemann, Jesu letzter Wille, 54; O. Cullmann, Urchristentum und Gottesdienst, 43; B. Lindars,
         John, 616; C. K. Barrett, Joh, 549.
63   Vgl. den umfassenden Nachweis bei A. Dauer, Johannes und Lukas, 251-259; vgl. ferner R. T. Fortna,
         Gospel of Signs, 142 f; R. Schnackenburg, Joh III, 390; J. Becker, Joh II, 741; H. Kohler, Kreuz und
         Menschwerdung, 179f; J. Zumstein, Joh, 763. Zumstein stellt das Zweifelsmotiv in den Mittelpunkt und
         sieht keine antidoketische Tendenz. Zu beachten bleibt aber, warum der Zweifel entsteht und worauf er
         sich richtet!
64   Vgl. W. Grundmann, Zeugnis und Gestalt, 92; A. Dauer, Thomas-Perikope, 60 f.

(1,46). Es kommt zu einer Begegnung zwischen ihm und Jesus, in deren Verlauf der Unglaube des Jüngers durch Jesus überwunden wird (1,47.48). Daraufhin erfolgt das Glaubensbekenntnis des Nathanael (1,49), das Jesus seinerseits kommentiert und zu einer generellen Aussage veranlasst (1,50.51). Schließlich zeugt auch die traditionelle Erzählung[65] in Joh 20,19–23 für den redaktionellen Charakter der Thomasperikope, denn sie setzt bei der Geistverleihung und Bevollmächtigung zur Sündenvergebung die Anwesenheit aller Jünger voraus.[66] Es findet sich kein Hinweis darauf, dass Thomas eine besondere Offenbarung zuteil werden soll.

In der Thomasperikope verbindet der Evangelist Johannes zwei aktuelle theologische Probleme seiner Gemeinde: die Abwehr einer doketischen Leugnung der Identität des Gekreuzigten mit dem Auferstandenen und die Frage nach dem Auferstehungsglauben derer, die auf das Zeugnis der Augenzeugen angewiesen sind. Eine antidoketische Tendenz artikuliert sich in dem Verlangen des Thomas, die Wundmale Jesu berühren zu dürfen, um so die Leiblichkeit des Auferstandenen und seine Identität mit dem Irdischen nachzuprüfen.[67] Thomas wird dieser Wunsch gewährt, ohne dass von einem ausdrücklichen Vollzug die Rede ist, womit er als (theologischer) Augenzeuge ausdrücklich bestätigt, dass der Auferstandene in dem Fleisch ist, in dem er litt und starb.[68] Die damit behauptete Kontinuität zwischen dem irdischen Leib Jesu und dem Auferstehungsleib richtet sich gegen Glieder der joh. Gemeinde, die Jesu reales Gekommensein ins Fleisch und somit auch sein Leiden und Sterben und die Realität des Auferstehungsleibes leugnen (vgl. 1Joh 2,22.23; 4,2.3; 5,1). Wahrscheinlich ist auch die Frage nach dem Auferstehungsglauben der späteren Generationen durch diese innergemeindlichen Gegner ausgelöst worden; denn wenn sie die leibliche Auferstehung Jesu verneinten, musste sich für die anderen Gemeindeglieder ebenfalls die Frage nach dem Wesen und der Zuverlässigkeit ihrer eigenen Glaubensgrundlagen stellen. Johannes antwortet darauf mit dem Verweis auf die Augenzeugen, welche Jesu Auferstehung im Fleisch bestätigen und auf deren Glaubwürdigkeit sich die spätere Gemeinde verlassen muss und darf. Somit begründet das unwiederholbare Sehen der ersten Zeugen die Tradition, in deren Kontinuität sich die joh. Gemeinde weiß, denn ihr gilt die Verheißung Jesu: μακάριοι οἱ μὴ ἰδόντες καὶ πιστεύσαντες (»Selig, die nicht sehen und doch glauben«).

---

[65] Zur Analyse vgl. *R. Schnackenburg,* Joh III, 380–390.

[66] Vgl. a. a. O., 390.

[67] Vgl. *G. Richter,* Fleischwerdung, 180 ff, der die Thomasperikope allerdings für einen sekundären Einschub seines ›antido-ketischen Redaktors‹ hält. Sahen schon *J. Wellhausen,* Joh, 93, und *E. Schwartz,* Aporien I, 348 f, das Ende ihrer joh. ›Grundschrift‹ in 20,18 und hielten deshalb die Thomasgeschichte für einen Zusatz, so wird diese These auch von *W. Langbrandtner,* Weltferner Gott, 35–38, vertreten, der in Joh 20,19–31 das Werk seiner ›Redaktion‹ sieht. Für diese Annahme lassen sich aber weder literarkritische noch inhaltliche Argumente geltend machen, und zudem hat die Analyse gezeigt, dass die Sprachgestalt von 20,24–29.30–31 eindeutig johanneisch ist; vgl. zur Kritik an Langbrandtner auch *A. Dauer,* Johannes und Lukas, 289–295.

[68] Gegen *R. Bultmann,* Joh, 539, der meint, der Zweifel des Thomas sei »repräsentativ für die durchschnittliche Haltung der Menschen, die nicht glauben können, ohne Wunder zu sehen (4,48)«, spricht entscheidend, dass das Verlangen des Jüngers von Jesus erfüllt wird. Hier liegt keine Wunderkritik vor, sondern das wunderhafte Sehen des Thomas ist im Gegenteil Voraussetzung für den Glauben der späteren Generationen, der ohne ein unmittelbares Sehen auskommen muss. Vgl. zur Kritik an Bultmann bes. *E. Käsemann,* Jesu letzter Wille, 53 f.89 f; *H. Kohler,* Kreuz und Menschwerdung, 192–213.

XV. Der Epilog 20,30–31*

(30) Noch viele andere Zeichen hat nun Jesus vor seinen Jüngern getan, die nicht in diesem Buch aufgeschrieben sind. (31) Diese aber wurden aufgeschrieben, damit ihr glaubt, dass Jesus der Christus ist, der Sohn Gottes, und damit ihr als Glaubende Leben habt in seinem Namen.

V. 31: Den Konj. Präs. πιστεύητε lesen P⁶⁶ᵛⁱᵈ ℵ* B Θ 0250 892, den Konj. Aor. πιστεύσητε bezeugen A C D K L rell. Sowohl die Parallele Joh 19,35 als auch inhaltliche Gründe sprechen für die LA πιστεύητε.

Das Johannesevangelium schloss ursprünglich mit Kap. 20,30 f, denn hier wird rückblickend der »Auswahlcharakter«[1] des Erzählten betont und das Ziel der gesamten Darstellung angegeben.[2] Formgeschichtlich greift Johannes dabei den in der antiken Literatur wohlbekannten Topos der »Unsagbarkeit« auf,[3] der besonders in Abschlusswendungen die Unerschöpflichkeit des Gegenstandes zum Ausdruck bringen soll.[4] Derartige Abschlusssätze sind in der joh. Schule keineswegs ungewöhnlich, wie die Parallelen 2Joh 12; 3Joh 13 zeigen. Schließlich belegen sowohl der sekundäre Anhang Joh 21 als auch die Wiederaufnahme und Variation von Joh 20,30 in 21,25 (ἄλλα πολλά = ›viele andere‹, ἐποίησεν ὁ Ἰησοῦς = ›tat Jesus‹, γράφειν = ›schreiben‹, βιβλίον = ›Buch‹), dass Joh 20,30 f als der ursprüngliche Schluss des Evangeliums angesehen werden muss.

---

* Literatur: *Belle, G. van:* The Meaning of σημεῖα in Jn 20,30–31, EThL 74 (1998), 300–325; *Bittner, W. J.:* Jesu Zeichen, 197–225; *Carson, D. A.:* John 20.31 Reconsidered, JBL 106 (1987), 639–651; *Fee, G. D.:* On Text and Meaning of John 20,30–31, in: The Four Gospels (FS F. Neirynck), hg. v. *F. van Segbroeck,* 2193–2205; *Fortna, R. T.:* Fourth Gospel, 201–205; *Kammler, H. Chr.:* Die »Zeichen« des Auferstandenen. Überlegungen zur Exegese von Joh 20,30+31, in: *O. Hofius/H. Chr. Kammler,* Johannesstudien, 191–211; *Lang, M.:* Johannes und die Synoptiker, 294–297; *Schnelle, U.:* Antidoketische Christologie, 152–156; *Söding, Th.:* Die Schrift als Medium des Glaubens, in: Schrift und Tradition (FS J. Ernst), hg. v. *K. Backhaus/F. G. Untergaßmair,* Paderborn 1996, 343–371; *Welck, Chr.:* Erzählte Zeichen, 279–344.

1 *R. Bultmann,* Joh, 540.
2 Anders *H. Thyen,* Joh, 771 ff, der Kap. 20,30–21,25 zum Epilog erklärt, von einer Brückenfunktion bei V. 30 f spricht und von einem urprünglichen und unauflöslichen Zusammenhang zwischen Kap. 1–20 und Kap. 21 ausgeht; zur Kritik dieser Position s. u. XV.
3 Vgl. dazu *K. Thraede,* Untersuchungen zum Ursprung und zur Geschichte der christlichen Poesie I, JAC 4 (1961), 120 ff.
4 Vgl. dazu Xen, Hellenica V 4,1; Sir 43,27; 1Makk 9,22; Joseph, Ant III 318. Als Parallelen zu Joh 20,30f kommen vor allem zwei Texte in Frage: 1) Luc, Demonax 67 (»Dies wenige aus vielem, was ich noch hätte beibringen können, wird doch immer hinlänglich sein, den Lesern einen richtigen Begriff von diesem denkwürdigen Mann zu geben«); 2) Philo, SpecLeg IV 238 (»Auch dem Langlebigsten würde es an der Zeit fehlen, wollte er das Lob der Gleichheit und ihrer Tochter, der Gerechtigkeit, erschöpfend darstellen; darum erscheint es mir besser, mich mit dem Gesagten zu begnügen, um das Gedächtnis der Freunde der Wissenschaft anzuregen, das übrige aber zu übergehen, was in deren Seelen verzeichnet ist, gleich göttlichen Bil-

Die Vertreter einer vorjoh. ›Semeia-Quelle‹ sehen in Joh 20,30 f das Ende ihrer vermuteten Vorlage, das nun durch den Evangelisten den Abschluss des gesamten 4. Evangeliums bildet.[5] Die Sprachanalyse zeigt jedoch eindeutig, dass V. 30.31 nicht auf eine vorjoh. Quelle, sondern auf den Evangelisten selbst zurückgehen: 1) πολύς ist 39mal, ἄλλος 29mal im Johannesevangelium (ohne Kap. 21) belegt. Zur Wendung πολλὰ … σημεῖα vgl. Joh 11,47. 2) Zur Konstruktion mit μέν…δέ vgl. Joh 10,31; 16,9–11; 16,22; 19,24f; 19,32f. 3) οὖν findet sich 190mal bei Johannes (ohne Kap. 21). 4) Zur Wendung σημεῖα ἐποίησεν ὁ Ἰησοῦς vgl. Joh 4,54 (σημεῖον ἐποίησεν ὁ Ἰησοῦς); vgl. ferner 2,11.18.23; 3,2; 6,2.14.30; 7,31; 9,16; 10,41; 12,18.37. 5) ἐνώπιον ist im Johannesevangelium nur hier belegt, darüber hinaus aber in 1Joh 3,22; 3Joh 6 (ferner 35mal in der Offb), so dass diese Präposition nicht als ›unjohanneisch‹ bezeichnet werden kann. 6) 68mal findet sich μαθητής im 4. Evangelium (ohne Kap. 21). Zu lesen ist hier der Plural τῶν μαθητῶν αὐτοῦ (A B K u. a.). Μαθητής im Plural mit folgendem Possessivpronomen ist 34mal im Johannesevangelium belegt. Enge Sachparallelen sind Joh 2,11; 11,15. 7) γράφειν ist 18mal belegt (ohne Joh 21,24), zu (οὐκ) ἔστιν γεγραμμένα vgl. besonders Joh 10,34; ferner Joh 2,17; 6,31.45; 12,14. 8) Im Johannesevangelium erscheint βιβλίον nur in 20,30 (und 21,25; ferner 23 Belege in der Offb). Sinnvoll konnte der Evangelist dieses Wort nur am Ende seines Evangeliums gebrauchen. 9) Typisch johanneisch ist die Konstruktion in V. 31 mit einem von γέγραπται abhängigen doppelten ἵνα-Satz (ἵνα ist im Evangelium 145mal, in den Briefen 26mal belegt). Gibt der erste ἵνα-Satz, dessen Verb den folgenden ὅτι-Satz regiert, das Objekt des Glaubens an, so der zweite die soteriologische Dimension des Glaubensgeschehens. Enge Parallelen zu Joh 20,31 sind 1Joh 1,4; 2,1; 5,13, wo ebenfalls von γράφειν ein ἵνα-Satz abhängt. 10) Zu ἵνα πιστεύειν vgl. Joh 1,7; 3,15.16; 6,29.30.40; 11,42; 13,19; 17,21; 19,35. 11) Parallelen zum auch in Joh 20,30 vorausgesetzten Junktim zwischen Sehen des Wunders und daraus entstehendem Glauben sind Joh 2,11.23; 4,50.53; 6,30; 7,31; 9,35.36.38; 10,42; 11,15.45; 12,37. 12) Die Anreihung christologischer Titel Ἰησοῦς ἐστιν ὁ Χριστὸς ὁ υἱὸς τοῦ θεοῦ hat ihre nächste Parallele in Joh 11,27; vgl. ferner Joh 1,49; 6,69. Bloßes Ἰησοῦς (mit und ohne Artikel) ist 238mal, absolutes Χριστός 16mal (ohne 20,31) und υἱὸς τοῦ θεοῦ 6mal im Johannesevangelium belegt. 13) Zur Wendung ζωὴ (αἰώνιος) ἔχειν im Sinne einer Heilsverheißung vgl. Joh 3,15.16.36; 5,24.39.40; 6,40.47.54. 14) 24mal ist ὄνομα im 4. Evangelium belegt (ohne 20,31). Enge Parallelen zu 20,31 sind Joh 1,12; 2,23; 3,18.

30 Zunächst betont der Evangelist in V. 30a seine gezielte Stoff-Auswahl; er hat aus den ihm zugänglichen Traditionen nicht alle Wundergeschichten übernommen. Warum greift er gerade an dieser Stelle auf den σημεῖον-Begriff (›Zeichen‹) zurück, den er in 12,37 am Ende des öffentlichen Wirkens Jesu zum letzten Mal gebrauchte? Johannes versteht die Wunder Jesu offenbar als exemplarische Zeichen, die anschaulich und beispielhaft die Hörer/Leser des Evangeliums mit dem eschatologischen Heilsbringer Jesus Christus konfrontieren. Der σημεῖον-Begriff ist somit besonders geeignet, die Glauben stiftende Offenbarungsqualität des zuvor im Evangelium geschilderten Wirkens Jesu prägnant zu benennen.[6] Zudem vermag – vor allem im Licht der

dern an heiligster Stätte«). Beide Texte bilden den Abschluss eines literarischen Werkes und betonen dessen Auswahlcharakter. Jüdische Parallelen bietet *Billerbeck* II, 587; zum Motiv ›Der Wunder sind mehr, als man erzählen kann‹ in hellenistischen Texten vgl. *O. Weinreich*, Antike Heilungswunder, RVV 8,1, Berlin 1909, 199–201. Zahlreiche Beispiele aus nachneutestamentlicher Zeit finden sich bei *W. Bauer*, Das Leben Jesu im Zeitalter der neutestamentlichen Apokryphen, Darmstadt 1967 (= 1909), 364 f.

5   So *A. Faure*, Zitate (s. o. Exk. 3), 180 f; *S. Schulz*, Joh, 248; *R. Bultmann*, Joh, 541; *E. Haenchen*, Joh, 574 f; *J. Becker*, Joh II, 756; *R. T. Fortna*, Gospel of Signs, 197f; *W. Nicol*, Semeia, 29 f; *R. Schnackenburg*, Joh III, 401. *J. Zumstein*, Joh, 769, hält die Frage für unlösbar und sachlich für irrelevant.

6   Wer in Joh 20,30 f lediglich das Ende einer vorjoh. ›Semeia-Quelle‹ sieht, muss erklären, warum der Evangelist gerade am Abschluss seiner Darstellung den σημεῖον-Begriff wieder aufnimmt, der sich sonst

Lazarus-Perikope – der σημεῖον-Begriff die vorausgehenden Erscheinungsberichte ebenfalls sachgemäß zu qualifizieren, denn auch sie haben Offenbarungscharakter und zeichnen sich durch visuelle und sinnliche Glauben stiftende Elemente aus.[7] Weil die Doxa Jesu Glauben hervorrufen soll und die Wunder sowie die Erscheinungsberichte diese Doxa nachdrücklich und unübersehbar zeigen, nimmt Johannes im Epilog seines Werkes den σημεῖον-Begriff auf, der damit zum hermeneutischen Schlüssel des 4. Evangeliums wird.[8] Auch die auffällige Erwähnung der Jünger wird in diesem Kontext verständlich; Johannes greift auf seine Interpretation des Kanawunders in Kap. 2,11 zurück und stellt gleichzeitig einen Kontrast zu Kap. 12,37 her, wo vom Unglauben des ὄχλος (›Volk‹) angesichts der vielen Wunder Jesu die Rede ist. Zugleich dürfte die Wendung ἐνώπιον τῶν μαθητῶν αὐτοῦ (›vor seinen Jüngern‹) durch die vorhergehenden Erscheinungen Jesu vor seinen Jüngern veranlasst worden sein (Joh 20,19–23.24–29). Auch auf das Ziel der Evangeliendarstellung fällt von hier aus Licht: Es sind die Jünger, vor denen Jesus viele andere Zeichen tat, d. h. das Johannesevangelium ist keine Missionsschrift für Juden oder Heiden, sondern es hat seinen ›Sitz im Leben‹ innerhalb der joh. Gemeindetradition und Schule. Im Epilog konstatiert Johannes den literarischen Charakter seines Werkes: Das Evangelium ist ein βιβλίον (vgl. Offb 1,11; 22,7.9 f.18 f). Damit kennzeichnet der Evangelist sein Buch als literarischen Ausdruck der den Jüngern aufgetragenen Aufgabe der Verkündigung. Die Buch-Form sichert die Verbindlichkeit und Verlässlichkeit des Geschehenen, sie ergibt sich notwendigerweise aus der nachösterlichen Anamnese. Was vor Ostern Jesus selbst vollbrachte, wird nach Ostern unter der Führung des Parakleten dem Evangelium als Buch zugetraut: die Glauben ermöglichende Konfrontation mit dem eschatologischen Heilsbringer Jesus Christus. Gilt für den vorösterlichen Jesus das σημεῖα ποιεῖν (›Zeichen/Wunder tun‹), so können nach Ostern diese Taten nur als σημεῖα γεγραμμένα (›geschriebene Zeichen‹) verkündet und erfahren werden. Dazu kommt ein weiteres Signal: Indem Johannes sein gesamtes Werk als ›Buch‹ klassifiziert, wird es zu *dem* Glaubensbuch seiner Gemeinde und nimmt einen herausragenden Rang ein.[9]   **31**
Die Glaubensforderung Jesu (vgl. Joh 14,1) wird nachösterlich zum Ziel des gesamten Evangelienbuches. Die Erzählperspektive des Evangelisten ist ausschließlich christologisch und damit auch soteriologisch orientiert. Johannes liegt nichts an einer neutralen Geschichtserzählung, sondern sein Werk steht im Dienst der Glaubensforderung Jesu. Dieser soteriologischen Ausrichtung entspricht die Konj. Präs. πιστεύητε = (damit) ›ihr glaubt‹; die joh. Christen sollen trotz aller Bedrängnis am Glauben fest-

---

vor allem auf konkrete Wundergeschichten bezieht. Zumeist wird dieses Problem übergangen. So *J. Becker,* Joh II, 756, der meint, es komme dem Evangelisten in 20,30 f gar nicht auf den Zeichenbegriff an, den er nur aus der Semeia-Quelle übernommen haben soll (»E hat diesen Abschluß der SQ übernommen. Er achtete nicht darauf, ob 20,30a auch sein Evangelium angemessen wiedergab«). Sollte Johannes gerade den Schluss seines Werkes unreflektiert gestaltet haben?

[7] Vgl. *Th. Söding,* Schrift als Medium, 361.
[8] Vgl. *G. van Belle,* Meaning, 324. Anders *H. Chr. Kammler,* Die »Zeichen« des Auferstandenen, 201, der σημεῖον »ausschließlich auf die Selbstweise des Auferstandenen vor seinen Jüngern« beziehen will.
[9] Vgl. *J. Zumstein,* Joh, 771.

halten.[10] Der Inhalt dieses Glaubens wird mit den beiden zentralen Hoheitstiteln Χριστός und υἱὸς θεοῦ beschrieben. Der Titel Χριστός nimmt die alttestamentlichen Hoffnungen auf den Messias Israels auf, die mit υἱὸς θεοῦ zu dem spezifisch christlichen Bekenntnis der endgültigen und unüberbietbaren Selbstoffenbarung Gottes in Jesus von Nazareth geführt werden.[11] Darüber hinaus sichert die Identität des irdischen Ἰησοῦς mit dem verheißenen Χριστός und dem präexistenten υἱὸς θεοῦ die unauflösbare Einheit von Niedrigkeit und Hoheit Jesu Christi.[12]

Das nachösterliche Glaubens-Zeugnis der Jünger ist auf das Evangelium in Buch-Form angewiesen, um so die inkarnierte Wahrheit Jesus Christus, den Sohn Gottes, zu bezeugen. Der Glaube kann nicht mehr durch das unmittelbare Sehen entstehen (vgl. Joh 20,29), wohl aber ist Jesus Christus im Johannesevangelium so zu lesen, zu sehen und zu erfahren, dass er Glauben hervorruft.

---

[10] Vgl. u. a. *F. Neugebauer*, Entstehung, 11 f; *R. Schnackenburg*, Joh III, 403; *G. D. Fee*, John 20,30–31, 2205. Für den Aorist πιστεύσητε treten natürlich die Autoren ein, die in Joh 20,30 f den Abschluß einer ›Semeia-Quelle‹ sehen, welche als Missionsschrift verstanden werden muss; vgl. *R. T. Fortna*, Gospel of Signs, 197–199; *W. Nicol*, Semeia, 29.

[11] Vgl. *Th. Söding*, Schrift als Medium, 355–357.

[12] Vgl. *F. Neugebauer*, Entstehung, 28 ff.

XVI. Zwei Zusätze: Kapitel 21 und die Evangeliumsüberschrift*

Ein relativer Konsens besteht in der Forschung über den sekundären Charakter von Joh 21 als späteren Zusatz.[1] Auffallend sind zunächst zahlreiche Sprach- und Stileigentümlichkeiten. So finden sich in Kap. 21 insgesamt 21 joh. Hapaxlegomena: πρωΐα (›Morgen‹), αἰγαλιός (›Strand‹), δικτύον (›Netz‹), ἰσχύω (›können/vermögen‹), ἰχθύς (›Fisch‹), γυμνός (›nackt‹), μακράν (›entlegen‹), πῆχυς (›Elle‹), σύρειν (›schleppen‹), ἀποβαίνειν (›aussteigen‹), ἀριστᾶν (›frühstücken‹), τολμᾶν (›wagen‹), ἐξετάζειν (›erkundigen/fragen‹), βόσκειν (›hüten‹), ἀρνίον (›Schaf‹), ποιμαίνειν (›weiden‹), νέος (›neu‹), ζωννύναι (›gürten‹), γηράζειν (›alt werden‹), ἐκτείνειν (›ausstrecken‹) und ἐπιστρέφειν (›umdrehen‹). Hinzu kommen drei neutestamentliche Hapaxlegomena: ἁλιεύειν (›fischen‹), προσφάγιον (›Fisch‹), ἐπενδύτης (›Oberkleid‹). Unjohanneische Namensformen sind οἱ τοῦ Ζεβεδαίου (›die des Zebedäus‹) in V. 2 und Σίμων Ἰωάννου (›Simon des Johannes‹) in V. 15–17 (vgl. Joh 1,42). Deutliche Bezugnahmen auf Joh 1–20 finden sich in V. 2 (vgl. Joh 1,35), V. 19 (vgl. Joh 13,36–38), V. 20 (vgl. Joh 13,23), V. 24 (vgl. Joh 19,35) und in V. 25 (vgl. Joh 20,30 f). Besonderes Gewicht gewinnen diese sprachlich-stilistischen Besonderheiten erst auf dem Hintergrund der inhaltlichen Spannungen zwischen Joh 1–20 und Joh 21. In Kap. 21 werden unvermittelt die fehlenden Epiphanien in Galiläa nachgetragen und dabei wird die Erschei-

---

* Literatur: *Bammel, C. P.:* The First Resurrection Appearance to Peter: John 21 and the Synoptics, in: John and the Synoptics, hg. v. *A. Denaux,* 620–631; *Hartman, L.:* An Attempt at a Text-Centered Exegesis of John 21, StTh 38 (1984), 29–45; *Kremer, J.:* Die Osterevangelien, 202–230; *Minear, P. S.:* The Original Functions of John 21, JBL 102 (1983), 83–98; *Neirynck, F.:* John 21, in: *ders.,* Evangelica II, 601–616; *Pesch, R.:* Der reiche Fischfang. Lk 5,1–11/Joh 21,1–4, Düsseldorf 1969; *Reim, G.:* Joh 21 – Ein Anhang, in: *ders.,* Jochanan, 389–396; *Ruckstuhl, E.:* Zur Aussage und Botschaft von Johannes 21, in: *ders., Jesus im Horizont der Evangelien,* 327–353; *Schenk, W.:* Interne Strukturierungen im Schluß-Segment Johannes 21, NTS 38 (1992), 507–530; *Smalley, S. S.:* The Sign in John XXI, NTS 20 (1974), 275–288; *Söding, Th.:* Erscheinung, Vergebung und Sendung. Joh 21 als Zeugnis entwickelten Osterglaubens, in: Resurrection in the New Testament (FS J. Lambrecht), hg. v. *R. Bieringer* u. a., BEThL 165, Leuven 2002, 207–232; *Thyen, H.:* Entwicklungen innerhalb der johanneischen Theologie und Kirche im Spiegel von Joh 21 und der Lieblingsjüngertexte des Evangeliums, in: L'Évangile de Jean, hg. v. *M. de Jonge,* 259–299; *ders.:* Noch einmal: Johannes 21 und ›der Jünger, den Jesus liebte‹, in: Texts and Contexts (FS L. Hartman), hg. v. *T. Fornberg* u. a., Oslo 1995, 147–189; *Vorster, W. S.:* The Growth and Making of John 21, in: The Four Gospels (FS F. Neirynck), hg. v. *F. van Segbroeck* u. a., 2207–2221; *Welck, Chr.:* Erzählte Zeichen, 313–342.

1 Es ist bemerkenswert, dass nun offenbar eine koptische Handschrift (wahrscheinlich 4. Jh. n. Chr.) eine Textgestalt des Johannesevangeliums bezeugt, die offenkundig mit Kap. 20 endet; vgl. *G. Schenke,* Das Erscheinen Jesu vor den Jüngern und der ungläubige Thomas, in: *L. Painchaud/P.-H. Poirier* (Hg.), Coptica – Gnostica – Manichaica (FS W.-P. Funk), BCNH.E 7, Québec/Leuven 2006, 893–904. Damit ist der sekundäre Charakter von Joh 21 nicht erwiesen, es zeigt aber, dass es Abschriften (und damit auch Vorlagen!) des Johannesevangeliums ohne Kap. 21 gab.

nung Jesu vor seinen Jüngern in Jerusalem (Joh 20,19–29) ignoriert. Die Jünger haben Jesus bereits wiedererkannt und es bedarf keiner weiteren Wiedererkennungslegende![2] Die Jünger kehren zudem in ihren zuvor im Evangelium nicht erwähnten alten Fischerberuf zurück (Joh 21,3 f), so dass Geistbegabung und vollmächtige Sendung zur Evangeliumsverkündigung (Joh 20,21f) in Vergessenheit geraten. Zudem verbietet Joh 20,29 jede weitere Erscheinung, denn von nun an gilt: Glauben ohne zu sehen; das Zeugnis der Zeichen Jesu soll als ein geschriebenes weiterwirken. Diese Pointe des Evangeliums wird von den Verfassern des 21. Kapitels durch weitere Erscheinungserzählungen relativiert! Auch durch die Zählung in V. 14 erweist sich Kap. 21 als Zusatz, weil die beiden Erscheinungen in 20,19–23.24–29 vorausgesetzt und ergänzt werden. Nur in Joh 21,2 erscheinen die Zebedaiden, und es muss gefragt werden, warum sich erst hier die Nachricht findet, Nathanael stamme aus Kana. Während in Joh 20,19–23 von einer Vollmachtsübertragung an *alle* Jünger die Rede ist, betrifft sie nun ausschließlich Petrus (vgl. Joh 21,15 ff). Ferner geben sich in Joh 21,24f die Verfasser von Kap. 21 und möglicherweise auch die Herausgeber des gesamten Evangeliums zu erkennen. Ihr Zeugnis über den Lieblingsjünger steht in zweifacher Weise im Gegensatz zu Joh 1–20: 1) Nur im Nachtrag wird der Lieblingsjünger zum Autor des gesamten Evangeliums; 2) Joh 21 korrigiert das Verhältnis zwischen Petrus und dem Lieblingsjünger. In Joh 1–20 kommt Petrus eine besondere, aber nicht herausragende Bedeutung zu. Er ist nicht der Erstberufene (vgl. Joh 1,40 ff: Andreas bringt ihn zu Jesus!), sondern einer unter vielen Jüngern (vgl. z. B. Philippus und Nathanael in Joh 1,43–51). Die Erscheinungsgeschichten in Joh 20 berichten nicht von einer Protepiphanie Petri. Nun aber wird Petrus gegenüber dem Lieblingsjünger und den anderen Jüngern deutlich hervorgehoben (vgl. den Komparativ in V. 15!), Jesus setzt Petrus in das Hirtenamt ein und und macht ihn damit zu seinem irdischen Stellvertreter (Joh 21,15–17; vgl. dagegen Joh 19,25–27!).[3] All diese Meta-Informationen sind nicht in der erzählten Welt von Joh 1–20 verankert! Schließlich liegt mit Joh 20,30.31 bereits ein umfassender Buchschluss vor, der den zweiten Schluss in Joh 21,24.25 deutlich als sekundär erscheinen lässt.[4] In Joh 21,24 unterscheiden die Her-

---

[2] Vgl. *J. Zumstein,* Joh, 774.

[3] Joh 21 halten u. a. für sekundär: *R. Bultmann,* Joh, 542 ff; *E. Haenchen,* Joh, 580 ff; *J. Becker,* Joh II, 758 ff; *J. Schneider,* Joh, 327; *C. K. Barrett,* Joh, 551ff; *B. Lindars,* John, 618 f; *G. R. Beasley-Murray,* John, 395–398; *U. Wilckens,* Joh, 320; *K. Wengst,* Joh I, 30f; *A. Culpepper,* Anatomy, 96; *Th. Söding,* Schrift als Medium, 344–347; *J. Zumstein,* Joh, 773–777; *M. Lattke,* Joh 20,30 f als Buchschluss, ZNW 78 (1987), 288–292, der in Tertullian, Adversus Praxean 25,4, einen Beleg dafür sieht, »daß das vierte Evangelium ziemlich lange ohne den ›Epilog‹ in Umlauf war« (a. a. O., 289). Für ursprünglich halten Joh 21 u. a.: *F. Overbeck,* Das Johannesevangelium, 434–455; *W. Bauer,* Joh, 234 f; *P. S. Minear,* The Original Function of John 21, passim; *G. Reim,* Johannes 21 – Ein Anhang?, passim; *L. Hartman,* John 21, passim; *Chr. Welck,* Erzählte Zeichen, 313ff; *H. Thyen,* Noch einmal: Johannes 21, 154 ff; *ders.,* Joh, 773 ff; *K. Berger,* Im Anfang war Johannes, 21–25.

[4] Diese Differenzen werden natürlich von den Autoren bestritten, die Kap. 21 für ursprünglich halten; so vor allem *H. Thyen,* der folgende Argumente bringt: 1) Die Einführung des ›Lieblingsjüngers‹ diente von Anfang an dem Zweck, »ihn dem Leser am Ende seiner Lektüre als den ›idealen Autor‹ und Evangelisten zu präsentieren« (*ders.,* Joh, 773). Dagegen ist einzuwenden, dass der ›Lieblingsjünger‹ in Kap. 1–20 wohl der ›ideale Zeuge‹, aber nicht einmal andeutungsweise der ›ideale Autor‹ ist; dies ist eine neue Information und Funktion, die die Herausgeber von Kap. 21 dem Lieblingsjünger zuschreiben. 2) Thyen leug-

ausgeber des vorliegenden Johannesevangeliums selbst zwischen ihrem Beitrag (Joh 21) und dem vorangehenden Text (Joh 1–20)! Sie führen eine neue Zeitebene ein, nun spricht ein Kreis von Autoren, der auf die Zeit des ›Autors‹ des ursprünglichen Johannesevangeliums zurückblickt (Joh 21,24).[5]

1. Die Erscheinung in Galiläa 21,1–14

(1) Danach offenbarte Jesus sich selbst wiederum den Jüngern am See von Tiberias. Er offenbarte sich aber so: (2) Es waren beisammen Simon Petrus, Thomas, genannt Zwilling, Nathanael aus Kana in Galiläa und die Söhne des Zebedäus und noch zwei andere seiner Jünger. (3) Simon Petrus spricht zu ihnen: »Ich gehe fischen!« Sie sprechen zu ihm: »Wir kommen auch mit dir.« Sie gingen hinaus und stiegen in das Schiff; aber in jener Nacht fingen sie nichts. (4) Als es aber schon Morgen wurde, stand Jesus am Ufer; die Jünger wussten aber nicht, dass es Jesus war. (5) Jesus spricht zu ihnen: »Kinder, habt ihr nichts zu essen?« Sie antworteten ihm: »Nein.« (6) Er aber sprach zu ihnen: »Werft das Netz zur rechten Seite des Schiffes aus, und ihr werdet etwas finden.« Sie warfen nun aus, und sie vermochten das Netz von der Menge der Fische nicht mehr zu ziehen. (7) Da spricht jener Jünger, den Jesus liebte, zu Petrus: »Es ist der Herr!« Als Simon Petrus hörte, dass es der Herr ist, gürtete er das Oberkleid um, denn er war nackt, und warf sich in den See. (8) Die anderen Jünger kamen mit dem Schiff, denn sie waren nicht weit weg vom Land, höchstens zweihundert Ellen, und schleppten das Netz mit den Fischen. (9) Als sie nun an Land kamen, sehen sie ein Kohlenfeuer am Boden und Fisch darauf liegen und Brot. (10) Jesus spricht zu ihnen: »Bringt von den Fischen, die ihr gerade gefangen habt!« (11) Da stieg Simon Petrus hinauf und zog das Netz an Land, voll von 153 großen Fischen. Und obwohl es so viele waren, riss das Netz doch nicht. (12) Spricht Jesus zu ihnen: »Kommt, esst!« Keiner von den Jüngern wagte, ihn zu fragen: »Wer bist du?« Sie wussten, dass es der Herr ist. (13) Jesus kommt, nimmt das Brot und gibt es ihnen, ebenso den Fisch. (14) Dies war das dritte Mal, dass Jesus sich den Jüngern offenbarte, nachdem er von den Toten auferweckt worden war.

In V. 1–14 haben die Verfasser von Kap. 21 eine Fischfang- (vgl. Lk 5,1–11) und eine Erscheinungstradition (vgl. Lk 24,13–35) miteinander verbunden.[6] Als oberste redaktionelle Schicht lassen sich die rahmenden Verse 1 und 14 erkennen. Darauf weisen die Verknüpfungspartikel μετὰ ταῦτα (›danach‹) und πάλιν (›wiederum‹) in V. 1, das wiederholte φανεροῦν (›offenbaren‹) in V. 1 und V. 14 wie auch die auf Joh 20,19–23.24–29 Bezug nehmende Zählung in V. 14 hin.[7]

---

net eine Korrektur des Verhältnisses zwischen dem Lieblingsjünger und Petrus und und spricht lediglich von einem »literarische(n) Gegenüber von Petrus und dem geliebten Jünger« (*ders., Joh*, 788), das keinerlei extratextuellen Hintergrund habe. Damit wird einer der bemerkenswertesten Besonderheiten des 4. Evangeliums – nämlich die Vorrangstellung des Lieblingsjüngers – samt ihres historischen Hintergrundes bagatellisiert. 3) Joh 21,1–14 erklärt sich nach Thyen aus der Korrespondenz mit Joh 6, womit der Evangelist Petrus »an den Ort seines einstigen Bekenntnisses zurückführt und damit die folgende Szene der liebevollen Restitution des Verleugners durch seinen Herrn (21,15–19) einleitet« (*ders., Joh*, 778). Wiederum werden die massiven Spannungen zu Kap. 20 einfach für nichtexistent erklärt.

5   Vgl. *W. Stenger,* Strukturale Lektüre (s. o. XIV.), 203–207.
6   Zur Diskussion der Probleme vgl. *R. Schnackenburg,* Joh III, 410 ff.
7   Vgl. *R. Pesch,* Fischfang, 88; *R. Schnackenburg,* Joh III, 418 ff; *J. Becker,* Joh II, 761.

1 Eine weitere Ostererscheinung wird angefügt. Möglicherweise ist die Ortsangabe ἐπὶ τῆς θαλάσσης τῆς Τιβεριάδος (›am See von Tiberias‹) traditionell,[8] die eigentliche Erzählung beginnt erst mit der Jüngerliste. **2** Ursprünglich umfasste diese Liste nur Petrus und die Zebedaiden, die post-johanneische Redaktion hat Thomas (Joh 20,24–29), Nathanael (Joh 1,49) und die beiden anderen Jünger nachgetragen, um so die Siebenzahl zu erreichen.[9] **3** Die Jünger gehen wie selbstverständlich ihrem alten Beruf als Fischer nach. Petrus erscheint auch hier als ihr Führer, seiner Aufforderung folgen alle. Obwohl sie nachts fischen, um mit Fackeln die Fische anzulocken, fangen sie nichts. **4** In der Frühe steht Jesus bereits am Ufer, wird aber von den Jüngern nicht erkannt. Dieses Motiv ist nur im Rahmen einer Erscheinungstradition sinnvoll,[10] so dass V. 2.3.4a zum Fischfangbericht, die Bemerkung in V. 4b zu einem Erscheinungsbericht zu rechnen sind. **5** Dagegen sind Jesu Frage an die Jünger und ihre Antwort der post-johanneischen Redaktion zuzuweisen, wie es die singuläre Anrede παιδία = ›Kinder‹ (vgl. 1Joh 2,13.18), das Hapaxlegomenon προσφάγιον (›Fisch‹) und die Spannungen zu V. 9 nahelegen (dort ist das Mahl auf wunderbare Weise längst bereitet, während die Jünger auf das Geheiß Jesu fischen, um zu essen).[11] **6** Nun erhalten die Jünger den Hinweis, das Netz zur ›rechten‹ Seite des Bootes auszuwerfen. Sie erscheint nicht nur wie in Mk 16,5; Lk 1,11; Mt 25,33 als Seite des Heils und des Glücks, sondern nach Ps 110,1 sitzt der Sohn ›zur Rechten‹ des Vaters. Die Jünger machen plötzlich einen überreichen Fang, so dass sie das Netz kaum an Land ziehen können.[12] **7** Wie in Joh 20,8 deutet der Lieblingsjünger die Situation zutreffend, wodurch die post-johanneische Redaktion an die Darstellung des Lieblingsjüngers in Joh 1–20 anschließt, gleichzeitig aber die Gegenüberstellung der beiden Jünger in V. 20–22 vorbereitet. Sobald Petrus hört, dass es der Herr ist, stürzt er sich in den See, um Jesus vor allen anderen Jüngern zu erreichen. **8/9** Der Grundbestand von V. 8 f gehört zum Erscheinungsbericht, der wie die Emmausperikope eine Mahlszene miteinschloss.[13] Während die Jünger noch mühsam versuchen, den gewaltigen Fang zu bergen, brennt an Land bereits ein Kohlenfeuer, darauf liegen ein Fisch und Brot. Der Verweis auf das Herrenmahl ist unübersehbar; wie in Joh 6,1–15 erscheint Jesus als Gastgeber für die Seinen. **10** Jesu Anweisung stellt eine Verbindung zwischen dem reichen Fischfang und der Erscheinungstradition V. 10 dar; einige der gerade gefangenen Fische sollen auch zum Essen dienen, obgleich das Mahl eigentlich schon zubereitet ist (vgl. V. 9).[14] **11** Es folgt der Abschluss der Fischfanggeschichte.[15] Hier

---

8   Vgl. *R. Schnackenburg,* Joh III, 410 ff.
9   Vgl. *R. Pesch,* Fischfang, 91; *R. Schnackenburg,* Joh III, 419; *J. Becker,* Joh II, 762. Gegen *R. T. Fortna,* Gospel of Signs, 89 f, der alle Personenbezeichnungen seiner ›Quelle‹ zurechnet.
10 Vgl. *R. Pesch,* Fischfang, 94; *R. Schnackenburg,* Joh III, 421.
11 Vgl. *R. Pesch,* Fischfang, 95; *J. Becker,* Joh II, 764.
12 V. 6 ist ganz der Fischfangtradition, V. 7 hingegen der späteren Redaktion zuzurechnen; vgl. *R. Schnackenburg,* Joh III, 423; *J. Becker,* Joh II, 765. Anders *R. Pesch,* Fischfang, 99 ff, der V. 6 der Fischzugsgeschichte, V. 7 hingegen dem Erscheinungsbericht zuschreibt.
13 Vgl. *R. Schnackenburg,* Joh III, 424. Er vermutet zu Recht, dass die ἄλλοι μαθηταί in V. 8a und der letzte Teil des Verses (σύροντες κτλ) auf die Redaktion zurückgehen.
14 V. 10 ist somit der post-johanneischen Redaktion zuzurechnen; vgl. *R. Pesch,* Fischfang, 99; *R. Schnackenburg,* Joh III, 425; *J. Becker,* Joh II, 766.
15 Eine aufschlussreiche Parallele bietet Jamblichus, Pythagoras 36, wo Pythagoras am Strand Fischern

bringt Petrus allein die Überfülle der Fische an Land, ohne das Netz zu zerreißen. Die Zahl 153 als Summe der Zahlen von 1–17 bestätigt die Größe und Realität des Wunders, symbolisiert Fülle und Universalität.[16] Gleichzeitig steht das Netz für die alles umspannende Kirche und Petrus für den einen Hirten, der die Gotteskinder sammelt. **12/13** Die Mahlszene ist das Ende und zugleich der Höhepunkt der Erscheinungstradition. Beim Mahl erkennen die Jünger, dass es der Herr ist (vgl. Lk 24,30 ff), der seine Gemeinschaft mit ihnen auch nach Ostern fortsetzt. Auf die post-johanneische Redaktion gehen die Einleitung in V. 12a (vgl. V. 5a.10a) und das merkwürdige Schwanken zwischen Fragen-Wollen und Wissen zurück, das durch das Erkennen des Lieblingsjüngers in V. 7 bedingt ist.[17]   **14** Durch die Zählung ordnet die post-johanneische Redaktion den Bericht von der Erscheinung des Auferstandenen am See von Tiberias dem vorliegenden Evangelium zu.

Der Lieblingsjünger hat in Joh 21,7 die Gabe der rechten Erkenntnis Jesu, ein Motiv, das offensichtlich in der Tradition verankert war und von der post-johanneischen Redaktion nicht übergangen werden konnte. Andererseits steht deutlich Petrus im Mittelpunkt des Geschehens:[18] 1) Auf seine Initiative hin gehen die Jünger fischen (V. 3). 2) Er stürzt sich in den See, um vor allen anderen beim Herrn zu sein (V. 7b). 3) Das übervolle Netz zieht er allein an Land (V. 11). Durch diese nachdrückliche Betonung der Person des Petrus bereitet die post-johanneische Redaktion bereits den folgenden Dialog des Auferstandenen mit Petrus vor.

---

begegnete, »gerade als das Netz beuteschwer aus der Meerestiefe geholt wurde. Da sagte er ihnen genau die Zahl der Fische voraus, die sie herausziehen würden. Die Männer erboten sich, falls er recht behielte, alles zu tun, was er befehlen würde. Er hieß sie den Fischen Leben und Freiheit zu schenken, nachdem sie sie vorher genau gezählt hätten. Und – noch ein größeres Wunder! – keiner der Fische, die doch während der langen Zeit des Zählens außerhalb des Wassers bleiben mussten, verendete, nur weil Pythagoras dabeistand.«

[16] Zu den einzelnen Deutungen der Zahl 153 vgl. *R. Schnackenburg,* Joh III, 427 f; *G. R. Beasly-Murray,* John, 401–404; *J. Werlitz,* Warum gerade 153 Fische? Überlegungen zu Joh 21,11, in: *St. Schreiber/ A. Stimpfle* (Hg.), Johannes aenigmaticus (FS H. Leroy), 121–137; *T. Nicklas,* ›153 große Fische‹ (Joh 21,11). Erzählerische Ökonomie und johanneischer Übertieg‹, Bib 84 (2003), 366–387. Vier Interpretationsmodelle können (mit Überschneidungen) unterschieden werden: 1) Die allegorisch-symbolische Deutung, 153 als Zahl der Fülle und Vollkommenheit. 2) Die konkrete, ›ichthyologische‹ Deutung, wonach antike Zoologen 153 Fischarten gezählt haben sollen (so Hieronymus in seiner Auslegung von Ez 47,10 f). 3) Die gematrische Deutung, wobei hebräische oder griechische Buchstaben als Zahlenwerte aufgefasst werden und zumeist Ez 47,10 interpretiert wird. 4) Zahlensymbolik auf der Basis der Zahl 17 (seit der Zeit Augustins), wonach 153 die Summe der einzelnen Zahlen von 1–17 ist und wiederum Fülle/Vollkommenheit symbolisiert. Die Zahl 17 schließlich als Summe von 10 und 7 verstanden werden (so *L. Schenke,* Joh, 391) oder es wird eine Anspielung auf Joh 6,13 angenommen, wo von den fünf Gerstenbroten und den daraus noch gefüllten 12 Körben mit Brocken die Rede ist (vgl. *M. Rissi,* Voll großer Fische, hundertdreiundfünfzig, Joh 21,1–14, ThZ 35 [1979], 73–89; *G. R. Beasly-Murray,* John, 404; *H. Thyen,* Joh, 785 f).

[17] Vgl. *R. Schnackenburg,* a. a. O., 427 f.

[18] Traditionsgeschichtlich ist dies auf die Fischfanggeschichte zurückzuführen, die wohl primär eine Petrustradition war (vgl. Lk 5,1–11).

2. Die Einsetzung des Petrus in das Hirtenamt 21,15–19

(15) Als sie nun gegessen hatten, spricht Jesus zu Simon Petrus: »Simon, Sohn des Johannes, liebst du mich mehr als diese?« Er sagt zu ihm: »Ja, Herr, du weißt, dass ich dich liebe.« Sagt er zu ihm: »Weide meine Lämmer!« (16) Spricht er zu ihm zum zweiten Mal: »Simon, Sohn des Johannes, liebst du mich?« Spricht er zu ihm: »Ja, Herr, du weißt, dass ich dich liebe.« Spricht er zu ihm: »Weide meine Schafe!« (17) Spricht er zum dritten Mal zu ihm: »Simon, Sohn des Johannes, liebst du mich?« Da wurde Petrus traurig, dass er ihn zum dritten Mal fragte: Hast du mich lieb? Und er spricht zu ihm: »Herr, du weißt alles, du weißt auch, dass ich dich liebhabe.« Jesus sagt zu ihm: »Weide meine Schafe! (18) Amen, amen, ich sage dir: Als du jünger warst, hast du dich selbst gegürtet und gingst den Weg, den du wolltest. Wenn du aber alt geworden bist, wirst du deine Hände ausstrecken, und ein anderer wird dich gürten und führen, wohin du nicht willst.« (19) Dies sagte er, um anzuzeigen, durch welchen Tod er Gott verherrlichen werde. Nachdem er das gesagt hatte, spricht er zu ihm: »Folge mir nach!«

Auf die Erzählung vom reichen Fischfang folgt ein erster Dialog Jesu mit Petrus, der in einen Orakelspruch (V. 18) mündet.

15–17 Direkt im Anschluss an das Mahl wendet sich Jesus in betont feierlichem Stil an Simon Petrus. Die dreimalige volle Namensnennung unterstreicht dies und verleiht dem ganzen Vorgang grundlegenden Charakter. Jesus redet Petrus in gleicher Weise mit einer Frage an, es folgen jeweils die Antwort des Simon Petrus und das Auftragswort an ihn. Für den Petrus zugedachten Auftrag ist die Liebe zu Jesus in einem umfassenden Sinn die innere Voraussetzung. Die Trauer des Petrus bei der dritten Frage Jesu spielt auf die dreimalige Verleugnung an (vgl. Joh 18,15–18.25–27), jetzt ist Simon Petrus bereit, sich bedingungslos an Jesus zu binden und der ›Fels‹ für die Glaubenden zu werden. Die post-johanneische Redaktion hebt Petrus in mehrfacher Weise hervor: Durch den Komparativ πλέον (›mehr‹) in V. 15 trägt sie ausdrücklich das Konkurrenzmotiv zwischen Petrus und den anderen Jüngern ein (vgl. dagegen Mk 9,33–37; 10,35–40.41–45), um so die Vorrangstellung des Petrus zu betonen. Das dreimalige Fragen Jesu und die Betrübnis des Petrus in V. 17 lenken auf das Nachfolgeversprechen (Joh 13,36–38) und die dreifache Verleugnung mit dem Ziel zurück, Petrus zu rehabilitieren. Schließlich macht die Einsetzung in das Hirtenamt Petrus zum irdischen Stellvertreter Jesu; was Gott Jesus anvertraute (Joh 10), empfängt nun Petrus. Unverkennbar ist das Interesse der post-johanneischen Redaktion, an die besondere Funktion des ›Lieblingsjüngers‹ innerhalb der joh. Schule in einem begrenzten Maß anzuknüpfen, gleichzeitig aber Petrus deutlich in den Vordergrund zu stellen.[19] **18/19** Die post-johanneische Redaktion fügt eine Personallegende über Petrus an, die als Weissagung nach dem eingetroffenen Ereignis formuliert ist. Während ein junger Mensch seine Lebenswege selbst wählen und gestalten kann, muss sich ein alter Mensch gürten und führen lassen, wohin er nicht will. Diese allgemeine Weisheitsregel wird hier auf den gewaltsamen Tod des Petrus gedeutet.

---

[19] Vgl. z. B. *E. Haenchen,* Joh, 600; anders *H. Thyen,* Noch einmal: Johannes 21, 167; *Chr. Welck,* Erzählte Zeichen, 326.

Die post-johanneische Redaktion verbindet den Märtyrertod des Petrus im Verlauf der Christenverfolgung unter Nero 64 n. Chr. in Rom (vgl. 1Klem 5,17) durch den bewussten Bezug auf Joh 12,33 mit dem Tod Jesu. Die Hörer/Leser des Evangeliums wissen, dass Petrus gerade darin Jesus nachgefolgt ist.

3. Das Schicksal des Lieblingsjüngers 21,20–23

(20) Als Petrus sich umwendet, sieht er den Jünger nachfolgen, den Jesus liebte, der auch beim Mahl an seiner Brust lag und gesagt hatte: »Herr, wer ist es, der dich verrät?« (21) Als nun Petrus diesen sah, spricht er zu Jesus: »Herr, was ist mit diesem?« (22) Jesus sagt zu ihm: »Wenn ich will, dass er bleibt, bis ich komme, was geht es dich an? Du folge mir nach!« (23) Da verbreitete sich unter den Brüdern das Wort, dass jener Jünger nicht sterben werde. Aber Jesus hatte nicht zu ihm gesagt: »Er stirbt nicht«, sondern: »Wenn ich will, dass er bleibt, bis ich komme, was geht es dich an?«

Die Verfasser von Kap. 21 stellen Petrus und den Lieblingsjünger bewusst gegenüber. Sie erwecken dadurch den Eindruck, den Lieblingsjünger gekannt zu haben und seine Funktion bestimmen zu können. Ging es im ersten Dialog um das Geschick Petri, so wird nun das Schicksal des Lieblingsjüngers thematisiert, wobei auch hier das Gespräch in einen Rätselspruch Jesu (V. 22) mündet.

20 Der Rückbezug auf Joh 13,23–26 soll die Hörer/Leser des Evangeliums an die ihnen bereits bekannte Gestalt des Lieblingsjüngers erinnern. Er erscheint auch hier als wahrer Jünger, denn während Petrus sich noch umschaut und zögert, folgt er Jesus bereits nach. **21** Innerhalb der Beziehung zwischen Jesus, Petrus und dem Lieblingsjünger ist jedoch gegenüber Joh 13,23–26 eine bedeutsame Veränderung eingetreten. Während dort Jesus und der Lieblingsjünger miteinander reden und Petrus von der direkten Kommunikation ausgeschlossen ist, sprechen hier Jesus und Petrus über das Schicksal des Lieblingsjüngers, der stumm bleibt und langsam aus dem Bild geht. **22/23** Jesu Antwort hat zurückweisenden Charakter, das weitere Schicksal des Lieblingsjüngers geht Petrus nichts an, er hat keine Befugnis über ihn. Hier wird der Lieblingsjünger als eine historische Persönlichkeit dargestellt, dessen unmittelbar zurückliegender Tod in der Gemeinde Verwirrung auslöste.[20] Offenbar begründete ein Herrenwort (V. 22b.23c: αὐτὸν θέλω μένειν ἕως ἔρχομαι = ›wenn ich will, dass er bleibt, bis ich komme‹) die Tradition, dass dieser Jünger nicht sterben werde (V. 23a). Viele innerhalb der joh. Schule erwarteten deshalb die Parusie noch zu Lebzeiten des Lieblingsjüngers,[21] eine Hoffnung, die sich nicht erfüllte und theologisch bewältigt werden musste. Die Verfasser von Kap. 21 stellten sich dieser verän-

---

[20] Vgl. *R. Schnackenburg,* Joh III, 440; *S. Schulz,* Joh, 253; *M. Hengel,* Die johanneische Frage, 212 f; anders *Chr. Welck,* Erzählte Zeichen, 329; *H. Thyen,* Noch einmal: Johannes 21, 168, die einen Bezug auf den Tod des Jüngers und die Parusie Jesu ablehnen. Das ›Bleiben‹ wird auf das Zeugnis des Lieblingsjüngers bezogen: »Als-wahrer-Zeuge-wirksam-Bleiben« (*Chr. Welck,* Erzählte Zeichen, ebd.).
[21] Vgl. *R. Schnackenburg,* Joh III, 442 f.

derten Situation, indem sie der in der Gemeinde umlaufenden Personallegende über den Lieblingsjünger und den mit ihm verbundenen eschatologischen Erwartungen eine relativierende Interpretation des Herrenwortes entgegensetzten (V. 23b.c)[22] und das in Kap. 1–20 überlieferte Bild vom Lieblingsjünger in zweifacher Weise korrigierten bzw. ergänzten:[23] Aus dem Lieblingsjünger als dem Hermeneuten des Christusgeschehens und Garanten der joh. Tradition wird der Verfasser des gesamten Evangeliums, der zudem von den Hörern/Lesern des Evangeliums mit dem Zebedaiden Johannes gleichgesetzt werden soll (V. 24–25).

4. Der zweite Schluss des Evangeliums 21,24–25

(24) Dies ist der Jünger, der diese Dinge bezeugt und der dies aufgeschrieben hat. Und wir wissen, dass sein Zeugnis wahr ist. (25) Es gibt noch vieles andere, was Jesus getan hat. Wollte man dies eins nach dem anderen aufschreiben, dann würde, glaube ich, die Welt die Bücher nicht fassen, die zu schreiben wären.

An den erzählenden Teil (V. 1–23) schließt sich ein kommentierender Text an.[24] Die Hörer/Leser des Evangeliums erhalten nun direkte Informationen über das vorliegende Buch.

24 Der Lieblingsjünger bezeugt nicht nur die aufgeschriebenen Dinge, er ist sogar der Autor des Buches! Zudem weiß eine nicht näher gekennzeichnete Gruppe (οἴδαμεν = ›wir wissen‹) um das wahrhaftige Zeugnis des Lieblingsjüngers. Diese kurze Bemerkung soll die Identität des Zebedaiden Johannes mit dem Lieblingsjünger nahelegen (vgl. 21,2!). So ist sie von Anfang an verstanden worden; die altkirchliche Johannestradition hat hier ihren Ausgangspunkt, möglicherweise sogar ihren ersten Zeugen. **25** Nach dem Lieblingsjünger und der anonymen Gruppe erscheint mit οἶμαι (= ›ich denke/meine‹) eine Person in der 1. Pers. Sg. Sie weist darauf hin, dass nicht der Gegenstand, wohl aber die Begrenztheit eines literarischen Prozesses es unmöglich macht, alles über Jesus niederzuschreiben. Wie lässt sich die Personenkonstellation in V. 24 f erklären? Deutlich ist zunächst, dass der Lieblingsjünger der intendierte Autor von Joh 1,1–21,23 ist. Dadurch soll die Glaubwürdigkeit und Au-

---

[22] Mit *R. Schnackenburg,* Joh III, 444, ist die hier vorgetragene Korrektur der Personaltradition über den Lieblingsjünger in einer veränderten Auffassung des μένειν zu sehen.

[23] *T. Schultheiss,* Das Petrusbild im Johannesevangelium, 183–188, weist z. R. darauf hin, dass sich das johanneische Petrusbild nicht in der Konkurrenz zum Lieblingsjünger erschöpft; es ist voller Ambivalenzen (eindeutig positiv: 6,68 f; eindeutig negativ: Joh 18,10 f.16–27; ambivalent: Joh 1,42; 13,6–10; 20,2–10).

[24] In der neueren Auslegung werden V. 1–23 und 24–25 nicht mehr verschiedenen Händen zugeschrieben; vgl. *R. Schnackenburg,* Joh III, 445; *J. Kügler,* Der Jünger, den Jesus liebte, 417; *H. Thyen,* Noch einmal: Johannes 21, 168 f.

torität des Geschriebenen gestärkt werden.[25] Der Jünger, der mit Jesus engsten Kontakt hatte, ist auch der Verfasser dieses Buches. Das Zeugnis des Lieblingsjüngers in und mit diesem Werk darf in besonderer Weise als wahr angesehen werden, denn es stammt von einem Augenzeugen, der Jesus in außerordentlicher Weise nachfolgte. Hinter dem Plural οἴδαμεν dürften die Verfasser von Kap. 21 und zugleich die Herausgeber des gesamten Evangeliums zu vermuten sein. Sie sahen im Lieblingsjünger zweifellos eine historische Gestalt,[26] die in Kap. 1–20 bereits eine Zeugnisfunktion innehatte (vgl. bes. Joh 19,34b–35, ferner Joh 13,21–30; 18,15–18; 19,25–27) und nun umfassend das vorliegende 4. Evangelium legitimiert. Die 1. Pers. Sing. in V. 25 wird in den Auslegungen zumeist stillschweigend übergangen, dem Plural οἴδαμεν subsumiert[27] oder als Hinweis auf einen weiteren Autor gewertet.[28] Eine überzeugende Antwort auf dieses Problem gibt es nicht, vielleicht meldet sich hier derjenige zu Wort, der das vorliegende Johannesevangelium niederschrieb (vgl. Röm 16,22).

Während Petrus in Joh 1–20 auf die hermeneutische Funktion des Lieblingsjüngers angewiesen ist, tritt in Kap. 21 die ekklesiologische Funktion des Petrus deutlich in den Vordergrund. Die Herausgeber des Johannesevangeliums dokumentieren mit ihrem Vorgehen den ständig wachsenden Einfluss der mit der Petrus-Gestalt verbundenen Kreise, der zu einer Ergänzung und damit auch Korrektur des ursprünglichen Konzeptes führte. Sie sahen sich wahrscheinlich gezwungen, die joh. Traditionen unter die Autorität des Petrus zu stellen, damit sie so weiterhin als legitime Interpretation des Christusgeschehens gelten konnten. Zugleich ist aber zu beachten: Indem der Lieblingsjünger zum Autor des 4. Evangeliums wird (Joh 21,24), nimmt auch die post-johanneische Redaktion seine hermeneutische Funktion unter veränderten Vorzeichen auf.

5. Die Evangeliumsüberschrift

Die Überschrift des Evangeliums ist textlich sehr gut bezeugt, so lesen P[66] aus dem späten 2. Jh. εὐαγγέλιον κατὰ Ἰωάννην (›Evangelium nach Johannes‹) und P[75] (Anfang 3. Jh.) εὐαγγέλιον κατὰ Ἰωάνην.[29] Ob die Überschrift zum ersten Textbestand des 4. Evangeliums gehört, kann bezweifelt werden. Der Evangelist gebraucht εὐαγγέλιον (›Evangelium‹) bzw. εὐαγγελίζεσθαι (›frohe Nachricht verkünden‹) sonst

---

[25] Vgl. *A. Culpepper,* Anatomy, 47 f; *J. Kügler,* Der Jünger, den Jesus liebte, 408; *Chr. Welck,* Erzählte Zeichen, 319.

[26] Vgl. *J. Blank,* Joh III, 213.

[27] So z. B. *W. Heitmüller,* Joh, 184; *J. Kügler,* Der Jünger, den Jesus liebte, 409.

[28] So z. B. *J. Becker,* Joh II, 776.

[29] Vgl. *W. J. Elliott/D. C. Parker,* The New Testament in Greek IV, 123. Zur einzigartig frühen Bezeugung des Johannesevangeliums durch P[52], P[90], P[66], P[75] vgl. *K. Aland,* Der Text des Johannesevangeliums im 2. Jahrhundert, in: Studien zum Text und zur Ethik des neuen Testaments (FS H. Greeven), hg. v. *W. Schrage,* BZNW 47, Berlin 1986, 1–10.

nicht, und es ist nicht anzunehmen, dass er bei der bewussten literarischen Disposition und hohen theologischen Reflexion innerhalb seiner Jesus-Erzählung einen Begriff zur Klassifizierung des Gesamtwerkes benutzt, der seiner Theologie fremd ist. Dennoch lässt sich die Überschrift nicht einfach als sehr viel späterer Zusatz verstehen, denn sie ist textlich zu gut bezeugt und erfüllt eine wichtige hermeneutische Funktion,[30] indem sie das Werk benennt und es zugleich von vergleichbaren Erzählungen unterscheidet. Durch die Überschrift wird das Johannesevangelium einer im frühen Christentum seit Markus bekannten Literaturgattung zugeordnet und damit in einen bereits existierenden Interpretationsrahmen gestellt. Die Überschrift verbindet das Werk mit einer Person namens Johannes. Diese Individualität wird bewusst nicht durch einen Genitiv, sondern durch die präpositionale Wendung κατὰ Ἰωάννην (›nach Johannes‹) hergestellt, d. h. es handelt sich um das eine Evangelium, so wie es Johannes erzählt. Die interpretierenden und identifizierenden Funktionen der Überschrift lassen den Schluss zu, dass die Überschrift in dem Zeitpunkt zum Text des Werkes hinzutrat, als das 4. Evangelium durch Abschriften innerhalb der Gemeinden Kleinasiens verbreitet wurde.[31] Für diesen bedeutsamen Schritt dürften die Verfasser von Kap. 21 verantwortlich sein, die das Evangelium herausgaben und durch ihre Zusätze mit der Person des Zebedaiden Johannes verbanden. Ebenso wie mit der Vorrangstellung des Petrus verfolgten sie dabei das Ziel, die Rezeption, die allgemeine Akzeptanz und vielleicht bereits die Kanonisierung des 4. Evangeliums zu fördern.

---

[30] Vgl. dazu *J. Zumstein*, Prozeß der Relecture, 395–397.
[31] Vgl. dazu *M. Hengel*, Die Evangelienüberschriften, SHAW.PH, Heidelberg 1984; *ders.*, Die johanneische Frage, 204–209.

Theologischer Handkommentar
zum Neuen Testament [ThHK]

Folgende Bände sind lieferbar:

Alle Bände sind gebunden und besitzen einen festen Umschlag.

Die Kommentierung der ausstehenden biblischen Schriften sowie die nötigen Neubearbeitungen sind in Vorbereitung.

Ulrich B. Müller
Johannes der Täufer
Jüdischer Prophet und
Wegbereiter Jesu
Biblische Gestalten (BG) | 6

232 Seiten | Paperback
ISBN 978-3-374-01993-9
EUR 16,80 [D]

Im Neuen Testament begegnet uns am Anfang der Evangelien Johannes der Täufer als eine jüdische Gestalt, die in enger Beziehung zu Jesus steht. Die Evangelien sagen über diesen jüdischen Buß- und Gerichtspropheten nur wenig aus; gleichwohl ist seine Bedeutung für den historischen Jesus und seine Verkündigung groß: Jesus ließ sich von ihm taufen. Die christliche Taufe geht auf die Johannestaufe zurück.

Die christliche Kirche bemächtigte sich des ursprünglich jüdischen Propheten und machte ihn zu einem Heiligen. Christliche Kunst und Literatur schufen ein besonderes Täuferbild, das der Autor interessant darzustellen weiß. So musste der Bußprediger in Legende und moderner Literatur gar mit der verführerischen Frauengestalt der Salome konkurrieren.

Historisch und biblisch fundiert versteht es der Autor, ein überaus lebendiges Bild dieser interessanten biblischen Gestalt zu zeichnen, von der so wenig überliefert ist. Ein höchst informatives Werk für Theologen und interessierte Laien.

EVANGELISCHE VERLAGSANSTALT
Leipzig   www.eva-leipzig.de

Tel +49 (0) 341/ 7 11 41 -16   vertrieb@eva-leipzig.de